gg 515

gg 149

TABLEAV
DE L'INCONSTANCE
ET INSTABILITÉ
DE TOVTES CHOSES.

Où il est monstré, qu'en Dieu seul gist la vraye Constance, à laquelle l'homme sage doit viser.

Reueu, corrigé, & augmenté, auec vn Liure nouueau de l'Inconstance de toutes les Nations principales de l'Europe. Quelle nation est la plus inconstante. Et la comparaison entre elles.

Traicté singulier & notable, vtile à tous Rois, Princes & Estats, pour cognoistre tant la valeur & les perfections, que les defauts des peuples; & principalement de leurs suiects.

Par PIERRE DE LANCRE, CONSEILLER DV ROY au Parlement de Bordeaux.

EGO DEVS, ET NON MVTOR. Malach. 3.

SECONDE EDITION.

A PARIS,
Chez la vefue ABEL L'ANGELIER, au premier pillier de la grand' salle du Palais.
M. DC. X.

Auec Priuilege du Roy.

Av Lectevr, svr la seconde Edition.

Ie veux maintenant (ô Lectevr) que mon Liure apprenne à comparoir deuant le monde, non comme vne Muse prostituee, mais comme vne ieune pucelle qui a eu quelque vergogne cy-deuant de se produire en lumiere. Ie m'estoy mis iusqu'icy derriere le rideau, à fin que mes cinquante ans, qui me font majeur par les loix du monde, voire hors le temps de restitution, ne fussent baptisez pour douze, & qu'on ne me tint mesme en cet âge de virilité pour mineur. A present me laissant conduire par le mot de mon œuure, qui est l'Inconstance, ie viens & me veux loger au rang de ceux qui veulent iouyr de la gloire de leurs labeurs durant leur vie, croyant que la posterité & les siecles aduenir, soyent arbitres trop lents de leur honneur. Ou pour mieux dire, de ces autres lesquels desnuez d'enfans naturels comme moy, tirez de ceste lourde masse du corps, cherissent leur part, tenant leurs ouurages pour enfans conceuz de la plus noble substance de leur esprit. Ie voudroy bien pouuoir ressembler cet oiseau que descrit Homere qui porte tout ce qu'il a à ses petits, & se laisse mourir de faim : Aussi voudroy-ie porter tout ce que ie puis d'inconstance, & me deffaire du tout de ceste viande en faueur de ceux qui parauanture la recherchent & cherissent autant que moy. Mais il seroit mal-aisé, ne se trouuant autres viures, autres actions, ny autres discours parmy le monde, que ie m'en puisse garantir moy-mesme. Il en va de l'Inconstance comme de l'Amour; l'Amour faict approuuer des actions fort reprouuees : de mesme l'Inconstance generale en toutes choses & en toutes personnes couurira ma faute, & la cachant dãs la multiplicité des gens tachez de mesme maladie, m'excusera, si ie n'ay peu faire voir mon inconstance au iour toute entiere

ã ij

Tacit. liure 2. ch. 9. Annal.   iusqu'à ceste heure. Les Grecs, dit Tacite, ne font mention de la valeur des estrangers, parce qu'ils n'admirent rien que ce qui vient d'eux : Et les Romains s'amusent seulement à priser les choses anciennes, & laissent & mesprisent celles de leur temps. L'humeur des Grecs est plus de ce siecle ; chacun cherit plus sa legereté que celle d'autruy, & est mal-aisé de faire comparoir & ranger des inconstans sur vn theatre, qu'on ne s'y face voir des premiers. On ne pourroit sonder la nature de plusieurs sans corrompre l'integrité de la sienne. Traictant de l'Inconstance, ie n'en ay guere bien peu éuiter la teinture.

Suet. liure 5.   L'Empereur Domitian prenoit plaisir de rapetasser les bastimēs commencez ou faicts par autruy, & se les attribuoit ; en desrobant l'honneur & la memoire aux premiers fondateurs : ie suis d'humeur contraire, & voudroy bastissant sur l'humeur volage d'autruy (si par-auanture la mienne paroissoit en quelque rencontre) la couurir tant que ie pourroy, & donner tout l'honneur du bastiment aux premiers bastisseurs, & rēdre à chacun d'eux son inconstance ; voire, s'il estoit possible, luy faire encore present de la mienne. Enfin mon Incōstance auoit desia gaigné vne place si honorable parmy celles de tous les lecteurs, qu'il n'y a plus que tenir qu'elle ne marche accompagnee de l'Inconstance des Nations plus celebres. C'est pourquoy ie l'ay icy adioustee à mon premier œuure. Toutes les plus fameuses nations de l'Europe auoyent faict comme moy, elles s'estoyent aussi cachees en la premiere impression, Mais maintenant elles n'ont voulu faire ce tort à leur Autheur qu'elles ne se soyent produictes quand & luy, tesmoignant par leur representation ceste verité, & monstrant clair comme le iour qu'il n'y a autre que Dieu seul qui soit parfaictement constant. Prens donc en bonne part, qui que tu sois, Alemand, Italien, Espagnol, Anglois, ou Suisse, si tu trouues icy les defauts de ta Nation & ton inconstance particuliere : car tu y trouueras aussi tes perfections, & en quoy tu excelles par dessus les autres.

Table des Discours de l'Inconstance.

LIVRE I.

Pinion de Platon & des Peres sur l'Inconstance, sa definition; & si on y doit comprendre ce changement qui se void en toutes choses. Discours 1.   fueillet 1.

De l'Inconstance du premier homme. Disc. 2. fueil. 11.

De l'Inconstance de la premiere femme. Disc. 3.   f. 19.

Que l'homme ne trouuant nulle stabilité és choses de ce monde, se lasse, de tout hors-mis de changer. Disc. 4.   f. 28.

Que la femme cherit plus sa liberté que le poinct d'honneur, ny les loix rigoureuses du mariage. Disc. 5.   f. 49.

De l'inconstance de la Fortune. Disc. 6.   f. 66.

Que mal à propos on attribue à la Fortune, au Destin, & aux Astres, ce qui est de la Prouidence de Dieu. Disc. 7.   f. 79.

LIVRE II.

Que l'Inconstance nous iette en impatience, & l'impatience au repentir. Disc. 1.   fueil. 94.

Que l'Inconstance pousse l'homme à quelque bizarrie, qui le rend vain & inepte, inhumain & cruel. Disc. 2.   f. 103.

De l'Inconstance de la Nature, de laquelle on voit esclorre aussi bien que de l'homme, des traicts qui sont hors de tout sens commun. Disc. 3.   f. 113.

Que l'Inconstance passe en folie, & fait bien souuent tomber l'homme en sens reprouué. Disc. 4.   f. 127.

Que l'Inconstance ayant peruerty nos sens, corrompt & altere nostre raison & nos opinions. Disc. 5.   f. 140.

Que l'Amour est le propre giste de l'Inconstance. Disc. 6. f. 156.

Que l'Inconstance a deifié l'Amour sous les faux noms de Venus & Cupidon, son Portraict, Hostel, & Officiers. Disc. 7.   f. 162.

LIVRE III.

De l'Inconstance des Monarques, et Chefs de guerre. Disc. 1. f. 176.

ã iij

Consideration sur l'Inconstance de Caton. Disc. 2.   f. 192.
De l'Inconstance des Philosophes & gens d'estude. Disc. 3. f. 211.
De l'Inconstance des Sectes, & de ceux qu'on a appellé les sept Sages. Disc. 4.   f. 222.
De l'Inconstance des gens doctes, & principalement de ceux qui ont escrit, auec le iugement de leurs ouurages. Disc. 5.   f. 231.
De l'Inconstance des Loix, Legislateurs, & Magistrats. Disc. 6. f. 359.

Livre IV.

De l'Inconstance des Nations; & laquelle est plus, ou moins inconstante. Disc. 1.   f. 379.
Comparaison de la France auec l'Empire, & de l'Alemand auec le François; & lequel est le plus inconstant. Disc. 2.   f. 393.
De l'Inconstance de l'Espagnol; & lequel des deux precelle, l'Espagnol, ou le François. Disc. 3.   f. 401.
De l'Inconstance de l'Italien, & de combien il a plus d'inclination à l'Inconstance que le François. Disc. 4.   f. 426.
De l'Inconstance de l'Anglois, sa comparaison auec le François, & lequel des deux est plus volage. Disc. 5.   f. 443.
Comparaison du Venitien auec le François; & lequel est d'humeur plus volage. Disc. 6.   f. 446.
Comparaison des Suisses auec les François & autres Nations; & de leur Inconstance. Disc. 7.   f. 451.
Que le reproche de l'Inconstãce est honorable, puis que tout ce qui est en la Nature, cõsiste en vicissitude & variation. Disc. 8. f. 454.

Livre V.

De l'Inconstance des Anges. Disc. 1.   f. 461.
De l'Inconstance des faux Dieux. Disc. 2.   f. 470.
De la Constance de Dieu, seul parfaictement constant. Disc. 3. f. 487.
De la vraye Constance en la saincte Trinité. Disc. 4.   f. 495.
De l'imperfection de la Constance des Payens. Disc. 5.   f. 515.
Que la seule Constance de Dieu estant parfaicte, c'est aussi la seule à laquelle l'homme sage doit viser. Disc. 6.   f. 526.

Confirmation des priuileges du defunct Sr l'Angelier continuez à sa vefue.

ENRY par la grace de Dieu Roy de France & de Nauarre : A nos amez & feaux Conseillers tenans nos Cours de Parlement, Baillifs, Seneschaux, Preuosts ou leurs Lieutenans, & à tous nos autres Iuges, Officiers, & à chacun d'eux comme à luy appartiendra, Salut. Françoise de Louuain vefue d'Abel l'Angelier, Marchand Libraire Iuré en nostre ville & vniuersité de Paris ; Nous a faict remonstrer que ledict defunct ayant à grands fraix & despens recouuert, & de nostre permission faict imprimer Le Tableau de l'Inconstance, de nouueau reueu, corrigé, & augmenté : & plusieurs autres Liures de diuers Autheurs ; non seulemét auant le temps à luy permis, mais pour la plufpart incontinant qu'il les a faict mettre en lumiere est aduenu le decés dudit l'Angelier, delaissé sa vefue qui seroit frustree de la despense & frais, si la grace & permission octroyee à son mary n'estoit en sa personne confirmee & continuee. Nous suppliant sur ce luy pouruoir. A CES CAVSES desirans, comme nous auons bien & fauorablement traicté ledict defunct l'Angelier, que sa vefue puisse tirer la recompense du bien que le public reçoit de son trauail & despense. Auons à ladicte vefue de nos grace special, pleine puissance & auctorité Royal, continué & confirmé les permissions donnees à defunct son mary, d'imprimer, & faire imprimer, mettre en lumiere, vendre & debiter les susdicts Liures ; Auec deffenses à tous autres de quelque qualité & condition qu'ils soyent, les imprimer, vendre ou distribuer sous quelque pretexte que ce soit, sinon du vouloir & consentement de ladicte vefue iusques à six ans, à cómencer du iour qu'expireront lesdictes permissions. VOVLONS que mettant à la fin ou commencement des Liures, l'extraict des presentes soyent pour deuement signifiees. Reuocquant toutes autres permissions & priuileges, si aucunes estoyent obtenues, sans que lon s'en puisse aider. Declarant tous les autres exemplaires acquis & confisquez à ladicte vefue qui les pourra faire saisir ; nonobstant toutes oppositions ou appellations. Et outre seront les contreuenans mulctez de telles amendes que nos Iuges aduiseront. SI VOVS MANDONS, & à chacun de vous commettons du contenu en ces presentes faire iouyr & vser ladicte vefue durant ledict temps : & à ce faire, & obeyr, contraindre tous qu'il appartiendra. Et au premier de nos Huissiers ou Sergens, faire tous exploicts necessaires. CAR TEL EST NOSTRE PLAISIR. Donné à Paris le douziesme iour de Feurier, l'an de grace mil six cens dix ; Et de nostre regne le vingt-vniesme.

Par le Roy en son Conseil.   VOYSIN.

Extraict des Regiſtres de Parlement.

VEv par la Cour les lettres patentes du douzieſme de ce mois, ſignees par le Roy en ſon Conſeil, VOYSIN, & ſeellees du grand ſeel, par leſquelles inclinant à la ſupplication de Françoiſe de Louuain veſue d'Abel l'Angelier, marchãd Libraire Iuré en l'Vniuerſité de Paris, luy continue & confirme les priuileges & permiſſions audit defunct octroyees de faire imprimer, vẽdre & debiter Le Tableau de l'Inconſtance, reueu, corrigé, & augmenté; ſans qu'autres puiſſent ce faire que par ſon congé & permiſſion, iuſques à ſix ans, à conter du iour que finiſſent le temps deſdictes permiſſions, ſur les peines, & ainſi qu'au long contiennent leſdictes Lettres: Requeſte par elle preſentee à ladicte Cour à fin d'enterinemẽt d'icelles: Concluſions du Procureur general du Roy: Tout conſideré, LADICTE COVR entherinant leſdictes Lettres, Ordonne que ladicte de Louuain iouyra de l'effect & cõtenu en icelles, ſelon leur forme & teneur. Faict en Parlement, le ſeiZieſme Feurier, mil ſix cens dix.

VOYSIN.

TABLEAV

TABLEAV DE L'INCONSTANCE ET INSTABILITE' DE TOVTES CHOSES.

LIVRE PREMIER.

Opinion de Platon & des Peres sur l'Inconstance, sa definition, & si on y doit comprendre ce changement qui se void en toutes choses.

DISCOVRS I.

1. Toutes sortes d'Inconstance se peuuent reduire à trois.
2. Opinion des Peres & de Platon sur l'Inconstance & Instabilité de toutes choses.
3. Definition de l'Inconstance.
4. D'où vient que l'Inconstance nous fait souuent changer en pis.
5. Changer fort souuent, voire en mieux est quelque espece d'Inconstance.
6. Que toute mutation n'est pas inconstance.

VIS que l'Inconstance est le subiect de cest Oeuure, il est non seulement raisonnable, mais necessaire, auant qu'entrer en mes discours, que (selon la doctrine vniuerselle d'Aristote, & de tous les Philosophes en chaque sorte de science) briefuement & comme par delineament ie marque quelques traicts de la resolution de quatre dou-

tés ou questions qu'on pourroit faire de l'Inconstance. La premiere, s'il y a Inconstāce. La seconde, qu'est-ce qu'Inconstāce. La troisiesme, quelles sont ses proprietez & qualitez. La quatriesme, quelle est l'origine & la cause de l'Inconstance.

Que l'Inconstance est, & se trouue par tout.

Or quant à la premiere question que l'Inconstance soit, & qu'elle se mesle, & se trouue par tout, c'est vne verité si notoire, qu'il n'y a chose si constante que la mesme Inconstance : que si l'homme est inconstant, il porte luy-mesme la banniere de son inconstance. Et s'il a quelque peu de constance, il faut aussi qu'il la monstre ; autrement la verité le dementiroit d'inconstance. Que si le prophete Royal accusant chaque homme d'estre menteur, ou subiect à mensonge, vanité, ou changement, a chanté ces vers,

Psal. 115.

I'ay dict en l'esmeute soudaine,
Qui me fait departir,
Faulse est toute la race humaine,
Et ne fait que mentir:

Omnis homo mendax.

Que sera-ce de celuy qui niera le mensonge estre mensonge, la vanité vanité, & le changement changement? L'Inconstance prinse generalement, est vne espece de mensonge, comme est aussi la vanité ; puis que l'vne & l'autre viennent à dementir & monstrer le contraire de ce qui est, ou deuroit estre.

Bien loing estoit de ce mensonge, & de toute inconstance & vanité celuy qui au millieu d'vn vil fumier, mais bien plus profondement plongé en la consideration de sa propre vileté, disoit, *L'homme né de la femme, viuant fort peu de iours, est remply de plusieurs miseres, venant au monde quasi comme vne fleur, il se flestrit & s'esuanouit comme vne ombre, & ne demeure iamais en mesme estat.* L'homme est né de femme, l'inconstance tire sa naissance de la plus inconstante creature qui se puisse trouuer : voila vne belle origine. Il vit peu de iours : c'est l'inconstance de ses iours, outre l'incertitude en laquelle il vit de ne sçauoir son dernier iour.

Il est remply de plusieurs miseres: ouy, mais la plus grande est presque son inconstance. Il vient à naistre & poindre hors à guise d'vne fleur: foible & iournaliere sortie. Et soudain est flestry & foulé, voila vn terrible changement, & vne fin bien differente. Il fuit comme vne ombre: ô que chetifue & peu feable fermeté! Et iamais ne demeure en mesme estat; & voila son propre estat, & auquel seulement il est & se trouue constant.

Ce n'est donc pas merueille, si d'vn autre costé ce mesme grand Roy & prophete s'escrie, bien qu'au millieu des grandeurs & richesses de ce monde,

Certes l'homme viuant & toute sa duree   Psal. 38.
En sa fleur la plus belle est pure vanité,
Il passe comme vne ombre, il a l'ame égaree,
Et de maints troublemens son cœur est agité.

L'homme se deuant contenir en sa condition & misere auec humilité & patience, se rauage se trouble & se tourmente luy-mesme, & qui pis est sans propos & sans cause quelconque se fait le plus souuent bourreau & meurtrier de soy-mesme.

Donc nier l'Inconstance en toutes les creatures, puis que l'homme petit abbregé des creatures, & neantmoins le plus raisonnable de toutes, est si inconstant; c'est nier les mouuemens des Cieux, les combats des Elemens, & l'agitation des Ondes. C'est oster à la creature, l'estre de creature; puis que pour estre creature, & entant que creature, elle est par necessité subiecte à quelque changemét, comme indifferéte autant au non estre, qu'à l'estre. Voila quant au premier doute.

Quant au second, qu'est-ce qu'Inconstance: ie responds que comme il y a diuerses sortes d'Inconstance; aussi ne peut-on donner vne seule & propre deffinition qui soit particuliere à chacune. Car chaque espece a sa definition. Toutesfois pour n'effaroucher le monde, & ne le perdre en vne si grande multiplicité d'Inconstances, nous estimons que toutes sortes d'Inconstance se peuuent reduire à trois.

<small>Qu'est-ce qu'Inconstance.</small>

<small>Toutes sortes d'Inconstance se peuuent reduire à trois.</small>

A ij

TABLEAV DE L'INCONSTANCE ET

<small>La premiere sorte d'Inconstance.</small> La premiere est vn defaut particulier tres-proprement appellé Inconstance, qui se peut deffinir estre, Vn vice par lequel l'homme ne persiste, ny ne se tient ferme à ce qu'il auoit vne fois proposé & deliberé auec raison, soit en ses pensees, soit en ses paroles, soit en ses actions. Et à la verité quand on dit vn homme estre inconstant, on l'entend communement en ceste façon.

<small>La seconde.</small> La seconde sorte d'Incõstance se prend plus largement, pour vn vice general qui embrasse toute maniere de pechez & fautes morales. Et se peut deffinir estre, Vn vice general, par lequel la creature raisonnable ne se tient pas ferme & arrestee en ce que luy dicte la conscience, en ce que luy monstre la lumiere naturelle ou sur-naturelle, ou en ce qui luy est prescript par la prudence. Ce sçauant <small>S. Thomas secunda secundæ, qu. 53. art. 2.</small> sainct Thomas l'entend ainsi, quand il enseigne que l'inconstance est contraire à la prudence, non absolument & simplement, mais entant qu'elle defaut en l'execution de ce que la prudence ordonne & prescript. Et vrayement aussi elle merite nom d'inconstance, puis qu'elle en a la nature. Car n'est-ce pas n'estre stable & constant, que ne s'arrester & demeurer ferme en ce que la raison nous enseigne, & la prudence nous prescript?

<small>La troisiesme sorte d'Inconstance.</small> La troisiesme sorte d'Inconstance est tres-ample & tres-vniuerselle, & commune à toutes choses, excepté à Dieu seul: laquelle n'est qu'vn changement, vicissitude, variation ou mutabilité en toutes choses creées, ou que la Nature peut creér de quelque espece ou qualité qu'elles soyent. Tellement que celle-cy embrasse & contient tous les genres & especes d'Inconstance.

Or mon intention est en cest œuure & en mes discours de traicter de toutes les trois sortes. Pour la premiere, il n'y a rien à redire, ny à m'opposer. Pour la seconde & troisiesme, parce que quelque censeur se pourroit esmerueiller, de ce que ie mets toutes sortes de vices & d'imperfections, & reduicts tous changemens à l'Inconstance: & qu'il semble que par ce moyen ie tire comme par le nez, &

mene auec violence plusieurs choses à ceste matiere, qui ne semblent auoir aucune affinité auec elle.

C'est pourquoy ie represente que c'eust esté vne tres-grande faute, si i'eusse seulement traicté de la premiere, puis qu'elle n'est vniuerselle, & ne peut estre estimee Inconstance toute seule. Et voila les raisons qui m'ont meu de parler des trois sortes, sous lesquelles viennent toutes les autres que l'homme se pourroit imaginer.

Quant au troisiesme doute ou question, quelles sont les qualitez & proprietez de l'Inconstance: Ie dy que cela se peut fort bien cognoistre par ses effects, qui sont tant en nombre, & si extrauagants en especes, si dangereux en leur naissance, si pernicieux en leur progrez, & qui portent tant de ruine en leur fin, qu'il se peut dire que tous les maux naissent de l'Inconstance. *Quelles sont les qualitez & les proprietez de l'Incōstance.*

Finalement la quatriesme & derniere question: de la cause & origine propre de l'Inconstance, se resout en ce, que selon les diuerses especes & manieres d'Inconstances, les principes & racines d'icelle en sont aussi diuerses. *De la cause & origine propre de l'Incō-stance.*

De la premiere sorte d'Inconstance, de laquelle nous auons parlé cy-dessus, la cause en peut estre en quelques-vns, leur particulier naturel & complexion. En d'autres, faute d'entendement, en aucuns vne certaine ruze artifice & duplicité selon le dire de l'Apostre, *Vir duplex animo inconstans est in omnibus vijs suis.* En quelques autres la lascheté & faute de courage. En d'autres, la mauuaise accoustumance, qui les fait souuent retomber en mesmes pechez & imperfections. En d'autres, le defaut de la crainte de Dieu, ou d'apprehension & consideration efficace. *1. Iac. chap. 8.*

Finalement le propre interest qui les fait tourner & retourner comme des girouëttes & banderoles à tous vents, selon que la chose leur peut reüssir à commodité.

De la seconde sorte d'Inconstance on peut apporter plusieurs causes de celles mesmes que nous auons deduictes cy-deuant parlant de la premiere: principalement le peu de crainte de Dieu, & peu d'attention sur ses propres actions, faute de consideration de l'estat & condition de la creature enuers le Createur, & de l'estre, d'vne nature raisonnable : bien que ie confesse qu'il y a aussi par fois de la fragilité en aucuns.

De la troisiesme & derniere sorte d'Inconstance, qui est la generale & vniuerselle, espandue en toutes les choses, hors de Dieu, & inseparable d'icelles : ou quant aux effects, ou au moins quant à la subiection, l'origine & la racine n'est autre, que la condition de la creature, laquelle, comme du rien a prins & receu son estre, aussi quant à elle & de soy-mesme tend tousiours & va au rien & au non estre.

Voila les questions qu'au prealable il m'a semblé necessaire de representer, affin qu'au commencement on cognoisse à quel chef se doit reduire chaque traicté. Or donc pour entrer en mes discours.

1 Opinion des Peres touchāt l'Inconstance. Les anciens Peres de l'Eglise, & plusieurs autres grands personnages, ayant veu que l'homme (qui seul entre les animaux vse de la raison) alloit neantmoins en toutes ses actions flotant & ondoyant çà & là ; ne faisant ny ne voulant rien nettement, esgallement, ny absolument, ont creu volontiers & auec tres-notables considerations, que Dieu seul, & non autre, estoit eternellement & parfaictement constant : Et que l'homme rouleroit ainsi en ceste incertitude & varieté muable, iusques à ce grand Iour de la recherche generale de son inconstance, auquel *S. Greg. l. 28. c. 28. sur Iob.* chacun par la fin de sa premiere condition, se trouuera pour iamais heureux, ou mal-heureux. Qui a tiré de la bouche d'vn sainct Pere ces paroles tres-veritables : *Celuy seul est veritablement* (dit-il) *qui seul est & demeure eternellement immuable : car tout le reste qui est ores ainsi, ores autremēt, c'est tout* *Opinion de Platon en son Timee sur l'Inconstance.* *autant que s'il n'estoit point.* On diroit que l'opinion de ces grands Philosophes, & celle de ce grand Platon, ont esté du tout semblables : car voyant la mesme inconstance & instabilité en tout le surplus des choses de ce monde inferieur ; & que les Elemens mesme, qui sont les vrayes colonnes & appuis d'iceluy, ne demeurent iamais en mesme estat, a dit fort à propos, qu'on ne sçauroit asseurer sans rougir, que l'Eau se doiue plustost appeller Eau que Terre, ny la Terre plustost Terre qu'Eau, ny l'Air plustost Air que Feu, ny le Feu plustost Feu qu'Air. Si bien qu'il donne aduis à celuy qui fondroit en or certaines figures, lesquelles il refondroit en mesme instant en autres figures, si on luy demandoit de chacune d'icelles que c'estoit, de respondre absolument, pour faire vne responce asseuree & veritable, que c'est de l'or simplement, & rien autre chose. Car de dire que c'est vn Triangle, ou quelque autre figure de celles qu'on y void, qui sont aussi tost changees en autres, il ne les faut ainsi appeller, comme si elles l'estoient veritablement & pour iamais.

Car toute chose (dit Platon) *doit estre estimee la mesme, qui ne sort de son premier estre, veu que tout ce qui est en la Nature est subiect à changement, & peut receuoir vne nouuelle forme. Si bien qu'estant meslé auec d'autres choses, & par apres reduict en quelque forme que ce soit, il semble en quelque façon estre tout autre. Or les choses qui entrent ainsi, se meslent & sortent de leur premier estre, ne sont que representations feintes & simulees des choses qui sont & seront veritablement & pour tousiours.*

Mais oyons cest autre plus diuin Platon, sainct Augustin, qui nous deduit mesme chose, l'appliquant proprement à ce grand Dieu immuable. S. *Aug.* tomo 3. de *Trinit.* lib. 5. cap. 2.

Toutes les autres essences ou substances (dit-il) *sont muables & subiectes à des accidens, par le moyen desquels il se faict en elles ou grande, ou telle quelle mutation. Or en Dieu il n'echoit rien de semblable, ains à luy seul principalement & veritablement appartient le vray estre. Quod enim mutatur, non seruat ipsum verum esse. Et quod mutari potest, etsi non mutetur, potest quod fuerat non esse. Ideóque illud solum quod non tantum non mutatur verum etiam quod mutari omnino non potest, verissimè dicitur esse.*

C'est ce que châtoit la Corneille, ou le Demon de l'Empereur Domitian, laquelle lors de sa mort s'estant perchee sur le Capitole, cõmença à dire & entonner aux Romains Suet. en la vie de Domitian. c. 23.

ces trois mots importants, ἔϹΤΑΙ ΠΆΝΤΑ ΚΑΛῶϹ.
Donnant seulement esperance par ce mot (*erunt*) de
quelque bon estat pour l'aduenir ; n'ayant voulu dire, ny
osé promettre & asseurer, que rien de l'estat present de
l'Empire fust deslors en bon estat. (*Est bene*) sont paroles
certaines & constantes, qui ne peuuent sortir que de la
bouche de Dieu ; au lieu que ces autres, (*Erunt* ou *Erit*)
sont paroles iettees à l'auenture, qui le plus souuent ne
nous donnent rien qu'vne trompeuse esperance fondee
sur l'aduenir. Ce que ces deux vers qui furent faicts deslors expriment merueilleusement,

Nuper Tarpeio quæ sedit culmine Cornix,
Est bene, non potuit dicere ; dixit, erit.

Ainsi par leur aduis & celuy de Platon, il ne se trouue en
la Nature rien de stable, ny dequoy on puisse respondre &
asseurer qu'il demeurera en mesme estat : attendu que les
choses de ce monde sont en bransle & mouuement perpetuel. Que tous les iours de la sepmaine nous tiennent
en inconstance & inquietude, & mesme celuy du repos,
est vrayement sans repos à considerer toutes pieces ; parce
qu'encor qu'il semble n'auoir esté faict par le Tout-puissant que pour donner relasche à nos trauaux, retirant par
fois nos mains hors l'œuure pour arrester l'ouurier sur la
consideration de son ouurage, & luy donner loysir d'en
remercier l'Autheur ; si est-ce que nous trouuons par contraire vsage (excepté ce qui touche au seruice particulier
de Dieu) que seulement c'est vne haleine souuent reprise,
& vn renouuellement de nouueaux labeurs la plus-part
inutiles ; ausquels apres ce petit repos nous nous rattachós
plus vigoureusement : tout ainsi qu'vn torrent s'arreste
quelque temps, par l'empeschement qu'on luy donne ;
mais par apres troublant son repos & rompant ses deffenses, il enleue l'escluse auec violence, brise, noye, & naufrage tout. Ou bien comme ce fleuue de Iudee, que Iosephe
appelle Sabbatique, qui arreste sa course & retire ses eaux
le long de la sepmaine, pour apres vne notable pause re-
pren-

Erunt omnia bene.
Toutes cho-
ses serõt bien.

Iosephe l. 5. c.
5. & l. 7. c. 24.
Pli. l. 31. c. 2.
dict au con-
traire qu'il ta-
rit le iour du
Sabbat.

prendre son cours le Samedy, & se débonder ce iour seul auec plus de violence.

 Si bien qu'on diroit que mesme ceste varieté ou diuersité plaisante qui paroist en la Nature, & ce changement qui se void par fois és Republiques & Gouuernemens, & cette vicissitude, qu'on attribue à la Fortune, est quelque espece d'inconstance. Tout de mesme que cet humeur volage, qui se trouue en toute sorte d'animaux raisonnables & irraisonnables, & qui les fait ainsi varier sans raison. Mais encore que ceste varieté & changement serue quelquefois d'embellissement aux choses inanimees, & autres qui sont en la Nature, elle ne peut pourtant ainsi seruir d'ornement aux hommes: ains leur volonté muable doit estre tenue pour qualité vicieuse, entant qu'elle est irresolue & imparfaite.

 L'homme estant vne piece de l'Vniuers, duquel la roüe tourne incessamment, & par auanture la piece la plus muable; se laisse emporter à ceste irresolution & tournoyement par la qualité du total. Outre que de soy-mesme & sans aucune necessité, ne forcee dependance du Ciel, l'image des choses futures estant imperceptible; le plus sage & prudent qui n'a de certain que l'estat present & visible, pour exploicter ce que son iugement luy peut fournir en chose si soudaine, change ses deliberations, enfraint ses promesses, se plie & se flechit par de nouuelles considerations qu'il n'a sceu preuoir, & ne peut demeurer stable, vniforme ny esgal en soy. Si bien que Seneque semble l'excuser aucunement de ce qu'il ne tient promesse, fondant son instabilité sur la vicissitude & variation de toutes choses: comme si l'homme qui varie ne pouuoit auec raison estre appellé trompeur ne inconstant en ses promesses, si tout n'est en mesme estat (chose impossible) que lors qu'il fit ces mesme promesses. *Tunc fidem fallam, tunc inconstantiæ crimen audiam, si cùm omnia sint quæ erant promittente me, non præstitero promissum.* Si mieux nous n'aimons dire parlant plus certainement & plus chrestiennement,

que la volonté de l'homme est vne volonté languissante
& incertaine : qui a faict escrier sainct Augustin, prenant
ceste irresolution & inconstance pour vn monstre,

S. Augustin l.
8. de ses conf.
c. 9. & 10.

*D'où vient ce monstre (dit-il) & quel est-il ? l'esprit commande
au corps, & il obeit tout promptement : l'esprit se commande à soy-
mesme, & il resiste. L'esprit commande à la main qu'elle se meuue,
& elle se monstre si officieuse, qu'à peine peut-on discerner le commandement de l'execution. L'esprit commande à l'esprit qu'il vueille quelque chose, c'est le mesme esprit & non autre, & pourtant il
n'en faict rien. D'où vient donc ce monstre, & quel est-il ? Il commande à l'esprit qu'il vueille, & ne le commanderoit s'il ne le vouloit, & neantmoins ce qu'il commande n'est pas faict. Mais oyez la
raison de ceste perplexité & imperfection, qui n'est autre sinon,
Quia non ex toto vult, non ex toto imperat. La volonté estant imparfaicte, le commandement n'en est pas absolu.*

Il faut donc que l'homme se vainque & se plie soy-mesme, & qu'il face en sorte, que son esprit commande &
s'obeisse tout entierement ; car en ce seulement qu'il ne
veut obeir, on peut dire qu'il commande en tyran.

Vince animum, qui cætera vincis.
―― *animum rege, qui nisi paret,*
Imperat. ――

Horat. lib. I.
Epist.

Et c'est aussi ce qui a mis en si grand peine les Iurisconsultes, qui ne se sont iamais tant trauaillez en aucun autre
suiect, qu'à sçauoir choisir & cognoistre les dernieres vo-
lontés des mourans, ausquels par leurs capricieuses interpretations (qu'ils appellent *Ex præsumpta mente testatoris*,
parce qu'elles sont hors de toute certitude) ils donnent
souuent des volontez qui ne furent iamais en leur entendement ny premieres ny dernieres : disposant en sorte leurs
dernieres dispositions, qu'ils font incliner leur volonté à
chose à quoy elle ne fut onc disposee. Et quand il n'y auroit autre chose que ce que tout homme bien sensé accorde tres-volontiers, que l'homme a de Dieu son Createur le don particulier de choix & son franc-arbitre, il ne
se peut nier que ce ne soit inconstance à celuy qui peut

choisir, & qui a desia bien choisi, de changer par volonté & choix contraire le bien auec le mal.

Et afin que nous la cognoissions mieux par sa deffinition, l'Inconstance se peut deffinir, és creatures animees & raisonnables, qui peuuent & vouloir, & agir, vn vice de l'ame qui change à tous moments, soit en pis, soit encore quelquefois en mieux. Et és creatures irraisonnables, qui n'ont point de volonté, c'est aussi inconstance en quelque sens, quand en mesme poinct, en mesme suject, & en toutes occasions pareilles, nous ne voyons pas tousiours mesme chose, & que l'inegalité & diuersité s'y rencontre le plus souuent sans nulle raison ny discours. I'ay dict qu'és creatures animees & raisonnables, l'Inconstance estoit vn vice de l'ame; d'autant que voltiger ainsi sans arrest sur toutes choses, est le peruertissement & trouble de nos sens, d'où naist l'imperfection de tout ce que l'homme produit. Car comme la girouëtte qui tourneroit perpetuellement sans marquer distinctemét les vents, & qui iroit tousiours pirouëttant, ou bien qui marqueroit incertainement l'vn pour l'autre, s'arrestant seulement au hazard & arrest fortuit d'vne longue girandole, seroit du tout inutile & fausse. Aussi ne pouuons-nous tirer le vray vsage de nos sens, ny les contraindre chacun à son office, si la legereté & precipitation de nostre vouloir, preuient le temps & le loisir, que la Nature a infus en chacun & en chaque chose pour faire sa function. Les yeux les plus subtils ne peuuent presenter aux facultez de l'ame, le vray pourtraict d'vne chose qui ne se presente qu'en fuyant, & qui fuit & eschappe en se presentant. Et comme il faut que la langue promene le sucre candy, qui de la nature est dur, si elle nous en veut faire sentir la douceur: aussi faut-il que les paroles qui passent par la bouche, (qui sont par fois bien rudes, & mal-aysees à aualer) soient remachees; & les faut comme peser & promener, auant que de les poser sur la langue, pour les faire trouuer de meilleur goust. La pierre qui se remue ne peut seruir à nul edifice; aussi celuy qui voltige

2. La vraye deffinition de l'Inconstance selon l'Autheur.

De la precipitation naist le trouble de nos sens, & l'imperfection de toutes choses.

& veut estre par tout, se destacine & n'est en aucun lieu. Et tout ainsi que ceux qui courent par vne roide pente, ne s'arrestent pas quand ils veulent; ains le pied entrainé par le fardeau du corps esbranlé, fait beaucoup plus de desmarches qu'il ne voudroit: tout de mesme ne peut-on rien apprendre ny faire aucun iugement certain de l'esprit de ceux, dont les propos sont confus & jettez à la volee, & les actions precipitees & comme furtiues. L'esprit passe bien souuent sans cognoistre son bien, & ne s'arreste point, dit le Psalmiste. C'est pourquoy on a tres-bien obserué, que la Nature n'a voulu que rien de grand se fist bien-tost, & a mis au deuant les beaux ouurages beaucoup de difficulté; ce qu'on monstre és Elephans: car on dit qu'ils portent dix ans leur part auant que le produire. Ainsi il faut croire, que les ouurages les plus durables sont ceux, qui ont eu quelque seiour & tardifueté en leur naissance: & les moins durables, ceux dont les principes ont esté precipitez & violents. L'esguille qui brille sous le crystal du cadran, ne peut sans fermeté designer l'heure; & en vain le filet la cherche par son ombre au trauers du Soleil, s'ils ne sont tous deux affermis sous mesme rencontre & allignement: De mesme les operations du corps conduites par l'ame, qui brille comme vn feu dedans nous, sont tout à faict inutiles, si errante & vagabonde elle se promene incessamment, & par son inconstance se desvnit & faict diuorce d'auec le corps. Il faut que le filet de nostre vie, tendu vers ce diuin Soleil qui donne iour, & esclaire tout ce que nous faisons icy bas, ne face qu'vne ombre certaine & asseuree pour bien marquer l'heure en laquelle nous puissions rencontrer la vraye constance. Il faut que ceste masse terrestre face le contrepoids, & soit balancee auec ceste legere mobilité de l'ame: à fin que par la bonne correspondance des deux, l'homme puisse produire & tirer de soy de grands & notables effects, desquels l'inconstance ne puisse alterer la perfection. Et quãd bien on voudroit ainsi varier à tous coups, il faudroit suiure l'aduis de Xenophon, qui

Psal. 102.
Quintil. liure 10. de ses Inst. Pli. lib. 8. ch. 5. dit qu'il est incertain, parce qu'ils parient en secret.

dit que les changements quand ils se font peu à peu, rencontrent plus aisément le ply de la Nature, laquelle en ce faisant s'y accommode plus volontiers.

I'ay dit aussi que l'inconstāce nous faisoit par fois changer en pis, parce que la rencontre du mal, est beaucoup plus frequente que celle du bien. Or est-il fort mal-aisé que changeant si souuent, le mal & le pis ne nous rencontrent: outre que c'est le propre de l'homme de jetter son choix sur le pire. Et neantmoins ce n'est pas faute de raison, par malheur, ny par ignorance, veu que la pluspart de nos fautes sont volontaires, & desquelles les euenements nous sont cognus, & les peines comme presentes & deuant les yeux. Et s'il faut tirer nos pechez hors de confession, & les mettre en veuë, à fin qu'vn chacun les iuge, il se trouuera sans mentir communément plus de pechez faicts de propos deliberé, que d'autres faicts sans les auoir preueus & par cas fortuit. Car ie ne vois gueres de gens, pour le moins de ceux qu'on estime habiles pour le monde, qui sur le plaisir du peché, ou mesme lors qu'ils en sont sur le chemin, ne sçachent quel peché ils vont commettre: mais la peine qu'ils sçauent n'estre presente, ne les diuertit pas du plaisir present. De maniere qu'il s'en trouue quelques-vns des plus entendus, & qui cognoissent le mieux l'enormité de leur peché, qui toutesfois s'arrestent moins à la prohibition, & qui s'y obstinent le plus. Merueilleuse subiection que celle de l'inconstāce, de nous assubiectir ainsi & sousmettre aux plus preiudiciables & perilleuses elections, au veu & sceu de nous-mesmes. Et ne faut point dire que l'incertitude de l'euenement nous pippe, & nous engage ainsi à choisir le pire. Car il est certain que nous-nous y engageons le plus souuent, encoreque nous sçachiōs la peine que nous meritons, & peu s'en faut le chastiment, & le mal qui nous en arriuera.

3. D'où vient que l'Inconstance nous fait souuent changer en pis.

Reuenons à nostre deffinition, & arrestons nous vn peu au mieux. I'ay dit que l'inconstance nous faict par fois chāger en mieux; non pas qu'à parler proprement, ie tienne

4. Changer fort souuent, voire en mieux, est quelque especce d'Inconstance.

B iij

pour inconstant celuy qui apres auoir faict quelque desseing, ou entrepris quelque ouurage, ayant recogneu, ou rencontré des moyens plus certains ou asseurez de le bien conduire, qu'il n'auoit faict au commencement, varie & change selon les occasions, & se sert de ces nouueaux moyens & les y applique, pour tousiours mieux paruenir à son but, & à sa fin. Car la fin que l'homme cherche en toutes choses, n'est que la perfection; mesmemét quand l'ouurage qu'il veut faire, depend & se tire de l'entendement, qui est le siege de nos constances. Mais ie veux dire que de s'estre trompé à bien faire ou iuger son ouurage, se doit attribuer à fragilité & à quelque inconstance de nostre nature; d'auoir recogneu & trouué quelque autre moyen plus propre & plus asseuré, pour le bien continuer & conduire, se doit imputer à bon iugement: & l'ayant trouué, quitter le premier & changer, pour suiure celuy-cy, ou quelque autre meilleur, se doit iustement appeller Constance; veu que si nous persistions en ce moyen ancien mal recogneu & mal pris, & embrassions ce que nous n'auions choisi pour soy, nous serions au contraire appellez inconstans, & deserteurs du subiect que nous aurions entrepris; d'autant que par ce premier moyen nous n'y paruiendrions iamais.

Sainct Louys voyant vn criminel condamné à mort luy donna sa grace, puis il la reuoqua: chacun admirant cette variation si soudaine fut soigneux de voir vn liure qu'il auoit entre ses mains, par ce qu'il s'estoit retracté à l'ouuerture d'iceluy. On trouua que c'estoit ses Heures à l'ouuerture desquelles Dieu luy auoit mis deuant les yeux, ces deux ou trois mots, *Fac iudicium & iustitiam in omni tempore*. Y auoit-il de l'inconstance en cette action? Nenny: parce que son premier iugement, qui l'auoit esmeu à luy donner la grace, estoit parauanture donné par importunité, & peut estre contre Dieu. Ainsi il se raduisa en mieux, & laissa iustement faire son cours à la iustice.

Ainsi qui prend l'inconstance pour vn changement ou

5 Toute mutation n'est pas inconstance.

delaissement d'vn mauuais aduis, a tort de condamner tout vn genre sous vne seule espece; veu que se rauiser en mieux est bien vne espece de mutation, mais non cette espece qu'on appelle inconstãce; qui n'est en ce cas, qu'vn defaut de mauuaise ellection (si defaut se doit appeler.) La mutation & changement est le genre, l'Inconstance en est vne espece; mais non pas toute espece: comme l'homme est vn animal, mais non pas tout animal. La retractation de sainct Augustin, ou la palinodie d'vne chose qui estoit au commencement mal louée, ou mal desprisée, sont pareillement mutations ou changemens, mais non pas inconstances: veu qu'encor' que l'inconstance soit quelque chose de mauuais ou defectueux; toutesfois toute sorte de mutation n'est pas pour cela mauuaise & defectueuse. Le simple amendement, & la saincte Penitence sont mutations & changemens, & toutesfois l'vn est vertu, quand il se fait de mal en bien, & l'autre est vertu, & quelque chose de plus grand tout ensemble. Que si toute mutation denotoit vne inconstãce, legereté, ou folie, il faudroit que ceux qui sont en silence, ne changeassent iamais de posture, & ne parlassent iamais plus, de peur d'estre dicts inconstans: & au contraire que ceux qui ont desia commencé de parler & sont en discours, continuassent tousiours sans iamais cesser. Mais on void bien selon les occurrences, qu'il est aussi dangereux & preiudiciable de trop longuement se taire, comme de trop longuement parler; veu que ceux de la ville d'Amycles se perdirent, pour auoir voulu trop garder le silence. Il est bon (disent les sages) d'auoir grace à se taire, & efficace à parler; afin que l'homme se taisant, ne soit tenu pour muet, & parlant mal à propos & hors de temps, ne soit tenu pour fol; à fin que se taisant, il n'empesche vn grand bien, & parlant il n'esueille vn grand mal: à fin que se taisant il ne retienne bien souuent, ou n'ait la bouche pleine de quelque mauuais morceau, & aussi parlant, qu'il ne le vomisse par fois honteusement & auec contre-cœur. En fin il n'est pas

TABLEAV DE L'INCONSTANCE ET

bon que la langue verse aussi tost ce que l'oreille a receu à condition de le tenir en depost; veu que la vie d'vn homme est bien souuent sur le bout de sa langue. Mais aussi de faire la statuë & le muet, lors qu'vn seul mot peut remedier à quelque furieux accident, c'est retenir dans l'estomac le morceau empoisonné, duquel le seul vomissement nous sert de preseruatif, & nous remet en vne parfaicte santé. Le meilleur est d'estre discret, vtile & plaisant en silence & en parole.

<small>Il faut que le Pilote cede à l'orage.</small>

C'est donc vn erreur notable, qui apporte bien souuent de tres-grands incoüeniens & des preiudices irreparables, que le Pilote, quelque tempeste qui suruienne, vueille tousiours tenir sa route comme s'il estoit en bonace; qu'il ne mue la voile ny ne l'ameine, viuant en ceste opiniastreté, de ne vouloir iamais rien ceder à la violence de l'orage: si les subiects se mutinent & reuoltent, que le Prince ou le

<small>Il faut par fois gauchir aux loix, & ne s'attacher aux formes.</small>

Magistrat ne fleschisse & ne démorde iamais de ceste seuerité Catonique, sans vouloir prendre la peine de les amadouër, & les contenir par douceur. Voire quand mesme les loix des Princes ou Magistrats sembleroyent en quelque façon y resister: car on reprend fort à propos le Consul Scæuola, de s'estre par trop attaché aux loix, n'ayant osé punir Tibere Gracchus qui faisoit le seditieux, craignant de blesser les formes: & au contraire Plutarque dit qu'on loue Philopœmen, de ce que voyant le Preteur trop lent à resister au tyran Nabis, luy qui n'estoit qu'vn homme priué, y resista, & le chassa: veu que ce qui est salutaire à la Republique, doit tousiours estre censé legitimement fait, iuste, & selon les loix. Attendu que qui verroit ruiner sa ville, sa liberté, & ses Autels, & voudroit recourir au milieu de cette grande necessité, au priuilege d'immunité, seroit iustement blasmé de faire comme ces

<small>C. peruenit. de immunit. Eccl.</small>

Iuifs, qui pour se tenir fermes à leur Sabbat, laisserent perdre leur ville à faute de la secourir. En pareilles occasiõs, les priuileges sont du tout hors de saison, voire ce sont autant de blessures qu'on donne à la patrie, pour le salut de
la-

laquelle seulement toutes les loix sont faictes. Bref c'est vne pure folie de voir quelque chose que l'homme ait entrepris ou commencé mal à propos, qu'il l'a poursuiue & continue encor beaucoup plus mal, de peur que changeant en mieux, il ne soit accusé d'inconstance. Car se retracter, s'améder, changer d'aduis, & de moyens pour paruenir ou ramener quelque chose à effect & tousiours en mieux, selon la diuersité des occasions & nouueauté des subiects, ne peut estre dite inconstance ; veu qu'au contraire ce sont traits de vertu, de sagesse, ou prudence : au lieu que l'inconstance s'employe communement, & est tenue pour vice & pour defaut. C'est pourquoy Seneque dit tresbien, qu'encor que le sage aille tousiours mesme chemin, il ne va pas pourtant tousiours mesme train, & si pour cela *non se mutat, sed aptat* (dit-il) : Il ne se change pas, il s'accommode, se r'aduise, & r'abille ce qui est mal faict.

Toutefois il se peut dire, que le seul changement si frequent semble estre par fois vn vice tout formé : & changer voire en mieux, est bien souuent vn signe d'vne ame malade, & attainte. Car qui ne se tiét au bien qu'il a choisi plusieurs fois, monstre qu'il aime par trop à varier, ne pouuant se tenir à ce qui est de mieux apres tant d'essais, tournant l'experience & l'espreuue qu'il en a faicte à son preiudice, puis qu'il ne peut s'arrester, ny prendre le bon party qu'il a desia aggreé. Non pas que ce changement en mieux soit proprement mon subiect, veu que nul homme bien sensé ne peut blasmer d'inconstance celuy qui rappelle son ame à ce qui est de son bien & de son salut, ores qu'il fust desuoyé & recheu cent mille fois. Mais mon subiect est vrayment de monstrer, que nulle sorte de creatures raisonnables & irraisonnables ne peuuent d'ellesmesmes demeurer en mesme estat, soit bon, soit mauuais, ains se changent & diuersifient par maniere de dire à tous momens. *Nemo non quotidie consilium mutat & votum*. Que l'homme jouant au pair & non pair, par malheur rencontre tousiours le non pair, il se trouue presque par tout inesgal à soy-mesme. *Alius prodit atque alius, & impar sibi est.* Que les hommes sont pluriformes, & changent à tous coups de personnage. Ils prennent en mesme instant vn rollet tout contraire à celuy qu'ils ne font que laisser : *mutant subinde personam, & contrariam ei sumunt quam exuunt.* Que les actions des hommes sont hors de regle, comme les notes des Musiciens, qui ne sont gueres iamais à droict fil, ains sont tantost çà, tantost là, tantost dehors, tantost dedans, or dans les espaces, or dans les lignes. Et que l'homme entre toutes celles que la Nature a formé, est la plus irresolue, ondoyante & muable, & qui plus aysément en vne belle entreprinse demeure en chemin : les Naturalistes ayant aussi obserué en luy fort à propos, qu'il est le seul entre tous les animaux, qui saigne du nez. Et comme Narcisse se perdit pour s'estre miré dãs vne fontaine ; que l'inconstance est cette fontaine de varieté, dans laquelle chacun plonge la teste, pour y rechercher son plaisir ; & l'homme est le vray Narcisse, qui se mirãt dedans se rend amoureux de son ombre, & se perd. Et quant à l'autre poinct, qui est de la varieté & inegalité qui se voit és choses inanimees, quand en mesme endroit & en mesme subiect nous ne voyons tousiours choses semblables, mesmes effects, & pareils euenemens, que ie dis estre quelque espece d'inconstance : nous traiterons cela au second Tome, si la mesme inconstãce, ou quelque autre empeschement ne nous diuertit de nostre desseing. Mais en cestuy-cy nous parlerons seulement de l'inconstance, qui suit l'homme tout ainsi que l'ombre le corps : & monstrerons qu'elle ressemble vn Cheual effrené, qui ne faict autre chose que ruer à force qu'il veut aller, croyant rompre & frapper l'empeschement de sa fuite. Vn Flambeau qui nous esclaire vn peu de temps, mais en fin s'esteignant, nous rend vne tresmauuaise odeur. Vne Ombre qui par fois nous trõpe, par fois nous défigure. Vn Canal qui n'a nulle goute d'eau en soy qu'elle verse constamment, ains fait escouler ce qu'il reçoit, & le porte dans le vague & profond de la mer, où le tout se mesle, se noye, & se confond. Vne Mer dans la-

Plin. l.11.c.39.

quelle y a plus d'orages, plus d'escueils, plus de Remores, plus de Torpilles qu'en l'Ocean. Vne pomme de transgression, de celles qui donnerent la mort à nos Peres. Vn hôme de village qui bat le bassin, pour rappeller les mouches à miel vagabondes. Vn petit Cercle qui naist de la pierre qu'on jette dans la mer, ce petit en forme vn grand, ce grand en forme encore vn plus grand : Aussi le premier Cercle de l'Incôstance ne produit qu'vne petite legereté, mais le second produit vne grosse & lourde incôstance, & le troisiesme vn rude & aigre repentir. Vne Tapisserie qui par l'endroit monstre toute sorte de paysages, de verdure, de Chasteaux, d'hômes, & d'animaux: & en son reuers rien que fils, que coustures, que nœuds, & que laides figures. Vn Aigle qui pour enleuer l'homme parmy les nuages de ce monde, le rauit comme vn Ganymede, puis le mene si pres du Soleil qu'il l'aueugle, & en fin le laisse cheoir de si haut, qu'il le froisse & brise en cent pieces. Vne fontaine pareille à celle de Sicile, qui tout aussi tost qu'on parle aupres ou à l'entour, s'altere, s'enfle, & sort dehors. Vne Spelonque appellee Sêta, qui estât en repos, au moindre bruit d'vn petit festu, lâche de si furieux vêts, qu'on ne peut demeurer à l'entour. Vn Echo importun, qu'vne ame bien tranquille a jetté côme à l'escart, qui ne demeure en silêce qu'autant que ceux qui sont pres d'elle y demeurent; mais dés qu'ô l'esueille & qu'on crie, elle crie pl' haut que ceux qui l'ont esueillee, sâs qu'il y ait moyen de l'appaiser & faire taire, qu'en se taisât les premiers: côme aussi nostre ame ne crieroit ainsi incessammêt apres les vanitez de ce monde, ains par fois les jetteroit à l'escart, si elle n'y estoit conuiee par le bruit & tracas de ce qui perpetuellement luy roule & bruit à l'entour: mais dés aussi tost qu'on l'appelle pour l'oster hors de cé siege trâquille, où la Nature semble l'auoir assise, elle crie & têpeste plus que ceux qui l'ôt ostee de son repos. Bref que l'Incôstance ressêble ces instrumês, qui se iouêt auec du vêt, sur lesquels on a beau remuer les doigts, si la bouche ou les mains n'y ont donné le vêt, ils ne peuuêt rien exprimer de plaisant, & demeurêt languissâs:

On dit qu'il n'y a que les vagabondes qui s'y laissent pipper.

C ij

& comme l'organiste a beau promener ses doigts, si quelqu'vn n'est derriere pour luy donner du vent à propos, l'harmonie de son instrument est muete; tout de mesme si l'homme veut seulement prendre le vent, (car il est malaisé que chacun n'en ait vn peu) & qu'il n'y vueille appliquer les doigts de la raison pour le disperser à proportion, & faire chanter l'ame par regle & par mesure; on a beau l'éuenter ou remuer les doigts, l'vn sans l'autre sera inutile & mal plaisant. Veu qu'il faut mesurer les vents de ce monde, & les prendre à proportion de la grosseur & tuyau de nostre ame organisee par la raison, afin que le vaisseau trop plein de vent n'emporte l'harmonie & l'instrument tout ensemble. Que si Archimedes fut si suffisant en son art, & en ses figures de Geometrie, qu'il cogneut combien l'Orfeure auoit desrobé d'or en la façon de la couronne que le Roy Hieron luy auoit baillé à faire. Si Thales par l'ombre de la pyramide iugea la grandeur & longueur de tout le grãd corps d'icelle. Et si Pythagoras cogneut aussi en la course d'Hercule, par la longueur de la carriere, & par la trace qui y demeuroit emprainte, combien il deuançoit les autres hommes de hauteur: ie pense qu'il me sera beaucoup plus aisé, courant dans ce grand pourpris & promenoir du monde, & dans la longueur de sa carriere, de recognoistre les inconstans, & en representer & descouurir la façon & les defauts; faisant voir nayuement, combien aucuns deuancent les autres en hauteur de volages & vaines conceptions. Car certainement lors que nos yeux sont esgarez, que nostre façon ou contenance est sans discretion, que nostre visage se trouble & change de couleur & de presence à tous coups; c'est alors que nostre inconstance se manifeste le plus, & nos desirs & pensees quasi comme par trahison concertee, se rendent si manifestement visibles, que la plus muete de nos actions, nous descouure beaucoup plus auec ce silence, & nous tesmoigne ce qu'elle veut, que ne feroit mesme la lãgue s'essayant de le dire ouuertement; veu que souuent en cette desroute & meslange de mouuements desreglez & passions incõstantes, elle beguaye inconstâment & se trouble.

Il me sera donc fort facile, espeluchant les deffauts d'vn chacun, & principalement de ce qui est de sa conuoitise: & pesant les choses que l'homme a accoustumé tenir en plus haut prix, de monstrer & faire voir, que les sciences, desquelles communément chacun pense puiser sa sagesse, & la conduitte de sa vie, ne sont qu'inconstances.

Que les Diamants, les Rubis & les Perles, & toute sorte de thresors, lie desrobee & tiree de la terre, ne sont que la proye des voleurs. Les Metaux, compositions de soulfre & d'argent vif tiré des minieres, le vray nid de la roüille. Les plus riches denrees, fruicts desrobez & tirez des chãps, la despouille des Corsaires. Les Nauires, Troncs tirez des forests, le jouet des vents. Nos Seruiteurs & Esclaues, hommes tirez de la liberté naturelle, les Espions & sangsues de nos maisons & familles. Nos riches habits, despouilles la pluspart tirees des animaux, l'entretien & nourriture des Teignes. Nos Hostels & Palais, monts d'os tirez des entrailles de nostre mere ancienne, le jouet des tremblements de la terre. Et apres cela nous ferons voir, que les Sceptres & Diademes des plus grands Monarques, ont tousiours esté & sont encor la pluspart, les girouëttes de l'Inconstance, & leur Cour le superbe Theatre.

Les aages, les siecles, & les saisons, sont les ponts, & passages de l'Inconstance de nostre vie; & ceste vie, vne course esgaree dans vne carriere sans bout; ou Nauire passagere, voguant à l'escueil de la mort.

Et la mort, qui seule mieux que toute autre chose prononce l'Arrest diffinitif, & descouure ce que nous auons esté ou non, comme vn haure de Constance, & ce Phare qui nous faict voguer seurement par la mer de ce monde: veu que la vraye Constance ne se monstre qu'aux abois de la mort, & sur le poinct que la vie veut eschapper: comme celle qui est le passage à nostre salut, & le degré par

C iij

lequel nous montons à la gloire; entant que despouillant la vie humaine de son inconstance ordinaire, mesme sur le haut poinct & lors qu'elle nous veut enleuer, elle arreste l'homme qui a bien vescu, à la contemplation de ceste Constance de Dieu, à laquelle, pour estre nostre souuerain bien, nous deuons seulement viser.

TABLEAV
DE L'INCONSTANCE
DV PREMIER HOMME.
Discovrs II.

1. *Quels mysteres les Anciens ont caché sous les noms de Bacchus, & de Ceres.*
2. *Pourquoy Dieu le Pere voulant creér l'homme, demeura en consultation.*
3. *Dieu s'est rendu comme plege & caution de la reparation de la premiere Inconstance de l'homme.*
4. *Qui a esté plus inconstant, Adam, ou Eue.*

IL semble que les Anciens ayent voulu cacher sous le nom de Bacchus, & de Ceres plusieurs grands mysteres & secrets; tellement que aucuns ont essayé de tirer de là la naissance d'Adam & d'Eue. Car par tradition qu'ils ont receuë de longue main, ils l'appelloient Adoneus, qui est vn mot assez proche & conforme à celuy d'Adam, qui est le nom du premier homme, & luy portoient vn serpent en forme de couronne, haut esleué en l'air, duquel estoient couronnez ceux qui en solemnisoient la feste, crians Euœ, Euœ, nom aussi fort approchant de celuy d'Eue, & de son histoire, qui porte qu'elle fut deceuë par l'enuie & cautelle du serpent. Ils les prenoient aussi quelquefois pour Osiris, la ioignant auec Isis, sa sœur & sa femme, comme aussi Eue semble estre sœur, & femme d'Adam. Car Eue a esté formee de la coste d'Adam son espoux, pendant qu'il estoit endormy, tout de mesme que du costé de Iesus-Christ dormant, est sorty le sang & l'eau dont la saincte Eglise son espouse a esté formee.

Les Anciens sous les noms de Bacchus & de Ceres ont couuert plusieurs beaux mysteres.

Philost. au ch. des Andriens.

C'est pourquoy Iesus Christ dit, *I'ay dormy*: bien que plus vray semblablement les anciens voulussent entendre, par ces deux derniers Isis & Osiris, le Nil & l'Ægypte. Et bien que toutes ces choses semblent estre par eux dites à plaisir, si est-ce que sous l'escorce de ces inuolutions fabuleuses, & sous ces noms de Bacchus & de Ceres, d'Isis & d'Osiris, du Nil & de l'Ægypte, ils nous ont descouuert beaucoup de grands secrets, touchant l'Inconstance de nos progeniteurs. Et pour en parler ouuertement, & selon que l'histoire de la Genese nous apprend, Iosephe dit que *Adam* en langue Hebraique, signifie terre rouge : mais ce mot a esté fait propre du premier homme, parce qu'il auoit esté creé de terre rouge, ou argilleuse. Aussi le mot *Adama*, ou *Adema*, signifie proprement vne terre vierge, ou quelque premiere terre, de laquelle Dieu a moulé le premier homme, terre qui n'a encore esté ouuerte. Car ce que Moyse dit, que

Dieu a formé l'homme du limon de la terre.

ce limon ne signifioit pas de la bouë, mais bien le premier laict, ou la fleur de la terre qui estoit vierge, n'ayant encor pour lors contracté aucune tache, comme elle fit depuis par la famille d'Adam : pour le rachapt duquel Iesus-Christ voulant satisfaire à la iustice diuine, se presenta auec vn corps semblable à celuy d'Adam, auant qu'il tombast en peché: c'est à dire en corps faict de terre vierge, & du sang vierge tres-pur de la benoiste Vierge. Lequel nom, Dieu voulut ainsi imposer, afin que l'homme se souuenant de quelle estoffe il estoit composé, fust tousiours constamment tendu à la recognoissance de son Createur, & sur toutes choses, qu'il eust l'humilité en recommandation.

Mais d'autres plus subtils, sçachant que les noms de la premiere imposition, & s'il faut ainsi dire, du premier Baptesme, descouurent le plus souuent ce que nous sommes, mesme nos vices & imperfections, ont dit que ce mot *Adam* escrit en Grec, estoit composé de quatre lettres, des-

INSTAB. DE TOVTES CHOSES. LIV. I. 13

desquelles cõmençoient quatre dictions, qui signifioient les quatre parties du monde, c'est asçauoir, ΑΝΑΤΟΛΗ, ΔΥΣΙΣ, ΑΡΚΤΟΣ, & ΜΕΣΗΜΒΡΙΑ, pour ce disoient-ils, que la posterité d'Adam deuoit estre dispersee par tout le monde; ou bien que la terre, de laquelle il deuoit estre formé, auoit esté prinse des quatre parties du monde. Laquelle interpretation fut tiree de la Sibylle, qui en prononcea ces vers, *S. August. tr. 14. in Ioannem. L'Orient, l'Occident, le Septentrion, le Midy.*

    Dieu appella Adam du nom de quatre lettres,
    Apres l'auoir formé, nom qui en soy comprend
    Le North, & le Midy, le Couchant, l'Orient,
    Et qui les hommes fait de la terre seuls maistres.

Mais d'autres, & bien à propos, ont tiré de là, comme vne preuue certaine de son Inconstance & de toute sa posterité. Car comme la terre est propre pour receuoir toutes formes, ainsi l'homme est capable de receuoir toutes impressions & changemens, suiuant le vice de la matiere dont il est composé. Et comme vn enfant allaitté de plusieurs nourrices, s'imbibe & se fournit de diuerses humeurs: aussi l'homme faict & formé de la terre de quatre regions, hume & reçoit toutes les diuerses mutations qu'il y trouue, & se jette en autant de diuersitez. Ce qui se rapporte aucunement au discours d'vn sainct personnage, qui dit qu'à la verité Adam au commencement de sa creation, fut reuestu de quatre vertus, Misericorde, Verité, Iustice, & Paix, qui estoient, encor qu'il fust nud, quatre bonnes robbes ou parures de Constance, pour paruenir à son salut, & nous mettre en chemin du nostre, pourueu qu'il les eust portees comme il falloit ensemblement, & toutes à la fois: d'autant qu'il n'en pouuoit laisser & despouiller pas vne, que son inconstance & legereté ne demeurast descouuerte, & qui ne luy portast priuation de ceste beatitude celeste, pour laquelle seule il estoit né. La Misericorde estoit la premiere, qui comme sa nourrice le gardoit soigneusement, & le suyuoit pas à pas. Et parce que l'homme estant creature raisonnable, auoit besoin d'vn precepteur pour

L'homme est capable d'Inconstance.

S. Bernard au 1. Sermon sur l'Annonciation.

Adam fut reuestu de 4. vertus.

Misericorde.

D

l'instruire, on ne l'en pouuoit assortir d'vn meilleur, que de la seconde vertu, qui est la Verité; afin qu'elle luy apprinst le chemin, pour trouuer quelque iour ceste autre Verité tant recherchee. Et de peur qu'il ne fust trouué sçauant, seulement pour mal faire & desobeir, on le reuestit de la Iustice pour le tenir en droicture, & l'appliquer, ou exercer constamment à bien faire. A quoy la douce & debonnaire main du Createur adiousta la Paix pour la derniere, & celle qui luy estoit la plus aisee, & pourtant la plus necessaire. Mais c'estoit vne double paix, afin qu'il ne fust trauaillé de l'inconstance d'aucuns desirs, & qu'il n'eust rien à combattre en soy & au dedans, ny rien à craindre au dehors : c'est à dire, afin que la chair par les esguillons ne le denichast de sa Constance, le faisant entrer en conuoitise du fruit de vie, & que nulle creature ne luy en donnast le goust, par crainte ne induction quelconque. C'est pourquoy le serpent mesme ne l'osa entreprendre : car il ne fut iamais si presomptueux, que de l'oser attaquer par force, ains seulement par ruse.

Qu'est-ce donc qui manquoit à celuy, qui estoit gardé par la misericorde, apprins par la verité, conduit & reglé par la iustice, & maintenu par la paix ? mais il monstra bien, ne se pouuant tenir assez chaudement & constamment en la grace de Dieu, auec si beaux ornements, que de soy il estoit capable d'ambition & de legereté. Et afin que l'Inconstance d'Adam se puisse mieux voir, par le peu d'occasion qu'il auoit d'estre Inconstant, plusieurs choses sont à considerer.

Premierement, que non sans cause Dieu le Pere demeura comme en consultation sur la creation d'vne personne, qui deuoit ingratement & trop legerement mettre en oubly tant de biens, & perdre aussi tost le monde vniuersel par l'inconstance de ses desirs. C'estoit à mon aduis, parce que Dieu ayant creé le monde & tous les animaux, ce mesme monde ne pouuoit estre parfait, que Dieu n'eust creé l'homme, comme la derniere piece, & la seule

Verité.

Iustice.

Paix.

Le serpent n'osa attaquer Adam par violence, ains seulement par finesse.

Premiere cōsideration, pourquoy Dieu le Pere voulant creer l'homme, demeura en consultation.

propre & capable de iouyr de tant de thresors qu'il y auoit logé; mais d'autant que deslors mesme il preueut, que cet homme pecheroit & se depecheroit bien tost de tant de biens par son inconstance, & par la faute qu'il deuoit commettre: & qu'il seroit impossible à autre qu'à luy (c'est à dire à Dieu mesme) de le retirer de ce naufrage eternel auquel il s'estoit ietté, & le conduire à la fin pour laquelle il l'auoit creé ; iustement il sembloit deliberer & consulter, s'il estoit bon de le créer ou non. En fin en ayant prins la resolution, Dieu le Pere, le Fils, & le Sainct Esprit, en voulurent comme partager le soing. De façon que Dieu le Pere print sur soy la creation, comme la premiere piece, en laquelle se recognoit la puissance de Dieu, vertu ou qualité qui luy est particulierement attribuee. Dieu le Fils entreprint la reparation ou renouation, comme la Sapience de Dieu. Et le Sainct Esprit, comme amour du Pere & du Fils, la sanctification & glorification, qui sont marques de la diuine bonté & misericorde. Et le tout, *Les trois personnes de la Trinité ont voulu participer à la creation de l'homme.*

Afin qu'alors (dit vn des Saincts Peres) *Dieu le Pere le creast; puis le Fils le voyant perdu, au temps prefix & determiné le rachetast. Et en fin y adioustant la remission des pechez, & la resurrection de la chair, le S. Esprit le paracheuast.*

Et pareillement, à fin que par le commun conseil & consentement de la Trinité, les fondemens de la parfaite generation qui auoit esté faicte en grace, estants destruicts, fussent reedifiez & rebastis. Or apres vne si belle & si importante cōsultation, Dieu mit la main à l'œuure, & de sa riche main façona & fit ceste grace à l'hōme, qu'il le crea le dernier: parce qu'en l'ordre de la generatiō: les choses les plus parfaictes ont accoustumé d'estre creées les dernieres, & que Dieu luy vouloit auparauāt apprester vn logis orné & accōmodé de toutes pieces & de toutes choses necessaires, qui est le mōde: ou bien parceque l'hōme est le maistre & quasi cōme la fin de toutes choses, suiuāt le cōmun dire d'Aristote; ou bien qu'il falloit plustost créer le *Pourquoy l'homme a esté creé le dernier.*

D ij

grand monde, puis le petit, qui est & contient vn abbregé de tout le grand: ou bien parce que l'homme est le milieu entre les choses corporelles & incorporelles ; & par ainsi comme participant de la nature & proprieté des deux. Or ce milieu les Philosophes le mesurent par la composition des extremes.

Seconde consideration.   Secondement que Dieu ayant creé simplement, absolument, & comme imperieusement tout le reste, semble auoir creé l'homme seul, par dessein & deliberation pourpensee. QV'IL Y AIT LVMIERE, disoit le Createur: mais quand il voulut faire l'homme,

Tertul. lib. 1. ad Marcionem. S. Basil. Homil. x. in Hexame. Rupert. in exordio. lib. 2. de Trinit. Greg. 27. ca. lib. 9. Moral.   *Il changea de voix*, dit Tertullien, *& d'vne main priuee, ayant premierement lasché ce mot blandissant,* Faisons l'homme, *il se void que comme bien sage & aduisé il consulte, & comme vn bon ouurier, il delibere & se resoult de ce qu'il a affaire: ainsi la nature raisonnable* (dit-il) *semble auoir esté faicte auec conseil, & ce à fin que celuy qui seroit creé à l'image & semblance du Createur, le fust, non par quelque voix de commandement, ains par dignité & excellence de chef-d'œuure.*

Troisiesme considération.   A quoy il nous faut adiouster ; qu'aucuns disent que Dieu vouloit signifier en quelque façon en ceste creation, le mystere de la Trinité. Car ces mots, *Faisons l'homme*, signifient pluralité & distinction de personnes. Et ces autres, *à l'image & semblance*, vnité de la diuine nature.

Quatriesme considération.   Que Dieu luy a donné commandement, & empire sur tous les animaux. Car le Lion & le Tigre, & les autres plus fiers,

S. Amb. lib. 9. Hexamer. c. 6.   *Sont instruicts par l'homme comme petits enfans, seruent comme valets, sont secourus comme malades, sont fouëttez comme timides, & sont corrigez comme subiects.*

Cinquiesme considération.   Qu'on luy a faict & assigné son logis dans le paradis terrestre, auec vn iardin assorty de tout ce qui est propre & necessaire pour passer la vie delicieusement.

Sixiesme consideration.   Qu'il estoit creé auec vne telle integrité, & innocence, que son entendement estoit subject à Dieu, ses sens à la raison, son corps à son ame, & tous les animaux à son empire: ausquels Dieu voulut qu'Adam donnast le nom en sa presence; leur donnant comme entendre par là, qu'il estoit leur maistre; mais tellement leur maistre, que la seule figure de l'homme donneroit desormais terreur aux animaux: & pour monstrer que vif, ou mort, Dieu a infus en luy quelque puissance sur eux, on voit que le laboureur pour sauuer sa semence des oiseaux mal faisans, met comme pour espouuentail, la seule figure de l'homme au milieu de son champ. Ou bien Dieu voulut qu'Adam nommast toute sorte d'animaux auant son peché, afin qu'ils peussent tesmoigner enuers Dieu son inconstâce meslee d'ingratitude. Outre ce il luy promit immortalité, en cas qu'il ne goustast du fruict de vie. Il luy donna aussi l'esprit & don de Prophetie: car d'vne inspiration diuine aussi tost qu'il vid Eue, il prononça ces mots, *Pourquoy Dieu voulut qu'Adam dónast le nom à tous les animaux.*

Tu es os de mes os, & la chair de ma chair.

Et dict-on que deslors Adam auoit cognoissance du mystere de l'Incarnation du Fils de Dieu; non pas toutesfois qu'il cognut que ce fust pour le peché qu'il alloit cómettre ne sçachant encor sa cheute; mais il la referoit à la glorification de la nature humaine. Outre que bien souuent il luy apparoissoit comme en vision, & parloit à luy familierement comme on faict à vn amy domestique. Qui faict que Trismegiste semble auoir eu raison de dire, ayant aucunement recogneu d'où procedoyent tant de graces en l'homme. *Adam auoit la cognoissance de l'Incarnation du Fils de Dieu.*

Asclepius (dit-il) c'est vn grand miracle que l'homme, animal digne d'estre adoré & honoré: car il passe en nature & qualité diuine, quasi comme estant Dieu; il cognoit toute sorte de Demons, presque comme celuy qui se recognoist auoir pris son origine d'eux. Il mesprise en soy-mesme cette partie de la nature qui tient de l'humanité, par la confiance qu'il a de celle qui tient de la diuinité. *Trismeg. dans l'Asclepius.*

Mais qui ne void combien il se trompe: car si on a esgard à nostre Nature corrompue, il se trouuera qu'il a *Incóstance de l'homme.*

D iij

beaucoup plus d'inclination à la partie terrestre, qu'à la diuine, veu qu'en son integrité & auec tant de preeminences, il n'a peu se tenir ferme, ains estant chef des hommes s'est laissé chasser du Paradis terrestre, par l'impression du chef des Demons ou mauuais Anges. O premier inconstant, qui en vostre premiere naissance auez introduit & fait naistre vne si preiudiciable inconstance, de laquelle le monde entier s'est ressenty tant de siecles, & se ressentira à iamais! Que n'auez vous obey en chose si facile, commandee par vn si puissant & souuerain Seigneur, & prohibee sous vne si seuere peine que la mort? Vous auez vrayement changé en pis, & secouant la douce obeyssance, qui vous maintenoit en la beatitude, en laquelle l'estat de grace vous auoit logé, vous auez par vostre faute souillé ce sainct lieu de Paradis terrestre: & vous estes non seulemét priué vous mesme de ce grand bien, mais vous en auez priué tout l'Vniuers. Pourquoy faisiez-vous naistre des espines dans ces odoriferantes roses de ce beau iardin, puis que quand vous y entrastes il n'y en auoit du tout point? Dieu vous auoit osté la rebellion de la chair, la reuolte des sens; on n'eut recogneu en vos actions ny mesme en vos pensees aucune dissension. Il n'y auoit repugnance ou contraste en vous, soit d'humeurs au corps, soit d'affections ou cupiditez en l'ame: la chair n'opprimoit l'esprit, ny l'esprit n'opprimoit la chair. Le don de la Iustice tenoit tout en paix: car entre les trois excellentes prerogatiues, qui vous auoyent esté donnees, vous auiez la Iustice originelle, la Grace, & l'Immortalité. Et pour icelles mieux gouster, Dieu vous auoit creé & mis au monde en aage parfaict: faisant aussi naistre les fruicts tous meurs, & en perfection en vostre faueur. Et neantmoins inconstant, & amateur de choses prohibees, vous auez rompu la paix auec vostre souuerain. O malheureuse inconstance! c'est le premier, & le plus grand effort que tu ayes iamais faict. Inconstance, ruyne des mortels, mere & nourrice du peché du premier homme, qui

La premiere & supreme inconstáce, qui ait iamais esté depuis la creation du monde est celle d'Adam.

comme le vase de Pandore, tenois enserree toute la suitte des autres: tu nous as formé l'enfer, & faict l'ouuerture d'iceluy, si bien que pour en eschapper & sortir, il nous a fallu donner ce qui estoit au monde & dans les Cieux, de plus rare, de plus constant, & de plus haut prix. Mais comment est-il possible, que parmy la iouyssance des delices de ce Paradis, cette alteration continuelle des eaux de ce monde qui estoit en vous, ne se soit perdue? Et ores qu'il soit ainsi, comment est-il possible que vous nous ayez communiqué & versé si abondamment sur nous vostre premiere inconstance? Comment nous auez vous si fort empraint la marque de vostre premiere faute? Nous n'auons pas comme vous aiguisé nostre appetit à la pomme de transgression. Nous n'auons pas de nous mesmes, comme on dict, mordu à la pomme. Nous n'y auons ny tourné les yeux, ny estendu la main, ny approché les leures. C'est vous qui auez mangé le fruict amer, duquel l'immaturité & aigreur a lié les dents à tous vos enfans. C'est vous & Eue, qui nous laissant la laide marque de vos appetis desreglez, nous auez faict naistre tous méhaignes & languis. C'est vous qui pour couurir la honte de vostre peché, auez cueilly le premier des fueilles de figuier, arbre triste & lugubre, lequel sans nulle bonne odeur porte vn fruict mol & subjet à corruption: & ne pouuāt iamais fleurir ne veut donner à l'homme nulle esperance ny ioye de son fruict. Il semble qu'il n'y a rien qui ait entretenu ceste soif des choses trāsitoires, ne qui vous ait causé ce furieux desir de gouster du fruict defendu, que cette dommageable abōdance de tous biens. Qui pouuoit donc refaire de nouueau cest incōstant, que celuy qui est perpetuellemēt constāt, qui le pouuoit redimer du peril auquel ceste vieille inconstāce l'auoit plongé, sinon l'Agneau innocent, lequel par son sāg precieux a relaué toutes ses creatures? Qui luy pouuoit rendre la vie, sinon celuy, qui est la vie de tout le monde? Dieu est le seul parfait artisan de la nouuelle figure, qui pouuoit renouueller cette vieille souche d'Adā.

Tableau de l'Inconstance et

Il a fallu que la plus grande & premiere inconstance ait esté reparee par la plus grande Constance du plus parfait, & plus constant qui ait iamais esté.

Dieu donc a peu tout seul reparer ce defaut, & nous remettant au chemin de la Constance, guerir ceste playe. Playe si vniuerselle, que tout le genre humain en demeure blessé. Playe incurable ou de nouuelle cure, qui ne peut trouuer guerison que par la seule mort du Medecin. Medecin volontaire plein de compassion & pitié, qui constamment, & de son seul mouuemét & discours s'est presenté à la mort luy-mesme, pour rachepter nos fautes & nos inconstances ; parce qu'il estoit & est bien en nous de faillir, & non sans luy en nous d'en trouuer le remede. Remede seul, & seur, sur lequel gist la seureté & asseurance de nostre salut & redemption. O que l'inconstance est tolerable qui ne frappe que sur l'inconstant, c'est à dire sur celuy seul qui fait quelque faute, eu esgard à celle qui touche generalement à tous, & singulierement à vn chacun ! Mais celle de nostre premier Pere a esté telle qu'elle a esté la source de nos pechez : lesquels se sont trouuez si grands, qu'ils ont faict incliner la teste, non seulement à nous qui sommes pecheurs, mais encor' au Tout-puissant. Ces mots, *Quoniam iniquitates supergressæ sunt caput meum*, ayant esté dicts pour le Sauueur. Si bien que pendant que sur le poinct de sa passion, il s'en veut descharger pour les approfondir aux enfers : parce que seulement en passant le peché deuoit toucher la terre, elle s'esmeut & trembla toute. O vent furieux d'inconstance, qui as abbatu les fueilles, les fleurs, & les fruicts des plantes de l'humanité, & ietté par terre la grace, la iustice, la science & l'immortalité, tu ne nous as laissé pour tout, que le vieux tronc de Nature tout nud, qui a engendré en nous vne guerre interieure & domestique, auec vne confusion vniuerselle.

3. Dieu s'est rendu comme plege & caution de la reparation de cette premiere inconstáce.

O Dieu, qui vous estes rendu comme plege & principal payeur de la reparation de cette premiere inconstance, trauaillez encor vn coup à vostre ouurage, & le rendez digne de vos mains, & nous admirerons vostre bonté, qui au lieu de punir de mort cette desobeyssance selon son merite, en a voulu receuoir la peine, & se liurer à la mort, pour
nous

nous sauuer la vie. Par cette fleche, Adam auoit donné le coup mortel à son immortalité, & osté la vie à sa beatitude. O le grand coup d'estat, qui estoit eschappé au premier des hommes! mais bien plus grand celuy, par le moyen duquel ce grand Restaurateur y a si heureusement pourueu & remedié! Vn fol jette vne pierre dans vn puys, & cinquante bien sages ne l'en peuuent tirer. Nostre premier Pere imprudent & volage auoit jetté la pomme prohibee dans le puys de transgression, & nul homme, ny autre creature purement creature ne l'eut peu retirer, tant il s'y estoit plongé profondement, si Dieu par compassion prenant pitié de sa foiblesse & de la ruine entiere de sa posterité, ne luy eut donné la main pour le releuer. Le peché comme vn air contagieux auoit entierement contaminé toute la nature humaine: & elle comme mesquine & desesperee de salut, crioit hautement, mais en vain, *Hominem non habeo*; iusqu'à ce que le Sauueur, ce medecin celeste se presenta. Et comme parmy nos fautes communes, celle-là est de plus d'importance & plus signalee, qui enchaine & donne voye aux autres: Aussi celle de nostre premier Pere, qui nous a plongez en vne si longue traincé de malheurs, & assuiettis au peché, est beaucoup plus remarquable, & en sommes plus interessez que de toute autre. La qualité de la personne, ce nom de premier né, & premier bien-heureux, releue le forfaict; outre que la premiere faute d'vn grand chef tel que celuy-cy, a plus d'esclat & est plus en veuë: qui a tiré ces belles paroles d'vn tressainct Pere contre luy; Il a mieux aimé, (dit-il) acquiesçât au conseil pernicieux d'vne faulse gloire, occuper indignement cest honneur de premier, que le meriter.

Leo ser. 4. de natiuit. Dei propositum honoris augmentum occupare maluit, quàm mereri.

Voyant donc ce grand Ouurier, que l'hôme faict de sa main ne recognoissoit l'excellence du peintre, ny la perfection qu'il auoit logee en ce chef d'œuure; & encor qu'il l'eust appointé dans ce Paradis terrestre, de tout ce qui estoit bon & singulier pour son vsage, afin qu'il le cogneust, l'aimast, & le seruist; neantmoins qu'il s'amusoit

E

plus à enfraindre les loix d'obeissance, & à outrepasser son commandement, qu'à recognoistre son bien, & se cognoistre soy-mesme, il voulut premierement lauer sa faute par le sang precieux de son Fils: parce qu'on ne pouuoit autrement se sauuer du naufrage eternel. Et comme le don d'immortalité ne peut venir d'vne chose mortelle, attendu que l'imparfaict ne peut engendrer le parfaict: Aussi Iesus-Christ seul immortel, entant que Dieu, & neantmoins par sa volonté mortel entant qu'homme, fut suffisant pour reparer parfaictement vn si grand defaut; & estant composé de deux natures, il semble auoir voulu seulement obliger celle de l'humanité, pour racheter vne si chere reuolte qu'Adam auoit faict contre son Seigneur: & prudemment auoir faict reserue de sa diuinité, qui est parfaicte, pour monstrer qu'elle estoit non seulement impassible, mais comme reseruee pour faire souffrir l'humanité. Veu que Iesus-Christ (ne considerant que son humanité) n'eust voulu estant homme seulement, obliger l'homme à la mort, c'est à dire soy-mesme. C'est pourquoy estant Dieu, & comme Dieu, il a franchement offert son humanité, & estant homme, & comme homme il en a librement souffert la condamnation. Mort qui a conuerty & tourné nostre faute en priuilege: car l'homme est maintenant accompagné, de beaucoup plus de perfections qu'il n'eust esté, s'il eust tousiours demeuré en l'estat d'innocéce: l'Eglise mesme ne se trouueroit paree de si beaux & merueilleux ornemens, ny nous resiouys & consolez de la ioye de tant de Sacremens, par lesquels Dieu nous a faicts participans de sa grace. Ainsi ô Adam, bien que ton peché & tes inconstances soyent escrites & grauees auec des instrumens de fer, & pointes de Diamant, en la face du monde, tu as occasion de te consoler, veu qu'il s'est trouué du fer encore plus pointu & plus fort, qui est celuy de la lance qui blessa le Redempteur au costé, & en tira sang & eau, pour effacer les lettres auec lesquelles ton inconstance estoit escrite dans le liure de Dieu. Et quand bien elle seroit grauee auec vne pointe de Diamant, ne t'estonne pour cela; veu qu'il s'est trouué vn moyen effi-

Que Dieu a bien fait, d'assubiectir l'homme à la mort, & l'vtilité qui nous en vient.

INSTAB. DE TOVTES CHOSES. LIV. I. 18

cace & suffisant pour le rōpre, qui est le sang non de Bouc (comme disent les Naturalistes) ains de l'Agneau pere de la Nature qui nous a rachetez & lauez de son sang. O bien-heureuse coulpe, qui as merité d'auoir vn tel & si grand Redempteur! Et bien que nostre mort nous ait esté donnee pour peine, & en consideration du peché, toutesfois elle nous a esté tres-vtile & necessaire, afin que ny la malice, ny la misere de l'homme ne fussent immortelles, & que la crainte d'vne mort imminente, nous reuoquast du mal, & incitast à bien faire. Ce n'est donc ny faute de secours, ny l'insuffisance des remedes, qui faict apres tant d'aide, tant de graces & de faueurs que nous auons receu de Iesus-Christ, que nous-nous trouuōs encore par nostre faute acrochez à nos premiers malheurs. Car nostre inconstance demeure & ne nous abādonne point. Et a bien esté besoin, que la frayeur de la mort dōptast la superbe de cette cendre, & reduisist en fange ces testes esgarees, puis qu'elles ne veulent autrement se flechir ny tourner à l'obeissance de Dieu, par des simples verges d'vne discipline paternelle. Il ne se faut donc estonner, si Adam ne s'estant peu contenir & contēter de viure heureux dans vn Paradis, qu'il a abandonné pour viure miserablement sur vne montagne infertile en l'isle de Zailam, (ou aucuns disent qu'estāt chassé du Paradis terrestre, il a finy ses iours) nous a cōmuniqué cette imperfection, & laissé pour tout patrimoine son inconstāce. Que s'il luy a esté mal aisé de viure contēt, encore que son contētement & le nostre, dépēdist de chose beaucoup dissēblable, il le nous doit estre beaucoup plus; attēdu que se contenter, est vn bien du tout incogneu à l'hōme; & nulle ame en ce monde pour bien rassasise qu'elle soit, ne peut dire que ses desirs soyēt si assouuis & reglez, qu'elle demeure auec contentement satisfaicte de tous poincts, & nettement hors de tout desir. Et non seulement mescontent en ses desirs, ains en toutes ses actions, il va tousiours chācellant, son esprit erre & vague par tout. Et pouuons clorre ce discours, par ce vers d'Homere, qui dit parlant de l'homme tant il va inconstammēt & de trauers,

Où est-ce qu'alla Adam apres qu'il fut chassé du Paradis terrestre.
On appelle la montagne d'Adam.
Torquemada tr. 5.

Nul n'est satisfaict, ne cōtent de tous poincts.

E ij

TABLEAU DE L'INCONSTANCE ET

*Claudicat in-
cessu, pedibúsque
vacillat vtrís-
que.*

Il chemine boiteux, & cloche des deux pieds.

Voire bien souuent celuy qui est present, se peut dire estre absent, ayant tousiours ses yeux & son ame en exil ou pelerinage, comme nous ont appris dés long temps ces vers d'Aristophane,

*Aristoph. in
Equitibus.*

*Tu tiens la bouche ouuerte en escoutant parler,
Au reste ton esprit est en pelerinage,
Quoy que tu sois present, ton esprit est en l'air.*

Hom. li. 6. de
l'Odyss.

L'inconstance assubiectit l'homme à tant de changemens, qu'il est reduit à rien. Dont bien à propos Homere introduit Vlysses, qui se donne le nom d'οὖτις: qui veut dire (*nullus*) la course precipitee de nos errates humeurs nous rend si prompts si legers & muables, qu'elle esblouyt les yeux de ceux qui ont affaire à nous, & faict passer toutes nos actions comme esclairs. Nostre esprit inconstant, à l'exemple de celuy d'Adam nostre premier Pere, les despouille de la perfection qui leur est requise; & ne peut se contenir tant soit peu en arrest, pour en faire ny laisser prendre iugement. L'homme de soy a esté tousiours depuis & est encor si incõstant, qu'il faict comme ces meres illegitimes, qui par vergongne de leur faute, & pour couurir aucunement leur forfaict, repudient & reiectent le soin de nourrir leurs enfans, & perdent par couuerture d'honneur, le fruict qu'elles ont faict auec ordure. Car dés qu'il a proiecté quelque entreprinse, il reiecte aussi tost sa resolution, & oste sa volonté à toutes ses volontez, consignant entierement toutes ses pensees entre les mains de l'incertitude. C'est pourquoy il ne nourrit qu'erreurs, doubtes, resueries, & songes. Et tout ainsi que les papillons ne font que voltiger sans cesse, si on remue la chandelle; aussi nostre ame à toutes occasions se remue, change, & rompt ses entreprises, si on luy oste ou remue la chandelle allumee au feu de la Constance: de sorte que commençant tousiours choses nouuelles, la perseuerance luy defaillant, il volete par tout sans rien conduire à sa fin.

Mais à fin que ie ne m'esgare moy-mesme, & que mes-huy ie m'arreste & finisse le discours de l'Incõstance d'Adã, ie diray, qu'encor qu'il semble qu'il ait esté plus incõstant & plus à blasmer qu'Eue, tant à cause qu'il estoit d'vn sexe plus fort, & d'vne nature plus constante, que par ce qu'il auoit esté donné à la femme pour chef: toutesfois l'aduis de S. Augustin est fort notable, lequel parlant à l'auantage de l'homme, dit que l'image & ressemblance de Dieu est en l'homme, qu'il en a faict vn seul, comme le maistre & superieur duquel les autres prouiendroient, ayant le commandement de luy comme son Vicaire ou Lieutenant, pour pouuoir absoudre & condamner l'homme & la femme sur leur simple confession, voire les mettre au rang des bien-heureux, au lieu que la femme n'a rien de tout cela, & n'a esté faicte auec vne pareille ou si parfaicte ressemblance. A quoy on peut adiouster le dire de l'Apostre, que l'homme ne doit marcher la teste voilee, parce qu'il porte en soy emprainte la gloire & l'image de Dieu. Mais quant à la femme, qu'elle la doit porter voilee, parce qu'elle n'a en soy ne l'vn ne l'autre. Que Dieu n'est pas glorifié par la creation de la femme comme par celle de l'homme; veu qu'au contraire par icelle, la premiere inconstance & preuarication fut inuentee: C'est pourquoy il semble que Dieu la decidé luy-mesme, ayant donné à l'homme tant d'auantages qu'il le crea plus constant & parfaict que la femme, & partant qu'Adam estoit beaucoup moins inconstant qu'Eue.

4. Qui a esté plus inconstant Adam ou Eue. Can. hæc imago 33. q. 5. tiré de S. August. au liure des Questions du Geneseq. 153.

1. Corint. 11. ca. mulier. 33. q 5. Mulier debet velare caput, quia non est gloria aut imago Dei.

TABLEAV
DE L'INCONSTANCE
DE LA PREMIERE
FEMME.

Discovrs III.

1. *En quoy l'homme est plus excellent que l'Ange.*
2. *Que la femme est plus differente de l'homme, que la femelle des autres animaux.*
3. *Notables considerations, pour lesquelles Satan s'est seruy*
4. *d'Eue, pour seduire Adam.*
5. *Eue semble auoir esté creée de plus noble matiere qu'Adam.*
6. *Quatre faulsetez notables, és paroles du serpent seducteur.*

1. En quoy l'homme est plus excellent que l'Ange.

Dieu a esleué l'homme au dessus des Anges en beaucoup de choses.

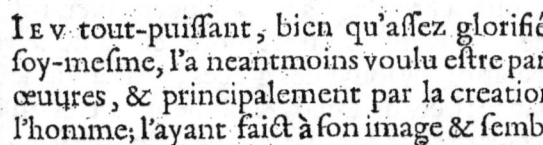IEV tout-puissant, bien qu'assez glorifié de soy-mesme, l'a neantmoins voulu estre par ses œuures, & principalement par la creation de l'homme; l'ayant faict à son image & semblance, auec plenitude de tous biens, sous des lettres d'exemption de mort, seellées du grand seau Royal de sa Majesté diuine; voire mesme l'auoit esleué en beaucoup de choses par dessus les Anges. Car bien que l'Ange soit plus la similitude de Dieu que l'homme, pour sa pure & simple nature, & qu'il est confirmé en sa grace; si est-ce que

l'homme semble en quelque chose estre l'image de Dieu plus que l'Ange, pour la conuenance & representation qu'il a de son Dieu; l'Ange n'ayant le commandement absolu sur toutes les creatures de ce monde, comme l'homme. Outre qu'il semble aussi, que Dieu ait voulu faire part à l'homme de l'honneur de la generation, puis qu'il luy a communiqué ceste grace, de pouuoir engendrer son semblable ce qu'il a desnié aux Anges. Et encores qu'il soit mortel, ayant voulu qu'il iouyst en ce monde de quelque espece d'immortalité: luy ayant aprins à perpetuer son espece par subrogation de pere en fils. Et bien qu'il se soit reserué à luy seul, la façon de la plus noble piece, qui est l'ame; l'aissant à l'homme, & à la nature la faculté de former le corps: si est-ce qu'il a mis entre ses mains ceste mesme ame rude & mal polie, quant à ses operations, pour la cultiuer & former en toute liberté, & la dresser à la recognoissance & seruice de son Createur: le conuiant mesme par là, & l'acheminant à la recherche de sa propre perfection, qui est la beatitude celeste. Aussi sembloit-il bien raisonnable, que ce grand ouurier ayant forgé vn si beau chef-d'œuure, se voulant retirer de nos yeux, nous laissast icy la visue & animée statue de l'homme, faite à son image & semblance, qui peut comme admirer & recommander sa façon, & rendre l'honneur & la gloire que meritoit l'ouurier de ce beau portraict. Mais l'homme inconstant & volage, a par son peché bien-tost aneanty tout cela, n'ayant voulu attendre l'effect de ceste grande deliberation, ny iouyr des graces, qu'il auoit desia dés sa naissance tirées de Dieu, & plusieurs autres qu'il pouuoit encores tirer de sa plus franche volonté: sçauoir est, qu'il seroit transporté en Paradis, pour iouyr de la claire vision de son Createur, comme les bien-heureux, sans que la mort luy peust faire aucun outrage. Plus qu'il lairroit ce patrimoine à ses enfans, & que toute sa posterité iouyroit de tous ces dons hereditaires, pourueu qu'il se conseruast en ce premier poinct d'innocence. Et neatmoins comme

L'homme a partagé auec Dieu l'honneur de sa creation.

Dieu a donné à l'homme faculté de former le corps, & cultiuer l'ame.

Dieu se voulant retirer de ce monde y laissa l'home fait à son image & pourquoy.

Premiere promesse que Dieu auoit fait à l'homme. Seconde promesse.

TABLEAV DE L'INCONSTANCE ET
vn petit enfant, il a changé par Inconstance toutes ces graces, & l'empire paisible de soy-mesme auec vne seule pomme, & ne voulant obeyr au seul commandement du fruict prohibé, il est tombé en la disgrace de son Dieu; & esclaue du peché, despouillé de la iustice originelle, il a aussi esté faict esclaue & subiect de la mort.

Mais Adam n'est pas le premier, qui a ietté sa veuë sur cest arbre de la science du bien & du mal, & qui en a choisi le fruict: ains c'est Eue qui a commencé par là. O le mauuais choix, puis qu'Adam & elle ont par iceluy destourné leur liberté, & qu'ils en ont vsé si mal à propos pour nous! Le serpent perça l'oreille à Eue, laquelle estant subornée, & seduitte, s'essaya aussi-tost de seduire & faire trebucher l'homme: c'est pourquoy Eue nous ayant causé tant de maux, aucuns ont pensé, que ce mot (*Aue*) dans l'oraison de la Vierge, estoit venu (*d'Eua*) par inuersion de lettres, qui fut le premier mot que l'Ange dict en la saluant, quasi comme pour dire, que la benoiste Vierge deuoit apporter des biens du tout contraires à ces maux, desquels Eue nous estoit cause; Dieu voulãt effacer par le moyen d'vne femme, les maux aduenus par le moyen d'vne autre femme. Mais comme c'est la coustume de nostre nature corrõpuë, lors qu'elle ne peut se tirer d'vn bourbier, de desirer & se mettre en deuoir d'y ramener son prochain: Satã & Eue se voyans perdus & hors l'estat de grace, ont desiré faire Adam participant de leur infortune, & le precipiter en aussi mauuaise condition que la leur; prenant ceste communication des maux d'autruy, pour allegemẽt des leurs, & particulierement ceste premiere femme se voyant seduitte, & par l'induction de l'ennemy du genre humain, comme tirée par la main hors de ce beau Paradis, & iettee dans le chemin & ouuerture de l'Enfer, elle a tiré apres soy le pauure Adam, qui y estoit aucunemẽt disposé; desireux de faire l'essay, & gouster le fruict de ceste liberté pernicieuse qui le fit broncher. De maniere qu'il faut *croire* (dit Sainct Augustin) *puis que c'est vn homme auec sa femme,*

Le premier mot de l'oraison de la Vierge (Aue) porté par l'Ange, semble estre venu (d'Eua.)

Liu. 10. cha. 11. de la cité de Dieu, & liu. 11. du Genese c. 42.

femme, vn à vne, homme à homme, & vn mary à son espouse, que pour transgresser la loy de Dieu, il n'a pas creu auoir esté seduit, pour verité qu'elle luy ait dict, ains comme s'il eust obey par amitié & société coniugale. Ce fut bien vn grand malheur & vn effect merueilleux du diable, de s'estre seruy d'Eue pour corrompre Adam. Eue que ie tiens non comme femme estrangere, associée par vn simple neud de mariage ou autre ; mais comme personne tirée de la mesme personne,

Satan pour seduire quelqu'vn se sert tousiours du ministere du plus proche & assidé, pour oster toute défiance.

C'est la chair de sa chair, & les os de ses os, dit la Genese. Et en vn autre lieu.

D'vn corps Dieu fit deux corps, puis de deux corps vn corps.

C'estoit vne piece desmembrée de la mesme piece, vn ouurage du Ciel, qui d'vne masse auoit fait deux corps, mais par vnion de naissance, si estroitement lié & vny leurs volontez, que la fausse persuasion & infidelité n'y deuoit trouuer ouuerture : ayant esté iudicieusement obserué, qu'elle fut prinse non de la teste comme maistresse : car Dieu commanda à Abraham qu'il n'appellast sa femme *Sarai*, qui veut dire Dame ou maistresse ; ny des pieds comme seruante, ains du costé comme compagne, & du flanc celle qui deuoit tirer au pair auec l'homme, & luy estre tousiours aux flancs pour l'aider.

Genes. 17.

C'est vne des merueilles de Nature, qu'encor qu'il y ait vne beaucoup meilleure intelligence entre l'homme & la femme, qu'entre le masle & la femelle, de quelque sorte d'animaux que ce soit, si est-ce qu'on a obserué, que la femme, à la bien prendre, & en sa forme corporelle, & en toutes ses facultez de l'ame, est beaucoup plus dissemblable à l'homme, que ne sont communement aux animaux sans raison, les femelles des masles. Et c'est parauanture pourquoy la femme se recognoissant si imparfaicte au respect de l'homme, ayant aussi recognu la foiblesse de son sexe, qui la rend si volage & subiecte à changement, cherche l'homme pour appuy, & aisément se met sous son empire ; voire quasi se voulant comme mettre à son seruice, elle est forcée, achetant ceste seruitude & subiection,

2. La femme est plus differente de l'homme que la femelle des autres animaux.

La femme cognoissant sa foiblesse achete quasi par sa dot, l'appuy de l'homme.

F

TABLEAV DE L'INCONSTANCE ET

donner à l'homme quelque certain prix, payant sa dot pour le seruir, & presque seulement pour estre commandee de luy. Qui meut le Createur, de faire Eue beaucoup plus semblable d'Adam, que n'est le commun des femmes des autres hommes. Car creant Eue & l'ayant tiree d'Adam, afin d'affectionner plus l'vn enuers l'autre, il les lia par mariage, qui est vne liaison indissoluble, & des plus agreables à Dieu, puis qu'il le nous a donné pour perpetuer le genre humain auec amour & mystere; ce qui ne peut conuenir aux autres animaux. De sorte que non seulement pour ceste occasion, Adam estoit esmeu à l'aimer, ains pource que c'estoit l'vnique & premiere femme qui fut au monde, pour la lignee qui deuoit descendre d'eux, & principalement de ce qu'Eue estoit quelque chose d'Adam & de sa propre substance. Dieu auoit donc logé ceste grande affection entr'eux, d'autant que si Adam n'eust tant aimé Eue, il eust conceu vne haine irreconciliable contre elle; attendu qu'estant tombé en peché par son induction, il auoit esté priué de si excellents dons de Dieu; & en outre chassé des delices du Paradis terrestre. Ce n'estoit donc qu'vne piece entiere, de laquelle Dieu vouloit tirer toute la suitte du genre humain. C'estoit la societé comme immortelle, d'où deriuoit ce grand commerce que nous voyons: & qui deuoit rouler par tant de siecles si heureusement, si la femme par son ambition & inconstance n'eust abbatu tant de beaux fruicts desquels ils iouyssoient ensemblement.

Surquoy nous pouuons dire, qu'en la creation de l'homme il y a quatre diuersitez, ou pour mieux dire, on y remarque quatre diuerses sortes de generation: la premiere creation a esté sans homme ny femme, comme celle d'Adam; l'autre de l'homme sans femme, comme celle d'Eue: l'autre de la femme sans homme: comme celle de nostre Seigneur par le moyen de la benoiste Vierge: l'autre de l'homme, & de la femme, d'où est sorty comme d'vn seminaire tout le reste des hommes, qui est la commune.

Eue plus semblable à Adā que le commun des autres femmes.

Pourquoy Dieu auoit mis tant d'affection entre Adam & Eue.

En la creatiō de l'homme, on remarque quatre sortes de generation.

Et comme vne ente se marie & se ioinct si naturellement à certains corps, que la Nature oste du tout la diuersité des especes, & en desrobe la cognoissance au plus subtil entendement : tout de mesme ceste naissance des deux, estoit si bien ioincte & vnie ensemble, qu'autre que Satan n'y pouuoit recognoistre, ny mesler diuersité quelconque ne diuision: aussi estoit-ce vn ouurier qui y auoit mis la main, sans lequel la Nature mesme ne peut rien ouurer ne produire. L'homme estoit vne tige qui ne pouuoit viure de soy-mesme, & Eue non plus: c'est pourquoy il falloit qu'elle fust entee sur vn tronc ancien. Le Greffe d'où sortit Eue estoit cueilly de l'arbre d'Adam, & enté par vn bon enteur bien proprement & en bonne saison, s'il ne se fust esuenté, si la moitié ne se fust déprise de sa moitié, & si la pluye d'inconstance ne l'eust gasté & entr'ouuert desvnissant le Greffe d'auec l'arbre. Et c'est ce qui a abusé Platon, lequel n'entendant pas ce que Moyse auoit dict, que Dieu auoit tiré Eue de la coste d'Adam pendant qu'il dormoit, ne l'ayant pourtant voulu oublier, parce qu'il admiroit tous les mysteres Mosaïques; il faict parler ainsi le comique Aristophane, & dire que nostre nature ancienne estoit iadis autre qu'elle n'est maintenant : car il n'y auoit pas seulement deux sortes d'hommes, comme à ceste heure, dit-il, mais bien trois ; car outre le masle & la femelle, il y en auoit vne troisiesme espece, qui participoit de l'vn & de l'autre, de laquelle il ne nous est rien demeuré que le nom: car l'espece en est perdue & n'est plus. On l'appelloit *Androgyne* & de nom & d'effect, composée des deux. Iupiter (disoit-il) le vouloit ainsi ; car il coupoit les hommes par le milieu, & commandoit à Apollon d'vnir & ioindre si bien les moitiez, qu'il n'y parust rien sur la trenche.

Plat. in symposio, ne pouuant entendre les paroles de Moyse, en ce qui est de la creation, a dit qu'il y auoit trois sortes d'hommes.

Mais reuenant à nostre subject, il se rencontre icy plusieurs belles considerations : la premiere est du choix que Satan a faict pour seduire l'homme, ayant recognu, que les plus grandes trahisons se font tousiours par quelque

3. Notables considerations, pour lesquelles Satan s'est serui d'Eue, pour seduire Adã.

F ij

personne priuée & domestique, comme estoit Eue; & bien souuent, par celle qui a le moins d'occasion de nous trahir. De sorte que pour mieux le surprendre, il s'est seruy d'elle à deux fins : l'vne, pource que par le moyen d'vne personne si amie & familiere le diable luy ostoit toute deffiance : car nos plus grands maux nous viennent le plus souuent de nous-mesmes, & de nos propres entrailles. L'autre, c'est qu'il n'y a instrument si propre à persuader & seduire l'homme, que la femme, ne qui le tire plustost à sa ruine. Et parce que les exemples me feroient taxer de longueur, nous les logerons mieux à propos sous le discours general de l'Inconstance de tout le sexe, de laquelle nous ferons vn traicté à part : aussi bien la chose le merite.

Seconde consideration. La seconde consideration est, que la femme est faite pour l'homme, & non pas l'homme pour la femme, ny de la femme. C'est pourquoy Aristote & les Peripateticiens l'appellent creature ou animal né par occasion, & par l'imperfection qui se trouue en la semence de l'homme, laquelle estant tousiours parfaicte, engendreroit aussi tousiours vn masle. Or cela estoit, comme il est encor, du tout impossible ; veu qu'elle n'eust esté engendree si le monde eust peu consister sans elle. D'auantage elle a plusieurs *Eue a plusieurs precellences en sa creation au dessus d'Adã.* excellences & prerogatiues au dessus de l'homme, estant faicte de l'homme, & non de terre ; estant faite en Paradis, lieu de perfection, & Adam hors le Paradis, où elle fut tiree comme d'vn principe. Or tout principe de quelque espece doit estre parfaict ; il falloit donc qu'Eue fust tiree de luy, pendant qu'il estoit en cest estat parfaict. *La benoiste Vierge est plus excellente que tous les Anges, & les hommes les plus saincts.* Ayant encor cela de plus, qu'elle est du sexe de la benoiste Vierge, qui recommande en quelque façon tout le sexe, & estant au dessus de tous les Anges, & de toutes les creatures ; parce qu'elle seule en terre, fut mere de ce Fils sans pere, ayant esté plustost saincte, qu'enceinte, voire plustost saincte, que née. Bien que l'Arioste, qui a tousiours entendu parler auec honneur & reuerence, comme il doit, de cette tressaincte & bien-heureuse Dame du Ciel, & l'excepter & disioindre du reste du sexe, n'estime tant les femmes comme nous, lors que voulant rabattre la gloire du commun d'icelles, il dict;

Non siate però tumide, & fastose, L'Arioste.
Donne, per dir che 'l huom' sia vostro figlio,
Che delle spine ancor' nascon le rose,
E d'vna fetida herba nasce il giglio.

C'est donc merueille, qu'Eue qui estoit plus parfaicte qu'Adam eu esgard à son origine, comme ayant esté pestrie d'vne paste plus excellente, & qui deux fois auoit passé sous les mains de l'ouurier, ait faict cette faute. *4. Eue a esté creée de plus noble matiere qu'Adam.*

La troisiesme consideration se peut prendre, de ce que ceux qui ont descrit le voyage d'Vlysses allant en Grece par permission de Circé, pour sonder les Grecs tournez en bestes, qui auroyent enuie de recouurer la parole & la raison, & les ramener en leur patrie, font vn doute, lesquels des deux y voudroyent plus volontiers entendre, & se laisser persuader, ou les hommes, ou les femmes: Puis venant à l'essay, ils disent qu'Vlysses examinant l'ame d'vne femme, la presse de rendre responce vistement, parce que les premieres responses des femmes sont communément les meilleures. Et voyant que sa premiere responce n'estoit gueres bonne, Ho, ho, dit-il, ce n'est pas icy vne de ces tant louables respōses; bien qu'elle soit des plus soudaines! d'abordee il perd toute esperance, que nulle ame vueille redeuenir femme, & n'aime mieux demeurer beste. Et la raison est, disent-ils, parce que les femmes ont tousiours accoustumé de choisir le pire. Et de faict, cette premiere dit qu'elle auoit tant de plaisir d'auoir seulement recouuré le caquet, qu'elle ne se soucioit gueres plus du reste qui estoit la raison; & demeura ainsi. Puis parlant du Serpent, ils introduisent entre autres vn Medecin conuerty en serpent, parce qu'il faut qu'vn Medecin soit caut & rusé comme cet animal, *Troisiesme consideration pour laquelle Satan s'est seruī d'Eue pour trōper Adam.*

F iij

qu'il sçache cognoistre l'humeur & la complexion du malade, les causes & accidens, les tours & destours de sa maladie, & luy procurer les remedes par suffisance, ou par finesse: d'autant que la principale qualité qu'on donne au serpent, c'est aussi la science & la finesse, les plis & replis qu'il faict de son corps pour garantir sa vie. Or tout cela n'est que pour nous representer, que nous ne deuions esperer autre euenement, de cette communication premiere d'Eue auec le serpent, ny autre effect, que caquet & peu de raison, qui s'attribue à la femme, suiuy de fausse science & finesse, qui s'attribue au serpent. Or Satan auoit pris ceste figure, pour ce que le serpent est le plus fin animal, qui soit sur la terre, & celuy auec lequel l'homme a plus d'inimitié, & est le plus en poincte. C'est pourquoy le Diable en ceste grande iournee, & en vne si signalee occasion, s'est seruy de luy. Et de faict on dict que le serpent est si fin & rusé, qu'il bouche les oreilles, l'vne auec vne pierre, l'autre auec le bout de sa queue, de peur qu'elles ne le mettent en prise. Et quand il sent qu'on le veut frapper, croyant qu'il est sauué s'il garantit sa teste, il se plie & replie tout en soy, & fait sa retraicte en cercle, exposant le corps pour garantir le chef. D'auantage quand il va boire, il crache & depose tout son venim de peur d'infecter l'eau, & s'empoisonner luy-mesme de son propre venim. A quoy Pline adiouste, qu'en hyuer, comme ayant cognoissance de la diuersité des saisons & sentimēt du froid, tout ainsi que l'homme; il se reuestit de quelque peau, laquelle il laisse au printemps. Il dit aussi en ce mesme lieu que cognoissant affoiblir sa veüe, il se frotte les yeux du iust d'vne herbe appellee Marathro. D'où est venu le prouerbe Espagnol, SABE MAS QVE LAS CVLEBRAS.

Et d'autant que parmy ceste espece de serpens, il y en a de plus rusez les vns que les autres, & de plus dangereux; aucuns ont pensé que le serpent qui seduisit Eue, estoit le Basilisque, pource que c'est le plus venimeux de tous les serpens; mais n'ayant que douze doigts de longueur, &

Prudence, ou astuce & finesse du serpent.

Plin. li. 8. chap. 27.

Quelle sorte de serpent estoit celuy, qui seduisit Eue.

nulle beauté, on a pensé, qu'il n'estoit ny le plus mal-faisant pour offenser, ny le plus beau pour seduire : parce qu'on tient que le serpent qui suborna Eue, auoit le visage de femme. Mais à la verité, en chose si incertaine il est mal-aisé de deuiner. Toutesfois s'il faut que chaque esprit y apporte sa coniecture, fondee sur quelque apparence ; il est croyable que c'est vn serpent, que les Philosophes & Naturalistes ont appellé Scytalé, duquel Solin parle ainsi,

Perer. in Genes. l. 5.

On dict que le serpent Scytalé fut celuy qui seduisit Eue. Solin. ch. 27.

Le serpent Scytalé (dict-il) a le dos si tauelé, qu'il arreste ceux qui le voyent, à considerer ses mouchetures, & ceux qu'il ne peut attaindre rampant, à cause de sa tardifueté, il les surprent par miracle, les estonnant de sa beauté.

Adioustons-y cette autre consideration, c'est qu'il n'y a rien que nous desirions tant, mesmement la femme, qu'vne chose prohibee, qui est vne proposition qui se pourroit auctoriser par vne infinité de traicts des bōs autheurs : mais ie n'en voy point de meilleure raison que celle qu'on dict, que c'est parce que nostre ame libre ne peut souffrir l'obligation de la deffense, ny patir la contraincte de la prohibition, qui nous tient captifs & enserrez dans les bornes du commandement d'autruy. L'obeissance pour douce qu'elle soit, estant vne espece de seruitude : la loy d'inhibition, vne prison à laquelle nostre esprit libertin ne se peut asseruir que mal-aisément. Et si bien les loix du mōde ont assuietty les vns aux autres pour esuiter le trouble & desordre de la cōfusion, par la distinction des grāds d'auec les petits, par la difference des degrez, & diuersité des ordres : si est-ce que par les loix de la Nature, & mesme de la diuine, toutes nos ames ont esté composees de mesme estoffe & essence. Si bien que l'ame du plus grand Monarque du mōde, ne peut par nul commādement empescher ny priuer celle du plº chetif & miserable du desir de la recherche, ny mesme de l'acquisition de son salut. A quoy il faut adiouster la curiosité qui nous pousse à croire, que la prohibition se fait sur quelq fondemēt, lequel nous

Quatriesme consideration pourquoy l'homme recerche les choses prohibees.

La prohibitiō engendre le desir.

voulons descouurir. Aussi bien souuent, encor' que le commandement soit certain, la cause ou la raison en est incertaine; & l'esprit qui se veut esclaircir, la cherche par tout. Outre que nostre esprit inconstant, qui erre & vague au delà de l'Vniuers, & par dessus le Ciel mesme, ne se peut borner ny contenir par aucune deffense. Or la femme est beaucoup plus curieuse que l'homme. C'est pourquoy le serpent l'ayant interrogee, pourquoy elle ne mangeoit du fruict de l'arbre de science du bien & du mal, dict en exaggerant le commandement, que Dieu le luy auoit defendu: qui est vn certain tesmoignage non seulement d'vne interieure desplaisance, mais encor d'vn extreme desir & curiosité qu'elle auoit d'en gouster, & violer la deffense. D'ailleurs on void par là, que le serpent auoit desia infus le venim de rebellion dans le cœur d'Eue, en excitant en elle le desir & ambition d'vne pernicieuse liberté; & luy faisant venir ce commandement à haine & contre-cœur.

Cinquiesme cõsideration. Pourquoy Satan se seruit d'Eue pour tromper Adã. Perer.

En voicy encor vn autre; sçauoir est que la femme auoit opinion que Dieu fust chiche & auare, & qu'il ne voulust permettre qu'elle goustast de ce bon fruict qui estoit sur l'arbre, planté au milieu du Paradis terrestre. Et par ce aussi que communément on doute, & ne croit-on pas que la peine de la transgression, establie par les legislateurs, en quelque subiect que ce soit, aduienne, & nous soit appliquee telle qu'on dict. Ainsi le Diable aggrauoit tousiours le peché, & l'engageoit & lioit plus estroictement, luy suggerant dans l'entendement le doute incertain de la peine future: tellement qu'encor que Dieu eust dict à la femme qu'elle en mourroit, elle adiousta du sien, faisant responce au serpent, qui luy demandoit, pourquoy Dieu le luy auoit defendu, *De peur que peut-estre nous n'en mourions* (dit-elle) croyant que cette sentence de mort, exprimee par ce mot de *(peut-estre)* n'estoit que comminatoire, & non absolue & diffinitiue. Outre que ce qui nous desplaist s'esloigne aisément de nostre creance. Et de là est venu qu'Eue qu'Eue doutoit, si Dieu auoit apposé à ce commandement la peine de mort tout à fait, ou la seule menace. En quoy nous voyons que le Diable entreprint Eue par les deux meilleurs moyens de surprinse qui se puissent trouuer; l'vn en luy ostant du tout l'apprehension de la peine, de laquelle Dieu l'auoit menacée: l'autre luy promettant & faisant feste de ce grand bien, qu'Adam & Eue seroient sçauans côme Dieu; qui sont deux des meilleurs esperons pour nous faire aller, & qui nous solicitent & auâcent le plus au peché. Sur quoy sont tres-belles les paroles de ce S. Pere, qui disoit que le Diable ne nous entreprêt iamais par force, ains par persuasion. Dieu auoit dict, *En quelque iour que vous en mangiez, vous en mourrez.*

Moyens de surprise dont vsa Satan pour seduire Eue.

S. Bernard in Serm. de quadruplici debito.

Le Diable demande à la femme pourquoy Dieu le luy auoit defendu. Elle en doutant luy dict, *De peur que nous n'en mourions.* Non non, dit-il, *vous n'en mourrez point.*

Dieu affirme, la femme doute, & Satan nie. Il y auoit quatre faulsetez notables és paroles du serpent, lesquelles ie m'esmerueille qu'Eue, qui estoit douee d'vne grace particuliere dans le Paradis, ne recogneut. La premiere gist en ces paroles, *Non, vous n'en mourrez point.*

5 Quatre faulsetez notables és paroles du serpent seducteur.

Qui est à dire, la menace de Dieu est faulse, vous n'en mourrez point. Ainsi Dieu est menteur. La seconde faulseté est en ces mots que le Diable leur dit, *Car Dieu sçait bien que si vous mangez de cela, vos yeux seront ouuerts, & serez comme Dieux, sçachant le bien & le mal.* Comme s'il disoit, Il semble que Dieu vous ait enuié vostre plus grand bien & felicité: car il ne le vous a defendu, sinon parce qu'il n'a pas voulu, que par la science du bien & du mal, vous fussiez esgaux & semblables à luy. La troisiesme en ce qu'il leur a voulu persuader, que cet arbre eust cette vertu, de leur donner la science des choses. La quatriesme que les hommes par cette science peussent deuenir semblables à Dieu, & que ce fust en mangeant du fruict de cet arbre. Quelle contrarieté & malice plus forte pouuoit on trouuer, que d'accuser la mesme verité de mensonge? Et que la

G

mesme honte qui est le Createur portast enuie à sa propre creature?

Sixiesme consideration, pour laquelle Satan se seruit d'Eue, pour seduire Adam.

Nous y pouuons mettre encor celle-cy ; c'est qu'Eue auoit premierement veu cet arbre, auec vn regard simple & innocent ; mais elle le vid apres auec d'autres yeux, desia espris & corrompus d'vne ardente conuoitise d'en gouster, qui le luy fit voir en apparence merueillemēt beau. Mais dessors que Dieu luy eut ouuert les yeux ; & faict recognoistre sa faute, elle le detesta aussi tost, & l'eut à haine & contre-cœur. Voyez sa nature muable, de hayr si tost ce qu'elle auoit recherché si curieusement & si cherement ! Le pis est que l'homme fut seduit par la femme seduite, & qu'elle ne se contenta pas d'en manger, ains en fit gouster à son mary. Si bien qu'vn sainct Pere dit fort à propos, parlant à Eue, *Ne vueille pas sçauoir plus qu'il ne faut sçauoir : car sçauoir du mal, n'est pas sçauoir, ains c'est folie. Donc garde ce qu'on t'a commis, attends ce qu'on t'a promis, ne touche à ce qu'on t'a prohibé, de peur de perdre ce qu'on t'a donné.* C'estoit donc autant, que si Dieu eust dict à Adam, & à Eue, Vous en pouuez bien manger ; mais il ne vous est pas expedient. Le serpent vous dit que vous n'en mourez point, mais *Il vous donne la main, & vous soustrait le Paradis.*

S. Bern. tract. de gradib. humilit.

S. Bernard.

Voyez le mauuais choix, que vous faictes. *Elle hume le venim*, dit le mesme autheur, *qui la doit faire perir & engendrer des gens perissables : la grace du salut se perd, & neantmoins elle ne laisse pas d'enfanter & produire. Nous naissons, nous mourons, de maniere que nous naissons pour mourir, parce que premierement nous mourons pour renaistre.*

Septiesme consideration. S. Greg. li. 21. moral c. 2.

Nos yeux peseurs de nos autes, sont aucteurs de nos fautes.

Ie ne puis oublier cette autre consideration, qui est tiree de sainct Gregoire, lequel parlant du soin qu'vn chacun doit prendre à garder ses yeux, & sur le propos d'Eue, qui auant gouster du fruict prohibé, jetta premierement les siens sur l'arbre, d'où elle ne peut les retirer qu'elle n'en eust gousté : dit que ce sont nos yeux seuls, qui engendrent nos desirs, & les portent sur nos fautes ;

INSTAB. DE TOVTES CHOSES. LIV. I. 26

que ce sont les principales pieces de nostre conduite, lesquelles la curiosité manie plus que toute autre chose. Car l'ame estant sans yeux, n'est esprise ny touchee du plaisir & beauté des choses corporelles, sinon entant qu'elle est attachee au corps, par les sens duquel, comme par les ouuertures faictes à propos & en bon rencontre, elle s'essaye de sortir ou eschapper. La veuë, l'ouye, l'odorat, le goust, l'attouchement sont comme sentiers & passages de nostre ame, par lesquels elle peut conuoiter ce qui n'est de son alloy & de son essence: veu que par ces sens corporels, comme par des fenestres, mettant la teste au dehors, elle aduise les choses exterieures; & les aduisant les desire. La mort aussi donne l'escalade par là; & entre dans la maison tout aussi tost que la concupiscence faict son entree par les sens; & vient & arriue iusqu'au lieu où habite nostre ame. Or celuy qui imprudemment & par mesgarde iette les yeux au dehors, pour voir les choses exterieures, il est souuent rauy & attiré au plaisir du peché, & comme entrainé par ses propres desirs, à vouloir presque malgré luy ce qu'il ne vouloit pas: attendu que l'ame glissante, n'ayant preueu de ne voir ce qu'elle peut conuoiter, aueugle & inconstante, & amoureuse de noueautez, commence par apres à rechercher ce qu'elle a veu. Ainsi ce sainct personnage, qui donnoit le frain à ses sens corporels, pour leur donner l'arrest quand il vouloit, preuoyant ses fautes auant les faire, & fermant les ouuertures & passages à la mort, qui estoyent en embuscade pour entrer, disoit ces mots, *I'ay pactizé auec mes yeux qu'aucune vierge n'entrera en ma pensée.* Il auoit fait composition auec ses yeux, qu'ils ne s'eslanceroyent sur chose qu'il fust par apres contraint d'aimer, ou desirer maugré luy. D'autant que le fardeau que la chair & sensualité tire apres soy, est bien grand: & quand par fois la forme de quelque belle espece est empraincte & attachee au cœur par le ministere des yeux, à peine les mains

Marginalia: Nos sens corporels sont les fenestres par lesquelles l'ame mettant la teste au dehors conuoite & desire ce qu'elle trouue qui luy reuiét le plus.

Iob 31.

G ij

par aucun effort l'en peuuent elles deprendre. Il faut donc soigneusement prendre garde de ne s'entretenir en ces inconstantes pensees, & arrester l'ame seulement sur les subiects qu'on peut iustement embrasser. Et afin que les sainctes pensees, & les saines affections soyent son seul entretien, il faut diuertir la veuë de la volupté, & destourner les yeux, puis que comme rauisseurs ils nous conduisent vers nos fautes. Car Eue n'eust touché l'arbre defendu, si elle n'en eust plustost veu la beauté. Dont il est escrit, *La femme vid que le fruict de cet arbre estoit bon pour manger, & beau aux yeux & plaisant à voir, & print du fruict d'iceluy, & en mangea.* Comme aussi de là nous pouuons voir auec combien de precaution il nous faut porter la veue sur les choses illicites; nous dis-je, qui sommes mortels; puis que la mere des viuans & mortels, s'est par les yeux precipitee à la mort. C'est pourquoy le Prophete dit, *Mon œil a mis mon ame en proye.*

<small>Pour garder l'ame en sa pureté, il faut tenir les yeux sous boucle.</small>

Celle donc qui a cueilly le fruict interieur par la veue exterieure, a perdu par les yeux corporels la vraye proye de l'ame : ainsi pour auoir le cœur net & entier, il faut garder & tenir les sens exterieurs, & sur tout les yeux en discipline; veu que pour excellente que soit la vertu de nostre ame, quelque grauité qu'elle ait, si est-ce que les sens corporels se iouent comme enfans par le dehors, en telle sorte, que s'ils ne sont virilement arrestez par le poids de la Constance & grauité interieure, ils lâchent aisément cette ame eneruee, & l'abandonnent à la diuersité des choses les plus muables & nuisibles qui soyent.

<small>Huictiesme consideration pour laquelle le Diable se seruit d'Eue, pour tromper Adam.</small>

La derniere consideration est, que le serpent cognoissant la foiblesse de la femme, & de son sexe, a plustost faict ses effects de tentation sur elle, que sur Adam. Et aussi qu'il recognoissoit Adam plus parfaict & plus constant: bien qu'il est fort croyable, que si Eue n'eust premieremét destruit la Constance d'Adam, le serpent eust tenté d'autres moyens de le seduire.

Mais Adam ne voulut estre separé, de pas-vne sorte de societé, ny mesme de la communauté du peché ; (dit Sainct Augustin.) Si bien qu'il est tiré hors le Paradis, par vne faute commune, ayant mieux aimé defaillir à son salut, qu'à sa compagne. Et bien qu'Adam ne mourut pas de mort corporelle : aussi-tost qu'il eut gousté de ce fruict de science du bien ou du mal ; si est-ce que soudain qu'il en eut gousté, son corps despouillé de ses premieres graces commença à sentir froid, chaud, lassitude, & autres incommoditez deuancieres certaines, & annonces de la mort. Car tout ainsi que les Philosophes ont appellé generation, & comprins soubs le mot general d'icelle, ceste alteration qui precede la procreation, ou sa forme substantielle; parce que s'en est presque comme vn preparatoire & indice certain : ainsi ceste alteration qui peu à peu nous dispose, & conduit à la mort, s'appelle & prend le nom de corruption & de mort. Tesmoin Sainct Gregoire en ces mots, *La vie temporelle* (dit il) *en comparaison de celle qui est eternelle, doit plustost estre appellee mort que vie ; car ce deffaut qui est en nous d'estre subiects à corruption, qu'est-ce autre chose, que quelque espece de mort rallongee?*

Tellement que le corps d'Adam, s'il n'eust gousté du fruict prohibé, n'eust senty ny corruption ny alteration en soy; ains fust demeuré perpetuellement & constamment en mesme estat & en vne tres-riche Nature. C'est pourquoy les Theologiens disent, que par le peché d'Adam l'homme n'est pas seulement despouillé des dons gratuits, mais il est blessé, & trouue à dire les naturels: veu qu'apres ce peché Dieu ne luy osta pas seulement ce commandement qu'il auoit sur les plus grands & puissants animaux, comme sur les Elephans, les Lions, & les Tigres; mais encores sur les plus petits, comme sur les Abeilles, sur les Mouches, & toute autre sorte d'insectes, donnant la fierté aux vns, & le vol ou sault aux autres, pour se tirer de ses mains ; afin qu'il cogneust

S. August. liu. 14. de la Cité, chap. 11.

S. Gregoire Homil. 37. sur l'Euang.

Dieu osta à Adã apres le peché, le cõmandement qu'il auoit sur les animaux.

par là combien vilement il estoit rabaissé, & sa grande domination retranchee: ayant par ce moyen tellement affoibly & changé sa nature qu'elle se trouua de toute autre temperature qu'elle n'estoit auparauant. Outre que particulierement Dieu dit ces mots à Eue, quasi pour punition du peché qu'elle auoit commis, *Tu seras sous la puissance de l'homme, & il aura commandement sur toy.* Se voyant par là que Dieu n'a assubiety Eue en la puissance d'Adam, qu'apres le peché: parce qu'auant faillir, & tromper son homme, elle n'auoit peu recognoistre le desplaisir qu'il y a maintenant, d'estre en perpetuelle obeyssance, & encoller le ioug soubs les loix d'vn mary. De maniere que ce changement d'estat, auquel son Inconstance trompeuse les auoit menez, fut dur & desplaisant à tous les deux: car comme il fut grief à la femme d'obeyr à tous ses commandements, il le fut pareillement à l'homme, de n'estre obey qu'à force, quelle chose qu'il commandast: & viure tousiours ainsi au patil ennuyeux d'vn commandement forcé: veu que ses commandements ne pouuoient estre en luy si reglez, ny en elle la volonté d'obeyr si plainiere & aisee, que lors qu'ils estoient en estat d'innocence. A quoy se peut tres-bien appliquer le dire d'Aristote maintenant que le peché a infecté nostre ame & corrompu nos mœurs, que les affections & volontez de l'homme & de la femme semblent des membres paralytiques, desquels le corps mal disposé ne se peut seruir, ny les mouuoir pour son vsage, comme il veut: ains il les faut trainer apres le corps, & à la suite des autres, comme inutiles, & onereux. Tout de mesme nostre volonté legere, & inconstante, comme paralytique & hors de sentiment, se precipite si aisément au mal; & tout à rebours, elle se traine si lentement à ce qui est de la vertu & de son salut, que l'vsage en est aussi imparfaict & corrompu, que la porture en est laide & contrefaite. Mais c'est assez parlé de l'Inconstance particu-

Le commandement que l'homme a sur la femme, semble luy auoir esté donné pour la punir.

liere de nostre premiere mere; veu qu'estant vn acquest faict pendant le mariage d'Adam & d'elle, qui leur est commun, & auquel elle a part, nous en auons assez parlé en son discours, & en celuy-cy : outre qu'il y en a encore vn autre, qui traicte du deffaut general, & de l'Inconstance de tout le sexe.

TABLEAV
DE L'INCONSTANCE.

Que l'homme ne trouuant nulle stabilité és
choses de ce monde, se lasse de tout,
horsmis de changer.

Discovrs IIII.

1. *Que veut dire, que Mercure ne pouuoit faire vne robe à Diane.*
2. *Les inconstans sont tousiours craintifs.*
3. *Qu'és choses n'y a nulle stabilité, non plus qu'és creatures, qui en y pensent trouuer.*

1. Que veut dire qu'on ne pouuoit faire vne robe à Diane.

O N lit dans les fables Grecques, que Iupiter voyant que Diane alloit toute nuë, bien qu'il ne fust en nul doute de sa chasteté, eut la chose pour si desagreable, qu'il commanda à Mercure de luy faire vne robe, ce qu'il fit: mais neantmoins, encor qu'il luy en fist plusieurs, si est-ce qu'il ne s'en trouua iamais pas vne qui luy fust propre. Aucuns ont voulu dire, que cela signifioit la mutation ou changement, qui se faict en la generation, laquelle Nature ne laisse iamais en mesme poinct. Attendu que l'homme se change & reçoit mutation au corps par les diuerses formes qu'il prend, selon la diuersité de
son

son aage, & en l'ame selon les diuerses opinions & pensees. Mais ie croy qu'ils vouloient representer par là l'Inconstance des creatures, & choses de ce monde, sur lesquelles Diane ou la Lune a vne merueilleuse influence, laquelle toutesfois n'a rien sur le liberal arbitre. Les autres le tiennent de Cleobolus, qui disoit auoir ouy dire, que la Lune pria vn iour sa mere de luy faire vn petit surcot qui luy fust bien propre, & qu'elle respondit, & comment est-il possible que ie t'en face vn qui te sieze bien, veu que tu ne fais que croistre & diminuer, estant tousiours inegale ? Or à l'Inconstance, ny Iupiter ny Mercure ne sçauroit donner vne robe qui luy fust conuenable, veu qu'elle est si diuerse en soy, qu'elle ne peut souffrir ne supporter habillement ne couuerture quelconque, & n'a pas seulement la patience de s'en laisser prendre la mesure : outre que l'estoffe dont elle a accoustumé de s'habiller, est deschiree en tant de petits lambeaux, qu'à peine les pourroit-on rapiecer. Ceste Diane aussi a qui on ne peut donner vne robe qui luy soit propre, se peut dire estre nostre ame Inconstante & legere, qui se diuise en tant de pieces, que tous les maistres du monde ne la sçauroient r'assembler, ny reduire en quelque forme constante. C'est pourquoy souuent on compare l'homme à Protee, duquel Virgile publie l'Inconstance comme brutale & insensible, en ces vers.

Il deuiendra Sanglier, puis Oyseau, puis Rocher,
Et Arbre s'il le veut, il se peut rechanger,
En tout ce qui luy plaist, en feu, en beste fiere,
Es merueilles du monde, en parlante riuiere.

Ce que l'homme pense (dit vn ancien auec quelque exaggeration) c'est vanité, ce qu'il raisonne, c'est faulseté, ce qu'il louë, c'est lascheté, ce qu'il approuue, c'est meschanceté, ce qu'il faict, c'est deffectuosité.

Le poisson nommé Echinus ou Herisson de mer, est si ennemy de l'Inconstance, que se voulant garantir de celle de la mer, preuoyant l'orage & la tempeste, il prend de petites pierres du riuage, & se les met dessus, afin d'afermir

Le surcot de la Lune.

Explication de la robe de Diane.

Le poisson Echinus ou Herisson, ennemy de l'Inconstance.

H

TABLEAV DE L'INCONSTANCE ET
sa legereté par leur contre-poids, de peur que par trop d'agitation il n'enleue ses escailles pointues: dequoy les Nautonniers faisant profit & prenant aduis redoublent les ancres. Tout de mesme ceux qui sont bien sages & aduisez, se voulant garantir de ceste mer d'inconstance, preuoyāt l'orage, deuroient prendre au lieu de pierres (qui signifient fermeté) de bons aduis & bien solides, afin d'asseurer par le contre-poids de la solidité, cest humeur volage dont ils sont emportez, de crainte que tant de changements & variations n'enleuent leurs escailles & resolutions. Vn cœur constant & resolu prend toutes choses par le bon bout, & à son aduantage : & communement il sçait bien prendre party, en quelque trouble que la fortune des-fauorable le jette, & bien vser de la condition presente, se tenant tousiours en ceste pensee, que de quelque part qu'on le prenne, en quelque place qu'on le range, il se trouue duit à tout & ferme en tout sens. *Plura sunt quæ nos torrent quàm quæ premunt; venturo periculo torquemur & præterito, timoris enim tormentum memoria reducit, prouidentia anticipat.* L'homme constant qui se despart de ceste vie, quand bien il mourroit cent fois, ce n'est à chaquefois qu'vn assault que le corps endure, si l'ame s'y resout. Nul accident, pour violant qu'il soit, ne peult faulser le fort d'vne ame genereuse, qui tient toutes ces legeretez pour remedes incertains & mal propres pour bien se deffendre & conseruer. C'est donc le vray signe d'vne ame malade, de n'endurer rien longuement, & se seruir de mutations au lieu de remedes, s'essayant ores dans ce lict, ores dans l'autre de recouurer sa premiere santé; tout ainsi que fait l'inconstant, qui s'essaye en vain de varier en toutes choses, croyant faulsement que la seule diuersité appaisera sa conuoitise & son ennuy, & luy fera trouuer en fin son repos & contentement.

2. Les inconstans sont tousiours craintifs.

Et est bien mal-aisé d'asseurer ces gens si incertains, pusillanimes & volages, puis qu'on tient pour certain, que les gens muables sont tousiours craintifs & bas de cœur. Surquoy on dit qu'il n'y a rien qui soit si muable que le Cameleon, & que c'est la seule crainte qui le fait ainsi changer si souuent de couleur. Or auec ceste crainte, on ne peut auoir vn cœur vrayement constant: veu que les incommoditez, les frayeurs, ny mesme les apprehensions, n'ont telle part en la vraye constance qu'elles la puissent desbander ne dejetter de sa place. D'où croyez-vous que vient l'espouuantement que fait vn mort à vn homme viuant? Il ne vient pas, comme aucuns ont voulu dire, de ce que nostre ame se cognoissant immortelle, s'estonne & se trouble du mortel, ou s'esmerueille de ce qu'on l'a ainsi iointe à vn corps subject à la mortalité, ains c'est de la violante & soudaine impression craintiue que son inconstance & foiblesse luy donnent tout à coup.

La crainte fait changer le Cameleon de tant de couleurs. Pli. liu. 28. cha. 8.

D'où vient l'effroy que les corps morts donnent aux viuans.

Que s'il y a rien que l'homme doiue craindre apres Dieu, c'est la mort, laquelle semble estre vn remuement & mutation de nous-mesme extremement formidable, & de tous les remuements qui sont en la Nature presque le plus fascheux; parce qu'il n'y a gueres ame si resoluë ne si desdaigneuse, qui ne sente quelque frisson quand la Parque s'approche, tant son image est effroyable. Neantmoins, si on considere tout ce à quoy la Nature a assubiecty la foiblesse de l'homme, il ne se trouuera rien qu'il doiue moins craindre, ny de plus aisé pour luy que la mort, pourueu qu'il la prenne bien à propos: veu que les Philosophes disent, qu'vn homme genereux reçoit au contraire vne grande consolation, quand l'esprit abandonne le corps; & que la mort s'auoisine de luy: attendu qu'à toutes yssues d'esprits, d'haleines, de vents, de vapeurs, d'exhalations, de fumees, que le corps chasse & pousse au dehors, comme quand on souspire, quand on enfante, quand on s'esuanouit, le corps en reçoit allegement, consolation, & repos, pource que l'esprit alors se retire en son centre & s'arreste. Tellement qu'il faut croire

Le corps reçoit allegement & plaisir à toutes yssues d'esprits ou de vents, qu'il pousse hors.

Nostre dernier souspir est nostre dernier contentement en ceste vie.

que quand on tire le dernier souspir, & que l'esprit se despart de ce corps, à l'heure l'homme qui a esté constant, reçoit son parfaict contentement; pource qu'il sçait bien qu'encor que le corps s'en retourne en terre son premier poinct & origine, neantmoins son ame s'en reua vers celuy qui est la source & origine de la vraye Constance.

Donc vne des plus fortes pour l'entretien de nostre vie est le bannissement de ceste crainte; & la rencontre de la vraye Constance, est la plus rauissante & solide figure qu'on puisse imaginer. C'est le meilleur secours & le plus prompt remede qui soit, pour les malheurs qui nous trauersent. Car par icelle nostre ame se munit & s'arme contre tous efforts; la Constance nous esleuant au dessus la butte de l'infortune, nous porte & esleue dans le ciel de toute seureté, & nous rend au milieu des ondes de nostre impatience, paisibles & constans. Au contraire ceste mer d'Inconstance nous traine dans ses flots, & nous y agite incessamment; sans que nous ayons presque moyen d'appaiser ses escumeuses rages; en telle façon, que si par fois elle semble estre calme & bonasse, & nous promettre quelque tranquillité, elle se trouble neantmoins aussi tost; & nous faisant rechoir en ses premiers orages, nous faict retomber en vne plus grande tempeste, & renomir ce peu de repos auec plus d'agitation & de tourment, qu'elle n'auoit fait au premier coup.

Pourquoy apres des grosses batailles viennent de grosses pluyes.

Et tout ainsi qu'apres de grandes & insignes batailles, ordinairement il tombe de grosses pluyes, soit ou pource que (cõme dict Plutarque) il y a quelque Dieu qui purifie, laue, & nettoye la terre souillee de sang humain, auec des eaux pures & celestes ou bien que cela se face par cause naturelle, parce que la desconfiture de tãt de corps morts & de sang espandu, rend vne moite, grosse, & pesante vapeur laquelle espaissit l'air, qui de sa nature est muable & facile à changer. Aussi apres de grandes esmotions de nostre ame, qui sont autant de grosses batailles, qui se donnent dans le champ de nostre esprit volage, il tombe par fois sur nous quelque rosee de sagesse & repentance, qui semble nous estre enuoyee par quelque bonne influence du ciel, pour purifier & lauer nostre ame polluë & chargee de tant de friuoles & vaines imaginations. Ou bien cela se faict par cause naturelle, pource que l'ammoncellement de tant de nuees, qui sont les obiects diuers desquels nostre ame se charge, ayant troublé le Ciel de nostre esprit, & espaissi l'air de nostre entendement, qui de soy est muable & subiect à changer, il faut qu'il se vuide & descharge en quelque façon & pour quelque temps. Mais tout ainsi qu'apres que le Ciel s'est deschargé, le beau temps le suit, & apres ce beau temps, la pluye & l'orage resuit encore : ainsi la Constance & le repentir s'esuanouïssent aisément ; & l'inconstance (de qui les mouuemens sont beaucoup plus rapides que ceux de la sagesse) regaigne encore. Si bien que quand vn homme inconstant seroit si pres du Soleil, qu'il fust dans le poinct de son Orient, & mesme au plus fort du midy, malaisément pourroit-il chasser les tenebres, ne dissiper ces grosses nuees de l'inconstance, qui luy sont à l'entour : estant presque aussi mal-aisé à l'hôme, de se maintenir en quelque repos asseuré, comme de tenir vne nauire agitee de la tourmente, en quelque lieu certain : nulle ioye certaine ne contentement solide ne pouuant échoir en l'ame, si la tranquillité & la Constance n'en ont posé le fondement, & n'y ont apporté vn calme franc & plainier sans aucun signe d'esmotion. Veu que s'il y a quelque esperance ou forme de plaisir qui le chatouille, tout aussi tost le soing & la solicitude perce, qui comme vne nuee vient à brouiller & couurir toute la serenité du beau temps.

 L'esprit de l'homme, seiournant dans le gros de ses pensees, & se laissant en fin trainer à ses conceptions, s'il rencontre quelque obiect qui l'arreste, par l'apparence de quelque bonne auanture, son plaisir dure autant que sa

TABLEAU DE L'INCONSTANCE ET
faulse impression, & non plus, parce que logeant le bien
qu'il espere sur ses obiects, que la faulse glace du flateur
crystal de sa frenaisie luy represente, il reduit & transforme tout en sa volonté : qui faict que son esprit ores
conçoit la douceur de quelque bon succés, ores s'esiouyt
par la rencontre de quelque petit plaisir qu'il a souhaité.
Mais ce songe & cette feinte s'esteint aisément dans l'endormissement de ce corps ; & l'esprit estant recueilly en
soy, retombe aussi tost en ses premieres inquietudes &
ennuis. D'où chacun de nous apprend que l'ignorance,
en laquelle viuent les animaux, leur sert de remede singulier à toutes leurs incommoditez, & qu'en nous seuls
la Memoire, le Iugement, la Preuoyance, & toutes les
facultez de l'esprit par nostre faute se conuertissent en
peine & douleur. Nostre entendement qui est doué d'v-
ne si grande excellence, nous sert à la verité de miroir :
mais c'est vn miroir dans lequel nous ne voyons rien (en
ce qui est de nous) que nos miseres : & comme si nous
n'auions assez paty, supportant celles qui sont passees,
nous lisons continuellement les presentes dans le registre, ou la monstre des heures, (car à toute heure nous
en voyons) & auec les exemples & histoires passees
nous recognoissons celles qui sont à venir, qui est occasion, que nous-nous trouuons bien souuent chargez de
l'ennuy des tourmens, auant mesme qu'ils soyent arriuez.
Si bien que si ce n'estoit l'aide & secours de Dieu, on diroit qu'il eust presque esté mieux pour l'homme, que l'entendement n'eust eu vne si grande lumiere, puis qu'il luy
est vn si bon guide pour trouuer ses maux, & si mauuaise
compagnie, pour luy donner l'adresse des remedes : ioinct
que nous voyons combien l'homme est tardifuement
secouru de luy. Car auant qu'il nous esclaire comme il
faut, les plus importantes necessitez, & les plus grands be-
soings de la vie sont passez, veu que la foiblesse de l'enfance, & les fureurs & transports de la ieunesse, s'escoulent bien tost, qui deuroyent par son moyen estre in-

*Nostre enten-
dement nous
trauaille au
lieu de nous
secourir.*

struictes de la raison. Outre qu'il paroist & s'employe en vn aage, auquel nous en auons moins de besoing, (qui est en nostre maturité) laquelle est desia accorte & instruicte par l'experience. Et encore en la vieillesse y a-il plusieurs deffauts, desquels tous les sens (qui sont deffaillans eux-mesmes) l'enuironnent. En quoy nous pouuons cognoistre si l'homme est miserable, puis qu'auec vne chose si fragile & vacillante que l'entendement, il luy faut chercher la verité, qui est le seul veritable secours de cette vie; laquelle encore que nous embrassions quelquefois, si est-ce qu'à mesure que nous la voulons serrer estroictement, mille doutes se mettent entre-deux, qui faict qu'elle nous eschappe si aisément. Et puis qu'on tient que l'entendement doit estre le premier, & le plus soigneux conseruateur de nostre vie, pourquoy a-il trouué tant d'engins & d'inuentions pour la ruiner, & la nous faire perdre? Veu que c'est luy qui est l'inuenteur des fraudes, des affrontemens, des venins, & qui ayant reduit le fer à tail, à fil, à poincte & à tranchant, l'a aiguisé pour nous donner la mort.

Puis que l'entendement est nostre guide, pourquoy a-il donné tant d'inuentions, qui ne seruent qu'à nostre ruine.

Mais pourtant auec tout cela i'ose asseurer, que l'homme ne se trouue embarrassé que seulement parce qu'il le veut estre. Car tous ces obiects variables & diuers, ny nulle sorte d'affaires ne courent apres l'homme. Et encore qu'il semble y estre porté par quelque inclination naturelle, si est-ce que cela n'emporte quand & soy aucune sorte de soubsmission necessaire, qui le puisse forcer de se ietter à l'inconstance: veu mesmement qu'il est capable de cognoistre son mal, & n'est iamais si ignorant de sa propre condition, qu'il ne recognoisse ce defaut: comme si l'opinion qu'vn chacun de nous a de ce qu'il possede d'inconstance, estoit vn poinct d'arrest, qui nous apporte mesme cette cõmodité, que sans luy nostre esprit seroit en beaucoup plus d'inquietude. Et pouuons dire, que l'inconstance a au moins cela de bon, qu'elle se faict recognoistre & auouër à celuy mesme qui la possede.

TABLEAU DE L'INCONSTANCE ET

D'où vient que le sage pour sage qu'il soit, ne peut couurir le contentement & plaisir qu'il prend de voir vn fol s'esgayer, tant la conformité & la part de folie qu'il a en soy, le tire & pousse à cette ioye: Au lieu que quand il voit vn sage, il est plus reserué; qui fait qu'il se tient en garde, & seulement se iette sur les admirations qui luy font hausser les sourcils: bien que nul ne sçache à poinct nommé, de combien de grains ou de degrez il est leger. Or si nous auons la cognoissance, & le sentiment de nostre propre inconstance, combien sera-il plus aisé aux estrangers de nous recognoistre tels? veu que la legereté est chose qui se manifeste si aisément, que si on n'est du tout aueugle, on peut facilement descouurir, & voir en chacun de ceux qui veulent estre reputez pour constans, que leur Constance n'est pour la pluspart qu'arrogance, leur Preud'homie tromperie, leur Courage rien autre chose qu'vne vraye rage, leurs caresses, artifices & trompeuses adresses, leurs plus iustes & loyales pensees, trahisons & fraudes pour-pensees.

L'hôme sçait bien qu'il est leger, mais non de combiē de grains.
L'inconstance se descouure facilement elle-mesme.

L'homme seroit donc bien sage, s'il vouloit vn peu examiner les desplaisirs que luy fournit son inconstance, & le corps recognoistre ses courues & tourmens, & le cœur prendre soing à descouurir ses cures. Il verroit aisément que son goust est depraué; & qu'és choses mesme, la stabilité & fermeté qu'il y recherche, ne s'y peut trouuer; veu que,

Qu'és choses n'y a nulle stabilité, non plus qu'és creatures qui en y pensent trouuer.

Le cose, ne l'huomo, non stanno mai à vn modo, ne il male sta sempre doue si pone, perche il mondo è tondo

(disent les Italiens.) Ainsi il est à craindre qu'il ne demeure fort longuement malade, sans pouuoir assouuir ce desir insatiable de gouster tout, puis que le vice & les defauts sont bien souuent en la chose, aussi bien qu'en luy. Et quand mesme il attendroit guarison, par le goust diuers de ces choses muables, communement peu de choses luy plaisent, quelque abondance qu'il en aye, & quelque excellence qui semble estre en la chose, & beaucoup luy

La varieté ou multiplicité des choses, ne peut guarir vne ame inconstante.

luy déplaisent. Et afin qu'vn chacun le puisse voir & iuger plus particulieremét, ie descriray icy les choses l'vne apres l'autre, que l'homme a accoustumé de desirer & estimer le plus.

S'il pense trouuer son contentement & ce repos qu'il cherche dans les richesses, c'est chose mal-asseuree & caduque, & de laquelle l'homme vertueux tire si peu de fruict, qu'il n'a nulle occasion de les souhaiter. Car s'attachant communement (comme c'est la coustume) à des hommes vicieux & mal nez, elles sont le plus souuent si mal employees, qu'on peut dire à la verité, qu'elles ressemblent ces meschants arbres, qui naissent és precipices, du fruict desquels les seuls Corbeaux se paissent: l'or & les richesses n'accommodent & ne changent non plus la condition & les qualitez essencielles de l'homme que des eschallas d'or accommodent vne vigne: car ils ne font le vin ny les raisins meilleurs, ny les frains dorez les cheuaux plus adroicts, ny la longue iube les lions plus genereux: la mere chargee d'or & de soye ne rend son enfant plus nettement que celle qui est vestue de simple toile. Et ne faut d'autre eau pour nettoyer le fils d'vn Monarque que celuy d'vn pauure villageois. On compare le Riche au Paon (aussi est-ce l'oyseau de Iunon Deesse des richesses) parce que cóme il est tousiours sur les toicts & edifices plus hauts, ainsi le riche cherche tousiours les dignitez les plus releuees. Le Paon crie imperieusement, aussi le Riche hausse sa voix trop orgueilleusement. Le Paon orné d'yeux & de belles plumes, se plaist tellement à se mirer luy-mesme, que pour contempler sa queuë, il est force qu'il descouure cette sale partie de derriere: Ainsi le Riche qui se plaist aux pompes & à la vaine gloire, pendant qu'il s'estudie à monstrer le corps bien paré, monstre d'autre part & rehausse sur soy si mal à propos ce qui couure ses ordures, qu'il descouure & faict voir vne ame sale & impure, pleine de vanité & de folie. O malheureux Paon, pendant

Ny les richesses.

I

que tu te mires en cette roue de Perles, ou d'Opales, que n'abaisses-tu au moins quelquefois ta veue, pour donner vn clin d'œil aux pieds de ton imperfection! Et comme dict le Stoique, l'homme riche est auaricieux ou prodigue: s'il est auaricieux, il n'a rien; s'il est prodigue, il n'aura rien non plus. Sur quoy Dauid a dict tres-à propos, *Nihil inuenerunt viri diuitiarum in manibus suis*. Et arriue souuent que qui se met en peine de chercher de l'or, ne reuient iamais d'où il part ; car l'Auarice nous ayant entrainez nous met en l'arrest & aux enfers, & ne nous void-on gueres plus reuenir à nous-mesmes. Tesmoing cette histoire vulgaire du Sicilien Colanus, qui estoit si grand nageur, qu'il demeuroit dans la mer orageuse tout autant qu'il vouloit, en rapportoit des poissons, sautoit dans les nauires, où on luy donnoit des viures, puis ressautoit dans la mer comme vn Triton: mais Alphonse Roy de Naples, voulant faire experience de son bien nager, luy fit ietter vne Coupe d'or dans la mer, luy commandant de l'aller chercher, à quoy son auarice l'ayant poussé, il n'en reuint onques plus. Il faut de bonne heure se sauuer à nage comme fit Vlysses, afin que la lueur de cette robe d'or de Calypse ne nous tire au fonds de la mer. Car (comme on dict) ceux qui cherchent vn petit gain auec hazard & danger, ressemblent ceux qui voudroyent pescher auec vn hameçon d'or, lequel venant à se perdre dans l'eau, il n'y a poisson qui en puisse recompenser la perte. Ainsi les richesses sont les fardeaux du monde, & les vrais moyens & instrumens de nos dangers, qui chargent trop ceux qui les possedent, & mesme le plus souuent perdent ceux qui les cherchent. Anacreon en vsa plus seurement quand il rendit au tyran Polycrates trois mille escus qu'il luy auoit donnez, parce que n'ayant peu dormir de deux nuicts, il dict que cet argent ne meritoit vne si longue veille. L'auarice des riches (dit le Sage) *nunc pecuniam spargit, nunc rapit*: elle s'eslance au

<small>Cardan en son histoire.</small>

INSTAB. DE TOVTES CHOSES. LIV. I. 34

trauers des choses bien establies, & desirant mettre à part ie ne sçay quoy pour se l'approprier, elle a tout esparpillé, puis d'vne infinie estendue l'ayant reduit à l'estroit, elle a enfanté la disette : bref en conuoitant toutes choses, elle les a perdues. Les Dieux (disoit l'ancien Poëte Grec) ne faisans autre chose au Ciel que verser sur nous leurs graces, nous ne faisons autre chose en ce monde que nous entrebatre à les partir : & en fin pour nous punir, il aduient ce qui se lit en la fable des oyseaux, qui se batoyent à diuiser leur grain & pasture, & vn Corbeau suruint entre-deux qui les tira de differend. Bien-heureux est celuy, qui n'a baillé son heur en garde à chose quelconque de ce monde ! Et qui n'a faict de sa bourse vne prison, & de sa quaisse de banque vne quaisse de sepulcre. Il n'y a homme plus riche que celuy à qui la fortune ne sçait que donner, parce qu'il n'a nulle conuoitise. En fin ie ne puis louer les richesses, de peur qu'il ne m'aduienne mesme chose que celle qui aduint au Poëte Euripide, lequel en vne de ses Tragedies les ayant louees, tout le peuple s'esleua contre celuy qui iouoit le personnage du riche (tant il luy estoit odieux) & contre l'Autheur de la Tragedie : de sorte qu'Euripide se voyant ainsi en danger sortit luy-mesme dehors, & le pria d'attendre vn peu, pour voir la fin de ce galand qui faisoit ainsi tant de cas des richesses. *Prudentissimus quisque cum primum induci videt munuscula à theatro fugit*, dit le prudent Seneque. Aussi a-on obserué que le premier qui porta le nom de Riche à Rome, fut banqueroutier : & n'eut en fin pour hostel que l'hostel-Dieu, qui est en ce monde le purgatoire des prodigues : comme si Dieu l'eust ainsi voulu, pour monstrer l'inconstance & instabilité des choses ausquelles les hommes s'attachent, & de leurs moyens. Aussi n'y a-il point de raison de referer la plus noble & heureuse condition de l'homme, qui est la stabilité, à des choses qui arriuent ordinairement aux plus mes-

Euripide fut en peine pour auoir loué les richesses.

Pl. 33. c. 10.

I ij

chans. Les richesses qui ne sont que l'amour de la terre, & les excremens de Satan, ne peuuent rassasier l'ame du vertueux. C'est pourquoy il l'esleue vers le Ciel pour trouuer la perfection qui luy manque icy en la terre. Ce sont les enfans de la terre qui en font leur Dieu. Leurs conuoitises sont des vers qui rampent tousiours sur le limon, & y marquent des traces honteuses de leur baue comme les limaçons. Ce sont des Taulpes aueugles. Et quand bien ils seroyent clair-voyans, que sert aux bestes soubterranees qui ont tousiours le corps & l'esprit dans la terre, d'auoir des yeux? Nul homme plein de thresors n'est rien plus grand pour cela, ains c'est vne imagination qui nous trompe, qui les nous faict mesurer faulsement auec leur base: tout ainsi qu'vn nain à la cime d'vne montagne, & vn geant au fonds d'vn abysme, chacun d'eux retient sa petitesse & sa hauteur. Mais la faute vient de ce que nous ne prisons iamais les hommes selon ce qu'ils sont, ains à ce que veritablement ils sont, nous adioustons leur equippage; au lieu que pour les bien priser, il les faudroit regarder tous nuds, & mettre bas leurs moyens, leurs estats, & telles autres bagatelles de la fortune; lesquelles choses nous prisons tres-mal, parce que nous n'en sçauons la valeur. Et n'en faudroit pas consulter auec le bruit commun, mais auec la nature d'icelles: veu que leur splendeur ne frappe que les yeux des ignorans; & n'y peut-on rien voir de si magnifique, que nos entendemens en puissent estre esblouys, si ce n'est la seule coustume que nous auons de les admirer. Les richesses semblent cette chaire que Vulcan donna à Iunon: elles ont certaines attaches qui serrent les hommes comme serfs, & non comme Seigneurs de leurs propres thresors. Les richesses sont bien à la cime & tout au haut de la roüe de fortune, mais la vertu est le clou qui la doit arrester & tenir ferme. Si bien qu'assembler force thresors & remplir la ville de ses detteurs, c'est amonceler force ennemis, & force ennuis.

Seneque.

Cum quidam quo plus debent, magis oderint, parce que l'experience nous apprend que *leue æs alienum debitorem facit, graue inimicum*. C'est faire comme on dit vne assemblee illicite, qui se rue par fois contre nous-mesmes, & nous met en grand peril. *Munera ista fortunæ putatis ? insidiæ sunt.* Ce sont des dons ou bien-faicts que le sage Stoique appelle *viscata beneficia*. Si bien que Boece auoit raison de dire que celuy qui le premier fouilla l'or & la pierrerie dans la terre, où Nature auec beaucoup de prouidence les a enseuelis, *preciosa pericula fodit*. Outre que les richesses estant liees & enchaisnees de diuers respects, & considerees diuersement par la plufpart du monde, il faut beaucoup de ceremonie & de decence à les bien dispenser, beaucoup de precaution à les bien employer, & plusieurs soupçons & defhances pour les conseruer. Ainsi tout ce qui se trouue és richesses n'est pas miel, ny tout ce qui se trouue en la pauureté n'est pas fiel; veu que si tu es pauure & endebté, il te suffit pour auoir repos, si tu peux recouurer vne coite pareille à celle de ce Cheualier Romain, laquelle Auguste fit acheter, disant qu'il dormiroit bien sur ceste coite, sur laquelle vn homme si fort endebté auoit peu dormir. Ains la pauureté semble estre plus à souhaitter que la richesse, puis qu'elle est deschargee de toutes ces considerations & deuoirs; & qu'il se void clairement que pendant que le Sauueur a esté en ce monde, elle l'a accompagné par tout: voire mesme tous ses Disciples l'ayant abandonné, & sa propre & tres-saincte Mere demeurant au pied de la croix, la pauureté est montee quand & luy au haut de la croix pour l'assister : tellement qu'on diroit qu'à poinct nommé il a voulu, que le pauure Lazare fust nommé en l'Escriture saincte, mais non pas le mauuais riche : qui me faict dire que les pauures montez par humilité au plus haut de la croix, se voyent de loing tout ainsi que des montagnes ou rochers, desquels la hauteur semble hurter ou creuer le Ciel, & les riches au contraire qui comunement veulet escheler le Ciel par orgueil de leurs thresors,

Seneque epist. 8.

Boet. lib.2 de consola.

L'Escriture saincte a nómé le Lazare, mais voulant faire mention du mauuais riche elle l'appelle, *Quidam homo diues.*

ayent de loin: tout ainsi que des maisons qui bruslent de nuict, ou des Vesuues qui fument de iour, qui ne rendent que fumee & soufre, empuantissant l'air d'alentour, & le noircissant si fort qu'ils rendent le ciel & lieux voisins opaques & tenebreux, & du tout semblables à Pluton Dieu des richesses & des Enfers, ou à son manoir. L'humilité, la pauureté, l'aumosne, & autres choses semblables ennemies de la richesse, *Sono lettere di cambio, per andare in paradiso* (dit l'Italien.) Au lieu que les richesses & thresors sont choses que la Nature a mis sous nos pieds, pour estre foulees par les plus sages, & les a cachees sous terre, à fin que l'homme ne les peust fouiller qu'en cherchant le chemin de l'enfer.

Ny ce qu'on appelle Fortune.

Si c'est par l'establissement de sa fortune & de ses affaires domestiques, qui le laisse viure par les apparences en quelque tranquillité, ô qu'il est bon de laisser la fortune tenir ses estats sans s'y trouuer! Qui ne sçait que le calme des affaires de ce monde, nous couue tousiours quelque orage qui doit troubler bien-tost nostre repos? Qui ne sçait que mesme aux plus heureux, toutes choses sont douteuses, & les trauerses viennent à plus droict fil? ce qu'on tient mesme, eschappe entre les doigts. Et tout ainsi que pour les souhaits accomplis, il nous faudroit faire d'autres souhaits: aussi à dire vray, pour garantir ce que l'homme croit estre sa felicité, (& encor peut-estre faussement) il auroit mesme besoin d'vne autre nouuelle felicité.

Ny l'ambition ou conuoitise de nouueaux honneurs.

Si c'est par desir ou ambition de nouueaux honneurs qui est le dernier vice duquel nostre ame se deffaict, & la derniere piece de laquelle mesme les plus sages se despouillent: les conuoitises des ambitieux croissent & se vuident quand on les emplit, qui faict qu'on ne les peut saouler: c'est vne boisson qui augmente la soif. Regarde l'ambitieux, il n'y a rien qui luy roule dans la teste que ce bruit, ces tiltres, ces apparences, ces premiers rangs, ce concours, ces salutations, ces *Inclinabo*, ce vent de

Cour. L'ambition est vne espece de maladie qui n'en peut guerir vne autre, voire la vraye maladie des esprits de ce temps, qui sont tousiours conuoiteux de gloire nouuelle, comme si l'ancienne, ou la presente fust desia toute vsee, & par fois vne ialousie ou emulation de soy, ne plus ne moins que d'vne autre personne, & vne obstination de se vouloir vaincre soy-mesme; faisant tousiours combattre l'esperance de l'aduenir auec la gloire du passé, & l'ambition de ce qu'on desire faire, auec ce qu'on a desia faict. L'ambitieux se croit estre meilleur quand par fois il se recognoist superieur: or le degré ne donne pas l'aduantage, ains la vertu; la dignité non plus, ains la sagesse. Ce n'est donc qu'vne Idole de ce monde qui est faulsement adorée, ce n'est qu'vn Colosse de bourbier, vne vessie pleine de vent & de vuide; & comme vn nouueau Phaethon, qui pendant qu'il erre & qu'il sue apres les hautes auantures, s'esleue seulement pour faire vne plus grande cheute : la fortune propice a l'ambitieux luy octroye des miseres magnifiques. L'ambitieux errant en la conduitte de son vray Soleil, ne retire du chemin incertain de son esleuation, que vne trompeuse esperance. Donc, *quid exultas ? ista quibus veheris in summum, nescis vbi te relictura sint. Quid iaces ? ad imum delatus es, nunc est resurgendi locus.* Pauures aueugle & ennemy de toy-mesme, qui en la lumiere d'honneur & en tes esleuations, ne suis que l'ombre d'vn vain desir, & ne desployes les aisles qu'au vent populaire, ce n'est pas là que gist ton repos. Le passé est vn songe, l'aduenir est vne nuee, le present est du vent, ou pour mieux dire, le passé est desia effacé & n'est plus. L'aduenir est à venir, & n'est pas encore. Le present qui nous va tousiours pressant, se ressent si peu qu'on ne peut dire qu'il soit, parce qu'il commence & finit tout à la fois. Ainsi le passé est outrepassé, & tellement perdu que nous n'en pouuons jouyr: l'aduenir est si incertain, que nous ne le pouuons esperer: & le present est si fugitif, qu'il n'y a nul moyen de s'y arrester. Il faut donc auoir seulement ceste ambition de monter vn degré plus haut, & se tenir à l'Eternité, en laquelle gist nostre Constance, qui ne passe & ne s'attend, ains qui est tousiours immuable & en mesme poinct.

Ny les grāds Estats & dignitez.

Seneque au traicté du repos de l'esprit.

Si c'est par les offices & dignitez, esquelles peut-estre il est paruenu, le sommet de la grandeur humaine est agité de si horribles tempestes, qu'elle estourdit les hommes quand ils sont paruenus au faiste d'icelle. Et comme dit le sage Stoique, il y en a plusieurs à qui force est de demeurer en leur haut degré, dont ils ne peuuent descendre qu'en tombant: ils ont beau protester qu'ils soustiennent vn tres-pesant fardeau, qu'à leur regret ils foulent les autres, qu'ils ne sont point sousleuez, ains clouez haut: ces paroles sont plus ambitieuses que la chose mesme. Nous sommes plus à courir apres les dignitez qu'à nous y maintenir dignement. Pour y attaindre nous-nous laissons aisément enleuer hors du port de nostre tranquillité, où on nous persuade que nous pourrons reuenir quand il nous plaira. Mais nous eslongnant peu à peu du riuage, tousiours pourtant sous le voile du bien public, que chacun prend pour iustification & pretexte de son ambition, nous sommes tous esbahis que nous voila au milieu de la Mer, où la tempeste des affaires bat de tous costez la nacelle de nostre repos, & nous menace à tous momens de naufrage. Adioustons-y l'importance & le poids que c'est d'estre en charge. La peine qu'il y a de respondre d'autruy, & auoir soin du public à qui est assez, voire trop empesché de se conduire soy-mesme. Quelles sueurs de la mort, de n'auoir iamais vne heure de repos, d'estre forcé de donner des audiences ennuyeuses, tumultueuses, importunes: d'ouyr & receuoir des requestes & supplications souuentesfois iniustes, de desmesler & desbrouiller des affaires pleins de nœuds & d'espines; & qui plus est, faire comme contraint par l'obligation qu'on a aux plus grands qui le veulent ainsi, des signatures de charge de conscience, donner des arrests & iugements bien souuent iniques &
mal-

mal-entendus, donner des commiſſions & mandemens ou faire des commandemens mal à propos, ſuiuis d'executions infames & faictes par violéce. Outre que ceux qui ont attaint quelque grandeur ont ce defaut, qu'ils ne regardent iamais ou fort peu derriere ſoy. Or il n'y a rien qui nous deueloppe plus aiſément de tout cela, que de poſer touſiours quelque borne à noſtre accroiſſement, ſans laiſſer à la Fortune l'authorité de ceſſer. Il eſt bon de nous arreſter nous-meſmes volontairement dedans les limites, & bien loin deuant qu'eſtre venus au bout.

Si c'eſt par l'acquiſition de quelque bien ou heritage, ou de quelque belle & forte place, ſoit en gouuernement, ſoit en propre, qu'il auoit longuement ſouhaitée, il en eſt auſſi toſt aſſouuy, & en vn momét il entre en nouueau deſir; parce qu'il n'a pas trouué en ſon premier acqueſt ce qu'il penſoit, d'autant que les biens de Fortune ſont tous marquez à meſme coing: & à les deſirer ils ſemblent beaux & agreables, mais la iouyſſance eſt non ſeulement pleine de ſatieté, ains de fiel & d'amertume. La condition de l'homme eſtant ſi miſerable, que, comme on dit, la diſette le greue, & l'abondance le creue. Il pourrit ſur ſes biens & heritages, & meurt ſans moyen au milieu de ſes moyens. Ioinct qu'il n'y a aucune aſſeurance de pouuoir iouyr paiſiblement & poſſeder vne ſeule heure les choſes preſentes; veu que toutes nos fortunes ſont ſous la main d'vne ſeule fortune. *Ny l'acquiſition de belles maiſons, ou gouuernemét de fortes places.*

Que ſi ce bien ou heritage conſiſte en quelque lieu ou maiſon fort plaiſante, ie diray auec les ſages, que ce ſont les lieux qu'il faut le plus fuïr, parce que plus il y a de commoditez naturelles, plus la diſſolution ſemble les auoir choiſis pour les rechercher, & en publier les louänges. Ce ſont des lieux ou maiſons ennemies des bonnes mœurs. C'eſt le logis des vices, on s'y deſborde comme ſi le lieu en auoit priuilege. Ces maiſons ne donnerent iamais de faciles & ſobres repas. Il ne faut pas coucher ſa ruine ſi mollement. Il faut au contraire s'eſlongner de *Ny en l'acqueſt d'vne maiſon, ou lieu de plaiſance.*

ces lieux qui nous deschirent le cœur, lequel il faudroit mesme arracher, si les vices qui y tiennent n'en pouuoient estre tirez autrement.

Ny par suffisance, ou içauoir.
Senec. epist. 88.

Si c'est par vne grande suffisance, & par les sciences, elles sont vtiles, si elles preparent l'esprit sans le detenir. Il s'y faut arrester tandis que l'esprit ne peut rien de plus releué. Ce sont les premiers rudimens de l'enfance, & non les solides actions d'vn homme ja formé. On les nomme liberales, d'autant qu'elles sont seantes à vn homme libre: la haute, forte, & courageuse occupation, est l'estude de la Constance: tout le reste est pueril, & de peu d'importance. Outre que l'apprentissage en est si long & si fascheux, qu'auant que l'homme soit à demy formé & en credit, il est vieux & cassé; il se trouue y auoir vsé & abusé sa ieunesse & ses meilleures annees, gasté son estomac, & debilité ses nerfs. Et auoir tant brouillé & desbrouillé de papier, & luttiné tant de Latin & de langues, que ces Danaïdes fabuleuses qui deuoient anciennement porter de l'eau dans vn crible, estoient en moindre peine & moins agitees que luy. Le vray & solide sçauoir ne gist qu'en vn poinct: aucun ne vaut mieux que son prochain, fors celuy qui a la plus belle ame, & qui l'a sceuë former de façon qu'elle est plus capable de sagesse & Constance que tout autre.

Ny par la volupté, qui consiste en bonne chere, & viures delicieux.

Si c'est par la volupté du corps, qui consiste en l'appetit des viures delicieux, ou en l'exercice de l'amour, en quoy plusieurs amis d'Epicure fondent leur souuerain bien, attendu qu'il ne peut chaloir de quel costé de ces deux nous soyons voluptueux. Car quelle difference trouuez-vous (dit quelqu'vn) de manger les herbes chaudes, qu'on appelle Satyriō, pour se prouoquer & semōdre à la luxure, ou bien irriter le sentiment de nostre goust par odeurs & par saulces? La verité est que l'appetit de tous les deux a quelque douceur, mais le rassasiement tout plein d'aigreur n'est farcy que de repentirs: Veu que les voluptez que le corps pincé & aiguillonné nous fait ressentir dans l'ame, ne sont qu'esmotions violentes, forcees, turbulentes, & hors de la Nature. On saoule & engraisse les victimes qu'on prepare au supplice. On couronne les hosties qu'on dispose à la peine. Et bien rarement a senti la contumelie du glaiue vne beste hectique & allangourie. Et les plaisirs qu'elles nous suggerent courts, vains & honteux. Les corps des voluptueux sont à l'engrais, pendant que les ames sont maigres & assoupies; parce que le ventre est vn peagier importun, qui ne fait que crier iusqu'à ce qu'il soit remply, & n'a point d'oreilles pour escouter ce qu'on luy veut dire pour sa santé. Et puis que nous detestons si fort & auons en extreme abomination les femmes qui donnent des breuuages & philtres pour charmer leurs maris, ie ne sçay comment nous abandonnons ainsi à des cuisiniers mercenaires nos viandes à empoisonner, & par maniere de dire à les ensorceller à force de desguisement pour charmer nostre goust. Aussi la volupté prouoque l'estomac à faire sortir la viande par où elle est entree: qui fait que les voluptueux bien souuent rendent gorge, & en vomissant remesurent ce qu'ils ont aualé; voire tout ce que mesme les plus grands goustent auec plaisir dans ces beaux vases d'or, ils le vomissent puis apres auec chagrin, & sont contraints de retaster leur saliue amere. D'où chacun apprend, que c'est vne singuliere vertu d'estre sec, sobre, & muet; pendant que plusieurs s'enyurent; suiuant la responsr de Zenon à quelques Ambassadeurs, auec lesquels se trouuant en festin, le voyant parmy plusieurs Philosophes dissolus, taciturne, luy ayant demandé qu'est-ce qu'il vouloit qu'ils dissent de luy à leur Prince. *Nihil, inquit ille, quàm Athenis esse senem, qui tacere sciat inter pocula*: c'est chose bien louable és iours de desbauche, de pouuoir estre tesmoin à soy-mesme de sa Constance: il faut porter les festins dans les yeux, & non dans le ventre; remplir l'ame & non le corps, & considerer cóme chacun s'y comporte. Veux-tu priser (dit le Sage) les friands morceaux? considere-les en ta chaire percee. Et

K ij

puis que la volupté est vn bien de beste, & que la premiere partie de l'homme ne doit estre que la seule vertu accompagnee de la raison, ils ont tort de coudre ainsi à ceste vertu, & y attacher la chair fluide qui n'est rien sinon vn sac de mangeaille. Ceux donc qui ont dict que le souuerain bien consistoit en la volupté, c'est à eux de considerer combien est sale & vilain le lieu où ils ont logé vne chose si precieuse. Et à ces gens qui veulent ainsi complaire & gratifier leur appetit, lors mesme que le corps pour estre trop chargé, n'en peut gouster la gratification; qui au lieu de viure sobrement lors qu'ils sont les plus remplis, adioustent excez sur excez, disant que pour guerir il faut prendre du poil de la beste qui les a picquez, & resoudre l'yurongnerie par le vin : il faudroit faire comme les Ægyptiens, qui ostent le ventre & les entrailles à vn homme, quand il est trespassé, & les luy deschirent & descoupent au Soleil, & puis les iettent, comme estant cause de tous les pechez que l'homme a commis.

Plutarque au traicté de mâger chair.

Ny par l'autre sorte de volupté charnelle qui consiste en amour.

Quant à l'amour ou volupté charnelle, il la faut tenir au nombre de ces voleurs que les Ægyptiens appellent Philetes: c'est à dire, baiseurs. Car tout ainsi que les Philetes ne nous baisent que pour nous trahir, tout de mesme les voluptez ne nous embrassent que pour nous estrangler. C'est vn exercice trop violent, qui amollit le corps & enerue l'esprit, qui abrutit l'esprit & harasse le corps, nous destruit de moyens & nous met bas de poil. Les eaux de la volupté rendent les voluptueux humides & boüeux. Non plus donc y trouueront-ils ce contentement qu'ils cherchent. Car il est certain que ceux qui s'en meslent, redoutent mesme les plaisirs qu'ils ont souhaittez, & sont en peine de leur propre souhait. Veu que la seule apprehension de la iustice diuine, met tousiours vne ame pour si voluptueuse qu'elle soit, en quelque trouble. Et comme la chasse des bestes sauuages n'est pas sans peine ny sans danger, la gar-

Seneque epist. 51.

de aussi n'en est pas moins fascheuse que la chasse; pource que souuent elles font boucherie de leurs maistres. Ainsi en prend-il aux voluptueux, qui au lieu de maistriser leurs voluptez, en deuiennent adorateurs & esclaues. Car leurs plaisirs leur coustent si cher, qu'ils ne les prennent, que pour les perdre, lors mesme qu'ils pensent les auoir prins. De maniere que plus il y en a, & plus les plaisirs sont grãds, plus petits sont ces maistres là, & plus se trouuent-ils en danger.

Il faut donc aimer & suiure ces voluptez (disoit Antisthenes) qui ne nous arriuent, & ne se presentent à nous qu'apres la peine & le trauail, & non celles qui le deuancent & vont au deuant. *Voluptates quæ laborem sequitur parandæ, non quæ præcedunt.*

Si c'est par le repos de la vie rustique & champestre, qui faucement semble estre la moins rude & penible, ie m'asseure qu'il dira aussi tost, qu'elle est vn peu trop voisine de la pauureté, que c'est vne vie grossiere & inciuile, & s'ennuyera de se secher & rostir au Soleil comme les villageois, se baigner nuict & iour & noyer à la pluye, & ressentir toutes les incommoditez du Ciel, s'embourber & se croter emmy les champs, deuenir & tomber malade dans la sueur de ses labeurs, s'empuantir & s'infecter dans les parcs & troupeaux de son bestail, & s'affamer & mourir de faim dans ses plus belles recoltes. *Ny par le repos qu'il pense trouuer en la vie rustique.*

Si c'est pour estre né noblement, & yssu d'vne famille releuee de Noblesse: elle se manie diuersement, & est en diuers prix, selon le temps & la diuersité des nations. Anciennement aucuns la referoyent à la seule patrie, & aux lieux honnorables de leur naissance, & ne la faisoyent deriuer des personnes, comme nous apprenons de la response de Themistocles: auquel estant reproché par vn Seryphien, qu'il estoit plus noble à cause d'Athenes sa patrie que de soy-mesme, respondit fort à propos, Athenes ne t'eust peu annoblir, quand bien tu y fusses né, ny ta patrie m'oster cette qualité de noble, quand bien i'eusse esté Seryphien. Et celle d'Anacharsis qui respondit à celuy qui *Ny par la Noblesse.*

l'appelloit Scythe, Ma patrie(dit-il)ne me peut estre mise en reproche, comme à toy, veu que tu es du tout sans honneur & sans merite.

D'autres iugeoyent la Noblesse par la multiplicité des Images de leurs maieurs, qu'ils exposoyent aux portiques & entrees de leurs maisons, où par longues enfilures & gradations ils les rengeoyent & mettoyent en veuë. Mais *animus altus nobilem facit, non atrium plenum fumosis imaginibus*, dit le sage Stoique. C'est vne vaine gloire que plusieurs bien sensez ont tiré en risee. La Noblesse qui vient de race desvnie de la vertu, est vne marque estrangere qui n'est fondee sur nostre merite. Nous l'empruntons de nos ancestres, qui n'ont veu ne participé à nostre gloire: & neantmoins nous voulons auoir part en la leur. C'est vne grande mocquerie de nous recommander par la chair & le sang de gens qui ne voudroyent nous aduouer de leur race, s'ils nous voyoient à present desnuez de tout autre merite que le leur. Que sert à vn poltron que ses ayeux ayent esté vaillans? à vn borgne, boiteux, ou bossu, que ses ancestres ayent esté clair-voyans & de belle taille? Le Philosophe Chrysippus disoit, que c'estoit à faire à des gens lasches & à des malheureux, de louer la Noblesse & generosité de leurs peres: & à des gens de neant, qui se vont tapissans sous des vertus estrangeres. Mais ceux qui ont la vertu de leurs parens hereditaire, & qui vont conformant leur vie aux exemples domestiques de leurs deuanciers qui ont esté nobles & genereux, à ceux-là est-il tref-honnorable de rememorer souuent les faits glorieux de leurs maieurs: veu que ce n'est à faute de qualitez recommandables en eux-mesmes, qu'ils vont ainsi s'attachans à la gloire & louanges d'autruy. Si Ascanius a bien suiui les traces d'Ænee & du vaillant Hector, qu'il se glorifie hardiment de leur generosité. Les nobles adulterent leur Noblesse quand ils degenerent, & perdent la piste de leurs maieurs. C'est vne barre trauersiere qui tesmoigne leur abastardissement.

INSTAB. DE TOVTES CHOSES. LIV. I.　40

I'eusse grandement loué Appius, s'il n'eust par trop magnifié l'ancienneté de sa Noblesse: & neantmoins ie ne sçauroy desprifer la nouueauté de celle de Ciceron, encore qu'il fust le chef & le premier de la sienne, en ayant donné l'exemple à sa posterité. Veu qu'il se voit que les bastimens qu'on veut esleuer fort haut, requierent qu'on aille rechercher les fondemens fort bas. Ainsi bien souuent la Noblesse qui s'esleue le plus haut, c'est celle de qui on trouueroit les fondemens plus bas à qui se voudroit donner la peine de les rechercher. Et ne laisse de deplorer ces gentils-hommes de nouuelle impression, ou ces autres qui ont quelque grain de Noblesse souffreteuse, qu'ils veulent entretenir & releuer en despit de la necessité. Car ie les voy tousiours en peine, à force qu'ils ont crainte de l'égratigner, & y faire quelque bresche. Qui fait qu'ils iurent si souuent foy de gentil-homme: qu'ils se tiennent tousiours sur les aduantages és seances qui se font par ceremonie, qu'ils contestent ordinairement sur les tiltres & qualitez, craignant à toutes occasions de se mesprendre. Si on leur cede, ils veulent qu'on croye que c'est par obligation & non par courtoisie: laquelle ils font semblant de receuoir non par besoing, ains par merite. S'ils sont reduits aux prieres & soubmissions, ils veulent faire paroistre que ce ne sont prieres, ains commandemens.

La Noblesse prise en don par rescrit du Prince ou achetée à prix d'argent, semble encor estre de moindre prix. C'est vne Noblesse forcee, & ce Rescrit semble ce Kalendrier nouueau de Cesar, duquel Ciceron dict, oyant quelqu'vn qui disoit parlant d'iceluy; Demain se leuera l'estoille de la Lyre; Ouy (dit-il) par edict: comme si les hommes receuoyent encore cela par contrainte de commandement. Aussi est-ce vne creance contrainte & de commandement, quand le Roy lie ma croyance à vne faulse Noblesse, qui prend cette qualité par grace, & qui n'estoit telle le iour auant le Rescrit.

C'est aussi vn ancien reproche contre les Nobles, qu'ils sont la pluspart faineants, mesme lors qu'ils sont en vn estat paisible. Que les troubles les rendent turbulens, & la paix oisifs. Tesmoin ce Lacedemonien, lequel se trouuant à Athenes vn iour de plaid; ayant ouy qu'vn bourgeois de la ville conuaincu d'oisiueté, & condamné, se retiroit en sa maison tout dolent: pria ses amis qu'il auoit à l'entour de luy monstrer celuy qui venoit d'estre condamné pour viure en gentil-homme.

D'autres passant encore plus outre, voyant que la profession de Noblesse s'estoit si fort abastardie & corrompue, par la corruption du siecle & de nos mœurs: ont pris ce mot de Noble en mauuaise part, l'appliquant à choses vicieuses, & qui ont quelque defaut notable; comme faisoyent les anciens, qui appelloyent la courtisane Lays, *Nobile Scortum*. Et depuis sainct Hierosme parlant de l'heretique Heluidius, *Nobilis factus est in scelere*.

Ainsi laissant toutes ces differences de Nobles & de Roturiers; qui ne sont qu'inuentions des hommes, venues la pluspart de la force & violence des plus grands & plus puissans: distinctions indifferentes peu approuuees, voire incogneues au Tout-puissant. Nous dirons que le Noble sera preferable au roturier, entant qu'il sera plus vertueux & plus constant. Aussi se voit-il clairement, que les Nobles & les Roturiers sont plus differens de robe & de moyens, que de visage & de sang. Ils n'ont point d'autre sommeil, ny d'autres appetits. Ils sont subiects à mesmes passions; & ont souuent des conuoitises plus dereglees & plus honteuses que les ignobles. Le sang du Noble & du Roturier, bien que tiré de diuerses veines & ruisseaux, ne laisse pourtant d'estre de mesme couleur. Et encore qu'il semble que communement la Noblesse prenne son origine d'vn commencement plus honnorable, sçauoir des armes & exploicts militaires: si faut-il aduouër que tirant cette origine de la guerre & carnage des batailles & combats, c'est vne source sanglante qui s'enfle peu à peu, se réplit & se vuide par le fer: & le noble n'ayant autres pinceaux pour grauer ses faits memorables, que ses armes & son espee, cherchant par ce moyen quelque immortalité dans la memoire des hommes mortels, bastit & fonde souuent le plus haut poinct de sa Noblesse, sur la seule ruine de sa patrie & de ses concitoyens. Et si le noble guerrier veut recognoistre bonne foy, il confessera ingenuëment auec le noble Ænee, que nul ne prend les armes pour seulement y fonder sa noblesse, qui ne soit fol; veu que souuentefois la raison des armes consiste en violence ennemie de la raison,

 Arma amens capio, nec sat rationis in armis.

(dit-il.) En fin le noble aussi bien que le roturier, termine & clost ses iours par la fin commune de toutes choses qui est la mort.

S'il attend son repos, & se veut establir par force, il tombera en ce pernicieux aduis de quelques Anciens, enuers lesquels la force estoit tellemēt louable, qu'ils estimoyent que la pluspart de ceux qui louent la honte de mal faire, la Iustice, & la Constance, le faisoyent par foiblesse de cœur, n'osant faire tort ny force à autruy, de peur qu'on ne leur en fist à eux-mesmes. Et par ainsi que ceux qui par force pouuoyent auoir aduātage sur les autres, n'auoyent que faire de rechercher ce mesme auantage par la Iustice, ny par aucune autre qualité qui dependit d'autruy. A quoy ils vueillent appliquer l'exemple de la foiblesse de Crates, lequel ayant esté outrageusement blessé au visage par Nicodromus ioueur de Cithre, homme de vile condition, se recognoissant foible pour en tirer raison, se mit allant par la Cité vn buletin sur le front, auec ceste inscription, *Nicodromus faciebat*, esperant par là trouuer quelqu'vn qui vengeast cette iniure. Or ils disent qu'il ne fust ainsi allé par tout publiant sa lascheté, auec cet escriteau de poltronnerie, s'il eust eu le courage d'en tirer raison de luy-mesme qu'il meritoit que Nicodromus intentast mesme action qu'auoit faict autrefois le Cheualier

Ny par force. Plut. en la vie de Theseus.

L

TABLEAV DE L'INCONSTANCE ET

Romain Spurina, lequel ayant donné vn coup d'espee dans le corps à Scæuola, recognoissant qu'il n'auroit iamais le courage d'en demāder reparation, le conuint pardeuant ses Iuges, se plaignant (puis qu'il estoit si lasche) *quòd totum ferrum non recepisset*. De ce qu'il n'auoit souffert qu'il luy mit l'espee toute entiere dans le corps, parce que parauanture le coup fut entré si auant, qu'il eust creué sa lascheté. Mais encore que la poltronnerie & lascheté soyent ennemies de la Constance, & que la force & la violence en soyent aucunement plus proches & plus voisines : si est-il resolu par toutes les loix du monde bien establies, que l'homme de bien doit beaucoup plustost souffrir, & s'exposer à tous accidens, que contréuenant aux loix, violenter quelqu'vn, ne s'establir tyrāniquement par la force. Outre que l'experiéce nº a appris que celuy mesme craint plusieurs qui se faict craindre à plusieurs.

Necesse ę̄ multos timeat quem multi timent.

Si c'est par le sentiment qu'il a d'vne heureuse & vigoureuse santé, ou de quelqu'autre belle disposition de corps, cela n'est pas de duree. Car il est certain, que les maladies sont les vrais & asseurez supplices de l'intemperance, & dissolution de la ieunesse, qui ne leur manquent iamais. Il est bien aueugle s'il ne recognoit, que son enfance est vne erreur, qui vole inconstamment, sa ieunesse, vn feu de paille qui brusle incessamment, son adolescence & virilité, des jeux qui se iouent & se passent inconsiderément, & sa vieillesse, vne maladie qui le saisit furtiuement, & laquelle l'ayant vne fois saisi, luy fait sentir & recognoistre que le corps peu à peu s'atterre, que les sens s'espouuātent, s'affoiblissent, se perdent, & marquēt en son visage & par le dehors ses ennuis, qui le tourmentent au dedans. D'auantage qui ne sçait que les Medecins mesme nous admonestent de craindre, voire de reprimer vne trop grande santé, qu'ils appellent le supreme ōpoinct? Car la bonne disposition est chose perilleu dit Hippocrates, mesmement quand elle est arriuee à ceste extremité, qui est presque comme son dernier & haut poinct.

Ny par la santé, ou belle disposition du corps.

Le haut poinct de la santé est dangereux.

Ny la beauté. Si la beauté & bonne grace, desquelles principalement la femme pense estre douce, l'enorgueillit ; la beauté du corps fait vne guerre continuelle à la beauté de l'ame. Car de quelle part viennent les blessures, & se donnent les attaintes à nostre ame, plus que de la beauté ? Quel obiet paye & satisfait les yeux & trouble l'entendement, esclaire de loing, & aueugle de pres plus que ses esclairs? Quelle plus ressemblante image de chasteté peut-on voir, mais neantmoins plus dissemblable en pratique que la beauté? Se peut-il trouuer chose qui nous rende plus restifs, & neantmoins qui nous face marcher auec plus de diligence, & nous fouëtte plus qu'elle ?

La beauté persuade sans raison, & incline l'homme auec grand' force où il luy plaist, s'il n'y resiste courageusement. La Royne Olympias aduertie qu'vne femme auoit charmé son mary Philippus, la fit prendre ; mais la voyant d'vne si parfaicte beauté, elle pardonna à tous les deux, disant qu'il n'estoit possible de s'en deffendre: & Alexãdre oyant que sa sœur auoit eu l'accointance d'vn beau gentil-homme, ne s'en esmeut autremẽt; ains dit qu'il luy falloit aussi bien permettre de se refsétir, & iouyr vn peu de la Royauté qu'aux autres. Les bestes mesme s'y engluent. Les Cygnes de Meandre quitterent leur riuage pour se percher sur les espaules de la femme d'Admetus, tant ils la trouuerent belle.

La beauté est vne trõperie muette, vne tyrannie de peu de temps ; mais pendant iceluy si fiere & si cruelle, que poursuiuant autruy, elle ne se pardonne pas elle-mesme ; ains rauie de son propre obiect, se conduit bien souuent au malheureux destin de Narcisse.

La beauté engendre vne transmigration d'autre maniere que la faulse & fabuleuse Pythagorique, qui fait sauter l'obiect & l'Idee des belles, dãs l'ame de ceux qui prennent plaisir à les mirer; & donne aux Amans vn plaisir reciproque: si bien qu'ils n'ont l'ame dãs leur ame; ny leur propre cœur n'est à eux ny en sõ giste: qui faisoit escrier Esaye, *Reuenez, ô preuaricateurs, reuenez à vostre cœur.*

L ij

La beauté est fille d'Iris ou de l'arc au ciel, qui n'est autre chose qu'vne passion ou accident de la veuë. Car tout ainsi que le Soleil, battant sur la nuee fait la tromperie, & nous fait voir tãt de diuerses couleurs. De mesme la beauté n'est qu'vne faulse visee, & esparpillemẽt de rayons qui dissipe & esgare nostre veuë, lors qu'elle se porte dans cette nuee pleine de varietez & d'attraits qui nous tesmoigne que les plus grandes beautez souuent ne sont telles que par le seul defaut de ceux qui les regardent, & par la foiblesse de leurs yeux.

La beauté est vne faulse lettre de recommandation, lettre escrite dans l'eau ou sur l'arene, qui s'esuanouit & s'efface aussi tost. Les plus belles qui sont le plus souuẽt iournalieres, ont beau appeller le temps cruel, lors qu'il a emporté la fleur de leurs beaux iours : elles ont beau importuner l'aage & le miroir à toute heure pour paroistre plus belles ; rien ne les pousse tant que l'impudicité : veu que le miroir & la parure ne sont qu'instrumens pour esmouuoir l'affection d'autruy. Celle-là est tousiours miserable (dit quelqu'vn) qui ne se plaist d'estre telle qu'elle est : & semble ne courir si souuent au miroir, que de peur qu'elle a que ce ne soit elle mesme.

A quoy on peut adiouster que c'est vne fort petite recommandation que celle de la beauté, si nous en voulons croire les anciens. Tesmoin que dans Homere, Iunon ne craint d'appeller Vulcan boiteux, tout Dieu qu'il est : d'autant que toutes les perfections ou imperfections du corps ne nous peuuẽt apporter ny gloire honnorable, ny aucun iuste blasme : ains les seules qualitez de l'ame (quand elles sont mauuaises) & non celles du corps doyuent tomber en reproche. Et Vlysse ne reproche pas à Thersites, qu'il est laid, ains seulement qu'il est bauard : si bien que sa mere le voulant mesme flater, ne faisoit difficulté de l'appeller boiteux : parce que n'estant qu'vn blasme d'vne imperfection corporelle, cela ne diminuoit en rien le merite & excellence de l'ame.

Mais les anciens Peres de l'Eglise l'ont bien encore plus desestimee : ayant dit qu'elle est le plus souuent ennemie de la chasteté, & qu'elle est le vray & seul prix de l'amour impudique. Qu'vne beauté rare & singuliere en vne personne qui s'en prise & la veult faire paroistre, n'est pas vn petit indice de luxure; de maniere que les belles enflees de vanité, pource qu'elles sentent vn bien que plusieurs desirent, ne pouuant viure à toute peine sans quelque soupçon d'impudicité, les hommes qui se fondent aisément sur iceluy, se rendent plus hardis à les solliciter : logeant volontiers chez vne hostesse si gracieuse, où communement se rencontrent la licence, l'affeterie, & le desbordement. *Il est bien mal-aisé* (dit ce liure irreprochable de l'Escriture saincte) *de trouuer vne bonne ame, & vn beau visage ensemble.* Il aduient rarement que ceste beauté corporelle & sensible s'allie & face ligue auec la pudicité. Les belles disent que la chasteté est vne vertu qui leur est plus necessaire pour autruy, que profitable pour elles-mesmes. Car encore qu'elles possedent ce bien, plusieurs autres choses fort bonnes & necessaires leur peuuent deffaillir : celle que les Payens anciens reputerent Deesse de chasteté, & qu'on auoit accoustumé de priser tant, est par les hommes mondains appellee sotte, & sert de fable à leur licence; & attribuent la chasteté, la sobrieté, la continence, & autres vertus semblables, plustost à simplicité, impuissance & deffaut de Nature qu'à vertu quelconque. La beauté est la nourrice d'amour, l'aiguillon du peché. C'est vne dangereuse hostesse dans vne maison. Certainement (dit vn ancien) ie ne loge point auec asseurance la vertu chez la beauté : elle a tousiours le pied glissant, de sorte que choppant aisément, & cheant à terre, enuironnee de desirs & de poursuittes, tout le monde luy court sus. Sa carriere est vn champ glacé, où elle n'est si tost au bout, qu'elle n'y trouue vn precipice. Les belles ressemblent les fendeurs de bois, leur beauté leur sert de cognee pour nous fendre le cœur. Le cry qui tesmoigne & suit l'ahan du fendeur, lors qu'il donne le coup, ressemble le vent de nos souspirs, & comme donnant coup sur coup, en fin le bois le plus verd se fend & met en pieces, aussi à force de refrapper, ayant ouuert & entamé les cœurs les plus durs, amies de la diuision, elles-mesmes se trouuent en fin ouuertes, & leur honneur est mis en pieces.

On compare la beauté à vne forteresse mal gardee. Car il est mal-aysé de garder & tenir vn thresor caché, qui est cherché de tout le monde. Sauuer vne proye, qui a apres soy vne infinité de chiens & de chasseurs. Couurir l'esclat d'vn Diamant, qui est pendu à vne belle oreille: & encore qu'Homere l'appelle don glorieux de Nature, c'est vn don de l'espee qu'Ænee donna à Didon à la mal-heure: car elle s'en tua, bien qu'elle ne luy fust donnee pour cest effect. Oyons là dessus sainct Augustin, exacte censeur de tout ce qui nous peut faire broncher, *Pulchritudo corporis* (dit-il) *bonum Dei donum, sed propterea id etiam largitur malis, ne malum, bonum videatur bonis*.

C'est aussi vne forteresse qui apporte de la diuision & de la ialousie. Car on a obserué, que la guerre a esté beaucoup plus forte entre les Dieux & les belles Dames pour leur beauté, qu'entre les Dieux & les Geans pour leur reuolte: veu que contre les Geans les Dieux furent tous d'accord; mais pour vne seule Helene, ils furent tous ialoux & bandez l'vn contre l'autre. Et ceste diuision & ialousie se cognoissent principalement au mariage; veu que le mary au lieu de prendre vne compagne, prend bien souuent vne maistresse, & par fois bien rude: & la femme tout de mesme, au lieu de compagnie coniugale, entre en la societé d'vn Barbare, qui la tient comme esclaue.

Il seroit donc tres-bien fait & tres-sainctement, d'vser des belles femmes, comme on fait en quelques festins de ces beaux fruicts de succre qu'on a accoustumé de seruir au dessert, sans y porter les mains. Et si on ne pouuoit s'empescher d'y ietter les yeux; il faudroit les regarder

INSTAB. DE TOVTES CHOSES. LIV. I.   44

comme les rayons du Soleil en ligne oblique auec admiration, & non en droicte ligne auec defir d'en acquerir la poffeffion. Car plus nous-nous approchons d'vne efblouiffante lumiere, plus nous diminuons la noftre, & nous reculons de la vraye & fouueraine lumiere. Que fi ceft efprit volage de l'homme veut fe mirer à cefte beauté, qui eft plus efprife d'autruy que de foy-mefme: qui (si la grace de Dieu ne la tient en fa pureté) vit immonde, bien qu'elle naiffe pure. Si fon ame ondoyante & muable veut adorer la beauté, il fe peut repaiftre de cefte beauté du Ciel fi admirable; & ne doit laiffer la ioye de la vraye beauté, pour vn mafque & faux femblant, ny laiffer le beau Soleil pour adorer l'ombre trompeufe: de peur que penfant voir le feu eftincellant d'vne beauté permanente, il ne tombe dans la fumee, qui bien fouuent efblouit le monde, l'aueugle, voire l'eftouffe du tout.

S'il cuide trouuer fon repos par les voyages & changements de lieux, il trouue en peu de iours, que pour voyager il faut vne diligence penible en trauaux fuperflus. Que toute forte de mer & de terre font prefque d'vne mefme nature, & d'vn mefme maiftre, fous mefme Ciel, & mefmes Elements, mefme iour & mefme lumiere; & ont mefme cefte incommodité en foy, que courant çà & là, l'hôme ne peut trouuer le temps de fe ratteindre & fe ioindre à foy-mefme. Ainfi le fage vit par tout côme dans fa maifon, void toutes terres comme fiennes, & les fiennes comme eftrágeres: tellement que fe plaire, ou fe trouuer cômodement en pays eftráger, defpend plus du voyageur, que du voyage, ne du lieu. *Quid per fe prodeffe peregrinatio cuiquam potuit? non voluptates illa temperauit, non excuffit errorem: fed vt puerum ignota mirantem ad breuè tempus rerum aliqua nouitate detonuit. Cæterùm inconftantiam mentis, quæ maximè ægra eft, laceffitam mobiliorem leuiorémque reddidit ipfa iactatio.* Quel profit de tracaffer ainfi par pays? ce n'eft qu'amufer l'efprit à ie ne fçay quelles nouuelletez, &

Les voyages ne rendent les hommes contens.

rendre plus legere, & remuante la pensee volage de ses vagabonds, qui comme oyseaux passagers ne font qu'vn vol perpetuel & sans arrest. Se faire ainsi voiturer d'vn lieu en autre, ce n'est point voyager, c'est vagabonder & se fouruoyer. Et puis que nostre affection & nos maux volent quand & nous, il est mal-aisé par le seul changement de pays, de guerir son ame brisee & disloquee. Il n'est pas possible que le pied glisse & le corps soit ferme; qu'il fuye, & que l'ame s'arreste. Rien ne s'apprend par ce remuement, & nul chemin pour si escarté qu'il soit, ne nous iette à l'escart de nos conuoitises: vne longue fuitte n'est rien, quand ce qu'on fuit nous suit & nous accompagne. En fin ce n'est que fourbe, veu qu'és voyages, la distance des lieux, & le seul eslognement donne le prix aux choses que nostre curiosité va recherchant.

Ny par la solitude. Si c'est par la solitude qui semble estre la porte de la Contemplation, ayant choisi quelque plaisante demeure pour tromper ses ennuis, & s'oster du tracas du monde, qu'il se souuienne que les vieilles cigongnes aiment mieux garder leur nid que battre l'air, parce qu'auec le repos, l'haleine leur reuient en quelque douceur. Aussi ie ne trouue pas mauuais que celuy qui a vieilly dans les charges, & bien merité du public, s'aille en fin descharger dans son giste, & au lieu où il a choisy sa retraicte, & comme vn oiseau en mue se renouueller tout a faict, quittant ses vieilles plumes de l'Inconstance, que les charges ont ammoncellé sur luy, affin que le repos & la tráquillité luy redōnent vne haleine vigoureuse & souëfue, auec laquelle il puisse paruenir a vne fin heureuse, sans plus se commettre a l'air impur des affaires du monde. C'est vne folie d'estre iusqu'à l'extremité de sa vie glouton & auide des appetits qui courent ambitieusement parmy les hommes. Il faut borner ce dernier plaisir sur les dernieres yssues de nostre vie. Mais qui voudroit en tous aages, en toutes occasions, & en toutes saisons se perdre dans vn lieu solitaire, & deuenir sauuageau, on luy diroit, & parauanture fort à pro-

pos. Ce que dict Socrates dans Platon qu'il alloit rare- *Plat.in Phædro.*
ment aux champs, parce que les arbres ne luy apprenoient
rien, ains seulement les hommes qui conuersent és villes.
On luy diroit, ce qu'on disoit à Vatia, qui pouuant viure
honorablement, & estre vtile dans les villes, auoit neantmoins faict election d'vne pareille vie, comme la plus
douce qu'il eust peu choisir: qu'il sçauoit bien se cacher, &
non pas viure, qu'il menoit non vne vie reposee, ains vne
vie assoupie. On disoit passant deuant sa porte, Vatia est
icy enterré, qui fuit le monde & les affaires, quasi comme
relegué chez luy par le malheur de ses passions, qui n'a peu
supporter que d'autres fussent plus heureux que luy, qui
s'est caché de frayeur, qui ne vit ne pour autruy, ne pour
soy. Bien qu'estre constant, & perseuerer en quelque deliberation, ou s'opiniastrer à quelque sorte de vie, soit en
quelque façon chose si rare, que mesme vne oysiueté ob-
stinee a quelque authorité, & nous apporte quelque respect parmy le peuple. Vatia sembloit auoir choisy vn lieu
bien propre pour y couuer son oysiueté, si quelque sorte de
lieu pouuoit mettre l'homme à requoy. Mais c'est l'ame
qui rend agreable la demeure, & non la demeure l'ame.
Aux solitaires (i'excepte ces religieuses ames, qui se sont
escartees du cômerce des hommes, pour mieux contempler les merueilles de Dieu, & estre quelque iour au deuant de luy en pleine veuë des Anges, prestes à receuoir le
guerdon de leur deuote solitude) on attribue l'Oysiueté,
laquelle les bons peintres voulant representer ont accoustumé de peindre vn homme gras & suant couuert d'vn
grand escu ou bouclier percé de flesches, comme si c'estoit
vne butte pour receuoir tous vices, ayant aupres de soy la
paresse à cheuauchons sur vne tortue, à laquelle l'Oysiueté a encore mis vne bride pour la rendre plus lente. Et
pendant qu'elle dort elle luy met sur le chef vne couronne de Iuiubier, arbre le plus tardif qui soit point, à mettre hors ses fueilles, & son fruict. L'ambition & autres vices s'esleuent par fois dedans ces cachettes, où la peur &

M

le degouft des affaires nous a fourrez. C'eſt pendant la ſolitude que le vice entre en queſte, & que ſi la vertu veut eſtre maiſtreſſe, qu'il luy preſente le duel, le champ de bataille eſtant auantageux pour le vice, les armes eſtant pareilles, & nul ſecond pour l'vn ne pour l'autre, ny nul tiers pour faire le hola. Noſtre ame deſpite & rebutee de ne voir toutes choſes ployer ſous elle, ſe laiſſe ſouuent ſoliciter, lors meſme qu'elle ſemble auoir du tout quitté la place, & au milieu de la ſolitude aſſaut les plaiſirs delaiſſez, & non entierement renoncez. Ainſi puis que les hommes niant, cachant, & couurant leurs deffauts, enfoncent le plus bas qu'ils peuuent le vice au dedans d'eux, ſçache que l'auarice, l'ambition, & pluſieurs autres telles paſſions de l'ame ſont tres-dangereuſes, lors qu'elles ſe repoſent, & font ſemblant que tout ſe porte bien. Et trouue que les Ephores auoient raiſon de condamner vn qui faiſoit le penitent public, d'autant qu'il y auoit de la pourfileure de pourpre dans ſa haire. Les conuoitiſes reſſerrees dans le cœur, ſans pouuoir trouuer yſſuë, s'eſtranglent les vnes les autres. Ces rides interieures, & mille flots en la conſcience vagabonde, troublent noſtre eſprit, & le contraignent de ſe retirer en quelque coing à l'eſcart, & croupir ſur ſon tourment, en ſe rongeant & conſumant ſoy-meſme. Ainſi dit Seneque, ne te dreſſe vn tombeau en tes plus beaux iours, ſi tu ne veux acheuer le cours de ceſte vie, ſans permettre qu'on ſçache ſi tu as veſcu ou non. Vne vertu cachee ne s'eſloigne gueres de la nonchalance, & puis que le Soleil (diſent les Philoſophes) eſt fait pour l'œil, celuy qui ſe cache fait de ſa vie, non vne vie iuſte & bien reglee, ains vne eſpece ou repreſentation de mort. Repaiſtre en ſolitude & comme dans vn repaire, eſt vne vie de Lion & de Loup. Il eſt fort bon à la verité d'eſtre tout à ſoy, & c'eſt vn bel effort de ſageſſe de viure ſeul, parce que qui ſçait parler auec ſoy-meſme, n'a que faire de l'entretien d'autruy, mais ſouuent la ſolitude moyſit & enrouille l'ame. Il eſt bon d'eſtre contemplateur par profeſſion,

Plutarque és ad notables des anciens Rois.

si on ne deuenoit en fin rustique & du tout inciuil par exercice. C'est pourquoy si c'est la prodigalité, & vne excessiue despense, ou chose semblable qui t'ait ainsi reduit au petit pied, tu as tort. Car il faut empoigner pour vn bon coup la regle de sa vie, & dresser selon icelle tout le reste de ses actions. Il est bon de se reduire à vn train, duquel on ne puisse deschoir. Il ne faut fuyr, ne glisser, eschiuer, ne gauchir au monde. Attendu que tenir ceste vie seulement comme pour quelque chose qu'il faut passer auec patience, & auoir la seule mort en desir ; sans auoir la mire à la vie eternelle & celeste, est vne sentence & aduis contraire à la Nature, & à la fin surnaturelle de l'homme, que Satan ne peut faire gouster qu'à des gens fantasques & amis d'vne solitude dereglee. C'est grand folie de penser eschapper à l'homme & à l'humanité, fuyr le modele commun & naturel du reste des hommes, & pour suiure vne vie mal estudiee, se mettre & desloger hors de soy.

Si c'est par la vieillesse, qui est par fois venerable, & respectee parmy le monde, ô que les petits enfans, qui ne font rien que saluer la vie, puis en sortent aussi tost, sont bien-heureux! Car nos meilleurs iours s'enuolent, les pires succedent ; comme d'vn tonneau coule premierement ce qui est de bon, & la lie demeure au fond. La ieunesse a des conditions beaucoup plus auantageuses. Car c'est vn aage neuf, aisé à ployer aux trauaux, propre à exercer les corps, & esgayer l'esprit. Et, ce qui reste est poisant, languissant, & proche de sa fin. La vieillesse tient tousiours la ieunesse & la nouueauté en reproche, & en soupçon, & les vieilles gens ont tousiours quelque poinct à reprocher aux ieunes. Les ieunes mesurent toutes choses par leur esperance, & les vieux par leur souuenir : bien rarement approuuent-ils ce dont l'exemple ne roule dans leur memoire, & n'est couché dans leur vieux registre. Côment pourra dôc vn vieillard, & celuy qui cômence desia à sentir bien auant les iniures & le dômage des annees & de l'âge,

Ny pour estre paruenu à vne venerable vieillesse.

M ij

supporter le trauail & chagrin de tant de tempestes & incommoditez, qui sifflent autour de ces rides? Or elle nous en attache encor plus à l'esprit qu'au visage, & auec le corps l'esprit s'vse & s'empire. Les vieillards desirent le trauail, lors mesme qu'ils sont les plus caffez. Ils s'affoiblissent tant qu'ils peuuent à combattre leur foiblesse, & n'estiment la vieillesse fascheuse, sinon d'autant qu'elle leur commande de viure en repos. Et lors qu'elle commence à esbranler le cerueau, ruiner le iugement & la memoire, qu'elle luy a osté la vigueur, & ne nous a rien laissé que l'ame, il n'y a personne, qui de bon cœur ne desire sortir hors ce bastiment pourry, caduc, & ruineux. Ainsi peut-on dire asseurément, que la vieillesse & le mariage sont desirez par l'homme esgalement, & auec vne pareille inconstance. Car à la verité chacun desire paruenir, & rencontrer tous les deux: mais quand on en est vne fois entré en possession, & que nous sommes ou vieux, ou mariez, il n'y a nul de nous si content, ne si vieux, qui n'en voulust estre en arriere. Car plus on s'y enfonce, & va en auant, plus on recognoist les approches de la mort; & bien rarement l'homme vieil deuient sage par le seul chemin des annees, parce que la vie mesme doit estre mesuree à la vertu, & non à la duree du temps; & la vieillesse ne vieillit iamais nostre ame, ny sa Constance, rien ne pouuant vieillir en l'homme constant, que les membres, & instruments des vices.

Ny pour le desir, ou acquest d'honneur & de reputation.

Si c'est pour auoir acquis de l'honneur, qui luy donne esperance, & le goust de viure apres sa mort en bonne reputation parmy le monde, la queste de l'approbation d'autruy est vne passion vicieuse; veu que c'est vne bouffee de vent populaire, qui le plus souuent souffle au trauers plusieurs personnes, qui n'ont en soy nul merite. Outre que l'esperance & honneur à venir, sont des noms de bien mal asseuré. C'est s'accrocher & s'attendre à la pure vanité, & penser auec vn bien petit saut eschapper & aller au delà d'vne grande cheute. C'est se vouloir consoler du defaut de la briefueté de ceste vie, & la vouloir compenser auec la fumee dont les hommes vains seuls ont accoustumé de se parfumer; c'est lire ses plus belles actions à des sourds, c'est presenter des miroirs à des aueugles, c'est vouloir deterrer vn monceau d'os secs pieça enseuelis sous terre. Car le corps n'a rien apres la mort qui puisse ressentir cette gloire. La poictrine n'a rien pour la receuoir. Les yeux sont aueugles pour la contempler. L'ouye est à sec, & ne peut entendre le son vain & inutile de nos louanges, l'air n'y peut plus frapper, & l'ame est en tel lieu qu'elle ne recherche plus la gloire de ce monde. Et puis qu'il est force que celuy-là redoute sa memoire, qui a beaucoup conuoité ambitieusement, qui a mesprisé les autres orgueilleusement, trompé desloyalement, rauy auarement, & vsé de son heur indiscretement, il a bien plus d'occasion de craindre & redouter, comment il est en la memoire d'autruy. Quelle folie de vouloir faire cognoistre les morts par les noms qu'ils auoyent en vie, à ceux qui ne les virent onc, ne vifs ne morts? & quand bien leurs gestes & leurs noms seroyent escrits en lettres d'or, en quoy sont-ils escrits? sont ils grauez en tableaux incorruptibles, en marbres perpetuels? & quand bien on leur dresseroit des statues, si on vient à les leur oster, n'est-ce pas comme les faire mourir pour la seconde fois?

Car la fin qui doit ensuiure
Aux images & au cuiure,
Est vne seconde mort.

Que si on leur dresse des Mausolees, ce sont pompes inutiles, qui seulement font viure & triompher le vice d'vn chacun apres sa mort, & faire voir plus sa grandeur que sa vertu. Que s'ils se les dressent eux-mesmes, comme plusieurs qui ont soing de leur tombeau auant mourir; c'est mourant & fuyant du monde, chercher ou se vouloir reseruer dans le monde vne gloire humaine, ou comme la vouloir emporter pour en faire part à ceux de l'autre monde.

Ny par la Mort.

Si c'est par la Mort, c'est vn remede peu Chrestien, qui est plus cher que la maladie n'est griefue. D'ailleurs quád il seroit permis nous l'auancer, il y a peu de Catons pour se la procurer, & peu de Rómains pour l'attendre. Les hommes de ce siecle ont des courages, qui comme les mauuaises lames, trempent long temps, auant qu'ils puissent prendre & receuoir ceste, bien que faulse trempe & apparente couleur de Constance, & les faudroit dresser, tant ils sont lasches & peu courageux, comme cheuaux neufs & rebours, afin que de quelque main que la mort suruinst, ils ne reculassent en arriere, & ne fussent trouuez ombrageux, redoutans mesme les seuls ombrages de la mort. Le mieux est de ne la mettre en fuite, ne en souhait, & s'en remettre du tout à la Nature, ou à l'occasion qui s'offre du martyre pour la saincte foy.

En fin tant de choses pernicieuses qui ont d'abord quelque apparence de bien, lesquelles engendrent tous les vices & maladies de l'ame, ausquelles l'homme est subiet, & de tant de medecines qu'il prend pour en guerir & se contenter, on ne sçauroit dire laquelle est composee de plus mauuais ingrediens. L'Auarice se repaist d'vne viande tres-dure & de mauuaise digestion, & deuore tant d'or & d'argent qu'elle peut qui sont metaux tres-durs & indigestibles. La Superbe, d'vne chose si venteuse qu'elle en deuient toute bouffie, & n'a dequoy se tenir ferme, car le vent la prend de toutes parts. L'Ambition, d'vne substance si legere qu'elle en demeure muable & corrompue, comme celle qui se moule du tout sur l'opinion d'autruy. La Cholere la force & la violéce, d'vne matiere ou viande venimeuse & corrompue, qui oste la raison de son siege. L'Enuie, d'vne viande grasse à la verité; mais d'vne telle qualité, que plus on en mange, plus on s'ammaigrit. La Luxure, de quelque plaisir si leger, qu'il est plustost passé que commencé. La Gourmandise de viande qui nous affame beaucoup plus qu'elle ne nous rassasie. La Paresse, de quelque faineantise qui moisit & rouille les sens, despouille le corps de toutes ses propres facultez, auilit & deprime l'ame, & faict que l'homme est moins homme que beste; car le iugement la raison, ny les autres nobles facultez ne sont en leur place, tout est estourdy & comme en quelque sorte de paralysie.

Or puis que toutes ces choses qui sont les plus souhaitables, & les plus delicieuses de ce monde, sont accompagnees de tant d'incōmoditez, & ont en elles-mesmes tant de defauts: & que c'est sans doute que les Richesses nous rendent voluptueux & faineants. L'establissement de nostre fortune, vains & desdaigneux. Le desir de nouueaux honneurs, ambitieux & mescontens. Les offices & dignitez, enflez & orgueilleux. Les fortes places & belles maisons, timides & dissolus. La suffisance & les sciences, curieux & esceruelez. La volupté & l'exercice d'amour, luxurieux & mal sains. La vie rustique, auares & inciuils. La noblesse, altiers & tyrans. La force, cruels & rioteux. La santé, craintifs & delicats. La beauté, lasches & bien souuent peu chastes. Les voyages & diuersitez des pays, dissimulez & diuers. La solitude, mescontens & sauuages. La vieillesse, ialoux & deffians. La reputation, superbes & poltrons: & que la mort seule nous faict communement paroistre en tel estat qu'a esté nostre vie, & nous descouure le faux lustre de ces vanitez. La pluspart desquelles consistent en biens externes qui se peuuent perdre; & parce qu'ils ne sont possedez qu'auec crainte, ne se perdēt aussi qu'auec douleur. Il est certain que l'hōme apres auoir souuent changé & rechangé de dessein, retōbe tousiours en mesme chose, & ne rencontre nul suiect nouueau: ains cherchant toutes ces diuersitez il est comme vn fieureux, qui à toute force veut qu'on luy dōne du vin; ou cōme vn hōme attaint de la dyseterie, qui appete force viures, qu'il ne peut digerer. Tellemēt que pour se mettre en bō estat, il faut attēdre, que la bonne tēperature reuienne, & les esprits nets, & le sang doux, la chaleur soit en sa moderation naturelle; qu'il naye plus de contre-cœur, & mesme trouue goust és viandes les plus grossieres. Or à tout cela neantmoins la vraye Constance est le souuerain remede. Car elle peut donner à l'homme vne si bonne temperature ou disposition, moderant & reglant sa raison, sa volonté, & son ame, que tout aussi tost il mesprisera toutes ces vanitez du monde.

Petr. en ses sonets.

Misero mondo, instabile, e proteruo!
Del tutto cieco che in te pon' sua speme.

Par le moyen de la vraye Constance, il descouurira aisément, que nostre corps s'estime estre vn vaisseau bien solide & bien fort, & neantmoins ce n'est qu'vn vaisseau de limon bien fragile, qui ne peut s'exploiter ny durer au feu, sans estre enduit ou verni de la Constance. Il verra que l'homme dresse des montagnes de desirs, tant il s'esleue, & neantmoins en fin, il fond sur des vallees de desseings inutiles, & pleins de vanité, il pousse de grands monceaux de poussiere, qui semblent hurter le Ciel, & pourtant on les voit aussi tost dissoudre, & decliner vers la terre.

Il verra que les choses humaines, ny l'homme, ne subsistant que foiblement, & comme en s'escoulant, tout ce qui luy aduient en iceluy n'est qu'escorce & superficie de bien, qui ne luy apporte qu'vne fumee d'honneur & de contentement. Et quoy que plusieurs ayent toutes les choses qu'ils desirent; *hos tamen pungit aliquid, cum illa vnde habeant recordantur.* Le lieu d'où ils les ont tirees, & les chetifs moyens desquels ils ont vsé pour les auoir leur en donnent vn tel remords, que la piqueure leur en faict perdre le plaisir. Et laissant les defauts, qui peuuent estre és choses, pour bien iuger, & espelucher particulierement les siens, s'il les considere comme il faut, apres auoir franchement auoué ce que tout homme sage est contrainct d'auouer, & dit tres-à propos & de bonne foy parlant de soy-mesme,

Ie trouue tout à dire en moy,
Et suis bien souuent en esmoy
Si c'est moy-mesme, que moy-mesme.

INSTAB. DE TOVTES CHOSES. LIV. I. 49

Il taschera desormais à se desfaire de toutes ses humeurs volages; & pour le moins en quelque saison se remettre sur le bon chemin: car pendant ces annees de discretion, que l'homme qui est en aage meur, se despouille de ses vicieuses inclinations, & prend la robe d'honneur & de vertu; pourquoy est-ce qu'il ne se reiettera à la Constance, au moins en ce temps là, puis que c'est vn temps sans excuse?

 Voyez quels maux naissent d'estre inconstant,
 Rien ne nous plaist, nostre esprit mal contant
 Nous faict ouurir la bouche à tout blaspheme.
 Soyez constans au moins à l'aduenir,
 Si vous voulez tous vos malheurs finir.
 Lors vous vaincrez l'inconstance & vous mesme.

TABLEAV DE L'INCONSTANCE.

Que la femme cherit plus sa liberté que le poinct d'honneur, ny les loix rigoureuses du mariage.

DISCOVRS V.

1. *Les femmes ont esté recommandees de sagesse, de vaillance, ou d'amour.*
2. *Pourquoy Apelles laissa la statue de Venus imparfaicte.*
3. *Le mespris que les femmes libertines font de la Cõstance.*
4. *Mespris & incommoditez du mariage.*
5. *Pourquoy Phidias peignoit Venus le pied sur vne Tortue.*

1. Les femmes ont esté recommandees de trois choses.

LEs Anciens, voire tous les autheurs qui ont voulu louer les femmes, & mesme celles qui estoyent voisines de leur siecle, les ont principalement recommandees de sagesse, de vaillance, ou d'amour extreme, qu'ils ont pourtant figuré chaste, plein d'honneur, & permis par les loix ; qui sont trois des plus nobles pieces de la Constance, qu'on pourroit desirer en ce subiect. Or ils comprennent sous la sagesse la bonne conduite, & le maniement des affaires, qui est escheu à des femmes, & mesmement apres la mort de leurs maris: à quoy aucunes se sont si bien employees, que plusieurs Royaumes & Estats semblent auoir esté bien regis & gouuernez par leurs prudents aduis & bon conseil.

Sous la vaillance ils publient hautement les merueilleux exploicts de guerre, soit en combats particuliers, soit en assauts, soit en la conduite des armees: voulant que leurs femmes fussent non seulement belles, mais belliqueuses.

Sous le mot d'Amour, ils comprenent l'affection chaste & constante qu'elles ont porté non seulement à leurs maris, mais aussi à ceux qu'elles auoyent choisi pour estre tels, leur ayant voué vne amitié si ferme & asseuree, qu'elles quittoyent leurs parens, leur patrie, & autres commoditez honorables, pour les suiure par tout le monde, auec tres-grands perils & incommoditez.

Quant à la recommandation de sagesse, elle est si generale qu'elle comprend toutes les vertus. Car vne femme sage est celle qui a toutes ses actions si bien reglees, qu'on n'y peut rien trouuer à redire. C'est pourquoy il ne suffit pas d'estre recommandé si vilement qu'aucuns Anciens ont faict: lesquels voulans publier la sagesse de Caia Cæcilia, qu'aucuns appellent Tanaquil, qui fut mariee à vn des Tarquins, ont dict qu'on auoit soigneusement conserué sa Quenouille & ses Patins dans le temple du Dieu Sanctus: où on luy auoit erigé vne image de bronze; en signe qu'elle n'abandonnoit ny sa maison ny sa quenouille: vertu si vile & si commune qu'vne infinité de femmes en Italie & en Frāce ne quittent gueres iamais ne l'vn ne l'autre. Mais il semble que les Anciens attribuoiēt ceste sagesse, tout ainsi qu'ils attribuoient la beauté, & autres qualitez, à des femmes feintes, parce qu'ils n'en auoyent pas de vrayes qui fussent si parfaictement sages comme ils les nous faisoient. Ainsi l'Antiquité a beau le publier, elle nous en a enuoyé qui veritablement se sont monstrees sages en quelque chose, &

De sagesse.

Plut. aux Demand. Rom. dem. 30. Pli. li. 8. c. 48.

TABLEAU DE L'INCONSTANCE ET
ont faict des traits dignes de louange, voire d'admiration, comme il y en a, qui és plus grandes aduersitez du monde, esquelles mesme des hommes plus constants se fussent relâchez au dueil & aux plaintes, se sont monstrees si prudentes & si fermes, qu'elles ont aualé les plus grandes afflictions sans mascher, voire sans ouurir la bouche pour faire entendre leurs regrets; tesmoignant par là qu'elles estoyent non femmes volages & foiblettes, ains plus constantes que des hômes, plus masles & d'esprit & de corps, que les masles. Côme on dit que Cornelia mere des Gracches, supporta constamment la mort de ses enfans si bien nez, si grands, & si cheris de cette grande Republique. Paulina monstra virilement à Seneque son mary le chemin de la Constance, & luy tesmoigna auec beaucoup de moderation, comment il falloit entrer dans le chemin de la mort, & en souffrir les assauts. Lucrece a seruy & sert encor de patron aux plus chastes, & semble auec quelque sagesse humaine, & en leur façon s'estre donné la mort, deslors qu'elle vit son honneur mort & enseuely sous la lasciueté de Tarquin. Mais ceste petite poignee de femmes sages, constantes & resolues, & qui encore ne le sont parauenture qu'en apparence, ou en vne seule action, & pour vn seul coup, n'a peu communiquer ce beau tiltre de Constance, ny de sagesse à tout le sexe: ains ces exemples mesmes si choisis & si rares, ont, à les bien prendre & considerer par tout, tant d'ouuertures, & de marques d'inconstance, qu'on void bien que ceux qui en ont parlé, ont trié en elles & en leur vie leurs plus belles actions, pour seruir à la posterité; ayant caché le reste, pour n'auoir esté peut-estre de leur subiect. Aussi void-on dans Tacite, que lors que Neron enuoya denoncer la mort à Seneque, sa femme se repentit presqu'aussi tost de luy auoir offert de souffrir les tourmens la premiere: car sur le poinct de cette rude denonciation, ayant tesmoigné, ou estalé & mis en monstre vn peu de fausse Constance, & proferé trop legerement quelques paroles de conso-

Tacite li. 15. c. 4.

lation, feignant desirer luy seruir de guide en ce passage, Seneque l'accepta & la print au mot; dequoy elle fut bien tost au repentir, & fit demonstration d'auoir fort agreable le commandement de Neron, quand Tacite pour le moins dict que c'est vne opinion d'aucuns de ce temps-là. Ainsi ceux qui veulent louer leur Constance & sagesse, en retranchent bien souuent plus qu'ils n'y en adioustent, voire en contant ce qu'ils croyent estre en elles de plus genereux. De maniere que les pensant releuer d'vn costé, ils les desprisent & descouurent bien souuent de quelque autre. Ce qui se void clairement à qui voudroit espelucher leurs plus recommandees actions, & le discours de leur vie piece à piece. Mais ie laisse ce subiect à d'autres pour estre vn peu de trop longue haleine.

Ie diray seulement que pour la recommandation de vaillance au faict des armes, la Nature ne produit plus des Palladines. Outre que nous viuons en autre siecle tout different, auquel parmy les femmes, pour si releuees qu'elles soient, la vertu la plus excellente est, qu'elles se contentent de mener vne vie tranquille, & du gouuernement paisible de leur maison, sans faire des entreprises qui conuiennent aux hommes seuls. Car les conseils de guerre, la pratique & conuersation des capitaines & soldats, le manegge ou exercice du cheual, le maniement des armes, & la conduitte des armees sont maintenant trouuez si mal seants aux femmes, que quelque honneste Dame que ce soit qui s'en voudroit mesler, feroit plustost en reputation de coureuse & perdue, que de pucelle Ieanne. La vaillance de Bradamante & Marphise, és exploits de guerre & d'amour, sont fables qui n'ont creance, suitte, n'approbation: & s'il s'en y trouuoit parmy nos armees, leurs cheualiers ne les sçauroient deffendre qu'elles ne fussent bien tost tenues pour impudiques. Outre qu'il y a plusieurs autres exemples de femmes plus vertueuses & recommandables que celles-là, qui se sont mesme cachees à la renommee, laquelle neantmoins a vne infinité d'yeux & de

De vaillance.

langues, l'ayant voilee auec le voile de la vergongne tout à dessein, afin que leur reputation ne parust qu'aux yeux seuls, & aux oreilles de leurs maris.

Ie ne dis pas qu'vne Princesse ou vne Royne laissee en viduité, ne doiue prendre soing de maintenir auec Constance en paix & tranquillité l'estat ou Royaume, auquel elle a esté esleuee. Car qui peut trouuer mauuais que des Roynes & Princesses, sous la ieunesse de leurs enfans, & pendant qu'elles les esleuent, & rendent capables d'estre Rois, se maintiennent souuerainement & gouuernent tout: il est parfois bien necessaire, pour le danger qu'apportent les nouueautez & remuements, qu'elles demeurent fermes, & retiennent la mesme authorité & commandement, voire plus grand que celuy qu'elles auoient durant la vie des Rois & Princes leurs maris, pourueu que la Religion ne soit alteree, ny l'Estat changé. Car de ces autres Roynes, qui seules & sans enfans manient ainsi tout par la voye que ie dis, sans tyrannie & sans faire quelque force au droict diuin & humain, il s'en voit fort peu. Et n'est pas possible qu'vne femme soit chef d'vn grand Royaume, que fort peu de temps. Car que le masle obeisse longuemét à la femelle, la Nature vniuerselle y repugne, le cours ordinaire des choses, les loix, & toute la police de l'vniuers. Aussi est-il aisé à voir, que les Roynes ne peuuent estre assises en la place des Rois, ny demeurer ainsi longtemps en iuste succession. Ains il se voit certainement, qu'estant destituees d'enfans, elles cherchent bien-tost vn mary, pour soustenir la Couronne, porter le sceptre, & y appuyer le Royaume. La femme est trop fragile, inconstante, & despourueuë de bon conseil de son chef, pour seruir de chef à tant de Princes, & autres grands personnages qui se trouuent en vn grand Estat.

La recognoissance des loix de l'espee est fort differente de celles de la quenouille. Au reste plus l'obeyssance est indigne, & hors l'vsage du commun, plus elle est forcee. C'est pourquoy tel regne est bon pour quelques annces, mais estant subject à changement, comme tout le reste des choses les plus fermes, & les mieux establies, il trebuche bien tost, & r'entre dans la main des masles, si la femelle ne se maintient par la force ; ce qui ne peut estre de duree. Aussi quel bon gouuernement pouuez-vous esperer d'vne femme seule & non appuyee de l'esperance de ses nourriçons, qui pour son inconstance, autant que pour sa foiblesse a esté en commiseration à tous les Legislateurs anciens ? Ne sçait-on pas que comme l'homme, que les Latins appellent *vir* est ainsi dit à *virtute* : tout à rebours la femme qu'ils appellent *mulier* est dicte à *mollitie*, ou comme dit Sainct Ambroise à *mentis mutabilitate* ? Pourquoy est-ce que la loy appelle les volontez des femmes momentanees ? N'est-ce pas affin que ce precipice de leurs inconsiderees volontez, & affections mouuantes se restraigne par les loix tant que faire se peut, & que leur fragilité & foiblesse ne se tourne à leur preiudice ? Tant d'immunitez de charges, d'offices, & de dignitez, tant de priuileges fondez sur l'imbecillité du sexe, ne sont-ce pas autant de clairs tesmoignages de leur instabilité & incostance, preueuë par ceux qui ont faict les loix ? & puis qu'à peine elles leur donnent la tutele & regence de leurs enfans, sinon à faute de Princes du sang, & parents proches, pourquoy les voulez-vous charger de Couronnes, & de la tutele vniuerselle de tout le peuple ? La chose en est donc là, que pour les exploicts de guerre, plus vne femme s'y voulant occuper, y tesmoigneroit de nature & d'inclination, ou on l'estimeroit Hermaphrodite, doutant de son sexe sur la reputation de sa vaillance, ou on la prendroit pour femme perdue ; ne pouuant gueres maintenir ceste simplicité pudique, ny la marque honorable de sa chasteté, sous la couuerture des armes, & le commerce des armees.

L. filia C. de inoff. test.

Il n'y eut iamais que six ou sept regentes en France.

Si elle faisoit semblant d'aimer la chasse, & imiter Diane, courant auec ses chiens par les forests & les bois, & se baignant aux fontaines, on l'accuseroit & diroit-on quand bien il n'y auroit point d'hommes au monde, que les Satyres & les Faunes seroient ses Adonis.

Si elle monstroit son addresse & agilité és exercices du corps, (qui est vne partie requise pour l'art militaire) & paroissoit forte à la luicte, disposte au voltiger & à la dance, & souple de corps, on la tiendroit pour vne de ces bastelleresses, qui s'exercent à faire les forces d'Hercules, à qui tous les plus robustes hommes de la Comedie montent sur le ventre pour tirer le monde en admiration, d'vne force plus que commune en vn sexe naturellement foible. Sempronia fut reprise, de ce qu'elle sçauoit mieux sauter & dancer, qu'il n'estoit conuenable à vne femme d'honneur. *Vos verò capellæ nolite saltare, ne fortè in vos hircus incurrat*, dit Theocrite parlant des Balladines. Et Camilla, marchant par dessus le bled sans presser l'espy, a esté blasmee de trop de legereté: encor ne seroient tous ces exercices bons & propres, que iusqu'en certain âge.

Sal. in coniur. Catil.

Si elle vouloit s'exercer à nager, chose qui en vne femme simplette est contre tout ordre de nature, cuidant se rendre admirable par ce nouueau exercice d'inconstance, & s'approcher de tant plus de la Deesse Venus, qu'on dit estre nee dans la mer: il est certain que tout aussi-tost qu'on la verroit ainsi mesler son inconstance auec celle des riuieres, qu'on le trouueroit si estrange que rien plus. Tesmoin ce qui aduint du temps du Roy Charles IX. lequel s'allant vn iour promener aux Tuilleries, voyant vne femme (quoy que belle en perfection) toute nue passer la riuiere à nage depuis le Louure iusqu'au faux-bourg sainct Germain, s'arresta pour la voir: mais pendant qu'il estoit attaché par les yeux, comme le reste de la Cour, elle auec vn plongeon se desroba de sa veuë, en fin estant reuenue sur l'eau, & puis ressortie en terre aussi viste qu'vn esclair, elle commença à tordre ses cheueux, & faire ce que dit Antipater de Venus:

Que le nager est vn exercice mal seant aux femmes.

Voy n'agueres Venus hors de la mer sortante,
Ouurage d'Apelles, entre ses mains tenant

*Ses moettes cheueux, elle faict de sa tresse
Humide l'espraignant, sortir l'escume espaisse.*
Puis se retira emportāt quand & soy les yeux & les cœurs de tout le monde.

Mais neantmoins auec tout cela, encore que l'action semblast estre plaisante en soy, si est-ce que le Roy la trouua si estrange & nouuelle, qu'on ne luy en ouit iamais dire vn seul mot de louange, bien qu'il entendist la plus-part de sa suitte, voire les plus retenus, dire tout haut plusieurs paroles d'admiration. Deuinez (disoit l'vn) qu'est-ce que ceste nouice de Venus faict sur terre, & comment elle y traicte l'amour, puis qu'au milieu des ondes elle donne tant d'amour, & par sa beauté si descouuerte, & par vne action si libre, & si peu commune; & combien de desirs & d'inconstances de ceux qui la regardent en ce point nageant, elle passe à nage. Quelle ame (disoit l'autre) de ceux qui ont tant soit peu d'inclination à ceste folie d'amour, peut se tenir ferme, sans enuoyer son desir, & son amour auec elle? Quelle autre poursuitte n'est trauersee, sa beauté faisant ainsi le trauers de la riuiere? Et à la verité, si auec le seul visage les belles font si legerement departir les hommes subjects à ceste fole passion, des amitiez les plus legitimes & les plus coniurees, à combien pire condition remettoit tous ses spectateurs, ceste veuë libre de toutes les parties du corps les plus cachees? c'estoit vn langage de bon compagnon, digne de ceux qui le tenoient, langage de Courtisan, mais nullement Royal. Quiconque la voudroit donc maintenant imiter, attireroit aisément les yeux de tout le monde sur soy, & quelque plaisir qu'on y prist à cause de la nouueauté, si blasmeroit-on tousiours ceste nouuelle Venus, de s'estre addonnee à vn exercice si licentieux & si mal-seant à la vergongneuse Nature des Dames. Car qui ne voit, que comme Venus taschoit à attirer ces faux Dieux en amour, se faisant voir toute nue, qu'elle taschoit aussi à corrompre mesmes les plus grands & gaster toute vne Cour, se faisāt ainsi voir à descouuert?

O

La plus belle femme du monde en cest estat, est plus en horreur à des yeux chastes, & à vne ame religieuse & pudique, que n'est la plus laide reuestue de ses habits. Car pendant qu'elle se baigne en champ ouuert, & deuant tout le monde, & qu'elle descouure le corps, & le despouille de ces honnestes habits qui couurent sa chasteté, elle enueloppe & couure l'ame de ceux qui la voyent, de vains pensers. Pour s'arrouser delicieusement des eaux de ceste belle riuiere, elle se descharge d'habits, & se charge de scandale. Elle se plonge dans l'eau, & met les spectateurs dans le feu. Elle se baigne & refroidit, & ils se bruslent. Elle sort nette de ceste riuiere, & ils en reuiennent tous sales de la simple veuë. O combien vn mesme traict produit de diuers traicts d'inconstance! Venus & Cupidon vont tous nuds pour faire plus de mal. C'est vn appetit bien desordonné de pouuoir descouurir ce que la coustume, la vergoigne, l'honnesteté, la loy, & la ciuilité cachent & commandent de cacher. O la belle instruction que Nature donne à la femme, si elle s'en vouloit seruir! Lors qu'vne femme s'est noyee, Nature la renuerse toute morte, pour couurir sa honte, & elle estant en vie, se renuerse & se descouure sans honte. Dieu reprocha la nudité à la Synagogue, en signe d'extreme turpitude. C'est donc vne des plus notables preuues d'inconstance que la femme pourroit faire, de se ietter ainsi en des occupations, du tout contraires à sa foiblesse & douceur, & à des exercices prohibez aux femmes par l'honnesteté & mœurs generales du monde. Mais parce que plusieurs Autheurs les ont suiuies pas à pas, par ces autres legeretez qui consistent en toute sorte d'affaires, & qu'ils n'ont gueres parlé de celle de l'amour, pour le moins en la façon qu'elles le prattiquent maintenant: ie veux parler principalement de celle-là, veu que c'est l'inconstance, qui leur est la plus familiere, voire la plus importante & preiudiciable, comme celle qui concerne & vise entierement au poinct d'honneur, que plusieurs

Pli. liu. 7. cha. 17. Solin. ch. 5.

Daniel 13. Esaie ch. 16.

L'inconstāce que les Dames prattiquent en amour, est la plus importante, & preiudiciable qui soit point.

d'elles font semblant de vouloir si soigneusement conseruer.

Apelles ayant laissé par sa mort la statue de Venus imparfaite, mais toutesfois si parfaite, que nul depuis n'a osé la paracheuer; nous a laissé en doute, si c'estoit par faute de loisir, ou de suffisance; neantmoins il est croyable, qu'il ne l'a laissé telle que par artifice, & tout expres pour monstrer, qu'il n'y a en la peinture assez de couleurs, pour colorer les humeurs inconstantes de ceste Deesse, ny en la statuaire ou sculpture assez d'art, pour faire voir sa contenance inconsideree & volage; la donnant pour beaucoup mieux representee en ceste imperfection (attendu que Venus est l'imperfection mesme) que s'il y eust mis la derniere main, & la nous eust donnee entiere. Donc Apelles si excellent ouurier ne la nous ayant laissé qu'imparfaicte, il ne faut trouuer estrange, si ie ne la puis representer qu'en mesme estat.

2. Pourquoy Apelles a laissé la statue de Venus imparfaite.

Venus fausse Deesse d'Amour, estant l'astre fauorable des Dames qui la suiuent, & de leurs passions & infidelitez amoureuses, ne sçauroit mieux verifier son inconstance, que par le lieu & le registre ancien de sa naissance. Car comme estant (bien que folement) estimee par toute sorte de gens subjects à ce fol amour, la plus belle creature du monde, & de toutes les creatures le chef-d'œuure le plus accomply, l'ayant faict naistre dans la mer; pourroit-on mieux dire ny exprimer l'humeur volage de son naturel, que par les qualitez inconstantes & orageuses, qu'on donne à la mer? sçauroit-on mieux dire, que les plus belles Deesses sont celles, qui dés leur naissance, comme esleuees dans vn furieux Ocean, sont perpetuellement agitees çà & là de l'orage d'amour, & de l'inconstance, iusqu'à ce qu'elles ayent du tout fait naufrage? Le Royaume de Venus est donc vne mer pleine d'abysmes, dans laquelle singlát à pleine voile, l'amour son fils, cõme insigne escumeur & pirate rend la pluspart des personnes ses esclaues. Mais

O ij

Venus sortant de la mer toute nue, parce qu'elle les desnue de tous moyens, soit d'honneur, soit de toutes autres commoditez humaines, celles qui la suiuent, fuiront-elles en effect par la fuitte du lieu, le naturel & le blasme de cest humeur volage ? est-il vray-semblable que Venus abandonnant l'Ocean a pareillement abandonné son inconstance ? & estant descendue en terre, ne leur a en rien communiqué ne infus cest air maritime ? Surquoy la verité est que les Anciens semblent n'auoir voulu la faire gueres tremper dans l'eau, de peur seulement qu'elle n'y plongeast tout à fait sa legereté. De sorte que comme Venus signifie en autre sens la generation, qui ne se peut faire que par concurrence de tous Elements, on l'a tiree de ce premier Element qui est l'eau, pour la porter & descharger en cest autre de la terre, afin qu'elle allast versant de toutes parts & en tous lieux ses inconstances & legeretez: ainsi elle n'a pas seulement succé & ammoncelé de la mer ses premieres humeurs volages, qu'vn chacun peut communement tirer du lieu de son origine; ains s'estant par apres nourrie & esleuee en terre, elle a semé toutes ces autres volubilitez, & pernicieuses variations, que nous voyons s'esclorre par tout l'vniuers; lesquelles elle a depuis si bien communiquees à son fils, & aux Dames de sa suitte, que tous ensemble presque sont subjects à mesme humeur. L'inconstance est donc la principale, & plus essentielle qualité de ceste folle Deesse, & de son fils Cupidon : veu que Venus & Cupidon, c'est à dire la Volupté & l'Amour, ne sont que flux & reflux continuels, flux de poursuittes, reflux de retraictes, ou de fuittes. Car celle qui n'agueres brusloit d'amour, se void aussi tost glacee & transportee de haine : leur ame estant parmy ses passions, comme en pleine mer, battue de mille tempestes. Et puis que Venus est sortie de la mer pour aller sur terre, quelle estendue ou domination luy pourroit-on desirer d'auantage ? où peut-elle plus auant porter ses legeretez, que sur l'estendue de ces deux Elements, dont

INSTAB. DE TOVTES CHOSES. LIV. I. 55

la superficie de ce bas monde est composee? Et pourroit-elle plus legerement ne plustost communiquer ses inconstances, que de naistre & sortir aussi tost de la mer, pour incontinant voler sur terre? Pourroit-elle pour ne faire arrest, moins s'arrester que voler par tout?

O que l'inconstance, compagne de Venus, Deesse & gouuernante de celles, qui piquees d'amour ont mis à l'abandon leurs ames alterees du plaisir qu'elle leur presente, a eu bien tost tournoyé le monde aussi bien que Venus! Toutes deux y ont bien tost dressé des Academies, prescrit des formes, & estably des loix, qui ne tendent simplement, & ne visent à autre but qu'à appuyer & fortifier le pouuoir & le party de cette fausse Deesse & de son fils. Car leur principale & maistresse loy enseigne à vn chacun de ceux qui la veulent suiure, & luy commande de croire que l'Amour est né seulement pour assouuir Venus. Que le fils est l'Alcyon, qui donnant par fois le calme à la mer des plus bouillans desirs de sa mere, luy a donné le desir & le temps de se ietter en la terre, pour y trouuer quelque chose qui appaisast & esteignist cette alteration que la saleure de la mer luy auoit laissee : mesprisant les Dames qui sont en meditation, & cherissant celles qui plus volontiers se iettent à la plus visue action d'amour. Aussi Venus & l'Amour, & tout ce qui est de leur estre & gouuernement, sont choses si fresles & muables, que la femme n'y peut demeurer en mesme estat ; qui a meu le Petrarque de chanter ces vers,

Femina è cosa mobil' per natura,
Ond'io sò ben', ch' vn amoroso stato
In cuor di donna picciol tempo dura.

Surquoy quelqu'vn a dit fort à propos qu'il demanderoit volontiers à Porcia, comment se portent ses leures pour les charbons vifs & ardans qu'elle aualla ; & que s'il eust touché le poulx à Liuia, lors que voyant en toute liberté des hommes nuds en leur naysue beauté, elle disoit qu'ils ne luy estoyent en nulle difference de statues, eust

O iij

facilement trouué le defaut, & senti que le cœur dementoit la bouche.

Car entre toutes sortes de creatures les femmes adorent plus les douceurs de l'amour, & les amorces de la volupté; sans que la sagesse, que Nature semble auoir graué sur leur visage pour regle & marque honnorable de leur volonté, les en puisse sinon que tres-malaisément distraire. Encore moins les difficultez & sinistres accidents, qui semblent par fois porter de l'empeschement; ains au contraire leurs desirs passez par les estraintes & contraintes du destourbier, qui semblent deuoir boucher les passages de l'amour, comme la vendange, les ouuertures du fouloir, surnagent comme l'huile sur le vinaigre au dessus de l'aigreur, que l'empeschement tasche leur en faire ressentir. Et se trouue par la lecture des liures anciens que de tout temps les femmes ont eu plus de diuerses & volages humeurs pour changer d'amour, qu'elles n'auoyent mesme de diuers plaisirs & d'inuentions recherchees pour prendre leur plaisir, & se contenter & entretenir leurs amours. Tesmoin Semiramis, qui apres auoir employé à faire l'amour, & appliqué toute sorte d'espece, qui presque se peut trouuer en la Nature, fut si inconstante & impudique, qu'elle changea d'amour & d'espece, & fit l'amour auec vn cheual: & en fin ne voulant pas mesme espargner son propre fils, fut tuee par iceluy. Tout à rebours de Parisatis, qui repoussa rudement son fils Artaxerxes, lors qu'il l'en voulut solliciter.

De maniere que ie trouue de belle inuention & tres-à propos le tableau de leur transformation & changement, representé par les Anciens, pour peindre vne femme inconstante en amour, & qui se change en autant de formes qu'on luy donne de presens; veu qu'ils peignoient la fille d'Erisichthon, qui s'appelloit Metra, laquelle il rendoit & prostituoit aux ieunes hommes: mais non qu'auec asseurance de guerdon. Dequoy les Thessaliens se voulans mocquer souloyet dire que la fille d'Erisichthon se changeoit & prenoit inconstamment la forme du present qui luy estoit donné : voulans dire que les femmes de ce parti, en prenant les dons & presens qu'on leur fait, prennent aussi la forme du present, & se prostituët & transforment en tel estat que merite la chose qu'on leur donne.

Il guadagno è il ruffiano de la buona intentione dit l'Italien, parce que parmy les Dames qui ne sçait donner, ne peut la pluspart du temps arriuer à la iouyssance, & que celuy qui veut iouyr doit auoir appris à donner : bien que parmy les plus nobles ames d'entre elles, ce seroit faire iniure à l'Amour, & luy oster le nom, que de le mettre à prix, estimant sur tout miserables & de tres-vile condition celles qui pour auoir de plusieurs, se donnent à plusieurs. Ils vouloyent aussi monstrer par là, que l'amour volage fait prendre les choses autrement qu'on ne deuroit, & déguise les contentemens & l'honneur des Dames en telle façon, qu'il le leur fait bien souuent ou mescognoistre, ou mespriser. Comparant Venus aux Dez, parce que quand la chance est liurée, & qu'on a ietté le Dé, chaque Dé marque diuerses faces, & chaque face diuers poincts. Ainsi Venus & le poinct d'honneur ont pareillement diuers visages, veu que l'inconstance de cette Deesse & de la volupté est telle, que les Dames qui s'y addonnent representent diuers visages selon la diuersité de leurs passions, tout ainsi que les Dez ; & se forgent aussi diuersement le poinct d'honneur selon la diuersité & difference des poincts sur lesquels elles logent leur contentement. Ce que plusieurs ont pensé ne deriuer d'autre chose, sinon qu'encor que la femme auec sa mine doucette & vergongneuse, semble estre l'obiect le plus temperé qui soit en la Nature ; si est-ce qu'elle brusle plus en soy, quand elle s'addonne à la volupté, qu'elle n'eschauffe mesme autruy. Et comme vn Alambic est gentiment assis sur sa tourrette, sans qu'on voye son feu & ses flammes au dehors : mais neantmoins au dessous il a vn fourneau plein de brasier, & vn feu qui consume entierement ses

Pourquoy on compare Venus aux Dez.

entrailles, lequel tire & exprime de luy, pour si plombé & insensible qu'il soit, des larmes si chaudes, qu'on le voit languissant pleurer iusqu'aux dernieres gouttes de cette humeur qu'il a au dedans, & dessecher peu à peu. Tout de mesme les Dames subiectes à l'amour ont en apparence vne mine froide & glacee en l'exterieur & par le dehors, parce qu'elles veulent cacher & déguiser cette passion qui les brusle & consume à l'interieur & au dedans. Mais qui met la main au dessous du cœur, trouue le lieu si enflammé, que si ce feu ardant qui les eschauffe ne s'esuapore, les voila en peu de iours hectiques & langoureuses pleurant à chaudes larmes, iusqu'à ce que l'humeur des yeux, & la source de leur constance tarie, elles deuiennent seches comme ces fleurs qu'on tire de l'Alambic.

Non pas que cet amour qui est ainsi prompt à les eschauffer, changeant d'humeur & de goust selon les occurrences, ne soit bien par fois aussi prompt & violent à les refroidir. Car ce feu mouuant qui s'allume en elles au moindre obiect nouueau qu'Amour leur presente, faict voir & descouurir tout à vn coup, & l'ardeur de leur passion, & la glace & froideur de leur ame muable, & void-on presqu'en mesme temps & en vn moment les vents de leurs legeretez amortir le brasier de leurs desirs: les inspirations d'amour pour si eschauffees qu'elles soyent s'esuanouyr, & les fumees du sacrifice de Venus, & ces sermēts faicts sur ses Autels de plume se dissiper en l'air, & se perdre dans le Ciel de leur humeur volage. De sorte qu'encor qu'elles mettent bien souuét leur cœur & leur amour sur le feu qui eschauffe leur Alambic, ce n'est simplemēt que pour le faire passer & distiller en vn autre àmour. Ainsi toutes ces apparences de constance qu'elles portent au dehors, toutes ces viues flammes qu'elles couuent au dedans, ne peuuent empescher que leurs passions ne s'appellent & ne se chassent les vnes les autres. Qui a meu la Nature de les assortir d'vn cœur, dans lequel comme dans vn mur blanchy nouuellement, on peut grauer tou-

tes

ces sortes d'Images distinctement & sans nulle cõfusion: chacune disant, comme ces Cheualiers errans qui cherchent auanture, MVLTA DESCRIBAM. L'amour multiplié est amour de Prince & de Princesse. Prouision de seruiteurs, multiplicité d'amis en reserue, sont auantures ou qualitez Royales. A quoy elles adioustent, que la volupté est le doux obiect & le vray charme d'vne ame bien composee. Que les plaisirs d'Amour sont en elles comme larrons domestiques, desquels il est impossible de se garder. D'ailleurs l'Amour s'essaye & se mene par de si delicieuses experiences, que toute Constance humaine s'y perd.

Et pour mieux le particulariser, voicy les mal-seantes paroles impies & pleines de blasphemes qu'elles ont ordinairement en la bouche. L'Amour (disent-elles) nous rauit à nous-mesmes, pour nous donner à autruy. Si bien qu'il ne se faut plus estonner, si n'estant plus à nous, les resolutiõs d'amour ne sont en nostre ame qu'irresolutions & desirs de changer. Et encor que la beauté marque par fois dans le visage des plus belles, des gages & ostages de chasteté & d'honneur: si est-ce que l'Amour, Démon incertain & volage, efface bien tost & fait esuanouyr cette honneste vergongne, veu que son flambeau n'est fait que pour nous esclairer, son brandon que pour nous brusler, ses traicts que pour nous blesser & entamer, ses aisles que pour faire voler nos sens & les promener à la volee. Qui nous doit donner licence de changer & rechanger à tous coups d'amis, selon les occasions du mieux qui se presente: Tout ainsi qu'il est permis de changer & sortir d'vn mauuais port, quand on peut bien tost se rendre à vn meilleur. Qu'il est permis se departir d'vne amitié onereuse, tout ainsi qu'il est vtile de rompre vn mauuais marché qui peut. Qu'vne promesse preiudiciable, non plus qu'vne place insoustenable, n'est tenable. Qu'il est expedient de faire supercherie en amour pour paruenir à la iouyssance, puis que l'amour ne se faict pour autre cho-

TABLEAV DE L'INCONSTANCE ET
se. Qu'il est loisible aux Dames de rechercher leur plaisir en toute liberté, attendu que si l'amour n'est libre, ce n'est plus amour, ains vne pure tyrannie. Que le temps qui est si cher ne sçauroit estre plus mal employé ne dispensé qu'à l'entretien d'vne chose desia acquise. Que l'amour ayant des aisles pour changer & voltiger çà & là, veut que pour bien faire l'amour legerement & continuellement on voltige & on change. Que les nouuelles affections sont honnestes exercices de l'amour & de l'inconstance, parmy lesquels les plus grandes infidelitez se couurent du commun desir de noueauté. Que le trafic d'vne poursuitte qui varie & se change à toute heure, est beaucoup plus vague & plaisant qu'vne longue & harassee iouyssance. Qu'il n'y a rien qui redonne le iour, ne qui rende le contentement à vne pauure ame passionnee qu'vn autre amour. Que celle qui s'ahurte à vn seul obiet se rend coupable d'vne passion trop superstitieuse. Que celles-là sont plus heureuses & fauories de l'amour qui sçauent mieux prendre party & iouyr de la fortune qui se presente sans obligation ny seruitude, sans traicté & sans amour: en quoy les plus notables reproches naissent des plus petites occasions perdues. Et comme le corps d'vn hôme attaint d'vne certaine maladie qu'on nomme Cardiaque, ne peut iamais brusler; non plus le cœur des femmes empoisonné de cette humeur volage ne peut sentir le feu ny les flammes d'vn parfaict amour.

3. Mespris de la constance. Vrayement aussi (disent-elles encores) ce seroit bien reduire l'amour au petit pied de le vouloir asseruir à vn seul: non plus qu'il ne peut estre iuste d'enserrer les hommes dans les traicts d'vn seul visage. Il faut donc nous accorder le libre exercice du châge, sans lequel l'Amour, qui est le Dieu que nous adorons, ne pourroit establir que fort pauurement son commerce. Aussi n'est-il peint enfant pour autre chose, que pour ce qu'il n'a memoire, & ne se veut ressouuenir des amitiez vieilles & passees, &

moins encor' des legitimes. Le nid de la Constance qui est vrayement ou doit estre celuy du mariage, est froid, n'estant eschauffé d'aucun amour nouueau. L'inconstance n'a aucune qualité vicieuse, ny defaut qui nous puisse rendre blasmables, voire à l'endroit des plus seueres. Car changer d'vn amy, qui est en voye de changer luy-mesme à la premiere rencôtre, est vne iuste & legitime deception permise par l'anciëne loy de Nature, qui veut qu'on trouue bō en soy ce qu'on veut faire souffrir à autruy. Le meilleur est d'vser de preuention, qui peut, & changer le premier, si on en trouue l'auanture.

Et attaquant particulierement le mariage, l'amour (disent-elles meschamment) à d'autres fins pour son contentement que ce nœud Gordien, lequel dissipe plus les affections qu'il ne les nouë & entretient, C'est vne contrainte & loy tyrannique, qui traine plus souuent les personnes à vn forcé Hymenee, qu'à vne douce & volontaire liaison. Les chaisnes qu'on donne à vne nouuelle espouse ne la doyuent tenir si attachee en la maison, qu'elle ne puisse rechercher sa fortune. Le mariage est vn changement qui nous change nous mesmes. Car tout aussi tost que nostre desir ou volonté est hors son naturel, nous nous trouuons du tout changez. Et comment est-il possible (dict le Stoique parlant d'vne femme mariee) que son mary & elle s'entraiment, veu que c'est vne sottise de croire qu'vn prisonnier s'agree de ses fers & fussent-ils dorez ou esmaillez? Ces rudes loix du mariage sont fables imaginaires, & impressions de vieux ialoux, pour abuser les plus simples. La foy & loyauté est vne fascheuse necessité de l'amour, vne loy miserable de beauté surannee, qui se contēte d'vn seul pour ne pouuoir estre cherie de plusieurs. Qui faisoit dire à la comediante, auec vn merueilleux contentement, qu'elle auoit tousiours esté la flamme & la peine de mille cœurs, le tourmēt de mille & mille ames; qu'elle en tenoit vn par la main, l'autre par les yeux: mais le plus commode

Mespris du mariage.

P ij

& le meilleur, elle le tenoit au sein. Les maris & les mariages sont les vrais remores & retardemens d'amour, le premier iour d'Hymenee, est le dernier iour & le dernier poinct du contentement, tous nos plaisirs comme forcez sont en leur occident : communement la femme mariée, si ce n'est quelque buche stupide ou disgraciee de Nature, agreeroit volontiers la deuise de cette Princesse, laquelle estant contrainte de donner des estrennes aux Seigneurs & Gentils-hommes de sa Cour, donna à vn caualier duquel parauanture la taille ny la façon ne luy plaisoit pas, vn petit chauderon auec sa cuillier qu'on sortoit chaudement du feu, garny de pierrerie en forme de pendant d'oreille, auec ce mot *Posuisti me in refrigerium*, chacune bailleroit volontiers à son mary ce beau mot & veritable pour estrennes. Il faut ressembler la Lune, qui tant plus qu'elle s'esloigne du Soleil, plus elle se fait voir claire & belle, & estant tout aupres elle se cache. Aussi plus nous nous esloignons de nos maris (qu'on prend pour nos vrais Soleils) plus nous nous deuons monstrer parees & belles : & plus nous nous en approchons, plus nous obscurcir & demeurer cachees.

Les femmes peuuent s'excuser enueloppant les hommes en mesmes fautes.

Ce n'est pas tout : car pensant enseuelir leurs fautes sous quelque generalité, elles s'essayent de trouuer les hommes en pareil defaut, & maintiennent que la pluspart ne peuuent non plus qu'elles estre constans, & ne se sçauroyent garder de suiure, & rechercher tout nouueau subiect. Car il est impossible (disent-elles) que tant de douceurs empoisonnees qui deriuent de la beauté, ne facent aussi tost reuolter leurs sens pour mousses & hebetez qu'ils soyent, veu qu'il est certain que l'amour & l'inconstance desarment l'honneur, ensemble cette constance commune qui se trouue parmy les hommes, & les prennent à discretion toutes les fois qu'ils les attaquent. Et quand ils ne seroyent induits ne poussez à cet humeur de changer, par l'amour ny par la beauté :

leur regereté seule (legers & volages qu'ils sont) les passionne si à la legere, qu'aussi-tost que leurs yeux sont eslancez, & tout au premier traict, chacun d'eux cherche sur tout obiect nouueau, comme l'oyseau sur sa proye tous les aduantages qu'il peut. L'inconstance est donc le vray goust de l'amour, qui conuie les vns & les autres à desirer nouueaux partis. C'est le refraischissement d'vn long & penible voyage, qui retire leur esprit enueloppé & trop tendu à vne seule poursuitte, & le met en repos. C'est vne Deesse fauorable qui leur oste l'assoupissement d'vne trop longue seruitude. C'est elle qui porte la clef de leurs plus estroittes prisons, qui leur redonne la vie & la liberté.

Et quant à ce que l'adultere est prohibé. Elles respondent que les hommes, ausquels neantmoins la loy de fuir l'adultere est commune, veulent faire valoir ceste loy, & en vertu d'icelle prohiber le mal publiquement, auquel ils courent priuément. Que ceste loy ou prohibition mal gardee par eux, se doit iustement conuertir en licence par le seul exemple de leur maluersation. Que les maris sont Iuges passionnez & interessez, qui donnent place eux-mesmes à ceste passion, & autheurs de leur mal aiguisent la lame qui leur donne dans l'ame & les esgorge. Que ceste prohibition, à laquelle ils sont soubsmis aussi bien qu'elles, n'estant obseruee par eux, fait qu'ils sont du tout semblables à vn chef de guerre qui commanderoit à ses gens d'aller combattre des ennemis, ausquels il se seroit desia rendu : qu'vn mary ne peut que mal à propos alleguer ceste loy, puis qu'il la franchit & viole tous les iours recherchant la couche d'autruy, en laquelle (perfide qu'il est) il ne peut passer sans donner l'exemple, le subject & le desir à sa compagne, de remplir le vuide de la sienne de quelqu'autre : ne pouuant se rendre deserteur d'vn iuste Hymenee, qu'il ne se rende aussi-tost coulpable d'vn iniuste adultere. Que l'adultere se compare auec la curiosité, & loge ces deux vices ensemble par le rapport qui

Plu. au tr. de la curios.

est entre eux: prenant l'adultere pour vne vituperable curiosité & conuoitise de la couche d'vn estranger, & la curiosité pour vn adultere honteux du faict d'autruy. Or quelle qu'elle soit, puis que c'est curiosité, c'est vne maladie des femmes qu'on ne leur peut enuier: car tout le monde sçait bien que la Nature faict les femmes beaucoup plus curieuses que les hommes. Et puis que la liberté est la plus noble prerogatiue qui soit parmy toutes les graces & priuileges des mortels, & laquelle on ne regrette, sinon parce qu'elle est donnee à tout le monde pour compagne perpetuelle: il est raisonnable qu'elle soit reciproque, & qu'vn chacun en vse & s'en serue à son tour, & l'applique à son plaisir & volonté.

Au moins si tous les grands Monarques admettoient les adulteres, par raison d'estat & non de volupté, comme faisoit l'Empereur Auguste, pour donner moyen à vn chacun possedant le mary ou la femme d'autruy, de descouurir le secret de son ennemy, nous meslerions l'Estat dans le plaisir, & le plaisir dans l'Estat; & mettrions l'adultere en lustre par voye honnorable, en le rendant plus necessaire que plaisant. Mais les hommes iniustes trouuent bien licite à Alcibiades d'abuser de Timœa, pour descouurir le secret de son mary le Roy Agis: & neantmoins ils eussent trouué mauuais en la personne de Timœa, si elle en eust fait le dessein la premiere, quelque important secret qu'elle eust peu tirer d'Alcibiades.

Et puis que les propositions d'Amour sont propositions de feu, & deliberations pleines d'ardeur qui eschauffent la ceruelle & bruslent l'entedement. Que l'Amour a en soy toutes ces grandes facultez & puissances, fauorisees de la foiblesse des pauures femmelettes, il ne faut s'esmerueiller si la raison & le desir de conseruer le poinct d'honneur, sont enuers luy foibles & inutiles resistances: & tous ces mots honnorables de constance, d'honneur & de foy deïtez sans pouuoir. Ie ne trouue bon ces censeurs comme Caton qui n'acollent leurs femmes que quand il

INSTAB. DE TOVTES CHOSES. LIV. I. 60

tonne, & qui chaſſent les maris hors du Senat pour auoir baiſé amoureuſement leurs femmes deuant leurs filles, comme il fit Manilius. Ainſi il ſeroit tres-iuſte d'adoucir vn peu la rigueur de ces loix, & reformer ce poinct d'honneur. Et attendu que communément és mariages on eſt à moitié d'acqueſts, en ce qui eſt des biens & des threſors: puis qu'il n'y a plus grand threſor qu'eſtre libre, il ſeroit tres-raiſonnable que la liberté, les amitiés, les plaiſirs entraſſent en la ſocieté, & communauté du mariage. Eſtant bien cruel, que le mary impudique ſe ioüe, & ſa femme chaſte pleure. Que l'amy vague par tout, & ſa maiſtreſſe garde la chambre. Que l'vn ſoit touſiours en feſtin, & l'autre face diéte perpetuelle. Bref que les hommes ſoient les maiſtres abſolus de nos volontez, de nos cœurs, & de nos paſſions, nous preſcriuant & retranchant nos ioyes & plaiſirs à leurs diſcretion: & que nous ſoyons enfermees dans vn ſerrail, pour ſeulement ſatisfaire à leurs appetits (le plus ſouuent tous contraires aux noſtres) comme beſtes brutes ou eſclaues. A quoy les ſçauantes adiouſtent (car la pluſpart ont eſtudié ceſte matiere pour fortifier leur deffence) que les ſaincts decrets qui ſont les vrayes loix qu'on doit garder en bonne conſcience, condamnent les maris à meſmes peines, parce qu'eſtant chefs des femmes, ils les doiuent vaincre par vertu, & les regir par exemples. Elles ont meſme appris ce traict de S. Auguſtin qui ſemble auoir dict à leur auantage, *Quis feret adulteram vxorem? & tamen imperatur fœminæ vt ferat adulterium virum. O iuſtitia! quare? quia ego ſum vir, vir es? in fortitudine tua probemus quia vir es, vince libidinē. Quomodo vir, quo vxor eſt fortior? tu es caput mulieris, verum eſt, caput ducat, vxor ſequatur, ſed vide quò caput ducat, vxor ſequatur, ſed vide quò eas, noli ire quò non vis vt ſequatur, noli ire quò times ne pediſſequa rue in foueam adulterij.*

Voyla ce que communément auec impieté & irreligion elles vomiſſent à l'encontre des hommes, qui les veulent cōtraindre d'obſeruer des loix par leur aduis ſi rigoureuſes. Voyla ce qu'elles penſent & diſent au meſpris d'vne

Plut. in Ariſtide.

Can. ſi quis 23. q.1.c.indignantur. & ſeq. 32. q.6.

Homil. 49.

si saincte liaison. Et apres cela formant plus expressement leurs plaintes, & faisant esclatter leurs regrets, de ce qu'elles ne peuuent iouyr de leurs amours en pleine liberté (c'est à dire sans soupçon & mauuais bruit) on leur voit cent fois le iour en souspirant lascher ces mots de desespoir. Ha Respect! Ha Honneur! ha seruiles iournees du mariage, steriles nuicts! ha deuoirs inhumains, solliciteurs des plaisirs prohibez, & mesmement de ceux que le monde croit le plus noircir nostre honneur, que ne vous estes vous en quelque saison reculés, afin qu'au moins à quelque heures les douceurs de l'amour fussent plainieres, sans estre meslees du fief & amertume d'vne mauuaise reputation!

Raisons contre les femmes, qui croyent les loix du mariage trop rigoureuses.

Mais oyons vn peu les maris, & espeluchons les raisons de ces mescontentes, qui voudroient que comme les hommes desirent qu'elles ne soient femmes que pour leurs maris, qu'aussi les hommes ne fussent nez masles que pour leurs femmes. A la verité ie confesse que parmy toutes ces raisons il s'en y pourroit trouuer quelque vne, laquelle d'abord sembleroit auoir quelque apparence: mais neantmoins si faut-il qu'elles aduouent ingenuement, que parmy tout le sexe des femmes, il y en a vne infinité de trop licencieuses, qui tournét tousiours leur appetit à l'endroit où elles cognoissent estre leur aduantage: ne s'a-subjectissant à leur propre & premiere affection n'y à celle d'autruy. Que l'amour & l'inconstance tirent bien souuent les plus glacees hors les sacrees loix du mariage, & hors de toute saincte resolution. Tellement que le poinct d'honneur, ny les loix honnorables d'vne si saincte conionction ne peuuent trencher les racines du fol desir, ny tenir leurs appetits sensuels, & leurs desirs en tranquillité & repos; & encore qu'elles facent semblant sur les premiers iours de leur mariage de vouloir entrer en quelque opiniastre resistance: si est-ce que tout cela s'euanouit aussi-tost. Les Dames d'honneur doiuent croire que quád on leur veut parler d'amour, & les appeller au combat leur contumace n'est pas criminelle. Elles doiuent ressembler les bons Architectes, lesquels en leurs bastimens bien desseignez, ont accoustumé de disposer les ouuertures & fenestres en si bon rencontre, que le trop ne serue d'affoiblissement, ny le peu d'obscurcissement. Car il faut que celle qui ayme & cherit son honneur, bousche ses yeux & ses fenestres qui visent & battent par tout en pleine veuë, puis que par là le fort de la constance & le poinct d'honneur peut estre reduict à n'estre point. Et qu'elle s'efforce, s'il y a quelque chose de trop affecté & attrayant, & qui appelle par trop les estrangers, d'auilir ses propres graces & s'enlaidir elle-mesme. Il faut que toutes les parties du corps contribuent & aident à deffigurer ceste beauté trop affectee, laissant croistre & enuenimer ses ongles pour mieux esgratigner les roses de ses iouës, afin qu'elles ne portent la couleur du feu de leur ieunesse. Il ne faut point s'amouracher de fleurs ny propres ny estrangeres, qui nous puissent donner la mort comme à Narcisse. Ains elle doit faire de ses cheueux la corde de l'arc, auec lequel elle puisse descocher ses traits cõtre le mauuais demon qui la poursuit. Aussi bien toute sorte d'amour, sauf celuy de Dieu, porte quand & soy ou vergogne ou repentance, ou pour le moins quelque espece de douleur, quand ce ne seroit qu'en la seule separation. Car la satieté, le dedain, la fortune, ou la mort, & plusieurs autres choses semblables engendrent l'vn ou l'autre. En fin c'est chose digne de vous (ô Dame chaste) d'oster à l'amour mesme la hardiesse de vous mirer. Et bien qu'il s'essaye de faire vn escran de son bandeau contre la saincte flamme de vostre chaste visage: il faut faire en sorte qu'il ne puisse auec son dard, teint du sang de vostre deshonneur qu'il recherche, vous depeindre dans le cœur d'autruy, ne vous laissant iamais surprendre ne trouuer ailleurs que chez vous-mesme: & si on vous voit rougir, que ce soit en signe de modestie : car la rougeur de la pluspart ne veut dire autre chose, sinon qu'elles ont versé toute leur honte en vn coup. La femme sage

& constante est celle, qui mesme offensee du mary, mesprisant la loy du Talion (qui ne doit auoir lieu qu'au bien faire) se resoult à ne faire point de mal. Mais il y a fort peu de Dianes, qui allant ainsi par les bois pour garder leur honneur, ne soient bien-tost aux abois: c'est vn sexe qui n'acquiesce pas volontiers, & ne se tient aux loix de sa condition. Et ne le faut trouuer estrange, veu qu'auec beaucoup d'apparence la mesme Nature, la prenant à la mode des Anciens, a pourueu les femmes & leur a donné si peu de constance, parce qu'elle estant aussi femme comme elles, n'a peu esuiter de suiure son inclination: ne voulant desmentir le deffaut de son sexe, de peur qu'on ne la vist en ce poinct varier elle-mesme, & se desuoyer de son propre naturel. Et encore que Phidias ayant peint Venus le pied sur vne Tortue, semble auoir voulu louer la femme, ou de lentitude en ce qui est de la volupté: ou de ce qu'elle gardoit sa maison comme la Tortue qui ne l'abandonne iamais. Neantmoins d'autres auec vne plus belle inuention ont dit que c'estoit, parce que tout ainsi que la Tortue est vne arme ou instrument d'imposture (à ce que dit Homere) Venus aussi se peint au dessus, comme estant la mesme imposture. Ou bien pour monstrer, que comme la Tortue craint en receuant le masle, de se renuerser vers le Ciel, parce qu'apres en auoir fait il la laisse en proye à l'Aigle, pour la difficulté qu'elle a de se remettre en son plant naturel, preferant volontiers son salut à son plaisir. De mesme la femme doit apprehender le danger auquel le masle la laisse, quand il a vne fois renuersé son honneur: l'exposant abandonnee non seulement à l'Aigle, ains à vne infinité de Corneilles, qui sont les mesdisans & les trompettes pour publier la faute & deshonneur de celles qui se sont ainsi laissees tromper. Attendu qu'il ne la baise que pour la trahir, ne l'acole que pour l'estouffer. Et bien qu'on y puisse remarquer ceste difference, que la Tortue demeure exposee au hazard, ne pouuant desloger dés qu'elle est vne fois renuersee, pour

Pourquoy Phydias peignoit Venus le pied sur vne Tortue.

Ælian.

estre de nature lente & tardiue: Au lieu que la femme tout au contraire legere plus que le vent, peut apres sa faute prendre la route qu'elle veut, & en toute liberté reprendre & se ruer sur le mesme plaisir à souhait. Si est-ce que ces mots, en toute liberté, doiuent estre pris seulement pour ce qui est du danger d'estre surprises, veu que peut-estre s'en trouueroit-il de si accortes, que cent Argus ne les sçauroient surprendre. Mais auec tout cela elles ne peuuent esuiter le soupçon ny le deshonneur qui ordinairement les suit en telles actions, quelque part qu'elles se puissent cacher.

Qui me fait asseurer, qu'en cet amour extreme, duquel nos deuanciers ont recommandé les femmes & leur constance, elles se sont en fin monstrees si muables, qu'il est aisé à voir, que les exemples de leur constance, & de leur foy sont rares ou fabuleux.

Et pour respondre plus particulierement à leurs raisons. Elles nous reprochent, que nous auons faict les loix: Qu'elles sont iniustes, entant que nous voulons rejetter tout le deshonneur des fautes qui se commettent en mariage sur elles. Qu'il n'est pas raisonnable que violant ceste couche si saincte, ce ne soit és hommes que galanterie, & és femmes vn crime punissable de mort. Que plus vn homme souille d'Hymenees, plus il est estimé accort, n'imputant iamais cela à crime, ains à bonne auanture: se persuadant qu'on peut mesme en bonne conscience fermer les yeux, & s'accommoder de galand homme en tel affaire. Que par la loy de Dieu la luxure & le crime d'adultere sont esgalement prohibez à l'vn & à l'autre. Que toutes ces licences sont loix humaines, par lesquelles les hommes veulent auctoriser leur vice contre l'expresse prohibition de la loy de Dieu, qui n'a distingué en ce poinct, ains vny en tout & par tout l'homme auec la femme.

Mais elles se trompent. Car soit par la loy de Dieu, soit par la loy des hommes, la femme adultere peche plus que

Q ij

l'homme, & son crime apporte beaucoup plus de scandale.

Elle souille plus d'honneur, & viole plus de droicts & deuoirs, veu qu'elle viole son honneur, celuy de son mary & de tout le reste de sa famille, celuy de tous ses parents, & apporte du scandale à ses amis & voisins.

Elle peche contre la propre vertu des femmes, qui est l'honnesteté, & la pudicité, desquelles la femme est recommandee dans l'Escriture saincte, & non l'homme. Et encore que ce soit vne vertu en tous les deux, toutesfois il est plus indecent & deshonnorable à la femme d'y manquer qu'à l'homme.

Filiæ tibi sunt, serua corpus illarum.

Super filiam luxuriosam serua custodiam.

En l'Eccl. 26. & 42.

Il n'est pas dit de mesme des enfans & des hommes. C'est pourquoy la loy ciuile permet au pere de tuer sa fille trouuee en adultere, & non son fils; ains le prohibe en paroles si rudes, que si le pere le tue voire par mesgarde, & sans dessein, encore dit la loy qu'il adulterat mesme auec la propre femme de son pere, *magis latronis quàm patris iure eum interfecit*, de façon que la loy punit le pere *deportatione in insulam*: Et la mesme loy excuse le poignard homicide, & la main hardie du mary; mais elle ne donne mesme licence à la femme enuers son mary surpris en pareille faute: trouuant iniuste que ceste loy soit reciproque.

L. Patri L. nec. in ea. ad L. Iul. de adult. D.

L. D. Hadr. ad L. Pomp. de parricid. D.

Elle est naturellement subjecte à l'homme comme à son chef, qui a tout commandement sur elle. Or l'iniure est plus grande quand elle est faicte par le subject au superieur, que par le superieur au subject.

Elle peche aussi plus que l'homme pour les homicides empoisonnemēts & autres traits, funestes ausquels le mary est prouoqué par l'adultere de la femme; & pareillement pour ceux desquels la femme mesme arme ordinairement & accompagne l'adultere. Et pour cent mille autres fautes que la femme adultere commet: car elle contreuient

INSTAB. DE TOVTES CHOSES. LIV. I. 63

à la loy qui a deffendu aux femmes d'auoir plusieurs maris à la fois. Elle blesse l'amitié, laquelle estant diuisee ne peut estre parfaicte. Elle noircit, brouille & met en confusion la lignee, laquelle peut estre ne fust nee, ou estant nee, ne se peut esleuer dignement, l'adultere en faisant perdre le temps, les occasions, & mesme la volonté d'en auoir le soing, & ne prend l'instruction qui luy est necessaire. L'affection de la femme adultere enuers ses enfans n'estant matrimoniale, ne peut estre bien reglee, ains elle est iniurieuse enuers eux, enuers les maris, & enuers elle-mesme.

Et encore que la pluralité & communauté de femmes ait esté souuent permise à l'homme, si est-ce que la pluralité des maris, & moins encore la communauté n'a iamais esté permise aux femmes, ains la femme en admettant ou receuant plusieurs a tousiours esté estimee sacrilege, violant les loix sacrees d'vn si sainct Sacrement.

D'ailleurs le mary reçoit beaucoup d'honneur ayant vne femme chaste & continente. Au contraire l'incontinence de la femme obscurcit aucunement l'honeur du mary. Car bien que par l'esclipse de la Lune la lumiere du Soleil ne se ternisse point, toutesfois il n'en est pas ainsi de la breche que la femme reçoit en sa pudicité. Elle offense par reflexion le bon-heur & l'honneur du mary, comme les coups qui se donnent en la partie gauche, par vne secrete force de la Nature respondent à la partie dextre. Or en ce subiect il n'y a point d'egalité entre le mary & la femme, car l'impudicité du mary ne diminue en rien le lustre de la femme, ains plustost semble en quelque certaine façon l'acroistre; veu que l'incontinēce és hommes n'est reputee que quelque espece de galantise. Sur quoy vn Ancien semble auoir dict bien à propos, que c'estoit vn grand malheur, qu'vne si precieuse liqueur que celle de l'honneur ait esté mise dans vn vase si foible que celuy de la femme, car s'il se rompt tant soit peu, ce n'est

Q iij

plus vase d'honneur, ains vn vase de contumelie, qui laisse couler & perdre l'honneur du mary par la perte & renuersement de celuy de la femme: & s'en prend-on au pauure mary, parce qu'il n'a esté sage gouuerneur, ny assez vigilant gardien de l'honneur de sa femme. Il n'en est pas de mesme de la femme, à qui on ne donne la garde de celuy du mary, parce qu'on ne donne iamais au foible la garde du plus fort.

Ioinct que la femme n'a plus grand honneur que sa chasteté, laquelle estant violee tout est perdu pour elle. Qu'est-ce qui me reste mon honneur perdu? (disoit Lucrece dans T. Liue) or l'honneur d'vn mary ne consiste point en semblables qualitez: par ainsi il y a bien difference de l'offense de l'vn & de l'autre.

Aussi voit-on que la Nature n'a rendu les femmes plus honteuses que les hommes pour autre consideration, qu'à fin que si leur malice ne pouuoit estre arrestee par la seule vertu, & auec le courage que lon desire és actions genereuses, que ce fust au moins par quelque crainte vergongneuse, comme vne forte barriere qui les contient dans leur deuoir. Et d'autre part que la femme estant vn subiect foible & fragile, & sans lustre de soy, la societé qu'elle contracte auec l'homme n'est que pour reparer & appuyer sa foiblesse, prendre de la force & de la lueur de son associé: voyla pourquoy brisant les loix de la societé cōiugale que son mary luy prescrit, elle offense son bien-facteur son suport, offense & ternit le Soleil dont elle retire toute sa lumiere. Or le reciproque ne se trouuant point au mary, il s'ensuit que l'offense de l'vn est beaucoup plus grande que celle de l'autre.

C'est pourquoy l'adultere de la femme a esté estimé d'vn si grand poix, que quelques doctes personnages ont soustenu, que la femme & le mary ne sont point esgaux au diuorce qui se fait à cause de l'adultere, comme si l'adultere estoit autre en la personne du mary, autre en celle de la femme. Laquelle opinion est apparente en ce que nostre

Sauueur au ch. 10. de S. Matthieu parlant du diuorce ne touche que les hommes, comme s'il leur estoit permis à eux seuls de faire diuorce d'auec leurs femmes, & de les reietter pour leur adultere.

Caietan sur le 10. ch. de S. Matth. quicunque dimiserit.

Et si nous estimons (comme il le faut) que le diuorce de l'Euangile succede à celuy de l'ancienne Loy, on trouuera que le diuorce doit estre permis seulement aux hommes, comme il se faisoit anciennement suiuant le chap. 24. du Deuter. C'est dōc vne marque que l'adultere des femmes est sans comparaison plus grand.

Comme aussi anciennement il y auoit des eaux de probation, qui seruoyent d'esclaircissement au doute que le mary faisoit de la pudicité de sa fēme, laquelle estāt souillee d'adultere se consommoit dans peu de iours, & ainsi mouroit: si au cōtraire le soupçon cōceu par le mary estoit faux, elle prenoit vne santé plus vigoureuse. On faict mention d'vne fontaine dans laquelle les fēmes adulteres estāt plongees se brusloient, comme si elles fussent entrees dans vn feu ardant: on allegue mesme pour exēple memorable celuy de Burgolphe femme de Burgondion, laquelle voulant contre sa conscience mettre en asseurance son mary touchāt le doute qu'il faisoit de sa pudicité, y ayāt plongé son bras ne le peut onc retirer qu'il ne fut tout rosti & bruslé. De mesme dit-on que les Psylles & leurs serpens descouuroient les fēmes adulteres, mais non iamais les maris.

Fulgos. lib. 8. Eborensis titul. de absolutione reorum.

Or à quel propos toutes ces preuues, si ce n'estoit pour conuaincre & monstrer cōme au doigt que l'adultere des femmes tant par la loy de Dieu, que par vne certaine proprieté que Dieu a donné & infus és choses de la Nature, estoit beaucoup plus en blasme aux fēmes qu'aux hōmes, veu qu'il ne se trouue de semblables moyens en la mesme Nature pour découurir & chastier l'adultere des hōmes?

Ce n'est pas pourtant qu'on vueille tellement prendre l'affirmatiue cōtre elles, qu'ō doiue croire que nous vueillons donner à entendre que les femmes seules sont obligees à garder chasteté, & que les hōmes en soyent du tout exēpts. Dieu oblige tout le monde à ce commandement, & la loy embrasse l'vn & l'autre sexe. Et les hômes en l'obseruance de la chasteté coniugale n'engagent pas moins leur foy enuers les femmes, que les femmes enuers les maris. Le deuoir est aucunement & de quelque biais reciproque. Les femmes sont punies pour la transgression, & les hommes aussi, mais non du tout esgalement.

A quoy on peut adiouster que le peché du costé de la femme est iugé & pris comme pour estre plus public, & partant plus scandaleux. Tesmoin qu'il est deffendu au mary de demeurer auec sa femme conuaincue d'adultere, pour le soupçon qu'il y auroit contre luy souffrant sa maluersation de quelque conuention illicite entre eux. Et comme disent les saincts decrets, le mary est le patron de la turpitude de sa femme, quand il en couure l'adultere. Il n'en est pas ainsi de la femme, à laquelle il est tousiours permis & trouué bien seant d'adherer auec son mary cōuaincu de mesme crime. Et de faict il se voit tous les iours que l'adultere de la femme se publie & se traicte seuerement & serieusement, & celuy de l'homme se cache volontiers, ou se met en risee. *Jolie doctrine!*

En fin pour monstrer que par l'Escriture saincte, l'adultere a tousiours esté plus rehaussé & vendu plus cherement à la femme qu'à l'homme, Bersabee en haine de sa lasciueté n'est nommee en la genealogie de Iesus-Christ: bien qu'à la verité dãs la mesme Escriture saincte on trouue qu'elle en estoit yssue : or dict-on qu'on ne luy a voulu loger, à cause qu'elle estoit adultere : & neantmoins on y trouue bien Dauid qui l'estoit autant ou plus qu'elle.

Les iuges mesme, au lieu qu'en tous autres crimes ils pressent le deffendeur & l'accusé de confesser ouuertement le crime, & taschent à le luy faire auouer par sa propre bouche, voire bien souuent par la force de la torture, & desirent que cela demeure par escrit, en vsent neantmoins icy au contraire : car vn pauure mary qui poursuit quelqu'vn qui a commis adultere auec sa femme, ne recher-

Propter suspicionem turpis conuentionis.

Patronus est turpitudinis qui adulterium celat uxoris c. 1. 32. q. 1.

cherche poinct cet aueu formel, & ne desire que le criminel ou accusé enregistre son malheur ès Registres d'vne Cour souueraine: veu que par cette confession & enregistrement de cocuage, le mary qui demanderoit chose semblable, demeureroit tousiours des-honnoré. Tout de mesme comme vn mary ialoux, lequel quelque exacte recherche qu'il face contre sa femme ne voudroit neantmoins trouuer ce qu'il cherche.

Donc bien que l'adultere soit adultere en l'vn & l'autre sexe, toutefois il est plus important & graue aux femmes qu'aux hommes. Comme entre les viperes les morsures des femelles sont beaucoup plus dommageables & venimeuses que celles des masles.

Aussi seroit-ce vne chose trop rude d'estimer les crimes esgaux: ils ne se trouuent que rarement en esgale balance; non pas mesme ceux qui sont sous mesme espece. L'iniure croist ou se diminue par les circonstances. Le parricide est execrable & communement puny de mort cruelle. Et neantmoins Orestes en est absous: La loy de Dieu oblige bien l'homme, ensemble la foy qu'il a donnee tant à Dieu qu'à sa compagne; mais la femme est non seulement attachee à pareilles chaines, ains elle est resserree & liee à des conditions beaucoup plus rudes, soit par la consideration de son honneur, & de celuy de son mary, qu'elle est forcee d'entretenir & conseruer en la garde de sa pudicité; soit par la honte que la Nature a imprimé sur son visage, & communément sur celuy de toutes les femmes, comme vn moyen & remede pour refrener leur incontinence. Soit par la iustice qu'elle viole, transferant les biens & faueurs plus secretes de son mary à vn estranger. Soit par la supposition des enfans de cet estranger à son mary, laquelle par Nature ne peut estre imputee à l'homme, quelque adultere qu'il commette. Ce sont des circonstances qui ne se trouuent point en l'adultere des maris, qui rendent celuy des femmes beaucoup plus grand, plus infame, & plus scandaleux.

Les morsures des viperes femelles sont plus dommageables que des masles. La l. 1. C. ad l. Iuli. de Adult. dit qu'ils sont inesgaux.

R

Bref la femme ne porte en soy autre consideration ny respect que la commodité du dot, & qu'elle nous donne des enfans & de la posterité: tout le surplus du mariage n'est que noise à tous momens: elle ne faict que sauter de famille en famille, changer de maison, de mary de lict & de plaisir. *Vxor est quam iungit, quam diducit vtilitas, cuius hæc sola reuerentia est, quod videtur inuenta causa liberorum. Aspicimus matrimoniorum singula momenta rixantia, mutant quotidie domos, & per amplexus lectulósque discurrunt.*

Quint. Decl. 2.

Ie prieray donc les plus mal assorties & mescontentes, & les plus foles de croire (car les chastes n'en ont nul besoin) que toutes leurs raisons pleines de passion, d'effronterie, d'infamie, d'impieté & d'erreur contre la foy Catholique destruisent l'honesteté publique, renuersent les estats & les familles, establissent les adulteres, supposent des enfans illegitimes aux peres, au preiudice des vrays successeurs. Qu'elles confondent les droicts de la couche sacree d'vn sainct Hymenee, prophanent les sainctes ceremonies & creance de l'Eglise, mettent la perfidie & le pariure en commerce. Trompent & trahissent l'amour & la foy d'vn homme, qu'elles ont choisi par l'aduis & consentement de tous leurs plus confidens & plus proches. Rompent l'vnion d'vn sacrement, & violent vn des plus exactes commandemens du Tout-puissant. Si bien qu'elles feroyent beaucoup mieux de se tenir aux regles & police generale du monde, sans rechercher des loix nouuelles, que les femmes d'honneur trouuent mesme mal-seantes aux bestes. Aussi ne sont toutes ces raisons qu'emplastres, & petits pontilles fardez, ennemis de la chasteté & des bonnes mœurs, qui n'ont vogue que parmy les Cours deprauees & villes de liberté, dans lesquelles les magistrats sont le plus souuent quasi comme forcez d'en permettre quelque chose, mais bien cachee, pour euiter vn

INSTAB. DE TOVTES CHOSES. LIV. I. 66

plus grand mal & scandale. Parce que l'adultere est si preiudiciable au public, dict sainct Augustin, que les loix les mieux policees, ayment mieux permettre les Hortaches, qui faire vne telle violence à ce sainct Sacrement du mariage. *S. Aug. li. de libero arbitrio c. 5.*

TABLEAV DE L'INCONSTANCE ET INSTABILITÉ DE TOVTES CHOSES.

De l'inconstance de la Fortune.

DISCOVRS VI.

1. Comment les Anciens peignoient la Fortune, & les raisons de son tableau.
2. Pourquoy on fait plus de cas de la Fortune, que de la Vertu.
3. La raison pourquoy il est plus malaisé de supporter & se contenir en prosperité qu'en aduersité.
4. Toutes les proprietez du verre, & toutes les qualitez qu'on attribue à la Fortune, comparees ensemble, & mises en vne seule comparaison.

Es Anciens pour donner plus de lustre & de parade aux yeux du simple populaire, qui ne se paist que de l'exterieur & de la monstre, sans voir le cœur ny la piece au dedans: & aussi pour mieux representer & exposer en veuë à vn chacun les inconstances & changemés ordinaires de la Fortune, l'ont peinte femme, luy ont donné deux visages l'vn blanc, & l'autre noir : l'ont reuestue d'vne robe ondoyante, puis l'ont accompagnee d'aisles, luy ont creué les yeux : l'ont assise sur le rond d'vne boule tousiours roulant, ou sur le haut d'vne roue tournoyante, où sur vn chariot tiré par des cheuaux aueugles

auec vn voile sur la teste de quelque estoffe bien legere, pour se mouuoir plus aisément à tous vents. Ils luy ont mis en main vne corne d'Amalthee pleine de tous biens, qu'elle distribue par l'Vniuers à tous ceux qu'elle rencontre indifferemment & sans choix. Et mysterieusement ils l'ont peinte sans pieds, & l'ont faicte de verre. Dequoy nous rendrons particulierement raison, afin de mieux descouurir qu'ils sont plus ignorans & aueugles, qu'ils ne la font eux-mesmes. En quoy faisant s'il nous eschappe quelque chose, par laquelle il semble que nous la vueillions establir, ie declare que ie n'entends en parler, que comme rapportant les mots des Anciens, ne voulant m'esloigner de la saincte croyance de l'Eglise Romaine.

Ils l'ont donc peinte femme, croyant que ce fust la plus propre figure, pour exprimer sa foiblesse, & le plus excellent Hieroglyphe d'inconstance qui se peut voir : comme s'il n'y auoit nul autre subject ny creature, qui fust tant de sa iurisdiction qu'elle. C'est pourquoy ils ont comparé la Fortune qui ne peut demeurer en mesme estre, à quelque belle femme, laquelle bien qu'aduenante aux yeux d'vn chacun, se recognoissant punaise & de mauuaise haleine, se desplaist neantmoins à soy-mesme & à tout le monde, attendu qu'elle remplit de mauuaise odeur tous ceux qui s'en approchent, veu que la douceur & face riante de la Fortune nous laisse presque tousiours l'esgout d'vne puante amertume.

Pourquoy ils ont peint la Fortune du sexe des femmes.

Ils luy ont donné deux visages, l'vn blanc & l'autre noir : pour signifier l'heur & mal-heur duquel elle accompagne tous les mortels. Mais c'est bien peu que de la peindre de deux couleurs, & encor beaucoup moins de ne la nous representer qu'à deux visages, puis que si elle est, il semble qu'elle en ait vn nombre infiny, par le moyen desquels elle donne aussi diuers visages & rencontres à tous les accidens humains. Le blanc est vne couleur naturelle, qui n'est subjecte à l'emprunt d'aucune teinture; c'est vne couleur vierge sans aucun meslange ny composition. C'est

Pourquoy on donnoit deux visages à la Fortune l'vn blanc & l'autre noir.

R iij

TABLEAV DE L'INCONSTANCE ET
pourquoy elle nous figure en foy la profperité en fon naturel, fans qu'elle foit deftrempee d'aucune qualité ne occurrence fafcheufe : mais au contraire cest autre vifage noir & tenebreux, fignifie que la Fortune nous marque & noircit tous nos ans & nos iours de quelque noir & finiftre euenement. Car c'eft vne teinture & couleur qu'on ne peut effacer, non plus que l'inconftance de Fortune ne fe peut gueres euiter. Et non fans caufe fa face noire reprefente mal-heur; puis que le Dueil, les Funerailles, la Mort fe font particulierement fait referue de cefte couleur. Si bien que comme la partie du corps qui a reçeu quelque mauuais coup, conuertit la couleur rouge du fang en noir : auffi les atteintes de la Fortune, comme teintes en couleur forcee & hors le naturel, decolorent nos plus vermeilles profperitez, & les rendent noires & bazanees tout ainfi que les meurtriffeures.

Pourquoy ils l'ont peinte aueugle. Ils luy ont creué les yeux, pour excufer par là l'indifference des malheurs qu'elle verfe de tous coftez; qui eft tout autant comme s'ils luy euffent ofté la raifon & l'entendement, puis que c'eft luy qui voit & qui oit; car tout le refte eft aueugle : & pour dire que toutes fes actions font auanturieres, fans difcours, & hors de toute confideration, que nul chemin ne luy eft affez vny & plainier, car elle trefbuche par tout, nul lieu ne luy eft auffi par fois raboteux, car elle efchappe fort legerement; fe tirant plus aifément d'vn bourbier, que d'vne belle & aifee campagne. De façon qu'on diroit qu'elle prend les bourdes pour marcher fur vne belle prairie, & que l'herbe menue comme fes cheueux, offenfe fes pieds & arrefte fes pas iufqu'à la faire broncher. Et tout au rebours on diroit, à confiderer fes reuers, & la voir ainfi & fi fouuent prendre la trauerfe qu'elle a des aifles, tant elle paffe legerement fur les rochers & pointes efpineufes. Qui a iamais veu des alleures fi contrefaictes, des coups orbes fi exorbitans, des eftramaffons fi extremes & fi furieux? O qu'il eft bien dit de celuy qui frappe bien, qu'il frappe en aueugle! Car le

INSTAB. DE TOVTES CHOSES. LIV. I. 68

coup asséné sans discretion se donne auec violence & effort, lors mesme qu'il n'en faut du tout point : & quand il y en faut, il n'y en met pas assez, ains y apporte du miel & de la douceur. Voulez-vous voir l'inconstance inconsiderée de ses coups? le plus souuent elle rue vn plus grand coup contre vn enfant, que contre le plus robuste Geant qui ait onc faict la guerre aux Dieux. Et au contraire ceux qu'elle veut conseruer ou releuer, sont en conserue & en relief de si extraordinaire façon, que les contes seuls comme pleins de merueille, en sont du tout hors de creance. Il y en a plusieurs à qui la Fortune essuye les larmes de sa propre main. La Fortune ouuroit toutes les parties du corps d'Alexandre, baillant aux coups les parties dägereuses toutes nues & descouuertes; neantmoins elle desroboit à ses ennemis les coups & les victoires tout ensemble. Elle donnoit la nuict vne torche allumee & ardante à Timoleon, lors qu'il alloit en Sicile, & luy faisoit tomber des couronnes sur la teste. Car certain ruban parmy vne infinité de dons qui estoient appendus par les chemins, descendit sur son chef, & le luy entourna en forme de Diadesme, tissu de petites victoires & couronnes, comme si la Fortune l'eust desia voulu declarer victorieux auant cõbattre. Ie ne dis pas pourtant, que la Fortune soit tellement aueugle, qu'elle seule face tousiours les Rois, & que par fois elle ne se rencontre & ne se ioigne auec la vertu & le merite. Mais encore y a-il tousiours à dire quelque piece, qu'il faut que la Fortune supplee, comme les exemples le tesmoignent clairement. La race des descendans d'Hercule deffailloit en la ville d'Argos, des citoyens laquelle ils auoient accoustumé d'eslire leurs Rois, l'oracle d'Apollon leur respondit qu'vn Aigle la leur enseigneroit peu de iours apres il apparut vn grand Aigle, de lequel fondant à bas se vint poser sur la maison d'vn nommé Ægon, homme de petite & basse fortune, & ainsi fut Ægon prins pour Roy. Crocus II. de ce nom, Duc de Boheme, mourut n'ayant qu'vne fille appellee

Plut. au traicté de la Fortune, ou vertu d'Alexandre.

Æneas Sylu. c. 6. Historiæ Bohemor. C'est maintenant vn royaume.

Libuſſa, laquelle apres auoir ſeule gouuerné le Duché quelques annees, fut contrainte par le peuple de prendre mary. A quoy voulant obeyr & s'y laiſſer conduire par le ſort, elle enuoya tout ſur l'heure prendre vn cheual blanc qui eſtoit giſant dans vn pré, & commanda qu'on le laſ-chaſt parmy ceſte grande aſſemblee de peuple, promettant prendre celuy pour mary, au deuant duquel le cheual s'arreſteroit ſans nulle contrainte: ſi bien que bondiſſant en pleine liberté, apres auoir couru enuiron mille pas & trauerſé toute la troupe, il s'alla planter pres d'vn fleuue, tout deuant vn pauure villageois nommé Primiſlaus, qui labouroit ſon champ: les Princes & le peuple ſuiuant leur bonne fortune, trouuant le cheual arreſté qui careſſoit deſia ce villageois, le ſaluerent auſſi toſt comme leur Seigneur, & luy faiſant quitter ſa charrue, l'ayant mené & conduit au deuant Libuſſa, ils le luy donnerẽt pour mary, & elle à eux pour leur Prince. Et quoy qu'il fuſt ruſtique, comme tout fraiſchement tiré du village, ſi eſt-ce qu'il ne ſe monſtra nullement indigne de ceſte bonne fortune. Et afin, dit l'Autheur, qu'à l'aduenir ceſte hiſtoire fuſt cogneuë à tout le monde, les Sabots qu'il porta en la premiere viſite de ceſte Princeſſe, ont longues annees depuis eſté ſoigneuſement gardez dans l'Egliſe principale, & portez par les Preſtres au deuant les Ducs & Rois de Boheme, lors de leur couronnement: afin qu'ils cogneuſſent la vileté & la baſſeſſe de leur origine. Ils eſtoient peut-eſtre vertueux, & auoient quelque peu de merite, pour eſtre gens ſimples & de bonne vie: mais ils n'auoient rien qui fuſt digne d'vne telle eſleuation. Il ſemble donc qu'il fuſt neceſſaire, que la Fortune y accouruſt pour en ſuppleer le deffaut. On impute à la Vertu qu'elle eſt honneſte, mais inutile, & à la Fortune qu'elle eſt incertaine, mais le plus ſouuent tres-bonne. Neãtmoins ſi la Vertu eſt infructueuſe, (l'autre eſt bien plus mal feable en ſes bienfaits: car elle nous bat par fois de nos propres mains, par fois elle y employe les ſiennes. Elle faict meſme de nos

plaiſirs

plaisirs esclorre nos desplaisirs, voulant que nostre prosperité tire de soy sur soy les moyens de son aneantissement. Si bien qu'en la fortune d'vn chacun, il n'y a bien souuent qu'vne heure entre son tout & son rien. Et pouuons dire que le seul conte de nostre ruine, dure quelquesfois d'auantage que ne fait la ruine mesme : & encor que Timagenes, ennemy de la grandeur de Rome, ayt dict que les bruslements d'icelle le faschoient, pource qu'il preuoyoit que les deuxiesmes bastiments seroient plus superbes que les premiers : quelqu'autre eust encore eu plus d'occasion de preuoir & de craindre, que ces mesmes deuxiesmes bastiments ne receussent vne deuxiesme & plus grande ruine, que les premiers. En fin les Payens mesme disent qu'il n'est pas raisonnable, que la Fortune nous tienne tousiours pleins & remplis. *Seneq. cha. 91.*

Ils l'ont assise sur le haut d'vne rouë, parce que la Fortune posée sur les rais de sa rouë se fuit, & se suit perpetuellement, & inconstamment elle-mesme. *Fortuna rotarum radiis infixa se fugit, & sequitur.* Ou bien parce qu'il n'y a rien qui exprime mieux ce qui est tantost haut, tantost bas, tantost à gauche, tantost à droicte, que ce qui est promené à l'entour d'vne rouë. La rondeur d'vne rouë faict la place qu'on y prend en quelque sens, toute d'vne mesme assiette ; pour dire que toutes places, en quel lieu que la Fortune nous loge & mette en quartier, sont mal asseurees, & qu'estant dans le rond de la rouë de Fortune, toutes personnes y rouënt & courent mesme Fortune : chacun neantmoins en sa sorte. Du haut elle nous ramene tout au bas, auec vn petit tour si soudain, que si par fois changeant d'aduis, lors quelle nous a conduits à demy-tour, elle nous veut remonter, il luy est presqu'impossible à elle-mesme, sans que premierement elle ne nous ait rabaissez & faict faire le tour entier. Car le train ordinaire de la rouë, est de tournoyer rondement, & non de remonter à demy rond, & rebroussant son tour, se destordre en haut desfigurant la beauté de son cercle. Son tour *Pourquoy on a peint la Fortune sur vne boule, ou sur le haut d'vne rouë.*

est naturellement entier, & en sa descente ou en sa cheute, mal-aysément nous laisse-elle à demy pente. Car dés que le tour ou le branse de nostre decadence est commencé, a moins de degrez que nous nous approchons de la cheute entiere, tant plus l'arrest en est mal-aisé & la cheute lourde. D'autant plus que nous nous auoisinons de la terre, plus nostre pesanteur d'elle-mesme s'atterre, & court sans cesse au lieu où la rouë a son poinct. Et lors qu'elle nous reconduit en haut, ses efforts sont lents & tardifs à merueille, parce qu'elle nous y mene par degrez. Si bien que comme les vallees sont plus aisees, que les montees ne sont penibles, attendu qu'il y a beaucoup plus d'aisance à descendre, que de peine à monter: aussi les moyens de nostre ruine, quand elle nous veut ruiner, sont plus aisez que ceux de nostre auancement, quand elle nous veut auancer. C'est pourquoy attendu que les iambes & nos pieds sont outils & pieces lentes, pour nous conduire à ceste hauteur du Ciel, que chacun de nous bien sensé cherche auec constance, & que pour faire de si longues traictes, esquelles toute nostre vie entiere est employee, il est impossible qu'elles ne soient accablees de lassitude, quelque auancement que nous y donne la Fortune, Nature nous a pourueu d'yeux, d'entendement & de considerations celestes, par le moyen desquelles nous pouuons tousiours viser en haut & au Ciel, mesprisans ceste Fortune terrestre, ses rouës, & son tour, bien qu'il semble qu'elle manie tout, & que rien qui soit en ce monde n'eschappe sa conduitte. D'autres l'ont peinte les pieds sur vne pierre ronde, pour dire qu'elle est tousiours debout & preste à eschapper: ou bien pour nous representer combien elle est prompte à la cheute. Et comme les affreuses trauerses que nous essayons dans son chariot, & le grand fardeau de nos affections mondaines, nous perd le plus souuent: pareillement ceste boule & ces rouës ne sont pas des moindres acheminements pour nous faire verſer: d'autant qu'vne boule ſous nos pieds rend nos pas incertains: ſi bien que lors que nous penſons tirer auant & nous auancer, elle nous renuerſe à coſté, ou recule en arriere, pour nous deſauancer. La Fortune eſt donc vne choſe ſans arreſt, vn mouuement incertain & ſans fin, vn Moulin ſur vne montagne expoſé à tous vents, vt chariot mal conduit par vn Phaeton ambitieux ignorant & aueugle, qui nous promeine & tiraſſe par des voyes obliques & incognues, nous faiſant voir que le monde vniuerſel voire meſme les Cieux, ſont pieces ſur rouë, pour eſtre plus promptes à toute ſorte de mutation & changement. Et comme tant de liures qui ſe trouuent au monde, ne ſont autre choſe que vingt & quatre lettres, qui ſe tournent & meſlent inceſſamment: auſſi les tours & deſtours que ceſte boule de Fortune nous faict faire, ſont autant de fuſees & lacets qui rouent & s'enchaiſnent ſans que de nos forces naturelles nous les puiſſions deſmeſler. Ce ſont autant de traicts d'inconſtance, eſquels elle nous engage à tous moments. C'eſt vn gros peloton tiré de diuers fuſeaux, duquel on enfile pluſieurs eſguilles. En fin la Fortune a faict l'homme curieux de ſçauoir les remuements de ces lettres, & l'a rendu ſoigneux de conſiderer exactement leurs tranſpoſitions, & le ſens qui s'en peut tirer. Car elle l'a faict merueilleuſement deſireux d'auoir cognoiſſance de toute ſorte de diuerſitez, affin de le precipiter en quelque plus grand trouble, & profonde mer d'affaires & de ſoin. Mais ces liures de la Fortune ſont chiffres mal-ayſez, & lettres tranſpoſees, qui ſont compoſez auec beaucoup d'art & de façon: & qui ne ſe peuuent comprendre ny dechiffrer qu'auec beaucoup d'eſtude. Comme auſſi eſt-il mal-aiſé de manier & ſupporter ſa fortune en tous ſens, non plus qu'on ne peut bien cognoiſtre ſes pas, entendre ſes demarches, ny parer aiſément ſes coups, eſtant les arguments

Liures de la Fortune mal-ayſez à entendre & ſçauoir.

S ij

Tableav de l'Inconstance et de la plus solide Philosophie du tout foibles & impertinents, en l'eschole de la Fortune variable & incertaine. C'est pourquoy Seneque auoit raison de consoler Polybius, & se mocquer de ceux qui ne pouuoient croire, qu'estant en la bonne grace de Cesar, la Fortune le peut offenser par aucun desastre. *Facinus indignum luget Polybius, & aliquid propitio dolet Cæsare? hoc sine dubio impotens Fortuna captasti, vt ostenderes, neminem contra te ne à Cæsare quidem posse deffendi.* Cesar n'auoit garde d'en pouuoir deffendre Polybius, veu qu'à son tour il ne s'en peut iamais deffendre luy-mesme.

Pourquoy on peignoit la Fortune auec vn voile sur la teste.

Ils la peignoient auec vn voile sur la teste d'estoffe bien legere, pour se mouuoir plus ayfément à tous vents. O que nous sommes dangereux, quand le vent nous saisit & nous prend au haut de la teste! Ceste coiffure legere bouffie par le vent d'inconstance, est nostre ceruelle qui se remplit de vanité. Nostre corps est comme le batteau qui a guindé ceste voile tout au haut, & qui poussé par le vent de Fortune, nous faict aller où il luy plaist, tantost droict, tantost à bande, tantost à bord, tantost au large. La girouëtte n'a garde de faillir de tourner & prendre le vent, puis qu'elle est au feste du bastiment. Et en vn tel hazard & en ces perpetuels flots de nostre ame, combien auons-nous besoin de ce doux & gracieux vent de Constance, pour nous tirer hors de danger! Ou bien d'experts & suffisans Pilotes, pour nous monstrer le port de nostre repos: afin que tournans de ce costé-là les voiles de nos volontez, & y dressans la prouë de nostre ame flotante, nous puissions voguer seurement, iusqu'à ce qu'en fin elle ait mis & rangé en quelque bon port, nos conseils agitez par tant de vents, qui sousleuent nostre coiffure.

Plin. liu. 8. chap. 43.

Ils luy donnoient vne robe Royale en desordre, qu'ils appelloient *Vestem Regiam vndulatam*, plissee à ondes & petits flots, qui significent trouble, inquietude, & danger.

Ils luy ont mis en main vne corne d'Amalthee pleine de tous biens, qu'elle distribue mal à propos pour attirer le monde & prendre toute sorte de creatures par la piece qui est le plus en vogue (qui sont les richesses) qui en ce temps recommandent & donnent prix à toutes choses. Or ils la peignoyent ainsi, croyant qu'il fust en elle de les donner auec toute telle largesse & prodigalité qu'elle veut, & à qui il luy plaist, inconsiderement & sans regle. Attendu qu'ordinairement on ne trouue en la distribution qu'elle en faict, equité, mesure, ny proportion. Car les bons en ont bien souuent faute, & les meschans en ont par trop. C'est pourquoy les Thebains logeoyent Pluton Dieu des richesses aupres de la Fortune, qui les luy mettoit en main pour en faire le departement à son plaisir & volonté: ou bien pour dire que Pluton mesme ne les pouuoit ny donner ny reprendre, qu'auec licence de la Fortune. Mais l'hõme sage & bien aduisé cognoist fort bien en quelle part gist la vraye richesse, & où, & comment il la faut & rechercher & trouuer. Tout au rebours des autres qui croyent que le bien ou le mal, l'heur ou mal-heur qui nous aduient, est vn partage de la seule Fortune, qui nous est signifié par ces deux visages blanc & noir. Car encor' qu'elle nous achemine & donne quelque commencement aux choses, qui doiuent en fin se terminer en heur ou mal-heur, nostre esprit pourtant a beaucoup plus de pouuoir sur nous qu'elle, ayant en son libre arbitre de faire par le moyen de la constance diuine & endurer les mesmes choses comme il luy plaira. De maniere qu'vn chacun est le forgeron ou fabriqueur de sa bonne ou sinistre Fortune, & autheur & cause de son bien ou de son mal. Ainsi quand nous-nous en prenons au mal, & nous en plaignons, c'est mal faict, attendu que la faute en est du tout à nous, & non à la Fortune. L'antiquité nous l'ayãt si bien depeinte, que desormais qui se voudra abuser en ses faueurs, n'aura raison s'il luy en mes-aduient d'en blasmer que luy-mesme. Veu que

Pourquoy on a mis en main à la Fortune vne corne d'Amalthee pleine de biẽs.

Pourquoy les Thebains logeoyent Pluton Dieu des richesses pres de la Fortune.

S iij

Pacuuius en la Rhetorique de Ciceron.

Les Anciens depeignoyent la Fortune insensee,
Sotte, aueugle, au sommet d'vne boule posee,
Croyant que seulement son branle s'arrestoit,
Où l'hazard & le sort cette boule iettoit,
Aueugle pour ne voir, à qui elle s'adonne,
Folle, estant inconstante, incertaine, & felonne,
Sotte ne sçachant pas dignement balancer,
La valeur de ceux-là quelle veut aduancer.

2. La corruption du monde est telle, qu'on fait plus de cas de la Fortune que de la Vertu.

Nous auons donc grand tort de faire plus de cas de ce qu'ils ont estimé dependre de la Fortune, qui sont les richesses & semblables choses externes, que de ce qui est vrayement de nostre propre patrimoine, qui sont les Vertus : & ne deurions tant enorgueillir la Fortune quelques thresors qu'elle possede, que de luy donner l'auantage & l'honneur d'aller deuant, veu que cela est cause, qu'elle desdaigne de seconder les belles actions de la Vertu, & ne veut aller ny s'allier auec elle que fort rarement ; ains se voyant ainsi aduantagee & recogneue, dict que la gloire & l'honneur ne sont subiects à partage. Nous inclinons tousiours à ce qui a le plus de cours ; si bien que pour cette occasion aucuns ont pensé, que Fortune estoit ce mesme cours des affaires du monde ; par le moyen duquel il aduient souuentefois, que les moins sages deuiennent les plus heureux & auancez. Ainsi la faute ne deriue que de nous mesmes, & de ce que pour suiure la Fortune nous iettons la Vertu à l'escart, qui seule nous pourroit rendre victorieux & triomphans de la Fortune. Et rien n'est cause que nous n'en venons à bout, que nostre inconstance & foiblesse.

Mais quoy y a-il tant de peine à combattre vne aueugle ? n'est-il pas bien aisé de mespriser ses trauerses tout ainsi que ses richesses ? l'indifference dont elle vse en ses distributions, & son mauuais choix & eslection, ne nous offence-il point ? La Vertu n'a-elle point de ressentiment, quand on la traicte au pair du vice ? Qui doute que si quelqu'vn sçauoit bien manier sa Fortune, que de mauuaise il ne la peuft rendre bonne, commode & aifee par le moyen de la Vertu? Plutarque a introduit Fortune & Vertu, difputans à qui des deux demeureroit l'honneur de la fondation & manutétion de l'Empire Romain ; mais il ne nous a laiffé que les raifons de la Fortune, & a fouftraict (à efcient peut-eftre) celles de la Vertu. Ie croy qu'il en a referué tout exprés le iugement au Lecteur, afin qu'il les inuentaft, ou appliquaft de foy-mefme. Si eft-ce pourtant que fa refolution eft (ce qui toutefois ne doit feruir de regle generale; attendu qu'on fe doit arrefter à la vertu & à la prouidence de Dieu, fans fe foucier de la Fortune felon que les Anciens l'ont prife) que la Fortune & la Vertu fe doiuent accorder enfemble, comme de faict on diroit qu'elles fe font accordees en l'eftabliffement de l'Empire Romain. La verité eft qu'aucuns ont tant attribué à la Fortune, qu'ils en ont aboly la prouidence de Dieu, & les autres au rebours, ont auffi tant deferé à la Vertu, qu'ils ont mis l'homme hors des bornes, efquelles la propre Nature, & fur tout la verité & prouidence diuine & l'Efcriture fainéte la bornent : & ont tant affoibly ce que faulfement ils appellent Fortune, deuant recourir à la prouidence de Dieu, qu'ils ont creu qu'elle ne pouuoit donner aucune entorce à l'homme vertueux. Sur quoy voicy ce que ce Payen en dit, prenant fa comparaifon de Platon ; difcours fort approchant de celuy d'vn Chreftien: tout ainfi (dit-il) que Platon tient que du feu & de la terre, comme des premiers & neceffaires Elemens, tout le monde a efté concreé, afin qu'il fuft vifible & palpable ; la terre luy donnant la grauité, & le feu la couleur & le mouuement : & les deux autres Elemens qui font entre ces deux extremes, à fçauoir l'air, & l'eau, amoliffans & temperans la grande diffimilitude de l'vn & de l'autre ; meflant ainfi par leur moyen la Nature premiere. Auffi Dieu fe feruant du temps, prenant la Vertu & la Fortune, femble les auoir deftrempees & meflees enfemble, afin que de ce qui eft

Pourquoy Plutarque difputant qui a plus contribué à la grandeur de l'Empire Romain, la Vertu ou la Fortune a obmis les raifons de la Vertu.

Plutarque au traicté de la Fortune des Romains.

TABLEAV DE L'INCONSTANCE ET

propre à l'vn & à l'autre, il bastist & fist vn temple veritablement sainct & profitable à tous, vn fondement & soubassement ferme, vn Element eternel aux affaires qui tendent contrebas & vont tousiours en empirant; & vne Ancre sacree à l'encontre de la tourmente, pour-garder le monde de courir nul hasard. C'est donc pour parler de la Fortune en homme du monde, & comme faict le vulgaire (laissant d'en parler selon la creance d'vn Chrestien au discours suiuant) vne opinion receuë parmy la foule du peuple; que la Vertu & la Fortune ensemblément peuuent tout, & separément ne peuuent rien. La Vertu sans la Fortune est vne gloire inutile, disoit quelqu'vn des Anciens. Car il semble aux adorateurs de la Fortune, que le plus vertueux homme du monde se trouue reculé de la plusspart de ses desseins, quelque preuoyance & discrete consideration humaine qu'il y apporte, si la Fortune ne luy est propice & fauorable. Le bon Euenement est fils aisné de la Fortune; la Faueur est aussi sa fille aisnee; chacun desquels auoit vne statue dans le Capitole pres celle de la Fortune, pour monstrer qu'encor' que bien souuent la Fortune accompagne & suiue la Vertu, si est-ce que bien plus souuent c'est elle seule qui donne son propre fils & sa fille, despartant la faueur du bon euenement sans aucun merite & sans raison; qui sont des coups qui l'ont faict estimer aueugle. Bien qu'aussi vne des plus grandes parties de son aueuglement, consiste pareillement en ce qu'elle priue bien souuent de veuë & aueugle ceux qu'elle cherit le plus. Car tout ainsi que de soy indifferemment elle prodigue ses richesses & faueurs, tout de mesme ses plus fauoris, deslors qu'ils sont esleuez aux grandes charges & honneurs, ne regardent plus personne, ains mécognoisset tout le monde.

C'est pourquoy on dit qu'il est plus malaisé de se contenir en la bonne qu'en la mauuaise fortune: & celle qui est blandissante, est plus à craindre & nous dresse plus d'embusches, que la menaçante. Ce que l'experience & l'exem-

La Vertu sans la Fortune est vne vaine gloire.

Enquoy principalement gist l'aueuglement de Fortune.

3. La raison pourquoy il est plus malaisé de supporter, & se contenir en prosperité qu'en aduersité.

xemple nous aprend. Veu que plusieurs supportent des pertes & des ruynes, comme l'exil, la prison, le supplice, la mort, & des maladies pires que la mort mesme: mais les richesses, les honneurs, la puissance quasi nul. On a veu bien souuent des personnes, qui auoyent resisté à tous mauuais assauts d'vne sinistre Fortune, & qui s'estoyent monstrez inuincibles, qui auec peu d'effort se rendoyent à la prosperité, & voyoit-on flechir le courage par les blandices & flateries, que les menaces n'auoyent peu rompre ne plier. Et ie ne sçay comment, deslors que la Fortune a commencé de nous estre fauorable, nostre ame ramollie commence à s'en rendre timide, & entre en oubly de sa propre condition, par l'assemblage & conionction de cette prosperité: d'où est venu le dire commun, Que ce n'est pas chose de peu d'importance de supporter la prosperité, parce qu'elle fait que le contentement s'espanche & s'en va par dessus, à cause de son abondance: si bien que nostre ame sortant hors de sa riue par le reflux de nos prosperitez, se diuise & distrait en plusieurs parts: au lieu que quand l'aduersité nous presse, la necessité fait que nous rentrons & nous recueillons en nous-mesmes, employans & faisans iouër les derniers efforts de l'entédement, pour nous tirer du bourbier, & ne croupir sur nos ruynes. Il est bien plus aisé de passer & franchir vn mauuais passage sans espouuante & sans frayeur, & aualer l'aspreté & amertume d'vn ennuy bien chaud, & le couurir sans mesme en rien rabattre d'vne honneste contenance & d'vne bienseance agreable; que de moderer & contenir l'extreme ioye d'vne heureuse & notable auanture qui nous arriue, parce qu'alors la prosperité tire nostre ame en nonchaloir & mespris, & nous desrobe le moyen de prendre garde à nous-mesmes. La Lune n'eclipse iamais que quand elle est au plein; le vaisseau qui porte trop de voiles, allant à pleine voile, se renuerse & se perd plus aisément; l'arbre qui est tout chargé se rompt & se descharge en terre, où le fruict se corrompt aussi tost. Ainsi plusieurs

T

vont à mont., plusieurs en precipice. Plusieurs ont la teste sous les foibles attaches des espees de la Fortune, & plusieurs autres sous ses delices & grosses chaines & enfileures de plaisirs & voluptez. On a veu autresfois quelqu'vn qui estoit au commencement vn vray prodige de Fortune à force qu'elle luy communiquoit des faueurs, perdre neātmoins par apres tous ses amis principaux par la mort: & ceux encor' qui luy restoyent luy estre perfides & desloyaux: comme la faueur des hommes suit communémēt la prosperité. Et tout au rebours on en a veu d'autres lesquels apres auoir esté bien moquez de la Fortune, elle a releuez plus haut que iamais, & les a clouez là sans plus les faire dechoir. *Sæpe maiori fortunæ locum fecit iniuria.*

Virg. II. Æneid.
Multa dies Par-
sæque.

Maintes choses les iours, & les diuers labeurs,
Du temps muable, en mieux ont remis, de plusieurs
Fortune à tours diuers les visitans se moque,
Qu'en vn siege asseuré apres elle colloque.

A quoy il nous faut adiouster, que tel pense courir apres la Fortune d'autruy, qui neantmoins souuent se trouue s'estre deffaict de la sienne. Bref la Fortune nous a pareillement fait voir quelquefois en vn seul, combien elle pouuoit départir & de bien & de mal.

Les Scythes peignoyent la Fortune sans pieds, mais nul ne l'apeinte sans aisles.

Parmy quelques nations on la peignoit sans pieds, & en recompense luy donnoit-on des aisles. Comme voulant dire que toute sorte de pieds sont trop lents en la deyté de la Fortune, pour porter assez soudainement & aussi viste qu'elle veut, les faueurs & presens qu'elle nous donne. La diligence d'vn courrier ne s'exprime iamais par vne personne qui va de son pied; & parmy les Dieux & Déesses, les aisles & le vol ont quelque chose de plus diuin, que le marcher & les pieds qui sont les marques d'vne creature terrestre, lente & tardifue. Ainsi la Fortune a des aisles & non des pieds, pour porter soudainement ses presens, & pour reuoler aussi tost & les reprendre; ne laissant gueres gouster ses bons fruicts qu'elle tire de sa corne d'abōdance, à ceux mesmes à qui elle les a portez en toute diligēce.

La dernière piece de son portraict, dans lequel on la souloit faire de verre, nous represente l'inconstance & diuers changemens de la Fortune en beaucoup meilleur sens que tout le reste. Et bien que Neron fist faire les siennes d'or, quasi pour dire que toute la meilleure fortune se reduit & consiste à auoir de l'or ; si est-ce que non sans grand mystere la peignoit-on de verre ; car c'est vne matiere qui a plusieurs rares proprietez en soy. Mais la pluspart estant comme enchainees ensemble & dependantes l'vne de l'autre, ne se pouuant bien representer qu'à suitte, il est force que ie les enchaine pareillement en vne seule comparaison composee de plusieurs.

Pourquoy on peignoit la fortune de verre.

Tacit. l. 1. c. 6. de ses Annales.

Ie diray donc, que le verre s'estant rendu plus maniable, pour acquerir la grace de nos yeux, s'est laissé tirer & former és plus malaisees & estranges formes qui soyent point, si bien qu'il se reduit comme en paste, & se ramollit par le feu, puis se meine comme on veut. On en faict des vases de si belle forme, qu'il n'y a vtensile de maison qu'on ne puisse faire de verre ; l'estofe en est si pretieuse, qu'elle ne peut estre maniee ny employee que par celuy qui porte tiltre & qualité de noble. Le verre nous enferme dans nos maisons, & si par son moyen nous voyons le iour & la lumiere qu'il nous faut. Il nous destourne la pluye, & se laisse trauerser par les rayons du Soleil, s'accommodant à nostre besoing & à nostre plaisir : n'y ayant rien de si agreable aux yeux, ne de si riant en vn beau edifice, que le Soleil, sans lequel nous sommes en nos maisons comme dans vne prison. Du verre on faict des miroirs, & d'vn miroir en pieces, chaque piece est vn miroir, dans lequel ce portraict de l'homme fait à l'image de Dieu, est si nayfuemét representé, que tous les Peintres du monde sont en comparaison ignorans & grossiers. Et ne faut point mettre ses valets à la torture, comme quelque Peintre fit anciennement, pour pouuoir peindre la douleur & leurs grimaces en leur vray naturel. Car la mine la plus contrefaicte

4. Toutes les proprietez du verre & toutes les qualitez qu'on attribue à la Fortune, comparees ensemble.

T ij

TABLEAV DE L'INCONSTANCE ET
qui se met en obiect à vn bon miroir, se rencontre au dedans si nayfuement, qu'il n'y a rien à redire. Et si le miroir est faux, la mine en est encore plus fausse & contrefaicte. Le miroir que i'ay veu dans le cabinet de la feuë Royne mere en son hostel à Paris, que le grand Cosmo de Medicis auoit enuoyé au feu Roy Henry II. & cet autre tout pareil qui se void encor, & que i'ay veu à Rome au Palais de Medicis, sur le mont de la Trinité, qui a au dessous certaines peintures grossieres, representant vn gros d'vne armee, auec plusieurs hommes à cheual, faictes auec vn tel artifice que celuy qui les vous monstre, touchant auec vne baguette la queuë ou la teste d'vn cheual qui est en ces figures, fait que regardant dans le miroir vostre veuë se rencontre iustement sur le nez ou sur la bouche de Cosmo, ou en tel autre endroit que veut celuy qui en faict la monstre. Et cet autre verre dequoy estoit composé le miroir ardant d'Archimede, par le moyen duquel il brusloit les nauires d'vne armee nauale du dedans de la ville de Corinthe où il estoit. Et ces autres miroirs, qui au lieu de nous representer la beauté de l'obiect qui s'oppose & met au deuant, leur allonge, estrecit, ou arrondit le visage, & leur change en de si affreux & horribles aspects, y a-il rien de si admirable? & la glace de ces autres qui à certaines distances monstrêt diuers obiects, & d'autres qui rendent & remettêt la veuë aux Peintres, que la diuersité des couleurs leur a dissipee, y a-il rien de si côplaisant à la Nature? Les Dames ne demâdent-elles point à leurs miroirs, si elles sont bien parees? n'est-ce pas le plus fidele & secret valet de chambre, qu'elles puissent employer? n'est-il pas bien loyal, puis qu'il ne descouure celles qui se fardent à nul autre si bien qu'à elles mesmes? car elles n'approuuent cette humeur volage du Singe, qui rompt le miroir apres qu'il a veu au dedans ses defformitez, attendu qu'elles ne laissent d'en vser encore par apres: vne Dame fardee pourroit-elle aussi auoir vn plus certain censeur & côtrerolleur que son miroir? qui autât de fois qu'elle le prend en main,

Miroir merueilleux, qui au lieu de representer celuy qui se miroit dedãs, representoit tousiours Cosmo de Medicis, & rien autre chose.

INSTAB. DE TOVTES CHOSES. LIV. I. 75

l'accuse certainement, & luy met au deuant des yeux tout autant de blanc & de rouge, qu'elle en a mis sur son visage. Mais le cœur des Dames, lors qu'il leur descouure ainsi leur faute, ne porte-il pas bien souuent le vray rouge naturel en leur face pour les faire rougir; au moins à celles que quelque reste de modestie en faict capables? Certes non. Car tout ainsi que le miroir est vn censeur muet, qui represente les formes sans rien dire, voire sans les recognoistre: de mesme leur entendement, qui est le vray miroir de l'ame, est muet & aueugle; veu qu'elles ne sçauent recognoistre par le moyen d'iceluy, ny distinguer le naturel d'auec les agencements empruntez, & autres parures estrangeres, leurres des seuls idiots. Et ce contrerolleur nayf, qui nous fait voir à nous-mesmes en tout tel estat que nous sommes, est-ce point nostre bon ou mauuais Ange, ou bien quelqu'vn de ces mauuais esprits, que les Sorciers consultez par les curieux, font voir le plus souuent dans vn miroir? Et ceste autre masse de verre faite en triangle, vn peu espaisse & rallongee à proportion de la largeur de nos yeux, qui par nouuelle inuention regardant au trauers nous fait voir tout autant de paisage, que la faculté visiue peut embrasser, auec vne veuë d'Iris diuersifiee de toutes couleurs, n'est-elle pas merueilleuse? Mais que dirons-nous quand le verre n'imitera pas seulement la nature, ains la vaincra tout à fait? l'exemple des Lunettes est tout certain, lesquelles par le moyen du verre non seulement supplent les deffauts de la Nature, ains fortifient ses affoiblissements, ralongent ceste faculté visiue: si bien qu'on void communément, que les ouuriers de courte veuë par le moyen des Lunettes font tous les ouurages & chefs-d'œuures les plus curieux, & qui consistent le plus en excellence de veuë: dequoy ie pourrois dire de tres-beaux & curieux exemples, si la longueur de ceste comparaison du verre auec la Fortune, ne rendoit ce discours odieux & mal-plaisant. Ie laisse la beauté des enlumineures & portraicts de toutes couleurs, grauez sur les hautes

Les ouuriers qui ont la veuë courte, ordinairement font les plus excellés chefs-d'œuures.

T iij

TABLEAV DE L'INCONSTANCE ET
verrieres de nos Eglises. Ie laisse aussi la douceur du verre qui s'offence si vous le blessez ou rompez. Car si vous le brisez, chaque piece est vn cousteau trenchant, pour vous piquer en la partie de laquelle vous le pressez, si bien que nul si hardy n'oseroit le fouler aux pieds qu'il ne le pique iusqu'au sang, & qu'il ne se face laisser aussi tost.

Voilà la pluspart des proprietez du verre, lesquelles rapportees à celles de la Fortune; nous pouuons dire que tout de mesme la Fortune, de qui la statue estoit de verre, pour monstrer combien elle estoit fragile & aisee à se casser, nous signifioit qu'elle vient à nous quelquefois si familierement, que nous la pouuons comme paste, mouler & ramollir comme il nous plaist; & quasi comme domestique, l'employer à tous vsages, & disposer à toutes sortes de seruices. Et apres nous auoir donné des fruicts de sa corne d'abondance, changeant doucement de nature, se transformer en vases de verre, pour les nous presenter en plus belle forme, & auec plus de bien-seance & de merueille. Aussi à la verité il y a des gens si fortunez, qu'on diroit que la Fortune leur donne ce qu'ils veulent, plus par obeissance forcee & seruile, que non par liberalité volontaire. Et comme les ouuriers de la verrerie, pour le moins en France, portent communemét qualité de nobles, aussi disoit Cesar, que les traicts de Fortune & ses ouuriers, paroissoient plus en l'art militaire & parmy la noblesse & les Cheualiers, qu'en nulle autre sorte de gens qui soient parmy le monde. C'est aux batailles & aux grandes rencontres, que se rencontrent les grosses auantures, & se deschent les plus puissants traicts de la Fortune. Et parmy les Romains, les seuls exploicts de guerre luy ont presque donné tous les noms, comme celuy de la Fortune equestre, Fortune libre, Fortune l'arrestee, &autres semblables. Quelque desastre ou malheur nous a-il enfermez dans nos maisons? la Fortune, si elle nous est fauorable, nous apporte tant de particuliers contentements, que la pri-

Cesar liu. 6. de la guerre des Gaulois.

La guerre & l'art militaire ont presque donné tous les noms d'importance à la Fortune.

son est bien close, si le Soleil de la consolation ne perce & trauerse d'outre en outre. Car la bonne Fortune nous console, & nous paist de ce que plusieurs personnes sortent d'vn bourbier nettement, voire auec triomphe, & que la calomnie nous rend par fois nostre honneur, ie ne sçay comment plus net & plus entier; tesmoin le Roy Agrippa qui fut tiré de prison si pompeusement par l'Empereur Caligula, qu'il luy donna vne chaine d'or aussi grosse, qu'estoit celle dont on l'auoit chargé pendant qu'on l'auoit detenu les fers aux pieds. Et comme d'vn miroir en pieces, chaque piece est vn miroir, aussi d'vne bonne Fortune en pieces, plusieurs familles & personnes forment & bastissent vne petite Fortune. Vn Prince ou vn Seigneur qui a la faueur d'vn Roy par le moyen de la Fortune, fait la Fortune de tous ceux qui sont à luy, & chacun d'eux en soy, & chez soy, monstre comme dans vn miroir en sa petite façon, la grandeur & bonne Fortune de son maistre. Et ne faut point faire leçon à vn Courtisan, ny le gesner ou tourmenter pour luy faire exprimer les grimaces altieres dont il s'enorguillit, par communication & ressentiment de la Fortune de son second maistre: car ceux qui suiuent la Fortune d'autruy, quelque artifice qu'ils mettent à se couurir d'icelle, si ne peuuent-ils faire en sorte qu'on ne voye la leur en son vray portraict: ils ont beau faire des grands Seigneurs, & en porter la mine & les grimaces, plus ils se veulent contrefaire, plus leur contenance paroist faulse. Le verre du miroir de Cosmo, represente aussi sa Fortune. Car celuy qui touche auec la baguette, en la figure qui est au dessous, la teste d'vn cheual, le crin, ou les yeux, & neantmoins represente dans le miroir vn autre object tout differend, & faict voir qu'on touche à la teste, aux cheueux, ou aux yeux de ce grand personnage, rare & singulier presqu'en toute sorte de perfection: monstre clairement le rehaussement de la Fortune; laquelle estant au commencement mediocre, est deuenue

TABLEAV DE L'INCONSTANCE ET
notable & si releuee, que regardant dans le miroir, tout
obiect s'estrange, & la representation de celuy qui s'y mire, se perd, pour faire place à la sienne: si bien que quelque
obiect qu'on y oppose, celuy de Cosmo seul est si bien graué, qu'il paroist tousiours, ne veut ceder à aucun, & occupe entierement la place. Le miroir d'Archimede signifie
la Fortune de ceux qui par inuentions extraordinaires &
dominations tyranniques, bruslent & gastent tous les
moyens & commoditez d'autruy; estendant leur authorité & pouuoir de toutes parts, & sur mer & sur terre. Et ces
autres miroirs qui nous font paroistre encor plus laids que
nous ne sommes, ce sont ces mesmes grands (i'entends des
vicieux) desquels les approches corrompent nos mœurs,
& nous rendent bien souuent tout aussi tost difformes, si
bien que nous voulant du tout conformer à eux, nostre
imitation se tourne en extrauagance pareille à la leur. Et
ces autres que la prosperité auoit aucunement esgarez du
droict sentier, & faict mescognoistre, la fortune leur ayant
fait sentir le déuoyement, les radresse, & remet en leur
premiere condition. Et le crystal du miroir des Dames,
ne nous apprend-il pas bien, que la plus propre cognoissance d'vn chacun de nous est de se bien cognoistre soy-
mesme? quel plus iuste censeur de nos actions pouuons-
nous auoir? à qui plus secrettement ny plus fidelement
puis-ie communiquer ny reueler les deffauts, qu'à mon
ame? qui peut plus iustement rougir, ny en souffrir la honte qu'elle? Et si le malheur auquel ses fautes l'ont precipitee, luy est viuement representé, dans le miroir de sa fortune, dans lequel elle luy faict voir tous les iours le fard &
l'ordure qui l'a precipitee en ce miserable estat; ne dirons
nous point, que la Fortune deuine, & qu'il n'y a ny sorcellerie ny enchantement, ains que veritablement elle nous
a representez comme nous estions, parce que nous estions

Seneque. tels? Les miroirs ont esté inuentez (dit le Stoïque) afin que
l'homme taschast à se bien cognoistre, le beau & le ieune
peut euiter l'infamie; & le laid & le vieux s'apperceuoir
qu'il

qu'il faut racheter sa laideur, & remplir ses ouuertures & deffauts de vertus. Le ieune mirant la fleur de son âge peut apprendre que c'est le vray temps de faire de beaux exploits. Le vieux peut laisser les choses mal-seantes & indignes de la vieillesse. Et comme on a accoustumé de mettre vn miroir duquel la glace est bien nette, au deuant la bouche & le nez d'vn moribunde: parce qu'il marque la moindre petite respiration & haleine, & descouure s'il y a en luy tant soit peu de vie: Aussi pour bien recognoistre si nostre Fortune est morte, il suffit de nous mettre le miroir de la constance au deuant. Car si nous auons tant soit peu de sentiment, elle nous faict mouuoir aussi tost. Et ayant ainsi esueillé nostre ame, nous pouuons aisément sçauoir, s'il y a encore en nous quelque esperance de salut; sans nous reieter ne courir à nulle sorte de desespoir; cóme font ordinairement ceux desquels la Fortune est aux abois, & sur le poinct de mourir. Quant à la diuersité des couleurs de cest autre verre, c'est la differente varieté de la Fortune des mortels. Mais que dirons-nous, en ce que la Fortune supplee le plus souuent aux deffauts de nostre mauuaise nature? l'insolence de nostre prosperité nous nous ayant affoibly & debilité la veuë, & presque aueuglé & les yeux & tous nos sens, la Fortune qui nous veut remettre, nous sert & enuoye quelque aduersité, par le moyen de laquelle les yeux de nostre ame perdent tout à faict leur premier affoiblissement, & voyent clairement l'occasion & la cause de ses premieres fautes. Si bien que comme il n'y a personne qui puisse mieux seruir de guide ny sçauoir vn meschant passage, que coluy qui estoit tombé dedans, qui par apres s'en est pourtant releué; aussi les meilleurs ouuriers de leur Fortune, & ceux qui plus profitablement la forment, & conduisent, & qui tirent d'elle des plus excellents chefs-d'œuures, sont ceux qui ont senty leur Fortune debilitee & racourcie, & qui en ayant recogneu les causes; par l'application nouuelle de miroirs & lunettes de la Fortune meslee auec la sagesse; y ont

V

TABLEAV DE L'INCONSTANCE ET

pourueu si aduantageusement, que leurs actions & effects depuis ont esté tres-accomplis & parfaits. Ie laisse les enlumineures du verre, & les verrieres, qui par le lieu haut où elles sont ordinairement assises & exposées en veuë, se rapportent vrayement aux apparences de ceux, qu'il semble que la Fortune ait esleué en quelque haute dignité. Et lesquels neantmoins en vn moment, vn petit vent rompt & casse comme verre. Et comme le verre entier est doux, & au rompre brusque, & en ses pieces brisees picquant; aussi nostre Fortune est bien souuent entiere, & plainiere comme verre; mais si vous l'entamez, ou esgratignez vne fois, elle est chatouilleuse, si vous la rompez, poignante & qui se fait sentir à bon escient, trouuant merueilleusement à dire ses premieres commoditez & faueurs; si bien qu'estant (en quelqu'vn de ceux qu'elle a fauoris) sur la decadence ou precipice, si vous la pressez pour la releuer, vous adioustez plus de violence à ses coups: & si apres sa cheute, de rage vous la foulez aux pieds, elle se rompt vrayement le col la premiere; mais vous en donnant le regret trop sensible, elle vous tire le plus souuent à pareille ruine. D'où s'engendrent tant de desespoirs, & tant de morts funestes de ceux qui se donnent la mort, de peur quelquefois de prendre vn saut plus ignominieux ou plus rude. Ce qui arriue communément sur les derniers souspirs, & lors que les hommes sont le plus occupez à faire les funerailles, & rendre les derniers honneurs à leur Fortune. C'est donc bien à propos qu'on l'a dicte vitree, parce que lors qu'on pense qu'elle esclaire le mieux, & qu'elle ait le plus d'esclat, c'est lors qu'elle se rompt & se casse plus aisément. A quoy se peut appliquer le traict de l'Empereur Maximilian, lequel ayant receu de la Seigneurie de Venise par Ambassadeurs exprez, de tresbeaux vases de crystal, & en quantité, aposta des gens qui les casserent tous en vn moment & en leur presence, feignant que c'estoit par mesgarde. Leur voulant donner entendre, combien peu est à priser vn present, duquel les pieces cōme du tout

Fortuna vitrea est, & cum splédet frangitur.

Conrad. Busio. li. 5. c. 20. de Legationib.

inutiles ne se peuuent rapiecer. Ou pour leur monstrer qu'vn seul petit coup, vn petit air renuerse, casse, & nous fait perdre tous les plus beaux presens de la Fortune. Que ce sont presens delicats & mal-asseurez, qui partans de la main de celuy qui les donne, peuuent perir en ce mesme moment qu'on les presente, voire auant qu'on les ait receus. Presens fragiles, dont les brisures trenchantes estans hors d'vsage, ne nous laissent que du mescontentement en la veuë, & du regret au souuenir.

Aucuns l'ont peinte auec vne autre intention, sçauoir est cōme vne femme, à qui vne petite nuee empesche la veue, richemēt accoustree par la pōpe de plusieurs couleurs; assise sur vne Autruche, qui a des aisles d'Aigle: ceste femme pendāt qu'elle va voletant par tout, iette thresors, sceptres, couronnes, qui d'vne nuee luy pleuuent dans le sein, d'où elle les recueillant les iette auec la main senestre, comme si elle les donnoit sinistrement, & à gauche. Et en la dextre elle a vne massue ferree, & de grosses boules attachees au bout, auec lesquelles elle abbat & tue les hōmes, lesquels sont figurez par des enfans folastres, qui s'affectionnent à recueillir ce qu'elle iette: dōt elle en tue l'vn, & l'autre luy eschappe; & aucuns sont bien touchez, les autres du tout point. Mais quand elle touche, elle frappe vn grand coup; d'où vient le mot, que c'est vn grand coup de Fortune; parce qu'elle nuit d'auātage auec le coup de la droicte, qu'elle ne profite auec la remuneration ou benefice de la gauche, qui ne nous est iamais si entierement profitable, qu'il soit suffisant pour nous accommoder de tout poinct. Qui est vn tableau si naïf, qu'il s'explique de soy-mesme. Et pouuons dire, que les biens de la Fortune s'escoulent vistement, signifiez par l'Autruche, qui est vn des plus vistes oyseaux qui soiēt, pourueu qu'on luy dōne des ailes estrangeres: ou bien voulāt dire que la Fortune, tout ainsi que l'Aigle, vole & s'esleue plus haut que les hommes: mais cōme l'Autruche seule auec ses plumes ne se peut rehausser tāt elle est pesante; aussi veulent-ils dire, que l'homme de soy

Second portraict de la Fortune tout different du premier.

V ij

ne peut non plus se sousleuer, sans les aisles de la Fortune. L'Autruche digere le fer; & les richesses de ceux qui sont en Fortune deuorent & digerent tout. L'Autruche par le seul regard fait naistre & esclot ses petits: de mesme le riche auec vn clin d'œil esclot & fait naistre toutes choses.

<small>Il seroit de besoin qu'il y eust des Magistrats, pour interdire les nouueautez.</small>

En fin il faudroit retrancher tous ces mauuais discours de la Fortune, & leur desnier l'entree en nos Academies, & la creance en nos esprits & en nos ames, puis qu'ils sont cause, que les hommes les appuyans erroneement sur l'inconstance, sont destournez du bon chemin. Et ne voulant recognoistre & attribuer à la prouidence de Dieu toutes ces varietez qui se peuuent voir & rencontrer en tout le monde, ils tombent en ceste extremité & mal-heur, qu'ils n'ont autre guide qu'vn aueugle, & ne leur reste autre Dieu ne protecteur que Fortune. Bref les deux tonneaux qu'Homere dit estre au Ciel, pleins de destinees des hommes, l'vn des bonnes, l'autre des mauuaises, ce n'est pas Iupiter qui seant en son throsne les distribuë; & qui enuoye aux vns des auãtures douces & tousiours meslees de quelque bien, & aux autres, par maniere de dire, des ruisseaux continuels de pures miseres & de maux: mais c'est le seul Dieu tout-puissant, qui nous fauorit de tant de graces, & au contraire permet aussi par fois auec tres-iuste occasion, que nous soyons vexez de plusieurs disgraces. Ainsi referãt à luy seul tous accidés humains, excepté les pechez, sinon entant qu'il les permet, ceux qui ont de l'entendement, espuisent volontiers de leurs auantures, ce qu'il y peut auoir de mauuais meslé parmy, & par ce moyen rendent la vie plus ioyeuse, & les maux plus aisez à aualler: là où au contraire on diroit, qu'il semble à la pluspart des hommes, qu'ils passent leurs Fortunes par vne couloire, au trou de laquelle s'arrestent seulement les mauuaises, & les bonnes s'escoulent au trauers: chacun pesant le plus qu'il luy est possible sur son mal, comme s'il auoit quelque grand & notable interest, de faire voir celuy de tout le reste du monde fort leger.

<small>Plut. au traicté de la superst.</small>

TABLEAV DE L'INCONSTANCE

Que mal à propos on attribue à la Fortune, au Destin, & aux Astres ce qui est de la prouidence de Dieu.

DISCOVRS VII.

1. Les Anciens Philosophes, qui n'auoyent la cognoissance de Dieu, ont confondu la Prouidence auec la Fortune.
2. D'où vient que les gens de bien sont oppressez & foulez, & les meschans saoulez de biens, & gorgez de faueurs.
3. Qu'on attribue mal à propos à la Nature, au Destin, & à la Fortune le gouuernement de ce monde.

Es Philosophes, ne pouuans rendre raison de l'inconstance & varieté des accidens humains, priuez de la lumiere de Dieu & ignorans sa prouidéce, qui par les causes secondes & moyens subalternes, conduit toutes choses en cet Vniuers, nous ont forgé tant de fausses causes, & aposté tant de diuinitez fabuleuses, qu'il est plus mal-aisé (voire mesme par leurs raisons) de choisir & sçauoir à qui les attribuer, ou à quoy s'en tenir, qu'ils n'ont esté empeschez à les inuenter. Democrite nourry en l'eschole d'Epicure, ne pouuant descouurir ce changement & varieté des choses, mesme des naturelles, a pensé auec luy qu'il ne procedoit d'autre principe, que du simple euenement, que les Latins appellent *Casus*. Les

Les Anciens attribuoyent la varieté des accidens humains, ores à la Fortune, ores à la destinée.

V iij

Stoïques plus entendus ont attribué ce remuement general ou renouuellement à la Destinee, laquelle inuisiblement ramenoit toutes choses à certain poinct. Platon disoit que c'estoit vne cause par accident, & vne consequence és choses procedantes du conseil de l'homme. Aristote que c'estoit vne cause fortuite & accidentale és choses qui se font de propos deliberé à quelque certaine fin, nullement apparente, mais cachee. Apulee dit que c'est Isis, entendant la bonne Fortune, qui est comparee à la Lune, ou à Isis. Car tout ainsi que la Lune peut beaucoup és corps d'icy-bas, tout de mesme la Fortune : à l'vne on refere les mutations & diuers chágemens cogneus & incogneus à l'homme; & à l'autre on attribue toutes les mutations & diuers accidens, ausquels l'homme est subiect : si bien qu'à toutes deux ensemble ils attribuoyent la naissance & la fin de toutes choses. Les autres, comme si tout estoit porté à l'auanture, ont creu que Fortune n'estoit rien, que cette Auanture & Hazard, qui se rencontre bien souuent és affaires des hommes ; parce que *Sors omnia versat*, dit le Poëte. Il est vray que d'aucuns encor plus subtils, ont fait difference des deux ; & ont dit que Fortune est bien Cas d'auanture ; mais que tout ce qui est Cas d'auanture n'est pas Fortune : parce que le Cas d'auanture (disent-ils) consiste en choses qui sont hors d'action volontaire, & és corps qui n'ont point d'ame raisonnable, cóme ceux des animaux & autres ; & ce par la seule rencontre, hors de tout dessein : & la Fortune (à proprement parler) est vn accident nouueau & inopiné, qui suruient és actions des creatures raisonnables, & és choses qui se font à quelque fin. Comme vn bœuf qui labourant la terre trouue vn thresor au dessous de ses pieds, ne laboureroit pour cette fin, ne pour autre ; ainsi eu esgard au bœuf qui est sans raison & sans fin, c'est Cas d'auanture : mais eu esgard à l'homme qui le conduisoit, qui auoit cette fin ou dessein de cultiuer sa terre, trouuant vne chose inopinément, encore qu'il en voulust faire vne autre, cet

Plut. au 1. li. de l'opinion des Philosophes.

Virg. aux Buc. Eclog. 9. Quelle difference il y a entre la Fortune & Cas d'auanture.

INSTAB. DE TOVTES CHOSES. LIV. I. 80

accident nouueau suruenu en chose qui se faisoit à quelque fin, s'appelle par leur aduis Fortune: comme voulant dire, que Fortune est és hommes, qui seuls peuuēt s'essayer de faire ou desseigner les choses qu'ils font auec quelque fin, à quoy il faut de l'entendement & de la raison. Et Cas d'auanture és animaux irraisonnables, ou és choses inanimees, qui ne peuuent faire les choses pour aucune fin; n'ayans entendement pour les desseigner, ny raison pour les conduire: bien que par fois le Cas d'auanture tombe aussi bien en l'homme raisonnable qu'és choses irraisonnables & inanimees. Ainsi rassemblans tous leurs aduis, aucunes choses (disent-ils) aduiēnent par necessité, qu'ils appellent *Fatum, ou Destinee*; autres par Cas d'auanture, autres par Fortune.

Or chacun void comme ils embrouillent l'affaire, & ne sçachans l'importance de ces mots pernicieux, ne s'aduisent, que faulsement ils donnent & attribuent trop de puissance & souueraineté à cette Aueugle. Si bien que les beaux esprits & les ames releuees qui souspirent apres les belles cognoissances, doiuent icy plus qu'en nul autre subiect esleuer leurs pensees, pour recognoistre & approcher de si hautes intelligences. Car les Anciens ont tellement confondu les noms, & les effects de la Fortune inconstante & volage; les meslant confusément auec ceux de la Prouidence, que les vouloir maintenant distinguer & separer auec quelque certitude & iugement, semble estre d'aussi difficile recherche, que la chose en soy est & a tousiours esté de fascheuse intelligence sans la lumiere de la Foy. De sorte que c'est vn subiect aussi malaisé à bien traicter, qu'à bien entendre. Ainsi ils eussent mieux faict, s'ils se fussent contentez de dire simplement comme ce Stoïque,

1. Les Anciens Philosophes qui n'auoyent la cognoissance de Dieu, ont confondu la Prouidence auec la Fortune.

Enumerare omnes fatorum vias longum est, hoc vnum scio, omnium mortalium opera, mortalitate damnata sunt: inter peritura viuimus.

Homere a esté si heureux en ses nobles inuentions, &

a donné tant de credit à ses fables, que ce sont les premiers amusemens de nos deuanciers & les nostres; & meshuy comme vn enfant qui est porté par vn Geant, void de plus loing que le Geant mesme: ainsi ceux qui viendront apres nous, desirans aussi voir de plus loing, s'y amusans à leur tour, trouueront l'amusement plus parfait & accomply. Or c'est Homere qui le premier nous a formé la Fortune, & informé de ses effects; qui luy a donné le nom, & qui luy a donné vn Pere: ayant dit heureusemét que l'Ocean estoit Pere de l'Inconstance & de la Fortune, outre ses autres filles que les Grecs luy donnoyent. Nous voulant donner entendre qu'il n'y auoit rien de si inconstant que l'Ocean. D'où vient que les Anciens ont tiré en prouerbe & comparaison d'incóstance, les mœurs de ceux qui habitent sur les bords d'iceluy, appellant les hommes d'habitation maritime, inconstans; & les humeurs inconstátes, mœurs maritimes, qui sentent aux flux & reflux.

Natal. Com. en sa Mytho. au chap. de la Fortune. Hom. au Hymne de Ceres, lequel est perdu. L'Ocean, pere de la Fortune, & de l'inconstance. Teren. en l'Eunuque. Mœurs maritimes, c'est à dire inconstantes.

Depuis cette premiere inuention d'Homere, d'autres ont dit, le prenant plus naturellement, que la Fortune estoit nee & engédree de sang, & que c'estoit vne Deesse inexpugnable & inuincible: croyant qu'il n'y eut rien si inconstant que le sang, lequel parmy ses autres effects, bien souuent lors que nous voulons le plus nous couurir, sautelant au visage, qui est le liure ouuert du cœur, trahit & descouure nos plus secrettes pensees, & leur donne le vermillon pour en rougir, ou pour les rendre plus visibles. C'est le sang qui par grande agitation, selon qu'il est esmeu par la cholere, la fureur, & autres passions semblables, remplit nos veines, & nous fait battre le pouls, descouurant la fieure de l'inconstance, & la passion qui est au dedans. Le registre de la naissance de la Fortune volage, à le prendre selon les Anciens, est donc de fort vieille datte en la faulse Chronique des Dieux, puis qu'elle a eu pour pere l'Ocean, & comme pour parrain Homere; & qu'elle est engendree de sang, qui est la premiere piece en la

La Fortune engendree de sang.

com-

composition & naissance de toutes creatures raisonnables.

　Reuenant donc aux qualitez, & à la creance qu'vn chacun luy a donné, & que le sot populaire luy donne encor, ie diray que pendant que nous accommodons des noms honorables aux choses des-honnestes, & que nous donnons estre à celles qui ne sont rien, nous receuons facilement le vice sous l'apparence de la Vertu, & donnons essence & qualité diuine & constante à ce qui n'a nulle constance ne diuinité; voire à chose qui n'a du tout point d'essence: & sommes si ignorans & abrutis, que nous baillons à des choses du tout differétes mesmes effects, & des proprietez du tout semblables. Par la mesme faute baillons-nous mesmes tiltres & qualitez à la Fortune incertaine & volage, que ceux qui appartiennent vrayement & seulement à la prouidéce de Dieu, bien qu'elles soyent du tout differentes & diuerses. C'est le propre de la prouidence celeste, disoit Artabanus, Payen oncle de Xerxes, d'abaisser les choses plus hautes, & sur-hausser les plus basses; à l'exemple du foudre, lequel desdaignant les vallees, qui ne se peuuent approfondir par vn coup pour violent qu'il puisse estre, se fond coustumierement sur les croupes esleuees des montaignes & bastimens superbes, où les ruines paroissent: & neantmoins nous qui sommes Chrestiens, n'auons pas de honte de dire que c'est vn coup de Fortune. C'est vrayement vn coup du Ciel, incogneu aux yeux de nostre fragilité, de disposer si bien la suitte des euenements casuels, que nous n'en pouuons nullement destourner les effects; d'autant qu'il n'y a rien qui puisse resister au bon plaisir & volonté de Dieu. Et neantmoins, nous sommes si despourueus de sens commun & de iugement, que nous attribuons cette chaine d'accidens si bien iointe & prudémment vnie, au hazard & à l'inconstante humeur de cette Fortune aueugle.

　Mais l'outrageons-nous point en l'appellant si souuent Aueugle: attendu que nous mesmes encores plus aueu-

X

TABLEAV DE L'INCONSTANCE ET

Ces mots Cas d'Auanture, Destinee, Fortune, ostent le libre arbitre, & bannissent la vertu.

gles, nous soubmettons à elle & l'inuoquons si souuent, redoutans sa puissance? Qui ne void que ces mots Cas d'Auanture, Destinee, Fortune, Influence des Astres, & autres mots semblables, tirez du Paganisme & de l'ignorance du vray Dieu, sont autant de blasphemes contre sa puissance? qui ne void qu'ils ostent la distinction & difference du bien & du mal? qu'ils destruisent entieremēt le libre arbitre, estouffans la lumiere qui esclaire parmy les hommes, & confondans le vice & la vertu ensemble? A ce esté par Fortune que Caton & Epaminondas ont voulu viure en leur pauureté & naturelle franchise, combien qu'il fust en leur puissance d'estre fort riches? les effects de leur sagesse ne se peuuent attribuer à la Fortune. Et s'il en alloit ainsi, il faudroit quitter le discours de nostre raison, & nous laisser aller du tout à la Fortune qui nous pousse & nous chasse (disent-ils) comme de la poussiere. Voire mesme ce qu'on dit, que tout ce qui nous aduient, n'arriue que par la seule permission de Dieu, ne se doit ainsi entēdre cruëment: car tout se fait bien en quelque sorte par sa permission & volonté, mais non pas qu'il nous commande precisément tout ce que nous faisons, & qu'il ne nous laisse en pleine liberté de faire ou non faire, de vouloir ou ne vouloir. Ce seroit par trop flater ses defauts, que de les couurir sous l'authorité d'vn si souuerain & puissant Maistre. Il faut donc tellement luy referer la façon de toutes choses qui procedent de nous, que neantmoins nous croyons que nous y deuons cooperer & rapporter du nostre.

Tert. de Exhort. castitat.

Non est bonæ & solidæ fidei (dit Tertullien) *sic omnia ad voluntatem Dei referre, & ita adulari ad vnumquemque, dicendo nihil fieri sine iussione eius, vt non intelligamus aliquid esse in nobis ipsis.*

Et si le Destin estoit chose qui deust forcer nostre frācarbitre, il faudroit se laisser conduire comme insensibles, sans se garder de chose quelconque. Comme pareillemēt si les influences des Astres, les Estoilles & Signes celestes emportoient quelque necessité, il faudroit que ceux qui naistroient en mesme heure, & sous mesmes planettes, fussent suiects à mesmes fortunes, & sur tout à mesme mort: qui est le haut poinct qu'on attribue à la Fortune & aux Astres. Sesostris a esté le plus grand, & le plus puissant Roy qui ait iamais esté en Egypte: son pere aduerty par reuelation de la bonne & rare Fortune qui luy deuoit aduenir, fit vne grande assemblee de tous les enfans, qui estoyent nez en mesme iour & en mesme heure que luy, & les fit nourrir & esleuer ensemble. Or si vne mesme naissance, & mesme nourriture & discipline, eussent deu apporter vne pareille grandeur, c'estoit en ce subiect: mais nul d'eux ne fut Roy comme luy, ny des Rois mesme d'Egypte, nul ne fut onc si grand ne si ingenieux. Cōme aussi il faudroit dire que quand Alexandre & Cesar nasquirēt, tous ceux qui nasquirent en mesme heure, & sous mesme constellation, deuoyent necessairement estre Empereurs & Rois comme eux. De mesme en est-il de la mort que de la naissance. Car on dit que sous Agamund Roy des Huns, vne femme en Alemagne ayant porté sept enfans d'vne ventree, encore qu'elle les eust tous iettez dans vn lac pour les faire mourir, il y en eut vn qui s'appella par apres Lamissius, lequel le Roy Agamund allant à la chasse, ayant trouué encor palpitant & à demy mort dans l'eau, fit tirer de là & nourrir, tellement qu'il fut depuis Roy de Lombardie sous le Pontificat de Benoist I. Or si les Astres nous menent par necessité à pareilles fortunes, il falloit que tous sept fussent sauuez comme Lamissius, & tous Rois comme luy, puis qu'ils estoient nez & iettez dās l'eau sous mesmes Astres, en mesme heure, & presqu'en mesme moment; ou bien qu'ils mourussent tous dās l'eau. Tous ceux dōc qui sont nez sous mesmes ou diuers signes, ne meurent pas de mesme ou diuerse mort: l'exēple en est clair en ceux qui meurent en vne bataille nauale: car s'il en meurt vingt mille, soit par l'orage, soit par combat, quād bien la naissance d'vn chacun auroit vn signe diuers

Philip. Bergomas. l. 10. sub Iust. Iuniore. Petrus Hispalensis silua p. c. 32. Vsperg. anno Dom. 565.

X ij

TABLEAV DE L'INCONSTANCE ET

Ceux qui presagent la mort des grands és Almanachs, sont des resueurs.

(s'il estoit ainsi possible) ils ne laissent neatmoins presque tous de mourir de pareille mort en se noyant. Et ce que ces faiseurs d'Almanachs font semblant de deuiner par les Astres, qu'il mourra des Princes & des Rois en Leuāt ou en Ponant, au Nord ou au Midy, c'est vn conte: car outre qu'ils y mettent de si bons espaces, que tout le pourpris de la terre y est comprins, il est certain que les Astres, par lesquels ils iugent qu'il en mourra en Leuant, sous ces mesmes Astres, en mesme annee, en mesme mois & mesme iour, voire en mesme moment, il en mourra en Ponāt, au Nord, & au Midy, & aussi bien au commencement de la Lune, qu'au declin; aussi bien au flux & montant de la mer, qu'au reflux & descendant. Et puis que le regarder aux estoiles, comme ils pensent, nous fait deuiner & prognostiquer le bien ou le mal; entre vne si grāde varieté & concurrēce d'estoiles, & conionction de planettes qui interuiennent & s'escoulent és natiuitez; pourquoy ne se promet-on fortunes contraires tout à la fois, comme richesse & pauureté ensemble? veu que les effects de diuerses estoiles peuuent estre tout en vn coup non seulement differens, mais opposites & contraires.

Si par les Astres, on peut cognoistre les choses qui nous doiuent aduenir.

La verité est donc, que faussement on attribue aux Astres ce qui est de la seule permission & prouidence de Dieu; & mal à propos adioustons-nous foy à ceux qui font profession de l'Astrologie, ou Astronomie, quand par les Astres ils nous veulent chanter nostre Fortune: encore que par fois ils rencontrent à nous dire plusieurs choses, auant mesme qu'elles nous soyēt aduenues; d'autant que les Astres seuls ne sont nos souuerains, pour nous forcer à ces contraintes, lesquelles nous leur imputons. Il y en a aucuns ausquels il eschappe de dire, quand ils ont commis quelque lourde faute, voire quand ils se sont trouuez en quelque detestable forfait, l'auoir commis, ou s'y estre trouuez par malheur & mauuaise fortune, & parce qu'il auoit ainsi esté predestiné. C'est vne folie de croire que les Astres nous contraignent à commettre aucune sorte de pechez, qu'ils les nous influent, ny nous en donnent aucune inclination necessaire, ains l'homme par sa seule corruption, sans aucune depédance forcee des Astres ne du Ciel se precipite à tout mal; nostre seule volonté en a le bas, le moyen, & le haut empire. Et s'il estoit autrement, on reietteroit l'iniure au Ciel, dit S. Augustin, auquel on imputeroit la deliberation & la cause, voire le commandement de plusieurs meschancetez & forfaits, lesquels estans mesmes faits par resolution de quelque cité, il la faudroit ruiner du tout. Ce qui est conforme à l'opinion de S. Basile; Ceux (dit-il) qui disent que les influences des Astres donnent quelque inclination au vice, ne disent autre chose, sinon que les Astres enseignent & dressent les hommes au peché. Et S. Thomas dit pareillement que les Astres ne nous apportent point d'inclination à pecher; ains simplement qu'ils impriment quelque inclination au corps, & és facultez des sens, nostre libre arbitre demeurant neantmoins tousiours franc. C'est pourquoy les diseurs de bonne auanture, sont condamnez par l'Eglise, & Eusebe & Sainct Basile les refutent; & Sainct Augustin se mocque d'eux, & de leur science, ensemble Sainct Chrysostome, & Sainct Gregoire, sur ces mots de Sainct Matthieu, chap. 2. *Vidimus stellam eius*; & plusieurs autres, qui ont ceste vnique & singuliere raison pour eux, que le peché est contre l'inclination de la Nature: par ainsi veu que les Astres conseruent la Nature, il est impossible qu'ils nous inclinent à peché. D'auantage le peché ne se commet qu'auec malediction, or les Astres estans immunes de malediction, ne peuuent induire l'homme à pecher par aucune inclination necessaire.

S. Aug. liu. 5. c. 1. de la cité de Dieu.

S. Basile Hexameron, Homil. 2.

S. Thomas. Summ. 2. 2. q. 95.

Euseb. de Præpar. Euang. l. 6. 7. & 8.
S. Basile Hexameron. Homil. 6.
S. Aug. epi. 119.
S. Thom. in pr. parte summ. q. 64.

D'où vient donc que les Astrologues en leurs predictions disent vray quelquefois? La raison est premierement, parce qu'entre plusieurs mensonges, il y arriue tousiours quelque chose de veritable; secondement, comme dit S. Augustin au liure de la diuination des Demons, bien souuent les sectateurs des diables annoncēt ce qu'ils

X iij

doiuent faire, ou ce qui leur est permis de faire par la permission de Dieu; comme aussi par fois ils predisent quelque chose de veritable, pour punir la superstition de ceux qui s'addonnent à ceste execrable curiosité, de vouloir sçauoir ce qui leur aduiendra: comme Saul, ayant fait vne loy, qu'on ne consultast Pythonissa des choses aduenir, enfraignant luy-mesme sa propre loy, alla en habit incognu consulter auec elle de l'euenement de la bataille, qu'il vouloit donner à l'encontre des Philistins, la priant de susciter Samuel. Mais il luy fut respondu,

Demain toy & tes enfans serez auec moy.

1. de Sam. ch. 28. & 31.

Ie ne sçay en quelle façon il prit ceste response: tant y a qu'il fut si fol, que de se presenter à ceste boucherie, & y moururent luy & ses trois enfans. Et le Roy Achab ayant interrogé le Prophete Michee, & mesprisé ce qu'il luy auoit respondu fort pieusement, Dieu permit que consultant le malin esprit, & persuadé par luy, il descendit au combat; & voulut venir aux mains auec son ennemy; & y mourut. D'où nous apprenons qu'il faut seulement consulter le Dieu tout-puissant; veu que le diable a tousiours presque deux ententes, & tient tellement couuert le sens de ce qu'il annonce, que les plus aduisez & subtils y sont trompez: qui fut cause que le Philosophe Oenomaus ayant esté souuentesfois trompé par les ambiguitez de l'oracle de Delphe, le plus celebre dont nous ayons iamais ouy parler, fit vn liure qu'il intitula, La faulseté des oracles. On auoit predit à M. Manlius qu'il auroit vne grande Fortune au Capitole: il aduint qu'il deliura le Capitole des Gaulois, & neantmoins par apres il fut si desastré, que Furius Camillus le fit precipiter du haut du mesme Capitole. Et ainsi il eut vn mesme lieu pour tesmoin de ses faits memorables, & pour marque de sa plus grande calamité. En quoy il nous a laissé en doute, à laquelle Fortune des deux on doit raporter l'effect de ceste prediction, qui par l'euenemét sembloit auoir double sens, ou à la deliurāce du Capitole, ou à son precipice. Pierre Louys, Duc de Parme semble aussi auoir esté en peine d'expliquer & trouuer le sens de ce qui luy fut annoncé par vn mauuais Demon. Car estant aduerty par l'Euesque Lucas Gauricus, qu'il y auoit quelque grande coniuration contre luy, de laquelle les Astres le menaçoient; il entra en telle curiosité, qu'il voulut sçauoir par l'inuocation des esprits le nom des conspirateurs. A quoy le malin esprit respondit douteusement, & en sa façon, qu'il aduisast exactement, & prist garde à sa monnoye, & que de toute asseurance il y trouueroit ce qu'il cherchoit. Ce que n'ayant bien entendu, il prit la responce pour mocquerie; laquelle toutefois apres l'euenement se trouua veritable: & neantmoins la verité & sens d'icelle si caché, qu'autre que le demon mesme qui la rendoit ne l'eust sceu descouurir. La verité estoit donc qu'en la vieille monnoye des Farneses, ces lettres & ces mots se trouuent, P. A L O I S. F A R N. P A R M. E T P L A C. D V X.

Or le diable sembloit luy vouloir dire, que ces quatre lettres P L A C. descouuroient le lieu & le nom des conspirateurs: pource qu'elles signifient P L A C E N T I Æ, Plaisance qui est le lieu. Et chasque lettre des quatre monstre la premiere lettre du nom des quatre familles qui deuoiét executer le fait: sçauoir P. Pallauicini. L. Landi. A. Anguiscioli. C. Confalonieri. Mais le sens estoit si obscur & caché que le plus aduisé homme du monde n'eust sceu trouuer sa mort dans le secret de ces quatre lettres, & neantmoins le mauuais esprit violenté de le dire semble l'auoir dit, mais en telle sorte que la descouuerte n'a empesché l'éffect; aduenant bien souuent que pareilles responses appresent, instruisent & auancent la chose, au lieu de prendre occasion par icelles d'y remedier. Car donnant quelque asseurance aux curieux qui s'enquierent, elles les mettent en prise, & asseurent & establissent plus valablement les commoditez des coniurateurs; & leur en facilitent l'execution. Il y auoit vn Oliuier en la ville de Megare, planté au plus bel endroit & place

TABLEAV DE L'INCONSTANCE ET
d'icelle, dans lequel les plus notables & grands personnages auoient graué leurs armoiries, & posé leurs heaumes & boucliers: L'escorce de l'arbre ayant creu par longues annees, tout cela demeura couuert & caché, si bien qu'il n'y paroissoit rien du tout. L'oracle estant vn iour consulté sur la ruine de la ville, donna aduis aux habitans qu'elle se perdroit, lors seulement que l'arbre de Megare enfanteroit des armes & armoiries. La ville perdue & l'arbre couppé, comme on trouua dedans, ces heaumes enueloppez dans ceste escorce, on creut que l'arbre s'estoit accouché, pour faire cest enfantement y appliquant ce sens inepte de l'oracle. L'Empereur Valens, Arrien, curieux de sçauoir le nom de son successeur, le demon pressé luy donna ces quatre lettres ΘΕΟΔ. Si bien qu'il s'essaya de faire mourir tous ceux dont le nom estoit composé de ces lettres: comme Theodi, Theoduli; mais son vray successeur Theodose eschappa. Et pour monstrer que plusieurs Astrologues sont tombez par la permission de Dieu és accidés preueus par eux-mesmes, Pierre Leon, Medecin de Spolete, croyant auoir cogneu par l'Astrologie de laquelle il faisoit profession, qu'il deuoit mourir dans l'eau, euitoit toutes sortes de riuieres & d'eaux, esquelles il y pouuoit auoir tant soit peu de danger: toutesfois en fin il fut trouué en vn village pres de Florence noyé dans vn puits. Et Bartholomé Coclés Astrologue fut occis par le commandement de Hermes, pendant qu'il luy disoit la bonne auanture, & luy predisoit sa mort. Pendant que l'Euesque Lucas Gauricus recherchoit auec curiosité qu'est-ce qu'il deuoit deuenir; il apprint qu'vn tyran luy vouloit faire donner la torture. Muleasses Roy de Thunes, addonné aux resueries de l'Astrologie, pour peine de sa curiosité, trouua qu'il deuoit estre bien tost chassé de son Royaume, & le disoit tout haut: & Dieu permit qu'il fut vray: car son fils Amidas le chassa de l'estat, & en fin le tua. Ce sont des effects de la prouidence de Dieu, qui permet bien souuent que l'homme trop curieux

Socrates liu. 4. c. 19 de l'hist. Eccles. Diacon. lib. 12. Zonare. tom. 3.

Surius anno Dom. 1544.

soit

soit luy-mesme le propre trompette de sa mort. *Patere aliquando Mathematicos vera dicere*, dit Seneque en se moquât. Il n'est pas inconuenient que de cent mille traits qu'ils décochent à l'auanture, quelqu'vn ne donne quelquesfois au blanc par rencontre. Mais le rebours aduint à Alphonse X. Roy de Castille. Car croyant auoir cognu par l'horoscope de ses enfans, lequel des deux estoit plus fauorisé des Astres, desirant le mettre en sa place, ayant peruerti l'ordre de Nature, & preferé le second, se mesconta si lourdement que l'aisné tua son puisné, & fit mourir son pere en prison.

Et afin qu'vn chacun voye que Dieu n'a voulu qu'on adioutast foy quelconque à ces oracles, ny à ces Astrologues, & deuins: il est remarquable qu'encor que les Prophetes fussent enuoyez de Dieu, il a voulu toutesfois que quelques Propheties ayent esté simplement conditionnelles & comminatoires. Le Prophete Michee auoit menacé par inspiration de Dieu, & comme proclamé la ruine de Hierusalem, & le Prophete Ionas celle de Niniue dans 40. iours. Et neantmoins ne l'vne ne l'autre ne furent destruites, Dieu ayant esté adoucy par la bonne vie, & penitence des habitans, & par ce moyen suspendu ou destourné le decret de leur destruction en autre temps. Mais en voicy la prohibition tout clairement escrite en la loy de Dieu. *Non inueniatur in te qui Ariolos sciscitetur, & obseruet somnia atque auguria, nec sit maleficus nec incantator, nec qui Pythones consulat nec Diuinos, nec quærat à mortuis veritatem: omnia enim hæc abominatur Dominus.* L'Escriture saincte met & ioint tous ces gens ensemble. Ainsi par l'aduis de Saluian on peut dire, *Sufficere quidem ad refellenda hæc (quia cum Christianis agimus) solus deberet sermo diuinus.*

Les loix humaines & Politiques ont faict la mesme prohibition. La raison est, par ce que les esprits se troublent par ces predictions, & sont poussez le plus souuent à de tres-grandes & nouuelles esperances, suiuant l'opinion de Mœcenas, qui dict qu'il ne faut point de deuins & pro-

Deuter. c. 18.
Leuitic. c. 20.
1. des Rois ca. 28.

Saluian au comm. de son liure de la Prouid.
Dion in orat. ad Augustinum de Republica constituenda.

TABLEAV DE L'INCONSTANCE ET
gnoſtiqueurs en vne Republique bien eſtablie. Car pluſieurs de ces gens-là, pendant qu'ils diſent fort peu de choſes veritables, & en ramenent vne infinité de fauſſes, pouſſent le monde à des nouueautez hardies & perilleuſes. Ces deuins aſſeurent ce qu'ils diſent comme experimentez, & ſeduiſent les hommes quaſi comme certains du deſtin. La curioſité ayant conduit l'homme à ce poinct, qu'il croit plus volontiers les choſes obſcures & cachees, que celles qu'il a deuant les yeux.

2. Quelle prouidence y peut-il auoir, que les gens de bien ſoiét opprimez, & les meſchans releuez, & cheris.

Apres ces damnables curioſitez, le vulgaire ſaute aux admirations pour controoller auec quelque pretexte la prouidence de Dieu, & s'eſtonne qu'en la diſtribution des biens temporels, & des afflictions, il ſemble que Dieu n'obſerue ny ordre ny merite. Mais quoy le vulgaire? pluſieurs grands perſonnages ont eſté de ceſt aduis, & entre autres le Roy Dionyſius, lequel ayant pillé le temple de Proſerpine en la ville de Locres, s'eſtant mis ſur mer comme le vent le pouſſoit à plaiſir: Vous voyez (dit-il) comme les Dieux immortels fauoriſent les ſacrileges : c'eſt vrayement vn iugement de Dieu plein de merueille, que tout le bon s'en va en la maiſon des meſchans; & toute ſorte de mal & d'affliction s'eſcoule en celle des bons. Les ſacrileges, & les corſaires nauigent en bonace, & vont à pleine voile, & les pelerins qui vont en la terre Saincte ne trouuent que Scylles & Charybdes. Le Soleil luit aux Athees, & s'eſclipſe aux plus deuots, & mieux entendus en ce qui eſt du culte de Dieu. Mais quiconque eſt frappé de ceſt eſtonnement, qu'il liſe tout du long ce beau Pſeaume de ce grand Roy, que l'eſſay de pluſieurs grandes afflictions luy fit eſclorre en ſon temps,

Pſal. 36. Noli emulari.

Ne regarde auec ialouſie,
Des meſchans la proſperité,
Et ne trouble ta fantaiſie
Pour ceux qui font iniquité.

Il y trouuera pluſieurs belles raiſons pour ſa conſolation.

INSTAB. DE TOVTES CHOSES. LIV. I. 86

Aufquelles i'adioufteray feulement que les gens de bien font ainfi ordinairement appellez aux plus rudes efpreuues de cefte vie, & les meschans iouïssent au contraire de toute sorte de biens impunément : pource que si toutes nos fautes estoient chastiees par des supplices euidens ; ce grand dernier iour, tant attendu d'vn chacun, ne nous seroit si formidable. Et tout au rebours, si quelques-vnes de nos fautes n'estoient aussi chastiees en ce monde, cefte impunité generale seroit cause qu'on croiroit qu'il n'y a point de prouidence. Comme si Dieu n'octroyoit à personne rien de ce qu'on luy demande, on l'estimeroit luy-mesme souffreteux : & au contraire, s'il donnoit tout, on tomberoit en cefte impieté que nul ne le voudroit seruir que pour son interest. En quoy il faut tenir pour certain que la seule plainte est vne ruse de l'ennemy commun du genre humain, qui pendant nos voyages sur la mer de ce monde nous harasse, & nous sille les yeux dedans le vaisseau pour nous endormir, & faire mescognoistre l'occasion, & le subjet de l'orage qui nous faict perdre. Sçachant bien que cefte cognoissance nous feroit tellement reclamer Sainct Herme, & ce grand & souuerain Pilote, qui sçait faire marcher les siens sur le plus furieux Ocean à pied ferme, que nous serions aussi tost deliurez de cefte tempeste. Nous oublions aisément toutes les graces, & presents que Dieu nous faict, pour nous ressouuenir des moindres maux qui nous viennent visiter. La felicité compagne de l'ingratitude s'escoule parmy les hommes, de façon que les plus fauorits, & chargez de bien-faicts, perdent le goust des choses presentes, sur l'esperance de celles qui sont à venir. L'homme le plus accompagné d'heur, & de bonne Fortune qui se pourroit trouuer, a encore quelque certaine, & plus grande amorce, qu'il faict tousiours marcher au deuant de soy, & en ce poinct *succedentis, & speratæ fœlicitatis semper lenocinium quoddam est antecedens* (dit quelqu'vn.) Il y a des gens qui croyent que le Soleil ne luit que pour eux, qui ne peuuent viure que dans les delices, dans l'ayſſance, & les threſors. Au lieu que l'homme de bien doit prendre toute ſorte d'aduerſité, comme venant de Main ſouueraine, qui ne tend iamais qu'au profit, & gloire des ſiens. Si bien que c'eſt la foibleſſe de celuy qui a en ſoy quelque proſperité, ou qui la voit en autruy. Veu que toute ceſte diuerſité qui paroiſt à l'intellect commun vne choſe confuſe & ſans ordre, eſt raiſonnablement, & reglément ordonnee en la prouidence de Dieu. C'eſt le ſeul iugement peruers de l'homme, qui s'oppoſe à celuy du Createur, ou l'infirmité de ſon eſprit qui iuge mal, & baille vn faux nom à ce que communement il appelle mal & bien. Comme auſſi il iuge encore faulſement l'exploict de la proſperité, & de l'aduerſité qui nous arriuent. Il faut donc croire que toutes les aduerſitez qu'il nous enuoye ſont autant de beneſices, veu que ſi Dieu ſemble affliger quelqu'vn de la perte de ſes enfans, de ſes meilleurs amis, ou de quelque autre choſe plus precieuſe, s'il s'en pouuoit trouuer; c'eſt qu'il le deſprend de l'amour des creatures, pour le lier plus eſtroittemét auec ſon Createur, & tourne toutes les eaux de ſon amour à leur ſource. S'il le priue d'honneur, c'eſt pour luy donner aduis qu'il eſt aueugle; & luy enſeigner le giſte du vray honneur; luy tournant les yeux vers le Ciel, pour les luy deſtourner de la terre; s'il luy enuoye de la tentation, il eſt touſiours ſur le pas à l'entree, & à l'iſſuë de celuy qui la ſouffre: ſur l'entree, afin qu'il n'en entre par trop; ſur l'iſſue, afin que la choſe ſe finiſſe touſiours à ſon aduantage. Que ſi en le priant il ſent ſes prieres ſeches & arides, ſans aucune grace particuliere de Dieu; lors qu'ils ſe penſe eſtre le plus abandonné, bien ſouuent: c'eſt lors qu'il ſe trouue le plus en ſa memoire, c'eſt vne grace que Dieu luy faict de l'accouſtumer à le ſeruir à ſes propres deſpens, n'ayant nul bien-faict ne ſalaire de luy. D'ailleurs, il n'eſt pas à propos que Dieu enuoye de l'aduerſité à vn meſchant tout autant de fois qu'il le merité ; parce qu'elle le pourroit empirer. Ainsi est par fois besoin que Dieu espargne les meschás, afin que la prosperité les empesche de cōmettre d'autres crimes plus grāds, & plus execrables que ceux qu'ils commettent tous les iours ; ou pour mieux dire, il est bon qu'il permette qu'ils ayent tout à souhait, pour les rendre quelque iour d'autant moins excusables deuant sa Maiesté. Et quant à ceux qui n'ont iamais senti fleau quelconque, c'est qu'ayant esgard à la pureté de leur ame, Dieu les benist non seulement au siecle aduenir, mais encore en la vie presente ; & d'autresfois lors qu'il semble qu'il les vueille despouiller de tout ce qu'ils ont le plus en affection, c'est qu'il les garde à eux-mesmes, & se les fait siens : n'estant raisonnable qu'il soit gardien de nostre bagage, veu que ce sont choses exterieures qui ne seruent que de fardeau aux bonnes ames, ne rendant les bonnes meilleures, & ne reformant non plus en rien les mauuaises. Que si la seule infamie de nos afflictions nous greue ; il n'y a du tout point d'infamie en nos maux, si nous les sçauons supporter constamment, pourueu que l'occasion de souffrir soit iuste. Car tout ce que la constance manie, elle le rend glorieux & honnorable : c'est vne vertu imperieuse qui a son empire sur les afflictions, & sur les tormens, aussi bien, & parauāture mieux que sur les dons plus priuilegiez d'vne fortune riante. En fin l'homme de bien peut tousiours tirer quelque secours de l'aduersité. Car Dieu luy esueille au dedans vne si grande allegresse, qu'elle rebouche toute l'aigreur de la tribulation ; qui faisoit chanter à ce grand Roy, lors de ses plus grandes afflictions, *Estant en tribulation tu as mis au large mon cœur pressé d'ennuis : selon la multitude des douleurs que i'ay eu en mon cœur, tes consolations ont recreé mon ame.* De maniere que tout au rebours de ce que faisoit ce pauure Courtisan, qui apres auoir fort paty, se voyant en fin releué par son Prince, & monté à vne extreme grandeur escriuit à vn grand Seigneur de ses amis, que toute sorte de prosperitez qui luy pourroyent aduenir, estoyent autant de nou-

Ps. 4. & 35.

Y iij

ueaux seruiteurs, qui naissoyent au profit & seruice de ce sien amy. Aussi pourroit-on dire beaucoup mieux à propos, que toute sorte d'aduersitez que Dieu nous enuoye, sont autant de nouueaux seruiteurs que Dieu forme en nous, & autāt de nouuelles ames iustes & reformees, qu'il cree & esleue comme de nouueau, ou s'acquiert & faict siennes. Dieu donc rudoye les bonnes ames, & permet que les gens de bien soyent opprimez, tout ainsi que pour guerir le corps, souuent on l'incise & mutile.

Ceux-là sont mieux adui̇sez qui pour ne se plaindre des afflictiōs que Dieu leur enuoye, font semblant qu'elles leur viennent de la Fortune, & s'en plaignent.

C'est pourquoy ie trouue encore mieux adui̇sez ceux qui croyent simplement que le nom de Fortune n'a esté inuenté par les Anciens pour autre intention, que pour diuertir de la cogitation de Dieu les plaintes des mortels, & les appliquer & reietter sur ce vain nom de Fortune, cōme sur vne diuinité, ou sur quelque Deesse, qui ne fut, qui n'est, & qui ne deuoit iamais estre. Il vaut mieux se douloir de ce vain nom de Fortune, que de Dieu. Parce (disent-ils) que la Fortune est vne idole muete, qui ne respond aucunement, & ne s'aigrit des reproches & accusatiōs qu'on luy fait. Et à la verité il n'y a pas vn de tous leurs faux Dieux, qui oye contre soy tant de lamentations & de plaintes des mortels, que les hōmes en ont introduit contre elle & son inconstance; l'ayant faicte comme vne butte de contumelies, d'iniures & de reproches.

Mais ces plaintes seroyent (ainsi destournees de Dieu) tolerables, si elles n'emportoient creance formee, & quelque establissement de pouuoir en la personne de celle de qui on se plaint. Car autrement que sert-il de se douloir de celuy ny de celle qui n'a faict le mal, & qui ne le peut oster ny donner? qui se plaint du Medecin, qui ne peut faire ny guerir la playe? Mais que dis-ie? il est certain, qu'ils n'ont nullement douté de son pouuoir; veu que par tout le monde, (disoit vn des Anciens) en tous lieux, à toutes heures, par la voix d'vn chacun, la seule Fortune est inuoquee & nommee toute seule, toute seule louee, toute seule blasmee, toute seule consideree & outragee: à elle on

S. Aug. c. 18. li. 4. de la Cité de Dieu. Plin. 207.

impute toutes choses; d'elle il semble qu'on vueille tenir toutes choses; en tous liures de raisons des mortels, elle remplit le fueillet de tous costez. Et Homere en son tēps luy donna tant de renommee, de credit & d'empire, qu'on croyoit qu'elle auoit presque chassé Iupiter des Cieux, & à demy arraché de ses mains le sceptre & le maniement de ce monde. Bien que par apres inconstant luy-mesme, & peu asseuré des qualitez de cette inconstante, il ne luy attribue pas tant d'authorité: veu que ayant baillé à chaque Dieu son office & sa charge, il commença à imputer à la Fortune tout ce seulement qui se faisoit par apres, dont la cause estoit incogneue & cachee. Mais ie trouue qu'encores ne luy en ont-ils donné que trop: & semble qu'ils n'entendoyent pas les grandes proprietez qu'ils luy attribuoyent. Car que vouloit dire Archilochus, qui luy a mis en la main droicte des flammes, & en la gauche de l'eau, sinon qu'elle tenoit le magasin du bien & du mal? Ces deux Elemens, l'Eau & le Feu, estant presque l'entier soustien de tout cet Vniuers, comme en ceux esquels principalement consiste nostre besoing. Fortune portoit en la main droicte des flammes, & en la gauche de l'eau.

Il me semble donc que la peinture ou portraict de celuy est bien mieux à propos, qui la peignoit à cheual, courant legerement, & le Destin la suiuant pour la frapper auec l'arc & la fleche. Comme pour demonstrer que la Fortune n'a nul arrest; ains qu'elle court incessamment poursuiuie ou persecutee du Destin, mais pour mieux dire chassee par la Prouidence: veu qu'encor que plusieurs noms luy ayent esté donnez par l'euenement; cela est arriué, parce que par la Fortune plusieurs choses aduiennent semblables à la Sapience; tellement que si quelque bien nous eschoit, c'est que la prudēce & vertu de celuy qui a conduit sagement & constammēt ses affaires, & qui n'a riē faict qui le puisse reculer de l'assistāce de Dieu, s'y rencontre: non pas cōme disent les Courtisans, voyant tant d'incertitude és choses de ce monde, & que ceux qui se conduisent le plus par prudence & sagesse humai- La Fortune se peignoit courant à cheual, & le Destin la suiuant. Plut. au traicté de la Fortune des Romains.

ne, sont les plus malheureux, qu'il nous faille laisser conduire au seul hasard, sans donner nul bon ordre à nos affaires.

Sa va forse prudenza il viuer à caso, disent-ils. Car
La sagesse est bien loin differente du sort,
Et sont choses pourtant qui se ressemblent fort.

Et ces vers de Iuuenal, encore qu'ils soyent communs, l'expriment gentiment, bien qu'il ne fust esclairé de cette lumiere de la cognoissance de Dieu,

Nulle diuinité de celuy ne s'esloigne,
Qu'auecques prudence entreprend sa besongne ;
Mais nous pauures humains par faute de sagesse,
Logeons Fortune au Ciel, & la faisons Deesse.

Donc si en toutes nos affaires nous-nous gouuernions reglement, le nom vain de Fortune seroit bien tost effacé. Et quand nous faisons quelque chose incōsiderement, & que par nostre ignorance nous tombons en quelque inconuenient, nous ne nous plaindrions ainsi de la secrete puissance des Planetes, ny de la prouidence de Dieu, ny mesme de la Fortune, qui n'est autre chose qu'vn nom en l'air, demonstrant le peu de sçauoir des hommes, & introduict seulement pour couurir l'ignorance humaine, laquelle volontiers accuse la Fortune de tout ce dequoy elle ne sçauroit rendre raison en son infortune.

Et puis que les Anciens se sont aussi bien trompez en la puissance qu'ils luy attribuoyent, l'adorant cōme Deesse, qui dispensoit tout le bien & le mal de ce monde ; qu'au pouuoir qu'ils donnoyent aux autres Dieux inconstans & mensongers ; il seroit tres-bon de rechercher quelque remede pour guerir nostre ame malade & attainéte de la faulse opinion de son pouuoir. Mais comme les maladies de l'ame trauaillee d'vne folle creance, sont tout ainsi qu'elle-mesme inuisibles, ainsi en est-il des remedes que nous y pourrions apporter. C'est pourquoy nostre ame imbue, voire assaillie & presque violentee de tant de faulses opinions que l'inconstance luy fournit, doit estre secourue

rue par de certains & bons preceptes; afin que ceux qui sont tombez en la creance de sa diuinité, oyant les plaintes des affligez, & ne voyant rien pourtant des effects qu'on luy attribue qui soyent purement siens; puissent aussi se releuer en oyant la vanité & aneantissement de ces plaintes, & en voyant clairement que tout nous vient de la main & prouidence de Dieu.

Ie sçay bien que les Poëtes, & tous ceux (qui comme on a chanté de l'Aretin) ne disoyent mal de Dieu, & de sa prouidence, sinon parce seulement qu'ils ne la cognoissoyent point, ont creu que la Fortune estoit ministre des Dieux, & par ainsi qu'elle estoit la maistresse de toutes choses, & que tout ce qui est en cet Vniuers, passoit par ses mains:

La Fortune conduit par sa diuinité
La vie des mortels en sa diuersité,

dit Pausanias. Et le Petrarque l'introduit, faisant ainsi l'attestation & preuue de son pouuoir elle-mesme, *Pausan. in Achaïcis.* Petrarque en la chanson *Tacer non posso.*

Io son' d'altro poder, che tu non credi,
E sò far lieti e tristi in vn momento,
Piu leggiera che vento,
E reggo, e voluo quanto al mondo vedi.

Et plusieurs qui ne sont Poëtes l'ont creuë dame & maistresse de nostre vie. Car Theophraste est tormenté & par les liures & par les Escholes des Philosophes de ce qu'en son Callisthene il a loué cette sentéce *Vitam regit fortuna, non sapientia.* A quoy d'autres aussi (plus prodigues d'honneur, & ensemble plus aueugles) la confondant auec le Destin, luy donnerent quelque prerogatiue & preeminence, premierement sur les choses inanimees; puis sur les creatures & sur les vies, voire sur leurs Dieux: croyant mal à propos qu'vne mesme necessité enchaine les Dieux & les hommes; qu'vn cours irreuocable porte & charrie les choses diuines aussi bien que les humaines: que le Createur & ce grand Ouurier de l'Vniuers a ordonné tout ce qui doit aduenir; mais que luy-mesme suit les Cice.l.5.Tusc. Seneque de la Prouidence.

Deſtinees qu'il a eſcrites. Et c'eſt pour cette raiſon que Pauſanias dit auſſi que Fortune eſtoit vne des Parques, qui excelloit & ſurpaſſoit ſes ſœurs en puiſſance. Car la premiere Clotho, ne ſignifie autre choſe que l'euocation de la naiſſance, comme celle qui file le premier filet de noſtre vie. Mais la ſeconde Lacheſis, ſe prend pour le Sort & la Fortune, que chacun rencontre durant ſa vie. Et la troiſieſme Atropos eſt celle qui demeſlant le fuſeau, monſtre la condition de noſtre mort, qui n'eſt ſubiecte à pas vne loy. Et c'eſt de ce poinct que (parlant en Chreſtien) dépend la reſolution de cet affaire. Veu que la mort de toutes perſonnes eſtant tres-certaine & indubitable, & la condition de toutes choſes eſtant auſſi d'eſtre ſubiettes à changement, & à prendre fin par les loix de leur Nature; cela bien entendu, nos plaintes nous ſont inutiles, & auōs tort de nous douloir de la Fortune qui n'eſt rien. Nous deuons croire que l'entree de ce monde eſt gardee par la Nature; & puis que le paſſage en eſt ſien, le peage & tribut qu'elle en tire, qui ſont par fois des threſors, & toutes les douceurs & diuerſitez que Dieu ſemble auoir faict pour l'homme ſeul; mais par fois auſſi des afflictions, & en fin la mort eſt ſon vray domaine. Donc dés l'entree elle conuient auec nous, & nous oblige par ſerment & par deuoir de garder & ſuiure ſes loix; loix anciennes & de tout temps, comme eſtablies par le Tout-puiſſant dés la premiere conſtitution du monde. Neantmoins il faut entendre que tout ainſi que chacun de nous deſire ſe conſeruer au meilleur eſtat qu'il puiſſe eſtre, qui eſt en la fleur de ſa ieuneſſe; auſſi la Nature voulant conſeruer tous ſes ouurages en leur plus belle forme, a departy & donné à chaque choſe le plus d'annees qu'elle a peu & la plus longue ſuitte; mais touſiours ſelon la compoſition & matiere des eſpeces qu'elle veut ou produire ou entretenir: car aux vnes, comme ſont les terreſtres, le vice de la matiere leur oſte entierement le benefice & la grace de l'immortalité. Et tout de meſme en aduient-il és autres qui ſont mortelles, tellement qu'on les void la plus part defaillir aussi tost. A quoy la Nature voulant elle-mesme pouruoir, & guerir cette incommodité, ce qu'elle n'a peu maintenir en estat perpetuel, ny faire durer par la voye de l'immortalité, elle l'a soustenu par subrogation de semblables indiuidus & de la mesme espece; monstrant par là que la propre essence ou substance des choses en soy est tellement subiette à mutation & changement, meslee & composee d'inconstance, que nulle chose corruptible ny creature de ce monde ne peut s'y tenir en sa premiere vie, ny porter tousiours son premier visage. C'est pourquoy toutes choses apres leur premiere forme perdue, en reçoiuent quelque autre pareille & semblable: veu que la forme des choses chacune en son espece, ne se perd & esuanouit du tout, ains elles se transforment seulement: ce qui se continue ainsi, chacune receuant quelque sorte de fonction en son espece. Et de là vient le changement du pere, par la renaissance d'vn autre soymesme, en la personne de son fils; & le changement de la famille de nos ayeuls, par la subrogation de nous qui sommes leur posterité; le changement des villes, Monarchies & Royaumes, par la ruine les vns des autres, aucuns vuidant le monde, les autres le remplissant. Dequoy tant s'en faut que nous ayons occasion de nous plaindre, qu'au contraire nous en deuons admirer & louer la façon & la conduite. Et à ce nous doit ranger, ce que nous voyós communémét aduenir au progrés de toutes choses. D'autant qu'il ne seroit pas raisonnable, que la moindre petite chose ne pouuant se tenir en pied que peu de iours, sans quelque remuement ou changement notable, quelque grāde prudēce qu'on y apporte: que neātmoins le Ciel & la terre & le mōde entier, bastis de tāt de diuerses pieces, se soustinssent par tāt de milliers d'annees, sous l'incertitude d'vne Fortune inconstāte. Et puis qu'il n'y a personne qui vouluft auoir cōmis à vn homme de courte veuë le moindre ouurage que ce soit; pourquoy veulét-ils cōmettre la

La subrogation fait la duree, mais toutes choses sōt subiectes à mutation.

Z ij

TABLEAV DE L'INCONSTANCE ET
maistrise & gouuernement de l'entier chef-d'œuure de tout l'Vniuers, à l'indiscretion d'vne Aueugle ? Toutes les creatures, voire les plus petites, sont gouuernees d'vne prouidéce celeste, & reglees par vn certain ordre constant & infaillible, que nous voyons reluire en chaque partie de ce grand Vniuers: & l'homme seul, duquel Dieu a plus de soin que d'aucune de ses creatures, duquel il dispose auec tant de respect & de consideration, & pour lequel seul il a faict le monde, sera-il abandonné au hazard & à l'appetit de cette Fortune sans yeux ? C'est donc luy seul qui gouuerne tout. C'est luy qui modere tout. C'est Dieu & non autre qui par des voyes & sentiers incogneus dresse tous ces accidens & hazards fortuits à vne heureuse & louable fin. N'attribuons donc pas à l'inconstance de la Fortune, les hurts, rencontres & changemens, qui peuuent arriuer en ce monde; ains au contraire assignons-les plustost à la disposition de la volonté de Dieu, & à la merueille de ses secrets, & à sa prouidence. Veu que c'est vne aussi grande impieté, voyant ces grâds coups qui descendent de cette haute & riche couuerture du Ciel, & par la prescience de celuy qui y preside, d'en mettre le nom de l'autheur en different; comme tout a faict de communiquer à cette Inconstante, ce qui est de la seule Prouidence du Tout-puissant, & l'appeller en tout le reste de ses œuures au partage de la souueraineté. Ainsi ne nous flatons point nous-mesmes en nostre propre deception. Que la pointe des afflictions que Dieu nous enuoye ne nous oste la lumiere, & nous empesche de voir, d'où & de quelle part elles arriuent à nous. Que le refus de la rigueur & incommodité de nos malheurs ne nous reside si fort ennemis de la Diuinité, que nostre creâce en demeure fausse & troublee.

Quelle sottise à l'homme quand il se trouue assis en quelque bon euenement, de croire qu'il est enleué & attaché à l'aisle droicte de la Fortune, qui le promene par tous les coings heureux des Isles fortunees, & le monte si

Il ne faut attribuer à l'inconstance de la Fortune les afflictions qui nous arriuent en ce monde.

haut, qu'elle luy faict (ce luy semble) toucher le Ciel du doigt; & au contraire quand elle luy a tourné le dos, ne le voulant voir que du coin de l'œil, le tient attaché par son aisle gauche, le roulant & trainant par la terre, baliant l'ordure & la poussiere auec sa plume? Le vertueux & constant, ou pour mieux dire l'homme bien sensé ne se doit si longuement arrester sur la consideration de sa disgrace, ne se troubler des accidens, ny mesme de la mort, ny se peiner outre mesure à les diuertir, puis qu'ils sont communs. Et parce qu'entrant en ce monde, par le contract que nous auons fait auec la Nature, elle nous a obligez aux cas fortuits, lesquels nous auons pris sur nous, il ne se faut bander folement contre la force, puis que nous ne pouuons forcer l'inuiolable resolution & arrest souuerain de la prouidence de Dieu. Que sert-il d'importuner l'air de nos souspirs & regrets? que seruent ces vaines & longues tirades de nos plaintes? ces laides grimaces de nostre dueil? Ne sont-ce pas pluftost indices de nostre inconstance & foiblesse, que iustes lamentations de nostre douleur? Ce monde est vn grand theatre, sur lequel l'esprit de Dieu verse ses graces: & comme les estoiles semblent autant de clairs Diamans clouez au Ciel, pour l'ornement d'iceluy: ainsi les merueilles semees de toutes parts, desquelles le monde est paré & enrichy, sont autant de clairs & euidēts tesmoignages de la prouidence du Souuerain. Car Dieu y a tres-sagement logé l'homme au milieu, afin que contre iceluy, comme contre la butte de la Fortune incertaine & volage, la douleur, l'exil, la pauureté, la mort, & toutes sortes d'accidents fissent l'espreuue de sa fermeté & constance: & le souuerain Iuge s'est reserué ce superbe throsne du firmament, pour iuger des coups & du merite. Mais il faut discerner en ce poinct l'ame d'auec le corps. Car c'est l'humanité seule qui est enchassée à ce theatre, & à ceste aisle gauche de Fortune, qui rampe & traine contre terre; laquelle comme vne victime attachee se debat inutilement contre les moindres accidents de Fortune: voulant

Z iij

sur tout priuer la mort de ses droicts, & sequestrer si elle pouuoit sa vie de tous malheurs. C'est donc ceste humanité inconstante qui se fasche & se plaint d'estre attachee si court sur ce theatre, & sur tout quand il luy faut faire cession de biens ignominieuse, & quitter le monde: comme vray-semblablement font ceux qui sont frappez à mort en ceste butte; mesme lors qu'ils meurent preuenus & attaints du iuste reproche de mauuaise acquisition, & traicts semblables. Mais l'ame demeure tousiours attachee à ceste Diuinité, qui se promene dans ce haut theatre du Ciel, dans lequel gist son souuerain bien & sa beatitude, à laquelle il faut que constamment il vise.

Ie ne veux oublier que plusieurs versez en quelque certaine doctrine, qu'ils appellent Sagesse humaine, ostent à la Sapience de Dieu la prouidence des choses particulieres; en partie pour le descharger de la peine & du soin comme d'vn gros fardeau: & en partie afin que ce diuin Intellect par le maniement des choses basses & viles ne semble s'abbaisser & s'auilir par trop: si bien qu'ils croyent que nul ne les oit ny ne les void. Mais ie renuoye leur meschant discours à ce diuin oracle qui a dict sainctement,

Esaie 29. *Malediction sur vous qui estes de cœur profond, pour cacher le conseil arriere du Seigneur, desquels les œuures sont faictes en tenebres, & disent qui nous void & qui nous cognoist? ceste vostre pensee est peruerse.* D'autres pour auoir plus de liberté de mal faire, ne voudroient pas qu'ainsi fust comme leur foy mesme leur enseigne, ains voudroient auoir vn Dieu ou aueugle, ou sourd, afin que ne les voyant, il ne chatiast leur mauuaise vie. Ils voudroient seruir Dieu comme esclaues, & non comme enfans; veu qu'en le seruant ils ne taschent qu'à contenter l'œil des hommes, & satisfaire seulement à l'opinion du peuple. Car ils croyent de Dieu & font le mesme que les ouuriers ont accoustumé de faire lors qu'ils trauaillent pour autruy, estant tousiours au guet pour cesser, lors que celuy qui les a mis en besongne a tourné les yeux.

Et pour la fin de ce discours, ie diray que ceux qui attribuent la creation & reglement de ce monde à la Nature, au Destin, ou à la Fortune inconstante, sont en pareil erreur, que si trois personnes voyoient ceste Pyramide qui a esté assise si industrieusement en la place du Populo à Rome, du temps du Pape Xiste V. Car tout ainsi que trois hommes qui ietteroient leur veuë sur le bout de trois grandes rues, qui ont chacune directement ceste Pyramide au deuant; diroient certainement qu'il y a trois Pyramides, & non vne seule; dont chacune va en chacune de ces rues: en mesme sorte mal à propos & contre verité, desguisent & diuisent-ils le pouuoir souuerain du Dieu eternel; & de ces trois, la Nature, le Destin, & la Fortune, veulent-ils former le corps ou essence de Dieu, & de sa Prouidence. Et ainsi abhorrant par ce moyen ces opinions sacrileges, qui n'adorent que la Fortune inconstante, la Nature, ou le Destin, dressant nos vœux & nos autels au Dieu tout-puissant, nous trouuerons vn ressort asseuré & constant aux discours esgarez de nostre entendement, & vn soulas & repos en nos ames. De maniere qu'imbus & munis d'vne iuste & saincte creance, nous dirons bien à propos de la premiere, qui est la Fortune, que ce n'est rien qu'vn nom de fausse Deesse inuenté à plaisir, à qui l'humaine fragilité attribue la plusspart de ce qui luy arriue en ce monde. Et quand elle seroit, & que nous serions forcez de l'aduouer; il faudroit la contraindre à suiure & seruir à nostre merite, & ne luy bailler iamais autre place que sous les pieds de la Vertu. Et de la seconde, qui est la Nature, que c'est vn departemét general & vniuersel de tout ce qui est en cest Vniuers visible & inuisible; & comme quelque certaine faculté que Dieu a infus en la naissance, progrez & fin de toutes choses: à qui bien souuent ceux qui n'ont cognoissance du vray Dieu, attribuent ce qui leur aduiét; se persuadant mal à propos, qu'ils tiennent d'elle ce qu'ils tiennent de Dieu, duquel elle releue aussi bien que nous. Aussi disoiét les anciens, recognoissant aucunemét le peu

3. Mal à propos on attribue à la Nature, au Destin, ou à la Fortune le gouuernemét de ce monde.

La Fortune.

La Nature.

de moyen qu'elle auoit de nous donner, qu'elle ne nous pouuoit donner que des richesses & de la terre; & encor fort peu: comme Philippus Roy de Macedoine nous a tres-bien appris par ce beau mot qu'il lascha estant porté par terre, voyant vne si petite marque & espace de la iuste mesure de son corps, que sa cheute y auoit emprainte; Dieux immortels (dict-il) la Nature nous a bien faict petite part de la terre! A quoy se rapporte le Poëte Italien, qui nous veut apprendre que l'immensité & les grands espaces se trouuent seulement au Ciel.

> Sia tua la terra, ò tu che regnar brami,
> Sarai monarcha al fin d'angusto spatio,
> Ch'vn punto è sol de la mondana mole.
>
> Qui si muor certo, e s'el morir ti duole
> Puoi vita hauer nel Cielo, e sarai satio
> Di quella immensità che totant' ami.

La Destinee. Et de la troisiesme qui est la Destinee, nous croirons que le *Destin*, le *Fatum*, les *Parques*, & autres tels mots semblables sont inuentions de gens ignorans; qui ne sçachant aussi à qui referer les accidens violens, & ineuitables, desquels les causes leur estoient incognuës, & qu'ils leur attribuoient, contre tout le discours d'vne prudence humaine; aimoient mieux les rapporter au Destin, & à ces autres Deesses, qu'à la prouidence de Dieu, bien qu'à elle seule en appartienne l'honneur & la gloire.

Ie finiray donc par ce mot, & diray hardiment que deformais quiconque viura en ces erreurs, Dieu permettra en fin qu'il tombera en pareil inconuenient que celuy, qui faisant estat de cognoistre par les Astres les adulteres, & maluersations des femmes, voire les futures, ne cognoissoit les presentes en la sienne: auquel ce grand Thomas Morus consacra ces vers,

> Astra tibi æthereo pandunt sese omnia vati.
> Omnibus & quæ sunt fata futura monent:
> Omnibus ast vxor quòd se tua publicat, id te
> Astra, licet videant omnia, nulla docent.

que cest autre, lequel se voyant comme il croyoit en quelque prosperité, voulut marquer sa bonne Fortune, d'vn superbe Mausolee, lequel il se fit bastir auant sa mort: mais Dieu qui par sa prouidence l'auoit destiné à vne mort ignominieuse & nom triomphante, luy changea le tombeau en sicol; qui fut cause qu'vn bon compagnon se mocquant de luy, de sa Fortune, & de la pompe & vanité de son tombeau, mit sur iceluy ces quatre vers, dignes d'estre grauez sur tous ces Mausolees precipitez, dessaisonnez, & qui se font par auance.

Hunc sibi Belnensis tumulum, quem cernis inanem,
Struxerat, inuidit sed laqueus tumulum.
Debuerat certè, Sors si foret omnibus æqua,
Tardiùs hic fieri, vel priùs ille mori.

Fin du premier Liure.

Aa

TABLEAV DE L'INCONSTANCE ET INSTABILITÉ DE TOVTES CHOSES.

LIVRE SECOND.

Que l'Inconstance nous jette en impatience, & l'impatience au repentir.

DISCOVRS I.

1. *Dieu a voulu estre homme, mais il n'a voulu imiter son impatience.*
2. *Impatience de Scaurus.*
3. *La trop grande curiosité se conuertit en impatience.*
4. *Celuy qui se tue est plus taché d'impatiëce, que de resolution.*
5. *Sens mystique de la fable de Niobe.*

L'INCONSTANCE produit, l'Impatience la Bizarrie, & la Folie, c'est pourquoy ayant deliberé de donner à chacune son discours nous traicterons premierement de l'Impatience. C'est chose merueilleuse, qu'encor que le Fils de Dieu eust deliberé de prendre la vraye forme de l'homme, car rien de ce qui est en l'homme n'a defailli en luy que le peché, & l'ignorance: si est-ce qu'entre autres choses, il n'a rien voulu tenir, ne imiter de son impatience ; parce que iamais l'impatient n'obeit, au lieu que tout à rebours le patiët iamais n'insiste & ne desobeit en chose raisonnable : comme s'il nous eust voulu enseigner par là, que l'obeissance & la patience estoient les deux maistresses vertus, & les dernieres, desquelles il vouloit orner sa mort, & les deux principales colomnes, sur

1. Dieu prenant la forme de l'homme, n'a voulu imiter son impatience. S. Aug. liu. 3. c. 9. & 11.

TABLEAV DE L'INCONSTANCE ET
lesquelles il auoit jetté les fondements de nostre salut. Mais ce sont parauanture des perfections qui ne conuiennent qu'au fils de Dieu seul; car puis que le premier homme mortel, incontinant apres auoir mis le pied en ce mode, rejettant l'obeissance, a laissé aussi tost eschapper la patience, on ne peut bien bonnement nier, que sa posterité, qui tient l'inconstance & l'impatience par droict de succession, ne soit sujecte à ceste maladie. Nous dirōs dōcque l'inconstance, mere de plusieurs vices & en plusieurs degrez, est vne cōtagion ou maladie publique, qui comme nous venāt de race, infecte tout le monde, & troublāt nos cerueaux & nos sens par quelque sorte de sieure ou chaud mal, en jette tellemēt aucuns en impatience, qu'ils s'offensent souuēt eux-mesmes; & en sont bien tost au repentir.

Ie rameneray icy premieremēt celle de ce Romain Scaurus, lequel pendant son Ædilité, desirant faire le plus beau theatre qui fut onc faict à Rome, pour l'embellir de tableaux & rares pourtraicts, fit trauailler ses esclaues qui entendoient le mestier, auec vne telle impatience de labeur & assiduité, que le theatre ayant duré trente iours, il y resta pour deux millions cinquante mille escus de tableaux. O quel theatre d'inconstance! quel tableau d'ambition & d'impatience! quel trauail desmesuré exigea-il de ces paures creatures! quelle superfluité fit-il voir durant ces trente iours! Mais s'il se monstra impatient à les faire trauailler & les contenir en leur besongne, ils se monstrerent encor peut-estre plus impatiens à le souffrir : ne pouuant ny voir ny supporter tant de labeur & despense inutile. Car Scaurus les ayant faict porter au Tusculan, qui estoit sa maison de plaisance, ses esclaues, par despit du labeur, auquel il les auoit trop continuellement attachez, y mirent le feu : si bien que s'il estoit hydre & monstre de tableaux renaissans, à force qu'il leur en tiroit des mains, ils se monstrerent aussi de leur costé Hercules, coupant les testes de ceste hydre, & bruslant les tableaux restans d'vne si profuse & monstrueuse des-

2. L'impatience de Scaurus mise en comparaison auec celle de ses esclaues.
Pli. li. 36. c. 15.

pense. En quoy leur impatience a esté si notable, qu'ils nous ont laissé en doute, qui auoit plus failly en cet endroit. Car le trauail qu'il auoit exigé d'eux, est à la verité excessif; mais la vengeance qu'ils ont prinse de luy, semble l'estre encor plus; ayans faict sentir leur impatience & mauuaise volonté, & à leur ouurage, & à leur maistre. Ils eussent bien mieux faict de se regler suiuant ce que disoit vn Sainct Pere, *Qu'ay-ie affaire auec la vengeance, puis que mon impatience me transporte si fort, que ie ne la puis tenir en regle?* Comme aussi Scaurus eust esté bien-heureux, s'il eust peu apprendre ce que long temps apres luy nous auons apprins de Sainct Cyprien: *Tu exiges du seruice de ton seruiteur, dit-il, & n'estant qu'homme tu forces vn autre homme de complaire & obeir. Et bien que tu ayes vne mesme sorte de naissance, vne mesme condition de mort, que vos corps soyent composez de mesme matiere, que l'ame vous soit commune, qu'auec vn droict esgal & vne pareille loy on entre, ou se retire du monde, neantmoins si on ne te sert à ta fantasie, si on n'obeit à tes commandemens, imperieux & trop exacteur de seruices, tu despouilles, tu fouettes, tu fais mourir de faim, & bien souuent tu blesses & affliges par prison & tourmens, & ne recognois le Souuerain qui domine, puis que tu exerces vne si cruelle domination.*

<small>S. Cyprien au liu. contre Demetrian.</small>

 Les Anciens priuez de la lumiere de Dieu, & de la Foy, attribuoyent ceste impatience & prompte resolution à magnanimité & constance: tellement qu'ils ont celebré les exemples de Caton, de Lucrece, d'Arria, de Pætus, de Massinissa, de Sophonisbe, & d'vne infinité d'autres. Toutesfois, parce que nous en voulons parler cy apres sous l'inconstance de Caton, & de tous ceux qui par impatience ou autre occasion se sont donnez la mort, ou à leurs propres enfans: ie ne diray sinon que ie trouue, qu'encor que l'Antiquité en ait loué quelques-vns, si est-ce qu'elle en a aussi condamné d'autres, louant & reprouuant leur mort par leurs bonnes, ou sinistres intentions. Comme on a blasmé Themistocles, de ce que par impatience de ne pouuoir souffrir la prosperité de Cimon, il s'estoit mieux aimé

<small>Impatiece de Themistocles.</small>

TABLEAV DE L'INCONSTANCE ET
donner la mort, que relafcher fes yeux fur la bonne fortune d'vn homme qu'il n'aimoit point. Mais auſſi ie trouue que ſils ont loué la mort de Caton, & de Lucrece, ils ont reprouué celle de Theogene de Numance; qui pour ne cheoir entre les mains de ſes ennemis, tua premierement ſes enfans, puis ſe donna la mort luy-meſme. Et croy que ſils euſſent veſcu en ce ſiecle, ils s'en fuſſent pareillement moquez, veu que ce meſme exemple ſ'eſt veu parmy nous, & pluſieurs autres qui ſentent encore plus au deſeſpoir. Car il s'eſt trouué des gens de guerre ſi incertains de ce qu'ils auoyent à faire, que ſe voyans aſſiegez dans vne place qu'ils voyoient n'eſtre tenable, ils ont premierement tué leurs femmes & enfans, puis ſe ſont tuez, ou entretuez eux-meſmes, penſant par là deſrober la victoire & les lauriers à leurs ennemis, & acquerir la reputation de valeureux & conſtans; & cependant ils perdoyent le corps, l'ame, la place, & la victoire tout enſemble. Nous en auons vn autre exemple encor plus nouueau de ces nauires de guerre Anglois, que les Eſtats de Flandres auoyent enuoyez en Guyéne il y a quelques annees: car ayant rencontré ces nauires Eſpagnols, qui eſtoyent venus durant nos guerres ciuiles, pour faire leuer le ſiege de la ville de Blaye, le combat fut ſi aſpre & cruel, que l'Admiral des Anglois mis à fonds, ſon Vice-Admiral ſe voyant accroché par deux nauires, dont les ſoldats eſtoiēt deſia ſautez dans le leur, l'Anglois impatient & deſeſperé, aimant mieux mourir que ſe rendre à leur mercy, tourna ſon vaiſſeau cap à terre, ſi bien qu'à force de voile, il traina les deux nauires Eſpagnols, qui ne ſe pouuoient decrocher, preſque à bord, & là ayāt diſpoſé ſes munitions pour bruſler tout, mit luy-meſme le feu ſi à propos en ſon nauire, que tous trois furent à demy bruſlez, & pas vn de ceux qui eſtoyent ſautez dans le nauire Anglois ne ſe ſauua. La preſſe qui eſt en ces combats, ſouuent nous iette en telle impatience, qu'elle ne nous donne loiſir de choiſir, ny prendre party. Auſſi n'y auoit-il que choiſir; puis que de

Impatiēce de Theogene.

Gens de guerre, qui apres auoir tué leurs femmes & enfans, ſe ſont tuez ou entretuez eux-meſmes.

Traict d'impatience notable des Anglois.

INSTAB. DE TOVTES CHOSES. LIV. II. 96

toute necessité il falloit estre massacré, bruslé, ou noyé: mais pour cela ils ne deuoyent pas se ruiner eux-mesmes. On dit que l'eau, ou pour mieux dire la mer, est le vray element du desespoir: mais le feu nous desespere encor dauantage. La victoire des Espagnols fut à demy bruslee; mais ce qui resta des Anglois vint en la ville de Bordeaux si miserable & si deffiguré, que la Nature à peine y pouuoit recognoistre son image. La chaleur du combat, & la vergoigne qu'on a de se voir reduict à demander la vie à son ennemy, desloge bien souuent les plus iustes pensees de nostre salut. Ce sont les effects de l'impatience, qui peu à peu selon les occasions nous meine & precipite au desespoir. Et entr'autres bestises que ie trouue en cet endroit parmy l'erreur de l'Antiquité, c'est que bien souuent force gens se laissoiët aller à la mort par simple persuasion, sans subiect quelconque particulier qui la leur deust faire desirer. Tesmoin Ptolomee, qui fut contraint de faire defendre à Egesias de plus discourir en public de l'immortalité de l'ame, d'autāt que la pluspart de ceux qui en oyoiēt le discours s'auançoient la mort de leur main, plus par persuasion, que par raison. C'est vne belle chose qu'attendre l'heure & le tēps auec patience, & ne vouloir preuenir les saisōs, ny peruertir l'ordre que Dieu & la Nature ont donné à toutes choses; veu qu'il est certain que tout arriuera à poinct, si on veut tant soit peu attendre. L'impatience de Domitius, & son inconstance ou prompt repentir d'vne mort precipitee, est notable. Lors que Pompee & tout le Senat, sous la forte apprehension de la venue de Cesar, auoyent abandonné Rome, Domitius de crainte qu'il eut, & tout chaudement demanda du poison à vn sien esclaue, il luy en donna, & il le beut pensant en mourir, sans se donner le loisir ny auoir la patiēce de s'informer du traictement que Cesar faisoit aux gens de sa sorte; or bien tost apres oyant raconter que Cesar vsoit d'vne merueilleuse clemence, il se repentit d'auoir esté si impatient & precipité, & commença à se plaindre de soy-mesme, & de son impatience, & maudire le trop temeraire conseil,

Impatiēce de Domitius.

Plut. in Cæsare.

qu'il auoit prins; son esclaue le consola, & luy dit que c'estoit vn breuuage pour dormir & non pour mourir; dequoy il fut bien-aise, & quittant le party de Pompee, s'alla rendre incontinent à Cesar. Voyez à quels hazards nostre impatience nous liure. Si l'esclaue eust esté aussi volontaire que le maistre estoit impatient, Domitius n'eust eu le loisir de recognoistre, que son esclaue estoit plus sage d'attendre, que luy de vouloir anticiper & preuenir la mort. La Seigneurie de Basle ayant changé de Religion, ne voulut soudain bannir les Religieux, ains ordonna qu'ils seroyent seulement comme supprimez par mort: dequoy plusieurs prindrent tellement l'alarme, que vaincus d'impatience, ils s'en allerent sans nul commandement. Vn seul constant & magnanime, fut longuement tout seul en vn Monastere, & ne fut onc forcé de changer d'habit de Religion, ny de lieu; si les autres en eussent vsé ainsi, ils eussent parauanture conserué la Religion: comme en semblables occasions Dieu fait bien souuent de merueilleux effects.

Vn seul Religieux en toute la Seigneurie de Basle constãt & patient.

Apicius ayant eu de son patrimoine quinze cens mille escus, les dissipa à deux cens cinquante mille escus pres; puis d'impatience, comme si cette somme n'eust peu suffire, pour le garantir le reste de ses iours, il s'empoisonna. Ie sçay bien qu'il fait bon mesurer ses moyens, neãtmoins quand bien ie les auray perdus, ie ne voudrois me despiter cõtre le Ciel, ny adiouster à cette despouille du corps, la despouille entiere de l'ame.

Impatience d'Apicius.

Il fait bon mesnager ses moyens.

Ie ne sçay non plus si ie dois approuuer l'impatience, en laquelle vray-semblablement l'inconstance nous precipite le plus souuent, bien que nous la vueillions couurir d'autres qualitez & pretextes plus specieux. Reuenãt d'Italie, passant en vne des plus belles villes de ce Royaume de France, ie trouuay vn notable bourgeois, qui auoit passé presque par toutes les plus honnorables charges de cette ville, ie ne sçay par quelle impatience, reduit & tiré en solitude, ayant choisi pour retraicte, ou pour prison

vo-

INSTAB. DE TOVTES CHOSES. LIV. II. 97

volontaire, vne chambre de sa propre maison; se voulant mesme parmy le monde & au millieu d'vne ville fort peuplee sequestrer du peuple & du monde: croyant qu'il estoit moins commun & plus rare, que d'estre auec toutes ses commoditez, & parmy la douceur d'vne grande compagnie dans quelque beau Monastere: souuent il trepignoit des pieds, & grinçoit les dents sans autre effort, mordant, comme on eust dit à le voir, & estouffant le soing qui le mordoit, ne voulant tesmoigner plainte quelconque, ny s'assubiectir à aucune passion; voulant desgager son ame de tout soing & solicitude fascheuse, refuyant & ne respondant à aucune sorte de conference, qui pouuoit diuertir son ame de ses pensees, ne se voulant mesme obliger aux plus communes necessitez de la Nature, bien que fort souuent on ayt voulu tirer de luy, & le contraindre de descouurir son intention, & la fin & le but de sa solitude, par la faim de trois iours & plus; si est-ce que iamais on ne le peut presser iusques là, que de luy faire demander ce dont il auoit besoin, ayant demeuré en cet estat, comme on m'a depuis asseuré l'espace de dixhuict à vingt ans. Ie croy pourtant qu'il y auoit en luy plus de maladie que de dessein: peut-estre que conuersant parmy le monde, son ambition, ou quelque autre passion semblable l'auoit poussé si auant, que ne pouuant y paruenir, & moins s'en retirer, il s'estoit perdu par confusion. Aussi dit-on que comme les chiens courans, qui ont tracassé tout le iour, perdent en vn moment dans l'espaisseur d'vn bois la piste de la beste qu'ils suiuent: de mesme nostre entendement, qui par impatience court & vague nuict & iour pour trouuer quelque chose qui le contente & l'arreste, ne pouuant briser ses desirs, ny faire rencontre en pas vn lieu, se perd bien aisément dans la forest espaisse de ses irresolus desseins. L'ambition est vn tourment honorable, & l'impatience vn fardeau onereux, duquel chacun de nous cherche à se descharger par le changement, & en fin il se trouue qu'elle est chargee sur nous, tout ainsi

Nostre entendement s'esgare & se perd dans l'espaisseur ou multiplicité de nos irresolutions.

L'ambition est vn fardeau plein d'impatience.

Bb

qu'vn fardeau de laine deſtrempé dans l'eau, qu'on recharge & reprend ſur ſoy plus onereuſement. Car les remedes que nous cherchons par mutation, ſe groſſiſſent par l'amoncellement & diuerſité des ſubiects, que noſtre impatience accumule tout enſemble. La difference que ie fais entre les impatiens & les bizarres, deſquels nous parlerons au diſcours ſuyuant, c'eſt que bien que les impatiés n'ayent en leurs actions que fort peu de raiſon, ſi eſt-ce qu'ils en ont les pretextes, & le ſemblant & les apparences. Car ils penſent trouuer repos à force de remuement; ils croyent trouuer l'ordre à force de deſordre; ils ſ'eſſayét d'aſſortir & parer leurs plus eſtranges façons, de quelque raiſon; au lieu que le bizarre meſpriſe entierement & ne ſe chaut de la raiſon, & quand il veut faire quelque choſe il la veut faire & y paruenir à quelque prix que ce ſoit, toutes voyes luy ſont indifferentes, pourueu que ſon deſſein reüſſiſſe: les moyens & façon de proceder deſquels vſe le bizarre pour paruenir à ſa fin & intention ſont plus vicieux & irraiſonnables que ceux de l'impatient; veu que ſ'il deſire auoir quelque choſe, il deſire auſſi toſt la prendre par force, que la receuoir en don. C'eſt la deuiſe d'vn grád & ſignalé Capitaine du temps du Roy Louys XI. laquelle noſtre Gaſcon exprime merueilleuſement bien, *A male harpe, nou cau ſarpe*. Les autres diſent, & peut-eſtre mieux à propos, *A male harpe, nou cau carte*. Si le bizarre veut quelque choſe, il ne luy faut ny ſerpe ny raiſon, ny carte ny contract, pourueu qu'il ait bonne harpe, & qu'auec les mains ou la force il y puiſſe attaindre, c'eſt aſſez: que ſi l'impatient ne ſe propoſe la raiſon, quand il veut faire quelque choſe, pour le moins il ſe fonde ſur quelque plaiſir ou contentement, qu'il voudroit ſoudainement trouuer en la choſe qu'il fait, par le moyen duquel il penſe appuyer ſon excuſe. Theotime demy aueugle, menacé des Medecins, qu'auec vn ſeul coup qu'il habitoit auec vne femme, il perdroit la veuë tout à fait, ne ſ'en peuſt tenir, de façon qu'au milieu du plaiſir de Venus, ſe reſſouuenant

Differéce notable entre les impatiens & les inconſtás.

On dit que c'eſtoit la deuiſe d'Alain d'Albret.

L'inconſtance voiſine de l'impatience nous creue par fois les yeux.

de la prohibition du Medecin. *A dieu chere lumiere* (disoit-il) *ie ne te reuerray iamais plus.* Son plaisir estoit le fondement de son excuse; pour le moins il le croyoit ainsi. O quel malheur quand l'impatience nous creue les yeux, & nous oste le plus beau de nos sens! nous sõmes bien acharnez sur la volupté, puis que pour vn plaisir de si peu de duree, nous perdons cette riche veuë du Ciel, & des autres merueilles de Dieu, sans vne infinité d'incommoditez que nous endurons par l'aueuglement. Il eust esté plus excusable s'il n'eust pas acheté plus cherement son plaisir, que celuy que le Seigneur de la Mirandole dit auoir veu, qui ne pouuoit iamais iouyr de sa maistresse qu'il ne fust foüetté iusqu'au sang.

L'impatience, (qu'aucuns appellent trop grande curiosité) d'vn seruiteur domestique d'vn Cardinal, fut gentiment punie par Michel l'Ange: car desirant voir peindre ce riche tableau du Iugement qu'il faisoit dans la Chappelle du Pape, il l'importuna tant l'allant voir à toute heure, que Michel l'Ange le peignit, & le liura à nud comme importun entre les mains des Diables. A vostre aduis, s'il y est à bon escient, aussi bien comme en peinture, comme il est à mesme d'essayer sa patience? le fit-il à dessein? ou bien si tout ainsi que les ioueurs de luth, qui pendant qu'ils composent font iouër à la plume, & escriuent ce qu'ils oyent iouër à vn autre, & non ce qu'ils ont desseigné, l'esprit se laissant pipper à l'oreille: de mesme les Peintres se laissent-ils forcer à l'Idee, & escouler au pinceau l'obiect present, & non le subiect qu'ils ont en dessein? D'autres malicieusement tournent ce traict en risee, disent que ce fut le Cardinal mesme; lequel se plaignit au Pape Clement VII. de ce que Michel l'Ange en son Tableau du Iugement l'auoit peint dans l'Enfer, & que le Pape respondit, qu'il n'auoit point de puissance de tirer les hommes de l'Enfer. D'autres disent que le S. Pere luy voulant donner aduis, qu'il ne fust pas vne autre

3. Trop grande curiosité produit, ou se conuertit en impatience.

Commēt Michel l'Ange punit la curiosité d'vn seruiteur ou domestique d'vn Cardinal.

A sçauoir si les peintres, tout ainsi que les ioueurs de luth, sont forcez quitter leur dessein, pour suiure l'obiect present.

Bb ij

fois si curieux, luy dit seulement ce traict de Tertulien, *Natales impatientiæ in ipso diabolo deprehendo*. En toutes façons le pinceau d'vn bon peintre, & la docte plume d'vn homme sçauant, sont deux merueilleux glaiues pour se venger de ses ennemis des trop curieux, des impatiens & des importuns: tesmoin celuy du peintre Menedemus, lequel voulant arrester l'impudence d'vn ieune homme, & se venger de luy, le peignit à terre, *Muliebria patientem*.

Tertul. de patientia.

Mais qui se pourra desormais esmerueiller d'estre blasmé d'impatience, puis que Solon vn des sept sages de Grece y a esté si lourdement surprins, lors qu'on luy supposa la mort de son fils? A la verité, l'impatience pour la mort d'vn fils est aucunement excusable en vne ame basse & commune, qui s'espouuante & s'alarme sur des alarmes faulses, & qui n'a le discours ny la constance pour en soustenir les vrayes & certaines. Mais non en celle d'vn sage, qui doit estre faite à l'espreuue, puis que la vertu luy a acquis vn si honorable tiltre de sagesse. Ie confesse que la seule apprehension du mal effraye l'impatient; mais le patient ou le sage regarde hardiment sa playe, se ressouuenant qu'il a souuent esté victorieux, apres auoir veu son sang espandu, *Aio te & Lamachum sapientes esse, si fortes estis*, dit Socrates dans Platon. Mesprisez hardiment vos maux, vous estes au dessus de la patience; que la pauureté, qui est le fleau le plus commun & insupportable, ne nous iette en impatience; iamais homme ne vesquit si pauure & si nud comme il l'estoit lors de sa naissance. Portez patiemment la douleur: car ou elle eschappera, ou elle vous fera eschapper. Mesprisez la mort: car elle se depeschera bien tost de vous &s'en esloignera, ou vous fera bien tost despecher de vos maux. Mesprisez la fortune: car elle n'a en sa trousse aucun traict qui puisse donner dans le cœur d'vn homme constãt. Les soldats les plus endurcis à la peine & les plus patiens, sont les plus vaillans. Nostre raison n'employera iamais, ny n'appellera ces violentes & temeraires passions qui nous iettẽt en impatiẽce, à son aide & secours.

Solon surpris en impatiẽce.

La patience se peut aussi bien manier qu'vne espee, que chacun de nous peut prendre & laisser à sa discretion. Car les armes de la patience combattent d'elles-mesmes en vn homme bien constant, & par maniere de dire n'attendent point la main, elles nous tiennent en main, & au contraire nous n'auons point de mains pour les tenir, si nous ne sommes resolus d'acquerir la vraye constance, tant nos passions & la patience nous eschappent aisément. Non pas que la mutabilité ou impatience, qui s'arreste quand on veut, ne soit par trop desagreable. Non plus veux-ie aussi feindre vn sage si orgueilleusement patient, qu'il soit insensible à toutes occasions, pour si fortes qu'elles soient : c'est assez que la monstre de la douleur ne soit excessiue & desmesuree. Et l'ambition de faire voir qu'on ne sent du tout point de douleur, n'est en façon quelconque desirable. Il vaut mieux se maintenir en vn bon poinct d'arrest, qui ne ressente à l'impieté ny à la folie, & nous tienne en l'estat d'vne ame pie & entiere, & non esperdue & troublee. Et apres cela ie veux bien que les larmes tombent, mais aussi qu'elles cessent, sechent, & s'arrestent : que nos souspirs se tirent du profond du cœur, mais aussi qu'ils finissent. Il faut se gouuerner de sorte que nostre dueil soit approuué des sages, de peur qu'il ne descouure & face voir, que nostre ame est malade : communement l'esprit d'vn affligé fait vne laide mine. Sur tout il faut que l'occasion de souffrir soit iuste & agreable à Dieu, de peur qu'on ne nous die ce que Agesilaus disoit à vn criminel, qui enduroit fort constamment les tourments de la gehenne : O que voyla vn homme extrémement meschant (dit-il) puis qu'il employe la patience, & la Constance en de si malheureuses occasions, & à taire ce qu'il deuroit découurir! *Nemo vestrum patiatur vt fur vel homicida* disoit le premier des Apostres en son Epistre.

Hanc potius seruare modum, qui nec impietatem imitetur, nec insaniam ; imò nos in eo teneat habitu, qui & piæ mentis est, nec emota.

4. L'ame de celuy qui se tue est plus tachee d'impatience, que de resolution.

Or quelle ame y a-il qui soit plus malade ny plus descriee des Anciens, mesme de ceux qui n'auoient cognoissance de leur salut, que celle qui par impatience se tue &

se deschire soy-mesme? Ce corps duquel Dieu nous a seulement fait depositaires, pour le conseruer curieusement, & non pas en abuser, doit-il ainsi estre meurtry par ses propres mains, que par vn dessein tout contraire la Nature semble luy auoir attachees au costé, comme pour protection & deffense? & nostre impatience nous doit-elle faire si desnaturez, & si contraires à nous-mesmes, que de destruire ceste belle liaison, & harmonie du corps & de l'ame, par vne dissension ciuile, & comme desesperee? Les compagnons de Iosephe, qui s'estoient cachez dans la cauerne, de peur des Romains leurs ennemis, se vouloient tuer; mais il les en dissuada, leur disant que l'ame de ceux qui se tuoient, n'estoit participante de la gloire de Dieu. Ceste resolution, & ces belles & sainctes paroles tirees de la bouche d'vn Iuif, donnent beaucoup de blasme à Saul qui se tua, ou qui se fit donner le coup de la mort à son seruiteur ; ensemble à tous Chrestiens, qui par impatience se sont precipitez à la mort, ou à quelqu'autre malheur: aussi l'antiquité abhorroit tellement les mains meurtrieres, qu'on croyoit leurs ames apres leur mort vaguer & courir incessamment, & les priuoit-on du droict & honneur de sepulture. Les loix Romaines ont bien fait quelque distinction aucunement gracieuse, s'aigrissant beaucoup plus contre ceux *qui maluerunt mori quàm damnari*, qui s'estoient tuez, pensant se redimer de la iustice, & se soustraire de la peine, & infamie de la condemnation, que contre les autres qui ennuyez de viure cuidoient se racheter de la douleur, & se desrober de la souffrance ; mais en toutes façons ils estoient priuez de sepulture : & maintenant par nos loix, si par desespoir & impatience ils se sont pendus priuément, on les fait encor repandre publiquement. Et les tirant d'vn element à l'autre, on tire les noyez de l'eau, pour les esleuer sur vne potence en l'air. Il y auoit beaucoup plus de raison de leur desnier la sepulture, qu'à ceux qui estoient frappez du foudre : car comme c'est vne espece de punition diuine, Dieu s'est reserué les

Les Anciens priuoient de sepulture ceux qui se tuoient. L. 6. §. eius qui D. de iniusto rupto test.

On denioit la sepulture anciennement à ceux qui estoient frappez du foudre.

moyens de nostre mort, ou immediatement par ses mains & par des armes & instruments celestes, ou mediatement l'enuoyant ou permettant par celle des hommes, qui sont ministres de sa iustice ou seruent à sa prouidence: mais l'imposition des mains propres est és commandemens de Dieu en prohibition expresse, & inhibitions formelles.

Sene. de clemẽt. Quint. declam. 274.

A quoy se rapporte tresbien le sens de la fable des Dieux des Anciens, qui ayans compassion de Niobé, & la voyant disposee à se donner la mort, d'impatience d'auoir perdu six beaux enfans, & six filles encor plus belles, la conuertirent en pierre ; n'ayant trouué aucune plus dure conuersion ny endurcissement plus solide & capable d'endurer que sa dureté : ou pour dire, que comme la pierre endure qu'on l'applique à tous vsages, & qu'on la taille & transforme en toutes formes, iusqu'à ce que l'ouurier luy a donné l'assiette que requiert l'ouurage, auquel il la veut appliquer : ainsi Dieu veut nous endurcir à la peine, & tailler nostre ame peu à peu & comme en taille douce, afin qu'on la puisse recognoistre & mettre en œuure en tous sens ; nous faisant voir que nos maux ne sont insupportables, sinon entant qu'ils sont impatiemment soustenus, & que nous-mesmes nous laissons accabler par nostre propre, & coulpable impatience. En tous cas il est certain que nous ne pouuons perdre que fort peu de chose. Or c'est le train du commerce du Ciel de perdre quelque petite chose pour gaigner vn grand prix. Comme tresbien tesmoigna le soldat qui gardoit les quarante Martyrs dans Sainct Basile, lequel voyant vn Ange du Ciel porter trente-neuf couronnes, & en auoir donné à tous sauf à vn seul qui par impatience & mollesse s'estoit laissé vaincre aux tourmens, se mit en sa place, pour meriter par patience ce tiltre honnorable de Martyr, dont le Chrestien auoit esté deserteur. O heureuse couronne de celuy qui entre volontairement en la place d'vn Martyr, qui fait faux bon, & perd sa

5. Explication de la fable de Niobé.

Tertu. ad Martyres. Negotiatio est aliquid amittere vt maiora lucretis. S. Basile serm. 40. du Martyr. Le soldat qui gardoit les Martyrs prit la place de l'impatient, & en rapporta vne couronne comme les autres.

place! ô la belle couronne que celle de patience, lors qu'elle rencontre vne ame si bien reglee, que les espines & les roses luy sont indifferentes! Laissons ces belles ames des Martyrs inspirees de Dieu, & descendons aux communes. Il me souuient d'auoir ouy recommander vn traict signalé de patience d'vn gentil-homme, lequel en ses ieunes ans ayant receu vne telle cheute, qu'il luy fallut couper vne iambe, assembla les plus suffisans Chirurgiens du Roy, qui estoient lors en la ville de Paris, & donna vne telle trempe & resolution à son ame, pour la disposer à souffrir les cruels tourments de ce carnage, que les cauteres les plus ardens, & les scies les plus aigues ne luy estoient que petites piqueures; de sorte que ne voulant se seruir d'aucun remede lenitif, ny d'autre qui stupifiast la chair, mettant seulement vn rideau au deuāt ses yeux, prit vn luth en la main pendant qu'on luy scioit la iambe; si bien que la douleur ne sceut iamais exiger de luy ny larme, ny souspir, ny contenance forcee, ny mesme (comme ceux qui l'ont veu, l'asseurent) luy faire perdre vn seul accord; tellement qu'en peu de iours la playe estant consolidee, il s'esgayoit auec sa iambe, & la faisoit souuent seruir de iouet. Mais la Fortune voulut, que bien tost apres vn de ses Chirurgiens & le plus suffisant, qui par mauuaise auanture s'estoit aussi rompu vne iambe, le vint consulter, & sçauoir s'il se deuoit comme luy resoudre de ne corrompre ou alterer son naturel, & laisser sa chair en son plus vif ressentimēt. A quoy il respondit presque en se mocquant de luy, que c'estoit de son faict, que c'estoit à luy à faire composition auec soy-mesme : que la resolution & patience estoient pieces, qui ne se pouuoient ny communiquer ny prester. Que pour luy, il auoit esté tesmoin oculaire de la sienne. Tellement que le pauure Chirurgien s'estant resolu en partie sur ce discours, & en partie aussi sur ce qu'il en auoit veu, s'ahurta de faire comme luy, & n'vser d'aucun desguisement. Neantmoins en fin il se trouua si peu encouragé & fortifié par c'est exemple, qu'encor que la premiere operation se fist

Patience d'vn gētil-homme François, se faisant couper la iambe, qui se monstra plus patient que Marius.

Souuent les Medecins & Chirurgiens sont plus irresolus, que les malades qu'ils traitent.

fist auec toute la promptitude & soudaineté qu'on peut, si est-ce que la douleur le pressa si fort, que le pauure homme se mit à belles iniures à outrager le Gentil-homme, comme ayant esté trop hazardeux & temeraire. De façon que cuidant se faire couper seulement vne iambe, on luy coupa tout à faict le filet de sa vie; car peu de iours apres il mourut. C'estoit qu'il ne se trouua prest ne instruit aux exercices de la patience, laquelle peu à peu reduit quasi à volupté & douceur, l'aigreur des choses qu'on a souuent enduré par necessité. Enquoy il auoit tort, veu qu'il se deuoit cognoistre luy-mesme, & auoir aguerri son courage à toute sorte d'accidents; veu qu'encor que parmy les hommes, aucuns soient plus sensibles que les autres, en ce qui est des sens corporels, ils ne laissent pourtant d'auoir souuent les facultez de l'ame, & ses operations plus fortes. Les delicats & douillets de corps, bien nourris & exercez à la vertu & à la patience, ne laissent d'estre plus souffrans & penibles, que d'autres beaucoup plus robustes & grossiers. Et quand il n'eust point eu cest exemple, il se deuoit souuenir de celuy de Marius, qui est si commun, lequel ayant les cuisses & les iambes pleines de grosses veines, se mit entre les mains des Chirurgiens, & s'en fit couper l'vne patiemment sans vouloir estre lié: mais quand on voulut toucher à l'autre, il dict que l'amendement ne respondoit à la douleur. Aussi pourroit-on dire, que la louange & l'honneur que ce pauure Chirurgien pouuoit rapporter d'estre tenu pour constant ou patient, ne valoit pas la peine ou le mal qu'il endura; neantmoins tous les deux luy deffaillirent: car il n'y eut nulle resolution en luy, & encores moins d'amendement en son mal, si bien qu'il se trouua aussi-tost sans vie que sans courage. Le remede est à la verité bien rude, quand sa violence excede, & qu'il est plus douloureux & sensible en sa douceur, que le mal mesme en sa douleur. Mais il n'enduroit que la peine de son irresolution & de son deffaut, & ne pouuoit mesme estre appellé vertueux, puis

Plut. en la vie de Marius.

qu'il n'auoit peu auec vn exemple si recent, qui luy estoit passé par les yeux & par les mains, comme modelle duquel il se pouuoit seruir, disposer son ame à vaincre ou supporter son mal. Il n'y a rien qui eschauffe tant nos maux, ny qui les rende si sensibles que l'impatience de les supporter.

Nous ne faisons que chāger les vices en autres vices.

Qui me faict dire, que les Anciens ont tres-bien obserué, que c'estoit vne merueilleuse vertu que la patience. Car au lieu que l'impatience ou l'inconstance font que nous changeons nos vices en autres vices, & ne pouuons mesme demeurer fermes en vn vice, auquel nous-nous sommes accoustumez, ains empoignant ores cecy, ores cela, nous donnons vn perpetuel tour & retour à nostre cupidité & à nostre repentance: la patience au contraire sans rouler ça & là, sans remuer nostre vie, ains nous destournant de chercher inutilement comme bestes harassees nostre repos dans le tracas, s'areste à quelque poinct, & nous tourne la teste & le cœur vers ceste constance de Dieu, que nous deuons imiter. De maniere qu'il ne faut point douter que toutes les Vertus n'estant semblables, les vnes ayant besoin d'esperon, les autres de bride, tout ainsi qu'il faut retenir le corps en vne pente, & le pousser en vne montee; la patience, la vaillance, la constance, & autres vertus opposees aux afflictions, & qui foulent aux pieds la Fortune, ne soient Vertus qui montent & s'auancent auec trauail; & passent par dessus maintes difficultez: au contraire les autres, comme la liberalité, l'attrempance, & la douceur, à plus forte raison l'impatience, qui est vn deffaut de Nature, ne marchent que contre-bas; ou pour mieux dire vn peu plus bas que les autres, veu qu'en icelles nous retenons nostre cœur, afin qu'il ne glisse, & és autres nous l'encourageons & piquons, afin qu'estant monté, il s'areste & demeure ferme. Il vaut donc mieux piquer & encourager nostre cœur, & du tout le disposer à patience, puis que c'est le vray charme de nos peines, & le souuerain remede pour toute sorte de maux, ausquels la foiblesse de nostre Nature nous pourroit obliger : car la vertu ne luit sans ennemy, l'or ne reluit sans estre battu, nulle sorte de patience n'est illustre que celle qui est laborieuse, & acquise par nos trauaux. Oste à Hercule ses puissants ennemis ; ces animaux farouches, & ces peregrinations perilleuses, tu luy tronques sa Vertu ; oste les dangers à Vlysse, à Hector, à Achille, leurs genereux exploicts seront desnuez du prix, & de la gloire qu'ils reçoiuent de leurs ennemis, en ce qu'ils tachent à les leur oster. Si quelque grand malheur te presse, poutueu qu'il ne t'opprime du tout, plus il te foulera & traictera rudement, plus il releuera hautement ta patience : vn ruisseau qui saute & court par dessus des precipices, se rend en fin en quelque plaine, vnit reglement son corps, & se contient sans incommodité dans ses bornes. La patience de mesme nous oste hors de tout precipice, & en fin applanit le cours violent de tous ces malheurs qui nous choquent & hurtent de tous costez. Celuy qui n'a de competiteur n'a point de couronne. Et puis qu'autant de paroles de patience, que nous laschons, pendant le fort de nostre affliction, ce sont autant de traicts que nous descochons contre nostre ennemy Satan, voire plus rudes & forts que ceux que nous endurons ; ne soyons plus desormais impatiens, ne inconstans. Aussi bien l'impatience n'est qu'vn deffaut & qualité vicieuse, qui nous achemine non seulement au repentir, ains à la mort, & qui la nous faict rencontrer bien souuent par la mesme voye, & par le seul remede que nous la pensons euiter. Remettons-nous donc du tout à ce Tout-puissant ; c'est vn depositaire ou sequestre de patience assez cautionné ou soluable : car impatient si tu mets tes iniures en depost chez luy, il en sera le vengeur ; si tu luy remets ton dommage, il en sera le restaurateur, si tu luy donnes franchement, & ta vie & ta mort, il en sera le Sauueur. En fin donne-luy hardiment tout ce que tu voudras, & aumosnes, & in-

TABLEAV DE L'INCONST ET INST. &c.
iures, il te faudra pourtant dire de bonne foy, ce beau
mot de ce grand Cosmo, qui disoit n'auoir iamais peu tant
donner, patienter, ny remettre pour l'amour de Dieu, qu'il
eust trouué en son liure de raisons nostre Seigneur le vray
miroir de patience pour debiteur.

TABLEAV DE L'INCONSTANCE.

Que l'Inconstance pousse l'homme à quelque bizarrie, qui le rend vain & inepte, inhumain & cruel.

Discovrs II.

1. Portraict ou tableau de la bizarrie & du bizarre.
2. Exemples des bizarries qui se font par vanité.
3. Les viles occupations des grands s'imputent à faineantise & à vanité, & sont tenuës pour defauts.
4. Exemples de bizarries qui se terminent en cruauté.

'HOMME extrauagant & bizarre, qui faict gloire de paroistre tout autre que le commun, & qui se veut ietter du tout hors les regles de la police ordinaire, se peint communément deguisé de plusieurs couleurs, tout couuert de pennaches & miroirs, auec vne espee en la main, coupant vainement les quatre vents principaux, qui ressouflent contre luy auec ces mots, *Me dissoluo.* Il est ainsi paré de diuerses couleurs,

Di piu colori, & di piu d'augei bizarra
Mira l'insegna.

D'autant qu'il n'a ny patience d'en choisir, ny moyen d'arrester & assubiettir sa volonté à vne seule, non plus

marginalia: 1. Portraict ou tableau du bizarre.

Ariosto c. 10. alla ottaua qu... Pourquoy le bizarre est paré de plusieurs couleurs.

qu'à nulle autre chose. Il paroist auec des pennaches & des miroirs, pour dire qu'ayant la plume au vent & le miroir par tout, sa legereté est visible à tous, & son inconstance pleine de transport, nuisible à luy-mesme. Son espee qui couppe le vent signifie la vanité de ses desseins, & auec ces mots, *Ie me dissous*. On peut dire que le bizarre se dissout & se confond luy-mesme, n'ayant ny raison, ny apparence de raison; & qu'auec ses plumes & pennaches il vole si legerement, qu'il embrasse tous subiects sans s'arrester, se trouuât par tout, ainsi qu'vn homme se void en tous miroirs esgaux esgallement, & en mesme forme. L'espee c'est le trenchant de sa vanité, auec laquelle en vain il s'essaye de couper les vents, qui sont les esmotions de l'ame, & ces humeurs triees sur le volet, & fantastiquement forgees, qui luy esuentent la ceruelle & souflent & chassent sa raison. Les Idees, les Atomes, les Grotesques c'est son propre meuble, aussi bien que du fol, d'autant que toutes ces choses soubsmises aux sens exterieurs n'ont vn vray estre, & si elles sont, ce n'est que pour vn temps. Ainsi il ne peut s'arrester à nul subiect, ains faut qu'il passe outre, iusqu'à ce qu'il ait rencontré ce qu'il veut. En fin le bizarre a cela de commun auec le fol qu'il n'est ne homme ne beste, & est & l'vn & l'autre tout ensemble: il sçait tous les arts & toutes langues, a esté par tous païs, cognoist tout le monde, & n'est cognu de personne. Celuy qui est seulement inconstant & l'impatient n'en sont pas de mesme: car ils ne s'escartent du tout de la raison, pour le moins volontairement; & s'ils se trompent à la trouuer, ils s'essayent pourtant & se mettent en deuoir de la chercher: s'ils faillent, c'est par deception & piperie de leur propre discours. Quand Caton se donna la mort par impatience, il croyoit faire genereusement, pour euiter de requerir pardon, & de peur d'agrandir & trop honorer le triomphe de Cesar. Mais le bizarre au contraire cherche les effects, & non les moyens raisonnables d'y paruenir: il met toutes pieces en œuure, bon-

La difference qu'il y a entre le bizarre, l'impatient, & l'inconstant.

Impatience de Caton.

INSTAB. DE TOVTES CHOSES. LIV. II.   104

nes & mauuaises; nulle voye ne luy est en trauerse, ains tous chemins luy sont en droicte ligne, pourueu qu'il y puisse passer, quand mesme il y auroit du hazard.

Or il est poussé par deux mauuaises passions, la vanité & la cruauté. Les bizarries qui ne font paroistre que nostre vanité, sont moins importantes que celles qui finissent par cruauté: car celle d'vn homme vain, se renuerse sur soy, & le plus souuent ne preiudicie qu'à luy-mesme. Ou pour mieux dire le plus notable preiudice luy court sus comme aucteur & comme premier. Au lieu que celles qui se terminent en cruauté frappent indifferemment sur plusieurs, c'est pourquoy elles sont beaucoup plus preiudiciables. Mais les exemples des bizarries qui se terminent en vanité, que nous mettrons les premiers, nous le monstrerons plus clairement.

Le bizarre est poussé par deux mauuaises passions, la vanité & la cruauté.

Vn gentil-homme ayant faict grauer ces mots sur son poignard, (*Ie frappe sans respect.*) il aduint que dansant la volte, son poignard s'estant osté du fourreau, se fourra entre luy & la Damoiselle, & sans le cognoistre ny respecter comme son maistre, le blessa à la cuisse bien auant: ô que ce coup parloit bien à luy sans respect! Il falloit mettre ce poignard dans le temple de la Fortune, qui souloit estre en la ville de Ferente, en la place de celuy que Sceuinus en auoit tiré, pour faire vn autre grand chef-d'œuure, qui estoit pour tuer ce tyran de Neron. Il se trouue ainsi souuent des vanitez sottes & escloses mal à propos, qui se font principalement ressentir à leurs autheurs. Nicon ayant obtenu tant de victoires, qu'il en auoit rapporté quatorze cens couronnes, on luy dressa vne statue, laquelle vn enuieux bizarre venoit fouëter toutes les nuicts, auec vn pareil contentement, que si les coups eussent esté employez sur vn subiect qui les eust peu sentir; & auec tout autant de plaisir, que continuellement nos enuieux & nos ennemis prennent à nous affliger: il aduint que la statue

2. Exemples des bizarries qui se terminent en vanité. Du Ver.

Les bizarries vaines & malicieuses preiudicient grandemēt à ceux qui les font. Suidas in verbo Nicon.

tomba sur le fouëteur, & estouffa le bizarre & sa vanité tout ensemble. Mais ses enfans aussi vains que luy l'appellerent en iugement ; par lequel comme si elle eust esté veritablement animee, & coulpable de la mort de leur pere, elle fut iettee en la mer. N'auez vous point pitié de ces Iuges, & ne les declarerez-vous point aussi malades que les parties ? Ie trouue brutale la vanité de ceux, qui ne se sont pas amusez seulemét à disputer, iusques à quel nombre s'estendoit leur alteration, & combien il falloit boire pour plaisir, combien pour necessité ; ains passant à vne plus haute consideration, ont recherché leur plaisir en la mort mesme; ayant choisi de mourir dans vn vase plein de cette liqueur, qu'ils auoyent la plus aimee durant leur vie : comme George frere d'Edouard 4. Roy d'Angleterre, lequel estant pressé par son frere de faire election du genre de sa mort, choisit de mourir dans vn vaisseau de maluoisie. Il eust volontiers esté de l'aduis de celuy qui disoit que le poisson estoit le plus heureux animal, qui eut esté creé par la Nature, d'autant qu'il pouuoit boire son saoul : voyez la bizarrie, & combien ce choix est indigne d'vn Prince ; ie croy qu'il pensoit enyurer la mort & se soustraire de l'horreur & sentiment d'icelle, par la douceur de cette liqueur. Drusus du temps de Tybere se voulant laisser mourir de faim, ne mangea & ne se nourrit l'espace de neuf iours, que de la bourre de son lict (il deuoit bien estre alteré sur les derniers iours) l'vn vouloit mourir à force de boire, & l'autre à force de souffrir la faim. Tybere mourant vouloit cacher sa mort, & par vne gayeté contrainéte & affectee couurir la manifeste defaillance & diminution de sa vigueur ; Charicles son Medecin qui n'osoit s'enquerir de sa santé, de peur de l'offenser, feignant luy dire à Dieu & s'en aller quelque part, sous ombre de deuoir & honneur, luy donnant la main se rencontra tout à propos, & fit si bien qu'il luy tasta le poulx, mais il ne sçeut si bien faire, que Tybere ne s'en apperceut : lon ne sçait s'il s'en offensa, car il n'en fit semblant ; au contraire

Tacit. l. 6. ch. 6. de ses Annales.

Tybere vouloit cacher sa mort, la fortune porta qu'il mourut, & fut estouffé à force de couuertures.
Tac. li. 6. c. 12. de ses Annal.

pour

INSTAB. DE TOVTES CHOSES. LIV. II. 105

pour monstrer qu'il n'estoit malade, & comme pour faire honneur à Charicles qui luy disoit à Dieu, il fit apprester plus de viande que les autres fois, & s'assit à table: & pourtant on le tint pour mort, car il ne respiroit plus; & de faict desia Caligula s'auançoit pour entrer en son Empire; mais soudain on vint dire, que Tybere auoit recouuré la parole & la veuë, & qu'il appelloit ses officiers pour luy donner à manger, afin de luy faire reuenir le cœur; lors iamais gens ne furent plus estonnez. Caligula pensif & taciturne, au lieu de sa haute esperance, n'attendoit que sa mort; mais Macro sans s'estonner, commanda qu'on estouffast ce vieillard à force de couuertures, & que chacun se retirast d'aupres de la porte, & ainsi il mourut à force d'estre couuert. Quelle sottise à vn homme à demy mort, de vouloir contrefaire le sain? la mort est incapable de flaterie, & ennemie de toute dissimulation prend les Empereurs aussi bien à table, que dans le lict Royal: il vouloit couurir sa mort, mais on le couurit si bien qu'on le trouua mort sous sa couuerture. En voicy vne bien estrange des Basques danseurs, & qui ont tousiours vn pied en l'air, dansant sur le tillac d'vne nauire, au siege de Brouage, vn Breton ne les pouuant souffrir, en tua cinq d'vne volee de canon, tiree d'vne autre nauire, dans laquelle il estoit: le chef de l'armee le faict suiure, estant prins on luy demanda raison de ceste saillie, & n'en peut-on iamais tirer d'autre, sinon que c'estoit de bizarrie. Il fut pendu tout aussi tost, mais il dit qu'il ne s'en soucioit gueres, puis qu'il auoit faict vn si beau coup.

Il y a des Princes qui ont encor plus de vanité & d'humeur extrauagante que le commun. Et si on recherche la vie de plusieurs qui ont esté recommandez par l'Antiquité pour grands personnages, on y trouuera de si viles occupations & si brutales, qu'à peine les deurions-nous recognoistre pour hommes simples & fort communs. Combien d'Empereurs, Rois, & Princes ont esté renommez faussement, & ont cherché l'immortalité par choses viles,

3. Les viles occupations des Grands s'imputent à faineantise & à vanité, & sont tenues pour defauts.

Dd

TABLEAV DE L'INCONSTANCE ET
& de neant, & du tout indignes de leur grandeur? L'Empereur Domitian prenoit tout son plaisir à embrocher des mousches. Arsacidas Roy des Bactriens à prédre des poissons. Hartabam, Roy des Hircains à prendre des Taupes. Biante Roy des Lydiens en vouloit aux Renards, & ensiloit tous les iours des Grenouilles. Æropus Roy de Macedoine s'amusoit à faire des Lampes. Attalus prenoit plaisir à cultiuer l'Ellebore & la Cigue. Les Roys des Parthes prenoyent à gloire d'esmoudre & esguiser les pointes de leurs fleches. Neron prenoit quelquefois plaisir à faire le cocher, & Ateas Roy des Tartares s'amusoit à estriller son cheual, iusques à demáder aux Ambassadeurs du Roy Philippe, si leur maistre ne faisoit pas le semblable. Tybere prenoit plaisir à manier vn Dragon, lequel il auoit tellement appriuoisé, qu'il luy donnoit à manger de sa propre main: En reuenche dequoy, on dit qu'vn iour l'ayant trouué mort & mangé des formis, il fut admonesté par luy ou quelque demon qui auoit pris sa forme, qu'il se gardast de la foule du peuple, & qu'il n'allast iamais en la presse; ce qu'il obserua depuis exactement. Parmenio s'exerçoit à contrefaire le cochon. Theodorus le bruit des roues des puits. Hercules filoit chez Dejanire. Achilles cousoit chez Briseïs. Sampson deuidoit chez Dalide. Domitian assembla vn iour le Senat fort tard, pour consulter commét il falloit appester vn Turbot. Caligula le faisoit aussi appeler par fois, faisant semblant de vouloir deliberer d'affaires de tres-grande importance, & à mesme qu'il estoit assemblé, ne faisoit autre chose que dancer. D'ailleurs il estoit si passióné d'vne statue d'or de Iuppiter, qu'il l'habilloit tous les iours de mesme façon & de mesme couleur que luy. Dion Prussien sortoit souuent en public habillé d'vne peau de Lion. Agathon de celle d'vn Renard. Vuenceslaus Roy de Boheme prenoit plaisir d'aller les pieds nuds parmy la neige. Le Roy Archesilaus à ouyr chanter des gens enrouez. L'Empereur Domitian prenoit si grand plaisir à tirer de l'arc, que souuent à la chasse, il a

Marginalia:
Plut. au traicté comme il faut li. les Poëtes.
Plut. en la vie de Demetr. Tacite.
Plut. au traicté cóme il faut lire les Poëtes.
Suet. en la vie de Tibere.
Iuuenal sat. 4.
Suet. en la vie de Domitian.
Volaterran en la vie de Dion.
Suet. en la vie de Domitian, ch. 19.

planté pour plaisir deux fleches sur la teste des Biches, des Sangliers, & autres animaux comme des cimiers, en si bon rencontre, qu'on eust dit que c'estoient deux cornes. Faisant auec cela vne autre espreuue tyrannique, & peu digne d'vn Prince: car pour paroistre bon archer, il souloit se seruir de la main d'vn enfant pour bute, & tirant de bien loing, faisoit neantmoins profession de luy faire passer les fleches par les ouuertures des doigts sans le blesser. La iuste crainte en eust blessé qu'elqu'autre qu'vn enfant, non à la main, mais au cœur. L'Empereur Adrian faisoit le peintre, & se vouloit rendre recommandable à peindre des Citrouilles. Mithridates faisoit le Medecin, si bien que ses soldats s'incisoient les bras, pour les luy porter à guerir, sçachant qu'il desiroit estre estimé suffisant en cette profession. Les courtisans de Dionysius s'entrechoquoyent à tous les coups, feignant auoir la veuë courte comme luy. Les disciples de Platon contrefaisoyent les hautes espaules de leur maistre: ceux d'Aristote son begayement. Ceux de Porcius Latro, grand orateur, beuuoyent ordinairement du comin ou cornete, pour auoir les pasles couleurs comme luy, qui neantmoins n'estoit pâsle que d'estudier. Les Gymnosophistes prenoyent plaisir à faire la grue sur le sable tout le long du iour.

En voulez-vous voir d'ineptes & hors de tout sens commun? Geslerus Lieutenant de l'Empire és Cantons de Suisse, cognoissant que ceux du pays deuenoyent reuesches à ses commâdemens, fit dresser vne perche au milieu d'vn grand chemin, & à icelle pendre vn chapeau graisseux, auec expres commâdement, qu'vn chacun portast honneur & reuerence à ce chapeau, côme à luy-mesme, iusqu'à y mettre des gardes pour voir si on y contreuenoit. Matthias Coruinus, Roy d'Hôgrie, & Pogibraccius, Roy de Boheme se guerroyerent dix ans, pour le fait de la Religion, & au partir de là ils s'accorderent que la Religion de celuy seroit meilleure & tenue pour telle, le fol

Exemples de bizarries, qui sont hors de tout sens commun.

D d.ij

TABLEAV DE L'INCONSTANCE ET
duquel vaincroit l'autre à coups de poing: voyez à quoy
tenoit leur creance, & en quoy consistoit leur foy. L'Empereur Federic prenant la ville de Florence, commanda
que tous ceux qui se voudroient sauuer de sa fureur, eussent à tirer auec les dents vne figue du derriere d'vne mule: leur liberté qui est chose sans prix, estoit attachee à vn
ptix bien sale. Ceux de Thunes aussi tost qu'ils descédent
de cheual, se mettent dans vn siege pour espargner leurs
iambes, tant ils ont peur de les vser: leur ceruelle & entendement se doiuent bien vser à proportion, puis qu'à
cheual & à pied, assis & debout, ils se trauaillent ainsi à
toutes legeres occasions. Seneque estoit bien d'humeur
contraire: car il dit que quand il descendoit de son Coche, il n'estoit pas moins las, que s'il auoit cheminé tout le
temps qu'il auoit esté assis; car c'est vn trauail (dit-il) d'estre porté longuement, & plus grand que tout autre, pource qu'il est contre Nature, qui nous a donné des pieds &
des yeux, afin que nous cheminions & regardions de par
nous. Aucuns font difficulté d'aller à pied, d'autres en carrosse, d'autres ne veulent se mettre sur mer; mais la raison
de ces derniers est bizarre & bien plaisante, si tous laissent
d'aller sur mer pour pareille occasion que Tiridates Roy
d'Armenie, lequel estant contraint de venir à Rome faire
hommage à Neron, y voulut venir par terre; faisant scrupule de nauiger, pource, disoit-il, qu'il estoit malfait de
cracher dedans la mer, & de l'infecter des excremens qui
sortent de la personne. Or de tous les Empereurs & grãds
personnages si vilement occupez, on peut dire que celuy
qui s'exerce & prend plaisir à quelque chose vile, produit
en tesmoignage contre soy-mesme le labeur qu'il a employé en choses inutiles, pour prouuer qu'il a esté nonchalant, & qu'il n'a peu s'adonner à apprendre les honnestes & vtiles; & se peiner ainsi à choses vaines, est trauailler & affoiblir l'esprit d'vne austere & forte diete, & d'vn
ieusne trop rigoureux: c'est signe d'vne ame malade,
bien lasche & mal née, quand elle s'imprime de si sots

Autres disent Milan.

P. Iouel. 39.

Seneque haysoit les coches & carrosses, comme il dit, Ep. 55.

Il est mal-seãt & reprochable à vn Prince de s'occuper à choses viles.

& estranges appetits. C'est pourquoy les mauuaises paroles & bizarres contenances des grands, se tournent en crimes. Il semble qu'ils cherchent par fois trop ambitieusement & mal à propos l'occasion de faire parler d'eux; leurs actions, leurs exercices & leurs plaisirs deuroiēt estre plus reglez, plus serieux & plus honnorables que ceux du commun. Si bien que iustement peut-on trouuer estrange l'humeur de ce grand orateur Hortense, lequel prenoit plaisir à se vestir si delicatement qu'il fist adiourner vn homme, lequel en passant luy auoit deffait vn ply de sa robe. Mais que dirons-nous de ce Cardinal, lequel auoit ceste coustume, qu'indifferemment quiconque l'alloit voir, sans respect ny consideration de sa qualité, il le menoit dans son iardin, & le pressant de despouiller la robe ou le manteau, le faisoit sauter auec luy au saut de l'Alemand. La visite leur eust esté trop preiudiciable s'il leur en fust aduenu le mesme qu'à ce pauure Alemand, lequel sautant sur le grauier en la ville d'Agen, l'an 1597. au saut de l'Alemād, mourut tout roide au troisiesme saut. Voyez la bizarrie & la rencontre du nom, du saut, & du sauteur. Vn Alemand saute au saut de l'Alemand, & la mort au troisiesme saut, luy fait faire le saut de la mort. Ie ne sçay comment appeller le traict des predecesseurs de ceste ancienne famille de Farnese, où il y a eu plusieurs grands Ducs & grands Cardinaux, qui ont mieux aimé estre enseuelis en vne Isle dans l'eau, qu'en terre ferme: ayant choisi pour leur sepulture vn rocher enuironné d'eau, en forme d'Isle, dans le lac de Bolsena, pres la ville de Viterbe, où la plusart d'eux de pere en fils ont continué de faire leurs sepultures en vne Eglise des Capuccins, mesprisant la pompe des Eglises de Rome, & les commoditez qu'ils ont en leurs belles villes de Parme, Plaisance, & en vne infinité d'autres: dequoy ie ne puis trouuer la raison, si ce n'est que par fois il y a plus de pompe à mespriser la pompe: chacun, quoy qu'il viue dans la mer & parmy les vagues, desire mourant rencontrer paisiblement le port.

Les mauuaises paroles des grands leur sont contees pour crimes.

Dans le liure du Courtisan.

Macrobe.

Vn Alemand sautāt au saut de l'Alemand, mourut au troisiesme saut.

Merueille que les Ducs de Parme & de Case Farnese ont voulu estre enseuelis dans vn lac.

D d iij.

& au contraire ils semblent auoir vescu hors les vagues, pour rechercher mesme apres leur mort la tourmente, & se rendre auec tumulte au port. Ils me semblent ceux qui bastissent des estuues sur la mer, & cuident ne se baigner assez delicatement, si leurs bains ne sont enuironnez de vagues esmeues; ayant resolu de vouloir toutes choses contre l'ordre de Nature: car puis qu'il faut mourir au port, c'est folie pour se faire enseuelir, de se remettre dans l'eau, sur laquelle tous morts, & cherchant nostre sepulchre, nous pouuons faire naufrage. Il vaut mieux que le lieu de nostre repos ait quelque esclat, pourueu qu'il soit asseuré, que caché en apparence, & neantmoins ambitieux, & plein de peril. Mais iusqu'aux plus petits animaux ont ceste ambition de vouloir rechercher leur sepulture hors le commun: tesmoin le petit Lezard qui s'est choisi son tombeau dans vne piece de l'Ambre iaune, qui se void en la Tribune du Duc de Florence, lequel on diroit qu'il a ainsi choisi par vanité, transparent & precieux, pour pouuoir mieux estre veu & consideré apres sa mort.

Petit Lezard qui a choisi son tombeau dans vne piece de l'Ambre iaune.

En voicy d'vne autre sorte, où on descouure vne infinité d'inepties & vanitez, qui se disent, qui se font, ou qui se trouuent estre faites mal à propos, qui ne laissent pas pourtant d'estre fort dangereuses, & de tres-grande importance. Sultan Soliman ayant promis à Abraham Baccha de ne le faire iamais mourir tant qu'il seroit en vie, pour eluder sa promesse, & faire son effect; luy fit trencher la teste en dormant. Il vouloit couurir sa perfidie sous ce petit mot qui dit, que celuy qui sommeille est à demy mort; & neantmoins c'est vne trahison qui donne vne mort veritable sous vne promesse endormie. L'Empereur Galba se voulant moquer d'vn criminel Romain, qui en vain alleguoit son priuilege, luy fit donner par priuilege la mort sur vne potence plus belle & plus esleuee que les autres. Tout au contraire feu Monsieur le Mareschal de Matignon, estant en la ville de Bourdeaux, indigné de la

Suetone en la vie de Galba.

vanité d'aucuns des siens, lesquels n'estans que de ses plus rabaissez domestiques, s'estoient fait peindre; & le peintre par fortune ayant pendu leurs portraicts, & mis à la fenestre pour secher en tel endroit qu'il les pouuoit apperceuoir, il commanda au Capitaine de ses gardes, d'en aller faire attacher les tableaux, & pendre à vne potence deuant le Palais, comme gens criminels de vanité, & comme ceux qu'on pend en figure. Mais parlons de celles qui accompagnent les hommes, lors mesme qu'ils sont aux derniers abois, & pres de la mort qui les attend au supplice. Corbo voyant l'espee desguainee, dont on luy vouloit trencher la teste, demanda delay & temps à l'executeur pour aller descharger son vêtre. Il croyoit arrester sa main & la mort par vne si sale action. Encor auoit-il plus de courage & moins d'apprehension, que celuy qui croyoit que le coup de la mort luy fust donné, lors qu'on luy eut mis le bandeau: car luy ayant desbandé les yeux pour luy lire sa grace, la mort le preuint, & fut trouué roide mort sous iceluy. Le trouble qui surprend sur le poinct de la mort les ames inconstantes, & qui ne sont en bon estat, iette la pluspart des hommes en tel & si bizarre humeur, qu'on cognoit fort aisément qu'ils sont esperdus. Car n'ayant par fois qu'vn moment à viure, ils demandent bien souuent permission de faire des choses, où il faudroit pour les effectuer, des heures entieres & vn grand loisir, feignant que l'affaire est de tres-grande importance; & pourtant enfin on n'en tire, n'y n'en oit rien que sottise, qui descouure leur vanité, leur deffaut, & le trouble de leur ame.

La mort quãd elle nous est prochaine, nous fait souuent dire des choses bien estranges.

Il me semble aussi que plusieurs des Anciës ont esté fort ignorans & fort simples, mesme en ce qu'ils croyoient que les pieces & ouurages que faisoit Dedalus, estoient si naifuement faits & representez, qu'il les falloit lier & attacher, de peur qu'ils ne s'en allassent: il estoit à la verité si excellent ouurier, qu'il formoit vne masse sans ame, comme viue & obeissante à ses trauaux. Et c'est parauanture

Simplicité des Anciens, qui croyoyët qu'il falluſt attacher & lier les ouurages de Dedalus à force qu'ils estoient bien faits.

TABLEAV DE L'INCONSTANCE ET
pourquoy ceux de la ville de Thyr lierent & attacherent l'Image d'Apollon durāt le siege d'Alexandrie, qui estoit d'vne excessiue grandeur, auec force chaines, & la clouerent à sa base auec de grands cloux, ne plus ne moins que si c'eust esté vn traistre qui s'en fust voulu fuir & se rendre aux ennemis. Voyez la vaine peur des Anciés, qui croyoiēt que leurs statues pour auoir des yeux, des pieds, & des bras, eussent des mouuements, & des volontez pour s'enfuir, ou s'arrester. Mais que dirons-nous si les plus grands personnages y ont depuis esté surpris? Albert le grand auoit fait vne statue en forme d'homme, laquelle mouuant sa langue auec quelque contrepoids & des rouës & autres machines cachees au dedans, prononçoit des paroles bien articulees; de maniere qu'ayant vn iour enuoyé tout expres vn de ses ieunes disciples (peut estre plus grand & plus suffisant, que son maistre,) dans sa chambre où elle estoit, l'oyant ainsi gazouiller, il fut si troublé qu'il prit vn leuier, & mit la statue en pieces: & comme Albert le grand le sceut, il luy dit & fit reproche qu'il auoit brisé vn ouurage de trente ans. Il y auoit à la verité de grands hommes és siecles passez, mais on trouue beaucoup de grands esprits qui ont aussi tousiours des extrauagāces hors le commun; ne croyant estre grands, sinon entant qu'ils sont differents de tout le reste du monde, ny estre pourueus de belles & fortes ames, capables de produire de grands effects, si la diuersité & l'inconstance ne s'y recognoist au trauers.

Les grands esprits heurtēt tousiours les formes & les façons du commun.

Ie ne puis oublier ceste autre Inconstance, qui tient la pluspart du monde en telle bizarrie, qu'elle semble cōme obliger & contraindre les personnes à aimer des subjects estranges, qui ne sont de leur espece, ny nullement approchans, lesquels i'imputerois à leur nature, si ce n'estoit des humeurs qui sont du tout contre Nature, & qui procedent plustost de quelque mauuaise accoustumance & nourriture que de toute autre chose. Comme Xerxes qui aimoit desesperément vn Platain: d'autres qui aiment desmesurément des oyseaux, des chiens, des lions, des statues;

Il y en a aucuns desquels la bizarrie cōsiste à aimer & se passionner pour des subjects estrāges, bié qu'ils soient de differēte espece.

rues; tel qui porte le dueil de ses Murenes, comme Crassus. Plutarque a raison de blasmer ceux qui pour la mort de quelques animaux, & autres choses irraisonnables ou inanimees se desconfortent si laschement, qu'ils en sont presque à mourir: c'est imbecillité, & non pas charité ny iuste amour & sortable, qui cause ces regrets & craintes desmesurees, voire mesme pour des creatures raisonnables. Les personnes qui n'ont accoustumé de combattre auec la raison, ne peuuent souffrir ces petites rudesses de fortune, encor que ce ne soit que foibles attaintes & petites piqueures. Ce qui est cause par fois qu'ils ne iouissent aucunement, & ne tirent du plaisir de ce qu'ils aiment, ou qu'ils desirent, lors mesme qu'il est present, à cause des continuelles alarmes que leur donne la frayeur, & ceste seule pensee, qu'ils en seront priuez à l'aduenir. C'est pourquoy Paulus Æmilius receut la plainte d'vne ieune fille qu'il auoit, comme d'vn enfant, lors qu'elle luy dit, Ne sçauez-vous pas, mon pere (dit-elle les larmes aux yeux) que nostre Perseus est mort? c'estoit vn petit chien qu'elle auoit nourry qui portoit ce nom: mais bien sage & bien sensé; A la bonne heure ma fille (repliqua-il) i'accepte le presage: & de faict la Fortune bizarre sembloit quasi deslors par ce petit equiuoque luy donner quelque asseurance qu'il mettroit fin à ceste auanture, & qu'il vaincroit Perseus, comme il fit. Ce qui se void quelquefois: car bien souuent vn petit mot est presage ou plustost comme auantcoureur & denonciateur d'vne grande fortune. Tesmoin ce bouton d'œillet non encor ouuert, qu'on presenta au Cardinal Gallo, auant qu'il le fust, & mesme auant qu'il n'eust aucune esperance de l'estre, auec le mot au dessous (*Rubescet.*) Car ce bouton se venant à ouurir a fait descourir le chapeau rouge de Cardinal, que depuis & bien tost apres on a veu dignement luy couurir le chef.

Il y en a d'autres qui au lieu d'aimer vn sexe different au leur, que Dieu a destiné à vn chacun pour son contentement & vsage necessaire, aiment à rebours & abusent de

Plut. au Tr. qu'il appelle Instruct. pour ceux qui manient affaires d'Estat. Et en la vie de P. Æmilius.

Souuent vn petit mot de rencontre est vn presage d'vne grande Fortune.

Plusieurs abusent de ce S. commandement, Qu'on doit aimer son prochain comme soy-mesme.

leur propre espece. Horace appelloit *Sappho masle*, parce qu'elle aimoit les Lesbiennes, & Statius Papinius & Strabo disent, qu'elle se precipita de ce rocher de Leucadie, qui estoit le precipice commun; mais seulement permis aux hommes qui estoient perdus & desesperez d'amour. Et n'agueres en la Cour de Parlement de Bourdeaux on condamna à mort vne femme, pour en auoir espousé vne autre: ce qu'il ne faut trouuer estrange, veu que tout de mesme des hommes ont espousé publiquement d'autres hommes: ce que ie n'oseroy escrire, tant l'histoire en est sale, si elle n'estoit dans Tacite. Neron receut en vn festin pour mary Pythagoras, qui l'espousa solemnellement, suiuant la coustume des autres mariages: où on vid à descouuert, dit Tacite, ce que mesme la nuict cache au mariage d'vne femme. Voila l'exemple d'vn homme qui espousa vn autre homme. Mais en voicy vn autre d'vne femme qui espouse vn second mary, & presque en presence du premier. Messallina, femme de Claudius, au veu & sceu de tout le monde, en plein iour, & dedans Rome, son mary n'estant qu'à Hostie, espousa vn sien adultere nommé Sillius Gentil-homme Romain; & sans que Claudius fust esueillé à toute peine par Narcisse l'vn de ses mignons, elle fust aisément rentrée en grace.

Ie deteste aussi la vanité qui se trouue és festins des grands, aussi bien que le desreglement de leurs mariages; veu que cela les mene bien souuent à la ruine entiere de leurs maisons. Celius vendit & mangea iusqu'à son tombeau, & ne se voulut le pouuant faire reseruer autre chose: à mon aduis eust-il plus volontiers mangé la mort s'il eust peu: il faut quelque regle & moderation en toutes choses. Antonius & Cleopatre faisoient apprester plusieurs soupers en mesme iour, & quand l'vn estoit sur le poinct d'estre seruy, l'autre commençoit à s'accommoder, & l'autre l'estoit à demy, afin qu'en quelque moment qu'ils en fussent en volonté, il n'y eust iamais faute de souper prest: tellement qu'on y vit vn iour entr'autres

Vne femme en Guyenne espousa vne autre femme.

Neron espousa vn hõme nommé Pythagoras.

Et Messallina ayant pour mary l'Empereur Claudius, espousa vn autre mary.

Vanité & profusion bizarre és festins des grands.
Virg. és Bucol.

viures, huict grands Sangliers embrochez, qui estoit pour chacun des conuiez presqu'vn Sanglier: car ils n'estoient que douze:

— *Quanta est gula, quæ tibi totos*   Iuuenal.
Ponit apros, animal propter conuiuia natum.

Et si Antonius donna vn iour par bizarrie la maison d'vn citoyen Romain à vn de ses cuisiniers, pour auoir bien appresté à souper; ie croy qu'il en donna l'exemple à Henry VIII. Roy d'Angleterre, lequel esleua en tres-grande dignité vn de ses domestiques, pour luy auoir appresté vn Marcassin bien à propos, le tenant pour la viande qui estoit le plus de son goust. Leur liberalité & excessiue profusion me desplaist. Demetrius exigea des Atheniens cinquante mille escus, & sçachant qu'il les vouloit mal employer, on les luy mit au deuant en vn monceau, croyant que quand il verroit vne somme si notable, il la mesnageroit vn peu mieux: mais tout au rebours, ce traict l'ayant plustost aigry que rauisé, il commanda qu'on les donnast à la Courtisane Lamia, & à d'autres ses compagnes, pour leur auoir du Sauon. Ie croy qu'il n'y auoit pas assez de Sauon pour lauer ceste tache & indigne prodigalité: que si les autres choses qu'il donnoit à Lamia, se pouuoient aussi bien sçauoir, ou s'il luy donnoit & aux autres (comme il est vray-semblable) à l'equipolent du Sauon; qui pourroit conter vne si excessiue despense? Alexandre voulant bastir & fonder la ville d'Alexandrie, au lieu de craye pour la tracer, fit vne si grande prouision de farine qu'il en marqua tous les fondemens; mais il fut bien estonné quãd vne grande multitude d'oyseaux qui s'esleua aussi tost, obscurcissant l'air comme vne grosse nuée, la luy mangerent toute? Ie croy qu'ils se moquoient de sa vanité & de sa bizarrie: il croyoit peut-estre, qu'en la structure des villes prophanes, la farine fust aussi propre pour vnir & lier les pierres, comme les Chrestiens croyent en l'Eglise de Dieu qu'elle le soit pour vnir les hommes; entant que la matiere de la consecration du precieux corps

Quelquefois on pense estouffer la prodigalité d'vn grand qu'on l'aiguise.

Alexandre marqua & traça les fondements de la ville d'Alexandrie de farine.

Ee ij

de Iesus-Christ se faict de farine, & les especes de pain en demeurent apres la consecration.

Il y a par fois des bizarries qui semblent viser à quelque bien, comme il y a quelque bizarrie qui semble estre religieuse & deuote en cette action: & ne l'est pas. Albuquerce, Vice-Roy des Indes, se trouuant en vn extreme peril sur mer, print sur ses espaules vn ieune enfant, afin que son innocence luy seruist de garant & de faueur enuers Dieu: ce traict estoit fort à propos, si la mer n'eust esté assez forte pour le desprendre d'auec celuy qu'il portoit, & le faire mourir separément. Que s'ils fussent morts tous deux, c'estoit mal faict s'il se croyoit tombé en l'ire de Dieu, de hazarder la vie d'vn innocent.

Sur tout ie trouue inepte & ridicule la froide & bizarre inuention de la pluspart de nos armoiries: Paris a vne Nauire qui flote; vn de ses Alumnes, homme disert & eloquent, plein d'inuention & iuste renommee, dit que c'est pour exciter le cœur des Parisiens au soin continuel des nauigations. Or qui a il au monde moins propre & versé en la nauigation, que le peuple de Paris? où sont leurs vaisseaux, où sont leurs riuieres, ou leurs mers? Ceux de Tholose portent vn Mouton sans cornes: le bon compagnon rendoit la raison, que c'est parce qu'elles sont odieuses, & qu'il y en a assez par tout ailleurs: quoy que ce soit, le plus souuent l'inuention en est si grossiere & si basse, qu'il n'y a ny gentillesse ny rencontre.

4. Bizarries qui se terminent en cruauté. Neron le premier bisarre tyran qui ait iamais esté. Tacit. liu. de ses Annales.

Nous auons assez parlé des bizarries qui viennent & finissent par vanité & ineptie. Il faut maintenant parler de celles qui se terminent en cruauté, parmy lesquelles celle de Neron est la premiere, comme ayant esté le plus cruel tyran que la mesme cruauté eust iamais peu engendrer: car il fit mettre le feu à Rome, seulement pour en auoir le plaisir, ou, comme on dit, pour mieux se representer la destruction de Troye, faisant des jeux en sa maison pendant ce feu, comparant les maux presents aux grandes ruines anciennement aduenues: & d'autres croyent qu'il la fit brusler, pour auoir seulement le plaisir de la rebastir, comme il fit aussi: de maniere que pour oster le moyen à quelque autre d'vser d'vne pareille & si cruelle bizarrie, il la fit reedifier d'Albe, parce que c'est vne sorte de pierre qui ne peut estre endommagée du feu. Vn tyran si puissant que celuy-là fait aisément ce qu'il luy plaist, & met à execution ses mauuaises intentions & volontez, & fait des jeux pendant qu'il enchaisne & brusle tout le monde. Le feu qui embrase la premiere ville de l'Vniuers, ne iette ses flammes si haut dans le Ciel, que les cris effroyables de tant d'innocens n'aillent encor plus auant; mais il ne les veut ouyr pour mieux iouyr de la liberté, pendant qu'il lie à la cadene, & fait rostir & cuire les citoyens & la plus belle & florissante ville qui ait iamais esté. Voire on a obserué qu'il fut cause presque d'autant de maux apres sa mort, que durant sa vie: parce qu'on faisoit tant d'insolences & tant de persecutions pour attraper ses seruiteurs & amis, qu'vn des plus gens de bien de ce temps-là, Mariscus, voyant tant de malheurs qui en arriuoyent tous les iours, dict; I'ay grand peur que bien tost nous ne regretions la mort de Neron. Gesserus commanda à Guillaume Tellus, qui auoit mesprisé son Ordonnance, qu'il eust à abattre vne pomme d'vn coup de fleche aceree, de dessus la teste de son enfant. Le prix estoit bien leger pour vn coup si important. Il n'y eut iamais homme si cruel qui mit la vie d'vn fils à si bon conte. Vn cheualier Romain coupa les deux poulces à son fils, pour l'exempter d'aller à la guerre. L'Empereur Commodus commanda au Preuost de Rome, de mettre à mort les spectateurs du theatre, qui n'estoyent pas moins de soixante mille personnes, les voyant rire dequoy il faisoit si dextrement l'office de gladiateur, & ne laissa pourtant d'estre tousiours aimé pour la memoire de M. Aurele son pere.

Camble Roy de Lydie mangea la nuict sa femme, bien qu'on en accuse & blasme plustost sa gourmandise & sa

Gabi, ou d'Albe.

Theuet en la vie de Guillaume Tellus.

Bizarrie tres-cruelle de Commodus.

Coelius Rhodig.

TABLEAV DE L'INCONSTANCE ET
faim, que sa bizarrie & cruauté; & afin qu'il ne peust desauouer le faict, la main se trouua pour le dernier morceau qui luy sortoit de la bouche.

Zonare en la vie des Empereurs de Grece.

Iustinian II. Empereur de Constantinople chassé de l'Empire par Leonce qui luy fit couper le nez, nauigeant vers le Roy de Bulgarie pour l'aider, il s'esleua vne furieuse & horrible tempeste, les Gentil-hommes qui estoyent auec luy la pensant appaiser, le vindrēt prier de faire vœu, qu'il pardonneroit à tous ses ennemis s'il eschappoit: il fit response, qu'il aimoit mieux que tout se perdist que de pardonner à vn seul; & de faict la mer s'estant appaisee, & luy sauué & remis en son Royaume, il les fit mettre en prison, & à chaquefois qu'il se mouchoit, se ressouuenant de son nez, il en faisoit mourir quelqu'vn. Vedius Pollio engraissoit ses Lamproyes de sang humain. L'Empereur Tybere commanda au bourreau, qui estrangla la petite fille de Sejanus son fauori, de la violer aupres de la potence, puis l'estrangler: ce qu'il fit, bien que iamais auparauant on n'auoit ouy dire, qu'vne vierge eust esté punie du dernier supplice. Il la faisoit mourir de double mort, luy ostāt l'honneur & la vie tout ensemble. L'Empereur Auguste fit mourir & crucifier au mast de sa nauire vn sien serf nommé Eros, pour auoir mangé vne Caille rostie, parce qu'elle estoit si vaillante qu'elle battoit les autres. Il luy fit apprendre à voler iusqu'au mast: c'estoit faire voler la vie d'vn homme pour le vol & la vie d'vn oiseau. L'Empereur Claudius fit mourir deux Cheualiers Romains freres surnommez Petra, pour vn songe; l'interpretation duquel sembloit luy presager quelque malheur. Les Ambassadeurs du grand Turc enuoyez à vn grād Prince son voisin, ne se daignant descouurir en parlant à luy, pour marquer la grandeur de leur maistre qui l'auoit reduit en coustume, il leur asseura leurs turbans, & les leur fit enfoncer & clouer auec chacun trois clous à leur teste: ie ne sçay si ce Prince estoit plus rude, que les Ambassadeurs mal creez; c'est trop de ioindre la ceruelle auec le bonnet.

Seneque au traicté de la Clemence.

Tacit l. 10. c. 2. de ses Annal.

Deux Cheualiers Romains condamnez à mort pour vn songe.

Ambassadeurs trop inciuils.

Trois Espagnols firent vn chappellet en Bretagne de cent oreilles d'vne trouppe de Luther.

Annibal s'aduisa d'vne bizarrie bien cruelle: car combattant sur la mer contre Eumenes Roy de Pergame, il fit emplir force pots de serpens, & comme on estoit acharné au combat, il les fit ietter dans les nauires de ses ennemis, dequoy ils furent tellement effrayez, qu'ils prindrent la fuite: c'estoit vne force & cruauté inouye, car la mer est vn si rude Element, que le seul champ de bataille en est extremement dangereux; & peut-on dire qu'encor que la ruse soit vn des meilleurs instrumens de guerre, si est-ce qu'à vne armee qui seroit composee de serpens au lieu d'hommes, on en pourroit iustement opposer sans supercherie vne de diables, si la chose estoit possible: ainsi ie trouue que c'estoit trop d'auantage de combattre contre des serpens & des hommes. Les Rethiens pres du lac de Come, ayant prins quelque place sur les Romains, tuerent tous les masles, & interrogerent les deuins sur les femmes enceintes, si elles l'estoyent d'vn masle, ils la perçoyent à iour, & la mettoyent à mort auec son fruict; & leurs femmes encore plus farouches, lors que leurs iauelots leur estoient faillis, prenoyent leurs petits enfans par les pieds, & s'en seruoyent comme d'armes pour frapper les Romains. L'Empereur Maximin commanda qu'on tuast ses Medecins, parce qu'ils ne le pouuoyent guerir de ses playes; il semble qu'ils y estoyent aucunement obligez, si la maladie n'estoit incurable, mais non que pour cela il les deust faire mourir.

Il y a de ces humeurs cruelles & sauuages par tout. Les peuples mesmes n'en sont exempts. Les Florentins se sont faict la guerre autresfois si cruellement, que ces beaux Palais de Florence en furent à demy bruslez, de sorte que ceux de Luques comme par pitié & commiseration, les vindrent separer. Les habitans de Segelmussa ne pouuans endurer ny Roy, ny commandement les

Math.l.1.Nar. 4.

Bizarrie cruelle d'Annibal.

A vne armee de serpens on en pourroit iustement opposer vne autre de diables.

Cruauté bizarre des femmes des Rethiens.

Bizarries des peuples & nations.

Au Royaume de Bugie en Afrique.

TABLEAV DE L'INCONSTANCE ET

vns des autres, d'vn commun accord raserent toutes les maisons & murailles de la ville pour estre Rois aux cháps, & chacun maistre en sa maison à part. Les Ætoles & Arcades se sont acharnez à la guerre pour la hure d'vn Sanglier. Ceux de Cartage & Bisaque pour le fust d'vn brigantin. Le Duc de Bourgongne & les Suisses pour vn chariot de peaux de mouton. Les Frisons & les Romains du temps de Drusus, pour des cuirs de bœuf, où il y mourut entre-autres neuf cens Romains. Les Pictes & les Escossois pour quelques chiens perdus. Ceux de Marseille, apres la bataille des Ambrons, pour tourmenter la memoire & souuenir de leurs ennemis & leur posterité, auec non moins de vanité que de cruauté fermerent leurs vignes d'os de morts, au lieu de hayes : ie croy qu'ils vouloiēt que Bacchus eust quelque part ou ressentiment de leur victoire, ou bien ils desiroyent que la Nature meslast aucunement leur vin auec le sang de leurs ennemis, suiuant l'aduis de ceux qui disent que le vin n'est que le sang de la terre.

Bizarrie de certains peuples, qui se sont acharnez à la guerre pour chose de neant.

Et afin que ie ne me perde dans la multiplicité de tant d'exemples, ie ne pourroy mieux representer, ny faire voir la vanité, ineptie, cruauté & bizarrie de toutes choses, qui sont en cet Vniuers, que par la representation ou tableau des sept merueilles du monde, que les Anciens nous auoyent laissé, comme prodiges & excez de leur magnificence & somptuosité : le temple de Diane d'Ephese, qui estoit l'vne des plus belles pieces du Monde, fut bruslé par vn gueux bizarre, qui cherchoit de la reputation ; & toutes ces autres pieces que la seule bizarrie, vanité & cruauté auoient mis en œuure qu'on tient au rang des sept merueilles ; car combien de cruauté pensez-vous qu'il ait fallu exercer contre les ouuriers pour les contenir en l'assiduité de si penibles & longs ouurages ? ce ne sont maintenant que sept petits contes ou apostilles d'vn petit fueillet. Si bien qu'on ne sçauroit mieux exprimer, à combien de mutation, de vanité & d'inconstance les choses de

La vanité & bizarrie de toutes choses ne se pourroit mieux monstrer que par la representation des sept merueilles du Mōde, qui ne sont plus que sept petits cōtes, car tout est en ruine.

ce

INSTAB. DE TOVTES CHOSES. LIV. II. 113
ce monde sont obligees, que par ce tableau, & par la forme de leur destruction. D'où nous apprenons que celuy qui a dit, qu'vn iour, vne heure, vne minute de temps suffisoit pour renuerser les Grands, & leurs Empires, a donné trop long terme aux plus grands Monarques, aux calamitez humaines, & aux choses bizarres, veu que tout ce qui est en ce monde peut passer & s'escouler encore plus soudain que cela.

F f

TABLEAU DE L'INCONSTANCE ET INSTABILITÉ DE TOVTES CHOSES.

De l'Inconstance de la Nature, de laquelle on voit esclorre aussi bien que de l'homme, des traits qui sont hors de tout sens commun.

DISCOVRS III.

1. *Que la Nature est bizarre en ses productions, aussi bien que l'homme.*
2. *Que Nature nous fait aimer, hayr, & nous effrayer de beaucoup de choses contre toute raison.*
3. *Que Nature a formé des pierres, creé des animaux, & produit des plantes, qui semblent estre capables d'amour & de hayne.*
4. *Qu'il y a par fois de la bizarrie és blessures, & en leur guerison.*
5. *Les noms d'vn chacun semblent porter quelque presage de prosperité, ou de sinistre fortune.*
6. *Que Nature nous a formez aussi bizarres en nostre parler & en nos discours, qu'en nos mœurs.*
7. *Tel le langage, telle la vie.*

1. Nature est aussi bizarre & extrauagante en ses productions, que l'homme en ses humeurs.

VOVLANT parler en ce discours de l'Inconstance, qui se peut aussi remarquer en quelques effects de la Nature, i'aduise ceux qui le liront, que ie n'entends pas signifier Dieu le createur & conseruateur de toutes choses: mais simplement ce qui se prend communémét pour Nature: qui est ce qui donne l'estre intime & propre constitution à chaque chose: selon que nous disons par exemple, La nature du Ciel, la nature du Feu, de l'homme, du lion. Prenant donc la Nature en cette signification, ie dy qu'elle, qui semble deuoir estre la plus ferme & constante en ses œures, se mesle neantmoins par fois auec l'inconstance. Et y a plusieurs de ses productions qui se trouuent tant hors le commun, & si extrauagantes, que les meilleurs Philosophes du monde seroyent aueugles, & n'en sçauroyent rendre raison, non pas mesme probable: ce qui se cognoistra mieux par les exemples.

Les Autheurs voulans exprimer la conformité & vnion de deux personnes, & de leurs humeurs pour les rendre du tout semblables, ont accoustumé de dire qu'ils estoiēt freres; & encherissant encore par dessus, voulant exprimer qu'ils estoyent plus que freres, souloient adiouster que c'estoit *Castor & Pollux*: neantmoins ce mesme *Castor & Pollux* ont esté trouuez si disséblables, que le Poëte a dict d'eux,

Castor gaudet equis, ouo prognatus eodem, Pugnis.   Horace aux Satyres.

Si bien qu'encore qu'ils fussét freres, & esclos d'vn mesme œuf, il y auoit dans cet œuf du blanc & du iaune; & l'vn fut cheualier, l'autre pieton, aimant diuers exercices.

Hunc equis, illum superare pugnis, Nobilem.   Horace aux Odes.

Or si ceux-cy ont esté trouuez en leurs humeurs & exploicts du tout dissemblables, en voicy deux autres qui ont tout au rebours esté si amis, si freres, & si attachez & colez ensemble, qu'on ne vid onc rien de pareil. Le grād maistre de Malthe Don Rodrigo Giran, & le Comte Doruegna freres, auoyent vne telle ressemblance & raport de mœurs en toutes choses, que si dormant ensēble lors qu'ils estoiēt petits enfans, ils s'approchoyent l'vn de l'autre, soit les iambes, soit les bras, la chair demeuroit si fort accrochee, qu'à toute difficulté on les pouuoit separer. Demophon maistre d'Hostel d'Alexandre trouuoit à l'ombre de la chaleur, & au Soleil de la fraischeur: s'il eust couru le mōde auec son maistre, il eust trouué deux villes

TABLEAU DE L'INCONSTANCE, ET
aussi bizarrement plantees, & où il y eust peu trouuer du
Soleil, ou de l'ombre à toute heure, car la ville d'Acroton
estoit perpetuellemēt au Soleil, & la ville de Mirina estoit
perpetuellement à l'ombre, la seule montagne d'Athos
faisant ces deux effects contraires; car elle couure du Soleil Mirina, qui n'en est qu'à six mille huictante pas pres,
& tient tousiours au Soleil Acroton, parce qu'estant au
dessus la moyenne region de l'air, il n'y a nulle nuee qui
la puisse couurir. Le mesme dit-on du mont Olympe &
du mont Pariardes en Armenie, qui n'ont ny ombre ny
Soleil que d'vn costé, dont le dernier est recommandé
pour estre celuy où l'Arche de Noé s'arresta apres le deluge. Sainct Augustin dit auoir veu vn homme, qui prenoit

S. Aug. l. 14. c. 23. de la cité de Dieu.

plaisir à suer, & de faict il auoit cette faculté si aisee, qu'il
se faisoit venir la sueur quand bon luy sembloit, sans faire
nul exercice violant. Mais le conte qui se lit en la vie de

Plut. en la vie de Brutus.

Brutus est beaucoup plus estrange & hors le commun;
qui dit qu'vn bras de l'vn de ses capitaines sua de l'huile
Rosat en telle quantité, que bien qu'on taschast de l'essuyer & seicher par plusieurs fois, il ne fut iamais possible.
En Æthiopie y auoit anciennement vne famille auec
vne sueur de si bonne teinture, & qui teignoit si bien en
suant les choses qu'elle touchoit, que iamais la marque
ne s'en pouuoit leuer. Muret dit auoir veu vn homme à

Muret. l. 12. c. 20. Var. lest. Plu. aux Paral.

Venise, qui auoit le cœur tout velu, & neantmoins Plutarque en dit autant de celuy de Leonides, qui luy fut arraché par le commandement de Xerxes.

Mutation de sexe est vne des plus grandes mutations & remuemens qui soyent en la Nature.

Mais la Nature s'est bien monstree encore plus inconstante & desreglee en la mutation du sexe de cette fille
que i'ay veuë à Rome l'an 1600. qui en vne nuict, vn peu
auparauant la mesme annee, de fille deuint vn gros garçon, mais parce que les medecins de Rome sont occupez
à nous en faire voir l'histoire, les particularitez & les raisons, ie me contenteray de dire, que ce changement de
sexe & de Nature si soudain, rend l'euenement & la chose non seulement estrange, ains tesmoigne que la Nature

mesme inconstante & variable change bien souuent les plus nobles especes qui sont parmy toutes ses productions: elle varie quand il luy plaist, car dit Seneque apres Fabius Papirius, *Natura sui iuris est, nec ad leges humanas componitur.* La France en a eu cy-deuant vn exemple, qui tesmoigne que par tout la Nature produit de l'Inconstance, & varie & se change en tous lieux. Et l'Antiquité a veu souuent ceste mutation de sexe, comme il nous est tesmoigné par Arestusa d'Argos, qui estant fille eut barbe au menton & membres nouueaux en vne nuict, auec vne mutation si extrauagante & soudaine, que ce fut mesme la premiere nuict de ses nopces, & depuis se trouuant ainsi changee en homme, il prit femme & se maria, bien qu'on l'eust vne autrefois marié comme fille; dont la merueille fut, qu'en chaque sorte de sexe il s'accoupla, & se ioignit en mariage. On raconte le mesme de Lucius Cossitius. Et du temps du Pape Alexandre VI. vne fille s'estant mariee, ayant changé de sexe, supplia le S. Pere de la dispenser pour dissoudre son mariage & pour se remarier: Surquoy Albert le Grand dit, que le sexe ne se change pas de tout en tout; *sed prodire quæ prius latebant virilia.* Ie trouueray bien plus estrange ce que dict Pline de ceux qui se baignoient dans la fontaine de Salmacis, lesquels de masles deuenoient femelles. A quoy i'adiousteray ce que Tite Liue nous a laissé par escrit qu'il fut veu vn personnage à Rome de l'âge de seize ans, duquel le sexe estoit si incognu qu'on n'eust sceu dire s'il estoit masle ou femelle: & Pline nous en rapporte encor vn plus sauuage & hors de tout sens commun: car il dit que l'annee qu'Hannibal prit & saccagea Moruedre de Catalogne, vn enfant sorty du ventre de sa mere, s'en retourna incontinant dedans; si bien que comme vn espion, il estoit seulement venu pour saluer le monde & sçauoir s'il y faisoit bon: s'il eust trouué la porte fermee, il eust participé de meilleure heure à nos miseres. Qui sçauroit rendre raison de ce que dit Herodote, qu'il y auoit des femmes lunaires, & partant inconstantes & desnaturees,

La fille fut appellee Marie Germain.

Lucinius Mussianus dans Pline.

Pli. li. 7. c. 4.
Gell. li. 9. c. 4.
S. Aug. l. 3. c. 31. de la Cité.
Volaterr. 29.
til. de vesta.
Alb. mag. de animalib. l. 18. tract. 2. c. 3.
Tite Liue li. 1. dec. 4.
Pli. l. 7. c. 3.

F f iiij

TABLEAV DE L'INCONSTANCE ET

ou pour mieux dire hors le commun, qui pondoient des œufs d'où naiſſoient des hommes quinze fois plus grands que ceux de ce ſiecle? Mais qui pourra deſormais tenir les Faunes & les Satyres pour fabuleux, ne Pline pour menteur, ayant dit que les Artabatites en Æthiopie alloient par les foreſts comme beſtes ſauuages? veu qu'en France il s'eſt trouué en nos iours vn homme dans vne foreſt, lequel ayant eſté pris, & mené deuant le monde, ne vouloit iamais tirer ſon chapeau, s'excuſant ſur certaine maladie qui l'empeſchoit de ce faire, iuſqu'à ce qu'en fin contraint ſe deſcouurir à toute force, le monde fut tout eſtonné de luy voir vne grande corne, qui luy prenant au haut du front & droictement au milieu, alloit redoublant au deſſus de la teſte: il diſoit qu'vne certaine tumeur luy auoit commencé à croiſtre & apparoir en l'âge de dix ans, qui auoit en fin groſſi comme le doigt, & en la meſme forme qu'on en voit en la teſte d'vn belier, ſauf qu'elle eſtoit longue d'enuiron vn pied, & tranſparente au pied de ſa racine, comme la corne preparee qu'on met en œuure, enuiron trois doigts, & qui pis eſt (diſoit-il) elle auoit ietté ſa pointe ſi aigue au derriere de la teſte, qu'elle luy commençoit deſia à entrer dedans, & le piquer bien fort, ſans vne ſienne ſœur qui la luy auoit eſpoinctee pendant ſes ieunes ans: il auoit au reſte le chef tout pelé, ſauf quelque petite bordure de cheueux qui luy cernoient la teſte, comme ſi ceſte durté ennemie de molleſſe, luy euſt deſrobé le poil, qui eſtoit cauſe qu'ayant vergongne d'vn tel accident, il auoit tiré en couſtume de ne ſe deſcouurir iamais: il mourut en l'âge de trente vn an: voyez l'extrauagance de la nature, qui luy auoit planté au haut de la teſte vn cimier, d'vne matiere & d'vne forme la plus vergongneuſe qui ſoit point, & qui eſt communement la plus reiettee de tout le monde. Mais que dirons-nous de ces autres hommes d'Æthiopie, qu'il ſemble que la Nature ait voulu diuerſifier du reſte du monde: car ils ſont hauts de quatre coudees, ils ont les os ſi ſouples, qu'ils les plient

L'an 1599. vn homme ſauuage trouué en France, dãs vne foreſt. Pli. l. 6. c. 30.

Torquema trait. 2. Iean Bohem. au li. Des couſt. & mœurs de toutes natiõs.

INSTAB. DE TOVTES CHOSES. LIV. II. 116

comme des nerfs, ils ont deux langues: ou pour mieux dire ils ont la langue double, si bien qu'ils contrefont toute sorte d'oiseaux, & peuuent parler à deux hommes à la fois, interroger l'vn, & respondre à l'autre, & escriuans ils commencent leurs lignes de haut en bas, & nous en trauers, & ainsi ils ne parlent ny n'escriuent comme nous.

Nature nous fournit aussi vne autre sorte d'humeurs estranges, desquels nous auons vne infinité d'exemples, gens delicats & difficiles en tout ce qui est de leur nourriture, & de l'aprest, qui ne mangent ne chair ne poisson, ne beure ne huile, & passent les annees entieres sans boire ny vin ny eau; voire sans manger ny boire du tout, viuant du seul air, comme quelques oiseaux & autres animaux. Tesmoin ceste fille qui est à Côfolan en Angoumois, qu'on dit auoir desia passé quelques annees de la façon. Il y en a de si friands qu'ils mettent les vers des arbres au rang des viandes les plus delicates, & principalement ces gros vers appellez *Cossus*, qui viennét és Rouures & és Chesnes. Manlius Curtius ne mangeoit que des raues. Il y auoit vne vieille en la ville d'Athenes qui se nourrissoit de ciguë; bien que dernierement en Flandres quelques Italiens s'estans mescontez à la cognoistre, l'ayant prise pour de l'Alexandrine, qu'ils appellent en Italie *Cedeni*, & mise en vne salade, en moururent tous, estant vne des plus fortes poisons qui soit. Ie me suis autrefois esmerueillé, d'auoir veu à Rome en l'an 1585. du temps & sous le commencement du Pontificat de Xiste V. ces ieunes Princes enfans des Rois de Iappon, chez Monsieur le Marquis de Pisani, pour lors nostre Ambassadeur, ne boire és iours les plus chauds de l'Esté que de l'eau chaude, & tout incontinant apres disner, s'en aller de la table au lict. Ie trouue que ce que nos Rois de France ont par rare don & grace speciale de Dieu, de guerir les escrouelles en touchant les malades de la main droicte; le Roy Pyrrhus ayant comme quelque conformité auec eux, sembloit

[marginalia:]
Il y a plusieurs personnes bizarres en leur nourriture & en l'aprest de leur manger.

Vigenere dās le 2. volume de Philostrate.

Coustume des Rois de Iappon.

Le Roy Pyrrhus guerissoit les maladies qui viennent en la bouche, auec le pouce du pied droit.

auoir chose presque semblable, comme par singularité & merueille de sa Nature; veu qu'il guerissoit les maladies qui viennent dans la bouche, & plusieurs autres, en les touchant aussi auec le pouce du pied droict: merueille, le pied est vne partie de l'homme des plus sales, & neantmoins auec le pied il guerissoit les maux de la bouche, qui ne viennent ordinairement que pour auoir touché quelque chose de sale: il auoit quelque faculté de Nature bien sauuage & incognuë en ses pouces, car il en auoit vn qu'on ne peut iamais faire brusler.

2. Plusieurs bizarres hayssent des choses & en aimēt d'autres, sans raison, voire contre toute raison & contre Nature.

La Nature a meslé aussi la hayne & la crainte auec l'Inconstance, car plusieurs sans raison hayssent des choses, & en craignent d'autres, que qui ne l'auroit veu ne le sçauroit croire; ce qu'il faut imputer à quelque antipathie bizarre, ou inconstance secrette qui est en la Nature, veu qu'on n'en peut trouuer aucune bonne raison. Ie cognois vn honneste homme, qui a eu cy-deuant vne telle frayeur d'vn herisson, que l'espace de plus de deux ans, en quelque compagnie qu'il fust, il croyoit à boutades qu'vn herisson luy rongeoit les entrailles; ie ne sçay s'il en auoit autrefois esté mordu, ou si la seule apprehension le blessoit; tant y a qu'il en effrayoit bien souuēt la compagnie, qui ne voyoit ny n'oyoit pourtant rien que sa plainte: il en est guery, non pas à mon aduis si bien que ce ne luy fust vn renouuellé desplaisir de luy en mettre vn au deuant. I'ay cognu vn Gentil-homme fort vaillant, qui n'eust osé attendre vne Souris auec son espee. Il auoit peut-estre quelque erreur ou humeur pareille à celle du Dictateur Minutius, qui pour auoir ouy le bruit d'vne Souris, ayant nommé Flaminius pour maistre de la caualerie, le deposa aussi tost: il croyoit que les Souris portassent quelque influence, ou indice de sinistre eslection: peut-estre le prenoit-il pour regle & poinct de Religion, suiuant la doctrine des Augures. D'autres au contraire haissent merueilleusement les Chats, comme font presque naturellement la pluspart des Anglois. On dit que l'Empereur Ferdinand monstra

à feu

à feu Monsieur le Cardinal de Lorraine à Inspruch, vn Gentil-homme qui auoit si grand peur d'vn Chat, que tout aussi tost que par surprise, ou autrement il en oyoit vn, voire mesme dans vn poesle, bien qu'il ne le peust voir, le nez luy saignoit aussi tost de peur. D'autres craignent des Araignes, & en ay veu qui ne les pouuant souffrir en toute la maison, en alloient à la chasse tout le long du iour, cernant leurs troux auec la pointe d'vn cousteau. Horace abhorroit les Aux, comme font encore la pluspart des Parisiens, & de ceux qui sont du cœur de France; Cardan les Oeufs. Le Philosophe Chrysippus haïssoit tant les salutations, qu'il se pasmoit quand trop de gens le saluoient. Et ce Gentil-homme de Gascogne, dont parle Iules Scaliger, craignoit si fort le son de la viele, qu'il n'en oyoit iamais l'harmonie enrouee, sans vne extreme enuie de tomber de l'eau; l'essay en fut plaisant, car l'ayant mis à table, & enserré entre-deux Gentils-hommes appostez pour ne le laisser sortir, vn Vieleur caché au dessous venant à iouër, il fut contraint apres auoir longuement enduré la torture & la contrainte, de descouurir son imperfection. Ie croy que le Vieleur qui sonne plustost pour nous faire entendre sa pauureté, & nous faire pleurer par pitié, que pour nous resiouir, luy faisoit tant de compassion, que Nature ne trouuant en luy le conduit honnorable des yeux ouuert, pour exprimer & mettre hors ses larmes, estoit forcee de les tirer par vn autre passage: comme l'eau d'vn ruisseau, ayant son canal ordinaire bouché, eschappe par quelque autre endroict.

Seneq. epi. 56.
Scaliger in Card.

I'en ay veu à qui la nature auoit donné tant d'horreur des senteurs, que communement tout le monde aime, qu'ils eussent mieux aimé sentir vn pauot bien puant, qu'vne rose musquee. Mais il y en a bien aussi d'autres qui vsent par trop, & abusent de ces senteurs; si c'est pour corriger quelque mauuaise odeur, & pour couurir la puanteur & le deffaut qu'ils sentent en eux-mesmes, ils sont aucunement excusables; mais ceux qui le font simplement

Plusieurs haïssent les senteurs.

par volupté, tombent bien souuent au malheur, & autres semblables, que tomba Caius Plotius; qui lors de ceste grande recherche que le Triumuirat faisoit de leurs ennemis, ayant esté caché & garanty par ses esclaues, fut suiuy à la trace des senteurs, estant addonné à se frotter d'onguens & se parfumer; de sorte que le sentant & ne le trouuant point, ceux qui le cherchoient gehennerent tellement ses seruiteurs, qu'ayant pitié luy-mesme de leurs tourments, il sortit de son cachot: & afin de leur prolonger la vie, il abregea la sienne, en se presentant aux meurtriers. Ce sont des antipathies, desquelles Nature nous ayant caché la raison, nous n'en pouuons referer la pluspart qu'à la seule naturelle diuersité & extrauagance de nos humeurs, en laquelle chacun se delecte merueilleusement, pour se pouuoir vanter d'auoir en soy quelque chose de particulier. Ie ne puis oublier vne Dame de nostre pays, qui entroit en tel estonnement, tout aussi tost qu'elle entendoit l'horloge, qu'on eust dit que chaque heure qu'il frappoit, estoit l'heure de sa mort, ou quelque coup de canon en surprise.

Plusieurs s'effrayent pour des Serpens, encor qu'ils soient en telle part qu'ils ne leur paissent nuire.

D'autres s'effrayent pour des Serpens, & mesme hayssent tout ce qui tient de sa forme, comme Lamproyes, Anguilles, & autres semblables animaux: mais ceux-cy semblent auoir quelque raison: car la figure en est en quelque façon, ie ne sçay comment odieuse & effroyable: outre que c'est le commun & premier ennemy de l'homme, pour auoir seruy d'instrument à sa premiere cheute, & auoir presté sa forme à Satan pour nous faire seduire & tresbucher: aussi y a-il plus de bizarrie à les aimer qu'à les hair, suiuant l'aduis de Philippus pere d'Alexandre, qui refroidit l'amour qu'il portoit à Olympias, ayant senty & trouué vn serpent qu'elle mettoit souuent coucher aupres d'elle, craignant qu'elle ne fust sorciere, & prenant le serpent pour quelque demon: de sorte qu'il y en a qui veulent dire, qu'Alexandre estoit né de ce serpent, & que sa mere le luy reuela en secret, quand elle luy dit à Dieu. Et parmy les Psylles il y auoit quelques familles que les Serpens au contraire redoutoient si fort, que les peres leur laissant leurs petits enfans à l'abandon, ils n'osoient y toucher; & de fait, on recognoissoit par là ceux qui parmy eux estoient nez en adultere; parce qu'ils estoient par ces mesmes serpens respectueux deuorez, comme n'estans legitimes, ny vrayement descendus de la race des Psylles. Et Auguste en voulant faire l'essay, monstra qu'il estoit encore plus bizarre que n'est la nature des Psylles: car ayant veu que Cleopatra, qu'il desiroit mener à Rome en triomphe, s'estoit faicte mordre à vn Aspic, pour luy en desrober la gloire, il enuoya a ce qu'on dict querir en diligence vn des Psylles pour la guerir; mais elle mourut auant qu'il ne fut arriué. Pline dit qu'en Ægypte y a vne Isle assez loing du Nil, dans laquelle habitent les Tentyrites, qui font la guerre aux Crocodiles, c'est pourquoy les Crocodiles fuyent ceste Isle: car ils craignent mesme le hasle & l'odeur des Tentyrites, tout ainsi que les Serpens celles des Psylles. Nous voyons aussi parmy les animaux, que sans aucune apparence & contre Nature, souuent le fort craint le foible; ie dis le fort qui est notoirement plus fort de force naturelle & de courage: veu que si on attribue à courage à vn petit corps de Furet, d'estrangler vn gros Lapin ou Conil, on ne pourroit dire de mesme d'vn Lion qui craint le Coq, de l'Elephant qui fuit le Pourceau & craint le Cameleon; du Serpent qui ne se met iamais à l'ombre du Fresne, & aime mieux sauter dans le feu que passer par dessus ses fueilles; du Cerf qui craint le Phalange; de l'Ours qui craint la Mandragore; de la Baleine qui s'enfuit à terre dés qu'elle voit le petit poisson Orca; du Cheual qui ne s'ose approcher de la pierre Taraxippe, chose pourtant inanimee, qui n'a point de courage, ny de mouuement pour l'offencer; non plus que le Tigre du Tabourin, qui entre en fureur dés qu'il l'oit, & s'en tourmente si fort, qu'en fin il s'en deschire luy-mesme. Il nous

Les Serpens respectoient certaines familles parmy les Psylles, si bien que par le moyen de ce seul respect la preuue des adulteres estoit certaine.

Pli. liu. 8. c. 25.

Bizarrie parmy les animaux, veu que contre tout ordre de nature, le grand craint le petit, & le fort craint le foible. Antipathies de Nature.

Pli. li. 6. c. 13.

Plato in Iamblico.

Gg ij

est force d'attribuer cela à quelque antipathie secrette, que la Nature a infus en toutes choses animees & inanimees : car c'est celle qui nourrit entre toutes ses creatures & productions des aigreurs recelees, dequoy la raison la plus apparente semble mesme estre contre Nature, qui veut que le fort emporte le foible. Comme aussi il seroit mal-aisé de rendre quelque raison certaine, pourquoy les abeilles qui ont gousté de l'If, ne peuuent faire du miel qui soit doux ne salutaire. Ne pourquoy la cheure qui a rencontré & prins en sa bouche vne herbe qui se nomme Eringium, tout le troupeau s'arreste iusqu'à ce que le Cheurier vienne luy oster ceste herbe.

Qui sçauroit rendre raison pourquoy les petits arbrisseaux qui portent le Baume pres du grand Caire, pour estre fertiles, il faut qu'ils soient arrousez d'vne certaine eau qui se prend à vne fontaine qui est bien pres de là ? que ce soit par la main d'vn Chrestien ? qu'ils reçoiuent l'ombre de certains Peschers qu'on leur plante tout aupres (veu qu'on a faict l'essay que toute autre leur est nuisible) qu'ils soient esmondez auec certain cousteau de pierre faict tout expres ? Pourquoy vn Figuier qui est en ce mesme lieu du Caire ne diminue iamais, porte sept fois l'annee, & a vn trou dans le grand corps, dans lequel celuy qui est legitime, passe & repasse aisément, & le bastard y demeure attaché & comme en prison ? Qui sçauroit dire non plus, pourquoy on ne peut rien tirer de la Ciuete, que lors qu'elle est en ses bizarries, & qu'on l'a bien mise en cholere ? La cholere nous fait par fois vuider le cœur, & vomir ce qui est de pire, & à la Ciuete ce qu'elle a de meilleur. Souuent la Nature faict des efforts en certains animaux, & leur faict faire vn tel dereglemēt, qu'il est du tout hors de leur nature. Les cheuaux d'Achilles pleuroient la mort de Patrocle leur guide; & ceux de Iules Cesar pleuroiēt aussi quād il fut tué, & neantmoins on sçait que c'est vne chose qui semble auoir esté reseruee à l'hôme seul, & à ses semblables. Vne Mule est naturellemēt sterile, & toutesfois le Pape Clemēt

Virg. au 4. des Georg. dit qu'il faut oster l'If d'aupres les Ruches. Plut. au tr. pourquoy la iust. Diuine.

C'est le Chardon à cent testes.

Ceux qui ont fait le voyage de la terre Saincte, asseurent en auoir veu faire l'espreuue.

La cholere fait rendre & vomir à certains animaux ce qu'ils ont de meilleur, & au cōtraire elle faict vuider aux hōmes ce qu'ils ont de pire.

Home. l. 17. de l'Il. à. Souuent la Nature tire des choses qui sont particulieres à l'hôme, comme les larmes & autres choses.

septiesme en auoit vne qui engendra & esleua son part, vn peu auant que son maistre fust esleu Pape. Pline dit qu'il n'y a chose qui soit plus pesante à porter à vn cheual que les pommes & les poires, pour petite que soit la charge: & neantmoins on diroit qu'elles sont fort legeres.

La Nature semble auoir donné de la passion aux pierres mesmes, veu qu'on les voit se craindre & se mutiner entre elles. Le Trochites & Astroites ont telle antipathie, que elles se fuyent perpetuellement, comme i'en ay veu faire l'experience dans ce rare cabinet de l'Espicier de Naples, lequel ayant frotté vne table de marbre de iust de limon, & mis ces deux pierres au millieu, l'vne fuyant visiblement comme ennemie s'en alla à vn des bouts, & l'autre en l'autre. En tous lesquels exemples ie ne vois autre raison que l'antipathie. Bien est vray que pour celle du Lion on s'essaye de rendre la raison de sa crainte, sçauoir est que le Coq, oiseau celeste, a quelque chose dãs les yeux si approchant du Soleil, que le Lion au contraire, animal terrestre, n'en ose approcher. Mais les yeux de l'homme, qui est animal terrestre aussi bien que le Lion, n'ont-ils pas autrefois effrayé les Lions? Le sieur Giulio Camillo, qui a faict ce beau liure du Theatre, estant à Paris aux Tournelles, dans vne salle qui a ses veues sur vne cour, ayant la teste à la fenestre auec plusieurs Gentils-hommes, vn grand Lion (de ceux qui estoyent pour lors aux Tournelles) eschappé, s'approcha de luy par derriere, & auec les pates le saisit par la cuisse sans luy faire ny mal ny desplaisir, le leschant auec la langue; & s'estant tourné en arriere à vn si rude attouchement & vne si forte haleine, le Lion apres l'auoir veu entre deux yeux, & vn peu admiré ses yeux brillans, tout le monde s'en estant fuy & escarté çà & là, s'humilia à luy quasi en acte & semblant de luy demander pardon de l'effroy qu'il luy auoit donné: ce n'estoit ny la force ny le courage du Gentil-homme, car ie vous asseure qu'il dit luy-mesme qu'il auoit belle peur, & conte cette auanture presque pour vn nouueau miracle.

3. Les pierres & autres choses inanimees & insensibles semblent par fois auoir du sentiment & de la passion.

Le cabinet de l'Espicier de Naples. Celuy du Docteur Achilles Aldourandus à Bologne, sõt des plus rares qui soyent en toute l'Italie, pour des choses qui concernent la Nature.

Raison pour laquelle le Liõ craint le Coq. Vn Lion eschappé tenãt le sieur Giulio Camillo au colet, ne luy fit aucun mal, apres qu'il l'eut regardé entre deux yeux.

En voicy vn autre plus nouueau ; le sieur de Giury nourrissoit vn Lion à la Cour, le ieune Noüailles vn iour le fut voir, & s'estant couché sur son lict, le Lion ialoux de voir rauir sa place & fidele gardien de la couche de son maistre, se vint coucher tout aupres comme s'il eust voulu partager cette faueur auec luy : mais l'ayant de bonne fortune veu caresser vn peu auparauant au sieur de Giury il luy porta le respect qu'il deuoit, se doutant qu'il estoit de ses amis par l'acueil qu'il luy auoit veu faire, & se contenta de luy donner la plus douce peur qu'il peut, composant sa fierté & sa mine à toute douceur, sans qu'il fist iamais aucun semblant de l'offenser ; tant il respectoit son maistre & ses amis ; se contentant de luy auoir faict quitter la place, & luy en auoir donné quelque petite apprehension. Dequoy on s'esmerueille grandement, parce que les Anciens voulant auoir du feu, frappoyent deux os de Lion l'vn contre l'autre, desquels comme d'vne pierre de fusil ils tiroient du feu, tant le Lion est colere & de nature chaude & fort solaire. C'est donc que la Nature a infus quelque espece de bizarrie és animaux aussi bien qu'en tout le reste, puis que les plus fiers & cruels font des traits de douceur & domesticité : car les yeux de ces deux Gentils-hommes ne peuuent estre plus solaires, que ceux de tant d'autres hommes, qu'vn seul Lion a aisément estranglez.

Les plus cruels animaux faisans des traits d'extreme douceur contre tout ordre de Nature, & mesme contre leur propre naturel, on ne peut imputer cela qu'à la bizarrie de Nature, qui se ioue & se plaist en ses estrangetez.

Bizarrie de la Nature és thresors, és femmes & és cheuaux. Strabo.

Mais qui diroit que la Nature ait infecté de cette contagion les richesses, les femmes, voire mesme les cheuaux ? le conte en est commun, mais pourtant si estrange & la cause si incertaine & incogneue, qu'on ne sçauroit en rendre vne meilleure raison, que de dire qu'il n'y en a du tout point : car quelle raison pourroit-on rendre pourquoy l'or de Tholose estoit si malheureux, qu'il perdoit incontinent le possesseur ? des femmes si desastrees en leurs mariages, que la mort les depeschoit incontinent de leurs maris ? & le cheual Sejan si malencontreux, qu'il faisoit dans peu de iours rompre le col à ses maistres ? Ne faut-il pas attribuer cela pluſtoſt à la nature de la choſe, qu'à ces ſortileges deſquels le commun peuple penſe que la plus-part des accidens ainſi eſtranges deriuent? Ce graue Senat d'Athenes fit abatre deux maiſons dans la ville: en l'vne deſquelles il n'y naiſſoit que fols, & en l'autre des ſots & ignorans; il en faudroit bien abatre maintenant. N'y auoit-il pas vne autre maiſon au champ de Mars, qui faiſoit mourir tous ſes maiſtres de mort ſoudaine, que l'Empereur Aurelian fit raſer de fonds en comble, & en fit bruſler le bois? *Pli.li.19.c.2.*

N'y a-il pas des racines & des plantes bien eſtranges en leur production, puis qu'aucunes bleſſent ceux qui en gouſtent, & d'autres font mourir ceux qui en mangent, d'autres les rendent forcenez & inſenſez, d'autres leur font faire des ſottiſes, & s'empreſſer à des viles occupations? ie ne parle pas de la Cigue, ou autres ſemblables, leſquelles on ſçait eſtre veneneuſes, & donner la mort à ceux qui en gouſtent. Tartius Licinius Preteur & gouuerneur en Eſpagne, voulant manger des Truſles à Carthagene la neufue, en trouua vne ſi auaricieuſe & ſi bizarre, qu'elle auoit enfermé de l'argent dans ſon ventre, de ſorte que voulant mordre au dedans, il rencontra vn denier Romain, qui luy fit laſcher le threſor qu'elle auoit mis en conſerue, & la dent y demeura pour la peine. L'armee d'Antonius eſtant reduite à cette extremité qu'il luy falut manger des racines, il s'en trouua vne qui faiſoit mourir hors de ſens preſque tous ceux qui en mangeoiét: car celuy qui en auoit mangé, ne s'embeſongnoit & occupoit à autre choſe qu'à fouiller ou remuer d'vn lieu à autre toutes les pierres qu'il pouuoit trouuer, ſans ſe ſouuenir de nulle autre choſe que ce fuſt, comme ſi c'euſt eſté vne affaire de treſ-grande conſequence, & qui euſt requis grande celerité, ſi bien qu'il ne ſe voyoit en toute l'armee que gens courbez qui s'occupoient au remuement de ces pierres. Qui ſçauroit auſſi rendre raiſon pourquoy quand on ſarcle de la Rue, les mains *Bizarrie de Nature en la production de certaines plantes & racines.* *Pli.li.19.c.2.* *Pli.li.28.c.3.*

en deuiennent toutes vlcerees? Pourquoy si lon seme de la Balle ou de la poussiere emmy la place, où des Comediens iouent sur vn theatre, le peuple en est tout assourdy? Pourquoy vne robbe ou vn drap qui aura seruy en quelques funerailles, ne sera iamais mangé d'Artres?

Pli.li.19.c.5.

Qui sçauroit rendre la raison de ce qu'il a esté prohibé de tout temps de tenir les iambes croisees en vn conseil de Princes ou de Capitaines, & pourquoy est-ce qu'on tient que cela empesche l'issue de tout ce qu'on y delibere? le conseil ne se prend des iambes, bien qu'elles semblent contribuer quelque chose à l'execution.

Pli.li.28.c.5.

Nature semble aussi auoir mis de l'estrangeté és blesseures & autres maladies & en leur guerison, veu que souuent on guerit par la voye qu'on deuroit mourir: vn Capitaine Gascon boiteux d'vne harquebuzade au genouil, fut redressé par vne pareille harquebuzade en mesme partie, & en mesme endroict. Et diroit-on que quelquefois tout vn corps d'armee est composé de gés inuulnerables ou charmez, sauf en certaine partie de leurs corps, comme en la premiere bataille de Darius contre Alexandre, tous les blessez, ou tuez receurent miraculeusement le coup de leurs blesseures & de la mort au flanc, & point ailleurs: & bien que ce soit la partie de nostre corps la moins sensible & la moins mortelle, si est-ce que Nature la rendit alors & ie ne sçay pourquoy, si foible & si tendre, que tout le reste sembloit estre immortel. Cela estoit plus estrange que de voir les femmes des Caphienses, affligees d'vne seule & mesme maladie, sans que pas vne s'en peust garentir, veu que les maladies sont enuoyees par la permission de Dieu, & comme vn fleau du Souuerain, & les blessures en vn certain endroict, semblent au contraire ne nous pouuoir estre donnees que par des hommes mortels nos ennemis, & par la seule addresse de celuy qui nous tire.

4. Bisarrie és blessures & en leur guerison. Merueille qu'en vne bataille tous les blessez ou tuez ne soient frappez qu'en vn seul endroict, lequel encor n'estoit mortel, & neátmoins ils ne laissoient de mourir. Pausan.l.8. Areud. On dit pourtant que c'estoit pour ce qu'elles auoiét lapidé des enfans qui auoient voulu estrangler Diane.

5. Que bien souuent nos noms portét quelque presage de prosperité ou de sinistre euenement.

Que dirons-nous des noms qui nous sont imposez dés nostre naissance? les attribuerons-nous à la Nature ou à la la Fortune? l'vne ou l'autre semble par fois nous auoir donné des noms de ruyne. Et bien qu'il soit au pouuoir des peres & meres de nous donner tel nom qu'il leur plaist, puis que les Parrains sont à leur choix, pouuant tousiours choisir ceux qui leur sont plus proches, voire mesme les plus grands (la bien-seance & charité Chrestienne ayant osté les baptesmes hors de refus) si est-ce que Nature ayāt mis l'homme au monde, le considerant tout entier; veu que son nom est la premiere qualité qu'on luy donne; il vaut mieux le tenir d'elle que de tout autre. Et bien qu'il semble que nous n'en tenons que la vie, & non le baptesme ny le nom: & que le nom soit plustost vn present de Fortune que de Nature: si y a-il plus d'apparence de tenir le nom à hommage de celle de qui on tient la vie, que de cette aueugle, de qui nous ne tenons communément que les effects hors du cours ordinaire. Or il se trouue vne telle extrauagance és noms qui nous sont donnez, ou que nous prenons de nous-mesmes, que le plus souuent nous en tirons comme quelque presage de sinistre euenement, ou de quelque notable auancement & prosperité. De maniere qu'il ne se faut esmerueiller si Pythagoras tiroit des noms & de leurs nombres, comme quelque prescience de l'aduenir. Ce que pourtant ie veux plustost attribuer à gentillesse d'esprit & rencontre, qu'à nulle fatalité ny consequence necessaire. I'en allegueray vn exemple merueilleux d'vn qui portoit en son nom l'Anagramme & prediction de sa mort. Son nom estoit André Puion; vn peu auant mourir, les grands-iours se tenans à Rion en Auuergne, il songea qu'il seroit pendu, & de faict il le fut, & verifia son Anagramme, qui est *André Puion, Pendu à Rion.* Pour les autres noms qui portent en la transposition de leurs lettres ou és nombres, quelque marque de prosperité, ie n'en diray qu'vn seul, car ils sont sans nombre. Deux valets en l'armee d'Alexandre s'estant donnez le duel, sous les noms de ces deux grands Monarques Alexandre & Darius; celuy qui portoit le nom d'Alexandre fut vain-

Plut. en la vie d'Alexandre.

H h

queur: comme si ayant pris le nom le plus auguste & celebre, cela seul luy eust causé la victoire: comme si la victoire ne consistoit qu'au choix du nom, & le vaincre à prendre seulement le nom d'vn victorieux. Outre cette autre merueille, que Dieu sembloit auoir voulu par le combat de deux valets donner presage & marquer, ou pour mieux dire, auilir le combat de deux Monarques, qui au respect du grand & souuerain Monarque n'estoiēt que deux valets, & encore moins. D'où plusieurs veulent tirer, que le nom d'Alexandre est vn nom de bonne fortune. Mais d'autres au contraire, pour monstrer que toutes ces regles sont fallaces, & que le nom d'Alexandre estoit nom infauste, disent que tous les Papes portans ce nom, ont eu des Anti-Papes, & en leur temps y a tousiours eu schisme en l'Eglise, ce qu'ils pretendent verifier par Alexandre 2. 3. 5. & 6. ayant sous ce dernier Alexandre 6. donné charge à Pasquin de publier ce mauuais Distique,

Sextus Tarquinius, Sextus Nero, Sextus & iste:
Semper sub Sextis perdita Roma fuit.

Ne voyant pas qu'ils laissent Alexandre 1. & 4. qui ne sont compris dans leur regle. Et que ces vers, outre qu'ils ne nomment en façon quelconque Alexandre, contiennent vn erreur notable, en ce que le dernier dict, que Rome s'est tousiours perduë sous les Papes qui portoient en leur nom le nombre de 6. Car sous ce nombre il s'en trouueroit vne infinité de bons: & sous les autres nombres peut-estre de plus dangereux que n'estoient tous ces quatre Alexandres: outre plusieurs qui ont pris le nombre de 6. sous lesquels tāt s'en faut que Rome ait esté perduë comme ils disent, qu'au contraire ils l'ont mieux garantie & plus releué son authorité que iamais. Tesmoin ce qu'on dit qu'Innocent 6. ne voulut iamais souffrir, que ses officiers missent la couronne Imperiale sur la teste de Charles IIII. qu'il n'eust iuré de ne faire seiour ny à Rome ny en Italie, qu'autant qu'il plairoit à Innocent. Qui monstre la

Sabellique li. 9. c. 14.

puissance que les saincts Peres auoient sur les Empereurs, les faisant eslongner d'eux quand bon leur sembloit. Sur quoy vn Historien de nostre temps n'a peu taire, que le Petrarque qui florissoit en ce temps-là, escriuit au Pape Innocent fort arrogamment & licentieusement, qu'il ne le trouuoit pas bon; voicy les mots de son histoire: *Indignabundo animo miratus est, quænam ista superbia esset, principem Romanum publicæ libertatis auctorem libertate priuare, vt cuius esse debent omnia, ipse non sit suus.* Mais il ne faut tenir cette bizarrie qui semble estre és noms ou prins ou imposez, soit qu'elle nous vienne de Nature, soit de Fortune, pour establissement certain.

Car bien que les Ferrarois disent que leurs Ducs de Ferrare, qui portent le nom *D'EST*, *Nel mistero di quel nome promettono l'eternità d'el gouerno*: Si est-ce que les accidens nouueaux qui leur sont suruenus depuis nagueres, les ont contraincts d'adiouster, *Quanto però d'eternità puo darn' il mondo.* Veu qu'outre les tremblemens de la terre, qui ont autrefois secoué bien rudement leur ville, & la riuiere du Pau, qui gaste tous les iours vne grande partie de leur territoire; le defaut de masles (parce que Ferrare est vn des fiefs de l'Eglise) a donné occasion à nostre S. Pere Clement VIII. qui estoit Lieutenant de Dieu en terre, leur ayant osté la ville & Estat de Ferrare, de leur faire auouer qu'il n'y a que Dieu seul qui est au Ciel, qui puisse porter en effet le nom *D'EST*: Tesmoing la responce de Moyse, lequel respondit aux Hebrieux Exode 3. lors qu'ils luy demanderent qui est-ce qui l'auoit enuoyé vers eux, *QVI EST misit me ad vos.* (dict-il) non pas que ce ne soit encore, & autant que iamais, vne tres-grande & illustre famille, & qui de tout temps, & mesme à present a eu de grands & notables personnages; me ressouuenant de la vertu & splédeur de ce grãd Cardinal *D'EST*, que i'ay veu autrefois à Rome protecteur des François: mais c'est pour monstrer que la vraye maison *D'EST*, c'est celle de Dieu, cõme la seule qui se peut glorifier de iouyr de l'Eternité.

<small>Aucuns le nomment *D'Este.*</small>

Surquoy est merueilleusement à propos contre les Ferrarois communement infestez du tremblement de la terre, ce que dict Seneque. *Quid cuiquam satis tutum videri potest, si mundus ipse concutitur, & partes eius solidissimæ labant?* Et à ceux qui de frayeur s'enfuyent hors des lieux qui y sont subiects. *Quis illis promittit melioribus fundamentis hoc aut illud solum stare? Omnia eiusdem sortis sunt; etsi nondum mota, tamen mobilia.* La Nature n'a rien produit à condition d'estre immobile ny eternel. La Destinee ne faict que rondoyer: que si au premier tour elle semble laisser eschapper quelque chose, elle le reprend au second ou au tiers, pour monstrer à ceux qui se promettent choses eternelles, que *Idipsum supra quod stamus, stabile non est.* C'est pourquoy on a blasmé l'Empereur Theodose d'auoir mesme appellé Rome ville eternelle: comme si c'eust esté vne habitation celeste ou le manoir des Dieux: veu que la voulant priuileger & exempter de toutes charges, il fit vne constitution, dans laquelle il lascha ces mots vn peu trop releuez *Excepta æterna vrbe, quam ab huiusmodi munere reuerentia propriæ maiestatis excusat.* Qui sont des mots qui ne peuuent conuenir à Rome l'ancienne & à tant de ruynes, qui si souuent ont bouleuersé son eternité de fonds en comble, & effacé le lustre de sa Majesté; bien est vray & tres-certain que l'Eglise Romaine & le chef d'icelle iamais ne manqueront. Que s'il falloit dire son aduis de la certitude des euenemens, par les noms & par les nombres, & rechercher la raison pourquoy on void souuent que sous mesmes noms, en pays fort esloignez, se font choses du tout semblables (comme des Autheurs & anciens & modernes ont tres-clairement verifié) quand bien ie serois si mal sensé, (ce qu'à Dieu ne plaise) que de vouloir outrepasser la creance de l'Eglise Romaine: si voudroye m'en tenir à l'aduis de Plutarque, plustost que de tout autre, qui dit, Qu'encore qu'il aduienne souuent en diuerses regions & en diuers temps des accidens du tout semblables, il faut referer le tout à la Fortune.

L. 3. c. Theodo. de collat. donatio.

Car soit (dit-il) qu'il n'y ait point de nombre arresté ny certain des euenements qui peuuent eschoir, la Fortune a matiere assez plantureuse & ample, pour produire des effects qui s'entre-ressemblent. Ou que les cas humains soient compris en nombre determiné, il est force qu'il arriue souuent des accidens du tout pareils, attendu qu'ils se font par mesmes causes & mesmes moyens. De mesme pourra-on dire des accidens qui aduiennent en mesme pays, en mesme temps, entre mesmes personnes, & en mesmes occasions, qui neantmoins sont du tout dissemblables. Mais le meilleur est d'en referer les causes & raisons à la seule toute-puissance, & prouidence de Dieu.

Mais parlons vn peu de la bizarrie des affaires du monde, & comment la mort se conuie au bal, & à nopces, & se trouue presente à nos plaisirs, lors que vray-semblablement il nous semble qu'elle en soit la plus eslognee. Il me souuient qu'estant à Tholose, enuoyé pour estudier, ie fus voir vn iour quelques Damoiselles de la ville, lesquelles me menerent en visite assez pres de leur maison: ie fus tout estonné que tout aussi-tost se presenta vn violon, lequel nous conuia à dancer, (exercice ordinaire des escholiers à Tholose) mais ie le fus beaucoup d'auantage, quand ie vis à vn coin de sale vn cercueil d'vn homme mort, auec deux chandelles, & de l'eau beniste au dessus. Nous dançasmes toute l'apressoupee, sans que iamais on me voulut dire que c'estoit; ie pensoy que ce fust vne mascarade, ou quelque inuention pour donner du plaisir à la compagnie, veu que ie voyoy tout le monde en ioye, & ceux de la maison quasi plus que les autres. En fin i'appris que c'estoit le maistre de la maison qui estoit mort le mesme iour. Et de faict on l'enseuelit le lendemain auec grande pompe. A la verité on me donna entendre que c'estoit vn bon vieillard, qui auoit languy si longuement dãs vn lict, que c'estoit ioye singuliere que la mort l'eust deliuré de tant de maux. Mais neantmoins si estoit-il peu Chrestien de faire feu de ioye de sa mort, & dancer, &

H h iij

sauter auec les filles, & enfans de la maison. Toute sorte de gens mourans en vne famille, ne nous peuuent attrister par la mort : elle en faict rire beaucoup plus qu'elle n'en faict pleurer. Pour peu de iours elle tire des larmes des plus proches, mais elle leur donne pour plus longs iours la ioye & consolation de l'heritage, de la viduité, de la liberté, & de toutes autres commoditez des mourans, desquelles il faut que les viuans iouyssent : & chacun à son tour.

   Madame la Princesse de Conty, espouse le tombeau le 27. Decembre 1601. & Madame sa fille espouse vn mary Monsieur le Comte de Soissons en mesme iour, & en mesme maison : & sans mentir, comme i'ay appris de ceux qui y estoient, la mere qui mouroit, tesmoignoit beaucoup plus de ioye, de l'honneur que sa fille receuoit espousant vn Prince, que sa fille mesme qui se marioit; parce que la mort de sa mere luy desroboit presque tout le plaisir. La mort, & Hymenee passoient par mesme porte, & faisoient ensemblement leur feste en mesme iour, & en mesme hostel : c'estoit enseuelir la tristesse, pour receuoir la nouuelle ioye des nopces. Les grands ne respectent la mort.

   Ie vis vn Dimanche de Carneual à Naples l'an 1600. sortir de Castelnuouo vne troupe de Princes, & Gentils-hommes en masque, qui alloient courre la bague, & vne bonne troupe de gens d'Eglise, & Religieux auec leurs croix, & des flambeaux, qui alloient enseuelir en mesme instant vn des Capitaines qui estoit mort là dedans. La mort n'y portoit point de masque. Et tout aussi-tost la course finie, & autres exercices de caualier, le vice-Roy de Naples, son fils, & la pluspart des coureurs s'en allerent aux Iesuites à la station, ayant seulement osté le masque & les habits qui les pouuoient faire cognoistre. C'est la bizarrie de la Mort qui se mocque du Monde, & la bizarrie du monde, qui ne veut entrer en aucune apprehension de la Mort, lors mesme qu'elle est chez luy, &

qu'elle hurte à sa porte. Elle veut aller en concurrence auec nos plaisirs, passer par mesme porte, voire tantost la premiere, tantost la derniere. En toutes festes elle a sa place, voire elle y tient bien souuent le haut bout. Tel pense coucher auec son espouse, qui ne trouue rien que la mort entre ses bras. Tel pense la baiser & l'accoller, qui trouue la mort entre-deux, de laquelle il a assez affaire à se deffendre. En fin au bal, à nopces elle dance la premiere, aux courses de bague, elle est la premiere sur la carriere, & la faict quitter aux meilleurs caualiers. A la Quintaine elle frappe la premiere, & si rudement qu'elle emporte la piece. Au Faquin elle faict faire le Faquin aux Princes & aux Rois, & en ce poinct l'vn na non plus de pouuoir que l'autre. Aux Carrouselles, elle fausse les escus; & à rompre les lances & autres exercices elle a tant de vistesse, que les plus addroits sont contraints de luy quitter le deuant, & de la laisser Dame & Maistresse & des personnes & du champ.

Nature a aussi meslé l'Inconstance & la bizarrie parmy nostre parler & parmy nos discours, ayant donné à l'homme vne action tantost lente & posee, tantost pressee, voire precipitee. Vne voix tantost claire & nette, tantost enrouee & begayante. Vne prolation si incertaine & desreglee, & vne parole si inegale diuersifiee & changeante ; que tout cela meslé auec vne nouuelleté de mots estranges & incogneus, le plus souuent tel parle qui ne s'entend pas luy-mesme. Et neantmoins il n'y a bizarrie ny extrauagance plus ordinaire, ne qui ayt plus de vogue, que celle qu'on void pour le iourd'huy és discours & és paroles : car plusieurs Courtisans (i'entends des mauuais ; veu que ie sçay qu'il y en a de tref-acorts & parfaicts) prennent tant de plaisir en la nouueauté, qu'ils domestiquent & appriuoisent les mots les plus sauuages, si bien que par apres le vulgaire s'en sert. La Noblesse qui porte les armes, se mocque des gens de sçauoir, les accuse & blasme de pedan-

6. Nature a mis de la bizarrie en nostre parler & en nos discours.

Bizarrie fort commune de plusieurs qui recherchent des mots nouueaux, & vsent de nouuelles formes de parler.

tisme, quand elle leur oit lascher quelque mot qui ne luy est familier, croyant qu'il est plustost tiré du college, que de la Cour. Et eux au contraire disent (& peut-estre à bonne raison) que parmy ceux qui font profession des armes plusieurs ayant du tout desdaigné l'estude des bonnes lettres, sont côtraints, tant la nouueauté leur plaist, de mendier des mots des langues estrangeres, mais pourtant communes à veuë de pays, & sans sçauoir comment, ou mesme s'essayer d'en forger en la leur propre, & en tirer de tous mestiers, & principalement de celuy de la guerre, qui est le leur, pour les approprier indifferemment en toutes choses. Si bien que s'ils leur reprochent quelque mot escorché, comme ils disent, du Latin, les autres leur en reprochent plusieurs qui sont escorchez de l'ignorance, au dire mesme de la Noblesse, qui a tant soit peu de iugemét ou cognoissance des lettres. Vous les verriez quand ils ont commencé vn propos, qu'ils prennent la trauerse d'vne grande & longue disgression : si bien que par fois d'vne chose qui se peut & doit reduire en vne briefue responce, ils font vne longue Chronique. Vous les verriez monter au Ciel, & par apres tout d'vn coup retomber en terre auec vne telle confusion, qu'ils feroient beaucoup mieux de se tenir au langage ia receu, qu'au nouueau mal inuenté. Ils prennent leur butte si haut, qu'on ne la peut voir. C'est pourquoy ie leur donneroy volontiers l'aduis d'Aristote, qui dit qu'on doit parler comme le plus de gens parlent, & au contraire, qu'il faut estre de l'aduis qui est suiuy & approuué de moins de gens. Parce que parmy la conseruation des hommes, & en la diuersité des choses, & des pays, si nous-nous faisions vn langage à part, on ne pourroit ny nous entendre, ny conuerser auec nous : au lieu que les bons aduis & conseils des sages sont ordinairement singuliers & les moins suiuis ; parce qu'estant rares & excellents, ils sont les moins entendus du commun. En fin, si l'homme de guerre, ou courtisan, appelle celuy de robe longue ignorant, ou luy donne du pedant, l'autre luy repro-

Il est beaucoup meilleur de se tenir au langage receu & approuué, qu'au nouueau mal inuenté.

Arist. au 2. des Topiques. Il faut parler côme le plus de gens parlent.

La poltronnerie est à l'homme guerrier, ce qu'est l'ignorance à celuy qui fait profession des lettres.

reproche que bien souuent il diroit s'il osoit, ce qui eschappa vne fois à vn gend'arme couard : car la poltronnerie est en l'vn, ce que l'ignorance est en l'autre, *Egli è il diauolo* (disoit-il) *à esser solo dentro vn armatura, & hauer la testa serrata dentro vn Elmo.* C'est le diable que se trouuer sans courage emprisonné dans du fer ; combien de gens qui font les vaillans, se mirant en la lueur de leurs armes, voyēt à clair la vileté de leur courage ? la vaillance est pour le iourd'huy si artificielle, que la pluspart ne veulent combatre, pour espargner & les armes & la peau. Et neantmoins (c'est la coustume) les plus beaux mots sont en la bouche de ceux qui ont moins de courage. Iules Cesar est honnoré, pour auoir porté en son temps l'espee, dont il combattoit à dextre, & la plume dont il escriuoit à senestre ; l'armet en teste, les liures au sein ; & pour s'estre couuert du sang le plus vermeil de ses ennemis, & s'estre pareillement descoré soy-mesme d'encre, & couuert ses amis de sang noir, qui sont ses faicts memorables, & exploits genereux, qu'il nous a laissé par escrit dans ses Commentaires : les deux professions meslees ensemble ne sçauroient apporter que beaucoup d'honneur. Ie trouue fort notable le dire de celuy qui parlant des nobles qui portent les armes, & des mauuais courtisans, dit qu'ils employent leurs meilleures annees & presque toute leur vie à parler correct, & ne songent iamais vne seule heure à corriger leur vie. Et contre ceux de la robe, il dit qu'ils disputent auec leur Aristote & leur Logique, de la raison, & neantmoins bien souuent ils en perdent le sens, & leur raison naturelle. Car la pluspart deuiennent plustost fols, que sçauans. Et comme dit l'Italien, *Pigliano à nolo le scienze, e vi lasciano in pegno il ceruello.* Mais le pis est, que telle la vie, tel est le langage. Et nul ne peut estre babillard, que premierement il n'ait beu toutes ses hontes. Car comme chacun a vne certaine action qui se rapporte à sa parole, aussi le langage suit les mœurs & se forme à nostre maniere de viure ; tellement que sans la langue l'ame seroit comme prisonniere

Les Rodomontades sont plus cōmunemēt en la bouche des lasches que des vaillans.

On cherche à parler correct, & nul ne songe à corriger sa vie. Plusieurs cherchant la science, perdent le sens.
7. Le langage & le parler d'vn homme descouurent entierement sa vie.

TABLEAU DE L'INCONSTANCE ET

& ne pourroit maiſtriſer l'homme, ny iouyr du bien de la conuerſation commune, ne pouuant conferer, ſe communiquer, ny faire entendre que fort mal-aiſément. L'ame & le cœur ſont en l'homme, comme les Rois en vn Eſtat, qui donnent la loy; mais la langue eſt la trompette qui la publie. L'ame & le cœur ſont les veines de la ſanté & de la maladie, mais la langue eſt le pouls qui bat, & l'indice qui deſcouure la bonne ou mauuaiſe temperature. Et pour mieux dire, du licencieux parler naiſt la licence du faire.

Quelle doit eſtre la parole d'vn homme ſage.
C'eſt pourquoy la parole d'vn homme ſage, ainſi que la vie, doit eſtre poſee & raſſiſe. Et ſi vne Republique ſe deſbauche, le langage effeminé deſcouure la diſſolution. Si

Toutes les formes & ſortes de parler & prononcer ſont icy exprimees.
bien que le Stoïque reprend Mecenas Cheualier Romain, de ce qu'il auoit autant d'affeterie & de vanité en ſon parler, qu'en ſon equipage, qu'en ſa ſuitte, qu'en ſa maiſon: de ce qu'il affectoit l'obſcurité, qu'il auoit vn langage d'homme enyuré, vne parole enueloppee, extrauagante & licentieuce. Apres que l'eſprit humain (dit-il) s'eſt accouſtumé de deſdaigner ce qui eſtoit en vſage, & que les choſes ordinaires luy puent, il va chercher auſſi vn nouueau langage, r'appellant & pouſſant derechef en veuë les mots rouillez de vieilleſſe, & tous ſurannez; puis il en forge de nouueaux, & en regratte des incogneus. Il

Langage obſcur.

Langage ou parler lent & tardif.
Le tardif s'imprime mieux dans l'entendemét que le trop viſte & precipité.
ne faut pas que le langage tombe comme mot à mot, ne qu'il coure; bien qu'vn mot qu'on attend, prend plus aiſément place en l'ame, que celuy qui eſt prononcé trop viſte. Qu'il ne tire pas l'oreille, qu'il ne la rompe pas auſſi, d'autant que le parler deffaillant, entr'ouuert & maigre, ne peut arreſter celuy qui eſcoute & qui s'ennuye, voyant moins de plein que de vuide. Comme auſſi ceſte roulerie de langue n'eſt maiſtreſſe de ſoy-meſme, ny bien ſeante à vn homme graue, qui doit aſſeoir ſes mots, non pas les ietter comme par deſpit. Il n'eſt non plus à propos ne bien ſeant de ſe mignarder exceſſiuement, ny s'abaiſſer trop

Langage mignard & affetté.
curieuſement. Car ceux-cy marchent à cloche-pied, & ceux-là prennent vn vol trop haut. Quant à la compo-

sition des mots, aucuns approuuent celle qui est aspre & rude, troublans tout exprés vn propos qui coule doucement; vne periode ne leur est pas bonne, si elle n'est scabreuse, ils l'estiment masle & hardie, si elle frappe fort l'oreille. Les autres au lieu de parler, semblent chanter; aucuns pensent se faire valoir en parlant à demy, & coupant tellement les propos, que celuy qui escoute ne sçache que penser, vsant d'vn langage court & ambigu, où il faut plus entendre qu'escouter: d'autres ne se plaisent qu'à allonger & estendre leur discours. Quelques-vns se retiennent & se taisent, qui est vne maniere qui leur semble auoir ie ne sçay quoy de grand. Il faut prendre garde, qu'au lieu d'vn vertueux silence, ce ne soit vn vituperable ammutement: car contre plusieurs Philosophes qui faisoient ainsi les maiestueux, & se tenoient en quelque grauité de silence, on disoit que c'estoit pour n'auoir à rendre compte de leur ignorance, n'ouurant la bouche pour n'esuenter les poulmons, & affamer les machoires. Il est bon que la langue ayt la bride, & non le cadenat & & le seau. Et puis que la bouche est l'entree & l'issue de l'ame, il la faut ouurir & clorre à propos, pour receuoir & rendre les sages aduis & responses, quand besoin est, sans y mesler aucun autre artifice. Le temps, pere de la discretion, est celuy qui distingue toutes choses, & qui parmy tous nos discours, voire en tout le cours de nostre vie, bat la mesure, & nous marque l'heure pour parler, pour chanter, voire pour souspirer. Il faut qu'vn discours vole à tire d'aisle, toutesfois auec mesure; que ce soit vn fleuue coulant tousiours, non par vne rauine d'eaux incontinant assechees. Ainsi quand les hommes se plaisent à vn langage bastard, il faut tenir pour certain que les mœurs y sont deprauees. Ciceron dict que Socrates souloit ainsi ratiociner, *Qualiscunque animi affectus esset, talem esse hominem. Qualis autem ipse homo esset, talem eius esse orationem; orationi autem facta similia, factis vitam.* Et ne se faut esbahir, si ceste corruption plaist autant aux plus Grands, qu'à la populace: car

De la composition des mots.

Du langage court & enigmatique.

Le langage bastard abastardit les mœurs.
Cic.l.5.Tuscul.

les grands & les petits en ce poinct ne sont differents que de robe, ou d'habit.

Il ne faut s'estonner si la Nature a faict l'homme bizarre, puis qu'elle l'est elle-mesme.

Or tous ces exemples nous tesmoignent qu'il ne faut s'estonner si la Nature a versé sur l'homme tant d'inconstance, de vanité, d'ineptie, de cruauté, d'inhumanité, & de bizarrie, soit en ses mœurs, soit en son parler, puis qu'elle mesme s'est monstree si muable, diuersifiee & bizarre en ses productions, ayant fait & produit plusieurs choses, & en faisant tous les iours, desquelles la raison est incognuë à l'homme. Que si les plus sçauans Philosophes, qui s'essayent de trouuer la cause de tout ce qui est produit par la Nature, vouloient rendre raison de tout ce que nous auons deduit cy-dessus, & d'vne infinité d'autres traicts semblables; ie me crains que leurs raisons seroient plus vaines & sauuages, que ne seroit la chose mesme dont ils voudroient rendre raison. Et puis que la Nature voulant former des hommes, fait par fois des bestes qui courent dans les forests; voulant former des femelles, voire les ayant desia faites & esleuees, changeant de sexe elle les tourne en masles en vne nuict & en vn moment. Qu'elle fait des hommes qui parlent incessamment, d'autres qui sont muets, & d'autres qui pouuant bien parler, sont neantmoins presque tousiours en silence. Aucuns bien sensez, & d'autres du tout hors de sens. Aucuns doux, debonnaires, & vrayement hommes, d'autres cruels, desnaturez, & ne tenant rien de l'homme que la forme. Il faudra referer à Dieu, & à sa prouidence le mystere des choses, & beaucoup d'icelles à sa permission. Et lors que quelqu'vn aura vescu si sainctement, qu'il se sera rendu digne d'en sçauoir le secret, il pourra dire au souuerain Createur en signe de louange & remerciement, ce que luy souloit dire autrefois ce grãd Roy & Prophete, *Incerta & occulta sapientiæ tuæ manifestasti mihi.* Attendons donc à les sçauoir de celuy qui sçait tout, & ie m'asseure que lors qu'il les nous aura reuelees, nous verrõs clairement, que la raison de tout ce qui se manie en cet Vniuers, n'a pour la pluspart autre raison

Psal. 50.

que sa Toute-puissance, sa Prouidence & permission qui ont ainsi tressagement voilé en l'homme la cognoissance des choses, ou la raison & cause d'icelles, parce que bien souuent il nous est plus vtile de les ignorer, que de les sçauoir.

Mais quelqu'vn parauanture me dira, qu'en ce discours ie mostre & taxe l'imperfection & misere de la Nature, en ce qu'en plusieurs diuers traicts & manieres elle se monstre inconstante: & reprens les humeurs & bizarries de diuerses personnes, tirees de leur naturel. Et neantmoins il semble qu'à la fin i'attribue tout cela à la sapiéce & prouidence de Dieu, qui est tout autant comme si ie disoy ouuertement que Dieu fust autheur de toutes ces imperfections & inconstances: veu mesmement qu'il est luy-mesme le facteur de la Nature. A quoy ie responds & à semblables obiections, que de ce qui est du peché, Dieu n'y met pas la main, ny n'en est l'Autheur: ains le peché vient de nostre seule & propre volonté. Quant aux autres choses où on recognoist tant d'inconstáce & mutabilité, cela vient de la propre nature & condition des creatures, & non pas de l'imperfection de Dieu. Car c'est chose certaine (& laquelle tresbien & auec euidente raison enseignent & preuuent les Theologiens) que Dieu bien que tout-puissant, ne peut faire vne creature, laquelle soit de sa propre & intime códition & nature impeccable, & non subiecte à inconstance & changement: veu que cela conuient à la seule infinie grandeur & bonté de sa diuine Majesté. D'où s'ensuit que des imperfections de la Nature nous venons en cognoissance de nostre misere, & esleuős nos cœurs au desir du souuerain Bien seul vrayment constant parfaict & accomply de tout ce que toute sorte de creatures pourroyent desirer.

TABLEAV DE L'INCONSTANCE.

Que l'Inconstance passe en folie, & fait bien souuent tomber l'homme en sens reprouué.

Discovrs IIII.

1. La folie est le premier & le plus haut degré de l'Inconstance.
2. Il y a deux sortes de fols; aucuns le sont de naissance, ou d'accident, & d'autres le sont par humeur & opinion corrompue.
3. Preuoyance contre la folie.
4. Coustume peu Chrestien-ne des Grands qui veulent auoir des fols en leurs maisons.
5. Qu'il y a des grandes fourbes és rauissemens & ecstases, si bien que l'Eglise desire de grandes preuues, auant croire qu'elles soyent accompagnees de la grace de Dieu.

IL semble que nous-nous escartions de nostre subiect : car de sauter de l'inconstance & de l'impatience à la folie, on diroit que leurs discours ne se suiuent aucunemét; toutesfois suiuant nostre premiere instruction, la chose doit aller ainsi. La Folie est vne espece d'Inconstance, voire c'en est comme la quinte essence, & le plus haut degré, veu que les marques de la Folie sont plus notables,

La Folie est le premier, & le plus haut degré de l'Inconstance.

& ses fautes plus lourdes, bien qu'elles soient parauanture par fois plus excusables. Or que la Folie soit vne espece d'inconstãce, Ciceron l'a publié haut & clair, quand il dit, *On a pensé que la Folie estoit vne certaine inconstance desnuee de santé.* Et Seneque se plaignãt de ce que quelque mauuaise humeur, qu'il appelle indifferemment ores folie, ores inconstãce, nous tient tousiours en bransle, si bien que toutes nos actions ne sont regles certaines d'vne vie parfaicte, ains simples commencemens de regle, monstre que l'inconstãce qui nous tient ainsi en ces incertitudes, n'est autre chose qu'vne vraye folie. *Inter cætera mala* (dit-il) *hoc quoque habet stultitia, semper incipit viuere. Considera quàm sit fœda hominum leuitas, quotidie noua vitæ fundamẽta ponentium, nouas spes etiam in exitu inchoantium. Maximum indicium malæ mentis fluctuatio.*

Cicer. au 3. des Tuscul.
La Folie est vne espece d'inconstance au dire de Ciceron.
Sen. Ep. 13. & 121.
Insaniam censuerunt, inquit, inconstantiam sapitate vacantem.

Mais pour mieux recognoistre que c'est, il me semble qu'il me le faut vn peu rechercher de plus loing: car il y en a de tant de sortes, que si nous en voulons croire les plus ingenieux, comme ont esté les Philosophes, il y en a en chacun de nous quelque petit grain & semence, si la maladie n'y est toute entiere: si bien que la Folie est comme vn mal commun & de race, qui est tousiours quand & nous: mais la sagesse comme vn bien fort rare n'y arriue que comme vn passant, ou pauure estranger, parce que *il male è sempre in casa nostra, ma il bene ci capita forestiero* (dit-on communement.) Tout est plein de fols, disoit quelqu'vn des Anciens. Il n'y eust iamais grand esprit, qui n'ait eu quelque once de folie, dit Seneque, l'ayant emprunté d'Aristote. Il n'y a homme au monde, qui soit à toutes heures en son bon sens, dit Pline. Et est chose si aisee de deuenir fol, que *Vn matto ne fa cento*, dit le prouerbe Italien.

Il y a en chacun de nous quelque grain de folie.

Stultorum plena sunt omnia. Cicer. epist. lib. 9. ad Petum.

Seneq. 2 t. tr. du rep. de l'esprit.
Pli. li. 6. c. 40. de son hist.

Ce que plusieurs ont tiré en autre sens, & fort à propos, quasi comme voulant dire, que ceux qui s'amusent à descrire les folies d'autruy, souuetefois deuiennent fols, & font folie eux-mesmes. Ce qui se trouue souuent tres-veritable : car il n'y a plus grande sagesse, ny plus vtile au monde, que d'endurer la folie d'autruy; veu qu'autrement il aduient, que pour ne la vouloir endurer nous la faisons nostre; d'autant que cet amusement seul est vne espece de folie.

La difference qu'il y a entre le fol & le sage.

Nous dirons donc qu'il se trouue pour le iourd'huy si peu de sages, qu'entre celuy qui est communément tenu pour sage, & le fol, n'y a autre difference sinon que l'vn faict ses folies à couuert, & l'autre à descouuert. En quoy le fol a cet auantage qu'il fait les siennes en se iouant, au lieu que celuy qui semble & fait du sage, fait tout à bon escient ; la folie de l'vn est comme naturelle, & en l'autre elle est par humeur, capricieuse & comme par dessein, & partant moins curable. Et neantmoins encore qu'il y ait tant de fols, chacun pense estre bien sage: car le plus beau & heureux partage que Dieu ait faict, est du bon sens & entendement, veu que chacun en pense auoir assez & se contente du sien. Mais pour euiter la confusion, en laquelle nous ietteroit la seule varieté des noms, nous en ferons seulement de deux sortes: sçauoir est des fols naturels, qui le sont de naissance, ou d'accident ; & des fols par opinion & par humeur, qui ne laissent pas de faire d'aussi grandes folies ou plus, que ceux qui sont fols tout à faict. Car de particulariser les fats, les niais, les resueurs, les lunatiques, les demoniaques, les furieux il ne seroit iamais iour. Aussi les mots Latins ne respondent nullement aux François. Car (*Fatuus*) semble estre beaucoup plus que (*Stultus*.) Et à rebours en François vn fat, ou vn sot, est beaucoup moins qu'vn fol. Tesmoin ce que dict Afranius, *Ego stultum me esse existimo, fatuum esse non opinor*. Et Ciceron disoit, *Vt hominem stultum magis etiam infatuet*.

2 Il y a deux sortes de fols, de naissance ou d'accident, ou des fols par humeur & opinion depraue.

Les mots Latins de Stultus & Fatuus, ne respondent pas à ces mots François, sot & fat.

Le nom de fol parmy nous est le grand nom, par lequel on designe toute sorte de folie.

Cicer. lib. 2. de diuinat. Non omnis error stultitia est.

Quant à nostre nation elle est si accoustumee à la folie, que parmy nous c'est comme le grand nom, duquel elle nomme tout le reste: encore qu'il y ait quelque difference entre la folie & l'inconstance: car Ciceron mesme me disoit que toute inconstance, ou erreur n'estoit pas folie.

Mais cette recherche n'est-elle pas trop hardie & presomptueuse, de vouloir iuger les traicts de folie, & discerner les sages d'auec les fols? Et puis que i'en veux faire la decision & le iugement, seray-ie point compris sur le rolet d'Anacharsis? qui s'estant trouué en vne assemblee de peuple à Athenes, dict qu'il s'esmerueilloit, qu'és consultations & deliberations des Grecs, les sages proposoient les matieres, & les fols les decidoyent; aussi dira-on de moy, que mes decisions & differences sont des pures folies. Il vaudroit mieux faire comme Democrite, ou Heraclite, rire ou pleurer seulement les folies du monde. Mais ie ne puis faillir d'estre bien escouté, car le subiect est si plaisant & incorporé en la teste d'vn chacun, qu'aussi tost qu'on dit quelque folie, elle est receue auec vne tres-singuliere attention. Les Tarentins deliberant vn iour, s'ils deuoyent appeller Pyrrhus pour leur Capitaine, tant ils craignoyent les Romains, Meton vn des principaux parmy eux, desirant rompre ce coup, ayant mis sur la teste vn chapeau de fleurs tout fené, & en sa main vne torche allumee, comme s'il eust esté yure, & auec vne menestriere iouant de la flute qui marchoit deuant luy, s'en alla en tel equipage dançant iusqu'au milieu de l'assemblee: dequoy les vns se prindrent à battre des mains, les autres à rire; mais tous crioyent la menestriere, qu'elle iouast hardiment, & à luy qu'il sifflast & chantast & qu'il se tirast en auant; il fit semblant de se preparer pour ce faire, mais comme on luy eust faict silence, parlant serieusement: Vous faites bien (dit-il) de ne deffendre point de iouer & se resiouyr à ceux qui en ont enuie, pendant qu'ils peuent; & si vous-mesmes estes sages, vous iouyrez tous tant que vous estes de vostre liberté tandis qu'elle vous dure: car quand Pyrrhus que vous voulez appeller sera en ceste ville, ie vous aduise que vous ne pourrez nullement, veu que vous serez tous esclaues. On l'escouta fort volontiers

C'est vne grãde folie ou temerité, de vouloir discerner & choisir les fols d'auec les sages, ou trier les sages, & laisser les fols à part.

Meton parmy les Tarentins faisoit vn traict de folie, pour faire reüssir vn grand traict de sagesse.

& auec applaudiſſement, croyant qu'vne entree ſi ioyeuſe fuſt ſuiuie de quelque plus plaiſante folie; mais deſlors qu'on recognut ſa ioye conuertie en propos ſerieux, tant s'en faut qu'on le vouluſt eſcouter, qu'au contraire contre ſon aduis on appella Pyrrhus. Ainſi ie ne ſçay ſi au commencement de ce diſcours, comme pour conuocation de tous les fols, & pour eſtre mieux eſcouté, ie dois ſiffler pour les aſſembler comme fit Diogenes, lequel eſtant en la place publique de la ville d'Athenes, diſcourant des choſes graues & ſerieuſes, voyant que tout le monde s'eſloignoit de luy, ſe print à ſiffler & chanter : au moyen dequoy vne grande foule de peuple ſ'eſtant aſſemblee à l'entour, il leur reprocha qu'ils eſtoyent bien prompts à ouyr des folies, mais tardifs à entendre de bons propos. Solon deſirant faire reuoquer auec la bonne grace du peuple vne loy d'Athenes, fit encore mieux ſon effect par ce meſme moyen : car ayant appris par cœur quelques vers qu'il auoit compoſé, il s'en alla vn iour courant en la place, où il aſſembla le peuple, & montāt ſur la pierre des proclamations commença à chanter ſes vers ; & auec la folie contrefaite, il fit reuoquer vn Edict qu'il deſiroit infiniment eſtre reuoqué : contenant que nul ne s'ingeraſt de perſuader à la ville d'Athenes, de quereller la poſſeſſion de l'iſle de Salamine. Ie ne voudrois pourtant ainſi appeller le monde en leur façon, à la lecture de ce diſcours : car pour faire quelque traict de ſageſſe, il ne faut paſſer par le chemin de la folie. Ceſte indecence eſtoit peu conuenable à leur vertu Philoſophique, & du tout contraire à leur fin ; car au lieu d'attraire, elle deſuoye les plus retenus de ce à quoy on veut les conuier. Comme auſſi, ie n'approuue non plus le chemin que Hammon & Pſaphon tenoyent pour ſe faire declarer Dieux. Et ne faiſant nul traict qui en meritaſt le tiltre, ils apprenoyent ſeulement à des oyſeaux à le dire ; il leur ſuffiſoit que leur deïté fuſt proclamee & authoriſee par des beſtes : encore ne les

Diogenes pēſoit mieux aſſembler le monde en les ſifflāt comme oiſeaux eſcartez ou comme fols, qu'en les appellant par diſcretion.

Diogenes faiſoit mal d'appeller ainſi indecemment & conuoquer le peuple en ſifflant.

Il y a des gens qui ſe contentent d'eſtre deyſiez par des beſtes.

declaroyent-ils Dieux que par quelque habitude forcee.

Or reuenant à la folie naturelle, il est certain que nos sens peuuent par les organes mal disposez nous faire voir & sentir leur naturel alteré & corrompu, lors que la fantaisie est pleine de manie, de melancholie, d'amour, de fureur, & autres passions excessiues. Car alors bien aisément nostre esprit se plie à receuoir mille impressions estranges; & en ce temps-là chacun de nous resue, & se chatouille soy-mesme le plus plaisamment qu'il peut: & fort souuent la melancholie, la fieure, la frenaisie, la ialousie nous oppriment tellement l'esprit par des vaines & faulses apprehensions, que la fantaisie en estant chargee, se descharge sur nos sens, dont nostre entendement se trouue non seulement blessé, mais esgaré & desuoyé du tout; ces maladies estant comme apostumes dans le cerueau. Or parmy ceux qui sont fols par naissance ou par accident, les diuerses passions qui leur ont causé la folie, leur ont aussi donné des resueries ou folies plaisantes ou desplaisantes. Il y a des folies plaisantes qui donnent des Empires, des armees, & autres dominations à credit. Il y en a tel qui iette & choisit sa souueraineté sur la mer, comme Thrasilas; qui sur la terre, qui sur l'Eglise, faisant le Pontife & les Cardinaux, comme souloit faire n'aguere vn pauure valet. Si ces gés qui se font ainsi des officiers, estoient en bon sens, on les prédroit pour criminels de leze majesté; cóme fit Neron, lequel contraignit de mourir Sillanus Torquatus, parce qu'il appelloit certains Gétilshommes, desquels il se seruoit cóme de Secretaires, Maistres des requestes & Maistres de ses comptes, parce (disoit-il) que ce sont noms d'officiers d'Empereurs, ou de gens qui n'ont pas de petits desseins. Et que ces desseins couuerts & perfides se poussoient auec des paroles toutes souueraines & absolues; d'ailleurs Neron disoit que Sillanus donnant ainsi profusément le sien, ne deuoit auoir autre esperance d'y fournir, sinon en remuant l'Estat.

Il y à des folies gayes & plaisantes. Athenee li. 12. Dipnosoph.

Tacit c.8. li.15. de ses Annales.

TABLEAV DE L'INCONSTANCE ET

Il y a des fols qui prennent plaisir à effrayer le monde & donner ou faire peur à vn chacun. Les demoniaques & les furieux sōt frappeurs.

Hippoc. lib. de Insania.
D'où est venue la fable des Bacchantes, & autres semblables.
L. apud Liuian. & seq. de Ædil. edicto.
Herodote.
Il y a des furieux qui se decoupent & destranchent eux-mesmes. 3 Des Rois c. 18. Lucian. lib. quomodo scrib. sit histo.
Ceux d'Abdera deuindrent tous Comediens frenetiques, pour auoir enduré trop de chaud oyant vne Comedie.

Il y en a d'autres qui ne s'amusent qu'à espier des occasions pour faire peur, & effraier le monde. D'autres qui sont melancholiques, tristes & desplaisans, comme sont les Maniaques & furieux, lesquels la cholere meslee auec le sang, (comme dit Hippocrate) rend prompts à mal faire & à frapper. Ils sont frequens vers le pays du midy au Royaume de Naples, en la Pouille, en la Calabre, & en Italie vers l'Abrouzze ou pays de Labour. Laquelle maladie vient de ce que certaine rage aboiant à l'entour du cœur, affogue la raison auec l'escume de la fureur. Et de là sont venues toutes ces belles fictions poëtiques des Bacchantes, ou Mimallonides, Corybantes, Galles ou Curetes, desquels parlent mesme les Iurisc̄ōsultes; qui estoiēt des personnes si troublees; que sur la chaude & pendant leur fureur, ils n'espargnoyent à se découper eux-mesmes, & se trencher les pieces que la Nature a donné à vn chacun pour la generation. Comme fit Cleomenes Roy de Lacedemone, lequel entre-autres folies, se découpa auec vn couteau d'vn soldat de ses gardes, depuis la teste iusqu'aux pieds, mais il commença par bas comme s'il se fust voulu desraciner. Les Prestres de Baal & d'Isis ne s'espargnoyent non plus. Et si nous en voulons croire Lucian, il dict aussi que ceux d'Abdera, pour auoir enduré trop le chaud oyant vne tragedie, deuindrent tous Comediens frenetiques, & ne faisoyent tout le iour, que redire ce qu'ils en auoyent retenu.

Ceux de la Floride se disent enfans de la Lune.

Il y en a d'autres qui font vertu de tenir quelque chose de la Lune, comme les Bithyniens, qui montoyent sur les hauts sommets des montagnes pour saluer la Lune, & pour parler à elle de plus pres, & là ils raisonnoyent auec elle tout ainsi que s'ils en eussent deu tirer quelque responce. Mais ils ne se veulent tenir à ses cornes par la folie, ains par origine & par ancienneté : comme ceux de la Floride pour se releuer d'antiquité, se vantent estre nez de la Lune, & les Arcades auant elle. On a voulu appeler ces gens Lunatiques, d'autant qu'ils ne se contentent pas de faire descendre la Lune, & la mettre en la manche comme fit Mahomet, ains ils la mettent dans le plus honnorable siege de l'homme, qui est dans la teste; où occupant leur ceruelle, il ne se faut esmerueiller si la raison n'y peut trouuer place, & si elle deuient cornue. Et c'est pourquoy aussi ils sont extremement disposez à estre demoniaques, d'autant que les diables facilement se meslent parmy les humeurs corrompues, pource qu'elles sont plus propres à faire ce qu'ils veulent, n'ayant le sens bien reglé pour contredire ou resister: qui faict que telles gens sont plus subjects à estre tourmentez du malin esprit, lequel opere selon sa vertu naturelle quand il trouue le subject disposé. Outre que le cerueau comme la plus humide piece de tout le corps, prend son influence de la Lune qui cause ce remuement: & qui brouille les humeurs: & le diable prenant part à ceste domination, prend l'occasion pour troubler la fantasie: ou bien disent les Anciens Peres de l'Eglise, pource que le diable prend plaisir de diuertir les bons effects de la Lune, qui est creature & ouurage de Dieu, & tourner à mal son influence, au preiudice de l'homme pour qui elle a esté creée.

Les Lunatiques sont fort disposez à estre demoniaques.

Ie me suis autrefois estonné de trois ou quatre choses fort communes parmy le monde, qui sont des effects de la folie: la premiere, que les odeurs & parfums trop violents nous font quelquesfois troubler l'entendement, excitant la fieure ou l'Hemorragie, & quelquefois mettent les hommes en fureur; la raison est de ce que ces odeurs fortes frappent & donnent tout à coup dans la mouëlle interieure du cerueau: si bien qu'il faut soigneusement prendre garde que les insensez n'en vsent, de crainte qu'ils ne s'en trouuent aussi mal, que les iuments qui portent le safran ou autres espiceries, lesquelles elles sentent communement, & sont subjectes à tomber en tels accidens.

3. Pourquoy les odeurs nous troublẽt par fois l'entendement.

La seconde, que ceux qui prennent plaisir à ouyr fredonner, & aux diminutions soit de la voix, soit des instru-

Bodin au 4. li. Sect. 5. du Theatre de la Nature.

ments, entrent bien souuent en folie, pource qu'ils esgarent & dissipent ça & là les esprits, & troublent leur repos & tranquillité: & les furieux sont reduits & remis en leur bons sens, par le concert & par la douceur de quelque graue musique composee de notes longues, & non de briefues ou decoupees. Mais quant aux demoniaques, à la verité cela vient plustost de la force ou puissance diuine: car le son ou harmonie naturelle n'a pas telle force de soy contre le diable. Dequoy nous auons vn exemple dans le liure des Rois: car il est dict de Dauid, que toutesfois & quantes qu'il iouoit de la cithre, Saul se remettoit & ne se trouuoit si mal; & le malin esprit l'abandonnoit aussi tost. Comme on tient aussi que le Musicien d'Alexandre, pour faire mettre en quelque furie ceux qui vouloient se renger à table pour prendre leur repas, leur sonnoit quelque sorte de musique particuliere pour cest effect, & pour les remettre & rapaiser leur en sonnoit vne-autre. Et Pythagoras pour donner des songes à ses disciples, leur faisoit sonner de la musique graue, sur le poinct qu'ils alloient dormir.

Vn homme qui a quelque inclination à la folie, & qui a des minutes dans la teste, se trouble aisément quand il entend fredonner, rouler, ou faire des tirades. Et au contraire vn homme qui est tout à fait dans la folie, ou vn furieux trouue quelque repos, quand il oit vne musique qui est graue.

La troisiesme, de ce qu'on laisse aller les fols librement par tout sans estre bien attachez, mesme aux Eglises. Car outre que les fols sont tousiours dangereux, il est à craindre qu'ils ne facent quelque insolence, voire contre le Sainct Sacrement; telle contenance fera vn fol dans l'Eglise & en tel poinct, que les ames deuotes le prendront à scandale. C'est pourquoy tressagement sous le Roy Louys IX. vn furieux & insensé; ayant arraché des mains d'vn Prestre qui disoit la Messe, le Sainct Sacrement de l'Autel, la Cour de Parlement de Paris le fit pendre, sans vouloir pardonner à sa folie: non plus que les Atheniens voulurent pardonner à Atarbez, lequel bien que furieux ils firent mourir, pour auoir foüetté le passereau sacré qui estoit dans le temple de leur Dieu Æsculapius. Comme aussi on ne voulut pardonner à Caboche, homme insensé & comme furieux, de ce qu'il auoit tiré l'espee dans vne

Eglise contre le Roy Henry II. bien que ce fust sans aucun effect, voire sans aucun effort: encore que les loix disent, qu'vn furieux est assez tourmenté de sa propre fureur. Ie sçay bien qu'il y en a de gracieux, & qui dans l'Eglise ont autant de respect que les plus sages: tesmoin ce fol Napolitain du temps du Pape Gregoire XIII. lequel estant allé à Rome ouyr Messe chez les Peres Iesuites à la Nunciade, le Secretain qui a soin de tenir l'Eglise propre, nette, & en silence, voyant vne infinité de villageois, auec des souliers de bois qu'ils appellent *Soccoli*, tous boueux menant vn grand bruit, pria le Napolitain de l'ayder. Ce qu'il fit tres-volontiers. Et de faict s'en estant allé à la porte auec son baston, il leur fit laisser les sabots à tous, promettant de les leur garder sans confusion, si bien que chacun pourroit aisément recognoistre les siens. Mais tout aussi-tost qu'ils furent dans l'Eglise, il en fit vne montagne. La Messe dicte, comme ils veulent sortir, pensant rencontrer chacun les siens, on ne vit iamais tant de rumeur. Le Napolitain arriue là dessus, qui s'escrime si bien auec son baston pour faire silence, que chacun est bien aise de courir aux premiers pour eschapper de ses mains. L'action estoit bonne, & respectueuse, mais il ne s'y faut pas fier la seule crainte de quelque grād malheur, voire du seul scādale: fait que les remedes & precautiōs qu'on y apporte, ne peuuēt estre que tres-iustes & legitimes. Car qu'est-ce qu'on ne doit craindre d'vn hōme qui n'a l'entendemēt bien rassis? les fols, dit quelqu'vn, ont au dehors force respondās. Tellement que si pendāt quelque petit interualle, ils se contraignēt & mettent cōme en prison leur folie, pour tesmoigner en apparēce & faire voir quelque petit traict de sagesse, incōtinant les respondās le font sortir de ceste prison, & le mettant dehors luy font battre aux chāps. Il n'y a rien de paisible en la folie (dit vn Philosophe ancien) autant est-elle effrayee dessus que dessous, chaque costé luy tremble esgallement; les dangers trompent bien souuent le fol, toutes choses l'estonnent,

& pouuons dire qu'en aucune sorte d'occasion il n'est iamais prest, ains par fois le secours mesme luy faict peur, *Auxilia securitatis in metum transeunt*. Le mesme Napolitain fut aussi plaisant de voir mettre quelque police au passage du pont Sainct Ange, qu'il auoit mis de silence en l'Eglise de la Nunciade : car passant vn iour sur ce pont, voyant rouler tant de monde d'vn costé, & les autres aller à rebours de l'autre, s'estant appuyé sur son baston assez longuement pour les contempler, s'esueillant tout d'vn coup, dict comme à demy en cholere, *Non posso patire questa cosa*, & haussant son baston cria tout haut à ce grand monde qui passoit, *ò tutti in su, ò tutti in giù*. Si bien qu'il frappoit de tous costez pour les faire aller tous d'vne part. Il faudroit bien d'autres gens qu'vn fol pour empescher la liberté de ce passage, car ie croy qu'vne fois le iour tout Rome passe par ce pont. En voicy vn traict bien plus estrange d'vn homme qui en apparéce sembloit estre plus sage que le Napolitain. Vn Gentil-homme de ce Royaume assez cogneu pour ses humeurs capricieuses, voyant vn President d'vne Cour de Parlement, qui en temps de contagion alloit comme vn chacun faict, se serrant le nez & la bouche auec vn Citron, ou vne esponge trempee dans du vinaigre, pour chasser le mauuais air, le prend à force, & luy ayant osté la main de dessous le nez, luy dit qu'il estoit trop delicat & timide, & qu'il falloit qu'il courust fortune comme le reste du menu peuple, & de faict trouuant par occasion le chariot des pestiferez qui passoit par là, le chargea sur les corps morts quelque resistance qu'il sceust faire, chacun craignant ses approches ; & le mena droict au Palais : mais laissons-le auec sa folie contagieuse, & reuenons à la quatriesme chose qui nous a autrefois tiré en admiration.

Vn Gentil-homme mena par force vn President au Palais sur le chariot de la peste.

4. Coustume peu Chrestienne des Grands d'auoir des fols en leurs maisons.

C'est vne mauuaise coustume & peu Chrestienne que nous auons en France, & presque par tout ailleurs, que la pluspart des Princes & grands Seigneurs ont vn fol, & les Dames vne fole, chacun cherchant des fols de son espece

&

& de son sexe, pour se les faire aussi domestiques comme la folie leur est familiere & commune, la Noblesse moyenne prenant cela pour marque de quelque certaine grandeur. Car quel entretien peut auoir vn Prince en des humeurs si confuses & esgarees? Ie sçay bien qu'aupres des Rois & Princes on faict souuent caqueter les fols pour dire, & descouurir ingenuement la verité, & faire rougir de honte ceux qui font les sages, qui font semblant de ne l'oser dire par discretion. Ie confesse que leurs actions estant contraintes, & leur seule langue libre, ces libertez & plaisantes rencontres peuuent estre en quelque saison agreables & à propos; neantmoins par fois elles sont bien aussi desplaisantes.

Mais pourquoy faut-il qu'vn sage homme ait vn fol? (dict Seneque) Tu sçais qu'Harpaste la fole de ma femme est demeuree pour charge hereditaire en ma maison: de ma part ie ne vois tels monstres qu'à regret, & si quelquefois ie veux auoir mon passetemps d'vn fol, il ne le faut aller chercher gueres loing, ie me ris de moy-mesme: ceste fole a perdu la veuë, ie te vay conter vne chose incroyable mais vraye, elle ne pense pas estre aueugle, de fois à autre elle prie son Gouuerneur de la mener dehors, disant qu'on ne voit goutte en la maison. Quant à ces fols qui mordent, qui ruent, & qui empeschent qu'on ne s'approche de leur maistre, qui peut asseurer que par fois l'orage de ces saillies ne tombe sur ce mesme maistre? car il ne les peut iustement improuuer sur soy, puis qu'il les tolere sur autruy. Or ces foles humeurs d'vne ceruelle disloquee & démanchee, ne sont elles-pas plus propres pour se faire regretter, que pour bouffonner & dõner du plaisir? Ce n'est pas tout, car si vn hõme est recognu en toute la Cour auoir vn grain de folie, ou y auoir tant soit peu d'inclination, il est tellement veillé qu'on l'en faict bien-tost deuenir tout à faict. Il me souuient auoir veu de mon temps que la ville de Tholose ayant enuoyé en Cour vn de leurs Capitouls, pour negotier quelque affaire d'importance, le feu Roy

Que les fols malfaisans reculent bien souuent les gens d'honneur de l'oreille du Prince.

L l

Henry III. luy commanda de le venir trouuer sur le soir, il s'y presenta, mais ayant rencontré Sibilot, qui frappoit rudement par tout sans recognoistre, il se retira sans parler au Roy, & comme le lendemain le Roy luy reprocha de ce qu'il ne l'estoit venu trouuer, suiuant ses commandemens, il repartit franchement qu'il n'y auoit pas manqué, mais que sa Majesté auoit aupres de soy vn fol si outrageux, qu'vne infinité de gens d'honneur qui auoient à negotier en Cour, en estoient reculez & ne s'en osoient approcher: le Roy au lieu de s'offenser se prit à rire, sçachant qu'il disoit vray, l'ayant veu assez pres de luy, & estant bien aise que quelque occasion pour lors l'eust diuerty, n'estant sur l'heure peut-estre en commodité de l'expedier, & luy fit faire promptement sa depesche. Henry V. Roy d'Angleterre fit donc bien prudemment, de chasser tous les fols & folastres de la Cour, qui l'auoient mesme suiuy auant qu'il paruinst à la Couronne, pour en approcher les gens sages & entendus és affaires d'Estat. Mais passons a d'autres choses parauanture encore plus estranges.

Les furieux ont de faulses & dangereuses imaginations.

C'est vne merueille que les furieux croyent voir d'autres hommes & d'autres animaux que ceux qu'ils voyent, & en ce trouble ayant perdu cognoissance, ils ne se soucient de frapper ou tuer indifferemment qui que ce soit, comme Agaué & Athamas tuoient & poursuiuoient leurs enfans, estimant assommer quelques bestes sauuages; & Hercules tua sa femme & ses enfans pensant occire Lycas tyran de Thebes. Les pensees d'vn fol ne se peuuent bien exprimer: mais ie trouue que ce fol ne nous representa pas mal sa folie quand il disoit.

C'est vn Chaos que ma pensee,
Ores m'abysmant dans vn fonds,
Qui m'eslance ores sur les monts,
Me poussant comme elle est poussee,
I'ay mill' peintres dans le cerueau
Tous songes de mes frenesies,

Qui grotesquent mes fantaisies
De feu, de terre, d'air, & d'eau.

Il y a aussi de ces ames Stoïques, qui se pensent sequestrer par l'extrauagance de toutes affections humaines: mais ie ne trouue nulles actions si foles que les leurs. Bien qu'à la verité i'estime ces fols & leur folie plus supportable qui se tourne contre eux-mesmes, que ceste autre cruelle de certains fols melancholiques, & maniacles, frapeurs, mordants, & mal-faisans. Artemon fut si douillet & pusillanime, qu'il auoit peur de s'eschauder en tous affaires, redoutoit toutes choses (iusques aux moindres) si follement & superstitieusement, qu'il n'osoit gueres sortir de sa maison ny de son siege; ayant ordinairement sur sa teste vn casque soustenu par deux seruiteurs, de peur que rien ne luy tombast dessus qui le peust offenser. Ie croy qu'il auoit ouy parler de l'Aigle qui laissa tomber sa Tortue sur la teste d'Æschile: & quand ses affaires le forçoient de sortir hors sa maison, il se mettoit dans vn petit lict, & se faisoit ainsi porter suspendu bien pres de terre, de peur que s'il arriuoit à tomber sa cheute ne fust dangereuse.

Il y a des gēs qui pensent se recommāder par extrauagance.

Delicatesse & pusillanimité d'Artemon.

Il y a beaucoup de gens qui sont plus fols par opinion, que d'autres ne sont par effect, & leurs folies plus preiudiciables. Car les actions d'vn fol ne peuuent rien sur autruy si on veut, veu qu'on les peut euiter; mais les folies qui gisent en opinion & qui deriuent & s'executent de soy-mesme, celles-là sont presque ineuitables & dangereuses. Vn fol de qui les opinions ne font mal & ne portent preiudice qu'à luy-mesme, sont beaucoup plus tolerables que les autres. Qui n'auroit eu pitié de celuy qui estant perché sur vne branche, ne pensoit la couppant faire mal qu'à la seule branche, croyant la cheute d'icelle, & n'apprehendant la sienne? Et ne fut-il pas encore plus plaisant fol, quand estant aduerty par vn passant, que s'il continuoit à couper il tomberoit infailliblement, ne laissa de continuer & de cheoir se fantasiant que celuy qui l'auoit si veritablement aduerty, fust quelque deuin ou sorcier? ne sçachant que les choses naturelles ont en leurs operations des consequences du tout necessaires. Il estoit d'humeur contraire à certains fols, qu'on dit auoir le don de prediction, & de la bouche desquels nous tirons comme d'vn Oracle la certitude des choses aduenir. Comme on dit d'Amaril, lequel voyant que le Roy François son maistre, auoit demeuré long temps à consulter par où il deuoit entrer en Italie, luy dit en fort bon sens, tout fol qu'il estoit, qu'ils auoient bien consulté par où il deuoit entrer, mais non par où il deuoit sortir. Aussi les Anciens officiers & ministres des faux Dieux, n'estoiét estimez ny prisez, si on ne leur voyoit tourner la ceruelle comme fols ou furieux, l'assemblee du peuple prenant leurs fureurs pour inspirations, & leurs responses pour Oracles. Comme pareillement on voit bien souuent, que les songes des fols sont autant de rencontres à demy veritables, pour le moins plus certains que de ceux qui ont l'esprit plus deslié & arresté; parce que les fols l'ont vuide de cogitations & de soucis. Tout ainsi que nous voyons les oiseaux & les bestes despourueus d'entendement presager les orages & les pluyes, ce que les hommes aidez de la raison ne sçauroient faire. Et n'y a point de doute que les fols & les frenetiques, bien qu'ils ayent leurs imaginations confuses & en desordre, n'ayent en leur frenesie, & les furieux en leur fureur, des eslancements & pointes d'esprit, qui leur font bien souuent desgoiser des choses auec autant d'heureux rencontre, que si quelque esprit Prophetique, s'il est loisible de parler ainsi, les leur auoit annoncees; non pas qu'és personnes bien sages ne se trouuét aussi parfois des rencontres qui ont quelque sens veritable. Et c'est à l'aduature pourquoy Mithridates fit vn liure des songes de ses cõcubines, tant il les trouua significatifs. D'où on peut voir, que si mesmes des songes de ceux qui ont quelque sens, on peut tirer par fois quelque verité

Dict notable d'vn fol au Roy François premier.

Pourquoy les songes des fols font des rencontres à demy veritables.

Plut. en la vie de Pomp.

& forme de prediction, qu'on peut aussi par fois tirer le mesme des resueries d'vn fol. Cōbien a-on veu de malades attaints d'vne fieure chaude, predire infailliblement leur mort? Neātmoins pour tout cela ie ne veux dire qu'il faille s'arrester aux songes, ny mesme des sages, & bien moins des fols. Mais ce que j'en ay dict, c'est pour monstrer l'inconstance & varieté des accidens.

Ie voudrois pouuoir penetrer iusques au dernier degré de la haute folie, & descouurir le secret d'où elle procede, parce qu'il y en a, qui ont voulu tirer la premiere folie tout dés le commencement du monde, & l'attribuer à Eue qui fit la plus grand folie qui fut iamais, mangeant ce fruict prohibé : depuis laquelle transgression, ils disent que nous auons tousiours accompagné cette folie de tant d'autres, que nous sommes maintenant tous fols comme de race, & par le vice de nos progeniteurs, en ayant deslors receu comme vne touche. Mais c'est folie de rechercher si haut la folie, ains il sera beaucoup mieux (comme les furieux & les fols ont des interualles du tout necessaires, pource que la folie ne peut agir incessamment, sans corruption du subiect qu'elle violente) que nous donniōs aussi quelque interualle ou trefue à la folie visible, & celle dont les traicts se voyent à descouuert, afin de pouuoir vn peu parler des Ecstatiques, & de ceux qui par fois sont en quelque repos ou silence forcé.

Mais ie n'entends icy parler des ecstases ou rauissemens des ames sainctes, vnies à Dieu : ains des Ecstases phanatiques causez par les Demons ou prouenans de quelque humeur deprauee.

Or ces Ecstases ou rauissemens ont en certaine façon *Des ecstases & rauissemens.* des interualles, qui semblent laisser le corps en repos, & le soulager aucunement pour trauailler l'ame. Mais l'vn & l'autre sont violentez par ce moyen, comme nous dirons cy apres. Donc parmy toute sorte de fols, ie trouue presque ceux-là de pire condition qui s'adonnent ou sont subiects à des rauissemens forcez. Car tels Ecstatiques ne peuuent separer ny congedier les functions de l'ame d'auec les operations du corps, sans force ou malefice. Galien faict differēce du mal caduc & de l'ecstase; mais cela s'entend du rauissement de l'ame qui se fait par malefice (à quoy Chrestiennement ie les veux restraindre) laquelle il nomme folie de petite duree: & Pline croit aussi que ceux qui sont subiects à l'Ecstase, sont troublez de leur entendement. De sorte qu'il n'y a nul doute, que telle sorte d'abstraction des facultez de l'ame, ne soit vne espece de folie, & presque vn traict ou marque de sens reprouué, si bien que qui souffre qu'elle n'vse de ses facultez & functions, par la violence de laquelle on vse enuers elle ou ses organes par charmes, semble comme s'engager à escient à vne mort volontaire, ou pour le moins à vne vie comme fugitiue. Or les sens estans ainsi occupez & forcez par malefice, semblent encore estre plus fugitifs, veu que cet endormissement du corps, & bannissement forcé des functions de l'ame, est odieux non seulement à Dieu, mais encor aux hommes: si bien qu'il seroit besoin, que pour retirer & diuertir tout le monde de si meschantes pensees & propositions, ils fussent effrayez par l'exemple de Hermotime Clazomenien (si Lucian le nous pouuoit auoir donné pour veritable (lequel estant rauy fort souuent en ecstase, par conuention faite auec quelque mauuais demon (comme il est à presupposer) fut si miserable, que ses ennemis guettant le poinct de la peregrination imaginaire de son ame, bruslerent son corps, croyant faulsement que le corps, pendāt cet assoupissement, comme si on luy eust osté son commerce naturel, ne se trouuant animé, ne fust plus corps, ains vne charongne puante, & que l'ame à son retour ne trouuant son ancien domicile, fust punie de l'auoir ainsi malheureusement abandonné. C'est pourquoy le retour feint de ces ames vagabōdes estoit si suspect aux Candiots, qui estoyent en mesme erreur, qu'ils guettoient les Manes ou les ames des hōmes mariez & morts, croyāt qu'apres leur deceds elles reprenoyent leurs corps & al-

Lucianus & Plut. de Dæmon. Socrat.

loyent executer les œuures de mariage auec leurs vefues, dequoy ils estoyent si scandalisez, qu'ils les faisoyent brûler, leur ayant premierement percé la teste auec vn clou. Mais ils se trompoyent lourdement : car l'ame ne peut iamais par ces ecstases estre bannie du corps quant à l'information d'iceluy : ains seulement pour la seule operation des sens, lesquels se trouuent par fois comme liez & interdits pour quelque temps, si bien qu'il semble que l'ame ait abandonné le corps. Ce qui se fait le plus souuent par le ministere ou illusion des mauuais esprits.

Ie ne dis pas & ne veux nier qu'vne ame deuote, qui a par plusieurs annees fait habitude de ne s'occuper à autre chose qu'à prier Dieu, ne puisse auoir par grace speciale des rauissemens & des ecstases; mais c'est chose si rare, que les plus sainctes ames qui soyent en toute l'Eglise Catholique & les plus sçauans ou plus religieux, sont en peine de les bien cognoistre : Toutesfois i'ay veu à Naples vne Religieuse nommee Sor' Orsola, qu'on tient estre descēdue de mesme famille que saincte Catherine de Siene, laquelle depuis trente-six ans a des rauissemens si ordinaires, que dās la ville la chose est tenue pour fort commune. Ie luy vis faire ses Pasques l'an du Iubilé 1600. au mois de Feurier ; & tout aussi tost elle fut rauie en ecstase sans remuer ne pieds ne mains. Ie croyois au cōmencement, tant ie la regardois fixement, la faire mouuoir & changer de contenance; mais il me fut impossible, ains elle auoit tousiours les yeux rians, fichez & clouez en admiration, en forme de femme contente & rauie du S. Sacrement qu'elle venoit de receuoir ; & nous fut dit qu'elle demeuroit en cet estat six heures à chaque fois : nous ne peusmes parler à elle pour ce iour là ; mais le lendemain i'y fus, & trouuasmes le Prince de sainct Agathe qui s'entretenoit de discours saincts auec elle, lequel sçachant nostre curiosité & que nous estions François, nous fit place. Ie luy dis d'abordee, que le bien que nous auions

Qu'il y a de grandes fourbes és rauissemens & ecstases.

Les plus saincts hommes de l'Eglise sont en peine de cognoistre les rauissemens qui viennent de Dieu.

Vne Religieuse nommee Orsola à Naples, à des rauissemens de 5. ou 6. heures par iour, puis 36. ans.

eu de la voir le iour precedent, nous auoit esté tourné en si grand' grace, que Dieu par ce moyen nous auoit garentis d'vne cheute de quelque terrasse d'vne montagne, qui estoit tombee tout sur l'heure pres la porte de la ville; qui nous ioignit de si pres, qu'vn cheual venát apres nous y estoit demeuré presque enseuely, & mesmes des gens s'y estoyent trouuez engagez iusqu'aux genoux. La saincte Dame entendant referer ce bien à sa deuotion & à son merite, & oyant ce mot de Dieu, tomba aussi tost en ecstase, de maniere qu'ayant approché & mis vn bras & la main sur vne petite fenestre par où on a accoustumé luy donner le sainct Sacrement, pour parler à moy; ce bras & cette main demeurerent accrochez comme s'ils eussent esté attachez auec des cloux, dequoy ne m'apperceuant, ains continuant tousiours de parler, ie fus tout estonné que ce Prince me dit que ie ne gaignois rien de l'entretenir: car elle estoit en ecstase. En fin les Dames ses compagnes, estant sur l'heure de dire leurs heures, commencerent à chanter du haut du cœur, auquel bruit elle s'esleua auec la plus grand' ioye qu'il est possible. Et apres auoir dit en son langage, Dieu soit loué; & tout plein d'autres paroles d'exultation & de louange à Dieu, ie luy dis le reste de ce que i'auois à luy dire, comme font plusieurs autres, qui desirant quelque chose de Dieu qu'ils ne pensent obtenir par eux-mesmes, vont requerir ses prieres: & nous fut asseuré qu'elle prenoit le sainct Sacrement 4. iours de la sepmaine, & non plus, parce que ces iours là elle ne mangeoit rien du tout. C'est pourquoy on luy auoit desnié de les faire les autres iours. Elle auoit vne niepce, qui apres son ecstase la couchoit sur vn lict, enuiron sur les six heures du soir, & luy donnoit à manger quelque hachis *& del pan grattato* (qu'ils appellent en ce pays) parce qu'ayant les organes resserrez elle ne pouuoit aualler rien de solide. O bien-heureuse, puis qu'elle fait durant sa vie de sa poictrine vn temple! de son cœur vn Autel! de sa teste vne Cloche, qui ne sonne & ne bruit autre chose que

que le nom de Dieu! tout ainsi que l'Aigle qui produit & tient toussiours dans son nid des pierres qui sonnent! Sa grande reputation fut cause que nostre sainct Pere Clement VIII. l'auoit enuoyee querir quelques anneés auparauant, & la commit à Rome entre les mains du Pere Philippus Nerius fondateur de la Vallicella, homme de tresbonne & religieuse vie, lequel, apres auoir sondé ses actions, & espeluché sa conscience l'espace de sept ou huict mois, dit à nostre sainct Pere pour toute response, que ceste femme estoit douee de grandes graces de Dieu. Et lors qu'il la congedia, afin de l'encourager à continuer, & luy faire gouster de là en auant cette serenité & allegresse, qui sera desormais eternelle, pour tout Adieu luy dit seulement ces mots *Vade, & comede panem tuum in lætitia, quia Deo placent opera tua.* Qui n'est pas vn petit tesmoignage que son ecstase ou rauissement est sainct, & qu'elle est bien ou estoit deslors en la grace de Dieu. Ie sçay bien que les Docteurs de l'Eglise tiennent, qu'il n'y a nulle action pour si heroïque & pieuse qu'elle soit, qui nous puisse donner asseurance que nous sommes en la grace de Dieu. Le martyre neantmoins est celuy qui nous en donne plus de certitude. Mais encore faut-il que ce martyre soit procedé de quelque saincte & deue proposition, desquelles encore l'homme a que douter: outre que le martyre ne confere la grace qui luy est propre, sinon quand effectuellement on a souffert la mort pour l'honneur de Dieu. Tellement qu'on tient que de quelques Saincts, qui ne sont pas morts sous la main du bourreau, quelques grands tourmens qu'ils ayent endurez, soit volontairement, soit par force, l'Eglise n'a accoustumé de chanter ce respons, *Hic est verè martyr, qui pro Christi nomine sanguinem suum fudit. &c.* Mais bien cet autre, *Domine præueniste eum.* Tellement que la creance de l'Eglise semble estre celle qu'on tire de l'Ecclef. 9. où il est dit, Que l'homme ne sçait s'il est digne de haine ou d'amour. Neantmoins les paroles de ce bon Pere, dites apres vne si longue espreuue de-

Le Pere Philippus Nerius, fondateur de la Vallicella, qu'on appelle autrement, Chiesa nuona.

Qu'est-ce qu'il faut afin que le martyre nous rende Saincts.

M m

uant le Lieutenant de Dieu en terre, sont merueilleusement à considerer; veu que mesme durant sa vie, il a rendu plusieurs tesmoignages miraculeux de sa saincteté : & entré autres lors que parlant au Pape Clement huictiesme, & luy voyant la main enflee de la goutte, il voulut s'approcher de luy tout doucement pour luy manier son mal, & que nostre sainct Pere craignant la douleur se mit à crier auant qu'il le touchast : car ce nonobstant il le toucha si à propos, que visiblement & deuant tout le monde la douleur & l'enflure s'en allerent aussi tost. Mais tant de miracles qu'il a fait pendāt qu'il a vescu & depuis sa mort, comme il appert par l'information de sa vie, (aussi est-on apres à le canonizer) feront aisément passer ce traict pour chose fort croyable & commune. Ie lairray donc les ecstases & saincts rauissemēs, de peur de les prophaner pensant les louer, pour reuenir à nos folies; veu qu'il n'en faut parler qu'auec reuerence & honneur.

Traict du P. Philippe enuers Clement VIII.

Ie diray pour la fin le conte du Venitien, qui pour estre fort commun ne laisse pourtant d'estre fort vtile & veritable. C'estoit vn pauure, lequel voyant plusieurs Senateurs de Venise en troupe, s'aduisa qu'il n'y auoit nul meilleur moyen d'en retirer l'aumosne, que de leur enseigner vn secret qui les mist en esperance de quelque profit, & que l'aumosne qu'ils luy feroyent leur seroit rendue auec vn notable interest : si bien que les ayans faits asseoir de rang, il demanda à chacun vn sol, disant qu'il leur bailleroit vn si bon conseil, qu'il vaudroit à chacun *vn par di scudi.* Eux se deffians que ce ne fust quelque sottise, auoiēt vne fois enuie de l'esconduire; mais hazardant ceste petite aumosne sous esperance d'vne excessiue vsure, ce pauure tira incontinant vn peloton de filet de sa poche, & leur en donna à chacun la longueur de deux aunes, & leur dit, *Non v'approssimate mai d'vn matto, fin à questa lunghezza.* Il pouuoit bien asseurer d'auoir fait trouuer le prouerbe veritable, qui dit, *Ch'il pazzo fà meglio i fatti suoi, ch'il sauio quello de gli altri.*

Conseil d'vn fol à plusieurs Venitiens.

Ces bons Seigneurs se prindrent à ce filet, & bien qu'ils regretassent leur aumosne, si ne pouuoient-ils pourtant se tenir de louer l'inuention de celuy qui l'auoit demandee, & qui la leur auoit tiree de la bourse plus subtilemét que s'il leur eust coupee. Et croy qu'ils pratiquerent tres-bien ce conseil : car à mon aduis ils ne s'approcherent plus de ce pauure de la longueur de ce peloton de filet tout entier. Le conseil est tres-bon : car s'acoster d'vn fol & habiter auec luy pour en tenir quelque commerce, est chose trop dangereuse. Miserable condition à laquelle Nature semble auoir assubietti tant de personnes : car bien que tant d'accidens humains trauersent nostre vie, & agrauent & molestent le corps, si est-ce qu'on diroit, qu'ils ne sont pas suffisans pour troubler nostre repos, si encor l'ame mesme par son desuoyement esgaré ne nous affligeoit, rompant l'harmonie & les attaches d'vne si forte conionction. Le grand Dieu tout-puissant nous a laissé de beaux mots sur ce subiect, *In illa die percutiam omnem equum in stuporem, & ascensorem eius in amentiam*. Par le cheual (dit sainct Gregoire) est signifié le corps, & par le cheualier l'ame, qui doit tenir le corps en bride. Or Dieu menaçant de frapper tout cheual d'estourdissemét, ne veut dire autre chose, sinon qu'il tiendra le corps des pecheurs auec tous leurs membres & facultez, lasches, tardifs, & tellement endormis, qu'on ne s'en pourra aucunement seruir ; & menaçant de frapper le cheualier, c'est qu'il enuoyera vne telle folie à leur ame, qu'il la mettra en estat de ne sçauoir gouuerner le corps. D'où nous apprenons qu'vne des plus grands menaces que Dieu ait accoustumé de faire contre les hommes pecheurs, & vn des plus grands fleaux qu'il nous sçauroit enuoyer, c'est la folie, c'est de nous laisser tomber en sens reprouué : car entre autres choses, l'ame ne pouuant regir le corps, ny manier ses operations, l'vn & l'autre perdent le moyen de cognoistre & louer leur Createur. Ne seroit-ce donc vne grand' folie de dire, que la folie ne soit la plus forte & grande inconstance, à laquelle l'homme puisse estre obligé par l'imperfection de sa nature? y a-il rien de si incõstant ne si esperdu qu'vn fol, qui n'a ny regle, ny entendement, ny conduite, ny discours; qui en toutes ses operations hesite au commencement, ne cognoit le milieu, & est aueugle en la fin? Au lieu que l'hõme sage voit en tous affaires la fin dés le commencement: parce qu'il desire perpetuellement mesmes choses, & r'appelle tousiours ses sens à la raison. Le sage a le cerueau paué de plomb, & le fol de plume & de vanitez: qui fait que bien souuent il n'y a nul autre remede pour le guerir que la cadene.

   Hor' tra Chimere, hor' tra pensier dogliosi,
    Hor' ne lacci del vano e finto honore,
   Hor' tra secreti di Natura ascosi,
    Assigon' l'alma, sin che del errore
   Gli vltimi frutti sono le catene,
    Gran rimedio à domar qualunque humore.

La liberté qu'on gouste en la folie, & le contentement que chacun a de se voir libre & non contrerollé de personne, fait que nous sommes en tout & par tout licẽcieux, nous approchant de tant plus de la Nature, que nos actions libres & folastres sont purement naturelles; (i'entends icy la Nature en la façon que la prennent les Philosophes, quand ils distinguent pour parler en leur façon *agens naturale à libero*) ainsi la folie nous estant presque naturelle, les traicts & operations de la sagesse nous sont autant de courucẽs, voire de tourmens. Outre que la folie plus elle nous est naturelle, tant plus nous sert-elle de garant; & à toute sorte d'offense & d'iniure, estre fol, sert au fol de deffense: ainsi viure en toute liberté, sans regle, sans bride, & en vray fol, comme c'est chose en l'homme plus naturelle; aussi, luy est-elle beaucoup plus douce & plaisante, que de voir son esprit troublé, enuelopé en tant de loix & de contraintes. Et afin que ie n'oublie leurs differentes complexions, on tient que les Saturniens songeurs sont subjects à tenir la chambre : parce qu'ils aiment mieux resver que parler. Les Iouiaux, prodigues de toutes choses, sauf de pleurs, offensent & pardonnent volontiers, & sont subjects à rire és plus rudes accidents, parce qu'ils sont aussi esloignez de fascherie que de bon sens. Les Martiaux sanguinaires sont pleins de vengeance. Les Solaires ambitieux courent aux vanitez & à l'honneur, ne rient iamais, & demeurent en majesté. Les Veneriens sont subjects aux passions & tourmens d'amour. Les Mercurialistes aux finesses & aux ruses. Les Lunatiques amoureux de la Lune pour s'esloigner d'eux-mesmes, abbayent apres elle comme si ce fussent ses creatures. Et neantmoins tous ces fols ensemble ont presque cela de commun, qu'ils perdent le plus souuent ceste commodité, que les sages trouuent ordinairement en la solitude, à sçauoir de ne dire rien à personne & ne parler quand ils sont seuls, ne craignant aucun rapporteur pour si bauard qu'il soit : veu que les fols parlent tousiours seuls & se descouurent eux-mesmes.

En fin la Nature, quand elle est mal composee, nous a assez tesmoigné combien elle prise la folie, puis qu'elle l'a logee en lieu si propre pour commander, qui est nostre ceruelle, laquelle les Medecins appellent Membre premier & principal de la vie humaine, le propre giste de l'ame raisonnable, l'instrument & principe de toutes les vertus de l'ame, & Aristote l'esleuant encores plus haut, l'appelle Membre diuin. Et les loix & la police du monde nous ont pareillement tesmoigné, qu'encore que pendant la vie de nos Peres, nous n'ayons que l'vsufruict de la folie, parce que durant icelle ils en iouyssent pleinement, & ne nous laissent iouyr que des plus courtes folies qu'ils peuuent : si est-ce qu'apres leur deceds ils la nous laissent en toute proprieté, & comme tresbien a escrit l'autheur de la folie, *Arist. l. 12. Hist. Anim.*

Se la pazzia mancasse senza herede,

TABLEAV DE L'INCONST. ET INST. &c.

De gli Iurisconsulti stà deciso,
Che l'huom' ab intestato gli succede.

Quand la folie meurt sans faire testament, l'homme luy succede *ab intestat*.

Laissons donc tous les fols Anciens, enfermez auec leur Dieu Serapis dans le téple, que les Ægyptiens luy auoiēt basty, & taschons à trouuer lieu pour les nouueaux, & les autres qui se font estimer fols, pour auoir des humeurs & opinions deprauees, & essayons s'il y aura quelque moyen de les enfermer. Si mieux nous n'aimons les enuoyer boire de l'eau de ce fleuue Cosco en Sicile, ou en ceste ville de Cosco en Pamphylie, habitee seulement par gens creux & organisez, & qui ont la ceruelle vuide comme tuyaux. Aussi bien est-il raisonnable de les trier, & tirer hors de la compagnie des hommes sages magnanimes, & constans. On separe les Lions, qui seuls ont les os fermes solides & massifs, des autres animaux, & les tient-on pour superieurs en force & magnanimité par dessus tous les autres qui les ont caues, creux, & venteux. C'est pourquoy ils sont tenus parmy eux comme Roys, & se iouent d'eux comme des Rois font de leurs fols. De mesme sera-il tres-à propos de separer & discerner nos fols, & ces gens qui ont la ceruelle creuse, & les os caues & venteux, de nos Lions qui sont les grands hommes sages magnanimes, & constans Rois des peuples, & de l'Vniuers, & qui se iouent des gens qui ne sont bien sensez, comme nos Princes, & les Rois font à la pelote des parasites des bouffons & des fols.

TABLEAV DE L'INCONSTANCE ET INSTABILITÉ DE TOVTES CHOSES.

Que l'Inconstance ayant peruerti nos sens, corrompt & altere nostre raison & nos opinions.

DISCOVRS V.

1. Ascauoir-mon si lors que les sens corporels sont corrompus, l'entendement l'est aussi.
2. L'humeur cruelle de Sylla ne se peut attribuer qu'à ceste espece de folie, qui vient par humeur.
3. Les Republiques mesme, & les peuples chauffent bien souuët de ces foles opinions.
4. Belle inuention d'Hippocrate, pour guerir la folé humeur d'vn hōme qui croyoit n'auoir point de teste.

'INCONSTANCE ayant trois branches ou degrez, l'impatience, la bizarrie, & la folie ; la folie en estant le supreme degré & la plus haute branche, laquelle nous auons desia distinguee en deux rameaux: sçauoir l'vn en celle qui est naturelle ; l'autre en celle qui vient par humeur & caprice ; pour bien sçauoir qu'est-ce que Folie, qui vient par humeur & opinion capricieuse & corrompue, il est raisonnable de dire vn mot de ces Academiques, qui nous ont laissé tant d'opi-

1. Si les sens corporels peuuent corrompre l'entendement.

nions incertaines; & ſçauoir ſi l'entendement peut eſtre
ferme ſans le miniſtere des ſens.

<small>Plut. en la vie de Luculle.</small>

<small>Ciceron eſtoit de la nouuelle ſecte des Academiques.</small>

<small>Ciceron eſtoit de la ſecte de Pyrrhon, qui tenoit que toutes choſes eſtoient incertaines, mais leur incertitude eſtoit trop generale.</small>

<small>Bodin au 4. liu. ſect. 9. du Theatre de la Nature.</small>

L'ancienne & nouuelle ſecte des Academiques a eu de grands perſonnages, pour chefs & aſſerteurs de ſes opinions. Lucullus eſtoit de l'ancienne, qui auoit pour defenſeur le Philoſophe Antiochus. Ciceron eſtoit de la nouuelle, adherant de Philo & de Carneades: & de faict il blaſmoit ceſte vieille opinion des Academiques, que l'homme peut comprendre quelque choſe certainement & aſſeurement: & en a faict vn liure contre Lucullus. Ciceron eſtoit donc au nombre des Sceptiques, & de ceux de la ſecte d'Ariſton, Pyrrhon, & Herillus, qui auoient raiſon en beaucoup de choſes de ſouſtenir qu'il n'y a rien de certain que l'incertitude, veu que les principes des plus certaines ſciences ſont pluſtoſt inſtructions & enqueſtes, que deciſions ou arreſts: & que ceſte incertitude de noſtre iugement venoit de la foibleſſe & imperfection de nos ſens. Mais ils ſe ſont eſſayez de paſſer vn peu trop auant, voulant enuelopper toutes choſes ſous la generalité de l'incertitude, & dire que tous les ſens eſtoient deceptifs; partāt que les notions qui nous venoient par leur moyen, eſtoient pareillement douteuſes, deceptiues & faulſes; & ainſi rien ne ſe pouuoit comprendre qui fuſt certain. Ce qui eſt notoirement faux par leur propoſition meſme: veu que s'ils ſçauent que rien ne ſe peut ſçauoir, par conſequēt quelque choſe ſe peut ſçauoir; tout ainſi qu'affirmer, qu'on ne peut rien affirmer, eſt vne eſpece d'affirmation: de maniere qu'encor que nos ſens puiſſent eſtre deceptifs, & que pluſieurs choſes ſoient incertaines pour ne nous eſtre repreſentees, que dans le foible & faux miroir de leur imperfection, ſi eſt-ce qu'il ne faut dire pour cela, que toutes en general le ſoient; veu qu'il y a beaucoup de choſes qui ne nous paſſent par les yeux, ny par les oreilles, ny meſme par aucun ſens exterieur; voire les plus importans myſteres, qui ſont ceux de noſtre ſalut & tout ce qui giſt en foy & creance; qui ne lairroient pourtant d'eſtre

cer-

INSTAB. DE TOVTES CHOSES, LIV. II. 141

certaines & bien confirmees en nous-mesmes, quand bien tous nos sens exterieurs viendroient à nous deffaillir.

Reste donc maintenant à sçauoir si l'entendement, bien que les organes corporels, & les sens fussent corrompus, peut raisonner, discerner le vray du faux, mediter & contempler ; & si la corruption des sens n'induit pas que l'ame soit aussi corrompue. Surquoy aucuns Philosophes modernes ont voulu dire & soustenir, & ie ne sçay si auec autant de verité que d'asseurance que l'ame pouuoit subsister, & se soustenir d'elle-mesme, sans receuoir ne s'infester de la contagion de son domicile, ny des sens qui sont au dedans. Et qu'il soit vray (disent-ils) l'entendement ne tire des sens la perfection des sciences, d'autant que la Nature ne peut souffrir qu'vne chose caducque comme les sens, donne perfection à l'ame qui est diuine : voire mesme que l'ame estant separee des sens & du corps, semble alors estre vrayement en son triomphe ; comme se trouuant en sa propre essence : & au contraire ils ne peuuent se maintenir ne triompher sans elle. Qu'il ne se peut faire, que l'entendement separé du corps & des sens, & consideré seul & en soy-mesme, ne soit capable d'intelligence : pource que Nature ne faict rien en vain : or l'entendement seroit en vain en Nature, s'il n'entendoit rien de soy estant separé du corps, dont bien que l'ame soit ou separee, ou suruiuante au corps, elle a desia de sa premiere origine ceste faculté sans aucun ministere des sens. Qu'il est certain puis que les sens sont de faux tesmoins (au dire d'Heraclite) que la faulse representation qu'ils font des choses abusera tousiours l'entendement ; & si mon œil me trompe, le iugement que ie prends de sa veuë necessairement sera mal informé : Qu'vn Archer qui conduit sa fleche & tire à la butte par l'alignement de ses yeux, si leur portee ne s'estend iusques là, iamais ne toucheroit au blanc que par hazard. Vn sourd à peine pourroit ouir le canon ny le tonnerre, ny vn surdastre la douce harmonie d'vn concert qui seroit à trois pas de luy. Et tout de mesme des autres.

1. Asçauoir mon si lors que les sens corporels sont corrompus, l'entendement l'est aussi.

L'entendement separé ou consideré hors des sens, & en soy-mesme, est capable d'intelligence, & seul peut mediter, raisonner & discerner le vray du faux. Les choses que l'entendemét reçoit par les sens corporels seulement, sont presque tousiours incertaines.

N n

TABLEAV DE L'INCONSTANCE ET

Ainsi il n'y a rien de plus certain par leur aduis que nos sens se peuuent tromper. Et pour le monstrer bien clairement, laissons disent-ils, les inuentions & artifices du malin esprit, & des hommes mesme, qui abusant des secrets de la Nature, tournent & conuertissent son abondance & la merueille de ses productions, à mal & à tromperie; tournant en venin la fertilité de tant de biens que la terre nous produict, & que la mer & autres Elemens nous fournissent. Mais considerons nuement nos sens en leur simple naturel, nous trouuerons qu'outre les illusions diaboliques, & outre les desguisemens que l'homme de soy y peut apporter ils sont d'eux-mesmes si disposez à se laisser deceuoir, qu'il ne faut qu'vn petit atome pour les surprendre, & faire iuger vne chose pour vne autre. L'œil qui est le plus noble & comme le Roy de nos sens, peut-estre eludé en son operation, voire du tout empesché par l'obscurité des tenebres, par l'alteration de l'air, par l'esloignement du lieu, par la disposition de l'object, le trouble des humeurs, le transport des especes, le changement des moyens, & la soudaineté du mouuemét, & par mille autres empeschemens naturels & artificiels, vrais & prestigieux, d'hommes & de demons. Quels yeux ne se tromperoient par vn iuste esloignement ? vn geant semble de loing vn pygmee, allez vn peu plus loing, il semble vn petit poinct, vn atome, vn rien; ie dy encor qu'on ne le perdist de veuë. Approchons nostre exemple, appellons les oyseaux de Zeuxis & d'Appelles qui bequetoient ces raisins dans vn tableau comme dans vne vigne, ils vous diront que vos yeux ne sont si clair-voyans que les leurs, & neantmoins souuent ils ont esté trompez. Dequoy l'antiquité nous fournit plusieurs exemples. Comme il y auoit au temple de la ville de Delphes vne petite image de Minerue, d'or, assise sur vn palmier de cuiure, que la ville d'Athenes y auoit donnee, sur lequel les corbeaux trompez alloient tous les iours ronger le fruict qui estoit d'or, & ne cesserent de le bequeter iusqu'à ce qu'ils le firent tomber.

La peinture elude & trompe nos yeux.

Plut. en la vie de Nicias.

Et au theatre de Claudius, les corbeaux faisoient effort de sortir par les fenestres peintes. Et les iumens en peinture ont faict hannir autrefois les cheuaux. La vache de Miron, & le iumient d'Elide estoient si naifuement faicts, que les masles de leur espece leur faisoient l'amour & y estoiét surpris. A quoy on peut adiouster, qu'on a veu bien souuét des tableaux & des statues, qui nous ont non seulement trompez en leur premiere rencontre, mais encor animez, voire passionnez honteusement. Et n'agueres bien que le siecle n'ait plus de Michel Ange, ny de Raphael d'Vrbin, i'ay veu vn tableau d'vn Alexandre faisant peindre Laïs ou Roxane à Apelles, dans lequel y auoit vn autre tableau enchassé si ingenieusement, qu'on eust dict du premier tableau que c'en estoit deux; & quicóque a veu ce portraict eust peu dire en verité, qu'il luy sembloit voir vn peintre qui traçoit vn tableau dãs vn autre tableau; tãt le pinceau, les couleurs, & l'art estoient merueilleusemét & trõpeusement apostez. Et la peinture a mesme souuét troublé nostre deuotion & nos yeux, tesmoin le tableau de l'Annõciation qui est à Lorette, où le Prestre celebrãt la Messe, s'estãt apperceu d'vn chat qui y est peint au naturel, dict à celuy qui l'aidoit qu'il chassast ce chat. I'ay veu à Thurin vn iour de la feste Dieu, sur vn grand theatre esleué en la place du chasteau, vne histoire de la saincte Escriture representee au naturel & en viue peinture, par des personnages la pluspart nuds, dont il y en auoit tel, qui auoit vne espee passee à iour au trauers du corps qui luy faisoit ruisseler le sang des deux costez; le personnage faisant au reste si bien son ieu, qu'accompagnant la perte de ce sang, d'vne certaine palle couleur comme d'vn blessé ou moribunde, tiroit les plus cruels à cõpassion, & les plus ingenieux & asseurez à merueille & admiration d'où pouuoit sortir tant de sang qu'on luy voyoit verser à certains mométs. Il est vray que c'estoit vne represétation muete & sedétaire; car personne ne se remuoit ny ne parloit: c'estoit vn tableau à visue peinture en la vision duquel, & les yeux & le reste des ses estoiét

Bien souuent des tableaux ou peintures, & des statues, passionnent les hommes, ou contraint d'en cacher les parties les mieux faites,

Tableau de l'Annõciation en l'Eglise de nostre Dame à Lorette.

Representation d'vne Histoire de la Bible, par des hõmes nuds & tous en vie.

Nn ij

TABLEAV DE L'INCONSTANCE ET

sinon trompez tout à faict, pour le moins estoient-ils si estonnez & rauis que plusieurs aussi bien que moy, sont encor en esmoy d'en descouurir le secret. Et qui ne seroit pippé à ces belles inuentions de fruicts contrefaicts de cire, de sucre, & autres matieres, qu'on faict si bien en Italie & en Flandres qu'il semble que la Nature en ait vergongne? Ptolomee trompa ainsi Spherus disciple de Zenon, luy donnant des peches de cire peintes au naturel. Or si l'œil qui est l'organe le plus subtil que nous ayons se laisse ainsi tromper, & en mille autres façons plus subtiles, à plus forte raison les autres sens. Car le trop grand bruit fait que nous n'oyons presque point de bruit & assourdit l'ouye: tesmoin ceux qui sont pres l'emboucheure du Nil, qui sont sourds ou extremément surdastres. L'attouchement se corrompt aussi & s'elude par stupidité ou engourdissement d'vn extreme froid, ou chose semblable. Vn pied endormy ne peut cheminer. Et celuy qui aime à boire frais, trouue la froideur commune aussi chaude que du bouillon; & au contraire ceux qui sont au froid de la fieure, trouuent tout froid pour certaines heures. Ainsi les sens exterieurs se corrompent par vn sensible plus fort. Certaines couleurs dissipent la veue, & d'autres la rassemblent. Or si nos sens exterieurs sont aisez à deceuoir, puis que ce sont eux qui influent & informent les sens interieurs. (Car l'œil & les autres passant par l'object present, le portent aux sens interieurs, qui sont deux, sçauoir est, au sens commun qui est l'vn, & du sens commun à l'imagination qui est l'autre, qu'aucuns appellent apprehension sensitiue de l'imagination, elle est portee à l'apprehension intellectuelle; de l'apprehension intellectuelle au iugement; du mesme entendement.) Il faut necessairement inferer, que nos sens interieurs se peuuent aussi deceuoir. Et tenant cela pour notoire, nous pourrons pareillement asseurer que les operations de nostre entendement, & de nostre ame se peuuent encor mieux deceuoir, quand ils se pipent eux-mesmes par la faulseté des sciences.

L'inuention de contrefaire les fruicts est ancienne.

Ce qui meine trop de bruit, ne se faict si bien, ne clairement entendre, que ce qui meine vn bruit mediocre. L'attouchement se trompe par fois.

Puis que les sens interieurs sont informez par les exterieurs, si les interieurs sont trompez, il est force que les interieurs le soient aussi.

Comment est-ce que les sens interieurs se peuuent deceuoir eux-mesmes.

Outre qu'il suffit que l'esprit soit vagant, pour ne prendre les choses qu'il entend comme il faut & en leur vray sens. Car vn esprit distrait ne fiche rien profondement en soy, ains reiette toutes choses, bien qu'elles luy soyent dites & redites, ny plus ny moins qu'vn enfant qui oublie sa leçon, pour ne sçauoir s'arrester, ne ficher son esprit à vn seul obiect. Voyla leurs raisons & les exemples desquels ils se seruent pour verifier leur fausse proposition.

Mais c'est vn erreur notable, de croire que rien ne se peut sçauoir, parce que nos sens (à ce qu'ils disent) se trompent quelquefois ou se peuuent tromper. Car la verité est selon l'aduis d'Aristote, & de tous les Philosophes, que nos sens ne se peuuent tromper ny deceuoir, si les organes sont bien disposez, & les obiects proportionnez & logez en iuste & reglee distance. Ce que l'experience, la raison, la nature des sens, & la droicture & perfection des œuures de Dieu nous apprennent, contre lequel on ne peut dire, qu'il ait donné des sens à l'homme, par lesquels il seroit trompé: ains par lesquels plustost il paruiendroit à la cognoissance des choses, selon le dire de l'Apostre aux Romains, Que les choses inuisibles de Dieu, se viennent à cognoistre par l'intellect, moyennant les choses visibles qu'il a faict.

Ainsi toute nostre cognoissance naturelle a dependance des sens: d'autant que nostre ame, estant la forme du corps, & partie de cette composition naturelle, requiert en ses operations le ministere & les operations des sens. Car bien qu'elle soit immaterielle & immortelle, & que de soy mesme elle subsiste separee du corps: neantmoins veu qu'elle ne peut rien entendre, comprendre ny perceuoir naturellement sans les especes; & que Dieu n'a produit ny creé les especes auec les ames, comme il a faict és Anges: il faut necessairement que l'ame mesme les produise par le moyen de l'intellect agissant. Ce qui ne se peut faire, sinon par le moyen de l'obiect sensible & materiel, qu'elle recoit, dans les interieures facultez materielles du corps, lequel obiet depend premierement des sens exterieurs. Bien est vray que nostre intellect par son discours corrige & redresse les sens quand ils errent. Et encore qu'il soit necessaire que l'operation des sens, & des obiects materiels precede, toutefois pour cela, la science n'est, & ne gist és sens, ains en l'intellect. Et bien qu'elle s'acquiere par le discours d'iceluy, neantmoins c'est premierement par le concours & ministere des sens.

Et quant à ce qu'ils disent, que l'ame separee du corps exerce ses actes d'intelligéce, & inferent de là que l'homme en son intelligence ne depend poinct des sens. Ie responds qu'en cela ils se trompent. Car quand l'ame est separee du corps, & qu'elle entend, il est certain qu'elle se sert du ministere des especes intelligibles, qu'auec l'intellect agissant elle auoit ramassé dans le corps, par le ministere des sens: lesquelles especes intelligibles demeurent comme fichees en elle apres la separation du corps. Et ainsi par le moyen de ces especes intelligibles, la dependance des sens se descouure manifestemét. De maniere que naturellement l'ame separee n'entend rien autre chose, que ce qu'elle a entédu en cette vie. Que si quelqu'vn pense que ces especes ne demeurent en icelle separee du corps, il faut necessairement qu'il confesse, que Dieu influe ces especes en nostre ame par lesquelles elle entend, autrement elle ne pourroit entendre. Or s'il est ainsi cette maniere d'entendre, quant à la production des especes infuses de Dieu, ne sera pas connaturelle en l'ame, ains surnaturelle, quant à la maniere de la production des especes, si les especes sont d'ailleurs naturelles, ou de mesme qualité & condition qu'elles estoyent en cette vie. Que si ce sont especes de choses surnaturelles, elles seront surnaturelles, non seulement quant à leur maniere de production, mais encore quant à leur propre & vray estre.

Donc les iugemens ou effects qui se tirét ainsi lors que nos sens sont deprauez d'vn discours faux, ou d'vne opi-

Pourquoy les folies que fõt les fols naturels, ou ceux qui sont fols par accident, sont plus supportables, que celles qui se font par ceux qui ne sont fols que par opinion, ou humeur deprauee.

nion mal prise, sont veritablement les plus dāgereuses folies qui soyent point. Car elles le sont d'autant plus qu'on les veut appuyer de quelque raison : parce que les folies d'vn qui est fol de naissance, ou par accident, ont sa maladie pour garand & pour legitime excuse ; & veu qu'il n'a l'entendement rassis pour faire mieux, son defaut luy sert d'abolition & de iustification, & ne l'oblige, ains le dispense de la peine. Au contraire vn fol par humeur ou opinion deprauee est de tant plus coulpable, qu'il peut faire mieux s'il veut, & qu'il a assez d'entendement pour suiure le bien & fuir le mal, s'il vouloit bien choisir. Et ne faut croire que la folie qui vient par humeur & caprice nous violente moins que la folie naturelle. Car encore qu'en apparence celle qui vient par humeur, semble laisser le corps en quelque meilleur estat plus tranquille & reposé : si est-ce qu'elle ne laisse de secoüer l'ame & l'entendement, autant ou plus que la naturelle. Et bien qu'on appelle celles qui viennent ainsi par humeur Folies faul- *Faulses folies,* ses, les voulant comme tirer de ces mots du Pseaume xxxix,

Et non respexit ad vanitates & insanias falsas.
Si est-ce que telle sorte de folie ne laisse d'estre plus grande, & en certaine façon moins curable, que celle qu'on croit estre la vraye & formelle, parce qu'elle est volontaire ; comme la cecité & surdité de ceux qui ne veulent ne voir ne ouyr. De sorte que ces mots de faulse folie, signifient que cette espece de faulse folie, qui gist en la faulse opinion qu'vn chacun veut prendre capricieusement de chaque chose, agrandit & rehausse la chose, & en faict le defaut plus grand. Tout ainsi que ce mot faulx ou faulse, appliqué à d'autres subiects les augmente, au lieu de les diminuer ; comme maladie faulse, signifie vne maladie plus grande que de coustume ; d'autant qu'elle ne va ny ne vient par les accidens ou accez communs. Tout de mesme qu'or faux,

monnoye faulse, & autres semblables. Si bien que la Folie faulse ne marque pas seulement que l'entendement & la raison sont deprauez, mais bien encore la faulse & mauuaise disposition de la volonté, laquelle estant volontairement corrompue est plus faulse, plus forte, & plus incurable que la folie qui est vraye & naturelle.

2. L'humeur cruelle de Sylla ne se peut attribuer qu'à cette espece de folie qui vient par opinion.

Surquoy venant aux exemples, qui ne dira qu'encore que Sylla semble n'auoir esté fol tout à faict, qu'il estoit neantmoins plus qu'inconstant, plus qu'impatient, & plus que bizarre? Car trois mille Samnites & Lucains s'estant voulus rendre à luy, il ne les voulut accepter qu'à la charge qu'auant venir à luy ils feroyent quelque domage & desplaisir à leurs compagnons, & l'ayant accepté à cette condition, ils firent ce qu'ils auoyent promis & s'entretuerent, mourant de leurs propres mains pour eschapper celles de Sylla. Mais il ne leur tint promesse ; car il en fit esgorger six mille & de ceux-là & d'autres, pendant qu'il faisoit vne harangue au Senat. Et ne faisoit que proscrire & tuer ; de façon que Metellus fut contraint luy demander quand seroit la fin de tant de maux, luy disant, Nous ne te voulons pas prier Sylla, de pardonner à ceux que tu as deliberé de faire mourir ; mais bien d'oster de doute ceux que tu es en volonté de sauuer: Si feray (dit-il) & de faict il publia par affiches le nom de quatre-vingts qu'il vouloit faire mourir ; vn iour apres deux cés & vingt, & le troisiesme iour encor autant: disant en pleine assemblee, que c'estoit ceux desquels il se souuenoit, mais que par tout le iour il proscriroit les autres qui luy viendroient en memoire. Au reste le prix de tuer vn proscrit estoit douze cens escus, & la peine de le sauuer estoit la proscription mesme, encore que ce fust vn pere, vn fils, vne mere, ou vn frere, qu'on voulust sauuer : les droicts d'hospitalité, Asyles, & Autels, estoient foibles garants, & trop simples refuges de sa cruauté ; ains il falloit qu'en tous lieux le fils tuast le pere sans respect, & l'esclaue son maistre : les curieux de lire le roolle des proscrits s'y trouuoiét
sou-

souuent eux-mesmes. Il fit semblant de vouloir garder quelque forme de iustice enuers ceux de Præneste, faisant le procés vn à vn, mais cela l'ennuya : & ne voulant se donner le loisir d'y vaquer, sauta bien tost d'vn à douze mille qu'il fit en vne seule fois passer au fil de l'espee. Il en voulut excepter son hoste ; mais son courage desdaigna sa cruauté, ne voulât suruiure à ses Concitoyens, ains mourir quand & eux. L'acte fut merueilleux d'vn qui desirant se desfaire de son frere, le tua, & pour colorer le meurtre, pria Sylla de mettre le mort au rang & nombre des proscrits, comme s'il eust esté encor viuant. Il se declara luy-mesme Dictateur ; & se fit donner abolition du passé, & licence pour l'aduenir de faire mourir, proscrire, côfisquer biens, repeupler villes, en fonder de nouuelles, en saccager & destruire des anciennes, oster ou donner le reuenu des villes à des femmes & personnes viles, à des Comediens, à des Esclaues : donner des pays entiers, voire des Royaumes, desfaire des mariages bien faicts, rauir & oster des femmes à des maris, pour les redonner à d'autres, qui ne les vouloyent pas, faire repudier des femmes à aucuns, pour leur en faire espouser d'enceinctes & prestes à accoucher ; deffendre de demander le Consulat, & tuer celuy qui l'auoit demandé contre sa deffense. Et comme s'il eust voulu proscrire la mort aussi bien que les hommes mortels, & chasser le dueil de sa maison, craignant que sa femme malade ne souillast par sa mort sa bonne fortune & ses prosperitez, il fit diuorce auec elle comme elle estoit aux abois, & la fit (encor viuäte) transporter en vne autre maison où elle mourut bien tost. C'estoyent des humeurs foles & enragees ; mais les poux qui le firent mourir estoyent encor plus enragez, veu qu'ils le mangerent, & à luy & à ses humeurs : il estoit donc fol d'humeur s'il n'estoit fol naturel. Car d'appeller ses cruautez & tant de traicts qu'il a faicts, simplement inconstances ou bizarries, le nom est foible pour exprimer de si monstrueuses saillies.

Sylla fit mourir douze mille hommes pour vne seule fois.

L'hoste de Sylla ne voulut tenir la vie d'vn homme si cruel.

Cruauté d'vn hôme enuers son frere.

A Pompee

Insigne traict de cruauté de Sylla enuers sa femme malade.

Sylla estoit fol, & comme on dit, fol & enragé.

Ie donne aussi le nom de folie qui vient par humeur, à la saillie que fit Curtius, se precipitant ainsi dans ce trou puant qui se void encor à Rome. Car celuy est fol qui pour ayder vn autre d'vne chose incertaine, s'employe à se rompre le col luy-mesme. La louange ne se doit achepter à ce prix. Aussi aucuns le content autrement, & disent que c'estoit vn trou plein d'immondicitez, lesquelles venant à secher au grand chaud de l'Esté, il s'engendroit certains petits animaux, lesquels mourant rendoient vne grande puanteur ; si bien que les oracles ayant respondu que ceste contagion ne pouuoit cesser, qu'on ne iettast dans ce trou la plus precieuse chose qui fust dans Rome, Curtius vn iour de parade, bien richement vestu pour assister à certains jeux, voulant forcer vn cheual furieux sur lequel il estoit monté, le poussa si rudement, que le cheual courut par toute la ville sans se pouuoir arrester; & se trouuant deux ceruelles en vn mesme subiect, d'vne mesme matiere, & d'vne mesme humeur, aussi fols l'vn que l'autre, ayant rencontré le trou, tous deux se precipiterent dedans. Les Romains voyans la folie, ordonnerent que l'histoire & le bruit commun destourneroit le conte de cet accident de l'infamie à l'honneur ; si bien que depuis en ça chacun le conte auantageusement pour Curtius. Si mieux on n'aime dire le mesme que Plutarque, lors qu'il conte que Brutus fit trencher la teste à ses deux enfans : on ne sçauroit (dit-il) assez louer ny assez blasmer cette action ; car ou c'estoit vne excellence de vertu, qui le rendoit ainsi courageux, ou vne violence de passion qui le rendoit insensible : cet acte tenoit de la diuinité, ou de la brutalité; neantmoins il semble estre plus raisonnable que le iugement des hommes s'accorde à sa gloire, que la foiblesse de ceux qui le iugeront face de croire sa vertu. Mais il n'y a que trop de mauuaise & fole humeur en cette action, de quelque biais qu'on la puisse prendre, veu qu'il ne falloit se precipiter, ne gourmander par trop vn cheual vicieux à l'entour des precipices. L'opiniastreté

Plut. in Coriol.

INSTAB. DE TOVTES CHOSES. LIV. II. 146

& rudesse, comme dict Platon, demeure & se retire bien souuent auec la solitude, c'est à dire que ceux qui s'aheurtent obstinément à leurs opinions, & ne se veulent iamais accommoder à autruy, ne pouuans supporter ny humeur ny coustume tant soit peu contraire, voire seulement differente à la leur, demeurent à la fin tous seuls: parce que qui veut viure au monde se doit astraindre & lier aux loix du monde. L'opiniastre & l'impatient ne flechissent iamais, comme ceux qui estiment que vaincre tousiours, & venir au dessus de toutes choses, soit acte de magnanimité & de constance, non pas d'imbecillité & de foiblesse; laquelle pousse hors la plus debile & plus passionnee partie de l'ame qui est le courroux & la cruauté, ne plus ne moins que la matiere d'vne A postume.

Dracule ne pouuoit flechir sa cruauté, car ayant vn iour faict vn bâquet magnifique à tous les belistres & à tous les vieillards qu'il peut trouuer, il les fit par apres jetter tous dans vn grand feu; il vouloit enrichir & renouueller le monde ou le raieunir: d'autant que qui osteroit tous les pauures & les vieux, il n'y demeureroit que les riches & les ieunes. *Festin celebre de Dracule à tous les gueux & à tous les vieux.*

Le Roy Feron aueugle fut aueuglé d'vne pareille humeur. Car pour guerir & recouurer la veüe, estât conseillé par l'oracle, de se lauer de l'vrine d'vne femme qui n'eust faict faute à son mary, ne trouua qu'vne femmelette laquelle il espousa; & de toutes les autres il en fit brûler tout autant qu'il en peut attraper. Il eust eu besoin de trouuer quelqu'vn, qui luy eust aussi librement remonstré sa trop curieuse recherche que fit Democrite à Darius; lequel desirant reuoir encor vn coup sa femme qui estoit morte, luy dict & enseigna qu'elle ressusciteroit, pourueu qu'il mist sur son tombeau le nom de trois hommes, qui n'eussent iamais pleuré la mort de ceux qu'ils auroyent le plus aymé; à quoy Darius se voyant empesché, Democrite luy repliqua, O chetif que tu es! puis que c'est chose cômune que *Herodote. Fole humeur du Roy Feron de chercher sa santé dans l'vrine d'vne sage mariee.*

Democrite se mocqua gentiment de la sote curiosité de Darius, & de la sotise de sa plainte.

O o ij

TABLEAU DE L'INCONSTANCE ET
chacun plaint ses amis, & qu'en l'Asie si populeuse, tu n'as
peu trouuer trois hommes exempts du regret d'auoir perdu ce qu'ils aiment, comme toy, comment as-tu peur
d'estre le seul qui regrette sa femme ? & pourquoy auec
vne perte & plainte si commune entres-tu en cette curiosité, de la reuoir plustost qu'eux la leur ? & s'il eust eu la
cognoissance du vray Dieu, il eust peu dire ce qu'vn

Tertul. de la patience. saint Pere disoit a vn pleurart en faict semblable ; Puis
qu'on est asseuré de la resurrection des morts, pourquoy
t'affliges-tu tant qu'on t'ait soustrait celuy qui doit bien

Profectio est, quam putas mortem. tost reuenir ? Ce que tu penses estre vne mort n'est qu'vn
simple voyage ; pourquoy portes-tu si impatiemment la
mort de celle que tu dois suiure au premier iour ? il n'y a
point d'an de dueil pour l'homme, ains seulement pour la
femme. Pareillement quelle curiosité estoit-ce & quelle
haute entreprinse à ce Roy Feron, de vouloir expier l'a-
mour par le feu, & en tirer les femmes qui ont eu des amis
au preiudice de leur mariage ? ie croy qu'il auoit entrepris

Comparaison du Roy Feron aueugle auec le dieu d'A-mour, qui est aueugle. de vuider la plus grande part de l'Vniuers. La partie sembloit pourtant estre bien faicte, veu que c'estoit vn Roy
aueugle, contre vn Dieu aueugle : mais ce petit Dieu
aueugle fut le vainqueur, car il l'aueugla tant qu'il luy fit
espouser ce petit auorton de femmelette, qui peut-estre
n'auoit faict l'amour comme les autres par faute d'auoir
en soy des qualitez pour en estre requise. Ie m'estonne en-

3 Les Republi-ques-mesme & les peuples chauffent bié souuét de ces folles opi-nions. Plut. en la vie de César. core plus des opinions publiques, foles, & friuoles, & comment elles peuuent estre ainsi receues de tout vn peuple,
que ie ne fay des particulieres que chacun conçoit en soy
& en ses affaires : d'autât qu'il est bien mal-aisé que parmy
tant de gens quelqu'vn bien sensé n'ait le iugement de recognoistre l'abus. Voulez-vous voir la fole opinion qu'a-
uoient les Romains ? Au ieu des Lupercales, plusieurs ieunes hommes couroient nuds par la ville, frapant par ieu &
en riant auec des courroyes de cuir ceux qu'ils rencon-
troyent en chemin : à quoy plusieurs dames de bien
& d'honneur couroyent à force, & alloyent au deuant

leur presenter leur mains à frapper, ayant opinion que cela seruoit à celles qui estoient grosses, pour auoir aisee deliurance; & à celles qui estoient steriles, pour deuenir grosses & fecondes: mais quelle influence ou rapport y peut-il auoir de la main aux parties de la generation?

Ie trouue aussi fort mauuaises ces autres humeurs, qui veulent acquerir reputation faulsement & à la desrobee, & encore reputation qui est au dessus des hommes: comme Empedocles, qui se jetta par humeur au trauers les flammes du Mongibel, croyant qu'elles n'oseroient brusler sa folie: il croyoit par vne action si hardie & si extraordinaire tromper la creance des hommes de son siecle, afin que ne sçachant qu'est-ce qu'il estoit deuenu, on le creust rauy au Ciel comme Romulus: neantmoins comme autrefois on a descouuert Hercules par ses Cothurnes, aussi fit-on les marques & les traits de la folie d'Empedocles par sa Pantoufle, que les Dieux reseruerent comme pour indice de sa temerité. Il vouloit faire monstre & ostentation de son courage pour fonder sa diuinité, & les Dieux firent reserue & monstre de sa chausseure, pour marquer sa folie & son humanité: Et Liuia femme d'Auguste, qui donna dix mille escus à Numerius Atticus Preteur, pour auoir asseuré par mille sermens auoir veu son mary Auguste Cesar monter au Ciel, n'est gueres moins reprehensible, si l'affection qu'elle portoit à son mary ne l'excuse: il faut desirer & pour soy & pour les siens des honneurs non seulement tels qu'ils les meritent, mais encor qui soient purement humains. Demaratus Lacedemonien abusant de la promesse que luy auoit faict Xerxes, de luy accorder tout ce dont il le requerroit, luy demãda qu'il peust aller en la ville de Sardis auec vn chapeau Royal, comme font les Rois de Perse; quelqu'vn luy dit que ce chapeau Royal estant sur sa teste, ne couuriroit gueres de ceruelle; veu qu'encor que Iupiter luy donnast son foudre à porter en main, il ne seroit pas Iupiter pour cela. A plus forte raison ces ambitieux qui courent ainsi à la diuinité, soit pour eux

Fole humeur d'Empedocles.

Dion en la vie d'Auguste sur la fin.
Liuia femme d'Auguste achetoit à beaux deniers contans la creance de la diuinité de son mary.
Plut. en la vie de Themist.
Vn fol qui pense couurir indignement sa teste d'vn diadesme Royal, la porte souuent à descouuert, & monstre que sa ceruelle est esuentee.

Oo iij

soit pour les leurs, sont iustement enseignez (outre que d'ailleurs c'est chose impossible) de ne desirer ce qu'il semble que les Dieux mesme ne leur peuuent accorder. D'autant que quand Iupiter desguiseroit vn fol de sa diuinité, & luy donneroit son foudre à manier; & Phœbus le chariot du Soleil à Phaeton son fils, tant s'en faut qu'ils deuinssent Dieux pour cela, qu'au contraire les instrumens seuls s'animeroient plustost pour se reuolter; ne voulant recognoistre ny faire submission à de si foibles & indignes guides & gouuerneurs: tant la simple Royauté, & beaucoup plus la diuinité, sont choses hautes & importantes en soy, & pleines de grandeur & de poids. Ce discours m'emmeneroit bien loing, & par le droict chemin de la folie, & par ses trauerses, si ie ne m'arrestois moy-mesme.

La folie est comme vn arbre, duquel la tige & le corps se peut iustement appeller la maistresse folie: les rameaux & les branches sont autant de diuerses especes qui en deriuent & s'y attachent. Les Maniacles, les Furieux, les Frenetiques, les Lunatiques, & toutes ces autres sortes que nous auons descrit cy-deuant, en sont. Les effrayez ou espouuantez de quelque effroy violant, vain ou iuste, par faute de constance & de courage perdent bien souuent le sens & l'entendement, & leurs responses monstrent clairement le trouble de leur esprit: tesmoin le Gentil-homme qui apres la route & perte d'vne bataille, fuyant tousiours, comme son valet l'aduertit que son poignal tomboit, il luy respondit qu'il estoit tout poignal; voulant dire que le cœur luy cheoit aussi bien que le poignal. On dit que le sieur d'Aussun se laissa mourir de faim, pour auoir pris l'espouuante côme les autres en la bataille de Dreux; ne pouuant pour son honneur souffrir ceste fuite en foule, en laquelle il fut comme emporté & rauy par force, puis qu'il n'auoit iamais fuy en particulier. Des Presidents és Cours de Parlement s'estans estonnez en la prononciation de leurs premiers arrests, n'ont voulu suruiure à leur honneur qu'ils croyoient auoir perdu par silence & par

Loyer des Spectres. Le sieur d'Aussun en la bataille de Dreux fut emporté malgré luy, par le gros des fuyans, & neantmoins sa vaillance & son grãd courage ne pouuoient luy satisfaire à luy-mesme, ny effacer le blasme d'vne fuite generalle & forcée.

arrest: l'effroy oste le cœur, & l'offroy donne par fois du cœur. Pausanias eut trop d'effroy & prit l'alarme trop chaude, quand il tua sa maistresse Cleonice, estant animé par le bruit & la cheute d'vn chandelier, qu'il tenoit pres de son lict, croyant que ce fust quelque rumeur de surprise & quelque main meurtriere qui le voulust assasiner.

Ie ne veux oublier les desesperez, que ie loge aussi aux branches de cest arbre de folie. Aucuns se perchent sur ses branches par auarice & desespoir de quelque notable profit perdu, d'autres par maladies: l'exemple est commun des Milesiennes, qui auoient vne maladie si forte, que la pluspart entroient en des foles resueries, dont les vnes cherchoient les commoditez de se pendre, les autres de se jetter dans les puits, & demeurerent longuement sans y pouuoir trouuer remede; les maris mesmes ne cognoissant l'occasion de leur desespoir. Pierre Leon Medecin celebre, à demy desesperé de n'auoir peu guerir Laurens de Medicis, se precipita dans vn puits.

Les desesperez se jettent en desespoir par mauuais & faux discours.

Desespoir & folie opinion des Milesiennes.

Paule Ioue & Sannazar In Musæo en ses poëmes.

Les melácholiques & resueurs en sont aussi du nombre, car le sang noir d'où s'engendre cest humeur melancholique, est si mordicant & aspre, que le cerueau qui est le siege de l'entendement en reçoit de l'alteration: le noir symbolise aux tenebres, d'où vient que les melancholiques abbreuuez de ce sang noir, cherchent l'horreur & les lieux escartez où le malin esprit souuent les visite, faisant profit de leur desespoir. Le lieu & le temps font par fois le mal, & s'accomodent à la personne; les tenebres estant cōmunement & par raison naturelle plus propres pour essayer, & se laisser aller à toutes choses indeues que le Soleil, lequel tout honteux de la folie des hommes, qui pour des passions humaines se laissent priuer de ceste riche piece qui seule les distingue des animaux (sçauoir est la raison (leur faict part de la vergongne, enuoyant le sang le plus vermeil au visage pour manifester leurs mauuaises inclinations, & les reuoquer aux bonnes. De façon qu'à tous ces gens malades de ces capricieuses humeurs, il leur faudroit aussi vn Medecin artificiel & capricieux, qui vsant d'vne nouuelle medecine, vsast pareillement de remedes de leur humeur : laissant les remedes naturels pour les maladies naturelles : & trouue qu'Hippocrate auoit raison d'appliquer & charger sur la teste d'vn homme qui croyoit n'auoir point de teste, vn fardeau de plomb, afin qu'il sentist la legereté de son cerueau & la pesanteur de sa folie.

Il y a plusieurs beaux exemples des gens de ceste humeur furieuse. Æsope, pour mieux representer la fureur de Thyestes, donna si grand coup de son sceptre à vn de ses valets, qu'il le tua. C'est vne trop curieuse & trop rude imitation. Et trouue qu'il n'estoit plus imitateur, puis que l'exemple estoit plus furieux que l'exemplaire. Et veritablement & en effect c'estoit vn furieux artificiel, beaucoup plus furieux que celuy qui l'estoit par nature. Il meritoit presque vne pareille fortune, que Vibius Gallus, qui deuint fol & insensé pour auoir voulu imiter & par trop contrefaire les fols : changeant son imitation en nature. L'imitation de la folie qui se faict à dessein & pour quelque bon effect, est au contraire louable, comme celle de Brutus ; à qui il reüscit tres-bien de contrefaire le fol : car par ce moyen il empescha, que les tyrans ne le fissent mourir, & ne prissent garde à luy ny à ses actions : & celle d'vn Meson, lequel estant en l'armee de Pyrrhus, preuoyant que son parti deuoit perdre la bataille, fit semblant d'estre fol, pour plus seurement & auec plus de pretexte conseruer sa vie & son honneur ; & de faict s'estant retiré de l'armee par folie, il se trouua auoir faict vne sage retraicte. Ie ne trouue aussi trop fol celuy qui cognoist la folie, & qui par quelque bonne response la conuertit presqu'en sagesse, ou en galanterie. Comme celle d'vn homme bien sage, qui dançoit la nuict peut-estre par exercice, dequoy quelqu'vn de ses amis l'ayant repris, dit tay-toy frere, qui est

Aux fois par opinion & capricieux, il leur faudroit aussi des remedes faicts de caprice.
Hippocrates lib. de Insania.
4. Belle inuention d'Hippocrate, pour guerir la fole humeur d'vn homme qui croyoit n'auoir point de teste.
Les choses peuuent estre trop imitees & trop naïfuement representees.
Senec. in li. de clem.
Plut. en la vie de Publicola.

Plut. en la vie d'Alcib. & Pyrrhus.
On peut courir vne action suspecte de folie par quelque juste occasion, & mesme vne prudente response peut honorer & courir le deffaut d'vne action qui semble proceder de folie.

tenu

INSTAB. DE TOVTES CHOSES. LIV. II. 149

tenu sage de iour ne sera iamais estimé fol la nuict. Non plus que le fol n'est à blasmer, quand il ne faict rien que ce qu'ont accoustumé de faire les plus aduisez, comme le traict de Tuditan hōme fol & insensé fut estimé le traict d'vn homme bien sage & approuué des Iuges de son tēps, ayant institué par testament son fils heritier; car les Centumvirs estimerent qu'il valloit mieux auoir esgard à ce qui estoit escrit en son testament, qu'à celuy qui l'auoit escrit. *Val. Max. lib. 7. & 8.*

Et le pis que ie trouue en ces humeurs ombrageuses & fantastiques, c'est que la pluspart de ces esceruelez & marmoteux, qui ont vne infinité de minutes & de passades esgarees, si mouuans, qu'on peut dire d'eux qu'ils ont dans la teste ce mouuement de la huictiesme Sphere, qu'on appelle Mouuement de trepidation, ne veulent reuenir à leur bon sens: & se plaisent bien souuent, voire s'entretiennent en leurs gayes humeurs. Plusieurs parlent à leur ombre ou à leur image qu'ils voyent dans l'eau, dans des marbres, ou dans des miroirs; comme on dit de ceste vieille Grecque nommee Acco, qui souloit parler dans vn miroir à son image comme à sa compagne. Et par malheur nostre nation prend vn merueilleux plaisir à les cognoistre; & comme on dict à les cueillir de Lune, & mesme les esueiller pour les tenir en ceruelle; & Dieu sçait apres cela quels bransles-gays ils leur font passer par la teste. Pour moy i'en ay pitié, & veux vn mal extreme à celuy d'Argos, duquel parle Horace, qui ayant esté guery de sa frenaisie, eut tant de regret de la perte & retranchement de ses folies, qu'il s'escrioit à toute heure, *Plusieurs prēnent plaisir d'entretenir les fols en leurs folies, comme aussi plusieurs fols prennēt plaisir d'y estre entretenus.*

Horace, liure 2ᵉ de ses Epistres.

  Ha mes amis, vous m'auez voirement,
  En me sauuant, perdu entierement,
  M'ayant osté d'vne force forcee
  La douce erreur qui tenoit ma pensée.

Ie finiray par ce mot, que la folie qui vient par humeur semble estre la pire & la plus forte maladie de l'ame, veu que les maladies de l'ame ne sont pires que celles du *Plut. au tr. Quelles passions & maladies sont les pires, celles de l'ame, ou celles du corps.*

Pp

corps, sinon d'autant qu'elles trompent bien souuent ceux qui les ont, lesquels ne pensent que ce soient maladies; & d'autant sont-elles pires, qu'elles ostent aux patients le sentiment ou cognoissance de leur mal. Car quand le discours de la raison est sain, il sent les maladies du corps; mais és maladies de l'ame, elle-mesme estant malade, l'homme n'a point de iugement pour discerner ce qu'il endure: ainsi cela mesme qui doit iuger, souffre; qui faict que ceste sorte de folie est incurable, à cause que ce qui la deuroit comme indiquer & faire cognoistre, est le plus interessé. L'homme qui ne sçait cognoistre son vice ou le veut cacher, est du tout hors d'esperance d'amendement. Celuy qui ne se recognoist malade ne peut chercher Medecin, ny accepter aucun remede. Tout de mesme, comment se pourra guerir ny corriger celuy, qui n'est pas seulement incognu & caché à autruy, mais bien à soy-mesme? Souuent és maladies du corps, bien que quelqu'vn ne pense pas estre malade, il en croit pourtant & s'en remet à la suffisance du Medecin. Mais il n'en est pas ainsi és maladies de ceux qui ne se cognoissent pas. Encore que les Apostres sceussent tresbien auec quelle sincerité ils aimoient leur maistre, toutefois oyant le souuerain Medecin qui leur disoit, Vn de vous est malade de l'entendement, & me doit trahir, n'y eut nul d'entr'eux qui ne l'en creut plustost qu'à son propre sentiment: & encor qu'ils s'estimassent bien sains, ils se craignoient pourtant d'estre malades, & commençant à douter de la maladie chacun d'eux dict de soy-mesme pour s'en iustifier deuant le souuerain Medecin, *Numquid ego sum, Domine?* ô humble & vtile cognoissance! c'est la base de la iustification & le commencement du salut du pecheur! c'est la premiere application & remede pour bien guerir, que de cognoistre son mal! c'est le miroir pour voir toutes les saletez de l'ame! Le liure pour y lire toutes nos actions, paroles & mauuaises pensees! C'est vn Secretaire duquel nous ne nous pouuons cacher! C'est le Procureur fiscal qui confisque nos moyens mal acquis, descrie le

Pourquoy les folies, qui viennent par opinion, sont pires que celles qui viennent des fols naturels.

Matth. 26.

mal, & conclud à la mort de toutes nos Inconstances! Puis donc que le commencement de la guerison d'vne maladie, c'est le sentiment qui conduit le patient à chercher ce qui le peut secourir: ou pour mieux dire, celuy qui pour ne croire point qu'il soit malade ne cognoist ce dont il a besoin, refusant ce qui le peut guerir encor qu'il se presente à luy, monstre clairement que sa folie, bien qu'elle ne vienne que d'humeur, est beaucoup plus dommageable, que si elle estoit naturelle.

TABLEAV DE L'INCONSTANCE ET INSTABILITÉ DE TOVTES CHOSES.

Que l'Amour est le propre giste de l'Inconstance.

DISCOVRS VI.

1. Les Italiens sur toutes les autres nations, ont esté les maistres de l'amour.
2. L'amour est vne folie, qu'aucuns ont essayé de guerir par art.
3. Que les hommes subiects à l'amour, ne peuuent discerner vn vray corps d'auec vn corps supposé.
4. La plus grande folie qui soit en amour, c'est la ialousie.

E discours de la folie qui vient d'amour, semble nous esloigner du tout de celuy de l'Inconstance; si on ne se ressouuient que cy-deuant nous en auons proposé plusieurs sortes dont la premiere est l'impatience, la seconde la bizarrie, la troisiesme la folie. Ainsi la folie est le plus haut degré de l'Inconstance: traictant donc de la plus grande & supreme folie, qui est l'amour, c'est tout autant que soustenir, que l'amour est la plus

grande & supreme inconstance.

Mais deuant que commencer mon discours, ie desire qu'on sçache, que ie prends le nom d'Amour en mauuaise part, comme communement on le prend, puis que ie l'appelle folie. Ce qui est à la verité vne tres-grande misere qu'vne chose si noble & si excellente, voire la plus parfaicte de toutes qui est l'Amour, entendu selon la nature & acte de l'ame, par la malice & mauuaise application des hommes soit prise pour folie & supreme inconstance. Or donc que l'Amour prins en ceste signification soit la plus grande folie & la plus generale, il se void clairement, puis qu'elle infeste attaque presse & les creatures raisonnables & irraisonnables. Et pour le monstrer plus particulierement, nous dirons que l'amour est vn subject si commun qu'on n'en peut meshuy rien dire de nouueau. Car parmy toutes nations (laissant les siecles passez, & ne le voulant prendre si haut) ceste passion est si ordinaire, qu'il n'y a pas vn qui ne se soit mis en deuoir de la faire cognoistre en sa langue. Toutesfois en ces derniers siecles les Italiens & principalement leurs Poëtes ont esté les maistres de l'amour; veu que leurs seules Comedies qu'ils vont si ingenieusement representant parmy toute l'Europe, leurs Academies, leurs Reduits, leurs Concerts, & les beaux exercices que la Noblesse va de toutes parts apprendre & espuiser d'eux, & les Courtisanes qui sont autant d'escholes d'amour, leur donnent facilement cet aduantage; & monstrent assez qu'ils sont plus que toutes les autres nations addonnez à toutes ces folies desquelles l'amour s'entretient, qu'ils nomment plus fauorablement gentillesses. Et toute sorte d'estrangers qui vont voir l'Italie, & mesme la Noblesse, estant par eux instruicte en tous ces exercices, il faut croire que l'amour est vne commune folie & plus que iamais cogneue de tout le monde: quoy que chaque nation le pratique diuersement, les vns auec plus de franchise & de liberté, les autres auec plus de contrainte, les vns plus accortement, les autres plus

1. Les Italiens ont esté les maistres de l'Amour.

L'Amour est vne folie cogneue & pratiquee de toutes nations.

grossierement. Si bien qu'encor que l'Amour soit vn mesme maistre eu esgard à ceux qui le suiuent, si est-il seruy & desseruy en diuerse maniere, tant la diuersité & l'inconstance regne par tout. Et trouue que les rencontres par lesquels on veut diuersifier chaque nation en l'vsage & exercice de l'amour, sont tres-beaux & bien à propos, s'ils n'estoyent vn peu trop auantageux pour ceux qui les ont faicts. Car les Italiens se disent nobles en amour, & appellent les François estourdis; les Espagnols vanteurs; & les Thudesques grossiers; & disent parlant comme chacun vit auec sa Dame, que l'Italien la sert, le François la resiouyt, l'Espagnol l'adore, le Thudesque luy donne. Et à rebours quand chacun d'eux inconstant ou mescontent, changent de volonté & tourne sa robe, que l'Italien discret se plaint, le François prompt & volage l'offense, l'Espagnol superbe la desdaigne, l'Allemand grossier luy redemande ce qu'il a donné. Qui entendroit nos François là dessus, en retrouueroit d'autres aussi forts pour eux.

Les Italiés ont donné des qualitez à chaque nation, mais ils se sõt prins les plus auantageuses.

Mais reuenons à nos folies, & à vn de leurs premiers & plus celebres autheur. Le Petrarque a esté veritablement le plus fol & le plus passionné de tous; ayant si bien releué son amour qu'il a rendu solemnel le iour, l'heure, & le lieu, qu'il s'amouracha de sa Laura, bien qu'il l'ayt seruie vingt & vn an pendant sa vie, & dix ans apres sa mort, sans qu'on sceust dire durant quelles annees il a plus folement & plus inutilement chery cet amour. Car les premiers vingt & vn an, il parla si peu à elle qu'on en a faict vn prouerbe. De façon que pour exprimer l'amour d'vn homme passionné, qui ne voit, ne parle, & ne iouyt, on l'appelle, *Vn amor Petrarcheuole*. Vous pouuez penser puis qu'vn des principaux chefs est si lasche, d'assubiectir ses pensees & toutes les plus belles perfections & facultez d'vne si belle ame que la sienne, à vn amour inuisible, impossible, & ennuyeux, quelle conduite peut prendre le reste des Amants des folies & exemples d'vn tel resueur; qui semble auoir esté si curieux, qu'il s'est voulu informer en

Le Petrarque a mieux descrit ses amours que tout autre Poëte.
Le Petrarque a seruy 31 an M. Laura.

quelle façon les Dieux cheriſſoyent ſes amours: diſant que ſa Laura eſtoit rauie au Ciel, & que les Dieux ialoux de ſon amour ne pouuant ſans elle eſclairer ny les Cieux ny la Terre, l'ont empruntée pour s'en ſeruir. Ie croy que ne pouuant voler ſi haut que ſa Dame, & eſtant forcé par les loix de l'humanité de demeurer en terre pour en cherir la memoire, il euſt faict s'il euſt oſé comme les Egyptiens, qui ſaloyent les corps morts de leurs plus proches & de celles qu'ils aymoyent le plus, & les gardoyent en leur maiſon, les mettant à table comme viuans & comme affamez, les baillant en gage en leurs neceſſitez comme la choſe la plus precieuſe qu'ils euſſent. A mon aduis c'eſt le plus paſſionné amour qui fuſt iamais, & l'exemple le plus choiſi. Car la mort de pluſieurs qui ſe ſont laiſſez mourir d'amour, ne ſçauroit encherir ny enleuer cet aduantage. Il en a faict l'hiſtoire & les contes, & ſi heureuſement deſcrit ſes paſſions luy-meſme, qu'il n'y a preſque homme ſi inſenſible voire incapable d'amour, qui en le liſant n'en ayt quelque reſſentiment. Il aymoit mieux (diſoit-il) ſe trouuer ſous l'ombre du Laurier à Valchiuſa, que ſous les pauillons dorez des Papes qui ſeoyent lors en Auignon, bien que par fois il luy eſchapaſt de dire, que le Laurier qui crie dans le feu (voulant entendre de Laura) ne crioit pour autre choſe, que pour ſe moquer de ſa folie. Mais il ne faut tant s'eſmerueiller qu'il ayt eſté ſi violent en ſa pourſuite, veu que nos deſirs & paſſions amoureuſes ſont ſi fortes, quand elles rencontrent vn ſubject qui s'eſſaye d'en ſouſtenir l'effort, qu'elles troublent le ſens & changent le corps, engendrant en nous des fureurs auſquelles bien ſouuent qui plus inſiſte moins reſiſte: car les facultez de l'ame paroiſſent beaucoup plus quand elles ſont eſmeuës & remuées par quelque paſſion qui les veut maiſtriſer & deſtourner de leur train ordinaire: mais en fin par fois elles reçoyuent vn plus grand coup par la reſiſtance. Le branſle & mouuement d'vne ame Poëtique, meſmement ſi elle eſt

Couſtume des Egyptiens enuers les morts bien eſtrange. Herod.l.1.Bibl.

TABLEAU DE L'INCONSTANCE ET
passionnee d'amour, est d'ailleurs prompt & soudain, & a
quelque inclination à la fureur, laquelle plus doucement
bien que plus follemét les Poëtes amoureux couurent du
nom d'Entousiasme ou inspiration diuine. Et est certain,
que l'humeur d'vn amant est si disposé à la folie, que les
plus sages & prudens qui se rempliffent d'vne si mauuaise
drogue ne peuuent estre maistres d'eux-mesmes. Et comme qui receuroit dans vne place vne trop forte garnison
d'estrangers, seroit côtraint de ceder à la force, & ne pourroit en venir à bout auec ceux de la ville seulement : aussi
qui remplira sa teste de ces volages humeurs & resueries
d'amour, ne pourra que fort mal-aisément les chasser &
s'en desfaire quäd il voudra. Les trenchees d'vn fol amour
sont quelquefois si violentes, mesmes estant conduictes
par l'humeur de quelque fole & malicieuse femme, qu'elles ont pouuoir de changer & alterer tous nos sens, tant
nostre corps porte d'obeissance aux impressions de l'ame,
si fortes que celles-là : & ne peuuët estre si moderees mesme en vne iuste & legitime femme, qu'elle n'eschappe &
forte bien souuent hors des gonds. Et pour en donner
quelque exemple, qui est-ce qui fit pasmer & auorter Iulia, femme de Pompee, voyant des accoustremens de son
mary sanglans, que l'apprehésion de ce sang vermeil qu'elle voyoit au dessus, le prenant comme indice de sa mort?
ceste passion defreglee ne laissant son ame en la trempe
d'vne frayeur moderee qui est permise à la femme legitime plus qu'à toute autre, ny en la moderation d'vne iuste
plainte, força par trop sa constance. L'amour iette tousiours ceux qui le suiuent pour bien sensez qu'ils soyent, en
quelque trouble, & fait faire quelque faux pas aux plus
aduisez. Geminius fit ce desplaisir à Pompee de conuoiter sa courtisane Flora, bien qu'elle le hayst à mort ; mais
Pompee forçant sa volonté luy commanda de l'aymer,
auec ceste fascheuse recompense pour elle, qu'il ne la toucha iamais plus : dequoy elle fut extremement malade, &
souloit dire se plaignant,

Les plus sages deuenant a- moureux font tousiours quelque folie.

Effort de l'A- mour en la personne de Iulia, femme de Pompee.

L'amour d'vn Grand à l'en- droit d'vne fême de party, n'a point de suite.

Il pregatore, e prieghi fur' si ardenti,
Ch' offesi me, per non offender' lui.

Surquoy les gens subjects à l'Amour disent, qu'en ceste occasion Geminius fut doublement indiscret : car il osta à chacun d'eux ce qu'il aymoit. Et qu'Alexandre fut plus discret escriuant ces mots à Theodorus : Enuoye-moy la ieune fille que tu as pour six mille escus que ie t'enuoye, si ce n'est que tu en sois amoureux. Et tout ainsi qu'Alexandre ne vouloit de compagnon au gouuernement de l'Empire de l'Vniuers, il ne iugeoit aussi raisonable que Theodorus en eust non plus en amour, qui semble estre maistre & d'Alexandre, & de ce mesme Vniuers. C'est vne rage, disent ceux qui le suiuent, qui inconsiderément dissipe & rompt tous autres liens. C'est comme vn Souuerain qui veut donner loy à tous, & n'en veut prendre de personne : ceux desquels il deuiét le maistre soudain paroissent comme s'ils estoyent affrachis de tous autres deuoirs, & exépts de toute recherche demeurent en pleine liberté de viure folement & à discretion. Il rabaisse les plus orgueilleux & releuez, & les prosterne à ses pieds : les employant à des choses si viles que l'honneur & le respect en ont vergongne. Galba faisoit semblant de dormir pour donner loisir à Mœcenas de caresser sa femme ; & pourtant il s'esueilla & ne peut souffrir celuy qui luy voulut prendre la bouteille ; il endormoit son honneur pour esueiller sa honte & sa lascheté. Il estoit aussi simple que la coustume de ce pays est sale, où celuy qui ne peut habiter auec sa femme, est tenu de souffrir qu'elle couche auec vn parent de son mary à son choix, à fin qu'au moins les enfans soyent de la parentelle.

Mais cet Aueugle ne les despouille pas seulement de ce riche ornement de l'honneur, ains les pousse & precipite à tant de foles inclinations, qu'on en void esclorre cent mille perilleux & bizarres accidens. Il y en a vn bel exemple dans vn de nos modernes, d'vn Gentilhomme François, lequel n'ayant peu par amitié, par sorcellerie, ny

Indiscretion de Geminius.
Discretion d'Alexandre.

2. L'Amour est vne folie, que aucuns ont essayé de guerir par art.
Loyer des spect. Fracastor.

par argent gaigner la bonne grace d'vne Dame Venitienne, vint du tout hors de soy; de sorte qu'il pria vn iour vn sien amy de l'accompagner en quelque querelle qu'il disoit auoir, & estant arriué en l'Eglise S. Marc, voyant le Duc suiuy de force gens, mit l'espee au poing, disant à son compagnon que c'estoit celuy contre lequel il auoit querelle: on cogneut bien par vne si presomptueuse temerité, qu'il estoit fol; qu'il ne pouuoit escheoir à vn entédement bien rassis d'attaquer seul vn homme si accompagné & en vn lieu de tel respect que l'Eglise: la recommādation d'vne grand' Dame qu'il auoit cogneu en France, & l'excuse de sa folie, relascherent aucunement ce premier feu, & adoucirent l'animosité de ceux qui l'auoyent prins, qui ne pouuoyent mesme bonnement pardonner à ceste fureur, l'offense du Magistrat. Et eust esté mené en prison, si vn grand & fameux Medecin n'eust prié le Duc de le luy mettre en main pour essayer si sa folie estoit curable; veu qu'elle auoit esté si soudaine, & voyant qu'il n'auoit nulle apprehension du peril, & qu'en cet estat son esprit plus captif que son corps, il auoit tousiours en bouche ce qui le faisoit le plus douloir, parlant incessamment des Dames & de l'amour; il recogneut par là sa maladie, & comme cet accés de fieure chaude luy estoit venu de ce premier excés d'amour: il essaya aussi de le guerir par vn plus grand excés, chassant la folie d'amour par la volupté & satieté d'icelle; de façon que ne pouuant cheuir de celle qui luy auoit causé la maladie, il l'enferma auec vne courtisane qui luy fit son reste de folie. Ce pauure gentilhomme, qui parauanture n'eust peu en ce trouble discerner si c'estoit la sienne, vaincu de rage, passionné d'amour, & poussé de folie, se laissa tellement conduire à ceste Dame empruntee, que l'vn ne l'autre ne se fust iamais retiré de ceste volupté trompeuse, si la lassitude n'en eust sonné la retraicte. Ie laisse à part le ieu du Medecin, & le reste du soing qu'il auoit prié ceste courtisane d'auoir d'vn corps si las & harassé de ceste fausse iouyssance. Tant y a (grand & merueilleux effect) qu'on eust dict apres cela, que ce pauure amoureux auoit entierement deschargé sa teste de cette humeur de folie. Car en peu de iours recognoissant que ce n'estoit sa Dame, la saleté du remede & la fole & extraordinaire inuention de ceste cure luy estoit à contrecœur, & en auoit presqu'autant de regret, que de sa propre folie: le Medecin se iouoit à luy faire perdre la vie apres le sens. Et ainsi on void par cet exemple, que souuent l'ardeur des amants est guerie par la seule force de l'imagination; & tel n'a veu sa Dame qu'en songe, qu'il se trouue auoir assouuy son desir auec elle, voire auec vn tel contentemét que le lendemain il est du tout libre & sans amour. I'en tairay vn beau traict qui est vulgaire en la vie de Demetrius. Surquoy on dit qu'vne ame malade peut estre rassasiee & remise n'estant éprise que d'vn fol amour: mais vne ame bien nee, saine & libre, estant venue à ce poinct que d'estre amoureuse, pourueu que son amour soit iuste & licite, à peine pourroit-elle vser ny se seruir des premiers remedes dont vsa ce Medecin: au moins si la violence de son amour luy auoit laissé tant soit peu de iugement de reste. On luy pouuoit dire qu'il estoit *bonus Medicus, sed mala ratione curans*, comme on dit aux sorciers; & comme on souloit dire à l'Empereur Aurelian. Et trouue que ceste maniere de vouloir redresser & corriger l'vn, par desuoyer & desbaucher l'autre, outre qu'elle est dangereuse, est du tout ennemie de la vertu inciuile, & de mauuais exemple; & qui plus est contre la loy de Dieu. Il en eut meilleur marché qu'Andrea de Nicolo Contarini l'an 1430 le 7. Mars; lequel estant deuenu fol par accident fit vn poignal de Cyprez auec lequel il s'en alla au lieu où estoit le Duc Foscari auec le Senat *alli vfficij in S. Marco*, & voulant luy dôner dans la gorge pour le tuer le blessa si fort à la narine iusques à la bouche qu'il en demeura long temps en danger de mort. Et de vray si l'Ambassadeur de Siene, qui estoit auprés du Duc, n'eust retenu le bras à ce fou, il l'eust tué; Il fut prins, & apres luy auoir coupé le poing & attaché au col, le 17 Mars il fut pendu, & y demeura trois iours.

L'amour se guerit par songes.

Plut. en la vie de Demetrius.

Pietro Giusti.

TABLEAV DE L'INCONSTANCE ET

L'amour agit mesme & violente les animaux, parmy lesquels le chien est vn de ceux qui ont le plus d'amour.

Mais oseray-ie dire que l'amour a pouuoir non seulement de faire deuenir les hommes fols; ains aussi vne infinité d'animaux, leur faisant outrepasser du tout leur naturel? Le chien fidele se laisse mourir tant il est fol de l'amour de son maistre, & à force qu'il a de regret de son esloignement. I'ay veu vn François à Venise l'an 1585 qui ne viuoit que du prix d'vn petit Turquet, qu'il auoit vendu à

Merueilleuse amitié d'vn chié à Venise.

plusieurs fois, beau par excellence, lequel estoit si passionné de l'amour de son maistre qu'il reuenoit tousiours à luy au bruit d'vn certain sifflet. Et auoit-on beau fermer portes & fenestres; si le chien pouuoit trouuer quelque ouuerture pour haute & dangereuse qu'elle fust, il ne manquoit iamais de se ietter dans l'eau & l'aller retrouuer; tellement qu'il l'auoit desia reuendu si souuent, qu'à plusieurs fois il en auoit tiré plus de deux cens escus: la merueille estoit, qu'encor qu'il demeurast perdu vne fois plus longuement qu'vne autre, c'estoit plus par faute de liberté que d'amour. Et eust-on dict qu'il y auoit du charme tãt ce chien fidele aymoit fidelement vn maistre si perfide & inconstant, qui se desfaisoit ainsi de luy à tous coups.

3. Que les hõmes subjects à l'amour mescognoissent biẽ souuẽt les vrais corps.

Les demons mesmes semblent se troubler de ce venin; si bien qu'on en a veu autrefois emprunter le corps des plus belles, & se glisser dedans pour y exercer les plus sales experiences d'amour. Mais la verité est qu'ils ne sont effectuellement capables de telles voluptez; & que ce qu'ils en font est par meschãceté à la ruine des ames. Mais que dirons-nous, qu'il s'est veu des amants si troublez d'amour, qu'ils ne pouuoyent discerner vn vray corps d'auec vn corps fantastique & supposé. Et encor' qu'on en voye

Ælian Phlegon. Loyer de Spect.

tant d'exemples dans les bons autheurs, si ay-ie peur qu'on ne me vueille laisser passer seulement cestui-cy sans reproche, tant il est estrange & admirable. Ælian Phle-

Vn demon emprunte la forme de Philinion, pour trõper & enamourer Machates.

gon, grand Orateur & Historien, dit qu'en la ville de Tralles en Asie il y auoit vne tres-belle fille nommee Philinion, laquelle ses pere & mere esleuoyent auec tout le soing & curiosité, que donne communément le defaut de n'en auoir qu'vne; & de faict l'ayant conseruee iusqu'à ces années, que les plus passionnez parens trouuent iuste de s'en deffaire, elle meurt, comme il aduient souuent que ce que nous cherissons le plus, plus facilement nous eschappe. Au bout de quelque temps, vn ieune Gentilhomme nommé Machates amy de la maison les alla visiter, comme c'estoit sa coustume : on le mene dans vne chambre pour s'aller mettre à repos; ce qu'il n'eut si tost faict qu'vn peu apres que les valets l'eurent laissé tout seul, voicy entrer dans sa chambre Philinion, belle comme le iour, en mesme poinct qu'elle estoit durant sa vie, & que luy-mesme l'auoit veuë autrefois. Elle tient la contenance d'vne fille qui va accueillir vn estranger & amy de la maison par commandement de son pere; & luy la reçoit & la baise, croyant qu'elle fust aussi enuoyee par eux pour plus honnorer sa venue, & luy faire demonstration d'vne plus grande ioye. Ce qui rend la chose plus estrange, c'est que Machates ne sçauoit qu'elle fust morte, ny n'en eust creu le pere à son serment, la voyant ainsi en si belle disposition deuāt ses yeux. Les premieres paroles de rencontre furent accompagnees de courtoisies, & d'vne infinité de baisers & accollades; lesquelles il croyoit plus estre caresses de bien-venue & baisers d'obligation, que d'amour. Mais Machates fut bien tost deslogé de la simplicité de son inaduertance, & de la pureté de sa pensee par le redoublement de ses caresses : il ne sçauoit que penser, veu qu'à son arriuee elle luy faisoit vne si grande feste. Et la voyant ainsi tressaillir de ioye, il ne se pouuoit persuader qu'elle voulust se contenir dans les bornes d'vn simple accueil. Mais sa ieunesse, son honnesteté, & la franchise qu'il auoit tousiours recogneu en elle, chasserent aisément toute la mauuaise impression que ceste gaye humeur luy eust peu faire conceuoir, si son discours & le propos qu'elle luy tint par apres, ne l'eust promptement esclaircy de son intention. Ie suis bien aise (dit-elle) Machates, de vous voir ceans, & d'auoir trouué la commodité que i'ay tant recherchee pour vous tesmoigner ceste ardeur qui me

TABLEAU DE L'INCONSTANCE ET
pouſſe à vous aimer. Vous trouuerez parauanture eſtrange, que contre l'honneur & la couſtume de mon ſexe ie face le meſtier de requerante, qui ay Dieu mercy des graces pour eſtre requiſe. Ne iugez ma paſſion mal-ſeante pour vous deſcouurir mon amour la premiere, mais croyez mon affection trop forte pour me laiſſer en repos, puis qu'elle ne me donne loiſir de bruſler longuement ſans me conſumer; c'eſt vne rage qui me doit diſpenſer de toute bien-ſeance: laiſſons donc la vanité d'vne ceremonie deſplaiſante; & ſi vous n'auez encor penſé à me donner voſtre amour & affection, ſongez meshuy à receuoir la mienne. Ne perdez l'occaſion, & ne deſdaignez ce cœur que Philinion vous preſente; & auec vne pareille ardeur prenez en l'auanture. Ce qu'elle dit auec tant de ſouſpirs, & auec vn maintien ſi deſeſperément amoureux, accompagnant ſa parole de tant de baiſers, que Machates fut auſſi toſt reſolu de ce qu'elle vouloit, & de ce qu'il auoit luy-meſme à faire. Et luy dit en peu de mots, Laiſſons la ceremonie pour les eſtrangers, & la bien-ſeance pour des gens ſans amour. Il eſt malaiſé de retenir & arreſter vne paſſion ſi forte dans les limites de la raiſon. Ie n'ay garde au reſte, de mal iuger d'vne action qui m'eſt ſi fauorable. Et ne croy que le Ciel meſme me peuſt abſoudre ny pardonner la faute que ie feroy, ſi i'auoy tant ſoit peu ſouillé vne ſi belle & viſue affection de nulle mauuaiſe creance. Et craignant que quelqu'vn les ſurpriſt, ils interrompirent leurs propos: & Machates feignant ſe trouuer mal, ſoupa dans ſa chambre, eſtant comme conuié par Philinion. Ce qui ne ſe peut faire ſi ſourdement, qu'vne vieille curieuſe (& qui pour la communication ordinaire qu'elle auoit dans la maiſon eſtoit comme vn eſpion priuilegé; ayant d'ailleurs charge de prendre garde s'il auoit beſoin de quelque choſe) ne les entreuiſt tous deux à table: dequoy elle fut ſi eſtonnee, qu'elle s'en courut toute eſperdue vers la mere, pour luy annoncer la reſurrection de ſa fille. La ioye de ceſte nouuelle oſta facilement le ſoupçon & toute la ſini-

stre opinion qu’on eust peu conceuoir d’vn souper si priué. Et de fait la mere luy commanda d’aller voir si elle s’estoit point trompee, & s’il estoient encor à table, ce qu’elle fit : & ayant trouué qu’ils estoient desia retirez, la vieille irritee & comme à demy en cholere, s’en courut vistement vers la mere, & là tançant d’vn si malheureux retardement qui luy auoit desrobé & soustrait vne si agreable auanture; luy dit que leur souper auoit esté si court qu’ils estoient desia au lict. La pauure mere qui croyoit parauanture qu’vn iuste Hymenee les eust assemblez; estat d’ailleurs Machates, party sortable pour sa fille, & lequel peut-estre ils auoient autrefois desiré, songeoit plus à la voir simplement, qu’à la blasmer & luy faire le reproche d’vne conionction illicite. Vous pouuez penser quels songes & quelles pensees furent celles d’vn pauure pere affligé, & d’vne triste mere; qui ont leur fille en vie & la voyent morte, voire qui l’ont en leur maison, & ne la peuuent voir. Machates voyant qu’il estoit meshuy temps d’asseurer & se conseruer ceste auanture, sans que pourtant Philinion fist aucun semblant de se vouloir escarter plus loin que dans la maison mesme : luy fit promettre de reuenir tous les soirs le visiter & coucher auec luy. Et pour asseurance de sa foy, & comme pour gage elle luy donna vne bague d’or, & luy laissa la gaze dont elle couuroit sa gorge & ses tetins : & Machates luy en donna vne autre, & vne coupe d’or; & ce faict l’esperance qu’ils auoient de se reuoir bien-tost les empescha de se dire de plus lōgs adieux. O mere, qui attends ce que tu ne peus voir que par illusion! ô Machates qui penses auoir veu ce que tu n’as peu voir qu’en nuee : qui est plus trompé de vous deux ? Le desir de reuoir Philinion qui tenoit la famille esueillee & attendant le iour dés le soir, estoit plus violant en la vieille qu’en la mere mesme; de maniere qu’estant allé voir par son commandement s’ils estoient encor leuez, elle vit Machates non seulement debout, ains encor elle trouua que Philinion estoit desia partie : ainsi ceux qui auoient veillé toute la nuict ne se leuerent assez matin pour estre à leur leuer, qui fut cause que toute la famille renouuella ses plaintes. Et particulierement ceste nouuelle douleur ietta la pauure mere en telle impatience, que se voyant abusee, elle s'en alla auec son mary droit à Machates; & le pria de l'esclaircir de ses doutes, luy contant la mort de sa fille & les contes de la vieille auec tant de larmes, qu'elle tira Machates à vne pareille compassion. S'il fut bien estonné de s'estre veu inesperément requerir d'amour par vne tresbelle & ieune fille, il le fut beaucoup plus des larmes & du discours de la mere. Et ne sçachant si elle vouloit tirer de luy ceste confession d'auoir couché auec sa fille, seulement pour luy faire le procez sur l'amour, il ne sçauoit ce qu'il auoit à respondre, tant il auoit peur de se mesprendre; ayant quelque repentir d'auoir violé le droict d'hospitalité, & au preiudice & deshonneur d'vn hoste si gracieux, rauy l'honneur à Philinion. Mais sa crainte se conuertit en priuilege; car il cognut bien-tost que ces pauures gens ne cherchoient que la vie de leur fille, sans rechercher la sienne. Et se laissant aller à la chose la plus presente qui estoient les pleurs, sans croire du tout la mort de la fille; appuyant ses doutes sur l'esperance qu'il auoit de la reuoir dés le soir mesme en toute liberté, & auec leur licence & bonne grace; il leur dit que la chose estoit veritable, & leur conta comment elle s'estoit passee, les passant d'vne proposition d'attente & de mesme esperance, les consolant de sa consolation propre : leur monstrant la bague & les gages, la gaze & les ostages, comme fideles asseurances de son retour. Cest entretien dura si longuement, que bien-tost apres Philinion reuint sçachant que Machates estoit seul, & ne fut si tost arriuee, que son pere & sa mere l'attendant comme de guet à pens, pour luy faire reproche d'auoir esté chez eux sans les voir, luy courent sus; tant ils ont peur qu'elle leur eschappe. Et passant de la grande douleur à la grande ioye, au commencement les paroles leur manquerent pour la saluër, & leurs bras lan-

languirent pour l'embrasser. La voix interrompue laissant gouuerner quelque temps ceste entreueuë aux seules larmes. Mais enfin il sembla au pere qu'il embrassoit sa fille ressuscitee, & à la mere qu'elle la serroit comme vne sacree relique descendue du Ciel en ce monde. Si bien qu'ils l'embrassent, ils la baisent, & tous forcenez sans recognoistre si c'est vn corps ou vn fantosme (ne trouuant place tous deux à la fois) ils se repoussent l'vn l'autre : leurs accolades sont sans respect, la mere preuient celles du pere, & le pere n'a loisir de maintenir les siennes en la primauté qui leur est deuë : la mere la cherit plus tendrement, le pere plus discretement, la mere la caresse plus passionnement, le pere vn peu plus froidement, ils se reculent plusieurs fois pour la voir, ils s'en approchent autant de fois pour la reuoir, l'estonnement, la merueille, le miracle, leur oste le sens & l'entendement & recule du tout le souuenir de la mort. Ils ont plus d'apprehension qu'elle n'eschappe, qu'ils ne sont en esmoy, si c'est elle, les sens ne sont disposez à iuger, ains à iouir de ce qui est : soit que ce soit, fantosme, illusion, songe, ils le veulent embrasser, & s'il ne veut demeurer tout à faict, l'obliger pour le moins à vn perpetuel & ordinaire retour. Mais comme il n'y a rien en ce monde de stable & constant, le jeu commença aussi-tost à changer ; car la fille d'vne contenance graue ne respondant aucunement à ces caresses, ains les receuant par force, & comme qui ne les peut refuser de personnes si amies, comme indignee & toute mescontante, leur dict, vous auez tort de m'auoir rauy le contentement que i'auoy, ne m'ayāt voulu laisser iouyr l'espace de trois iours seulement du doux entretien de Machates, qui ne vous incommodoit rien du tout ; c'est trop enuié mon bon-heur & mon aise, vostre curiosité se conuertira bien-tost en desplaisir, & aurez autant d'occasion de pleurer ma fortune, & regretter ma mort ceste seconde fois que la premiere. A peine eut elle finy ces mots, que la voylà morte vrayement & d'vne seconde mort, comme il sembloit, mais plus morte estoit sa mere, Machates, & le reste de la maison, qui par cest estrange accident se voyoient engagez, non seulement à de nouueaux regrets, mais encore à des secondes funerailles. O Dieu disoit la mere! suis-ie de la race des Dieux, que mes filles ayent ainsi le don & faculté de deux naissances, & de double mort? les autres ne naissent & ne meurent qu'vne fois, & Philinion ma fille est nee deux fois, pour nous en faire mourir cent! renaistrez-vous encore ma fille pour nous tuer ainsi tous les iours? auons-nous point manqué de porter l'honneur qu'il falloit à vostre sepulture, ny à vous tirer du fascheux passage de vostre premiere mort, puis que estes ainsi ressuscitee pour nous en faire le reproche? si c'est pour autre occasion, vostre vie est bien courte, & la nostre trop rallongee pour estre si miserable. Et si vous-vous pouuez ainsi redonner la vie & la reprendre quand il vous plaist, reprenez-là ie vous supplie pour esteindre & arrester les larmes d'vne famille si esploree, & donnez-nous la ioye entiere pour plus longs iours.

Cependant que tout le monde se tourmente d'vn si estrange accident, le bruit ayant desia couru par la ville, les plus notables parens s'en vont visiter leurs cercueils & sepulchres anciens, lesquels se trouuerent remplis des corps qui auoient esté enchassez, sauf celuy de Philinion qui se trouua vuide, sans qu'il y eust autre chose dedans, que la bague & la coupe d'or qui luy auoit esté donnee par Machates. Dequoy tout le peuple fut si estonné, que l'Empereur en fut aussi-tost aduerty. Machates veit ceste tragedie auec vn tel estonnement, qu'il deuint comme paralytique, & perdit tout à vn coup le sentiment & du corps & de l'ame. Son esprit vouloit parler, & la vergongne qu'il auoit de se voir tombé en vn tel inconuenient, le faisant taire;

Obstupuit varia confusus imagine rerum
Turnus, & obtutu tacito stetit, æstuat ingens.
Imo in corde pudor, mistóque insania luctu,
Et furiis agitatus amor, & conscia virtus.

Enfin rompant son silence, voyant tout le monde occupé à particulariser le desplaisir & la part, que chacun d'eux prenoit à vne si notable perte, son ame fit vn effort, & desnoua sa langue pour en tirer en souspirant ces dernieres paroles presages de sa mort. Est-ce vous Philinion que i'ay tenu si doucemét entre mes bras ? ou bien si quelque mauuais demon amoureux de vous comme moy, a emprunté vostre corps pour me faire cest outrage ? Dites moy Philinion, combien de fois estes-vous morte? il est certain que c'est vous, puisque tiree de vostre cercueil vous-vous estes veritablement trouuee icy parmy nous. O Amour, que ta puissance est grande, puisque tu fais sortir les corps, & les ames des tombeaux pour faire l'amour ! Mais Amour se promene-il aux enfers? auroit-il bien certe puissance d'en-amourer les demons, & les contraindre pour assouuir leur amour se choisir ainsi les corps des plus belles ? Ha s'il est vray, il ne pouuoit mieux rencontrer que le corps de Philinion. Ie sçay bien que le manoir des mauuais demons est vrayement aux enfers ; mais pourtant ie ne puis croire, qu'il y ait charme ny enchantement qui puisse troubler le repos d'vne ame si innocente & si saincte. Et s'il y a de l'amour, i'en veux donner l'effect à quelque bon demon, lequel a bien eu le pouuoir d'animer pour quelques heures ce beau corps, pendant lesquelles il a assouuy ses amoureux desirs : mais il n'a peu le viuifier & soustenir plus longuement : d'autant que les voluptez & douceurs de ce monde sont peu durables. Ha bon ou faux demon, pourquoy as-tu redonné la vie à ce beau corps, pour le laisser ainsi soustraire à la mort au milieu de nos delices! Cruelles & sanglantes delices; mais bien plustost supplices, puis qu'ils sont destrempez dans l'horreur de la mort! La parole luy mourut en la bouche, mais soudain comme s'esueillant d'vn profond sommeil; il reprint derechef & se mit à la loüer (disant) Ha Philinion? vous estiez digne non seulement que les hommes plus rares, voire les Achilles s'effeminassent, & feussent

Tableav de l'inconstance et
transportez de passion pour l'amour de vous ; mais encore
que les demons, voire les Dieux mesme ialoux les vns
des autres, vous ramenassent vne seconde fois en terre
pour reiouir tout cest Vniuers ; vous estiez si accomplie
que qui durant vostre vie ne rechercha de vous voir, fut
aueugle, qui vous voyant ne souspira, fut marbre. Car lors
que vous trauailliez comme souloit faire Penelopé, vos ai-
guilles estoient pinceaux, le fil dont vous ouuriez estoit
couleurs ; & les ouurages estoient tableaux plus rares que
ceux de Zeuxis & Phydias ; & quand en ouurant vous chá-
tiez & souspiriez pour garder la mesure des notes ; vous
faisiez souspirer tout le monde sans mesure : vous auiez
vaincu l'amour par chasteté, & si en fin vostre chasteté a
esté vaincuë par la mort, mais pourtant vostre mort a esté
destruite par l'immortalité qui fera viure à iamais vostre
bonne renommee. Vostre premiere vie estant fausse, ceste
seconde dont vous viuez à present est la vraye : car nul ne
meurt au Ciel, où il y a beaucoup d'apparence de croire
que vous estes seante auec les Dieux. Si bien que qui inter-
rogeroit Atlas, ie m'asseure qu'il diroit, que depuis vostre
mort il a senty le Ciel si chargé de vos merites, qu'il en est
tout croupi tant le fardeau est grand. Doncque l'amour
s'oste hardiment son bandeau, pour mieux pleurer à son
aise & contempler vostre ruine : car il a desia des aisles
si baignees & appesanties des larmes de ceux qui vous
pleurent, qu'il est en danger d'en perdre son vol pour iamais. Il laissoit ainsi eschapper certains traicts de son dueil
interrompus de souspirs & de larmes, sa douleur manioit sa
langue & non sa raison. Et ne pouuant finir, Helas dict-il
encore, i'essaye tout seul la vanité de ceste conionction :
ceste fausse couche d'vn desiré Hymenee dans laquelle ie
pensois prendre mes plaisirs, est pareille à la table de
Tantale ; car ie n'ay iamais iouy de toy Philinion qu'a-
uec les yeux ! Elle ressemble les sepulchres lesquels communement on trouue vuides & sans corps, le temps
& la terre les ayant consumez : à la verité i'ay bien

veu des sepulchres vuides, mais non iamais des nopces ny des licts nuptiaux : pleust à Dieu que mon feu (dit-il) embraffant le corps de Philinion, eut la mesme nature que le feu naturel ; & que pendant que ie t'accole & embraffe, ie te peuffe embraser le corps & l'ame. Machates eut continué ses regrets, s'il n'euft esté affiegé d'illusions & d'imaginations estranges. Il eut desiré que le pere & la mere luy euffent donné la mort pour accompagner Philinion & la suiure, & fuft elle allee aux enfers : si bien qu'il appella cruelle leur pitié de ce qu'elle ne l'auoit voulu faire mourir. Mais la seule rencontre de tant de diuersitez sur vn mesme subject, estoit presque capable de luy oster la vie apres le sens. Et ne sçay quel pouuoit estre son cœur d'auoir ainsi embraffé des nuees. Ha amour fol & trompeur, qui te transformes en tant de façons pour pipper le monde, tu te presentes à nous pour cet effect auec tous tes plus beaux ornemens & atours ! Mais nous ny trouuons que plastre. Nous pensons embraffer vn corps, beau, delicat & mortel ; & nous embraffons vn fantosme laid & desiguré ! Nous pensons nous attacher pour prendre nos plaisirs à quelque belle & gracieuse Dame, & nous-nous trouuons collez à vne vile & puante charongne. Ce pauure Machates qui auoit creu veritablement tenir sa Philinion entre ses bras, se voyant ainsi pippé, & pour tout n'auoir embraffé que la nuee d'Ixion, ne voyant deuant ses yeux que le triste spectacle & l'horreur d'vn corps sans ame, mort de long temps, & emprunté d'vn mauuais demon ; ne voulant auoir en ses amours vn si infame & dangereux associé, ny partager ses plaisirs auec luy ; comblé de desplaisir pour se voir ainsi la fable de tout vn peuple, bien tost son ame honteuse d'vne action si abominable, abandonna le monde : de façon qu'il mourut auec ce creue-cœur d'auoir frayé & faict l'amour auec Satan. Voila donc vn exemple par lequel il appert que le diable emprunte bien souuent la beauté de la femme, qui est le plus beau masque & le plus attrayant

TABLEAV DE L'INCONSTANCE ET
qui soit parmy le genre humain pour seduire les hommes suiects à l'amour. Qui me fait dire que les amants sont parfois si passionnez qu'ils ne sçauet distinguer vn vray corps d'vn corps faux & supposé : ou que les demons sont si fols, qu'ils empruntent les formes de tous sexes pour faire l'amour. Mais à la verité ce n'est pas tant pour le plaisir qu'ils y prennent (car ils ne peuuent exercer aucune operation du corps que par illusion, encor qu'ils prennent vne forme corporelle) que pour le peché qu'en ce faisant ils font commettre aux personnes qu'ils espient pour les faire trebucher. Qui pourra donc nier desormais que l'amour ne se mesle en quelque façon parmy les demons ? combien de femmes preuenues de sorcellerie sont conuaincues d'auoir habité auec eux ? le malin esprit n'embrasse-il pas ordinairement le desir & la passion des ames qu'il recognoist desireuses & passionnees de quelque chose que ce soit ? ne cherche-il pas les ames desesperees & esperdues de quelque mauuais accident, pour les cognoistre & exercer auec elles toutes les œuures & exercices de l'amour ? & s'il cherche l'amour & son plaisir dans leur passion, ou dans leur desespoir, ou par autre semblable ou plus meschãte voye, c'est qu'il fait l'amour en sa façon comme chacun à la sienne. Qui ne sçait le conte du gentilhomme qui ayant tout vn iour follastré en masque en habit de diable, s'estant en fin retiré en sa maison, dit à sa femme qu'il luy vouloit faire vn diable ; la Nature qui se plie volontiers, & reçoit bien souuent les imaginations de l'ame, s'imprima si bien ceste forme & idee, qu'elle forma de cet accouplement vn monstre de mesme figure qu'on a accoustumé de nous representer le diable.

Ie trouue fort à propos l'inuention d'Ausone, qui dit que le grand maistre de l'amour Cupidon fils de Venus descendit vn iour aux enfers, où il trouua les ames de tous ces fols qui s'estoyent laissez mourir d'amour, lesquels sans respect de sa fausse diuinité le pendirent & crucifierent à vn Myrte bien haut ; A quoy Venus mesme, encor qu'elle

[marginalia:]
Les demons empruntent toutes formes pour faire l'amour & deceuoir les plus simples.

Les demons font ordinairement l'amour aux personnes affligees.

Cupidon fut batu aux Enfers par ces folles ames passionnees d'amour. Ausone en ce poëme, *Aeris in campis*.

fust sa mere, tant elle est aussi fole & de bizarre humeur enuers celuy qu'elle doit aymer, donna vn tel consentement, qu'au lieu de les appaiser elle les irrita & encruellit dauantage; le fouëttant elle-mesme à toute outrance. De façon que la premiere pitié vint de ces foles ames, qui esmeuës de compassion prierent la mere de pardonner le fils. Ie croy que si toutes ces ames qui se sont perdues d'amour à faute de cognoistre leur folie, se pouuoyent maintenant recognoistre, & se descharger sur cet inposteur aueugle, qu'elles crucifieroyent & le fils & la mere, l'amour & la volupté. Et bien que la mere chastie quelquefois le fils, & que la volupté fouëtte bien souuent l'amour, auec des escorgees, qui sont les maladies & autres inconueniens esquels sont subjects ceux qui font l'amour; si est-ce qu'ils n'entreroyent iamais en nulle composition auec luy, non plus qu'on ne doit auoir pitié d'eux-mesmes ny de leur folie; puis qu'ils se sont ainsi volontairement precipitez & laissez guider à vn aueugle, qui les a faits tresbuscher. Il ne se faut donc estonner si l'amour force quasi les hommes, puis que les hommes par la mesme force, sont bien souuent contraints de forcer les mauuais esprits à leur prester assistāce pour iouyr de leurs amours. Cōbien d'amants ont esté si pressez d'amour, qu'on les a veu reduicts à cet extreme remede de recourir aux charmes, appellant folemēt à leur ayde toute la caballe des esprits? On a desia disputé & debattu és Cours souueraines, pour sçauoir si vn homme forcené d'amour pouuoit vser impunément de sortilege: cōme si d'en vser ou non ne venoit propremēt du dessein de celuy qui court meschāmment & malheureusement à ce dernier remede, tout autre luy māque. Que dirons-nous de ceux qui ont exempté les amoureux de peine, les tenant comme furieux & forcenez tout à fait, & partant excusables? n'est-ce pas ouurir les passages de la folie & de l'amour en toute liberté, & approuuer l'inuocation des esprits & les charmes? on appelle Aristote à garāt, qui dit que les Areopagites ne vouluret cō-

Que veut dire que Venus chastie parfois Cupidon son fils, & le tourmente.

Les amoureux sont si fols que parfois ils coniurent & forcent les demons de leur prester aide & secours.

C'est vne question que les Docteurs du droict ont disputé en leurs liures.

Plusieurs tenants les amoureux comme fols ou furieux les ont exceptez ou exemptez de toute peine és accidens qui concernoyent leur amour.

damner vne femme, & l'excuferent par amour, encor que elle euft baillé vne potion amoureufe à celuy qu'elle aymoit, dont il mourut bien toft. Mais nous viuons fous des loix plus reformees & plus iuftes.

4. La ialoufie eft vne paffiõ qui tafche principalement à defvnir les mariages.

Vne des plus grandes folies qui foyent en amour, & dõt le monde eft communément le plus remply, c'eft la ialoufie, qui fe mefle & tafche le plus fouuent à vouloir defnouër ce nœud indiffolluble du mariage; tant elle eft ennemie de cefte vnité & faincte liaifon: qui eft pourtant fi aggreable à Dieu, que nous l'ayant donnee comme Sacremẽt, il a voulu par là nous faire l'entree de la generation. Ie ne doute pas pourtant qu'encor que quelque fois, plus vn mary fe defcharge de foupçon, plus fa femme fe charge d'amour eftranger; & plus il fe rend foupçonneux, plus elle produit des effects de fa contraincte, que neantmoins le plus fouuent ceux qui font ialoux n'ayent plus d'yeux & plus d'oreilles que de prudence; fi bien qu'ils oyent tout de trauers & ne voyent rien qu'en trauers: & croyant fçauoir ce qu'ils ne pourroyent fçauoir s'ils auoyẽt la raifon pour guide, ils fe laiffent aller par trop à cefte humeur corrompue. Merueilleufe tréchee de cefte paffion; vn pauure mary eft fi hors de foy qu'il prẽd les plus amoureufes careffes de fon mariage pour careffes d'obligation, donnees par couruee ou par deuoir fans cœur & fans amour. Il luy femble qu'il n'a pouuoir que fur le corps & qu'vn eftranger iouyt de l'ame & du vouloir: cefte humeur luy rend toutes chofes odieufes ou fufpectes, fe fondant le plus fouuent fur des euenemens incertains & des effects impoffibles. Et bien que la caufe du foupçon calomnieux ceffe par fois, le foupçon pourtant dure & malicieufement fe fouftient fur des legeres & vaines apparences qui n'ont prefque ny peau ny efcorce. Il croit que le Soleil fortant de la couche de Thetis fe leue feulement pour vifiter la fienne; & oppofe à fa lumiere qui trauerfe la vitre de fa chambre, l'efpeffeur du bois & ferme la feneftre, & fi c'eft de nuict, les flambeaux & toute autre lumiere

miere ne sont de son vsage ny de son goust : il porte enuie au miroir comme à celuy sur qui elle iette premierement sa veuë, & au gré & discretion duquel elle se pare & se compose. Il veut mal à ses yeux & contreroole tous leurs mouuemens, s'ils sont tant soit peu eslancez sur chose qui luy desplaise; & veut qu'ils soyent piquez en vn certain poinct comme ceux d'vne statue. Car ses regards sont autant de piqueures qui luy percent le cœur. Tant plus elle a d'amour, plus il est ombrageux; & est si ingrat que toutes les caresses qu'elle luy fait luy sont autant de notables iniures : la plus iuste de ses actions ne peut s'escouler sans offense; le tremblement de ses deffiances est cause qu'il est en perpetuelle fieure. En fin qui luy demanderoit pourquoy donc il conuerse auec elle, il feroit à mon aduis la response d'Aristippus, qui vsoit de la courtisane Laïs sans l'aymer; car à vn qui luy dit qu'elle ne l'aymoit point pensant l'en degouster, Aussi ne fay-ie pas moy le bon vin, ne le bon poisson (dit-il) mais si en vsé-ie de l'vn & de l'autre. Suiuant l'humeur d'Alcibiades, pere de la mesme Laïs, qui banny de Sparte engrossa Timæa, femme du Roy Agis, neantmoins il disoit qu'il ne s'estoit seruy d'elle par volupté, ny ne l'auoit faict par amour; ains à fin que sa race regnast sur les Lacedemoniens. Bref l'amour & la ialousie se composent selon l'ame & le goust de celuy qui en vse; les choses ne s'apperçoyuent & ne se peuuent gouster sans esprit, elles sont ordinairement comme celuy qui les possede : vne chose bonne entre les mains de celuy qui en vse mal & ne s'en sçait seruir, deuiēt mauuaise : vne femme belle, honneste & vertueuse entre les mains d'vn ialoux, qui ne recognoist en elle ses qualitez, ny en soy le bon heur qu'il possede, est cōme vn excellent tableau à vn aueugle, & plustost malheur à tous les deux, que bon heur.

Alcibiades engrossa Timæa, femme du Roy Agis.

    Oster des mains d'vn sot vne beauté si rare,
  C'est prendre vne relique au temple d'vn Barbare,
      Qui ne sçait l'adorer,

dit vn Poëte nouueau. La contrarieté & repugnance de leurs humeurs, & ne sçauoir vser de ce bien engendre le desordre; & la possession n'est rien: car le iouyr en la façon qu'il faut, & non le seul posseder nous rend heureux. Il faut donc croire que l'amour qui engendre la volupté illicite & la ialousie, est la plus grande folie qui soit parmy nous; & par consequent la plus grande & supreme inconstance. Et les amoureux, les voluptueux, les ialoux, (qui sont toutes dependances d'amour) les plus grands fols; les plus inconstans, & les plus interessez, pour estre touchez des plus preiudiciables & dangereuses folies & inconstances qui soient point: d'autant qu'elles nous trauaillent & quasi violentent le corps, l'ame, & l'entendement. A quoy i'adiousteray ce mot pour la fin, qu'vn chacun doit souhaiter qu'il ne luy arriue vne pareille disgrace que celle qui aduint à Aristoclea & à ses corriuaux: laquelle poursuiuie en mariage par Straton & Callisthenes tous deux ialoux l'vn de l'autre, fut tant tiraillee de tous costez, qu'elle fut par eux deschiree comme on la menoit à nopces auec Callisthenes qu'elle auoit choisi. De sorte qu'il se pasma aussi tost la voyant en si piteux estat. Et Straton comme desesperé se tua sur elle. Ce sont les effects de la ialousie; elle tiraille le corps & l'ame des paures amans, & les deschire de maniere que tel ialoux pense tuer seulement le corps à coups de poignard pour se deffaire de sa ialousie; que mourant ialoux & enragé, il tue l'ame, & se rend homicide de tous les deux.

Que l'amour est la plus grāde folie qui soit point.

TABLEAV
DE L'INCONSTANCE.

Que l'Inconstance a deifié l'amour sous les faux noms de Venus & Cupidon, son pourtraict, Hostel, & officiers.

DISCOVRS VII.

1. La Poësie estoit anciennement vne science bien propre pour exprimer les choses les plus serieuses.
2. Qu'en effect les Chrestiens attribuent autant de pouuoir à Venus & Cupidon que les Anciens.
3. Qu'est-ce que peut vne petite flamme d'amour.
4. Merueilleuse description de l'inconstance d'Amour tiree de Plaute.
5. Tableau de Cupidon, & les raisons de son pourtraict.
6. Que son Hostel & ses officiers, sont plus ingenieusement descripts, que luy-mesme.

Es Poëtes ont esté si ingenieux à bien representer & animer leurs fictions, que la Poësie a esté estimee de tout temps, la science qui auoit le plus d'amorce, pour attirer les hômes à quelque vaine persuasion; si bien qu'auec leurs Enthousiasmes on diroit qu'ils ont quelque certaine depēdance du Ciel, comme a chanté quelqu'vn d'eux en ces vers,

Il y a dedans nous de la diuine essence,
Et auecques les Cieux nous auons accointance.

Sf ij

Et puis que les faux Dieux n'exprimoyent leurs conceptions, ny les oracles ne rendoyent leurs responses qu'en vers, il est vray-semblable que les Poëtes estoyent leurs vrais & meilleurs truchemens. Ainsi la premiere invention des vers n'a esté comme le commun pense pour traicter seulement les choses fabuleuses ou communes, ains les plus serieuses, voire les divines; attendu que mesme parmy nous qui n'adorons que le vray Dieu, l'invention en a esté trouvee si belle, quand elle est deuement employee, que la Saincte Eglise s'en est voulu servir à l'honneur & louange de la divine Majesté: dequoy les livres saincts nous rendent plusieurs tesmoignages. Car les premiers vers chantez en l'Eglise, qui sont les Pseaumes de David, debattent avec raison & emportent la primauté sur ceux des premiers Poëtes, Musee, Orphee, Homere & Theocrite. Et si bien on n'en a sceu trouver iusques icy la structure & cadence, le defaut s'en attribue à nostre ignorance, & non à Esdras, qui ne changea tous les livres de la Bible, ains les fit seulement rediger par escrit, comme il les trouva. Et si on a veu encore les Lamentations de Ieremie, de Iob, & les Cantiques de Salomon en vers: & dit-on que le Deuteronome le fut aussi. A quoy (s'il est loisible de mesler des choses sacrees avec des vaines & profanes) il faut adiouster les Hymnes si anciens, qu'Homere dit qu'Apollon prenoit vn singulier plaisir à les ouyr. Et encor que la pieté & gravité de la religion Chrestienne si serieuse & si saincte, pourroit sembler à quelqu'vn peu consideré prophanee & aucunement contraire à ceste autre si enjouee; toutesfois si la foy & creance & pure devotion n'en sont en aucune façon blessees, l'invention n'en peut estre que belle & fort plaisante, voire aux plus reformez: car elle nous excite à pieté, & esleue nos cœurs à quelque ioye spirituelle. Dieu en ayant donné l'inclination & l'invention aux hommes, pour s'en servir à sa louange & à bonne fin. Et neatmoins tout ainsi que les hommes ont converty l'A-

1. Les Poëtes estoyent anciennemét les truchemens des Dieux.

mour en amour peruers, de mesme en ont-ils faict de la poësie. Mais pour reuenir aux Poëtes, Cóment (disoit vn Ancien) peuuent les Poëtes ne chantant que des Fables exprimer des veritez, & representer la grandeur, & puissance des Dieux?

Le famose bellezze onde fur' dome
Del superbo Ilion le mura & l'armi,
Fauole fur' di vaneggianti carmi,
Che non hebber di vero altro ch' il nome.

Si est-ce qu'il est certain qu'il y a des fables authentiques, qui ont quelque verité & sens mystique au dessous. Tellement qu'on peut dire qu'Homere a tiré les fables hors la Poësie: & la Poësie hors les fables: & luy ostant le masque, luy a donné efficace de persuader, de profiter, & de dire verité. Mais à quoy est bon tout cecy? c'est pour dire, qu'il ne faut trouuer estrange, que les Poëtes qui estoient autheurs de la Musique, auec vne science si douce & plaisante que la Poësie, qu'on tient comme vne des perfections des sciences humaines; & qui les tient toutes en feste, tenant tousiours les Muses & les Graces en conuersation & concert auec les Dieux, ayent esté trouuez de tout temps si capables, de parler dignement des choses qu'ils estimoient les plus sainctes, & qu'ils ayent eu pour subject plus commun & plus agreable ce Dieu d'Amour, & sa mere Venus: veu que parmy tous les faux Dieux, ceux-là semblent auoir esté les souuerains & les plus honnorez. Car les Chrestiens mesme & Poëtes & autres, se sont trouuez si aueuglez de ceste fausse diuinité, qu'ils semblent seulement les auoir despouillez & desgradez de la deité, & neantmoins leur auoir presque donné tout autant de domination sur eux, que les Payens mesme: si bien que ne leur ayant osté que le nom, ils leur ont laissé la puissance toute entiere.

O qu'il est bien besoin que Dieu pardonne à ceux qui font profession d'estre Chrestiens: car à la verité soit qu'ils tiennent cest erreur & folie des Anciens, soit de ceux

2. Qu'en effect les Chrestiens attribuent autant de pouuoir à Venus & Cupidon, que les Anciens.

ce siecle, peu s'en faut que ce qu'ils appellent Amour, ne soit estimé Dieu de plusieurs & idolatré comme tel: le prenant à la façon des Payens pour Dieu, sa mere pour Deesse, son Royaume pour vn Paradis, son seruice pour diuin, & le plaisir & volupté qu'ils y recherchent ou en tirét pour leur souuerain bien. Et encore que ces pauures Anciens aueugles ayent mesme plus dedié de temples & d'autels à Venus & à Cupidon, qu'à tous les autres Dieux: & qu'ils ayent creu Cupidon si puissant, qu'ils ont dit de luy qu'il auoit souuent auec son arc arraché des mains le foudre à Iupiter, & sousmis & encollé son ioug à vn chacun des Dieux; qu'il se glissoit dans les yeux de sa mere comme en vne forte place & lieu de ressource pour guerroyer toutes les puissances humaines: que sa mere Venus auec sa beauté n'auoit iamais tiré coup à l'encontre d'eux, voire contre le plus puissant qui est Mars, qui ne fust mortel: si est-ce que les Amans d'auiourd'huy semblent n'en croire guiere moins, chacun pourtant en sa façon. Ainsi ne deschargeons point nostre inconstance & folie sur les Anciens qui n'auoient la cognoissance de Dieu, car peu s'en faut que plusieurs mauuais Chrestiens ne croyent aussi bien qu'eux, qu'il est Dieu (parlant en leur façon) tant ils sont aueuglez en leurs passions, veu que quelqu'vn des Anciens souloit dire seulement parlant à Venus,

Deesse, tous les vents fuyent à ta venuë,
L'air ne peut retenir la plus petite nuë,
La terre vient ses fleurs à tes pieds espancher,
Aussi-tost qu'elle sent ton haleine approcher;
La mer quittant ses flots, s'applanit pour te rire.
Et semble que le Ciel vueille fondre de luire.

Mais le Petrarque l'a bien enchery, disant que
L'error de' ciechi e miseri mortali,
Per coprire il suo stolto e van' dezio,
Finge ch' Amor sia Dio.

Car encore qu'il die que c'est par erreur, que les miserables mortels ont feint qu'Amour estoit vn Dieu, se voulant

[marginal note:] Peu s'en faut que les amans d'auiourd'huy n'ayent deifié Venus & Cupidon.

comme excuser & descharger sur autruy; si est-ce qu'il est tombé en cest erreur luy-mesme, (au moins quant aux effects) & l'a plus deifié & honoré que tout autre. Et bien qu'il ait dit en vn autre lieu,

Ei nacque d'otio, e di lasciuia humana,
Nudrito di pensier dolci e soaui,
Fatto signor e dio da gente vana.

Toutesfois inconstant & volage, il a dit ailleurs peu Chrestiennement & redit par plusieurs-fois, que le Royaume d'Amour estoit vn Paradis, & sa Laura vne Deesse nee en iceluy, & plusieurs autres choses semblables qui ne peuuent conuenir aux choses mortelles. *Costei per fermo nacque in paradiso*, (dit-il.) Et beaucoup d'autres depuis à son exemple & à sa suitte esleuant leur desir iusques au Ciel, semblent auoir tenu ceste passion comme pour leur souuerain bien; luy attribuant vne si grande force & pouuoir sur les mortels qu'ils ont donné à entendre, que ses traicts estoient non seulement dangereux, mais ineuitables : fondant & rejettãt l'excuse de leur folie sur la necessité & force de ceste passion qui les violante & constraint de la suiure. Et se sont trouuez des gens si ignorans, qu'ils ont mesme voulu appeller aucuns de nos Anciens Peres de l'Eglise à tesmoins & comme pour les garants de ce fol Amour & de sa puissance; faisant à croire à Tertulien qu'il auoit dit que la ieunesse estoit excusable, de desirer par Amour les premiers Amours d'vne fille. Comme aussi se sont-ils essayez d'excuser Artaxerxes fils de ce grand Roy de Perse Darius, d'auoir par la mesme folie d'Amour conuoité le pucellage de ses deux filles Atossa & Amestris, & les auoir espousees l'vne apres l'autre. Si bien qu'encor qu'ils nous l'ayent peint enfant, si est-ce qu'ils maintiennent par les exemples d'vne infinité de siecles, que non seulement la ieunesse, ains nul aage, ny guiere nul homme, pour sage & bien aduisé qu'il soit, n'en est exempt : que parmy toutes ces folies des hommes, celle de l'Amour est la plus plausible & la plus receuë. Qu'il n'y a homme, en la personne duquel on peust

Tertul. lib. de Virg. veland. non ad virgines potius exarserint, quarum flos humanam libidinem etiam excusat.

iuger ceste passion malseante, qui daigne s'en excuser. Que Laïs auoit appris aux courtisanes de son siecle de porter tesmoignage, que de tout temps les Philosophes & les vieillards battoient aussi souuent à sa porte, que les ieunes & faineants: nous voulant persuader que ce sont plustost imperfections & deffauts de nature desreglee, que passions volages & erreurs de ieunesse.

Vne petite flamme d'amour embrase par fois les plus vieux, & les plus ruzez.

Et encor, disent-ils, qu'on die contre les vieillards, ce qu'on dit des plantes, *Che gettato ch'elle hanno il seme, si seccano*: si est-ce qu'il se voit clairement, que l'homme pour vieux qu'il soit, ne se recule iamais de l'amour par impuissance, ne pour s'y recognoistre mal propre: ayant remarqué que Theseus auoit cinquante ans, quand il rauit Helene. Que si par fois vn vieillard semble regretter ses plus ieunes années, quand il entre sur la consideration de son impuissance, tachant en vain de harasser le corps vieux & vsé pour contenter son esprit ruzé & cauteleux: neantmoins en fin il se laisse aller auec le commun des autres amans, & forme son amour tout ainsi que les ieunes, à son aduantage, & selon l'Idée de ses imaginations, sans autrement mesurer ce qu'il peut, ou ne peut pas.

Ceux qui sont en reputation d'estre les plus vertueux, les plus forts, & les plus sages se laissent par fois embraser à vne petite flamme d'amour.
3. Qu'est-ce que peut vne petite flamme d'amour.

Ainsi les plus vieux & les plus ruzez y sont abuzez; voire ceux qu'on tient bien souuent pour estre les plus sages ou vertueux, & esquels la Nature semble auoir infus quelque qualité qui les doit exempter de toute passion, se laissent embraser à la moindre petite flamme d'amour. Car (disent-ils) bien que nous soyons dans la plus obscure prison qui se puisse voir, où la force mesme de ceste grande lumiere du Soleil est inutile, vne petite flamme esprise au bout d'vn petit filet dissipe tellement ces tenebres, que plus l'obscurité est grande, plus elle auiue ceste clairté: Aussi que nostre ame soit enseuelie dans les plus noires & obscures tenebres de l'ennuy, dans lesquelles nous ne puissions voir ny recognoistre aucune sorte de contentement, toutesfois si vne petite flamme d'amour, si vne petite flammeche du brandon de ce petit Dieu aueugle nous tombe des-

dessus, il nous esclaire si fort, en quelque obscure & triste solitude que nous soyons, que nostre contentement s'y voit par tout. Ils alleguent l'exemple de Hercules, qui faisoit de merueilleux efforts contre les monstres, qui estoient au dessus la force mesme: mais en fin vne petite femmelette Omphale Royne de Lydie, auec vne petite flamme d'Amour, auec vn peu de passion le charma si bien, que malgré toute sa force elle le força de se vestir en femme, filer & faire toute autre sorte d'exercice de femme indigne de son courage. Ils disent que Samson estoit si puissant qu'il estoit impossible de le vaincre, si on ne se fut aduisé de luy couper les cheueux; où neantmoins communement gist la moindre partie de nostre force. Toutesfois ceste passion & ceste flamme d'Amour le surprit si à poinct, qu'elle le rendit vulnerable & luy causa sa mort: & son Amour fit vne telle trahison à sa force & à sa constance, que l'ayant fait descouurir à vne mauuaise femme, elle luy coupa le poil fatal de la raison & peu s'en falloit le filet de sa vie. Glauca fille de Creon cuidant espouser Iason, Medée ialouse luy fit present d'vne belle couronne d'or, & l'ayant mise sur la teste, vne petite flamme si attacha si viuement que Glauca fut couronnee de sa fin. Ils alleguent la pomme de pin qui est vn fruict clos & serré de tous costez, inuulnerable aux cheutes, à la violence des coups, aux poinctes & trenchans des cousteaux; si bien que l'homme a des mains trop foibles pour l'ouurir, & neantmoins vn peu de feu au dessous, ou à l'entour vne petite flamme la pique & blesse si fort, qu'elle s'ouure iusques aux entrailles, descouure son fruict, & presque le jette hors ses niches & cachots, comme vn Amant esperdu & surpris qui cherche quelque ouuerture pour sortir. Ainsi (disent-ils) les Amans s'allument volontiers dans les flammes du desir, si bien qu'ils s'ouurent iusqu'aux entrailles. Mais ce n'est pour sortir hors des niches, comme le fruict des pommes de pin : ains pour en fin s'amortir dans les douceurs de l'Amour. La pierre & le fusil sont sub-

Vne petite flamme rendit Samson vulnerable.

T t

stances dures, & neantmoins auec vn petit coup, on en tire assez de feu pour brusler tout le monde. Le cœur de l'homme & de la femme sont le fusil & la pierre, d'où au moindre effort on tire le feu, qui se prenant à la mesche de leurs ardans desirs, l'allume & le brusle d'vne flamme inextinguible. Vn flambeau à demy esteint se rallume plus viuement, si on le couche & fait pancher tant soit peu en bas. De mesme l'Amour à demy estouffé & perdu en l'air, si on le recouche & incline tant soit peu vers la chose aimee, reprend de nouuelles & plus vigoureuses flammes. L'encens consideré à part n'a odeur quelconque qui frappe les sens, mais vne petite flamme, vn peu de feu l'esueille, l'esmeut, & luy fait rendre vn parfum de si bonne odeur, qu'on a de tout temps accoustumé le reseruer pour les Dieux. Aussi l'homme consideré à part & sans Amour, semble estre du tout stupide, mais vne petite flamme d'Amour, de celles qui ont autrefois esueillé les Dieux, parfume tellement toutes ses actions, que sa gentillesse est en bonne odeur à tout le monde. Ils adioustent aussi que comme Nature ne sçauroit faire mourir le Phœnix, oiseau d'admiration & vnique en son espece, qu'vne petite flamme ne le face renaistre aussi-tost: veu que la mort est sa vie, les cendres sont la matrice où il s'esleue, les flammes qui consument tout, les Allumettes qui les auiuent, son tombeau est son berceau, son trespas est sa resurrection, n'ayant autre Adam que son petit bucher, ne autre Eue que sa flamme. Tout de mesme vn Amour ne sçauroit mourir, qu'vne petite flamme, vne petite bluette de ce feu mysterieux, ne le rauiue aussi-tost: veu que sa mort n'est le plus souuent que le renouueau de sa vie, ses cendres que couuertures qui le conseruent au lieu de l'estouffer, ses estincelles à demy esteintes que des attaintes qui en le remuant & le pinçant tant soit peu le font reuiure. Bref l'Amour ne voulant despendre d'autruy, ne veut auouer d'autres progeniteurs, ny tirer son Essence que de soy-mesme: ne veut nourrir son premier dessain que de son premier feu. Et encores que par fois il s'essaye de jetter ses cendres & sa fumée au vent: ceste premiere flamme se rejette sur luy, & au lieu d'esuanouir reuient tousiours en sa place, & se renflamme plus vigoureusement. Ils disent que celuy qui a vne fois esté attaint du feu du Ciel, ne craint nul feu de la terre, ny mesme vne seconde attainte du feu celeste. C'est pourquoy ceux que la foudre a tuez demeurét incorruptibles. Si bien que plusieurs ne les couurent de terre ny de feu, pour les brusler: ains les laissent ainsi entournez, afin que perpetuellement on les puisse voir exempts de corruption, suyuant la loy ancienne de Numa, qui croioit estre inique, que ceste partie du corps en laquelle les Dieux auoient empraint leur marque par le moyen d'vn feu celeste, fust violee par quelque autre feu. De mesme ils argumentent que qui a esté vne fois attaint de ce feu celeste d'amour, duquel les Dieux se sont autrefois trouuez espris, ne peut estre frappé de nulle autre flamme, ne peut brusler d'autre feu terrestre: ains demeurant dans ce feu incorruptible, qui ne peut estre esteint ne couuert non plus que les corps attaints de la foudre; ne peut se corrompre ne mourir, qu'il ne reuiue aussi-tost. Les Dieux trouuant iniuste que les flammes de leur feu diuin, vne fois versees sur les ames des mortels, soient violees de nul autre feu. Au pays & en la contree de Bysance y auoit vne forest sacree, remplie d'oliuiers, laquelle deuenant sterile, & se laissant comme mourir, tout aussi tost qu'il y tomboit quelque rosee de feu, la flamme se prenant aux branches & aux feuilles, en deuenoit si forte, & neātmoins si vtile, que chaque arbre s'engraissoit de ses propres cendres. Ainsi la forest sacree d'Amour, deuenant sterile & assechee par faute d'alimens, se renouuelle par quelque petite rosee toute parsemee de flameches de feu. Si bien que les cendres d'vn premier amour mourant, n'estaignent le feu tout à faict, ains rendent l'arbre de nos amours plus verdoyant & fecond. Les affections qui ne sont qu'endormies par feintes ou legeres dissensions, se reueillét aisémét,

Tertull. in Apol. qui de cœlo tangitur saluus est, vt nullo iam igni decinerescat.
Plut. in symp. lib. 4. c. 2. Pl. lib. 2. c. 54. Festus de Numa.

Sostratus Byzantinus apud Achillem Statium lib. 2.

T t ij

& paſſent bien ſouuent en des amitiez inuiolables. Auſſi les Poëtes adorateurs de ceſt Amour feignent, que Iupiter voulant iouyr des embraſſemens d'Ægine, forgea des embraſemens de feu eſquels il ſe changea. Pour teſmoigner que l'Amour ne vit que dans vne fornaiſe, où nos plus glacées affections ſe cuiſent & ſe tournent en viues flâmes. Et pour dire que l'Amour qui nourrit ſa braiſe plus viuement dans les plus durs glaçons, ratiſé des ſouflets de nos plus chauds deſirs, ſe va hauſſant peu à peu, iuſqu'à ce qu'il ſe rencontre & ſe prend à ce moite palais de la raiſon, ſur le feſte duquel il n'a ſi toſt arboré ſon brandon, qu'il ſe rallume auec plus de violance & nous embraſe en vn moment.

A tout cela ils adiouſtent, que l'Amour attire les hommes comme le Leopard attire toute ſorte d'animaux, à force qu'ils ont agreable ſon odeur. Mais ſur tout il en veut aux Singes; & ne pouuant les prendre à la courſe, d'autant qu'ils gaignent le ſommet des arbres ſe tapiſſant ſous la ramée, il repreſente ſi bien les derniers traicts & abois de la mort, que les Singes croyant qu'il le ſoit veritablement; en ayant premierement enuoyé quelqu'vn d'entr'eux ſonder le gué, l'enuironnent & ſautelent à l'entour; & enfin le harcelent de toutes parts & foulent aux pieds; culbutant par deſſus & faiſant les forces d'Hercules comme par riſée, iuſqu'à ce que le Leopard ſentant qu'ils ſont deſia las de bondir, ſe releuant promptement en ſurſaut en prend l'vn auec les dents l'autre auec les ongles: en dechire l'vn & deuore l'autre. Ainſi (veulent-ils dire) fait ceſt enfant malicieux: car il ſe ioüe au commencemẽt auec ceux qu'il veut attraper, & les cõuie par l'odeur & le gouſt de quelque petit traict d'amitié. Il attire le mõde par les loix de la douceur à la frequétation, de la frequétation à l'amitié ſimple, de l'amitié à l'Amour à deſſein; de l'Amour il les pouſſe à la iouyſſance. Mais auant que d'y paruenir la carriere en eſt ſi lõgue, que les amans ſont bien ſouuent pluſtoſt deſeſperez que contans. Les plus fins s'y

INSTAB. DE TOVTES CHOSES. LIV. II. 167

laissent prendre: car pour les attirer il leur met au deuant la volupté; leur representant quelque vaine satisfaction de l'ame esleuee au dessus de toute mesure, qui s'engendre par l'opinion de quelque bien present. Et a vne infinité de cachots en soy pleins d'esprits & d'inuentions pour les conuier à la descente; mais deslors qu'il les sent pres de luy bien poissez de ceste poison, il se declare tout à faict: & volage qu'il est changeant de traictement; commençant à les saisir par les parties plus nobles, il leur peruertit l'entendement & le sens & leur faict sentir mille maux: si bien que soubs l'apparence d'vne douceur endormie & de quelque fausse & imaginaire iouyssance qu'il leur presente, ils se trouuent enueloppez en mille peines veritables. Dont l'amour, Leopard inconstant, faict (disent-ils) ce que Plaute a dict en si bons termes, que ie n'oseroy en supprimer vn seul mot sans courir fortune d'en perdre le sens,

4. Merueilleuse description de l'inconstance d'Amour, tirée de Plaute, in Cisellaria.

Ie suis deçà delà agité, tourmenté,
Ietté, picqué, poussé, & tourné miserable.
Dans la roüe d'Amour, esperdu, transporté,
Rompu, brisé, moulu du tourment qui m'accable:
Ie suis sans iugement, où ie suis, ie n'y suis,
Et où ie ne suis point, là se loge mon ame:
Ce qui plaist, me desplaist, bas de cœur ie ne puis
Me deffendre d'Amour, qui me leurre, & m'entame.
Me chasse, me bannit, me harcelle, me point,
M'empoigne, me rauit, me prodige, me iette,
Ce qu'il semble donner, il ne le donne point,
Ne faict que se mocquer: s'il me met en la teste
Vne chose, soudain il m'en veut destourner:
Et m'ayant destourné, m'en redonne l'enuie:
Me traicte, & me manie en enfant de la mer.

Or tout cela sont des belles paroles, & artifices de gens volages & escerüellez, qui descriuant ainsi ce fol Amour plus que toute autre puissance humaine, & plus ardant que le feu mesme ne font que pour couurir leur foiblesse,

Tt iij

TABLEAV DE L'INCONSTANCE ET

Pourquoy le tableau de l'Amour est remply d'enfans. & auec quelque petite apparence d'excuse mal prise se gorger de delices & voluptez en toute liberté. Mais venons à la peinture que les Poëtes en ont faite pour mieux descouurir son inconstance & celle de ceux qui le suiuent. Car chacun le brouille & diuersifie en sa façõ. La premiere piece ou consideration de son Tableau est qu'ils nous l'ont peint enfant. Et Philostrate qui s'est ioinct auec eux, en son tableau de l'Amour, l'a rẽply d'enfans qui se iouent çà & là: comme s'il n'y auoit que les enfans & ceux qui sont en cette simple & premiere innocence de leur aage, qui fussent subiects à l'amour. Surquoy on dit que la verité est, qu'en tous les mestiers du monde, celuy sans doute est le meilleur maistre qui plus s'enuieillit en son mestier; mais au mestier d'amour la chose n'en va pas ainsi: ains qui plus l'entend en vaut moins; & celuy a moins de credit qui en discourt auec plus de iugement, parce que la suffisance ne s'acquiert sinon auec le temps; or ce temps est vn grand & puissant ennemy de l'amour. De maniere (disent-ils) que les Peres, les Magistrats, les Medecins, les Gouuerneurs doiuent bien estre en aage de maturité, mais non les amoureux. Lequel poinct ayant esté entendu par vne femme, qui auoit essayé les deux, souloit dire en chantant,

Se voi ch'io torni alle tue fiame, Amore,
Non far sogetto il core
Ne di freda vecchiezza,

Caual.
Guar.

Ne d'inconstante e pazza giouanezza
Dammi, se puoi, signore,
Cor saggio in bel sembiante,
Canuto Amore in non canuto amante.

Cette bonne Dame ne le vouloit ny enfant ny vieux: craignant la legereté & folie de la ieunesse ; mais encore plus la foiblesse & froideur de la vieillesse. Mais parauanture l'ont-ils peint enfant, pour signifier leur peu de tenue & leur incõstance. Car vouloir & ne vouloir, faire & deffaire, iurer la foy & la violer aussi-tost, varier & ressauter ainsi à tous moments à des opinions defloyales, font des inconstances & legeretez permifes principalement aux enfans: ce font les priuileges de la ieuneffe qui contracte volontiers fans adueu, priuileges d'indifcretion qui les difpenfe de leur foy; ou bien pour dire que la ieuneffe eft communement pleine de feu, de flammes inconftantes, & de tranfport. L'Amour eft donc vn enfant, ou vne paffion & tranfport de ieuneffe, vn feu, vne flamme qui prefque nous violente, vn Leopard qui nous defchire. C'eft vn petit efprit leger tout folet & venteux, qui n'a non plus d'arreft qu'vne balle qu'on a pouffé fi fort, qu'elle va fuiuant tous les coings du ieu, fautelant par tout, iufqu'à ce que venant à rencontrer quelque chofe folide, comme le ioueur pour iudicieux qu'il foit la penfe iuger, elle l'elude, le trompe, & luy fait faux-bond. Car le petit folet auec fon inconftance bricole & fuit ainfi par tout, fautelant & fuyant à bonds violens, tous rencontrez de de folidité & conftance qui le peuuent arrefter : & en fin lors qu'on penfe apres tant d'efchappades qu'il fe doiue placer, il s'efuanoit & fe perd tout ainfi que les balles, ou ces autres petites boulettes venteufes qui voltigent par l'air.

Ainfi l'inconftance eft la chofe la plus folide qui foit en la penfee de ceux, qui comme des enfans defpourueuz de confeil fe laiffent piper à cet impofteur. Veu que parmy eux les plus extrauagâtes maximes & varietez de la viciffitude, les preceptes changeans du changement felon le vent du monde, ne font plus crimes ains de tres-honneftes exercices; fes affections plus nouuelles font les plus belles; & les infidelitez plus notables font les plus fortables & mieux receuës. La Déeffe plus celebre de ce fiecle c'eft la Legereté; par le moyen de laquelle chacun peut non feulement auec impunité, ains auec prix & honneur, par fucceffion & changement infaillible changer, rechanger, rechercher, quitter, fuiure, fuïr, aimer, hair tous tels fujects qu'il luy plaift. Si bien

TABLEAV DE L'INCONSTANCE ET
qu'on feroit pluſtoſt naiſtre la vigne dans la mer à qui la
ſaleure eſt ſi ennemie & contraire, que former des amours
ſans inconſtance. Leur diſcours ordinaire eſt,

Ie t'aimoys, il eſt vray, mais or' ie me retire,
Adieu donc, beau Soleil, vn autre objet m'attire,
Ie vay ſuiure l'effect de mon deſir nouueau.

Qui a meu les Anciens voyant en amour tant de diuerſitez & chãgemens, de feindre meſme deux Amours Eros
& Anteros, l'amour & le contr'amour: tous deux fils de
Venus, tous deux enfans & inconſtans, l'vn qui bruſle
& enflamme, l'autre qui froid & degouſté ne veut qu'on
recognoiſſe en luy nul traict d'vn amour conſtant & reciproque. Et quand Venus n'en auroit engendré qu'vn il ſe
trouuera par la creance commune de ceux qui la ſuiuent,
que c'eſt ce volage, qui apres ſes plus viſues flammes touchoit & trempoit ſon brandon dans le fleuue Lethé, la
ſtatue duquel ils auoient miſe dans le temple de Venus
Erycine; où toute la ieuneſſe alloit luy faire des vœux &
ſacrifices, pour en eſtre deſpeſtree. Qui donne tres-bien à
entendre, qu'vn ſeul amour pour ſi conſtant & bien lié
qu'il ſoit, eſt vne qualité qui raſſaſie bien-toſt noſtre ame,
& s'eſtouffe en ſes plaiſirs: voire meſme au milieu de la
iouyſſance & en ſes plus priuez contentemens. Veu que
meſme le mary & la femme, quoy que liez du plus eſtroit
& honnorable lien qui puiſſe eſtre tãtoſt l'vn, tantoſt l'autre, s'entrejettent bien ſouuent hors du lict nuptial qui
eſt le vray & iuſte nid d'vn legitime mariage; à l'exemple
de la Cicoigne, qui à chaque fois qu'elle fait ſes petits, en
iette vn hors du nid: le faiſant neantmoins auec vne beaucoup meilleure intention: car elle le donne comme pour
ſalaire de celuy qui la loge, & eux au contraire ſe iettent
l'vn l'autre, comme pour ruyne de celuy qui deſloge.

Pourquoy on peignoit l'A-mour aueu-gle.

La ſeconde piece ou partie de ſon portraict la plus ſi-
gnificatiue & importante eſt, qu'ils l'ont peint aueugle,
& luy ont donné vn bandeau, pour dire qu'il va choppant & taſtonnant par tout ſans ſe pouuoir arreſter ne aſ-
ſouuir

fouuir, ou bien parce que plusieurs ont perdu la veuë par la volupté. Et non aueugle quelque fois ains clair-voyant, parce que bien souuent il void au trauers son bandeau, & tire ses fleches si droictement au cœur de ceux qui le suiuent, qu'il les naure à tous momēts & comme il luy plaist: qui a faict dire au Petrarque,

Cieco non già, ma faretrato il veggio.

Par fois donc il n'est pas aueugle, puis qu'il descouure les plus secretes pensees des amans, & les tire du profond du cœur pour les leur marquer en la face.

Mais principalement a on dit qu'il estoit aueugle, & creuoit les yeux à tous ceux qui estoient sous son empire, parce qu'on a essayé & recogneu, qu'entre toutes les fascinations, aueuglemens & charmes qui se pratiquent parmy les mortels, les plus dangereux estoient ceux de l'amour. Et qu'entre tous ceux de l'amour il n'y en auoit aussi nul de si pressant & contagieux que celuy qui prend aux yeux; desquels il s'aide plus que de toute autre piece qui soit en l'vn & l'autre sexe, pour s'entre-charmer & charger de passion. Doù est venuë la façon des Dames Espagnoles, qui en leur plus belle parure portent communement au col, pour empescher la fascination des yeux, vne main de Crystal ou de Iayet, ayant le poing serré & le poulce passé par le dedans du premier doigt, qu'elles appellent *Higo, por no ser ojadas*.

Le plus grād charme qui soit, est celuy de l'Amour.
Le plus grād charme d'Amour, est celuy qui nous prēd aux yeux.

Laquelle sembleroit estre excusable, si la superstition n'en estoit presqu'aussi sale qu'estoit celle des Anciēs, qui semblablement pour empescher la fascination de la voix & des yeux, portoient vne effigie ou figure d'vn membre viril, laquelle ils appelloient *fascinum*. Mais voulant guerir vn mal par vn moyen superstitieux, tous les deux leur sont demeurez, & la superstition & le mal; & ce remede s'est trouué vain pour vne maladie si forte. Or les maladies des yeux parmy ceux qui font profession de suiure ce petit Dieu aueugle, sont ainsi merueilleusement dangereuses; parce que la veuë est le principal de nos sens, veu

V v

que les corps diafanes & lumineux comme les yeux, ayāt moins de groſſe carnalité, ſont pareillement les plus excellents. Ce qui ſe recognoiſt en pluſieurs choſes, & meſmement en ce qu'vn ſeul corps & objet occupe fort aiſément chacun des autres ſens, qui ne peuuent diſtinctement comprendre qu'vne ſeule choſe, & vn meſme ſubject à la fois: au lieu que les yeux comprennent tout le monde inferieur, & ont cognoiſſance du ſuperieur. Auſſi parmy tous les ſens l'œil & l'oreille ſont principalement attribuez à Dieu, (ſelon noſtre façon de parler.) C'eſt pourquoy il ſemble qu'en la veuë ſeule ſoit vne des principales reſidences de l'ame, & qu'és yeux ſe deſcouurent ſes operations plus qu'en nulle autre part; veu que la veuë eſt la guide du corps, & que la Nature garde les yeux & l'ame preſque auec vn pareil ſoin: ayant mis le cœur au plus profond de la poictrine, couuert de peau, de chair & d'os, & de mille autres couuertures; & les yeux de ſourcils, de poil & de toiles; les ayant mis au haut de la teſte, comme pour eſpions ou ſurueillans de tout ce qui voudroit entreprendre ſur elle: qui faiſoit dire à Dauid, Garde moy Seigneur comme la prunelle de l'œil. Et bien que tous les ſens ayent quelque certaine familiarité auec l'ame, ſi eſt-ce que les yeux comme luy reſſemblans & comme ſes plus proches amis, tiennent le premier lieu entre eux. Tellement que l'œil eſt ioinct auec elle par quelque plus eſtroite alliance & droict de naturalité, pource qu'il eſt moins materiel & plus mobile en ſes operations que tous les autres ſens. L'œil eſt donc Secretaire de l'ame. C'eſt le poulx par le battement duquel on deſcouure ce qui ſe traicte & manie au dedans. C'eſt le portier du cœur, qui y laiſſe entrer & ſortir qui luy plaiſt: voire vn portier ſi authoriſé, que quand il va à la picoree, le cœur eſt bien aiſe qu'il laiſſe l'huys ouuert afin de trouuer ſon yſſue pour courir apres, & le ſuiure. Et ſi par mal-heur ayant abandonné l'ame où le cœur, il ſe iette ſur quelque mauuais ſubiect, l'ame

Oculi domini ſuper iuſtus. Pſal. 3.

Pſal. 16.

participe au desplaisir & à la vergongne que l'œil en reçoit. C'est pourquoy on a tresbien dit, Qu'entre autres choses l'œil donne & reçoit scandale : tesmoing la responſe de cette femme laſciue, laquelle ayant ietté fixement les yeux ſur le Moine Effraïm homme Religieux & de bonne vie, il la pria de les vouloir ietter ailleurs & non ſur luy; à quoy elle reſpondit effrontement, *Tu in illam, ex qua conditus es; ego in te, ex quo sum facta*. Nicepho. li.9. ch.16.

Et encor qu'en apparence les Taupes ſemblent n'auoir point d'yeux, ſi a on obſerué que les yeux ſont pieces ſi nobles qu'à peine la Nature les a déniez à animal quelconque, s'eſtant trouué par experience, que qui leur oſteroit vne petite peau du lieu où les yeux ont communement accouſtumé d'eſtre logez, y trouueroit leur place bien formee, laquelle la Nature y a comme empreinte par honneur; ſon habitation qui eſt la terre n'eſtant lieu propre pour les ouurir : & de faict on tient qu'elle les ouure ſur le poinct qu'elle veut mourir, comme ſi l'heure de la mort eſtoit le ſeul propre temps d'ouurir les yeux. Donc le plus fort charme (s'il eſt loiſible de parler ainſi) & celuy qui nous tient plus longuement comme liés par malefice, eſt celuy de l'amour : & le plus fort charme d'amour voire le premier, eſt celuy qui nous prend aux yeux, ces beaux flambeaux qui nous eſclairent par tout, & nous y iette cette faſcination, qui en abaſtardit l'excellence, & nous eſblouit & aueugle les yeux & l'entendement. C'eſt pourquoy l'eſprit d'vn amant, qui eſt bleſſé és yeux ne peut auoir bonne conduite : d'autant que ietter les yeux, & les tordre comme font les amans, eſt vne torſe de regard qui tord l'ame quand & quand : car l'œil eſt l'eſponge & l'aleſchement de toute concupiſcence, c'eſt le canal des mauuais deſirs. Et ce qu'on dit que l'amour eſt aueugle, & par fois clairuoyant, ſe dit d'autant que la principale force d'amour & ſes plus grands & premiers efforts ſont & giſent és yeux. Car c'eſt és yeux, comme miroirs ardans

La Nature a graué és Taupes, la marque & la place des yeux, de ſorte que meſme elle les ouure ſur le poinct qu'elle veut mourir.

TABLEAV DE L'INCONSTANCE ET
de l'ame, esquels Cupidō forge ses foudres ou rayons desquels il brule ces pauures amans. C'est és yeux que cet amour volage dresse son ciel, ce sont les Autels dãs lesquels il dresse ses vœus, & les lieux d'où il préd les plus merueilleux effects de sa legereté & de son pouuoir. Des yeux il tire ses premieres fleches dans le cœur, qui ne se peuuent tirer que par les yeux mesme (chosse impossible qu'en faisant l'ouuerture plus grande) des yeux il tire les larmes, pour y noyer & adoucir les rigueurs des plus cruelles, & pipper les plus chastes. Et à ceux qui sont touchez de cette fole & inconstante passion, il leur tourne les yeux en sorte, que ce sont les tesmoins plus certains de leurs pensees, les truchemés plus fideles de leurs interieures volontez, les sondes plus asseurees de leurs cœurs, & les plus apparentes enseignes de leurs affections: voire mesme par intelligence qui est entr'eux, on descouure aussi-tost comme par des espions, toutes leurs inclinations pour cachees qu'elles soiēt. En telle sorte que puisque les premieres touches & attaintes d'amour sõt les regards, il est certain qu'au mouuement & eslancement d'iceux il y a & plus d'artifice & plus de danger. Veu que (disent-ils eux-mesmes) qui sçait comme il en faut vser, & l'art de les conduire, ietter, retenir & retirer, donne bien souuent de mauuaises atteintes, & influë de tres-dangereuses fascinations. D'autant que la flamme retenuë & cuitte dans ses petits fourneaux, estant par apres eslancee, brusle auec beaucoup plus de violence. C'est pourquoy ils disent qu'encor' que la Nature n'ait donné à cet Vniuers seulement qu'vn œil (car nous ne voyons qu'vn Soleil, parce que s'il y en auoit deux, le monde entier se brusleroit) si est-ce que tout à rebours, elle a voulu en donner deux à l'homme, afin que cette flamme diuisee & my-partie eust moins d'effort: car tous les amans se brusleroient aussi d'vn seul regard, si l'ardeur & la flamme de nos yeux estoit toute en vn Soleil. En fin comme certains animaux auec vne merueilleuse instru-

Pourquoy la Nature n'a voulu donner qu'vn œil au mōde, & deux à l'homme.

ction de Nature, quand ils veulent tuer vn homme se prennent premierement aux yeux ; tout de mesme fait ce Dieu aueugle, quand il veut tourmenter quelqu'vn.

Mais le prenant plus serieusement, on pourroit dire, que les yeux sont non seulement sorciers & charmeurs, ains encore en toutes autres choses fort auides & gloutons, gourmandant tous les autres sens : veu que toutes les despenses qui se font en habits & festins, en richesses de meubles, ornemens & parures, & autres choses semblables, ce n'est que pour paistre les yeux. Lesquels ne se contentent pas de ce qu'on appreste pour eux seuls, d'autant qu'ils prennent part & ont mesme leur pension, sur tout ce qu'on appreste pour les autres sens. Et encore qu'és festins, il semble que le goust seul doiue estre le seul maistre souuerain, si est-ce que l'œil prend part en la qualité des viures, en la disposition, en la varieté, és couleurs & autres choses. Ainsi Dieu voyāt que nos yeux insatiables & gloutons se ruoient sur toutes choses, & que d'eux comme des sources de quelque fontaine impure, naissoient la plus grand' partie de nos pechez & de nos fautes, leur monstrāt plus d'affection qu'à tous les autres sens, les a voulu pouruoir de quelque remede, par le moyen duquel ils puissent reparer tant de maux desquels ils estoient cause : & leur a donné vne autre source de larmes ameres, qui ne se mesle nullement parmy ceste autre premiere, de laquelle comme d'vne fontaine s'escoulent certaines eaux si pures, que dans la pureté d'icelles on peut aisément descouurir comme dans vn miroir, & puis lauer & nettoyer toutes les ordures de nostre Ame leur compagne : ce qui n'a esté donné si noblement, ne si efficacement à nul autre de nos sens. Car non comme l'oreille oit seulement, le nez odore, l'attouchement touche, & le goust sauoure, l'œil a la faculté simple d'y voir seulement ; ains outre ce qu'il void, Dieu luy a fait ceste grace, qu'il peut amerement pleurer ses fautes, voire mesme faire aller & courir les ruisseaux de ses larmes par les campagnes & terroir des autres sens, pour lauer

V v iij

leurs saletez. Et au lieu que l'ouye, l'odorat, l'attouchemẽt & le goust s'estans rendus coulpables & criminels, se taisent, & sont muets, demeurans en silence, sans qu'on s'apperçoiue qu'ils descouurent leur peché, ne qu'ils en requierent pardon; l'œil au contraire ne fait que larmoyer & crier. Et bien qu'en criant il se serue de pleurs au lieu de paroles; si est-ce qu'auec ses larmes il crie si fort vers les Cieux, qu'encore qu'il semble que prosterné à genoux elles se versent inutilement à terre, si est-ce qu'aisément par apres elles remontent vers le Ciel; voire auec vne telle violence qu'elles penetrent iusques dans l'oreille de Dieu, & y entrent si auant qu'elles y trouuent grace & pardon. Surquoy il nous a esté dit par conseil, *Neque taceat pupilla oculi tui*, & parlant aux oreilles de Dieu, *Auribus percipe lacrimas meas*. Et quiconque ne pleure parce seulement qu'il n'a occasion de pleurer, (ce que toutefois n'appartient sinon à ceux qui sont desia en la vie eternelle) c'est signe qu'il est bien en la grace de Dieu, ayant essuyé ses larmes deslors que par les oreilles du Createur il les a versees dans son cœur; & par ainsi veritablement exaucees. En preuue dequoy S. Iean en son Apocalypse parlant des bien-heureux dit, *Absterget Deus omnem lacrimam ab oculis eorum*.

<small>Hier. 2.
Psal. 38.</small>

On mettoit aussi par fois l'Amour en autre posture,
 Sopra vn Carro di fuoco vn Garzon nudo,
 Con arco in mano, e con saette à fianchi.
Ce chariot de feu representoit non seulement l'ardant desir des Amans, qui se rauiue & se renflamme inconstamment en chacun d'eux selon leurs vaines esperances; mais bien ceste couleur vermeille, que le visage de ceux qui aiment reçoit par la presence inesperee, & alors que l'object que nous aimons se presente en surprise: voulant dire que ce vermeillon qui saute ainsi au visage, c'est nostre ame, qui comme dans vn miroir porte & fait voir en la face, la vergongne d'vne passion honteuse. Et parce que le visage est la partie de l'homme qui paroist le plus, nostre ame qui la veut couurir, enuoye ce voile coloré, faisant

par vne douce trahiſon vn effect tout contraire, & comme quelque eſpece de force & de violence à noſtre ſecret.

On le peint nud, pour monſtrer que ſouuent on penſe que noſtre amour ſoit bien ſecret & caché, & neantmoins il eſt ſçeu & cogneu de tout le monde : outre que la pluſpart de nos amours eſtant deſordonnees, & preſque touſiours au preiudice de quelqu'vn, vn amour deshonneſte n'a dequoy ſe couurir. *M. Equicola Di natura d'A more.*

On luy attribue les fleches venimeuſes & mortelles, d'autant que ceux qui le recognoiſſent pour Dieu, veulent faire à croire ſottement & ſans raiſon comme ſorciers, qu'vne fleche meurtriere tiree du corps d'vn homme ſans auoir touché choſe quelconque, & miſe ſous le cheuet de ceux qu'on veut tirer en amour, produit de merueilleux effects. Ou bien parce que comme il n'y a rien de ſi viſte qu'vne fleche ou vn traict, auſſi l'amour eſchappe & gliſſe comme vn trait : ne pouuant neantmoins celuy qui aime trouuer touſiours le bout de ſes deſſeins, ny le blanc de ſes amours, non plus que l'Amour meſme pour bon Archer qu'il ſoit, ne peut donner à chaſque coup dans la butte à laquelle il viſe. Ainſi, encore que les fleches ſoient bien pointues, comme ſont auſſi les piqueures d'amour, ſi eſt-ce qu'il tire quelquefois en vain & ſans attainte ; & pluſtoſt pour tenter ou s'eſſayer, que pour tirer à bon eſcient. Et voylà comment chacun deſcrit l'amour en ſa façon, luy donne des habits & des armes, ce ſont les raiſons de ſon habillement, & de tout ce qu'il porte.

Les Italiens plus curieux plus tendus & patiens, partant plus propres & plus entēdus que toute autre nation à bien courtiſer les Dames, peignent l'Amour ieune & rouſſeau, ſous vn bel arbre qui a fueille, fleurs, & fruict, comme pour dire que tous amoureux ne ſont iouyſſans, & qu'aucuns d'eux n'en rapportent ſimplement que fleurs ou fueilles, ſans pouuoir attaindre au fruict qu'ils deſirent.

Ils peignent auſſi le Palais Royal de Cupidon, auec

TABLEAV DE L'INCONSTANCE ET

6. Que l'Hostel de Cupidon & ses Officiers sont plus ingenieusement descrits, que luy-mesme.

son Hostel & Officiers en telle façon, qu'ils ne sont pas moins inconstamment & diuersement parez que luy-mesme. Si bien qu'on diroit qu'ils le logent plus ingenieusement, & faisant l'estat de sa maison, luy donnent des Officiers beaucoup plus à propos & en meilleur sens, qu'ils ne le desguisent. Le Palais d'amour ou l'Hostel de Cupidon (disent-ils) est tout fabriqué d'esperances, qui faict que le monde y loge volontiers. Les degrez sont faicts d'vne matiere lubrique & glissante, auec vn tel artifice, que qui plus haut y monte plus descend : dont les trois premiers sont l'effronterie des yeux, le desbordement de la parole, & l'affetterie & violence de la main. Ses sales, chambres, & garderobes, sont toutes parees d'oysiuetez, de songes, de desirs, & d'Inconstances. La cheminee de sa grand' salle, où on tient vn feu inextinguible, est dans la poictrine des Amans passionnez, qui font de leur poictrine vn Vesuue. Celle de sa chambre est dans le cœur qui est tousiours ouuerte, pour dire qu'à cœur ouuert on y reçoit toute sorte de passions. Celle de sa cuisine est dans le Foye comme vray siege de nos concupiscences, & le cuisinier du ventre où sont fichez tous les instruments pointus de sa cuisine. Les sieges de tout le logis & mesme ceux qu'on a destiné à chacun qui se sied pres de luy, sont faits de faux contentemens. Les Ingenieurs desquels il se sert pour les bastir & reparer, sont l'Ennuy, le Tourment & la Fraude. Le iour Amour y met en garde l'Incertitude & la Crainte. Le soir la Fausse opinion seule en serre les portes. La nuict la Deffiance y entre en sentinelle.

Officiers d'Amour.

Et venant aux chefs de son conseil, il n'y a en toute sa Cour qu'hommes sans cœur & sans ame, qui sont où ils ne sont pas. Son Chácelier est parmy tous celuy qui craint moins la peine, qui est le Penser; lequel a trois concubines auprés, la Beauté, la Pompe, & la Vanité. Ses Conseillers d'Estat pour ses entreprises ou affaires qu'il a en abondance, sont le Mensonge, & la Tromperie. Pour ses autres Officiers domestiques son maistre d'Hostel est le Soupçon,

qu

qui tient entre les bras vn vaze plein de lasciueté, & par fois de cruauté. Les viandes chaudes que ce maistre d'Hostel luy sert & met au deuant, sont les Beaux visages & Persuasions : & ne s'y boit autre chose qu'Oubly. Il a ses cameriers ou valets de chambre non moins soigneux que galands, rusez, & enioüez, qui sont le Ris, le Chant, la Bonne grace, la Ceremonie, l'Adulation. Les Bouffons qui l'entretiennent, sont le Baiser, l'Attouchement, & par fois la iouyssance ; à laquelle desirant paruenir & voulant battre les forteresses de la chasteté, il les attaque, de façon que tout aussi-tost elles sont desmantelees & despouillees tout à nud. Car par fois il plante deux ou trois pieces de batterie sur le flanc qui est le plus foible, par fois il remue sa batterie en autre part, & vsant au lieu de canon & pieces de fonte, de persuasions & de presens, ou bien par fois de Mine, sappant le rocher de la chasteté auec des instrumens tous d'or, il frappe & donne de si grands coups d'esperance, & fait des promesses si hautes pour la faire aller haut en l'air, qu'en fin il trouue moyen d'arriuer au poinct, *e innestare i cuori*, (comme ils disent) & la place prise il s'y tue de contentemét, mais en fin il se renouuelle tout ainsi qu'vn vieux Phenix suranné. Car s'estant amoncelé vn petit faisseau de Myrrhe, comme fait cest oyseau, ayant amassé & mis doucement à l'entour quelque poignee d'odoriferantes buchettes d'Esperance & d'Amour, de Trouble & de Vergongne, de Remords & de Chastiement, s'estant logé vis à vis de son beau Soleil, debattant les aisles d'vne continuelle consideration, il esueille le feu disant ces mots sur la premiere veuë de ses flammes qui le doiuent renouueller, *In cogitatione mea accendetur rogus*. Et estát presque bruslé cóme il commence à se renouueller il crie,

His flammis vror, sed mox in funere viuo.

Et voulant monstrer que les flammes d'amour ne sont pas plustost esprises, qu'il ne s'en ensuiue aussi tost de grands embrasemens, ils ont graué cest escriteau sur ses ailes, *Flamma in amore inchoata ducit ad incendium*. Ses

Courtisans, qui ont en leur langue vn nom plus propre, s'appellent

> *Stanco Riposo, è Riposato Affanno,*
> *Chiaro Dishonore, e Gloria oscura e nigra,*
> *Perfida Lealtà, e Fido Inganno,*
> *Sollecito Furor, & Ragion pigra.*

Musique de Cupidon. Sa Musique & les instrumens esquels il prend plaisir, ne font entendre que Despits, Soupçons, Desespoirs & Vengeances. Ses Comediens ne representent qu'amours illicites. Et bien qu'il semble que ce ne soit que feintes, si est-ce que ce rouleau veritable qu'ils ont mis au frontispice de leur Palque tesmoigne le contraire. *Adulteria dum fingimus, docemus.* Ses Ruffiens sont si effrontez & si fins qu'ils portent les œillades, poulets & petits presens des Amants au trauers mille gardes & espions, voire dans les plus serrez & secrets cabinets des vierges, & dans les plus secrettes couches des plus honnestes Dames. Il a deux Assassins pour faire ses homicides secrets, Souspirs chauds & ardens; & Paroles pleines de feu.

Comment Cupidon va à la chasse, & son equipage. Quand il veut monter à cheual pour aller à la chasse, on luy appreste vn cheual effrené, qui est la volonté desreglee & sans respect. Les Desdains sont ses Estaffiers. Ses Chiens sont des Couleuures auec lesquelles il ne prend autre chose que Lieures & Hienes. Les premiers qui signifient sodomie, & les derniers fornication & adultere. Ses oyseaux, qui ne sont autres que ceux que les Latins appellent, *Galgulus* ou *Regulus*, qui ont les yeux charmeurs, ou auec quelque faculté ou infusion de iaunisse, ont ce mot qui leur descend de la teste sur les yeux, *Venena diffundet.* Et chacun d'eux estant deschapperonné pour darder la veuë sur toute sorte de proye, porte ces mots au dessous, *Oculi tui videbunt extraneos.* Le reste de son Palais, de sa Cour & de ses Officiers est plein de trouble & confusion, meslé de desplaisirs certains, & ioyes incertaines. Au reste son estat où on ne void que des champs, & vn paysage plein d'erreur, est fort grand & de longue estenduë; car ses limites vont de l'Orient de l'infamie, iusqu'à l'Occident de la mort. Et en iceluy ne se recueille autre chose qu'vne longue plainte & vn martyre qui n'a ne borne ne fin. Voila comme ils descoupent son hostel, ses Officiers, ses exercices, & son estat, qui tesmoigne la vileté de nostre courage, de nous sousmettre sous l'empire & domination d'vn ieune & faux Dieu, enfant aueugle; si mal assorty des pieces qu'il faut pour nous faire trouuer ce souuerain bien que nous deuons chercher, qu'il n'en a qualité quelconque, veu que mesmes il n'est pas capable de nous assaisonner les moindres douceurs de nostre vie, qu'auec cent mille aigreurs & cuisans desplaisirs.

Or puis que i'apprends par toutes ces descriptions, combien miserable est la vie des Amants,

In summa sò come è inconstante e vagha,
Timida ardita vita de gli Amanti,
Con poco dolce molto amaro appaga.

Et que parmy les Anciens il estoit deffendu aux Flamendiales Romains, de nommer vne Cheure animal lascif, parce qu'elle seule parmy tous les animaux est subiecte au haut mal, lequel a vne merueilleuse ressemblance auec la lasciueté, d'autant que tous deux blessent l'entendement & battent droict à la teste, qui est la plus venerable & sacreé partie de l'homme: qui fait qu'on appelle aussi ceste maladie, sacree, ou mal sacré. Puis donc que l'amour est le haut mal qui nous tourmente, que ses douceurs sont esuanouies auant qu'elles soient nees & goustees; i'aime mieux, & le conseille ainsi à tout le monde, vser de cest autre tableau de Cupidon, qu'on logeoit entre Hercules & Mercure, que de celuy que ie viens de descrire, ny de cest autre de Philostrate, où il n'y auoit rien que des Amoureaux folastres, veu que Hercules, qui signifioit la Vertu & la Force, & Mercure la raison, & l'eloquence, nous tesmoignoient,

Plut. li. 3. du Symposia. q. 1.
La lasciueté & le haut mal ont quelque ressemblâce.

TABLEAV DE L'INCONSTANCE ET
que nul autre Amour ne doit non plus trouuer place en
nos cœurs, ny nul autre tableau seruir d'ornement en nos
maisons, que celuy qui sans nul traict d'Inconstance doit
tousiours estre, où infailliblement loger entre l'Amour
vertueux & le raisonnable: & que nous deuons auoir la
force & la constance pour rejetter tout autre amour vicieux & imparfait; & l'eloquence & bien dire pour le dis-
suader & mespriser. Louant merueilleusement le traict de
Pythagoras, & le trouuant tres-veritable, qui dit, Que les
flateurs & les femmes inconstantes & volages, qui souuent font l'amour au preiudice d'vn iuste mariage, sou-
haittent à ceux qu'elles font semblant d'aimer, toute sorte de biens & de bonnes fortunes, *Eccetto la buona mente*.
Afin que comme vers affamez qui rongent le grain iufques à ce qu'il est du tout vuide, elles puissent tout de mefme ronger leur constance, pour iouyr en toute liberté des
moyens & de l'entendement de ces pauures fols & inconstans qui les recherchent.

Et apres tant de bons aduis & de precautions (pourueu
que les Dames s'en daignent seruir) si Venus est si hardie
de les menacer d'amour, & de faire voler sur elles & dans
leur cœur son fils Cupidon; ie trouue qu'elles pourrôt fort
à propos faire la response, qu'vn Autheur ancien a mis dás
la vie de Platon, où Venus affligeant les Muses, & les me-
naçât si elles ne veulét sacrifier à Cupidon, elles respondét
desdaigneusement & chastemét, *Marti, ô Venus, Marti talia
minitare; Tuus inter nos Cupido non volat*. Et viuant en ceste
resolution de perseuerer constamment en ce mespris; se
maintenát tousiours en quelque sainéte & louable occupation, de peur d'estre surprises en oisiueté; Venus aura beau
s'informer auec son propre fils, qu'est-ce qu'il aura profité
à solliciter la pudicité des Vierges & autres Dames qui cherissent l'honneur, ie m'asseure qu'il sera côtraint de respondre pour la rebuter du tout, ce que Lucian en ses Dialogues
luy fait dire, lors qu'elle l'interroge, pourquoy il est si fascheux aux hômes, aux Dieux, voire à elle mesme qui est sa

Diog. Laërt. dans vne Epi-gram en la vie de Platon.

mere; & neātmoins il ne s'ose prédre à Minerue ne aux Muses: qu'il ne les ose attaquer, parce que Minerue & les Muses ne sont iamais oisiues, estāt toujours en quelque belle action. Ce que Venus & Cupidon seront forcez de faire, s'ils rencontrent les Dames non en oisiueté, ains occupees à quelque sainct & honorable exercice, & au religieux apprentissage des vertus; auec lesquelles se desprenant tout à fait de la volupté, elles pourront aisément rencontrer cette constance de Dieu, où chacune d'elles doit entierement porter ses vœux.

Fin du second Liure.

TABLEAV DE L'INCONSTANCE ET INSTABILITÉ DE TOVTES CHOSES.

LIVRE TROISIESME.

De l'Inconstance des Monarques, & Chefs de guerre.

DISCOVRS I.

1. Que les Anciens se sont mes-contez en la recherche & exploict de la constance.
2. Que la souffrance de Martyrs tient plus de la grace de Dieu, que de la force & constance humaine.
3. Inconstance d'Alexandre, &
l'aduis de Seneque là-dessus.
4. Inconstance de Cesar.
5. Inconstance d'Epaminondas.
6. La seule contenance & mauuaise façon des grands, leur est contee pour defaut.

Tovt ainsi que les pilotes ne peuuent par suffisance de leur art adoucir la mer vaincre l'orage, ny maistriser les ondes; les hommes ne peuuent non plus esleuer si haut leur constance, que les maux ne soient maux, & qu'ils n'ayent le sentiment d'vne affliction bien sensible. Aussi ne peut-on violenter la foiblesse de nostre nature, lors qu'elle souffres ces violents

L'homme ne peut non plus vaincre son inconstance, que le pilote adoucir la mer.

efforts: estant presque impossible sur les trenchees de ses maux, qu'elle ne iette ses hauts cris, & ne descoure l'inconstance & bassesse de nostre courage: la moindre petite aduersité ayant presque le pouuoir, de forcer les plus constantes ames. Il ne faut donc s'esmerueiller, si les Anciens se sont mescôtez en l'apprentissage ou recherche de cette constance, & mesme en l'exploict ou vsage. Car ie croy certainement qu'elle ne se peut trouuer, au moins par la seule voye de l'humanité. Et qu'il n'y eut iamais homme, qui sans vne tresgrande & singuliere grace de Dieu, ait peu meriter ce tiltre diuin de parfaitement constant, si ce n'est à faulses enseignes.

<small>1. Les Anciens se sont mescôtez à cognoistre la constance, & l'exploicter & mettre en vsage.</small>

Les Anciens flateurs de leurs pensees & de leurs actions, se sont à bon escient mespris à recognoistre vne solide constance. Et qu'il soit ainsi, les Lacedemoniens l'apprenoient à leurs enfans à coups de fouët, les faisant entrefouëtter pour les accoustumer à la constance, & à endurer virilement toute sorte de maux; & si constamment, qu'ils n'en approuuoient pas seulement la mine: voulans mesme reformer & leur oster la laideur d'vne contenance fascheuse. Le page d'Alexandre ayma mieux se brusler, que se descouurir & se plaindre; mais il y auoit en luy plus de respect à son maistre, & à la ceremonie du sacrifice, que de resolution. C'estoit la vanité si recommandee d'Anaxarque, qui ne voulut iamais auoüer au milieu des tourmens, que son esprit sentit aucun tourment. C'estoit leur aduis, qu'il ne falloit soubsmettre l'esprit & l'asseruir au corps, pour se condouloir auec luy & compatir à sa plainte. Mais ce n'estoit qu'vn fard simulé & vne ambitieuse apparence. Il y auoit certains peuples (dict Plutarque) qui pensoient faire ostentation de constance, immolant leurs propres enfans, sans dueil ny contrainte quelconque, comme si c'eust esté des agneaux. Et ceux qui n'en auoient point, en achetoient de leurs peres & meres, & failloit que la mere propre qui les auoit vendus, assistast au sacrifice, sans monstrer nulle apparence de s'esmouuoir

<small>Faulse resolution du page d'Alexandre.</small>

<small>Plut. au tr. de la superst.</small>

mouuoir à pitié, & sans pleurer ne souspirer. Mais le mesme autheur descouure le defaut, & monstre que cette constance (si pareils traits ou actions meritent d'en porter le nom) estoit mercenaire. Parce que la moindre petite marque de plainte, leur faisoit perdre le prix, & l'argent de la vente de leurs enfans. Dauantage comme croyant la chose impossible, tout le sacrifice estoit plein de ioueurs de flute, de hautbois, & autres instrumens bruyans, afin qu'on ne peut ouyr le cry de l'enfant trompant ainsi & estoufant la douleur, & appuyant leur fausse constance par le bruit. Les Romains (ces belles & genereuses ames) se sont aussi abusez en l'vsage; & ne se trouuera chez eux exemple de constance, qui ne retienne beaucoup plus de la lascheté de la vaine ostentation & du desespoir, que de la vraye vertu de la fermeté & de l'asseurance. Et tel qui faisoit le valeureux & constant, pensant estonner son mal, ses ennuis, ou son exil par quelque desguisement, n'auoit ny l'esprit si entier ny vn si inuincible courage, qu'on en ait descouuert le deffaut. Les afflictions, ou aduersitez estourdissent l'entendement. Ce sont des cendres lesquelles au lieu de couurir le feu de nostre courage, l'opriment le plus souuent & l'estouffent. Rutilius faisoit le constant, en ce qu'il preferoit la solitude de son exil, à la grandeur de sa ville & commoditez de sa maison; Mais la vraye histoire de sa constance estoit la crainte qu'il auoit de Sylla.

Plutarque parlant de ceux qui ne s'abbaissent ny se rehaussent, pour aduersité ne pour prosperité, semble croire qu'il n'y en a point au mōde: & qu'il y a quelque Dieu, duquel le propre office est d'oster tousiours & retrencher quelque chose des trop grandes & excessiues prosperitez humaines, en meslant & diuersifiant la vie de l'homme du sentiment du bien & du mal, afin qu'il n'y en ait pas vn qui la passe entierement pure & nette de tout malheur. Desorte que mesme ceux-là sont reputez bien-heureux, ausquels la fortune à contrepesé les bons auec les sinistres

Les Romains n'ont nul exēple d'homme parfaictement constant.

Faulse constāce de Rutilius.

Plut. en la vie de P. Emil.

accidens. A quoy il applique vn exemple, où il nous faict voir deux choses; l'vne qu'il n'y a homme si heureux lequel en fin ne passe par les piques & trauerses de la fortune. L'autre qu'en aduersité, les plus magnanimes viennent incontinent aux plaintes: que si au premier coup ils semblent n'estre en rien esbranlez, si est-ce qu'au second coup que la fortune heurte à leur porte, il n'y a constance qui tienne; ils se rendent aussi tost, & ne peuuent se contenir qu'ils ne publient & donnent cognoissance de leur affliction. Paulus Æmilius (dit-il) n'auoit que quatre enfans; Scipion & Fabius qui estoient les prepremiers, furent adoptez par d'autres familles; & des deux autres qui luy restoient de sa seconde femme, l'vn aagé de quatorze ans, mourut cinq iours auant le triomphe de P. Æmilius son pere; & l'autre aagé de douze, trois iours apres: Chacun eut pitié & regret, que la fortune inconstante eut meslé tant de cruauté à la pompe de ses triomphes. Neantmoins Æmilius voulant prendre les choses au droict poinct de la raison, & de ce qui aduient tous les iours, estima qu'il ne falloit pas vser de la constance & magnanimité contre les espees & les piques des ennemis seulement, ains aussi contre toute aduersité & hostilité de la fortune esgalement. Si bien qu'à la verité il n'abbaissa point sa grandeur pour sa premiere perte, ny ne macula la dignité de son triomphe: & de faict ayant enseuely le premier de ses enfans, il ne laissa de faire son entree triomphale. Mais son dernier fils estant aussi decedé tout soudain apres son triomphe, à ce second coup, voyant que la fortune continuoit à le visiter de si pres, sa constance s'esuanouit de sorte, qu'ayant assemblé le peuple il confessa ingenuëment son defaut: & leur dit, que des choses pures humaines il n'en auoit iamais craint pas vne; mais des diuines qu'il auoit tousiours fort redouté la fortune, comme celle en qui il y auoit bien peu de fiance, à cause de sa muable varieté & inconstance. Et particularisant vn peu plus son malheur, il continua ainsi sa plainte. Il m'a fallu (dit-il) és iours sacrez de mon triomphe, enseuelir coup sur coup de mes propres mains mes deux ieunes enfans, que i'auoy seuls retenus pour la succession de mon nom & de ma maison: la fortune a par ce moyen assez contrepesé la faueur de la victoire, par l'enuie du mal-heur dont elle a affligé moy & les miens en rédant le vaincueur & le triomphateur, non moins notable exemple de la misere & imbecilité humaine, que le vaincu qui a esté en triomphe: sinon que Perseus tout vaincu qu'il est, à tout le moins a ce reconfort, de voir encores ses enfans; & le vaincueur Æmilius a perdu les siens. La confession de ce grand personnage monstre clairement, qu'on peut estre constant pour vn premier accident (pour si rude qu'il soit) mais pour le second, & encore moins pour le troisiesme, & ainsi haussant le nombre, qu'il n'y a que tenir, que nostre inconstance ne se descouure tout à faict. On dit que si la fierté du Lion n'estoit adoucie par la fiéure quarte, qu'il n'y auroit nul moyen de le prendre ny l'accoster, tant il seroit farouche. Ainsi en seroit-il des grands, la ferocité & desreglee puissance desquels, s'esleuant comme elle faict ordinairement par les bons & heureux euenemens; on ne pourroit supporter, si leurs miseres n'estoient contre-balancees auec leurs contentemens: & si les sinistres accidens qui leur suruiennent au milieu de leurs plus signalees prosperitez les ramenant à recognoissance, ne les tiroient à quelque humanité. La victoire ny le triomphe d'Æmilius ne peurent empescher, qu'il n'estimast beaucoup plus la fortune de Perseus que la sienne. Cette mort dernierre de son fils, estouffa tout à faict en luy la ioye de son triomphe. Bref s'il triompha de Perseus, Perseus triompha de sa constance.

Ce sont folies, malaysement la constance du monde peut paruenir & renuerser les plus foibles assauts de la fortune. Tant moins pourroit-elle nous affranchir, ou desrober l'apprehension de ce coup mortel, qui est en

TABLEAV DE L'INCONSTANCE ET
horreur à toute sorte de creatures & à la Nature mesme, voire aux choses insensibles. Car le bois le plus ferme & en sa plus forte verdure, si on le brusle & faict mourir par vn bout, pleure sa mort & gemit de l'autre. Le feu mesme en quelque façon se meut quand on l'estaint, & iette ie ne sçay quoy de voix quand on le tue. C'est pourquoy anciennement on n'esteignoit point auec effort le feu de la lampe, ains on le laissoit deffaillir de luymesme.

Il est donc tres-certain, que ceste constance, qui a rendu autresfoys ces gens-là si recommandables, n'estoit qu'vne feinte, & bien souuent vne frenaisie, vn desespoir ou abiection, qui par la violence de quelque passion immoderee les ayant abatus, les priuoit de cœur & d'ame, estant d'ailleurs priuez de la cognoissance de cette vraye constance de leur Createur. Seneque a aussi esté reprins des plus doctes, pour auoir auec trop de passion & de mots, voulu animer les affligez à se forfaire & deffaire; tous ses escrits n'estant que moyens recherchez, & pointes de paroles affilees, pour nous rendre la mort la plus sensible insensible. Aussi les loix & toute la police du monde condamne de mort, & la Theologie de damnation, ceux qui se sont donnez la mort: Et puis que la moindre atteinte de fortune, qui ne tire des plus viles ames simplement que des larmes, tiroit d'eux (qu'on dit auoir eu l'ame si genereuse) la mort, il faut croire qu'il n'y auoit du tout point de vraye constance, ains que c'estoit quelque fausse & artificielle constance, qui par irresolution secrette iettoit ambitieusement ces ames Philosophiques à la mort. Il n'y a rien si aisé à se mesconter & mesprendre que la sagesse humaine; tout bransle & flotte en ce monde, & n'y a rien de ferme & stable en la foiblesse de nostre entendement, qui ne soit vaincu & rauagé par l'effort de quelque violente affliction. Il n'y a parole, discours ne exorcisme qui puisse chasser, charmer, ny arrester par force ou vertu humaine vne cuisante douleur,

Seneque a esté reprins de cõuier par trop les affligez à se tuer, & ne leur dõner pour tout remede souuerain que la mort.

INST. DE TOVTES CHOSES. LIV. III. 179

Ie n'entre point en consideration de la vie de nos Saincts Peres, de la constāce desquels Dieu s'est voulu seruir pour l'establissement de la Foy: & ce qui les fortifioit ne se peut imputer à constance humaine: attendu que c'estoit la grace de Dieu, qui miraculeusement les faisoit souffrir pour son honneur & sa gloire, & les rendoit au milieu des fers & des flammes insensibles, & sans passion qui les tirast tant soit peu en impatience. Et sçay mesmes qu'on en excuse plusieurs qui ont procuré leur mort, comme Sanson, Razias, & autres, & depuis encores quelques Martyrs au nouueau Testament. Mais en ce qui paroist en toutes nos actions, tout ce qu'on void simplement deriuer de l'humanité, est communement si esloigné de la vraye constance, qu'à peine en y pouuons-nous recognoistre aucune marque.

2. Il ne faut considerer les Martyrs cōme constans, veu que leur souffrance plus qu'humaine, estoit vne grace particuliere de Dieu.

Et s'il y a quelque chose és affaires du monde qui doiue estre recogneuë pour constance, ou pour mieux dire qui s'en approche, c'est à mon iugement de souffrir patiemment la rudesse d'vne longue & miserable prison: & n'y a rien qui nous essaye si fort, ne qui tire de nous vne si forte espreuue. Et encore qu'il y en ait de plusieurs sortes, vn prisonnier de guerre à mon aduis en a le plus de besoin: la longue detention, & les nouueaux tourmens qu'on luy appreste tous les iours, pour le contraindre de se mettre à rançon, ne luy laisse apres sa deliurance que ce fascheux regret, d'auoir partagé si malheureusement ses moyens auec ses ennemis, que ses biens leur demeurent, & à luy rien qu'vne vie mal-aisée & laborieuse. Nous auons ruiné la maison d'Alexandre (disoit P. Æmilius tenant le Roy Perseus prisonnier) & maintenant le Roy Perseus son successeur est contraint de receuoir iour à iour son boire & son manger par les mains de ses ennemis. Et est bien plus aisé de se resoudre à la gehenne, veu que ceux qu'on y met, portant leur vie & leur mort au bout de la langue, sont retenus par là, voire à la mort, qui peut en vn moment faire mourir & trencher tous nos maux, que de viure & estre

Il est plus aisé de se resoudre à la mort, qu'à souffrir vne prison perpetuelle, ou de laquelle on ne peut sortir, que sous des cōditions qui semblēt estre du tout impossibles.

Y y iij

tous les iours à la butte des nouuelles inuentions qu'on appreste à vn pauure captif: mesmement quand il n'a nulle esperance de sortir que sous des conditions impossibles. Surquoy plusieurs ont creu, qu'il n'y a en la iustice punition, ny loy plus cruelle, que celle qui porte codamnation de perpetuelle prison. Et n'agueres s'est veu vn homme condamné par arrest de la Cour de Parlement de Bourdeaux à tenir prison perpetuelle, qui presenta requeste pour estre pendu, disant qu'il estoit tous les iours sur le poinct de se desesperer & se pendre luy-mesme : ce que la Cour luy ayant desnié, il commit tant d'excez en la mesme prison pour s'oster, disoit-il, de ce desespoir, qu'il obtinst par merite & forfaiture ce qu'il n'auoit peu par grace : & fit si bien qu'en fin sa requeste luy fut interinee, & luy pendu, voire auec quelque contentement, pour le moins en apparéce. Et la mesme Cour de Parlement, ayāt condamné le sieur du Feles, Cheualier de l'ordre du Roy, à tenir prison perpetuelle, recognoissant quelque espece de seuerité en ce iugement, apres qu'il eut obtenu des lettres de Rappel de Ban, l'osta hors de ce malheur, à la requeste de ses parés, & en cosideration de sa vieillesse; mais pourtant auec grande cognoissance de cause, & sous des modifications fort auātageuses pour sa partie. Il faut bien en ce poinct de la constance, pour nous oster & garantir du desespoir. Car qui nous priue entierement de liberté, voire mesme nous en oste du tout l'esperāce, à peine nous laisse-il le courage (si le seul dire ne porte blaspheme) de recognoistre nostre Createur. Comme aussi parmy les Romains la prison estoit l'extreme supplice pour vn citoyen. Et tout ainsi qu'il ne se peut voir de plus fortes & asseurees conuentions, que celles qui se font les fers aux pieds, qui nous tiennent obligez à la rigueur; on ne peut aussi auoir de plus belles occasions pour se monstrer constant, que lors que l'ame est resserree & prisonniere tout ainsi que le corps; ne pouuant s'occuper à meilleures pensees, ny à autre dessein, qu'à la recherche de sa liberté, & en cas

Plut. en la vie de Ciceron.

d'impossible, à se resoudre de souffrir constamment toutes les rigueurs de sa prison. Neantmoins ceste mesme prison, & toute autre plus grande affliction, s'il s'en peut trouuer, a ses desguisemens logez sur l'esperance, tout ainsi que le reste des actions des hommes. Et c'est ce qui affoiblit la constance : car nul prisonnier ne se trouua onc en si estroicte prison, ne si fort enserré, qu'il n'esperast estre desserré quelque iour & sortir des liens. Donc l'esperance de sa liberté le soustient, & ne peut-on en ce cas dire, qu'il soit vrayement resolu & constant, veu qu'il ne peut estre dict tel, sinon lors que hors de toute esperance d'en sortir, il se resoult à patience: ce qui n'aduient gueres iamais : car l'esperance peut mesme môter aisément sur la croix de Theodore Cyreneen, entrer dans le Taureau de Phalaris, & penetrer iusques dãs le tonneau ferré de Regulus. La bouëtte de Pandore, ne fut iamais si pleine de maux, que l'esperance n'y trouua quelque recoin pour s'y loger. Ce que Dieu nous tesmoigne par l'exemple de Ionas, luy ayant donné le moyen de faire du ventre de la Baleine vn Autel pour receuoir sa priere, & le remettre en espoir de sortir de la mer, bien que noyé & englouty puis trois iours par le plus grand animal qui soit en la Nature. C'est pourquoy Philon dit, que les Chaldees appelloiët l'homme Ἔρως, qui veut dire esperant, pour monstrer qu'il n'y a rien de si fort en tous les tourmens, qui le puisse iamais faire deschoir de tout en tout d'esperance. Ainsi il n'y a rien que le Palque, ou le Theatre qui dure: car le ieu change tousiours : Et ce qui nous fait rouler le monde est ce change seul, d'où la banque de nostre inconstance se fournit & s'entretient, & rien autre chose. Les exemples nous feront la chose plus claire. Mais d'autant que ie ne pourrois descrire la legereté d'vn chacun de ceux qui sont en reputation d'estre les plus grands personnages, qui ayent vescu de tous les siecles passez iusqu'à present: ny la choisir parmy toutes leurs actions, & en leur vie : veu que pour le bien iuger en detail, il faudroit suiure curieusement &

Vn prisonnier pour si lié & garroté qu'il soit, a tousiours quelque esperance.

Philo lib. de Abrahamo.

TABLEAV DE L'INCONSTANCE ET
trop longuement leur piste. I'en choisiray de la pluspart & de chacun quelque traict par rencontre, & commenceray par les plus grands.

Les Poëtes n'ont feint Hercules filant en la chambre de la Royne de Lydie, auec la robbe pompeuse de Crocoton, que seulement pour deplorer la misere de la vertu signifiee par Hercules, laquelle au lieu d'estre honoree és palais des Grands, est bien souuent forcee d'y seruir meschinement, & faire des choses indignes d'elle. Platon nous a appris que les grandes & fortes natures, tout ainsi qu'elles produisent de grandes vertus, aussi produisent-elles de grands vices. On a remarqué en la naissance d'Alexandre, qu'auant qu'il naquist, Philippe son pere mit le seau sur la nature d'Olympias sa femme, & y graua au dessus vn Lion: aucuns ont eu opinion que c'estoit comme vne espece de prohibition à la Nature d'en produire qu'vn seul. *Quia leo semel pater est.* Mais plusieurs autres conjecturerét, que ce seroit vn part monstrueux, & cruel: si bien que ceux qui virent depuis Alexandre naistre d'iceluy, ce grand rauageur du monde, recognurent en luy le Lion par ses ongles, & par la marque de l'Aneau. On a mis aussi contre luy en ligne de compte qu'il estoit né en iour infauste & malheureux, car il nasquit le propre iour que ce beau temple de Diane d'Ephese fut bruslé. Et Plutarque se mocque bien gentiment de cest inepte rencontre d'Hegesias, qu'il ne falloit s'esmerueiller si Diane auoit laissé en ce iour brusler son temple, estant pour lors assez empeschee à entendre, comme sage femme, à l'enfantement & naissance d'Alexandre. Et Callisthenes pour le distraire de l'yurongnerie (qui ne fut iamais qualité d'homme constant & vertueux) luy souloit representer, que les bestes si elles n'estoient violentees, ou par force, ou par accoustumance, & tirees de leur propre naturel, n'appetoient aucunement le vin: il auoit raison: car la pluspart de ces grands personnages ont esté si excessifs en cest excez, & mesme Alexandre, qu'ayant vn iour proposé le ieu de boire, & l'ayant mis à prix,

5. Inconstances d'Alexandre, qui se pourront aisément puiser dás les autres deffauts de sa vie.
Plut en la vie d'Alexandre. Tertul. de anima.

Alexandre estoit subject au vin.

Au ieu de boire, proposé par Alexádre, il y mourut 41. homme.

INST. DE TOVTES CHOSES. LIV. III. 181

à prix, il y mourut quarante vn homme sur la place; & Polyposias ou Promachus qui emporta la victoire, ne vescut que trois iours apres. Et pour vous monstrer combien il estoit extreme en ses festins & desbauches, ce traict seul vous en fera foy, d'auoir fait vn festin de neuf mille personnes, auquel il donna vne coupe d'or à chacun; d'auoir marié cent Persiennes auec autant de Macedoniens, & les auoir tous conduits à la table & au lict en mesme iour: & les auoir faits espouser sous mesmes appetits, en mesme tente, & en veuë l'vn de l'autre. Et de ce que luy-mesme estant deuenu amoureux & captif de sa captiue Roxane, pour l'auoir veuë baller de bonne grace, l'espousa aussi tost. Il cognoissoit bien qu'il n'y a tache ny vice si indigne d'vn grand Prince, que l'yurongnerie & la volupté. Il se cognoit par la risee qu'il fit luy-mesme de Philippus son pere, lequel chargé de vin, voulant sortir de table pour le fraper, tomba; Voila (dit Alexandre) celuy qui se preparoit de passer d'Europe en Asie, qui n'a sceu faire vn pas si court d'vn lict à l'autre sans tomber. Mais il ne fut pas seulement repris de s'estre mocqué de son pere, ains il fut aussi soupçonné de l'auoir fait mourir auec Olympias sa mere, par les mains de Pausanias. Ces Grands auoient quelque chose de rare; mais ils estoient aussi deffectueux en beaucoup d'autres choses. Les actions des Grands ne se rapportent gueres iamais l'vne à l'autre. Elles sont presque tousiours entr'ouuertes & mal ioinctes: ne pouuant le plus souuent digerer leur bonne fortune. Et pour bien que les flateurs ayent voulu rendre leur vie parfaite dans leurs Liures, si est-ce qu'ils leur ont laissé leurs taches entieres.

Alexandre s'amouracha d'vne esclaue. Alexandre se mocquant de son pere Philippus, monstroit assez combien il croyoit l'yurongnerie indigne d'vn Prince. Alexandre soupçonné de parricide.

Plutarque n'ayant voulu en son Traicté de la Fortune d'Alexandre, faire parler la Vertu, ains seulement la Fortune; parce qu'on disoit, qu'il auoit de la Nature ses Vertus, & de la Fortune ses vices, & nous ayant laissé en doute, s'il en auoit obmis & soubstraict le plaidoyer à escient, ou s'il n'y en auoit du tout point, nous donne plus à

Pourquoy Plutarque en la vie d'Alexandre n'a voulu faire parler sa Vertu, ny luy donner personne à qui il l'ait voulu comparer.

Z z

penser & douter sur ses actions, qu'à croire de son merite.
Et bien que chez luy, sa vie n'estant en comparaison de
nul autre, il semble que ce soit par disette & faute de rencontre pareille & si releuee, si est-ce qu'on faict marcher
Cesar du pair auec luy. Et a-on obserué qu'il estoit de soy
plus moderé en son ambition, qu'il y auoit plus du sien és
exploicts de Cesar, & plus de fortune en ceux d'Alexandre. Et n'y a rien qui nous doiue faire pencher du costé
d'Alexandre, que le malheur que Cesar auoit basty sa fortune, & rencontré ce vilain subiect de la ruine de sa patrie.
Et encore que quelques modernes le vantent plus qu'il
ne se vantoit luy-mesme, qui estoit vn vice duquel il estoit
extrememẽt taché, si n'ont-ils peu pourtant faire, qu'ils
n'ayent dit & recognu eux-mesmes, que la constance d'A-
lexandre n'estoit pas assez plainiere & vniuerselle par tout,
d'autant qu'il se troubloit esperduëment és plus legers
soupçons qu'il prenoit contre les siens, sur les entreprises
de sa vie, & que la recherche qu'il en faisoit, estoit trop ve-
hemẽte, & plaine d'indiscrette iustice. Que sa superstition
auoit quelque image de pusillanimité; qu'il fit à la verité
vne grand' faute, faisant mourir Clytus, mais aussi que l'excez de la penitence excedoit bien fort, & tesmoignoit l'i-
negalité de son courage. Car le repentir fut pire ou plus
grand que le crime. Et Plutarque voulãt adoucir ce traict
cruel, dit qu'Alexandre presta seulement l'occasion de son
ire & de son vin, à la male-fortune de Clytus. Mais Seneque en parle bien plus iudicieusement, quand il dit, Alexandre mettoit bien en fuitte, & rauageoit les Perses, les
Hircains, & ceux des Indes, & tout autant que l'Orient
s'estend sur le grand Ocean; *sed ipse modo occiso amico, modo
amisso iacebat in tenebris, alias scelus, alias desiderium suum mœ-
rens, victor tot regum atque populorum iræ tristitiæque succubuit.
Id enim egerat, vt omnia potius haberet in potestate, quàm affectus.*

Et afin que ie suiue le reste de ses inconstances, il fit des-
pescher des soldats Indiens, apres leur auoir donné sa foy

Marginalia:

Le sieur de Montagne fait marcher Cesar du pair auec Alexandre: & neantmoins Tite Liue aussi grãd personnage qu'autre qui en ait parlé, le compare seulement à Papirius. Alexandre estoit vãteur. Opinion du sieur de Mõtagne, touchant l'incõstance d'Alexandre.

Seneq. ep. 114.

Inconstance singuliere & notable, mesmes à vn chef de guerre.

& sa parole. Il ne pardonna pas mesme aux petits enfans des Cosseiens. D'ailleurs il estoit vanteur, impatient d'ouyr mesdire de soy; abusant de la prosperité desreglee de sa fortune, en ce qu'il fit semer aux Indes, des Armes, des Mangeoires, & des Mords. L'innocence estoit en Alexandre subalterne, incertaine, bigarree, molle, & fortuite (dit quelqu'vn parmy ses autres loüanges qu'il luy donne) appellant tous ses traicts d'inconstance, saillies inexcusables. Et Tite Liue encore plus hardy, compare & met plusieurs Romains de nom cõmun au pair d'Alexandre; entre lesquels il nõme Papirius: & Dieu sçait combien Rome en auoit esleué de plus signalez! Mais pour ne m'amuser à suiure la comparaison qu'il en faict, par le raport de leur vie, de leur fortune, & de leurs faicts d'armes, ie diray seulement, qu'il dit, qu'Alexandre mourut si ieune, que la Fortune ne le peut atteindre qu'en son progres. Car il deceda sans esprouuer son reuers, l'estouffant auant le laisser croistre: tout au rebours de la fortune de Cyrus & de Pompee, & autres qui auoient peut-estre iusqu'en son aage, voire plus long temps vescu qu'Alexandre en toute prosperité; & sans auoir iamais senty aucun deffauorable changement de fortune. De façon que ce qui les exposa, ce fut pour auoir esté trop longuemẽt au monde: La fortune cõplaisante, n'ayant assez d'entretien, & de faueurs pour les caresser & entretenir tant d'annees; les ayant desia esleuez au plus haut, & au cõble de toute felicité, ne leur ayãt rien laissé à desirer, si bien qu'ils ne pouuoiẽt aller, ny passer outre, sinon en s'abaissant. Ie ne veux aussi oublier, qu'on met au rang de ses meilleures fortunes, la foible rencontre de ses foibles ennemis, toute autre & bien dissemblable à celle des Romains. Car s'il eust eu affaire à eux, c'eust bien esté vn autre combat, & vne plus forte guerre, que celle qu'il eust auec le Roy Darius, effeminé, mol, & pusillanime, auec ses Eunuques, & ses richesses, qui luy seruoit plustost de proye que d'ennemy. Outre que l'Italie, & l'Indie sont bien en differente assiette & situation: dans laquelle

Le sieur de Montagne.

T. Liue li. 9. de la prem. dec. compare Alexandre à Papirius.

Zz ij

Alexandre se mocquant de ses flateurs, se degradoit luy-mesme de la diuinité.

il se pourmenoit folastrant & banquetant à son aise, auec vn exercite & armee toute yure. Et Alexandre mesme se mocquant de ses flateurs, qui ne voulant recognoistre tous ses deffauts, disoient que du costé du pere il estoit de la race des Dieux, & de celuy de la mere de la race des Roys: voyãt ruisseler de sa playe son sang vermeil, dict que c'estoit vrayment du sang humain, & non de celuy qu'Homere feignoit sortir des playes des Dieux. Aussi les Atheniens ennemis des flateurs le croyoient ainsi. Car ils condamnerent Demagoras en dix Talents d'amende, pour l'auoir appellé Dieu. Et n'eussent pas volontiers escouté Nicesias adulateur, qui voyãt des mouches sur le nez d'Alexandre, disoit que ses mouches estoient bien plus precieuses que les autres, puis qu'elles auoient ceste bonne aduanture de gouster de ce precieux sang Royal. Il bastit

Il bastit vne ville en l'honneur d'Aristote, de son cheual, & de son chien. Et leur fit en ce point vn pareil honneur. Il fit raire les Macedoniẽs, de peur qu'à la guerre on ne les prit par la barbe. Philoxenus sembloit l'accuser de sodomie.

vne ville nommee Stagira en l'honneur d'Aristote son maistre, mais il en fit autant en l'honneur de son cheual, & de son chien Peritas. Et aussi ineptement voulant mener les Macedoniens à la guerre cõmanda-il, qu'on les fist tous raire, de peur qu'en combattant on ne les prit par la barbe, disant que c'estoit la plus aisee prise qui fust. Philoxenus vn de ses plus fauoris & son Lieutenant, l'accusoit aussi taisiblement de sodomie, lors qu'il luy manda qu'vn marchand Tarentin vouloit vendre deux ieunes enfans beaux à merueille. Et c'est parauanture pourquoy le Dante l'a logé dans le profond des enfers.

Le Dante dãs son Enfer. Il estoit plein d'enuie.

Quiui si piangon gli spietati danni,
Quiui è Alessandro.

Il fut à la verité constamment enuieux, car il fit sacrifice aux Dieux, & les pria que iamais conquerant apres luy n'estendit plus auant ses conquestes, & ne passast outre les bornes de son voyage: ayant dés sa premiere ieunesse tout en la mesme façon enuié celles de son pere, pleurãt & desplorant ses victoires, qui luy rongnoit aucunement les siennes à venir: les prenant au haut poinct d'honneur, pour autant de diminution de sa gloire. Aussi est-ce vne maladie commune des Grands, de ne vouloir rien d'esgal ny de plus grand qu'eux. Ils ne veulent que personne leur aille du pair. Empedocles fit souspirer Alexandre, luy disant qu'il y auoit pluralité de mondes; & souspira, non pas tat pour voir qu'auec tous ses labeurs il n'en auoit pas vaincu la moitié d'vn, que de crainte qu'il auoit, qu'vn autre plus vaillant & heureux que luy n'en conquist d'auantage. Comme aussi en diminuant, Alexandre fit souspirer Cesar, de ce qu'à son mesme aage il n'auoit faict de pareilles conquestes. C'est vne maxime parmy les Grands qui a tousiours esté & dure encore, tiree de ces subtils esprits qui se sont adonnez à faire des regles d'estat, *Che non si può far cosa più accetta, che la contraria di quella, ch' habbia vicino il parangone.*

Il auoit peur aussi qu'on le deuançast en esprit & acquest de belles sciences; Car il escriuit à son maistre Aristote, qu'il auoit tort, d'auoir mis en lumiere sa Metaphysique, & publié les sciences qu'il luy auoit apprises en secret: qui estoit vrayement vne enuie, qui semble mesme porter sur nous, & sur tous les siecles à venir: attendu que qui eust priué toutes les escholes & Academies de ces liures, leur osteroit la clarté de beaucoup de hautes intelligences, qui s'en espuisent. Bien que Plutarque ne soit de cet aduis, comme nous dirons cy apres au chapitre des Philosophes. C'estoit donc vn Prince, qui courant & acquerant tout le monde, a aussi vray-semblablement ammoncellé tant d'inconstances, que si le monde estoit remply de tels personnages que Diogenes, on ne tiendroit conte de luy ny de sa grandeur: laquelle Seneque aussi n'ayant peu souffrir, a prononcé comme le desdaignant ces beaux mots, Ce miserable Alexandre (dit-il) Roy de Macedoine, auoit commencé à estudier en Geometrie, pour apprendre que le monde n'estoit qu'vn moncelet de terre, dont il auoit empieté quelque parcelle. Ie l'appelle miserable, en ce qu'il deuoit apprendre à cognoistre qu'il portoit vn faux surnom: car y a-il homme qui puisse estre grand en

Plainte d'Alexandre cõtre son maistre Aristote.

Seneq. ep. 91 dõne son aduis sur l'incõstance d'Alexandre. Il portoit vn faux surnõ en ce qu'il se faisoit appeller Alexandre le Grand.

chose petite? Les leçons qu'on luy faisoit estoiēt hautes, & lesquelles il falloit escouter soigneusement pour en faire profit: mais elles ne pouuoient entrer en cette teste enflee de vanité; & qui lançoit ses desseings de là l'Ocean, & ailleurs. Tant de chemins fascheux, tant de combats, tant de saisons aspres passees malgré la difficulté des temps & des lieux; tant de riuieres dont les sources estoient incognues, tant de mers n'ont sceu rien faire à Alexandre: mais l'yurongnerie & ce hanap fatal où on beuuoit à outrance, l'a mis au tombeau. Quand tu auras renuersé tout le monde, si est-ce que le tonneau d'où on l'a tiré, & où il y en a de reste, a l'auantage par dessus toy. Et puis que la santé de l'entendement est violee & effarouchee par cet exces, tu ne peux faillir à estre cruel. Mais en vn autre lieu, il le censure encore mieux. Ie mettray ses mesmes paroles; pour donner creance à mon dire par l'authorité d'vn si graue censeur. Le meschant desir de saccager les pays d'autruy (dit-il) agitoit ce miserable Alexandre de Macedoine, & l'enuoyoit en des contrees incognuës. Estimes-tu homme d'entendement rassis celuy, qui ayant commencé à ruiner la Grece qui l'auoit esleué & instruict, a pillé puis apres tout ce que chacun pouuoit posseder de bon & de beau? Il porta la guerre par tout le monde, sans donner relache à sa cruauté harassee, suiuant en cela les bestes sauuages, qui mordent plus que leur faim ne porte. Il veut aller de là l'Ocean & le leuer du Soleil, despité que les colonnes d'Hercules & de Bacchus bornent ses victoires. Il s'appreste pour forcer Nature, & est si inconstant qu'il ne veut marcher ny ne peut arrester en place: comme les fardeaux iettez de haut en bas, ne cessent de rouler tant qu'ils soient au fin fonds. Alexandre, dy-moy, lequel des deux est plus estrange, ou que tu faces ietter Lysimachus à vn Lion, où que toy-mesme le déchires à belles dents? la gueule & la cruauté du Lion est tienne: ô que tu eusses bien voulu toy-mesme auoir les griffes, & cette grande gueule capable de

Seneq. ep. 83.

Seneq. epi. 94. & au tr. de la Clemence.

deuorer les hommes ! Nous ne te demandons pas que cette tienne main qui a fait mourir ses priuez amis, face du bien à personne; ny que ce cœur felon (ruine insatiable des peuples) s'assouuisse d'autre chose que de sang & de meurtres. Voila ce qu'en dit le Stoïque. Et neantmoins c'est luy, duquel nous auons presque plus apprins à cognoistre la constance humaine, que de tout autre d'entre les Payens. Qui ne la mesure pas à auoir conduit de grandes legions d'hommes & de gens de guerre en pays estrangers: car il souloit dire, parlant du grand Scipion, qu'il croyoit que son ame fust retournee au Ciel d'où elle estoit departie, non parce qu'il auoit mené de grandes armees: car cela mesme fit Cambyses estant furieux; & les conduisit heureusement pendant sa fureur; mais pour son insigne constance moderation & pieté. Il sera donc maintenant fort aisé à chacun d'espelucher ses actions & ses defauts, de choisir & remarquer ses inconstances; sans que ie m'amuse particulierement à chacune d'icelles. Ne voulant oublier le iugement, qu'on a accoustumé de faire de ces grands conquerans; sçauoir est, que d'auoir dominé tout le monde, ne monstre pas pour cela l'excellence ou perfection du gouuerneur: car elle gist à se rendre vertueux & parfait soy-mesme, & non à se faire Seigneur & enuahir force pays: ains l'acquerir vn grand Estat, est comunément attaché à quelque sorte d'iniustice, & estendre ses limites au loin, nourrit bien souuent au cœur des citoyens des pensees ambitieuses & trop auides de regner, auec lesquelles facilement ils se reuoltent: d'où s'ensuit par apres la ruine des Republiques ou Estats. Parlons maintenant de Cesar que ie mets au second rang.

Seneque, ep. 86.

Cesar employa ses premieres annees au seruice de la Republique Romaine. Mais auant qu'il eust aucune charge, se trouuant endebté de sept cens quatre-vingts mille escus, qu'il auoit la plufpart despensez pour suborner & gaigner le peuple, il changea inconstamment de vo-

4. Inconstances de Cesar tirees du discours de sa vie.

TABLEAV DE L'INCONSTANCE ET
lonté : & tourna ses exploicts de guerre à guerroyer sa patrie, s'allant tousiours imaginant de nouueaux estats pour se recompenser. Et comme il voulut aller à sa commission des Gaules, ses creanciers l'arresterent; & aux plus pressans & importuns seulement, il donna caution & respondant Crassus pour neuf cens quatre-vingts dix mil escus. Et de cette commission il paya toutes ses debtes. De sorte qu'il subiuguoit les Gaulois par les armes des Romains, & gaignoit les Romains par les armes des Gaulois. Il donna au Consul Paulus neuf cens mille escus, afin qu'il ne s'opposast à ses desseins. Et au Consul Curion quinze cens mille escus, pour tenir son party. Il ne vouloit ouyr parler de loix qui portent inhibitions, & qui lient les mains à ceux qui les veulent ouurir en toute liberté, & mettre tout à plein dans les coffres de l'Espargne. Tesmoing la response qu'il fit au Tribun Metellus, qui pour l'empescher luy alleguoit les loix ; luy disant que le temps & le son des armes estoit si fort & si bruyant, qu'il estouffoit la douce harmonie des loix; qu'il feroit mieux d'attendre la paix : & qu'encor luy disoit-il cela de grace, en remettant & relaschant autant de son droict: car, dit-il tu es à moy toy-mesme, aussi bien que tout le reste.

Crassus caution de Cesar pour neuf cens quatre vingts dix mille escus.

Estant donc ainsi en commodité de donner aux despens du public, il s'essaya par tous moyens de contenter son ambition & de regner; rompant les loix, & corrompant les plus grands à prix d'argent pour y paruenir. Sa premiere meslee, & vn des plus signalez traicts de sa reuolution & de son inconstance, fut, qu'il trempoit en la coniuration de Catilina. Ce qu'il fit assez paroistre, prenant en plein Senat contre Caton la defense de Lentulus & Cethegus. Et n'employoit pas seulement de l'argent pour enuahir l'Estat: il n'y espargnoit pas mesme ses filles, ny celles de ses amis: pource que tout le monde ne se persuade pas & ne se rend par persuasion doree; ains les alliances par fois sont plus persuasiues entre les Grands & mieux à propos. C'est pourquoy il fit & deffit tant de mariages,

Cesar estoit de la coniuration de Catilina. Pour regner & enuahir vn Estat, les alliances sont merueilleusement à propos.

riages, auec ses amis & ceux qu'il vouloit attirer à soy que Caton cria en plein Senat, qu'ils ne deuoient ainsi butiner entre eux l'Empire Romain par maquerellage de telles nopces; & en ce faisant, se pouruoir & s'entre-donner des gouuernemens. Et plusieurs autres le voyant si fort addonné à la volupté, & à quelque sale & indigne commerce d'amour, l'appelloient homme de toutes les femmes, & la femme de tous les hommes. Sa prodigalité & son ambition marchoient ensemble: car pour regner il festoyoit le peuple à ses despens, le faisant saouler, & voir sa ruine apres qu'il l'auoit saoulé. Le conte en est celebre, & croy que c'est le plus grand festin qui ait iamais esté. Car il festoya tout le peuple Romain en vn coup, & en remplit vingt-deux mille tables. Mais il se mocqua bien d'eux, quand apres le festin ayant fait faire le denombrement accoustumé du peuple, au lieu de trois cens vingt mille citoyens qui estoient dans Rome auparauant qu'il n'eust empieté l'estat, il se vid qu'il en auoit disiné plus de la moitié, & ne s'en trouua que cent cinquante mille seulement; sans parler de ce qui s'estoit perdu au reste de l'Italie & autres Prouinces. Et ne se faut estonner si estant ainsi maistre du peuple, bien que la loy Sempronia ne voulust qu'on prorogeast le delay à vn chef d'armee au dessus de cinq ans, il se le fit neantmoins proroger pour autres cinq, lors qu'il auoit le gouuernement des Gaules. Ce qui le rendit si fier, qu'il mesprisoit & les Preteurs, & les Consuls, & tout le Senat ensemble. Et desdaignant leurs faueurs, l'estant vn iour venu saluër comme il seoit sur la Tribune aux harangues, pour luy notifier ce qu'en son absence ils auoient fait à son honneur & sa gloire, il ne se daigna leuer, & leur dit que ces honneurs auoient plustost besoing d'estre retrenchez qu'augmentez: n'ayant laissé ja deslors, ny au Senat, ny au peuple que la necessité & la contrainte de l'adorer, & la simple priere d'auoir leur vie & leurs biens en sa protection. Et qui pourroit excuser ce traict singulier d'inconstance, vi-

Festin celebre de Cesar de 22. mille tables.

A a a

Inconstance notable de Cesar en ce qu'il fit estre Clodius son ennemy Tribun, bien qu'il creust qu'il l'auoit abusé.

sible & remarquable en sa vie comme vn festu dans l'œil, que Plutarque dit estre la plus vilaine chose qu'il fit iamais? (ce sont ces mots) qui est que pendant son Consulat, il fit eslire Clodius son ennemy Tribun du peuple: ne monstra-il pas en cela qu'il estoit merueilleusement volage, veu l'outrage qu'il en auoit receu? ayant pour l'amour de luy repudié sa femme, & luy baillāt presque cette recompense pour l'auoir deshonnorée? Or qui ne void par tous ses déportemens, que le Senat & le peuple estoient violentez? ne monstroit-il pas assés combien peu il estoit aimé, veu qu'au milien de son Triōphe le peuple ne disoit autre chose pour cry de ioye que ces mots, *Voicy l'adultere & le chauue que nous menons*. Il foula donc & mit sous ses pieds ces trois noms ensemble, sa Patrie, sa Femme, & son Gendre: aussi ne luy suruescut-il que quatre ans.

Lucan. l. 5. de bello ciuili.

Que si les grands Monarques ont occasion de s'estimer bien-heureux, l'ors qu'en leur siecle ils rencōtrent vn Poëte celebre pour chanter leurs faits heroïques, ie trouue que Cesar a peu d'obligatiō au Poëte Lucain, pour l'auoir naifuemēt representé en vne seule action. Car descriuant simplement le seul voyage que Cesar fit sur mer, lors qu'il alla querir Antonius, & qu'il se cuida perdre en vn si grād orage: il le fait si vain, si outre-cuidé, si irreligieux & ennemy des Dieux, qu'il mesprise voire despite les elemens, la fortune, & les Dieux mesmes. Il encourage son pilote par le rabais des Dieux, pour monstrer que tout mortel qu'il estoit, il ne redoutoit & ne croyoit leur puissance; Et que les Dieux estoient simplement hōmes, & les Cesars vrayement Dieux dont il estoit le premier. En fin l'orage continuant, il l'introduit si fier, qu'en quelque necessité qu'il se trouue il se fache de se rabaisser & contraindre iusques-là, que de prier son nautonnier de prendre l'hazard de la mer sous l'asseurāce de sa bonne fortune: n'ayant accoustumé de parler à telle sorte de gēs ny de raualler son courage aux prieres, ne à aucune sorte de soubmission: ains tousiours aux seuls commandemens. Si bien qu'en fin il se plaint,

INST. DE TOVTES CHOSES. LIV. III.   186

de ce que la Fortune n'a anticipé sa priere, & preuenu le danger: disant qu'auec son retardement elle a peu merité de luy,

——— *de quo male tunc Fortuna meretur,*
 Cùm post vota venit. ———

disant que le Ciel & la mer ont beau se tourmēter, sa barque demeurera ferme: car sa seule charge la deffendra des flots;

——— *Cæli iste fretique,*
 Non puppis nostræ labor est : hanc Cæsare pressam
 A fluctu defendet onus.

Sçais-tu (dit-il parlant à son nautonnier) à quoy s'appreste cet orage, la Fortune cherche à composer auec le Ciel & se resoudre auec la mer, ce qu'ils ont à faire de moy;

——— *quærit pelagi, cœlique tumultu*
 Quid præstet Fortuna mihi.

Mais les Dieux renforçant le danger, il feint qu'il s'esleue encor de nouueau contre eux; leur reprochant qu'ils ont beaucoup de peine, & qu'ils se trauaillent trop à le perdre;

——— *tantúsne euertere, dixit,*
 Me superis labor est, parua quem puppe sedentem
 Tam magno petieri mari?

En fin (dit-il) si la gloire de ma mort est donnee à la mer, & non aux genereux exploicts de la guerre; bien que le destin precipitant mes iours, m'emporte plusieurs traicts magnanimes; & que la Fortune se resolue à me faire mourir homme priué;

——— *mihi funere nullo*
 Est opus, ô superi: lacerum retinete cadauer
 Fluctibus in mediis, desint mihi busta, rogúsque,
 Dum metuar semper, terráque exspectar ab omni.

Il fut vrayement attendu en terre, mais ce ne fut pour le faire mourir priué, ny parmy la solitude d'vne nuict obscure & orageuse; ains au milieu du Senat, dās le Theatre public de la pōpe Imperiale, & dans l'esclat de sa grādeur.

Et si par la mort, qui est le dernier seau de nostre vie, on tire le iugement de tout ce que nous auons faict le long

A a a ij

TABLEAV DE L'INCONSTANCE ET

d'icelle, & comment nous auons vescu, sa mort monstrueuse, cent fois plus mort & plus affreuse qu'vne mort commune, monstre par la fin cruelle dont elle l'a enleué, ses defauts, sa tyrannie, & son inconstance. Et ne peut-on la trouuer iniuste & tortionnaire, ne inesgale en soy, ayant vsé de pareille tyránie enuers luy, qu'il auoit vsé enuers ses plus proches & ses cócitoyens. Dont bien à propos Ciceron & Lactance ont repris Marc Antoine de l'auoir deïfié auant son Consulat: ayant par là cóme astrainct le peuple par son exéple à faire le mesme, & estimer Dieu celuy qui en beaucoup de choses ne s'estoit pas seulement monstré homme: n'ayant apprehendé ny tenu compte durát sa vie des vers de Bibaculus & de Catulle, tous farcis de paroles outrageuses tant contre luy, que contre les Cesars, parce qu'il ressentoit en sa concience, que c'estoient autant de reproches veritables. Comme pareillement tres-veritable est celuy de Pline, qui dit qu'Alexandre & Cesar ont tué ou deffaict vn million d'hommes, & neantmoins n'en ont pas laissé vn seul descendant d'eux.

Mais il vaut mieux que ie face parler Ciceron de sa mort laquelle M. Antoine luy vouloit mettre en reproche. *Cic. Philip. 2.* Quel plus bel œuure (dit-il) ô bon Dieu fust iamais executé non seulement en cette cité, mais en tout l'Vniuers? Quel acte plus genereux, quel plus recommandable en la memoire des hommes, & a la posterité? ie ne reuoqueray iamais à iniure d'estre compris en la compagnie de ce braue conseil, comme auec les Princes au cheual de Troye, & *Marc Antoine repris d'auoir deifié Cesar.* te sçay bon gré M. Antoine de me loger à quelque dessain que tu le faces. Car l'acte est si heroïque de soy, que ie ne changeroy pas à toute autre louange, l'enuie que tu me veux susciter à cette occasion: car, dit-il ailleurs en ce mesme liure, tous les gens de bien (entent qu'ils ont peu) ont tué Cesar. Mais les vns ont manqué de conseil, les autres de courage, les autres d'occasion, mais personne de volonté, & contre ce qu'aucuns de son temps auoient voulu deifier Cesar, il dit que cela estoit tres-mal fait:

Car parmy les Romains il n'estoit pas permis de deifier ceux qui auoient esté tuez comme Cesar.

Epaminondas auoit quelque obstination à la pauureté aucunement scrupuleuse, qui tesmoigne en quelque sorte en la personne d'vn grand Capitaine & chef d'armee, quelque bassesse de courage, & le plus souuent engendre vn mespris qui desuoye la creance des soldats, & les prostitue & abandonne à vne licencieuse loy de desobeyssance : Ayant à mener l'armee des Thebains dans le Peloponese, il empruta d'vn bourgeois de la ville de Thebes cinq escus pour son entretenement en ce voyage. C'estoit vn naturel reuesche, & ennemy des douceurs de la vie humaine, qui vouloit ramener le monde à vne temperance extraordinaire. De façon qu'estant vn iour conuié par quelqu'vn de ses amis, qui s'estoit mis en deuoir de le bien traicter, voyant vn assez bel aprest, il s'en alla, & prit de là l'occasion de dire que c'estoit plustost vn sacrifice qu'vn festin. Le conte qu'on faict de son cuisinier, luy rendant ses comptes, rabat aussi beaucoup de sa magnanimité, & de la constance & grandeur de son courage : car trouuant seulement excez sur l'huyle, & ne le luy voulant allouër, comme il vid que ses amis s'en mocquoient, Ce n'est pas (dit-il) la despense qui me fasche, mais ce que ie trouue de plus mauuais, c'est que tant d'huyle soit entrée dans le corps des hommes. La responce est aussi inepte, que la recherche en estoit vile : car il croyoit reparer la mocquerie d'vn si grand rabaissement par ce petit mot, mais c'estoit vrayement vne tache d'huyle, qui n'a peu depuis tant de siecles estre lauee : en fin il croyoit que tenir vn grand ordinaire, fut dangereux & contre les loix : car il souloit dire que le sien estoit si petit, qu'il estoit incapable de trahison. Il faut bien supporter la pauureté si elle nous rencontre, mais non comme luy en acheter l'incommodité si cherement, qu'elle oste le iour à toutes nos actions les plus esclatantes. Car il en faisoit profession si ambitieusement, que cela le rendoit mesprisable, mesme à ses ennemis ; qui

5. Inconstances d'Epaminondas, s'obstiner à la pauureté tesmoigne quelque bassesse de courage.

Estant esleu chef des Thebains, pour mener l'armee dans le Pelopenese, il empruta cinq escus.

Il faut supporter la pauureté, mais il ne la faut rechercher.

croyoient que quand il eust voulu attenter quelque chose, sa pauureté seule l'eust empesché de l'executer. Ces grands cœurs comme le sien, ont besoin de grands moyés pour ioindre & rapporter les effects de leur generosité à leurs pretentions. Comme aussi on trouue mauuais de Lamachus, vn des chefs de l'armee des Atheniens, qui estoit si simple & si pauure, qu'à toutes les fois qu'il rendoit raison de ce qui c'estoit passé par ses mains, il mettoit tousiours en ligne de compte ce peu d'argent qu'il auoit employé pour auoir vne robe & des pantoufles. Et adioustant à ces premieres sorditez, on dit qu'Epaminondas & Platon, accepterent la charge de faire les frais de quelques jeux, & de faict Epaminondas desfraya à Thebes les Ioueurs de flustes, & Platon à Athenes la dance des enfans : qui estoit vne tres-vile occupation pour des Philosophes & personnages si releuez, & qui faisoient profession de constance. Et encor estoient-ils si belistres, que Dion fournissoit argent à Platon, & Pelopidas à Epaminondas. Qui fut cause que les Thebains le voyant si mesnager, le mirent surintendant des Gabelles, cependant que des gueux exerçoient les plus honorables charges. Et ie croy certainement, que par ceste mesme inclination il hayssoit les hommes gras, iusques à en casser vn de ses troupes : car à mon aduis croyoit-il, que sa graisse & en bon poinct l'eut desia redu, & le redit encor plus à l'aduenir ennemy de la pauureté & de la faim, puis qu'il s'estoit si bien traicté iusques là, & qu'à force de se bien traicter on engraisse notoirement. D'auantage son excessiue bonté (s'il la faut ainsi nommer, ou bien plustost simplicité) estoit ridicule & rustique; car il logeoit mal à propos le contentement qu'il eut de la victoire de Leuctres, au contentemét seul que ses pere & mere en receurent : cela estoit trop particulier & domestique, puis qu'il n'en vouloit faire nulle part au lieu de sa naissance, & à ses concitoyens. D'ailleurs il estoit si inconstant & peu zelé en l'amour de sa patrie; ou pour mieux dire, l'amour de sa patrie estoit en luy si lan-

Plut. en la vie de Nicias.

Epaminondas & Platon s'occupoient à des viletez & petits jeux indignes de leur grãdeur.

Epaminondas hayssoit les hommes gras, comme vray semblablement ennemis de la parsimonie.

Epaminondas ne vouloit

guissant, qu'il ne croyoit pas, qu'il fust loisible de tuer vn seul homme, sans grande cognoissance de cause, quand mesme ce seroit pour en acquerir la liberté. Et estoit si excessif en debonnaireté, ou pour mieux dire en mollesse, ou stolidité, que son aduis estoit, qu'à vn iour de bataille il failloit respecter ses amis; & en la prestesse & soudaineté des exploicts militaires, & en ces momens si soudains prendre loisir d'ouurir les yeux pour choisir ses amis, & en fuir iudicieusement la rencontre; les espargner, & les tirer du hazard & de la presse, quãd bien la necessité mesme nous les liureroit au hazard. Bien que Nicias grand Capitaine Grec a esté repris, de ce qu'il arresta toute sa flote & armee nauale, pour demander les corps de deux de ses citoyens d'Athenes; aymant mieux perdre l'honneur deu au vaincueur, que de ne leur donner sepulture. Car ceux qui font pareilles demandes, semblent quitter l'honneur & le prix des victoires. Ainsi vne courtoisie extraordinaire demandee ou faicte à ses ennemis, desrobe quelquefois la victoire: ou pour le moins nous iette dans le soupçon, qu'on a quelque intelligéce auec eux, quand on ne nous voit vser & iouyr du fruict d'vne victoire plainiere. Et c'est ce qui le fit soupçonner aux siens, & le blasmer d'inconstance; n'ayant voulu poursuiure les Lacedemoniens à outrance sur le passage de la Moree; pour raison dequoy il fut desgradé de l'estat de Capitaine general. Et encor qu'il fust remis par apres, ce fut en intention qu'il se ressouuiendroit à iamais du pardon d'vne inconstance si preiudiciable, & d'vne faute si signalee: attēdu que c'est vne loy de la guerre; qu'en vne bataille, qui peut tuer & exterminer ses ennemis tout à faict, ne se doit contenter de leur passer sur le ventre, ou les mettre seulement en route. Et qu'il est hazardeux de se contenter du champ de bataille, à qui peut emporter la vie: veu que c'est leur dõner encor ressource & moyen de nous oster la nostre. Cõme il est aduenu souuẽt qu'vn ennemy releué par courtoisie, a tué l'ennemy trop courtois, voire sur les abois & derniers adieux de la vie.

mesme tuer ses ennemis sans grande cognoissance de cause.

Il disoit qu'il falloit respecter ses amis vn iour de bátaille, les choisir pour les tirer du hazard.

TABLEAV DE L'INCONSTANCE ET

Bien qu'en autres occasions inconstant & volage, il fut si cruel & ambitieux, qu'ayât mis son armee entre les mains de Stesimbrotus son fils, pour s'en aller à Thebes, au temps qu'on deuoit eslire les Magistrats, & luy ayant deffendu de combattre, trouuant à son retour qu'il auoit gaigné la bataille, marry de ce qu'il luy auoit comme soubstraict & rauy vne partie de sa gloire, il luy fit trencher la teste, apres l'auoir premierement couronné en honneur de sa victoire. De maniere qu'il estoit és actions plus importantes, & en ses plus grands exploicts du tout extreme & inesgal, estant par fois trop debonnaire, & par fois trop inhumain. Aussi fut-il en fin condamné à mort comme tyran, par les Magistrats de Thebes, pour auoir retenu quatre mois en pied l'armee qu'il auoit, au preiudice de leurs loix, qui vouloiêt que nul General d'armee, apres vne bataille, ou quelque dernier exploict de guerre, ne peust tenir ses forces en pied plus d'vn iour. Et mourut en fin en si grande pauureté, que les Thebains l'enseuelirent aux despens du public, ne luy ayant trouué rien que ce soit apres son decez, qu'vne petite broche de fer, qui n'estoit à peine capable, ne assez forte, pour soustenir sur sa pointe le moindre flambeau de ses funerailles, si c'eust esté la coustume d'en porter.

Epaminondas condamné à mort côme tyran.

Epaminõdas mourut si pauure, qu'il fut enseuely aux despens du public. Plut. en la vie de Fab. Max.

Inconstances d'Auguste.

Auguste estoit si diuersifié & inconstant en ses actions, & a fait recognoistre en sa vie vn si diuers & soudain changement, qu'aucun, pour si hardy qu'il soit, n'a osé particulierement les iuger. On a recogneu tant d'inesgalité & de trouble en ses entreprises, & tant de confusion & d'incertitude en leur fin, qu'il a du tout fait mescognoistre ses mœurs. Or c'est en cecy que gist le vray poinct de l'inconstance, quand on est si desreglé, qu'en mesme subject & en mesme occasion, on vit diuersement, & n'est-on iamais semblable à soy-mesme.

La constance & valeur de Callimachus firent plus d'effect apres sa mort.

Callimachus est recommandé d'auoir estonné ses ennemis tout mort en la bataille de Marathon. D'autant que soustenu par le grand nombre des mesmes flesches qui l'auoient transpercé, ses ennemis le voyant ainsi droit & fer-

ferme apres tant de coups mortels, le creurẽt immortel & en prindrent l'espouuante; voyez combien la renommee & reputation de la constance s'acquiert à bon marché: on donne à son corps mort l'auantage d'vne victoire, que luy viuant n'a peu acquerir. La bestise & inconstante lascheté de ses ennemis luy a donné plus de los, que son propre merite & valeur. Lors qu'il viuoit ils l'ont tué, & tout mort il les a mis en route.

6. Les mauuaises façons & contenances des Grands sont fort considerees.

Les hommes sont tousiours inconstans & deffectueux, & pour grands qu'ils soient, leur grandeur ne les peut releuer si haut, qu'il ne se trouue tousiours quelqu'vn, qui met leurs deffauts au iour, & tient leur inconstãce & autres vices par le pied, de peur qu'ils n'eschappent sans estre recognus. Pour le moins est-il bien mal-aisé qu'on ne les esgratigne & entame en quelque façon: mesmes les seules contenãces & mauuaises façons des Grãds ont esté parmy les Autheurs anciens contrerollees & contees pour deffauts. Car ils nous ont appris, que les Vticenses blasmoient Caton, parce qu'il faisoit les bouges comme les Singes, & mangeoit des deux costez à la fois, qui n'estoit pas vne petite & legere marque de gourmandise: attendu que c'est le traict d'vn homme qui cherche à faire prouision, craignã que les viures luy faillẽt. Pompee se gratoit auec vn doigt Cesar Auguste pria Tibere de parler auec la bouche, & non auec les doigts comme les petits enfans. Les Carthaginois blasmoient Hannibal, parce qu'il alloit tout destaché. Les Atheniens Simonides, de ce qu'il parloit trop haut. Les Lacedemoniens Lycurgue, de ce qu'il portoit la teste basse. Les Grecs Pericles, de ce qu'il auoit le nom & la teste d'oignon. Les Atheniens Alcibiades, de ce qu'il auoit le col tord, & la langue grasse. Les Thebains Panicule, pource qu'il crachoit trop. Les Romains Hortense de sa pompe, & delicatesse à se vestir, ayant esté vn homme en iugement pour luy auoir deffait vn des plis de sa robe.

Macrobe.

Neantmoins ce seroit peu de cas. Mais à la suitte de

Bbb

leurs mauuaises façons, viennét les vices & les deffauts, qui rejaillissent sur tout l'estat. Car les peuples sont comme les Copistes, qui coppiant les originaux des mœurs de leurs Princes, transcriuent non seulement leurs contenances, & leurs façons de viure, ains leurs inconstances & leurs vices tous entiers : De sorte que si en la copie il se trouue des fautes, elles s'excusent aisément sur celles qu'ils ont trouué en l'original. Le peché des Princes est vn priuilege de faueur, communiqué par exemple à ses subjects. Et bien que le voyant en la personne de leur Prince, ils les blasment extremement, si est-ce que le regardant en eux-mesmes, il leur semble que c'est chose de grãds Seigneurs, & partant excusable. Les Grands sont les belles & agreables faces du monde, dans lesquelles chacun se mire & se plaist ; mais la moindre marque y paroist. Ce sont les flambeaux dont le monde est esclairé, ils font lumiere s'ils sont droicts ; mais si on les renuerse en bas, la lumiere s'estouffe & s'estaint. Le Prince est doublement coulpable, dit Isidore : *Et quia apertè delinquit, & quia agit & docet.* Ils doiuét auoir la conscience nette au dedans & la vie belle & honorable au dehors : la premiere ils la doiuét à eux-mesmes, & la seconde aux hõmes qui les esclairent. En quoy est remarquable, que leurs fautes s'exercent bien souuent sur leurs plus proches ; tesmoin le traict de Dionysius, duquel le fils sentant vn peu de liberté, ayant desbauché vne bourgeoise, Dionysius luy dit, M'as-tu iamais veu faire le semblable ? le fils se plaignant taisiblement du mauuais exemple de son pere, respondit, Aussi n'auez-vous pas eu vn pere qui fut Tyran. Response qui arguoit le pere de tous les deux, & de mauuais exemple & de tyrannie tout ensemble. Ainsi deux choses leur sont necessaires, la conscience, & la bonne reputation : l'vne leur fait besoin, & l'autre à leur prochain. La recompense des sages est assez forte & ample, si elle leur acquiert vn bon nom ; & au contraire Platon en ses loix ne donne pas plus grand supplice à plusieurs, que la mauuaise renommee.

Isid. l. 2. de summo bono, cap. 9.

Sapientum præmium bona fama ; multorum supplicium mala.

C'est le train ordinaire du monde: il n'y a eu homme si grand & agreable ait-il esté, qui n'ait eu ses deffauts. Ameine en auāt le plus habille de to⁹ (dit vn Ancien) ie te feray voir ce que ceux de son temps ont excusé, ou supporté en luy. Il y en a de grande reputation & qui sont tenus pour excellents, lesquels si lon veut censurer, c'est les anetir du tout. Ainsi qui iettera l'œil de toutes parts, & recherchera la vie & les actions des plus Grands, il y trouuera vne infinité de traicts notables d'inconstance. L'homme inconstant, soit grand ou petit, & rabaissé de fortune (car l'inconstance se fourre par tout) n'a si tost ouuert la bouche, qu'on ny voye mille legeretez. Les premieres propositions des hommes, voire des plus releuez (car ce sont sont ceux qui ont plus de moyen de changer) s'esuanouyssent le plus souuent comme esclairs. Leurs meilleurs desirs changez s'en vont sans fruict. Et leurs desseins tant de fois remuez sur le plus agreable modelle de leurs plaisirs, s'escoulent en vn moment comme les eaux qui tombent en precipice. Si bien que nos cœurs sollicitez de tant de diuers obiects difficilement peuuent-ils auoir repos: chacun de nous desire cent mille choses à la fois, or il est mal-aisé de s'arrester constamment à vn obiect, si on ne les separe de la multitude ou multiplicité. Les yeux emportent souuent nos volontez, & la volonté suit & embrasse encor plus souuent ce qui s'offre, soit que l'obiect soit seul, soit qu'il soit en foule, sans se formaliser autrement, ny s'attacher au choix du bon & du mauuais, de l'ordre ny du desordre, de l'vnité ou de l'infinité.

Les Grāds ont leurs deffauts & leurs inconstances, dit Seneque epist. 154.

Et tout ainsi qu'en la conception, nul autre temps ne trauaille plus la femme enceinte, que lors que les cheueux naissent à l'enfant; qui sont plus en nombre que toutes les autres pieces de nostre corps: & comme ceste multiplicité, & le croist de tant de petites pieces, la pique & tourmente plus griefuement: aussi la varieté & ceste legion de pensees qui produit & cōçoit en nous vne

TABLEAV DE L'INCONSTANCE ET
infinité de desseins imparfaits, & de volontez contraires & muables, nous gehenne & trauaille plus que toute autre chose. Et comme à vn yurongne, vne chose en semble deux ou plusieurs, pource que sa veuë estant desia esgaree & en perpetuel mouuement, ne peut arrester les yeux sur vn seul object : ainsi l'inconstant embrasse plusieurs choses à la fois, & court par impatience à la diuersité. Et plus il est grand, plus sa grandeur luy fournit de subjects pour exercer, & exploicter son inconstance ; de maniere que son esprit esgaré & distraict pendant ce trouble, mesure & void les choses faulsement, & quelquefois de biais, tout ainsi que ceux qui regardent dans l'eau.

Les grandes inconstances viennent des plus Grands.

D'où pensez-vous que vient, qu'vne mesme chose est trouuee d'aucuns iuste, que les autres trouuent iniuste : si ce n'est de ce que nous ne voyons les choses, ny leurs causes & leurs raisons à droict fil : & qu'à la verité les vns sont plus touchez de ceste maladie d'inconstance, que les autres. Trajan croyoit qu'il falloit tousiours entreprendre vne guerre iuste, & viuoit constamment en ceste opinion : aussi dit-on qu'il est le seul qui n'a iamais perdu bataille. Et M. Marcellus au contraire la desiroit iniuste. Pericles par vn autre biais estoit d'aduis qu'il ne falloit iamais hazarder bataille, s'il y auoit tant soit peu de doute : & ne trouuoit ces victoires bonnes & aduantageuses, qu'on gaignoit seulement par hazard, & pour s'estre auanturé. Q. Fabius se contentoit qu'elle fust douteuse, prenant tousiours le doute à son aduantage, & les batailles douteuses, comme à demy gaignees. Voyez la difference des volontez en mesmes occasions & occurrences. On peut donc hardiment dire de la fortune de tous ces Grands, de leur constance, & de leurs aduis, ce que disoit Leosthenes d'Alexandre, que sa puissance errante & vagabonde apres sa mort, sembloit au Cyclope Polypheme ; qui apres son aueuglement, tastoit de la main sans sçauoir où il alloit : aussi leur humeur inconstante, tout ainsi que leur grandeur, se manifestant & durant leur vie, & encore

Diuerses opinions des grands Capitaines, quãd est-ce qu'il faut entreprẽdre & declarer la guerre & donner des batailles.

mieux apres leur mort, vague & erre tantoſt çà tantoſt là, bronchant & choppant inconſtamment à tout propos; qui fait, que celuy qui diſoit auoir compaſſion des os, des cendres, & de la memoire des plus Grands, pour les voir ſi longuement moleſtez d'vne pluye continuelle, parloit fort ſagement: car en verité, les plus Grands ſont ſi fort abbreuuez de cette pluye d'inconſtance, que leurs plus belles actions apres leur mort, comme ayant durant leur vie trop longuement trempé en cette humeur de legereté, en ſont encor' ſi moites, que nul Soleil ne les peut eſſuyer: & leurs os, leurs cendres, & leur memoire, qui eſt la vraye hiſtoire & le regiſtre de leur vie, ſont ſi humides, qu'il ne s'y trouue rien de ſec, de ſolide, ny de cõſtant. En quoy ie ſuiuroy volontiers l'aduis du ſage Plutarque; qui dit en la vie de P. Æmilius, que quand il ſe mit à eſcrire les vies des grands Monarques chefs de guerre, & autres grands perſonnages, ce fut pour profiter à autruy: mais depuis il continua pour profiter à luy-meſme: regardant dans leurs vies comme dans des miroirs, & ſe racouſtrant par tout, comme celuy qui s'agence & s'accommode auec le miroir. Car cette façon de rechercher leurs mœurs, ſemble proprement vne frequentation familiere qu'on a auec eux; ſi bien qu'il m'eſt aduis (diſoit-il) que ie les loge tous chez moy les vns apres les autres. Ce que i'approuue grandement, entant qu'ils ſont vertueux, & que leur vie n'eſt ombragee d'aucun vice ne defaut. Mais ie ne puis eſtre de ſon aduis, en ce qu'il dit ailleurs en la vie de Cimon, qu'il ne faut deſcriuant les vies des Grands, exprimer tout à fait leurs defauts; ains qu'il les faut paſſer comme vertus non du tout parfaictes: & en accuſer ſeulement l'imperfection de nature humaine. A la verité ie trouue fort bon, de deſcrire & repreſenter tout a fait leurs vertus comme en vne peinture; mais il nẽ faut diſſimuler ne tenir cachez leurs vices, car ſi on les diſſimule peu à peu, ils ſe gliſſent parmy le peuple, & auec le temps ils portent exemple, ſuitte, & conſequence & bien ſou-

TABL. DE L'INCONST. ET INST. &c.

uent (pour enormes & deprauez qu'ils soient) approbation generale & publique. Il sera donc tresbien faict, suiuant l'aduis du sage Stoïque, de s'approcher quelques fois des Grands, sans toutesfois s'accrocher à eux, de peur que la contagion du mal que nous voulons guerir, & le remede que nous cherchons ou pensons trouuer aupres d'eux, ne nous soit plus preiudiciable, & ne nous nuise tout autant, voire plus que le mal mesme.

Seneque,

CONSIDERATION SVR L'INCONSTANCE DE CATON.

DISCOVRS II.

1. Les Anciens tiennent Caton pour le vray modelle de la Constance.
2. Raisons de Seneque, qui loüet en la personne de Caton, ceste action de se tuer soy-mesme.
3. Qu'il n'est loysible de se tuer.
4. Aduis de S. Augustin & autres Saincts Peres contre ceux qui se tuent eux-mesmes.

LA constance de Caton, est en la façon des Anciens, l'vnique & le plus authentique modelle de la Constance, si bien que les Philosophes & les plus sages qui sont venus apres luy, voire toute la posterité, ne l'ont peu assez admirer. Et parce que Seneque est celuy qui a le plus rehaussé & faict valoir sa mort, qui en a recōmandé toutes les moindres circōstances & pontilles, comme si c'estoient constances pleines de generosité & de courage : ie veux faire voir qu'il en a parlé si diuersement, qu'à tout prendre, il y a beaucoup plus de raisons tirees de luy-mesme, pour monstrer que la mort de Caton a esté pleine d'irresolution, qu'il n'y a d'apparence de la loüer & recommander pour ferme, constante, & hors de tout desespoir. Et afin que ie ne perde son sens, abandonnant ses beaux mots si choisis, i'vseray de ses propres termes; lesquels, si ie ne me trompe le feront,

1. Les Anciés tiennent Catō pour le vray modelle de la Constance.

Seneque a plus rehaussé la constāce de Catō que tout autre. Il y a plus de raisons dans Seneque, pour blasmer Catō de ce qu'il s'est tué, que pour le loüer.

TABLEAV DE L'INCONSTANCE ET
trouuer si variable, loüant ores la constance de Caton, ores son inconstance, qu'on verra clairement, que Seneque s'amusoit plus à suiure les belles paroles d'vn discours encōmencé, qui luy naissoient en sa conception & sous la plume, qu'il ne s'arrestoit à asseurer ses aduis, & les fonder sur la verité. Car ce qu'il nous a laissé par escrit contre luy, vaut mieux que ce qu'il a dict pour luy. Mais detant que pour bien iuger ses actions & sa mort il le faut considerer tout entier, ie diray premierement apres Plutarque (car ie ne l'oseroy attaquer sans auteur) qu'il demeuroit presque toute la nuict à table. Et encor que Seneque rendant tesmoignage de la bonne opinion en laquelle Caton viuoit de son temps nous ait voulu faire à croire, que quiconque luy auoit faict cette reproche eust plustost prouué que ce crime d'yuresse estoit chose honneste, que Caton se fust iamais porté deshonnestement, voulant ombrager tellement ce defaut en la personne de Caton, qu'on diroit que ce qui est vn vice bien sale en tout autre qui en est taché, est en luy vne vertu heroïque. Ciceron y est allé bien plus modestement que Seneque : Car vn iour quelqu'vn ayant dit, que Caton ne faisoit qu'yurongner toutes les nuicts, Ciceron respondit comme en se mocquant de celuy qui vouloit parler irreueremment d'vn personnage communement tenu pour si sage & si reglé, Tu n'adiouste pas, que tout le long du iour il ne fait que iouër aux dez. Il ne dit pas comme Seneque, que mesme l'yurongnerie en luy seroit chose honneste ; ains il vouloit dire seulement, que tant d'autres excellentes qualitez, dont il le croyoit doué, couuroient aisement vn defaut que peut-estre Seneque mesme estimoit bien petit.

Mais menons-le à sa mort, puis que c'est l'endroit, où luy & tous ceux qui le loüent tant se plaisent si fort ; voyōs ce que le mesme Ciceron en croyoit. Ne semble-il pas approuuer sa mort, puis qu'il soustient qu'il a eu quelque iuste occasion de se la donner ? Ce grand Dieu dominant (souloit il dire) nous defend de desloger d'icy sans

Seneque au tr. du repos de l'esprit est si abusé à loüer Caton, qu'il dit que les vices se cōuertissent en vertus, quand on l'en veut blasmer. Cicerō plus sobre ou resserré à loüer Caton.

Ciceron semble auoir creu que Catō auoit quelque iuste occasion de se tuer.

son

son commandement: mais quand bien Dieu mesme auroit donné quelque iuste occasion de ce faire, comme d'autres-fois à Socrates, maintenant à Caton, & souuent à plusieurs autres: Toutesfois vn homme sage ne doit sortir de ces tenebres pour aller en cette lumiere, ny rompre les liens de sa prison; car les loix le deffendent; ains il faut pour sortir, attendre qu'il soit euoqué & enuoyé de Dieu, comme s'il l'estoit du souuerain magistrat, ou de quelque autre fondé de puissance legitime. Il estoit donc en cette resuerie, que Socrates & Caton auoient iuste occasion de se la donner. A quoy i'adiousteray des raisons de Seneque, & autres qui me semblent estre plus pressantes, pour rendre cette action de Caton constante & louable.

Seneque de la Prouid. & en la consolation à Polybius.
2. Raisons de Seneque pour Caton.

Ce seroit (dit-il) aussi grand'vergogne à Caton, d'estre reduit à demander la mort à quelqu'vn, que forcé à demander la vie: & pour Socrates, l'estimes-tu miserable, pource qu'il a beu la poison broyee par sentēce des Atheniens, comme si c'eust esté vne medecine qui le deust rendre immortel; & qu'il a disputé de la mort iusqu'à la mort? Il me semble que Nature a voulu, que ce qu'elle faisoit de plus grief & fascheux fust commun à tous, afin que nous eussions consolation en la mort, voyans que la cruauté d'icelle est esgale & commune à tous: l'vn defaut & meurt au milieu de sa course, l'autre à l'entree, l'autre tracasse iusqu'à l'extreme vieillesse, & tout las & desireux de sortir obtient congé comme auec peine. Nous sçauons (dit-il) que les morts ne sont point enueloppez de tenebres: qu'ils ne sont ny en prison ny dedans les fleuues ardans; qu'il n'y a point de riuiere d'oubly, ny de siege de Iustice, ny aucuns criminels en vne si grande liberté, ny des tyrans & bourreaux: les Poëtes se sont iouëz autour de telles feintes, & nous ont faict des peurs à plaisir. La mort est la deliurance & la fin de toutes douleurs, nos maux ne passent point outre icelle. Fortune ne peut retenir ce que Nature a laissé aller; & vn mort, qui n'est plus, ne peut estre miserable. Et puis que l'homme

Ccc

n'eſt viuant que comme courant à la mort; & n'aura iamais plus aſſeurance de viure, lors qu'il ne pourra plus mourir; meſme que les petits enfans, ny les inſenſez ne craignent point la mort: c'eſt vne grande inconſtance & vn defaut bien notable, ſi la raiſon ne nous donne autant d'aſſeurance pour le moins, que la ſotiſe, ou l'enfance. Caton ſemble celuy qui ne branſle iamais en ſes conceptions, & qui ne ſe deſment, encore que quelque tempeſte l'agite. A qui la fortune ayant lancé de toute ſa force le plus dangereux de ſes dards, n'a faict ſinon l'eſgratigner vn peu ſans le bleſſer: encore s'y eſt-elle priſe bien rarement. Ses traicts, dont elle aſſaut & ſurmonte les plus courageux, s'addreſſant à luy, reſſautent en arriere comme la greſle qui tombe ſur les toicts. Perſuade-toy que c'eſt vn ignorant qui a laiſſé eſchapper ces mots, que c'eſt belle choſe de mourir de ſa mort naturelle. Celuy qui attend laſchement ſa fin, reſſemble preſqu'au craintif. Caton ſemble donc auoir bien-faict, d'eſtre expiré entre les bras de ſa liberté: Car fol eſt celuy qui vit pour eſtre en douleur. Quand vn homme eſt ſi vieux, que ſon corps eſt inutile, pourquoy n'en faudra-il tirer l'ame qui eſt empriſonnee? & à l'auanture le conuient-il faire auant le temps, de crainte que ne le puiſſions faire lors qu'il le faudra. Car puis que nous paſſons ceſte vie comme en reculant, & nous reculons nous approchant de la mort, ne plus ne moins qu'en la mer, iettant les yeux ſur le bord, les champs & les villes reculent, il eſt bien faict en tout & par tout de ſuiure le cours de la Nature. Le ſage vit autant qu'il doit, & non autant qu'il peut: s'il a des trauerſes qui troublent ſon repos, il ſe deſgage & prend congé. Auant qu'eſtre long temps en tourmente, il gagne le port aſſeuré: il preuoit ſagement combien de flots luy ſont paſſez ſur la teſte, & combien de bourraſques le ſuiuent encore. Par ainſi i'eſtime, que ce que diſoit ce Rhodiot fut vn traict de cœur efféminé, qui enclos par vn tyran dedans certaine cage, où on le nourriſſoit comme vne beſte farouche, & exhorté par quelqu'vn de ſe faire mourir de faim, reſpõdit, Qu'vn homme deuoit eſperer toutes choſes tant que l'ame luy battoit au corps. La fortune ne peut rien ſur vn homme qui ſçait mourir. La longueur d'vn ſupplice eſt deſiree comme ſi c'eſtoit quelque vie: c'eſt à dire il y en a qui ne ſe ſoucient d'eſtre miſerables pourueu qu'ils viuent. *Optimum eſt differre miſerias, ſi diſcutere non poßis.* Tourmente-moy pourueu que l'ame croupiſſe en vn corps briſé & inutile. C'eſt grand cas, de cacher ainſi ſa playe, & eſtre contant de demeurer eſtendu à la gehenne, à condition que la mort fin de ſupplice, & ſouuerain remede contre tous maux, ſoit differee. Qui peut demander iuſtement de retenir vne ame tenaillee & deſchiree par tant de ſupplices? il faut ſecouër cet amour exceſſif de la vie.

Il y en a qui tiennent la vie pour penible qu'elle ſoit, en affection, & la mort, pour ſi douce, qu'elle ſoit, en afliction.

Il y a en chacun de nous certain amour de ſoy-meſme, & vne volonté profondement emprainte de viure & ſe conſeruer, auec vne certaine horreur de la mort: pource qu'elle nous oſte beaucoup de biens, ce nous ſemble, & nous enleue arriere de cette abondance de commoditez, auſquelles nous-nous ſommes accouſtumez. Et en outre, ce qui nous faict haïr la mort, eſt, que nous ſommes deſia tous faicts aux choſes de ce monde; Quant à celles de l'autre vie, nous ne ſçauons que c'eſt, & abhorrons les choſes incognuës: dauantage, nous craignons naturellement les tenebres, où l'on eſtime que la mort nous emmenera. Mais cette heure determinee qui n'eſt pas la derniere à l'ame, ains au corps ſeulemẽt, ce iour que tu crains tãt & que tu appelles dernier, eſt le iour natal d'vne Eternité. Si la vie eſt honneſte, n'importe en quel temps elle prenne fin ſi la fin en eſt bonne: quelque part où tu meures tu as veſcu autant qu'il faut. Les Poëtes & entre-autres Homere ont obſerué, que les plus excelléts demy-Dieux, & nommément ceux qui ont eſté les cheris voire engendrez des Dieux, ſont ſortis de cette vie auant la vieilleſſe,

Pourquoy eſt-ce que tout le monde craint tant la mort.

Homere a obſerué que les demy-Dieux ſont tous morts ieunes, & n'õt iamais vieilly.

Ccc ij

TABLEAV DE L'INCONSTANCE ET

Celuy que plus aime le Haut-tonant
D'amour parfaict, & Phœbus l'arc tenant,
Iamais sa vie estendre il ne le laisse,
Iusques au sueil, de la foible vieillesse.

Il n'est pas bõ de tomber en vieillesse.

Empoigner donc la mort & la tirer à soy de force, est chose tres-honnorable. Et n'est pas bon d'attendre ceste derniere partie, ny tomber comme au fonds de la vie: qui est vne saison en laquelle les sens n'estans entiers ne peuuent gueres seruir à l'homme: veu que le corps par vieillesse est meshaigné & amorty. Il n'y a chose en quoy nous nous deuions plus accommoder à nos pensees qu'en la mort: Chacun doit faire trouuer bonne sa vie aux autres, sa mort à soy. Celle qui nous plaist est la meilleure. O que de plaintes il y auroit contre Nature, si elle nous auoit asseruis à vne vie forcee, & qu'il nous fallust demeurer en ce monde malgré nous: car il n'y a point plus de cruauté, de tuer ceux qui sont en volonté de viure, que ne vouloir permettre de mourir à ceux qui ne desirent que la mort. Quiconque dit qu'il faut attendre l'yssuë que Nature a ordonné, ne considere pas qu'il oste le passage à la liberté. Attendray-ie la cruauté de mon ennemy: veu que ie puis trauerser les tourmens & escarter tout ce qui m'empesche? Nul n'est miserable que par sa lascheté. Nulle autre occasion pareille ne requerra peut-estre iamais de nous l'espreuue d'vne telle magnanimité. Il n'y a que les grands personnages qui ayent eu ceste resolution, de faulser les barrieres de la seruitude humaine. La nature des choses ne permet qu'aucun accoste resolument ce qu'il pense estre mauuais; & s'il en approche, c'est nonchalamment & eõtant ses pas. Neantmoins Caton n'y est allé de la façon: car il n'a point craint la mort, ains comme s'il eust esté en vne pente, il a prins encor la course pour rouler plus viste, enfilant ce chemin de la mort, cõme s'il se fust volontiers laissé glisser en vn doux precipice: & quand bien il fust eschappé & fait trefue pour ce coup auec la Parque, ayant adoucy ses ennemis, il ne fuſt pourtant non plus eschappé ou sorty du bourbier, que celuy qui pense auoir payé son creancier pour auoir obtenu delay de le payer. Combien eſt donc inconsideree & des-honnorable ceſte legereté des hommes, qui posent tous les iours nouueaux fondemens à leur vie, & commencent à baſtir des esperances nouuelles, quand il faut sortir du monde? Quoy que tu apperçoiues ceſte asseuree retraicte, où tu dois paruenir, neantmoins le faux esclat de ce monde, dont tu dois t'esloigner, te retient, comme si tu deuois en le quittant tresbucher au fonds de quelque sale & obscure cauerne. Maintenant au moindre danger nous changeons de cœur & de couleur: n'eſt-il pas honteux que nous ne soyons iamais tant effrayez, que lors que nous sommes le plus pres d'entrer au Palais d'asseurance? Caton n'en vſa pas ainsi: car la derniere nuict de sa vie, lisant vn discours de Platon, & ayant mis vn poignard derriere son cheuet, par le liure il apprit à vouloir, & par le poignard à pouuoir mourir. Il voulut donner ordre que personne ne peuſt tuer ny sauuer Caton. Il se coupa la gorge pour couper la gorge à ses maux. Auſſi le vray poinct de mourir, eſt sur le plus grand effort de quelque ineuitable desastre & pareil au sien. *Hæc eſt hora quæ sola virum oſtendit.* Car à quoy faire allonger noſtre vie, & l'eſtendre sur les espines de nos maux, pour noſtre plus grand fleau & incommodité! La fortune semble nous incommoder aſſez, quand elle nous reduit à ces extremitez: si piteuses occasions, sont autant de manifeſtes semonces & premeditees licences, ce sont les passeports pour passer seurement, & affranchir noſtre vie de tous maux. La vie qui n'a qu'vn seul passage pour s'introduire au monde, ayant vne infinité d'yſſues pour en sortir, nous en facilite la voye & les moyens: vn homme seul nous peut oſter la vie, & cent mille ne nous peuuent oſter la mort. Auſſi n'eſt-ce pas l'ame, qui la craint. Car ce seroit chose absurde qu'elle craignit son immunité, & son meil-

TABLEAV DE L'INCONSTANCE ET
leur estat. Et puis que semblables occasions nous forcent de la desirer, qui peut trouuer mauuais qu'on aille au deuant, puis que le plus souuent ces mesmes occasions la reculent de nous & la rendent plus tardiue, quelle iuste separation peut naistre entre la main hardie, & la volonté prompte & desireuse? quel diuorce entre le cœur affligé, & l'execution genereuse appellee à son secours? Ie sçay bien qu'il ne faut se resoudre à ce dernier exploit qu'auec tres-grãde consideration : mais puis qu'il n'est trouué mauuais qu'on souhaite, qu'on se procure, & qu'on recherche la mort, pourquoy ne sera-il loisible de la nous donner? si elle n'est iniuste au desir & en la volonté, pourquoy le sera-elle en la main & en la perfection & accomplissement de ceste volonté? Scipion beau-pere de Pompee, reporté par vn vent contraire en Afrique, voyant son vaisseau accroché par les ennemis, se transperça de son poignard; & comme les autres s'enquirent où estoit le general de la flotte (qui estoit luy-mesme) Le general se porte bien (respondit-il) ce mot seul le rendit pareil à ses ancestres. C'est vne misere de mourir autrement que comme on veut, & quand on veut. Il ne doit pas paroistre fascheux de tomber tout d'vn coup en la mort, puis qu'il est certain que nous mourons peu à peu & tous les iours : car à toute heure quelque parcelle de nostre vie nous est ostee ; & quand mesme nous croissons, la vie descroist : tout le teps passé iusqu'à ce iour est esuanouy, mesme du iour present la mort en a desia sa part : le dernier iour nous fait toucher la mort ; chacun des autres nous en approche & nous pousse vers le tombeau. Ainsi toutes & quantesfois que Nature me redemandera mon ame, ou que la raison luy donnera congé, ie sortiray de ceste vie, auec le tesmoignage que i'ay procuré d'auoir vne bonne conscience & des occupations louables. Item que ie n'ay fait bresche à la liberté d'aucun, & que personne n'a aussi amoindry la mienne. Voylà presque toutes les raisons, desquelles Seneque & d'autres ont accoustumé d'vser, pour persuader au monde que Caton a bien faict de se tuer.

Scipion se tua cõme Caton.

Fin des raisons, dont Seneque a vsé, pour louer la mort de Caton.

Mais il nous en a bien appris de plus fortes, pour nous persuader le contraire; lesquelles se gousteront beaucoup mieux, apres que nous aurons vn peu espeluché la vie de Caton. Cesar estant cause de la mort de Caton, & presque en estant comme le bras duquel il receut le coup de poignard, il me semble que pour bien examiner sa mort, il faut premierement mettre en consideration leur haine: veu que si on examine ce qui s'est passé entre luy & Cesar, il se trouuera tant d'actions & traicts d'inconstance parmy, & tant de deffauts en tout le reste de sa vie, qu'il sera malaisé de le releuer ou le tirer hors du commun: quoy que mesme plusieurs de ce siecle taschent (& peu Chrestiennement) à le deïfier. On dit qu'il estoit si seuere & incorruptible, que la plus mal-seante de ses passions, tendoit tousiours au profit & honneur de la Republique: & que la haine qu'il portoit à Cesar, estoit plus attachee au public, & fondee sur l'interest du general, que sur le sien particulier. Mais à la verité, ie croy que ces deux personnages estoient plus enuieux & ialoux de la grandeur l'vn de l'autre, qu'ils n'estoient vertueux & constans: car ayans esté au commencement amis, ils ont tesmoigné leur humeur volage, en ce qu'ils n'ont peu entretenir ceste amitié, & compatir ensemble: & depuis, leur rancune produite par inconstance a esté telle, qu'elle a presque tiré apres soy la ruine de la ville de Rome. Or les effects de la haine de Caton paroissoient assez, quand il cria en plein Senat, qu'il falloit liurer Cesar aux Gaulois lié & garrotté; pour estre allé esueiller ceste nation belliqueuse & guerriere, contre les Romains. Mais les traicts de son inconstance parurent encore plus, lors que partant de Syracuse pour aller trouuer Pompee, il conseilla tout au rebours aux Siciliens d'obeyr à Cesar qui s'estoit rendu maistre de l'Italie. Et recherchât sa vie vn peu particulierement, (bien que plusieurs luy ont attribué tant de sagesse qu'ils en sont presque adorateurs) si y trouuerons-nous tant de choses mal-seantes, qu'il est mal-aisé qu'on le puisse tenir pour homme en tout

Deffauts de la vie de Caton.

Caton blasme Cesar, d'auoir esueillé les Gaulois, & irrité les Romains contre luy.

Caton donne conseil aux Siciliens d'obeyr à Cesar.

& par tout bien sensé. Il souffrit sans cholere (tout reuesche qu'il estoit) que Lentulus luy cracha ignominieusement au visage pendant qu'il haranguoit en public. Il auoit ceste coustume, qu'apres le disner il sortoit en public, & alloit mesme en sa place de Magistrat meschinement pieds nuds & sans saye; Bien qu'Aule Gelle die qu'il auoit faict vn liure intitulé: *Carmen de moribus*, dans lequel il y auoit mis, *Vestiri in foro honestè mos erat* ; & se rendoit si vil & abject, qu'il alloit par les champs sur son bagage, tellement que le peuple scandalisé de le voir en si petit train, & de si petite façon, le print pour vn valet lors qu'il arriua à Antioche. C'est pourquoy à mon aduis sa fiancee Lepida le quitta, le voyant si maussade pour espouser Metellus. Outre ce aucuns ont voulu dire, que il estoit comme Proxenete de sa femme: car n'ayant voulu prester ny donner à Hortensius sa fille Porcia, mariee auec Bibulus, il ayma mieux luy prester sa femme Marcia; & mesme apres le deces d'Hortensius il la reprint; parce qu'Hortentius l'auoit instituee heritiere: au moyen dequoy on luy reprocha vn iour que sa conuoitise estoit mercenaire, & qu'il ne se marioit que pour s'enrichir: car s'il auoit besoing de femme, pourquoy la cedoit-il à vn autre? & s'il n'en auoit que faire, pourquoy la reprenoit-il? sinon d'autant qu'il la prestoit ieune, pour la reprendre riche.

Mais en nulle autre chose ne faisoit-il tant paroistre le trouble de son ame inconstante & esgaree, que lors qu'il se perdoit si souuent dans la cholere & rigueur de ses aduis, requerãt par fois quand il estoit en cet estat, des choses qui estoyent preiudiciables à luy mesme. Cesar monstroit bien qu'il estoit d'vn autre courage meilleur Capitaine, plus vigilant, & toutes fois plus moderé que luy le surprenant ainsi dans ses trenchees : Trenchees de l'ame de Caton, surprinses de Cesar ; voire si soudaines & si à poinct, que bien souuent pour tout repart, il estoit forcé de couurir sa replique d'iniures, au lieu de raisons.

Tesmoin

Tesmoin ce qui se passa entre luy & Cesar, lors qu'il luy fut porté vn poulet de Seruilia dãs le Senat. Et neātmoins Cesar en ce temps-là auquel Caton se monstra plus son ennemy, luy fit ce bon office, qu'il le fit lascher à ceux qui le menoient prisonnier par le commandement des Consuls. Tout le monde haïssoit son austerité, & n'auoit ny la nature ny les meurs agreables au peuple, ny propres pour acquerir ceste grace vniuerselle, qui communement tire toute l'authorité publique à soy. C'est pourquoy Seneque compare sa rudesse & cest orgueil & fierté, à la ferocité d'vn ieune cheual indompté : car ayant faict vne description d'vn ieune cheual ou poulain qui est dans Virgile, il dit qu'il ne sçauroit mieux representer Caton : que de luy donner ce port, & la mesme desmarche que Virgile donne à ce poulain. Et son grand amy Ciceron le reprend, de ce qu'il se gouuernoit comme s'il eust esté en la Republique de Platon, & non en la lie & au marc de celle de Romulus parmy les vies corrompues, ressemblant aux fruicts qui viennent hors de saison. Aussi n'eut-il iamais le timon & gouuernail qui est le Consulat, ains il manioit seulement les voiles & le cordage. Et tant s'en faut que ses aduis ayent tousiours esté trouuez bons, qu'au contraire sa rudesse effrayoit tant le monde qu'il receut vn refus notable, & fut esconduit en la poursuitte du Consulat, en concurrence de personnes beaucoup moins dignes que luy. Et vne autre fois trouuant ses façons & ses mœurs trop rudes, on l'esloigna de la cité, bien que sous pretexte d'honneur, & comme ayant commission & charge du public, qui ne le faisoit pourtant que pour se descharger de luy : & fut presque enuoyé en exil, le faisant nauiger iusqu'en Cypre pour certains affaires du Royaume, pendant lequel temps Ciceron son amy fut aussi enuoyé en exil, bien qu'il eust tousiours esté soustenu par Caton.

Cesar surprit Caton qui le pensoit surprendre.

Ciceron mesme blasme la rudesse de Caton.

A quoy ceux qui le veulent deffendre s'essayent de respondre, que celuy qui ne fait rien mal à propos, & qui ne soit bon, ne peut iamais manquer de recompense ; Et

D d d

encore qu'il n'en recueille ces demonstrations exterieures, qu'on a accoustumé d'acquerir auec la vertu, & qui la rendent plus illustre, il sent neantmoins ce grand plaisir qui naist du bien faire, & qui est estimé des Sages le plus veritable prix des bonnes & vertueuses operations. Caton estimoit peu la grace priuee & particuliere des citoyens, parce qu'il s'attendoit à la seule obseruance rigoureuse des loix, & au rabais des particuliers qui veulent se releuer par trop au preiudice de la liberté publique: Mais la seuerité, la rigueur, & le mespris de tout autre respect, en celuy qui n'a qu'vne seule pensee, ny autre but que de bien faire (choses qui se louent assez en Caton) peuuent parauanture en elles-mesmes estre plus voisines de la vraye vertu : si est-ce pourtant qu'elles sont moins proportionnees auec la vertu ciuile, si on a esgard à celle qui se void & se rencontre communément; & non à celle qu'on pourroit desirer ; qui n'estime la bien-vueillance de ses concitoyens, ou qui ne se veut mettre en chemin de se l'acquerir, que par des moyens tres-licites, mais toutesfois presque impossibles. Celuy qui en chaque petit pontille trouue subject de contention & riote (d'où naissent bien souuent de fortes & ouuertes inimitiez) voulant remuer la Cité, il se pert premierement luy-mesme, & par apres l'Estat & la Republique. Outre que quand les loix sont obseruees auec telle rigueur, il semble qu'elles ne soient faictes que pour opprimer le peuple, & les citadins, & non pour conseruer la Iustice : ce qui faict que ceste forme de gouuernement reüssit peu agreable, & partant elle est plus foible, & plus aisee à receuoir quelque alteration par le moindre accident.

3. Raisons qui preuuent qu'il n'est loisible de se tuer.

Ie parleray maintenant de sa mort. Cleomenes ne fit pas comme luy, car ayant perdu la bataille contre Antigonus, & s'enfuyant vers Ptolomee Roy d'Egypte, Thericion l'vn de ses amis luy persuadant de se tuer, Cleomenes luy dit, Tu penses donc que ce soit à toy magnanimité de chercher la mort, qui est vne des plus faciles choses qui puisse aduenir à l'homme, & celle qu'il a le plus à commandement? & cependant, meschant que tu es, tu fuis d'vne fuitte plus lasche & honteuse que la premiere: car plusieurs vaillans hommes, autres que nous ne sommes, ont bien autresfois cedé à leurs ennemis ou pour quelque accident de fortune qui leur a esté contraire, ou ayans esté forcez par plus grand nombre de gens. Mais celuy qui se laisse aller, & succombe aux trauaux & ennuis, ou aux blasmes & louanges des hommes, il faut qu'il confesse qu'il est vaincu par sa propre lascheté; veu qu'il ne faut que la mort qu'on se donne, soit pour fuir à la necessité de quelque accident qui nous violante; ains il est besoin que celle mort mesme soit vn acte louable: pource que c'est honte de vouloir viure & mourir pour l'amour de soy-mesme. Miserable constance, si elle ne s'acquiert qu'en endurant la mort de ses propres mains; veu qu'il est certain qu'il faut non fuir, ains combattre les dangers, pour rencontrer les vrais effects de la Constance; qui ne s'acquiert, ny en fuyant, ny en mourant de la sorte; veu que celuy qui fuit, les laisse en proye à ce mesme ennemy qui l'a mis en fuitte: & qui se donne la mort, fuit encore beaucoup mieux & plus laschement, attendu qu'il quitte les armes & le champ, pour prendre la grande fuitte d'où il ne reuient iamais. Ainsi la fuitte, ny vne mort auancee par nos mains, ne nous releuent pas d'inconstance, si nous ne nous mettons en deuoir d'alonger nostre vie, & surmonter les dangers leur passant au dessus. Et comme souloit dire Socrates, il ne faut blasmer la fuitte ny la condemner, si elle nous est vtile: car autrement il sembleroit que ce fust poltronnerie de fuir, quand bien par ceste fuitte nous viendrions mesme à vaincre nos ennemis, comme souuent font les Scythes. C'estoit vne mocquerie en ceste occasion de ne vouloir ceder à la force. Le Consul qui sceut fuir & eschiuer la mort, fut plus loué, que celuy qui voulant mourir se precipita à la mort. Aussi furent Scipion

Ddd ij

& Caton blasmez pour n'auoir voulu ceder à Cesar
apres qu'il eut gaigné la iournee de Pharsale: c'estoit mal-
faict à eux d'auoir faict mourir sans qu'il en fust besoin,
plusieurs gens de bien en Afrique, bien qu'ils combatis-
sent pour la liberté des Romains; veu que la Fortune fauorisant ores aux vns, ores aux autres, ne peut oster ce
poinct aux gens de bien, de prendre en aduersité le conseil selon les malheurs qui leur suruiennent. Et bien que
le feu sieur Strossy, qui estoit en son temps vn grand personnage, nous ait laissé ces deux vers, par lesquels il
semble entrer comme en approbation de la mort de
Caton,

Aduis du sieur Strossy sur la mort de Caton.

    E io che Caton' & Romano sono,
    Non fuggo l'ira, ma fuggo 'l perdono:

Si est-ce qu'il ne se faut estonner s'il estoit de cest aduis,
veu qu'en ceste famille il s'en voit vn exemple domestique de Philippes Strossy, chef de l'armee, qui vouloit de-
poser Cosmo deuxiesme du Duché de Florence; lequel
se voyant prisonnier, craignant l'indignation de Cosmo, & quelque mort plus cruelle, se laissa tomber sur la
pointe d'vne espee qu'imprudemment vn de ses gardes
auoit laissé dans sa chambre; auec vn buletin par lequel il
disoit, approuuant la mort de Caton, auoir à son exemple
genereusement mis fin à ses malheurs, & euité la furie &
le pardon de son ennemy.

Philippes Strossy se tua à l'exemple de Caton.

Et pour reuenir à Caton, qu'est-ce autre chose de sa
mort & de ceste action, que l'effroy qu'il eut de tomber
entre les mains de Cesar, & la lascheté qui le rendit abbatu, auant qu'il eust combatu ? Est-ce courage, ou
constance de se tuer, de peur d'estre tué par son ennemy ? Laisser son armee, l'estat, & les plus importans affaires du Senat, sans chef, & se perdre & precipiter ainsi au
premier bruit ? Il pensoit abuser le monde, disant qu'il
croyoit que Cesar pouuoit bié estre vaincueur de sa fortune, mais non de sa vertu. Il estoit fort vtile à Caton, de ne
rencontrer la pointe des armes de Cesar: mais il luy estoit

INST. DE TOVTES CHOSES. LIV. III. 199

encor plus honorable, que Cesar ne rencontrast l'es-
pointee bassesse de sa soubmission. Car qui ne voit la
poltronnerie manifeste, à qui ne peut vaincre, de ne vou-
loir mourir en combattant? on admire en luy qu'il dor-
mit constamment & de resolution iusques aux dernieres
heures qu'il se donna la mort. Vn chef d'armee, pres d'vne
armee victorieuse, qui a pour chef vn des plus grands
Capitaines qui ait iamais esté; qui dort toute la nuict de
bon sommeil, & le matin se tue, ne peut estre recomman-
dé que de nonchalance, d'irresolution, & de desespoir.
Ie ne mourray pas de ta main Cesar, ains ie me tueray plu-
stost; il semble celuy qui se poche les yeux de peur de voir
son ennemy; qui a le courage de se tuer, mais non de
combattre, ny attendre le hazard d'vne bataille qu'il em-
porteroit peut-estre auec peu de hazard, aimant mieux
mourir de sa main que de celle d'autruy. C'est se vanter
mourant de ne se perdre pas, & prendre sa mort pour sub-
ject de sa gloire. Celuy qui pour se racheter de prison
donne sa vie pour sa rançon, a sa liberté bien chere. Et celuy
qui cherche la mort pour fuir les attaques de la Fortune,
merite mieux le nom de fuyard, que de cōstant & magna-
nime. C'est vn Paradoxe pernicieux de Seneque, qui esle-
ue en quelque sorte l'homme vertueux par dessus Dieu
mesme, & met sa mort en sa puissance & volonté, pour
sortir de cette vie toutes & quantesfois que bon luy sem-
blera.

Il n'est pas possible qu'vn homme qui a le poux en son iuste mouue- ment, dorme en des occa- sions fort im- portantes.

Mais parlant auec Seneque mesme, tant il est incertain
en ses opinions, qui considerera l'authorité que Dieu
doit auoir sur nous, l'obligation que nous auons à nos pro-
chains & à nous-mesmes, verra que ce sont iniures &
contre Dieu & contre les hommes de vouloir sortir du
monde, quand l'on se fait à croire que l'heure d'y de-
meurer est la pire. Et ceste passion ne peut proceder que
d'impatience ou d'orgueil, de desespoir ou de fureur. Et
s'il n'y a point de mal au monde que le vice (comme à la
verité il n'y en a point d'autre) pourquoy ne se contente

Seneque incō- stant & incer- tain en ses opi- nions, blas- me Caton de s'estre tué. Raisons de Se- neque contre Caton.

D d d iij

Caton de sa bonne conscience, se remettant des euenemens à la prouidence de Dieu? se tuer est vn tesmoignage d'iniustice, de lascheté, & de deffiance de la faueur diuine, laquelle se monstre tousiours au besoin. C'est à la verité le propre d'vn homme genereux, de fouler aux pieds les calamitez qui effrayent le môde: mais aussi vouloir tousiours estre heureux, c'est ne sçauoir pas que l'affliction est vne partie de la condition humaine, & l'homme le butin asseuré de la mort. La raison est l'arbitre des biens & des maux; & Epicure mesme faict deux sortes de biens, desquels son souuerain bien & celuy de ses sectateurs est composé, à sçauoir que le corps soit sans sans douleur, & l'ame sans trouble. L'homme constant demeurant paisible en soy-mesme, se roidit contre ce qui luy vient au deuât: si quelqu'vn estriue continuellement contre ses propres calamitez, il s'y accoustume & endurcit, sans quitter la place à douleur quelconque: si elle le fait tomber, il combat à genoux. C'est au souuerain Capitaine & Seigneur de nostre vie, de nous marquer le iour, l'heure, & la porte par où il veut que nous sortions: accommodons nostre ame à ceste loy de Nature, qu'elle suiue la prouidence diuine & luy obeisse alaigrement, & qu'elle se garde de tancer Nature. Il est bon de suiure sans murmure ny côplainte le vouloir de ce grand Dieu, par la prouidence duquel toutes choses aduiennent. Il faut que l'heure de la mort nous trouue prests, & faut aussi que ce soit de bonne volonté. Mais il ne faut pas ainsi temerairement quitter la course d'vne si belle vie qu'est la vie humaine. Le courage qui s'est ainsi consigné entre les mains de Dieu, est grand en toutes sortes: au contraire, lasche est celuy qui regimbe. Ie sçay bien que l'apprehension naissant d'vne extreme necessité, est merueilleusement vigoureuse, & peut faire faire vn grâd effort à nostre peur; mais il faut que cette peur ne soit si grande, qu'elle ne nous laisse quelque porte de retraite par où nous puissions eschapper; & nous monstre moins de peril que d'esperance. L'homme qui se voit en danger, ne fait point de difficulté d'hazarder la vie qu'il n'estime plus sienne. L'homme vertueux & constant est tenu de viure autant qu'il appartient, sans desirer la mort, ny se la donner quand bon luy semble. Celuy qui sans respect de femme & d'amy, ne cherche que la fin de sa vie & demande la mort, est vn delicat. Que l'ame ait le commandement sur soy-mesme, quand le profit de ceux à qui elle est obligee, le requiert, de se dépestrer de la mort non seulement pour soy, ains estant sur le poinct de desloger du corps, d'y rentrer s'il est besoing, afin de pouuoir se prester à ses amis. C'est vne vraye magnanimité, de se mettre en deuoir de retourner en vie pour le bien d'autruy: si bien que ma femme me peut imputer sa crainte & la mienne. C'est par son propre arrest que Catõ est mort; mais pourtant encor que quelquefois vne mort certaine s'approche de quelqu'vn; & qu'il sçache que son supplice est designé, il ne prestera pas sa main à son courage, pour se faire mourir: car c'est folie de mourir pour crainte de la mort. D'où vient que tu acceptes la cõmission du bourrelage, que doit faire quelque autre? Tu as tort Caton, encore que tu ayes arraché l'ame, que tu n'auois peu faire desloger à coup de poignard, si tu penses qu'il n'y ait que toy, qui puisse venir à bout d'vn homicide volontaire. Caton ie t'ay ouy consolant les autres, ie t'eusse volõtiers regardé si tu te fusses consolé toy-mesme : si toy-mesme te fusses fait commadement de n'estre point fasché. O que ie te plains Caton que tu ne sceusses auãt mourir, de quelle mort deuoit finir ses iours Cesar ton ennemy, puisqu'elle luy auoit esté annoncee, auant mesme qu'il fut né: car il fut trouué à Capouë dans le Sepulcre de Capys vn Tableau d'airain, predisant la mort de Cesar, & la maniere qu'il seroit occis; dressé mille ans auparauant qu'il nasquit : tu eusses veu que sa mort estoit publiee auant sa vie, & qu'elle deuoit estre beaucoup plus luctueuse & sanglante que la tienne. Il ne faut point auoir peur,

Suetone, en la vie de Cesar, chap. 81.

& n'est besoin de rejetter les choses dont les Dieux immortels se seruent comme d'aiguillons pour resueiller nos ames: sa crainte s'est donné des coups de poignard, & non sa vertu. Mais quelle vertu est-ce de sortir quand on se iette dehors? encore y a-il de la vertu, si quand on me iette hors ie m'y comporte ne plus ne moins que si ie sortois de plein gré. Le seul amour de ceste vie doit estre suffisant pour nous arrester. Il ne la faut donc pas ietter là, mais la laisser escouler peu à peu. Combien estimes-tu que ce soit grand mal-heur de perdre vne portion de la vie, encor qu'elle doiue finir. La vieillesse est vne chose que lon ne doit ny souhaitter, ny reietter. Aussi y a-il plaisir à estre long temps auec soy-mesme. Il ne faut re-ietter auec desdain les extremitez de la vieillesse. Il n'y a point de meilleure mort, que de glisser vers la fin de ses iours auec l'aide de la seule Nature. Se departir & retirer peu à peu de cette vie, est le chemin le plus agreable. Vn homme mourant de mort naturelle est bien different de celuy qu'on tue, ou qui se tue luy-mesme. *Illorum sanè iuxta te suprema non sentias, quos senectus languorésque dissoluunt. At hominis qui ferro occiditur, tumultuatur exitus & similis est repugnanti. Quidquid sit, necesse est nulla mors inquietior sit quàmquæ statim tota est.* Il n'y a mort plus inquiete ny plus violente, que celle qui pour estre toute entiere nous enleue en vn moment, & nous acable en vn seul coup. C'est pourquoy il faut tascher à faire mourir nos vices les premiers, afin de pouuoir paisiblement acheuer & finir nostre vie auant nostre mort; & que nous n'ayons rien plus à faire qu'à mourir: & iusqu'à ce que nous y soyons paruenus, nous sommes obligez de porter les accidens de nostre vie, sans nous troubler des euenemens, que nous ne sçaurions euiter. Nous sommes nez sous vne domination Royale, c'est liberté que de rendre obeissance à Dieu. Diodore Philosophe Epicurien il y a quelque temps se fit mourir luy-mesme, s'estant coupé la gorge de sa propre main, n'ayant pas ensuiuy en cet acte la doctrine d'Epicure:

Parlant naturellement: car il y en peut auoir de plus honorable.

aucuns imputent cela à fureur, & d'autres à vaine gloire & folie. Toute noſtre vie eſt vne ſeruitude : il faut donc s'accouſtumer à ſa condition. Il n'y a aduerſité ſi grande en laquelle vn eſprit bien aſſis ne trouue ſoulas. Les choſes dures peuuent s'amolir, les ſerrees s'eſlargir, & les peſantes ne chargent gueres ceux qui les manient & portent de bône façon. Caton ſe donnant du poignard dans le ventre ioüé (s'il faut ainſi dire) ſa vie & celle de la Republique: mourant auant qu'eſtre meur & deuant le téps. Ce ſont de chetiues inuentions de ſalut qu'vne mort forcee & produitte de ſa main propre : ſi quelque douleur me preſſe ie ne me tueray pas pourtãt; ce ſeroit eſtre vaincu de mourir ainſi; quaſi comme ſi pour preuenir la ſentence, on en pouuoit éuiter la peine. La porte du Ciel, dit ce grand Orateur, ne peut eſtre ouuerte à ton ame, ſi ce Dieu qui t'a ouuert celle du monde, ne luy ouure la priſon. Qui n'attend (dit Hegeſippus) le commandement du pere, pour ſortir de ce monde, indigne de ſepulture ne doit non plus eſtre receu dans le ſein de ſa mere qui eſt la terre. Car à quoy eſt propre ceſte mort procuree, ſi ce n'eſt pour ſe deſrober & ſouſtraire à la fortune? Il faut s'opiniaſtrer au combat, & luitter auec la mort: mais en autre façon: & s'il la faut trouuer, que ce ſoit auec les armes & la main de noſtre ennemy, & nõ auec les noſtres deſquelles ſeules deſpend noſtre protection. Nos ennemis nous ſont bien vn Threſor, quand par leur moyen nous aiguiſons noſtre vertu, & releuons noſtre courage. Mais la vertu, & le courage ſont rabaiſſez, & manquent du tout à celuy qui taſche non à ſe defendre vigoureuſement & reſiſter, ains à ſe tuer laſchement & defaillir. L'homme eſt bien-heureux, quand la mort le vient trouuer non gueres de temps auant ſon cours naturel. Ainſi on ne doit preuenir la mort ny l'anticiper; & eſt bien plus ſeant & plus noble de l'attendre : auſſi ſa couſtume eſt de venir à nous, & non la noſtre d'aller au deuant. Dauantage il faut rendre (diſoient les Anciens) paiſiblemẽt aux Dieux, ce que nous

Ciceron au ſonge de Scipion.

Hegeſipp. liu. 3. chap. 17.

auons deux, qui est la vie. Il ne la faut pas ietter, ny la leur liurer auec vehemence: vne des plus grand's marques ou effects de la Diuinité, git à la nous faire souffrir librement & quand il luy plaist. Donc qui se tuë par crainte semble qu'il vueille côme par mespris se soustraire de la main de Dieu. Il semble qu'il ne puisse souffrir la loy de son souuerain; veu qu'il va au deuant de la mort, & se la donne mesme tout autrement qu'il ne veut. Ie sçay bien que le dernier medecin de tous nos maux est la Mort, laquelle comme portiere a accoustumé d'arrester & fermer la porte aux douleurs de ce monde pour si fortes qu'elles soient. Mais si n'est-il pas besoing pour cela, qu'à toutes legeres occasions, faisant semblât de nous secourir elle nous donne de la porte sur le nez: ny qu'vn hôme pour affligé qu'il soit, ayt à tous momens le poison en main, pour l'aualer quand il voudra. Il ne faut ressembler la fougere, le iust de laquelle retombant sur ses racines, quand auec vn baston on frappe ses fueilles, la fait mourir: aussi ne faut-il frapper si fort sur nous-mesme, & auec nos propres mains, que nostre sang s'escoulant comme le iust de cette herbe, sur la baze & racine qui nous soustient, nous desracine du tout, & nous face mourir. Seneque refutant les inepties de Zenon touchât la mort, parce qu'il soustenoit que la mort n'est point mal; luy dit comme se mocquant de luy, Tu as beaucoup gaigné Zenon auec ton beau syllogisme; ie ne feray d'ores-en-auât nulle difficulté de tendre le col à qui le voudra coupper: ie n'approuue point la côstance de ceux, *qui se ferunt obuiam sæuientibus, quorum virtus non contenta excepisse, vltro ferrum prouocat, ceruices aptat, ne percussorem vestis fallat*: ne veux-tu point parler plus grauement, & faire rire celuy qui s'en va mourir? Et quiconque voudroit ainsi au moindre desplaisir courir au poignard pour se donner la mort; encor faudroit-il que ce fust auec quelque bel ordre & reputation, digne de celuy qui la cherche; & non auec desordre, effroy, & côfusion. Au reste nul ne se peut, ny ne se doit choisir sa mort: ou s'il le

Plin. liu. 18. cap. 6.

peut, pour le moins faut-il en ce choix ne violer les droicts de la Nature. On trouua fort mauuais à Rome, pendant les proscriptions du Triuuirat, que le pere & le fils qui desiroient mourir, eussent choisi de se tuer l'vn lautre, pour mourir par les mains les plus cheres & amies, & ne tomber en la mercy des tyrans. Le fils ne peut choisir son pere pour bourreau ; ne le pere son fils pour parricide. Or les mains de l'vn enuers l'autre, ne leur sont si proches, ny n'ont tant d'offices ou deuoirs à se rendre reciproquement, comme à chacun les siennes propres. Ainsi choisir la mort & se la dõner sur la chaleur de quelque forte passion qui nous chasse la peur, & nous desrobe le sentiment, voire l'apprehension, c'est proprement assembler toutes ses forces & son courage, & comme on dit, auoir du cœur pour vn seul coup. Ce sont des malades peu constants & courageux, indignes du flux & reflux des affaires, qui n'õt assez de vigueur pour vaincre leur goust, & qui cherchẽt la mort de crainte simplement d'auoir du mal. La plus honnorable mort & la plus douce, est celle qui est bien recueillie en soy, & qui depẽd du tout de celuy qui est à mesme de la receuoir: car autrement ce n'est que vanité pour acquerir reputatiõ à trop haut prix: veu que pour contenter le monde, & tenir les apparences en reigle on enuoye l'ame en enfer. Le soin de nostre hõneur, & la vengeance particuliere des iniures qu'on nous faict, est veritablemẽt le plus grand soin qui soit en l'homme: mais c'est aux loix & à la raison de regler cet hõneur, & non pas à l'impetuosité du courage, ny à l'effrenee passiõ d'vn chacũ. On peut bien feindre & desguiser tout le reste de nostre vie ; mais à ce dernier rollet il faut quitter le masque. Et comme les nuees obscurcissent parfois le Soleil, & si pourtãt il ne perd pas du tout sa clarté, & quãd il est mesme entre les brouillas, il n'est pas moindre qu'au temps serain ; aussi les desguisemens qu'vn chacũ porte pour honorer sa mort, peuuent aucunemẽt obscurcir cõme les nueés, la clarté de ce qui est en ce passage: mais la verité, qui est le Soleil qui pa-

Eee ij

roist au trauers, n'en est pas si cachee qu'on ne puisse bien descouurir nostre ieu, & en quel estat nous sommes. Quel ieu croyez-vous que iouoit Caton, & quelle forme de mort pensez-vous qu'il auoit choisy, ouurant ainsi ses playes à belles mains, pource qu'elles n'estoient assez, ce luy sembloit, ne assez-tost ouuertes, pour donner quelque yssuë plus aysee & plus soudaine à son ame. Effroyable & piteux est nostre dessein, quand l'outil de nostre mort ne se trouue, qu'en nostre propre & seule main! Ce n'est pas le chemin honnorable de la mort, laquelle il nous faut pour le moins attendre sur le pas de l'honneur; & pour elle ne changer iamais de posture. L'honneur est vrayement en sa rencontre, & trouue plus honnorablement sa vie en cherchant le danger, que quand pour l'esuiter on se donne la mort. Il n'est pas loisible ny bien seant à vn homme courageux & viril de s'arracher du monde. Il faut volontiers sortir de ceste vie, mais nul ne s'en doit laschement fuir. Qui quitte sa besongne auant qu'estre appellé par son maistre & souuerain, la perd. Et qui importunément se précipite deuant le temps, perd son loyer. Miserable est la condition de celuy, qui ne voit que la mort en la mort! Caton n'y voyoit autre chose; & ne s'estoit armé de constance de bonne heure: car c'est trop tard apres le danger instruire son courage à le porter en patience. La fin est belle & bien douce, quand la Nature qui a basty & faict l'homme, deffaict son ouurage sans violance. Il faut marcher vers la mort d'vne desmarche naturelle, & finir cette vie quand il plaist à ceste bonne mere, & non autrement, mais il n'en faut partir temerairement, & courir à sa fin comme en prenant course. Cet acte tragique, Caton, ne ressent rien du tout ceste grauité dont tu as voulu parer tes actions tout le long de ta vie. Ains tu sembles les petits enfans qui s'estans liez auec vn petit filet à leurs meres, dormét alors asseurément, croyãt qu'elles ne les peuuét meshuy plus abandôner. Et s'ils s'esueillent & cômancent à crier: leur monstrãt qu'elles sont encor attachees par ce petit filet, ils se rendormēt, & se taisent. Ne crains point ces choses caduques & fortuites. Le remede ou le tourment que tu te donnes pour trouuer ou eschapper de la mort, ce n'est autre chose qu'vn petit filet de ta mere qui est la Nature. Elle veut te faire viure & mourir, se desrober & se rapprocher quand bon luy semblera: Ta peur ne l'en destourne non plus, que le petit filet n'en peut destourner vne mere. L'homme constant & magnanime receuant volontiers le commandement de la mort, a eschappé la plus aigre partie d'icelle. O que c'est vn pauure discours, de ne vouloir suruiure à la ruine de sa grandeur! Il faut que nostre mort nous vienne par disposition de nostre ame, consentant & s'accordant auec soymesme. Car, dict Tertullien, *tout ainsi qu'empescher la naissance, est auancer la mort: aussi auancer la mort & se la donner, c'est desnaistre, & quasi comme tuer la naissance.* Tertullien.

Nostre constance harassee par la violence de quelque malheur que ce soit, se trouue plus vaincue & forcee par la fortune, que par la raison, quand elle se iette à ces extremitez, & qu'elle n'a recours ny moyen quelconque de se garantir qu'entre les bras de la seule mort. Le Pilote est au desespoir qui ne trouue de meilleur port que le propre lieu de sa tempeste, où l'orage le saisit & luy faict faire naufrage. Et quand bien il luy eut esté loisible de se tuer (chose impossible) on pourroit maintenir iustement, quand Caton se tua, que ce n'estoit point resolution, ny vne vraye & bien naturelle constance: comme on dit que la continence, n'est pas vne vertu entiere & parfaicte, iusqu'à ce que l'appetit soit rangé à ce point qu'il obeysse tout à faict à la raison. Il n'estoit constant qu'auec douleur & regret; pource que la constance ne luy obeyssoit pas volontiers, ains alloit de trauers à coups de baston, faisant toute la resistance qu'elle pouuoit à la raison. Or la constance qui estriue ainsi & regimbe, donne beaucoup de peine à celuy qui la conduit, tout de mesme que l'ame du continant, qui se trouue au commencement forcee & en peine La constance & resolution de Caton estoient forcees.

TABLEAV DE L'INCONSTANCE ET
pour le combat & discord qu'il y a entre la raison & l'appetit. Et veu que Dieu nous a obligez à la culture de nostre vie par la loy de nostre naissance, & s'en est reserué l'vsufruict, il le luy faut rendre librement, sans attendre nulle commission forcée, ny extraordinaire, comme est celle qui nous contraint à nous executer nous-mesmes. Caton pouuoit bien iustement arracher le monde de sa vie, & luy en oster l'aigreur ; mais non pas arracher sa vie du monde.

Et pour monstrer combien Seneque mesme l'auoit en mauuaise odeur, apres l'exemple de ceux qui se sont tuez, & nommément apres celuy de Caton, il met vn exemple le plus sale qu'il est possible de voir, & dit (ce qui se peut appliquer contre ceux qui peu Chrestiennement taschent à rehausser & pallier la mort desesperee de Caton) que des hommes de tresbasse condition se sont tuez aussi courageusement qu'il pourroit auoir faict : voicy ses mots, N'agueres vn Allemand ordonné aux spectacles pour combattre les bestes, se tirant à l'escart pour aller à ses affaires, & n'ayant autre lieu que celuy-là sans garde, empoigna la cheuille attachee auec vne esponge, & qui sert à nettoyer le derriere, puis fourra le tout iusqu'au fonds de sa gorge, & ayant ainsi par force bouché les cōduits de la respiration, estouffa : c'estoit brauer Caton, puis qu'il n'auoit qu'vne cheuille au lieu de poignard ; instrument beaucoup plus propre pour trouuer sa mort, & se la rendre aisee que tout autre. C'estoit brauer la mort, ouy voirement, quoy que d'vne façon peu honneste, & qui ne sentoit guere bon. Ainsi tu as tort Caton, si tu estimes qu'il n'y ait que toy qui puisse venir à bout d'vn homicide volontaire. *Sapiens illa tantùm fortitudo quæ victoriam non in morte, sed in facto ponit.*

S. Augustin a conuaincu Caton, voire par des raisons humaines, de s'estre tué fort mal à propos.

Les Peres Anciens & entr'autres S. Augustin, ont mesme voulu conuaincre Caton, & tous ceux qui comme luy, pour ne pouuoir souffrir quelque deshonneur ou aduersité, se sont tuez eux-mesmes, & ont combattu leur desespoir & inconstance par tant de raisons humaines, que quand les Chrestiennes & celles de Dieu deffaudroient, il n'y a que tenir que ceste action ne soit condemnee & tenue pour vicieuse. Comme aussi les Conciles, les saincts Decrets, & les Loix ciuiles, bannissant ces fumees d'honneur, & prenant ceux qui en veulent vser si mal à propos, pour homicides, les ont iugees telles: condemnant ces desesperez, voire apres qu'ils sont morts, à souffrir comme vne seconde mort ignominieuse, & les ont priuez de sepulture, premierement parce que l'Eglise eu esgard à ceste damnable action les met au rang des perdus; secondemét qu'il est tres-iuste de paroistre seueres enuers ceux qui se tuent de la façon, pour pouuoir estre plus humains enuers ceux qui demeurent en vie: & comme on dit, mal traicter les morts, pour contenir en deuoir les viuans. Affin que par trop de respect & de religion enuers les morts, n'vsant de nulle précaution pour conseruer les viuans, & les destourner de ceste action, on ne remplist le monde de morts & de funerailles. Ce qui fut inuenté & establi bien à propos, pour chastier le monde & le tenir en bride; n'ayant trouué nul remede plus singulier. Car outre l'ignominie de la peine, chacun est tellement esmeu de l'honneur de sa sepulture, comme estant le dernier benefice de la Nature; que nulle autre plus grande cogitation ne peut retenir l'homme d'en venir là, que la seule crainte d'estre exposé sans couuerture de religion aux bestes & aux oyseaux. Tesmoin ceux qu'on execute à mort, qui incurieux du deshonneur du supplice, ne demandent rien tant que l'honneur de la sepulture. Il est donc tres-necessaire, que ceux qui durant leur vie n'ont eu nulle apprehension de la mort, ayent neantmoins quelque chose à craindre apres leur mort. Si quelqu'vn s'est donné la mort, qu'il soit puny d'vne seconde & ignominieuse mort par son propre iugement; comme vne personne qui à peine pardonneroit à autruy, puis qu'il ne s'est peu pardonner luy mesme.

<small>Platon liu. 9. de ses loix.</small>

<small>Les Romains trouuoient mauuais qu'on se tuast soy mesme.</small>

Les Romains trouuoient aussi tres-mauuais de se tuer,

TABLEAV DE L'INCONSTANCE ET
sans quelque grand subject; veu qu'ils contraignoient ceux
qui desiroient mourir, d'en dire la cause en plein Senat:
prenant ce delayement pour vne certaine esperance, qu'à
peine se trouueroit-il personne qui ne s'en repentist. Caius
Albutius Silus desirant mourir, ayant assemblé le peuple,
en dict les raisons tout haut, fondées sur vne griefue maladie, dont il estoit atteint. Et le Philosophe Euphrates obtint de l'Empereur Adrian licence de mourir pour vne
semblable occasion. Mais quand quelqu'vn preuenu de
crime se tuoit par remords de conscience, la cause estoit
trouuee tres-mauuaise & iniuste, & le tenoit-on pour conuaincu: parce qu'vn chacun doit deffendre son innocence,
& non desesperer de son salut. Comme fit n'agueres l'Ipo-
mane Ambassadeur pour les Venitiens en Turquie, lequel
estât rappellé par eux pour luy faire le procez, pour raison
de quelque forfaict par luy cōmis, sçachant qu'on luy vouloit trencher la teste, se ietta dans la mer comme vn desesperé. S'il eust esté pris, la iustice en eut vsé enuers luy
comme elle fit enuers vn autre, qui ayant esté condamné
à mourir pour quelque delict: ses freres qui estoient Gentils-hommes Venitiens le voulant racheter de l'ignominie
du supplice, à laquelle ils auoient part, sçachāt qu'il estoit
condamné, demanderent licence de luy dire Adieu. La
Seigneurie le leur permit, à la charge qu'ils seroient visi-
tez: ils le furent & n'auoient ny armes ny bastons. Mais vn
des freres auoit vne noisette pleine de poison fort puissant
qu'il tenoit dans la bouche accommodee auec de la cire, si
bien que iamais homme ne s'en fust apperceu. Ils se voyét,
s'embrassent, & se baisent pour dernier Adieu; mais en se
baisant l'vn d'eux mit ceste noisette en la bouche de son
frere, lequel aussi tost la rompit, & receut le venin: en telle
sorte, qu'vn peu apres leur depart il tomba par terre auec
de grands efforts. Estant visité on trouua dans la bouche
les pieces de la noisette rompues; qui fut cause qu'on prit
les freres: & les mit-on à la torture, laquelle ils endure-
rent tous, sauf le plus ieune, qui confessa la luy auoir don-

Suetone dict que c'estoit ob vitium vomicæ.

Menochius.

donnee pour sauuer (disoit-il) l'honneur de sa famille. Il fut pendu; & le frere tant pour le premier delict que pour auoir reçeu, voire s'estre procuré le baiser de Iudas fut condamné de nouueau, & executé desia mort. Les Anciens mesme en vsoient ainsi, tesmoin Scribonius Libo, qui apres s'estre tué fut appellé en iugement par commandement de Tibere, & ses biens furent diuisez & mis en partage entre les accusateurs; auec proclamation que son image ne l'accompagnast en ses funerailles. Et Vibulenus Agrippa s'estant tué en iugement, les sergens neantmoins se hasterent de luy mettre la corde au col; & firent semblant de l'estrangler. Ce qui s'approche bien fort de nos loix, ausquelles il nous faut obeyr. Outre que la principale & maistresse loy du monde porte, qu'il faut ceder à la force; suiuant l'aduis de Menandre, qui souloit dire tres-sagement, que ce n'estoit pas le traict d'vn homme de bien & constant, de dire, Ie ne souffriray pas cela: car souuent les afflictions font que nous seruons d'enclume, à force qu'elles frappent sur nous, & souuent de marteau, à force qu'elles nous font frapper sur autruy. Mais il pouuoit bien dire, Ie ne feray pas cela. Tellement que c'est plustost vne maladie & foiblesse de l'ame, qui ne peut supporter vne si rude seruitude de son corps, ou bien vne si sotte opinion du vulgaire. Et à bon droict peut-on estimer quelqu'vn auoir plus de courage, qui aime mieux supporter vne vie penible & laborieuse, que la fuir ou finir par quelque voye mal-heureuse & indecète. Que si se tuer estoit chose louable, Cleombrotus seroit bien plus à estimer que Caton, car ayant leu le Phedon de Platon qui traicte de l'immortalité de l'ame; n'ayant aduersité ny crime qui le pressast de se tuer, il se jetta du haut d'vne muraille dans la mer, cuidant sortir de ceste vie pour en trouuer vne meilleure, n'ayant autre occasion de rechercher la mort, & rompre les doux liens de ceste vie que la grandeur de son courage. Et n'y a nul doute que Platon n'eust faict le semblable, si par le mesme entendement, par lequel il voyoit l'immor-

Platon n'approuuoit l'opinion, ny l'action de se tuer.

Fff

talité de l'ame, il n'eut pareillement iugé & prohibé de se tuer. Que si de tres-grands personnages pouuans se donner la mort, ont mieux aimé supporter des ennemis victorieux, desquels ils ne pouuoient moins attendre que cela mesme, & peut-estre plus douloureusement que non en se tuant: puis qu'ils ont monstré par là qu'ils ne craignoient du tout point la mort, nous pouuons iustement dire que Caton a mal-fait d'en vser autrement. Qui ne preferera donc M. Regulus à Caton? Car Caton n'auoit iamais vaincu Cesar, auquel toutesfois tout vaincu qu'il estoit, il a desdaigné de faire soubsmission: & afin qu'il n'y peust estre forcé, il esleut plustost de se tuer luy-mesme. Et Regulus au contraire ayant vaincu les Carthaginois, en fin se trouuant par apres vaincu, il aima mieux souffrir leur domination en les seruant, que se soubstraire de leur pouuoir en mourant. Vn si grand mespriseur de ceste vie, en qui la longue attente de la mort ne faisoit qu'aigrir & prolonger l'insolence du sort, ayant mieux aimé passant par toutes sortes de peines, finir sa vie auec ses ennemis cruels, que non pas l'estouffer, a iugé que se tuer estoit vne grande lascheté. C'est pourquoy Euripide introduit Hercules succombant à la douleur qu'il auoit d'auoir en sa furie tué sa femme & ses enfans, ayant resolu de se tuer: mais neantmoins en fin il se depart de ceste mauuaise resolution. Il ne faut donc pas guerir vne faute par vne plus grande faute, ny sortir d'vn mauuais passage pour rentrer en vn plus dágereux. Qui fait que Caton est coulpable de sa mort deuant Dieu, voire deuant tout homme bien sensé, Chrestien ou autre. Et comme tel ie le condamne par la bouche de S. Augustin, qui dit qu'il est aussi coulpable de s'estre tué, comme il estoit innocent & deschargé de l'occasion, pour laquelle il a pensé qu'il se deuoit tuer. Et à celuy qui est en ce pernicieux desir, le respect de l'ame innocente deuroit obtenir le pardon, & estre cōme le garãt du corps, & luy seruir comme de sauuegarde. C'est pourquoy nostre Seigneur admonesta ses Apostres, souffrant la persecutiõ de fuyr de ville en ville. Aussi bien les eut-il peu admone-

M. Regulus preferé à Caton pour auoir mieux aimé souffrir la domination cruelle de ses ennemis, que se donner la mort.

Cato tanto fit nocentior quum se occiderit, quanto innocentior in ea causa fuit, qua se occidendum putauit can. de occidendis can. si non licet. 23.

Dieu conseilla à ses Apostres de fuyr, & non de se tuer.

ster de se tuer, si c'eust esté le meilleur. L'Antiquité n'a peu aussi mettre ceste mauuaise action de se tuer en vogue, si ce n'est par l'exemple de Caton ; & non parce qu'il s'est tué luy-mesme, mais parce qu'il estoit sçauant, & en quelque opinion d'estre homme de bien. Si est-ce pourtant que de grands Philosophes, voire de ses amis l'en dissuadoient : croyant, & auec beaucoup de raison, que ce fust plustost foiblesse & desespoir, que force & grandeur de courage. Ce que Caton mesme tesmoigna à l'endroit de son fils. Car puis qu'il iugeoit deshonnorable de viure sous l'Empire victorieux de Cesar, pourquoy fut-il autheur de ce deshonneur à son propre fils, auquel il commanda d'esperer toutes choses de la clemence de Cesar ? que ne luy persuada-il ou le contraignit de se tuer comme luy ? C'est donc qu'il a mieux aimé, que Cesar pardonnast à son fils qu'à luy, retrenchant par luy, cõme il luy sembloit, autant de la gloire de Cesar : ou bien c'est qu'il en a eu vergongne. Aussi a on ingenieusement obserué, que c'estoit vn traict comme eschappé à vn homme bizarre & barbare; veu que par rencontre du lieu, Pline nous a apris que Caton s'estoit occis en Bizarta de Barbarie : comme si le lieu mesme, eust voulu marquer & porter le nom de ceste action bizarre, & pleine de Barbarie. Caton parauanture estoit de l'aduis des Bardes, & des Druides, qui ne croyoit pas cõme les autres peuples & natiõs que les ames des morts descẽdissent aux Enfers, ains qu'elles à mesme instant reprenoient leurs corps. Laquelle opinion les faisoit si volontiers courir à la mort. C'est pourquoy Lucain les appelle.

Caton n'ayant trouué bon que son fils se tuast presque pour mesme occasion que luy, a mõstré qu'il y auoit en sa mort plus de contrainte, que de Constance.

Lucain liu. 1.

> *Fœlices errore suo, quos ille timorum*
> *Maximus haud vrget lethi metus, inde ruendi*
> *In ferrum mens prona viris, animæque capaces*
> *Mortis, & ignarum est reditura parcere vitæ.*

Et tout ainsi qu'il n'y a nul doute, que ce beau Soleil, qui a autresfois esté tenu par des Payens superstitieusement pour Dieu, ne soit plus digne d'admiration, & plus en son lustre, estant en son Orient, qu'en son Occi-

TABLEAU DE L'INCONSTANCE ET

dent. *Sol Oriens se ipso Occidente dignior est*, disent les Philosophes. Tout de mesme parmy les hommes plus digne est celuy, qui (quelque rude accident qu'il rencontre) ne se jette sur l'Occident de sa vie, que celuy qui s'esgorge & se tue luy-mesme, veu que l'homme qui s'occit de ses propres mains, monstre sa foiblesse en son Occident, perd sa lumiere, se raualle, & s'annichile du tout. Encore a le Soleil ce pretexte, qu'il est contraint & pressé de se jetter dans son Occident, pour faire place à sa compagne. C'est pourquoy Ieremie voulant remarquer quelque deffaut ou malheur en la personne du Roy Sedechias, & comme par forme de plainte, pour dire qu'il estoit mort auant & hors de temps, vse de ceste maniere de parler,

Ieremie 5.

Occidit ei sol, cum adhuc esset dies.

On pourroit aussi remarquer ce deffaut en la personne de Caton, & iustement faire ceste mesme plainte, & regretter que son Soleil s'est caché, bien qu'il fust encor grand iour, ou bien qu'il l'a chassé de son horison, bien qu'il ne fust encore nuict.

Lucrece blasmee de s'estre donnee la mort.

Par mesme raison Lucrece a esté iustement reprise de s'estre occise, & n'auoir peu souffrir le deshonneur du forfait salement commis en sa personne. Car encore que l'adultere soit vn jeu qui ne se peut jouer qu'à deux personnages; & que Lucrece & Tarquin fussent deux; si est-ce que Tarquin seul en est coulpable. Veu que c'est la volonté qui peche, & non le seul corps; l'intention, & non le cas fortuit. Si bien qu'elle a eu grand tort de punir si griefuement vne personne qui n'auoit commis nulle impudicité. Et puis que Lucrece a tué vne Lucrece, chaste, innocéte, & forcee; si elle pouuoit reuiure, comme côptable de sa mort, elle seroit punissable d'vne autre seconde mort mieux meritee que la premiere, qu'elle n'a du tout point meritée. Que si elle est adultere, pourquoy est elle louee? si elle est chaste, pourquoy s'est-elle condéne à la mort? Ce n'est donc pour le respect ou charité qu'elle portast à sa chasteté qu'elle s'est occise, ains pour la foiblesse de sa

INST. DE TOVTES CHOSES LIV. III. 207

personne, ayant trop d'apprehension qu'on ne presumast, que ce qu'elle auoit souffert par violence pendant qu'elle viuoit, elle l'eust souffert par volonté, si elle suruiuoit apres son rauissement. Elle a pensé de mettre sa sa peine & sa mort deuant les yeux des hommes, comme tesmoins assidez de son intention: n'ayant peu leur monstrer plus ouuertement sa conscience, que leur ouurant auec le poignard la fenestre de son cœur. Que si elle auoit bien fait de se tuer, tant d'honnestes femmes remplies de pieté, tant de Dames Chrestiennes ayant souffert choses semblables sans les punir de mort, auroient donc à rebours tres-mal fait. Mais elles s'y sont conduites beaucoup mieux, n'ayant vengé & puny en elles le forfait d'autruy. Il suffit qu'elles ayent eu au dedans pour gloire & prix de chasteté, le tesmoignage de la conscience: de peur que pensant mal à propos éuiter le soupçon & sinistre opinion de l'homme, elles se destournassent au contraire du commandement & de la grace de Dieu. Et bien que Lucrece (si elle viuoit en ce siecle) pourroit dire & repartir, que parmy nous plusieurs sainctes femmes, pour éuiter d'estre deshonnorees, se sont volontairement precipitees dans des riuieres, où elles sçauoient certainement qu'elles mourroient: & neantmoins elles sont tenuës en l'Eglise pour sainctes comme Pelasgia, Sophronia, & quelques autres. Si est-ce que S. Hierosme dit qu'il n'est loisible à vne Vierge de se tuer, pour quelque persecution que ce soit: expliquant ces mots, *Absque eo vbi castitas periclitatur.* Par lesquels il sembloit, que les saincts Decrets auoient excepté, & dit que la femme ny la Vierge ne se pouuoient tuer, qu'en vn cas, sçauoir quand il va de leur honneur: neantmoins la Glo. au Can. 1. 23. q. 5. & sainct Augustin ont adiousté, & dit ces autres mots,

Nec in hoc vbi magis licere videtur.

Et la verité est qu'elles ne seroient tenues pour sainctes, si l'Eglise n'en auoit des tesmoignages particuliers, & des tesmoins tres-certains & qualifiez, ausquels Dieu a reue-

Pelasgia & Sophronia sont tenuës pour martyres, & neantmoins elles se sont tuees aussi bien que Lucrece. S. Hier. au comment. sur Iob.

S. Aug. triumpho. de potestas. Eccles. 4. 52. arth 4.

F ff iij

lé de les honorer comme sainctes. Or qu'elles le soient, & qu'elles meritent de l'estre, il s'en peut rendre quelque raison. Car si elles se sont tuees, non point deceuës par l'humanité; mais bien commandees par la Diuinité, & plus par obeïssance que par erreur, qui pourra blasonner vn acte de soubmission & de pieté? Qui pourra, si Dieu l'a ainsi cõmandé, tirer ceste obeïssance en crime? Estant certain que lors Dieu les a assistees de son aide & de sa grace, par le moyen de son S. Esprit: & pour ne consentir à la force, les a induites à faire force à elles-mesmes. Peut-estre auoient-elles au dedans quelque infirmité ou defaut caché, qui se fust esleué en superbe, si elles eussent peu souffrir la honte & le des-honneur d'vne telle disgrace: peut-estre quelque chose a esté rauie à ces honnestes Dames, afin que la prosperité & la gloire d'auoir soustenu innocémment en leur honneur de si rudes assauts, n'alterast leur modestie & humilité. Mais ce n'est pas à dire pour cela, que toute femme recherchee de son hõneur ou violentee, se doiue tuer sus esperance de saincteté, & de la gloire du martyre. Il n'en faut pas faire regle, non plus que d'Abraham. Car encore qu'il ait voulu immoler son fils, & le tuer par inspiration & commandement de Dieu; ce n'est pas à dire que quiconque tue son fils, le tue iustement.

Tout le mõde ne tue pas son fils meritoirement, parce qu'Abraham a voulu par inspiration de Dieu immoler le sien.

Le commandement de Dieu, Tu ne tueras point, accuse celuy qui se tue, d'homicide, comme s'il tuoit vn estrãger.

Surquoy les saincts Peres ramenẽt fort à propos le commandement de Dieu, pour deterrer les hommes de se tuer: & disent que quand il a dit à l'hõme, Tu ne tueras point, il est plus expressément prohibé à vn chacun de se tuer, qu'il ne luy est mesme prohibé de tuer autruy. Voire c'est vne espece de cruauté de tuer les animaux, autres que ceux que Dieu a creez & donnez à l'homme pour son alimẽt: encore en certain temps, & quand ils sont à nous. Donc qui se tue luy-mesme est homicide. Qui fait qu'à bon droict nous detestons le fait de Iudas, veu qu'il appert clairement, en ce qu'il s'est estranglé, qu'il a plustost augmenté la meschante & execrable trahison, qu'il auoit commis, qu'il n'en a expié le forfaict : parce que defefperant de la mifericorde de Dieu, comme font ceux qui ont la confcience mal reglee, ayant prins vne mauuaife voye de repentance, il eft tombé dans le feu de fa iuftice, & mettant fa vie dans fa main, abandonnant l'ame & le cœur, les'a laiffez efchapper fans leur dóner moyen quelconque de penitence qui fuft fuffifante de le conduire à fon falut. Il ne faut donc croire, que cefte action de fe tuer foy-mefme foit agreable à Dieu. Ains il n'y a fubiect fi iufte, ny occafion fi plaifante, qui nous en puiffe faire auouër deuant ce grand Iuge fouuerain, ny nous en tirer nettement hors de coulpe.

Que fi quelqu'vn penfoit qu'il fuft loyfible de fe tuer foy mefme, foubs pretexte de fe facrifier a Dieu, il faut refpondre, que c'eft vne trefgrande erreur: Car fi Iephté eft iuftement repris pour auoir facrifié fa fille, combien moins luy euft-il efté loifible de fe facrifier luy mefme? Et quant au faict d'Abraham, Dieu monftra, qu'il agreoit bien la promptitude & foufmiffion de l'ame, mais non la violence & execution de la main. Si c'eft pour éuiter peché, comme vne vierge qui fe tue de crainte de perdre fa virginité, ou vne femme pudique de tomber en adultere: on dira pour le blafmer que c'eft pour conferuer la vaine reputation du peuple, & l'honneur imaginaire du monde comme Lucrece. Et que l'Efcriture fainte nous apprend, qu'il eft mal faict de fe tuer, pour fe garátir de la violence de l'adultere : partant qu'elle euft mieux faict (voire parlant humainemét) fi elle euft fuiuy l'exemple de plufieurs autres, qui auec vne ame plus pure & nette que la fienne, ont franchy cefte mefme carriere plus feurement & plus heureufemét qu'elle n'a faict. Propofez vous, dit vn S. Pere, vne Lucrece des-hónoree par Tarquin, & vne Sufanne feulement tentee par les vieillards; voilà la Romaine qui ne fe tue, qu'apres auoir eu le plaifir & fait le mal tout entier qui en tire louäge: & Sufanne au cótraire ne commettant nul mal, fût neantmoins calomniee &

TABLEAV DE L'INCONSTANCE ET
en cuida perdre l'honneur. Lucrece parauanture (car il est
fort douteux) est chaste: parce que la vraye vertu de chasteté consiste non seulement au corps mais encore en l'a-
me: en la deliberation & resolution de la volonté, & non
en la seule escrime ou resistance & effort des membres.
La sainsteté du corps n'est pas moindre, la volonté demeurant inuiolee, bien que le corps soit opprimé: mais il
est mal-aisé d'auoir certitude de ceste volonté: d'autant
que la pureté de la chair se perd aisément, quoy que ceste
chair demeure quelque moment sans corruption ; si la
sainsteté incontaminee de ceste resolution premiere, ne
perseuere en l'ame iusqu'au bout & derniere fin de ceste
action. Lucrece craignant le des-honneur du monde,
& l'œil d'autruy plus que celuy de sa conscience & de la
verité, se reuolte contre Dieu, n'a recours qu'à ses mains,
& s'encruellit mal à propos contre elle mesme. Au lieu
que Susanne (faisant beaucoup mieux) fidelle à soy mesme & à son Createur, & ne craignant l'infamie dont ces
vieillards la menacoient, ne se soubsmit iamais à eux, ny
ne recourut à la mort.

Si on pense s'excuser par d'autres exemples tirez mal à
propos de l'Escriture saincte, ou de l'histoire Ecclesiastique; la responce est, qu'on recognoist en chacun d'iceux
vn certain commandement ou inspiration de Dieu: comme on tient de Samson, d'Eleazar, & de plusieurs vierges, desquelles nous auons parlé cy deuant. D'ailleurs
tout le monde n'a pas ainsi vne inspiration particuliere,
qui venant de Dieu, conuertisse en grace & priuilege, ce
qui semble estre aux hommes crime & forfaict. Estant
certain que non seulement de leur mort & d'autres
semblables, le Tout-puissant à tiré & tire mysterieusement de tres-grands biens ; ains de plusieurs autres
choses qui nous semblent vicieuses & auoir quelque defaut en soy, il en fait des merueilles. Comme ce qu'on
iugeroit auoir esté mensonge en la responce de Iacob,
fut neantmoins vne mysterieuse verité. Ce qui pourroit

roit sembler larrecin és Israëlites; ou adultere en plusieurs Patriarches, & autres iustes personnages qui auoient plusieurs femmes, l'vn fut par expres commandement de Dieu, l'autre par dispense.

Mais pourquoy est-ce que Dieu a tant detesté l'homicide, & sur tout l'homicide de soy-mesme? Les Theologiens disent que c'est, parce que les circonstances qui peuuent excuser l'homicide d'autruy, ne se peuuent iamais trouuer en celuy qui est homicide de soy-mesme.

Secondement parce que l'homme n'est pas maistre, & n'a domination & maistrise sur son corps & sur sa vie.

Tiercemēt par ce que (cæteris paribus) l'ordre de la charité bien reglee, porte que chacun soit plus charitable enuers soy qu'enuers autruy. Outre qu'il y a encore d'autres raisons qui sont communes à l'homicide de soy-mesme & à celuy d'autruy, par lesquelles & l'vn & l'autre est prohibé, sçauoir parce qu'en la personne de Dieu le Pere vn de ses enfans y est mal traicté. En la personne du fils, vn frere est assassiné. En celle du sainct Esprit, vn temple en vie est du tout ruiné. Et en la Trinité, est déchiree vne viue image & vn portraict, auquel on arrache vne lettre escrite & grauee de la main de Dieu, qui est la face de l'homme: & comme ne pouuant mettre le feu pour brusler leurs diuinitez, on en brusle la viue statue, qui a esté laissee en ce monde comme image de Dieu: d'auantage que l'homme (& principalement celuy qui entre en ce pernicieux desir de se tuer) se doit perpetuellement representer deuant les yeux, que le Sauueur a espandu son sang, & qu'il en a esté liberal voire prodigue pour espargner & garder celuy, que l'homme qui se tue verse malgré luy sur soy-mesme. Et ne faut abuser de ce dire, qui semble donner quelque pretexte, & couurir aucunement les rechercheurs de leur mort comme Caton: qu'on dit communément, que ceux qui se tuent ont beau frapper le corps, mais ils ne peuuent offenser ny entamer l'ame. Car l'homicide de soy mesme passe tousiours cette marque, & tuant le corps il

Ggg

tue l'ame, la surprenant en mauuais estat; se rendant par ceste mort inopinee la restitution des choses, dont il pourroit estre redeuable, impossible: veu qu'il n'y a nul moyen de nous restablir la vie, que nous auons arrachee de nos entrailles, & nous ressusciter nous mesmes, & moins reparer le grief de l'ame surprinse en mauuais poinct. Si bien qu'attainte du glaiue homicide, par lequel elle tombe en grand peché mortel, elle demeure perpetuellement en dommage, & ruine entiere aussi bien que le corps. Souuienne-toy donc lors que tu entreras en ce malécontreux desir d'estre homicide de toy-mesme, que te tuant tu crucifies ton Sauueur, qui est ton pere par regeneration, ton frere par nature, ton amy par grace, ton maistre par doctrine, ton Seigneur par Redemption, ton Redempteur par le prix de son sang qu'il a espandu pour toy. Et que souillant tes mains dans ton propre sang, tu ensanglantes le fer iniuste dans ses entrailles. Souuienne-toy que Iesus-Christ est le chef de ce membre que tu déchires & destrenches; le Createur de ceste ame que tu destruis & bourrelles; & le iuge de ce different, que tu decides auec le fer. Outre que tu fais iniure aux Anges. Car auec la perte de ton ame, que tu executes à mort sous vne fausse commission, l'Ange est priué de la fin à laquelle il tédoit, par la perte de ceste ame qu'il auoit en garde, veu que le corps est aussi en sa presence, voire en sa compagnie. Et comme disent les Theologiens, tu commets vne notable iniustice contre ta patrie & contre la Republique, car tu retrenches & la priues d'vn membre d'icelle.

S. Aug. lib. contra Gaudentii. En fin les Docteurs de l'Eglise nous ont donné aduis qu'il faut lire sobrement le liure des Machabees: non qu'il y ait erreur quelconque comme, aucuns pretendent; ains parce seulemét qu'il y a des exemples de ceux qui se sont tuez. On en pourroit dire le semblable de quelques autres liures de l'Escriture saincte. C'est pourquoy il faut d'autant plus detester l'inconstance de Caton, & de ceux qui l'ont deuancé ou imité en vne action si desesperee. D'où ie conclus, voire par les seules raisons Philosophiques & humaines des Anciens, qui auec leur vertu pensoient trouuer le Ciel en terre; que celuy qui se tue pour euiter quelque traict d'vne sinistre fortune, est pluftost desesperé & comme traistre à soy mesme que constant; & beaucoup moins digne & louable, que celuy qui se resout vaillamment d'en prendre le hasard, encore qu'il succombe & plie sous le faix. Et bien que ce soit vne excellente & rare vertu, de se porter librement au milieu de toutes les chaines de ce monde, se garantir de tous vices, & les rabatre & destourner comme fleches, qui nous sont tirees droict au cœur, pour le flechir aux douceurs & pipperies de ceste vie : & encore dis-ie que toute la vertu, & prudence humaine nous suiue par tout, si est-ce que si nostre creance, & la vraye religion, mere de toutes vertus, n'accompagnent nostre sagesse & nostre Constance; nos actions, & mesmement celles que nous croyons les plus parfaictes & accomplies, se trouueront, apres auoir osté le masque dont elles sont plastrees, des pures folies & des inconstances formees : qui n'estant propres que seulement pour plaire au monde, & desplaire au Tout-puissant, ne nous peuuent conduire à ce souuerain bien, & à ceste beatitude que nous recherchons. Et s'il estoit possible qu'il y eut quelque iuste occasion de se tuer, hors le particulier commandement ou inspiration de Dieu, ce seroit seulement lors qu'on seroit bien penitent, confessé, cõmunié, & bien en la grace de Dieu; il se faudroit tuer à l'heure, depeur de rechoir vne autrefois en peché. Mais cela est impossible, & ce moment ne se pourroit iamais rencontrer; car en se tuant on sort aussi-tost de ce bon estat, veu que le seul dessein nous oste hors de grace.

Ainsi ce dire commun est tres-veritable que l'ignorant redoute la mort, le timide la fuit, le mal sage la brigue, le furieux se la donne, & le sage l'attend. C'est pourquoy vn Poëte Italien, ennemy de Caton, pour le moins de sa constance teinte en desespoir, a fort

Ggg ij

bien dit contre luy & autres depitez contre les euenemens; que le fer que Caton tira sur soy ne le fit vrayement sage ne constant: attendu que ce n'est ny le chemin de trouuer la vraye Constance, ny la façon en laquelle Dieu desire qu'elle soit en nous. Nostre hardiesse s'engendre souuent de nostre desespoir. La crainte prend souuent l'espee, que le courage a abandonnee: mais ce n'est ny la vraye hardiesse, ny ce franc courage: ains c'est parauanture le dire de l'oiseau timide, qui n'osoit sortir de la cage, bien qu'on la luy eust laissee ouuerte; craignāt le Milan qui l'attendoit à la sortie, *Il mal mi preme, ma il peggio mi spauenta*, disoit-il. Il m'est grief de me donner la mort (disoit Caton en son ame) mais celle que i'attends de mon ennemy, sera plus ignominieuse & plus violante.

<small>Les Anticatōs qui sont des liures composez par Cesar contre Caton, sont encore dans la Bibliotheque du Liege. S'il estoit loisible de se tuer, il faudroit que ce fust pour l'hōneur de Dieu, & non pour ce faux honneur & vanité du monde.</small>

Et attendant que ie puisse voir les deux Anticatons composez par Cesar, que le Cardinal du Liege dit auoir veu dans la bibliotheque du Liege, qui me donneront de plus amples memoires & particularitez de son Inconstance & de sa vie; ie vous donneray ces vers, que i'ay tirez d'vn'autre Bibliotheque d'Italie, peut estre aussi fameuse;

Ne quel Caton ch' l ferro in se conuerse,
De Cesarei trophei ha l'odio spinto,
Ne qualunque altro al mal cedendo vinto,
Le crude man del proprio sangue asperse,
Da la Constanza il vero lume scerse.

DE L'INCONSTANCE DES PHILOSOPHES, & gens d'Estude.

Discovrs III.

1. Le Solitaire, le Riche, le chaste, peuuent aymer iustement la Gloire, les richesses, & le mariage.
2. Les gens par trop adonnez à l'estude, sont la pluspart de mauuaise façon, parce qu'ils ne courtisent que les Muses qui sont dames muettes qui ne parlent que par escrit.
3. Que les Sciences ne sont pour le iourd'huy en leur pureté, ains qu'il s'y trouue force deffauts.
4. Plusieurs grands Rois & Monarques, & mesme en ce siècle la Republique de Venise & autres ne tiennent conte des Lettres.
5. Labeur inutile de plusieurs qui ont fait des liures sur de tres-mauuais subiects.

ELVY qui s'esloigne de la Cour & des affaires, cherchant son repos en la Solitude, qui vit auec soy & à soy-mesme, & constitue son bien à part & à l'escart, on peut vrayement dire, qu'il ne saluë que de loin la vaine gloire, & principalement celle qui est populaire. Celuy qui se contente de peu, & prend ce peu qu'il a pour pleine

1. Le Solitaire, le riche, le chaste, peuuét aymer iustement la gloire, les richesses, & le mariage.

TABLEAU DE L'INCONSTANCE ET
vberté & fuffifance, faluë de loin les richeſſes. Et le chaſte qui fuit la Deeſſe Venus, faluë de loin, ou point du tout les voluptez & delices du corps. Mais pourtant ie ne voy point, que le Solitaire, celuy qui ſe contente de peu, & le chaſte ne puiſſent iuſtement iouyr & embraſſer, l'vn la iuſte gloire, qui procede de la vertu, & ſe donne aux gens de bien & d'honneur: l'autre les richeſſes moderees, pour pouuoir ramener ſes belles conceptions à quelque vtile & honnorable execution: l'autre vn legitime mariage pour remplir l'Eſtat de bons citoyens. C'eſtoit vne folie à ces premiers Sages, d'auoir quitté l'exercice honnorable des charges publiques pour cheuaucher des baſtons, & ſe tenir tout le long du iour le ventre au Soleil, comme faiſoiēt les Gymnoſophiſtes, & Diogenes deuant Alexandre. Metrocles ſe mocquoit des richeſſes; mais on ſe peut bien mieux mocquer de luy, de ce que l'hyuer il dormoit parmy les brebis, & l'Eſté ſous les Portiques des temples. Et encores qu'on die que Diogenes riant de celuy qui le faiſoit vendre à l'encan, crioit tout haut luy-meſme, Qui eſt-ce qui vouloit acheter vn maiſtre: ſi eſt-ce pourtant que ie trouue, que le vendeur & le maiſtre ont touſiours meilleur jeu que celuy qui eſt vendu, & que l'eſclaue eſt en pire condition. Oyez ce que dit des richeſſes vn Philoſophe de la ſecte des Stoïques: Le Sage (dit-il) ſe repute digne de tous les preſens de Fortune; il n'aime pas les richeſſes; & touteſfois il les prefere à l'indigēce; il leur donne entree en ſa maiſon, non pas en ſon ame, ny ne les foule aux pieds en les poſſedant, mais il les contient en leurs limites.

Quel eſtat doit faire le Sage des richeſſes.

Toutesfois ie n'entends icy parler de la pauureté Chreſtienne, que le Fils de Dieu nous a appris en ce monde, & par paroles & par exemple; & laquelle les ames religieuſes embraſſent de leur bon gré pour l'amour de leur Sauueur; la prenant pour vne pleine liberté & affranchiſſement de toute miſere: s'y obligeants meſme par vn vœu ſainct & religieux, qu'elles font, non par humeur & caprice, comme les Philoſophes anciens; veu que ce deſdain des richesses n'est en icelles le principal but : ains sçachant que la voye de nostre salut est longue & estroicte, ils veulent se descharger des biens temporels, qui pesent & empeschent de la passer commodement : si bien que pour mieux seruir Dieu, elles se deschargent de ce pesant fardeau, en l'amas & dispensation duquel nostre ame s'occupe ordinairement, & addonne par trop. Mais ie parle seulement de la sordide pauureté, ou plustost gueuserie de ces anciens Philosophes, lesquels, pour estre estimez quelque chose par dessus le reste des hommes, affectoient la mendicité, & les ordures par mesme moyen. I'ayme bien la pauureté (dit S. Bernard) mais non la saleté. Il est bien plus seant d'estre couuert d'vn honneste vestement, que portant les habits deschirez, monstrer les plus sales parties du corps à nud. Il ne faut non plus faire comme celuy qui pour paroistre qu'il mesprisoit les richesses, portoit ses habits tous à lambeaux ; qui fut cause que quelqu'vn de ses amis luy dit fort à propos, Couure toy, mon amy, car tout autant de trous qu'il y a en ton habit, ce sont autant de miroirs, par lesquels ton ambition paroist. Et Crates eust mieux faict, de distribuer son or & argêt à ceux qui estoiêt en necessité, en accommoder ses amis, ou les employer au profit de sa patrie, que les jetter dans la mer comme il fit. C'est vne sorte de prodigalité bien plus reprochable, que ceste autre de ceux qui despédent leurs moyens en choses superflues : veu que d'vne prodigalité pareille à celle des Philosophes, personne ne peut retirer aucun profit ny commodité : & neantmoins de celle des communs prodigues plusieurs s'en ressentent. Ie confesse que les Philosophes, & tous autres qui cherissent les Muses, doiuent plus tascher à se rendre soluables de la ceruelle que de la bourse ; Et qu'il ne faut comme les Escreuices & les Châcres, porter sa ceruelle dans sa gibbeciere. Mais aussi ie voy que selon le monde, il n'y a rien plus veritable pour le iourd'huy que ce dire du Lezinante, *Colui è niente, che non ha niente, etiam che sia virtuoso, e habbia Aristotile nel capo, i Bar-*   La Lezina.

TABLEAV DE L'INCONSTANCE ET
toli nelle spalle, & i Galeni nello stomaco: perche le scienze senza roba son riputate vanità, & aggiramenti di ceruello. Ariston auoit donc raison de publier tout haut, que la pauureté estoit vne lampe, qui esclairoit & faisoit voir toutes les miseres du monde.

Les Philosophes s'escartoiēt de toute ciuile conuersation, & ne vouloient profiter au public.

Or les Philosophes outre ce premier deffaut d'estre ainsi obstinez en ce mespris des richesses, auoiēt encore cest autre, de s'escarter de toute ciuile conuersation; rapportant leurs estudes à vn estude particulier, sans en donner nul profit, ny ressentiment au general. Si est-ce pourtant qu'on doit principalement apprendre pour profiter au public. Et si on ne veut s'y adonner, ne s'y engager du tout, si faut-il au moins vn peu se prester aux siens, à sa patrie, voire au monde. C'est vn extreme deffaut preiudiciable à soy, & vne imperfection desplaisante au public, d'estre si pris & collé à ses humeurs, que nous ne les vueillons tordre ny plier à ce qui est de nostre deuoir. Il est bon de guinder & se raualer, se bander & se relascher quand on veut, mais l'homme le plus vniuersel & le plus sociable, est estimé le plus parfaict, & qui tient le plus du vray homme. Si bien que se cacher & se soustraire des charges publiques, c'est hayr ce qui est de plus beau en leur sçauoir, & desrober les belles conceptions que la science leur a apprises, aux gens de bien qui en peuuent auoir besoin. C'est rompre les loix de la ciuilité, & le commerce du monde. C'est estre fugitifs, & se rendre comme vniuersels ennemis du genre humain. C'est vouloir que le monde se vuide, & qu'il n'y ait autre sorte de gens qu'eux. Ciceron mesme l'a ainsi iugé; Les Philosophes (dit-il) menēt vne vie plus seure & moins penible; mais la vie ciuile est beaucoup plus vtile & plus excellente. Et qui est-ce qui peut prester ou donner à ces gens-là de plus belles occasions d'exercer la Constance, que la cōuersation ciuile? N'en a-elle pas mieux le moyen que la solitude? Ainsi il ne se faut retrencher de la compagnie des hommes. Il est bon de viure plus vertueusement & constamment que les autres; mais non plus extraordi-

INST. DE TOVTES CHOSES. LIV. III. 213

ordinairement ou bizarrement. C'est pourquoy Euripide tient que pour rendre l'homme heureux, il est besoin qu'il soit né en quelque noble & fameuse Cité. Car la verité est que les arts & sciences ont esté inuentees pour faire certaines choses necessaires à l'vsage des hommes, ou bien pour en acquerir bruit & honneur : au lieu qu'elles vont s'abastardissant ou aneantissant du tout és petites & paures villes. Il faut estimer qu'encore que la Vertu ne plus ne moins que vne forte & vigoureuse plante, puisse prendre pied & racine en tout lieu, où elle rencontre vne bonne & constante nature: si est-ce qu'il faut qu'il y ait quelqu'vn pour cultiuer ceste plante, & des gens parmy lesquels ceste vertu se produise, capables d'en receuoir le fruict & les instructions. L'employ de la Vertu, qui se faict en faueur du public, est proprement ce qui la met en son lustre. Si bien que ie loüe seulement les Philosophes, qui ont pensé que la solitude & la seule contemplation des choses qui sont en la Nature, n'estant appliquees à l'administration & maniement de ceste monarchie du Monde, estoit inutile. Ie loüe ceux qui ont meslé les raisons politiques, aux leçons & axiomes scholastiques, qui est la perfection de la Philosophie; comme a faict Solon, Pittacus, & plusieurs autres, qui sont recuits & imbus d'vne discipline ciuile. *Pour mettre la science bien auantageusement à profit, il faut qu'vn homme sçauant frequente les bonnes villes.*

Cache-toy donc si tu veux en la solitude, disoit tresbien quelqu'vn des Anciens, mais cache aussi ta solitude. Si le grand Scipion se fust trouué parmy ces gens-là, il eust vsé d'vn pareil traict qu'il fit se trouuant parmy vne troupe de ieunes hommes de bonne maison, qui pour quelque petit despit faisoient dessein entr'eux de laisser l'Italie & vagabonder par le monde: Car desgainant son espee, il se rua sur eux en telle sorte, qu'il les fit tous iurer de ne la point abandonner, & ne deffaillir à leur patrie ne à la chose publique. En quoy il faisoit tres-genereusement. Car que sert à l'hôme ceste superiorité, que le souuerain Createur luy a par don singulier si particulierement donnée sur toutes creatures, s'il ne l'employe que pour luy seul? Ces *Dieu n'a creé l'homme superieur à toutes creatures, sans cause.*

Hhh

sages par opinion, ces Philosophes par l'austerité de leur vie & rigueur de leurs aduis, rabrouent toute sorte de police, de reglemens & coustumes, voire mesme les plus iustes & legitimes douceurs de ceste vie, par quelques resueries & conceptions extrauagantes, qui s'approchent plus de la folie, que d'vne constante, iudicieuse, & solide raison. Ces façons escartees semblent hurter & molester tout le monde. Surquoy on peut dire bien à propos ce que disoit Varron, Qu'il n'y eut iamais rien de si sot & inepte, qui ait esté songé ou resué par vn malade resueur, que quelque secte de Philosophes ne le nous ait donné & appliqué pour chose serieuse & importante. Agrippina persuada donc auec quelque raison à l'Empereur Octauian, d'euiter & fuir les Philosophes, & ce pour plusieurs raisons : la plus importante desquelles est, qu'ils n'estudient iamais qu'à nouueautez. A quoy (s'il eust esté de ce temps) il eut peu dire & adiouster, que les nouueautez engendrent des heresies. Et le Philosophe Euphrates, qui recognoissoit ce deffaut en ceux de sa sorte, donna aduis à l'Empereur Vespasian, d'aimer seulement la Philosophie qui concerne les secrets de la Nature : mais celle qui parle des Dieux, qu'il la rejetast, estant en ce poinct de l'aduis de Tertullien, qui appelle les Philosophes Patriarches de l'heresie, comme gens qui ne s'estudient qu'à orner & faire valoir les heresies, & estouffer la verité. Aussi se sont-ils tellement amusez à la contemplation & admiration des Vertus, qu'ils n'ont iamais eu l'esprit d'esleuer les yeux pour cognoistre l'Autheur d'icelles, ayant presque tous vescu sans religion. Ils cognoissoient fort bien, que les Dieux qu'on adoroit de leur téps, n'estoient douez d'aucune diuinité ; & neantmoins ils ne tenoiét conte de paruenir à la cognoissance du vray Dieu, la pluspart s'estimant & voulant estre estimez Dieux eux-mesmes. Ils ont bien excellé en la cognoissance des choses naturelles : mais en celles de la premiere cause, qui est Dieu, la force & l'entendement leur a manqué en partie par leur orgueil & presomption : que s'ils ont penetré ius-

Philostr. li. 5. en la vie d'Apollonius.

Tert. li. 5. ad Marcionem: & aduersus Hermogen.

ques là, leur cognoissance a esté defectueuse, entant qu'ils ne l'ont glorifié comme ils deuoient, ayāt laissé esuanouïr ceste belle notion en leur ame, & ne l'ayant triee & separee de leurs autres vaines cogitations.

Ie fay grand estat de la science, & loué grandement & estime la profession des Lettres. Mais sans mentir ie voy en la pluspart de ceux qui n'abandonnent iamais les liures, & recognoy en leur vie tant d'inconstantes & bizarres humeurs, qu'à mon aduis seroit-il meilleur pour eux qu'ils fussent moins studieux, & qu'ils ne s'escartassent ainsi du train & forme ordinaire d'vne vie commune. Leur façon sur tout me desplaist, & à les voir ainsi descontenancez, on ne les sçauroit mieux comparer qu'à ces personnages ou corps de Grotesques, qu'on peint communement & faict seruir pour bordure, qui ont le visage d'homme, & les iambes d'Escreuice, ou de Fenouil, ou quelque autre chose disproportionnee pour soustien. Aussi ne courtisent-ils autres Dames que les Muses, qui ne leur presentent pour s'agencer & se mirer que des liures au lieu de miroirs. Ie croy qu'il faisoit beau voir le Philosophe Crates, quand abusant de la passion amoureuse d'Hipparchie, sœur de Metrocles (qui estoit en volōté de se tuer si elle ne l'espousoit) il quitta son manteau, & monstrant qu'il estoit bossu & tout contrefaict, Voilà l'espoux (dit-il) afin que personne n'y soit trompé; & iettant à terre son baston & sa gibbeciere, voilà la dot & les moyens que ie te porte : mais aduise, à moy ne peut plaire tout chetif que ie suis, quiconque n'aime mes humeurs : & neantmoins Hipparchie l'accepta auec toutes ses mauuaises conditions. Pour le reste qui se passa entr'eux, il est si indecent & si sale, qu'il ne se peut dire sans vergongne.

2. La mauuaise façon est presque ordinaire aux gens fort studieux, parce qu'ils ne courtisent que des Dames muettes, qui sont les Muses.

Et afin que ie face voir les defauts, qu'vn chacun aussi bien que moy peut auoir remarqué en nos liures, & en nos estudes ; ie diray premierement, que par aduanture les Anciens admiroient les Bibliotheques, pour la seule varieté & multiplicité des liures, sans auoir mis le nez

Defauts des liures des Bibliotheques, des sciences, & du mauuais vsage & application d'icelles.

H h h ij

dedans, comme nous faisons encores auiourd'huy celles où il y a plusieurs manuscrits deschirez, ou caracteres grauez en escorce d'arbres moisis d'antiquité. Et s'en seruoiét si tres-mal, que tout homme bien sensé, ores qu'ennemy iuré des Lettres, a occasion de regretter entr'autres celle que Zonare dit auoir esté composee de cent vingt mille volumes, entre lesquels estoit l'Iliade & l'Odyssee d'Homere escrites en lettres d'or dans le boyau d'vn serpent, qu'ils laisserent brusler au temps de l'Empereur Basilisque. Et ceste autre qui estoit en la ville Royale de Pergame, que M. Antoine donna à sa concubine Cleopatra, en laquelle y auoit deux cens mille volumes; la faisant mal à propos seruir de recompense à sa lubricité, & encore ne faisoit-elle qu'vne petite partie du prix de son concubinage. A quoy i'adiousteray reuenant à nostre siecle, que nous en vsons nous-mesme aussi mal que faisoient les Anciens, & ne retirons nul profit du maniement des Liures, des Bibliotheques, ny des scièces, veu que comme on les estudie auiourd'huy, elles sont si esloignees de leur pureté, & reculees de la vraye fin que l'homme sage & constant y deuroit rechercher & trouuer, qu'il n'est pas merueille si peu de gens reüssissent par ceste voye. Et pour monstrer que chaque science a ses deffauts particuliers, au moins comme on les nous presente auiourd'huy, il est certain que la Grammaire & les premiers elemens des Lettres, mesmement à ceux qui ne s'en sçauent bien seruir, sont les vrais rudimens de l'inconstance, qui ne seruent que d'entree, pour paruenir aux autres sciences que nous croyons estre plus serieuses, & la raffiner par leur moyen : c'est vne occupation & espeluchement de lettres, qui enferme la science en des syllabes, & abaisse & amenuise l'esprit, en luy enseignant des choses qui n'en valent pas la peine.

3. Que les sciéces ne sont pour le iourd'huy en leur pureté & qu'il s'y trouue plusieurs defauts.

La Rhetorique mal appliquee est l'art de flaterie & persuasion, qui nous apprend à dissimuler, & seduire les plus resolus, vn desguisement de la verité, vne douce prison, & vn charme de nostre ame.

La Rhetorique.

INST. DE TOVTES CHOSES. LIV. III.

La Dialectique aux esprits trauersiers est vne science de surprise, qui prend les hommes par le bec, & tire bien souuent de leur propre bouche, & leur faict auouër ce qui n'est pas. C'est le Dedalus du jardin des sciences, duquel les hommes inconstans ne peuuent iamais sortir.

L'Histoire qui parfois nous faict aualer vne infinité de mensonges; lors que voulant dire la verité elle chante les exploicts de guerre, la vie & les actions des Anciens & de ceux de ce temps; est communement le vray registre de l'Inconstance de l'homme qui se publie de siecle en siecle.

La Poësie & les vers selon les hommes de rencontre sont les inconstants Parasites des sciences, qui les tiennent toutes en feste, & ceux qui s'en veulent mesler, en fougue, en fureur, en fable & en folie.

La Philosophie ne fournit, ou c'est bien raremēt, que des discours inconstans, & les Philosophes mal guidez flottans en la mer de leurs doutes, cherchant la verité s'escartent de la raison, & viennent de pire condition que les plus ignorans.

L'Astrologie & Mathematique mal prises, & ceux qui les manient, nous font esclaues des Estoilles, nous voulant faire à croire, que nous pouuons trouuer dans le sein des Planettes, les diuers accidens qui arriuent aux bons & aux mauuais. Et nous representent comme vne grotesque dans le Ciel, tant d'horribles monstres, Scorpions, Dragons, Lions, Ours, & Beliers. Que s'il y en auoit autant dans les forests, il y faudroit mettre la coignee, ou le feu.

L'Arithmetique prenant sa visee au gain ne nous apprend qu'à compter, & à prester nos doigts à l'auarice.

La Peinture, la Sculpture, & l'Architecture, d'où nous tirons nos Tableaux, nos Statues, & nos Palais si superbes, sont la plus part du temps sciences qui ne nous apprennent qu'à faire ou representer au naïf les modeles & enseignes de nostre legereté.

La Medecine. La Medecine est vne science de rencontre, qui rend mesme nostre santé inconstante, & luy fait plus la guerre qu'à nos maux. Si bien que le malade, qui appelle deux medecins à son secours, trouue ce prouerbe faux, *Inter duos litigantes tertius gaudet*: Car pendant qu'ils plaident & debattent du remede, *Tertius sanitate non gaudet*: Ains souuent le malade leur eschappe, & s'en va.

La Iustice. La Iustice mal balancee, qui deuroit estre constante en ses Arrests, se peut nommer fort à propos l'oracle d'inconstance, & son mespris. Le droict sur lequel elle se pense appuyer mal recogneu, vn roseau à tous vents. Et les loix mal entendues, des vagues qui le font incertain.

La Theologie. La Theologie qui dépend de la Foy & Constance, entre les mains de gens presomptueux volages & ignorans, est communement profanee par des opinions monstrueuses.

Mais adioustons y encore ces autres arts & sciences, que les liures & la lecture nous ont appris.

L'Agriculture. L'Agriculture est l'inconstant labeur de la necessité.

L'Art militaire. L'art militaire, la guerre & les combats ne sont la pluspart qu'exercices de cruauté & d'inconstance; d'où chacun tire les moyens, & apprend à remuer les affaires & Estats, & changer la domination d'autruy, pour se faire maistre à son tour.

L'Art de nauiguer. La Nauigation & l'art de nauiguer, si necessaire à la societé & vie des hommes, ne se peuuent pratiquer que par l'inconstance & varieté des vents, & agitation de l'Element sur lequel elle s'exerce. La richesse & commodité d'icelle, est vne felicité impetueuse, attachee à des cordes: & en la mer de ce monde nul n'est suffisant pilote, qui ne pilhote. Outre que la tourmente ne nous tourmente pas seule, ains c'est le dégoust de toutes choses, & l'appetit de vomir qui nous presse.

4. Plusieurs gräds personnages, & encores auiour- Il ne faut donc s'esmerueiller, puis que fort peu de gens se sçauent seruir de la science & des lettres, & que elles sont par de mauuais esprits maintenant si déguisees,

de ce que Seneque a dit en leur mespris, *Ista liberalium ar-* *d'huy la Repu-*
tium consectatio, molestos, verbosos, intempestiuos, sibi placentes *blique de Ve-*
facit ; & ideo non discentes necessaria, quia superuacua didice- *nise ont mes-*
runt. *prisé les Let-*
tres.

 Il ne faut s'estonner de ce que Sylla & Neron se repentirent d'en auoir iamais fait l'apprentissage ; de ce que l'Empereur Valentinian, Heraclides Litius, & Philonides les appelloient pestes publiques ; de ce que Michel le Begue Empereur de Constantinople en deffendit l'exercice ; de ce qu'en nostre France mesme, vn de nos Rois Louys XI. ne voulut pas que son fils Charles huictiesme sceust plus de trois mots de Latin, qu'on a rayez de Philippes de Commines. A quoy parauanture songeoit le Cardinal Cussan, lors qu'il escriuoit les liures qu'il a faict *De docta Ignorantia.*

Qui nescit dissimulare, nescit regnare.

 Mais sur tous Dauid semble auoir descouuert le grand bien qui reuient à vn chacun d'estre ignorant des choses, le sçauoir desquelles porte plus de dómage que de profit ; comme ce qui est des secrets de Dieu, ou semblables curiositez. A quoy aucuns veulent appliquer ce traict tiré de luy-mesme, *Quoniam cognoui literaturam, introibo in potentias domini.* Et Ieremie voulant tesmoigner qu'il est bon par fois de faire profession d'ignorance dit, *A, A, A, Domine, nescio loqui.* Tant y a qu'ils sçauoient bien que ce mot de Demon ne signifioit autre chose que sçauant. Et que Satan ce mauuais Demon auoit promis à nostre premier Pere, de luy apprendre la science du bien & du mal, s'il vouloit gouster du fruict prohibé. Il sçauoit qu'il y en a plusieurs qui veulent estre estimez les Demons ou Genies des sciences ; & c'est ce qui les fait cheoir bien souuent en ce mesme inconuenient de leur premier maistre, lequel mesprisant la prohibition du vray Dieu de science, n'apprint autre chose qu'à tomber, & non à se maintenir.

 Laquelle opinion de Dauid, touchant le desir d'estre en beaucoup de choses sainctement ignorant, & ne vouloir estre si lettré, s'est depuis glissee dans le cœur de plusieurs grands personnages, qui semblent auoir fait vœu d'vne telle ignorance, & l'auoir demandee comme chose saincte & precieuse, voire comme vraye & seule guide de nostre salut.

Albert le grād vouloit purger sa memoire de toutes sciences friuoles & humaines, pour plus commodement y ranger celles qui luy apprenoiēt son salut.

Ce grand Albert le grand pria ceste diuine mere de toute bonne science la sacree Vierge, qu'il luy pleust impetrer de Dieu ceste grace pour luy, qu'il peust oublier tout ce qu'il auoit autresfois apprins, soit de Philosophie, soit de toute sorte de sciences humaines: & là coniura d'vn cœur si entier, qu'il obtint ce qu'il demandoit. Ayant recognu, que puis que chaque sorte de science, pour petite qu'elle soit, si elle n'est bien appliquee, tient vainement & occupe l'homme tout entier: que pour laisser la place libre & nette aux sainctes pensees, qui nous acheminent à nostre souuerain bien, & à ceste parfaicte constance que nous cherchons, il falloit nettoyer le siege de nos conceptions, & purger nostre ceruelle de toutes ces doctrines, qui nous peuuent distraire & empescher vn si grand bien. Nous lisons vne semblable inspiration de l'Abbé Paso, lequel voulant apprendre à lire, comme on luy eust enseigné tout dés le commencement ce verset (qu'il lisoit & retenoit de cœur & d'ame) *Dixi custodiam vias meas, vt non delinquam in lingua mea*, s'arresta tout court, & n'en voulut sçauoir dauantage. Spiridion homme de saincte vie, dit vn iour en vne fameuse & pleine assemblee à vn vain & orgueilleux Philosophe, qui alleguant ce passage du Paralytique, *Tolle grabatum tuum, & ambula*; auoit changé & mis le mot *Lectum*, au lieu de *Grabatum*. Si n'es-tu pas pourtant (dit-il) plus grand personnage ny plus suffisant que celuy qui a dit *Grabatum*. A quoy i'adiousteray l'exemple fort commun; mais fort veritable, de ce Religieux, lequel ayant dressé des Escholes à Boulogne, en quelque certaine façon qui n'estoit pas selon l'institut ou regle de sainct François au lieu qu'il pensoit

Liure 9. de l'hist. Tripar. d'autres s'appellētPanbus. Psal. 38.

Sozomene li. 1. chap. 10. de l'histoire Ecclesiastique.

Lib. 1. Exemplorum narratio. 30. actor. sancti Francisci.

pensoit en rapporter qnelque louange, son superieur qui estoit S. François lùy enuoya sa malediction, disant, Qu'il aimoit mieux suiuant sa regle & l'exemple du Sauueur, que ses Religieux sceussent bien prier, que bien lire. Ceste correction si rude le rendit si fort malade, qu'il fut contraint de l'enuoyer prier, de la vouloir leuer. Il respondit qu'il ne pouuoit, la malediction estant ja confirmee au Ciel. De sorte que tout à l'instant comme par permission de Dieu il tomba d'en-haut vne goutte sulphuree, ou estincelle de feu, qui perça le lict & le malade à iour, dont il mourut aussi-tost. Mais il ne faut recourir aux exemples des saincts Peres, ayant mesme apprins de Seneque (qui pour estre Payen ne pouuoit auoir de si sainctes inspirations) ce beau mot & fort veritable, *Paucis ad bonam mentem opus est literis.* D'ailleurs, on pourroit dire que la seule entree des lettres, le premier apprentissage, le premier object & charactere de l'Alphabet qui est la croix, monstre qu'il y a ie ne sçay quoy és lettres qui nous doit quasi effrayer. Cette figure ou marque de la croix, si elle se separe tant soit peu de la vraye Croix, si elle n'y est perpetuellement jointe, nous distrait & destourne aussi tost, par signifiance & comme Hieroglyphe d'vn labeur penible; qui ne nous peut donner esperance d'y rien profiter, qu'en mettant nostre corps en croix & l'esprit à la gehenne. Qui fait que ie ne trouue trop mal à propos la recepte que le Philosophe Athenodorus donna à l'Empereur Auguste, pour refrener la cholere à laquelle il estoit vn peu subject : sçauoir, que comme il s'en trouueroit surprins, il ne dit ny ne fit rien, que premierement il n'eust recité & passé par sa bouche comme vn frein, les 24. lettres de l'Alphabet, comme si c'estoit les 24. lettres de patience ; le seul recit desquelles fut suffisant de le mettre en sa naturelle temperature & moderation. Et maintenant la recepte semble estre encore meilleure, puis qu'en nostre Alphabet la croix marche la premiere. C'est pourquoy le sage Salomon disoit, Que qui

Les 24. lettres de l'Alphabet, leur transposition & remuement sont les 24. lettres de patience.

accroiſt de ſcience, s'accroiſt de tourment. Car celuy qui ſçait deſia & cognoiſt, qu'il n'a encore apprins les grandes & hautes choſes, la ſcience deſquelles luy manque, ſe deult dauantage de ce qu'il ſe voit embaraſſé aux baſſes & petites qui le detiennent & l'amuſent. Donc le commencement, les progrés, & la fin de nos eſtudes ſont en diuers temps autant de diuerſes eſpeces de torture & d'affliction. Vn eſtudiant trop curieux n'eſt qu'vn Siſyphe, l'vn eſt condamné au retour de la pierre, & l'autre à retourner les fueillets. De ſorte que non ſans myſtere, Varron nous a laiſſé par eſcrit, qu'anciennement à Rome le grand Sacrificateur, qu'on appelloit Flamen Dialis, ſ'abſtenoit de manger des febues, pource qu'és fleurs d'icelles s'y trouuoit certaines lettres ou characteres, qui ne ſignifioient que triſteſſe & mort. Lettres faſcheuſes, indices de la mort, que la Nature a grauees, comme premieres lettres du nom de la mort, ſur les plantes, lors meſme qu'elles ſont en fleur, qui eſt leur plus belle ſaiſon. Comme auſſi l'eſtude & cognoiſſance des lettres, iointe auec trop de curioſité, nous jette en vne vie ſi penible & deſreiglee, que la triſteſſe, & bien ſouuent la mort nous ſurprend ieunes, & nous rauit comme en fleur.

<small>Aucũs diſent que c'eſtoit vn Θ, pour dire Θάνατος, qui veut dire, mort.</small>

  Toutes leſquelles incommoditez, & pluſieurs autres qui ſeroient trop longues à déduire, ayant eſté iudicieuſement recogneuës par aucũs, il ſe trouue pluſieurs grands perſonnages qui ont hay les lettres, ou le trop ſçauoir, & pluſieurs lieux, meſmes en Italie, où lors qu'on veut aſſembler le conſeil de ville, on crie vn péu auparauant,

  Fuori, Fuori, i litterati.

Et à Luques pas vn docteur ou de ces grãds hõmes de lettres ne peut eſtre Magiſtrat, tant ils ont crainte, qu'ils ne troublent le repos & bel ordre de leur ville. Ce que pourtant ie n'approuue pour eſtre la prohibition vn peu trop generale. Car ie ne veux pas, & ne puis ſouffrir, que le Magiſtrat ſoit ignorãt. Mais ie ne veux non plus, que ſa ſuffiſance le rende ſi fin & audacieux, qu'il ſoit en ſa puiſſance de brouiller tout quand il luy plaira, & troubler le repos

INST. DE TOVTES CHOSES. LIV. III. 218

public. Et c'est parauanture ce qui a maintenu si longue-ment quelques Republiques & Estats, & entre-autres la Republique de Venise, en laquelle pour toute suffisance & sçauoir, la Noblesse se contente, sans autrement s'employer à aucune sorte d'estude, ny faire profession des lettres, de viure selon les loix; s'amusant seulement & s'exerçant à examiner quelques questions d'estat; comme il se voit par le liure de Paulo Paruta Procureur de S. Marc. De sorte que pour paruenir aux dignitez & Magistratures, ny mesme pour estre chef & Duc de la Seigneurie, il n'est besoin de nul examen: ains le bon sens cōmun, & le maniement des affaires leur suffit pour toute espreuue de suffisance. Et ne faut pas douter, que si vne grande science estoit si tres-fort vtile & necessaire, que les Roys & les Princes n'estudiassent plus qu'ils ne font. Mais les sçauās ne manient ny ne gouuernent pas l'Estat. Comme aussi en Moscouie, qui est vn des plus grands Estats qui soit point, il ne se trouue eschole quelconque, ny autre commodité pour apprēdre les Lettres & les sciences, excepté és Monasteres: tellement qu'entre mille personnes, bien souuēt il n'y en a pas vne qui sçache lire ny escrire. A Naples sont encore pis, & des-honorent beaucoup plus les lettres, veu que quād ils veulent faire vne proclamation pour chasser les estrangers, voicy leurs mots, *Che tutte le Putane, Mariuli, Scholari, e altre persone infamie vscino fuora.*

Ie trouue pourtant ceux-cy trop iniurieux. Attendu que par toute l'Europe, & par tout le reste de l'Italie, és assemblées honnorables & d'importance, & és jeux & exercices esquels les Cheualiers & les nobles seuls sont appellez, les Escoliers y sont admis.

Sur tout ie trouue estrāge la coustume des Romains, qui tiroient la sciēce de leurs esclaues. Car le premier qui tint eschole à Rome pour salaire d'argēt, fut vn esclaue nōmé Caruilius, affrāchy de ce Caruilius qui le premier repudia sa fēme, & faisoient leur apprentissage cōme dit Ciceron sous eux; parce qu'il s'en trouuoit vne infinité de sçauās &

Le Gentil-hōme Venitien n'estudie guere qu'aux affaires d'Esta & du monde, & sur tout és affaires qui consistent en commerce.

Naples est ville de guerre, & Venise est ville de commerce, c'est pourquoy les lettres n'y sont florissantes comme és villes où il y à Vniuersité, & où les escholiers sont tenus pour nobles. Les Romains auoient des esclaues fort sçauans, desquels ils apprenoient les sciences.

Iii ij

instruicts en toute sorte de langues. Bien que Caton (tant l'humeur des sçauans est differente) estimast si fort les lettres, qu'encore qu'il eust vn esclaue fort sçauant, ne voulut que son fils luy fut redeuable d'vne chose qu'il estimoit si precieuse. Et pour ceste mesme raison Marius ne voulut iamais apprendre le Grec, disant que c'estoit vne mocquerie, de se trauailler à sçauoir vne langue, dont les maistres estoient en seruitude d'autruy. Comme aussi l'Empereur Tibere l'auoit en telle horreur, qu'il contraignoit ceux qui vouloient haranguer deuant luy, de reciter leur harangue ou ce qu'ils auoient à luy dire en Latin, & non en Grec: & luy mesme ne se le pouuoit permettre; Car voulant vn iour vser de ces deux mots (*Emblema* & *Monopolium*) dans le Senat, il en demanda licence, & s'excusa de ce qu'il estoit forcé de se seruir de ces mots estrangers. Caton le censeur ne vouloit endurer vn seul Grec en toute l'Italie. Et au contraire Caton d'Vtique estant tribun, emmena à Rome vn Philosophe Grec, & non côtent de celuy-là en emmena encor' vn autre estant Legat en Cypre. Et certes c'est grand cas, dit Pline, que la langue Grecque ait esté chasice par vn des Catons, & tant aymee par l'autre.

Tibere haysoit tant la lāgue Grecque, qu'il ne pouuoit prononcer ny souffrir qu'on dist ces deux mots, Embleme, & Monopole. Suetone en la vie de Tibere chap. 71. Plin. li. 6. c. 30.

Sans mentir ie ne puis trouuer bon l'amusement, le temps, & le vain labeur, que la plus part employent en l'apprentissage des Lettres, quand elles sont inutiles, & moins celles qui n'apprennēt qu'à mal-faire, ny celles qui sont trop curieuses, esquelles il n'y a ny regle pour bien policer l'Estat, ny instruction pour la conduite de nos familles, & moins encore d'edification pour nos ames. Ie deplore tant de volumes escrits en l'honneur & louange d'vne infinité de choses dignes de vitupere. Ce sont des autheurs qui côme de mauuais tailleurs ont taillé & cousu à vn petit corps & estroit vn long & large accoustremēt: & attribué à vn vil merite vne grāde & singuliere louange. Plusieurs ont trauaillé fort inutilement, quoy que fort laborieusement. Car que peut seruir, & peut estre

5. Labeur inutile de plusieurs qui ont fait de gros volumes sur de mauuais subiects.

INST. DE TOVTES CHOSES. LIV. III. 219

m'en dira-on autant de celuy-cy, le vain labeur de celuy qui a fait vn grand volume du Z. & comment on le deuoit prononcer? Y a-il rien de si inutile que de sçauoir si H. est vne aspiration, ou vne lettre. Qu'importe de sçauoir si Virgile en ces vers, *Virg. liu. 2. des Georg.*

Crustumiis, Syriisque pyris, grauibusque volemis.

a voulu parler, comme aucuns ont voulu, de la poire de bon Chrestien, ou de quelque autre sorte? Seneque nous apprend que les Grecs & les Romains ont esté frappez de ceste maladie. Ces gens (dit-il) qui estudient ainsi en choses vaines, viuent en vne oisiueté laborieuse. Ces pauures gens s'occupent à sçauoir combien il y auoit de nœuds en la massue d'Hercules : si Hecuba estoit plus ieune qu'Helene, & pourquoy elle est deuenue si tost vieille. C'est vne sotte curiosité

> De ce vain soin auoir son ame esprise, *Iuuenal.*
> Sçauoir qui fut la nourrice d'Anchise,
> Ou follement disputer & debatre
> De la patrie & nom de la marastre
> D'Anchemolus, ou combien d'ans vesquit
> Le vieux Acestre, & combien il offrit
> De muids de vin aux Troyens, lors qu'Ænee,
> Vaguant sur mer, print terre en sa contree.

Mais pour quelle raison (s'escrioit vn Philosophe) recherches-tu si Penelope a esté impudique, apprens-moy plustost que c'est que pudicité. Le Grammairien Didymus a escrit quatre mille volumes, és vns il y a des questions du pays d'Homere, és autres des enquestes, pour sçauoir qui estoit vrayement la mere d'Ænee, és autres vne information, si Anacreon a esté plus yurongne, que paillard; si Sappho a esté putain publique; & autres telles matieres, qu'il faudroit des-apprendre quand on les sçauroit. Qui ne blasmera l'inepte recherche de ceux qui ont voulu sçauoir, quel pied Ænee posa le premier en Italie? Surquoy aucuns disent le droict, les autres le gauche : & vn bon compagnon asseure, que ce ne fut ne l'vn ne l'autre, *Sotte curiosité de sçauoir quel pied Ænee mit le premier en Italie.*

Lii. iiij

ains tous les deux à la fois, parce qu'il sauta pieds ioints de sa galere à terre. Voylà de beaux doutes, & pareils à celuy de cest ignorant qui ayant leu dix ans Virgile, dit qu'il n'estoit pas encore bien resolu si Ænee estoit masle ou femelle.

Les Druides, ny les Lacedemoniens ne vouloient qu'en leur Republique on se seruist d'aucunes loix par escrit.

Mais quelle contrarieté d'aduis, & diuersité d'humeurs est-ce là, que les Druides estimez par Cesar si sages, & si sçauans, & mesme Lycurgue & les Lacedemoniens de son temps ne vouloient pour bien gouuerner leurs Empires & Royaumes, qu'on se seruist de lettres; ny qu'on apprist aucune science par escrit. A quoy nous rendrons-nous donc parmy tant d'inconstances? c'est vne grande simplicité de ne s'occuper à des estudes plus serieux, puis que nostre vie est si courte, & s'y donner les trauerses qu'ils s'y donnent.

Les gens doctes se sont tousiours portez quelque dent de laict. Gell. l. 14. noct. Atticarum.

Et neantmoins toutes ces vanitez enflent tellement ceux qui sont en reputation d'estre sçauans, qu'on a remarqué, que les Anciens & les Modernes se sont tousiours moc-quez les vns des autres; tournant leur suffisance en enuie & ialousie de grandeur & de reputation. Il y auoit, si nous en voulons croire Aule Gelle, quelque petite dent de laict entre Platon & Xenophon: veu que pas-vn d'eux n'a voulu faire mention de son compagnon; bien que chacun d'eux ait faict vne louable commemoration de plusieurs sectateurs de Socrates. On disoit anciennement que si les Muses eussent voulu parler, qu'elles eussent parlé comme Plaute: & neantmoins Horace se mocque de ses admirateurs. Les Iurisconsultes font si grands cas de leur science, qui consiste principalement en la memoire, & à retenir plusieurs & diuers chefs: & pourtant Ciceron qui se mocque d'eux, ne demandoit que trois mois, pour estre grand Iurisconsulte. Giulio Camillo grand personnage censure gentiment Erasme, en son liure appellé Ciceronianus, & luy veut faire à croire qu'il n'en a pas dict son vray aduis. Ie ne suis qu'en peine d'vne chose, si ie dois imputer à la science ou aux personnes, à la profession ou aux professeurs les brocards iniurieux, que les sçauans, ou tenus pour tels se donnent tous les iours. Toutesfois à la verité il faut confesser que ce n'est pas la faute d'vne vraye science, mais de celuy qui pense l'auoir: comme vne maladie n'est pas faute de bonne nourriture, mais d'vn estomac corrompu.

Et afin que ie n'oublie ceux qui semblent estre les plus iustes, & les plus moderez, qui sont les Iurisconsultes: ie n'en voy poinct de si esloignez de toute ciuilité, ne qui ayent en leur temps semé plus de barbarie, que ceux qui ont esté en vn certain siecle, puis deux ou trois cens ans en çà; & iusques enuiron au temps d'Alciat. Ils ont pourtant esté tenus pour tres-sçauans, & sçauoient merueilleusement ceste science, bien qu'ils ignorassent les langues & vsage d'icelles; & les beaux mots. Mais est-il possible que la Iurisprudence & la Iustice, qui ont regné de tout temps, & ont esté plus en vogue que nulle autre science, n'ayent point de mots propres pour se donner à entendre; mesme estant les Pandectes composees d'vn si pur & beau Latin? Il est donc certain, que les Docteurs de ce siecle barbare ont souillé toute la Iurisprudence de certains mots estrangers, qui ne sont ny Hebrieux, ny Grecs, ny Latins. Et que principalement ils se sont perdus sur l'explication de ces mots des Feudes, & en l'interpretation des Loix des Lombards. Voire mesme ceux qui en ont dressé les loix, sont accusez d'inaduertance, & de caprice, comme dit vn *Loüerianus, vir immortalitate dignißimus* dans Ferron, *qui solebat exclamare cerebrina fuisse iura feudorum, & currente potius quàm dictante ac meditante legum latore interdum conscripta.*

Toute la barbarie de la langue Latine se trouue és liures des interpretes ou professeurs du droict ciuil & Canon, & encore plus és Feudes.

Ferron tit. des Feudes.

Ie n'en allegueray qu'vn exemple, qui est sur le propos, que les Iurisconsultes se mocquent aussi bien entr'eux, que ceux des autres professiõs. Molinæus se mocque d'Alberic plus ancien que luy, & disputant des Fiefs, ayant rencontré la glosse fin. sur ces mots *Idem cum feudatarius in lege vn. C. vti poßidetis.* Par laquelle Accurse nous veut apprendre, que le premier seigneur possede ciuilement, & le dernier naturellemẽt. Alberic ne trouuãt pas bonne ceste glosse, dit qu'elle se doit entendre *Distensiuè non Assentiuè.*

Molinæus tit. 1. de mat. feod. gl. 6. nu. 8. in verb. MOVVANT DE LVY, se mocque d'Alberic.

Qui sont plustost (dit de Molins) paroles & voix de Pie, ou de quelque oyseau, que d'hommes faisans profession des lettres. Car ce sont des mots si estranges, que nulle langue ny Calepin ne les a encore aduouez & recogneus. Il y en a parmy nos Docteurs vne infinité de semblables, desquels on ne sçauroit tirer intelligence, instruction, ne suffisance quelconque.

Plusieurs d'entr'eux pensent que, ce soit des louanges, comme de l'argent, qu'autant comme on en donne à vn estranger, autant on en oste ou desrobe à soy-mesme. La pluspart des Modernes, qui ont fait des Miscellanees ou obseruations sur les bons Autheurs, disent que ce sont eux qui ont les premiers trouué le vray sens des plus mauuais & corrompus passages. Et se font bien souuent mesme reproche que Muret fait à Lipsius. S'il est vray ou non en-tr'eux le debat. Il dit qu'vne obseruation ou conjecture, qu'il auoit ingenieusement trouuee sur vn passage de Tacite, luy eschappa, & fit comme les vieilles filles, qui s'en vont & sortent des mains de leurs peres & meres, quand ils ne tiennent compte de leur donner party; mais en fin il l'a retrouuee (dit-il) chez Lipsius & dans ses œuures, lequel l'a aduouee. Et dit que dans Rome il luy communiqua son Tacite, Lipsius estant encore fort ieune. Ie ne sçay lequel des deux en ce traict, s'est denoncé œuure nouuelle. Tant y a que Muret est demeuré muet de ce costé-là, pour le gros de l'œuure & du bastiment: & Lipsius a mis en lumiere son Tacite au grand contentement de ceux, qui aiment l'antiquité & les bons liures.

Mais d'autres au côtraire sçauent si bien se chatouiller & s'admirer les vns les autres, que ie ne sçay si on les doit plustost prêdre en ce poinct pour vils adulateurs, que pour iustes laudateurs (si ce mot m'est permis.) Il y en a d'vne autre sorte, qui estant amoureux d'eux-mesmes, & adora-teurs de leurs ouurages baisent leurs escrits comme leurs propres creatures : estans si fort endormis, (comme disoit Horace d'Homere) en ce sommeil de mescognoissance,

qu'ils

Muretus li. II. c. I. variar. lect. reproche à Lipsius qu'il luy a desrobé vne coniecture ou animaduersion que il auoit faite sur Tacite.

qu'ils ne peuuent defcouurir combien leur ouurage eft
imparfaict, & indigne de voir le iour. Il y en a d'autres
pauures melancholiques & fonge-creux, lefquels on voit
bien fouuent froidement rauaffer, redire & clabauder
auec vne mine compofee quelque viellerie d'animaduer-
fions & difcours inutiles, fe glorifians & rehauffans en
chaire fur la pointue intelligence de quelque petit mot;
prenans leur intention, pour diuination ; leur efleuation,
pour reuelation ou rencontre miraculeufe : comme s'ils
auoient trouué la quinte-effence des Lettres, rompant &
ruinant par redites les oreilles des Auditeurs, battues tout
vn iour d'vn mefme fujet, voire d'vn mefme petit mot.

Or qui peut nier, que toutes ces extrauagances de nature & diuerfité d'humeurs, qui fe voyent parmy ces gens
faulfement aduouez & tenus pour fages & fçauans Philofophes, & toutes ces opinions contraires, ialoufes & en-
uieufes ne foient autant d'efpeces d'Inconftance? Qui eft-
ce qui leur fait tant rechercher ces eftranges formes de
viure, ne pouuans s'accommoder, ny fe flechir à celles du
commun, & condamner tout ce qu'ils ne font pas, que
cefte humeur volage qui leur trouble le ceruau? Qui les
occafionne de fe contenter de ce qui mefcontente tout
le monde, que ces imaginations vaines & changeantes,
qu'ils promenent perpetuellement en leur tefte? Qui eft-
ce qui les rend fi capricieux & rebours, fi diuers & fi prõpts
à mefdire & louër, & à tenir en tout & par tout des opiniõs
contraires, fi ce n'eft l'opinion de cefte fageffe, qu'ils pen-
fent auoir acquife, par le moyen de l'eftude & de la cognoiffance des lettres? Qui les fait efloigner de la ciuilité
& conuerfation generale du monde, & n'auoir iamais que
des appetits honteux & reprochables, fi ce n'eft qu'ils pen-
fent acquerir quelque aduantage & preeminence par ces
nouuelletez? Mais au contraire tout cela les efloigne du
fens commun, publie leur incõftance, & fait voir que leur
ame volage eft pouffee & regie par des mouuemens incertains, qui ne leur peuuent fournir affez de fermeté, pour

K k k

ramener à aucun bon effect la moindre action que ce soit. Si bien que Scaurus auoit raison, voyant que pendant qu'Ariston discouroit, il se faisoit porter en litiere, de le taxer d'estre vn Cocher, & non pas vn Philosophe. Estudier à auoir vne bonne ame & forte, & vn bon sens, c'est le meilleur estude qui soit point. Car certainement, dit Tertullien, *Prior anima quàm Litera, prior sermo quàm Liber, prior sensus quàm stylus, & prior Homo ipse quàm Philosophus.* Outre que la pluspart des sciences, mesmes les premieres qui sont sur l'entree, & à la porte de nos estudes, comme la Grammaire, la Rhetorique, la Dialectique, & la Musique ne font point profession de magnanimité, disent les Stoïques. Toutesfois i'aduouë ingenuement qu'il faut commencer par icelles, quand auec vne bonne fin on cherche les sciences plus hautes, pour se faciliter la voye à la perfection de la vertu, & de l'ame à la gloire de Dieu, à laquelle toute vraye science doit auoit sa visee, & trouue bon le mot de ceux qui disent, Que les lettres humaines sont le fumier, duquel à la verité peuuent naistre, auec les bonnes graines qu'on pourroit semer au dessus, les belles fleurs de nostre salut.

Tert. De testimonio animæ, lib. 5.
Seneca. ep. 29. & 86.

DE L'INCONSTANCE DES SECTES, ET DE CEVX QV'ON APPELLE les sept Sages.

DISCOVRS IIII.

1. *L'origine des sectes; & laquelle a esté la plus pernicieuse, & la plus inconstante.*
2. *Que de tout temps on s'est plaint des Sophistes.*
3. *De l'inconstance & defauts des sept Sages.*
4. *Aduis des sept Sages, & au-tres Philosophes, pour sçauoir s'il faut appeller és festins des Comediens & Violons.*
5. *Des Philosophes coureurs.*
6. *Que l'Autheur n'entend blasmer les bonnes lettres, les vrayes sciences, ne les gens doctes.*

ES Academiques, Peripatetiques, Stoïques, Epicuriens ont esté autant de sectes, ou Academies d'inconstans. Et y adioustant les sept Sages, ie diray que de tous ensemble, & non du seul Socrates ——— *Fuit ista scientia quondam Scire nihil,* ——— dit quelqu'vn d'entr'eux-mesmes, & fort à propos. Car tous

ces gens-là estoient tachez de quelque notable ignorance, n'ayans peu acquerir vne vraye & solide science, à laquelle ils se soient peu tenir fermes & constans : & encore moins arrester leurs disciples, qui ont presque tous changé de secte & de doctrine, reformans les abus qu'ils croyoient y auoir trouué apres le deceds de leurs maistres.

1. De l'origine des sectes, & laquelle a esté la plus inconstante.
Pythagoras chef de la secte Italique.

Et afin de les particulariser vn peu, il se trouue entr'autres, deux sectes principales de Philosophes, Ioniques & Italiques. Le chef de la secte Italique fut Pythagoras, duquel les enseignemens estoient comme Oracles, & paroles de souueraineté : car ces mots (*Il l'a dit*) emportoient creance formee, & au delà desquels il ne falloit plus rien debattre ny contester. Mais ses disciples voyans sa doctrine enuelopee de Mysteres & d'Ænigmes, & s'arestans à la Philosophie speculatiue, beaucoup plus qu'à l'actiue, l'abandonnerent. Le chef de la secte Ionique fut

Thales fut chef de la secte Ionique.

Thales, qui eut plusieurs sectateurs, & entr'autres Archesilaus, qui porta d'Ionie en la ville d'Athenes la Physique, & Metaphysique, & fut maistre de Socrates. Mais ceux-cy laissans au contraire la Philosophie speculatiue, plus curieuse que propre pour regler les affaires du monde & le public, s'addonnerent du tout à la Philosophie Morale. Il est vray que Socrates courut tant par toutes les deux sortes, que ne trouuant en l'vne, ny en l'autre dequoy se resoudre, il fut forcé de venir à ceste confession, d'aduouër, apres vne si longue carriere, qu'il estoit hors d'haleine, & qu'il ne sçauoit rien. Ce qui mit tout en desordre, chaque disciple reformant la doctrine de son maistre, ou du tout faisant vne secte nouuelle. Iusques à Platon, apres

Aristippus estoit chef de la secte des Cyrenaïques. Et Antisthenes des Cyniques.
Suidas in verbo, αἵρεσις.

la mort duquel, estant la secte des Cyrenaïques, dont Aristippus estoit le chef; & celle des Cyniques d'Antisthenes esteintes, nasquirent ces quatre sectes principales, qui se maintindrent depuis longuement, sçauoir celle des Academiques, des Peripateticiens, des Stoïques, des Epicuriés : bien que Suidas dit qu'il y en auoit plus de neuf, lesquelles il nomme, & entr'autres il y en auoit vne si fade, qu'on appelloit Potamonia, d'vn Potamon d'Alexandrie, laquelle n'eslisoit rien de soy pour soy, ains seulement ce qui sembloit bon à autruy.

Pour les Academiques, Platon leur chef fut autheur de l'ancienne Academie. Archesilaus en dressa vne autre, qu'on appelloit la Moyenne. Et Carneades en establit vne troisiesme, qu'on appelloit la Nouuelle. *Platō fut chef des Academiques. Ciceron au 2. des Academiq.*

Les maximes de la Moyenne, qu'on estimoit la plus authorisee, estoient,

Qu'il n'y a chose, que l'entendement humain puisse vrayement comprendre.

Que le Sage ne resoudra iamais vne chose, comme du tout & de tout poinct asseuree.

Que toutes choses sont esgalement incertaines, obscures & impossibles à verifier.

Que le Sage n'enclinera iamais d'vn costé, pour dire, Tel est mon aduis.

Les Peripatetiques eurent pour chef Aristote, qui semble auoir des opinions plus reglées, pour auoir esté plus approchantes de la verité, & de nos mœurs; mais elles estoient d'autre part si subtiles, qu'elles ont esté au commencement fort peu suiuies, parce qu'elles se trouuoient esloignees de la doctrine de son maistre Platon. Mais encor qu'apres elles ayent esté, comme elles sont, plus approuuees, si est-ce qu'elles contiennent beaucoup de faulsetez. *Aristote chef des Peripatetiques.*

Pour les Stoïques, Homere, de qui la pluspart des Philosophes ont puisé leurs plus subtiles & notables opinions, ne se trouuera iamais auoir esté de leur aduis; c'est pourquoy ny leur chef Zenon, ny eux ne peuuent dire qu'ils le tiennent de luy. Mesmement ce qu'ils disent, Que le mal & la vertu ne se meslent iamais, ains que du tout en tout l'ignorant faut & peche tousiours; & au contraire le sage fait tousiours bien. Car il est impossible que le mal & le bien ne se meslent. Ils disent aussi faulsement, Que tous pechez sont esgaux, & toutes fautes esgales. *Zenon chef des Stoyques.*

K.k.lz iij

Qu'en toute passion il y a de la faute, qui ne peut conuenir à vn homme constant. De sorte que selon leur aduis, ceux qui se deulent, qui craignent, qui appetent, faillent: si bien que par ce moyen, de peur de tomber en faute, ils improuuent toute sorte de passions: neantmoins variables en leurs opinions & incõstans ils incitent la ieunesse auec louanges, & la tãcent par fois auec aigres reprehensions, à l'vn desquels est adioinct le plaisir, à l'autre le desplaisir: car la reprehension apporte vergongne comprise soubs le genre de douleur; & la louange se met soubs le genre de crainte. Dauantage, ils blasment la vertu, de laquelle nous auons plus de besoin, qui est la misericorde, & disent qu'il la faut fuir. Car la misericorde, selon leur aduis, n'est autre chose qu'vne bassesse de cœur, qui s'amollit voyant les miseres d'autruy, & vne passion qui est seulement familiaire à gens de neant. Ce qui ne peut estre baptisé d'autre nõ que d'impieté, encore qu'ils n'ayent eu la cognoissance du vray Dieu. D'ailleurs ils ne font difficulté de rompre la chaine de leur vie, quand elle leur poise trop, & font profession de mourir à la moindre alarme, & se couper la gorge pour la plus legere trauerse qui leur aduient: ils ayment mieux courir à la mort, que se laisser saisir à la mort, ny mesme au mal: mais quoy au mal? ils en fuyent mesme l'apprehension; s'aymans mieux donner le coup de la mort auec violence & contre temps, que de l'attendre de la Nature paisiblement & en sa saison. En fin Ciceron disoit bien à propos des Stoïques, que celuy seul est capable de leurs preceptes, qui a desir non d'apprendre, mais de demeurer aux escoutes comme muet. Tigellinus fauori de Neron, luy voulant persuader de faire mourir Plautus petit fils de Drusus, vne de ses plus fortes raisons fut, que Plautus auoit prins la la secte & l'arrogance des Stoïques, qui rend les hommes turbulents & cõuoiteux d'estre employez: & de faict Neron le fit mourir. Et Seneque mesme monstre que les Stoïques estoient ambitieux, & qu'ils estimoient toutes

Plutarque au Tr. De la vertu morale.

Les Stoïques blasment la misericorde. Seneque au Tr. De la clemence.

Tacite liu. 14. cap. 15. de ses Annal.

Seneque loue la secte des Stoïques.

les autres sectes deffectueuses. Disans que c'estoient les seuls qui faisoient profession d'vne Philosophie digne d'hommes ; que les Stoïques estoient les vrais masles, & les autres sectes les femelles, veu qu'elles sont faictes pour obeyr, & la Stoïque pour commander. Il s'imagine faulsement que l'homme peut acquerir vne entiere perfection, voire il esleue son Sage par dessus ses Dieux. Et neantmoins Iosephe les tient & appelle Pharisiens, comme gens qui suiuent vne fausse doctrine : & ne faut point qu'ils le reuoquent à iniure : car il se met luy-mesme du nombre, & confesse ingenuëment qu'il estoit aussi-bien qu'eux *Pharisæorum assecla* : *quæ sanè secta illi Stoicorum apud Græcos maximè est consentanea*. Et l'Empereur Vespasian les chassa, pour auoir empieté vne trop grande liberté de parler. Iosephe en sa vie compare les Stoïques aux Pharisiens. Xiphil. in Dione en la vie de Vespas.

Les Epicuriens sont les pires ; car Epicure leur chef, qui n'auoit pour principale Academie que la cuisine, ayant mis les vertus en seruice chez le plaisir (encor qu'en apparence il voulut que pour estre bien heureux, il falloit auoir de la vertu : enquoy comme dict Ciceron il se contredisoit) leur a donné des opinions qui ne sont appuyées sur la vertu ny sur l'honnesteté, & moins encore sur le deuoir d'vn homme ferme & constant, & disposé à bien viure : car leur principal estude ne consistoit en plus haute suffisance, & la plus haute controuerse de leur Academie n'estoit qu'à sçauoir bien accorder l'appetit auec les viandes. Epicure laisse souuent eschapper de belles choses dit Ciceron au mesme lieu. *Sed quàm sibi constanter conuenienterque dicat, laborat.* Ainsi toutes ces belles propositions se voyent bonnes, si quelque autre les disoit que celuy qui met le souuerain bien en la Volupté. Et encore que *laudet tenuem victum*, cela seroit bon à ouir de Socrates ou d'Antisthenes. Metrodorus disoit à la Fortune, Ie t'ay bien acrochee, Fortune, & t'ay si bien bouché toutes les aduenues, que tu n'as nul moyen de t'approcher de moy. Metrodorus estoit vitieux : Ainsi cela Epicure chef des Epicuriés. Ciceron lib. 5. Tuscul quæst.

TABLEAV DE L'INCONSTANCE ET
eust esté bon d'Aristo Chius ou du Stoïque Zenon, mais
non de Metrodorus, qui auoit logé toute sorte de bien
dans ses entrailles, & dans l'embonpoinct de son corps.
Ainsi, outre qu'il n'en doit pas estre, il ne parle pas constamment de la façon. *Non igitur* (dit-il) *ex singulis vocibus Philosophi spectandi sunt, sed ex perpetuitate atque constantia*.

Donc les Autheurs des vieilles sectes estant du tout impies, & parmy les nouuelles, l'Academique estant trop douteux, le Peripatetique trop subtil, le Stoïque trop seuere, l'Epicurien trop dissolu; ie puis dire, quand il n'y auroit mesme autre chose, qu'il seroit bien malaisé de deuenir constant, ny apprendre science quelconque de l'ignorance de Socrates, tirer de la lumiere de l'aueuglement d'Anaxagoras, puiser la verité du puits de mensonge de Democrite, ramener de la sagesse de la folie d'Empedocles, trouuer de la religion dans le tonneau de Diogenes, exciter & esueiller les sens par le moyen de la stupidité de Carneades & Archesilaus, acquerir de la saincteté de la superstition de Platon, exprimer de la pieté de l'impieté d'Aristote, & quelque fermeté de la perfidie d'Auerroes. Et s'il en faut croire ou ressembler Plutarque, il n'a voulu suiure la subtilité des Peripatetiques, ny les contours des Platoniciens: ains prenant ce qu'il y a de meilleur en la seuerité des Stoïques, il a retenu quelque petite modestie des Academiques. Aussi peu de gés approuuent les Paradoxes des Stoïques, ne les blasphemes des Epicuriens, qui sont les sectes les plus communes & approchantes de nos mœurs corrompues.

Plutarque au Tr. 11. Du premier froid.

Au demeurāt toutes ces Sectes & Academies, estoient pleines de violance & d'aigreur, & leurs argumens autant de poinctes aiguisees pour s'offenser & s'arracher l'honneur l'vn l'autre. Au lieu qu'il faut, que quād l'homme bien sensé refute quelque opinion contraire, on recognoisse parmy la douceur de son esprit quelque traict qui resueille l'aduersaire, & le contraigne d'acquiescer sans amertume : & n'est besoin de piquer par premeditation

Les sectes des Philosophes estoient pleines d'aigreur & de tumulte. Comment estce qu'on doit argumenter.

tion, & par cauillations ou raisons obliques, comme ils faisoient. Veu que quand on ne faict simplement que repliquer; la soudaineté de l'occasion donne à celuy qui faict quelque belle rencontre, pardon & bonne grace tout ensemble.

I'ay pitié de tous ces pauures gens, aucuns desquels se iouchoient en haut comme les coqs & les poules, à la hauteur & splendeur des choses naturelles, sans toutefois y pouuoir paruenir, pource que de leur nature ils estoient legers & ambitieux. Les autres prenans plaisir ainsi comme ieunes leurons, à tirer & déchirer tousiours quelque chose, s'en alloient droict aux disputes, aux questions & ergos de la Dialectique par eux mal prise, ou mal entendue, comme les Sophistes, desquels se plaint Socrates dans Platon : disant qu'ils ont institué & engendré les differences & contrarietez du cœur & de la langue; qui est la premiere & plus dangereuse production de l'Inconstance. Outre que leur science est de celles, qui plaisent à l'aduenture plus aux lecteurs ou auditeurs, pour la nouueauté & finesse captieuse, qu'elle ne les instruit ou offense par sa faulseté. Et de faict, Platon les appelle affronteurs, & seducteurs, calomniateurs, mercenaires & mensongers. Et les compare aux Escreuices, qui reculent & vont en arriere à la premiere rencontre: comme aussi ils reculent & taschent à se desueloper obliquement, quand ils ne peuuent euiter le choq de quelque raison solide: Si bien que le nom de Sophiste est passé parmy les Anciens, sous le tiltre d'iniure. Car voulant iniurier ceux qui vouloiet estre estimez Philosophes, on les appelloit Sophistes, comme si on les eust nommez corrupteurs de la vraye Philosophie. Ils employoient les iours entiers à resoudre des doutes qu'ils eussent mieux faict de mespriser que de resoudre. Ie me seruiray de l'exemple qui est dans Seneque, pour conuaincre la vanité des Sophistes, & l'ineptie peu concluante & captieuse de leurs argumens. *Mus*, dit-il, qui signifie vne souris, est vne syllabe de trois lettres: or

2. Que de tout temps on s'est plaint des Sophistes.

Socrates dans Platō se plaint des Sophistes.

Plat. in Dial. de Sophistis, & in Protag. & Euthyd. Lucianus in Dial. de fugitiuis.

Aristot. lib. x. Ethic. Cic. lib. 1 de nat. Deor. Sen. ep. 48.

L ii

Mus ronge du formage: il s'ensuit dōc qu'vne syllabe ronge du formage. Fay moy donc maintenāt à croire (dit-il) que ie ne sçaurois soudre ce braue argument. Quel danger ou quelle incommodité s'en ensuit-il pour moy? pour certain il est à craindre, que quelque iour ie prenne des syllabes à la ratiere? ou que si ie deuiens paresseux, vn liure composé de syllabes ne mange mon formage. A l'auanture celuy-cy sera plus pointu. *Mus* est vne syllabe: or vne syllabe ne ronge point de formage ; par consequent *Mus* ne ronge point de formage. O ieux d'enfans! toutefois nous brauons en proposant telles inepties, pour cela nous portons longue barbe. C'est ce que nous enseignons auec vn visage palle & renfrongé; au lieu que la preud'hommie veut estre enseignee par des enseignemens ouuerts & simples. Ces arguces trompent sans dommage, les disputes Sophistiques ne nuisent point à ceux qui les ignorēt, ny n'aydent à ceux qui les sçauent. Il ne se faut donc ainsi amuser à faire des nœuds, & à les deffaire, puis que nous auons de plus fortes occupations, & que nous sommes assez en peine d'oster & dissiper ceste nuee de maux, qui pend sur nostre teste.

3. Inconstances & defauts des sept Sages.

Parlons vn peu de ceux qu'on appelloit les sept Sages, qu'on pourroit beaucoup mieux appeler les sept Inconstans, veu qu'ils vouloient quasi paroistre les seuls reformateurs du monde. I'ay regret que ie n'aye assez d'authorité, & que la Nature ne m'ait doué de quelques rares perfections, & la Fortune logé ma reputation par merite vn peu au dessus de la leur, pour pouuoir donner credit à vne consideration si veritable. Car ce dequoy Plutarque les a voulu rehausser & recommander est si peu que si nous n'auons assez de creance, pour pouuoir estre estimez dignes de le controoller, il n'y a guiere personne qui n'ait assez d'entendement pour le iuger. Et n'est pas possible que ie trouue belle l'entree de Thales dans ce banquet des sept Sages : outre qu'estre sept en festin ne plaisoit nullement aux Anciens ; encore que d'ailleurs &

L'entree de Thales dās ce banquet, n'est pas vn entree de sage. Cleobuline en ce banquet mignotoit Anacharsis. Arist. en la comed. des Nuees.

de foy le feptenaire foit vn nombre fort augufte & myfterieux : Ie voy tout dés l'entree Anacharfis affis, ayant deuãt foy vne belle ieune fille (qui n'eft pas viande de Sages) nommee Cleobuline, qui luy mi-partiffoit mollemẽt les cheueux, comme on faict à vne femme; laquelle acourant trop librement au deuant de Thales, fut par luy baifee plus par amour, que par couftume: Veu qu'en nul lieu des Anciens on ne trouue qu'au rencontre des Sages, & des Philofophes auec des filles, on fe baifaft: tefmoin l'exclamation que faict Ariftophanes, contre les Philofophes, qui veulent tant foit peu faire les Courtifans : Par Iuppiter (dit-il) tu ne fçauois-pas, que les Nuees nourriffent plufieurs Sophiftes, deuineurs, ouriers de la Medecine, & Philofophes fringuans, & efperruques muguets. Outre que le baifer eft vne action de ioye, qui chatoüille les fens & fait rire l'ame. Or les Philofophes, mefme ceux qui penfoient eftre les plus Sages, ne trouuoient feant de rire, & en fuyoient les occafions. Et a-on obferué qu'Anaxagoras ne rit iamais, & que plufieurs autres n'auoient garde de rire, car ils pleuroient toufiours. Mais afin que ie fuiue ce feftin, on y trouue qu'Anacharfis, en recompenfe de ce que Cleobuline luy accommodoit les cheueux, l'apprenoit à eftre forciere, luy enfeignant la maniere dont vfoient les Tartares à charmer les maladies. Et dans ce mefme banquet, Chilon vn des fept Sages, femble auoir efté par trop conuicieux d'auoir dit à Thales, Qu'encore qu'il couruft comme vn mulet, neantmoins il eftoit tardif comme vn afne. Et Thales fit reprocher à Bias par Diocles, lors qu'on luy portoit desqueftiõs à foudre, qu'il les deuoit receuoir à ieun, & à telle heure, qu'il euft le moyen d'y pouoir bien penfer : & Bias le prenant comme vn reproche d'yurongnerie tres-veritable, ne le reuoquant nullemẽt à iniure, dit ces mots, Il me cuide eftõner; mais ie fçay bien que Bacchus eft vn fage & puiffant Dieu, lequel on nom-

Anacharfis en recompenfe des mignardifes de Cleobuline, l'aprenoit à eftre forciere.

Bias taxé d'yurongnerie ennemie de conftance.

Lll ij

me Lysien, c'est à dire comme desliant toutes difficultez: ainsi ie n'ay point de peur d'estre moins asseuré au combat pour estre remply de luy quand il me conuiendra disputer. Et vne autre fois, comme on parloit de quelque chose qu'on maintenoit estre populaire, quelqu'vn qui voyoit que la coupe qui deuoit faire le tour, tardoit trop à venir à luy, repartit, Ceste coupe n'est pas populaire: car elle ne bouge de deuant Solon, où elle a demeuré trop long temps. Et Solon comme tres-inconstant, ayant maintenu que les loix estoient muables, Chilon respondit, Qu'il vouloit donc remuer & renócer au droict d'hospitalité & de son amitié. Il print aussi l'alarme trop chaude, & fut merueilleusement surprins en impatience par Thales, lors qu'il luy fit porter la fausse nouuelle de la mort de son fils. Et Thales semble aussi auoir esté iustement reprins par Lysias, de ce qu'il donnoit pour sentence veritable ce traict commun, *Ibi patria est, vbicunque est bene.* Qui peut mieux conuenir à vn hôme content; mais inutile, ou aux poissons qui peuuent viure en toutes eaux, ou aux oyseaux qui peuuent voler en tout air, que non à vn bon citoyé, qui aime bien sa patrie, de laquelle s'absenter ainsi longuement, est vn exil ou bannissement, ou pour mieux dire vne peregrination perpetuelle, en laquelle on consume le meilleur de son aage. De sorte que si nous espluchions tous leurs dicts qu'on appelle notables, voire tout ce qu'ils se proposoient entre eux; nous trouuerions que toutes leurs plus belles questions en leurs festins, estoient de boire. Et trouue entre autres choses que le Poëte Chersias, les voyant si bien hausser le gobelet, eust bonne grace, de leur proposer vne question si familiere, feignant qu'il estoit en peine de sçauoir, si Iuppiter distribuoit à boire aux Dieux par mesure, aussi bien qu'à manger? Car puis que l'Ambrosie estoit si chere (disoit-il) qu'elle estoit portee, comme les anciens Poëtes nous ont voulu persuader, par des Colombes par

Solon taxé d'yurõgnerie & d'impatience, n'ayant peu supporter la nouuelle de la mort de son fils.

Thales Reprins pour estre vn peu trop vniuersel & mauuais citoyen.

Les plus difficiles questiõs qui s'agitoyẽt deuant les Sages estoient de boire.

deſſus quelque rocher, il en doit eſtre tout autant du Nectar.

D'auantage pour monſtrer combien ils eſtoient inconſtans, & peu fermes en leurs opinions: Socrates dans Platon dit, que les gens vils & ignorans appellent en leurs feſtins des Comediens & des violons qu'ils appellent (*Acroamata*) parce que les diſcours de la vertu leur manquant, il faut qu'ils ayent recours à ceſt exercice vil, où les ſens à la verité ſont delectez; mais l'ame auſſi au contraire en eſt ramollie. Toutesfois au feſtin de Xenophon, où Socrates meſme eſtoit, Antiſthenes, & autres Philoſophes, on y appella vn Philippus bouffon de Syracuſe. Et és feſtins d'Homere, vn Phemius & Demodocus y chantent. En ceux de Virgile vn Iopas. Voire meſme és banquets des Dieux, Apollon & les Muſes. Ainſi ores ils y en veulent, ores ils n'y en veulent pas.

Plat. in Protagoxa. Aduis des ſept Sages & autres Anciens, pour ſçauoir, s'il faut receuoir ou appeller des Comediés és feſtins.

D'ailleurs on a remarqué, que les ſept Sages & autres Philoſophes contoient au premier rang & degré de la vertu, ceux qui ſçauoient ſi bien ſe conſeiller eux-meſmes, que pour bien & heureuſement viure, ils n'auoient nul beſoin de mendier le conſeil de perſonne. Mais ceux qui n'ayant nul bon conſeil en ſoy, ne le vouloient prendre, ny ſe conſeiller auec autruy, ils les eſtimoiét beſtes du tout indociles & incapables de raiſon. Or ces meſmes ſept Sages, & les plus grands Philoſophes pour la pluſpart ont eu ce defaut, & ne ſçauoient ſe conſeiller eux-meſmes; veu qu'on les a veu preſque tous viure & mourir gueux & miſerables: & ſi pourtant c'eſt au bien viure & au bien mourir, que les bons conſeils & prudens aduis, la ſageſſe & la vraye conſtáce ſe recognoiſſent principalement. Ils auoiét ſi bonne opinion d'eux, de leur doctrine, & de leur ſuffiſance, qu'ils ne vouloient en façon quelconque prendre inſtruction, ny ſe gehenner à ſe former ſur autruy, & c'eſt ce qui les a le plus deſcriez. Ainſi mal à propos auec tant d'inconſtances & de defauts ont-ils eſté communément tenus & reputez pour ſages, ne le pouuant auoir eſté pour

Qui n'eſt ſage & conſtant pour ſoy, ne le peut eſtre pour autruy.

les autres que fort mal-aisément, puis qu'ils ne l'ont peu estre pour eux-mesmes. Suiuant l'aduis de cest Ancien qui nous a laissé ce beau precepte, *Fuyez le sage, qui n'est sage à soy-mesme.* On ne peut endurer patiemment ceux qui en escriuant ou en lisant se donnent le titre de Sages: & est-on bien-aise d'ouyr telle sorte de gens qui se nomment amateurs de sagesse, quand ils se vantent seulement, qu'ils profitent en l'estude de Sapience, ou telle chose semblable, qui est modeste, & non subjecte à aucune enuie. Là où ces sages ambitieux & Sophistes, qui reçoiuent ces belles paroles, & souffrent qu'on leur die qu'ils ont harangué diuinement, excellemment, & magnifiquement perdent auec cela, le modestement, & l'humainement. Et pour ne changer sur moy l'euenement de l'accusation & blasme de leur fausse & inconstante sagesse, ie m'en remets à Aristote, lequel au liure 7. de ses Ethiques se mocque de Thales, & des autres sept Sages.

<small>L'homme ne sçauroit prendre qualité, ny tiltre plus odieux que celuy de sage.</small>

Ie ne trouue pas aussi la proposition de Seneque fort bonne, quand il nous asseure que si on luy faisoit present de sagesse à condition de la tenir enclose, & n'en descouurir rien à personne, qu'il n'en voudroit point.

<small>Horace.</small>

Paulùm sepultæ distat inertiæ
Celata virtus.

Comme si la sagesse nous estoit inutile, cachee & appliquee en nous seuls, & ne nous pourroit seruir que pour autruy: comme si le Soleil n'estoit seulement creé que pour l'œil, & fust inutile lors qu'il seroit caché. C'est proprement soustenir, que la sagesse ne doit estre en nous sans ostentation. Et neantmoins il n'est pas si sage qu'il se soit peu ressouuenir, qu'il auoit dit auparauāt qu'on peut estre sage sans en faire mõstre. Il se trouue peu de gens qui osent attēdre la vertu de pied-coy pour la voir face à face: ne qui aimēt la sagesse pour elle-mesme ou pour sa seule cõsideration: La recõpense & le prix les y acharne, cõme on fait les petits enfans aux Estudes. La recõpense & la monstre,

<small>Seneq. ep. 103.</small>

c'est le gibbier & le leurre qu'on nous append & nous mõstre sur le haut de nostre ambition, pour nous en faire approcher. Seneque eust donc beaucoup mieux fait, & tous
autres Academiques de son temps, puis qu'on tient qu'il *Seneque co-*
auoit quelque cognoissance & accez auec le plus sçauant *gnoissoit S.*
& Chrestien Philosophe qui fut iamais, & qui auoit dans *Paul.*
la teste de plus hautes & celestes intelligences: (sçauoir ce
grand personnage S. Paul) s'il se fust rangé à son Academie plustost qu'à la Stoïque & Epicurienne. Et ne tenoit
qu'à luy, & à tous ceux de sa secte, puis qu'il appert par les
Actes des Apostres (histoire irreprochable) que S. Paul *Actes des*
preschant & enseignant la constante & vraye Philosophie *Apostres, c.*
qui est la doctrine veritable de Iesus-Christ, les Stoïques *17. vers. 19.*
& Epicuriens le menerent aux Areopagites, & luy dirent
s'ils pourroient point sçauoir ceste doctrine qu'il appelloit
nouuelle. Il se cognoist donc bien à leur vie & en la pluspart de leurs discours, que c'estoit vrayement vn essain de
pauures gens cachez sous des Ruches ou Burons qui faisoient passer souuent de petits mots, fauorisez de la foiblesse & humeur de leur siecle, pour dits notables; & de
petits traits sans iugement, & sans rencontre, pour traits
merueilleux, & qu'ils pensoient pouuoir seruir d'exemple
à la posterité. Comme celuy que fit Anaxagoras, lequel
apres auoir refusé durant sa vie tous honneurs, demanda
seulement que les enfans eussent congé de se iouër, & n'aller au College le iour qu'il mourroit. Voyez quel inepte
choix il fit, & quelle vanité pleine d'inconstance, d'auoir
mesprisé le prix & legitime honneur, qu'il pouuoit desirer
& acquerir durant sa vie, pour apres sa mort en obtenir vn
si ridicule, si peu honnorable & si indigne d'vn Philosophe. Ie l'eusse trouué tout propre pour faire les ambassades
d'Antoine, entre les disgraces duquel, & comme pour
conte d'extreme misere, on dit que quand il voulut demander composition à Cesar, il n'eut personne plus quali-
fiee pour l'en requerir & luy enuoyer en ambassade, que le
precepteur de ses enfans Euphronius.

TABLEAV DE L'INCONSTANCE ET

5. Plusieurs courent le monde auec des harãgues estudiees.

Mais que dirõs-nous de ces pauures gens de Lettres, qui faisant les Philosophes, & feignant d'estre vn des sept Sages, courant le monde cõme pauures mendians accostent les principaux Officiers des Cours des Princes, & le plus souuent ignorans & maussades, desgainãt quelques harangues estudiees, qu'ils portent tousiours quand & eux, comme leur passe-par-tout, chantent en tous lieux que la necessité les a surpris, certains petits discours & paroles contees, lesquelles ils marmottent entre les dents, & ruminent perpetuellemẽt, de peur de les oublier. Si bien qu'on ne pourroit mieux exprimer ceste action, ny leurs grimaces, que par ces mots que les Italiens nous ont appris; *Che fauellano come gli spiritati.* Attendu qu'vn demoniaque iargonne, marmotte, & lasche des traicts qu'il n'entendit iamais, parle des langues qu'il n'a iamais appris, & dit tant de choses merueilleuses, qu'on void bien qu'il a quelque autre esprit que le sien, d'où sortent ces discours. Or quiconque soit cest harangueur ou Philosophe coureur; soit qu'il se serue du labeur d'autruy, & le desrobe mot à mot de ses liures; soit qu'il ait emprunté ces discours tous maschez de quelqu'autre esprit que le sien: on peut dire veritablemẽt, qu'il semble vn demoniaque. Et auroit-on beau l'exorciser, & luy interdire la parole, & le tourment qu'il se donne pour trouuer son repos, on ne brideroit iamais sa langue, & ne pourroit-on chasser cest esprit qui le possede, & qui le faict ainsi vaguer inconstamment par tout le monde. Et si neantmoins pour tout celà ils ne laissent de faire les suffisans, se tenans tousiours sur le haut bout. Et hait-on en eux principalement de ce qu'ils se veulent transformer en toute autre personne, qu'en celle que veritablement ils sont, ne se souciant pas tant quels ils soient en verité, comme en l'apparence publique. Ce qu'on reprocha à Periclimenus: & disoit-on de luy, qu'il representoit toute autre chose que ce qu'il estoit.

Plut. aux dits notab.

Tellement que le ieune Dionysius eut fort bonne grace contre le Dialecticien Polyxenus, lequel disputant vn iour auec

auec luy, & luy ayant dict, Ie te tiens conuaincu: Dionyſius repartit, Ouy bien de parole: mais moy ie t'ay conuaincu de faict, parce qu'abandonnant ta propre maiſon tu me viens faire la cour, & ſeruir en la mienne. Ce que les Grãds pourroient pareillement fort à propos reprocher à la pluſpart, s'ils daignoient rabaiſſer les yeux iuſques-là, que de les conſiderer, lors que cõme bannis & vagabonds ils mẽdient en leur Cour quelque courtoiſie, pour eſchapper & courir touſiours. Mais ils les laiſſent en leur humeur. Et au pis aller, apres leur auoir dit trois mots, les tenans pour des gens ſubiects à des trenchees, ils les quittent cõme fit Alexandre Diogenes. A quoy il faut adiouſter la vergongne qu'ils ſouffrẽt, lors qu'on leur veut faire dire quelque choſe de plus que ce qui eſtoit en leur harangue. Teſmoin ce diſciple du Rhetoricien Anaximenes, lequel ayãt prononcé par cœur vne harãgue premeditee de longue-main, deuãt le Roy Antigonus, apres qu'il eut finy, le Roy deſirant ſçauoir quelque choſe de luy cõcernant ce qu'il venoit de declamer; le ieune homme eſtant demeuré tout court, le Roy le voulant remettre, luy dit, N'y a-il que cela eſcrit en tes tablettes? Dequoy fut auſſi repris le poëte Calliphanes, qui s'eſtoit obligé d'apprẽdre ſeulement par cœur les cõmencemens de pluſieurs oraiſons & poëmes ſur tous propos, afin qu'il paruſt grand Poëte, & grand Orateur; ſans ſe vouloir donner la peine d'approfondir ny entrer plus auant en l'intelligẽce des choſes. Il ne faut ainſi trainer les vertus par tout: & les appliquer ſi mal, qu'elles ne nous ſeruent que de jargon. Dequoy les plus ſages ont fait plainte de leur temps, ayant regret de voir la Vertu ſi mal exploictee, & ſon diſcours deſchiré à pieces & loppins. *Impium eſt ita otiosè de virtutibus garrire*, dit Seneque.

Le ſeul jargon de la Vertu, n'eſt pas le propre exploict d'icelle.

C'eſt vn grãd pechè de tourner des mots & ſentẽces de l'Eſcriture ſaincte, & ſe iouër de leur traduction, comme quelque ſornette.

Ie ne veux parler de ces autres brouillõs, groſſiers, & ignorans, qui par faute de ſuffiſance, font profeſſion de traduire des plus difficiles paſſages de l'Eſcriture Saincte, contre la prohibition de l'Egliſe, quelquesfois par jeu, quelquesfois par ignorance: & meſmes les plus graues ſentences des

M m m

bons Autheurs, & les traduisent en quelque sens ridicule, plus pour faire rire que pour instruire le Lecteur: veu qu'il y en a desia plusieurs liures.

I'en lairray aussi vne infinité d'autres, qui voulant faire les entendus, ayant la ceruelle vuide, entendent mieux le chaos, & les sciences de côfusion, que les bonnes & vrayes sciences: & neantmoins bruyent & tonnent comme souuerains. Puis qu'on a experimenté de tout temps que les vaisseaux vuides se font entendre.

Ie m'esmerueille donc de ce que quelques-vns admirateurs de la science seulement, & qui ne la tirent par le bon bout, pensent trouuer en ces sectes, & puiser és dicts notables de ces gens qui auoient pris indignement le nom de Philosophes, & de ces Sages presomptueux, la verité & la constance côme en leur propre source: attendu que si on remarque en eux quelque action louable, nous n'y pouuôs recognoistre autre excelléce, sinon que Dieu voulât leur monstrer quelque traict de sa diuinité, les a esclairez tout autãt que la raison humaine se peut auancer, les rendãt par ce rayon de lumiere naturelle, qui se faict voir parmy les plus espoisses tenebres d'ignorance, du tout sans excuse.

Suet. lib. de clar. Orator. Gell. lib. 15. c. 11.

Qui me faict volôtiers estre de l'aduis de ces grãds Senateurs Romains, bien versez en la cognoissance des hômes, qui les ont autresfois chassez de leur ville, côme gens faineants & oisifs, chez lesquels les enfans & autres curieux demeuroient tout le iour sans rien faire. Et de celuy de l'Empereur Domitian, qui les bannit de Rome & de l'Italie tout à faict: comme gens non seulement inutiles, ains grandement pernicieux.

6. Que l'Autheur n'entéd blasmer les vrayes sciences, ny les gês doctes.

Mais neantmoins apres tout, afin que mon intention ne soit tirée hors de soy-mesme, ie diray seulemêt, & le proteste haut & clair, que ie n'entêds aucunement blasmer les bônes lettres, ny les vrayes sciéces, & encor moins taxer en rien les gês doctes; mon peu de suffisance ne pourroit parer aux coups, qu'attireroit sur moy vne si forte & iuste reprehêsion. Ie n'en escume seulemêt que la vanité. Ie n'en hay & deteste que la longueur, l'amusemêt, la rudesse de l'apprentiſſage, le deſreiglement de pluſieurs Eſcholes; qui au lieu de former de bons & ſçauans eſcholiers, iudicieux gẽs de bien, & conſtãs, ne produiſent & n'eſleuẽt pour la pluſpart, que des ignorãs, des indiſcrets, des perdus, & des gens volages & eſceruelez. Il y a vne tres-grãde differẽce entre la vraye ſcience, & ceux qui veulent eſtre tenus pour ſçauans, la vraye Philoſophie, & ceux qui ſe diſent Philoſophes, la vraye ſageſſe & ceux qui penſent eſtre bien ſages. Vn grand nõbre de nos Eſcholes ne ſont maintenãt pour la pluſpart qu'Eſcholes de vices, ſeminaires d'erreurs, foreſts d'horribles fables, Labyrinthes confus de ceruelles, qui n'engendrent qu'eſprits troubles, & rebouchez, qui rẽdent les choſes les plus certaines douteuſes, & les douteuſes indeciſes. Et tout ainſi que le mauuais pilote ſuit les groſſes riuieres bord à bord, & en meſure inutilemẽt la lõgueur, au lieu que le ſuffiſant va en droicte ligne, & laiſſant l'eau morte va à droict fil par le courãt. De meſme en eſt-il de nous: nous ſuiuõs les ſciences pas à pas, & ne les eſſayõs qu'à bord, ſans aller guere iamais au courãt, au large, ny au milieu. Si bien qu'il n'eſt pas de merueille, ſi haraſſez par ceſte longueur, nous n'arriuons iamais à bon port, ains le plus ſouuẽt demeurõs à ſec ſur quelque rade. Et croy que chaque ſciẽce appriſe & enſeignee en ſa pureté, ſeroit fort exẽpte de vice: mais il ſe trouue beaucoup de gens leſquels nous les enſeignãt nous jettẽt dans des cachots & des niches, dans leſquelles il n'y a que du vuide. Elles ſont toutes alterees, & ont chacune leur defaut; quand ce ne ſeroit qu'elles ſont deſtituees de leur vray fin, qui eſt la recherche de ce ſouuerain bien, qu'vn chacun deuroit choiſir, pour butte de ſon ſçauoir.

Puis donc que l'Inconſtance ſe trouue par tout, & que la pluſpart des ſciẽces, ne nous ſont cõmunement enſeignees, que ſert-il ſi nous ne nous en ſeruons comme il faut, de s'y croupir, s'y vieillir, s'y gehenner, & ſi noſtre mauuaiſe inſtruction ſuppoſee, nous n'en pouuons tirer autre vtilité, que la vanité, pourquoy s'enflent ſi fort, & ſe releuent de bonne opinion ces Meſſieurs, qui font profeſsion des vaines, plus par nature que non des bônes lettres? Et puis que nostre principal estude doit estre ceste haute recherche de nostre beatitude, que c'est l'ame, & le haut poinct de nostre suffisance, tout ce que les autres sciences ont de plus recommandable, ne doit seruir que d'acheminement à celle-cy.

Ainsi pour donner la perfection qui seroit requise à nos estudes, qui nous sont du tout inutiles, estant destituez de la vraye lumiere de Dieu, il faut premierement rendre les sciences stables auec l'ancre de la foy, & par apres pour nostre salut, il y faut adiouster la cōformité de nos mœurs, par lesquelles nous puissiōs dōner la pureté à nostre vie, & l'integrité à nostre ame, pour pouuoir arriuer à nostre fin surnaturelle, qui est nostre souuerain bien. Ces deux poincts exactement accomplis, nous pouuons tenir pour certain, qu'au lieu que maintenant les nuicts dans lesquelles nous marchōs, n'ayāt le vray phanal pour guide, ne nous apportēt que tenebres, que ces nuicts se changeront en iours de gloire; la lumiere auec laquelle nous fueilletons maintenāt nos Liures, qui nous esblouit de son faux lustre au lieu de nous esclairer, se tournera en rayon d'honneur. La cire que nous allumons en nos estudes plus serieux, & l'huile de nos lāpes, qui ne sert que de nous empuātir & faire cōsumer, se conuertira en miel & odeur de grace. L'ancre duquel nous escriuons, qui ne sert que pour nous noircir, se transformera en candeur, pour blanchir toutes nos ingenieuses conceptiōs. Et finalement les plumes, auec lesquelles nous ne couchons maintenant par escrit que vanitez & inconstances, qui sont mousses & mal parees, deuiendront changeant de style, plumes pour empenner les aisles de la renommee, qui nous suiura à iamais, & nous enleuera iusqu'au Ciel, dans lequel reside le vray modele de ceste diuine constance que nous cherchons.

Psal. 36.

Du iuste la bouche aisee,	La loy de Dieu, qu'au cœur il porte,
N'est que sagesse & verité,	Garde qu'il n'extrauague pas,
Sa langue n'est point desguisee,	Il va tousiours de mesme sorte,
Il n'en sort que toute equité.	Et iamais ne fait vn faux pas.

DE L'INCONSTANCE DES GENS DOCTES, ET PRINCIPALEMENT DE ceux qui ont escrit.

AVEC LE IVGEMENT DE leurs ouurages.

DISCOVRS V.

1. On tire de la fable du Minotaure, qu'il fait mauuais mesdire des gens doctes.
2. Pourquoy est-ce que nul ne tasche à se bien cognoistre.
3. Pourquoy l'Auteur a meslé les defauts des Liures, auec les inconstāces des Autheurs qui les ont mis en lumiere.
4. L'eloquence & le bien dire, sont outils tres-propres pour establir & authoriser le mensonge.
5. S'il faut faire iugemēt de la vie par la mort, peu de ces Philosophes ou superlatiuement sçauans, ont eschappé vne ignominieuse ou cruelle mort.

MINOS ayant mesdit de la ville d'Athenes, on luy mit sus la fable du Minotaure, si preiudiciable à son honneur: qui nous monstre clairement qu'il fait mauuais médire des gens doctes, & de telles gens qu'estoient les Atheniens: car au lieu que les blesseures, qui n'offencent que le corps, ne sont que pour certain

1. Que signifioit la fable du Minotaure & pourquoy imputée à Minos. Plut. in Thes.

temps, & se peuuent aisément guerir, leurs escrits au contraire, blessent les esprits, enleuent pour iamais la bonne renommee, & donnent des attaintes incurables dans l'ame. Il semble donc que ie sois aueugle, de n'apprehender le dāger qu'il y a d'attaquer ainsi seul & desarmé de science, presque tous les sçauans qui ont iamais esté, & qui sont encore, sans recognoistre, que leur voulant rameteuoir leur inconstance & leurs fautes, ils peuuent me renuoyer aussi-tost à ceste fable d'Æsope si commune, de laquelle on tire que

Personne ne cognoist si bien ses fautes que celles d'autruy.

 Ciascun' ha'l suo diffetto, ne l'huomo vede,
 La sacca ch'egli porta dietro il collo.

Il faut entreïetter vn peu (dit le sage Plutarque) parmy le reprendre autruy, la crainte d'estre repris soy-mesme.

Plato in Minoe. Il fait mauuais auoir vn Poëte pour ennemy.

Et Platon donne aduis à ceux qui sont desireux du bon bruit & reputation, de prendre garde, à n'auoir vn Poëte pour ennemy. Ainsi ie cours fortune d'estre baffoué, attaquant non vn Poëte seulement, ains tous les Poëtes & toute sorte d'Autheurs, qui me diront, que ie veux tenir le registre des inconstantes humeurs d'autruy: & que ie cache & oublie les miennes & ma condamnation. Que ie suis trop hardy & temeraire d'assaillir comme i'ay fait cy-deuant, tant de grands Capitaines & chefs de guerre & m'en prendre maintenant aux plus doctes, voire à ceux qui par la prescription de tant d'annees ont acquis & merité le nom de Sages.

Non integras ac solidas glebas, sed tritum ac minutum puluerem.

Les Italiens attribuant cela à quelque sorte d'impieté, disent fort proprement que c'est, *Pizzigare i morti*. Tout ainsi que ceux qui ne pouuans tuer ou mesme n'osans assaillir leurs ennemis, poignardent leurs tableaux ou portraicts. Et comme c'estoit la coustume anciennement quand on enterroit les morts, de leur jetter doucement vne menuë & legere terre, & non de gros mōceaux, ayant quasi peur qu'on ne les acrauantast sous le faix, comme si apres la separation de l'Ame, le corps eust encor' quelque sentiment: aussi semblera il, que leur reprochant leurs fautes, & leur inconstance, les enterrant sous le deshonneur d'vn ignominieux tombeau, ie les couure & leur iette, non de la terre deliee & subtile; mais de grosses & lourdes pieces, qui sont autant de taches, qui peuuent (les leur jettant ainsi rudement) noircir leur reputation. Il est danger qu'on ne medie, qu'il aduient peu souuent, que celuy qui veut donner particuliere cognoissance de soy, & instruire autruy de sa condition, ne se trouue aueugle; estant chose qui aduient ordinairement, qu'en ses propres louanges, & en la touche & medisance qu'on veut faire d'autruy, chacun se pense estre vn Argus, bien que parfois ce ne seroit que trop, quand mesme il ne penseroit estre qu'vn Cyclope. Il est donc à craindre qu'il ne m'aduienne ce dont Ciceron semble me menacer. I'ay veu (dit-il) qu'on s'offensoit beaucoup plus contre ceux qui descouuroient trop librement les fautes & meschancetez d'autruy, qu'on n'estoit mesme offensé contre ceux qui les auoient commises. Mais neantmoins ie croy que si la verité est de mon costé effacera aisément le blasme que i'en puis receuoir, mes inconstances ne guerissant les leurs; Ie proteste pourtant, que ce n'est mon desseing d'offenser personne; m'asseurant que s'ils sont vrayement sçauans, & imbus de la bonne & vraye science qu'ils s'amuseront plus à se purger & se deffaire de leurs inconstances qu'en recriminant, me reblasmer d'vne mesme tache.

Cic. in Salustii. prins de l'oraison d'Æschines.

 Tout l'inconuenient que i'y preuoy, c'est que i'ay peur de perdre mon temps: car nul ne prend plaisir d'entrer en cet examen de soy-mesme, personne n'en veut prendre la peine, & chacun sçait bien dire que c'est vne des plus grandes sagesses, & le poinct le plus parfait qui soit en nostre vie, & cõme vn Oracle cheu du Ciel: mais auec tout cela nul ne daigne appliquer sur soy le remede du bien qu'apporte ceste cognoissance: & qu'il soit ainsi, entre autres la pluspart de ceux qu'õ estime sçauãs, sont si bouffis de vani-

2. Pourquoy est-ce que nul ne tasche à se bien cognoistre.

té, & bonne opinion qu'ils ont d'eux, qu'à les ouyr parler, ils cognoiſſent tout, & s'ils ſe meſcognoiſſent eux-meſmes. Ils ſçauent bien dire quand ils voyent vn homme vain & enflé, & qui veut faire le ſuffiſant, ce que diſoit vn d'eux à quelqu'autre qui ne ſe ſçauoit cognoiſtre, Tu es ſi ſuperbe (dit-il) que tu ne te daignes pas reſpōdre à toy meſme: & ores ſi volage & eſtourdy, que ſi tu reſponds, c'eſt folement & mal à propos. Or cōme il n'y a rien en l'homme ſi important que de ne ſe tromper pas en la cognoiſſance de ſoy-meſme, pour qualité & excellence qui ſoit en luy, auſſi n'y a-il rien de ſi aiſé : parce que le trompeur qui nous pipe qui eſt nous-meſmes, iamais ne nous abandonne, & eſt touſiours preſent, & quand & nous. *Molto miſera coſa è l'ingannarſi da ſe ſteſſo, eſſendo ad ogn' hora preſente colui ch'inganna.* La raiſon eſt que nulle inſpiration diuine ny autre bonne penſee ne peut s'arreſter dans l'eſprit de celuy qui l'a tout plein de ſoy-meſme, & de ſes propres humeurs. C'eſt choſe remarquable que Diogenes attribue ceſte belle ſentence à Thales, le premier des ſept Sages; Platon à l'oracle de Delphes; Ouide à Pythagoras; Auſone & Pline à Chilon : d'autres à Homere, comme vn Ocean de toutes les choſes myſterieuſes. Et Iuuenal dit, qu'elle nous a eſté enuoyee du Ciel. Et pluſieurs des Anciens le prenant encores plus haut ont dit tout clairemēt, que celuy qui a dōné iadis ce beau precepte de ſe cognoiſtre ſoymeſme eſtoit vn Dieu. Mais les glorieux & outrecuidez croyent que ce Dieu ne le donna pas tant, pour deſir qu'il euſt de reprimer ou rabaiſſer l'outrecuidance & l'orgueil de l'home, que pour l'appeller & ſemondre à la cognoiſſance de ſon merite, & de ſes propres graces & perfections. Et ie ne ſçay s'ils l'ont puiſé de Ciceron, qui l'explique à ſon frere en meſme façon, *Noli putare illud, Noſce te ipſum, ad arrogantiam minuendam ſolum fuiſſe dictum, verùm etiam vt bona noſtra noſceremus.* Neantmoins il eſt aiſé à voir, que c'eſt vne parole bien plus commune en la bouche de Dieu, & plus reſpondante à ſon amour & à ſa grandeur,

En marge :
D'où vient qu'on s'aueugle en la cognoiſſance de ſoymeſme.

Plin. li. 6. chap. 32.

Cic. lib. 3. ad Q. fratrem.

grandeur, lors qu'il veut parler à l'homme, qui par faute de se bien cognoistre ne s'enorgueillit que trop (cognoy ta foiblesse & t'humilie) que non cest autre (cognoy ta perfection & te releue) c'estoit le plus haut poinct où le Soleil de la Philosophie des Gentils estoit peu arriuer, NOSCE TEIPSVM: mais il n'a iamais esté si clair, qu'il les ait peu mener seulement iusqu'à ceste cognoissance à laquelle il les animoit: car c'est vne science, qui ne s'apprend dans l'eschole de la Philosophie, ains dans l'Academie de Dieu, dans le liure de la conscience, dans le cabinet de l'ame. Apollonius interrogeoit Hiarchas, & luy demandoit si ces sages Brachmanes se cognoissoient bien eux-mesmes, parce que parmy les Grecs, disoit-il, la plus difficile chose qui fust au monde estoit celle-là. L'ancienne loy des Iuifs penetrant plus auant le prenoit d'vn autre biais & fort sainctement, comme nous apprenons de ces mots dorez du Prophete Royal, *sciant gentes quoniam homines sunt*. Voulant par là apprendre aux hommes à cognoistre, qu'ils ne sont ne Dieux, ne Anges, ne bestes, ains qu'ils sont hommes, tenans le milieu entre les esprits bien-heureux, & les animaux irraisonnables. Et depuis encore la loy Chrestienne laissant bien loing & la Philosophie & l'ancienne Loy, a mieux apprins & instruit l'homme en ceste cognoissance de soy-mesme: Dieu ayant dict par la bouche de S. Paul aux Galates, Si quelqu'vn est si presomptueux de s'estimer estre quelque chose, veu qu'il n'est rien, il se trompe. Belle & docte leçon pour se bien cognoistre, qui pourtant n'est estudiee que de peu de gens. Fay donc que ta cognoissance & ta consideration volent tellement sur les choses estrangeres, que neantmoins tu les rappelles tousiours à toy. Chacun doit mediter sur sa condition, & comme s'il estoit comptable à soy mesme, examiner son compte, le receuoir, & espelucher. Il faut s'instruire & se faire sçauant en ses propres fautes: il faut que nostre ame se côtourne tousiours en soy, & se concentre, pouuant maintenir auec Platon, que la consideration

Philost. liu. 3. en la vie d'Apoll.
Psal. 9.

S. Paul aux Galates 6.

Nnn

des autres choses est vne ligne droicte, qui va à l'infiny; mais la consideration ou cognoissance de soy-mesme est vn cercle parfait, dans lequel toutes les lignes tendent à leur centre. Il se faut toucher le poulx à soy-mesme; mais en celle part où le poulx a accoustumé d'estre le plus vigoureux, qui est au bras & au cœur, & que le bras frappe au cœur & en l'ame, en celle part où reside la vertu & le vice. La veuë qui a accoustumé de s'escarter facilement dans le blanc de ses delices, regardant au contraire, & se mirant dans le noir de ses fautes, en intention de s'amender, fait que l'ame se regaillardit & se renforce. Il faut que tu te sondes, te sentes, & te censures toy-mesme: que tu t'esclaires de si pres que tu puisses voir tout par tout quel tu es au dedans. Et neantmoins tout à rebours tu en crois les autres. Fuy les enquestes qu'on pourroit faire contre toy. Contrefay premierement l'accusateur, puis le iuge, pour te iuger & adiuger tousiours à toy-mesme. Il faut tancer nos imperfections, purger nos defauts, & de iour en iour pousser si auant ceste cognoissance, que nous puissions à toute heure enleuer quelque piece de nos vices. Fay donc cecy pour toy auant le iour de ta mort, que tes inconstances meurent deuant toy.

Pourquoy les peintres iettẽt à plusieurs fois les yeux sur leurs ouurages.

O que les peintres font sagement, de jetter l'œil à plusieurs-fois, & par interualles sur les pieces qu'ils veulent rẽdre les plus parfaites! car cela les fait comme nouueaux iuges, & les rend plus propres & iudicieux à recognoistre les moindres fautes, lesquelles l'assiduité & l'acoustumance de voir ordinairement vne mesme chose, nous couure & nous cache. Si est-ce pourtant que sans auoir esgard à toutes ces cõsiderations, chacũ est pire iuge de soy que des autres, parce qu'il n'est pas possible qu'il s'esloigne de soy-mesme, & puis qu'il s'en rapproche par interualles, ne qu'il interrompe la continuation de son sentiment. C'est donc le plus fier & dangereux tyran de nos volõtez que l'amour de nous-mesmes, qui ne procede d'ailleurs que de ceste mescognoissance: & puis que l'homme qui ne se cognoist, ne s'ose dire la verité à soy-mesme, ains se trouuant tous les iours parmy tãt de troupes de flateurs, se flate luy-mesme d'auantage que ne font eux tous ensemble, il est croyable que la flaterie d'autruy ne nous fait tant de mal, & n'est si odieuse que la nostre propre.

Mais à fin que ie ne viole le premier ce beau principe, & que ie cognoisse mon insuffisance, ie veux iuger l'inconstance & les defauts de ces sçauans, non par moy, ains par d'autres aussi sçauans qu'eux, & voire par eux-mesmes. Aussi faut-il estimer & iuger les grands auec le iugement d'autruy; car nous n'en serions pas peut-estre creus, si nous n'estions (chose impossible) plus grands qu'eux, & recommandez de quelque plus rare sçauoir & excellence. Et c'est par ce moyen que ie pense aisément me sauuer de tout reproche. Car si ce n'est vne iuste reprehension; si le blasme n'est certain & l'accusation veritable, qu'ils s'en prennent & se choquent entr'eux. Pour le moins suis-ie bien asseuré, que si l'accusé est grand personnage, sçauant & releué de reputation; le censeur ne le sera guere moins, s'il ne l'est dauantage: ne voulant respondre tout à fait de la verité ou faulseté des accusatiõs; ny en demeurer le iuge souuerain, ains les laisser iuger aux lecteurs, qui se trouueront n'estre passionnez enuers ceux desquels ie parle, ny trop amoureux d'eux-mesmes, pour iuger sans passion leurs propres defauts.

L'Autheur dõne à chacun vn censeur qui est aussi suffisant que celuy, qui est censuré.

Que si parmy la recherche des mœurs, & de l'incõstance des sçauans Philosophes, Orateurs, Poëtes & autres, ie mesle par-fois & descouure les fautes qu'ils ont faites en leur profession, & en leurs escrits, ie suis d'autant pardonnable, que toute faute s'esloignant du bien faire, & de bien & constamment agir, s'approche de tant plus de l'inconstance, qui est le suject que ie traicte.

3. Pourquoy l'Autheur a meslé les defauts des liures, auec les inconstances des Autheurs, qui les ont mis en lumiere.

Pythagoras courant iusques en Perse pour apprendre la magie (& falloit bien qu'il fut coureur, car Aule-Gelle nous a descouuert qu'il estoit vetturin) fut sorcier ou magicien, puis qu'il sçauoit ainsi faire descendre & venir à luy par certaines voyes son Aigle appriuoisé, en quel-

Pythagoras. Pline en son proœm. Plut. in Numa.

Nnn ij

que hauteur qu'il fut en l'air ; aussi en laissa-il eschapper vn traict, lors que passant au trauers l'assemblee des jeux Olympiques il fit voir sa cuisse qui estoit d'or. Mais principalement ie le trouue bien ruzé, en ce qu'il enseigna à ses disciples, qu'ils le creussent tout simplement, sans rien rabatre ny contreroller de ses aduis : voulant qu'ils dissent comme l'Escreuice, à qui on demandoit vn iour, pourquoy elle alloit ainsi à rebours : c'estoient les alleures de mes Anciens, disoit-elle, qu'ay-ie affaire de prendre les mouches en l'air? ainsi vouloit-il que parlassent ses disciples, & qu'ils suiuissent absoluëment ses aduis : bien que les plus importans ne se trouuent fondez d'aucune raison solide. Et qu'il soit ainsi, puis qu'il sçauoit qu'és premieres annees, on n'offrit iamais du poisson aux Dieux en sacrifice, pourquoy est-ce qu'il dit, traictant de la transmigration de son Ame, qu'en luy estoit arriuee l'ame d'vn pescheur nommé Pirrho qui estoit mort long temps auparauant? puis qu'il auoit vne ame de pescheur, qu'elle inconstance estoit-ce de defendre aux siens de manger du poisson? ou s'il le vouloit prohiber, que ne disoit-il qu'en luy estoit descenduë quelque autre sorte d'ame, & non choisir celle qui ne pouuoit estre en luy qu'inutilement? veu que prohibant le poisson il blasmoit par consequent l'exercice, auquel seul ceste ame s'estoit autrefois occupee. D'auantage ny luy, ny Sextius ne mangeoient point de chair ; l'vn croyant qu'à depecer ainsi les animaux il y eust de la cruauté ; & Pythagoras parce qu'il croyoit que les ames auoient communion & consanguinité ensemble, & qu'elles passoient d'vn corps en vn autre, qui estoit vn moyen pour tenir les hommes en crainte, d'autant que l'ame sautant du corps d'vn homme en celuy d'vne beste, il disoit que mangeant ceste beste, l'homme pourroit s'acharner à l'ame de son pere, ou de quelque autre de sa parenté. Voilà les beaux aduis de Pythagoras desquels il vouloit estre creu souuerainemét, qui furent iugez si rudes du temps des Romains, que

Pourquoy est-ce que Pythagoras a choisi l'ame d'vn pescheur, puisqu'il haissoit le poisson, & auoit prohibé d'en máger.

Seneca. cap. 108. Pythagoras croioit la trásmigration des ames.

INST. DE TOVTES CHOSES. LIV. III. 235

Cneus Terentius Greffier du Senat, ayant trouué en labourant son champ, vne quaisse où estoit le corps & les liures de Numa, escrits en l'escorce de l'arbre nommé Papyrus 535. ans apres sa mort, comme on eut veu que ces liures ne contenoient que la Philosophie de Pythagoras, & combien ils pouuoient estre preiudiciables & dangereux, ils furent bruslez par ordonnance du Preteur Q. Petilius. Pli. li. 13. c. 13.
Liures de Numa bruslez, pource qu'ils ne contenoiēt que la Philosophie de Pythagoras.

Socrates a esté recogneu par l'Oracle d'Apollon le seul sage d'entre les hommes ; mais comme les Oracles ont tousiours eu deux ententes ; celuy qui en apparence sembloit estre le plus clair, se trouuant tousiours en verité le plus obscur & le moins veritable, l'Oracle l'appella ænigmatiquement le seul sage ; non qu'il fust le plus sage, ains parauanture parce qu'il estoit fils de Phanareta femme sage, qui souloit assister les accouchees de son temps. A quoy alludant Plutarque, il l'accuse qu'il disputoit sans vouloir rien resoudre, ains par diuerses questions & surprises, se côtentant de fermer la bouche aux Sophistes, seruoit (dit-il) de sage femme, pour faire produire aux autres leurs opinions, n'ayant rien voulu enfanter de soy-mesme, faisant semblant de ne sçauoir qu'vne chose, c'est qu'il ne sçauoit rien. D'où vient qu'il ne fut non plus suiuy de ses disciples que Pythagoras. Ainsi on diroit qu'il est du tout hors de censure, pource qu'il n'a rien escrit. Bien que ceste Bibliotheque celebre de Florence, où les portraits des anciens Autheurs sont posez chacun en leur rang, semble luy faire le procez. Car on l'a mis haut esleué par dessus Isocrate & Platon, auec vn rouleau qui luy eschappe de la bouche, qui dit, *Perche m' hanno posto qui.* A quoy ceux qui sont au dessous respondent, *Perche hauemo scritto quel solo c'hauemo imparato da voi.* Au demeurant bien qu'il semble auoir esté tant reformé & ennemy de la volupté, de l'Inconstāce, & de toute autre sorte de vices, si espousa-il deux femmes à la fois : ayāt esté si innocent d'espouser par commiseration & pitié la fille d'Aristides nommee Mirtho,

Socrates,

Pourquoy l'Oracle appella Socrates le seul sage du monde.

Socrates faisoit semblant de hayr la volupté, & neātmoins il ne se contenta de deux femmes.

N n n iiij

parce qu'elle estoit si pauure vefue, qu'elle ne trouuoit personne à qui se marier: bien que deslors il eut vne autre femme. Et ne laissoit pour cela de visiter souuent Aspasia insigne dariolette, qui tenoit en sa maison des garces, faisant gain de leur corps. Son sçauoir estoit bien mal employé, puis qu'il se trouuoit en des lieux si indignes de sa profession. Et pourtant quelqu'vn luy ayant demandé aduis s'il seroit bon qu'il se mariast, bien qu'il l'eust desia preiugé en soy, si est-ce que sans nulle resolution, & ne sçachāt à quoy s'en tenir, il luy conseilla & desconseilla tout ensemble: ce que i'attribue plustost à inconstance qu'à nul doute qu'il fist en la chose. Il auoit aussi faute de iugemēt, ou de sens commun, en ce que pour se monstrer amateur de verité, il vouloit faire des vers, & y loger des fables sans menterie; & s'estant mis à l'essay, n'ayant ny inuention, ny bonne grace, il chercha quelques fables d'Æsope, pour les mettre en vers: estāt si simple de croire, qu'il en trouueroit là & ailleurs, où il n'y auroit point de mensonge. Or quelle Inconstance desirez-vous plus grāde en luy, que de sauter de la profession de verité, qu'il auoit toute sa vie si exactemēt soustenuë, à celle de Poësie, la mere de mensonge? & puis ne s'y trouuāt propre, estre si inepte, que de pēser trouuer des fables non fabuleuses: bien que l'ame de la Poësie soit la fable, & l'ame de la fable la mensonge? aussi Aristophane se mocque de luy, l'ayāt logé dās la fable des nuees, laquelle on dit qu'il fit pour luy: bien que Viués pour gratifier Socrates, appelle ceste œuure *Fabula nebulonica*, non pas à *nebulis*, ains à *nebulone*, rejettāt le vice du mot sur l'Autheur, qu'il a peut-estre voulu marquer de ce nom. D'ailleurs Ciceron le nous donne pour hōme qui estoit de tresmauuaise geniture, & le tenoit-on pour vsurier, ayant de l'argent que Criton luy faisoit profiter, dont il luy en payoit l'vsure. Il est pareillement accusé d'inconstance dās Platon: car comme quelqu'vn disoit, que ses argumens incertains, sembloiēt les ouurages de Dædalus: Euthyphron respond, que Socrates luy est vn vray Dædalus: c'est à dire, inconstant & brouillon, de qui on ne void nulle rai-

Porphyrius au liu. des Philosophes.

Socrates conseilloit & desconseilloit de se marier.

Plut. au Tr. comme il faut lire les Poëtes. Socrates vouloit faire des vers, & y mesler des Fables, sans qu'il y eust du mensonge.

Aristophane se mocque de Socrates.

Viués sup. S. Aug. li. 2. c. 9. de ciuit. Dei.

Cic. de Fato. Plu. in Aristi.

Platon in Euthyphrone.

son, ny fondement certain, destruisant & desniant ce qu'il *Aristoph. in* auoit vn peu auparauant dit & approuué. Aristophane le *Nubibus.* reprend encore de ce qu'il tenoit vn mauuais & iniuste discours sous la personne de Strepsiades, lequel introduit Les autres son fils Philipides chargé de debtes, s'enfuyāt vers l'escho- l'appellent le de Socrates; afin d'y apprendre quelque traict pour trō- Phidepidés. per ses creanciers. On dit aussi de luy que voulant tromper le Philosophe Tyrtamus grand Chiromantien, qui estoit venu expres d'Afrique en Athenes au bruit de ceste grande reputation, il fit faire vn delineamēt d'vne de ses mains, feignant que ce fust celle d'vne femme, & la luy fit monstrer. Tyrtamus dit que c'estoit la main d'vn adultere, d'vn larron, & d'vn homme fort cruel & non d'vne femme. Ce que les disciples de Socrates tournāt en risee, pource qu'ils croyoient le contraire, Socrates leur confessa ingenuemēt qu'il estoit vray, louant la suffisance de Tyrtamus, & qu'il auoit vne merueilleuse inclination à ces trois vices, mais que la raison seule les luy auoit fait quitter à toute force. Il confessoit son defaut & disoit vray: mais il l'effaçoit aussi tost. Et ie ne sçay s'il l'en faut croire.

Mais parlons de ces deux petits traicts, qui ont tant fait recommander Pythagoras & Socrates: l'vn souloit dire qu'il ne sçauoit rien, en quoy il eust eu raison s'il l'eust creu ainsi: car Athenee, Xenophon & Platon se mocquent de *Athe. l.5.c. 13.* luy, de ce qu'estant estimé le plus sage & suffisant de son *Xenoph.l.1.rer.* temps par l'Oracle d'Apollon, il ne sceut iamais conter *Græc. Plat.in* les voix en vne assemblee en laquelle il presidoit. Et l'au- *Gorg.* tre au contraire dit qu'il sçauoit tout & n'ignoroit rien. Si bien que ie trouue l'ambition & ostentation de Socrates Socrates di- beaucoup plus grande que celle de Pythagoras. Car ce sant qu'il ne petit mot simulé de ne sçauoir rien, est vne proclamation est plus ambi- publique d'extreme suffisance; & vn sçauoir cōme publié tieux que Py- à son de trompe, par les quatre coins du monde, qui est thagoras, di- venu iusqu'à nous. Au lieu que l'autre, semble estre vne gnoroit rien. confession ingenuë, du profit qu'il auoit fait en l'estude de Philosophie. Mais pourtant auec tout cela, ie ne sçay lequel des deux estoit plus grand imposteur & sorcier, qui est vne qualité qu'ils ne peuuent euiter. De Pythagoras nous l'auons desia monstré, de Socrates il en faut croire deux notables tesmoins, Maximus Philosophe de Tyr, & Plutarque, qui ont asseuré tous deux qu'il auoit vn demon: bien qu'ils semblent, desguisant ce demon, l'en auoir quasi comme voulu excuser. Car le premier dit que le demon de Socrates, n'estoit qu'vn remords de conscience, contre la promptitude & violence de son naturel, qui estoit chose inuisible, & par laquelle Socrates estoit retenu de mal-faire. Et Plutarque dit que ce demon n'estoit qu'vn esternuement à gauche ou à droicte de la chose entreprise. Mais les anciens Comiques, entre lesquels Aristophanes tient le premier rang, ont creu que c'estoient les deux plus celebres imposteurs qui ayent iamais esté, & qui introduisoient de nouueaux Dieux en la Republique; seduisant toute la ieunesse, & n'ayant aucun disciple auec eux qui n'ayt fait vne secte & bande à part. En quoy il appert clairement que leur doctrine estoit faulse, peu solide & inconstante, digne vrayement du demon mensonger duquel elle prenoit sa source. Tellemēt que Demochares & Crates dans Athence ont publié par tout, qu'il ne sortit iamais aucun bon soldat de luy, ny de son eschole. Et ne puis recognoistre surquoy Iustin Martyr s'est fondé, disant que Socrates estoit en quelque façon Chrestien. Veu que Seneque dit, qu'apres qu'il eut porté les armes vingt-sept ans, & desbauché vne infinité de ieunesse, en fin on luy mit sus qu'il estoit Athee, d'où s'ensuit le mespris des Dieux, & toute autre sorte de vices qui ne produisent que le renuersement des Estats & Republiques. Si bien qu'apres tant de defauts, vn Poëte n'a eu honte de dire, qu'il aimoit mieux vn seul Caton, que trois cens Socrates.

Max. Tyrius serm. 16. Plut. le Demo. Socr.

Athen. li. 5. c. 1. II.

Iust. Mart. in Apologia 2. pro Christianis.
Seneq. ep. 104.
Socrates porte les armes 27. ans.

Diogenes.

Diogenes estoit natif de Sinope, ville maritime, son pere Iesius estoit banquier: qui estoit chose si sordide parmy les Romains, que l'Empereur Vespasian prit de là occasion de quitter le nom de son pere, qui estoit banquier: & de fait

fait, il prit celuy de Vespasia Polla sa mere. Ainsi sa naissance estoit tirée en toutes façons de l'Inconstance: car les gens maritimes sont tenus pour les plus inconstans. Et comme il n'y a rien si muable ne changeant, que les deniers qui vont & viennent de banque en banque, qui se changent & remuent tousiours, ainsi auoit-il esté imbu de son pere banquier, à estre inconstant & muable, & tenant de luy ceste humeur de rouler son tonneau par tout, ne pouuant estre ny au Ciel, ny en la terre, il voulut faire vn nouueau monde de la rondeur d'iceluy, & mendier miserablement sa vie auec vne besace. Mais pourrions-nous mieux descouurir son inconstance, que par sa bouche propre, trouuant des fautes en autruy, qu'il ne pouuoit descouurir ne cognoistre en soy-mesme? Il se mocquoit de ces petits Docteurs, qui espeluchent & recherchent les erreurs & imperfections des plus grands personnages & ignorent les leurs propres. Il trouuoit mal employé le tĕps que les Musiciens mettent à accorder leurs instrumens, puis que les passions de leurs ames sont si discordantes. Il reprenoit les Mathematiciens & Astrologues, de ce qu'ils ont les yeux piquez dans le Ciel, pour discourir & cognoistre les plus variables chãgemens de la Lune & des Astres, & ne peuuent pourtant descouurir ce qui leur est tout au deuant; qui sont toutes reprehensions iustes. Et neantmoins on luy pourroit iustement demander, ce qu'il demanda à celuy qui discouroit des Meteores, combien il y auoit de temps qu'il estoit reuenu luy-mesme du Ciel: si n'estoit qu'on peust dire en quelque façon, que durant sa vie il n'en reuint iamais; ains par esleuation de son inconstance & legereté, il y estoit tousiours au dedans, ne craignant durãt sa vie la faim auec sa besace, ne la pluye auec son tonneau, ny les bestes & oyseaux apres sa mort, pourueu qu'il fust armé de son baston; n'ayant nul sentimĕt de l'honneur, lequel nous doit tousiours sur le depart de ceste vie mortelle, faire desirer vne decente posture à nostre corps, & non le prostituer ainsi sans nul soin, & le laisser

Les gens maritimes sont tenus pour volages.

O o o

exposé aux Corbeaux, comme celuy d'vne beste brute. Que si ceste humeur Philosophique luy rendoit sa pauureté si supportable, qu'il ne voulust mesme auoir vn linge pour couurir ceste sale nudité, que la Nature vergongneuse a resserré & couuert en la pluspart des animaux, comment estoit-il si inconstant de respondre sur ses vieux ans, apres auoir longuement esprouué sa misere, à vn qui luy demanda, qu'est-ce qu'il y auoit de plus miserable en ceste vie, que c'estoit vn vieillard pauure? Mais parce que mon dessein est de n'attaquer ces grands personnages seul à seul, ains auec vn bon second, oyez Plutarque; Diogenes fut si temeraire (dit-il) qu'il osa bien manger vn Poulpe tout crud, afin d'oster l'vsage d'appareiller telles viandes auec le feu: & y ayant autour de luy plusieurs sacrificateurs & autres hommes, il affubla sa teste de sa cappe, & mit en sa bouche la chair de ce Poulpe, disant, Ie fais vn essay perilleux, & me mets en dáger pour vous. Vrayement c'estoit vn beau & louable danger: car il ne se hazardoit point comme Pelopidas, pour le recouurement de la liberté de Thebes, ny comme Harmodius & Aristogiton, pour celle d'Athenes: ce beau Philosophe là combattoit de l'estomac auec vn Poulpe, pour rendre la vie humaine plus bestiale & plus sauuage. Or parce que cy-deuant nous en auons parlé bien au long, ie diray vn mot à l'oreille à Platon, de la part de Diogenes; mais pourtant ie veux que tout le monde l'entende.

Plut. au Tr. de manger chair. Diogenes mágeoit la chair crue, pour n'estre contraint de se seruir d'aucun appreſt, ny mesme du feu.

Diogenes & Platon se mocquoient l'vn de l'autre.

Platon se voulant mocquer de la pauureté de Diogenes, qui le tenoit le plus souuent empesché à de si viles occupations, que tous les sçauans qui estoient pour lors, & qui ont esté depuis, en ont eu quasi comme vergongne; le voyant vn iour qu'il lauoit des herbes pour son disner, luy souffla tout bas en l'oreille, Si tu sçauois faire la cour à Dionysius, tu ne lauerois pas des herbes; quoy entendu, Diogenes s'approchant de son oreille encor de plus pres, luy respondit; Mais bien toy, Platon, si tu sçauois comme moy lauer des herbes, tu ne courtiserois pas Dionysius. Et de fait Platon employa là fort mal son temps. Car s'en estant allé en Sicile pour l'instruire, quand bien il eust trouué son ame, comme vne de ses tablettes, ja toute pleine de souilleure, sans pouuoir presque plus laisser la teinture de la tyrannie, si est-ce qu'il est vray-semblable qu'à force belles raisons, qu'il faisoit semblant de luy dire tous les iours, il le deuoit rendre moins Tyran & cruel. Il fut aussi inutile aux Siciliens, s'amusant à des reprehensions inoüyes, & trouuant mauuais de ce qu'ils faisoient deux repas le iour, soustenant qu'il estoit impossible d'apprendre la vertu à des gens qui se mettent ainsi deux fois à table par iour. Comme si la sobrieté ne peut estre aussi bien en deux repas qu'en vn : & comme si en vn seul, on ne peut faire plus d'excés qu'en plusieurs. Qui meut Diogenes vn iour qu'on louoit Platon, de dire, Et que trouuez-vous de si grand & si digne en ce personnage, veu que depuis vn si long temps qu'il enseigne la Philosophie, il n'a encore fasché personne ? c'est à dire, il ne l'a repris ny rendu meilleur. Mais voicy vn autre censeur, qui n'est gueres moindre. Zenon voulant reprimer l'orgueil & outrecuidance de Platon, & luy faire sentir combien il trouuoit mauuais qu'il fust ainsi vain, allant vn iour disner chez luy, foula auec ses pieds tous boueux, les beaux licts parez de sa châbre: tellement que Platon aigry d'vne si forte correction, luy demanda, Que veux-tu faire Zenon ? Ie veux (dit-il) rabattre ta gloire : voire mais repliqua Platon, tu rabas ma gloire auec vne plus grande gloire. Il repliqua à la verité bien viuement; mais pourtant c'estoit plustost vne plainte qu'vne veritable couuerture, ny bonne deffense : & rabaisser vne gloire par vne plus grande gloire, ne fait que le premier qu'on a fait recognoistre & rabaisser, n'ait esté vrayement glorieux. Son outrecuidance se recognoistra encore mieux, si nous l'oyons parler aux Rois. Il escriuit à Dionysius, Roy de Sicile, Si tu commences à m'honorer, il semblera que tu portes, &

Platon fit vne mauuaise nourriture en la personne de Dionysius.

Platon trouuoit mauuais de ce que les Siciliens faisoient deux repas le iour. Cic. lib. 5. Tuscul.

Zenon taxoit Platon d'orgueil.

O oo ij

faces hôneur à la Philosophie: au lieu que si ie commence, il semblera que i'honore la richesse: ainsi nous receurons de l'honneur tous deux, si tu m'honores; au contraire, si moy à toy, de l'infamie.

<small>Plut. au Tr. de la fortune d'Alexandre.</small>

Oyez Plutarque parlant de sa Republique: Platon a (dit-il) laissé par escrit vne seule forme de gouuernement de ville; mais il n'a sceu persuader à vn seul de la suiure, tant elle a esté trouuee austere, rude, & pleine de seuerité: encore y a-il peu d'entre nous qui daigne lire ses loix. Ainsi sa Republique n'a esté non plus desiree, que trouuee. Et ailleurs se mocquant de Platon, Diogenes, & Zenon, à l'auantage de Lycurgue, il dit qu'ils ont fort bien discouru du gouuernement des Republiques; mais ils n'ont laissé apres eux que des Escritures & des paroles seulement: & au contraire Lycurgue n'a point laissé des liures, ny des papiers, ains a produit & mis en estre vne belle forme de gouuernement. A quoy Athenee adiouste que les Tyrans ont esté engendrez des songes de sa Republique.

<small>Athenee liu. 12. c. 23. Dipnosoph.</small>

On tient aussi qu'il estoit encore moins versé és Mathematiques, qu'entendu à bienformer des Republiques. Car les Deliens luy ayant demandé les proportions, & la forme d'vn Autel qu'ils vouloient construire, il les renuoya à Euclide. Et mourut de despit, pour n'auoir sceu auec toute sa Philosophie soudre l'ænigme des Pasteurs d'Arcadie. Et afin que ie ne parle de luy sans Autheurs, Porphyre dit qu'il regardoit auec volupté les enfans nuds lors qu'il estoit à la Palestine, qu'il estoit cholere & conuicieux. Xenophon l'accuse d'auoir eu part aux monstres d'Ægypte, & de ce que luy & Aristippus approuuoient le vice de luxure en Dionysius; tellement que le mesme Dionysius commanda qu'on vendist Platon, ayant vraysemblablement recognu ses defauts. Aristophane le taxe d'estre Athee & grossier. Athenee dit qu'il estoit plein d'enuie, & ennemy des bonnes mœurs. Theopompus Chius, qu'il y a plusieurs de ses Dialogues inutiles & menteurs: plusieurs qui sont à luy, aucuns

<small>Greg. Nazianzenus Orat. 1. in Iulianum: & Helias Cretensis eius Scholiast. Porphyr. li. de Philosoph. Xiphil. ad Æschinem Socraticum Æmil. Pr. in Dione. Arist. in Nebul. Athe. l. xi. Dipn. c. 22. Theop. Chius contra Plat. consuetud.</small>

INST. DE TOVTES CHOSES. LIV. III.   339

estant d'Antisthenes, d'autres d'vn Heracleoticus Brison. Suidas qu'il a passé par trois fois le Carybde pour les thresors de Sicile. Pline que Pythagoras, Empedocles, Democrite & Platon estoient Magiciens & sorciers, ayant esté en leur temps si aspres à apprédre la Magie, qu'ils alloient vagabondant par le pays, plustost cóme bannis que comme estudians ou voyageurs, & estant de retour en leur patrie, faisoient profession de l'enseigner à vn chacun. Aule Gelle soustiét qu'il est accusé par Timon d'estre plagiaire ayant tiré son Timæe de la discipline de Pythagoras, qui l'a mis en reputation & faict estimer sçauant. Si bien que celuy qui a dict que sa doctrine n'estoit guere esloignee de l'Euangelique, semble faire trop bon marché d'vne chose de si haut prix. Et Clement Alexandrin semble se mocquer de luy, quand il l'appelle le Moyse Athenien; & Arnobe le Philosophe Chrestien. Car tout cela vient seulement, de ce qu'ayant ouy en Ægypte vn sermon du Prophete Hieremie, il en fit aucunement son profit, disant des choses approchantes & de la Religion des Iuifs, & de celle des Chrestiens. Ie m'en remettray donc à ce qu'vn plus grand personnage qu'eux en a laissé par escrit qui est sainct Hierosme; & ne penseray faillir auec vn si bon garant, de croire que Platon & ses disciples estoyent fols; & qu'il y auoit autant de confusion dans sa teste comme le Bembe dict qu'il y a peu d'ordre & de methode en ses Dialogues. Et afin que ie n'oublie ce qu'vn grand personnage de ce temps a obserué en ses escrits, voicy ses mots, *Respiciat ipse sese, quot ineptas, quot spurcas fabellas inserat: quas Græcanicum scelus olentes sententias identidem inculcet. Certè Symposium & Phædrum, atque alia monstra operæpretium fuerit nunquam legisse.* Aristote estoit fils d'vn Espicier, qui auoit fait banqueroute, & comme l'a remarqué en nos derniers siecles vn autheur Italien, qui asseure l'auoir tiré de quelques fragmens Grecs, le iour de sa naissance, il apparut en l'air vne Statue d'vn homme ayant vn liure en main qu'il tenoit à l'enuers, auec la langue qui luy

Suid. in Æschinem.

Clemens Alex. 1. Stromat. pag. 131.

S. Hieron. de vita Eremitica, ad Heliod.

Bembo negli Asol. Scalig. lib. Poët. c. 2.

Aristote.

Ooo iij

TABLEAV DE L'INCONSTANCE ET

sortoit au dehors, la moitié du visage barbu, le front de plomb, auec les yeux de serpent, tenant sous ses pieds vn escu où le Soleil estoit peint, la Lune & les Estoilles. L'Oracle estant consulté dit, que c'estoit indice de la naissance de l'homme le plus inconstant & sceleré qui nasquist iamais. Disant que le liure à l'enuers vouloit signifier, que ce seroit vn Philosophe simulé & ignorant; la langue dehors faisoit demonstration de son immoderee loquacité & mesdisance; le front de plomb son impudence; les yeux de serpent vne foible curiosité, & qui n'a peu atteindre à la vigueur de son esprit; la barbe rare & à demy, vne effeminee & impudique nature; l'Escu qu'il auoit sous les pieds, où le Soleil, la Lune, & autres figures celestes estoyent grauees, le mespris qu'il feroit des choses diuines. L'Oracle, dit cet Autheur, a rencontré en quelque chose, car il a voulu esclorre de nouuelles inuentions sans s'arrester à la doctrine de son maistre. Mais tous ses deux maistres s'en sont plaints. Et la plainte de Platon, de qui il auoit esté auditeur l'espace de vingt ans, estoit qu'Aristote auoit faict comme les poulets, qui donnent de l'aile à la mere qui les a nourris, lors qu'ils peuuent viure d'eux-mesmes; le blasmant par là d'inconstance en amitié, & d'ingratitude tout ensemble. Mais la plainte est encore plus forte du costé d'Alexandre, de la mort duquel il est à demy conuaincu; & l'occasion du soupçon fondee sur la mort de Callisthenes son amy, qu'il aimoit d'amour des-honneste: & lequel Alexandre fit mourir au grand regret d'Aristote. Et l'Empereur Caracalla croyant qu'Aristote fust cause de la mort d'Alexandre, luy vouloit tant de mal & à tous les Aristoteliciens, qu'il commanda qu'on bruslast ses liures, & osta à tous ceux qui portoyent ce nom, toutes les commoditez qu'ils receuoyent en la ville d'Alexandrie. Il estoit aussi trompeur en l'instruction du mesme Alexandre: car luy ayant appris la Metaphysique comme vne science occulte, laquelle il faisoit semblant de ne vouloir communiquer qu'à luy seul, en publia les li-

Platon & Alexandre se plaignoyent d'Aristote.

Xiphil. in Dione en la vie d'Ant. Carac.

ures: sçachant qu'il estoit en Asie. Dont Alexandre irrité luy en fit reproche. A quoy Aristote luy rescriuit magnifiant trop son ouurage, que ses liures n'estoyent publiez ny à publier. Bien que Plutarque die qu'en la Metaphysique, il n'y a aucune euidente instruction & expression, qui puisse estre vtile ny pour apprendre à part soy, ny pour enseigner à autruy, croyant parauanture que les choses & les sciences qui semblent les plus hautes, sont autant de precipices. Et ne faut pas laisser de le loger au rang des autres inconstans, si on l'en trouue d'ailleurs, pour les liures de la vertu morale qu'on luy attribue. Car on doute s'il a faict les Ethiques, tant pour le style, que pour la disposition & l'ordre qu'on y voit. Aussi Ciceron dict, qu'elles furent faictes par Nicomachus son fils. Et en ce qu'il a escrit à Eudemus, il y a plusieurs choses confusément escrites, & par luy-mesme reprinses & refutees. On tient qu'il a escrit quatre cens volumes ; mais c'est qu'abusant d'Alexandre, il fourrageoit souuent de bonnes & grandes Bibliotheques, & achetoit des liures anciens. Et l'argent ne luy manquoit point, car son maistre prenoit tant de plaisir à luy donner, qu'auec vn present qu'il luy eust faict de quatre fables, Alexandre luy eust donné la moitié de son Sceptre: tesmoin ce qu'on lit dans Athenee, que simplement pour le liure des animaux, il luy donna huict cens talents, qui sont quatre cens quatre-vingts mille escus. Et dans Aule Gelle qu'Aristote acheta les liures de Speusippus auec licence de s'en pouuoir seruir, trois talents Attiques. Aussi disent Strabo & Plutarque que ses œuures se perdirent; peut estre donc que faussement & mal à propos l'a-on auoüé autheur de quelques œuures qui se lisent sous son nom, le faisant iouyr d'vn benefice duquel il n'est le vray titulaire. Cicerō escriuant à Lentulus, dict auoir composé l'orateur en Dialogue, selon la coustume d'Aristote. Que si Aristote auoit cette coustume, il est vray-semblable qu'il a faict plusieurs Dialogues, & pourtāt il ne s'en voit pas vn. De mesme dit

Aristote fut blasmé pour Alexādre d'auoir publié la Metaphysique.

Aduis de Plutarque touchant la Metaphysique d'Aristote.

On doute qu'Aristote ait faict les Ethiques, parce que Ciceron les attribue à son fils. Ciceron aux Tusculi.

Athenee li. 9. des Dypnosophistes. Aucuns disent que c'est pour auoir recherché la nature des animaux. Les liures d'Aristote se perdirent. Cic. ad Lentul. Aristote auoit fait ses œuures en Dialogue, & maintenant il ne s'en voit point.

Simplicius qu'il escriuit aussi en Dialogue suiuant la forme d'escrire de ce temps-là, comme il se voit és œuures de Platon, & de Xenophon, & comme Seneque dit de Tite Liue, duquel nõ plus il ne s'en trouue pas vn. Ainsi il y a grande apparence que ces liures perdus seroyent plustost à luy, que ceux qu'on luy attribue. Le liure du monde est pareillement trop disert & orné pour estre sien. Outre qu'il n'a pas accoustumé de faire les proëmes longs. Et entre tous les liures qu'il a escrit, le plus meschant est celuy qu'il escriuit à Alexandre, si nous en voulons croire Albert le Grand, qui l'appelle, la mort de l'ame : outre qu'Auerroes s'est si mal instruit lisant ses liures, qu'il n'a pas honte de dire, Que les plus sainctes paroles de l'Eglise sont contes semblables à des fictions des Poëtes. Tertullien auoit donc bien mieux consideré ses œuures, ayant tres-iudicieusement obserué qu'Aristote estoit plus prompt *alia damnare, aut inanire, quàm sua implere*. C'estoit d'ailleurs vn flateur ; car pour ne vouloir offenser Philippe & Alexandre, qui vouloyent mal aux Orateurs d'Athenes, il ne vouloit vser des exemples des Orateurs, ains de ceux des Philosophes & des Poëtes : ou bien c'estoit à cause de la haine qu'il portoit à Isocrate excellent Orateur, contre lequel il lascha ces mots pleins d'enuie qui sont venus iusques à nous, *Il est honteux qu'Isocrate parle, & qu'Aristote se taise.*

Et pour monstrer que mesme en ce qui estoit des secrets de la Nature, il n'est pas peu arriuer à ce qu'il pensoit. Les Anciens figurerent tres à propos au reuers de sa Medaille, le visage d'vne femme qu'ils nommérent *Physis* (c'est à dire Nature) couuerte d'vn voile, voulãt donner à entendre, qu'il n'auoit veu d'icelle que les vestemés & le visage couuert : aussi ne sceut-il iamais trouuer ny comprendre la raison pourquoy en l'Euripe ou destroit de Negrepont, on voyoit flux & reflux sept fois en vingt & quatre heures ; & tient-on pour certain qu'il en mourut de despit. Ayant esté contraint quelque temps auparauant

---

Seneque epi. 100. dit que Tite Liue auoit aussi escrit en Dialogue.

Albert le Grãd in speculo Astronomiæ, cap. 10. où il traicte de Libris licitis, & illic. Auerroes in Poëtic.

Tertul. lib. de anima, cap. 5.

Turpe est Isocratem dicere, & Aristotelem tacere.

Pourquoy les Anciens peignirent au reuers de la medaille d'Aristote vn visage d'vne femme, nommee Physis. Laerce en la vie d'Aristote.

rauant de s'enfuyr d'Athenes, pour euiter la punition de ce qu'il se moquoit de leur Religion, ou de leur creáce. Si bien que desia vieux, s'estant retiré en Chalcide sa patrie, il escriuit à ses amis qu'il s'en estoit fuy, pour ne donner de nouueau occasion aux Atheniens de commettre vn peché contre la Philosophie : referant le premier peché à la mort de Socrates, lequel pour la mesme accusation auoit esté contraint par les Atheniens de boire du poison. Mais puis qu'il alleguoit l'exemple de Socrates, si tant est qu'il mourut constamment pour ne croire ceste fausse pluralité des Dieux, pourquoy ne mourut-il comme luy, pour vne si veritable & manifeste croyance, au lieu de s'enfuyr en Chalcide ? Celuy donc qui nous veut faire prendre Platon pour le Soleil de Philosophie, traictant les choses celestes & les plus cachees ; & Aristote pour la Lune, traictant les naturelles, les ciuiles, & celles qui sont accommodees à la portee & vsage de l'homme, se moquoit d'eux, s'il n'entendoit que la ceruelle de Platon fust aussi variable, & allast aussi viste que le cours du Soleil est leger & mouuant ; & celle d'Aristote non gueres moins : d'autant que la Lune pour ses diuers visages, & soudaines mutations est Hieroglyphe d'inconstance, & se change encore plus souuent. Ce qui est confirmé par Lactance, qui asseure que Platon, Aristote, Epicure, & Zenon ont laissé par escrit des choses repugnantes & contraires en soy, niant tout à faict ce qu'ils ont autresfois asseuré, & dit estre le plus certain. Laissant au reste à iuger, si Trapezonze a dict vray, qu'Aristote fut sauué, veu qu'vn sainct Pere parlant de la gloire indeuë qu'aucuns luy ont voulu donner, & de son tourment, a dict comme s'il parloit à luy-mesme : *Aristoteles, laudaris vbi non es, & cruciaris vbi es.* A quoy i'adiousteray pour la fin qu'il ne deuoit mesme estre recogneu (comme aucuns ont obserué) par ce nom d'Aristote, ains seulement par celuy de maistre d'Alexádre : car comme Homere appelle souuent Pâris, le mary de la belle Heleine,

Greg. Naziáz. Orat. 1. in Iulianum. Horatius de arte Poëtica.

Platon comparé au Soleil, & Aristote à la Lune, & pourquoy.

Lact. lib. 5. de Iustitia, cap. 3.

Ppp

le nommant par le nom de sa femme, & non Pâris; parce qu'il n'auoit aucune excellence ny chose recommendable en luy: aussi y a-il grande apparence de croire, que le peu d'excellence qui estoit en Aristote, l'eust laissé du tout incogneu, s'il n'eust esté releué par la grandeur de son maistre Alexandre, auec lequel il conuersa l'espace de dix ans, ou par celle de Platon, auec lequel il en conuersa vingt.

Seneque. Tacite l. 13. c. 8. & 14. c. 15. de ses Annales.

Contre la Philosophie de Seneque, i'employe le iuste reproche de son inconstance & de sa mauuaise vie, qui luy fut faict par Suilius, durant qu'il florissoit le plus sous Neron, en l'instruction duquel il a si peu merité, qu'en luy seul se pourroyent trouuer toute sorte de vices & meschancetez. Seneque donc portant quelque enuie à Suilius Aduocat fameux & Orateur celebre, fit refraichir la peine portee par la loy Cincia, contre ceux qui plaident les causes pour de l'argent, tout exprés pour le ruiner; dont Suilius irrité, luy reprocha qu'il haïssoit les amis de l'Empereur Claudius, pource que sous le regne d'iceluy, il auoit esté tres-iustement banny. Qu'ayant

La difference qu'il y a de monstrer son eloquence à pedantiser, ou à plaider.

esté accoustumé à vne estude morte, & à enseigner de ieunes enfans ignorans & sans experience, il portoit enuie à ceux qui monstroyent leur viue & entiere eloquence, en defendant les citoyens. Qu'il auoit esté Questeur de Germanicus; mais que Seneque estoit l'adultere de la maison d'iceluy. Qu'il ne sçauoit par quelle science, ny par quels enseignemens de Philosophie il auoit peu en quatre ans que Neron luy portoit faueur, mettre en ses coffres, sept millions cinq cens mille escus. Qu'à Rome les Legats testamentaires de ceux qui n'auoyent point d'enfans, estoyent par luy prins; qu'il les auoit enclos dans ses toilles. Que l'Italie & les Prouinces estoyent épuisees par ses excessiues vsures. Que pour n'estre

Seneque surmontoit Neron en beauté de iardins.

qu'vn Champignon de Cour, il auoit plus de biens qu'il n'appartenoit à vn homme priué. Qu'il surmontoit presque Neron en beauté de iardins, & maisons de plaisance: ce qu'il cognoissoit tresbien luy-mesme: Car Neron le voulant dégrader, parce qu'il regorgeoit de richesses, Seneque luy dit, Nous auons accõply la mesure, toy donnant autant qu'vn Prince pourroit donner à celuy qu'il ayme; & moy receuant tout ce qu'vn homme grandement fauorisé peut auoir & prendre de son Prince: le par-dessus ne sert que d'augmenter l'enuie, laquelle, cõme toutes choses mortelles, est sousmise à ta grandeur ; mais elle retombe sur moy : & puis que ie ne sçauroy plus auant soustenir le faix de mes richesses, ie requiers secours. Seneque de crainte vouloit quitter les richesses & bien-faicts à Neron; mais il ne pouuoit quitter la peur. Et Neron qui ne les voulut receuoir, respondit accortement; Quand bien ta continence (dit-il) viendroit à estre principalement loüee en cela, si n'est-il pas toutesfois bien seant à vn homme sage comme toy, de receuoir honneur & loüange, par vne chose qu'il s'apreste faire tourner à la vergongne de son amy. Ie ne sçay si Neron auoit quelque sentiment, que Seneque courtisoit Agrippina sa mere, & si pour raison de ce il luy vouloit mal: car tous ceux de ce temps l'accusent de s'en estre approché trop peu honnestement : bien que par apres inconstant & variable, il se soit par trop lasché à prester consentement au parricide commis par Neron son disciple en la personne de la mesme Agrippina. Comme aussi il semble estre accusé de l'empoisonnement de l'Empereur Claudius, parce que fauorisant le mauuais dessein d'Agrippina, il recula Britannicus, vray successeur de l'Empire, pour auancer son disciple Neron : & auoit telle part en ce forfaict, qu'il n'en peust taire le contentement qu'il en auoit. Ce qu'il tesmoigna assez par le discours qu'il fit sur la mort de l'Empereur Claudius, qu'il intitula l'Immortalité acquise par des champignons: par le moyen desquels Claudius ayant esté empoisonné: Neron depuis les appella, *cibum Deorum*. Il estoit

Seneque vouloit quitter ses richesses de peur.

Seneque accusé d'auoir cogneu Agrippina mere de Neron.

L'Empereur Claudius fut empoisonné auec des chãpignons, lesquels depuis Neron sou-

aussi naturellement lasche de cœur, & sa lascheté quoy que Stoïque parut clairement, qu'en craignant le passage de Naples à Pouzzol, il se ietta tout chaussé & vestu dãs l'eau comme vn plongeur, grimpant par des endroicts raboteux, & se faisant vn nouueau chemin à soy-mesme. Il estoit aussi en quelque humeur de ialousie vn peu auãt sa mort: car aussi tost que Neron luy eut commandé de mourir, & que Paulina sa femme, par courtoisie & par estonnement de ceste mauuaise nouuelle, surprinse & effrayee en ses premieres paroles, eut laissé eschapper que elle vouloit aussi mourir, il la print au mot, ne voulant (disoit-il) empescher sa bonne renommee; mais c'estoit qu'estant ialoux, il ne la vouloit laisser à la mercy & danger d'autruy. Voire mesme il la pria de se faire mourir la premiere, tirant ces paroles d'honnesteté, en obligation à la rigueur de la mort. Et de faict il luy dist, Ie vous auois proposé des douceurs de la vie, toutesfois puis que vous aymez mieux vne mort honorable, ie ne seray point marry que vous m'en monstriez le chemin. Si bien que Neron, d'ailleurs si cruel, fut en cet endroit plus pitoyable enuers elle que son propre mary: car il commanda qu'on l'empeschast de mourir. La verité est que l'insolence tyrannique de Neron a faict broncher & la liberté des discours, & la constance de Seneque. Flauius Subrius fut plus constant & genereux que luy, qui en mesme temps dit à Neron, qui le vouloit faire mourir, Ie t'ay aymé tant que tu l'as merité; mais ie commençay à te hayr, depuis que tu deuins parricide de ta mere, & de ta femme; cocher, basteleur, & brusleur de maisons. Donc la haine & le mespris des richesses estoyent en luy vne vaine gloire, & vne espece d'ambition. Et luy-mesme disoit, qu'il luy estoit plus aisé de loüer la pauureté, que de la supporter. Qu'est-ce, disoit-il, qu'on m'allegue Phocion & Aristides? la pauureté estoit lors en vogue: pourquoy m'allegue-ton les Fabrices & les Coruncaniens? ce sont autãt d'exemples de

Marginalia:
soit appeller le Nectar des Dieux, parce que ayant osté Claudius du monde, esleuant Neron à l'Empire ils auoyent eu pouuoir de le faire estimer Dieu.

Tacit. l. 15. ch. 14. de ses Annal. Belles paroles & genereuses d'vn Flauius cõtre Neron.

Senec. lib. 2. controuer. 1. & libr. 5. controuers. 2.

pompe & d'ambition ; il estoit bien-aisé aux Potiers & Imageurs, de trouuer leurs Dieux propices, puis qu'ils se les mouloiét eux-mesmes. Voila donc sa vie, les plus beaux traicts de laquelle i'ay estendu tout du long, selon qu'elle est recitee par les bons Autheurs, & principalement par Tacite, pour me releuer de la peine, de faire remarquer à tous coups les inconstances & variations indignes qui s'y trouuent: parce qu'en chaque acte de sa vie on y en peut trouuer, & chacun selon son humeur. Et aussi, que bien souuent on veut faire passer pour constance & resolution, ce qui n'en est pas & n'en approche rien du tout: ce qui se void clair comme le iour, & mesmement lors qu'il fut sur le poinct de mourir. Et au surplus, pour ce qui est de son liure, ie me contenteray d'en dire ce mot qu'on dit communément, qu'auec des menuës & petites sentences il a tronqué & rompu le poix & grauité des paroles : si mieux on n'aime du tout luy en oster l'honneur (si honneur il y a) comme plusieurs ont fait, attribuant non à luy, ains à son pere les controuerses, qui est vne des meilleures pieces de ses œuures.

Fictilibus fuerunt Dij faciles.

La vie de Seneque est icy vn peu estenduë, pour releuer l'Autheur de remarquer les inconstances qui s'y trouuét vne à vne.

Angel.Polit. en la preface des *Institut. de Quintilien.*

Lipsius Electorum lib. c. 1.

Pline est accusé de mensonge par Vigenere dans Philostrate, & plaisamment. C'est vn cas bien estrange (dit-il) voire contre Nature, que les choses par leur esloignement venant tousiours à se racourcir & diminuer, comme mesme on le peut voir par les reigles de la Perspectiue, neantmoins Pline de tant plus loin qu'il les emmene, tant plus grandes & longues nous les donne-il. Et comme vn torrent, ou vne riuiere, rompt & brise les chaussees & eschappe par tout, aussi il gouste vne infinité de choses, & n'en digere pas vne, tant son esprit est vague & inconstāt. Si bien qu'on dit que son style diuers, monstre qu'il escriuoit souuent par ses affranchis. Oyez les beaux contes qu'il fait de luy-mesme; Quant à moy (dit-il) ie puis dire auoir compris en trente-six volumes vingt mille choses toutes dignes de consideration: lesquelles i'ay prises de deux mille diuers volumes ou enuiron; outre vn monde de choses.

Pline. *Vigen. au* 7. vol. de *Philost.*

Pline gouste tout, & ne digere rien.

Pline en sa preface.

P p p iij

TABLEAV DE L'INCONSTANCE ET
singulieres que nous y auons adiouſtees, deſquelles les
Anciens n'auoient eu cognoiſſance. Et neantmoins au
iugement des plus doctes, reſpondoit-il le plus ſouuent
à tort & à trauers, à toutes ſortes de queſtions & demandes. Vne de ſes plus notables & menſongeres reſponſes
à mon aduis eſt, quand il fait ſemblant de ſçauoir de certaine ſcience, combien il y a de ſortes ou eſpeces d'animaux en la mer. Car on tient bien communément, qu'il
y en a autant d'eſpeces en vn element qu'en l'autre; mais
aucun que ie ſçache digne de foy, n'a voulu encor decider
combien en quelque element que ce ſoit. Toutesfois Pline par vergogne confeſſe, qu'il ne ſçauroit nommer celles de l'air, & de la terre. Neantmoins pour celles de la
mer, il franchit nettement qu'elles ſont en nombre 177.
Il vouloit qu'on ſceuſt qu'il luy eſtoit plus aiſé de deſ-
cendre & penetrer dans les abyſmes de la mer, pour y conter l'infinité des eſpeces qui y ſont, & y abyſmer ſa curioſité, que de monter en l'air, ou iuſques au Ciel, où la foibleſſe de noſtre entendement ne peut arriuer par ſcience,
ny cognoiſſance certaine. A quoy i'adiouſteray qu'au liure
troiſieſme chap. 18. il dit que les Argonautes voulant paſſer iuſques à la mer Adriatique, firent trauerſer les Alpes
à leur nauire à force de gens. Vne des plus grandes & importantes menſonges qu'il ait iamais laiſſé eſchapper, c'eſt
celle qui eſt dans le 30. liure de ſon hiſtoire naturelle, chapitre premier; où ignorant la diuine doctrine de l'Eſcriture ſaincte, il conte qu'il y a vne eſpece de Magie, qui
prit ſon fondement de Moyſe, de Iamnes, & de Iotape
qui eſtoient Iuifs. Et vn peu apres; quant à la magie Cyprienne (dit-il) elle eſt de fraiſche memoire. En quoy il
ſemble auoir voulu parler des miracles que Moyſe faiſoit
par vertu de ſa verge. Or la verité eſt, que les Romains addonnez aux Idoles auoient en horreur les ſainctes loix des
Iuifs, enſemble les hommes de ſaincte vie & religieux deſquels ils les pouuoient apprendre. Ainſi il parle mal à propos d'vn hôme remply de la grace de Dieu. Car bien que

Pli.li.32.c.11.

Merueille que Pli ne ait dict, ſçauoir les eſ-peces des ani-maux, qui ſont dans la mer, & non ceux qui ſont en la terre, bien qu'ils ſemblent plus aiſez à ſça-uoir.

S.Aug. au li. de la cité de Dieu.

Possidonius & Lysimachus eussent creu aussi auant Pline, que Moyse estoit Magicien; si est-ce que Iosephe les reprend iustement & dit qu'ils sont menteurs. Et au contraire Strabon lib. 16. de sa Geographie tient que Moyse estoit vn homme diuin, & non factieux, ou tel que Pline le depeint. *Iosephe 2. volum. contra Appionem.*

Et quant à la magie Cyprienne (il entend parler de la religion Chrestienne) les Payens croyoient que les miracles que S. Paul faisoit en l'Isle de Cypre (qui fut la premiere contree reduite à la religion Chrestienne) se fissent plustost par magie, que par la grace de Dieu, qui leur estoit incogneu. Aussi a-il joint Moyse auec Iamnes, qui estoit vn des enchanteurs du Roy Pharaon qui taschoit de contrefaire les miracles de Moyse. Mais tout cela nous tesmoigne, & nous fait croire de plus en plus, qu'il parloit de toutes choses à veuë de pays, & sans en auoir nulle particuliere cognoissance. Aussi ne pouuoit-il en auoir guere, puis que mesme il ne cognoissoit nul Dieu, ayant desnié qu'il y en eust aucun, ou pour le moins fait semblant qu'il n'en cognoissoit point, au liure 7. c. 55. de son histoire naturelle. *S. Paul & S. Barnabé de Iudee porterent la loy Chrestienne en Cypre, du Proconsul Seruius Paulus. Pline dit Iamnes, & il est appellé Iannes en l'Exode c. 7. en Timothee 2. ch. 3. & 8.*

DE L'INCONSTANCE DES
Poëtes, Historiens, & Orateurs.

LA Sibylle auoit predit du Prince des Poëtes Homere, qu'il seroit Poëte aueugle, qu'il feindroit des Dieux, & qu'il leur attribueroit des choses faulses. Voila les belles esleuations de l'esprit malade des Poëtes. Et ie ne sçay pourquoy Aristophane a feint que le Dieu Bacchus descendit aux Enfers, pour trouuer vn bon Poëte; parce que les Dieux n'en trouuoient point au Ciel; Si ce n'est qu'il vueille entendre que la plus grande partie (car il en faut excepter quelque-vns) n'ont l'entendement, ny les sens bien rassis, pour y attaindre. *Homere. Sibyll. l. 3. des Oracles.* *Aristoph. in Ranis.*

Et bien que de tout temps on les fauorise de ces mots, *Ai Poëti il Cielo, leua loro la mente*. Cela ne veut pas dire que le Ciel leur esleue l'entendement, ains leur oste pour l'acrocher aux nuees, à force qu'ils le veulent esleuer. De maniere qu'vn Poëte ayant recogneu ce defaut en luy-mesme, escriuit fort à propos à vn sien amy, luy enuoyant des vers, que c'estoit vn ouurage furieux, qui auoit besoin d'vn entendement bien sage & bien rassis qui le chastiast. Il estoit encore plus aduisé que celuy duquel parle Ciceron; *In hoc genere* (dit-il) *nescio quo pacto magis quàm in aliis suum cuique pulchrum est. Adhuc neminem agnoui poëtam (& mihi fuit cum Aquinio amicitia) qui sibi non optimus videretur. Sic se res habet: te tua, me delectant mea.*

Outre que peu de gens reüssissent bons Poëtes, mesme en ce siecle auquel on tient la Poësie plus pour vn esbat ou exercice de la ieunesse seulement, que pour vn art ou science reglee & necessaire. L'art & la structure ou maniere de faire des vers n'est pas mauuaise, & ne se doit improuuer, ains c'est la seule matiere qui s'enferme dans les vers, qui est pernicieuse. Platon a bien dit pis : car parlant des bons & des mauuais, il dit que celuy qui est en son bon sens, perd sa peine d'aller frapper à la porte des Muses pour estre Poëte ; parce que cest art Poëtique n'est conuenable à la grauité des mœurs, & à la Philosophie. Tellement qu'ayant fait quelque tragedie, comme il la voulut reciter, il rencontra Socrates, qui luy donna enuie de s'addonner à vne estude plus serieux. Et de fait pour ne s'y amuser plus, il fit vn sacrifice de ses vers, & ayant inuoqué le Dieu Vulcan jetta ses poëmes au feu, disant, *Approche toy d'icy Vulcan : car i'ay besoin de ton ayde.*

Il a passé plus outre au descry des Poëtes : car il les a chassez de sa Republique ; & son disciple Aristote n'en a guere parlé en meilleure bouche, leur reprochant qu'estans subjects à l'alienation de sens ils persuadent d'vne persuasion forcee & violente, & ne nous esmeuuent sinon à force qu'ils s'esmeuuent eux-mesmes : d'où vient (dit-il) que facilement

lement *exagitatus exagitat, perturbátque verissimè perturbatus*. Voyez l'agitation & la cheute d'vn homme pressé du haut-mal, son mal qui s'appelle Sacré, parce qu'il frappe droict à la teste sacree, faite à l'image du Createur, rejaillit tellement sur la pluspart des spectateurs, que la seule veuë qui se jette par mesgarde sur quelqu'vn, qui est en ces tourmens, ne peut sainement reuenir à nous, sans nous porter le venim & l'infection d'vn mal si contagieux. Leurs vers & leurs Enthousiasmes sont les maux sacrez, sur lesquels iettant nos yeux, nostre creance & nostre entendement en demeurent blessez, & deuenons bien souuent plus forcenez qu'eux.

Mais pour nous approcher de plus pres de l'Inconstance d'Homere, voicy ce que Seneque nous a laissé par escrit, ceux qui disent qu'Homere estoit Philosophe, parfois le font comme vn Stoïque, n'approuuant que la vertu, fuyant les voluptez, & ne se destournant de ce qui est honneste, encore qu'on luy offre le don d'immortalité. Parfois ils le font Epicurien, qui louë l'estat d'vne Republique paisible, où l'on passe les mois & les ans à dancer & à banqueter. Tantost ils l'imaginent Peripatetique, qui propose trois sortes de biens. Ores Academique, soustenãt qu'il n'y a qu'incertitude en toutes choses. Et puis qu'ils veulent que tout cela ayt esté en luy, l'on void qu'il n'y en a rien; car ce sont opinions contraires, & qui se destruisent l'vne l'autre. *Seneque ep. 88. encore que Homere fust deuant les sectes, si est-ce qu'il pouuoir auoit eu des opinions qui se rencontroient auec celles des Philosophes qui sont venus apres luy.*

A quoy d'autres adioustent qu'il est plein d'impieté mesme en son Iliade, où il fait combattre les hommes contre les Dieux. C'est à l'auanture ce qui meut les Atheniens de la faire brusler publiquement, y trouuant la Diuinité irreligieusement renuersee par la simple Royauté: faisant les sceptres de l'humanité plus foudroyans que le foudre mesme qui appartient à la Diuinité. Et Tertullien ayant veu qu'il auoit feint Vlysses en l'Odyssee si constant & si patient, durant l'absence de vingt-ans qu'il fut hors sa patrie, appelle comme par mocquerie Vlysses le Iupiter *L'Iliade d'Homere pleine d'impieté.*

TABLEAV DE L'INCONSTANCE ET
des Payens. Et prenant toutes ses œuures ensemble, il
nous apprend par l'exemple d'Achilles, à mespriser l'a-
mour de sa patrie pour suiure celuy d'vn fol amour. Il introduit mesme les Princes (qu'il fait neantmoins victorieux sur les Dieux) sous des qualitez ou humeurs brutales: faisant du mesme Achilles, vn furieux transporté de
cholere, despiteux & cruel; & pensant le faire vaillant, il le
fait poltron: car quel homme inuulnerable pourroit estre
estimé vaillant? D'Agamemnon il fait vn grand mastin,
de Patroclus vn souillon, d'Hector vn enragé, & beaucoup inferieur à Achille; de Vulcan vn Cyclope, de Mercure vn enjolleur, d'Apollo vn fripon, de Neptune vn esclaue, de Mars vn assassin, de Minerue vne Medee, de Venus vne esgualdrine, de Iunon vne sorciere, d'Iris vne
dariolette, de Ganymede vn sodomite, de Nestor vn charlatan, d'vn hôme vn songe; & de luy-mesme par le moyen
de ceste fausse, ou peu sortable description, vn Contem-
pteur des Dieux. Il fait donc toutes choses au rebours;
& comme il prefere les hommes aux Dieux, aussi fait-il
parmy les hommes, les bastards aux legitimes: car pour
esleuer Teucer, il le nomme *Nothon*, & fait qu'Vlysse raconte comme chose fort excellente à son hoste Eumenes,
qu'il est bastard. Pour flater ou loüer Vulcan, il introduit
la Deesse Iunon, qui l'appelle boiteux. Il fait parler Xan-
the, l'vn des cheuaux d'Achilles, qui luy pronostique sa
mort; dequoy Achilles le tance; & les introduit souuent
ensemble, comme si son Maistre estoit son compagnon
de coche. Outre que peu de gens approuuent l'inuention
de faire parler vn Phœnix, qui reproche à Achilles ce qu'il
a faict en son enfance, veu que l'enfance doit tousiours
estre libre & enjouee.

D'ailleurs il y a quelque soupçon que son Iliade fut faite par Elorine Samienne en la ville d'Argos, ou bien par
vn Poëte ancien qu'on nomme Lechés, qui a composé
vn autre œuure, qu'ils appellent la petite Iliade: & la
doute n'est pas d'auiourd'huy; car du temps de Sene-

Homere in-troduit les Princes vi-ctorieux sur les Dieux, & neantmoins il les faict si mal condi-tionnez, qu'a-uec ces de-fauts ils ne tiennent pres-que rien du Prince.

Muretus li. 10. c. 10. var. lect. Il introduit des cheuaux compagnons de leur Mai-stre, qui par-lent & deui-nent contre tout sens cō-mun, & ordre de Nature. Scalig. l. 3. poët. c. 15.

On doute si Homere estoit autheur de l'Iliade. Nat. Comes in Venere.

que on en disputoit aux Escholes & Academies ; veu *Seneq. au tr.* qu'il reprend la curiosité de ceux, qui de son temps de- *De la brief. de* battoient, si l'Iliade auoit esté faicte plustost que l'O- *la vie.* dyssee, & laquelle valoit mieux. De sorte que trouuant au discours d'Vlysses en l'Odyssee, son style si mol & rabaissé que rien plus; ils tiroient de là argument que l'Iliade n'estoit pas sienne ; ou pour la difference du style, qu'il n'auoit faict ne l'vn ne l'autre. Et Pline mesme sem- *Pli.li.30.c.1.* ble en douter, disant qu'il s'estonne de ce qu'on ne trouue vn seul mot de magie en l'Iliade d'Homere. Et neantmoins toute son Odyssee, où il traicte les trauerses & fortunes du Prince Vlysses, en est toute pleine : il remarque en ces deux pieces vne tres-grande diuersité, & où on les voudroit attribuer toutes deux à Homere, il veut donner à entendre qu'en l'Odyssee, par les transformations de Protee, & les chants des Sirenes, & les enchantemens de Circé il a monstré qu'il estoit vrayement sorcier. Ainsi la verité est qu'il y a eu plusieurs Homeres, qui ont *Cicer. pro Ar-* eu parauanture quelque belle partie parmy plusieurs def- *chia poeta.* fauts: d'où est venu que chaque ville qui s'en est voulu approprier la naissance, a tasché d'accōmoder au sien toutes les louãges, & conjoindre en vn seul les perfectiōs de tous. Et bien qu'Alexandre veillast & dormit quand & luy, on en peut dire tout autãt de son poignard, voire plus, puis qu'il se fioit plus en luy qu'en Homere. Et ie ne sçay com- *Seneq. en la* mēt en quelque façon les vers en furēt trouuez desagrea- *consol. à Poly-* bles par l'Empereur Claudius, veu que Polybius vn de ses *bius.* fauoris traduisit en prose Homere & Virgile. Voire y en *Theuet. en la* a-il qui disent qu'Hesiode l'a precedé, & qu'Homere a pris *vie d'Hesio-* de luy tout ce qu'il a faict; leur raison est d'autãt qu'Hesio- *de.* de a le premier escrit de la nature & naissance des Dieux en sa Theologie. Et de faict Aristophane parlant des pre- *Aristoph. in* miers Poëtes Grecs les a mis ainsi de rãg, Orphée, Musæe, *Ranis.* Hesiode, & Homere. D'auātage quelqu'vn a obserué, qu'il deuoit intituler son liure, De la gloire & triomphe des Grecs, puis qu'ils estoient vainqueurs, & non, De la

Qq q ij

TABLEAV DE L'INCONSTANCE ET
destruction de Troye. Comme Virgile plus aduisé que luy, a intitulé son Æneide d'Æneas, qui deuoit vaincre le Latium, prenant tousiours le nom plus honnorable : Qui a meu Platon en son Timæe de le despriser si fort, ensemble Hesiode, qu'il dict que si Solon, qui communement n'est tenu pour bon Poëte, se fust voulu addonner à la Poësie, il n'eust esté inferieur à l'vn, ne à l'autre.

Plat. in Timæo.

Il y a vne chose seule, dequoy Dion Chrysostome le louë, de laquelle ie le voudrois blasmer ; sçauoir qu'esloigné de toute vaine gloire il n'a voulu faire mention de ses parens, de sa patrie, ne de son nom. Car ie croy qu'il a pensé par là leur oster toute la gloire pour se l'approprier.

Homere sentoit quelque finesse en la nomination de ses parens & de sa patrie, & veu que les demons mesme ne les voulurét descouurir à Pline, ains à vn Apion à force d'enchantemens & à condition aussi de ne le descouurir iamais, comme il ne fit. Theuet en la vie d'Homere.

Pline li. 13. c. 2.

Les Grecs tiennent qu'il est enseuely en l'Isle de Samos, vers le Septentrion, ou en l'Isle de Chios, au village de Cardamile. Et au lieu où on croit que la Bibliotheque d'Homere estoit anciennement, les Grecs asseurent voir iour & nuict fantosmes & visions : qui me confirme d'auantage en ceste opinion qu'il estoit sorcier, cõme Pythagoras & les autres. Surquoy est notable ce que Pline dit sur ce sujet, que par vertu de l'herbe, qu'il appelle Cynocefalie, que les Ægyptiés appellent Osoris, qui a force contre tous enchantemens, il vid qu'vn Apion contraignit les demons de luy dire la patrie d'Homere, & qui furent ses pere & mere ; neantmoins il n'osa iamais reueler ce que les demons luy en auoient descouuert. Ainsi auec toutes ces considerations l'Empereur Adrian semble n'auoir pas faict trop mal d'auoir tasché en son temps de supprimer ses œuures & abolir sa memoire, ayant peut-estre veu les raisons d'Ælian Phlegon grand Orateur & historien, lequel entre autres liures en a faict vn, à sçauoir-mon si Platon a eu iuste raison de chasser Homere hors de sa Republique, si mieux nous n'aimons prendre ce bon aduis de S. Hierosme, qui dict escriuant à Eustochium, *Homerus ille dulcissimè vanus tanquam egregius nugator valere iussus est.*

Hesiode estoit accusé de quelque vanité de babil & fi-ctions fabuleuses, & entre autres de ce qu'il tient que les Demons meurent apres certaines reuolutions d'annees, voulant faire à croire que neuf mille sept cens vingt ans estoit la duree de la vie des Demons. Comme aussi il semble auoir parlé à l'auenture faisant la description des aages du Corbeau, du Cerf, de la Corneille, du Phenix. Car qui pourroit tirer vne certaine experience de cela ? Il est du tout impossible : sinon qu'on en vouluft apriuoiser vn de chaque espece, & ayant mis le iour en son testament, commander à ses heritiers de ne les tuer, ains de les conseruer comme vn meuble de la maison, & leur recommander d'en faire tout autant, & en donner l'aduis à leurs enfans. Et Cleomenes se voulant mocquer de la bassesse des œuures & du subiect d'Hesiode, dit qu'Homere estoit le Poëte des Lacedæmoniés, pource qu'il enseignoit comment il faut faire la guerre, & Hesiode celuy des Ilotes, qui estoyent de pauures esclaues, pource qu'il a escrit de l'Agriculture.

<small>Hesiode. Plut. au traicté Des oracles qui ont cessé.</small>

<small>Hesiode estoit appellé le Poëte des esclaues. Plut. au traicté Com. il faut ouyr &c.</small>

Sophocles fut appellé en iustice par ses propres enfans, qui luy mirent sus qu'il radotoit, & estoit reuenu en enfance, qui est le vray aage de l'inconstance, requerant qu'il fust pourueu de curateur. Ce qui eust esté faict, sans que de bonne fortune il s'aduisa de lire deuant les Iuges pour toutes defenses, l'entree du Chœur de sa Tragœdie Oedipus, qui fut cause qu'il n'y fut pourueu de ce coup.

<small>Sophocles. Les enfans de Sophocles requirent qu'il luy fust donné vn curateur.</small>

Pindare trouue mauuais qu'on se loue soy-mesme, & neantmoins il ne cesse iamais de magnifier sa suffisance en la Poësie ; laquelle est grande à la verité. Mais ceux qui sont couronnez és jeux & combats sacrez, sont declarez victorieux par la voix d'autruy, pour oster la fascherie que porte auec soy le parler de soy-mesme. Xenophon dit que la plus plaisante audition que l'homme sçauroit entendre, est d'ouyr reciter ses loüanges par vn autre : mais la plus fascheuse aussi aux autres, est d'ouyr que

<small>Pindare. Plut. au tr. Com. on se peut louer &c.</small>

Les Anciens ne trouuoyẽt bonnes les louäges qu'vn chacun faict de soy-mesme qu'en la personne des condamnez.

quelqu'vn les recite de soy-mesme. Les Anciens les mieux sensez ne trouuoyent bien seantes, ny iustes les louanges de soy-mesme en la bouche d'autre sorte de gens que des condamnez, & de ceux qu'on alloit executer à mort; parce qu'en ce petit moment qu'ils auoyent à viure on ne les pouuoit accuser d'ambition, ny de vaine gloire; ains les contes de leurs faicts memorables en ce poinct, estant comme autant d'efforts contre la Fortune, ils sembloyent estayer par là tant qu'ils pouuoyent la generosité de leur courage, & euiter la bassesse de sembler mendier compassion, ny d'estre raualez de cœur, & se lamenter en leur mesauanture: & sur tout où la brauerie est vne partie de la iustification, il est permis d'en vser. Aussi entre tous ceux de son temps, auoit-il le moins d'occasion de se louer de la Poësie, veu qu'ayant deffié publiquement à Thebes la poëtrice Corinna, elle emporta par cinq fois la victoire sur luy.

Euripide. Eas. odisse in choro, amasse in thoro.

Euripide aimoit les femmes, & a esté reprins
D'auoir hay, d'vne humeur trop farouche,
Ce sexe au bal, qu'il aimoit en la couche.
Ainsi il estoit inconstant & variable en sa haine, ou iuste mespris des femmes; faisant semblant de hayr ce qu'il aimoit le plus. Il estoit aussi d'auis d'admettre la Musique, le chant & la ioye és funerailles & non és banquets: qui sont des preuues certaines d'vn naturel volage & peruerty, & qui se veut tirer hors du commun, hurtant vne loy generale du monde par vne humeur extrauagante. La raison estoit que les banquets sont assez ioyeux & plaisans de soy, au lieu qu'en nos dueils nous sommes en peine de rechercher quelque chose qui allege, & diminue nostre douleur. Il y en a qui voudroyent mesme rire apres la mort s'il leur estoit possible. Euripide auoit aussi en beaucoup d'autres choses d'estranges & sinistres opinions. Car il croyoit que les ingenieuses & habiles femmes auoyent plus d'inclination à surprendre & tromper le monde, que les autres qui auoyent moins d'esprit. Il souloit dire,

Euripide prenoit les femmes ingenieuses pour les plus affroteuses & débauchées.

INST. DE TOVTES CHOSES. LIV. III. 348

Qu'aux sçauantes, Venus inspire plus de ruze. | *Namque eruditis ipsa maioré Cypris ostutians indit.*

Comme si la science estoit le seul instrument du vice, contre cet axiome ancien, Qu'il n'y a rien de si meschant qu'vne personne ignorante. En fin il tomba en l'indignation des Dieux; car la foudre tomba sur ses cendres pres la ville d'Arethuse: chose pourtant qu'on veut couurir, & comme l'honnorer par l'exemple de Lycurgue, à qui il en aduint autant. Ainsi on reprenoit les contes d'Hesiode, l'inegalité de Sophocles, la vanterie de Pindare, & le trop de langage d'Euripide. | *Plut. in Licur.*

En fin ie m'arresteray auec la Sibylle, qui nous a chanté en son temps des Poëtes Grecs, | *Sibyll. li. 5. des Oracles.*

Græcos vexabunt miseros bis terque Poëtæ.

Ennius aimoit trop le Dieu Bacchus, duquel aussi, & peut-estre pour cette occasion, il portoit le nom. | *Ennius.*

------- *Nunquam nisi potus ad arma*
Prosiluit dicenda. -------

Or le Dieu Bacchus c'est le Dieu de l'Inconstance, car ayant enflé les veines de ceux qui celebrent par trop sa feste, ils ne peuuent se maintenir en leur premiere constance. Et c'est à l'auäture pourquoy Caton blasme Quintus Fuluius, de ce qu'estant enuoyé Proconsul en Ætolie, il s'accompagna du Poëte Ennius. Et trouue-on mauuais de ce que Scipion l'Africain mit dans son sepulchre la statue du mesme Poëte. | *Ennius s'appelloit Bacchus, & Bacchus estoit le Dieu de l'Inconstance. Caton blasme Fuluius de s'estre accompagné d'Ennius, comme dit Ciceron, pro Archia Poëta.*

De Plaute on dit qu'il y a des gens qui sans iugement, voire auec superstition reçoiuent toutes choses, les recommandent & les admirent. Ie le dis apres Horace qui se mocque de ces admirateurs de Plaute; veu qu'il y a dans ses œuures des contes fort lascifs & impudiques, & des jeux fort peu honnestes & indecents, | *Plaute. Horace se moque de ces admirateurs de Plaute.*

  Nos ayeuls ont loué les vers & l'elegance
  De Plaute, toutefois auec trop de licence;
  Et si i'osoy encor en parler franchement,
  Ils ont & l'vn & l'autre admiré sottement, dit Horace.

Ciceron faisoit semblāt d'honorer Terence, toutesfois | *Terence.*

sous vne feinte loüange, il descouure gentiment que Lælius a faict ses œuures. Ie n'ay pas suiuy (dit-il) Cecilius; car c'est vn trop mauuais Autheur de la langue Latine: mais i'ay suiuy Terence, duquel les petites fables pour la gentillesse du langage semblent auoir esté escrites par Caius Lælius.

Lucrece. Lucrece a prins comme à prix faict d'enseigner la doctrine d'Epicure.

Catulle. Catulle duquel l'horrible lasciueté me ferme la bouche, piquant en ses œuures n'a pas mesme pardonné à Cesar. Et descriuant feintement le passereau de sa Lesbie, il a voulu faire cognoistre son humeur. Surquoy Ouide ne se souuenant qu'il fust touché de mesme maladie, nous a laissé ces vers,

Ouid. 2. de trist.

Sic sua lasciuo cantata est sæpe Catullo Lesbia &c.

  Ainsi le bon Catulle a par lasciueté
  Le nom de sa Lesbie en ses escrits chanté.

Virgile. Virgile ayant vergongne d'attribuer sa naissance à autre lieu qu'à vne bonne ville, a voulu donner à entendre qu'il estoit né à Mantoüe, bien que vrayement il fut natif d'vn petit village nommé Andes, là tout aupres. Ceux qui

Virgile, pale-frenier ou mareschal d'Auguste. ont descrit sa vie, disent qu'en son commécement il estoit mareschal ou palefrenier en l'escuyrie d'Auguste; & qu'il luy faisoit donner tous les iours le pain qu'on auoit accoustumé de distribuer à ses valets d'escuyrie, parce que Virgile estoit merueilleusement entendu aux maladies des cheuaux. Et puis il se mit au seruice d'vn Magus, messager ordinaire, duquel il espousa la fille; par apres il se rengea à l'estude, & s'adonna à faire des vers: en quoy il

Virgile est blasmé d'a-uoir faulse-ment mesdit de Dido. fut sans mentir merueilleux. Bien qu'on l'accuse d'auoir deshonnoré Dido; car encor' que ce fust vne tres-continente veufue qui auoit fondé Carthage, toutesfois il la feint merueilleusement impudique, ayant tellement orné cette fictiõ, qu'on la croit pour veritable histoire. Mais on tient presque pour certain, qu'vn seul traict de l'Iliade a produit & esclos son Æneide; sur la façon de laquelle il a outre ce croupy quinze ans, sans auoir iamais sceu

pren-

prendre le loisir de la reuoir. Et a-on obserué, qu'il y entremesle plusieurs choses qui sont contre la verité & creance commune. Comme quand il dit qu'au voyage d'Afrique Ænee alloit à la chasse des Cerfs, & en tuoit : Et neantmoins Pline soustient qu'il n'y en a point du tout. C'est pourquoy Carbilius fit vn liure, qu'il appella *Æneido-mastix*. Et luy mesme fut si mescontant de son ouurage que mourant il commanda qu'on la fist brusler. Et si nous en voulons croire ceux qui estoient de son siecle, il a aussi desrobé ses Georgiques d'Hesiode, qui a le premier traicté de l'Agriculture en vers. Ainsi il a pilhoté de tous les Poëtes Grecs pour le moins des premiers, & si grossierement, que sainct Hierosme asseure que de son temps on l'appelloit communément *Compilator Veterum*. Seneque l'a aussi reprins de ce qu'il a appellé les voluptez, les mauuaises ioyes de l'ame, & soustient qu'il parle en termes peu propres, attendu qu'il n'y a point de mauuaise ioye ; & qu'il s'est ainsi exprimé voulant representer des hommes ioyeux de leur mal, Sçais-tu pourquoy (dit - il) chacun desire estre sage, pource que lon est tousiours ioyeux; laquelle ioye procede de l'amour & iouyssance des Vertus : car nul ne peut se siouyr s'il n'est magnanime, iuste, & temperant. Mais quoy les fols & les meschans sont-ils priuez de ioye ? la verité est qu'ils sont ioyeux comme les Lions, qui ont trouué proye.

Æneido-mastix, c'est le fouët de l'Æneide.

On dit que Virgile a desrobé ses Georgiques d'Hesiode. *S. Hier. in Proœm. lib. quæstionum Hebraïcarum librorum Geneseos. Sen. ep. 59. Virg. 6. Æn.*

La ioye des fols & celle des Lions est toute pareille.

Ie ne veux oublier le beau traict de sainct Augustin, lequel reprenant Virgile de ce qu'il estoit si indignement adulateur, qu'il disoit mesme des choses en faueur des hommes au preiudice des Dieux, dit que Virgile faisant parler Iupiter en l'honneur & recommandation des Romains, a chanté ces vers flateurs,

S. Aug. de verbis Domini in Euang. secundū Lucam sermio. 29.

His ego nec metas rerum, nec tempora pono,
Imperium sine fine dedi. A quoy, dict sainct Augustin, la verité ne respond pas. Car le Royaume qu'il leur a donné en la Terre, est en la terre, & non au Ciel. Et de

faict il a chanté ailleurs tout le contraire, tesmoin ces mots,

Non res Romanæ, perituráque regna. ------ Et ainsi dit le mesme sainct Pere, *Quando dixit peritura regna, non tacuit peritura, peritura veritate non tacuit, semper mansura adulatione promisit.* D'ailleurs il estoit sorcier, comme il se cognoit par vne infinité de vers qui sont dans ses œuures, qui apprennent à lier & deslier, & plusieurs autres traicts semblables. Mesme plusieurs grands personnages prenoyent tous ses vers, pour quelque art ou espece de diuination. D'où est venu ce mot *Sortes Virgilianæ.* Esquelles se souloit amuser entre autres l'Empereur Adrian. De maniere que le Dante a eu quelque raison de l'introduire le premier Poëte, voire la premiere ame qu'on rencōtre en son Enfer: peut-estre auoit-il esgard à son *Formosum pastor Corydon ardebat Alexim.*

Horace se pleut tellement à se cacher, & couurir de fables & de nuees, que sainct Ambroise fit brusler son liure, tant il le trouua obscur. Et Plaute pourroit bien tirer sa raison de luy s'il viuoit, voire mesme la tire-il par la voix de son commentateur; lequel a publié par tout qu'Horace auoit esté si lubrique, qu'il faisoit disposer en sa chambre cette pierre de Talc, qui est reluisante comme vn diamant, à fin de luy representer les femmes lubriques en leur acte venerien, & voir les instrumens de la volupté auec plus de grosseur. Et mourant il eut cette vanité, qu'il voulut laisser l'Empereur Auguste son heritier. D'ailleurs bien qu'il se soit mocqué des admirateurs de Plaute, si est-ce qu'en vne infinité de lieux il a loué Virgile. Et neantmoins il n'a voulu ny louer, ny mesme faire mention de Ciceron, bien qu'il fust si grand amy de Brutus, sous lequel Horace auoit porté les armes: ils'est pareillement monstré ingrat enuers Ouide, duquel il n'a aussi iamais daigné parler, bien qu'Ouide semble luy auoir assez conuié par ces vers,

Detinuit nostras numerosus Horatius aures,

Nos SS. Peres qui parlent sincerement & veritablement de toutes choses, n'ont peu se contenir de blasmer l'extreme adulation de Virgile. Spartian en la vie d'Adrian, Dante.

Horace.

Horace se mocque des admirateurs de Plaute, & neantmoins inconstant & volage il loue extremement & admire Virgile, n'ayant voulu faire mention de Ciceron, ny d'Ouide, bien qu'il en eust de grandes occasions.

Dum canit Ausoniâ carmina culta lyrâ.

Tibulle estoit trop addonné à l'amour, & trop incon- — Tibulle.
stant en ses amours; veu que toute sorte de volupté luy
estoit indifferente.

Ouide n'a escrit en vain son liure *De arte amandi*, puis — Ouide.
qu'il l'auoit pratiqué auec Liuia fille de l'Empereur Auguste, de qui il estoit quasi comme domestique: bien que
la regle des bons Escuyers porte, qu'il ne faut iamais estre
si hardy que de monter sur les estriers de son maistre, ny
de rien qui luy appartienne. Il l'exprime assez sous le nom
de Corinna. Tout de mesme que le Boccace sous le nom
de Fiammette deshonore la fille de Robert Roy de Naples. Ie n'en diray donc pas d'auantage, parce que la lasciueté de sa vie & de ses vers est assez cognue de tout le
monde.

Lucain estoit ambitieux & vanteur, & comme racon- — Lucain.
tent ceux qui nous ont laissé par escrit les inconstáces de
sa vie, il voulut dés sa plus grande ieunesse se comparer à
Virgile, & osa proferer ces mots orgueilleux, *Et quantum
mihi restat ad Culicem?* Puis desirant porter sa comparaison plus auant, comme il vit que l'Empereur Neron, qui
prenoit plaisir d'acquerir reputation de bon Poëte, s'e-
stoit meslé de composer au prix, il trouua moyen de l'emporter par dessus luy: qui fut cause que luy & ses Muses,
pour vouloir aller au pair auec celles de son Prince, furent
tout à faict interdites. Dequoy s'estant indigné, il tourna
inconstamment en vengeance certains vers qu'il auoit
faicts en sa premiere ieunesse en l'honneur de Neron,
& se mit de la coniuration de Pison. Mais la coniuration
descouuerte, il descouurit encore mieux sa lascheté & ses
defauts: car estant pressé de se choisir quelque sorte de
mort, ayant esleu pour la plus douce de se faire ouurir les
veines; à la premiere ouuerture, & à la premiere goutte de
son sang, sa Constance s'escoula tout à faict; si bien que
redoutant les tourmens & la mort, il confessa aussi tost,

& en vint iusqu'aux plus basses prieres, faisant vne si vile & abiecte sousmission, esperant par impieté trouuer impunité de sa coulpe, qu'il y mesla & accusa faulsement sa propre mere innocente. Mais n'ayant peu flechir l'Empereur par cette calomnie, au pardon de ce nouueau & double forfaict, il fit encore deux traicts indignes d'vn franc courage sur le poinct de la mort: car auant permettre qu'on luy ouurist & vuidast la veine, au lieu de se remplir de Constance, il aima mieux se remplir le corps de viande, & en print tant qu'il peut: & venant à l'extremité de sa foiblesse, il laissa mal à propos eschaper quelques vers, croyant encore par iceux tirer Neron à quelque compassion. Et non content de se comparer à Virgile & à son Prince, lors qu'il conduisit Cesar par l'Egypte, & qu'il luy fit voir les sepultures d'Hector & de ces grands Troyens, il se compare à Homere, & prie Cesar, comme si deslors il luy eut promis sa Pharsalie, de croire qu'il luy fournira (parlant de luy-mesme) d'vn aussi bon Poëte pour descrire ses louanges, qu'Homere auoit esté des exploits genereux des Troyens,

Luca. lib. 9. Pharsal.

Inuidia sacræ Cæsar ne tangere famæ,
Nam si quid Latiis fas est promittere Musis,
Quantum Smyrnæi durabunt vatis honores,
Venturi me, teque legent, Pharsalia nostra
Viuet, & à nullo tenebris damnabitur æuo.

Mais nonobstant toutes ses vanteries, Ciceron long tēps auparauant n'auoit pas laissé de dire, que les Poëtes nez en la ville de Corduba, entre lesquels est Lucain, *Nescio quid pinguè & peregrinum sonabant.* Et Quintilien, Martial, & Seruius ont dict qu'on le deuoit plustost mettre au rāg des Orateurs que des Poëtes.

Martial.

En fin presqu'en tous les Poëtes anciens & principalement dans Martial, il y a plusieurs notables impudicitez, qui peuuent desuoyer les sainctes affections de ceux, qui sont dans le vray sentier de la Constanse, & offencer leurs chastes oreilles. Et de faict puis quelques annees on a trouué bon d'en chaſtier pluſieurs comme animaux trop laſcifs & contraires au bien & inſtruction de la ieuneſſe. Et ceux d'entr'eux qui n'ont parlé du fol amour, ſe ſont monſtrez ſi fort adulateurs de ceux qu'ils auoient entrepris de louër, ſoient les Princes & Empereurs, ſous leſquels ils viuoient, ſoient d'autres, en faueur deſquels ils ont fait des vers, que ceſte adulation eſt indigne d'vn cœur genereux & conſtant, & meſme de la vertu en general, de laquelle ils faiſoient profeſſion. Quant à Iuuenal bien qu'auec ſes Satyres il face profeſſion de mordre tout le monde, on pourroit ayſement trouuer ſes defauts, ſi on vouloit prendre la peine deſpelucher ſa vie & ſes œuures. *Iuuenal.*

Auſone dit de luy-meſme qu'il eſtoit cholere, bizarre, & inconſtant, & qu'il a porté ſouuent la peine de ſa legereté; *Auſone. Il ſemble qu'il ſe louë d'auoir pris beaucoup de peine à ſe desfaire ou regler ſon inconſtance.*

Iraſci promptus, properauí condere motum,
Atque mihi pœnas pro leuitate dedi.

Finalemét de tous les Poëtes Grecs & Latins Scaliger li. 3. de la Poëtiq. c. 2. dit que Virgile qu'il appelle le Dieu des Poëtes, *Solus Poëta nomine dignus eſt.* Ie laiſſe beaucoup d'autres Poëtes encore peut-eſtre plus inconſtans & deffectueux, parce que le nombre en eſt ſi grand qu'il me ſeroit preſque impoſſible de les ſuiure tous l'vn apres l'autre.

Quant aux Poëtes Italiens, le Dante qui eſt vn des plus anciens, & des plus celebres, ne ſe peut entendre ſi Dieu ne le reſſuſcite pour s'expliquer luy-meſme. Car ayant deſcrit le Paradis, le Purgatoire, l'Enfer, le tout eſt preſque contre la creance de l'Egliſe; & ſi obſcur qu'il faut bien ſouuent deuiner, s'eſtant en ſa ieuneſſe tellement addonné à ces obſcuritez, qu'il faiſoit eſtat de reſpondre à trois interrogatoires diuers par vne ſeule reſponſe. Et pour faire voir vn traict inepte de ſes obſcuritez, & meſmement lors qu'il vouloit meſdire, & couurir ſa mediſance de quelque nuee, voicy comment il a deſcrié la taille d'vn petit homme. *Le Dante. Le Dante a parlé du Paradis, du Purgatoire, & de l'Enfer peu ſerieuſement & irreligieuſement.*

Rrr iij

TABLEAV DE L'INCONSTANCE ET

O tu, che noti la nona figura,
E sei da meno che la sua antecedente,
Va, & radoppia la sua suffequente,
Ch' à d'altro non t'ha fatto Natura.

La nona figura, c'est la lettre I. la plus petite de toutes. L'antecedente, c'est H. qui ne vaut pas vne lettre, ains c'est vne aspiration qui ne denote que plainte. La subsequente radoppiata, c'est K.K. qui ne represente que saleté. Les Poëtes ont mis la terreur au monde, & semé la volupté par tout.

Quant au Petrarque, le sujet de son poëme est assez cogneu: comme sont aussi les contes, & lasciueté de l'Arioste. J'adiousteray pour la fin que la pluspart des Poëtes auec leurs fables, s'ils ne sont inutiles comme autheurs de mensonge & d'inconstance, si ont-ils donné de tout temps de si violantes terreurs par leurs furies & autres fictions fabuleuses de Pluton, Proserpine, & Cerbere; & à rebours donné le goust de tant de voluptez & delices, par leurs belles descriptions & inuentions d'Amour, par les naissances & esleuemens de ces faulses diuinitez, & entr'autres de ceste faulse Deesse Venus, & de son Fils; que si les esprits & ceruelles plus foibles n'en sont entierement occupées, si est-ce que beaucoup de gens ne les peuuent du tout oster quasi diray-ie de leur creance. Et à vray dire, à force que les Poëtes parlent de l'amour, & qu'ils introduisent mesme les Dieux tousiours tendus à y rechercher leurs plaisirs: outre que par experience (chacun en sa sorte) gouste comme eux quelque volupté, & en la iouyssance, voire en la seule lecture; il est presque impossible, que cela

Apres que le diable à faict sentir aux personnes quelque petit goust de volupté, il tire à leur preiudice ceste experience en creance, pour le moins peu s'en faut qu'il ne les iette sur les doutes. Precautions de Plutarque au traicté,

n'interesse, & ne trouble aucunement la creance qu'on doit auoir que ce sont fables & impostures. Pour le moins ne se peut-il nier, que ces belles & naïfues descriptions ne les laissent aucunement en doute: veu mesmement que le malin esprit guette le monde inconstant & credule pour les authoriser. Et comme ceux qui se promenent au Soleil, bien qu'ils n'y aillent pour se noircir, prennent en fin le hasle & changent de couleur: Ainsi en lisant les Poëtes, voire mesme auec les precautions de Plutarque, il est mal-aisé que quelque impression, & la noirceur de quelque faulse doctrine ne noircisse le beau teint de nostre ame, & par la subtilité du mauuais esprit ne nous desuoye le plus souuent de ceste ferme & constante foy de nostre salut : nous deslogeant de ceste Constance, laquelle seule est capable de nous y conduire & maintenir. Donc les resueries des Poëtes nourrissent par leurs fables la folie du monde, & font les Dieux autheurs de meschanceté, voluptueux & lascifs ; donnant par ce moyen licence excusable au vice & au mal, luy proposant des exemples si dignes, que ceux qui sont tirez de leurs plus grands Dieux. *Comme il faut lire les Poëtes.*

Les Historiographes non plus ne sont ny perpetuellement veritables, ny constamment tendus à representer ce qui est de la verité de l'Histoire, de laquelle la moindre petite occasion les esloigne si fort, qu'en estant vne fois escartez par quelque petite passion, ou enuie, ils ne s'en cuident iamais r'approcher. C'est pourquoy Iosephe vouloit qu'vn Historiographe fust sans patrie, sans cité, & sans Roy, parce que la moindre de ces qualitez est suffisante pour le faire mentir. *Les Historiés. Faute des Historiographes.*

Hermogenes Historien à l'âge de dix-huict ans composa son œuure de Rhetorique, & au vingt-huictiesme son esprit trop leger & volage s'estant esgaré, & luy, comme deuenu fol & hebeté, oublia presque tout. *Hermogenes.*

Herodote, insigne mensonger, est iustement accusé de couurir les fautes des Princes, Rois & Empereurs : & d'autre fois de celebrer trop leurs vertus. Ce qu'Alexandre ne peut souffrir en l'Historien Aristobulus, ains luy prenant des mains le liure qu'il auoit faict en sa louange, le ietta dans le fleuue Hydaspe, & s'estant fierement tourné vers luy, Tu meriterois encore mieux (dit-il) d'estre jetté dans la riuiere que ton liure ; puis que tu n'as pas de honte de me faire combattre seul contre des hommes, & mesme contre des animaux les plus forts, me faisant faulsement à chaque coup d'arc tuer vn Elephant. *Herodote. Il seroit besoin que tous les Grands vsassent ainsi enuers ceux qui les flatent.*

Pline se mocque Diodorus Siculus, d'auoir creu que son liure seul estoit vne Bibliotheque entiere, & *Diodorus Siculus. Inter omnes de sit nugari. Diodorus Siculus & librum suum Bibliothecam inscripsit.*

de faict il en porte le tiltre. Mais plusieurs ont remarqué que c'est vn mocqueur; car il ne s'y recognoist rien moins au dedans: vn homme prudent croit tousiours qu'il ne sçait pas la moitié de ce qu'il faut qu'il sçache: tenant pour certain que quelqu'autre en sçait plus que luy, & que ses œuures sont comme tableaux imparfaicts, & non Bibliotheques. Mais l'esceruelé ignorant croit certainement que la science fait bout en luy, & que sa fin est iustement là où il en est demeuré, & qu'au delà de ce qu'il en sçait, & de ce qu'il a laissé par escrit n'y a rien plus à sçauoir ny escrire.

Cesar.
Le style de Cesar est si diuers en ses liures, & ses commentaires si mensongers, qu'on doute si c'est luy qui les a faicts. Dont tref-à propos Lipsius a dit, *Dans les commentaires de Cesar ie cherche souuent Cesar, & ne le puis trouuer.* Aussi à peine se pouuoit-il faire, qu'estant occupé à la guerre des Gaulois, il ayt peu rechercher si soigneusement leurs mœurs, leur Religion, & leurs ceremonies. Car ceux qui font la guerre à vne nation si belliqueuse, n'ont guere de loisir de s'occuper à autre besongne.

In commentariis Cesaris sæpe quæro Cæsarem. Lipsi. lib. 2. Elect. c. 7.

En fin Vopiscus au commencement de son Aurelien, aydé de suffrage de Tiberianus gouuerneur de Rome, sans pardonner à Saluste, à Tite-Liue, ne à Tacite, declare que quant à l'histoire, tous ceux qui s'en sont meslez ont faict banque-route à la verité.

Saluste, Seneq. ep. 119.
Asinius appelle Saluste affetté. Et Seneque se plaint de ce que tandis qu'il fut en credit, les sentences coupees, les mots finissant à l'improuiste, & vne briefueté obscure, estoient autant d'Elegances en la langue Latine. Aruntius (dit-il) qui escriuit l'histoire d'Afrique, ensuiuit Saluste, & s'efforça de contrefaire toutes ses façons; mais ce qui est rare en Saluste est frequent en cestui-cy: donc Aruntius ayant pris ce patron deffectueux & corrompu, fit encore pis que luy, choisissant des mots & termes impropres, rudes, & hors d'vsage.

Saluste est vn patron deffectueux en ce qui est du bon langage.

Tite Liue.
Les harangues de Tite Liue sont condamnees comme fein-

INST. DE TOVTES CHOSES. LIV. III.

feintes & imaginaires. Et pour le surplus oyez Pline, Ie m'estonne grandement (dit-il) que Tite Liue autheur fort renommé ait mis dans la Preface d'vn des liures de son Histoire Romaine, qu'il commence à la fondation de Rome, que desia il auoit acquis assez de gloire par les liures precedans, & qu'il eut peu se reposer; mais que son esprit aimoit si peu le repos, que mesme il le nourrissoit au trauail. A bien considerer le deuoir, il deuoit respecter le peuple dominateur de l'Vniuers, & la gloire du nom Romain, plustost que la sienne propre. Et de faict l'obligation eust esté plus grande, d'auoir poursuiuy son Histoire, pour le subject de la matiere que pour son plaisir, & d'auoir attribué cela plustost à l'honneur du peuple Romain, qu'à soy. Outre que Pollio dans Quintilien, qui est vn grand personnage de son temps, le blasme de ce que son liure sent au Padouan.

Pl. in Proœm. & Trogus. Tite Liue semble estre blasmé tres-iustement, de ce qu'il donne à cognoistre qu'il a escrit l'Histoire Romaine, plus par vanité & ostentation, que pour nulle grâdeur du sujet qu'il traicte, ny mesme pour en publier la verité. Quintil. l. 5. Inst.c.5.

Tacite entr'autres est impudent de vouloir faire à croire, que quelques gens bannis sous la conduite de Moyse, ayans enduré beaucoup à faute d'eau, furent guidez par des Asnes sauuages l'espace de six iours, & au septiesme ils en trouuerent grande abondance: qui fut cause qu'ayant chassé les habitans du lieu ils bastirent la ville, & le temple de Hierusalem. D'où vient (dit-il) que depuis ils adorent l'effigie de l'animal, qui leur auoit monstré le chemin. Car on void par ceste description, que voulant descrire les Iuifs, leur origine & leurs loix qui leur furent donnees par Moyse, il y mesle les Chrestiens: & a-on creu, qu'il vouloit par là les accuser d'auoir adoré vn Asne. Tertullien en son Apologetique le rapporte ainsi, & dit que depuis ceste fable il a esté presumé, que les Chrestiens adoroient l'Asne, pour l'affinité qu'il y auoit entre le peuple Hebraïque & le Chrestien, & quelque peu de conformité en plusieurs points de leur Religion. Mais il ne se faut estôner de ce mensonge, puis qu'il nous descrit l'Empereur Vespasian côme sainct, disant qu'il restitua la veuë à vn aueugle, luy ayant seulement frotté les yeux auec vn peu de saliue.

Tacite fort mal à propos, & peu veritablement enueloppe & mesle l'adoration des Iuifs auec celle des Chrestiens.

Tacit. liu. 13. de ses Annal.

Sss

TABLEAU DE L'INCONSTANCE ET

Plutarque.
Plut. comme il faut lire les Poëtes.

Pli. liu. 3. c. 5.

On accuse Plutarque d'estre tousiours fauorable aux Grecs ses compatriotes : en voicy vn traict, On a obserué (dit-il) qu'en la guerre des Troyens plusieurs furent pris prisonniers vifs, & des Grecs pas-vn. Et plusieurs Troyens se sont abbaissez iusqu'à se ietter aux pieds de leurs ennemis, mais des autres nul. C'est chose barbare de s'humilier; mais c'est valeur Grecque de vaincre ou mourir. Pline l'auoit descouuert il y à long temps. Les Grecs (dit-il) sont fort auantageux à se louër eux-mesmes & ont pris à leur grand auantage de pouuoir appeller vne partie d'Italie la grande Grece. On adiouste encores de luy qu'és discours de Philosophie il amene l'opinion de plusieurs, mais il ne resout iamais rien. Qu'il a escrit beaucoup de choses auec enuie d'Herodote, contre tant de beaux enseignemens de la Constance & autres vertus, qu'il nous a laissé dans ses liures : & à cause que Plutarque estoit Boëtien, & qu'Herodote auoit parlé des pourceaux Boëtiques moins honorablement, il ne l'a peu supporter. D'ailleurs il est plein de redites. Et au premier traicté, s'il est loisible de manger chair, il y a tout au commencement dixhuict lignes qui sont du tout hors de propos, & en la mort de Pompee, il y a vne contradiction notable en ce qui est du iour de sa mort, comme aussi celuy qui a adiousté la vie d'Auguste, dans ses œuures en a faict vne autre : car il marque qu'Auguste ferma le temple de Ianus pour la troisiesme fois, en son cinquiesme Consulat. Et puis il compte le mesme au treiziesme.

Les Orateurs.
4. L'eloquence & le biendire sont outils tres-propres pour establir & authoriser le mensonge.

Les Orateurs ne sont gueres moins inconstans, ne moins dangereux, pour estre leur style le plus aisé & descouuert, & partant plus propres pour nous seduire & persuader ce qu'ils veulent : veu qu'ordinairement leur eloquence est comme vn rideau, qui obscurcit la verité par la douceur d'vn faux langage pressé de raisons bien liées, qui sont les vrays lieux où le mensonge peut-estre à couuert, & faire broncher l'integrité de nos iugemens sous le visage feint & simulé que la bien-disance leur donne: ces grands discoureurs, attentent par leur bien-dire sur nostre creance, troublent & desguisent nos opinions, & presque nous esblouissent ou trompent tout ainsi que les peintures font nos yeux. Tesmoin L. Cotta, qui se vantoit auoir par son eloquence & artifice gaigné vne fort mauuaise cause sur son aduersaire. C'est pourquoy Platon en l'Euthydeme compare l'Eloquence & la Magie, disant que tout ainsi que la Magie est vne science de laquelle on se sert pour adoucir les Serpens & autres bestes venimeuses & cruelles, voire des maladies; qu'aussi l'Eloquence & bien-dire est vne science pour ramollir & appaiser les hommes seueres, voire les plus cruels tyrans. Quelqu'vn blasme les Orateurs de ce qu'ils font vn grand amas de paroles pour tyranniser les ames, s'empatronir des volontez d'autruy, rehausser & esleuer les choses basses & deprimer les hautes, ombrager & tenir le lustre des vrayes, tordre le droict & destordre le faux. Et apres tout, celuy ne s'esloignoit trop de la verité qui a dict que l'eloquence, ou le bien parler est ordinairement en la bouche d'vn amoureux, d'vn necessiteux, & d'vn trompeur. Quintillien se mocquant de la Philosophie & de l'Eloquence, & les ioignant ensemble comme choses inutiles, & pourtant dangereuses, dit que la Philosophie qu'on tient pour chose excellente, touche peu de gens: & au rebours l'Eloquence nuit à plus de gens qu'elle ne profite. Aucuns l'ont appellee l'art de tromperie. D'autres vne science tyrannique: parce que comme dit Euripide, sçauoir exprimer & persuader tout ce qu'on veut & quand on veut, a ie ne sçay quoy de tyran. Outre que c'est vne grande marque de tyran de louër la tyrannie: parce que vray-semblablement chacun louë ce qu'il aime, comme firent ces deux grands Orateurs Polycrates & Isocrates, qui firent vn liure en la louange de Busiris, vn des plus signalez tyrans qui ayent iamais esté. Auec ce il y faut employer trop de temps, auant qu'on y

Quintilianus declam. 168.

puisse acquerir reputation. Et si chaque Orateur demeuroit autant à chaque composition comme fit le mesme Isocrate, qui employa quinze ans entiers à faire vne oraison
Panegyrique, il y faudroit vn siecle, auant que d'estre bon
Orateur. Ie ne blasme pas vn discours releué, ny vn style
puisé dans les bons Autheurs; mais i'en exclus seulement
les defauts, & les inconuenients qui s'y rencontrent. C'est
pourquoy non sans cause, Dieu, souueraine sapience, a
voulu que ses paroles, qui sont l'Escriture saincte, fussent
composees auec simplicité, s'accommodant au commun
parler du vulgaire.

Isocrate employa quinze ans à faire vne oraison.

Demosthenes & Ciceron ont esté instruits par deux
Comediens, Satyre & Roscius: bien qu'on die que Ciceron fust aussi instruit par Antonius & Cotta. Mais Demosthene & luy ont esté bien contraires en affection: car
Ciceron n'aimoit rien au monde tant que sa fille; de sorte qu'il repudia sa femme, pour auoir recogneu en elle
trop de ioye de sa mort. Au lieu que Demosthene, bien
peu de iours apres que sa fille fut morte, sortit en public
auec vn chapeau de fleurs. Dont Æschines le note d'inconstance en ses affections. Les premieres harangues
de son premier âge furent contre ses tuteurs. Et les deux
premieres fois qu'il harangua, il fut extremement sifflé
& mocqué de tout le monde. Il fit bastir vn cabinet sous
terre, dans lequel il demeuroit souuent deux ou trois
mois entiers tout à suite; & recognoissant son naturel inconstant, & que malaisément y pourroit-il demeurer
sans contrainte, expressément il se faisoit raire la moitié
de la teste, à fin qu'il n'osast de honte sortir dehors en tel
estat. Il semble auoir esté inepte & trop grossier en ses
labeurs: car on dit qu'il transcriuit huict fois les œuures
de Thucydide, pour en apprendre le style. *Tardis menti-
bus virtus non facilè committitur*, dit Ciceron. Et si outre ce,
Æschines luy reprocha, que s'estant perdu en discourant
deuant le Roy Philippus, il n'eut iamais la constance de
cōtinuer ny se remettre, quelque loisir qu'il luy en dōnast.

Demosthene & Ciceron furēt instruits par deux Comediens.

Æschines en l'oraison De falsa legatio.

On l'accuse aussi d'auoir, comme mercenaire, faict les oraisons & plaidoyers des deux parties pour de l'argent, sçauoir est pour Phormion & pour Apollodorus, & ce en vne mesme cause. Il est aussi blasmé de preuaricatiō pour de l'argent qu'il print des Milesiens. D'auantage il n'a pas esté assez ferme & constant, pour oser franchement & d'vn cœur net & pur regarder les presents que les Roys luy offroient, sans les accepter. Aussi malaisément les peut refuser celuy, qui comme luy prestoit de l'argent à vsure nauale, la plus grande de toutes. Mais oyons son corriual Ciceron, qui l'appelle tout nettement volage, disant qu'il prenoit plaisir à cette vanité, d'estre monstré au doigt par des femmelettes, qui alloyent querir de l'eau à la fontaine. *Leuiculus sanè noster Demosthenes, qui illo susurro delectari se dicebat aquam ferentis muliercule, vt mos in Græcia est, insusurantisque alteri, Hic est ille Demosthenes. Quid hoc leuius? At quantus orator! sed apud alios loqui videlicet didicerat, non multum ipse secum.*

Grande faute à vn Aduocat de seruir les deux parties de conseil, ou d'autre chose. Aul. Gell. li. 11. c. 9.

Cicer. lib. 5. Tuscul.

Ciceron est cité à restitution par les Grecs, & accusé d'estre timide redondant ou verbeux. Il repete souuent vne mesme chose, & est extrémement froid en ses rencontres: on a mesme recogneu des fautes en ses premieres oraisons. Il est lent en ses exordes, long en ses digressions; il s'esmeut bien tard, & s'eschauffe bien rarement: *da Martiano Capella come turbante numeri; d'Apollinare, come flaxido e supino fu notato*, dict le Bembe. Il parloit souuent improprement, comme en ce lieu, où il appelle tout le monde sourd, qui n'entend pas la langue de laquelle on luy parle. Tellement qu'il dit qu'à Rome les Epicuriens ne sçauoyent pas parler Grec, ny les Grecs Latin. Par ainsi chacun d'eux estoit sourd en ce qui est du langage l'vn de l'autre. *Ergo*, dit-il, *hi in illorum, & illi in horum sermone surdi, omnésque item nos in ijs linguis quas non intelligimus, quæ sunt innumerabiles, surdi profecto sumus.* Tout de mesme pourroit-il dire que nous serions aueugles, eu esgard à tout ce que nous ne voyons point. Si mieux il n'aimoit dire comme

Ciceron. Lipsius Elect. 2. in princ. Muretus lib. 10. c. 11. var. lectio. Cicer. lib. 5. Tusc.

Bembe és Azolins.

celuy, qui se plaignoit de ce qu'il n'entendoit aussi vn orateur, parce que l'orateur estoit sourd, comme si le vice & surdité de l'orateur influoit sur les auditeurs. Il se voulut mesler de composer des vers ayant traduit en vers Latins les Phænomenes d'Aratus. Dequoy Martial se mocque gentiment; car parlant de quelqu'vn qui auoit faict de mauuais vers, il le loue parce qu'il les auoit faicts aussi bons que Ciceron. De mesme a-il esté reprins d'auoir failly en prose, pour auoir mis par fois en ses oraisons des periodes & cadances qui finissent & font tousiours ouïr vne mesme lettre, comme *Honestissimi atque integerrimi absentes rei facti, indicta causa damnati & eiecti.* Et Seneque nous donne comme pour regle que ceux qui finissent tout à plat, mollement, & sans respondre à la vigueur de leurs commencemens comme Ciceron, ne parlent guere bien. Il confesse aussi luy-mesme, auoir faict vne partie de son apprentissage dans les Epistres de Cornelia fille de Scipion l'Africain mere des Gracches: dans lesquelles pourtant il n'a pas apprins ce meschant mot de latin *admirabilitatem*, duquel il vse au 2. des Offices, ny quelques autres qui sont remarquez par Seneque en son Epistre 108.

Cicer. in Verrë. Lact. Montagne, Verdier en donnent des exemples. Seneq. ep. 19. & 64. Cicer. lib. de cl. Orat.

Ie le trouue pareillement inconstant & peu resolu en ses iugemens. Car és Tusculanes il tasche à faire à croire que la langue Grecque est plus riche que la Latine: & au 1. *De finibus*, tout au contraire que la Latine se trouue plus riche que la Grecque. Et neantmoins plusieurs ayant recogneu dans ses œuures combien il auoit desrobé de Demosthene & autres Autheurs Grecs, l'appellent honnestement larron. Surquoy Lipsius faisant semblant de le vouloir sauuer, dit qu'en ce qui se trouue semblable en ses œuures & celles de Demosthene; ou Ciceron l'a desrobé à Demosthene pour ce qu'il estoit plus ancien; ou bien leur esprit leur fournissoit mesmes conceptions. Et sainct Hierosme se mocquant de tous les deux n'a voulu declarer ouuertement lequel il estimoit le plus, ains s'est conteté de dire *Demosthenes tibi præripuit ne esses primus ora-*

Seneque ep. 108. Largus Licinius a fait vn liure contre Ciceron.

Vn mesme traict qui se lit en deux autheurs accuse le dernier de larrecin. D. Hieron. in ep. ad Nepotianum, De vita cleric.

tor, tu illi ne solus. Aussi trembloit-il tousiours quand il plaidoit, tant il auoit faute d'asseurance. Et à peine quitta-il ce tremblement lors qu'il estoit en sa perfection. Et neantmoins il auoit si bonne opinion de soy & de ses harangues, qu'il se vantoit à toute heure. Tellement que Plutarque dit que les Romains se fascherent de luy ouïr si souuent repeter les louanges de ce qu'il auoit faict en la coniuration de Catilina. Et de faict il fut accusé par aucuns de l'auoir faict mourir iniustement, ensemble Lentulus, Cethegus & leurs complices. Qui fut mesme cause qu'il changea de robe, & en print vne de dueil. Plut. au tr. Côme on se peut louer. &c.

Il estoit aussi par fois ridicule en ses ceremonies: car reuenant dans la ville d'où il s'estoit absenté pour quelques iours, il demeura tout vn iour à embrasser & toucher en la main à ses amis. Il estoit causeur, mais vn peu trop piquant. Et faisoit tort à Voconius l'ayant rencontré auec ses trois filles fort laides, de luy dire, qu'il les auoit semees en despit du Soleil. Les causeurs & mesdisans en donnent & reçoiuent. Appius & Saluste l'appelloyent homme nouueau & aduocat mercenaire. Et luy-mesme se plaignoit de ce qu'il n'estoit né Gentilhomme, & pour en diminuer aucunement le defaut il disoit que Caton & Pompee ne l'estoyent non plus: Et les tenant aussi bien qu'on faisoit à luy pour hommes nouueaux. *Horum nos hominum sectam (dit-il) atque institutum persequimur, videmus quanta sit in inuidia quantoque in odio nouorum hominum virtus & industria*. Et parlant particulierement de ce que les nobles ne fauorisoyent sa vertu; *Hominum nobilium non ferè quisquam nostræ industriæ fauet, nullis nostris officiis beneuolentiam illorum allicere possumus, quasi natura & genere disiuncti sint, ita dissident à nobis animo ac voluntate*. Cicer. l. 3. de ses Epistr. Fa. Cicer. l. 5. in Verrem.

Au reste, bien que tout l'honneur qu'il acquist iamais fut par le moyen des lettres; si est-ce que Valere dit qu'en sa vieillesse il se repentit d'auoir estudié, & hayssoit les lettres, comme estant peut-estre cause principale de ses lōgs Inconstance de Ciceron, qui se repentit sur ses vieux ans d'auoir estudié.

trauaux. En quoy on remarque particulierement son inconstance; veu que l'aage le plus meur, & l'estude de Philosophie, auquel il auoit longuement vacqué, au lieu de l'affermir en ses resolutions, l'auoit rendu plus mescontant & plus inconstant. Or quand rencontrera-il la Constance & le contentement, si ce n'est en cet âge? Il souloit employer sa suffisance & son bien-dire à agir plustost qu'à defendre; & prenoit plus de plaisir à l'vn qu'à l'autre: bien que l'innocence merite plus dignement vn iuste & valeureux defenseur, que le delict vn rude & seuere accusateur. Et c'est en quoy principalement Brutus eut l'eloquence de Ciceron suspecte. Aussi cette qualité luy fut bien cherement vendue par la Fortune: car s'estât aduisé trop tard de changer de resolution, & laisser cette mauuaise habitude qu'il auoit pris d'agir & accuser plustost les meschans, que deffendre les bons, & recognu que son eloquéce seroit beaucoup plus dignement employe en la defense, qu'en l'accusation, *Vt mihi* (dit-il) *posthac bonos defendere liceat, quàm improbos accusare necesse sit.* En fin s'il faut retorquer contre luy vn de ses traicts, car il en baille à toutes mains, & n'a tenue quelconque en ses aduis; *Plus apud me valet maiorum nostrorum probitas, quàm nouorum hominum leuitas & insolentia*, dit-il, parlant de l'inconstance des hommes nouueaux, au nombre desquels il s'est logé cy deuant luy-mesme. Il defendit neantmoins tres-mal à propos Popilius Læna, veu que ce fust luy, lequel en recompense luy trencha la teste.

Et ie ne sçay qu'est-ce qu'il esperoit de sa vie, ny ce qu'il pensoit de sa mort; veu que par vne sentence ou aduis qu'il nous en a laissé, il semble comme inconstant auoir dit & contredit vne mesme chose, touchant le iugemét qu'on doit faire de la mort d'vn chacun: nous voulant rendre sa vie incogneue par le iugement incertain de sa mort. Veu qu'vne mort honnorable (dit-il) faict honneur mesme à vne vie sale; & vne vie sale ne fait pas mesme honneur à vne mort honnorable. C'est vne sentence

Cic. au commencement des Tuscul.

Cic. lib. 5. in Verrem.

Cic. pro Quintio, Etenim mors honesta vitam quoque turpem exornat. Vita turpis, ne morti quidem honestæ lotum relinquis. Verdier.

tence de mort & de condemnation pour luy, qui semble se destruire soy-mesme. (Il est vray qu'en nostre langue, la contrarieté ny paroist si bien qu'en la langue Latine) Car si la turpitude de nostre vie, nous priue du tout d'vne mort honnorable, comment est-ce qu'vne mort honnorable pourra honnorer la turpitude de nostre vie? Et aux Epistres à Atticus, bien qu'il semble auoir creu en quelque façon l'immortalité de l'ame par ces mots, *Longum illud tempus cùm non ero, magis me mouet quàm hoc exiguum.* Toutesfois ces mots *Cùm non ero* ont mis plusieurs grands personnages en doute de leur sens, & de ce que Ciceron vouloit dire. Car ce seroit le faire trop Chrestien, que de luy faire apprehender l'enfer, qu'il semble vouloir entendre par cette longue demeure de l'autre monde. Encore y a-il moins d'apparence qu'il creut le Paradis, veu qu'il n'en pouuoit auoir ny sentiment ny esperance. *Cic. in Epistolis ad Atticum.*

Sainct Augustin l'a donc merueilleusement bien iugé par ces beaux mots *Ciceronis linguam ferè omnes mirantur, pectus non item.* Veu que s'il eust eu l'ame aussi ferme & constante, qu'il auoit bonne langue, c'eust esté vn grand personnage. I'adiousteray les paroles de Seneque, parlant de l'estat auquel il estoit sur la fin de ses iours. Ciceron (dit-il) harassé par les factions de Catilina, de Clodius, de Pompee, & de Crassus, partie ennemis descouuerts, partie mal asseurez amis: comme il n'auoit peu se donner repos en prosperité; aussi ne pouuant supporter l'aduersité, deteste plusieurs fois son Consulat grandement prisé, & non sans cause; mais desmesurément aussi loué par luy-mesme. Quelles lamentations trace-il en vne lettre à Atticus; Veux-tu sçauoir (dit-il) ce que ie fais icy; ie demeure à demy-libre en mon Tusculan. Par apres il deplore le passé, & desespere de l'aduenir. Ciceron confesse qu'il n'est libre qu'à demy. Pour vray iamais le sage ne descendra si bas que de prendre vn nom si chetif: iamais sa liberté ne sera my-partie; elle demeure tousiours entiere & solide, luy estant libre, tout à soy, & esleué par dessus tout. Car *D. Aug. 3. confessio. c. 4.* *Seneque de la brief. de la vie.*

que sçauroit-on imaginer par dessus celuy qui est au dessus de la Fortune? Ie ne puis oublier pour la fin, qu'il est taxé par tous les Autheurs d'auoir trop aimé sa fille Tulliola, & auoir faict des regrets & lasché des traicts à sa mort, indignes d'vn homme constant & de sa sorte. Entre lesquels on le blasme particulierement de ce que la mettant au tombeau, il luy mit au doigt la plus belle Esmeraude qui fut deslors, ne qui ait peut-estre iamais esté veuë depuis; se monstrant en ce poinct si superstitieux, qu'on eust dit qu'il vouloit la marier auec la Mort, ou pour le moins flatter la Mort auec ce beau present, & la coniurer de bien traicter sa fille. A quoy on adiouste qu'il versoit tant d'amour sur sa fille qu'il n'en auoit que fort peu pour sa femme Terentia, laquelle parauanture pour ceste occasion se maria auec Saluste son ennemy mortel incontinant apres sa mort: car elle vescut cent deux ans, & espousa quatre maris, dont Ciceron fust le premier; Saluste ennemy de Ciceron le second; Messala Coruinus le troisiesme, & Vibius Rufus le quatriesme, tant recommandé pour auoir eu la vanité d'acheter ceste chaire Imperiale de Iules Cæsar, qui estoit de si grand prix.

Ciceron est taxé d'auoir trop aimé sa fille Tulliola.

Elle a esté trouuee n'agueres, & est tombee entre les mains de la Marquise de Mantoue Ysabeau d'Est.

Dion.

Varron le plus docte des Romains est appellé pourceau par Q. Rhemius Palæmon.

Varron.

Gracchus, recommandé par son eloquence, auoit aposté vn de ses esclaues derriere luy, lequel auec vn petit sifflet luy donnoit vn ton conuenable, & le remettoit tout ainsi que fait en quelque troupe de Musiciens le maistre d'vn concert. Tellement qu'il auoit son eloquence forcee & inconstante, & luy-mesme esclaue de son esclaue, ayant plus de maistrise & de commandement sur autruy, que sur soy-mesme, se laissoit par fois appeller à la remise mal à propos, l'esclaue se iouant bien souuent de son maistre & de son honneur.

Gracchus.
Gelli. l.17.c.1.
Cic. in Oratore.
Quint. l. o. Institut.

Quintilien quitta sa patrie pour tenir des escholes: il fut le premier qui rendit la science mercenaire, & qui print salaire à Rome.

Quintilien.

L'Empereur Seuere reprend & taxe Apulee en la personne de Claude Albin, & escrit au Senat, que le plus grand desplaisir qu'il ait receu, c'est que plusieurs d'entre eux ont tenu Claudius Albinus pour homme de bonnes lettres; bien que ce fust vn homme qui a vieilly & s'est amusé à certains petits contes de vieille, parmy les fables Milesiennes & Puniques de son Apulee : estimant si peu le liure fabuleux d'Apulee, qu'il luy semble indigne de la veuë d'vn homme d'Estat, & qui faisoit profession des lettres plus serieuses.

Apulee. Iul. Capitolin en la vie de Claud. Albinus.

Voila la vie, les mœurs & les ouurages des principaux Orateurs, desquels ie n'ay peu entierement descrire les defauts. Et croy que si ie l'eusse peu faire, on n'eust trouué estrange ny mauuais ce que Suetone & Aule Gelle nous ont laissé par escrit : Que du temps du Consulat de C. Fannius Strabon & M. Valerius Messala, il fut enioinct par le Senat au Preteur M. Pomponius de les chasser de Rome ; ny moins encore de ce que quelques annees apres Cn. Domitius Ænobarbus & L. Licinius Crassus Censeurs firent publier vn Edict contre eux, comme gens de neant, vains cauteleux, rusez, & suspects, & qui ont plus de langue pour parler, que de corps & de bras pour faire & executer ce dont ils ont parlé. Suiuant l'aduis de ce bien sensé villageois dans Plutarque, lequel ayant vn iour prins vn Rossignol (l'Orateur des oyseaux) voyant que son corps, non plus que bien souuent celuy des Orateurs, ne respondoit à sa voix & son chant, le ietta comme inutile, & n'estant rien que voix.

Suet. in commēt. de clar. Orat. Gell. lib. 11. cap. 11.

Plut. in Lacon.

Ie ne diray qu'vn mot de l'inconstance des Iuriscōsultes; car i'ē ay dict assez ailleurs. Accurse & plusieurs autres se sont mocquez de l'Empereur Iustinien leur chef, de ce qu'il se vantoit qu'auec le conseil de sa femme Theodora il auoit fait vne serieuse & importante constitution *in §. hæc autem. Vt Iudices sine quoquo suffrag. in Authenticis, coll.* 2.

Iuriscōsultes. Iustinien.

Ttt ij

TABLEAU DE L'INCONSTANCE ET

Accurse.
August. Macr.
lib. 1. c. 1.

Mais on a bien trouué plus inepte, que le bon Accurse ait profané le droict ciuil, ayant fait monter sa fille en chaire en l'Vniuersité de Boulogne, pour instruire la ieunesse & leur enseigner les reigles de la Iustice. Veu que cette vertu n'estant autre chose qu'vne constante & perpetuelle volonté de rendre à vn chacun ce qui luy appartient, il n'y a rien qui soit si contraire & peu conuenable à l'humeur inconstante & à la foiblesse des femmes. Et

Bartole.
Greg. en sa
Rep.

Bartole, le maistre souuerain de toutes leurs escholes, est reprins de s'estre trop souuent amusé à prendre des Grils au filet dans les bois. Comme sont pareillement presque tous les autres interpretes du droict, lesquels sont merueilleusement ignorans en ce qui est des affaires d'Estat. Leurs decisions sont bonnes pour les choses communes; mais pour les Empires, les Monarchies, les Royaumes & les Republiques, la verité est qu'on n'a acoustumé de suiure leurs opinions: ains le plus souuent sans s'y vouloir ar-

Cic. pro Murena.

rester, *ius est in armis*, le plus fort l'emporte. Outre que par l'aduis de Ciceron on paruenoit beaucoup plus aisément au Consulat par la voye des armes & exploicts militaires, que par la voye du droict ciuil & science des loix. Et parce (disoit-il parlant à vn Iurisconsulte) que ie te vois caresser cette science, comme si tu caressois ta fille, ie ne souffriray pas que tu viues en cet erreur. Ie t'ay tousiours estimé digne de la temperance, de la grauité, de la iustice, de la foy, & de toutes les autres vertus du Consulat; mais en ce que *Ius Ciuile didicisti, non dicam operam perdidisti; sed illud dicam, nullam esse in illa disciplina munitam ad Consulatum viam.*

¶ S'il faut faire iugement de la vie par la mort, peu de Philosophes ou sçauans ont fait belle fin.

Mais il n'y a rien qui iuge mieux l'inconstance de ces Philosophes ethniques, & autres Autheurs, qu'on a tenu & tient encore pour estre paruenus au plus haut degré de suffisance, que leur mort & fin mal-heureuse. Car la plus part viennent fols, & mesnagent si mal leur vie, qu'il en eschappe fort peu, qui ne finissent leurs iours par vne mort violente & pleine de mal-encontre.

Et qu'il ne soit ainsi, Pythagoras fut tué auec soixante dix de ses disciples. Hesiode fut assassiné au coin d'vn bois, estant pris comme complice d'vn sien compagnon adultere, & puis jetté dans la mer. Anaxagoras fut contraint de boire du poison. Thales mourut de soif. Zenon fut mis à mort par commandement de Phalaris. Anaxarque mourut de plusieurs tourmens par le commandement de Nicocreontes. Archimede fut tué au milieu de ses figures par les soldats de Marcellus. Anacharsis mourut de mort soudaine. Diodorus creua de despit de n'auoir sceu soudre la question que luy proposa le philosophe Stilbon. Aristote ayant perdu la bonne grace d'Alexãdre se noya dans l'Euripe, ou mourut de despit, comme disent d'autres. Callisthenes son disciple fut jetté par les fenestres. Euripide ayant bien soupé chez Archelaus, se trouua auoir soupé pour les chiẽs, qui le deschirerent cõme il s'en retournoit en sa maison. Leonius philosophe se ietta dans vn puits. *Petr. Crinit.* Ciceron fut banny, & auant mourir veid sa maison par terre; sa fille qu'il aimoit mieux que son cœur, morte deuant ses yeux; sa femme Terentia, de laquelle il estoit merueilleusement satisfait, entre les mains de son ennemy. En fin on luy coupa la main, la langue, & la teste. Seneque mourut de mort violente, accompagné de sa femme Paulina. On fit creuer Auerroes, luy faisant passer vne grand roue sur le ventre. Iean Lescot fut assassiné par ses disciples en Angleterre à coups de caniuet. Le Petrarque mourut des fourches qui viennent entre les doits. Angelus Politianus mourut se donnant de la teste contre les murailles. Sauanarola, esprit fanatique, fut bruslé à Florence par commandement du Pape Alexandre. Voila la fin à laquelle l'Inconstance a conduit les plus grands Philosophes, les plus sages, & ceux qui ont esté communément tenus pour les plus sçauans hommes de l'Vniuers.

Ttt iiij

DE L'INCONSTANCE DES LOIX, LEGISLAteurs, & Magistrats.

DISCOVRS VI.

1. Les mortels sont presque tousiours en querelle mortelle.
2. Puis que la Raison estoit donnee à l'homme, il semble qu'il n'estoit ia besoing de Iustice ny de loix.
3. Les priuileges qui se donnēt par les Roys & autres Princes, en consequence de leurs entrees és villes de leurs Estats, sont fort importants.
4. Les Legislateurs semblent auoir faict les loix douteuses à escient, pour reseruer le pouuoir aux Iuges d'imposer loy à la loy mesme.
5. Les Princes & les Magistrats font souuent des loix, qu'ils violent les premiers.
6. Inconstance du Senat Romain en la recherche de la mort de Cesar.
7. Du droict & des diuerses formes de rendre le droict & la iustice à vn chacun.
8. Que la corruption des Iuges est vne espece d'Inconstance.
9. La corruption la plus commune, est celle qui se fait pour de l'argent
10. Portraict de la Iustice.

OMERE a feinct Agamemnon se resiouissant de voir Vlysses & Achilles incessamment se quereller; pour dire que l'homme est tous les iours en danger par les menees de son semblable; que les mortels sont en querelle mortelle, voire la plus-part du temps immortelle, & qu'il

faut que les hommes ayent perpetuellement procez & quelque chose à demesler entr'eux: estimant que ceste lasche & paresseuse grace, par laquelle les hommes s'entrecedent & s'entre-quittent les vns aux autres, soit biens, soit honneurs, estoit à faulses enseignes appelée Concorde. De maniere qu'on tient que qui osteroit du monde le discord & la noise, le cours des corps celestes s'arresteroit; & leur mouuement cessant la generation cesseroit aussi-tost. Veu que comme tresbien monstre le Petrarque en sa Philosophie, toutes choses se font & s'entretiennent par noise & par procez. C'est pourquoy quelques-vns de ces anciens Philosophes dirent, qu'il y auoit deux principes de toutes les choses, *Lis & Amicitia*.

<small>1. Les mortels sont en perpetuelle querelle.</small>

<small>*Omnia secundum litem fiunt* dit le Petrar.</small>

Les Poëtes feignent qu'Apollon donna le caducee à Mercure, auec lequel il appaisa tellement deux serpents qui se mangeoient l'vn l'autre comme deux bons plaideurs, que deslors qu'il le mit entre-deux chacun desormais en amour & concorde. Mais au contraire il semble qu'auec vne interpretation beaucoup plus nayfue ils ayent voulu donner entendre que deux plaideurs ahurtez, plaideroient mesme à la barbe, & en la propre main de Mercure: en signe dequoy les serpents entortillez à l'entour de ceste verge de Iustice, sont peints bec à bec en action d'animaux prests à s'offenser, & le fisson de leur langue enuenimee à demy eslancé.

Les procez ne sont autre chose qu'vlceres & fluxions qui montent & descendent és barreaux des Palais, pour y receuoir guerison; mais au lieu de guerir elles s'enueniment. Surquoy les Naturalistes ont tresbien obserué, que le sang de l'homme est le plus violent poison qui soit contre l'homme. D'où vient que les Scythes trempent leurs fleches dans l'infection des viperes, & du sang humain, & font vne poison si violente, que ceux qui en sont touchez meurent soudain sans remede. Il n'est pas mesme possible que le commerce des hommes soit sans fraude, ou sans lesion: il faut que de

TABLEAV DE L'INCONSTANCE ET

deux qui negotient, l'vn ou l'autre se deçoiue, estant loisible par les loix de se surprendre & circonuenir, pour-
veu que la deception ne soit au delà de la moitié du iuste
prix.

L.2. C. de res-
cind. vend.

On souloit tenir le Vautour pour hieroglyphe de la Iustice, le tenant pour le plus iuste de tous les oyseaux qui
viuent de rapine: car les Ægyptiens ont obserué, que se
contentant de choses mortes, il ne se paist iamais & ne
se souille du sang d'aucun oyseau qui soit en vie. Ainsi
deuroit faire l'homme, & pardonner au-moins à ceux de
son espece & à toute sorte d'hommes viuans. Mais le Grād
ne peut endurer le voysinage du petit, qu'entant qu'il le
void s'humilier deuant luy: & mal-aysément peut souffrir
qu'il viue auec quelque commodité, s'il ne releue & depend de luy. Si bien que tout au rebours des animaux irraisonnables, l'homme est plus en peine de se garder de
ceux de son espece, que de toute autre chose. Plusieurs
ont obserué que ce n'est pas vne vieille coustume parmy les Romains, de brusler les corps morts, veu que le
premier qui les fit brusler fut Sylla: En quoy faisant il tesmoigna la misere de l'homme, de craindre mesme son ennemy apres la mort. Car il ne donna lieu à ceste coustume,
sinon afin qu'on n'vsast contre luy de la peine du Talion:
d'autant qu'ayant fait desenterrer le corps de Marius son
ennemy, il craignoit qu'on luy en fist le semblable. Il sçauoit bien que rien n'est plus suject à rechercher sa vengeance que l'homme; parce que la pluspart des hommes
ont vn liure ou registre dans la teste, dans lequel certain
mauuais esprit leur a escrit & enregistré cent-fois l'iniure
qu'ils peuuent auoir receu, pour petite qu'elle soit: & au
contraire toute sorte de bien-faict, de courtoisie & de plaisir ne s'y trouue qu'vne seule fois, & encore mal-escrit & à
demy effacé. Ainsi a-on dit fort veritablement parlant de
l'homme, que le mal que son semblable luy fait ressentir,
luy est beaucoup plus grief & mal-aisé à souffrir que tout
autre accident venant par autre voye; parce qu'il y a ie ne
sçay

INST. DE TOVTES CHOSES. LIV. III. 361

sçay quoy, que le droict commun des gens & de la Nature ne permet estre loisible à l'homme à l'endroit d'vn autre homme. Si bien qu'auec beaucoup de raison on trouue merueilleux & barbare le traict d'vn Gentil-homme Neapolitain, lequel estant dans vne nauire auec vn sien ennemy, l'vn demeura tousiours à prouë & l'autre à pouppe pour n'auoir nul commerce ensemble, iusqu'à ce que suruenant vne grande tempeste, qui les mit en danger de se perdre tous deux, celuy de la prouë demanda au pilote quel costé du nauire se perdroit le premier; & luy ayant esté respondu, que ce seroit la pouppe: Ie suis bien-aise (dit-il tout ioyeux) car ie mourray content si ie voy premierement perdre mon ennemy. Ceste mauuaise esperance, & peu Chrestienne luy desroboit l'apprehension de la mort. Ie croy que si la mer les eust iettez à bord tous noyez, & qu'on eust voulu faire leurs funerailles, suiuant la forme des Anciens, & brusler leurs corps ensemblemét, que leur hayne eust paru beaucoup plus que celle d'Eteocles & Polynices freres, qui se hayssoient si fort, qu'estans leurs corps iettez sur le mesme feu, la hayne fit diuision des flammes, ne pouuant viuans ne mourans compatir ensemble.

Traict trop vindicatif d'vn Gentilhomme Neapolitain.

C'est donc vn Axiome tres-veritable, que l'homme oubliant toute humanité fait la guerre mortelle à l'homme. Mais ceste guerre se fait par diuers moyens, dont les plus communs & presque les plus cruels parmy nous sont les procez, quasi comme inuentez pour tourmenter le monde.

Qui meut Caton d'ordonner que toute la place publique de Rome, où on auoit accoustumé de plaider, fut pauee de chaussetrapes, pour garder les plaideurs d'y aller. Et qui força pareillement les Cherusques de se monstrer si ennemis de toutes ces formes & expeditions de iustice, que quand ils pouuoient attraper quelques vns de ces harangueurs, aduocats & debateurs de causes, ils leur creuoient les yeux, & leur coupoient les mains. Et dit-on

Vvv

qu'ayant coupé la langue à vn, & cousu la bouche, celuy qui tenoit ceste langue en sa main, luy dict ces mots enuenimez, O vipere, à la parfin tu cesseras de siffler!

Il seroit bon de chasser & bannir la chicane s'il estoit possible.

J'aduoüe à la verité qu'il seroit tres-vtile, si faire se pouoit, de couper broche à tant de procez & procedures qui tourmentent le monde; pourueu que ce fust auec quelque discrette moderation. Mais qui les voudroit supprimer du tout, à cause de la Chicane, se tromperoit; & feroit ne plus ne moins que ceux qui voudroient empescher que l'on ne courust, parce qu'on choppe quelquefois en courant: ou qu'on ne tirast iamais de l'arc, pource qu'on ne peut tousiours dôner au blanc. Car il est certain que la Iustice, qui ne se peut manier sans quelque forme ou figure de procez, est tres-necessaire, entant qu'elle est donnee comme vn benefice, lequel osté du commerce du monde & de la côuersation ciuile, ne laisse moyen quelconque à l'homme par lequel il puisse sçauoir ce qui est à luy, & ce qui ne l'est pas: l'imperfection de nostre nature ayant engendré ceste necessité.

2. Puis que la raison estoit donnee à l'homme, il semble qu'il n'estoit ja besoin de Iustice, ny des loix.

Et encore qu'il semble que la lumiere de la raison, qui a esté donnee à l'homme seul comme vn thresor inestimable, fust suffisante pour distraire l'homme raisonnable & craignant Dieu, de toutes volontez desreiglees, & partant qu'il n'estoit ja besoin de tât de loix si variables & contraires les vnes aux autres, pour l'en retirer auec la crainte, la seuerité, & la peine; veu mesme que ceux qui ayment la vertu, tant s'en faut qu'ils deussent auoir peur des loix, qu'ils ne les deuroient pas mesme cognoistre. D'ailleurs, bien qu'on die que si les hommes se lient par la simple parole, qu'il n'estoit ja besoin de tant de ceremonieuses liaisons, par lesquelles chacun tasche d'asseurer son faict & ses affaires, que le Prophete va contant, *Scripsi in libro, signaui, adhibui testes, appendi argentum in statera, accepi librum possessionis signatum, stipulationes, & rata signa forinsecus.*

Hier. cap. 32.

Puisque les bons n'ont nul besoin de loix, & les meschans n'en deuiennent meilleurs; & que par tout ces moyens, la Iustice & les loix semblent inutiles. Si est-ce neantmoins que la Iustice, qui est vne iuste & legitime côtrainte, est tres-vtile & necessaire. Parce que le plus souuêt la volonté, qui est la maistresse de nos actions, est si préoccupee & côme assaillie par tât de vices, qui nous l'entournent de tous costez; que l'hôme ne peut à chaque bout de châp appeller la raison pour la côduire. Et côme disent les Philosophes, nostre volonté se trouue tousiours parmy deux ennemis mortels, chacun desquels tasche neantmoins de l'acquerir & se la faire amie: l'vne est la raison, l'autre est l'appetit sensuel. La raison d'vn costé la pousse à la vertu, & luy donne courage d'apprendre & suiure les choses qui sont bônes, & tenter les mal-aisees. L'appetit sensuel de l'autre, cherche de l'en distraire, & la pousse aux delices du môde, & aux choses prohibees. Mais il est bien plus aisé de suiure le conseil de nature corrôpue, & courir apres nos inclinations charnelles, que nous esloignant de nostre propre naturel, soustenir vn perpetuel assaut, & se ranger du costé d'vn maistre si seuere que la raison. Et côme l'experience nous apprêd, la chair vainc souuent la raison; aussi est-elle plus vieille de sept ans: car l'vsage de la raison ne vient qu'enuiron cest aage; au lieu que la chair naist quand & nous, & tout aussi-tost employe ses forces; Tout de mesme que les cheueux de la teste font plustost demonstration de blancheur & par consequent de sagesse que ceux du menton: parce qu'ils sont plus vieux de vingt ans. Or communément és combats, le plus fort & le plus vieux l'emporte. Outre que la chair est mieux seruie, & par des officiers plus fideles que non l'esprit. Car à la verité, la chair & l'esprit ont tous deux pour ministre le sentiment ou les sens; or le sentiment estant corporel, & y allant aucunement de son interest, desrobant tousiours quelque chose pour soy, il est plus fidele au corps & pourchasse plustost pour luy que pour l'esprit. Et comme il faut que l'esprit ayant affaire des sens, bien souuent leur cede, comme vn maistre qui endure vn mauuais seruiteur pour le besoin qu'il en a;

Vvv ij

tout de mesme faict la partie raisonnable; car apres auoir faict toute la resistance qu'elle a peu, elle endure les vices & la violence des sens comme efforts de mauuais serui- teurs. Si bien qu'estant chose dangereuse pour elle de ve- nir à vn combat si inesgal, il est beaucoup mieux faict d'e- uiter cest ennemy, que de l'attendre. Que si nous voulons refrener ses cupiditez, il nous faut bien vne plus grande vertu que la nostre, d'autant que nos appetits sensuels ne nous laissent vne heure en repos. Et la raison au contraire en nos plus grands besoins, ne se met en deuoir de nous deffendre. La sensualité du corps nous combat tousiours pour nous faire commettre des fautes; & la raison n'est pas tousiours quand & nous, pour rabattre ces coups auec ses admonitions. En fin, il y a tant de vices qui nous jet- tent dans l'Inconstance, & qui courent apres la volonté, quand ils la voyent s'esloigner tant soit peu de la raison, qu'il est mal-aisé qu'elle n'eschappe, & ne se laisse aller.

La Iustice est donc quelque chose de plus necessaire, mesmement eu esgard au temps depraué, où nous som- mes, & plus pressant que la nue raison. Et la verité est que l'homme n'auroit affaire d'aucune vertu, s'il estoit iuste. Veu que la Iustice contient toute sorte de vertus: parce que la raison, pour laquelle quelque chose est, & s'appelle vertu; c'est la proportion, qui la loge en telle part, qu'elle se trouue esgalement distante des extremitez, qui sont les vices: Or ce poinct d'estre esgal & proportionnément esloigné des extremitez des vices, n'est autre chose que ce que nous appellons Iustice. Qui fait que la Iustice est vne vertu plus excellente que les autres, entant qu'elles ne font l'homme bon, que pour soy; & elle au contraire le fait bon non seulement pour soy, ains pour tout le monde; ne regardant pas seulement son bien particulier, ains l'Vniuersel. On a bien encore passé plus auant: car la Iustice, & les loix, par lesquelles elles se soustient, sont beaucoup plus necessaires que la Philosophie naturelle; veu qu'elles n'admonestent pas seulement que nous soyons gens de bien (à quoy peu de gens s'addonnent de leur bon gré) ains elles nous punissent si nous voulons estre autres. Au lieu que la Philosophie desarmee, ne fait que nous admonester sans nous y presser. Et bien souuent sa douceur est chantee à des oreilles sourdes, qui n'en prennent que le plaisir sans aucune contrainte; ou à des Roys & Princes souuerains qui se maintiēnent estre au dessus; encore que la loy de Dieu leur enseigne le contraire. Tesmoin que quand le Roy Ioas fut couronné, on luy mit bien sur la teste vn riche Diadême; mais sur ce Diadême on mit le liure de la Loy diuine, pour monstrer que luy & tous autres Roys qui sont esleuez en pareil degré, doiuent obeyr & se sousmettre aux loix, & singulierement à celle de Dieu.

1. Reg. 12.
4. Reg. 11.

Il ne faut donc que retrencher les abus qui se commettent és formes, & en la distribution de la Iustice; & que ceux qui font les loix & les ordonnances, ensemble ceux qui les font executer, soient tousiours vniformes, constans & asseurez; suyuant l'aduis de Lysias, qui disoit, *Que les Iuges se doiuent reuestir de cette intelligence, & de cette mesme ame, qu'auoyent ceux qui ont donné ou fait les loix, lors qu'ils les firent.* Car certainement il se trouue des loix sans loy, aussi bien que des Iuges; de la Iustice en apparence, pleine d'iniustice en effect; & des Magistrats sans maiesté, volages & pleins de transport: ne se souuenant que la deffinition de la Iustice commence & finit par ces quatre mots, *constans & perpetua voluntas.*

Il ne seroit pas bon de retrencher les formes ny l'exercice honneste de la Iustice; ains seulement les abus.

Lycurgue par ses loix asseuroit les fins larrons, & punissoit ceux qui n'auoyent assez de ruse pour se garder des larrons. Et d'vn autre costé il estoit trop seuere enuers les paresseux, puis que c'est vne maladie si commune & si naturelle. Car il ne chastioit pas moins les paresseux, que les outrageux ou iniurieux. Il estimoit peut-estre que la Republique fust quasi comme trahie par eux: suyuant l'aduis de Xenophon parlant de la Republique des Lace-

Lycurgue trop amy des larrons, & trop ennemy des gens grossiers, & des paresseux.

TABLEAV DE L'INCONSTANCE ET

Paresseux punis par Iustinien.

dæmoniens. Ou bien selon l'aduis de l'Empereur Iustinien, qui tient que les paresseux & nonchalans, ne seruét que de fardeau sur la terre; & mesme donne & octroye quelque espece d'action contre eux. Phoroneus en ses loix enseignoit la maniere d'ensorceler. Platon ennemy des femmes, a voulu en sa Republique qu'elles fussent communes; & pourtant il n'a eu l'esprit d'en gouuerner vne seule. Et Sylla qui fit la loy *Cornelia de sicarijs*, faisant à rebours de sa loy, fut le plus grand massacreur qu'on veit iamais.

5 Les priuileges qui se donnent par les Roys & Princes, en consequence de leurs entrees és villes de leurs Estats, sont fort importans.

Quelle iustice y auoit-il en cette loy par laquelle il estoit dit, que toutes les fois que Auguste entreroit en la ville de Rome tous les criminels seroyent pardonnez? n'estoit-ce pas donner occasion aux plus meschans de maluerser, & aux grands de se venger de leurs ennemis & les faire tuer; puis que pour acquerir la remission des plus execrables homicides & autres meschancetez, il ne falloit que trouuer moyen de faire acheminer les Empereurs dans la ville? Quelle inconstance & volage humeur de Legislateurs? Ils vouloyent que leur bien-venue seruist d'impunité & priuilege aux plus meschans; & de desny de iustice, & d'oppression aux bons. Les Empereurs, les Roys, ne leurs Magistrats ne deuoyent ainsi prester la sauuegarde de leur nom à des meschans voleurs qui n'ont ny Dieu ny loy, & leur attacher leur authorité ne plus ne moins qu'vn preseruatif, afin de les arracher des mains de la Iustice. Et ce desny a souuent par iuste iugement de Dieu causé la mort aux plus grands Monarques. Car Philippus fut tué pour auoir desnié iustice à Pausanias, lequel ayant esté blessé par le commandement d'Attalus & de Cleopatra, tourna son ire contre Philippus, qui ne luy en vouloit faire raison, & le tua. Quelle iustice y auoit-il aussi és loix cruelles de Dracon, qui punissoit les plus legeres fautes de mort? Quelle raisõ y auoit-il à Lacedæmone, qu'aussi tost que les Ephores estoyent instalez en leurs Magistratures, ils faisoyent publier à son de trompe que

Matth.l.5.4. marc.

personne n'eust à porter moustaches? Ce n'estoit pas pour pareille occasion que celle dont vsa n'agueres la Cour de Parlement de Paris enuers vn Gentilhomme, lequel elle enuoya en la Conciergerie pour luy faire abattre la perruque & toute la barbe, parce qu'en respondant il auoit retroussé sa moustache.

Quant aux loix de Solon, qu'on tient pour vn des plus grands Legislateurs qui ait iamais esté, il y auoit plus de finesse que de iustice: car elles estoyent obscurément escrites, & se pouuoyent tirer en plusieurs sens, tout exprés pour maintenir les Iuges & leurs iugemens en authorité: parce que les procés ne pouuant estre decidez par loix expresses, il falloit qu'on recourust tousiours aux Iuges. Tellement que par ce moyen les Iuges estoient par dessus les loix; d'autant que l'intellect & vray sens d'icelles dependoit entierement de l'inconstance des Iuges, & receuoyent en fin toute telle interpretation que leur humeur volage y vouloit appliquer. Ciceron disoit donc tres-à propos, que la maison d'vn Iurisconsulte (encore mieux d'vn Legislateur) estoit l'oracle de toute la cité; car on y reçoit des responses pour toutes les familles, mais elles sont tousiours à double sens, tout ainsi que les responses des Oracles estoyent ambigues. Il en estoit de mesme de Poliarces, lequel ayant ouy alleguer vne loy à Pericles, qui deffendoit d'oster le Tableau sur lequel vn Edict public auoit vne fois esté escrit; Bien, ne l'oste pas (dit-il) mais tourne seulement le Tableau. Car il n'y a pas de loy qui prohibe cela *Trouata la legge, trouato l'inganno*. Alcibiades & Nicias, de leur temps les premiers hommes d'Athenes, enuieux l'vn de l'autre, comme il aduient entre pareils, eluderent fort gentiment la principale & plus importante loy de leur patrie. Car voyant que le peuple vouloit proceder à l'ostracisme de l'vn d'eux, ils ioignirent si bien ensemble les suffrages de leurs amis, & manierent si bien l'affaire, qu'au lieu d'en bannir l'vn ou l'autre à la pluralité des voix, il se trouua que ce n'estoit pas vn d'eux, ains vn Hyperbolus.

4 Les Legislateurs semblēt auoir fait les loix douteuses à escient, pour reseruer la superiorité aux Iuges.

TABLEAV DE L'INCONSTANCE ET

Dequoy le peuple fut si mal content voyant ainsi la chose auilie & mocquee, qu'oncques puis il n'en vsa. Il fait bon s'oster & redimer de la condamnation pour coulpable qu'on soit, & s'affranchir de la peine; mais il n'est loisible à vn homme qui veut meriter le nom de iuste, de faire tomber le sort sur vne ame innocente comme ils firent.

Les loix ont plusieurs visages. Ils donnent aux loix tel visage qu'ils veulent; & neantmoins les diuers visages qu'on donne aux iugemens ou arrests, c'est ce qui rend la Iustice inconstante & douteuse. Ils forgent les loix de façon, qu'elles ont le droict & le reuers comme medailles. Chaque loy porte sur soy vne teste de Ianus. Censorinus estoit si inconstant qu'il trouuoit des loix iustes pour les autres, & non pour luy: car ayant esté deux fois Censeur, il fit faire vne loy, que de là en auant nul ne le pourroit estre deux fois: quasi comme s'il eust preiugé qu'il ne pouuoit estre constant deux fois. Que dirons-nous de ce iugement ridicule des Ephores, qui condamnerent leur Roy Archidamus pour auoir espousé vne petite femme, croyant que les Roys qui en naistroyent, auroyent leur pouuoir aussi petit que la taille de leur mere? Sur quelle loy estoit fondé le iugement des Lacedæmoniens, quand ils condamnerent Agesilaus en vne amende, parce qu'il possedoit luy seul le cœur de tous les citoyens qui deuoit estre commun? Il semble qu'ils vouloyent qu'on recherchast & se maintinst en leur disgrace, ou bien qu'on acquist leur bien-vueillance par mesure.

Sen. lib. 14. ep. 95. Ie n'approuueray pourtant auec tout cela qu'on forçast les Iuges de raisonner leurs arrests, *Iurisconsultorum valent responsa; etiamsi ratio non reddatur*, dit Seneque. Aucuns ont pensé, & parauanture non pas trop hors de propos, qu'il vouloit dire que les iugemens & arrests fondez sur les responses des Iurisconsultes ne doiuent estre raisonnez, parce qu'il faut auctoriser les Iuges & leurs responses, d'autant qu'estant du tout fondees sur la raison, voire n'estant que la raison mesme, elles portoyent beaucoup mieux la

marque

marque de souueraineté, que si ceux qui les donnent estoyét contraints de descouurir par submission leur motif & fondement. Outre que la raison estant necessairement apposee en tous iugemens, seroit subiete à estre calomniee, ou pour le moins debatue. Or tout ce qui se met en debat ou controuerse se met en doute, & perd le lustre & le seau de souueraineté. Et n'estant que foiblement arresté, puis qu'il pouuoit estre subiet à dispute, ne peut estre dit absolument arrest.

Les iugemens sont aussi fort extraordinaires, quand les Iuges douteux & incertains, ne se pouuant aisément esclaircir de la verité du faict, sautent de l'vne extremité à l'autre: sinon qu'on fust forcé de le faire & d'en venir là, ou par reuelation de Dieu, ou par quelqu'autre legitime moyen. Comme fit Salomon, qui ne pouuant descouurir la mere d'vn enfant, ordonna qu'il seroit mis en deux parts, plus pour recognoistre la vraye mere, que pour donner vne mere au fils, ny vn fils à la mere; parce que le partageant, le partage ne donnoit rien que la mort. De maniere qu'à iuste raison on trouue estrange le iugement de Claudius, qui condamna vne mere d'espouser son fils, parce qu'elle le desaduouoit. Ie croy qu'il le vouloit remettre dans le ventre de sa mere. Et le iugement de cet autre, qui voyant qu'vne mere sur le poinct de la mort delaissant trois enfans, ayant declaré qu'il n'y en auoit qu'vn seul qui fust de son feu mary, côme chacun d'eux se maintenoit estre celuy-là, à cause de la succession; le Iuge s'en voulant esclaircir vsa d'vn moyen extraordinaire, & hors de toutes les formes: il fit premierement desensevelir le pere, puis ayant fait donner vn arc & des fleches à chacun des enfans, leur commanda de luy tirer droict au cœur, à la charge que celuy qui s'en approcheroit le plus pres seroit declaré seul heritier & vray fils: les deux ayant tiré, le troisiesme trouua ce iugement si rude & contraire à la Nature, qu'il ne voulut tirer, disant, qu'il aimoit mieux perdre la succession, que blesser son

Iugemēs fort estranges.

Boierius decis. 299. num. 1. & 2.

Xxx

pere mort: d'où on coniectura que c'estoit le vray fils. Ce fils auoit raison; car il faut toucher le cœur du pere auec le cœur, & non auec le fer. Il ne faut desenseuelir son pere pour trouuer sa succession: fraper son pere mort auec la pointe d'vne fleche, c'est le tuer & faire mourir deux fois. Si bien que le iugement eust esté plus à propos, l'ayant frapé au cœur, s'il eust declaré le fils meurtrier, que non iuste & legitime successeur.

Ainsi il est certain que qui voudra rechercher l'ineptie & l'iniustice des loix & iugemens plus celebres, les humeurs, les mouuemens & passions volages de ceux qui les ont inuentees & mises en vsage, trouuera tant d'inegalité, qu'on n'y recognoistra nulle fermeté, ny marque de constance. Car chaque Empereur, Roy, ou Prince, voire chaque Magistrat a tousiours disposé & accommodé ses loix & celles des autres, ausquelles il estoit obligé, à son humeur & à sa passion, & non son humeur à ses loix. Sulpicius Tribun fit passer vne loy à Rome comme pour preseruatif de sa prodigalité & fole despense, & fit ordonner, Qu'aucun Senateur ne pourroit emprunter, ne deuoir plus de deux cens escus; & neantmoins quand il mourut il en deuoit plus de trois mille. Voyez cōbien son inconstāce outrepassa sa loy; voyez que ceux qui les font sont ceux qui les gardent le moins. Licinius Stolo produisit vne loy, Qu'aucun citoyen Romain ne peust posseder plus de cinq cens arpens de terre; mais en fin il fut puny de la peine portee par sa mesme loy, ayant esté iustifié qu'il en possedoit beaucoup d'auantage.

Il y a vn bel exemple de l'incōstance du Senat Romain en la recherche qu'il fit de la mort de Cesar. Car il fut si indifferent, qu'il ordonna que la memoire de Cesar seroit honnoree comme celle d'vn Dieu, & qu'il ne seroit rien changé de ce qu'il auoit ordonné en son viuant. On tua mesme (*in fallo*) Cinna amy de Cesar, le prenant pour vn autre Cinna, qui auoit esté de la coniuration. Et neantmoins au lieu de continuer ses faueurs enuers luy, & punir ceux qui l'auoyent occis, puis que par icelles le Senat sem-

5 Les Princes & les Magistrats donnēt souuent des loix, qu'ils violent inconstamment les premiers.

6 Inconstance du Senat Romain en la recherche de la mort de Cesar.

bloit trouuer sa mort iniuste, on decerna des prouinces & des honneurs conuenables à Brutus qui l'auoit tué, & à ses adherans. Or plaindre publiquement la mort d'vn grand Capitaine auec demonstration que la perte en est publique; & neantmoins couronner particulierement la teste des meurtriers de laurier, comme en signe de triomphe, pour auoir deliuré la patrie & la ville d'vn tyran & ennemy public, c'est vn iugement qui ne peut demeurer simplement dans les bornes de l'indifference, ains il passe dans l'Inconstance tout a faict.

Ie ne veux entrer dans ce grand champ de la multiplicité des Loix, par lesquelles tout ce grand Vniuers est regi & policé, qui en leur varieté & en leur seul nombre si excessif, monstrent clairement combien le monde est inconstant, puis que pour le regir & gouuerner il faut des Loix si variables & incertaines, & en si grand nombre. Quelqu'vn disoit à vn Iurisconsulte, Dés-que i'ay ouy parler de loix, il m'est venu aussi tost quelque dégoust & contre-cœur, comme si i'oyois parler de riotes & procés. Parce que comme en vne boutique où il y a des drogues, c'est signe qu'il n'y a point de santé: aussi parmy le peuple où on allegue tant de loix, c'est signe d'vn Estat malade, & qui est ennemy du repos. Et trouue que Tribonian auoit raison d'en auoir retrenché & faict brusler plus de trois mille volumes. Ie laisse aussi à part la simplicité en laquelle plusieurs au contraire ont vescu, estant sans autres loix politiques esclairez de quelque rayon diuin, auec lequel ils ont passé tout le temps de leur vie seuls, sans se sousmettre aux loix du reste du peuple; viuans parmy le monde, comme s'ils n'eussent esté au monde. Car ceux-là par grace speciale de Dieu ont vescu sous des loix celestes & diuines, qui les ont mis sur la voye de la vraye Constâce. Tout au rebours de ces autres inuēteurs de tant de nouuelles loix, Philosophes payens & ethniques, cōme il se voit és loix imaginaires de Platon, de Solon, de Lycurgue, de Cicerō, & autres; lesquels ayāt establi & dressé

TABLEAV DE L'INCONSTANCE ET
des Republiques, qui en apparence sembloyent par le bel ordre de leur establissemét deuoir estre d'vne tres-longue duree, ont neantmoins esté plustost admirees que suiuies. Et ne sçay si ceux-mesmes qui les admiroyent ont laissé à les suiure & n'y ont voulu obeyr, plus par inconstance & faute de fermeté & asseurance, que par impossibilité, ou autre legitime empeschement. Nous mesmes sommes encore si volages, que nous estudions tous les iours les loix des Romains, prenons peine à les sçauoir, & en tirons les plus belles espreuues de la suffisance de nos Magistrats. Et comme si c'estoit le chef-d'œuure des ouuriers de cette profession, les officiers des Cours de Parlement de France sont examinez là dessus. Dequoy ie m'esmerueille, veu que nous ne nous voulons nullement astraindre à les suiure: les François n'ayant autres loix de commandement, ny de contrainte que les ordonnances de nos Roys; celles des Romains leur estant seulement des loix volontaires, qu'ils prennent simplement pour raison. Encore n'est-ce qu'és lieux qu'on appelle, de droict escrit, & és contrees où elles ont esté laissees auec quelque obseruance. Et croy qu'en fin nous les lairrons du tout, si la volóté de nos Roys nous y conuie ; ce qui pourroit bien arriuer. Car mesme parmy les Romains il s'en est trouué qui les ont voulu supprimer du tout.

Cesar auoit deliberé de reduire le droict des Romains à certains poincts, & de toute cette grande & confuse multiplicité de loix, reduire les choses plus necessaires & les meilleures en certain volume ; comme vn des plus suffisans de la France auoit desia commencé à faire du droict François, ayant faict le choix & retrenchement de nos ordonnances en son Code-Henry.

Caius Cesar Caligula, recognoissant peut-estre que toutes ces subtilitez & differéces qui se trouuent en nos conuétions, qu'on appelle *bonæ fidei, & stricti iuris*, & ces formes de iuger *summo iure, vel ex æquo & bono*, estoyent autant de pieges & coupe-gorges, voulut oster toutes les responses des Iurisconsultes ; voulant contraindre chacun de

Les Republiques qui sembloyent estre establies auec plus de precaution, sont celles qui ont eu moins de duree.

Merueille que presque toutes les nations de l'Europe se seruent des loix des Romains.

Les François, Espagnols & Italiens souffrét l'examen sous des loix estrangeres.

Plusieurs Empereurs se sót essayez de retrencher le droict ciuil, voire de le supprimer du tout.

7. Du droict & des diuerses formes de rédre la iustice à vn chacun.

contracter de bonne foy, & obliger pareillement les Iuges à iuger seulement *ex æquo & bono*. Et comme dict Suetone en la vie de cest Empereur, *Pour les Iurisconsultes, il s'est souuent vanté, quasi comme s'il eut voulu abolir tout l'usage de leur science, qu'il feroit en sorte, qu'ils ne pourroient faire, ny donner aucunes responses que suyuant l'equité.*

Sa raison estoit parauanture que les Loix sont comme des armes attachees à des clouds; si le iuge ne les sçait appliquer & manier, elles ne font iamais de coup. Or l'equité peut seruir au Iuge pour temperer l'effort & la pointe de ces armes, & la rigueur des loix; ce qui est tres-necessaire, & ne se peut faire autrement, veu qu'estant escrites, elles disent tousiours mesme chose, & ne sçauent se retirer en temps & lieu. *Tous tes mandemens ce n'est qu'equité*, dit l'Escriture saincte. Il faut que les actions des hommes, qui sont tous muables, se reglent à la regle flexible de plomb, & non à l'inflexible du fer: suyuant l'Ecclesiastique, où il nous est baillé pour regle, *Noli esse iustus nimis*; qui respond au *Summum ius, summa iniuria*, des Iurisconsultes. Et ne faut ressembler ces Magistrats indiscrets, lesquels n'ostant iamais l'œil, & ne le destournant de l'extremité & haut poinct de la haute Iustice, ne visent iamais à l'equité, *Culpa est totam persequi culpam*, dit le Sage. Ils font faire excez à la correction, se seruant pour la faire de remedes trop rudes; voire se seruant pour guerir tous maux, d'vn mesme remede. Ils veulent rabiller toute sorte de vases, forts ou foibles auec vn mesme marteau. Et pendant qu'ils veulent employer leur chastiment trop rude, & donner vn trop grand coup au criminel, l'instrument ressaute & reiaillit, & par indiscretion sort du manche, & blesse celuy qui ne la sceu manier auec moderation: de sorte que comme vn archer aueugle semblable à Lamech, au lieu de tuer vne beste farouche ou vn criminel, ils tuent bien souuent vn pere, ou vn innocent.

Si bien que le droict Ciuil a demeuré long temps sans voir le iour à plein; & iusqu'à ce que Lothaire second en

Dan. 13.

La pointe de la haute Iustice est extrememement dangereuse.

TABLEAV DE L'INCONSTANCE ET

l'an mil cent vingt-sept, à la suasion du Iurisconsul-te Irnerius, le remit sus & le restablit. Mais comment l'ont-ils remis, si changé, si balafré, les opinions des Iurisconsultes si decoupees, qu'à peine a-on peu recognoistre deux Iurisconsultes en mesme espece, qui ne fussent diuers en quelque chose, ny à grande peine vn seul qui fust constant en soy-mesme ? Cujas en vne de ses obseruations a monstré clairement que Papinien le plus celebre de tous, a esté inconstant, pour auoir varié sur mesme subject, & a esté contraire à soy-mesme. Encore moins s'accordent les Cours de Parlemēt auec les Iurisconsultes; comme tresbien a remarqué le docte Antonius Faber Conseiller au Parlement de Chambery; ayant monstré en son liure qu'il a intitulé, *De erroribus Pragmaticorum*, les opinions faulses qui se sont glissees és Cours souueraines par l'ignorance & peu de fermeté de ceux, qui ne font cas que des opiniōs qui sont (comme ils disent) receuës en practique. Et Vlpien a monstré aussi comme au doigt la variation & inconstance des Iurisconsultes, voire des Empereurs, qui s'en vont en mesme sujet tantost à l'opinion de l'vn, tantost à l'opinion de l'autre, sans presque sçauoir à quoy se resoudre. Et Iustinien mesme prenant pretexte, parce que les choses humaines changent tous les iours, de diuersifier aussi ses aduis & ses constitutions, a dict ces beaux mots pour tesmoigner l'inconstance des loix, lesquels ie mettray en nostre langue, afin qu'vn chacun les entende; *Or afin* (dit-il) *que la loy se puisse mieux accommoder à la diuersité de la nature humaine, & à ce qui arriue tous les iours, & qu'en tout & par tout elle demeure immuable, (car qu'est-ce qui peut estre entre les mortels si stable & immobile, qui ne soit subiect à changement ? veu que toute nostre vie ne consiste qu'en vn perpetuel remuëment,) nous auons iugé estre tres-necessaire de donner à chaque loy ses exceptions, que nous auōs inuentees auec beaucoup de peine & de subtilité, afin que par le moyen d'icelles la loy se puisse soustenir, sans plus desormais estre*

Papinien inconstant en ses opinions. Discord entre les Iurisconsultes, & nos Parlemens.

*Iustinien a iugé luy-mesme que les loix estoient incōstātes, & qu'on ne les pouuoit establir auec fermeté.
In Authenticis, §.vt autem lex. de non alie. rebus Ecclesiæ. Const. 1.*

INST. DE TOVTES CHOSES. LIV. III. 368

changee. D'où on peut voir clairement, que Iustinien couure ses inconstances & changemens de loix de cest honneste nom d'exceptiós. En quoy il semble vouloir dire, que non seulement les vieilles loix sont deffectueuses, n'ayant peu pouruoir ny remedier à toutes les occurrences: ains aussi que les plus suffisans Iurisconsultes ont manqué d'inuention en les establissãt; sans auoir mesme espargné le plus subtil & ingenieux de tous, qui est Papinien. Ce qu'il confesse si nayfuement que rien plus, disant au mesme lieu, *Neque enim vetus lex aliquam hoc loco medendi rationem definitam habuit, quamuis magnus ille Papinianus primus ista dictauerit.* En fin ie trouue que tant de limitations, restrictions & exceptions que les Docteurs & interpretes du droict donnent aux loix sont la pluspart cauteleuses. Ce sont autant d'instructions & artifices pour eschapper, gauchir, & se soustraire du grand chemin battu de la vraye Iustice: c'est vn tour de maistre pour donner le coup mortel au pauure, à l'orphelin & à la vefue, qui seuls ont accoustumé se prendre à ses filets. Si bien que cest Aduocat du Roy qui requist que le liure des cauteles de Cepola fust banny du Palais, comme indigne d'vn Iurisconsulte, ou Aduocat Chrestien, auoit tres-iuste raison de donner cest aduis, & aux iuges du premier Parlement de France, & aux Aduocats.

A quoy i'adiousteray ce que tres-à-propos a dict vn de nos modernes; Protagoras (dit-il) Ariston & Pirrhon & plusieurs autres ont creu, que le droict Ciuil que nous gardons, consistoit plustost en l'opinion des hommes qu'en la Nature, d'autant qu'il n'estoit esgal enuers tous, & chacun en vsoit diuersement. Iustinien mesme, quoy que Chrestien, a approuué & mis en vogue des loix, qui auoient esté publiees par des Empereurs & Iurisconsultes ennemis de l'Eglise Romaine, & des souuerains Pontifes. Et est remarquable, dit Baronius, l'admirable clemence & pieté de l'Eglise, de ce qu'encor qu'elle ayt sceu

Papinien est accusé par l'Empereur Iustinien d'auoir eu faute d'inuention à faire des loix.
§. *Caterùm, Const.4. vt credit, primum aggredi.*

auoir eu autresfois ces Iurisconsultes pour ennemis mortels, a neantmoins embrassé ce qu'ils ont redigé par escrit, pour le moins ce qu'elle a trouué accompagné de raison & de verité. Voire le P. S. Gregoire cite vn texte de Papinien, bien que ce fust vn de ceux qui peu equitables gouuernoient la Republique Romaine sous l'Empereur Caracalla. D'où nous apprenons que la cognoissance & pratique des loix est bien meslee auec l'Inconstance, puis qu'il la nous faut mendier de nos aduersaires, voire des mescreans. Et que les Magistrats pareillement sont bien inconstans, de s'estre gehennez iusques-là, que de ne pouoir viure que sous les loix des estrangers, & de leurs ennemis.

Ainsi qui voudra considerer par le menu l'establissement des premieres loix, trouuera qu'elles sont du tout effacees, & qu'à celles qui nous sont demeurees on y a baillé de si pertinents contredits, qu'on ne s'en sert du tout point: & les tient-on plus pour sentences ou discours que pour loix. Ie n'approuue point (dit Seneque) les prefaces qu'on met communément au commencement des loix, parlant de celles de Platon: car vne loy doit estre couchee en peu de paroles, à fin que les ignorans la comprennent plus aisément, comme si c'estoit vn Oracle: & qu'au lieu de disputer, elle commande. Rien ne me semble plus impertinent qu'vne loy garnie de preface, veu qu'il ne faut escouter les loix pour apprendre; mais pour bien obeyr. Tertullien parlant de la mutabilité des loix Ciuiles, *Elles ne sont pas perpetuelles* (dit-il) *comme si elles estoient ennoyees du Ciel*, attendu que ceste vieille forest de loix est tous les iours tronçonnee par les coignees des Rescrits & Edicts nouueaux.

Les vieilles responses des Iurisconsultes, dit vn autre Ancien, *cedent aux constitutions de Iustinien, & ne sont pas vne fois abrogees; mais plusieurs. Ainsi tournent & se changent les affaires des mortels: ce qui est à celuy-là equitable, semble rude & cruel à celuy-cy: & tout homme different d'vn autre se delecte aussi d'autres choses. Les loix vieillissent, & les vices meurissent; il suruient*

Seneque n'approuue les Prefaces qui se trouuent és liures des loix de Platon.

Tertull. in Apologet. f. 34.

toufiours quelque chose en vn Estat, qui a besoin qu'on y mette la main tout de nouueau.

Tellement que Solon renuersa les loix de Dracon & Phoroneus; Lycurgue celles de Lacedæmone, en faisant de nouuelles; Numa celles de Romulus; les Decemvirs de Numa; & les Empereurs suiuans, celles des Decemvirs; & Iustinien vne grande partie des siennes mesmes. Il y a donc de l'Inconstance en nos iugemens, puis que les Iuris- *Inconstance des Arrests.* consultes & les Empereurs qui nous ont donné leurs Responses & Rescrits comme Oracles, ont sur mesmes subjects varié si souuent, changé & rechangé d'opinion. Et comme dit vn sainct Pere, *Que les loix des XII. tables soient* *S. Cyprien.* *taillees, & toute sorte de droict graué dans de l'airain soit publiquement affiché: parmy les loix mesme on delinque, & on peche parmy le droict: l'innocent n'est pas espargné au propre lieu où l'Innocence est communément deffenduë.* Le plus beau & durable tableau, pour la representation des decrets immuables du Tout-puissant, le papier le plus net & candide pour l'impression des loix de Dieu, c'est l'ame d'vn iuste Iuge. C'est le plus digne siege du Iuge souuerain & de sa constance. *Les formes de nos iugemens.*

Quant aux formes, & pour sçauoir comment il faut iuger, ils nous ont aussi chargez de tant de differences, qu'on ne sçait à quoy s'en tenir. Car quelquesfois ils ont voulu qu'on iugeast selon la conscience, & quelquesfois selon la preuue, & parfois qu'on n'eust esgard à nul des deux. Comme Licinius Fimbria ne voulut iuger ce dequoy on s'estoit remis à son iugement, ny selon sa conscience, ny suiuant le iugement & creance generale des autres, qui est la meilleure sorte de preuue, à sçauoir-mon si M. Luctatius Cheualier Romain fort estimé, estoit homme de bien. Et declara tres-sagemét qu'il ne decideroit iamais ce poinct: tant afin qu'il n'ostast la bonne reputation à vn homme d'honneur, s'il le iugeoit autre: que de peur aussi qu'il auoit, de declarer & former vn hôme de bien mal à propos. *Licinius ne voulut iamais iuger, si Luctatius Cheualier Romain estoit homme de bien.*

Pareillement ils ont voulu que les Iuges qui cognoistroient de la vie des hommes, fussent plusieurs & non vn *Si les Iuges doiuent estre en nombre, ou vn seul.*

Yyy

TABLEAV DE L'INCONSTANCE ET
seul : parce que plus on est en nombre, & mieux & plus exactement voit-on les affaires : la raison est (disent-ils) d'autant que ce seroit donner trop de souueraineté à vn homme, s'il pouuoit seul iuger de la vie d'vn homme. Ce qui fut tresbien recogneu par Neron ; car comme on luy presenta la sentence d'vn criminel condamné, Pleust à Dieu (dit-il) que ie n'eusse iamais sceu escrire, tant le cœur luy serroit de condamner vn homme à mort. Voyez l'inconstance de son humeur, qui estoit d'ailleurs si cruelle: & combien il estimoit cest aduantage & souueraineté de pouuoir seul condamner vn homme. Toutesfois bien souuent le nombre & la pluralité des voix oste l'equité des iugemens, & les fait pencher vers l'iniustice. Le plus grand nombre emporte souuent les plus iustes opinions, qui fait que chacun peut voir, que la multiplicité n'est pas le propre lieu, d'où la vraye Iustice se tire. Metellus Consul fut contraint à la pluralité des voix, de condamner Turpilius son hoste, preuenu d'auoir trahy la ville de Vacca & y auoir mis dedans Iugurtha, bien que depuis il fut trouué innocent. S'il eust esté seul il ne l'eust pas fait.

Si les Iuges doiuent estre perpetuels, ou à temps. Spartian en la vie de Pescennius Niger.

D'auantage aucuns ont voulu que les Iuges souuerains fussent perpetuels, comme en France : parce que comme souloit dire Pescennius Niger, ceux qui ne l'estoient que pour certain temps, s'estoient desmis de leur Magistrature, auant qu'ils n'eussent bien apris leur mestier. Les autres annuels comme les Podestats d'Italie, & ailleurs; de peur qu'aueuglez de leur trop grande puissance, le peu de têps qu'ils deuoient estre en exercice de leur estat, les tint en ceruelle, & les induisit à voir & mieux considerer ce qui estoit de leur charge. Outre que les Magistrats les plus pressez du temps, & qui ont moins de duree, souuent sont les plus gens de bien, & les moins couuerts de fautes. Mais au contraire, ceux qui sont perpetuels, qui ne craignent d'estre suiects à rendre compte, ou s'ils sont recherchez, ce n'est apres leur decez, prestent plus volontiers l'oreille, & laschent plus aysément les mains aux choses prohibees, que ceux qui sont temporels. Qui a meu plusieurs, & non sans grande raison, de soustenir, que les charges, & dignitez, mesme les plus releuees, deuoient estre courtes, d'autant que les temporelles, tenoient ceux qui en iouyssent en deuoir, & les perpetuelles en mescognoissance. A quoy ils adioustent cest autre doute, Temporels ou perpetuels, s'il vaut mieux qu'ils soient plusieurs ou vn seul. Mais tous les bons Politiques ont decidé, qu'il valoit beaucoup mieux qu'ils fussent plusieurs. Parce qu'il est dangereux en vn Estat d'agrandir trop vne seule personne, soit par Magistrature, soit par dignitez & autres faueurs extraordinaires: n'estant raisonnable que les Rois qui sont donnez aux hommes comme vn Soleil commun pour esclairer tout le monde, ne jettent les yeux que sur les deux yeux d'vn fauori. Qu'il est iniuste que ceste fontaine publique n'ait vertu que pour desalterer & oster la soif à vn seul courtisan hydropique. Ainsi la generale sauue-garde d'vn estat est de n'esleuer vn homme seul en trop de grandeur: soit au maniement de la Iustice, soit au gouuernement de l'Estat: parce que c'est arracher les plumes de l'Aigle (comme souloit dire l'Empereur Iulian) pour empenner les fleches qu'on veut tirer contre leurs maistres, qui les ont esleuez.

Il est dangereux d'agrandir & trop releuer vne seule personne.

Tiercement les Anciens mesmes voulant establir quelque bonne forme de rendre la iustice au peuple, estoient en doute si les Magistrats deuoiët faire leur seance de iour, ou de nuict. Par le droict il falloit que ce fust de iour suiuant la coustume des Romains, qui croyoient de iour la Majesté du Senat estre manifestement plus venerable que la nuict: En laquelle aussi malaysément pourroient les Iuges bien voir la contenance des criminels, laquelle veuë sert merueilleusement és Tournelles des Cours de Parlement, & que les plus clair-voyans estans parmy

Si l'exercice de la iustice se doit faire de iour ou de nuict.

Yyy ij

l'obscurité de la nuict aueugles, pourroyent indecemment en plaidant tourner le dos aux Iuges; comme fit l'aueugle Publius deuant le Preteur Brutus; ou l'Aduocat Fronto à l'Empereur Adrian, lequel ayant eu aduis qu'il rendoit la iustice la nuict, & apres le souper (à quoy il prenoit plaisir) y fust auec sa robe de chambre, & son bonet de nuict, & par risee au lieu de bon iour, luy dict bon soir bonne nuict. Outre que l'aduis de celuy (si toutes les loix estoient iustes) semble estre veritable, qui estant interrogé par quelqu'vn, que signifioit ce mot *Lex*, respondit, Change vne lettre (dict-il) & tu trouueras la vraye signification qui est *Lux*. Car la loy est vne lumiere qui n'esclaire que ceux qui veulent marcher par le droict sentier de la Iustice. Au contraire les Areopagites par la mesme raison prise d'vn autre biais, ne seoient en leur Tribunal que la nuict, pour n'estre esmeus par la présence, la ieunesse, & les larmes des accusez à commiseration & pitié. A quoy ceux qui sont de leur aduis veulent appliquer le mot de l'Escriture saincte, *Nolite secundum faciem iudicare*.

Mais le sens est tout autre: car cela ne veut pas dire, qu'il ne faut pas voir les criminels auant les condamner; mais c'est qu'il ne faut pas iuger selon la veuë, & à l'appetit de nos yeux, lesquels sont ordinairement mauuais iuges des amis & des ennemis: les vns pour estre trop proches d'affection; les autres pour en estre trop esloignez. Surquoy fort ingenieusement les Poëtes ont feint, que la Iustice s'en est volee au Ciel, où elle s'est logee entre le signe du Lion & de Libra, parce qu'il faut d'vn costé qu'vn Iuge soit inflexible & courageux, qu'il ne s'esmeuue pour rien qui soit en ce monde terrestre. Et de l'autre costé aussi qu'il tienne esgale la balance de la Iustice. D'autres, comme les Ægyptiens, la souloient pour ceste mesme raison peindre sans teste; non pas que pour estre montee au Ciel, on luy eust proprement osté la teste; mais ils vouloient dire qu'on la luy auoit cachee dans le Ciel, pour mõstrer que le

[marginalia:]
Xiphil. in Dione.

Les Areopagites rendoient la iustice la nuict, & pourquoy.

Pourquoy les Ægyptiens peignoient la Iustice sans teste.

Iuge se doit oster de la veuë de ceux desquels il est iuge. La Iustice cache la teste dans le Ciel pour ne voir rien que Dieu, qui fait qu'elle ne peut paroistre à nos yeux: tout de mesme doit l'aduis des Iuges estre caché, iusqu'à ce qu'ils ayent donné leur iugement pour euiter tout soupçon de fraude & de subornement. Ils seoyent donc la nuict encore pour cette autre raison, afin que leurs suffrages & opinions prononcees auec grauité, fussent prinses pour Oracles & voix Angeliques descendans du Ciel. Aussi les Hebrieux appelloyent les Anges *Elohim*, qui signifie Iuges & Dieux, comme presque ils seroyent s'ils administroyent la iustice sainctement & constamment, soit de iour soit de nuict. Et leurs Palais seroyent alors lieux saincts & sacrez, sanctuaires de demy-Dieux, lesquels pour estre immunes de toute corruption, on adoreroit en quelque façon: & seroit la reuerence de nos Palais aussi grande que celle du temple des Eumenides en Athenes, qui auoit cette vertu admirable, que si quelqu'vn y entroit irreueremment, il tomboit aussi tost en rage & frenaisie. Et m'esmerueille, puis qu'il ne tient qu'à nous que nous ne soyons tels, sçauoir est Anges & Iuges, pourquoy nous refuyons vn tiltre si honnorable & vne qualité si fort à desir.

Mais miserable siecle! Il ne tient pas tousiours aux Iuges; veu que meriter & se rendre dignes des offices, est le plus souuent l'occasion principale pour ne les obtenir. C'est vne belle qualité que d'estre Iuge, & estre iuste. Voire exercer iustement la iustice est chose toute diuine. Qui fait que le peuple a plus de creance en ses iuges, qu'en toute autre sorte de gens; & ne les honnore pas seulemēt comme il fait les Vaillans, ny ne les a pas en admiration comme les Sages & Prudens, ains les aime d'auantage, se repose & confie en eux, là où il craint les Vaillans, & se déffie des Sages: estimant que la Vaillance & la Prudence, l'vn soit vne viuacité & subtilité d'esprit; & l'autre seulement vne force de cœur, qui soit en eux comme dons

Pourquoy le peuple honnore plus son Magistrat, que toute autre sorte de gens.

de Nature. Or chacun peut estre iuste, pourueu que seulement il le vueille. Et c'est pourquoy l'iniustice est le vice duquel on a le plus de honte, comme estant vne malice & mauuaistié volontaire, & qui n'a point d'excuse.]

Donc les Iuges qui se laissent aller, & ne peuuent se maintenir esgalement & constamment en ce train de bien & exactement rendre & administrer la Iustice, ne meritent ce nom *d'Elohim*. Les iniustices esquelles ils se laissent cheoir en quelque façon que ce soit, sont autant d'especes d'Inconstance. Sur quoy il faut faire quelque distinction & differéce. Car vn Iuge tombe en ces fautes, & faict iniustice par ignorance, par precipitation, ou par corruption. Car par cholere il ne s'en lit guere d'autres exemples que celuy de l'Empereur Claudius communément reprouué de tout le monde: lequel, comme on faisoit le procés à vn criminel, oyant les grands crimes dont il estoit preuenu, ne se peut tenir de luy ietter en plein Senat vn cousteau au visage, duquel il l'offensa grandement.

8 Que la corruption des Iuges est vne espece d'Inconstance.

L'ignorance és Iuges est bien dangereuse; car il n'y a rien de si meschant qu'vn homme ignorant. Il n'a pas d'yeux pour voir le bien auquel il faut reduire & appliquer la iustice; d'oreilles pour escouter le pauure & le iuste; de mains pour mettre la main à chose honneste & tenir seurement les balances de la Iustice, qui sont la loy & la raison: & qui pis est, ayant la conception mousse & stupide, & l'ame aueugle, lors qu'il faict le plus mal il pense faire le mieux; & vit en perpetuelle deffiance, prenant le plus souuent les bons aduis de ses compagnons, pour autant de pieges, & embusches esquels il pése qu'ils le vueillent surprendre & enuclopper. Et tout ainsi que l'eau trouble ne rend plain l'effect du miroir, non plus l'ame de l'ignorant, qui est en trouble, n'a mire ne visee iuste, & ne peut rendre aucun bon effect de droicture & bon iugement. En fin vn iuge ignorant est, cóme on dit, non vn iuge en vie, ains seulement vn iuge en peinture. Sur quoy s'escria fort à propos le Philosophe libre Diogenes, voyát que les plus

Pourquoy est-ce que le Iuge ignorant est meschant. Arist. au 3. des Ethiq.

Diogenes dit que Troye auoit esté trahie par des cheuaux, & Athenes par des asnes.

INST. DE TOVTES CHOSES. LIV. III. 372

honorables dignitez de la Republique d'Athenes estoyēt occupées par des Magistrats ignorans; Troye (dit-il) a esté trahie par des cheuaux, mais ie voy bien que la Republique d'Athenes se perd & est assassinée par des Asnes. Et comme dit S. Augustin, *L'asnerie du iuge est bien souuent la ruyne de l'innocent*.

Mais elle est plus excusable que la corruption, d'autant que celuy qui faut par volonté, est beaucoup plus dangereux que celuy qui peche par simplicité, comme fait l'ignorant qui peut s'instruire & rauiser & estre aduerty à temps par ses amis, & ainsi par fois donner au blanc: mais le corrompu ne peut guere se departir de ses mauuaises intentions, veu qu'il peche par dessein. L'ignorãce és iuges est plus excusable, que la corruption.

La precipitation est aussi vne espece de legereté fort preiudiciable, & de laquelle arriuent plusieurs inconueniens. Car le Iuge qui se haste de condemner & de punir, frappe & donne des attaintes incurables; car il ne peut reuoquer son iugement, ny mesme le plus souuent en differer tant soit peu l'execution: veu que le Iuge souuerain qui nous donne trop lentement la mort, fait bien souuent mourir l'ame & le corps tout ensemble, les attachant tous deux à vn cruel desespoir. La precipitation.

Les Iuges faillent aussi par corruption; & plusieurs d'entre eux semblent les oyseaux de proye qui volent haut, mais neantmoins ils ont tousiours les yeux fichez en terre. Aussi les noms des Magistrats & Iuges souuerains, sont hauts noms & releuez par ce nom de Iustice & de souueraineté: mais ils ont les mains & les yeux fichez dans la terre, ne visant qu'à la prinse comme ces oyseaux. Et diray en passant qu'on ne sçait qui fut le premier à Rome qui corrompoit les Iuges pour de l'argent, tant la memoire en a esté odieuse. Mais à Athenes on dit que ce fut Anytus fils d'Anthemion. Or entre tant de sortes de corruptions, qui se trouuent parmy les Iuges, la bien-vueillance est la moindre espece & la plus tolerable. Car il y a trois choses, dit Aristote, qui font que ceux qui donnent du conseil, sont declarez dignes d'estre creus, & qu'on leur La corruptiõ.

Trois choses font qu'on nous adiouste foy, prudence, probité & bien-vueillance.

adiouste foy, prudence, probité & bien-vueillance enuers nous. Le moindre de ces trois manquant il n'est pas fort asseuré de les croire : car celuy qui nous conseille a beau estre prudent & homme de bien, s'il ne nous aime il ne se souciera guere que son conseil nous reüssisse à bien. Mais ce dernier, qui est la bien-vueillance, doit estre esloigné d'vn Iuge, veu que pour peu d'affection qu'il porte à l'vne des parties, il doit plus estre tenu pour son amy que pour son Iuge. Qui fait que i'estime merueilleusement le repart de Cleon, lequel estant esleué (& peut-estre par le moyen de ses amis) à quelque charge publique, tout aussi tost les assembla tous sans autre affaire, que seulemēt pour renoncer à leur amitié, disant, Qu'il ne pouuoit estre leur Iuge, & leur amy tout ensemble.

Il n'est possible d'estre Iuge & amy tout ensemble.

L'inconstance des Iuges se monstre donc clairement en la diuersité des corruptions, entre lesquelles la plus commune, la plus odieuse & la plus forte est celle qui se fait pour de l'argent. Lentulus auoit corrompu ses Iuges, & fut absous par deux voix, & ainsi en ayant trop d'vn eil publia fort à propos, qu'il auoit perdu l'argent qu'il auoit baillé à vn de ses Iuges : veu que c'estoit assez d'estre absous par vne seule voix de plus. Or l'instrument le plus aisé pour ramener la corruption à quelque bon effect, c'est l'or & l'argent : car auec ceux-là ont fait tout. Tesmoin l'exemple d'Amulius, qui faisant son partage, ayant mis tout l'or & l'argent de son costé, osta facilement auec cet aduantage le Royaume à Numitor. L'or parmy les hommes mortels est la vraye espreuue des bonnes & mauuaises ames. C'est la plus attrayante amorce de la corruption. Qui a tiré de Ciceron (lequel auoit bien souuent essayé & mis à l'espreuue la probité des Iuges) ce traict veritable, *Pecuniosus damnari non potest.* Cette boüe dorée ramollit l'ame des Iuges & les rend flottans, simples & flexibles. *Lutum illud Iudicum spiritus Iudicum reddit inanes.* Si bien que Isaye voulant descrire les accoustremens du Sauueur, luy donne entre autres choses la Iustice pour ceinture, *Erit Iu-*

9 La plus cōmune & vsitee corruption est celle qui se fait par argēt.

Cicer. 2. in Verr. & pro Cluētio.

Isaye 11.

Iustitia cingulum lumborū eius. Peut-estre parce que la Iustice diuise l'homme en deux parties esgales le ceignant au milieu. Mais ie me crains grandement que la pluspart des Iuges ne l'inclinent du costé où la bourse fait vn grand contre-poids: rendant par ce moyen la balance de la Iustice faulse. A la verité ie tiens pour certain, puis que Dieu mesme le nous a donné pour aduis que les presens *excæcant oculos sapientum, & mutant verba iustorum.* Ainsi Iuges, l'argēt que vous prenez est de faux aloy, ou s'il est du bon, c'est le prix de vostre honneur, lequel vous liurez à vos ennemis, voire quelque chose de plus haut prix à Satan à trop bon conte.

La plus belle harmonie du monde est enrouee, aupres du son de l'argent. *Si iudicis vel aduocati sulphuret pecunia, Orphei lyra, Carmen Amphionis, Causa Virgilij, voce pecuniæ suffocantur. Quid plura? vbi munus loquitur, Tulliani eloquij tuba raucessit; vbi munus militat, Hectoreæ militiæ fulgura compescuntur; vbi pugnat pecunia, virtus expugnatur Herculea.* <small>Alanus de complactu Naturæ.</small>

Ie sçay bien qu'aucuns relaschent quelque chose de cette loy seuere qui prohibe aux Iuges toute sorte de presens, & veulent qu'ils en puissent prendre, pourueu que ce soit petits & menus presens, ou de ceux qui se consument en peu de iours: qui vont dans la cuisine, & non dans les coffres, ou dans le cabinet. Et mesmes, disent-ils apres les iugemens. Mais qu'est-ce autre chose, qu'ouurir premierement le guichet de la conscience, puis la porte toute entiere? Il le faut ressouuenir & c'est vne belle remarque pour tous les Parlemens & Iuges de la France, que celuy qui a prohibé de prendre aucune sorte de presens, & qui en a faict l'ordonnance, est non vn Roy simplement, mais bien vn sainct inspiré de Dieu, car ce fut le bon sainct Louys.

De sorte que ceux qui s'essayent de corrompre les Iuges par presens, argumentent, mais impertinemment, & non auec la saincte intention & bonne fin que faisoit cette femme dans l'Escriture saincte, Si Dieu nous eut voulu <small>Iuges 13.</small>

TABLEAV DE L'INCONSTANCE ET

Le iuge qui reçoit des presens les prend pluſtoſt pour pardõner que pour chaſtier.

condamner à la mort (dit-elle) il n'eut prins & receu de nous cet Holocauſte: voulant monſtrer que ſi Dieu l'euſt voulu chaſtier & punir, l'Ange n'euſt voulu receuoir ſes preſents: auſſi eſt-il croyable que le iuge qui prend quelque preſent, le prend pluſtoſt pour pardonner, que pour chaſtier ceux qui l'ont merité, quelque grand crime qu'ils ayent commis.

Les grandes compagnies ſont vray-ſemblablement moins ſubiectes à corruption: ayant chacun des iuges d'honneſtes moyens pour ſe ſouſtenir. Mais auſſi cela meſme les rendroit moins excuſables. Car comme c'eſt pendant le grand Soleil que l'ombre eſt plus petite: c'eſt auſſi pendant les grandes Magiſtratures qu'il y doit auoir moins d'ombre en leurs iugemens; attẽdu que toute leur vie ne doit eſtre qu'vn clair Soleil, pour mettre leurs actions en veuë, & eſclairer les plus tenebreuſes, & celles qui ſe traictent le plus à l'ombre.

La force, eſt vne eſpece de corruption.

Il y a vne autre ſorte de corruption, laquelle i'auois preſque oubliee à deſſein: qui eſt la force & la violẽce, par laquelle les Iuges ſont quelquesfois preſſez, & leurs opinions violentees par les menaces ou prieres, par la preſence & commãdement des Grands, deſquels ils ſont ou domeſtiques ou vaſſaux ou ſubiects. Mais la liberté qui doit eſtre és iugemens, la franchiſe dont chacun iouyt en ce Royaume par deſſus toutes les nations qui ſont en l'Europe, me faiſoient paſſer ce poinct ſous ſilence. Toutesfois ayant veu que c'eſt vn defaut qui eſt pour le iourd'huy le plus commun, & qui a le plus de beſoin de reformation, i'ay eſté forcé de l'y mettre, & repreſenter à toutes ſortes

Exẽple genereux d'Eluidius Priſcus, qui aymoit mieux mourir que perdre la liberté d'opiner franchement.

de iuges en ces occaſions l'exemple genereux d'Eluidius Priſcus Senateur Romain, lequel eſtant preſſé par l'Empereur Veſpaſien de n'eſtrer au Senat, ou s'il y entroit qu'il demeuraſt en ſilence & ne diſt ſon aduis: il fit reſpõſe que tout cela eſtoit contraire à ſa charge, & qu'il iroit pour opiner franchement & en conſcience, s'il en eſtoit requis: & luy eſtant dit qu'il en mourroit, s'il eſtoit ſi fol de contreuenir à ce commandement, il repliqua genereuſement parlant à l'Empereur mesme; n'estant nullement estonné de sa presence, Ie ne vous ay iamais asseuré (dit-il) que ie fusse immortel; c'est pourquoy vous ferez ce qu'il vous plaira, parce que vous pouuez tout, & moy ce que ie deuray. Ainsi vous me pouuez donner la mort iniustement; mais c'est à moy à la prendre & receuoir constamment. O superbes Parlemens & compagnies vrayement souueraines, si elles estoyent composées d'ames si fortes & genereuses que celle d'Eluidius; qui se peussent ainsi resoudre à souffrir plustost la mort que nulle espece de contrainte! O que les Roys & les peuples les estimeroyent bien dauantage, & s'en trouueroyent bien mieux edifiez & seruis!

Ie ne puis taire que ceux qui president, ont vsurpé vne telle authorité sur les Conseillers en la pluspart des Cours souueraines, qu'aussi tost qu'ils ont faict sentir par où leur inclination les pousse, il s'y trouue vne infinité de gens sordides qui suiuent à la file : aucuns pour s'insinuer en leur bonne grace; d'autres pour augmenter leurs commoditez. Il y auoit au Capitole vn certain homme parmy vne infinité, que Iuppiter Capitolinus auoit à l'entour de luy, en guise de gens qui le seruoyent, lequel l'oignoit & le frotoit tout doucement. O combien de gens en sçauent le mestier! Plusieurs prennent plaisir d'estre honorez oings & espoussetez & volōtiers souffrent la douceur de la main qui les grate & chatouille. Et au contraire, d'autres allongent encore pl⁹ volōtiers leurs doigts, & nourrissent leurs ongles en grandeur, afin que quelque chose s'y tienne. Or pour ces chefs de la Iustice, qui abusent ainsi en leur petit empire de la foiblesse de ces ames viles, qu'ils tiennent par malefice cōme ames dānees ou ensorcelees en leur cordele: qu'ils pippent & entretiēnent par des moyens estrāgers & qui ne leur coustent rien; liurāt bien souuēt les parties à des iuges leurs ennemis, pour en gratifier leurs amis; ils en souffriront des tourmens plus rudes que ces abeilles errantes & vagabōdes, qu'ils veulent appriuoiser & enserrer par ces gratifications mercenaires dans la ruche de leur party.

Les Presidens des Cours souueraines n'ont pouuoir que sur les ames sordides.

Seneca li. aduers. supersti. S. Aug. lib. 6. de ciuit. Dei c. 6.

O que les Iuges seroyent bien aduisez s'ils sçauoyent recognoistre que leurs chefs les voulant ainsi obliger & emmieller par telles voyes, ne leur presentent que fleurs infructueuses de l'If, duquel les mousches à miel ayant gousté ne rendent que du miel corrompu, plein d'amertume & sans douceur: qui au lieu d'adoucir les rigueurs de la Iustice, l'empuantit & corrompt: & en fin outre cette mauuaise odeur (que nul voile, ny secret ne peut tenir si couuert, que la fumee ou le parfum n'en viennent au nez de tout le monde) il les achemine à ce rude iugement & à ces tourmens, ausquels ce grand Iuge souuerain les a preiugez en son liure de la Sapience, les menaçant ou plustost leur en donnant aduis, par la rigueur de ces paroles, *Durissimum iudicium in his qui præsunt fiet. Nemo ex istis quos purpuratos vides fœlix est*, dit Seneque.

Pline.

Sapien. 6. Potentes potenter tormenta patientur.

C'est aussi vne grande cruauté quand vn Iuge met quelqu'vn en peine pour auoir son bien. Les biens ou moyens des parties sousleuent bien souuent la conuoitise des Iuges. Comme fit Antonius, qui mit au nombre des Proscripts le Senateur Nonius Struma, afin de tirer de ses mains vne Esmeraude de la valeur de cinquante mille escus, Mais Nonius trouua moyen d'euader au grand despit de celuy qui haletoit apres cette proye. Sulpitius Rufus, homme Consulaire, fut condamné à mort à cause d'vne sienne Isle qu'il n'auoit pas voulu vendre à Fuluia. Comme fut aussi Ampius Balbus pour auoir fait refus de bailler à cette mesme Fuluia vn sien lieu de plaisance.

Les biens ou moyens des parties sont bien souuent cause de leur condamnatiō.

En voicy d'vne autre sorte. Du temps du Triumuirat, où il y eut tant de proscriptions, Coponius fut sauué par sa femme qui postposa son honneur à la vie de son mary: car elle presta son corps vne nuict à Antonius, pour preseruer (comme elle fit) par tel moyen celuy qu'elle aimoit mieux que soy-mesme. Mais elle est beaucoup moins blasmable que la femme de Septimius, qui fit mettre son mary au nombre des Proscripts, pour iouyr plus aisément de son adultere qui estoit vn des familiers d'Antonius.

Plusieurs femmes ont dōné la mort à leur honneur pour sauuer la vie à leurs maris.

On voit bien que ce sont des presens où le donateur n'est present: car il les donne contre sa volonté; mais tout cela ne sont qu'oppositions, barrieres, & affronts faits à la Iustice, veu que les presens de quelque forme qu'ils soient donnez par amour, ou par force, ou par main ennemie, sont tousiours tomber la balance des mains de la Iustice, qui ne deuroit en façon quelconque s'adoucir par faueur, ny aigrir par haine; se destourner par puissance, ny falsifier par presens. En fin ie trouue fort bon que les Iuges soient exempts de tout ce, dequoy ils condamnent les autres. Car bien souuent quelqu'vn est delateur d'vn crime, duquel manifestement il est plus coulpable que celuy qu'il condamne. Et tel est par fois choisi & pris pour Iuge, qu'il luy faut condamner ce qu'il a fait.

Le bon Iuge doit estre exempt du crime, pour raison duquel il condamne les autres.

I'auois obmis à dessein la pernicieuse & damnable inconstance de ceux qui au lieu de bien instruire vn procez instruisent & arment leur vengeance; D'autant que quelques Docteurs contemplateurs de l'Escriture ont obserué, que Dauid disant si souuent à Dieu, qui estoit son Iuge, *Tibi soli peccaui*; auoit grande raison de craindre que Dieu ne le voulust pardonner. Parce que disant ces mots il confessoit qu'il auoit offensé son Iuge. Or les offenses qu'on fait aux Iuges, semblent estre moins pardonnables que celles qu'on fait aux autres. Neantmoins il n'a esté trouué mauuais qu'il ait dit ces paroles: car ce n'estoit que pour mettre deuant les yeux à toute sorte de Magistrats, que leurs iugemens & arrests ne doiuent porter nul ressentiment de vengeance; & qu'ils ne doiuent tirer raison par la voye de l'administration de la Iustice, des offenses qu'ils pourroient auoir receu des parties, quand mesme elles le confesseroient ingenuement.

Il faut que le bon Iuge quitte toute sorte de vengeance.

Mais la pluspart des Iuges non pas tous (car il y en a Dieu mercy bon nombre en ce Royaume, qui ont l'ame & les mains bien nettes) ne sont pas seulement diffamez de la pluspart de toutes ces accusations, ains les Officiers mesme & Ministres de la Iustice, & ceux qui sont employez pour seruir les parties, en sont accusez: comme les Aduocats & les Procureurs.

Aduocats & Procureurs font bien souuent trop valoir leur mauuais conseil & assistance.

Contre les Aduocats, i'entends contre les mauuais (car il y en a qui sont fort gens d'honneur) on dit que la Fontaine ne jette d'vne mesme source de l'eau salee, & de la douce; & neantmoins l'Aduocat prend d'vne mesme langue la deffense des deux parties. Sa langue s'incline aux presens comme la langue d'vne balance en la partie qui a le plus de poix. Et bien qu'ils cognoissent les mauuaises causes qu'ils soustiennent, ils ne s'arrestent & desmordent pour cela, prenant le plus souuent leurs plaidoyers plus pour poincte, pour victoire, ou pour gain, que pour la deffense de la Iustice.

Mauuais Procureurs.

Et contre les mauuais Procureurs, on dit que ce sont autant de sangsuës. Parce qu'encore qu'vne pauure partie gaigne sa cause, les Aduocats & Procureurs sont ceux qui iouyssent de la chose iugee, & en ont la ioye & le triomphe, & qui plus est, le profit tout entier. Tellement qu'on appelle les pauures parties, les oyseaux; le Palais, les chaps & la campagne; les Aduocats & Procureurs, les oyseleurs, qui les appellent à la pippee; & les Iuges, le filé. Encore ce filé est-il trompeur en quelqu'autre forme : Car, comme disoit Anacharsis, il semble les toiles d'araignee, prenant seulement les petites mouches, & laissant passer les grosses au trauers: veu qu'ordinairement les petites fautes y sont prises; mais les grandes demeurent impunies. Ou bien, comme disoit Aristochius, tout ainsi que les araignes se tuent quasi à faire leurs toiles, à force qu'elles semblent remuer les iambes & les mains, & que ce n'est seulement que pour prendre les petites mouches: aussi les Iuges ont mauuaise grace de se tourmenter & passionner tant comme ils font, s'ils n'ont enuie que de s'attaquer aux petites mouches, & punir seulement les petites fautes, veu que c'est chose de legere importance. Mais ceux qui viuét autremét, & les bons Iuges sont maintenant si recogneus, & les meschans au cótraire si baffoüez, que ie me contenteray de dire, que mal-heureux est celuy & bien pauure Iuge, qui ne s'adjuge, ny à foy, ny à son deuoir.

On a voulu representer la Iustice par la Palme, parce qu'elle porte son fruict d'vn pareil poix que ses fueilles; que le bois en est incorruptible & presque ne peut vieillir. De mesme en doit-il estre de la Iustice & des Iuges, qui doiuēt porter iustement les fueilles & le fruict de leurs charges; doiuent estre incorruptibles, & ne laisser vieillir en eux le sainct desir de rendre à vn chacun la Iustice en toute equité & droicture. Et comme la Palme ne perd iamais ses fueilles, si on ne l'en despouille par force; & au lieu de s'abaisser lors qu'on la charge, elle se rehausse: les Iuges aussi doiuent tousiours retenir ces belles fueilles de leur reputation, qui les rendent honnorables, & ne plier iamais sous le faix, quelque charge ou fardeau qu'on leur mette sus. D'autres l'ont voulu peindre la main gauche ouuerte, parce que naturellement la main gauche estant paresseuse, peu industrieuse & mal-habile à mettre la main à l'œuure, elle estoit plus propre à representer la Iustice que la droicte, plus rusee, plus artificielle, & plus duite au trauail. Mais le portraict qui est à Rome pres le Palais Farnese, est beaucoup plus ingenieusement diuersifié: où elle est peinte tenant auec la main droicte le droict Ciuil & Canon, & en l'autre vn sceptre Ægyptien, au haut duquel est peinte vne Cicoigne, qui signifie pitié; & au bas cest animal du Nil, qu'on appelle Hippopotame, qui signifie cruauté: son chef est armé d'vn Heaume ou Armet partie d'or, partie de fer. Elle a tout aupres vne Austruche, & vn Monde; & ayant comme remis son espee dans son fourreau, semble conuier ceux qui la voyent à lire ces mots, *Maiestatis ac imperij vim tuetur, & fidem conciliat*. L'Austruche digere le fer; aussi la Iustice deuore & digere toute sorte de delicts & de maux, & les punit par le fer; & estant vn oyseau qui tient de l'air & de la terre, elle represente la Iustice diuine & humaine; le Monde

19. Portraict de la Iustice.

Alexandre Aphrodis.

signifie qu'elle en est maistresse. Et son espee renguainee veut dire, que la Iustice ne frape du glaiue, & ne le desgaine que bien à propos; ne l'employant que contre ceux, qui comme rebelles ou turbulens voudroiét troubler l'Estat & le repos public: lequel estant ainsi maintenu par la Iustice, chacun s'asseure de pouuoir viure chez soy, & iouyr du sien paisiblement & auec toute asseurance.

Pourquoy les Senateurs Romains portoient vne Lune sur leurs souilliers. Plutarque.

Et reprenant l'inconstance des Iuges anciens, voire de ceux desquels on a le plus recómandé la constance, i'eusse trouué beaucoup meilleur, & plus à propos quelqu'autre tableau, dans lequel on eust mis sur les pieds de la Iustice, ce que les Senateurs portoiét sur leurs souliers, sçauoir est vne Lune de pourpre, ou vn croissant en forme de C. qui signifie Cent. Et bien qu'aucuns ayét pensé que ce n'estoit pour autre chose que pour monstrer que de leur premiere institution à Rome, ils furent cent, si est-ce qu'auec beaucoup meilleur rencontre on peut dire, que c'est pour tesmoigner par là l'inconstance de leurs iugemens; veu que la Lune est hieroglyphe d'inconstance & influe sur tout ce monde inferieur. Ou bien parce que comme tiennent les Alchimistes, qui appellent la Lune l'argent, c'est vn metal, ou vn Astre qui a vne mortelle influence sur les ames & les pieds des Iuges, pour les faire aller hors le droict & de trauers.

Les defauts de nostre Iustice.

A quoy i'adiousteray, que mesme la Iustice distributiue, & celle dont les compagnies souueraines se seruent pour le iourd'huy, semble estre inconstante, ayant ce grand defaut en soy, que la meilleure piece luy manque. Car puisque les deux pieces fondamentales de la vraye Iustice, qui est celle que Dieu exerce sur nous, sont la peine & la recompense, la Iustice distributiue exercee indifferemment par toute sorte de Iuges, n'est-elle pas deffectueuse, puis qu'elle ne sçait que punir & chastier, & iamais absoudre auec recompense? Nostre iustice ne tient compte que de la peine; & toute l'innocence du monde, mesme és grands excez & fortes accusations, a assez affaire de se tirer les

fers

fers des pieds, & fortir cōme on dit du bourbier bagues sauues, parce qu'en ces fortes accufatiōs *nihil prodeſt innocentia, etiam ad omnes leges exacta*. Vn Arreſt de plus ample inquifition, à vn homme innocent longuement prifonnier & en fin rompu fur le banc de la gehenne: ou vn Arreſt qui le met hors de Cour & de procez, eſt grandement fauorable, & en iceluy confiſte prefque toute la plus forte reparation qu'il pourroit efperer. Car apres cela on ne voit guere qu'vn pauure criminel efchappé de prifon pourfuiue la calomnie: voire l'action contre les calomniateurs eſt fi peu vfitee és Cours de Parlement, & mefme és crimes qu'ils appellent graues & atroces, qu'elle eſt prefque incognuë. Et de faict il s'eſt veu n'agueres vn honneſte homme faulfement accufé de vollerie, condamné par vn **Preuoſt** de Marefchaux & des Prefidiaux au fouët, lequel ayāt efté chaudement executé nonobſtant fon appel, pourfuiuit fi vifuement que par Arreſt il fut declaré innocent. Et n'ayant autre partie que le Preuoſt qui l'auoit conſtitué prifonnier; ce Preuoſt fut condamné enuers luy aux defpens dommages & intereſts, & en quelque amende pour l'iniure, & fut decerné adiournement perfonnel contre le Lieutenant criminel, qui auoit prefidé en ceſt affaire. Mais en fin le fouët qui eſt vn grief irreparable luy demeura, & la loy du Talion n'eſtant plus en vfage, les formes de la Iuſtice communément obferuees en tels affaires, eſtant fatisfaites & accomplies, encores qu'il fut par Arreſt declaré innocent, il ne fut iamais moins fouëtté pour cela, ny guere moins diffamé.

Ainfi la Iuſtice comme elle fe diſtribue auiourd'huy ne donne rien à la vertu la plus celebre & la plus cogneuë, qui eſt l'innocence; ains la iuſtification fert à l'innocent & luy tient lieu de reparation entiere. Les trauerfes, les tourmens, la longue detention, l'affliction qu'il donne à fa famille, la non-iouyffance de fes biens, les defpens & fraiz de Iuſtice luy demeurent pour toute recompenfe. En quoy la Iuſtice (ou les Iuges qui la manient) entretiēt les maximes

La iuſtification à l'innocent tient lieu de reparation entiere.

Aaaa

trop Philosophiquement. Car comme les Philosophes tiennent que la Vertu n'a autre prix, ny recompense que soy-mesme : aussi la Iustice se regit & manie par des loix qui donnent aux crimes des supplices, & aux vertus, mesme à l'innocence, (la plus belle vertu & la plus vtile qui soit point) elles ne donnent rien du tout ; & la contraignent d'estre contente & satisfaicte en soy-mesme.

Et quand il n'y auroit autre inconstance que celle qui se tire des formes & manieres de proceder, & qu'il ne s'y trouueroit nul autre inconuenient en la distribution de la Iustice, que la seule ruine qui naist des procez, il n'y en auroit que trop. Car auant en voir l'yssuë, il faut passer par tāt de petits sieges & degrez de Iurisdiction, où les offrandes par necessité vont & viennent, qu'il est impossible que le besoin qui naist d'vne longue poursuitte ne soit tousiours pressant. Et les causes & procez ayāt ainsi sautelé de siege en siege, & de l'inferieur au superieur ; estant desia par le changement & diuersité des Iuges, comme moysis & assechez, ils reuerdissent bien pour quelque temps, iusqu'à ce que les derniers Iuges, qui les ont retenus auec nouueau desir de gain, en ayēt tiré la quinte-essence : mais en fin les pauures parties ressemblēt aux hosties immolees, qui n'ont que la langue & le vētre creux & vuide à force qu'elles ont esté mises en la presse. Et quelque gain de cause qu'elles puissent obtenir, se trouuent si denuees de moyens, & sur le poinct de leur retraicte se retirēt auec si peu de reste, que le dire de Ioël se verifie entierement, *Residuum Erucæ comedit Locusta, & residuum Locustæ comedit Bruchus, & residuum Bruchi comedit Rubigo.* D'autant que ce qui eschappe des mains de l'vn, retombe és mains de l'autre.

Ioël 1.

O Iuges, les mains qu'on a accoustumé de mettre au bout des sceptres, sont en forme de mains qui donnent la benediction, voulant dire que la Iustice bien exercee est la benediction de Dieu sur quelque Estat & Empire que ce soit. O Magistrats, que ce Philosophe moral Boëce vous faict vne bonne leçon si vous la daigniez estudier ! Il vous a

Boët. de consolat. li. 5. prosa vlt.

esté imposé (dit-il) ô iuges, si vous ne le voulez dissimuler) vne tres-grande necessité d'estre gens de bien, puisque vos iugemens se donnent tousiours deuant ce grand Iuge qui voit & oit tout. Seneque escrit le mesme à vn de ses amis, & luy dict, qu'il se doit imaginer qu'il est tousiours en presence d'vn homme graue, lequel pese tout ce qu'il faict, afin de mettre le frein à toute sorte de vices, & faire aller toutes ses actions par regle & par mesure, comme vn maistre de concert. Mais il faut que ce Sage qu'il cherche soit Dieu. Car il seroit impossible de trouuer vn hôme qui peust remplir ceste place. L'imagination qu'on peut prendre de Dieu est tres-certaine & aisée à loger en nostre ame; veu que son œil penetre iusques au cœur; & qu'il voit mieux le dedans, que nul sage du monde ne sçauroit voir le dehors. Iuges qui vendez parfois & trop souuent le venin de vos langues, & la piqueure de vos plumes. Iuges qui mouchez si souuent la vefue & l'orphelin que vous leur faictes rêdre le sang; qui arrachez l'herbe & la racine, & leurs rôgnez les aisles de si pres, que ne pouuât plus voler il est force qu'ils râpent par la terre! Promethees qui auez vollé à la Iustice le feu de la fidelité promise par vos sermens! Representez-vous que s'il faut mettre vos mains côcussionnaires à la presse, côbien d'argent lairront-elles escouler. S'il faut mettre vos robes de pourpre sous le pressoir, côbien de sang innocét. Representez-vous que vous estes en ce Palais diuin & celeste, où les causes des Ames se decidét, tout ainsi qu'é ces bas & terrestres Palais du môde celles des corps. Et qu'en iceluy vous n'estes pas seulement & simplement deuant Dieu, ains qu'il est en voftre cause, partie, tesmoin, & Iuge. Partie; parce que vous l'auez griefuemét offensé. Tesmoin, pour auoir veu vos fautes par le menu. Iuge, pour estre le grand, le seul & le souuerain Iuge de nos ames. Partie neantmoins innocente, tesmoin fidele, & Iuge tres-iuste. Or qui osera plaider contre vne partie si innocente, vn tesmoin si oculé & si certain, vn Iuge si equitable & si puissant? & *Dieu est en vos causes partie, tesmoin & Iuge.*

TABLEAV DE L'INCONST. ET INST. &c.

qui ne craindra son Tribunal, puis que l'accusé est infame, le delict notoire, & la loy claire, l'information vraye, les deffenses friuoles, les exceptions impertinentes, les excuses effrontees, & les ruses & chiquanes de la plaidoyerie desmasquees, les sentences irreuocables, & nos appellations vaines. Le remede sera de descouurir de bonne heure sa faute; l'exaggerer pour la descharger; l'accuser pour l'excuser, & dire parlant à ce grand Iuge, ce que disoit ce tres-grand Roy, *Tibi soli peccaui*, prenant Dieu comme partie; *Et malum coram te feci*; le prenant comme tesmoin; *Vt iustificeris in sermonibus tuis, & vincas cùm iudicaris*; le prenant comme Iuge souuerain.

Fin du troisiesme Liure.

TABLEAV DE L'INCONSTANCE ET INSTABILITE' DE TOVTES CHOSES.

LIVRE QVATRIESME.

De l'Inconstance des Nations, & laquelle est plus, ou moins inconstante.

DISCOVRS I.

1. Il n'estoit loisible aux François d'instituer autre Dieu heritier que le Dieu Mars.
2. Excellence & graces particulieres que le Royaume de Frāec a receu du Tout-puissant.
3. S'il est vray ce qu'on dit, que les Frāçois sont au commencement hommes, & puis deuiēnent moins que femmes.
4. La Maiorité des Roys de France est à leur discretion.
5. Qu'il est non seulement bien seāt, mais tres-vtile aux Roys & Monarques d'estre parfois à la teste de leurs armees.
6. Que Virgile en l'Enigme de Menalcas entēdoit parler des fleurs de Lys, & non des Hiacynthes.

V L P I E N traictant s'il estoit loisible d'instituer heritiers les Dieux, & quelle sorte de Dieux on pouuoit choisir par les loix, dit que les Romains auoiēt esleu Iupiter Tarpeius & Apollon, & les Gaulois & François le Dieu Mars. C'estoient les Dieux les plus puissans, lesquels aisemēt ces deux nations belliqueuses recognois-

Vlp. in lib. Regularū, cap. 3. §. 6. Qui hared. institui poss.
1 *Il n'estoit loisible aux François d'instituer autre Dieu heritier que le Dieu Mars.*

Tableav de l'Inconstance et
soient comme les plus releuez, tenant quasi les autres à mespris: c'estoient ceux ausquels elles consacroient leurs armes, & en fin leurs derniers vœux estant, ce leur sembloit, raisonnable que le Dieu Mars qui auoit gratifié les Gaulois & la France de tant & tant de genereux exploits contre toute sorte de nations, fust par fois successeur & se ressentist de leurs facultez & des moyés que leur vaillance, aidée de sa faueur, leur auoit peu acquerir.

Les Romains, cette puissante nation qui a donné loy à tout l'Vniuers, recognoissoient sur tous les Dieux ce Iupiter Tarpeius; mais ils ne l'ont peu tenir si clos & serré dans leur Capitole, que nos Gaulois ne le soyent venu visiter; & qu'ils ne l'ayent trouué si fauorable, que peu s'en fallut qu'il ne quittast la tutele des Romains pour les y loger & les en faire maistres. Et pouuons dire, apres leurs plus celebres autheurs, que pendant les trois cens cinquante premieres années, à quoy nous adioustons plus de trois cens apres, Rome ne fust iamais prinse que par les Gaulois, lesquels estimoient si peu les Romains, qu'ayant attaqué les Clusiniens, les Romains appellez au secours leur ayant enuoyé des Ambassadeurs qui leur dirent, que s'ils ne se desistoyent de molester les Clusiniens, ils seroiēt contraincts de les secourir. Les Gaulois leur firent responce (qui est mot à mot dans leur principal autheur ennemy des Gaulois) qu'encore que le nom des Romains leur fust tout nouueau & inouy iusqu'alors, qu'ils croyoient neantmoins que c'estoient des vaillans hommes, puis que les Clusiniens auoyent eu recours à eux en vn tel peril. Et d'autant que par leur ambassade ils auoyent mieux aimé deffendre leurs alliez par remonstrances que par armes, qu'ils ne desdaigneroient point de leur part la paix qu'on leur presentoit; pourueu que les Clusiniens leur voulussent octroyer (pource qu'ils en auoyent besoin) quelque canton de leur territoire: & sans cela ils ne pouuoient obtenir la paix, & qu'ils en vouloient auoir vne resolution deuant les Romains: ou bien si on leur refusoit des terres, combatre en leur propre presence: afin qu'ils peussent ra-

Tite Liue l. 5. de la prem. Decade.

Tite Liue ennemy des Gaulois.

porter au logis combien les Gaulois auançoient de hardiesse toutes les nations de la terre. D'où on peut voir clairement combien les François ont esté estimez de tout temps magnanimes, puis qu'on trouue iniuste par les loix, qu'ils fissent part de leurs moyens à autre qu'au Dieu Mars: & qu'à la premiere entree qu'ils firent en Italie ils ramenerent les Romains à de si viles sousmissions, que celles qui se firent au traicté des Clusiniens. Qui tira aussi par apres en son temps de leur inuincible Caton, ces belles paroles dans le Senat. Qu'il falloit liurer Cesar à la mercy des Gaulois, puis qu'il auoit esueillé cette nation redoutable contre les Romains. Romains qui ont esté poursuiuis par les Gaulois iusques dans leurs propres foyers, & dans leurs sieges de iustice les plus venerables; sans que la mine de leur constance contrefaite de laquelle seule ils pensoient les espouueter les ayt peu empescher d'en baffouer & occire aucuns, & prendre le reste à discretion & mercy.

Brennus croyoit au commencement, voyant leur bonne mine en tel peril, que ce fussent des Dieux.

Romains qui n'ont peu estre vaincus que par eux mesmes, ou par les seules armes des Gaulois. Car Cesar n'eust oncques sceu empieter ce grand Estat sans eux: ny changer la face de la Republique Romaine sa patrie en vne nouuelle forme d'empire. Partant quiconque a bien consideré les commentaires de Cesar, & le progrés de sa fortune, les rencontres, les batailles, & les assauts qu'il a employé pendant dix ans à debeller les Gaulois; il faut qu'il confesse ingenuement, qu'il n'a oncques peu trouuer le temps que Cesar pouuoit s'occuper à mettre la main à la plume; veu qu'à peine luy donnoit-on loisir d'en oster l'espec, ou le bouclier.

Cesar ayant destruit plusieurs prouinces amies des Romains, fit ignominieusement porter en triomphe le portraict de cette anciène ville, qui souloit estre leur Lycee en toutes bonnes sciences, & mesmes en la cognoissance des langues. Voire qui pouruoyoit tout l'Orient d'hommes doctes. Ce que les Romains trouuerent si mauuais que Ciceron le reproche à M. Antoine sçachant qu'il auoit

On trouua mauuais à Rome que Cesar fist porter en triomphe le portrait de la ville de Marseille. Cicer. en la 2. Philipp.

TABLEAV DE L'INCONSTANCE ET
esté amy de Cæsar. *Car sans les Marseillois*, dit-il, *iamais les Romains nos ancestres n'eussent triomphé de tant de peuples.* Aussi a-on dit de tout temps d'eux, que les Romains assailloient les autres nations par gloire; mais qu'ils faisoyent la guerre contre les Gaulois pour leur conseruation. Et de faict Pline dit que les Romains & toute l'Italie furent si effrayez du bruit qui vint à Rome de l'armee des Gaulois, qui passerent les monts l'an du Consulat de L. Æmilius Paulus, & de C. Attilius Regulus, qu'elle dressa vne armee de quatre vingts mille cheuaux, & de sept cens mil hommes de pied, faisant marcher les vieillards les plus vsez, les Pontifes, Sacrificateurs Augures & autres religieux plus sacrez; lesquels neantmoins en toute autre occasion estoyent exempts & iouyssoient de toute sorte d'immunité.

_{Pline liure 13. ch. 20. de son Histoire.}

Aussi auoyent-ils planté leur nom & arboré leurs enseignes en tant de lieux, qu'ils estoyent formidables à vne grande partie de l'Vniuers. Tesmoins les Celtiberes, peuples d'Espaigne tirez des Gaulois, au dire de Plutarque: les Galates, ou Gallo-grecs en la Phrygie; les Celto-scythes en Scythie; les Vualons en Artois, & les Gaulois en Italie. Tesmoin Pline, qui appelle la sixiesme region de l'Italie, *Gallia togata*; qui commence dés qu'on a passé la marque d'Ancone; & dit que les Grecs les appelloiêt *Ombres*; pource que ce peuple estoit resté du deluge & de l'inondation generale qui vint sur la terre: parce que *Ombres* en Grec signifie pluyes.

_{Pl. l. 3. ch. 14. de son Hist.}

Et bien que les autheurs Italiens, pour conseruer l'honneur de leur Empire, ayent voulu déguiser & auilir nos victoires, & rehausser les leurs, si n'auons-nous iamais comme eux basty des triomphes sur des victoires imaginaires. Il y auoit par fois de la vanité és triomphes des Romains, dit Tacite, & leurs trophees & arcs triôphaux, lesquels mesme ny le temps ny le mensonge n'ont peu destruire, estoyent le plus souuent faux & supposez. Car ayant faict vn traict ignominieux auec Volageses Roy

_{Tite-Liue. Crinitus. Paul Ioue.}

_{Tacite l. 15. ch. 4. de ses Annales.}

des

des Parthes, par le moyé de Pætus chef des Romains, Corbulo chef d'vne autre armee des Romains allant secourir Pætus, fit encore vn autre accord plus ignominieux, par lequel il laissoit l'entreprinse de Pætus, & le dessein qu'il auoit sur le Royaume d'Armenie: & neantmoins les Trophees & Arcs de triomphe, que les Romains bastissoient & fondoient sur le milieu du mont du Capitole, ne furent laissez d'acheuer tout de mesme que si cet accord deshonnorable n'en eust destruict la gloire; & comme si veritablement ils eussent emporté la victoire; ayant plus d'esgard à contenter la veuë, que la conscience; & sans se soucier que la verité triompheroit de ceste vanité & mensonge. C'estoit chanter le triomphe deuant la victoire. Ainsi il n'en faut croire ces adulateurs; ains eux mesmes en doiuent prendre leçon de Cesar, lequel à l'anciéne mode de la superbe Romaine appelloit toutes les natiós barbares, sauf les Grecs. Et neantmoins par quelque remords de conscience n'a osé lascher ce mot contre des gens si vaillans que nos Gaulois; ayant esté obserué par ceux qui ont fait les recherches de la Fráce, que ce mot de barbare ne luy estoit eschapé contre nous que deux fois: se ressouuenant de la response qu'ils auoient faict autrefois à l'Empereur Alexádre, que plusieurs font marcher du pair auec luy: lequel demandant à des Ambassadeurs des Gaulois, qu'est-ce qu'ils redoutoient le plus (croyant vainemét que leur generosité ne pouuoit apprehender que luy-mesme & sa grádeur) respondirent clairemét, qu'ils ne craignoiét rien autre chose, sinon que la voute des Cieux leur tóbast sur la teste. Belle & genereuse respóse, dont les effects ont esté si souuent essayez & mis à l'espreuue par Cesar, que tous les Autheurs anciens nous tesmoignent que luy-mesme & plusieurs autres Empereurs apres luy, leur ont faict place honnorable, & donné seance au Senat. Bien qu'ils vueillent dire que c'estoit plus pour les appriuoiser à obeïr aux Romains, que pour leur deferer quelque honneur. Et apres tout, les Gaulois qui auoient faict voeu perpetuel de

Aucuns disent que ceste response fut faite par les Germains, ou Alemans, & non par les Gaulois.
P. Crinitus.

Suetone & Tacite.

B b b b

conqueste, ayant outrepassé le Rhin, voire troublé tout l'Ocean, sont demeurez si auantageusement maistres des Romains, & de Cesar, que la conspiration de sa mort, ayãt esté faicte en France, & les Romains mesme n'ayant trouué aucune ville plus propre pour desseigner le genereux exploit de sa mort, que la ville de Narbonne, apres auoir esté valeureusement executee dãs le Senat à Rome, nous a laissé nostre Monarchie Françoise en si bon estat, que la seule prouince qui a esclos le dessein de sa mort, viendroit aisement à bout de tous les Romains & de leur Republique, s'il n'y auoit qu'eux seuls de la meslee : tant ils se sont racourcis en ce qui est de leurs confins & des moyens de faire la guerre. Et de faict la belle Gaule Narbonnoise a tousiours esté apellee par excelléce, La seconde Italie. En fin les Romains & leur Empire s'estant aneantis, plusieurs Roys de Frãce à leur tour leur ont emporté le tiltre d'Empereur ; & si bien l'Alemagne l'a tiré à soy, & la France ne l'ait retenu, si est-ce qu'on ne peut nier que les Roys de France n'ayent esté autrefois les premiers maistres & de la France & de l'Empire tout ensemble.

Aussi disent nos histoires Françoises que ce grand Charlemaigne, maistre absolu de l'Empire & seul protecteur de l'Eglise, les deux plus grands theatres de l'Vniuers, apres auoir vaincu les Saxons, en fut si fort prisé par Gregoire IIII. qu'il luy enuoya les clefs du sainct Sepulchre, les liés S. Pierre, & autres reliques precieuses. Et ce faict, à sa priere il passa deux fois en Italie, desfit le Roy Didier & supprima le Royaume des Lombards qui opprimoient l'Eglise ; passa trois fois les monts pour voir Rome, & au dernier voyage il fut sacré Empereur : outre ce, il passa quatre fois en Espaigne, & fit vn voyage en Hierusalem. Il fut le premier des Roys qui baisa les pieds au Pape Adrian. En consideration dequoy il luy departit l'honneur de Patrice ; & par l'aduis de 150. Euesques luy donna pour iamais, & aux Roys de France ses successeurs, le droict d'eslire & confirmer les Papes, d'inuestir & instituer les Archeuesques & Euesques de ses Royaumes & Estats, par la verge & par

l'anneau: & encore que nous n'en iouiſſions point main- *Volaterranius*
tenant, c'eſt que ſon fils le Roy Louys le debonnaire le *& Sigonius.*
quitta en faueur du Pape Paſchal.

Et apres que l'Egliſe a receu tant de bien d'vn ſi grand
Monarque, & recogneu tant de merites en luy, ne ſerons-
nous pas excuſables, ſi nous ne voulons receuoir le Cardi- *Baron. au 10.*
nal Baronius, pour grand perſonnage qu'il ſoit, ny autre *Tom. de ſes*
quelconque à debatre, contre l'aduis & approbation gene- *Annales reuo-*
rale de la France & de l'Alemagne, la canoniſation d'vn ſi *que en doute*
ſainct perſonnage, pour auoir eſté faict par le meſme Pape *la canoniſatiō*
Paſchal, lequel il appelle ſchiſmatique. *de S. Charle-*
magne.

A la verité ie confeſſe qu'auant S. Bernard on ne cano-
niſoit les Saincts auec tant de belles & grādes ceremonies
qu'on faict maintenāt: mais combien de Saincts auant luy
ſont recogneus saincts par l'Egliſe ſans contredit quelconque? La canoniſation deſquels cōſiſte en l'approbation du
peuple, en la multiplicité des Egliſes qu'on leur a baſty par
toute la Chreſtiēté, & en l'approbation des saincts Peres.
Baronius meſme l'appelle canoniſation, & ne la debat par
le defaut des ceremonies que l'Egliſe y a adiouſté depuis;
ains par le defaut du Pape Paſchal, ou de ſon eſlection; qui
fait qu'encore pour le iourd'huy en toutes les Egliſes de
France & d'Alemaigne on en celebre la feſte.

Surquoy eſt choſe remarquable que le Roy Louys XI. *Es additions*
auoit vne ſi grāde deuotion à ce venerable S. & à S. Louys *de Mōſtrelet.*
deux de ſes deuāciers, qu'il les fiſt deſcēdre de leurs niches
qui eſtoient au Palais à Paris, & les fit mettre ſur l'Autel,
auquel on dit la meſſe tous les iours pour Meſſieurs de la
Cour de Parlemēt de Paris. Ainſi ce lieu eſtant auſſi celebre que ſçauroit eſtre vne Egliſe en autre part, & plus peu-
plé & frequēté de gens d'honneur que preſque nul autre
de l'Europe, eſtāt honnorablemēt logé ſur l'autel de ceſte
chapelle où il ſe dit meſſe à l'étree & à l'iſſue du Parlemēt;
& l'acōpagnant de S. Louys, qui eſt vn autre ſainct cano-
niſé, & que les Romains meſmes ont en grāde veneratiō,
on peut dire q̄ veritablemēt l'Egliſe, à laquelle il a faict pl⁹
de bien q̄ iamais fit Monarque, le tiēt pour ſainct, & le peu-

B b b b ij

TABLEAV DE L'INCONSTANCE ET
ple pour canonisé. Ils en pourroient dire tout autant de S.
Louys, & vne infinité d'autres, bien que nous en ayõs vne
des plus belles Eglises dans Rome, dãs laquelle ils ont pa-
reillemẽt eu tort de peindre ce grand Charlemaigne, puis
qu'apres huict cens & tant d'annees ils vouloiẽt reuoquer
en doute sa canonisation. Il faut donc le reïntegrer en la
possession de sa bonne & saincte renommee, de laquelle
on l'a voulu expeller, peut estre auec quelque dessein. Sa
couronne, son espee, son cornet sont reliquaires, qui seruent d'ornement à nos Roys, & d'embellissemens en nos
Eglises. La croix qu'il souloit porter, nommee la Croix de
victoire, est si venerable, que nos Roys ont particulierement acoustumé iurer sur icelle de garder les traicts qu'ils
font auec les Monarques & Princes estrangers. Comme
le traicté d'Arras & la paix de Charanton furent iurez sur
ceste precieuse croix. A quoy i'adiousteray que les Italiẽs
ont quelque raison particuliere de le recognoistre; veu
qu'on tient pour certain qu'il leur a basti plusieurs belles
villes en leur pays; & entre autres ceste belle ville de Florence en l'an 802. comme preuoiãt que quelque iour nos
Daulphins & autres enfans de France, ses successeurs tres-
florissans, sortiroient de ceste ville florissante, qui par fortune pour ceste occasion fut baptisee de ce nom de Florence. Parauenture dit-on cela, parce que principalement
en France les Parlemens en celebrent la feste, & qu'il ne se
trouue aucune Eglise bastie en son honneur.

  Charles le Chauue vit Rome, & fit le mesme voyage
d'Italie par deux fois. Le Roy Louys le Gros, qui fonda
l'Abbaye S. Victor aux fauxbourgs de Paris, receut en sa
protection le Pape Calixte contre l'effort de l'Empereur
Henry cinquiesme, & a eu l'honneur que cinq Papes sont
venus en Frãce pour requerir son secours. En fin les Papes
ont esté remis par les Roys de Frãce quatorze fois en leurs
sieges. Nous ne chassons pas les Papes de France, comme
les Anglois, qui ont autrefois banni de leur pays, & les
Papes, & les gens, qui pour leur bonne vie estoyent

Vrbain 2.
Paschal 2.
Gelase 2.
Calixte 2.
Innocent 2.

tenus mesme durant leur vie comme saincts, comme ils les chassent encore à present. Car Loys le Ieune, fils du Roy Louys le Gros, s'estima bien-heureux de prendre en sa protection ce grand sainct Thomas, chassé par le Roy d'Angleterre Henry deuxiesme; & le Roy sainct Louys prenoit si grand plaisir en sa conuersation, qu'vn iour l'ayant appellé à son disner, quelque excellente conception estant venuë à sainct Thomas soudainement dans l'esprit, pour rabrouër l'heresie des Manicheens, laquelle il se faschoit de perdre; dit pendant le disner à son compagnon, se leuant cōme en sursaut, Escriuez, les Manicheens l'ont perdu. Le Roy voyant que cest eslans ne venoit que de Dieu, le trouua tresbon; bien que son cōpagnon l'eust desia aduerty qu'il se souuinst qu'il n'estoit dans sa chambre, ains deuant, & en celle d'vn Roy de France. Et le bon sainct François Italien quitta le nom de Iean, & prit celuy de François, pour le grand commerce qu'il auoit en France, & deuotion particuliere qu'il trouua aussi en ce sainct Royaume. Les Roys de France sont inseparablement vnis auec le sainct Siege.

L'autheur semble confondre S. Thomas de Cantorbie auec S. Thomas d'Aquin.

Que s'il falloit espelucher les fondations, dotations, & autres bien-faicts innombrables de nos Rois enuers l'Eglise, qui nous ont attiré la bien-vueillance d'icelle sur nos chefs, & les benedictions des saincts Peres sur ce Royaume, ie n'aurois iamais faict. Ie diray seulement que Hue-Capet ayant receu de Dieu, ce grand distributeur de Couronnes, la Couronne de France en sa maison, il donna en recompense, & fit de sa propre maison & hostel l'Eglise sainct Barthelemy à Paris; Robert son fils, de la sienne l'Eglise sainct Nicolas; Henry premier son fils, le Prieuré sainct Martin. Sainct Louys dota & fit bastir trente-cinq Temples dans Paris, ou és enuirons, & porta (chose remarquable) tant de respect à la religion Chrestiēne, qu'estant mesme prisonnier de guerre és mains des Turcs, & en peril de sa vie, il ne voulut iamais faire Cheualier vn Sarrazin qui l'en requeroit à force: & neantmoins voulut

Belles fondations que nos Rois de France ont faict.

B.b b b iij.

TABLEAU DE L'INCONSTANCE ET
qu'on tinst sa foy à vn Sarrazinau payement de sa rançon.
Louys douziesme donna son hostel aux filles repenties,
où est à present l'hostel de Monsieur le Conte de Soissons. Et le Roy Henry quatriesme à present regnant,
pour apprendre aux estrangers, à Messieurs ses enfans,
& à tous autres ses domestiques & subjects de suiure ce
mesme sentier, a donné la sienne aux Peres Iesuites en la
ville de la Fleche, où desia ils ont erigé de si honnorables exercices de Vertu, que la plusgart des enfans de nos
Princes, & de la plus releuee Noblesse de France y courent à foules. Ayant non seulement donné son hostel à
l'Eglise, comme ses Ancestres, ains remis les Eglises, &
l'exercice ordinaire de plusieurs Colleges & dedans & dehors le Royaume, mesme és villes qui font profession d'estre ennemis de l'Eglise Romaine.

Iesus Christ mourant regardoit la France.

Aussi dit-on, & plusieurs saincts Docteurs de l'Eglise
l'ont ainsi obserué, que nostre Saueur mourant regardoit la France. Il sembloit abandonnant le monde vouloir recommander son Eglise à nos Rois, & les faire ses
executeurs testamentaires, pour la rendre quelque iour
triomphante. Et c'est parauenture pourquoy ils ont si souuent visité son sainct Sepulchre; & comme saincts Argonautes, porté leurs armes outremer, qui leur a faict meriter par dessus tous les Potentats de la terre, ce tiltre Auguste de premier Fils de l'Eglise. Aussi ont esté les François Rois de la terre Saincte, & canonisez comme saincts.
Et tel de nos Princes ayant dignement acquis le tiltre de
Roy, & la Couronne du Royaume de Hierusalem, & autres lieux saincts & sacrez, où nostre Redempteur voulut
accomplir les mysteres de nostre salut, ne l'à neantmoins
iamais voulu mettre sur son chef, disant, Qu'il n'estoit raisonnable qu'il portast vne Couronne d'or au mesme lieu,
où nostre Saueur n'en portoit qu'vne d'espines.

Pourquoy on appelle le Roy de France Fils aisné de l'Eglise.

On l'appelle aussi Fils aisné de l'Eglise depuis le Concile d'Orleans. A quoy s'accommodent les ceremonies
qui se font lors de leur Sacre & Couronnement : car

l'Archeuesque de Rheims ceint l'espee au Roy, puis la luy desceint; & l'ostant du fourreau, met le fourreau sur l'autel, & l'espee dans la main du Roy, pour luy donner à entendre, que comme vray Fils il prend la protection de l'Eglise sa mere, & particulierement sa Majesté qui est Roy de deux Royaumes. A quoy se peut rapporter l'espee qu'on peint en sa main, auec le mot, DVO PROTEGIT VNVS. Et le Roy l'ayant ainsi receuë, l'offre à l'autel dedié à son Sacre; puis la reprenant pour la seconde fois de la main de l'Archeuesque, il la donne à son Connestable, & s'attend par apres à receuoir le sainct Sacrement, pour marquer, qu'estant Roy & Monarque souuerain il reçoit le souuerain & principal charactere & bien-faict de l'Eglise: Et puis que S. Hierosme appelle Iesus Christ & son Eglise de ce nom de *Lys*, celuy à qui Dieu a enuoyé les Fleurs de Lys, sera à bon droit appellé le premier Fils de l'Eglise; Iesus Christ ayant voulu empraindre la marque du Ternaire, qui est sa saincte Trinité, és Lys, chacun desquels est composé de deux Ternaires de fueilles, pour monstrer combien nos Rois sont de bonne odeur enuers Dieu & son Eglise, & par tout.

S. Hieron. Homil. 3. in Cant. Canticorum, Lilium, mysticè Christus, ac etiam Ecclesia.

Donc les Rois de France sont à bon droict honnorez des plus celebres tiltres qui soient en la memoire & chronique des liures, & en la bouche des hommes, & iouyssent des priuileges de la plus haulte marque qui soit parmy tous les plus grands Monarques de l'Vniuers.

Et pour monstrer combien l'Estat des Romains est deschcu, à le prendre comme il est maintenant, i'employe le mot de Xiste V. lequel voyāt que pour toutes pretentions sur le Royaume de Naples, on ne donnoit plus rien qu'vne petite haquenee chargee de quelque peu d'argent, lascha comme en souspirāt ces beaux mots, *Guardate che gran cosa, cambiar vn regno per vn cauallo.* Aussi la grandeur des Romains, & de leur Republique, auāt les Empereurs (mais ie ne parle simplement que de l'Estat temporel; car pour le

Le Royaume de Naples paye au Pape huict mille onze d'or tous les ans.

spirituel, il dure encore aussi florissant que iamais, & fleurira tousiours) s'est fort peu maintenuë en sa splendeur, eu esgard à celle des Gaulois, lesquels ont encore retenu cela de leur premiere institution, au lieu de donner au Dieu Mars, suyuant leur ancienne coustume, de donner & instituer leur Roy heritier, vnir leurs Royaumes & Duchez à sa Couronne: au lieu que les bornes de l'Empire des Romains en leurs premieres cõquestes, & l'estenduë de leurs limites, & les dons qu'ils faisoient à leurs Dieux, n'estoiẽt pour la pluspart fondez que sur la force, la violence & la tyrannie; ne leur pouuant rien donner apres leur decez qui fust de iuste acquisition.

Et afin qu'auant descrire la Constance & generosité de nos Gaulois, ie face cognoistre en quelque sorte aux estrangers la grandeur, beauté, salubrité, & infinies autres graces que Dieu a versé sur la France, sur ses Rois, & sur le peuple François, & que par ce moyen chacun puisse mieux parangonner & mettre en balance nos commoditez, & nos mœurs, (car i'ay entrepris de monstrer qu'elle est la moins inconstante de toutes les nations;) ie diray premierement que ceste belle Monarchie a esté de tout temps estimee par vniuersel consentement de tout le monde, le premier Royaume des Chrestiens, soit par dignité, soit par puissance, soit par authorité du Roy qui la regit: qui n'a iamais peu estre sousmis, quant à la Iurisdiction temporelle, à autre grandeur & superiorité qu'à celle de Dieu; outre que c'est le Royaume le plus ancien, & celuy qui le premier secoua le ioug de l'Empire Romain; qui neãtmoins accepta le premier la religion & foy Chrestienne, il y a plus de mille ou douze cens ans. Dont le Chef merita ce tiltre auguste, & qui met toute la Chrestienté en ialousie, de premier Fils de l'Eglise: qui pour receuoir pareille grace d'estre appellé oingt de Dieu, que les anciens Rois des Hebrieux, a receu la saincte Ampoulle, les Fleurs de Lys, & l'Auriflamme, & autres marques de la bien-vueillance & protection diuine, dont iustement

2. Excellence & graces particulieres que le Royaume de France a receu du Tout-puissant.

Plusieurs ennemis de l'Eglise Romaine taschent à obscurcir ce que les Anciẽs en ont dit.

on

on a creu, puis que le Tout-puissant l'auoit en si particuliere recommandation, qu'il ne tenoit son Royaume que de Dieu, & de son espee.

Laquelle saincte Ampoulle nos Historiens François asseurét se trouuer pleine ou vuyde, à mesure que nos Rois sont au commencement de leur Sacre, ou qu'ils vieillissent, & vont en declinant vers la mort. Tesmoin le traict du Roy Louys vnziesme, lequel attaint d'vne griefue & forte maladie se la fit apporter, pour voir en quel estat elle estoit; tenant ce presage, comme venant de Dieu, le plus certain de sa vie, ou de sa mort. *L'huille de la saincte Ampoulle, croist & diminue.*

La France est comme le centre de la Chrestienté, & comme le cœur & le noyau de l'Europe commode plus que tout autre Royaume à vnir & diuiser, quand il luy plaist, tous les Royaumes & Estats, parce qu'elle a deuant soy l'Italie & l'Angleterre, l'Espagne à main-droicte, l'Alemagne à main-gauche; les Suisses d'vn costé, les Flamans de l'autre; ceinte de la mer Oceane, & de la mer Mediterranee, les deux nourrices de la pl^s noble partie de tout l'Vniuers: ornee de tant de belles riuieres, que tous les autres Royaumes de l'Europe, ensemble ont dequoy luy enuier ce bel ornement. Diuersité de montagnes la deffendent de l'Italie & de l'Espagne, la mer & les riuieres de l'Angleterre, de l'Alemagne & des Pays-bas. Elle a l'air si temperé, qu'elle est du tout hors les grands froids d'Alemagne & hors les grands chauds d'Espagne. Elle n'a aucune montagne fascheuse que par les extremitez, ny cest air palustre de Flandres. *La France est le cœur de la Chrestienté.*

Et afin que ie suiue l'ordre que l'Empereur Auguste tint voulant descrire l'Italie, lequel la diuise en vnze regions: la France contient vnze grandes Prouinces, comme vnze membres; quasi au milieu desquels est ceste Prouince, que communement on appelle la France, qui donne le nom à tout le Royaume: & ceinte des dix autres, comme d'vne Couronne, elle a son peuple si docile & passionné de son Roy, que pour toute sorte d'offense & deffense il *La France contient vnze Prouinces. Pl. liu. 3. ch. 5. de son Histoire.*

Cccc

se repose beaucoup plus sur luy, que sur toute autre citadelle ou forteresse qui soit dans ses confins.

L'Empereur Maximilian louë les François par vn mauuais mot.

Et encore que l'Empereur Maximilian eust accoustumé de dire, Que les Rois de France estoient Rois des bestes; voulant donner à entendre que le peuple François souffre toute sorte d'impositions & de foule, sans reclamer, ny se plaindre non plus qu'vne beste; si est-ce qu'à bien prendre ce mot, il n'est en façon quelconque iniurieux. Car son vray sens est que nos Rois tiennent tellement nos volontez liees à vn seruice volontaire, qu'il n'y a rien que les François ne souffrent tres-volontiers pour accommoder, seruir & esleuer leurs Rois. Aussi voit-on que Charlemagne s'est trouué si aymé & bien seruy des François, qu'il a laissé en partage à sa posterité la meilleure part de l'Europe.

Plusieurs ayant obserué qu'on appelle en langue Latine *Rex Francorum*, le Roy des François, & non, *Le Roy de France*, comme on fait, *Rex Hispaniæ*, & *Rex Angliæ*, tenans les François amoureux de leur Roy plus dignes de luy bailler son tiltre, que non la France.

Le Roy de France est tousiours François.

C'est vne belle chose & singuliere, remarquee par les estrangers, que le Roy de France est tousiours François, qu'il ne porte qu'vne Couronne close, pour monstrer qu'il ne releue de personne, ny d'autre grandeur que de la sienne propre. Et en son Sacre luy & ses deuanciers ont tousiours eu pour principale ceremonie de se faire mettre & poser la Couronne de ce grand Charlemagne sur la teste. Si bien que pour obuier à toute sorte de fraude, voire mesme au seul soupçon de supposition, lors que nos Roynes sont en mal d'enfant, les Princes du sang peuuent libremét entrer en leur chambre, pour maintenir tousiours ceste ancienne & Royale loy Salique, la base & le fondement de ceste belle Monarchie.

Au lieu que les autres Royaumes tombent en eslection, & en quenouille; & les Infantes ou Roynes, qui en sont Dames & Maistresses, espousent des estrangers, qui le plus souuent sont ennemis ou pris de nation ennemie. *Non potes* (dit la loy de Dieu) *alterius gentis hominem Regem facere, qui non sit frater tuus*. L'Espagne tomba entre les mains d'vn Flamant qui estoit Charles cinquiesme, & Naples, & la Sicile apres luy entre les mains d'vn Espagnol; & n'agueres le Royaume d'Angleterre en celles d'vn Escossois. Constantin le grand, Anglois de nation, encore que sorti d'vn pere Romain, vainquit les Romains & transporta leur Empire en la Grece. On en vouloit faire tout autant de ce Royaume; mais au plus fort de nos guerres ciuiles, comme nos Espagnols fussent venus à Paris proposer le Couronnement & le mariage de l'Infante Isabelle, l'Archeuesque de Lyon, lors Chancelier de la Ligue, leur dit genereusement, bien qu'il trempast & fust des premiers Officiers de ce parti, Que les seaux en France estoient François, & ne sçauoient filer, ny porter quenoille. Ainsi les autres Royaumes se diuisant entr'eux, ou appellant des estrangers deuiennent proye de la France; mais non la France des estrangers. D'où vient qu'il s'est glissé en Italie tant de petits Princes souuerains.

On reproche au François, qu'il est de sa nature fier, superbe, hardy en ses premieres entreprises & insupportable en ses prosperitez. Et a-on accoustumé de dire, Qu'il faut auoir le François pour amy; mais non pour maistre, ny pour voisin: parce qu'il se rue volontiers sur ses voisins; & auec sa grande & prompte hardiesse, il est malaisé qu'il se contienne, & qu'il n'estende ses limites.

<small>On dit qu'il faut auoir le François pour amy; mais non pour voisin, ny pour maistre.</small>

Mais il se voit le contraire par l'exemple de nos iours, & par ceux qui ont descrit la guerre de Bresse, & de Sauoye. Car le Roy pouuoit estendre ses conquestes & limites beaucoup plus auant qu'il n'a faict, ayant pris presque en vn moment ces forteresses, que le Duc de Sauoye croyoit estre imprenables, pour estre perchees, comme des cages d'oyseau, sur les coupeaux des montages. Souuët vn grand Monarque, comme le Roy de France, s'ahurte iustement

Cccc ij

à de fascheux voisins, & par fois les supporte tout ainsi que nous supportons des membres languissans. Toutesfois, si lon vient à ces extremitez, qu'il faille tirer du sang, c'est encore vne singuliere clemence & prudente douceur de ne leur ouurir la veine plus auant que le mal le requiert. Ce que sa Majesté a tresbien obserué en ses dernieres conquestes de la Bresse; ne voulant mesme en vne tres-grande & paisible fortune prendre qu'vne bien petite, douce & reglee licence, parce qu'en celuy qui a toute puissance, lon ne considere pas tant ce qu'il a faict, que ce qu'il a peu faire. Aussi est-il expedient aux Rois de pardonner à aucuns, desdaigner presque de se venger des autres; & par fois en destourner sa main, tout ainsi que si c'estoiét quelques petits animalets ou insectes, qui ne nous peuuét faire pis que de nous souiller simplement les doigts quand on le presse.

3. S'il est vray ce qu'on dict, que les François sont au commencement hômes, & puis deuiément moins que femmes.

On reproche aussi aux François ceste humeur inconstante, que la vaillance les prend & saisit de bonne heure, mais qu'aussi elle n'a guere de tenue; qu'au commencement ils sont plus qu'hommes; mais en fin qu'ils sont & deuiennét moins que femmes; que le François peut bien commencer la noise, esleuer vn grand tumulte, & comme on dit donner le branfle à la machine; mais qu'il ne la peut arrester, quand elle est vne fois esbranflee, ny continuer le branfle en la façon qu'il le commence : qui fait que par force ceste machine bien souuent luy eschappe des mains. Et au contraire, que la constance de l'Espagnol & sa vaillance, quoy qu'vn peu attendues, sont des enclumes qui s'endurcissent plus elles sont battues. De sorte que l'Espagnol tenant ce principe pour veritable nous a souuét pris au deffaut & attendus à ce piege, soit en traictez & affaires tref-importans, lorsqu'il a negotié auec nous; soit és exploicts militaires, lesquels la Fráce a accoustumé de mener aussi chaudemét, que l'Espagnol & l'Italien le menét froidement, attédant tousiours le bon euenemét que le téporiser a accoustumé leur porter. Cela est tiré de Tite Liue, qui viuoit à plus pres du téps que les Gau-

Tite Liue li. 7. de la 1. decade.

lois entrerent en Italie. C'est pourquoy il parle tousiours d'eux en mauuaise bouche, comme font tous les autheurs Italiés qui sõt venus apres luy. Caius Sulpitius (dit-il) estoit dictateur; il ne se vouloit hasarder contre les Gaulois; parce que le temps les affoiblissoit de iour en iour: aussi qu'à ces courages & corpulences, dont tout l'effort consistoit en primsaut de furie sans marchander, le moindre temporisement les pouuoit desloger, ramollir & esteindre.

Mais est-il possible que nous soyons composez d'vne nature si muable, & que nostre vaillance roule d'vn mouuement, si rapide, que nous-nous changions en vn instant, & ne soyons plus nous-mesmes? Quelle raison y a-il d'admettre vne si soudaine alteration? L'Espagnol le dit; mais qui ne sçait qu'il a les menaces & la terreur au front, les esclairs aux yeux, le vent en la bouche, le tonnerre en la langue, & l'irresolution en l'ame?

I'aduouë franchement que l'experience nous a appris en beaucoup de choses, que le Frãçois est trop bouillant; & que bien souuent on luy donne loisir d'euaporer ses chaudes fumees, principalement deslors qu'on a descouuert son humeur. Neantmoins il faut aussi qu'ils nous aduouent, qu'en toute sorte de desseins, l'heureux commencement est de telle importance, que communement le bien commencer emporte le tout, & fait reüssir l'entreprinse de haute luicte, quelque perilleuse qu'elle soit. Car le François primsautier, qui est tousiours le premier à rompre la glace; ayant genereusement franchi & vaincu cette dureté, ne trouue en tout le reste que la mollesse & douceur de l'eau, qui est au dessous. C'est pourquoy volontiers il quitte cette tiede longueur à l'Espagnol, & luy enuoye la quenoille & le fuseau. Comme nos Princes durant la guerre Saincte souloient faire aux Frãçois mesme, lors qu'ils faisoient les longs à se presenter, & à faire le voyage d'outre-mer. Ou comme Cesar dit que faisoient *Cæsar. lib. 5. De* les Gaulois, parmy lesquels c'estoit la coustume, desque *bello Gall.*

la guerre estoit declaree, de cõtraindre mesme tous ceux qui estoient au dessus de quatorze ans de se presenter aux armees; & celuy qui y arriuoit le dernier, estoit passé par les armes en presence de tout le monde.

Le courage du François fait naistre l'occasion, quand il luy plaist.

Et si la premiere poincte en toutes nos actions se peut iustement appeller l'occasion; & que l'occasion soit l'ame, & le vray & seul poinct de tout ce que l'homme traicte & manie, le François a raison de la prendre aux cheueux. Et s'il en faut croire les Italiens, ils ont acoustumé, quand nous sommes chez eux, de nous bailler pour leçon, *Che il tempo non vuol tempo*; & que les heures sont si hardies & acommodees à l'humeur Françoise, que iamais elles ne tournent en arriere. On disoit contre ce grãd Capitaine le Duc d'Alue, qu'il faisoit ses prouisions de guerre auec trop de despense; qu'il estoit trop reglé, trop reserué, trop caut & quasi timide és entreprises: estant tres-veritable, que la moindre perte qui se fait sur le premier poinct d'vne entreprise hasardeuse, & le premier rebut qu'vn des partis reçoit au premier choc, tire presque tousiours apres soy cette meschante queuë de ruine entiere.

Que si les François sont estimez au commencement si fiers, hazardeux & espouuentables; & qu'eu esgard à leur fierté ils ne trouuent d'abord en teste que des cerfs ou des femmes; il sera aussi presque malaisé, d'entretenir, amuser & temporiser cette impetuosité & cette furie, qui les acompagne en leurs commencemens; que de les aller attaquer, ou attendre.

Et puis que les Espagnols, Italiens, Alemans, Anglois, & autres nations nous donnent cette qualité d'estre premierement lions ou hommes; il faut qu'ils confessent qu'auant de deuenir femmes, nous faisons vn si grand effort, que la seule peur de nous voir rugissans, lors que nous sommes en bataille rengee, les oste aisement hors de leur place; & les mene en tel desordre, que malaisément nous peuuent-ils arracher des mains la premiere victoire. Ils ne peuuent resister qu'en fuyant, tant ils redoutent l'abbord du François. Or l'impression & la terreur de ces premiers & violents efforts, sont de mauuais instrumens & mal propres pour enseigner l'homme à faire sa charge, l'arrester en sa place, & le contenir en son deuoir. *Timor non diuturni magister officij. Cic. Phil. 2.*

Et c'est par auanture pourquoy nos Roys, qui se ressentent de cette grande & premiere vigueur des anciens Gaulois, & de cette promptitude, qui s'est escoulee tousiours depuis parmy le peuple François, ont accoustumé de sortir de page, comme disoit le Roy Louys vnziesme des l'entree des quinze ans, & se deffaire dés lors de toute tutele & regence, que la foiblesse de leurs ieunes ans a donné aux Princes du sang, ou aux Roynes leurs meres. Les loix communes, qui ont prescript aux hommes communs la maiorité à vingt cinq ans, ont laissé en faueur du courage de nos Roys leur maiorité prescripte à leur discretion. Ce qui fut tresbien practiqué par le Roy Charles neufuiesme, qui s'osta hors de tutele, & se fit declarer Roy & maieur tout ensemble à l'aage de quatorze ans, & alla visiter aussi tost les principales villes de son Royaume. 4 La maiorité des Roys de France est à leur discretion.

Et bien qu'il soit dangereux qu'vn ieune Roy apprenne à regner aux despens de son peuple ; que sa ieunesse soit vne planche & vn vray pont-leuis baissé à toute sorte de gens, qui veulent faire de mauuais desseins sur son Royaume ; & que l'apprentissage des ieunes Roys par fois apporte de tres-grandes incommoditez en vn Estat, qui a plus de besoin de coups de maistre, que d'apprentis ; & que cela semble estre de quelque consideration en France, à cause de la prophetie menaçante de saincte Brigide qui dit, *V. atque iterum. V. quando puer sedebit super sedem Lilij* : si est-ce qu'en ce Royaume la chose est si bien ordonnee, qu'auec les Pairs de France, le

TABLEAV DE L'INCONSTANCE ET
cõseil d'Estat & priué, les Parlemens & compagnies souueraines, le Royaume n'estant d'ailleurs interieurement
malade, peut aisement se soustenir en son lustre & splendeur.

On dit communément, que le premier coup en vaut
d'eux. Qui frape vn bon coup le premier, estonne si fort
son ennemy, que de là en hors il cherche plus à defendre
ce peu de vie qui luy reste qu'à offenser celle des autres. Il
faut charger son ennemy, & donner ces premiers coups
violents, pendant qu'il consulte, irresolu s'il doit donner,
ou parer; assaillir, ou fuir.

Plusieurs na- Le François n'ayme de l'Italien que le mot de presen-
tiõs ont quel- ce, *Adesso, Adesso*; & caressant la promptitude, comme
que mot en sa chere amie, il est tout à rebours ennemy de cet autre
vsage, qui ex-
prime leur mot *Interim*; mot de temporisement, tiré de nos trai-
humeur. ctez d'Alemagne, ou de ces Polonnois qui appelloient
par maniere d'iniure leur Roy Sigismond, *le Roy Giotru*,
c'est à dire, *le Roy de demain*: d'autant que ce qu'il pouuoit
faire sur le champ à la Françoise, il le remettoit tousiours
au lendemain, & se seruoit de *l'Interim*, pour vaquer à ses
dissolutions & mollesses.

Et puis que le moindre petit mouuement, la moindre
petite huee emporte le plus souuent le gain d'vne bataille; & que quiconque a bien commencé se peut dire
auoir à demy acheué; vn Roy, vn General d'armee, qui a
lasché des Lions sur des femmelettes craintiues, se trouue acompagné d'vne tres-grande disgrace, s'il n'emporte
la victoire.

Lequel est Donc que toutes les nations de l'Europe confessent
meilleur estre franchement, Dieu ayant donné aux François ce pre-
poltron au mier auantage d'estre au commécement hommes, quand
commence- bien nous leur accorderions que nous deussions deuenir
ment, ou à la
fin. femmes (comme ils pretendent) qu'en cela mesme nous
sommes si auantageusement gratifiez de la Nature & de
la Fortune, qu'il n'y a que tenir que nous ne soyõs les plus
parfaicts & de meilleure condition. Tant y a, nous donnons

nons des premiers; nous sommes en tout & en toutes parts les premiers; nostre vaillance est pressante, & n'a besoin d'estre attendue, comme celle des autres. Et croy qu'il n'y a Espagnol, Italien, ny autre qui que ce soit, que s'il auoit a choisit vne de ces qualitez d'estre au commencement homme, & puis femme, qui à tout hazard ne choisist d'estre premierement homme: attendu que l'vn est accordé & tenu pour certain, & l'autre qui est de deuenir femme est en doute, & demeure tousiours en incertitude.

Mais voulez-vous voir vn argument solide, tiré, comme on dit, de la maison propre & de l'Espagnol, pour monstrer qu'ils nous ont trouué plus hommes sur la fin, qu'au commencement? Qu'on considere l'issue de nos guerres ciuiles. Le Roy d'Espagne Philippe deuxiesme, le plus consideré & prudent, le plus heureux & le Prince le mieux seruy pour vn homme sombre (qui ne batailloit qu'à l'ombre & dans le cabinet) qu'autre qu'ayt onc tenu sa place; apres auoir peu à peu recueilly tous les mal-contans de la France, tasté le poulx à tous les Princes & à toutes les Prouinces, possedé le cœur des villes & des plus puissans citoyens, bouleuersé & changé la face presque de tous les Parlemens, aliené & desuoyé les peuples tous entiers; si bien qu'il ne restoit qu'vne poignee de terre & de bons citoyens au vray & legitime Successeur de cette Couronne; si est-ce qu'apres tant de sang, tant de milliers d'hommes morts, il a fallu ignominieusement quiter ses ambitieuses & mal-conceues pretentions sur cette Couronne, ceder le Royaume qu'il auoit tyranniquemét plus qu'à demy acquis; & le restituer à son ennemy; & abandonnant sur la plus grande prosperité la ville principale, retirer ses armes & ses armees, proposer la paix, & pour ne perdre sa Couronne luy-mesme sur sa retraicte, & asseurer à son fils du tout inesgal au Roy en valeur, en bonheur & en experience, la briguer & rechercher auec ardeur, de peur d'enseuelir quand & luy, qui estoit aux ab-

Le Roy Philippe second a trouué les François plus hommes sur la fin, qu'au commencement.

bois de la mort, & trainer à mesmes funerailles son Estat & son fils.

N'auons-nous pas faict voir en ce poinct à toute l'Europe, que sur la fin nous estions plus hommes qu'au commencement? que la France ne se pouuoit vaincre que par elle-mesme, & non par aucune sorte d'estrangers, pour si puissans qu'ils fussent? que les François sont de vrais Antees, qui reprennent vigueur de leur cheute, & le Roy vn vray Balon, qui en ses plus grandes trauerses a dict, & peut dire, *Concussus surgo*; plus il chope, plus il se releue entier & puissant.

Et quand le reproche qu'ils nous font seroit veritable, il tombe là, que nous commençons tous nos exploicts militaires par vaillance & ardeur, & les Espagnols & autres nations par mollesse & froideur. Que si nous sommes violents & aspres au commencement, c'est que nous ne voulons voir qu'vne seule fois les enseignes de nos ennemis.

On reproche aux Roys de France, qu'ils sont trop familiers auec leurs subiects.

On reproche à nos Roys comme François, qu'ils sont trop familiers auec leurs subiects; que cette familiarité engendre mespris à l'endroit de son Souuerain; & que ce mespris est vne espece d'Inconstance. Que la souueraineté & Royauté doiuent estre acompagnees de quelque certaine grauité maiestueuse, qui les rende constamment respectueux & formidables. Que les Roys de Perse si grands parmy les Anciens, tenoient pour loy d'Estat, de tenir leurs maiestez à couuert, comme choses precieuses, & les moins visibles qu'ils pouuoient: parce que la conuersation des Roys, pour estre plus venerable, doit estre rare & fort particuliere; *Vacuum esse oportet quicquid in fastigio positum est*. Il faut que tout ce qui est eminent & comme releué au feste & au sommet soit vuide & vnique, & ne soit acompagné que de soy-mesme. La grandeur de la Royauté demande le voile, comme les Dieux des Anciens qui estoient voilez principalement sur le midy; elle est ennemie du grand iour & d'vne esclatante lumiere.

A la verité nos Roys ont tousiours creu, que la piece la plus recommandable de leur Empire, estoit la bien-vueillance naturelle de leurs subiects, & l'amour naïf de leur peuple : ne voulant ressembler plusieurs Princes & Roys qui esleuët leur morgue à si haut poinct, qu'aucuns d'eux tirët de leurs subiects quelque espece d'adoration, ne plus ne moins que si c'estoit vn debte Royal, & comme quelque droict affecté à leur Courōne: ne daignant presque se laisser voir au peuple, & tenant pour maxime, Qu'il n'y a rien si contraire à la supreme grandeur & adoration que la familiarité ou priuauté.

Or cette debonnaireté & douceur de nature, qui a faict choisir à nos Roys la Clemence pour vertu particuliere, & mesme au Roy à present regnant, à qui on ne peut sans calomnie desrober ces deux beaux tiltres de Constance & Clemence, fait qu'ils ont tousiours tenu ces adorations pour tiltres & debuoirs qui ne peuuent s'attribuer qu'à faulses enseignes aux hommes mortels.

Les François sont coustumiers d'auoir des Roys clements, affables, amateurs d'vne conuersation ciuile, & toutesfois honnorable & respectueuse ; & se reculent volontiers de ceux, qui, comme font coustumierement les Roys d'Espagne, & les Ducs d'Italie, ne veulent estre veus que par le guichet, & qui ne respondent qu'vne fois le mois, comme des Oracles. Car ceux-là semblent estre touchez de la maladie des Anciens, qui vouloient estre tenus pour Dieux, encore qu'à l'auanture à les prendre en tous sens, ils ne fussent pas vrayement hommes, c'est à dire prudents & douëz des qualitez d'vn vray homme.

Pour moy, ie ne sçauroy trouuer bonne cette grande & absolue obeissance qu'on porte au grand Seigneur, laquelle est telle que s'il enuoye querir la teste du plus grād de ses subiects, on n'oseroit manquer de la luy porter aussi tost. Aucune autre nation ne vit auec vn tel empire. Aussi est-il indigne d'vn Chrestien, qui n'a accoustumé de secouër les testes de ses subiects qu'auec grande cognois-

Obeissance tyrannique qu'on porte au grand Seigneur.

TABLEAV DE L'INCONSTANCE ET

sance de cause, regissant par amour ce que les solimans regissent par violence.

Les Roys & Princes estrangers, qui ne veulent converser, ny à peine se laisser voir à leurs subiects, que les festes annuelles, & qui n'approuuent aucune sorte de hasards pour leurs semblables, trouuent encore plus mauuais, d'auoir ainsi veu le Roy constamment en toutes ces guerres dernieres à la teste de son armee : & tirant sa magnanimité en enuie ont voulu dire de luy ce qu'on disoit d'Alexandre, Qu'il y auoit en ses exploicts autant, ou plus de fortune que de vertu; attendu (disent-ils) qu'encore que le bras soit l'executeur, l'esprit est pourtãt le conducteur; l'espee à la verité donne les coups; mais le seul conseil donne les victoires. Si est-ce que tout le monde le trouue beaucoup plus genereux & constant, voyant que ses armees ont esté iusqu'icy commandees par luy-mesmes, que si elles l'auoyent esté par autruy : pour le moins celles qui ont faict reüssir les plus grands effects : attendu qu'il faut qu'vn Chef plein de valeur ayt le chef pour conduire, & le bras pour fraper. Il faut qu'vn Roy magnanime soit l'espee, & le bouclier de son Royaume & de son peuple. L'honneur & la victoire ne sçauroient estre si iustement acquis ny deubs au seul conseil, qu'au vray & genereux commandement. Les Ambassades, les prouisions des munitions de guerre, les monstres & autres choses semblables sont pieces de conseil ; mais les rencontres, les sieges, les assaults, les batailles, & autres exploicts d'execution sont pieces vrayement Royales, & de commandement souuerain.

C'est à faire à des Roys & des Princes, estropiats & caducs, de se tenir durant les batailles coys dans leurs cabinets. Il ne faut attendre à pieds & bras croisez l'auenture ou bon euenement d'vne victoire : elle est à trop bon marché quãd elle vient à nous par vn courrier, ou par quelque depesche. Car puis que la guerre (côme on dit) se fait à l'œil, il est certain que l'œil du Prince donne le courage

*Le gain d'vne Bataille est à trop bon marché quãd elle vient à nous par vn courrier.

aux subiects, ses mains donnent les coups, & les coups les victoires. Le conseil d'vne bataille se doit prendre sur le champ; & les yeux & les oreilles y doiuent estre vaincus les premiers. Les soldats sont bien plus fermes, plus vaillans & plus constants, quand ils combattent sous les yeux fauorables de leur Prince: chaque œillade est vn coup d'esperon à leur flanc, pour les pousser & roidir à la meslée, tout de mesme comme les amants aux tournois sous les yeux de leurs Dames, & le peuple en presence des Magistrats se tiennent beaucoup mieux en discipline. Le soldat suit plus volontiers l'action de son chef, que sa parole: l'exemple, que le commandement, ny le conseil.

Antigonus, sur le poinct de venir aux mains en vne bataille nauale, se moqua de son pilote, lors qu'il luy dit, que le Lieutenant de Ptolomee auoit plus grand nombre de vaisseaux que luy; Et moy (dit-il) estant icy en personne, n'augmente-ie point le nombre des miens ?

Voire qui pis est vn Roy qui ne va aux coups, & ne paroist és iours de bataille, semble n'en pouuoir mesme parler à propos, & n'en estre croyable, pour n'auoir les oreilles accoustumees au bruit du canon. Qui meut Eudamidas à dire ces beaux mots oyant asseurer à vn Philosophe, Qu'il n'y auoit nul bon Capitaine, que celuy seul qui estoit Sage: la proposition en est belle, dit-il, mais celuy qui la dit n'en est pas croyable.

Et ce grand Roy de Perce Xerxes, ayant receu de Pythius Bithynius, le plus riche homme qui ayt iamais esté en ceste riche contree, vne infinité de bons offices, mesmes apres luy auoir presté de grandes sommes pour deffrayer ceste grande armee, & offert la nourrir à vil prix; neantmoins l'ayant prié en recompense de tant de bons & notables seruices de dispenser son fils d'aller quand & luy à la guerre; ceste lasche priere l'irrita tellement, qu'il condamna ce fils plus curieux de repos que d'honneur, d'estre tréché en deux parts, lesquelles il fit mettre aux deux costez du chemin, & par apres fit passer toute sõ armee par iceluy.

D d d d iij

TABLEAV DE L'INCONSTANCE ET

Quelqu'vn conseilloit à Cyrus vn iour de bataille de se mettre derriere le bataillon des Grecs, il respondit fort genereusement, Veux-tu (dit-il) que moy qui cherche à me faire Roy, me monstre indigne de l'estre?

C'est donc ceste clemence & affabilité accompagnees de ceste merueilleuse constance, auec lesquelles s'estant faict voir si souuent en ses armees, il s'est rendu non seulement inuincible & formidable, ains presque amy de tous les Princes estrangers. Et de faict il a eu ceste bonne fortune, que plusieurs grands Rois & Potentats, changeant l'admiration de ses faicts Heroïques en amour, luy ont tesmoigné vne si ardente affection, que ie ne sçay si la posterité en voudra auouër ceux qui les lairront par escrit.

Le Roy est aymé de plusieurs Rois & Potentats.

Le feu Roy Henry troisiesme le choisit parmy les feux de nos guerres ciuiles, voire parmy les brouillas d'vn party ennemy le designa successeur de sa Couronne. Et bien que d'ailleurs elle luy fust legitimement deuë, si n'estoit-ce pas (en vne saison si desreglee & dangereuse) vn petit tesmoignage de bonne volonté. Le Pape Clement huictiesme, & Leon vnziesme le tenoiẽt vrayement auec candeur & sincerité pour celuy qu'il est premier Fils de l'Eglise. Et Paul cinquiesme, lequel sied maintenant en ce sainct siege, a fort bien recogneu qu'au Roy seul estoit deu l'honneur de moyenner enuers sa Saincteté l'accord du different de l'Eglise auec la seigneurie de Venise, & non au Roy d'Espagne. Apres qu'on luy a faict voir clairement que cest accord mendié d'vn Prince qui ne porte que le nom de Roy Catholique, lequel Ferdinand Roy d'Aragon & de Castille arracha du P. Iule second, n'estoit qu'vne amorce pour rẽdre toute l'Italie tributaire, & faire marcher toute sorte de deuoirs qu'il doit à l'Eglise sur vn aussi petit cheual, que celuy qui a accoustumé de porter ce peu d'argent, qu'il donne à S. Pierre pour le Royaume de Naples. Les Ducs de Lorraine, de Florẽce & Mantoue ont recherché son alliance, & se sont liez si estroitement à luy, & auec ceste Couronne, que nous les tenons

Le Roy d'Espagne se conuioit à dõner secours au P. Paul V. pour rendre toute l'Italie tributaire.

INST. DE TOVTES CHOSES. LIV. IV. 392

maintenant cõme à demy Frãçois. Et sur tous Christierne quatriesme Roy de Dannemark l'aime auec passion, disent nos Historiens Frãçois. Le feu Roy de Portugal, tout tel qu'il estoit (car ie ne veux icy debatre sa qualité, ny ses pretentiõs) se jetta entre ses bras, & trouua tout autre accueil en France, que le Roy D. Sebastien en Italie, ny en Espagne. Et mesme les Espagnols autrefois les plus releuez & cheris par le Roy Philippe second bannis & opprimez du tout, n'ont trouué iusques icy en leur exil vne plus douce retraite que celle du Louure. Les Ottomans, Mahomets, Sultans, Solimans, Selims, & tous ces autres grands Empereurs de Constantinople, n'ont iamais respecté autre Prince Chrestien. *Matth.*

Don A. Peres.

Il a eu encore ceste autre bõne fortune, qu'il est le premier Roy de Frãce de la lignee Royale de Bourbon; & le premier des Rois de Nauarre, qui a esté faict Roy de Frãce. Car à la verité il y en a bien eu quatre, lesquels, estant Rois de Frãce, ont aussi esté Rois de Nauarre par le moyen de Iane femme de Phillippe quatriesme, mais non iamais pas-vn qui estant simplement Roy de Nauarre soit paruenu à estre Roy de Frãce que luy, sans pere ny frere ny autre parẽt fort proche, qui luy peust laisser vn si beau Royaume.

En fin, s'il faut deuiner l'Ænigme proposee par Menalcas à Dameta, & outrepasser la suffisance de Palæmon, à qui nous demanderoit; En quelle part est-ce du monde qu'on ne descouure que trois aulnes de Ciel, il faudroit repliquer auec Menalcas; mais toy, Dameta,

Philippe 4. Louys 2. Philippe 5. Et Charles 4. Rois de France & de Nauarre par le moyen de Iane femme de Philippe 4. & mere de Louys 10. & autres suiuãs.

Die quibus in terris inscripti nomina Regum Nascantur Flores. —— Dy nous, Dameta, en quelle part du monde naist-il des Fleurs portãt le nom des Rois grauez au dessus? surquoy Theocrite se trõpe, qui a pensé que c'estoit où naissent les Hiacynthes, Mõstre, Hiacynthe, dit-il, les premieres lettres de ton nõ, & celles d'Aiax. Certainemẽt si Dameta eust vescu en ce siecle, il eust dict que c'estoit en France. Car ces Fleurs ne peuuẽt estre autres que nos Fleurs de Lys, Fleurs Royales, tirees du Paradis terrestre, pour le seul ornement de la France; dans

6. Que Virg. en l'Ænigme de Menalcas entẽdoit parler des Fleurs de Lys, & non des Hiacynthes.

Theocrite In Dione, loquere, Hiacynthe, & tuas literas; & adhuc literas. Aiacis.

lesquelles seules elle a graué le seul nom de nos Rois; Rois si fauoris de Dieu, que nul Prince Chrestien ne leur peut debattre la primauté, ny à eux, ny à leur Royaume.

Aussi voit-on que les fleurs de Lys choisies pour armoiries de la France, quoy que nees dans la terre, sont enuoyees du Ciel, qui n'a voulu, en tesmoignage de la douceur Françoise, que nos Roys portassent comme les autres Monarques, des Aigles, des Lyons, des Ours, des Tigres, marques de rapacité, ains des fleurs odoriferantes, pour tenir nos Roys en bonne odeur, & parmy ce grand Dieu immortel, & parmy les hommes. Le seul Daulphin s'est glissé pour marquer les premiers nez de la France; le Daulphin, dy-ie, Roy des poissons portant couronne; phanal de sereniré, amy de la douceur & de l'harmonie, domestique de l'homme, & prenant plaisir d'estre reclamé par nom d'homme; & lequel donne particulierement & volontiers secours aux François si nous en voulons croire Pline qui dit, qu'en certaine contree de la France ils aydent les pecheurs à prendre certain poisson à certain iour, & le lendemain ils comparent encore, & se presentent sur les lieux, comme bons amis & a Sociez, pour en faire le partage. Et à propos de nos fleurs de Lys iointes auec le Dauphin, Pline adiouste que Flauianus, Lieutenant general pour les Romains en Afrique fit parfumer vn Daulphin en la ville de Hipposi, humain & appriuosé, qu'il venoit querir sa pasture sur la main de ceux qui luy bailloient quelque chose à manger. Vray-semblablement ce parfum estoit de Fleurs de Lys. Car il n'y a rien de si bonne odeur, n'y d'ailleurs si amoureux des Fleurs de Lys que le Dauphin. Si bien que par conformité de nom on peut iustement appeller le Daulphin, non seulement le premier Fils de France, ains la Couronne, le Diadême, la verge directoire, le *Lituus* des Anciens, la colomne, l'espee de Iustice, le sceptre, l'œil du sceptre; bref le vray Fils legitime, & premier né du Roy, de la Royauté, & du Royaume.

Arist. li. 9. ch. 48. Pli. li. 9. c. 8. disent que les Daulphins viennēt quād on les appelle Limon, & qu'aupres de Nismes ils aident les pescheurs à prēdre les Muges. A Nismes.

Mais

Mais qui le peut mieux decider que les chefs de l'Eglise, Iuges vniuersels de la Chrestienté, qui tiennent chacun de nos Rois pour premier Fils, & nous donnent par merite ce que nous donnons à nos Daulphins en Fráce par droict de primogeniture, & en consequence de ce, mettent tousiours nos Ambassadeurs deuant ceux de l'Espagnol? A quoy les Ambassadeurs d'Espagne n'ont trouué autre remede que de s'absenter és grandes assemblees. I'ay veu mesme qu'ils prioient le sieur de Pisani Ambassadeur de France, de ne se trouuer és notables ceremonies qui se faisoient seulement pour eux. Et particulierement, ils le prierent, lors de la canonisation de S. Diego, de ne s'y vouloir trouuer, à cause qu'il estoit Espagnol, mais il n'en vouloit rien faire. Bref nos Rois parmy toutes les nations, parmy toutes les Cours & superbes Theatres de l'Vniuers sont montez au dernier Ciel de tous les supremes grades des dignitez temporelles du Monde, & tout au plus haut que tels Monarques peuuent pousser leur grandeur, excepté pres l'Empereur, qui donne l'auantage à l'Ambassadeur d'Espagne, se rendant l'honneur à soy-mesme, & à la maison d'Austriche, de laquelle il est yssu. Ce qui ne se doit tirer en cõsequence, veu qu'en ce poinct il est iuge & partie: mais aussi on le paye de mesme monnoye; car nos Rois n'y tiennent plus que de petits Agents, & non des Ambassadeurs ordinaires. Ie veux pourtant les espelucher vn peu plus particulierement, & descouurir les deffauts de chaque nation & leur inconstance; afin que par apres chacun les puisse aysément mettre en comparaison auec les nostres.

Les Papes ont souuent decidé & donné ceste preseance à nos Ambassadeurs.

La seigneurie de Venise adiugea la puissance au sieur Noailles l'an 1558.

Eeee

TABLEAU DE L'INCONSTANCE

Comparaison de la France auec l'Empire, & de l'Alemant auec le François, & lequel est le plus inconstant.

DISCOVRS II.

1. Roy des Romains est communement designé Empereur.
2. L'Escriture saincte parle plus honnorablement des Rois que des Empereurs.
3. Merueilleux rabatement de la superbe Espagnole, de ce que Dieu les a assubiettis à venir mendier leur santé de nos Rois.
4. Dieu donne souuent à vn Chef foible vn Royaume puissant, & à vn genereux, vn chetif, pour contre-balancer leur puissance.
5. Places & Estats de ialousie & neutralité.
6. De l'Inconstance de l'Alemant.
7. Que l'Alemant est plus amy de Bacchus, que toute autre nation.

Roy des Romains designé Empereur.

LE Roy des Romains, estoille auancoureuse, presagere & denonciatrice de l'Empire, est vn tiltre hōnorable, mais inutile, & n'a en soy les vrayes marques d'vn Roy: veu qu'il n'a vn pareil pouuoir sur les Romains, dont il porte le tiltre, que les autres Rois ont accoustumé d'auoir sur leurs subiects.

Et quant à l'Empereur, qui semble estre pour le temporel la dignité la plus releuee de toutes, il a maintenant si peu de pouuoir, & est si fort bridé par ses Electeurs, par les Dietes, & par la chambre Imperiale, voire par ses parents propres, que si le Royaume de Boheme n'estoit dans la maison d'Austriche, dans laquelle est aussi maintenant l'Empire, il se trouueroit en Alemagne des Ducs aussi puissans que luy. Et comme disent nos modernes, chaque Electeur peut plus en son pays, que l'Empereur en toute l'Alemagne. Car outre plusieurs prerogatiues, il est loisible aux Electeurs, suiuant la necessité, & par occasion, de s'assembler à part & consulter du bien public, sans que l'Empereur les en puisse empescher. Voire plusieurs tiennent pour certain, que l'Electeur Palatin peut d'office citer l'Empereur à comparoir & ester à droict deuant luy comme Electeur. Et l'Empereur n'a ce mesme pouuoir sur ledit Electeur, s'il n'est ainsi ordonné és Dietes, & Comices de l'Empire. Aussi les villes Imperiales sont si descousues & esloignees l'vne de l'autre, qu'à peine pourroient-elles s'entre-secourir. Et neantmoins encores sont-elles libres, n'en ayant l'Empereur quasi qu'vn tiltre en l'air & en fumee. Toutesfois les Alemans ont encore voulu tirer deuers eux ce tiltre d'Empereur, presque comme derniere despouille de la grandeur des Romains. Les Aigles, dit Tacite, Dieux peculiers des nations, estoient appellez oyseaux Romains, comme guides & denonciateurs de toute leur bonne fortune. C'est pourquoy les Empereurs ont encore voulu retenir ceste marque: mais ils n'en ont guere retenu autre chose que les Armoiries; ils ont la plume, mais non l'oyseau.

Ainsi la verité est que le corps de l'Empire est demeuré en Alemagne; les tiltres, le droict d'election, les Electeurs & autres choses semblables; mais la designation principale, qui gist en ce poinct d'estre esleu Roy des Romains, le Sacre, le Couronnement deppend d'ailleurs, & a encore dépendace de Rome, & des saincts Peres.

Empereurs est vn tiltre plus honnorable & eminent de parole, & de ceremonie que d'effect.

Sleidan li. 1.

Tacite li. 2. ch. 4. des Annal.

Eeee ij

Tant y a que les vns & les autres ont de tout temps eu affaire de nous, voire si tresfort, que si parfois les Empereurs ont eu du different auec le Pape, ils ont esté bien aises de venir mendier leur accord en nos Parlemens. Tesmoin l'Empereur Federic second, lequel ayant quelque different pour le nom & tiltre de l'Empire auec Innocent quatriesme en l'an 1244. fut bien aise de le remettre au iugement & arbitre de ceste grande compagnie souueraine la Cour de Parlement de Paris. Que si on nous veut mettre au deuant que les Empereurs Romains nous ont autrefois mis le pied sur la gorge; nous pouuons iustement repartir, que nous leur auons rendu leur chàge. Car Charlemagne, vn de nos Rois de France, leur a osté le siège & le tiltre d'Empereur. Que si les Alemans l'ont depuis retenu, ils en doiuent aussi remercier nos Rois, par le seul moyen desquels ils le tiennent encor pour le iourd'huy.

2. L'Escriture saincte parle des Rois plus honnorablement, que des Empereurs.

A quoy on peut adiouster que les Rois ont cest aduantage preiugé par l'Escriture saincte, qu'ils sont particulierement marquez dans ces saincts Registres de quelque autre plus noble marque, que ne sont les Empereurs: & diroit-on que voulant parler des grands Monarques, elle parle volõtiers des Rois, & non des Empereurs; cõme aux Prouerb. 8. *Per me Reges regnãt*; deuise employee par le Pape Clerment VIII. lequel pendãt sa vie se trouuoit peint en beaucoup de lieux en Italie, & ailleurs entre le Roy de France & d'Espagne auec cest escriteau, apres qu'il les eut mis en paix. Et au Psalme 71. *Deus, iudicium tuum Regi da*. Outre que les Rois semblent auoir pris leur source du droict diuin, & non les Empereurs. Comme il appert en Saul, Dauid & plusieurs autres Rois approuuez de Dieu. A quoy s'accommode ce grand Estat des Romains, qui a commencé par Rois, & non par Empereurs.

Charlemagne, Louys le debonnaire, Charles le Chauue, Louys, dict le begue.

Quatre Rois de France ont esté Empereurs : mais aucun Empereur, ny autre Prince estranger, depuis l'an 988. n'a iamais esté Roy de France. A la verité Charles le gros fut Empereur & Roy de France par vſurpation en abſence de Charles le ſimple. Mais en fin il fut chaſſé & de la Couronne, & de l'Empire; & apres vingt deux ans le Royaume reuint à Charles le ſimple, & par apres à Raoul, puis à Louys quatrieſme fils dudit Charles le ſimple.

Et bien que la loy Salique exclue tous eſtrangers de ce Royaume, & qu'il y ait quelque autre loy preſque ſemblable en Alemagne, qui exclut tous les eſtrangers de l'Empire: ſi eſt-ce que les Alemans meſme, qui nous appellent en noſtre origine *François Germains*, & la plus part des autres nations nous ont ſouuent attiré par courtoiſie, pour eſtre Empereurs & Roys chez eux. C'eſt pourquoy il a eſté dict & reſolu par tous ceux qui en ont eſcript, ſoit François, Italiens, & autres, qu'vn François pouuoit eſtre eſleu Roy des Romains & Empereur. Et que meſme le S. pere n'y pouuoit apporter empeſchement quelconque. Neatmoins nul Empereur, ſans premierement eſtre Roy de Frãce, ou le plus proche de la Couronne, ne peut eſtre Roy de ce beau Royaume.

Baldé ſur le ch. Venerabilé, ex. de elect. Et Ioann. Ferr. tr. De iurib. & priuileg. Franc. priuileg. 13.

Eſt auſſi à conſiderer que le Royaume de France eſt pluſieurs fois appellé Sainct, parce que pluſieurs Roys qui y ont commandé ſont Saincts. Auſſi gueriſſent-ils par grace ſpeciale de Dieu des maladies, voire des plus faſcheuſes, qui eſt vne qualité approchante de celle des ſaincts.

Pluſieurs Roys de France ont eſté Saincts.

Dieu leur ayant donné ce double auãtage ſur les Roys & peuples d'Eſpagne, communément ennemis des François, qu'il a aſſubietti les autres nations, & là ſeule nation Eſpagnole plus que toutes autres, a cette griefue maladie, laquelle creue & difforme la plus noble piece de l'homme, & celle qui eſt plus faicte à l'image de Dieu, ſçauoir le viſage & le col; & en a donné la gueriſon au ſeul Roy de Frãce, par le ſeul attouchement de ſes mains ſacrees & Royales; laiſſant à tout le monde à iuger quel aduantage c'eſt, quand vn malade eſt tenu de venir men-

3 Merueilleux rabaiſſement de l'Eſpagnol qui eſt aſſubietty à venir chercher ſa gueriſon en France, pays que l'Eſpagnol tient cõmunement pour ennemy.

Eeee iij

dier son meilleur remede, & le prendre des mains de son ennemy. Et au lieu que nous auons des Roys en France, qui gueriffent de ce mal Espagnol, ils n'ont au contraire que des charlatans & des gueux qu'ils appellent *Los salutadores*, qui se meslent de guerir de certaines petites maladies, ausquels neantmoins les François ne recourent iamais.

<small>L'Ange S. Michel protecteur de la France.
Duret cha. 21. de la decade des Empires.</small>

Ce Royaume est aussi venerable, & en quelque façon tenu pour sainct, eu esgard à l'Ange S. Michel son protecteur, que les Espagnols par mauuais moyens & incantations ont puis quelque teps voulu desuoyer, & quasi comme par force luy arracher la protection de cette saincte Couronne, estans entrez en telle curiosité qu'ils ont voulu sçauoir de luy l'estat aduenir de la France, & l'induire à le delaisser, afin de se l'approprier. Mais ceux qui en ont escript tiennent pour certain & tres-veritable, qu'il les en a esconduits tout à faict; d'autant que Dieu luy auoit cōmis la France depuis la subuersion & ruine du peuple Israelite, iusqu'à la fin des siecles. Et c'est parauēture pourquoy le Roy Louys vnziesme institua des Cheualiers de l'ordre de S. Michel.

<small>Pourquoy Louys onziesme institua l'ordre de S. Michel.</small>

<small>Le Roy est sacré du S. huile de l'Abbaye de Marmoustier.</small>

La France estant donc vn grand Estat, autre que l'Empire ainsi deschiré, estant comme saincte & en protection d'vn Ange si chery du Roy des Anges: le Roy estant aussi oingt & sacré du S. huile de l'Abbaye de Marmoustier, meslé auec le Chresme de l'Euesque de Chartres, que les Anges porterent du Ciel à S. Martin enuiron l'an 320. aussi ancien & aussi digne que l'Ampoulle de Rheims, laquelle neantmoins est communément tenue pour grace & benediction particuliere à nos Roys, il est croyable que c'est le plus heureux & le plus grād Monarque de la Chrestienté, & le plus en la grace de Dieu.

Ie ne dy pas que si l'Alemagne estoit toute à vn maistre, que ce ne fust qu'vn seul Empire; que les Royaumes & Estats du Roy d'Espagne fussent de proche en proche, & toute l'Italie, la Sicile la Pouille la Calabre & le Piedmont vn seul Royaume, qu'ils ne s'approchassent de la grandeur de la France. Mais toutesfois encores apres tout cela faudroit-il considerer les personnes qui seroiét pourueues de ces Empires & Royaumes. Car la grandeur des Empires, Monarchies & Estats donne bien par fois cette qualité de Grand à celuy qui en est possesseur; & se peut dire qu'il est Grand, parce qu'il possede vn grand Estat: mais si faut-il voir s'il est Grand luy-mesme. Car le plus souuent vn grand Chef, qui ne possede neantmoins qu'vn petit Estat, ne laisse de guerroyer, voire par fois de gourmander vn Roy, qui sera maistre & possesseur d'vn beaucoup plus grand Estat. Ainsi le plus souuent la personne & la capacité & suffisance des Chefs y contribuent grandement.

Souuent Dieu pouruoit tous les grands Royaumes voisins & les Empires de grands hommes, vaillans constans & ingenieux, afin qu'ils soient balancez & contre-pesez ensemble, & qu'ils ne se puissent entre-ruiner ne destruire; il donne à vn grand Estat qui semble se pouuoir soustenir de luy-mesme, vn chef foible, & à vn petit, vn braue & genereux Prince. C'est vn effect de l'admirable sapience de Dieu. Car quand il a resolu de faire choquer deux soueraines puissances ennemies, & ne soufmetre l'vne à l'autre, il leur donne à chacun des chefs & grands Capitaines excellents en vigueur de bon sens & entendement, en valeur & en courage; afin que l'vn dissipe les entreprises & desseins de l'autre, & que par ce moyen il soit pourueu à la liberté & asseurance des subiects des deux partis. Ou bien il les choisit hebetez & pusillanimes, afin qu'ils n'ayent la hardiesse de rien entreprendre & tenter chacun sur son compagnon; & qu'ils n'osent franchir leurs barrieres, ny outre-passer les limites & frontieres de leurs Royaumes & Estats. De sorte que plusieurs Princes sans concurrence & en diuers siecle, seroient suffisans de gouuerner tout vn Monde, qui sont assez empeschez de se maintenir en leur simple Royaume.

4 Dieu donne souuent à vn grand & puissant Estat vn chef foible; & à vn petit, vn Prince genereux, pour cõtre-balancer leur puissance.
Niceph. Gregoras lib. 5.

Dieu donne à chaque Empire son opposite & contraire par mesure, & les tient ainsi en cerueile, afin que les vns facent charrier droit les autres: les grands pour se resister, les lasches & effeminez, pour se contenir. Et de faict pour parler de nostre siecle, on a obserué pendant nos guerres ciuiles, qu'en toutes les batailles ou combats celebres qui se sont faicts entre le Roy de France & Philippe second, ils ont eu par fois des aduátages les vns sur les autres: mais il s'est presque tousiours rencontré, que le plus foible les obtenoit sur le plus fort, contre toute raison autre que de la volonté de Dieu: si bien que chacun a tousiours reprins sa place & sa grandeur.

Places & Estats de ialousie.

Dieu met aussi par fois certains petits Estats & Republiques en telle ialousie & neutralité à tous les Princes, qu'aucun n'ose les attaquer. Plus ils ont d'ennemis & d'expugnateurs, plus d'amis courent à eux & de protecteurs: en telle sorte pourtant, que chasque amy les aymeroit beaucoup mieux pour soy, que pour eux mesme, ny pour autruy.

Nous trouuons par les Histoires que lors que Charlemaigne diuisa l'Empire Romain d'auec celuy de Constantinople, rien n'estant arresté de certain touchant les bornes & limites de l'vn & de l'autre Empire, il fut resolu auec beaucoup de consideration que Venise & les Venitiens qui s'estoient tousiours maintenus en paix, portát respect à ces deux Empereurs, vseroient de leurs propres loix, sans s'assuietir en temps de paix, ou de guerre à nul d'eux, demeurant tousiours en neutralité. De mesme en a-il esté n'agueres, lors qu'en cette derniere occasion le Roy de France & d'Espagne les ont voulus secourir & obliger en la reconciliation du S. Pere. Car ils n'ont ny accepté ny ouuertement tout a faict repudié le secours particulier d'aucun d'eux; de peur que l'vn ou l'autre ne demeurast offensé. De mesme en a-il esté iusqu'icy de Geneue par autre biais; maintenant des Estats des pays bas.

Ainsi

Ainsi c'est chose resolue par tous les grands personnages, qui ont parlé des Empires, Monarchies & Estats, que le Royaume de France bien vny (& comme il est maintenant bien gouuerné par vn Roy, en la vie duquel Dieu a pluſtoſt faict voir des miracles, ou à tout le moins des merueilles, que des geſtes communs pour Heroïques qu'ils ſoyent) eſt le plus puiſſant & le plus floriſſant Eſtat de l'Europe. De maniere que ſi on y adiouſte le merite de ſon Chef, il ne ſ'y trouuera ny Eſtat, ny Prince Chreſtien qui puiſſe debatre ny conteſter la primauté ny precellence de tous les deux: dequoy nous parlerons plus particulierement cy apres en la comparaiſon de la France auec l'Eſpagne, & des François auec les Eſpagnols.

Et s'il faut, apres la foibleſſe de l'Empire deſmembré deſcouuerte, eu eſgard à cette belle & entiere Monarchie, porter encore les yeux ſur l'humeur des Alemans, & deſcouurir leur Inconſtance, & autres deffauts: 6 Inconſtance de l'Alemant.

Puis qu'auſſi la grandeur des Monarchies eſt communement miſe en balance ſoit par elles-meſmes, ſoit par les humeurs des peuples qui conuerſent le plus auec elles, ſoit par leurs alliez qui ſont releuez de grandeur: il eſt tres-à propos de redreſſer le iugement troublé de ceux qui rauallant la dignité des François veulent donner l'auantage aux Alemans, Eſpagnols, Italiens & Anglois. Car il n'y a que ces quatre nations en toute la Chreſtienté qui puiſſent ſeulement par deſir ſouhaiter d'entrer en comparaiſon auec nous.

Les Anciens, comme Polybe & Ceſar, nous ont accuſé d'eſtre au commencement plus qu'hommes; & ſur la fin, moins que femmes. Tacite a dict que c'eſtoit choſe encore plus naturelle aux Alemans & autres peuples de Septentrion. L'Alemant eſt bien plus fort & robuſte que le François, l'Italien, & l'Eſpagnol; mais auſſi eſt-il plus rude & plus groſſier, plus cruel, & plus inexorable que tous les autres. C'eſt pourquoy Dieu menace touſiours les ſies des peuples du Septentrion, comme de gens violents & Les François ſont au commencement hommes, & puis deuiennent femmes. *Tacitus de morib. Germ.* fait ce meſme reproche aux Alemans. Eſaie 14. 41. Hier. 3. 46. Ezech. 8. 48. Dan. 11.

TABLEAV DE L'INCONSTANCE ET

Iornandes & Olaus Magnus. Pourquoy les Septentrionaux sont appellez, Vagina gentium.

impitoyables. Et ie ne sçay pour quelle raison les modernes ont appellé les peuples des pays Septentrionaux *vaginas gentium*, les guaines, ou fourreaux des Nations; si ce n'est pour dire que ce ne sont pas proprement des hommes constants & parfaicts, voire seulement entant que l'humanité le peut permettre, & en leur vray original; ains des modelles ou estuis pour seruir de monstre, ou couurir des hommes. Ou bien pour dire que le pays est si froid & desplaisant, que les quatre saisons en la plus part ne sont qu'vn perpetuel Hyuer, qui les contrainct d'estre cachez dans les poisles, fourrez, vestus & enueloppez dans des peaux d'animaux. Les ouurages de la main leur appartiennent; & ne sont si grossiers qu'ils n'en soient veritablement les maistres pour l'inuention, & les plus penibles & assidus pour l'execution.

Ils ont moins de finesse & malice que les Meridionaux: mais en recompése ils ont plus de bonté, de simplicité, de force & de fidelité. Qui fait que mesme les Princes Meridionaux se fient plus à eux qu'à ceux de leur region, & les employent plus volontiers à leur garde.

Les Septentrionaux veulent estre libres; qui fait qu'ils ayment mieux garder autruy que se sousmettre à estre gardez par autruy. C'est pourquoy aussi les plus nobles d'entre eux qui sont les Alemans ne veulét point de Roy, & hayent les Monarchies, parce que c'est vne continuation & vne suite constante de personnes de mesme famille, qui de pere en fils prennent instruction & exemple les vns des autres, & quasi se gouuernent, & maniét leur peuple de mesme façon. Ils ayment mieux les commádemens electifs aux fins de varier; tesmoignant en cela leur inconstance; faisant leur conte que si celuy qui tient l'Empire ne gouuerne bien selon leur humeur, qu'à la premiere occasion celuy-là defaillant ils en esliront vn autre qui sera du tout de contraire humeur.

Bref les gens des pays Septentrionaux sont de ceux que Pline dit auoir beu de l'eau de la fontaine, qui est en l'isle

Cea, qui rend les hommes rudes & ſtupides.

Les Alemans n'apprénent que fort peu d'exercices, ſoit de cheual, ſoit de pied; & les Fráçois ſont plus empeſchez à leur apprédre le langage & la galanterie, que les Italiens à tirer des armes, & à monter à cheual. Il y en a quelqu'vn qui s'en meſle, mais fort rarement. Ils ont plus de grauité que de diſpoſition, bien qu'ils ſoient ordinairement de grand' taille. Ils ne ſouffrent pas volontiers les brocards & poinctes d'eſprit: & ne veulent ſur tout eſtre moquez ny meſpriſez d'effect ny de parole: non pas meſme des Gráds. Tenant pour regle qu'il ne faut manger des ceriſes auec les Princes, parce qu'ils en iettent les noyaux aux yeux. *Les Aleman apprennent fort raremen les exercices*

Ils ſe plaiſent de viure parmy eux-meſme, & refuſent le meſlange des eſtrágers. S'ils ſe meſlent aux armees & aux vniuerſitez, c'eſt auec les François; parce que c'eſt vne humeur moderee. Et côme la France eſt vne region temperee, eu eſgard à la chaleur de l'Eſpaigne, & à la froideur d'Alemagne; auſſi le François eſt d'vne humeur mitoyenne entre l'Alemant & l'Eſpagnol. C'eſt pourquoy Tacite dit que les Alemans ne ſe ioignent pas volontiers en mariage à des femmes d'autre nation, ny ne deſirent droict de bourgeoiſie en villes eſtrangeres. De façon qu'és traictez de paix qu'ils faiſoient auec les Romains, Ciceron dit qu'ils y appoſoient touſiours cette clauſe, *Ne quis eorum ciuis reciperetur à Romanis*. *Tacitus de moribus Germ.*

Ils ſont laborieux, mais beaucoup plus du corps que de l'eſprit; & ſont ſi bons ouuriers de la main qu'on dit communement, qu'ils ont l'eſprit aux doigts. Les Italiens leur reprochent l'intemperance, & qu'en toute ſorte d'affaires ils ſe morfondent, s'ils ſortent hors du poiſle. *In Germania ſenza vino le faccende ſaggiaciono*, (diſent-ils.) Ils deſtrépent toutes leurs actions dans cette liqueur, & boiuét ſerieuſemét & auec grauité, côme ſi c'eſtoit vn poinct d'honneur, & vne action genereuſe. C'eſt les traicter & viure hoſtilement auec eux, que ne les vouloir ſuiure en ce combat. *7 L'Aleman plus amy de Bacchus, que toute autre nation.*

J'ay veu des hommes & des femmes souspirer d'amour auprés de la bouteille, me laissant en doute pour quelle maistresse ils souspiroient.

Les hostes en Alemagne prient les Grads qui logẽt chez eux, de leur dõner leurs armoiries, lesquelles ils mettent au deuãt de leur porte.

Les armoiries en Alemagne ont plus d'esclat & sont plus en lustre aux cabarets & hosteleries, qu'és bonnes & grandes maisons. Car les Grands qui y logent, sont priez par leurs hostes de leur faire present de leurs armoiries: & ont acoustumé les exposer en veuë au deuant de la porte, ou sous les portiques des maisons, comme les nobles Romains faisoient les images de leurs Maieurs. Et n'y a guere d'armoiries communes de ceux du pays, où il n'y ayt quelque personnage representé qui hausse ou presente le gobelet plein de cette liqueur, qui leur est si fort amie.

Force Italiens bannis sont refugiez à la Cour de l'Empereur.

Ie croy que si n'estoit les Italiens, qui communement sont en Alemagne, & en Boheme, mesmement les Milanois, gens sobres & reglez en comparaison des Alemans (car parmy les Italiens quand on parle d'eux ils disent, *il goloso e ghiotto Milanese*) il ne s'y parleroit iamais que de boire. Parce que la Cour de l'Empereur à Prague est le receptacle des bannis d'Italie, & sur tout de Milan, qui est plus proche, & a plus de commerce en ce lieu. Mutianus dans Pline afferme que la fontaine du Dieu Bacchus, qui est en l'isle d'Andros, rend en certain temps sept iours durant, son eau comme ayant goust de vin. De sorte qu'on appelle cette eau, Vin du Dieu Bacchus. Et neantmoins perdant l'ombre & la veuë du temple de ce Dieu, elle retourne en eau comme auparauant. Qui est vn bon enseignement par lequel il semble que la Nature nous ayt voulu apprendre, que cette liqueur du Dieu Bacchus est de fort peu de duree. Car tout ainsi que ce n'est que du vin frelaté par la Nature, qui s'est voulu iouer pour amuser le monde, & se mocquer principalement de ceux qui ayment cette liqueur; que ce goust ne dure que peu de iours, & ne va mysterieusement que iusqu'au septiesme; & outre ce, ne soustient ce desguisement que sous l'ombre du clocher de ce temple; & que par apres celuy qui pense en auoir faict prouision se trouue mocqué, & son vin se tourne en eau corrompuë. Tout de mesme les amis de Bacchus peuuent clairement voir & entendre, que c'est vn Dieu trompeur, qui n'esiouit le monde que peu de iours, & pippe principalement ceux qui sont dans le poisle, qui est veritablement le sale temple de dissolution, dans lequel il a accoustumé d'estre le plus honnoré; & qu'aussi-tost hors de là, ceux qui sont bien rassasiez de ceste boisson, voire du meilleur vin du monde, ne se trouuent remplis que d'eau commune, laquelle ils regorgent le plus souuent par toutes les parties & ouuertures de leurs corps.

C'est vne grande vergogne & foiblesse, que tous leurs festins, tous leurs discours, toutes leurs caresses, toutes leurs actions se commencent & finissent par boire. Les grandes ruës & marchez sont tapissez de tables garnies de beuueurs. Il y a mesme des femmes aussi bien vestues que nos bourgeoises, lesquelles y vont boire auecque bienseance. Vn charretier dans vne hostelerie honnore vne femme d'honneur luy presentant à boire, comme si vn verre de vin estoit quelque singulier present pour vne femme de qualité; & qui pis est, il boit le premier pour oster le poison, quand bien il seroit couperosé comme vn lepreux, comme font ordinairement les hostes, lesquels attendent pour l'adieu ceux qui ont logé chez eux à leur depart, auec vn grād verre au poing, n'estāt presque possible d'eschapper sans boire ensemble. Ils feroient volōtiers comme cest Ancien qui arrousoit ses plantes de vin, pensant leur donner plus de vigueur & de force, & leur faire part de ses delices; ou bien parauenture il les vouloit apprendre à yurongner: parce que ce n'est pas vn plaisir d'vne creature bien sensee.

Mais que pensent-ils faire (dit vn Ancien parlant de ceux qui cherchent vne vie heureuse par la voye de la volupté, qui se tire du boire & du manger) puisque *perturbationes animi miseram, sedationes autem vitam efficiunt beatam?*

TABLEAV DE L'INCONSTANCE ET

Comment peuuēt-ils en ce trouble que Bacchus leur dōne tous les iours, voire presque par habitude, mener vne vie heureuse? A peine se peuuent les adorateurs de Bacchus tenir en leur bon sens, disoient ces sages Philosophes du vieux temps, qui ont tant trauaillé à nous prescrire des regles de la Temperance. Timothee soupa chez Platon, dit Ciceron; le iour apres Timothee luy dit que ce souper luy auoit fort aggreé; & que la ioye luy en duroit encore. Et pourquoy? dit Platon. Pource que c'estoit vn repas bien sobre. Et quand nous sommes remplis de viande & de vin, *ne mente quidem rectè vti possumus.* Nous ne pouuons iouir, ny bien iouir de l'entendement. Regarde ceux qui suent dans les poisles (dit-il au mesme lieu) tout leur plaisir gist plus à desirer nouuelles viandes, pour inciter à boire, & recouurer vins nouueaux, qu'à les auoir, & s'en saouler. *Confer sudantes, ructantes, refertos epulis tanquam optimis bonis, tum intelliges, qui voluptatem maximè sequantur, eos minimè consequi, iucunditatémque victûs esse in desiderio non in satietate.*

Cic. lib. 5. Tusc.

En fin les Alemans ont pris la regle des conuiues des Grecs, qui disoient, *Aut bibat, aut abeat.* Il faut boire, ou ne se trouuer en ces combats, où celuy qui est victorieux n'a que deux ou trois iours de vie plus que les autres, qui meurent sur le champ. Tesmoin le combat d'Alexandre, où il y en demeura pres de quarante sur la place, & où le victorieux Promachus ne suruesquit que quatre iours apres. Qu'on s'en aille donc, disent-ils à qui ne veut boire. Il n'y a rien à gaigner parmy telles gens, quand ils sont aux prises. *Aut enim fruatur aliquis pariter cum aliis voluptate potandi; aut ne sobrius in vinolentiam vinolentorum incidat, antè discedat;* ou ils le tiennent à mocquerie, ou à mespris: chaque pays veut garder exactement ses coustumes, & ne forcer ses loix pour des estrangers.

L'Alemant dit à tout le mōde en ses festins, *Aut bibat, aut abeat.*

Il me souuient qu'estant logé à Prague pres du pont, mon hostesse auoit vne belle ieune fille à marier, caressee de force Contes & Marquis, & vne mariee auec quelque

onneste bourgeois de la ville, qui venoit voir par fois sa
mere & sa sœur; & nous voyant trois ieunes François lo-
ez chez elle, il leur prit enuie de nous voir danser à la
rançoise. Ie fus tout estonné, que m'ayant pris à danser,
reuenant à mon siége, ie trouuay vne bouteille sur vn
utre petit siege bas, tout aupres, laquelle ne bougea d'en-
re elle & moy tout le long du bal.

A la verité la compagnie estoit priuee, & n'y auoit que
es filles de la maison & quelque voisine. Nous estions
omme enfans de la maison, parce que la mere nous tenoit en pension; mais le marché estoit qu'elle ne nous des-
frayeroit de vin, croyant que nous voulussions boire à la
mode du pays à toute reste.

Ie recognus en ce pays que les Anciens auoient tres-
bien dit, Qu'il falloit fuyr les lieux, les compagnies, & les
festins, où tout est moite & gras, viures, personnes & discours. L'Alemagne est donc l'Empire des alterez, & la
seruitude des sobres. Et croy que peu volontiers les Alemans, quoy qu'hommes mortels, se fussent trouuez au festin, qu'Homere dit que ce grand Ocean fit à tous les
Dieux, si tant est qu'il ne les peut abbreuuer d'autre Nectar, que de ces eaux salees, qui n'eussent fait autre chose
qu'augmenter & accroistre leur alteration.

Or comment est il possible, qu'estant si amis de Baccus, *La Constance ennemie du Dieu Bacchus.*
& n'adorant rien que ce Dieu, ils puissent estre plus con-
stants que les François? C'est vn mauuais luitteur que le
vin. Il frappe plustost la teste, qu'il ne baille le croc en
iambe au reste du corps; il renuerse la plus forte Constance qui se puisse trouuer; & puis qu'elle n'est vne fois en-
yuree, il est aisé de la porter par terre.

En fin Cesar, qui a eu souuent affaire à eux, les appelle
barbares & farouches: or iamais il ne fut nation douee
de ceste belle vertu de la Constance, qui porta ces deux *Comment Tacite de-*
mauuaises qualitez de barbare & farouche. *peint les Alemans.*

Et Tacite les depeint encore plus inconstans, quand il

TABLEAV DE L'INCONST. ET INST. &c.

dit, Que les Alemans sont si peu amateurs & si peu duits à la iustice, qu'ils tuent les coulpables non pas iuridiquement, comme criminels; ains hostilement comme ennemis, sans cognoissance de cause, sans forme quelconque & sans les admettre à iustification, comme les Suisses, qui ne font que rompre le baston. C'est alterer & corrompre ceste belle & constante vertu de la Iustice, & ne tenir la vie des hommes qui est si chere & si precieuse au prix de celle des bestes, lesquelles comme amies & domestiques, ils n'osent pas mesmes tuer sans besoin & necessité. Il y a autant, ou plus de difference entre le Iuge & l'ennemy, qu'entre le boucher & le pasteur; car l'vn tond, & l'autre escorche.

TA-

DE L'INCONSTANCE DE L'ESPAGNOL.

Et lequel des deux precelle, l'Espagnol, ou le François.

Discovrs III.

1. Comparaison de la nation Espagnole auec la Françoise.
2. De la preseance des Rois, & Royaumes de France & d'Espagne.
3. Raisons d'Estat du gouuernement des Indes.
4. Milan, & en quelle forme cet Estat est gouuerné par l'Espagnol.
5. Naples, & en quelle façon le Roy d'Espagne traitte les Napolitains.
6. L'Espagnol est plus souffrant que le François.
7. Qu'en tous les traictez, l'Espagnol a eu auantage sur le François à force de longueur.
8. L'Espagnol ne loge pas volontiers vn François.
9. On donne les Dets au François, & les Tarots à l'Espagnol, & pourquoy.
10. La France & l'Espagne ont le gosier trop petit, pour s'engloutir l'vne l'autre; & pourquoy on dit, que les Lys ne peuuent naistre en Italie, ny en Espagne.

1. Comparaison de la nation Espagnole auec la Françoise.

MAis attaquons vn peu ceste nation si orgueilleuse, qui se veut parangonner auec nous, aidee de l'approbation de quelques Italiens; mais ce sont des partisans: car en toutes les bonnes villes d'Italie, qui iouyssent de quelque liberté, on nous à en beaucoup meilleure opinion, toutes choses bien pesees & mises en consideration, qu'on

Gggg

n'a les Espagnols. Ie ietteray premierement quelques fondements & generalitez sur le climat, sur leur temperament & leur humeur, pour monstrer que par toute sorte de raisons & Philosophiques & naturelles, ils sont plus inconstants que les François. Puis ie viendray au particulier.

Le climat d'Espagne, & celuy de France sont fort differents.

On admiroit anciennement l'excellence du temperament des Atheniés & leur climat : or celuy des François est tout pareil : côme vn Ambassadeur Grec nous le donne à entendre en vne harágue qu'il fait au Senat dans le 45. de Tite Liue, où il dit des Atheniés, Qu'ils sont legers & hardis à entreprendre; & des Lacedæmoniens, tardifs, & qui ahannent mesme à tenter les choses, dont ils sont aucunement asseurez; qui est vrayemét l'humeur & cóplexion Espagnole. C'est pourquoy Iules Lescale, qui ne peut estre soupçóné d'adulation estát Italien, dit, Qu'il n'y a aucune nation, laquelle puisse si facilement que la Fráçoise ployer son esprit à toute chose, & reüssir en toute vacation auec l'hóneur: à cause de la vigueur ignee de l'esprit du Fráçois. Le Poëte Mantuan, qui est pareillemét Italien, l'auoit dit auant luy; & Strabo encore plus ancien, & tesmoin irreprochable & plus asseuré, pour les grands voyages, qu'il auoit faicts, en dit encore tout autant.

Aux excitations contre Cardan.

Le François est plus cholere, & l'Espagnol plus melancholique.

La France est sous vn climat qui n'influe & ne donne cómunement qu'vn téperament chaud & cholerique; qui fait que la próptitude & alaigresse nous est plus naturelle qu'aux peuples voisins du Midy & du Septentrion, & celuy des Espagnols, vn temperament melancholique qui fait que la lentitude, grauité & pesanteur leur est plus naturelle. Ainsi les Fráçois, qui tirent plus vers le Septétrion, sont plus choleres, prómpts & hardis; & les Espagnols, qui tirét plus que nous vers le Midy, sont plus melancholiques, posez & tardifs que nous. Que si de la cholere on veut tirer que par consequent nous sommes plus legers & inconstants; nous pouuons auec beaucoup plus de raison dire, qu'ils sont aussi plus fols, & furieux que nous ; & partant qu'ils sont dans l'Inconstáce vn degré plus haut que nous.

La cholere & la bile, qui est le vray instrument de l'Irascible, nous eschauffe & tourmente dauátage; qui fait qu'ils se persuadent d'estre plus rassis, prudens & aduisez, à cause qu'ils ont la chaleur plus éuaporee; qui en ces grandes ferueurs, telles que nous les sentons (disent-ils) cause l'inconstáce, par le moyen des bouillós qu'elle excite au cerueau, où elle esuente ses figures, & par vne discussion violente les pesle-mesle cōme des atomes aux rayós du Soleil. De sorte que l'ame troublee par la varieté des images, est empeschee en son election; & pour ne faillir point la meilleure, choisit ores celle-cy, ores celle-là à diuerses reprises & changemēs. Ils alleguent contre nous Tite Liue (qui est des premiers autheurs qui ont eu cognoissance des Gaulois) pour tesmoigner que de tout temps les François estoiēt subiects à la cholere; tout ainsi que les Espagnols à la melancholie. Les Gaulois (dit-il) tous bouillans de cholere & indignation, dont ce peuple ne se peut guere bien commander, mettent de ce pas les enseignes au vent.

Mais ce grand Philosophe & Naturaliste Aristote l'a decidé à l'aduantage des François, ayant dict clairement, Que les hommes melancholiques, tels que les Espagnols, estoient variables & inegaux: pource (dit-il) que ceste bile est chāgeante & inegale. Et cōme és regions de l'air se cōcreent diuerses impressions meteorologiques, chaudes ou aqueuses, selon les diuerses matieres que le Soleil y attire, si qu'on y voit les vapeurs & exhalations conuerties en vne varieté d'effects, qui seuls nous amenent l'inconstance des temps & des saisons : aussi la melancholie s'allume par des embrasemens subites, & par des inflammations éprises à l'impourueu; elle excite les figures empraintes en la memoire; ou bien elle les resserre & retient au dedans par des lasches froidures, & par vne espece de faitardise & deffaillance naturelle : si bien qu'on voit les hommes transportez de diuers mouuemens, & par vne contrainte de resolutions rentrer & sortir en vn moment de mesmes gonds. C'est en ceste sorte de nature, que

Quels effects la melancholie produit és Espagnols.

le vice & la vertu iouent au boute-hors, sans que bien rarement la pacifique possession demeure en l'vn, ou en l'autre ; tant l'inconstance & l'irresolution adhere, comme fidelle compagne, à la melancholie. Les vices & les vertus ne font que passer & repasser par leurs actions, sans y prendre ny racine ny habitude. Et c'est de la melancholie que sort ceste espece de chaleur, qui esleue & renuerse les figures de la memoire, qui est la vraye cause des changemens: car elle n'excede nulle part tāt qu'és melācholiques. C'est pourquoy sans parler des ioyes, dont ils sont saisis hors de saison, & des tristesses, qui tout de mesme les accablent sans occasion, (qui marque l'instabilité de l'humeur,) ils sont subiects aux fureurs & phrenesies.

I'accorde que la promptitude est voisine & s'approche de la legereté, laquelle s'escoule aisément à la temerité, comme l'intemperature & l'excés de leur humeur, leur cause aussi la phrenesie. Ie confesse que la vertu de Constance ne commande point de soy vne promptitude d'action, ny aussi vne mollesse & tardiueté. Or la legereté n'est autre chose que l'inconstance qu'on remarque és paroles & és actions : & en ce sens, il conuient mieux aux Espagnols d'estre legers qu'à nous, qui ne le sommes que par la seule actiueté de nos actions: qui est vne sorte de legereté qui n'a point de contrarieté à la Constance, ny mesme à la prudence : ains est vne perfection de l'vne & l'autre vertu. Mais la grande perfidie est nourrie par la melancholie, qui fait mieux ses besognes que la cholere, qui est impetueuse, agissante & toute à descouuert. Et c'est pourquoy nous acqueros mieux qu'eux, & ils coseruent mieux que nous, pource que, *Filij tenebrarum prudentiores sunt filijs huius lucis*, c'est à dire par le noir & l'adustion de la bile les Espagnols sont plus rassis & prudents que nous ; mais c'est de ceste prudence de renard, pleine de dol & de fraude, en laquelle ils excellent par dessus les François: lesquels veulent tousiours viure auec candeur, & se maintenir en quelque simplicité vertueuse, ennemie des fraudes & tromperies ; vrayes marques de nostre humeur cholerique.

La soudaineté, ou extreme promptitude n'est pas ennemie de la Constance.

Cesar, qui peut-estre est le premier autheur de cette calomnie, a entendu seulement louër nostre nation d'actiueté & de souplesse à toute sorte d'actions; & sur tout d'vne grande docilité. S'il l'a creu autrement, i'en appelle de Cesar à Cesar; ou de Cesar à l'Empereur Charles le quint: qui sera vn tesmoignage d'vn grand Monarque Espagnol contre l'Espagnol mesme. Il disoit des Espagnols, qu'ils sembloient sages, & ne l'estoient point; des François, qu'ils sembloient fols, & ne l'estoient pas; des Italiens, qu'ils sembloient sages, & l'estoient; des Portugais, qu'ils sembloient fols, & l'estoient. Les autres le rendent en autres termes. Que les Espagnols estoient sages & fols; les François, fols & sages; les Italiens, sages & sages; les Portugais fols & fols. Par où il marquoit l'apparence des choses, & non la verité; leur grauité & attrempance au dehors, & nostre soudaineté, qui n'est pas si mal conduite, comme il semble à ceux, qui ont leur sagesse plustost au dehors qu'au dedans. En quoy nous auons vn grand argument contre eux. Car comme en la practique de Geometrie la profondeur n'est autrechose qu'vne hauteur renuersee, nostre folie & inconstance au dehors & en apparence seulement, ne sera autre chose, selon le dire de Charles cinquiesme, que la leur au dedans, & en verité en l'interieur de l'ame.

Comment Charles V. parloit de chaque natiō.

On peut prēdre vn autre argumēt de leur inconstance, de ce que les nations changent d'humeur à mesure qu'elles estendent leur domination. De là procede la prosperité, laquelle engendre tousiours & pousse hors l'ambition. Les Espagnols aymēt tant la domination sur tous les peuples, & sont si bouffis du bon heur, qu'ils ont eu iusqu'icy, qu'il semble que la mediocrité de leur Estat, qui estoit aparauant comme le ciment & la soudure qui lioit & retenoit leur mauuais naturel, ayant passé en abondance & plantureuse possession des Royaumes, a mis le temperament en disfoute: de sorte qu'on n'a veu sortir depuis de l'Espagne qu'arrogance, perfidie, & malice, qui ont atti-

Ggggiij

ré sur eux la hayne & la fureur de tous les peuples. Or que de la domination, grandeur & prosperité naisse l'Inconstance, on le peut prouuer par le changement qui se fait au teperament. Car le pauure a vne humeur qui se change, quand il deuient riche: quand la bonne fortune desplace la mauuaise, elle nous donne d'autres pensees & nous fait varier à toute heure. Il arriue à l'homme, dit Plutarque, de faire des actions contre son premier naturel. Le changement de nostre humeur naist du bon, ou mauuais estat de nos affaires: & les inclinations naturelles changent auec la bonne, ou mauuaise fortune.

Sertorius changea d'humeur en son aduersité: car estát en ses ieunes ans Prince bien moderé en sa prosperité: neantmoins sur la fin & en son aduersité il changea d'humeur, & fit cruellement occire les ieunes enfans, qu'il tenoit en hostage. Alexandre au contraire changea d'humeur estant en prosperité; car apres la conqueste d'Asie, il fut si attaint de vanité qu'il s'habilla premierement (pour faire correspondre le changement exterieur à l'interieur, l'inconstance de dehors à celle dont il se sentoit saisi au dedans) d'vn habit à la Medoise, qui estoit si bizarre, estrange & barbaresque, qu'il luy seruit desia fort à propos d'estre inconstant, pour le changer en vn autre, non pas en celuy qu'il auoit changé auparauant; mais en vn troisiesme, qu'il composa luy-mesme par bizarrie, partie de celuy des Medes, partie de celuy des Perses, auec lequel il se manifestoit seulement aux barbares, quand ils auoyent à parler à luy; & du depuis à ses plus familiers. En fin se declarant publiquement, les Macedoniens luy virent porter aux assemblees par le pays en son throsne le mesme habit, pour leur donner à cognoistre, que ce n'estoit point le Roy de Macedoine, qui estoit deuenu Roy de l'Asie; mais que c'estoit le Roy de l'Asie, qui estoit deuenu Roy de Macedoine. En quoy se peut recognoistre vne grande decadence d'esprit, quoy que muny de Philosophie; & le notable changement d'humeur, qui naissent de l'accroissement d'vne grande fortune. Sous la faueur d'vne grande puissance, on s'imagine tousiours d'auoir dispense de choses pires. Car l'inconstance n'est pas sans quelque espece de ruse, qui est vne prudence fardee; & qui ne se faict voir clairement tout d'vn coup; mais peu à peu, comme on a veu en l'exéple d'Alexandre; & ce, auec des actions entre-coupees, pour desrober la cognoissance de soy aux plus aduisez: qui est vne espece de meschanceté pleine de dol & de danger; dont les Espagnols sont bons ouuriers. Car ils procedent en leurs changemens auec vne sorte de sagesse exterieure : de sorte qu'il faut estre à l'erte & en aguet pour les surprendre en leur inconstance. Ils coupent le fil de leurs actions, pour mieux se deguiser; ils enfilent, auant qu'assener le but, tant d'actions l'vne dans l'autre, que la derniere ne peut bonnement estre iugee pour action d'incõstance. Ce que fait fort bien la melancholie qui abonde en eux, bonne artisane de ces cauteles.

I'ay appris d'vn Gentil-homme, qui se tenoit pour lors à Seuille (on n'a garde d'en faire mention aux Annales d'Espagne) qu'au traicté de mariage d'entre le Duc d'Alue & la fille du Duc d'Alcala, que le Conte d'Orguas, lors maire de Seuille moyénoit; le Duc d'Alue auant s'y engager tout à faict, se delibera de la voir : qui estoit vn traict de sagesse & preudhõmie Espagnole. A ces fins il s'en alla enuiron l'an 1589. à Seuille, où il fut receu & caressé tant du pere, que de la fille tout autant qu'il pouuoit desirer. Ce faict, sans leur auoir tenu aucun propos du dessein qu'il auoit (qui estoit vn second traict de sagesse en apparence) il s'en retourna, ayant laissé procuration & charge expresse audit Conte d'Orguas, de conclurre le mariage à certaines conditions.

Les Espagnols meslent plusieurs actions ensemble, afin de couurir & faire mescognoistre l'Inconstance, qui est en la principale action. En voyci vn exemple. Inconstance.

Le Conte mania si bien l'affaire, si tost que le Duc fut party, qu'il conclud le mariage aux conditions receuës de part & d'autre ; & comme procureur fiança la fille entre les mains du Cardinal de Seuille. Les fiançailles furent solemnes : car toute la noblesse de la ville s'y trouua. Cependant le Duc d'Alue visita en passant le Duc de l'Infantado, qui le contraignit ce iour là de seiourner chez luy, où il receut toutes les bonnes cheres dont il se peut aduiser. Le Duc d'Alue n'oublia d'entrer au discours de son voyage de Seuille, qui fut releué par le Duc de l'Infantado d'vne autre façon que le Duc d'Alue ne s'attendoit. Car il luy repartit auec tant de mespris du Duc d'Alcala & de sa fille, & luy proposa de si grands aduantages, s'il vouloit entendre au mariage de la sienne, que nonobstāt le premier rebut que l'autre fit, il l'englua si bien auec ses belles paroles, que sous pretexte de reuocation du premier mandement, il luy fit sur le champ fiancer sa fille ; & pour mieux s'en asseurer, les fit espouser bien tost apres, & les mit ce mesme soir au lict. Trois iours apres arriua la nouuelle des fiançailles faictes à Seuille par son procureur le Conte d'Orguas : & à Seuille celles qui s'estoient faictes par luy-mesme, en la maison du Duc de l'Infantado. Ce qui parauanture eust mis en desordre la plus grande partie de l'Espaigne, si le Roy aduerty de tout ce qui se passoit ; & comme le Duc d'Alcala, & le Conte d'Orguas poussez d'vne iuste passion, cherchoient le moyen d'auoir raison d'vn tel affront, n'eust despesché soudain trois Commissaires, pour se saisir des trois chefs de part ; sçachant qu'iceux retenus, le reste n'auroit garde de bouger : lesquels il fit serrer en trois tours à part, où ils furent plus de six mois, sans qu'on peust parler à eux : iusques à ce que le Roy Philippe iugeant que la longue prison les pouuoit auoir aucunement appaisez, les appella separément : & ayant grandement reproché leur lascheté à ceux de l'Infantado & d'Alua, il leur protesta que sans l'interest notable de la fille innocente, il leur eust faict sentir les peines

du

du dol, & la feuere iuſtice que meritoit vne ſi deſloyale inconſtance. Et auec ceſte reprimande, & vne eſtroicte deffenſe d'en parler plus, il les eſlargit. Quant à celuy d'Alcala, il le conſola, & luy dit, Que ſans l'infamie de la femme du Duc d'Alue, qui n'auoit qu'obey à ſon pere, il luy euſt faict voir combien luy auoit deſpleu ſa faſcherie, le priant de vouloir oublier vn ſi mauuais ſubiect : & qu'il ne ſe donnaſt peine de colloquer ſa fille : car il en vouloit luy-meſme prendre le ſoin; & ce faict le licencia. Ce fut la ſageſſe du Roy, qui preuenant les maux qu'vne ſi notable legereté pouuoit enfanter, oſta les ſemences d'vne inimitié, qui ſans doute, à cauſe des grandes alliances de ces maiſons, euſt peu engendrer force malheurs par le moyen de deux puiſſantes factions.

Mais l'inconſtance & peu de tenue de ce Duc d'Alue, pourra receuoir quelque diminution, ſi on s'aduiſe qu'elle luy eſtoit preſque hereditaire. Car il eſtoit petit fils de celuy qui attira les Contes d'Aiguemond & d'Orne à Bruxelles, ſous promeſſe qu'il ne leur ſeroit en rien meſfaict ; & neantmoins il leur fiſt publiquement trencher la teſte ; & fils de celuy qui ſe fit renommer au ſiege & à la priſe de Harlam, par des traicts ſemblables à ceux de ſes maieurs. Iuſtin parle encore plus hardiment des Eſpagnols, quand il dit, *Feris propiora quàm hominibus ingenia gerunt.* Le Pape Alexandre ſixieſme ayant eu aduis que le Duc de Valentinois, apres auoir donné la foy aux Princes liguez contre luy ſous des ſermens de toutes ſortes, les auoit aſſemblez pour faire paix auec eux, & que neantmoins contre ſa promeſſe, il les auoit faicts tous mourir ; dit en ſouſriant, Qu'il auoit faict vn vray traict d'Eſpagnol. Goncalo Fernandes, qu'ils nomment le grand Capitaine, n'euſt iamais eu tant de reputation, s'il n'euſt changé de foy à tout bout de chāp. Pierre Roy d'Arragon, qui ioua ce beau tour de perfidie au Duc d'Aniou apres les veſpres Siciliennes, conſerua par ce ſeul moyen ce beau Royaume à ſes ſucceſſeurs.

TABLEAV DE L'INCONSTANCE ET

Theuet en la vie de Fraçois Pisarre.

Qui lira le traict que fit François Pisarne Capitaine Espagnol à Atabalippa Roy du Peru, trouuera que c'est vne perfidie inouye. Car apres auoir prins rançon de luy, & qu'elle fut bien acquitee & bien payee, contre sa foy & sa parole, il le tua aussi tost. Si bien que frere Barthelemy de las Casas Espagnol, de l'ordre sainct Dominique, Euesque de la ville Royale de Chiapa, demandant à vn Cacique Indien, En quel des deux il aimeroit mieux aller, en Enfer ou en Paradis, où on luy auoit dict qu'alloient tous les Espagnols decedez, respondit, Qu'il aimeroit beaucoup mieux aller en enfer, de peur de rencontrer encore vn coup en Paradis la bizarre cruauté des Espagnols. Ayant tué plus d'hommes aux Indes, qu'il n'y eust iamais d'Espagnols naturels en Espagne: & destruit beaucoup plus de pays, que toute la Chrestienté n'estoit grande trois fois.

Machiauel desirant former vn Prince à sa poste, variable comme vn Protee, ne nous a peu donner autre exemplaire qu'vn Espagnol, qu'il appelle le parangon de tous les Rois: mais le plus perfide & le plus inconstant qui fust iamais. Aussi nul ne s'est tant hasté à luy respondre qu'vn Espagnol, comme s'il receuoit l'iniure en particulier.

Mais qui pourroit nier que l'Inquisition si estroictemét gardee en Espagne, ne soit vne marque d'Inconstance la plus grande & notable qui soit point? Quelle iustice est-ce que le plus innocent homme du monde, qui reçoit par mesauenture cette desastree accusation sur soy, n'y peut iamais trouuer nettement ny iustification absoluë, ny absolution entiere; ains qu'il faut qu'il tienne à tiltre de bonne fortune, d'en sortir auec quelque peine legere, ou pour le moins auec quelque marque ignominieuse & note d'infamie, pour laisser tousiours en auantage & priuilege les inquisiteurs? Et pour donner entendre qu'on ne peut estre deferé deuant eux sans crime, pour leger qu'il soit, leurs Rois qui l'ont establie, n'ont-ils pas descouuert en leur propre nation, la racine & le defaut de quelque mauuaise creance des mescreans, qu'ils ont despossedé de leur patrie, & la cognoissance qu'ils auoient de leur volage humeur & inconstance, en ce qui est de la religion ? A la verité la rigueur estoit telle, qu'ils ont esté contraints de relacher & l'addoucir aucunement. Aussi, à quoy faire toutes ces contraintes en choses de religion & de foy, qui ne doiuent estre en nos ames & en nos consciences qu'en pleine liberté, & qui ne peuuent estre commandees ? Ils ont beau desguainer l'espee, quand on dit l'Euangile ; ce n'est que fard & ostentation : s'ils ne sont retenus en l'Eglise que par la crainte de la rudesse de l'Inquisition, ie ne les tiens pas pour meilleurs Chrestiens, que ceux qui n'y mettent pas tant de façon. On en blasmoit le Roy Ferdinand dernier, lequel fut celuy qui l'institua ; mais les autres nations l'ont volontiers excusé, sçachant qu'il l'auoit faict, parce que l'Espagne ayant esté longuement parsemee de Maures, Sarrasins & Iuifs, il auoit tresbien recogneu ce qui estoit propre & conuenable à leur humeur : & ce qu'il falloit à des gens si superbes, si vains, si mal disciplinez, & si peu fermes & constants en la religion Catholique : dont ils pourroyent perdre leur nom & l'arracher de dessus le chef de leur Roy. Et sur tout, ceux du Pays bas, & les Flamans l'ont repudiee, tout de mesme que leur domination ; & ont virilement combatu plusieurs annees pour s'en defendre.

Iustin a dict encore des Espagnols, *Bellum quàm ocium malunt ; si extraneus deest, domi hostem quærunt.* Et de faict, si depuis la paix de l'an 1559. les Espagnols n'eussent esté occupez és guerres des Pays bas, d'Irlande, d'Angleterre, & des Indes, ils eussent tourné

Hhhh ij

inconstamment leurs espees contre eux-mesmes. Mais parlons vn peu de cette preseance qu'ils cherchent tant sur toutes les nations, & particulierement sur celle de France.

De la preseance de la France & de Espagne, & leurs Rois. Tolesius & Augustin Granato la donnent à Espagne.

Les Espagnols & Italiens ont faict des liures touchant cette preseance; par lesquels ils s'essayent de la faire donner à l'Espagne : prenant leur premier fondement sur l'antiquité du Royaume d'Espagne, & de leurs Rois. Mais puis qu'elle se donne par le sainct siege, d'où les dignitez des Monarques & des Monarchies prennent chacune leur ranc & ordre ; & que cet ordre se dône auec cognoissance de cause par les merites & bien-faicts que les Rois & Potentats ont faict autresfois, & font encore à l'Eglise ; c'est folie de contester chose qui est preiugee de tout temps, & dont nous sommes en possession il y a plus de douze cents ans. Et quant à leurs raisons, il n'y en a pas vne seule, que les estrangers mesme, qui ont cognoissance de l'Histoire, ne tiennent pour calomnieuse, & si notoirement fausse, que c'est chose qui est du tout hors de doute & de contestation : voire les raisons, desquelles ils vsent pour authoriser & mettre en credit cette imposture parmy eux seulement (veu qu'ils ne sçauroyent ailleurs) nous donnent tant d'auantage, qu'il ne faut autre preuue que ce qu'ils ramenent & veulent employer contre nous.

Car pour faire le Royaume d'Espagne, & par consequent leur Roy plus ancien que celuy de France, ils sont contraints de puiser leur antiquité des Goths ou Visigoths : au lieu que nous la prenons de cette genereuse nation des Gaulois. Et disent qu'Athalaric, premier Roy d'Espagne, fut creé l'an 371. & Pharamond, qu'ils prennent pour nostre premier Roy (bien que les Gaulois & Germains, d'où nous auons tiré nostre origine eussent long temps auparauant des Rois) fut creé l'an 419. & ainsi long temps auant Pharamond.

Surquoy toute l'Histoire de ce siecle, destruisant tous ces contes, dit, Qu'Athalaric (car c'est son vray nom) leur pretendu premier Roy, estoit seulemét Roy des Visigoths; & ayant esté creé Roy en Thrace sous l'Empereur Valens, vint finir ses iours en la ville de Constantinople l'an 381. si bien que c'est vn Roy faict au pays de Thrace, lequel ne s'approcha iamais à cent lieuës pres d'Espagne; ny ne mit iamais le pied plus auant dans l'Europe, qu'au lieu où il mourut, qui est à Constantinople. Et m'esmerueille que cherchant l'antiquité de leurs Rois, & quelque origine moisie de leur Catholicité, ils l'osent prendre & tirer d'vn peuple generalement si odieux. Car les Goths & Visigoths, Ostrogots & Vandales, monstres & fleaux du monde, n'estoient que foule & lie de peuples ramassez, qui n'ont eu qualité ny marque quelconque de noblesse, de vertu, de bonnes mœurs, & encore moins de religion.

Ammian Marcellin dit qu'Athalaric estoit Visigoth.

Enquoy se descouure la seconde imposture, de dire qu'estans sortis des Visigoths, leurs Rois estoient plustost Chrestiens que les nostres; & Athalaric plustost que ce grand Clouis: veu que la verité est qu'il estoit Arrien, parce que le Goths, Visigoths, Ostrogoths, & Vandales estoient tous Arriens, ennemis & persecuteurs de l'Eglise & du S. Siege, qui est la vraye Chrestienté.

Et bien que depuis il y ayt eu des Rois en Espagne, qui ont longuement faict effort d'expeller les Maures & Sarrasins, qui semblent estre actes de religion ; si pourroit-on dire que c'estoit plus pour acquerir nettement le Royaume, & maintenir l'Estat, que pour la religion; s'estant trouué en Espagne plusieurs Rois portant le nom de Chrestiens, lesquels & en leurs actions, & en leurs opinions estoient non seulement irreligieux, mais tout à faict impies.

Alphonse dixiesme Roy de Castille, Astrologue, pensant estre plus entendu que le Tout-puissant, ne faisoit difficulté de taxer Dieu & ses œuures d'ignorance en la

Hhhh iij

composition d'icelles. Paroles si peu Chrestiennes qu'elles ne peuuent donner preseance à celuy qui les croit & profere, qu'au manoir de Pluton.

[marginal note: Pierre Roy d'Aragon fut declaré heretique.]

Et Pierre Roy d'Aragon fut declaré heretique l'an 1302. par les religieux de sainct Dominique, inquisiteurs de la foy; pource qu'il appelloit l'Eglise Romaine vne autre Gomorrhe: & mourut à la iournee de Muret, soustenant les Albigeois, qui estoyent les plus grands heretiques de son temps.

Et quant au nom de Catholique qu'il porte, qui semble luy donner quelque priuilege & marque d'ancienneté dans l'Eglise, c'est chose nouuelle donnee plus par occasion que par merite. Car ce fut Iule second, ennemy de la France, qui le donna à Ferdinand dernier, bien que plusieurs Roys, soit d'Espagne, soit d'ailleurs, le portassent auparauant. Mesme le Roy d'Angleterre le mesprisa, croyant que ce fust vn nom indifferent, qu'on attribuast à la simple deuotion des Roys, & non à leur merite, exploicts ou bien-faicts enuers l'Eglise; & ne le prenoyent pour tiltre de gloire. Iule secõd estoit ennemy de Louys douziesme; & sans recognoistre, (dit Guicciardin & nos Historiens François) vne infinité de bien-faicts qu'il en auoit receu, faisoit à croire, pour couurir son ambition & sa conuoitise de gloire, qu'il le faisoit, disoit-il, seulement pour chasser les Barbares d'Italie. Qui est vn mot puisé des anciens Romains du temps de Cesar, qui appelloyent toutes les nations barbares, sauf les Grecs. Et par ce qu'estant seul de ceste mauuaise volonté, il se fust trouué foible, il fit ligue auec de plus puissans que luy, les Venitiens, les Suisses, le Roy d'Angleterre, & le Roy d'Aragon: & fit transferer le tiltre de Tres-chrestien, que nul Prince Chrestien n'enuie, ny ne conteste au Roy de France; au Roy d'Angleterre son amy (ne logea-til pas dignement & bien à propos vn si beau tiltre?) & fit confirmer celuy de Catholique au Roy d'Espagne. Encore l'Anglois ne le voulut accepter; mais c'est qu'il sçauoit bien, qu'il ne luy estoit pas deu; & qu'à beaucoup meilleurs & plus iustes tiltres les deuanciers du Pape Iule l'auoyent conferé à nos Roys, qui s'estoyent fort bien souuenus, & auoyent bien considéré, qu'ils n'auoyent pas laissé nicher les infideles dans le Royaume de France, comme ils ont faict les Maures & Sarrasins en Espagne; laquelle en a esté autrefois si peuplee, qu'il est encore assez malaisé de les trier & distinguer.

Ils veulent participer & partager auec nous l'honneur de la guerre Saincte; & disent que les Roys d'Espagne y ont enuoyé de grandes armees: enuoyé parauenture; car il n'est point memoire qu'aucun Roy d'Espagne y ait iamais esté. Mais où sont ces Roys & grands Capitaines & chefs de guerre Espagnols, qui ayent iamais faict le voyage, ne qui s'y soyent faict signaler comme les nostres? Les Roys de France en ont faict le dessein: ils ont faict souuent le voyage de la terre Saincte; & à si bonnes enseignes, qu'en recognoissance, Rome a basty vne Eglise à sainct Louys des plus remarquables & des mieux ornees & seruies qui soyent en toute la ville. Et apres cela, les François ont esté Roys de Hierusalem pres de quatre vingts ans.

On ne voit point que le sainct Siege ait vsé de pareilles recognoissances enuers les Roys d'Espagne. Aussi ne voit-on chez eux des dons & bien-faicts des Roys Pepin, Charlemagne, Louys le debonnaire, Charles le chauue, ny les armees & voyages de secours, que nous auons mené en Italie pour le restablissement des Papes. Qui a esté cause que le Pape Iean huictiesme proclama Charles le chauue Empereur en vn Synode de Prelats d'Italie à Pauie, auec tant de demonstration d'obligation, laquelle il confessa ingenuement deuant tout le monde, Que la seule recognoissance, tiree de la bouche de ce S. Pere, vaut mieux: Et les bien-faicts qu'il cõfesse sont plus à priser, que tous ceux qui ont iamais esté tirez des Roys, & de toute la nation Espagnole. *Sabellicus. Volateranus. Onufrius. Sigonius.*

TABLEAV DE L'INCONSTANCE ET

Les François ont remis & releué l'Empire Romain ; ils l'ont restably en Occident en la personne de Charlemagne & à suitte plusieurs Rois de Fráce ont esté Empereurs. Ils ont mesme rendu vne partie de l'Espagne feudataire de la Couronne de France. Et l'espace de plus de cinq cens ans depuis Charlemagne, les Contez de Barcellonne & Sardaigne ont releué de nos Rois. Ils ont rendu tributaires & feodaux du S. Siege les Royaumes de Naples, & de Sicile. Le Roy Louys douziesme rendit au Pape Iule second toutes les villes que les Venitiens detenoient du S. Siege ; grace qui luy est d'autant plus honorable & meritoire, qu'elle luy a esté mal recogneuë. Nos Rois ont enuoyé en Italie de nos iours deux armees, pour deliurer les Saincts Peres du ioug & captiuité des Rois d'Espagne, l'vne sous le sieur de Lautrec, en faueur du Pape Clement septiesme ; l'autre sous Monsieur le Duc de Guyse, en faueur de Paul quatriesme.

<small>Ce furent les Normands François.</small>

Et nos Rois ont encore faict vn traict qui s'est tellement tiré en consequence, qu'il a apporté vn priuilege notable au S. Siege. Car quelques ennemis du Pape Leon, citoyen de la ville de Rome, l'ayant si fort violenté qu'il estoit sur le poinct de deuenir aueugle, & perdre les yeux, il appella à son secours Charlemagne, lequel les chastia si bien, qu'il en sera memoire à iamais. Et outre ce bien particulier, il luy donna faculté & permission de se iustifier par son simple serment des crimes dont ils l'auoient accusé : priuilege & preiugé qui a tousiours seruy depuis à ses successeurs, qui ont tiré ceste sorte de iustification contre leurs ennemis en exemple.

<small>Le Pape est iustifié des accusations qu'on luy met sus par son simple serment.</small>

A tous ces dons, graces & bien-faicts, qui nous ont faict aisément acquerir les plus grandes dignitez, & donner la preseance par les Saincts Peres, les Espagnols repliquent, Que toutes ces gratuitez & recognoissances se sõt faictes à nos Rois par des Papes François, quand ils occupoient le S. Siege. Mais cela est faux. Car les plus grands bienfaicts de nos Rois, soit en don, soit en secours enuers les Papes,

Papes, & les plus celebres gratifications & priuileges concedez à nos Roys, sont deuant l'an mille. Or deuant ce temps-là on a obserué, qu'il n'y auoit encore iamais eu de Pape François.

Ils nous opposent encore, pour effacer aucunement nos bien-faicts enuers l'Eglise, l'inconstance de nos Roys, & leur peu de tenuë, ne s'estant peu contenir en ceste bonne volonté, ne continuer à secourir & fauoriser le sainct Siege: ains ayant recherché & contracté alliance auec le Turc, le plus grand ennemy, le plus ferme & coniuré que l'Eglise pourroit auoir. A quoy la verité est qu'on ne l'a iamais recherchee, ains qu'elle leur a esté volontairement offerte. Parce que parmy tous les Chrestiens, le grand Seigneur n'en croit nul grand, & n'en redoute nul autre que le Roy de France; lequel il a accoustumé d'appeller seul, l'Empereur des Chrestiens. Et tant s'en faut qu'on ait employé mal à propos ceste alliance, ny qu'on s'en soit mal seruy contre l'Eglise, qu'au contraire cela a seruy de barriere à toute la Chrestienté. Outre que nos Roys ont esté quasi contraincts d'accepter ceste alliance, pour preuenir l'Empereur qui la faisoit rechercher par son frere: & qui enuoya Ambassadeurs & presents pour l'obtenir & auoir: offrant se rendre tributaire du Turc pour le Royaume d'Hongrie; qui estoit pour s'asseurer contre le Turc de ce costé là; & se fortifier & tirer ses forces auec moins d'empeschement contre la France & la Germanie. L'Empereur Charles cinquiesme auoit intelligence auec les Roys de Fez & de Maroc, & autres potentats d'Afrique; & receut le Roy de Thunes en sa protection.

Le Roy Philippe second son fils a suiuy mesme dessein, & a de nouueau recherché ceste mesme alliance, voire a tasché d'en exclurre le Roy, offrant de plus fortes & auantageuses conditions pour y estre receu; suyuant les traces de son ayeul Ferdinand, lequel enuoya Pierre

Martyr Ambassadeur vers le Souldan d'Egypte. Que Pierre, Roy de Castille, pour faire la guerre aux autres Rois Chrestiens ses voisins, & comme ses propres freres, n'auoit employé autre secours que celuy des Maures de Grenade.

Mais pourquoy nous reprocheront-ils le Turc, veu les offenses & iniures qu'ils ont faict au S. Siege? N'ont-ils pas (faisant tousiours profit de nos dissenssions) employé le Duc de Bourbon mescontant de la France, auec vne armee presque toute composee de Lutheriens, qui sont les plus forts ennemis qu'ait iamais eu le S. Siege? Comment se pouuoient compatir ensemble ces gros Chrestiens, Espagnols, Catholiques à preuue de l'Inquisition, auec ces Protestans d'Alemagne, & autres de la secte de Luther? Ils prindrent sans respect quelconque auec ignominie & cruauté le Pape Clement septiesme auec les ennemis du Pape & du S. Siege; ils le tindrent prisonnier huict mois; mirent Rome au pillage, ne payoient l'armee Imperiale, & ne luy octroyerent la trefue; ne faisant semblant de le gratifier, sinon afin de donner plus d'aisance aux soldats de pillotter. Et Charles le quint, qui vouloit monstrer & faire mine qu'il en estoit aucunement mescontant, ne peut neantmoins au contraire couurir son contentement; & ne laissa de continuer les jeux & tournois qu'il auoit encommencé pour la naissance de son fils Philippe second; si bien que le Pape Clement paya vne grosse rançon, & fallut que le Roy y enuoyast vne grosse armee pour le desgager.

Donc si les Empereurs & Rois d'Espagne ont recherché la mesme alliance, & ont voulu attirer les Protestans d'Alemagne à leur cordelle, ou autres de religion aussi contraire à la leur que ceux-là, affin d'estre aydez, ou non empeschez par eux, à troubler la France; voire s'ils les ont employez contre le sainct Siege, qu'est-ce qu'ils veulent reprocher à nos Rois vne alliance trouuee sans rechercher, laquelle ils ont recherché sans trouuer?

Et apres tout, si on reproche aux Rois de France qu'ils ont toleré les Huguenots en leur Royaume, on peut dire aux Rois d'Espagne qu'ils ont accordé le mesme aux Flamans, & à ceux des Pays bas: bien que les Espagnols perdant le pays de Flandres ne perdoient leur vray Estat, qui est l'Espagne, comme les François perdoient la France : outre que tous ces pays ne font pas la cinquantiesme partie de l'Estat du Roy d'Espagne.

Mais que respondront-ils à ce que dit Guicciardin, qu'Alexandre sixiesme ne fit point difficulté de demander secours au grand Turc Baiazet, pour l'apprehension qu'il eut de la venuë du Roy Charles huictiesme en Italie; & dit qu'il despecha vers luy & vers ses Bacchats tous Chrestiens reniez Buciardo Genevois : & que le Pape Innocent y auoit autresfois enuoyé pour mesme effect. *Guicciardin.*

I'admire vne impieté Espagnole, qu'ils ont semé dans leurs maisons de ceste imaginaire preseance, qu'ils cherchent contre ce bon sainct Louys : lequel ils n'ont respecté, ny pour le Roy, ny pour Sainct. Ils nous sont si ennemis, qu'ils s'en veulent mesme prendre à nos Saincts. Ils disent que le Roy sainct Louys estant en Egypte prisonnier auec son frere, laissa la saincte Hostie en ostage aux infideles, pour se redimer de prison. A quoy i'employe le tres-vray tesmoignage du sieur de Ioinville, qui l'accompagna tousiours durant sa prison; lequel dit au contraire, qu'il paya entierement sa rançon auant sortir d'Egypte; si bien qu'il n'auoit besoin de bailler ostage quelconque, & moins encore vn si precieux. Et ne voulut iamais sortir hors de ce pays, que ses gens n'eussent payé quelque mesconte qu'il y auoit eu au payement de sa rançon; faisant mesme conscience de tromper les ennemis de Dieu, en chose qu'il leur auoit promise. Qui fut

TABLEAV DE L'INCONSTANCE ET
vrayement vn traict Royal de François.

Mais au contraire le Roy d'Espagne & les Espagnols ne peuuent fuyr le blasme d'auoir quitté ceste saincte Ligue des Chrestiens contre le Turc vaincu à Lepantho, sous l'apprehension qu'ils eurent de perdre les Pays-bas: qui fit separer l'Espagnol de l'armee, au lieu de suyure la bonne fortune de ceste victoire obtenue auec tant d'auantage.

Quant à ceste preseance, toutes choses bien examinees, & en grandeur & en Catholicité & en Constance (qui est nostre subiect) elle est si clairement, & de si longue-main decise, que c'est folie de plus la ramener en doute. Iules second seul la leur a baillee; parce qu'il estoit ennemy de nos Rois. Et neantmoins tous les Papes indifferemment, sauf luy, & tous ceux qui n'ont esté partisans, la nous ont donnee, & auant luy, & apres, és actes les plus celebres de l'Eglise; & en sommes tellement en possession, que nos Ambassadeurs en iouyssent sans contredit. Voire és actes plus memorables, qui concernent mesme la seule nation Espagnole, ils ne l'ont osé debatre, ny contester. Le plus haut poinct qu'ils ont peu gaigner, & la plus grande finesse dont ils se sont peu aduiser, a esté de faire la canne, & ne s'y trouuer: comme i'en ay cy-deuant cotté des traicts authentiques, qui ne se peuuent nier ny desguiser; & ausquels i'ay assisté & accompagné nos Ambassadeurs, qui ont tousiours gaigné & tenu en ce poinct le haut bout. Ayant en ce bon rencontre en trois diuers voyages, d'y auoir veu Messieurs de Foix, le sieur Marquis de Pisani, & le sieur de Sillery, maintenant tres-digne Chef de la Iustice, & Chancellier de France; lequel me fit l'honneur de me presenter par deux fois au Pape Clement huictiesme, sur certaine occasion, qui s'estoit par fortune presentee. Outre deux Ambassadeurs extraordinaires que i'y ay veu Messieurs le Duc de Neuers, & le sieur d'Alincour, & de mesme à Venise Messieurs de Messe, & de Villiers.

François de Noailles, Euesque d'Aqs, nous a dict plu- Le sieur de sieurs fois, & c'est vn conte des siens fort celebre, que le Raymond en Roy Charles neufuiesme l'ayant enuoyé en Leuant pour 185. estre Ambassadeur, estant à la porte du grand Seigneur, comme il fut question de le saluër de la part du Roy, comme on faict à l'arriuee, & au depart, il se trouua en grand peine. Car d'vn costé la coustume de ces barbares le forçoit de se laisser conduire cõme vn esclaue, & ietter auec les submissions accoustumees, aux pieds du Turc, lequel honnorant les plus grands, les appelle, poudre de ses pieds. Mais de l'autre costé, la liberté Françoise, & la dignité d'vn Euesque ne luy pouuoyent permettre de souffrir cette indignité. Le iour destiné il s'en va au Serrail vestu d'vne robe de drap d'or frisé sur frisé, suiuy de dixhuit Gentilshommes François: les Bacchats n'en vouloyent admettre que huit. Les Bacchats les festoyent, & puis apres le disner voulant faire la reuerence au grand Seigneur, deux Capigis, qui sont les officiers de la porte, voulurent, à leur mode saisir l'Ambassadeur par la manche, & le prendre par le poing, pour le conduire comme vn homme attaché aux pieds de leur Maistre; ainsi qu'ils ont acoustumé de faire à tous ceux qui le vont saluër, depuis l'assassinat commis en la personne d'vn de leurs Empereurs. Mais ce grand cœur les repoussa sans crainte, leur faisant dire par leur truchement, Que la dignité d'vn Euesque François ne pouuoit souffrir d'estre mené comme vn forçat. En fin il contesta de telle sorte, qu'il s'en despestra, & alla à deliure sans autre plus basse inclination, que d'vn baise-main & de robe, saluer Selin de la part du Roy. Peu de temps apres Onouenade Seigneur Corinthien Ambassadeur de l'Empereur prenant congé du Turc, fut mené comme vn esclaue, & souffrit ce que le Seigneur de Noailles n'auoit voulu souffrir de ces barbares. En voicy vn autre traict qui monstre que nos Rois sont tousiours plus grands parmy les plus Grands. Ce mesme François de Noailles est le premier Ambassadeur qui

Liii iij

arriua à la porte du grand Seigneur sans auoir des presents
à luy offrir, & à ses Bachats. Dequoy Mehemet aduerty
l'enuoya querir, & luy remonstra le mespris; luy disant,
Que s'il n'auoit des presents, qu'il luy en fourniroit, pour
les offrir de la part du Roy. Mais le sieur de Noailles luy
fit entendre, que son Roy, qui estoit le plus grand de la
Chrestienté, sçachant qu'il les demandoit comme chose
deuë & comme vn tribut, luy auoit deffendu d'en presenter ; & ne fut possible au Bachat de le plier à ce poinct.
Vne autrefois Mehemet qui estoit premier Bachat, premier Visir, & gendre de Selim, ayant appellé nostre Roy,
petit Roy de France (ainsi appellent-ils tous les autres
Rois, pour grands qu'ils soient) le sieur de Noailles luy dit
franchement, Non pas ainsi ; non pas ainsi. Et s'estant
plainct de ce rabais, Orambei ayant faict entédre sa plainte, Mehemet aduoua qu'il auoit tort, & promit n'vser
plus de ce mot. Et à Venise l'an 1558. le mesme sieur de
Noailles emporta la preseance sur Don Vargues, ambassadeur du Roy d'Espagne.

 De tout temps le Bibliothequaire Anastase, comme
voulant marquer cette preseance de quelque beau nom,
parlant des Rois Pepin, & Charlemagne & autres, les
marque particulierement de ce mot supreme de Tres-
chrestien ; & en donne le tiltre non seulement au Roy,
mais bien encore à ce Royaume. On le trouue de mesme
és actes des Conciles d'Orleans, Mayance, Aix, & plusieurs autres, où les Prelats de l'Eglise donnent au Roy
Clouis cet autre beau & auguste nom de premier fils de
l'Eglise.

 A quoy on peut adiouster (faisant voir les graces & faueurs particulieres, que nos Rois ont bien souuent receu
du Ciel) le sacré & irreprochable tesmoignage & plus authentique, & beaucoup plus ancien, de deux notables
Saincts ; l'vn S. Remy, qui en a faict mention, & l'appelle de mesme en son testament ; luy donnant ce bel eloge d'honneur en son Eloge ; & sainct Gregoire en vne

C'estoit au Roy Clouis.

epistre qu'il escrit au Roy Childebert; lequel luy donne preseance & louange par dessus tous Rois, tant parce qu'il le merite, que parce qu'il l'auoit recogneu pour Tres-catholique & Tres-chrestien; qui sont, dit-il, des marques d'vn Roy vrayement constant. On pourra voir l'Epistre dans ses œuures, me contentant d'inserer icy ces mots pour euiter longueur, *Quanto Regia dignitas* (dit-il) *cæteras antecellit; tanto cæterarum gentium, regnorúmque perfectio vestri culmen excellit. Esse autem Regem, quia sunt & alij, non mirum est; sed esse Catholicum, quod alij non merentur, hoc fortis est.* Et si nous en voulons aussi croire sainct Hierosme, plus ancien que tous ceux-cy, il a dict que l'Espagne auoit tousiours esté subiette aux Geryons, l'Italie aux delices, l'Alemagne au pere Liber; & que la seule France s'estoit conseruee pure & nette de toute sorte de monstres. Au lieu que les Rois d'Espagne, en eschange de tant de benedictions versees par les souuerains Pontifes sur nos Rois, & chantees par tant de Saincts, n'ont eu autre chose que maledictions; lesquelles mesmes ils ont des-enseuely de dessous terre pour les mettre en euidence. Tesmoin ce que dit vn Docteur de l'Eglise, qu'vn sainct Euesque, nommé Catalde, apparut à vn enfant, & luy commanda de fouyr, & becher en certain lieu, où il trouueroit vn liure plein de maledictions contre les Rois de Sicile, qui estoient venus de la maison d'Aragon & d'Espagne.

S. Hieronymus aduersus Vigilantium.

Orig. lib. 7. hæres. Alex. ab Alex. in libr. genial. dier.

Or quelle inconstance seroit-ce de iuger le contraire, apres tant de biens receus par le sainct siege? apres tant de restablissemens de souuerains Pontifes? apres la preseance tant de fois iugee par les saincts Peres indifferents, non passionnez, ny interessez par les grands Seigneurs Princes & Monarques; voire preiugee par les Saincts, qui semblent auoir esleué tous ces actes Heroïques de nos Rois, & de ce S. Royaume iusqu'au Ciel, pour l'eregistrer és registres sacrez du grand registre de Dieu; où il couche

& met en memoire les bonnes & sainctes actions, faictes en faueur de l'Espouse de son fils, & de ses lieutenans en terre? De troubler, dis-ie, maintenant tout cet ordre, veu & recognu de tout temps, & par toutes les nations, sous pretexte de ce qu'vn seul ennemy de la France, a vne seule fois varié & l'a decidé mal à propos en faueur de son amy? Ce ne pourroit estre, que la plus preiudiciable inconstance & le plus peruers & inique iugement qui fut iamais donné en chose si claire, & en action si importante.

Mais venons au particulier, & voyons ce que dit toute la Chrestienté, & mesme les voisins & des vns & des autres.

Raisons des Italiens pour donner la preseance à l'Espagnol de ce qu'il a force Royaumes, & force thresors.

Les Italiens, qui n'en deposent selon leur vray aduis, mais bien comme forcez par le grand pays & bonnes places que le Roy d'Espagne tient en Italie, pour haut louer l'Espagne, l'ont recommandee de deux choses; l'vne, de ce qu'elle contient plusieurs diuers Royaumes & Estats; & l'autre, de ce que Dame des Indes, elle est abondante en thresors.

Pour le premier, voyant que le Roy d'Espagne auoit tant de Royaumes & Duchez, quoy que si descousus & à lambeaux, qu'ils ne se peuuent secourir l'vn l'autre, & si mal affectionnez, qu'il les faut retenir par force, tout ainsi qu'ils ont esté aquis; & pour cette raison si malaisez à garder que le seul entretien emporte bien souuent plus que le reuenu du Royaume & Estat; comme Naples & Milan: ils ont dit que le Roy d'Espagne estoit luy seul *l'arbitro del mondo*; le general diffiniteur, & arbitre de tout l'Vniuers; coustoyant la plus part des Empires & Royaumes plus formidables: tenant comme enserrees la France, l'Italie, & l'Angleterre, & enuironnant presque la plus grand' partie d'icelles.

Pour le second, voyant aussi qu'il tiroit tant d'or & d'argent du Peru, & des Indes, comme gens qui croyent que l'argēt est le premier huissier en toute sorte de Cours ueraines, & autres Cours des Rois & Princes, ils ont creu que c'estoit le plus grand Monarque du monde, parce qu'il estoit le plus pecunieux.

Mais les Italiens se trompent. Car tous ces Royaumes & Estats, Isles & Duchez emportent & consument tout autant de moyens qu'il peut tirer des Indes, & beaucoup dauantage. Le seul siege d'Ostende luy couste plus d'argent & plus d'hommes, qu'il n'y en a en la meilleure ville d'Espagne.

Pour le Indes ie ne pretends pas icy parler de la religion. Car ie confesse que ç'a esté vn grād bien & vn coup signalé de la prouidence de Dieu, d'auoir descouuert le Nouueau monde, les Indes & pays Orientaux, pour la conuersion de tant de peuples à la foy Chrestienne. Comme on peut lire amplement és lettres & histoires des religieux de la compagnie de Iesus. Mais ie dis seulement, que Dieu sçait si les principales intentions des Espagnols, sont le bien des ames; ou bien s'ils ont quelque autre dessein & fantasie dans la teste. <small>Raisōs d'Estat du gouuernement des Indes.</small>

Ie dy donc qu'il n'a pas esté fort malaisé à l'Espagnol de s'en saisir. Car ce sont des gens qui n'ont discipline militaire ny valeur; ils n'ont point d'armes; car le fer leur manque; ils sont sans nulle ambition honneste, & sans industrie; ne courent non plus à l'argent, qui pousse communément les hommes au hazard, & partant ils ne se soucient non plus d'estre commandez par autruy.

Outre que les Indes mesme luy sont tref-mal assurees; parce que ceux qui y vont, sont tous affronteurs desesperez, ou gens eschapez de la corde: qui sont grandement à craindre, pour les rebellions & reuoltes qu'on en a veu cy deuant.

Et bien qu'on pense y auoir aucunement remedié, parce que quiconque y veut aller, il faut qu'il laisse sa femme & ses enfans en Espagne; & outre ce, n'y peut seiourner que trois ans : si est-ce que ce remede est fort foible, pour contenir ceux du pays, qui sont tous mescontans;

Kkkk

& encor plus ceux qu'on y enuoye; veu que ce sont gens de sac & de corde.

Ils sont mesme en tres-grande peine de se seruir de leurs minieres; s'estant tellement approfondies, qu'il y faut beaucoup plus de despense & d'industrie qu'auparauant; les Espagnols n'en veulent prendre la coruee; & les habitans n'y peuuent estre obligez. Car Charles le quint les en deschargea, quand ils se firent Chrestiens. Tellement qu'ils se seruent de Maures & esclaues, qui viennent de la coste d'Affrique; lesquels n'y peuuent viure, pour auoir changé d'air; & pour estre mal nourris & mal gouuernez. Et maintenant puis peu de iours, & enuiron le 22. Septembre 1609. le Roy d'Espagne a chassé deux cens mille Maures, qui estoient en son Royaume de Valence; & les a faict charger sur trente galleres & autres vaisseaux, comme m'a asseuré le general des Cordeliers, Sicilien de nation; lequel ie rencontray à Bayonne le 7. Octobre 1609. Dont ces paures Indiens, & sur tout les Portugais & leur Roy peuuent fort à propos faire la mesme plainte que Tacite faict faire à Tiridates Roy d'Armenie, lequel estant chassé de son Royaume, souloit se plaindre, de ce qu'entre les grands Rois & les Princes le bon droict se trouuoit du costé de la force; & que c'estoit à faire à des petits mesnagers de contregarder le sien; mais quereller & debatre celuy d'autruy, estoit vne louange & qualité Royale. Car le Roy d'Espagne a tres-bien practiqué tous les deux, & a esté bon mesnager à cōseruer ce qu'il auoit acquis, & prompt à quereller & empieter celuy d'autruy, & mesme de ses voisins.

Le François, enfant de Mars, Martial & guerrier, qui ne porte que l'honneur sur le front, & la loy & franchise dans l'ame: liberal de son sang aux occasions honnorables, aueugle aux coups & aux hazards, tousiours masle & vaillant, qui ne sçauroit mourir au giste, com-

Tacite l. 15. ch. 1.

me ces lieures couards; & neantmoins qui n'est deserteur de son giste, quand sa patrie a besoin de luy; ains là, & par tout genereux; le François (dis-ie) n'est comme ces Espagnols & Portugais, gens duicts au change, & comme Eoles, qui courent à tous vents, & passent au dessus de Sylle & Charybde auec mille hasards, pour aller aux Indes, au Perù, à la Mexique, au Iappon; sortant du Christianisme pour acquerir vn pays, où les gês sont pires que bestes sauuages; sur lesquels la domination ne peut estre que brutale, barbare, farouche, & perpetuellement ennemie; sans se pouuoir lier d'alliance, ny communication quelconque que tousiours le baston en la main, comme au gouuernement & apprentissage des bestes qu'on veut & ne peut appriuoiser, ne instruire autrement. Impatientes ames & ambitieuses! Memnons, qui ne parlent ny ne voyent que par les yeux de ce faux Soleil des Indes! Ce que le François fait sainctement pour Dieu, visitant le sainct Sepulchre du Sauueur, allant en Hierusalem, & n'agueres en Hongrie contre les mescreans: & ce pour le seul honneur de Dieu, & de son Eglise: l'Espagnol le fait pour de l'or & de l'argent, & tient vne infinité de gens à la cadaine pour fouiller au Peru les entrailles de la terre, vray chemin de l'Enfer. Au surplus il y employe des gens ramassez, condamnez, desesperez, bannis, esclaues, forçats, Maures & Sarrasins, qui ne sont instruits que pour ce seul seruice des minieres. Car quant à la religion & cognoissance de Dieu, les vaisseaux qui les y menent & leurs conducteurs (i'en excepte les Religieux, lesquels ne varient iamais en leur doctrine, ny en leur maniere de proceder) portent la liuree de diuerses opinions, soit pour la religion, soit pour maintenir l'Estat, l'auarice & la cruauté gouuernent. C'est pourquoy il s'y exerce tant d'inhumanité & de barbarie, que veritablement on peut dire que les Espagnols ne traictent ceux du pays, ny ces autres qui sont és minieres, encores qu'ils soient la pluspart Chrestiens (pour le moins la plus grande partie de ceux qu'on y enuoye) en hommes capables de raison & en Chrestiens : ains cruellement comme tigres, ou autres bestes & animaux farouches. En moins de cent ans ils ont despeuplé le tiers du monde. Et croy que s'ils nous tenoient qu'ils nous feroient pis qu'à ces pauures Indiens. Car ils cognoissent nostre inclination plus aliene de leur obeissance, nostre courage plus impatient de leur seruitude, & nos esprits plus capables de nous en deliurer.

Ils ont conquis le Portugal sans main mettre & sans resistance; c'estoit vne Prouince de leur langue qu'ils cernoient de tous costez, que le droict de succession leur deferoit; en laquelle personne que fort difficilement ne les pouuoit troubler. Toutesfois ils n'y ont laissé non pas mesme les Abbesses des monasteres, des religieuses lesquelles ils ont transferé en Espagne; ils n'y ont laissé mesme aucune des dignitez des Eglises : & à peine les Docteurs Regents des Escholes. Cette nation a de grands, sages & profonds conseils, pour asseurer ses conquestes : mais certainement entre autres vertus qu'elle a admirables, c'est qu'elle sçait bien chastier ceux qui par trahison luy vendent, ou par lascheté luy abandonnent leur pays. Et s'il faut parler de nos guerres ciuiles ; on a veu à Paris des filles des meilleures maisons mourir de faim ; & oyoit-on en mesme temps Don Diego de Médozze, pour consolation donner conseil de moudre les os de sainct Innocent, & en faire du pain. Quelle horreur, quelle detestation, qu'on ne se contentast pas de nous faire seuir les vns contre les autres, nous saouler du sang de nos concitoyens, si encores on n'eust aiguisé nos dents par vne enragee impieté pour deuorer les os de nos peres, & par vne cruauté plus tragique que celle d'Atree, diffamer nostre memoire, nous rédre abominables & à Dieu & aux hommes à l'aduenir?

Ainsi, il ne faut faire si grand cas de ces minieres. Le

Roy de France & le grand Seigneur font riches fans minieres; & l'Empereur qui en a autant luy feul en fon Eftat que toute l'Europe enfemble, eft toufiours neceffiteux.

Vn Italien en fa relation contant les moyens que le Roy d'Efpagne a de faire de l'argent, dit, que le principal & le meilleur eft, & duquel il tireroit certainement de plus notables fommes, *se voleſſe far leuar l'inſegne de' Marrani, che fono nelle chieze di Spagna*. Et parce que les Italiens tremblent à l'ombre de l'Efpagnol, ou pour mieux dire au fon de fes doublons, ils croient le mefme de nous.

Quant à l'Italien, il a quelque raifon de le redouter, puis qu'outre Naples & Milan, il n'y a guere Eftat ny Duché, dans lequel il n'ait quelque foreterefſe. Voire dans Florence les Ducs fe font iufques icy foufmis & obligez à tenir vne garnifon Efpagnole, & quelques foldats dans deux chafteaux qui fonts dans la ville, à San Miniato quarante, & cent à Caftello; pour le moins y eftoient-ils de mon temps. *Cela eftoit ainfi de mon temps, & iufques en l'an 1600. Ie ne ſçay s'il a chãgé depuis.*

Les Efpagnols à Milan font des milans qui trouuent les voûtes du Ciel trop baſſes pour prendre l'eſſor. Ils font toufiours aux mains auec les Milanois. Ils croyent eftre autant d'Hercules ou Rodomonts: & auec leur Chafteau de Milan, ils font fi altiers qu'ils ont faict cõme les Grecs, lefquels auoient attaché la maſſue d'Hercules fur l'entree en vne des colonnes de leur temple, pour efpouuenter & effrayer les chiens & autres animaux, qui vouloient entrer dedans. Ie croy que le gouuerneur du Chafteau a receu mefme commandement & aduis que donna Antigonus efcriuant au Capitaine, qu'il auoit mis dans la fortereſſe de Munichia en la ville d'Athenes; laquelle il reparoit & fortifioit en toute diligence : ſçauoir qu'il fit non feulement le collier & la chaine forts; mais auſſi le chien foible. Pour dire qu'il oftaſt aux Atheniens le moyen de fe fouſleuer & reuolter. C'eſt vn Eſtat fatal pour celuy qui le poſſede, ou qui cõbat pour l'auoir. Il embrouille toute *4. Milan, & en quelle forte l'Efpagnol le tient.*

K k k k iij.

l'Italie; voire toute la Chrestienté; ayant causé iusqu'icy vne infinité de guerres, qui ont apporté la ruine de plusieurs Royaumes. Et particulierement il a causé tant de ruyne aux François, que Balde Italien de nation a dict par risee contre nous, qu'encor que les fils de famille ne puissent tester en France; neantmoins ils pouuoient tester en Italie; pource que c'est leur commun cimetiere.

Baldus in cap. si duo §.1. de duob. fratrib. de noua benef. inuesti.

Quant aux Napolitains, on dit d'eux, *ch' ogni gouuerno li satia, & ogni stato li rincresce*. Et bien que le Roy d'Espagne, à cause de sa grandeur, & de la possession de tant d'annees, ait esteinct les passions antiques, qui estoient dãs le Royaume; neantmoins doutant encore du cœur des Regnicoles, il veut tousiours auoir dans iceluy vne grosse garde d'Espagnols, pour les tenir en bride. Si bien qu'en vn Royaume ja faict ancien, & comme hereditaire en la famille d'Austriche, les forces Espagnoles seruét plus d'affliction au peuple, que de frain, ny de garde au Royaume.

Naples.

Outre que les profits & honneurs, qui deuroient estre distribuez esgalement, se donnent ordinairement aux Espagnols & aux Iannissaires. Car ainsi appelle-on par ce nom Turquesque, ceux qui sont meslez du sang Espagnol & du Napolitain : parce qu'il est force qu'ils se meslent & facent alliance ensemble. De maniere que les Regnicoles ne peuuent esperer par aucun moyen d'auoir grade en leur propre patrie, où ils semblent estre plus estrangers que les Espagnols mesme ; ny aupres de leur Prince non plus, veu qu'ils ne le voyent iamais. D'ailleurs, ils sont traictez par les ministres de la Iustice sans distinction quelconque. La peine & l'infamie sont esgales entre le noble & le roturier ; qui fait que le noble entre en desespoir se voyant rabaissé & tenu au prix auec celuy qui luy est inferieur: & au contraire le roturier en presomption, se voyant balancé auec le noble.

Bodin. li. 5. chap. 1. de sa Republ.

Et venant au particulier, pour la temperature de l'Espagnol, il est certain qu'il se porte beaucoup mieux en France, en Flandres, en Alemagne, en Angleterre, que les

François & Flamans, les Alemans, & les Anglois allans en Espagne. La raison est, que les peuples Meridionaux, passant au Septentrion, (contree beaucoup plus froide que la leur) deuiennent robustes & gaillards, passant par l'estamine d'vn air froid, qui les tient en santé, & les rend capables de beaucoup plus d'exercice que le chaud.

Et au contraire, les Septentrionaux s'affoiblissent & s'allangourissent tant plus ils tirent vers le Midy, mesmement en Esté. Tesmoins les François deuant la ville de Naples, qui se cuiderent tous perdre de chaud. Et au contraire, les quatre mille Gascons, qu'on enuoya pour secourir le Roy de Suede, emporterent de tres-belles victoires.

L'Espagnol est plus caut & patient au labeur que le François, plus capable d'estre morte-paye que luy. Il sçait mieux que toute autre nation battre le tambour auec les dents, & s'eschauffer au petit feu de sa mesche; plus propre à l'embuscade, à deffendre vn pas, à faire vne retraicte, à soustenir vn assaut, & garder vne place: tout pieces de contrainte: L'Italien, par ce qu'il a plus de courage, est bon à la cargue, à l'escarmouche, aux assauts, & au mestier de ceux qui combattent à la legere. L'Espagnol est austere, rebours, sourcilleux, qui se cabre à chasque parole de courroux qu'il a auec la moindre personne du monde: tousiours bruyant & tonnant, sur tout auant le peril: qui se plaist d'espouuanter le monde de paroles bouffies, qui se fait tousiours de la compagnie des Geans, qui voulurent escheller le Ciel, pour faire à croire que toute sorte d'ennemis luy sont & à sa nation autant de Pygmees. Mais ils se trompent; & s'ils prennent les François pour Pygmees, ces Pygmees ayant affaire à eux, les feront plustost trouuer grues (qui sont les communs ennemis des Pygmees) que Geans.

6. L'Espagnol est plus souffrant que le François.

Vn seul Espagnol se donc plus de noms & de tiltres que trois François de meilleure maison que luy.

Ils sont ambitieux, & font trop des Grands; *Stanno troppo sù l grande, e nell' intonnatura del caualiere* (dit l'Italien) apres l'auoir fort bien recognu.

L'homme fin, que les Latins appellēt *Versutus*, se compare à l'Art, qui est proprement l'Italien & l'Espagnol, pleins d'artifice, & plus ingenieux sans mentir que les Frāçois, plus doubles & desguisez, plus cauts & plus dissimulez. Mais celuy qu'ils appellent *Fortis*, Constant & magnanime, se compare à la Nature. C'est proprement le François, qui est franc au collier, courageux, vaillant & sans artifice. L'Espagnol & l'Italien plus artificiels que nous, veulent paroistre en toutes choses plus qu'ils ne sont. Les François au contraire se contentent d'estre ce que veritablement ils sont, & ne veulent paroistre plus qu'ils ne sont, ny par fois autant comme ils sont. Ils laissent les Rodomontades & le vent aux Espagnols; les dissimulations, desguisemens & ceremonies aux Italiens.

D'où vient que les Espagnols & Italiēs bastissent leurs sepulchres durant leur vie, & esleuent des pyramides & obelisques.

Et d'autant qu'aucuns ont pensé, que nostre ame estoit desireuse de l'immortalité, voire mesme pour gratifier le corps, lequel se perd tout à mesme instant que l'ame se separe de luy; c'est la raison pour laquelle les Espagnols & Italiens recherchent si fort en toutes leurs actions ceste diuturnité. Car nostre esprit (disent-ils) qui est la force de nostre ame, se sentant immortel, desire aussi que mesme le corps, qui est son compagnon ou associé, & son domicile, iouysse (en tant que faire se peut) de mesme felicité que nostre ame. Et de là vient qu'ils bastissent durant leur vie tāt de pyramides, d'obelisques, & de Mausolees à la mode de ceux que les Anciens ont faussement deifié: desirant estre couuerts & cachez au dedans, & les charger sur eux, affin que si le corps ne peut paruenir à s'immortaliser, ou perpetuer comme l'ame; que pour le moins il se maintienne en quelque façon plus long temps, que beaucoup d'autres choses, qui durent fort longuement. Ils font semblant de preuoir & recognoistre, pendant qu'ils viuent, les incommoditez que doit souffrir leur corps apres la separation de l'ame; & vomissent plusieurs traicts iniurieux contre la Nature, qui leur a donné cognoissance fort certaine de celles que le corps doit souffrir apres la mort, & pour

celles

celles de l'ame fort peu. Vn gueux Espagnol, desirant apres sa mort signaler son Mausolee comme vn Monarque, mit dessus ces vers ridicules,

Hîc iacet in Icus Fridericus, seu Rodericus:
Non bene recordor; sed nomen ibat in Icus.

Ils sont rudes, malplaisans & cruels si nous en voulons croire Plutarque en la vie de Sertorius; qui dit que pour oster la ferocité, brutalité, & rudesse des Espagnols, il leur donna des precepteurs, & rassembla les enfans des plus nobles, & les enuoya instruire sous de bons maistres en la ville d'Osca. Et auant luy, lon dict que les Grecs n'auoient voulu auoir aucun commerce auec eux. C'est pourquoy Herodote & Thucydide n'auoient daigné parler de ceste nation; comme aussi Isidore parlant des nations les plus celebres de son temps dit, Que la Grece produit des hommes volages, Rome des hommes graues, l'Afrique des cauteleux, & la France des hommes constants, des ames fortes, & des esprits vigoureux: sans faire mention quelconque des Espagnols, ny les daigner mettre en ligne de compte.

Plut. en la vie de Sertorius.

Isidorus Etymologiarum lib. 9.

Ils sont à la verité plus sobres & temperants que les François, pour le moins ils en font la mine. Mais c'est plustost auarice ou sordidité, que sobrieté: & le font, non par ce qu'ils aiment moins à faire bonne chere que les Fraçois; ains par ce qu'ils sont auares & quemands. Et cōme tresbien a representé le petit liure de la Lezina (qui n'a en son Academie qu'Espagnols & Italiens, & pas vn François) les ammelettes Espagnoles & Italiennes sont si desliées, & faictes auec si peu de matiere, qu'elles seroiét merueilleusement propres pour faire vne demonstration en Mathematique, *Volendo mostrare quale sia la superficie, che non ha larghezza, ne profondità.*

L'Espagnol est plus sobre & temperant que le François.

Les Espagnols sont ceux, parmy toutes les nations, qui volent le plus haut, & qui s'essoignent le plus de la moderation. Ils sont glorieux; & neantmoins ils ignorent de cōbien de pieds sont composez les vers de la vraye gloire.

LIII

Ils font bruit & tonnent, mais ils ne foudroyẽt pas. Ils font Rodomonts, & receus & admis pour tels par tous les Comediés, lesquels les introduisent presomptueux brauaches à toute outrace, & vaillans de parole: mais perpetuellemẽt poltrons & batus par la plus vile personne de la Comedie. Plusieurs belles paroles de Cõstance passent par la bouche de l'inconstant Protee; & plusieurs de Temperance par la bouche d'Epicure. Les vicieux ne laissent de louër la Vertu, & les poltrons la Vaillãce; tout ainsi qu'il n'y a gẽs qui parlent si honorablement de la lumiere que les aueugles.

Ils veulent par fois donner la baye, despriser & descourir les deffauts des autres nations, oster le lustre à toutes leurs actions & moyens; mais elles s'en deffendent si bien, que souuent l'iniure & la mocquerie leur en retombe sur le nés. Le Roy Louys vnziesme estoit tousiours mal vestu; certains colonels de Suisses se presenterent vn iour deuãt luy tous vestus de velours & de clinquant, luy faisant de grandes & profondes reuerences; il ne fit pas semblant de les cognoistre: mais ayant recogneu leur deuoir & son humeur, s'estans presentez deuant luy armez de toutes pieces, il les embrassa & leur fit toutes les caresses du monde. Et le sieur d'Argenton dit qu'à l'entreueuë que fit le mesme Roy Louys auec le Roy Ferdinand pres la ville de Bayonne, il estoit si mal vestu, que tous les Espagnols se mocquoient de luy : mais il auoit dequoy reiecter la mocquerie sur eux, ayant vne grosse & puissante armee derriere luy. Et n'agueres quelqu'vn, qui voulant deprimer les bastiments du Roy, & la recõmandation qu'il faisoit de sa galerie, luy ayãt dit qu'il y en auoit vne aussi belle à Cõstantinople, receut aussi-tost ceste prõpte & veritable respõse; Pourroit bien estre, dit le Roy; mais il n'y a pas vne ville de Paris attachee au bout. I'en diray vn autre exẽple notable d'vn Prince qui est de faction Espagnole. Le Prince Doria s'estãt resolu de receuoir l'Infante d'Espaigne à Gennes le plus honorablemẽt qu'il pourroit; les Espagnols qui la cõduisoient, cõme si nulle espece de brauerie, ny marque de grãdeur n'appartenoit qu'à ceux de leur nation, luy dõnerent entẽdre, pour preparer sa croyance de bõne heure, & pour en effacer, ou pour le moins ternir l'esclat, que toutes les richesses & beaux meubles qu'elle verroit, estoiẽt choses d'emprunt; & que la mõstre & la veuë en estoient fort belles, si elles eussent esté au maistre du logis. Qui fut cause que pour rabattre la gloire des Espagnols par vne plus grãde gloire, le Prince Doria fit mettre en grosse lettre, qui se peust lire de trois cẽts pas, au deuant & au derriere du frõtispice de son Palais, qui est hors la ville tout cõtre la porte de Guyenne, ces mots en forme de deuise, en Italien d'vn costé, en Espagnol de l'autre, *In questa caza per gratia di Dio, & del Re non ci è cosa prestata*; dit l'Italien: & l'Espagnol, *En estas casas por gratia di Dios, y del Reyno ai cosa prestada.* C'estoit leur donner vn desmentir à l'entree de sa maison, & en la face de leur Princesse.

Ils ont cela de mauuais, que lors mesmes qu'ils sont tombez en quelque sinistre accident, si on le leur reproche pour les ramollir, ils le veulent tousiours rehausser, & le tourner en auantage, pour vergongneux qu'il soit pour eux. Tesmoin le traict de cest Espagnol, lequel ayant desia le feu à la barbe, sur le poinct qu'on donnoit vne bataille, ne se peut tenir de dire, *Courage, ce sont les flambeaux qui nous doiuent esclairer à acquerir la victoire sur nos ennemis.*

A quoy conuient & se rapporte merueilleusement bien leur langage, lequel est si rude & altier, si bruyant & tonnant, que malaisement les actions de douceur se peuuent bien exprimer par iceluy. Si bien que quand ils traictent ou mariage, ou accord auec des estrangers, ils ayment mieux se seruir de la langue Frãçoise, qui est douce & gracieuse, que de la leur, qui est morgante & bouffie: Qui fut parauẽture cause, que la trãsaction & cession des Pays-bas, faicte par le Roy d'Espagne Philippe secõd à M. Izabelle sa fille, fut escrite en langue Frãçoise. Or il sẽble qu'il se trouue en ce poinct quelq espece d'inconstãce & rabais, que les Espagnols & Flamãs soient contraints, traictãt des affaires

La douceur du langage Frãçois connuie les Espagnols, traictãs auec les Flamãs, de dresser leurs traictez en langue Frãçoise. Matth.

TABLEAV DE L'INCONSTANCE ET
de donner, d'abandonner la langue Espagnole & la Flamande, pour prendre celle d'autruy.

Quant à leur lentitude, qui est mise au deuant de la promptitude des François, soit és affaires, traictez & negotiations, soit és exploicts militaires, voire en toutes leurs actions, ils nous reprochent, & parauenture auec quelque raison, que nos conseils trop libres sont sans ordre, nos opinions trop passionnees sans moderation, nos conclusions mal digerees sans arrest, & nos ordonnances mal conceuës sans exploict.

Mais auec tout cela, le François ne craint ces mousches du Perou, qu'on appelle *Nigua*, si infestes à la lentitude Espagnole, qui ont accoustumé de nicher au dessous des pieds des hommes qui dorment, & laisser entre la chair & les ongles quelque petite vermine si enuenimee, que si on ne se laue bien-tost, & souuent, on en perd les pieds. Ce que nos Espagnols modernes attestent leur estre souuent aduenu. La nonchalance & pigresse ne fera iamais que les mousches puissent ainsi nicher, ou donner le moine aux François: ils sont plus esueillez que cela, & n'ont le sommeil si profond qu'en dormant maladie quelconque les surprenne, qui leur puisse ainsi faire perdre les pieds, comme aux Espagnols.

Or pour les affaires & traictez, ie confesse que nos Historiens François disent, que nous auons tousiours gaigné sur les Anglois qui traictoient auec nous: mais au cōtraire, nous auons tousiours perdu aux traictez que nous auons faicts auec les Espagnols. Et de faict Bodin dit, que iusques à son temps, il ne s'y est faict traicté puis cent ans auec les Frāçois, où l'Espagnol n'ait eu de l'auantage. Comme il se voit au traicté de Cambresis de l'an 1559. où il fut resolu de tenir l'affaire en longueur, sçahant qu'on obtiendroit du François par ennuy ce qu'on ne pouuoit ny par armes, ny par iustice. Et fut remarqué, qu'en toutes les seances ou assemblees faictes par les deputez, tousiours les François furent les premiers au Conseil. Mais c'est que nostre coustume n'est pas (dit-il) de parler posément, com-

Bodin liure 5. ch. 1. de sa Repub.

me ils font. Or cela ne vient d'autre chose, sinon que le François veut & pretend estre le premier par tout, croyant qu'il y aille de son honneur. Comme tres-bien on obserua au traicté de paix de Veruins, en l'an 1598. où les deputez du Roy arriuerent les premiers, & ceux d'Espagne incontinant apres; parce que la ceremonie veut, que le plus grand se trouue le premier au lieu assigné, pour marquer qu'on le vient trouuer; & que le premier venu estant chez soy & en sa patrie aille visiter le dernier venu. *Matthieu.*

Et ne se faut estonner si le François, en quelque affaire que ce soit, semble prendre mal ses mesures, & se trouue tousiours ainsi pressé. Car il croit qu'il y va de sa reputation, s'il n'est ouy, quand il luy plaist; mesmement quand il a à dire quelque chose à quelque Prince estranger, ou autre. On en remarque vn beau traict, de ce François qui fut si pressé, que sans vouloir attendre que Charles le quint eust acheué de dire ses heures, luy dit tout pantelant, Que les Ambassadeurs de France auoient à luy dire chose de tres-grande importāce, pour le seruice de leur maistre: & moy, dit l'Empereur, en ay quelque autre encore plus importante à communiquer au mien. *Le sieur de Raimond.* *Beau traict de Charles le quint.*

La candeur naturelle du François est telle, que puis qu'il a à traicter, il n'y songe autre finesse, que s'en acquiter vistement, & en sortir au plustost. Il y court auec l'abord le plus gracieux & le visage le plus serain qu'il peut. Son cœur n'est double & replié comme celuy de l'Espagnol, qui songe à vne action, & en fait vne autre. Il est tousiours refrongné, tousiours en garde: & quelque chetiue action ou pensee qu'il face, ou promene dans sa teste, il la faict & rumine auec vne telle grauité, qu'on diroit que c'est le plus grand affaire du monde. Vous les verriez, quand ils vont par ville en France, le chapellet en la main, aller deux à deux, s'arrester à tous coups par les rues, & se parler à l'oreille, sans s'amuser à ceux qui les regardent, quand ce seroient des Roys; faire vne des- *Pourquoy le François est si prompt qu'il se trouue tousiours le premier és traictez.*

marche, ou deux, puis s'approcher auec vn si grand faste & ostentation, qu'il n'y a homme si peu soufpçonneux, à qui en temps de guerre ils ne missent la pulce en l'oreille, & qui ne dist qu'ils ont quelque grand dessein qu'ils roulent dans la teste. La mine vaut plus que le jeu. I'en ay autresfois practiqué vn, lequel ne me parloit iamais que de Rois, d'Empereurs, & de Monarques, de la bataille de Lepantho, & choses semblables: & si par artifice ie le iettois en des propos communs pour le tirer de là, il me ramenoit tousiours sur ce mesme discours.

L'Espagnol ne loge pas volontiers vn François. Il bugato, è il garzone nelle spedale de' pazzi. Aucuns disent que c'estoit chez le Duc de Medina Sidonia.

Vn Italien recite que l'Empereur Charles le quint ayāt commandé qu'on logeast le Duc de Bourbon chez vn Seigneur de Castille, il dit qu'il obeiroit; mais que tout aussi tost qu'il auroit deslogé, il mettroit le feu en sa maison. En quoy tout est considerable & le conte, & le conteur. Car comme l'Espagnol vouloit marquer & faire demonstration de l'antipathie qu'il auoit auec la nation Françoise, tout de mesme l'Italien, qui fait le conte, vouloit faire paroistre le desplaisir qu'il auoit, que ce Duc de Bourbon eust autresfois pris la ville capitale de la Chrestienté. Et à la suitte de cela, pour tesmoigner qu'il en veut particulierement aux huguenots de la France, faisant semblant de blasmer la iournee de sainct Barthelemy, il adiouste, que neantmoins apres ceste grande assemblee, qui se fist ce iour là, en laquelle tant de François moururent, en fin (dit-il) *restò tutta la compagnia chiarita, della buona memoria di Carlo nono.*

L'Espagnol logeant ce Prince ne deuoit craindre qu'à l'aduenir son Palais fust tenu en moindre prix qu'auparauant; ains c'estoit vne memoire honnorable & vne marque de logis d'honneur: il n'en loge guere en Espagne de ceste volee. Le commandement expres de le loger fait par Charles le quint semble dire, qu'vn Empereur en estoit le fourrier, ou mareschal de logis. Nous ne sommes pas si scrupuleux, & n'auons la haine si empreinte.

A vostre aduis, si chasque François qui a logé vn Espagnol, eust bruslé sa maison, comme l'autre disoit vouloir faire, toute la France presque seroit en cendres. Ie croy bien que plusieurs bons François, lors que les Espagnols firent leur retraite, y eussent parauanture mis le feu, tant elle leur estoit agreable, s'ils n'eussent eu autre moyen d'ailleurs d'en faire feu de ioye. Et n'agueres nous auons festoyé dans les chasteaux & maisons propres du Roy, le Connestable de Castille, qui a presque faict le trauers de toute la France. Et pouuons dire que le Roy François premier faisoit loger Charles le quint en France en ses propres maisons ; au lieu qu'il l'auoit logé dans vne miserable prison en Espaigne. Le Roy Louys douziesme auoit logé auparauant Philippes Archiduc d'Austriche, pere de Charles le quint, passant en France pour aller en Espaigne ; & deuant luy le Roy Louys onziesme l'Empereur Sigismond, auquel il fit encor cette notable & insigne courtoisie, de luy faire tenir en son absence son lict de Iustice.

Il fut festoyé à Bourdeaux dans le chasteau Trompette, l'an 1604.

Et le Duc de Sauoye, sans auoir esgard à la proximité & alliance du Roy d'Espagne, s'est bien plus aigrement deffendu, que celuy qui ne vouloit loger le Duc de Bourbon ; quand il ne voulut loger aucun Espagnol au Marquisat de Saluces, ny remettre la place entre les mains d'aucun de ceste nation, lors qu'on en estoit sur le traicté. Ayant sagement preueu, combien il est malaisé de desloger & desnicher vn Espagnol, lors qu'on l'a vne fois receu en sa maison. Bien qu'auparauant Charles Duc de Sauoye son bis-ayeul, ayant mesme differant auec le Roy Charles huictiesme consentit d'y loger vn François, qui estoit le sieur Louys Marrafin, entre les mains duquel on mit le Marquisat en sequestre. De maniere que si l'Espagnol n'a logé qu'à regret le François ; les alliez mesmes de l'Espagnol, voire les plus proches, le logent encores luy-mesme moins volontiers, & liurent

Le Duc de Sauoye ne voulut iamais remettre és mains d'vn Espagnol le Marquisat de Saluces, pendant qu'il en estoit en differant auec le Roy.

TABLEAV DE L'INCONSTANCE ET
pluftoft leurs places és mains de tout autre eſtranger,
qu'és leurs. En fin l'Eſpagnol ſemble l'Eſcreuice, où il a
vne fois mis le pied, il ne cuide iamais laſcher priſe. Le
Frãçois au contraire n'a accouſtumé de s'accrocher ſi fort,
parce qu'il penſe touſiours gaigner autant pour le moins,
comme il ſçauroit perdre & laſcher.

La verité eſt qu'ils nous redoutent plus qu'ils ne nous
aymẽt : & y a eu de tout temps quelque poincte de ialouſie entre ces deux nations, ſoit és traictez, ſoit és ſie-
ges & batailles, ſoit és duels. C'eſt pourquoy ils ne manient rien auec nous qu'auec fineſſe. Les ſimples viſites &
paſſages qu'ils font en France, faiſant ſemblant d'aller en
Alemagne, aux Pays bas, ou ailleurs, ne ſont meſme ſans
quelque artifice, comme pluſieurs ont creu. Et bien qu'ordinairement ils ne marchent qu'auec des lunettes, ſi eſt-
ce qu'ils vont touſiours par la France à yeux ouuerts, au
pas & au train de la mulle, & fort peu en poſte, comme les
autres nations. Non pas que ie ſois ſi poinctu & desfiant
que beaucoup d'autres ; leſquels voulant ſubtiliſer ſur les
voyages derniers du Conneſtable de Caſtille, & de Dom
Pedro de Tolledo, ont dict, que le Roy d'Eſpaigne les
auoit choiſis à poinct nommé pour teſmoigner ſa grandeur ; d'autant qu'encore qu'ils ne fuſſent pres du Roy
d'Eſpagne que ſimples Seigneurs, & dont le meſme pays
en pourroit fournir pluſieurs autres ſemblables, & parauanture encore de plus releuez ; neantmoins l'vn ſe diſoit
parent du Roy, & l'autre de la Royne.

Mais ie n'approuue *queſto tale concetto*. Cela eſt trop fin :
ains ie croy qu'il n'y a eu autre deſſein que celuy, duquel
les Rois & Monarques ſe ſeruent ordinairement, qui eſt
d'enuoyer des perſonnes les plus agreables, ſoit pour eſtre
releuees de fortes & grandes alliances, & pour eſtre eux-
meſmes de grande & illuſtre maiſon ; ſoit pour accompagner l'importance des affaires qu'ils ont à traicter, &
les ioindre auec la grande ſuffiſance & capacité qui eſt
en eux.

Les

Les Espagnols sont gens de consultation plustost que *Les Espagnols sont gens de consultation.* d'execution: leur conseil, & leurs armees sont composez de plus de Nestors, que d'Aiax. Ils n'hazardent pas le paquet si franchement que les François. Leur vaillance a trop d'artifice; elle n'est pas franche & essencielle en eux; & ne sont vaillans qu'apres auoir longuement attendu, si tant est que le François leur donne le loisir d'attendre.

Ils esteignent volontiers leurs guerres ciuiles, & à ces fins ils marchandent la conscience de toutes les nations, & ont pour maxime de courir en France & par tout, pour en allumer des estrangeres: mais ils n'osent venir à nous *Ils n'entrết iamais en France que le François mesme ne leur ouure la porte.* que par nostre seul moyen, & par nous mesmes: si nous leur ouurons les portes, & baissons le pont-leuis, ils entrent; si nous leur faisons les tranchees, & les barricades, ils s'enferment quand & nous; sçachất bien, que s'il faut combatre, les premiers coups à donner sont à nous, & à nos ennemis à receuoir.

Certainement l'Espagnol tasche à s'esleuer par dessus le François en tout ce qu'il peut, & en toutes occasions, & rue tous ses plus grands coups contre la France. Mais iusqu'icy il a trouué & trouuera à iamais, que le François est vn tres-mauuais enclume, & qui s'appreste & dispose fort malaisément à receuoir, & sur tout, les premiers coups. Les Espagnols sont des espics, qui ne tiennent la teste haulte, que parce qu'ils sont vuides de grain: ce sont des estancs croupis, qui ne bougent d'vn lieu. Au contraire les François sont des fleuues ou fontaines tousiours courantes: parce qu'il est certain que tout ce qui est en cours, est en courage. Le moulin lent & tardif rend la farine amere, pierreuse & mal saine: de mesme si les cueurs de nos François estoient tardifs à esmoudre & esclorre la vaillance, leurs exploicts en seroient rudes, raboteux & de mauuaise odeur parmy les vaillắs. Le François ne sçait rebrousser le premier chemin qu'il a vne fois enfilé, sans premierement venir aux mains.

M m m m

TABLEAV DE L'INCONSTANCE ET

9. On donne le dé aux François, & à l'Espagnol les tarots, & l'excuse.

Ainsi qui que ce soit a dict tres-à propos; qu'au François on donne le dé ou de mourir d'abord, ou de vaincre; & aux Espagnols on donne les tarots & l'excuse; comme gens qui remettent, dilayent, & tirent toutes choses en longueur, de peur de l'hazarder par trop. Si mieux on n'ayme dire, qu'au François on donne le dé, comme à la plus courtoise des Graces; pource qu'il est veritablement le plus courtois. Les trois Graces, qui se tiennent par la main, ne veulent dire autre chose, sinon que le bien-faict & la courtoisie passent de l'vne main à l'autre; & en fin sans s'arrester reuiennent à celuy qui les donne, on les fait. La premiere des Graces porte vne rose en main, pour marque de sa douceur; la seconde porte vn dé, pour monstrer que comme les dés vont & viennent poussez par la main des ioueurs; aussi les graces & les courtoisies doiuent aller & venir reciproquement chascune à leur tour. Et si bien le dé est vn instrument de desbauche; si est-ce vn gaige, ou vn prix que les Anciens ont voulu faire porter à vne des trois Graces, & à la plus honnorable, qui est celle du millieu, pour marquer la celerité, auec laquelle il faut que le benefice, ou courtoisie marche parmy les gens d'honneur. Il faut que la courtoisie, compagne de la vaillance, aille & vienne, entre & sorte du cœur genereux & plein de courtoisie du François, tout ainsi que les dés vont & reuiennent, entrent & sortent des mains de ceux qui les manient. La troisiesme a en sa main vn rameau de myrte, en signe qu'il faut que les courtoisies, tout ainsi que les Graces, soient tousiours vertes, & qu'elles ne se fletrissent iamais. Ainsi le François franc, courtois & à cœur ouuert est iustement comparé à vne des Graces, & à celle qui est la seconde; parce que la verité est, que nul ne le seconde en honneur, en courtoisie & en franchise: qu'il est prompt aux armes, & sur toutes les nations de bon accueil enuers l'amy; le cœur, les bras, l'espee, la bourse & la maison ouuerte voire mesme aux estrangers: charitable, officieux

& le plus libre dispensateur de bons offices, qu'autre qui se puisse trouuer. En fin, iusqu'aux forçats & esclaues eschappez de la seruitude & de la galere, retrouuent leur liberté parmy leur courtoisie, & dans la franchise vniuerselle de ce beau Royaume : & estans libres ils ne peuuent mesme souffrir, que les estrangers ne soient en pleine liberté parmy eux.

Que s'ils disent que nostre vaillance est si inconstamment & foiblement en nous, que tout aussi tost qu'elle se pousse au iour ne pouuant souffrir la force de la lumiere, elle auorte en naissant. Nous dirons au contraire, que s'ils auoient à combatre des gens, lesquels par fortune fussent aussi lents à venir aux mains qu'eux, & qui ne sceussent rien faire qu'attendre, s'auisager & se tenir sur leurs gardes, il faudroit qu'ils allassent mendier des François pour attaquer ; autrement les deux partis seroient tousiours à faire Alte. Nous dirions aussi en fin, & se trouueroit veritable, que le François est si genereux, qu'il est ennemy mortel de ceste sorte de mort, tant recherchee & cherie des Espagnols, que les medecins appellent Marasme : qui est le fons, attendu de la vieillesse, & quant l'humeur radicale nous deffaut : veu que nous allons si librement les armes au poing à vne mort volontaire, pourueu qu'elle soit honnorable. *Les Espagnols cherissent cette sorte de mort, qui les laisse couler iusqu'au fin fons de la vie.*

Comme pareillement ce qu'on dit que le François ne se peut coucher sans feu ny dormir sans rideaux est vne pure calomnie : Car les François en leur voyage doutremer ont bien monstré le contraire. Nos Princes & Capitaines és guerres d'Hongrie, & n'agueres en Flandres, & à Ostende, ont faict de telles preuues en ce qui est de la patience & souffrance d'vn vaillant & courageux soldat, qu'il n'y a homme mortel qui en puisse guere souffrir dauantage : ayant paty & combatu iusqu'à ce qu'il n'y ait eu plus de terre pour les enseuelir, estans contraints de mettre les corps morts de trauers comme *On dit que le François ne peut dormir sans feu, ny sans rideaux.*

Mmmm ij

des fascines, pour racommoder leurs bastions ; & pour monstrer qu'il luy a bien esté besoin de sçauoir viure sans feu & sans rideaux. Il faut seulement se ressouuenir de la guerre de Sauoye, où nostre armee estoit au cœur de l'hyuer, enseuelie dans la neige au milieu des plus rudes montagnes qui soient en l'Europe ; & neantmoins le François y a vescu aussi ioyeusement, que dans le pays le plus fertile de la France.

On reproche encore au François, qu'auec ses promptitudes il ressemble le chien, qui aboye auant recognoistre ce qui le met à l'aboy : qui fait que bien souuent il se trouue plustost acharné sur ses amis, que sur ses ennemis. Mais ce sont les Espagnols, qui nous veulent mal de ce que nul peril n'est trop chaud au François ; qu'il frape d'abord & sans recognoistre ; que venant en duel auec l'Espagnol, il a plustost esgorgé son ennemy que l'Espagnol n'ayt desguainé : qu'il ne luy donne loisir de se mettre en garde, ny en toutes ses postures & auant-jeux, que les maistres d'escrime font coustumierement, pour monstrer leur suffisance. L'ennemy aussi tost veu, aussi tost recogneu, aussi tost frapé par le François. Ie croy qu'ils ne trouuerent iamais nation, qui leur tinst teste plus constamment & virilement que la nostre. Et s'il les en faut croire eux-mesmes, ils racontent pour conte celebre, que s'estans batus auec nous aux armees de Naples douze à douze (car les Espagnols se batent plus volontiers en foule, qu'homme à homme) les François leur ayant en-

Rodomontade de Consalue.

uoyé le deffy, Consalue leur general choisit les Espagnols, & apres auoir combatu auec pareil honneur, Consalue demanda à vn des siens, comment il en estoit allé de ce combat; l'Espagnol pressé, parauenture par les coups qu'il y auoit receu, de dire le vray, respondit, Que les François les auoient tenus pour aussi vaillans qu'eux. Dequoy leur Chef estonné, pource qu'il les auoit triez, repartit aussi tost, Neantmoins ie vous auois choisis pour meilleurs.

Les Italiens (i'entens de ceux qui sont amis de l'Espagnol) faisant semblant de loüer les Gascons, qui est vne particuliere contree de la France, disent, *Che i Gasconi hanno dell' Espagnuolo*; & qu'ils sont autant endurans qu'eux. Aussi ont-ils quelque commerce auec eux vers les monts Pyrenees : mais la France est toute pleine de Gascons ; car par tout y a des Gentils-hommes & soldats aussi genereux qu'il y en ayt en tout le monde.

Les Italiens voulās loüer les Gascons, disent qu'ils ont quelque chose de l'Espagnol.

On dit encore que nous tenons tousiours en nos armees vn serrail de filles de ioye, affin que ceux qui en seront engendrez se puissent dire, enfans de Mars. Mais qui est plus perdu & noyé dās ce vice que l'Italien & l'Espagnol? Les hortaches, les escholes & les courtisanes, *el Barianco, y la Cailla de las damas* és bōnes villes d'Italie & d'Espagne le monstrent assez : où ils traictent ceste vilainie, comme vne autre sorte de simple commerce, auec vne telle police, qu'on y trouue & gardes & medecins, tout de mesme que si c'estoit vn vice de commandement, qui se deust executer sans desordre. Comme si la volupté estoit quelque vertu serieuse, au marché de laquelle il fallut aller auec respect & consideration. Le François tient cela pour vice de rencontre, pour logis de la ieunesse, & non l'amusement de la vieillesse, & des hommes paruenus en leur maturité; comme en Espagne, en Italie, & singulierement à Venise.

On blasme le Fraçois de ce qu'il tiēt trop de filles de ioye.

Ie n'approuue non plus la forme de viure en mariage des Espagnols, ny les peines desquelles ils ont accoustumé d'vser pour punir la maluersation de leurs femmes. Et auec toute leur gloire, ie trouue tres-lasche & horriblemēt vile leur forme de proceder, lors qu'ils les trouuent en adultere. La Iustice les condamne à mort; & neantmoins par fois prend les maris pour executeurs de ceste condamnation; & les oblige d'en faire & donner le coup; ne croyant les cornes bien arrachees, si le mary ne les enleue & desracine luy-mesme. Miserable & honteuse police! vn pauure mary n'est pas assez tourmenté de l'adultere de sa femme,

Mmmm.iiij.

sans qu'il deuienne encore bourreau & homicide de celle que Dieu luy a baillé pour compagne; d'vne maladie ou malheur secret, qu'en France, & par tout ailleurs on cache, tant qu'il est possible, ils en font vn public, & l'exposent sur vn theatre à la veuë de tout le monde. Quelle haine mortelle engendre ceste execution entre le pere & les enfans? Quelle ame Chrestienne pourroit adiouster vne si infame execution au premier malheur de se trouuer assorty d'vne femme impudique? N'est-ce pas trompeter son courage, & faire voir que ce grand courage, duquel ils font tant de parade, part non seulement d'vn esprit vengeur; mais d'vn cœur de tigre, malin, enragé, & au delà les bornes de toute humanité? Ce n'est pas que nous ne soyons aussi sensibles, & que nous ressentions moins qu'eux les iniures, qui frapent l'honneur. Mais si nos femmes sont foles, nous ne voulons pas deuenir enragez pour cela, ny au deshonneur & infamie du courage & de l'adultere adiouster encore celuy du bourrelage. Nous laissons faire à la Iustice: si chacun pendoit celuy qui l'a offensé, il y auroit plus de bourreaux que d'autre sorte de gens. L'intention de leur loy semble estre bien autre qu'ils ne la practiquent. Car ayant vray-semblablement esté faicte pour les ramener à quelque humanité, & les destourner d'vne execution si affectueuse, & les conuier au pardon, (croyant qu'il ne se trouueroit mary si barbare, qui n'aymast mieux pardonner, que pendre sa femme,) neantmoins il s'en est trouué fort souuent, & encores n'agueres qui ont franchy le saut, & ont faict leur chef-d'œuure & maistrise sur le chef de leurs femmes.

Prudence du Roy d'Espagne Philippe second.

En fin le Roy d'Espagne ayant descouuert (& prudemment) que la France estoit vn diademe seur & ferme, que les Fleurs de Lys enuoyees du Ciel estoient vn partage sacré du Tout-puissant, qui a peine par tant de miseres auoient peu estre secouees, lors qu'il les pensoit renuerser; que la France estoit sur le poinct de rejetter ces chameaux, qui ne cherchent que l'eau trouble; ces Tantales, qui ne peuuent saouler leur ambition; parce que la liqueur, qui est capable de les assouuir, ne leur va que sur le bord des leures: & abhorrer ces gens couuerts, qui ne marchent guere és plus asseurez traictez qu'ils font auec les François, qu'auec le petit cousteau de surprise. Ce Roy d'Espagne, disie, Philippe second, entre les meilleures maximes d'Estat, ou instructions, qu'il donna à son fils à present regnant, fut celle-cy, Qu'il falloit tenir les Pays bas en amitié; s'il vouloit se seruir de la noblesse; parce qu'ils estoyent amis des François.

Soit donc qu'on considere ceste belle Monarchie, qui est toute entiere, & tout entierement au Roy, sans estre desmembree & deffilee en plusieurs pieces, comme les Estats du Roy d'Espagne; soit qu'on considere les François, & leurs qualitez & humeurs; il se trouuera que c'est vne nation beaucoup moins inconstante que l'Espagnolle; que sa vaillance est plus naturelle, & que les deffauts sont en plus grand nombre chez eux, que chez les François, Que s'ils sçauent mieux supporter la sueur, la peine, & la poussiere; c'est parce que nous la leur sçauons mieux ietter aux yeux: ou bien, que nous sommes si duits à toutes sortes d'exercices, que nous faisons tout sans peine; combatons alaigrement sans attendre nostre vaillance, comme on attend vn secours, qui vient tard; parce qu'il vient de loin; bref que nous embrassons tous subiects, & nous iettons à toute sorte de desseins, pour chauds & perilleux qu'ils soient, sans y estre conuiez, que par le seul poinct d'honneur & de gloire; que nous croyons estre attachez à toutes les actions vertueuses: sans y estre poussez d'autre vtilité ny recompense mercenaire, qui est presque le principal but des autres nations. Et apres tout, que le François ayme mieux faillir en prudence, qu'en courage.

Le François ayme mieux faillir en prudence, qu'en courage.

TABLEAV DE L'INCONSTANCE ET

Que s'il faut relascher quelque chose de ce courage, à tout rompre, & au pis aller, on peut dire, qu'encore que bien souuent le Roy d'Espagne ayt voulu allonger la mesure de son sceptre, Dieu a mis tant de distance, & de si hautes barrieres entre ces deux Monarchies, qu'il n'y a nul moyen de les approcher.

La France & l'Espagne ont le gosier trop petit pour s'engloutir l'vne l'autre.

Que si on nous dit que la France a le gosier trop petit, pour engloutir tant de gros morceaux, tant de Royaumes & Estats, & si escartez les vns des autres, qui appartiennent à l'Espagnol; nous pouuons auec beaucoup plus de raison dire & asseurer, apres tant d'experiences recentes, que les cœurs des Espagnols, pour volages qu'ils soyent & de haute leuee, ne sont meshuy plus en estat de voler & passer au dessus de nos montaignes, pour sauter en France: puis qu'estant au millieu du Royaume auec de puissantes armees, assistez presque de toutes les bonnes villes de Frãce, qui facilitoient leur dessein, ils ont esté contraints de reuoler en Espagne plus viste qu'ils n'eussent desiré; bien aises que les François ayant borné leur licence, se soient arrestez sans courir apres eux.

François semblables au lierre.

Ils ont trouué les François semblables au lierre, qui se met pour ornement és frontispices des Eglises, & palais Royaux; lequel a ceste proprieté, que pour fort qu'on le presse en bas, plus il se releue à mont; plus on le foule & deprime, plus il s'imprime de luy-mesme, & graue certains characteres dans l'appuy qu'il trouue; & comme on dit, *nullo præeunte parietibus inuehitur textili sylua.* Il produit vne petite forest composee d'vn milion de petits bouts & rameaux, chacun desquels s'esleue en forme de petit arbrisseau, tissu & entrelassé l'vn dans l'autre, pour mieux se coller, se ioindre & s'esleuer ensemble. Que si l'edifice, sur lequel il fait les forces d'Hercules, pour monter sur ses branches, & est ruineux, il s'eslogne de luy en croissant, si bien qu'il donne quelque sentiment de sa fuite ou separation; & diroit-on qu'il se plaint du diuorce que l'edifice veut faire d'auec luy.

Ainsi

Ainsi ont faict nos François, qui comme le lierre és frontispices, ont tousiours l'honneur de Dieu & de leurs Rois sur le front, & se plaignant du diuorce de la Ligue enfantee en Espagne, que la France surprise & seduite (qui est son propre edifice) luy auoit tramé par l'artifice de l'Espagnol, de la diuision des villes & desvnion de son peuple. Ils grimpent pardessus les plus hautes murailles des plus fortes villes, & si la muraille tombe, ils ont tant de petits appuis & tousiours deux-mesmes ils renaissent & resortissent par tant de petits bouts, qu'estant nouëz & enjambez l'vn dans l'autre, ils font vn corps d'arbre si puissant & si collé ensemble, que comme le lierre ils paroissent au dessus, trauersent les plus forts remparts, & en fin entrent dedans, & se font maistres.

Ce fut ce qu'vn grand personnage de ce Royaume reprocha à quelques mauuais François du têps de nos guerres ciuiles, lors que les Espagnols s'essayant par nostre propre moyen rompre & destruire la loy Salique, en rompit le dessein. En quoy il se moqua si gentiment de l'Espagnol, que ie penserois grandement faillir d'en changer la moindre parole. *Du Vair en la suasion de l'Arrest dôné à Paris sur la manutention de la loy Salique.*

C'est vne braue & genereuse nation (dit-il) que celle des Espagnols, lesquels ayant trouué les veines de l'or & de l'argent, & des monceaux de perles & pierres precieuses és conquestes des Indes, n'en ont pas ramolly leurs cœurs, abastardy leur courage, relasché leur vigueur, comme ont fait quasi tous les autres peuples du monde, qui acquerant la richesse, ont perdu la vertu. Au contraire, ceux-cy ont creu de courage en croissât de moyés; & des richesses que la Fortune leur a offertes ont basti des degrez solides à leur ambition, pour ioindre les extremitez de la terre sous leur obeyssance. Ce n'est pas sans cause si en cest ambitieux dessein, ils ont porté fort impatiémment de voir la France riuale de leur Empire, arrester leur progrez, & tenir continuellement en echec leur grâdeur, qui ne se pouuoit dire bonnement asseuree, tant qu'elle se voyoit balancee par vn tel contrepoix. C'est pourquoy ne voyant pas que leurs armes fussent assez fortes pour se deffaire de si puissans voisins, ça esté vn sage aduis à eux, digne de grands Conseillers d'Estat, de nourrir & fomenter les diuisions en France, affin que celle que les forces estrangeres n'auoient peu esbranler, se deffist & ruynast elle-mesme, & de ses propres mains.

Mais les François recogneurent bien tost que le Roy Philippe, a force qu'il les secouroit lentement, leur tesmoignoit qu'il aymoit mieux entretenir leur soif, que l'esteindre; que les chefs de ses armees estoient si bons mesnagers & espargnans, qu'ils aimoient mieux conseruer vn Espagnol, voire conseruer trente François des leurs, que de tuer vne douzaine de ceux qui estoiét du party du Roy. C'est pourquoy ils firent voir à toute l'Europe par l'issue, encore qu'il eust deux armees, & vne infinité de villes, qu'il auoit suborné force hommes, mais peu de cœurs: si bien que tout compté & rabatu, les Espagnols ne firent autre effet en ce Royaume que se faire piller aux François de leur party. Car on peut dire à force de doublons, que leurs armees porterent en France, qu'ils y traisnerent les Indes & le Perou, & y laisserent beaucoup plus du leur, qu'ils n'en emporterent du nostre.

Tant y a qu'on a faict recognoistre à l'Espagnol, qu'il n'estoit pas bon de faire la guerre en la maison d'autruy. Car le Roy estant vainqueur ne donnoit à l'Espagnol estrãger temps ny commodité de se remettre: & au contraire encore qu'il eust esté vaincu, la guerre n'estoit finie pour cela, ny la France perdue: parce que le Roy estant chez soy pouuoit aisément mettre en pied vne autre armee.

L'Espagnol a mal mesnagé les auantures qu'il auoit en France, lors que le Royaume estoit tout desconfit.

Ainsi l'Espagnol ne nous doit porter enuie, si nous publions par toutes les nations de l'Europe, qu'il a esté peu constant en ses prosperitez; qu'il s'est monstré plus femme, & plus enquenouillé sur la fin que iamais ne fit le François en occasion & guerre quelconque. Car combatant & debellant la France dans ses propres entrailles, & auec ses propres hommes, il n'a peu auec ses factions & ses armees trouuer la place honnorable qu'il cherchoit: ains au lieu d'empoigner & s'accrocher à ceste belle Couronne, sentāt la maladie de son Estat, aussi bien que de sa personne, il a porté la terreur de ceste belliqueuse nation iusques à la mort; & songeant à son sceptre mourant, à sa retraite, & à sa fin, effarouché sur le repos & establissement de son fils, a laissé aux François & à la France ses coudees plus franches, & sa liberté en quelque façon plus entiere, plus nouee, & plus seure. Si bien que nous auons encloué sa puissance, brisé tous ses desseins, par lesquels il aspiroit à rendre ceste Couronne alternatiue, partager le Royaume auec nous, & le diuiser en tant de parts, que la France ne peust iamais se donner toute entiere à son Roy & legitime successeur, comme elle a faict.

Nnnn ij

DE L'INCONSTANCE DE L'ITALIEN,

Et de combien il a plus d'inclination à l'Inconstance que le François.

Discovrs IV.

1. Comparaison de l'Italien auec le François.
2. Rome, & sa description.
3. Cabale de Rome.
4. Cardinaux, & d'où ils ont pris leur nom.
5. Le S. Esprit seul opere bien souuent en l'Election des Papes.
6. Plusieurs choses notables dignes d'admiration, aduenuës au Conclaue de Paul V. qui sied maintenant au S. Siege.
7. Les Espagnols n'ont pas grande raison de nous reprocher le peché originel, puis qu'on les traicte maintenant au pair, & qu'on ne fait aucun Pape, qui soit de leur nation, subiection, ou faction.
8. La noblesse en Italie ne desdaigne, comme en France, d'exercer le commerce.
9. L'Italien est vindicatif, & dissimulé.
10. Duels.
11. Chasque nation fait diuersement l'amour.

Pli. liu. 37. ch. dernier.

PLINE louë tellement l'Italie, qu'on diroit qu'il la pris à prix faict; & dit que c'est la plus belle region du Monde, surpassant toutes les autres contrees de l'Vniuers en bonté de toutes choses. Qu'elle est comme dominatrice & seconde mere de ce Monde inferieur; Estant assise sous vn climat si temperé, auec vne assiete si riche

INST. DE TOVTES CHOSES. LIV. IV. 427
& si abordable, par le moyen de la grande multitude des ports & haures qui y sont; ayant les vents si à propos (car elle a son estendue vers la meilleure plage du Ciel, à sçauoir entre le Leuant & le Couchant:) ayant des eaux si à commandement, des forests grandes & belles pour tenir l'air salubre; auec des montagnes si gentimét entrecouppees, où il n'y a aucune beste sauuage nuisible: tant de mines d'or, d'argent, de bronze, de fer, qu'il n'est pas possible de trouuer autre region qui s'en approche.

Mais apres l'Italie (dit-il) sauuez & reseruez les monstruositez qu'on dit des Indes, ie tiens que l'Espagne est la plus riche contree de toutes; & principalement és endroits, où elle est enuironnee de mer. A quoy on peut aisément respondre, que lors la France & l'Espagne n'estoient que simples Prouinces, & non Monarchies & Royaumes, comme elles sont maintenant, que Pline parloit selon son siecle; & que s'il viuoit, il verroit clairement qu'il n'y a comparaison quelconque entre l'Italie, l'Espagne, & la France: quand elle n'auroit autre excellence & auantage, que c'est vn Royaume entier, non diuisé, ne partillonné, comme les autres; & que l'Italie a tant de maistres, qu'on ne sçait bonnement qui en est le vray maistre.

Pline a faict vn autre chapitre de l'excellence des nations; mais il s'en despeche en vn mot, & dit qu'entre toutes les nations la Romaine (voulant couurir sous ce nom toute l'Italie, de laquelle Rome est le chef) estoit vnique en toute vertu. Mais parce qu'il n'en dit autre chose, nous le traicterons vn peu plus particulierement, & selon le siecle & temps present.

Ie laisseray tous ces petits Ducs & leurs Duchez, lesquels tous assemblez ne pourroient faire, ny contre-peser bonnement vne partie de la France: aussi sont-ils la plus part bouclez sous la grandeur de l'Espagnol & tributaires du sainct Siege, & de l'Empire.

Pl. liu. 6. ch. 40.

1 Comparaison de l'Italiē auec le Frāçois; d'où chacun pourra aisément iuger lequel des deux est le plus inconstant.

N n n n iij

Sicile, Naples Parme, Vrbin & iadis Ferrare, sōt Royaumes ou Duchez tributaires du S. siege.
Milan & Mātoue de l'Empire.

Et pour la Lorraine (laquelle pourtant ie n'entends comprendre és Duchez d'Italie) c'est vn des plus anciens qui soit point, & parauanture toute l'Italie n'en a-elle pas pour simple Duché vn si ancien, sauf celuy de Sauoye. Elle est si pauure, qu'elle n'a Euesque, ny Euesché: ains le Clergé est en la spiritualité de France, & deppend de Mets, Thou, Verdun, villes qui sont en France, & appartiennent au Roy.

2 Rome, & sa description.
Pl. liu. 3. ch. 5.

Neantmoins ie croy qu'à bien commencer, il faut faire marcher Rome & les Romains les premiers; & que Pline, tout menteur qu'il est, a dict vray en quelque sens, disant que Rome est la mere nourrice de toutes les contrees du Monde : laquelle estant esleuee chef de cest Vniuers par la volonté des Dieux, seroit mesme bastante pour donner clarté au Ciel; comme celle qui vnit les Royaumes & Empires esparpillez ça & là; & qui appriuoise & façonne les nations rudes & barbares, par l'amorce & facondité de sa langue; rendant les hommes plus humains; & mesmes seruant de patrie à toutes les plus celebres nations, qui sont sous le pourpris du Ciel. Puis il adiouste, parlant de la beauté de la campagne de Rome, & terre de labour, qu'il semble que Nature estoit lors en ses plus ioyeuses pensees, quand elle la produisit. Il luy faut donc faire tenir le premier rang, tant pource que l'Antiquité a recognu que c'estoit l'Aigle, & la maistresse ville du Monde; qu'aussi parce que nous auons peu recognoistre depuis, que c'estoit le sanctuaire de l'Vniuers, la source & viue fontaine de la religion, le saint siege des souuerains pontifes, & la representation du throsne eternel de la Maiesté eternelle : où on peut dire & asseurer franchement qu'habite le premier citoyen & bourgeois de la terre; le premier homme, le plus auctorisé, & le plus aymé du Tout-puissant, & son Lieutenant sur tous les mortels, qui le recognoissent; qu'aussi parce que les anciens Romains ont esté les plus grands Monarques, les plus genereux & constants, & les premiers hommes de tout l'Vniuers. I'entens de ceste constance morale, qui ne peut iamais atteindre au poinct d'vne parfaicte Constance : parce que la vraye Lumiere ne leur auoit encoré apparu : qui neantmoins estoient montez en vn degré si haut qu'ils auoient enfermé dans ce beau Pantheon, le nöbril & presque le centre de leur Ville, tous les Dieux estrangers.

Mais d'autant que suiuant ce discours par ce que les liures des Anciens nous en ont appris, ce ne seroit que redire ce qu'vn nombre infiny d'Historiens nous ont laissé par escrit, & entre autres rechanter les vies de Plutarque, produire les harangues de Tite Liue, & republier les commentaires de Cesar, ie parleray de Rome & des Romains, comme ils sont & viuent maintenant, & du reste de l'Italie, & des Italiens tout de mesmes, sans recourir à ces adulations des autheurs Italiens, & entre autres de ceux de Padouë, lesquels voulans faire honneur à Tite Liue leur compatriote, ont faict dire à sa statue, qu'ils ont logee dans la grand sale du Palais, & au dehors, qu'il a esté estimé seul digne d'escrire, comme autheur eternel, l'immortalité des Romains immortels.

Et n'en parlerons pas du tout par cœur (comme on dit) ains dirons seulement ce que trois voyages nous en ont appris, & le bon heur de deux Iubilez, qui nous conuient, & presque nous tirent par l'oreille d'y aller finir nos iours au troisiesme, si la Nature ne nous desnie d'arriuer iusqu'à l'an 1625. qui sera lors le soixante neufuiesme de nostre aage.

En Italie, & sur tout en Cour de Rome (comme chacun sçait de ceux qui ont curieusement faict le voyage) il y a vne maxime approuuee, Qu'il faut tascher sur toutes choses, & quelque chose qu'on die, *fare i fatti suoi*. C'est vne police infaillible, vn ordre & vne voye ordinaire. La simplicité & submission, la souffrance & bassesse, nous y font plus riches, & nous y esleuent beaucoup plus haut, que la grandeur, la noblesse

Maxime à Rome, qu'il n'y a pas plus grãde finesse, que de bien faire ses affaires.

& ancienneté de la maison; & si nous l'osons dire, apres sainct Hierosme, *Rarum est Romæ bene vixisse*. Non pas qu'il n'y ait force gens de bien, pleins d'honneur & de vertu, esleuez au Cardinalat, & en fin au pontificat, & à vne infinité d'autres belles & grandes dignitez au dessous, (car la vertu n'exclut personne:) mais c'est que l'experience nous a appris qu'il est bien rare qu'on y paruienne par le seul chemin des vertus, ou facultez louables. Il y a quelque moyen secret tiré de plus haut, qui communément nous donne ceste place, & nous en confere le benefice.

3 Cabale de Rome.

Rome a donc quelque autre Cabale, que Venise, Naples, Milan, Gennes, & autres villes plus celebres d'Italie, soit en la maniere de viure, soit au train qu'il faut tenir pour atteindre aux grandes dignitez. Car la plus part des estrangers, qui vont demeurer à Rome, deuiennent ou extremement riches par autre voye que par les lettres, les armes, la banque ou la marchandise; ou extremement pauures & souffreteux. Et ceux qui y deuiennent grands y paruiennent plus souuent par la seule souffrance & en ce sousmettant, patissant & seruant, que par toute autre voye. La patience, la submission, & se ietter de bonne heure aux affaires *de la Rota*, & autre practique de Rome, fait en fin qu'on cloue la roue de sa fortune. Si celuy que i'ay serui toute ma vie paruient au Pontificat, il est malaisé que ie ne paruienne au Cardinalat. Les exemples en font foy, lesquels ie ne veux cotter, parce qu'ils sont cogneus de tout le monde: voire la pluspart des Cardinaux, qui sont estrangers, n'y ont ny parent, ny amy autre que fort commun: si bien que mourant à Rome, ils donnent tout ou à leur tiltre, c'est à dire, pour bastir les Eglises, dont ils portent le tiltre, à l'embelissement & ornement de leur sepulchre, aux pauures, (qui fait que les hospitaux sont si riches,) ou à leurs seruiteurs domestiques. Enfin, il n'y a lieu au mõde, où les pauures souffrans paruiennent à si hautes dignitez qu'à Rome; puis qu'ils peuuent de-

deuenir Cardinaux, & de là par fois estre promeus au S. siege.

Quant aux pauures, qui n'ont nul merite, & qui n'ont qualité quelconque que la seule pauureté, les Romains disent, Que si la Republique de Rome estoit obligée d'éleuer tous les pauures, ces mesmes pauures auroyent meilleure part en l'Estat, & és charges publiques, que tout le reste; soit riches, soit vertueux. Car il y a plus de pauures, que d'autre sorte de gens. Ainsi les pauures à Rome, qui ne sont recommandables que par la seule pauureté, n'ont pas necessairement droict de bourgeoisie, qu'ils appellent *Cittadinanza*. Voyla pourquoy (disent-ils) il n'est pas raisonnable qu'ils se plaignent: parce que la charité Chrestienne est iuste & suffisante, quand la distribution qu'on leur fait, *leua il bisogno, e non da il souerchio*. Il suffit qu'elle oste simplement la necessité & le besoin, sans les faire surnager en excez, & abonder dans les charges & dignitez, qui est le trop.

Que la seule pauureté ne donne les dignitez à Rome.

On ne paruient aussi non plus à Rome par les lettres seules; lesquelles n'y florissent que fort maigrement, & ceux qui cherchent à y faire fortune sont ordinairement ignorants. La raison est, d'autant que la plus part de ceux qui par propre eslection, & de leur mouuement se iettent en ceste Cour, sont ieunes: or la ieunesse est l'aage qui se laisse le plus guider & conduire à l'esperance. Et quand mesme ils voudroyent estre sçauans, le mesme aage ne leur permettroit de l'estre beaucoup. Outre qu'entre tous les ieunes gens, ceux qui suiuent cette route, sont presque tous ennemis du trauail, & le plus souuent fugitifs de leur patrie, & eschappez des estudes, & partant sans doctrine. Ie ne dy pas que les gens sçauans soient exclus de ces grandes dignitez: car ceux qui y paruiennent sont coustumierement gens doctes, de bonne vie, & de bon sens; mais de tout tant qu'il en y a eu puis quelque centaine d'annees, on n'en remarque guere que deux, Vrbain cinquiesme, & Innocent sixiesme, docteurs en De-

Qu'à Rome on ne paruiet aux grandes dignitez par les lettres.

cret ou droict Canon, qui pour leur doctrine ayent esté appellez au S. siege. Car ceux-cy (dit-on) furent Papes pour leur doctrine seule en ceste faculté. Que si les seuls sçauans estoient Papes, tous les gens doctes du monde y courroyent comme au feu. Ce n'est pas tout d'estre sçauant; ce lieu cherche plus la saincteté & le bon exemple, que la suffisance; & vne ame claire, tranquille, & capable du gouuernement de la nef de sainct Pierre, qu'vne ame inquiete & estouffee dans la multiplicité des liures de la Bibliotheque du Vatican.

Qu'à Rome on ne paruiët aux grandes dignitez par les armes.
On y arriue encore moins par les armes. Et puis que les Cardinaux sont les premiers officiers & occupent les premieres dignitez du monde apres le Pape, l'Empereur, & les Roys; on peut dire fort veritablement, que ny par les lettres seules, ny par les armes, ny par la richesse on ne paruient que fort rarement à ceste dignité si releuee.

Mais pour en parler auec sincerité, les choses en sont venuës là, que par force, les Cardinaux de chasque nation entrent au Conclaue auec les mesmes humeurs de la nation, dont ils sont pris. Les Papes ne refusent pas volontiers ceste dignité de Cardinaux aux enfans des maisons souueraines, lesquels y entrent auec les maximes & les passions des familles, d'où ils sont sortis. Il est donc besoin qu'il y en ayt d'autres pauures & de moindre estoffe, qui sans interest & sans affection seruent de contrepoix: auquel cas la suffisance sert de beaucoup pour balancer par bonnes raisons la grandeur & pouuoir de ceux qui sont de naissance illustre.

D'où les Cardinaux prennent leur nō.
Les Cardinaux veulent deriuer l'Etymologie de ce nom de Cardinal, (comme dit vn autheur Italien) du 2. des Rois cha. 2. *Del Signore sono i cardini de la terra.* D'où depuis ils se sont dicts Cardinaux, sur lesquels Dieu a posé le monde; c'est à dire le monde Chrestien. Ainsi Anaclet asseure, que le siege Apostolique *è il capo, e il cardine di tutte le chieze.* Et que les Cardinaux ont esté creés

comme *albergo delle virtu Cardinali*. Ainsi chantent les Poëtes que les poles du Ciel sont appellez *Cardini*; desquels par apres soufflent *i venti Cardinali*.

Or bien que ce soit vne dignité pleine d'honneur, & grandement au souhait du monde; si est-ce qu'il s'est trouué des gens si magnanimes & constants, qu'estant esleus & portez à ce grade ils ont espandu ces larmes pour leur eslection, que les autres en toute sorte de dignitez, voire és plus releuees, ont accoustumé d'espandre pour leur refus.

Et ne faut trouuer cela estrange. Car on dict que le Cardinal d'Alliaco, entre les articles qu'il presenta au Concile de Constance, à la requisition de l'Empereur Sigismond, fut d'esteindre les Cardinaux comme superflus & adioustez hors d'œuure. Si bien qu'Anseline Marzat capucin fut fait Cardinal contre son gré, protestant à chaudes larmes l'iniure que lon faisoit à sainct François, & à la reformation de sa regle. De mesme pourroit-on dire du P. Tolede; lequel fit planche aux P. P. Iesuites pour paruenir au Cardinalat: bien qu'ils fissent sonner assez haut, que c'estoit contre leur institution; & qu'ils se faschoient d'eclipser de leur corps vn si grand personnage, ayant depuis faict mesme plainte sur la promotion de M. le Cardinal Belarmin. ^{Matthieu.}

Sans mentir les Cardinaux sont les gonds, sur lesquels tourne ce grand Empire spirituel, qui a offusqué la gloire & splendeur de tous les Monarques qui ont iamais esté; & se font appeller auec raison, Princes de l'Eglise. Mais quelque grãdeur qu'ils vueillẽt tenir à Rome, où le doyen des Cardinaux Euesque d'Ostia precede tous les Rois, & Potentats de la Chrestiété, sauf l'Empereur seulement, & les autres Cardinaux, aller deuant tous Princes, ne portãt tiltre d'Empereur, ou de Roy, la verité est, qu'ils ont fort peu de part au gouuernemẽt de ceste nacelle de S. Pierre: ^{Les Cardinaux sont Princes de l'Eglise. Quelle part ils ont au maniement des affaires de l'Eglise.}

l'Empereur, les Roys, & les Princes ne sont pas maistres des benefices; mais bien des personnes qui les tiennent; ils ne sont pas maistres de l'Estat de l'Eglise: mais selon le nombre qu'ils ont & de partisans, & de gens de leur nation, il est à craindre qu'y ayant logé vn chef à leur deuotion, ils ne se rendent quelque iour maistres de cet Estat, & de toutes les terres de l'Eglise. Ce qui sembleroit estre aisé, si le plus grand nombre des Cardinaux aymoit mieux pencher du costé du Seigneur temporel, que de celuy du S. siege.

Les parēts du Pape, qui sōt le plus souuēt Cardinaux, ou Castellans du chasteau S. Ange, ont plus de part aux affaires, que tous les Cardinaux ensemble.

Qui est cause que puis quelques annees on a restrainct le pouuoir & le gouuernement des Cardinaux le plus qu'on a peu; & en plusieurs notables occasions, ceste authorité qui estoit nee quand & eux, qui sont nez membres propres de ce corps, s'est du tout reiectee & transmise aux parents du Pape, ou à ses amis, seruiteurs & domestiques. De maniere que messieurs les Cardinaux sont plustost demeurez assistans honnorables du sainct Pere, que compagnons participants à l'Estat. I'ay veu les Cardinaux Guasta Villano, & S. Xiste gouuerner les affaires, & manier Rome tout entierement du temps de Gregoire treiziesme leur oncle, auec vn autre nepueu, lequel on auoit faict Castellan du chasteau sainct Ange; Monte Alto du temps de Xiste cinquiesme; Aldobrādin & Iean Francesco durant la vie de Clement huictiesme; & ainsi en est-il des autres, qui ne font part des affaires aux Cardinaux estrangers que le moins qu'ils peuuent: sçachant que chacun trauaille pour sa famille, pour sa patrie, & pour le Roy, Monarque, ou Prince, qui a presté l'espaule à sa promotion, duquel il deppend tout à faict.

Aussi l'Eglise est tousiours desarmee, & plus propre à attirer autruy à prendre sa protection, que forte à se deffendre d'elle mesme; plus capable à se seruir & employer ses amis, qu'à les proteger & garantir de leurs ennemis. Les principales armes sont les excommunications, lesquelles, pour estre le siecle corrompu, & à cause de la diuersité des religions qui sont en l'Europe, ne sont tenuës en respect, comme elles estoient du temps de nos peres : si bien que la guerre & l'estre guerrier en l'Estat de Rome, est la mesme chose que la Musique, & estre Musicien dans vn nauire : parce que le S. Pere ne veut & n'aspire seulement qu'à la paix, tenant ces Capitaines plustost pour estrangers & mercenaires, que pour citoyens. Et de faict, s'il n'y a iamais de guerre, ils ne sont iamais employez à chose quelconque, & demeurent comme faineants dans les delices de Rome, sans autre profession que de simples courtisans : sauf qu'on voit les cheuaux legers du Pape aussi bien en conche, & la lance sur la cuisse, pour assister seulement aux processions ; & le gentil-homme ou capitaine Romain estre aussi bien armé de toutes pieces, pour garder la porte saincte aux Iubilez, ou és iours de quelque grande ceremonie, comme si c'estoit pour combattre quelque puissant ennemy.

 Ie me suis encores apperceu d'vne autre chose, estant à Rome, qui monstre que leur grandeur est inesgale, & que ceste grande pompe leur deffaut au besoin. C'est que quand quelqu'vn d'eux est decedé, on le tient le visage descouuert deux ou trois iours, exposé à la veuë de tous allans & venans, & comme on s'en veut deffaire, & le porter en terre, tout l'apparat ne va que iusqu'à la porte de l'Eglise, dans laquelle on doit faire ses honneurs ; puis on consigne le corps mort entre les mains des prestres ou religieux, qui seruent ceste Eglise, & toute la comitiue s'en va sans entrer dans l'Eglise : comme si la pompe des Cardinaux, & autres grands Seigneurs qui l'accompagnent, auoient licence de se promener seulement dans les rues ; mais non d'entrer en la maison de Dieu. Peut-estre se fait cela pour quelque meilleure fin & raison, que ie n'ay encore peu sçauoir.

 Et quant à la preference qu'ils pretendent en France, voire sur les Princes du sang ; le traict de François Duc

S. Iulien en ses Meslanges historiques.

TABLEAV DE L'INCONSTANCE ET
de Valois & d'Angoulesme, premier Prince du sang, & depuis Roy de France, & appellé François premier, est memorable : lequel estant aduerty que le Cardinal de Prié, qui auoit pour lors le principal maniement des affaires de France sous le Roy Louys douxiesme, faisoit estat de le preceder en vne assemblee solemnelle, disant que par priuilege speciel les Cardinaux marchoient, & se seoient à la dextre des Rois ; luy manda qu'il feroit sagement de remettre ses pretentions, & l'obseruance de telles ceremonies au temps qu'il seroit à Rome : car s'il s'essayoit de se presenter pour effectuer son dessein, il luy feroit venir la teste plus rouge, que n'estoit son bonnet.

Et les grands Cardinaux, qui sont de maison illustre, ont tant d'alliances pour troubler la Chrestienté, & tant d'alliez à pouruoir & faire grands, que communement on les fuit, & recule du Pontificat, comme gens fort dangereux, quelque merite d'ailleurs qu'ils ayent en eux.

Ainsi il se voit que la vertu seule, les lettres, les armes, ny les thresors ne conferent guere souuent ces deux principales dignitez ; & qu'on paruient à icelles par quelque voye si incognue, que ceux mesmes qui en ont peu monter le degré, sont bien empeschez d'en descouurir les moyens. Le pauure incognu s'y trouue placé par l'opposition, la concurrence, ou contraste des plus Grands, qui iouënt au boute-hors & à l'exclusion, deslors que manifestement ils ont descouuert, qu'ils n'y peuuent paruenir. Et celuy qui a mediocrement des moyens s'y trouue poussé par le credit de son Prince naturel.

Le S. Esprit seul opere souuent en l'estection des Papes.

Mais il faut confesser, puis que l'experience nous l'a faict voir clairement, que le plus souuent le S. Esprit seul opere; & est celuy qui y loge des gens, qui n'ont iamais esté cōsiderez ne mis en ligne de compte ; & que les Illustres en estant reculez, ensemble les riches & sçauans, & ceux qui sont le plus en vogue, les plus simples s'y trouuent appellez de Dieu, de la voix vniuerselle de Messieurs les Cardinaux, voire de tout le peuple.

Lequel neantmoins en ce temps-là est si desreglé, qu'on peut dire que les Romains pendant *sedia vacante*, sont comme les Perses, lors qu'ils estoient sans Roy. Car il leur est loisible durant quelques iours à Rome, de mener vn canon qui peut. Comme en Perse il y auoit cinq iours, durant lesquels tous desordres & excez leur estoient permis apres la mort de leurs Rois. Pour leur apprendre combien est vtile & necessaire le frain de l'auctorité souueraine à l'endroit d'vn peuple licencieux, & qui n'a point de chef. Mais à Rome il ne leur est permis; ains le peuple prenant ceste occasion pour se venger, se jette en toute sorte de desbordemens; parce qu'en ce temps-là il n'y a nul Magistrat bien recognu, qui le puisse tenir en deuoir.

Il y en a vn monde d'exemples. Ie n'en diray que deux: *Platine.* l'vn est du Pape Nicolas cinquiesme, appellé premierement *Thomazo di Sarzana*, qui fut vn monstre de Nature. Car en vne mesme annee il fut fait Euesque, Cardinal, & Pape; bien qu'il fust fils d'vn fort pauure homme, & d'vne pauure femme qui vendoient des œufs.

L'autre plus recent est celuy du sainct Pere Paul cinquiesme, qui sied maintenant en ce sainct Siege, duquel la relation dit qu'en ce Conclaue soixante Cardinaux ou enuiron demeurerent dix-sept iours partie à attendre Messieurs les Cardinaux, lesquels pendant *sedia vacante* on enuoye querir de toutes parts, partie à contester & se resoudre sans iamais parler ny songer à luy: ains pendant tout ce temps-là on mit principalement sur les rancs le Cardinal Tosco: pour l'exclusion duquel, voyāt qu'il auoit desia plus de voix qu'il ne luy en falloit, on proposa M. le Cardinal Baronius. Or si homme de tout le Cōclaue y deuoit paruenir par suffisance, celuy-là sembloit auoir esté merueillesement bien choisi. Car ie croy que luy & M. le Cardinal Belarmin, par ceste voye, en consideration de leurs beaux ouurages, sans s'enquerir de rien dauantage, eussent aisément esté portez dans ce sainct Siege. Mais au contraire Monsieur le Cardinal Baronius s'en deffendit auec vne telle ardeur, que comme ses amis, &

6. Plusieurs choses notables & singulieres dignes d'admiration aduenues au Conclaue de Paul cinquiesme, qui sied maintenant au S. Siege.

TABLEAU DE L'INCONSTANCE ET
ceux qui luy auoient donné leur suffrage l'emportoient à
belle force maugré luy, il s'essaioit tousiours & s'efforçoit
de s'accrocher aux portes par où on le passoit, pour le mener sur l'autel de l'adoration, leur criant incessamment,
Siate saui e prudenti, io non voglio esser Papa: mais les portes
sont si hautes (ayant ainsi esté faictes expres, pour passer
aisément les Saincts Peres, lors qu'on les porte esleuez
dans leurs chaires Papales) qu'il n'eut moyen de se tenir
ny s'agraffer en pas vne. De maniere que ses amis forcez
par la force qu'il leur faisoit luy-mesme, & par la violence
de son refus, voyant le peu de plaisir qu'on luy faisoit de le
pousser mesme à vne dignité si releuee, la plus-part reuin-
drent encore au Cardinal Tosco. Si on l'y eust forcé, il
eust dict tres-volontiers & faict la mesme plainte, que fit
S. Augustin, apres qu'on l'eust faict Euesque; *Profectò, vis
mihi facta est*; (dit-il) *propter peccata mea, Domine, vim patior.*
Il recognoissoit parauenture en luy-mesme que quelque
piece luy manquoit, sans laquelle on ne peut dignement
exercer ceste charge: preuoyant iudicieusement combien
poise le grand fardeau de la Chrestienté sur les espaules, &
qu'il est impossible de bien manier la nef S. Pierre par liure, ne dans la seule closture du Vatican. Et comme il vit
que tout le monde reuenoit à cest Orient, ne pouuãt vouloir pour ledit sieur Cardinal Tosco, ce qu'il ne desiroit
pour luy mesme, il dit tout haut en presence de ceste grãde assemblee, requerant que les registres en fussent chargez, & que la posterité en fust esclaircie, Qu'il n'auoit iamais esté d'aduis, que le Cardinal Tosco fust Pape; & quãd
bien ce seroit l'aduis de tout le Conclaue, ce ne seroit iamais le sien, voire quand il n'auroit autre appuy, que celuy
seul *di quel santo vecchio* (dit-il) parlant du Cardinal Tarugi, qui estoit pres de luy. Tellement, qu'encore qu'il eust
assez de voix pour estre Pape, pourueu qu'il se fust donné
la sienne, & le Cardinal Tosco (si on eust compté) beaucoup plus qu'il ne luy en falloit; si est-ce que ce grand
combat les ayant conduicts à la nuict sans aucune resolution,

C'est merueil-le que ces deux Cardi-naux Tarugi & Baronius estoiẽt si bons amis: aussi sont-ils morts deux iours l'vn apres l'autre, à ce qu'on dit.

tion, tout le monde s'estant retiré, le lendemain Monsieur le Cardinal Borghese, duquel il ne s'estoit iamais parlé pendant tout le Conclaue, ains simplement de son ellection, fut faict Pape par l'aduis vniuersel, & approbation de tous, sans contraste quelconque; & ne furent les autres deux dés ceste heure-là iamais plus mis sur les rancs, non plus que s'il ne s'en fust iamais parlé. C'est donc le sainct Esprit qui rompt les brigues qui se font és Conclaues, par la puissance des Rois, Princes, & autres; & apres auoir balancé le merite des plus puissans, & de ceux qui en apparence semblent s'en approcher de plus prés deuāt les yeux des hommes mortels, touchant vn peu la languette du trebuchet fait en fin tomber la balance sur ceux qui semblent les plus foibles, & lesquels au respect de Dieu se mōstroient neantmoins par apres si bien choisis, & si dignes de ceste supreme dignité, qu'on recognoist aisément, que le sainct Esprit en estant le directeur, ils y ont esté portez par des Anges, & non par des hommes mortels. Tesmoin la saincteté & bonne vie d'vne infinité, qui ont tenu ce S. Siege, suyuant le bon exemple des trente six premiers, qui sont recognus pour martyrs.

Ie ne puis oublier vne chose singuliere qui aduint quelques iours auant l'ellection du S. Pere Paul cinquiesme, laquelle chacun prendra beaucoup plus de plaisir d'entendre à mon aduis, apres auoir sceu quelques particularitez du decés des Papes precedents.

Ie diray donc que Clement huictiesme auoit quelque raison d'auoir peur & apprehension de la mort, voyant les petites dates du Pontificat de trois ou quatre Papes de ses deuanciers; lesquels furent mal menez, ou par dessein de leurs ennemis, ou pour auoir rencontré les Parques ennuyees d'allonger plus auant le filet de leur vie. Ce fut vne merueilleuse abbreuiation & retréchement de bons iours. Car tel ne vesquit que dix ou douze iours, comme Vrbain septiesme, lequel fut despeché, à ce qu'on dit, par vne chemise aussi dangereuse, que celle que Deianira donna à

Les Papes sont dangereux du boucon.

Pppp

Hercules; Gregoire quatorziesme, qui ne vesquit qu'vn an, tousiours affligé pendāt iceluy de si vigoureuses & fortes maladies, que nul à mon aduis par pitié n'osa attenter sur sa vie; Innocent neufiesme qu'enuiron deux mois; & Clement huictiesme, apres tous ses grands coups, eut encore ceste occasion particuliere d'estonnement, qu'on luy vint demander dispense d'absoudre vn certain penitant, qui auoit voulu empoisonner vn Pape. Le doute fut sur la premiere proposition, si c'estoit luy, ou quelqu'vn de ceux qui auoiét desia en bon nombre faict le saut. On le laissoit en ceste angoisse de donner absolution à celuy, qui parauenture auoit faict le dessein sur luy-mesme. Aucuns disent toutesfois qu'on recherchoit de luy la dispēse d'auoir desia faict, ou voulu faire le coup; tenāt les dispenses communement plus faciles pour les fautes ja faictes, qu'à faire. Si auoit-il dequoy estre en ceruelle, faisant la dispense & absolution aisée, que ce maistre ouurier & bon penitant (attiré parauenture de quelque pareille recompense, que celle qui l'auoit meu à procurer la mort de celuy, dont il demādoit l'absolution) ne reprist la mesme enuie, & fist le mesme essay en sa personne. A la verité la saincteté & les loix exactes de la confession empeschoiēt, qu'il n'en sceust l'autheur, ny les complices: & qui plus est, ne luy permettoient d'en denier la dispense de l'absolution. Mais neantmoins, tout cela n'empeschoit pas qu'il n'entrast en curiosité d'en sçauoir la façon, & les moyens, pour luy seruir de precaution & de garant pour sa vie. Dequoy on dit aussi qu'il se contenta; car il en octroya la dispēse. Leon onziesme en eut vne plus forte attaque. Car on luy vint dire tout nettement qu'on le vouloir empoisonner; & qu'il viuroit fort peu de iours. Aussi furent-ils reduits à vingt-deux par quelque poudre de diamāt, à ce que dit le bruit commun: car ces traicts ne se publient auec la trompette; la Fortune ayant voulu monstrer ceste bizarrie en sa creation & en sa mission, que les Princesses alliez firent le feu de ioye de son eslection apres sa mort.

Or apres tout cela, il n'aduint guere moins d'accidents

estranges en l'eslection qui se fit de Paul cinquiesme, qui sied à present, & tient le S. Siege. Mais Dieu mercy ils ne sont chargez d'aucun mauuais nuage de ces premiers.

Surquoy est à sçauoir, & est chose notoire, qu'à Rome tout le monde fait des gageures sur l'eslection des Papes, en la nouëure & liaison desquelles chacun iette comunément son vœu, iugemēt & destination selon sa patrie, selon son affection, & selon la vogue & applaudissemēt du peuple, fondé la pluspart sur le bruit comun. Toutes lesquelles choses ainsi basties en l'air, reüssissenr si peu souuent, & sont tellement dissipees par le S. Esprit, qui produit & fait paroistre par les euenemens, des eslectiōs toutes contraires à ce que les eslecteurs & tout le mōde auoient pourpensé, qu'on a souuēt dict à Rome de plusieurs, ce qu'on souloit dire du feu Cardinal Farnese, grād personnage, doyen des Cardinaux, de race illustre, hōme chery de tout le monde pour sa vertu; Qu'à tous les Conclaues, esquels il auoit assisté sur ses derniers iours, le peuple & voix commune l'y conduisoit de façon, *Che sen andaua sempre Papa nel Conclaue; & ne tornaua Cardinale.*

Il aduint donc que M. le Cardinal de Ioyeuse, ayant vn iour inuité à disner M. le Cardinal de Sourdis pendāt *sedia vacāte*, & apres le decez de Clemēt huictiesme; & s'estant ledit sieur Cardinal de Ioyeuse vn peu apres le repas retiré en son cabinet, pour quelques affaires, ayant neantmoins laissé bonne cōpagnie pour entretenir ledit sieur Cardinal de Sourdis, arriua vn petit hōme, lequel pensant parler à M. le Cardinal de Ioyeuse, n'en voyāt d'autre en son Palais, luy dict, qu'il luy vouloit descouurir assurément celuy qui seroit Pape, sous esperance qu'il le recompenseroit dignement d'vn secret si precieux. En fin, apres quelques discours, il luy dit, que celuy qu'on estoit apres à eslire, porteroit l'Aigle en ses armoiries, & le nom de Paul, sans dire cinquiesme; bien que par consequence necessaire, il falloit que ce fust le cinquiesme; puis que le dernier du nom de Paul portoit le nom ou nōbre quatriesme.

On rencontre bien souuent la verité de ce mesme qu'on ne sçait pas, voire de ce qu'on ne peut sçauoir.

Et pour appuyer cela, & comme le donner plus confidemment, il tira deux vers Italiens de sa poche, qui disoient cela mesme, & les donna audit sieur Cardinal de Sourdis. Et peu apres s'en estant allé chargé d'esperances, & Monsieur le Cardinal de Ioyeuse reuenu dans la sale, on luy fit le conte, & luy donna-on les vers. De là quelques iours le sainct Pere esleu, le rencontre fut si merueilleux, que plusieurs croyoient que ce petit homme tinst plus du deuin, que du charlatan; veu que Monsieur le Cardinal Borghese ayant esté faict Pape, porte l'Aigle en ses armoiries, & prit le nom de Paul. Et pour mettre encore la chose plus en admiration parmy les Italiens, communement plus admirateurs que toute autre nation, Monsieur le Cardinal de Ioyeuse, aussi-tost l'esection faicte, tira en mesme instant de sa pochette ces deux vers; si bien qu'on croyoit, qu'il eust aussi quelque don de prophetie, ne sçachant point commét la chose s'estoit passée auec le petit hôme.

Ie ne veux pas employer ce compte, ou plustost histoire tres-veritable, puis que la sale estoit pleine de gens, pour prouuer qu'és eslections des Papes le S. Esprit seul opere; ny ne tiens cest homme ayant rencontré par hasard, & sur certaines presomptions mal fondees, pour grand prophete. Car on deuina aussi l'occasion qui l'auoit meu de iettter sa creance & soupçon sur vn qui porteroit l'Aigle, & le nom de Paul: parce que dés qu'on se fut apperceu qu'il estoit Venitien, on iugea probablemét, qu'il croyoit, fuyuant aussi en ce poinct son affection, que le Cardinal Veronna Venitien, ou de l'Estat de Venise, seroit Pape, lequel porte l'Aigle; & que vray-semblablement il prédroit le nom de Paul, parce que le dernier Pape Venitien auoit aussi pris le nom de Paul second. Les Italiens sont hardis à trencher des deuins, & sous couleur de quelques obseruations fantastiques, & dictes le plus souuent par hasard ou rencontre, ils laissent eschapper de tres-importantes mesdisances & des Saincts Peres, & des meilleures & plus releuees familles, qui soient en toute l'Italie. Comme

C'estoit le Cardinal Barba Venitien, qui prit le nom de Paul second.

INST. DE TOVTES CHOSES. LIV. IV. 435

celle de cest Italien qui dit, en hayne de trois Papes, & de ceste illustre maison de Medicis, *Molti de i Catholici hanno questo nome de la caza di Medicis per fatale alla Chrianità; perche in tempo di P. Leone decimo si perde la Germania; in tempo di Clemente settimo l'Inghilterra; in tempo di Pio quinto la Francia è stata in pericolo, che si vede sotto il Rè Carlo nono.* Et neantmoins chacun a ouy dire la bonne vie de Pie cinquiesme; & que tant s'en faut que la Chrestienté ait souffert quelque sinistre accident pendant son Pontificat, qu'au contraire sous iceluy les Chrestiens gaignerent ceste signalee bataille de Lepathe, laquelle on peut de tant mieux attribuer à sa bonne fortune, que Dieu luy auoit enuoyé quelques iours auparauant vne vision, laquelle l'asseuroit quasi de la victoire, comme nous ont aprins les relations de son temps. Comme aussi chacun voit la grande benediction qui est escheuë à la France, par l'heureuse alliance de la tres-vertueuse Royne Marie de Medicis, laquelle nous ayãt donné tant de beaux enfans en vn siecle si partialisé a plus affermy ce Royaume, que le Roy n'eust peu faire auec plusieurs fortes & puissantes armees, ny par aucun autre coup d'Estat.

c'est Pio quarto qui estoit Medichin, & non Pio quinto qui fut son successeur.

Et voyla pour ce qui est de ceste grãde Cour des Cours, & comment on paruient par moyens incertains, incognus & nouueaux à ces grandes & supremes dignitez, maugré toutes les grandes puissances de tous les Potentats & Monarques de la Terre. Et quant à la dignité papale, le François, il y a desia long temps, n'y peut arriuer: parce que puis quelques annees on a pour suspecte la trop grande puissance de nos Rois, & le trop bon estat de ce Royaume. De sorte que taisiblement on nous en a comme bannis, sous pretexte que nous sommes François, c'est à dire trop puissans, portans tousiours ce peché originel de nostre naissance, & aduenement au Cardinalat. Nous ne sommes plus maintenant si hardis, que de dire & asseurer ce qu'auec tant de franchise, & comme auec quelque inspiration de Dieu, publioit par tout ce bon

Pppp iij

& simple prestre François allant à Rome; auquel comme on demandoit, ce qu'il y alloit faire; respondoit à tout le monde sur son chemin, qu'il y alloit pour estre Pape. Et de faict il le fut, & s'appella Iean XXII.

Les Espagnols qui par fois nous reprochét aussi, qu'on ne fait plus de Papes François, n'ont en ce poinct guere grand' chose à nous reprocher. Les Italiens commencent à nous traicter au pair; de maniere que si les Espagnols nous reprochent le peché originel, nous leur reprocherons le peché mortel, auec lequel ils sçauroient despecher tant de Papes Italiens, qui ne deppendent en rien d'eux, ny de leur maistre, qu'on n'en y remette tousiours de la mesme nation, & d'autre humeur parauanture qu'ils ne le voudroient; les Italiens ayant puis quelques annees trouué moyen de se desfaire gentiment de ceux, qui estoient de nation, subiection ou faction espagnole. Car puis le decés de Pie cinquiesme, qui estoit suiect du Roy d'Espagne, il n'y en a esté esleu pas vn qui fust seulement suiect du mesme Roy, que Gregoire quatorziesme. Car Gregoire treiziesme, qui succeda à Pie cinquiesme, estoit Boulongnois, Xiste cinquiesme de la marche d'Ancone; Vrbain septiesme estoit Romain; Gregoire quatorziesme estoit à la verité de Cremone, & partant suiect du Roy d'Espagne; Innocent neufuiesme estoit Boulongnois; Clement huictiesme Florentin; Leon onziesme aussi Florentin; & Paul cinquiesme, qui sied maintenant en ce sainct siege est Romain. Ainsi de huict, il n'en y a pas vn Espagnol de nation, ny de faction, ny mesme de subiection Espagnole, que le seul Gregoire quatorziesme Italien, lequel encore n'a tenu le siege que fort peu de temps.

Au surplus, ie parle & entens de ce qui aduient le plus souuent, & comment ces eslections se passent ordinairement, & se terminent comme par quelque miracle par la seule voye du sainct Esprit. Car il est bien certain qu'en toutes regles il y a quelque exception.

Vn simple protenotaire allant à Rome disoit comme par inspiratio diuine, qu'il s'y en alloit pour estre Pape, & le fut. 7 Les Espagnols ne peuuent que mal à propos nous reprocher le peché originel, puis qu'ò ne fait non plus, puis quelques annees des Papes de la nation, faction ny subiection Espagnole.

En fin, *dotti per lettere, e ignoranti per volgari, sono sprezzati in corte di Roma; perche l'intelligenza del negotio, e la derezza del condurlo, è la principal parte, e non la materia della quale si tratta;* dit vn vieil courtisan Romain, qui entedoit bien la matte & le train de ses affaires. Et voulant dire que les Rois de France ne peuuent faire les Papes, non plus qu'enuahir l'Italie & l'Espagne, ils disent que, *I gigli di Francia non possono pigliar radice in Italia, ne in Spagna*. Ces gens doctes ès bōnes sciences, & neantmoins ignorants ès affaires du monde, sont mesprisez à Rome.

Quant à la seigneurie de Venise, Naples, Sienne & quelques autres villes & Estats, on y vit d'vn autre air: on y faict quelque particuliere & plus esclatante profession de noblesse; bien que le gentilhomme Romain soit le plus faineant de tous, ne s'occupant à chose quelconque; ains s'addonnant entierement à courtiser les Papes, les Cardinaux, les Princes, ou les Ambassadeurs.

Padouë & Boulongne, vniuersitez celebres, taschent à trouuer & maintenir leur grandeur par le moyen de l'exercice des lettres, Gennes par la mer; Milan par les manufactures & excellents ouurages qui s'y font. Et à Florence, comme i'ay appris y estant, *l'arte de la lana e de la seta è vsata da più nobili con honore e vtile loro: e quelli che conducono le rascie à l'Indie nuoue, guadagnano 50. per 100.* (disent-ils eux mesmes) pour ne trouuer mauuaise la façon de laquelle procede la noblesse *del primo, e del secondo cerchio*. A Florence ils appellent les plus anciēnes & nobles familles, *Case del primo cerchio*.

La noblesse en la plus part d'Italie ne s'eslongne du commerce; mais ce commerce est par leur aduis si noble, qu'ils n'estiment nul autre exercice, ny maniement si precieux, ne si complaisant vniuersellement à l'homme que le leur. Car il consiste tout en argent. Et de vray, les banquiers, ou les Seigneurs d'Italie, qui par dessous main leur fournissent de grosses & notables sommes, sont les principaux marchans: & à peu de bruit La noblesse d'Italie exerce le commerce: ce qui est en France la vraye marque du roturier.

vne quaiſſe d'eſcus vaut plus, que toutes les boutiques & magazins d'vne bõne ville. Or ces magnifiques ſeigneurs, lors qu'ils ſe promenẽt en banque à certaines heures, pour ne deſmentir leur credit, ſe mocquent de ceux qui penſent eſgratigner leur nobleſſe par ce traict du poëte Horace, pris en autre ſens que celuy de ſon Autheur;

Horat. Epod. 4.

  Licet ſuperbus ambules pecunia,
  Fortuna non mutat genus.

Diodorus Sicul. bibl. lib. 3. Galli ſupra modum pecuniæ amantes.

Il y a vn Autheur ancien qui blaſme les François d'aimer par trop l'argent; mais il deuoit beaucoup mieux dire cela des Italiens & Eſpagnols (les premiers banquiers de l'Europe) que de nous: puis qu'ils l'ayment tant, qu'ils n'ont vergongne d'ombrager leur nobleſſe, & la ternir par vn ſi vil exercice que la banque. Le Gentilhomme en France ne pourroit iamais accommoder ſa nobleſſe à ces ouuertures de boutique; ains ſi vn banquier ſe vouloit ſeulement mettre à la Cour parmy la nobleſſe, pour noble qu'il fuſt, on le renuoyeroit au tẽps du Roy Louys onzieſme; auquel on dict qu'vn riche marchant & banquier chery du Roy ſur toute la nobleſſe, & par deſſus tous les mignons de la Cour, pour les grandes commoditez que ſa Maieſté receuoit de ſon commerce, ayant eu quelque deſir de s'ennoblir, le Roy ayant ſatisfaict à ſon deſir, n'en tint iamais plus de compte, ne parla que fort peu deſormais à luy, & ne l'appella iamais comme auparauant à ſa table. Dequoy venant à ſe plaindre, le Roy luy dit, Qu'eſtant marchant & banquier, il eſtoit lors le premier de ſon Royaume; mais ayant voulu deuenir noble & faire le gentilhomme, il n'eſtoit pas le cent-huictieſme; partant qu'il auoit tort de ſe plaindre, puis qu'il le traictoit ſelon ſon merite.

Ainſi parmy les Italiens, ſauf és villes où ils ne font du tout point eſtat de la marchandiſe, ny de la banque, il n'y a tantoſt plus rien que le ſeul nom & tiltre de nobleſſe. Et bien qu'ils penſent eſchiuer au nom & tiltre de roturier, feignant que la nobleſſe eſt vn charactere que la Nature em-

empreint si viuement sur nous, que nulle profession que ce soit ne le peut oster ny effacer: si est-ce qu'en France la seule profession peut oster le vray tiltre de noblesse à celuy mesme qui est veritablement noble ; & celuy en pert iustement le tiltre & la qualité, qui fait vne profession contraire à la noblesse. Il faut estre constant en sa noblesse, aussi bien qu'en toutes autres choses, ou actions vertueuses; & se mocquer en ce poinct de l'Italien, qui dit, qu'encor que le François *sia più nobile, non è però men mobile.*

A la verité il faut confesser que le François sur tous est plus constamment, plus noblement noble & en degré superieur, que pas vn d'autre nation & le plus tendu aux exercices nobles. Et se peut dire que l'Espagnol, l'Alemant l'Anglois, & le Portugais n'y paroissent du tout point, ny en despense, ny en habits: si bien que le seul François despend & paroist beaucoup plus, que toutes les autres nations ensemble. A vray dire, i'aduouë que les Espagnols en tout vn an sont capables de faire vn effort en despense: comme il se voit en la feste qu'ils celebrent à Rome en l'honneur de sainct Iacques leur patron, la nuict de la veille de Pasques, auec le plus grand faste qu'il est possible. La gazette s'en entretient deux mois durant, & la publie par tout le monde. Chaque nation y a la sienne, & nous la nostre; le iour de sainct Louys. Or la veille de Pasques, & principalement la nuict, ils font dresser de grands chasteaux esleuez par vne charpente legere; & au lieu de murailles, ils couurent ceste charpente de cartoche, auec des peintures grossieres dans les niches. Ils font courir des animaux en formes de Baleines, Dragons, & en plusieurs autres sortes: & les font par certain artifice courir & choquer les vns contre les autres auec des cordes & autres engins; le tout chargé de tant de lumiere, que l'annee du grand Iubilé 1600. les places des Theatres apprestez pour les voir, coustoient en certains endroits vn escu

Le gētilhomme François est veritablement noble.

chacune. On disoit que la despense des seules chandelles arriuoit à deux ou trois mille escus; & si ce n'estoient que petites chandelles de suif, attachees à des poteaux de bois, & aux fenestres, pliees auec demie fueille de papier chacune, & de fort petites lampes. Ces animaux outre ce, vomissoient tant de fusees, grenades, & autres feux artificiels par la bouche, & par toutes les autres parties de leur corps, que ces feux & ceste lumiere dans l'obscurité de la nuict faisoient vn merueilleux esclat dans la place Nauenne, la plus belle & la plus commode pour cest effect, qu'autre qui soit en la ville de Rome. Les Espagnols ce iour-là mendient & rassemblent tous les protenotaires, vallets, artisans & mesmes tous les estaffiers de leur nation, qui sont chez les Euesques, Ambassadeurs & Cardinaux, lesquels n'oublient de prendre de beaux habits chez les Iuifs pour honorer la feste. De maniere qu'ils font vne grande procession accompagnee de cinq concerts; les quatre en quatre diuers lieux de la place plus commodes; & le cinquiesme ambulatoire dans le ventre d'vne Baleine, comme petits Ionas à couuert & sans estre veus. Ce grand monstre est planté, & marche sur plusieurs rouës couuertes de lampes, lesquelles se tiénent par quelque artifice tousiours debout sans rien verser. Ceste Musique va au deuant le Cardinal, ou Archeuesque qui fait l'office, & qui porte le sainct Sacrement, auec vne telle harmonie d'instrumēts & voix excellentes, que c'est merueilles de voir qu'vn seul maistre de concert bat la mesure, & auec le signe d'vn cierge blanc allumé qu'il tient en main il gouuerne si bien toutes ces voix, qu'ores vn concert chante seul, ores deux ensemble, ores trois, ores quatre, ores tous cinq; & par fois les deux plus prés, & par fois les deux plus loing; par fois ils en laissent celuy du milieu en silence. Le malheur fut de mon temps, & en ceste annee 1600. que presque toute la nuict il venta & pleut à outrance, si bien que le vent & la pluye auoient tellement debiffé ce Chasteau faict de cartoche ou de papier, & de

simple toile meslee parmy, qu'on eust dict que quelques
ennemis auoient charpeté la nuict tout leur apprest, tant
ce pauure Chasteau estoit balafré & entrouuert de toutes
parts: & le papier approché par le vent des chandelles à
demy bruslé & deschiré. Aussi la pluye & le vent sont les
communs ennemis du papier, du feu, de la lumiere, voire
de l'ostentation & de la pompe. Nostre Eglise de sainct
Louys, nos processions, & la feste Dieu sentent plus à la
deuotion qu'au faste & à la vanité, comme fait la leur.

Le François va en Italie pour apprendre la vertu, &
sçachant le plaisir qu'il fait à l'Italien de luy apporter des
commoditez, il s'en va à Rome auec trois fois plus d'argent
que son reuenu ne vaut, pour enrichir l'Italien. Bref
il y va si honnorablement, que l'Italien ne desdaigne de
le seruir. Car n'est-ce pas asseruir l'Italien, quand le François
l'employe, voire le contraint de luy enseigner & mettre
à prix tout ce qu'il sçait?

Tant y a que si on nous reproche que l'Italien & l'Espagnol
prennent volontiers des François pour seruiteurs
à cause de leur promptitude, nous pouuons encore mieux
dire, qu'és lieux, où se font les exercices comme à Rome,
Naples, & Padoüe, les Italiens sont plus vallets des
François, qu'aucune autre nation. Car tous les escuyers,
maistres d'escrime, Mathematiciens, maistres de feux artificiels,
ioueurs de luth, Comediens & courtisannes, tout
cela sont autant de vallets des François. Rome, entre toutes
les villes d'Italie, est le vray rendez-vous des François.
L'Alemant, l'Espagnol, l'Anglois, ny l'Italien mesmes ne
pratiquent gueres les sales & escholes des exercices. A
Rome les courtisanes n'ayment que la bourse de tous les
autres; & du seul François elles en ayment & la bourse, &
la conuersation.

L'Italien n'apprend de la vertu & des exercices que pour les vẽdre aux François.

Les Frãçois apportent tãt de cõmoditez à Rome, & noꝰ
sõmes meshuy si collez à ces exercices, que noꝰ tenõs quasi
les Italiens, & sur tout les Romains, cõme nos freres. Ils
nous instruisẽt cõme leurs enfans; & s'ils nous honorẽt par

Tableau de l'Inconstance et fois du Cardinalat, ou de quelque autre dignité en l'Eglise, nous leur faisons aussi part & leur conferons des meilleurs benefices qui soient en France.

De maniere que si Lucain viuoit, qui souloit blasmer la hardiesse des Auuergnats, de ce qu'ils appelloient les Romains leurs freres,

(*Aruerniq; ausi Latios se fingere fratres*
Sanguine ab Iliaco populi) —— il ne diroit plus mot; car il nous trouueroit tous Auuergnats, & tous freres des Romains. Et y auroit beaucoup plus de raison, de souffrir la comparaison & l'adueu de l'alliance, que ceste contree de France pretendoit auoir auec les Romains (qu'ils appelloient freres) que les Venitiens celle de ceux de San Marino en la Romaigne, qui sont presque tous villageois, encore qu'ils viuent en forme de Republique, lesquels escriuirent vne lettre à ce graue Senat de Venise, auec ceste inscription sur leur despeche, *Alla nostra diletta e carissima sorella, la Republica di Venetia*.

La plus forte accusation qu'on propose contre l'Italien, c'est qu'on dict qu'il est vindicatif, le plus esueillé à l'offense, & le plus sommeillant au pardon ; le plus mauuais peintre qu'on sçauroit trouuer ; pource qu'il ne sçait iamais passer doucement l'esponge pour effacer l'iniure, ains seulement la ietter de cholere & par despit, pour esclorre l'escume, & vomir cette ardeur qu'il a de se venger. Surquoy on allegue l'exemple de celuy qui disoit à son ennemy, qu'il vouloit laisser par testament, Que ses heritiers portassent ce desir de vengeance sur luy au delà de la quatriesme generation. Et cet autre que i'ay ouy dire à vn Italien, *Mi rincrescea tanto à vederlo, ch'io voleua male à miei occhi, quando guardauano solamente la strada doue egli passaua*. Les Italiens ne sont de l'aduis de l'Empereur Alexandre, qui soustenoit qu'il falloit vn plus grand courage à vn homme offensé pour pardonner, que pour se venger: Car ce grand cœur qui se ioint volontiers & recourt au pardon, leur deffaut.

Luc. lib. 1. De bello ciuili, blasme les Auuergnats de ce qu'ils appelloient les Romains leurs freres.

Vne petite bicoque en la Romaigne, qui vit en Republique, escriuit à celle de Venise à nostre chere sœur.

9. *L'Italien est vindicatif.*

La querelle ancienne des Guelphes & des Gibelins, où l'aigreur d'icelle s'est tellement enracinee en Italie (pays où les querelles & iniures pour legeres qu'elles soyent, sont immortelles) qu'encor auiourd'huy la pluspart des familles s'en ressentent, & portent en leurs habits la marque de ceste diuision. Les femmes mesmes des maisons plus releuees, ne porteroient pour rien du monde leurs petits bonnets de veloux, ou leurs aigrettes que du costé où le cœur de leurs maris, & de toute leur famille a tousiours panché: & dit-on qu'on en a veu iusticier, qui mourans crioyent à l'executeur de leur laisser le chapeau, le cordon, ou quelque autre marque du costé qu'ils le vouloient; pour tesmoigner qu'ils mouroient à la Guelphe, ou à la Gibeline, selon le party duquel ils auoient tousiours esté. Bref l'aduis de l'Empereur Vitellius leur plaist merueilleusement, qui disoit, Que le corps mort de l'ennemy auoit vne tresbonne odeur.

La diuision des Guelphes & des Gibelins commencea l'an 1160. & finit l'an 1420.

Vn Prince de ceste nation n'auroit garde de faire le traict que fit le Roy Louys douziesme, qui se monstra si peu vindicatif, qu'il se mocqua de ceux qui luy vouloient donner du ressentimét, de ce qu'on l'auoit ioué & contrefaict à la Bazoche. Outre qu'estant paruenu à la Couronne, n'ayât non plus voulu espouser les querelles, ny se vanger de ceux qui auoient tourmenté ses deuanciers, il dit, Qu'il n'appartenoit au Roy de France, de venger les iniures d'vn Duc d'Orleans: qui est le mot d'vn Prince genereux & constant; si rare, qu'il en est venu iusques à nous. Il fit tresbien, veu que la vindicte est vne espece d'Inconstance. Car qui desire se venger, recognoist qu'il a souffert quelque iniure, & qu'il a esté le plus foible; chose indigne d'vn Roy, & d'vn grand courage. C'est vne recognoissance de douleur, & comme dit vn Ancien, *Vltio, doloris confessio est.* Outre que le plaisir de la vengeance ne dure qu'vn moment, & s'escoule aussi-tost dans le repentir.

On luy reproche aussi qu'il est dissimulé; or la dissimulation est communement prise pour le fard de toute sorte

L'Italien est dissimulé.

Qqqq iiij

TABLEAV DE L'INCONSTANCE ET
de vertus, le platre des vices & deffauts; le masque & le
singe d'vne amitié feinte & simulee; le manteau qui couure l'adulatiō, l'inimitié, la trahison. C'est la crouste & l'en-
leueure de la vanité, l'emplastre qu'on met sur les yeux,
pour empescher qu'on ne descouure nostre faulse posture;
le bandeau & l'escran, qui nous couure & empesche que
ce feu de verité ne nous eschauffe. C'est vne hypocrisie &
& vile submission, qui nous fait faire les marmiteux, & par
fois les chiens couchans; pour mieux trouuer & prendre
l'aduantage sur ceux que nous voulons surprendre, & leur
oster par ce moyen toute sorte de deffiance, & par consequent de deffense.

<small>L'Italien dis-
simulé est
plus incon-
stant que le
François.</small>
L'Italien estant donc, plus que tout autre, suject à dissimulation; en estant le maistre & le plus artificiel à la desguiser, pallier, & couurir, on peut dire qu'il est beaucoup
plus variable & inconstant que le François, gracieux, in-
genue, & descouuert; qui a plus faute de ceste piece, lors
qu'il practique auec l'Italien (qui est d'ailleurs communement tenu pour le plus subtil & deslié du monde) que tout
autre. Et affin que nous-nous seruions de leurs precautions & de leurs mots, ils nous apprennent, quand nous
sommes en Italie, & nous disent, *Guardati da Siciliano rosso,
Napolitano biondo, Romagnuolo ricciuto, Toscano losco, Lombardo
caluo, e Marcheggiano zoppo*. Et ainsi presque de toutes les autres contrees d'Italie.

<small>Les Italiens
sont accusez
de ne manger
pas tout, ains
de garder
tousiours vn
bon morceau
pour autruy.</small>
Ie veux oublier, pour l'amour que ie leur porte, & la
courtoisie que i'en ay receu, ce mauuais & indigestible
morceau, duquel toutes les autres nations les tiennent en
preuention, qu'on dit qu'ils sçauent si bien preparer, pour
s'en seruir en la defaicte de leurs ennemis, qu'il n'y a homme, pour si oculé qu'il soit, qui s'en puisse deffendre, que
fort malaisément.

Comme aussi ie lairray par modestie ceste abominable
volupté, de laquelle pareillemēt on les a autresfois voulu
blasmer: car sans mentir ie croy que maintenant ils en sont
quasi du tout exépts. L'accusation seule en estat d'ailleurs

si sale & si honteuse, qu'elle ne se peut mesme reprocher sans vergongne. M'arrestant fixemét là, que ces deux seuls poincts nous donnent vn si grãd auantage en ce qui est de ceste rare constance que Dieu desire de nous, que tous les autres vices & inconstances du monde emmoncelez sur nous, ne nous en sçauroient tant reculer que ces deux seules taches, dont ils sont accusez, nous y donnent d'auantage & d'auancement.

Quant aux duels, aucuns disent qu'ils estoient incognus aux Romains, lesquels n'auoient autre escrime que celle de nos Suisses, ou des cõbats à la barriere à belle force naturelle, dõner & receuoir : si bien qu'aucuns les ont voulu tirer du Cõsul Rutilius, lequel ayãt choisi quelques gladiateurs tirez du theatre de Scaurus, s'aduisa de les donner come maistre d'eschole à quelques soldats, lesquels apprindrét par ce moyen à adiouster l'art à la force; & ce enuiron l'an 600. apres la ville bastie. Mais il vaudroit mieux, ce me semble, les porter plus haut, & les deriuer de ce celebre duel des Horaciens & Curiaciens, lesquels sans apprétissage de gladiateurs obseruerent entierement la forme de nos duels, & combatirent genereusement trois à trois pour leur patrie.

10. Duels.

Donc pour les duels, il est certain, pour ce qui est des hommes mortels & de ce qui se peut mettre en obiect au sens humain que la vaillance ny la constãce ne sont en aucune action tãt en leur iour; elles ne sont iamais si iustemét mises en la balance qu'en duel, si Dieu n'y estoit griefuement offensé. Car és armees & assauts, & la où on combat en foule, ou auec vn compagnon, ou plusieurs, nostre poltronnerie & lascheté se couure aisément ; voire parfois s'enhardit & se rend audacieuse par le courage & l'exéple de la foule & du cõpagnon. De maniere que tel qui feroit mal tout seul, fait merueilleusement, & se porte en galant hõme, estant accõpagné: & est souuent aduenu, que le second, qui n'auoit ny querelle ny rancune, a tué les deux, & deliuré son amy de tout peril; voire parfois luy a conferé tout l'honneur de la victoire, & du combat.

La vraye vaillance sans artifice quelcõque, se cognoist mieux és duels, qu'en nulle autre sorte d'exploit militaire.

Ie croy que l'escrime, que la noblesse de France va apprendre en Italie, que les Italiens sçauent mieux enseigner qu'exploicter, est cause de tant de duels. Si mieux on n'aime l'attribuer à la prohibition, & confesser ingenuement (eu esgard à la malice des hommes) que la permission, quoy qu'iniuste, est plus vtile que la deffense; parce qu'elle esmousse ce desir de se venger de son ennemy, que la prohibition seule met si fort en desir.

La prohibition donne plus d'enuie de se battre en duel, que ne feroit parauanture la permission.

C'est vn malheur que ie ne sçay quelle generosité & valeur soient tellement empraintes dans le cœur du François, & cest honneur, le parfum des Dieux, qu'il porte tousiours au bout de sa lance, ou de son espee, que quelque estroite deffense qui luy puisse estre faicte, quelque rigueur & infamie qu'on attache à ceste prohibition : si est-ce que l'obeyssance à la loy, & la deffense des duels est communement tenue parmy les François pour foiblesse de cœur, & marque de poltronnerie.

Les duels, & la gloire de tuer son ennemy, partent d'vne source vicieuse.

Mais pourtant, encore que les duels semblent tenir quelque chose de la Constance; neantmoins prenant leur cours d'vne source vicieuse, & de ceste mauuaise & prohibee volonté de vouloir tuer son prochain; quelque bon euenement qui s'en ensuiue, quelque victoire qu'on acquiere, tout cela ne nous peut donner qu'vne vaine & fausse gloire, qui nous perd, soit que nous perdions nostre ennemy, soit que nous-nous perdions nous-mesmes. Tout ainsi comme vne action, qui a quelque chose de bon & de vertueux, nee & produite par nostre inconstance, ou deriuee de quelque autre mauuaise source, ne peut se reduire à aucun bien, ains rassemble le bien que nous auons faict, pendant que nous sommes en peché mortel; lequel ne nous peut estre meritoire, quand bien par apres nous retournerions en grace: parce que c'est vn auorton, ou vn enfant qui nasquit gasté.

L'Italien mesnage mieux sa bourse que le François.

Au surplus pour le sage mesnagement de la bourse l'Italien sçait mieux que toute autre nation regler sa despense à la portee & enfleure de sa bourse; & au contraire le

Fran-

François vit tousiours sous ceste regle de n'auoir soucy du lendemain. L'Italien & l'Espagnol veulent bien appaiser leur faim, & la contenter aucunement: mais ils croyent, que l'expugner & l'opprimer est vne faulse necessité; & qu'il suffit seulement de l'estourdir: ils veulent se vestir cōtre le froid, & s'accommoder modestement; mais non s'armer & se fourrer, vsant pour cest effect de mille differentes inuentions d'habits & façons sauuages, cōme fait le François: qui pour diuers respects tire bien souuent sur soy & se procure luy-mesme ces faulses necessitez.

Saluian appelle les François, *Francos hospitales*: & l'Italien pour marquer nostre prodigalité nous met en reproche, que le François loge son amy, ses valets, ses cheuaux, ses chiens, ses oyseaux, voire celuy qu'il ne cognoist point du tout qui vient auec son amy. L'Italien loge seulement l'amy, duquel il peut receuoir quelque bon seruice, & encore auec vn seul valet; le reste il le fait conduire à l'hostellerie. L'Espagnol le loge pour trois iours; & s'il y veut demeurer dauantage, il feint vn voyage necessaire, & par ce moyen se deliure de celuy, *il quale pensaua fare del loggiamento de l'amico vn fideicommisso*, dit l'Italien. L'Alemant suit son amy en l'hostelerie, au poisle ou cabaret, feignant que ses valets sont tous malades; si bien que son accueil se fait aux despens de l'amy qu'il veut caresser.

Saluianus De prouid. Chaque nation reçoit diuersement ses amis en sa maison.

Ie croy que tout conté & rabatu le François en vse, si ce n'est auec plus de discretion & d'vtilité, pour luy, c'est auec plus d'honneur & de franchise, & ne peut-on dire que sa forme de recueillir & traicter ses amis, ne soit la plus honnorable.

Quant à l'amour, qui est l'action parmy toutes les actions des humains la plus commune, il y a encore plus de diuersité & difference d'humeurs, en ces quatre nations.

11. Chaque nation fait diuersement l'amour.

Premierement pour la beauté & le choix des dames, sur lesquelles chacun d'eux asseoit & loge communemēt son amour, elle est toute differente. En Espagne ils la veulent gresle & vuidee; en Italie grosse & carree; en Alemagne

Rrrr

indifferente; en France ne la veulent si massiue & iau-
sue, ains de toute taille qu'elle soit, ils la veulent en bon
poinct. Aux François plaist la molle, delicate & mignarde,
& parauenture sur toutes l'affettee: aux Alemants la forte
& vigoureuse; aux Italiens, la potelee, & celle qu'ils appellent communement *buona roba*; & aux Espagnols l'enflee
& la fastueuse. Car on dit qu'ils ayment vne dague de
plomb dans vn fourreau d'argent; qu'ils idolatrent vne
belle boëtte; bien qu'il n'y ayt rien dedans; aymant vne
femme graue, ceremonieuse & crestee, suiuant l'humeur
superbe de leur nation; encore qu'elle n'ait gentilesse, esprit, ny entendement.

En fin on a obserué que l'Espagnol & l'Italien n'habitent
guere qu'au giron de leurs dames, tant ils sont ialoux, &
n'estudiët que *in quel libro che s'apre con genocchi*, dit l'Aretin;
tenäs tousiours leurs femmes sous boucle: & que le François n'entre en toutes ces frenaisies, & ne fait son Dieu
d'vne fëme qu'il aime, cöme l'Espagnol & l'Italien; ils n'e-
stime les femmes Deesses cöme ils font. C'est pourquoy il
ne se rend ny adorateur, ny esclaue, ains simplement il res-
iouit celles qu'il a en affection, & les entretient tousiours
en feste & en ieu. Surquoy quelque bonne ame Espagnole, se plaignant de ceux de sa nation qui adorent ainsi celles qu'ils aiment, souloit dire fort à propos, *O soberano Dios,
quanta fuerça pusiste en el Amor! mandaste al hombre, por la mu-
ger dexar il padre y la madre: Agora no solo aquellos, ma a ty y a tu
ley desemparan*. Les Espagnols & Italiens adorent tellement
l'amour, que pour leurs femmes & courtisannes, ils n'oublient pas seulement leur pere & mere, mais bien Dieu &
la loy de Dieu: si bien que la Celestine auoit raison de dire,
*Rio me! que non pensaua que auia peor inuencion de peccado que en
Sodoma: porque aquellos procuraron abominable vso con los An-
gelos no conoscidos; ma los inamorados con el que confessan ser
Dios.*

Le François fait l'amour auec plus d'alaigresse que pas
vn des autres. C'est pourquoy on le compare aux Muses

jeunes alaigres & enjouëes, qui ne cherchent que le bon temps, qui ne seiournent iamais où elles voyent du trouble. Le François est de ceste humeur, qui fait qu'il se iette volontiers sur la Poësie & sur l'Amour, n'ayant en soy, disent les Italiens, *ch'un pensiero spensierato, vn nigotio otioso, vna cura sensa anima.* Et auec ces deux pieces la Poësie & l'Amour, il est si esueillé & esmerueillé, que son esprit estant hors de soy, il a cela de commun auec le Poëte, *che se se gli fa forza; in sterilisce, & si secca.*

D'autres disent que le François est tousiours riant. C'est pourquoy on l'appelle en Latin *Gallus*; parce qu'il chante sept fois par iour, tout ainsi que le Coq, si le mauuais temps ne l'attriste, ou l'en destourne. Scalig. lib. 1. Poët.

Les Espagnols & Italiens souspirans pour ce qu'ils ayment, se sousmettent le ventre à terre faisant la statue par les carrefours des rues, pour attendre si quelque petite faueur, lettre, ou œillade leur tombera dessus. Et les François en se iouant se rendent maistres, abordant leurs dames tout du premier coup: & si l'Espagnol & l'Italien deuiennent maistres & possesseurs, ils tournent ceste maistrise & possession en tyrannie, & tiennent à leur tour leur maistresse comme esclaue, tant ils sont ialoux & de celles qu'ils ayment, & de la despense qu'ils y employent. Le François est fort peu souuent ialoux de sa maistresse; & croit que la ialousie est plustost vne piece de mariage, que de la courtisannerie & du concubinage. L'Alemant en est du tout exempt: & est certain que de tout temps la ialousie a esté incognue en Alemagne. *Gallus contemnit* au lieu d'estre ialoux, *atque etiam vulgo iactat, non solum obiicit* dit Scaliger François fils d'Italien, *Italus insanit.* Les Espagnols & Italiens mettent l'amour à prix.

Les Espagnols & Italiens font l'amour par marchés & le mettent à prix, & le François à traictez ou discours & sans prix. La courtisanne Italiéne & Espagnole sçait vilement ce qu'elle doit gaigner, & la dame Françoise l'ignore, & noblement vit à discretion.

Rrrr ij

TABLEAV DE L'INCONS. ET INST. &c.

L'amour se traicte d'vn plus bel air en France qu'en lieu du monde. Les dames ne courent plustost à la bourse qu'à la personne, comme en Italie & en Espagne. En France les plus viles filles de ioye viuent auec desir d'eslection & de choix, ne prostituent ignominieusement l'amour à des personnes infames pour de l'argent. Les Italiennes & Espagnolles s'habituent à faire l'amour en ces trois sortes, *Di foggia, voglia, rabbia*. Les Françoises se tiennent librement & simplement à celle du milieu la plus noble, qui est *voglia*. Car elles ne font rien par habitude ny par rage; ains par la seule volonté & affection.

<small>Les Italiennes & Espagnoles font l'amour par habitude, par volonté & par rage.</small>

Les Romains n'ont point iusques icy esté en peine de faire de colonnies de nos Françoises, comme ils ont faict des Espagnoles. Car on nous a laissé par escrit qu'il y auoit eu autrefois à Rome quatre mille hommes nez des Romains, & des femmes Espagnoles, auec lesquelles ils n'auoient contracté mariage; ausquels le Senat fut contraint de donner vn lieu, pour establir vne certaine colonie, appellant les gens nez de personnes de ceste condition, *Libertinos*.

<small>*Libertini* estoient des enfans nez des concubines Espagnoles. *Titus Liuius lib.* II. Robert li. 2. c. 14. *Cum quibus non erat connubium.*</small>

En fin l'amour (dit-on) & les lettres sont nez en Italie, les armes & la souffrance en toutes sortes d'exploicts militaires en Espagne; les cousteaux & les debats en Alemagne; & la Iustice & les procez en France: à laquelle cest auantage est demeuré tout nettement, qu'elle est mieux policée de Magistrats que tous les autres Royaumes & Empires.

DE L'INCONSTANCE DE L'ANGLOIS,

Sa comparaison auec le François, & lequel des deux est plus volage.

DISCOVRS V.

1. *Comparaison de l'Angleterre auec la France.*
2. *L'Inconstance du Roy Henry VIII.*
3. *Quand est-ce que la religion fust changee en Angleterre; & plusieurs inconstances notables là dessus.*

'Angleterre est vn petit Royaume eu esgard à la France. Il peut faire quelque resistance au dehors; mais elle est si foible au dedans, qu'elle se peut aisément emporter par vne seule bataille donee dans le Royaume, qui a fort peu, ou point de forteresses. Et de faict on dict que pendant les querelles des maisons de l'Enclastre & d'York, le Royaume fut perdu & conquesté par trois fois en six mois.

Les Anglois sont si glorieux, qu'ils ne veulent confesser d'auoir tiré leur naissance, que d'eux mesme. Et du viuant de la Royne Elizabeth, son ombre estoit si honnoree, que aucun ne se couuroit en la chambre, qu'ils appellent, de

1 Comparaisō de l'Angleterre auec la Frāce.

presence, ou estoit sa chaire; & nul ne passoit au deuant le buffet où estoient les seaux, sans faire vne grande & profonde reuerence, comme à vn corps sainct.

Neantmoins c'est peu de cas, eu esgard à l'honneur & respect que les estrangers portent à nos Rois; car il ne faut trouuer estrange que chascun soit respecté chez soy, & de ses subiects. Le Roy Henry troisiesme reuenant de Pologne, la chambre dans laquelle la seigneurie de Venise le fit loger (ie veux obmettre la magnificence du Palais) a tousiours esté depuis comme chambre du premier Roy de la Chrestienté, reseruee par respect, sans qu'ils l'ayent voulu laisser habiter à personne du monde. Que si les Roys d'Angleterre ont chez eux des chambres de presence: c'est encore beaucoup plus, que nos Rois les ayēt chez autruy; mesme chez les peuples maistres des ceremonies, & ceux qui les entendent les mieux comme les Italiens; lesquels adioustant encore à ce respect, firent vn corridor à Padoüe, par lequel le Roy, sans passer par la rue descendoit dans l'Eglise prochaine de son Palais. Ce que les Padoüans ont encore voulu marquer en lettres d'or dās vne table de marbre, laquelle i'ay veu aux Augustins à Padoüe.

Roy d'Angleterre seruant d'Escuyer tréchant au Roy de France.

Henry Roy d'Angleterre & de Normādie en l'an 1180, ayant faict hommage au Roy Philippe Auguste, à cause des terres qu'il tenoit en France de Alienor sa femme, seruit par honneur d'Escuyer trenchant, le Roy de France estant en son Royal conuiue, le iour de son Sacre & couronnement. Et le fils d'vn Roy d'Angleterre s'est autresfois senty bien honnoré d'estre receu Aduocat en France, & venir plaider en ce grand Parlement de Paris.

Petrus Blesensis l'appelle Antonius Episcopus Lincolniæ.

Et pour particulariser vn traict de leur inesgalité; toutes les nations Chrestiennes ne souloient negotier en Leuant que sous la banniere de France; tellement que l'an 1600. le Roy se plaignit à Berthelemy de Cueur Ambassadeur du grand Seigneur de ce qu'au preiudice des anciennes capitulations, non seulement les Anglois estoient distraicts de la banniere de France, sous la protection de laquelle ils estoient tenus de trafiquer; mais encore les Flamans, Holandois & Zelandois, lesquels estoient compris sous la banniere d'Angleterre. Ainsi sans occasion & sans subiect ils veulent faire les Rois de la Mer, & changer de banniere.

Les Anglois sont naturellement fiers & outrecuidez; & si fiers, que le Roy Henry huictiesme a voulu autresfois disputer la preseance à Ferdinand Roy de Castille & d'Aragon : & bien que le Pape Iule second là donna par prouision au Roy d'Angleterre; si est-ce que le Concile de Basle l'auoit au parauant adiugee au Roy de Castille. *Les Rois d'Angleterre ont autrefois disputé la preseace aux Rois d'Espagne.*

Mais neantmoins vn seul traict eschapé puis n'agueres enuers nos Ambassadeurs François, tesmoigne qu'il y a fort peu de iuste gloire, ny de grãdeur. Car quand le Duc de Sully fut en ambassade en Angleterre, pour saluër le Roy en son nouuel aduenement à la couronne, bien que les Ambassadeurs, & mesme de cette qualité, soient les yeux & les oreilles des Princes, si est-ce que l'Angleterre ne donna en cela que les paroles & les ceremonies : car les fraix se tiroient de la bourse de France, contre la ciuilité recommandee aux Princes en la reception des Ambassadeurs. En quoy est plus considerable de ce que le Roy d'Angleterre enuoya vn gentilhomme pour s'excuser de ce qu'il ne vouloit deffrayer personne; son excuse estant fondee sur la consequence, pour la multitude des autres Ambassadeurs, qui venoyent en mesme temps de toutes parts. *Traict honorable du Duc de Sully, pour la grandeur du Roy son maistre, & de toute la France.*

Ledit sieur de Sully genereusemẽt monstra, qu'il estoit bien aise du retranchemẽt de ceste despense; esperant par ce moyẽ que son ambassade en seroit plº illustre, & l'expedition plus prõpte. Et les Frãçois disoiẽt que le Roy auoit

TABLEAU DE L'INCONSTANCE ET
pourueu à leur seiour pour plus de temps qu'ils ne demeureroient en leur voyage : & pour plus de personnes qu'il
n'en y auoit en leur troupe, ny mesme en toute la Cour du
Roy d'Angleterre.

Ce seroit vn trop long & ennuyeux discours de vouloir
icy ramenteuoir nos guerres de France auec les Anglois,
& l'inconstance de plusieurs Roys d'Angleterre : qui s'y
sont si mal gouuernez, que pour auoir voulu tout auoir, ils
ont tout entierement perdu, & ce qu'ils demandoient iniustement, & ce qui mesmes estoit legitimement à eux :
sçauoir est les Duchez d'Aquitaine, & de Normandie.
Les Histoires en sont pleines, ensemble de la vie prodi-
gieuse de leur Roy Henry huictiesme; lequel tesmoignât
les effects de son inconstance, a perdu par son incontinence abominable, son estat, sa religion, & celle de son
Royaume. L'occasion en est si legere, mais si horrible, que
nulle Histoire de prince Chrestien ne s'approche de chose semblable. Pour violer les loix de l'Eglise, & les franchir
plus aisément sans apprehension d'empeschement humain, il se soustrait de l'Eglise Romaine; de Roy, il fait le
Pape Anglois; de pere d'Anne Boulan (comme tout le
monde le presume, & toutes les Histoires le chantent) il
en deuient mary : il se marie & desmarie cinq ou six fois,
donnant la place des femmes legitimes aux incestueuses
& illegitimes ; quittant sa premiere femme Catherine
tres-sage & vertueuse Princesse, tante de l'Empereur
Charles le quint, pour espouser Anne Boulan sa propre
fille, conceuë de ses œuures par adultere, en la personne
d'vne femme mariée, comme disent tous les Historiens
de son temps. Il est inconstant & en religion & en amour :
car il les fit mourir presque toutes, & particulierement il
fit trencher la teste à cette Anne Boulan, pour l'amour
de laquelle il auoit excité de si horribles & execrables tragedies : conseruant neantmoins precieusement, vne fille
qu'il en auoit eu, qui est la feuë Royne Elizabeth, pour
pouuoir quelque iour continuer la mesme vie, & gouuerner

Inconstãce du Roy Henry huictiesme.

Sauderus.

ner le Royaume & l'Estat, selon le bel exemple qu'il luy en auoit donné. O Dieu ! combien de traicts d'Inconstance, & autres choses monstrueuses a-elle faict voir à toute la Chrestienté, en la mort de la Royne d'Escosse ; en l'affection, & au decés, ou pour mieux dire en l'excés commis en la personne de ce Comte Dessex, & en l'accueil de ce braue Mareschal de Biron ?

L'inconstance notoire qu'ils ont tesmoigné à leurs subiects, au seul changement de Religion (de laquelle les Anglois ont depuis changé si souuent, estant opprimez de la tyrannie & de l'exemple de ce Roy & de cette Royne, lesquels pensant persecuter l'Eglise, ont mis vne infinité de martyrs dans l'Eglise) rend cette nation si tachee de legereté & de facile creance, que les Anglois ne peuuent entrer auec les François en nulle iuste comparaison de fermeté & constance. Aussi est-ce la plus damnable & pernicieuse Inconstance de toutes, que celle qui pour maintenir l'Estat, & nous faire regner, nous fait varier & changer de Religion & d'Estat. Parce qu'inconstans enuers Dieu, il faut luy rompre la foy, puis aux hommes, puis à l'Estat, puis à soy-mesme. Mais d'autant qu'il y en a des volumes entiers, qui ont en ce seul poinct particularisé leur inconstance, ie clorray ce fascheux discours par ce mot, Qu'ils sont si insupportables, que la ville d'Anuers ayant vne maison commune pour toutes les nations, a esté contrainte d'en faire vne à part pour les Anglois, comme gens glorieux, incompatibles, & volages, qui ne se peuuent lier constamment auec personne.

Le Roy Hēry huictiesme changea la religion l'an 1575.

Et en Guyenne ils ont accoustumé par submission de laisser le canon lors qu'ils passent deuant le chasteau de Blaye. Bien est vray que puis le mois d'Octobre de l'an 1609, le Roy d'Angleterre a demandé &

Tableav de l'Inconst. et Inst. &c.

faict vne tref-grande inftance au Roy, qu'il luy pleuft donner paffage à fes fubiects, fans fouffrir cet affront, puis que ceux de la nation venant querir nos vins portoyent tant de threfors tous les ans en fon pays & Duché de Guyenne.

TABLEAV DE L'INCONSTANCE ET INSTABILITÉ DE TOVTES CHOSES.

Comparaison du Venitien auec le François, & lequel est d'humeur plus volage.

DISCOVRS VI.

1. *Comparaison de la Republique de Venise, & des Venitiens auec la Monarchie de France, & les François.*
2. *Les galeres, nauires & autres vaisseaux à Venise,* *nourrissent plus d'ames desbordees, que ne fait presque la ville mesme.*
3. *Noblesse des Venitiens.*
4. *Ceremonies & festin de la feste de l'Ascension à Venise.*

E diray vn mot des Venitiens; car en gros ils sont compris sous le nom des Italiens.

 Ces bons Senateurs voulans recommander l'origine & antiquité de leur ville, & la mettre au dessus de celle de Rome, disent qu'elle fust bastie par des gens de bien & nobles, pour se garantir de la furie des Huns, qui rauageoyent toute cette contree d'Italie. Si bien qu'on n'y vit iamais homme de seruile condition, meurtrier, ny autre qui fust

1. Comparaison de la Repub. de Venise & des Venitiens, auec la France & les François.

Ssss ij

de meschante vie, comme on accuse Romulus, & les premiers bastisseurs & citoyens de la ville de Rome. C'estoyent les lions genereux de sainct Marc, & non des louues, de qui ils veulent tirer leur heureuse naissance. Leurs ancestres n'ont voulu (disent-ils) que l'origine d'vne si belle ville, de laquelle deuoit naistre vne si fameuse Republique, fust souillee par l'abord des voleurs, bannis, & gens de sac & de corde, comme furent les premiers Romains; lesquels ne tendoient qu'à peupler leur ville sans faire choix quelconque. Et ceux-cy au contraire voulurent auoir esgard, & considerer la sincerité des mœurs, & de leur ancienne noblesse.

Ce qu'ils veulent confirmer par leur duree beaucoup plus longue que celle des Romains. Et bien que leurs conquestes n'en soyent si glorieuses & triomphantes; si est-ce que leur Republique se trouue beaucoup plus entiere que l'Empire des Romains; lequel est maintenant si abatu, que Rome, hors le siege heureux des saincts Peres & souuerains Pontifes, & le tresauguste college des Cardinaux, se trouueroit fort inesgale. Et osté l'auantage qu'elle prend de l'Eglise, la ville de Rome en soy ne peut à leur aduis entrer en comparaison quelconque auec Venise: non plus que la Romanie & terres de l'Eglise auec ce grand Estat des Venitiens.

Mais ceux qui ne veulent rien desguiser disent que la ville d'Athenes & Venise sont semblables, en ce qu'on disoit que la ville d'Athenes estoit belle pour passage, & non pour seiour. De mesme en est-il de Venise; car le prouerbe est, Que qui ne la voit, ne la prise; & qui trop la voit, la desprise. Par ce que c'est vne forme de situation estrange; & où la plus part des personnes ont quelque chose de maritime. On diroit que c'est vn coin du monde hors de la terre; rien n'y croist, & dans l'eau à peine s'y trouueroit-il de l'eau naturelle pour boire ; leurs portes sont leurs ports. C'est vne ville libertine, où la principale maxime est, non la Religion, la Iustice, les Armes, ny les lettres comme és autres Empires, Estats, & Republiques ; ains la seule liberté, & ce seul poinct de vouloir estre l'abord des estrãgers. De maniere que ceste grande reputation de libre accez, qui appelle tout le monde, la vague structure des Palais, auec la bizarrie de la situation, fait que chacun la veut voir. Le desir qu'ils ont de conseruer leur Estat & grandeur à quelque prix que ce soit les tient en commerce auec le Turc, ce commerce en quelque sorte d'irreligion, ceste irreligion les pousse à poser des maximes contraires au bien, splendeur, & commoditez de l'Eglise, & du siege. En fin on a tres-bien dict des gens de marine, soit de ceux qui frequentent la mer en voyage, soit de ceux qui habitent sur l'eau, comme les Venitiens & plusieurs autres Insulaires, *Deum ipsum pro ludo in tranquillo cursu, in aduerso pro hoste habent.* Tellement que leur esmotion ressentant vn peu à cest air maritime, ou pour mieux dire à ceste eau relente & croupie, sur laquelle leur ville est assise, a cuidé mettre en bransle toute la Chrestienté.

<small>Venise est la ville de l'Europe la plus libre.</small>

<small>Rien ne conuie tant les estrangers que la liberté.</small>

L'innocence des Peres Iesuistes en est bien tesmoin ; lesquels ils ont chassez de leur Estat, pour auoir esté obeyssans au S. Siege Apostolique, & auoir obserué par expres commandement de Paul cinquiesme l'interdict, que sa saincteté auoit denoncé contre ladicte Seigneurie. Bien que l'autheur nouueau de l'Histoire de Venise traictãt ce discours & l'accord entre sa Saincteté & ceste Republique, ait voulu dire, que le bãnissemẽt desdits Peres ne touchoit nullement à ce differant. C'est pourquoy il dit, que la Seigneurie pria sa Saincteté de ne trouuer mauuais, que le restablissement desdits Peres si affectionné par le S. Pere (& iustement) ne fust compris en leur accord. En fin on peut reprocher à ces bons Senateurs, qu'ils les reiettent, & que les Indois, Iapponnois & autres sauuages les reçoiuent, voire les Turcs. Car puis le 6. Septembre 1609. le

<small>Des Fougasses.</small>

grand Turc les a receus dans la ville de Constantinople à la priere du sieur de Salignac Ambassadeur pour le Roy vers le grand Seigneur, quelque opposition & mauuais aduis qu'ayent sceu escrire & former là-dessus les Venitiens.

2. Les galeres & autres vaisseaux à Venise nourrissent plus d'ames desbordees, que la ville de l'Europe la plus peuplee.

Or qui voudra rechercher la vraye raison de tout cela, pourra dire fort à propos, que la marine, les galeres sans nombre, les nauires, & autres vaisseaux infinis, qui nourrissent cent mille ames desreglees sans ame & sans foy; les Iuifs, les Anabaptistes, les Turcs, & tant d'autres diuerses nations, sont cause qu'ils n'ont presque autre poinct pour souuerain bien, que le commerce, la liberté, & tout ce qui est de l'academie d'Epicure.

Ie diray vn seul poinct de liberté, vsité parmy eux, fort peu seant à la grauité, de laquelle ces bons Senateurs & à demy Catons font tant de profession; c'est que la nuict de la veille de Sainct Marc, qui est leur feste, il est permis à tout le monde de mesdire de qui on voudra: tout de mesme qu'à Rome soubs le nom de Pasquin. Mais on dict que c'est à Rome seulement, & non à Venise: d'autant que Pasquin n'est gueres loing du grand Palais Sainct Marc.

Quelle folie en quel lieu que ce soit, de tenir ces statues de Bartholomeo Coglioni, di Marforio, de Pasquin & autres semblables, comme perrons de proclamations d'iniures, en vne ville si saincte, ou en cest autre si reglee, où il y a des Sages de terre, & des Sages de mer, pour pallier & couurir vne mesdisâce secrete? Pasquin couure tousiours son autheur; mais il descouure & publie l'iniure; & si elle est de bon rencontre par le moyen de la gazette, il la proclame par tous les quatre coings de l'Europe.

Tiraquellus de retract. in verbo finis. num. 60.

En voicy vn autre traict plus serieux. Ie trouue tres-rude & tres-iniuste le mauuais office qu'ils font à leurs parents, de ne pouuoir retraire par droict de lignage aucune chose vendue. Tellement qu'ils font gloire de vendre leurs biens en toute liberté, & ne veulent que l'acheteur soit euincé par ses parents ; car ce sont ceux lesquels le plus souuent ils aiment le moins. Et au contraire, ie trouue cest autre retranchement de liberté encore plus rude, duquel ils ont accoustumé d'vser enuers leurs Capitaines & chefs de guerre, qui gardent leurs forteresses, les tenant pis qu'esclaues ; c'est qu'ils iettent souuent vne telle deffiance sur les Gouuerneurs de leurs places & Chasteaux, qu'ils mettent à prix leurs testes ; affin de les obliger à n'en sortir iamais : les forçant de rechercher leurs plaisirs en ceste honnorable prison. Ce qui se practique aussi en quelques autres endroits d'Italie : car le Capitaine de Raguse est pris au sort, & mené la teste enueloppee au Chasteau.

Quant à leur noblesse, de laquelle ils font tant d'estat, elle est aussi desreglee que leurs opinions & maximes d'Estat. Le Venitien, qui vit beaucoup plus en marchant qu'en gentil-homme, & ne porte pas seulement son espee, aime mieux estre appellé & qualifié de ce nom de noble, que de celuy de gentil-homme. Et en France au contraire (& auec beaucoup de raison) le François ayme mieux estre appellé gentil-homme, que noble ; d'autant, qu'on baille ceste qualité de noble aux bourgeois roturiers, voire aux marchands, & mesme lors qu'ils ont quelque petite charge & magistrature populaire dans les villes. *3. Noblesse des Venitiens.*

Et si bien vn voisin de Venise nous a laissé par escrit que puis qu'il ne s'y trouuoit personne qui en eust jetté les premiers fondements, qu'il falloit necessairement que ce fust Dieu : & qu'elle auoit encor cest auantage, qu'elle n'estoit côme les autres villes simplemét arrousee de quelque riuiere : ains qu'elle seule estoit la vraye espouse de la *Cieco d'Hadria.*

mer; de laquelle tous les fleuues estant tributaires, on pouuoit conclurre qu'elle fust, comme elle est, la Royne de tous les fleuues. Pourtant ie trouue que nostre Poëte François a beaucoup mieux rencontré, disant, Que si la mer Adriatique est leur espouse; que le Turc en est l'adultere. Car il y rauage presque tout. Et qui pis est il tiét leurs ames, aussi bien que leurs moyens, en bransle & incertitude; qui est la plus pernicieuse Inconstance qui soit point. A la verité les Venitiens ont puissance de prohiber la nauigation en la mer Adriatique à qui que ce soit, sauf aux marchans, qui portent les prouisions de bled à Rome, & autres terres de l'Eglise.

Bonauent. Stacchus lib. de Nauigatione, num. 8. f. 324.

Quant à leur forme d'espouser la Mer, qui est leur grād' feste, en laquelle le iour de l'Ascension ils promenent dās le Bucentaure le Duc, & les plus anciens Officiers, ou Magistrats plus releuez de la Seigneurie; ausquels ils baillent ce nom vain, si enuié des sept Sages: car ils les nomment les Sages de mer, & les Sages de terre. C'est vne ceremonie si chetiue, comme i'ay veu l'an 1600, qu'elle est quasi plustost finie que commencee.

3. Les Ceremonies de la feste de l'Ascension à Venise, c'est fort peu de cas.

Et les deux poincts plus celebres d'icelle (osté quelques ceremonies de l'Eglise) qui sont la bague des nopces imaginaires, qu'on iette dans la Mer, & le festin est si peu de chose, qu'il y a plus de plaisir à l'ouyr raconter, qu'à le voir.

Car le Duc, apres quelque peu de Musique qu'on luy bourdonne aux oreilles dans ce Bucentaure, se tourne en arriere vers la prouë, & deux pilotes, qui sont aupres du gouuernail, luy ayant faict vne ouuerture derriere luy, iette vne petite bague de trois ou quatre escus, que trois ou quatre mille gondoles, si tant il s'en y pouuoit ranger à l'entour, vont cherchant, & y courent comme à vn grand butin.

Festin de l'Ascension à Venise.

Quant au festin, il y a cinq grandes tables dressees dans la grande sale, où on met dessus sur vne bien large assiette d'argent, de quatre en quatre, ou de six en six, selon la
lon-

longueur de la table, & le nombre de perſonnes, trois bou-
teilles de maluoyſie, & de vin, auec des verres, & vn petit
chauderon d'eau auec vne cuillier d'argent aſſez grande,
pour en prendre quand on veut ſoy-meſme. Car trouſſant
à l'entree le tout bien net ſur la table, il ne ſe trouue de là
en hors pas vn homme derriere pour les ſeruir; ains tous
les officiers ſont ſeulement tendus à porter viures : ſi bien
que ie vey faire plus de douze ſeruices, dont la rotiſſerie
non lardee à la Iuiſue eſtoit la premiere, puis le poiſ-
ſon, puis le boully ; puis la rotiſſerie recommençoit encore, & chaque ſeruice ainſi par trois, ou quatre fois
chacun.

   Et au deſſert (choſe ridicule) apres auoir ſeruy quelque
fruict, le plus indigne de ce lieu que ie vis onc, vn maiſtre
de ceremonies alloit demandant à chacun d'eux vn grād
mouſchoir, qu'ils auoient porté expres, & leur alloit remplir de maſſepain, ſur vne petite table qui eſtoit au milieu de la ſale. Mais celuy qui l'auoit oublié au logis, n'en
auoit point du tout. Car c'eſtoit choſe de conſerue, que
chacun emportoit en ſa maiſon. Et apres le repas, pendant le ſerment que les Officiers renouuellent au Duc
tous les ans, ou que les Officiers nouueaux ont accouſtumé de preſter pendant quelque mauuaiſe comedie, &
quelque ballet qui fut dancé par vn petit enfant Iuif, &
vne petite Iuiſue, la bouteille & les verres demeurerent
touſiours ſur la table à la Tudeſque tout au deuant le Duc,
le Nonce du Pape, & noſtre Ambaſſadeur, qui eſtoit pour
lors Monſieur de Villiers, de ceſte honnorable famille des *Le Sieur de*
Seguiers, maintenant tres-digne Preſident au Parlement *Villiers Am-*
de Paris; lequel durant toutes ces ceremonies, obligea *baſſadeur à*
vne infinité de François curieux, & particulierement *Veniſe en*
à moy, m'ayant faict donner place honnorable en tel en- *l'an 1600.*
droit que ie voyois aiſément tout ce qui ſe faiſoit dans la
ſale.

   Ie veis auſſi donner ſi peu de rang à des Seigneurs Fran- *C'eſtoient*
çois (la maiſon & merite deſquels auoit donné occaſion *Meſſieurs de*
Rohan.

Tttt

TABLEAV DE L'INCONSTANCE ET

à la Seigneurie de les conuier) qu'il fallut que Monsieur l'Ambassadeur, iustement ialoux de l'honneur de sa nation, s'en pleignit: si bien qu'ils furent sur le champ mis par ceremonie en autre table plus honnorable, que celle en laquelle on les auoit mis la premiere fois.

La parsimonie se promenoit par tout le festin: & trouue qu'elle paroissoit autant à l'endroit des personnes, que des viures; puis qu'il n'y auoit ame du monde pour les seruir: car deslors que les viandes estoient posées sur la table, chacun des seruants se retiroit, & n'y demeuroit aucun, auquel on peust demander seruice, ny office quelconque.

Ie trouue aussi bon le retrenchement qu'ils font de la dissolution de la pierrerie, qu'ils donnent à leur femmes, que ie trouue mauuaise leur parsimonie en festin si general, si celebre, & si exactement consideré par vne infinité d'estrangers, grands personnages qui y accourent de toutes parts, pour en considerer l'excellence ou les deffauts: Car estant là auec vne grosse troupe de gentils-hommes François, & tout le dehors du Iubilé de l'an 1600, & presque toute la plus noble troupe de deux Ambassadeurs, qui estoient venus iusques à Florence, traicter le mariage du Roy auec la Princesse de Medicis, & de là en hors à Venise, i'appris entre autres choses, que la femme mariee ne peut porter au col à Venise, qu'vn seul rang de perles, & encore l'espace de quinze ans & non plus; & la fille à marier, iamais.

Ie finiray auec ceste obseruation tres-veritable, que les nations se marquent les vnes les autres, comme bon leur semble, & prenant premierement pour eux les tiltres plus honorables & moins ressentans l'inconstance; ils fauorisent & gratifient encore les nations, qui leur sont les plus amies, des autres plus beaux tiltres & qualitez qu'elles peuuent trouuer. Et qu'il soit vray, voicy comment Louys Contarin Venitien les marque,

Luigi Contar. De l'eccellenza e virtu di molti uaturali.

Giudei inuidi e, prudenti.   *Sassoni amenti.*

Persiani perfidi & instabili.	*Pittaui duri.*	L'ordre est inepte, mais pourtant ie ne l'ay voulu changer.
Egitij astuti	*Scoti ussuriosi & fideli.*	
Greci bugiardi.	*Spagnuoli arguti.*	
Sarraceni crudeli.	*Inglesi sdegnosi.*	
Caldei sagaci e leggieri.	*Normandi rapaci.*	
Galli golosi & feroci.	*Napolitani ambitiosi.*	
Lombardi vanagloriosi.	*Romani graui.*	
Hunni crudeli.	*Assirij ingegnosi*	
Sueui immondi.	*Venitiani giusti.*	
Francesi feroci.		

Parce qu'il estoit Venitien il a pris le beau tiltre pour luy. Comme aussi le mesme Louys Contarin Crucigere, ou de l'ordre des Crucigeres (qui sont des religieux à Venise habillez de bleu auec la croix en la main) mit cest ordre duquel il estoit, deuant tous. Mais il ne dit pas que cest ordre fut reformé par Pie V. l'an 1568; lequel trouua mauuais que les Venitiens fourrassent dãs cest ordre tous leurs bastards, desquels il y a en nombre infiny à Venise. D'autant que les Venitiens ne se marient guere souuent; ou s'ils se marient, c'est vn seul en vne famille, & vne seule fois: C'est pourquoy Pie cinquiesme voulut qu'vn bastard ne se mist en religion sans dispense.

Vn autre Italien, Mario Equicola, a aussi parlé en gros de trois nations, & a pris le meilleur tiltre pour la sienne.

Nobili Itali.
Stolidi Galli.
Giattabondi Hispani.

J'adiousteray encore que l'humeur particuliere de toutes les principales villes & contrees d'Italie passe par inuectiue & conterolle d'Inconstance. Vn autheur Italien *de' Cieci*, dit qu'il né prenoit plaisir de voir, *il sgarbato vestir di quella ricca Corte di Francia, da mal conceriati colori distintto.* Mais il estoit aueugle; aussi s'appelloit-il *de' Cieci*; ou bien c'estoit son opinion, fondee sur la coustume generale des Italiens, qui vont tousiours vestus de noir, & non iamais de couleur, sauf de *berretino, & per voto.*

Tttt ij

TABLEAV DE L'INCONST. ET INST. &c.
Voicy donc comment il parle & blasonne les Italiens, & ceux mesmes de sa nation, & parauanture de son village;

  Il goloso & lussurioso Milanese.
  L'auaro Pauese.
  Il litigioso Piacentino.
  Il bizarro Parmegiano.
  Il bestemmiator Cremonese.
  L'otioso Mantuano.
  L'orgoglioso Ferrarese.
  Il cicalon Fiorentino.
  Il bugiardo & simulator Bolognese.
  L'vsurario di Genoua.
  I capi suentati di Modena.
  Il superbo Luchese.
  L'indiscreto Padouano.
  Il bestial Vincentino.
  Il licentioso Triuigiano.
  Il furioso Veronese.
  Il tenace Bresciano.
  L'inhumano Bergamasco.

Gabriel Simeoni nel Dial. Pio.

Vn autre Italien Gabriel Simeoni se feint que les Druides, qui estoient les Pontifes ou les Sages parmy nos Gaulois, n'estoit qu'vne poignee des gens, qu'on appelloit Druides, pource qu'ils se tenoient en la ville de Dreux en Normandie. A son aduis il y auoit és Gaules fort peu de Sages. Enfin il nous accommodent comme il leur plaist; mais il ne les en faut pas croire; ains il les faudroit plustost blasmer d'ingratitude; m'asseurant qu'ils se trouuent mieux de nous, & en France & en leur pays mesme, que de toute autre nation.

TABLEAU DE L'INCONSTANCE ET INSTABILITÉ DE TOVTES CHOSES.

Comparaison des Suisses auec les François, & autres nations : & de leur Inconstance.

DISCOVRS VII.

1. Cōparaison des Suisses auec la France, & autres nations.
2. Les Suisses sont portiers, ou gardiens.
3. Les Suisses en quoy louables.
4. On ne peut accepter en France vn chappeau de Cardinal, sans la volonté du Roy.

Es Suisses sont dignes de quelque consideration. Ils sont originaires de Sueue. Et comme la fertilité de plusieurs pays attire la descēte des estrāgers ; aussi tout à rebours l'infertilité du leur, est vne des plus grandes deffenses. Il n'y a rien à prendre ny glaner chez eux, que des pierres, de la nege, & des coups. Parmy eux les cinq petits cantons des montaignes, & les Grisons sont estimez les plus fiers & belliqueux : les autres sont aucunement addonnez à maintenir l'Estat Aristocratique, plustost que le populaire.

Aucuns disent d'eux, & auec quelque apparence, les

1. Comparaison des Suisses auec la Frāce, & autres nations.

Tttt iij

voyant logez en vn pays si rude, que la seule malaisance du lieu les rend & met hors de prise. Ils sont perchez dans des petites logettes à l'abry des vents, sur les plus hautes montaignes ; & diroit-on que l'humeur de ces peuples anciennement estoit de s'approcher du Ciel & des nues, & aller à mont, tant qu'ils pourroient : viuant en cette creance, que ceux qui habitoient aux plaines estoient barbares ou sauuages, & de beaucoup inferieurs à eux. Cette hauteur est cause, que volontiers, apres s'y estre esforez iusqu'en certain aage, ils vont par apres busquant fortune par toute l'Europe, & se rendent ou pensionnaires, ou gardiens. Ce ne sont pas hommes de Soleil ; car ils demeurent perpetuellement à l'ombre sous les portiques ; tousiours muets & en silence, pour la difficulté du langage, & sans autre dessein quelconque que de rouler.

Or c'est vne trop grande pusillanimité & notable Inconstance, de quitter sa patrie, & cet amour & inclination naturelle, qui a sa racine dans le cœur de chacun, comme ils font : mettre son sang aux encheres, & le donner à qui plus leur donne, se faire meurtrir aux armees pour les querelles d'autruy, où ils n'ont ny interest, ny passion fondee sur raison valable. Ils prennent la garde de tout le monde, parce qu'ils prennent argent de tout le monde. Et quand ils ne bougent de chez eux, ils sont pensionnaires & seruiteurs d'autruy. De maniere que se prostituant ainsi à la garde de la vie & Palais de tous les Princes & Monarques, leur alliance se peut beaucoup plus proprement estimer vn commerce, ou location non du tout volontaire, qu'amitié : veu que le seul profict les range à prendre ainsi toute sorte d'auanture, pour vile qu'elle soit. Et croy que s'ils ne rendoient leurs peuples mercenaires des Princes estrangers pour les seruir en guerre, ils ne viuroyent entre eux sans guerre. Ainsi ce sont les concierges & geoliers volontaires des autres nations ; les portiers

Les Suisses sōt concierges, portiers, ou gardiens.

generaux de l'Europe. En fin, ce font des fouffre-douleur, des ames qui reçoiuent aifément toutes couleurs, & s'expofent volontiers à l'encan de leurs plus cruels ennemis.

Et bien qu'on puiffe dire en quelque façon & prendre à leur auantage, que toutes les nations, voire la France & l'Efpagne, (les deux plus puiffans Eftats de la Chreftienté) leur foient comme tributaires : attendu que pour les contenir il faut fe lier & faire vne infinité d'alliances auec eux : fi eft-ce qu'on peut encore refpondre, que fi ces alliances ne font renouuellees à chaque bout de champ, ils fe trouuent fi capables de trouble, & fi muables & changeans, qu'ils ont defia pris habitude de courir toufiours à celuy qui leur fait meilleure condition. *Les Suiffes sõt recherchez de tous les grãds Princes de l'Europe, qui font cõtraints de faire ligue auec eux.*

On leur met auffi en reproche, qu'ils n'ont vne vaillance pleniere & vniforme, & qu'ils ne font vaillans qu'en certains lieux, en certaines contrees, & en certaines occafions : car ils ne vont iamais fur mer; ils font du tout terreftres. Ils ne vont iamais, ou fort peu aux affauts, où fe font les perilleux exploits de guerre. Ils font ordinairement pietons, oppofez à la caualleriee, qui eft la plus noble piece de nos armees. Ils font au refte fi groffiers, qu'on ne les peut employer qu'en vn meftier, ou à les faire huiffiers, ou à garder le canon. Car ils font impropres à garder les places, & à commander aux armees. *Que la vaillance des Suiffes eft locale, & partant qu'elle n'eft en tout & par tout femblable, egale, ne vniforme.*

Ils font incapables de police & de magiftrature ciuile ; & ne paruiennent iamais ny à Rome, ny ailleurs hors leur patrie aux grandes charges & dignitez. Ils n'ont ny ciuilité ny conuerfation, comme gens du tout defnuez de la cognoiffance des lettres. Au furplus, ils fçauent bien prendre à toutes mains, & de tout le monde; mais ils ne fçauent, ny n'ont le moyen de rien donner : ils rampent & viuent, & encore peu honorablement, parmy le peuple ; mais c'eft tout.

TABLEAV DE L'INCONSTANCE ET

3. Les Suisses en quoy louables.

Neantmoins si on doit estimer le peuple, qui retient le plus de cette premiere naifue & naturelle liberté, sous laquelle chacun desire de naistre, viure & mourir, on diroit que cette debonnaire nation le doit emporter. Car ie croy qu'à simplement peser leur forme de viure pesante, massiue, & toute naturelle, en verité aucune nation ne semble estre moins remuante, moins desireuse de changement, ny plus exempte de perfidie que celle-là.

Le Suisse préd de toute sorte de Princes.

Ie ne puis passer sous silence combien l'humeur des Suisses en vn certain poinct est esloigné de l'humeur du François; qui a pour reglement particulier de ne receuoir present quelconque de pas vn Prince estranger : tout à rebours du Suisse qui prend de toutes sortes de Princes. Or le François le fait pour oster & reietter entierement les violents soupçons, esquels les presents ainsi receus nous iettent enuers nos Princes naturels. Car c'est le payement & le prix duquel on achepte les affections és Royaumes & Estats voisins. Pour le moins fait cela vn grand effect enuers les malcontens. Les liberalitez des Princes estrangers sont des iniures qui reiaillissent & sur le subiet qui reçoit, & sur le Maistre de ce subiect; lequel estant tasiblement taxé de ne sçauoir donner à ses subiets, conuie les Princes estrangers de reparer son defaut, & ses subiets de recourir à eux.

Ce n'est pas tout; car les dignitez les plus releuees, qui ne sont que bien-faicts & gratifications des saincts Peres & de l'Eglise, sont en refus en France, aussi bien que les autres presents venans de main estrangere. De manie-

4. On ne peut accepter vn chapeau de Cardinal en France sans la volonté du Roy.

re qu'on ne peut en ce Royaume accepter mesme vn chapeau de Cardinal, sans la volonté ou permission du Roy. Et de faict le Pape l'enuoyant à quelqu'vn en Frãce, ou le Roy le luy donne & presente luy-mesme, parce que par auanture il l'a nommé; ou permet qu'il luy soit baillé en sa presence.

Si bien qu'on a trouué mauuais qu'vn homme d'honneur se soit dispésé iusques-là, que de l'accepter sans auoir esté

esté nommé du Roy, par la nomination & volōté duquel tous les presents & bien-faicts des estrangers doiuent premierement passer.

Il en faut excepter les Ambassadeurs, lesquels peuuent receuoir des presents des Princes, ausquels ils sont enuoyez, sans estre subiects à toutes ces precautions. Comme aussi les Cardinaux François, ne sont subiects au *para bien*, qu'on dict que le Roy d'Espagne enuoye à la plus part des Cardinaux nouueaux, autres que François; leur tastant le poux par la seule presentation, & leur desrobant le cœur par l'acceptation. Mais c'est parce que les François ont vn bon maistre.

Les Ambassadeurs de France peuuent receuoir quelque present.

On ne doit pas mesmes receuoir vn billet, ny vne lettre d'vn Prince estranger sans la communiquer à son Prince, si elle est tant soit peu importante : de peur que ce ne soit vne amorce. Et n'agueres vn tresfidelle Seigneur en France, & bien entendu au seruice qu'il deuoit à son Roy, receuant vne lettre d'vne communauté qui tenoit autre party que le sien ; ayant creu, & tres-iudicieusement, qu'elle contenoit quelque priere pour interceder enuers sa Majesté, & la supplier de quelque chose qui pouuoit en quelque façon que ce fust luy estre desplaisante, enuoya au Roy la lettre close (car il sçauoit d'ailleurs ce qu'elle contenoit) & tout en la mesme façon qu'il l'auoit receuë. Et bien qu'à l'auanture n'y auoit-il rien dedans que priere & submission, si est-ce que sa Maiesté en trouua merueilleusement bonne sa discretion, & luy fit cognoistre qu'il auoit eu beaucoup de plaisir de ce qu'il en auoit vsé si prudemment.

Monsieur le Mareschal Dornano.

Sur tout, les officiers de la Couronne, comme les Pairs de France, la Cour des Pairs, qui est le Parlement de Paris, ny autres compagnies souueraines de ce Royaume ne peuuent prendre present quelconque sans expresse permission du Roy. Et de faict, le Roy Charles cinquiesme octroya Lettres patétes aux quatre Presidens & à aucuns Conseillers de la Cour de Parlement de Paris, pour receuoir quelque vin, que la Royne de Sicile sa tante leur enuoyoit de present.

Donc le Suisse, beaucoup inferieur aux autres nations, ne peut entrer en comparaison auec le François. Son humeur est trop seruile, & celle du François trop franche, noble, & ennemie de contrainte. Et tant s'en faut que le François se peut accommoder à garder la porte, quand vn Prince passe; qu'au contraire il se fasche l'accompagnant tousiours (parce que la compagnie de son Maistre luy plaist) d'en tenir la tapisserie. Moins sçauroit-il se tenir à la porte d'vne chambre du Conseil d'vn Prince, ou grand Seigneur, prester l'oreille, & estre tousiours aux escoutes pour leur leuer la portiere, sans que la clochette sonne, comme font les Italiens & Espagnols : qu'au contraire il se fasche qu'il ne soit le premier de ce Conseil qui se tient au dedãs. Ce n'est point son humeur d'estre portier, comme le Suisse & l'Alemant; ny estaffier, comme l'Italien & l'Espagnol, lesquels s'y emploient si vieux, que ie me suis estonné cent fois à Rome, comment messieurs nos Ambassadeurs pouuoient trouuer des gens d'vn tel aage, & à si bon marché qui en voulussent faire le mestier. Nous auons veu chez eux vn petit Corps de garde composé des Suisses, & vn autre d'estaffiers, vieux barbus & vestus de liuree, comme des laquais, qui auoient entre eux Doyen & Sous-doyen, lesquels prenoient à poinct d'honneur, & tenoient monsieur l'Ambassadeur presque comme obligé d'y employer autres qu'eux, lors qu'il falloit faire quelque legation de courtoisie, qui se fait souuent à Rome; mesme lors que les Ambassadeurs rencontrent en vne rue estroicte quelque Cardinal, ou Prince. Car il se faut enuoyer des paroles de courtoisie, & des licences les vns aux autres; si bien que la suffisance du Doyen des estaffiers, auquel toutes ces petites legations de la maison & du rencontre du carrosse sont deuës, ne peut estre reuoquee en doute; ains pour insuffisant qu'il soit, son maistre est obligé le faire comme second Ambassadeur : bien que nul

INST. DE TOVTES CHOSES. LIV. IV. 454

d'eux ne couche, ne boiue, ne mange chez le maistre, & particulierement le Suisse n'a passé iamais la porte qui luy est donnee en garde, ne monte iamais haut, & ne recognoist, ny ne voit son maistre, s'il n'entre, ou sort hors la maison: chose si contraire à l'humeur du François, comme tenant trop de la submission, qu'à peine le gentilhomme, ou petit Seigneur vn peu releué peut-il souffrir d'estre valeté, ny porter ce nom (anciennement si rare, & si honorable aux plus grands) de valet de châbre du Roy.

TABLEAV DE L'INCONSTANCE ET INSTABILITÉ DE TOVTES CHOSES.

Que le reproche de l'Inconstance est honorable, puisque la beauté de tout ce qui est en la Nature, consiste en vicissitude & variation.

Discovrs VIII.

1. Que le reproche de l'Inconstance est honorable, puis que le beau, le bon & le vray estre des choses consiste en diuersité & variation.
2. Que les Elemens, & presque toutes autres choses produictes par la Nature changent; partant l'home ne doit estre blasmé de changer.
3. Autre chose est Inconstance, autre chose le changement & vicissitude des choses.
4. Qu'il faut varier par occasion.
5. Belle & veritable deuise du Palais du Prince d'Oria à Gennes.

1. Que le reproche de l'Inconstance ne peut estre que fort honorable, puis qu'elle cõsiste en variation.

MAis quoy, repliquent sans raison & mal à propos les nations qui aiment le chãgement, faut-il tant se rompre la teste pour fuir ce reproche d'Inconstance? N'est-ce pas le vray & le plus asseuré cours des affaires du monde? L'Inconstance & l'inquietude ne sont-elles pas plus vtiles que la Constance & ce lasche repos, qui ne sent qu'au relent, lequel laisse moisir toutes choses, qui ne prennent le tour qu'il faut? Cette varieté, ce tournoyement continuel, & cette imperceptible absence & presence de toutes choses, estre & non estre, estre vn peu, par fois vn peu plus, par fois à demy, par fois tout, n'est-ce pas toute la beauté & vray lustre du plus beau visage de ceste machine ronde?

Espeluchons les choses en particulier. Si l'air n'estoit agité des vents pour se purifier, il deuiendroit infect. Si le feu n'estoit nourry, attisé & harcellé, il n'auroit ny flamme, ny lueur, si la Mer n'auoit flux & reflux, & si celle qui n'en a point, ou ceste autre qu'on dit estre Mer morte, & n'auoir point de vent, n'estoit battuë par les rames, elle ne nous sçauroit conduire au port. Si la Terre n'estoit bouleuersee & tournee sans dessus dessous, elle ne produiroit que ronces. Si elle n'estoit fouillee iusqu'au plus profond de ses entrailles, il ne s'y trouueroit or ny argent, ny autre metal. Si les Cieux ne rouloient auec des mouuemens si rapides, que les yeux de l'homme mortel s'y trouuent aueugles, ils ne pourroient engendrer cette varieté qui embellit toutes ces belles voutes & ce lambris celeste, Si le Soleil demeuroit fixe, & ne rouöit incessamment, il ne pourroit esclairer le Ciel, ny assaisonner la Terre; ains sans rien produire, ne seruiroit qu'à nous estouffer, brusler & allangourir. Si la Lune n'estoit errate & subiette à changement elle ne pourroit estre appellee le Soleil de la nuict; & ne gouuerneroit les comptes, la datte de nos iours, de nos ans; ne seroit la maistresse des ceremonies des festes & des solemnitez. Si les Nues n'estoient poussees par les vents, elles ne pourroient disposer la Terre à nous porter du fruict. Tout ce qui se seme sur la terre ne peut germer, si premierement il ne se dissout. Toutes choses se conseruẽt en se perdant, & reprennent vne nouuelle forme en mourant. Si le Soleil ne se plonge dans l'Ocean, il ne sortira du sein de la belle Aurore. Il faut presque tuer vne chandelle à force de la mouscher, si on luy veut donner vne claire lumiere. Les fleurs se doiuent couper pres de leur tige, si on veut qu'elles reuiennent vne autre fois en beauté. L'hyuer les arbres cachent leur vigueur, & font mine

2. Que les Elemens, & presque toutes autres choses produites par la Nature changent; partãt il semble que l'hõme ne doit estre blasmé de changer.

Pagination incorrecte — date incorrecte

NF Z 43-120-12

d'arbres secs, & ne se hastent de sortir de peur de geler. La mer *ludit & mergit, tranquillat & furit*: c'est l'esbattement de nostre humanité, laquelle se plaist de tremper nostre rire dans nos larmes, & les ioües encores moites de nos pleurs, rappeller la ioye & le rire. Dauantage, ce qui croupit en oysiueté ne profite rien à autruy, & si s'offense soy-mesme. Car le champ qu'on laisse en repos s'abastardit; l'eau croupie s'empuantit, l'air immobile se corrompt, le feu languissant s'esteint, le fer non exploité se rouille, le bled non remué se gaste, les habits non secoüez engendrent les teignes; & tous instrumens non maniez se perdent & consument à la poussiere: l'homme mesme, pour si habile qu'il soit, non employé s'abrutit. Il y a en nos ames quelque naturel appetit ou desir de changer: car Nature a donné à l'homme quelque ame mobile & inquiete, laquelle ne se tient iamais en soy, ains s'esparpillé vagante & ennemie de repos, se baignant de plaisir en la nouueauté de toutes choses: la raison est, par ce que nostre ame deriue de cest Esprit celeste: or la nature des choses du Ciel est d'estre tousiours en bransle & remuement. *Cœlestium natura* (dit le Sage Stoïque) *semper in motu est, omnia voluuntur, semper in transitu sunt, & aliunde alio deferuntur.* Ainsi il ne faut trouuer estrange, si les choses de ce Monde, qui ont dependance du Ciel, se remuent incessamment, ne font que passer & repasser, & comme la loy & necessité de la Nature l'ont ordonné, les choses procedantes de diuerse source sont transportees en quelque autre source.

Il faut donc changer & varier quelquefois selon les occurrences, & prendre à tiltre honorable le reproche qu'on fit à Leontychidas Lacedæmonien, d'estre variable, & de diuers plis à toutes occasions diuerses; Ouy, dit-il, ie veux changer & me diuersifier; mais non par malice, ains pour m'accommoder à la diuersité du temps. Il faut laisser ces statues en leur dureté, qui croioient que les choses, quand elles estoient vne fois bien faictes & establies, ne pouuoient, ny ne deuoient se changer iamais plus qu'iniustement; & les faut renuoyer par ceste belle resolution de sainct Augustin, *Quòd etiam rectè antè fuerat, ita mutari vera ratio plerunque flagitat; vt cùm ipsi dicant rectè non fieri, si mutetur, contra Veritas clamet, rectè non fieri, nisi mutetur: quia vtrumque tunc erit rectum, si erit pro temporum varietate diuersum.*

S. August. epist. 5. ad Marcellum.

Or puis que tous les Elemens, ny la plus-part des choses, qui naissent & sont composees d'eux, ne peuuent faire iouër leurs ressorts sans quelque espece d'inconstance; il ne faut trouuer estrange que l'homme, qui en est composé, en vse aussi. Il n'est pas raisonnable que les Cieux tournent sans cesse, & que la volonté de l'homme demeure immobile. Il est à propos que la Nature nettoye en quelque façon tout ce qu'elle a engendré; ou estant vieux, qu'elle le renouuelle & rajeunisse; soit en laissant la vieille peau & escorce, comme les arbres, & les serpents; ou chassant l'ordure par dessus, comme le vin; ou par dessoubs, comme l'huile; ou par le millieu, comme le miel; ou par dedans, comme les animaux; ou par les extremitez & par dehors, comme la Mer, ou par l'entour, comme l'Air.

Mais tout cela ne se peut, à vray dire, nommer inquietude; ce sont inconstances mal prises: car ce ne sont que flux & reflux. Le mont, la valee, & le plain; le tour, le demy tour, & le retour des choses, ce sont ordres & dispositions naturelles; par lesquelles Dieu a voulu que la Nature marchast reglément, pour produire toutes especes & indiuidus. Ce sont vicissitudes reglees, & non mutations fortuites & violetes. Ce que nous pensons estre inquietude & desordre, c'est l'ordre & la disposition, que la prouidence du Tout-puissant a donné à chaque chose grande, ou petite pour faire sa fonction, & profiter à l'homme, creature de Dieu & son image; au profict & seruice duquel il a creé & asseruy toutes choses.

3. Autre chose est Inconstance, autre chose changemét naturel, ou vicissitude des choses.

Si bien que ie confesse que par occasion iuste & legiti-

4. Il est loisible de varier par occasion.

me il faut estre Polype, Chameleon, Protee, Vertumnus & chose semblable: puisque, comme dit Lucian au Dialogue qu'il appelle le Pescheur, entre plusieurs matrones, qui sont mouuantes, la Verité mesme est celle qui l'est le plus; estant vestue de couleur changeante, & d'vne robe teinte en plusieurs couleurs; non par ce qu'elle n'est pas aisee à trouuer auec tant de desguisemens; mais par ce que les Sages mesmes la presentent & proposent en plusieurs façons, & visages diuers. A quoy se rapportant aucunemét S. Augustin, dit que Protee soustient & represente la personne de la Verité, laquelle n'estant qu'vne & toute simple, se monstre neantmoins double, triple, & en cent mille manieres & replis. Ce n'est pourtant que la Verité soit inconstante; ains ce sont ceux qui la nous presentent, qui la peignent, comme il leur plaist, la desguisent, voire la fardent & plastrent, & font que bien souuent on ne recognoist son vray visage.

S. Augustin liu. 3. contre les Academiques.

Il y a bien plus dequoy s'estonner du changement de l'homme, nay & accompaigné de la raison, laquelle il peut & doit mesler en tous ses mouuemens, & la prendre pour guide de la varieté & repugnance de ses mœurs, & des diuers effects que les Vertus, mesmes contre toutes raison, produisent en iceluy. C'est vn grand cas que les meilleures choses du môde, & ce qui semble estre parmy le côerce des hômes en plus grande recherche, & de plus haut prix, engendre & prend vn visage si contraire par le moyen de nostre Inconstance, que le bien semble engendrer le mal, & chaque vertu certain vice. Car la vertu en general engendre l'enuie, & en particulier la verité la hayne, la chasteté la vaine gloire, la force l'iniustice, la familiarité le mespris, la prosperité l'aueuglement, la grandeur la mescognoissance, la Royauté la tyrannie, l'amitié le faux amour, l'amour la ialousie, & cent mille plaisirs illicites. Et comme dit Socrates dans Xenophon, les plus belles Nymphes, qui sont les Vertus, engendrerent iadis les Faunes, les Satyres, les Silenes, les Centaures: la science le doute,

Il semble que le bien engendre le mal, & la vertu le vice.

te, la dispute l'altercation, la Religion l'hypocrisie, la superstition & l'heresie ; la beauté produit l'adultere, la noblesse l'ostentation, l'oppression l'insolence, la richesse l'auarice, & l'auarice l'indigence, la vaillance la mort, & la mort en duel (estimee entre les vaillans, mais superbes, vains & peu craignans Dieu, la plus honorable) met l'ame en duel auec Satan : la ieunesse produit la licence & le débordement, la santé la desbauche, le vin l'intemperance, l'abondance le contre-cœur. En fin du trop grand plaisir naist & s'esclot le desplaisir.

Ainsi qui penseroit tenir tout ce grand concours & remuement des affaires du monde en regle, arrester & tenir en discipline la volonté de l'homme, & l'affermir en quelque juste & certain poinct d'arrest, qui fust & montast iusqu'au plus haut degré de perfection, ce seroit tout autant que vouloir enfermer de l'eau dans le poing, clorre les vents dans vne cage, serrer des charbons dans la bouche, cacher des flammes dans le sein, & vouloir embrasser les ombres, ou courir vainement apres: si ce n'est quelque grace singuliere & priuilege de Dieu. *Qui penseroit tenir ce grand cours des affaires en discipline, & reduire l'hōme à ne laisser eschaper rien qui ne fust parfaict, seroit le tirer du tout de l'humanité.*

Nous n'auons pas tousiours mesmes inclinations ; aussi ne sommes-nous pas entournez de mesmes auantures. Toutes occurreces ne sont pareilles. Les affaires du monde se presentent & à eux & à nous-mesmes auec diuers visages & aspects : qui fait que nous ne les regardons pas de mesme œil, ny ne les traictons de mesme main. Les affaires ont diuerses carrieres ; chacun y court par tel endroit qu'il veut ; sans estre obligé à tenir mesme route : l'importance est de bien choisir, & enfiler la plus droicte. Nos affections, nos volontez & nos desirs n'ont point de domicile certain. Merueilleuse inscription d'vn des plus beaux Palais de Gennes (*Nulli certa domus*,) basty à neuf par vn de ces citoyens autrefois des plus releuez, auec quelque preuoyance qu'il la bastissoit pour autruy. Et defaict elle chāgea bien-tost de maistre : car puis quelques années c'est le Palais du Prince d'Oria, lequel iudicieusement n'en a *Le Prince d'Oria ayant acquis vn des plus beaux Palais de Gēnes, où celuy qui le fein bastir auoit faict mettre pour deuise (Nulli certa domus) ne l'a iamais voulu oster.*

voulu effacer la deuise; craignant qu'il n'en soit quelque iour depossedé luy-mesme.

C'est pourquoy les affaires nous contraignent le plus souuent de mener vne vie changeante, & mouler la matiere selon le modele; prendre autant d'eau que le vase que nous auons à de capacité : comme dans les bains naturels, la source passant par vne bouë chaude, ou par vn sable mouuant, fait doucement playe au corps, à la iambe, ou à tout autre membre qu'on y plonge.

Ainsi c'est prudence és choses, qui ont vne necessaire vicissitude, d'en choisir le vray poinct, & les arrester en leur meilleur estre. La Fortune variable a beau tourner la boule des accidents humains; si faut-il qu'en fin elle s'arreste. L'importance est que le lieu de son arrest soit sans espines, qui nous empesche de donner vn rendezvous à nos affections en quelque lieu de repos, aussi bien qu'aux autres nations.

Cicero lib. 2. de Oratore. Idem Phil. 2.

Ciceron accuse ces nations de barbarie, lesquelles ne viuent que du iour à la iournee. Et parlant à M. Antoine si inconstant, qu'il ne songeoit qu'aux choses presentes, & qui n'estoient simplement que de la iournee, & non à celles qui visent à l'Eternité; *In diem viuere* (dit-il) *barbarorum est; nostra consilia sempiternum tempus spectare debent.*

L'ardeur des chiens acharnez apres les bestes leur esteint la veuë, & les aueugle : de mesme fait l'ardeur auec laquelle nous courons aux diuers obiects, qui sont les bestes apres lesquelles nous-nous acharnons; leur varieté nous offusque, le lustre nous esblouyt, la multiplicité nous aueugle.

La Constance est l'ame de toutes les vertus. C'est elle qui leur dône la marque & le seau.

Et s'il est vray ce qu'aucuns soustiennent, Qu'il n'y a qu'vne seule vertu, distincte seulement par ses diuerses operations, qu'on peut vrayement appeller Vertu vniuerselle; ie croy que c'est la Constance, qui donne vniuersellement & nettement le nom & le tiltre à chasque vertu. Car quiconque veut qu'on croye qu'il est doué de quelque vertu que ce soit, il faut que la Constance interuienne, & qu'elle le face declarer constamment tel, &

marqué de ceste vertu. C'est celle qui leur donne la marque & le seau ; veu que toutes les vertus sont en tenebres chez quelque belle ame que ce soit, si elles ne sont esclairees du clair flambeau de la Constance, qui les fait voir clairement, & les distingue vne à vne; mais ce clairement, c'est entant que nostre humanité le peut permettre.

Or apres tout, encore qu'il semble que ie n'aye voulu iusqu'icy qu'espelucher les defauts des principales natiōs de l'Europe, si ne suis-ie pas si passionné de ma nation, que ie ne recognoisse quelle a aussi ses defauts. Puis qu'il n'y a personne qui ait vn peu mis le nés dans les liures de Theologie, qui ne sçache que Dieu mesme (bien que tout-puissant) ne peut faire vne creature raisonnable ou intellectuelle, laquelle consideree seulement en soy, & en ses propres & seules forces naturelles, soit indeffectueuse & sans imperfection. Ce qui ne prouient pas que Dieu ne soit tout-puissant; mais de la nature de la creature en soy-mesme. Car il n'y a chose indeffectueuse & impeccable par nature que Dieu seul. Ie dy donc que par experience, & par l'histoire nous recognoissons que nostre nation est plus propre, & sçait mieux acquerir que conseruer. Ce qui se peut attribuer en partie à sa nature, laquelle au commencement prompte & ardente vient à la suitte à se relascher & refroidir. Ie dy en partie; parce qu'à la verité souuentesfois cela est prouenu & prouient de la ruse & mauuais artifice de ses ennemis. Car comme la nation Françoise est douëe d'vne candeur & syncerité naturelle, (ce que toutes les autres nations luy cōdonnent,) elle estime que tous ses ennemis sont semblables à elle; & qu'on ne traictera en autre maniere auec elle qu'elle voudroit traicter auec les autres. D'où vient qu'à la longue elle se treuue deceuë & desmise des lieux qu'elle auoit acquis, pour forts & imprenables qu'ils soient. I'en pourroy apporter plusieurs exemples, s'ils n'estoient assez cogneus par ceux qui sont versez en l'histoire. Chacun sçait bien les simulations, finesses & mauuais tours, desquels Alexandre

D. Thomas prima parte q. 63. art. 1.

sixiesme, & Ludouic Sforze vsurpateur du Duché de Milan, vserent contre Charles huictiesme Roy de France, & leur façon de faire si stellionaire & inconstante, se liguant & reuoltant contre celuy qu'ils auoient eux-mesme appellé & faict semblant de fauoriser en la conqueste du Royaume de Naples. On sçait combien de fois le bon Louys douxiesme (vrayement digne du nom de Pere du peuple) fut indignement pippé par les artifices du Pape Iules second. (Ie ne touche poinct à la spiritualité; ie parle seulement des choses temporelles.) Car il fut cause que ce bon Roy perdist tout ce qu'il auoit acquis en Italie. I'en dis autant des traicts malicieux & perfides de Ferdinand, surnommé le Catholique, Roy d'Aragon & de Castille; desquels il vsa si souuent contre le mesme Louys douziesme. Ie pourroy pareillement me seruir de l'exemple de Leon dixiesme; lequel ioua aussi des siennes enuers le Roy François premier. Car il fut cause qu'il perdist sa Duché de Milan, qu'il auoit reconquis.

Et nos bons Roys apres s'estre apperceus de tant de diuerses fraudes, en eussent bien peu tirer raison, n'eust esté le respect qu'ils ont tousiours porté au sainct siege, comme doit faire tout bon Prince Chrestien : mais ils ont mieux aimé s'en remettre au Tout-puissant, lequel fait bien souuent paroistre que tous ces artifices luy sont desplaisans. Et pour taire d'autres exemples, & ne m'escarter des premiers, Alexandre sixiesme mourut miserablement empoisonné *in fallo*, & par inaduertence, par le mesme poison que son fils scelerat, le Duc de Valentinois, auoit preparé pour oster de ce monde le Cardinal di Cornetto. Ludouic Sforze finit ses iours infortunez en vne tour de la ville de Lyon, apres vnze ans de prison continuelle. Leon dixiesme desmesurément content de la perte du Roy François premier, fut si outré de ioye qu'il en mourut dans trois iours apres en auoir sceu la nouuelle; & Ferdinand n'eust pas ce bien ny cette grace de Dieu de laisser lignee de son corps, qui peust iouyr apres sa mort de ses iniustes conquestes.

Et pour reuenir à nostre discours de la candeur, franchise & sincerité des François, il semble qu'on leur peut appliquer bien à propos ce traict de ce grand Salomon, *Qui ambulat simpliciter, ambulat confidenter*: & au contraire aux autres nations, & sur toutes à l'Italienne & l'Espagnole, cest autre, *Vir duplex animo inconstans est in omnibus viis suis*. Car Iac.1. cap.7. estant tousiours doubles, ils se trouuent aussi tousiours diuers & incertains & variables. Le François procedant auec simplicité marche confidemment & va rondement en besongne. L'Italien & l'Espagnol doublons cherchans la duplicité, marchant comme Cyclopes à tastons & replis, cherchant en tous affaires les obscurcissemens, les nœuds, les ænigmes, les equiuoques, les voyes obliques, vont à l'entour du pot & presque tousiours en serpentant.

Quant aux autres deffauts qu'on impute à la nation Françoise, affin qu'il ne semble que ie les vueille excuser de tout en tout en les desniant, i'ay desia prouué clairement qu'estant mis en comparaison auec ceux des autres nations, il se trouuera qu'ils sont ou beaucoup moindres, ou de moindre importance.

Ie ne veux pourtant le faire autre qu'il est; & persistant en ma premiere proposition, Que nul pour si accompli qu'il soit, n'est parfaictement constant; ie me contente de l'exposer en ce Tableau doué seulement d'vne Inconstance plus tolerable, ou moins preiudiciable que celle des autres. Car certainement tout bien espeluché & balancé, il se trouuera que son entendement n'est pas le plus mal monté, ny son esprit l'instrument le plus subiect à debander: ains que son ame est la moins destrempee dans les legeretez; la moins distraicte & preoccupee de diuers obiets, la moins subiecte à combustion & brouillerie; bref qu'en tout ce qui est du mal faire, tous les autres ont l'ame beaucoup plus hardie, biaisante & trauersiere.

Ce sont ces autres nations, lesquelles dans le tortu labirynthe de ce Monde s'escartant du vray chemin de la Constance, n'enfilant qu'vne faulse route, n'y peuuent trouuer qu'vn faux repos, le vray logis de l'Inconstance: dans lequel l'homme volage se trouue seulemét à l'entree & sur les premiers degrez, lors qu'il pense estre à l'issue : & dés le premier pas sa legereté le poussât tousiours en auāt, sans quasi iamais pouuoir reculer en arriere, il s'estonne, au second il s'engage, au troisiesme il s'enferme, au quatriesme il se perd, & hors de toute retraicte demeure garrotté dans le centre.

Le François a donc moins de batement de cœur que ses voisins. Ce sont les Espagnols & Italiens rechercheurs de hautes veuës, lesquels n'estimans rien qui ne soit esleué, ont au deuant d'eux de plus grands precipices qui les menacent à toute heure, que non le François, qui se contente de voler vers sa mediocrité, sans s'esleuer si haut, que sa cheute en puisse estre mortelle.

Tant y a, ceux qui entendent bien les commentaires de Cesar, Tite Liue, & autres autheurs, qui ont mesdict des Gaulois, & nous ont tenus pour volages: & ceux qui apres nous ont exactemét recherché les mœurs des anciens Fráçois ont monstré clairement, qu'apres qu'ils nous auoient appellez inconstans & volages, ils adioustoient en s'interpretāt, adonnez à mutation, inquietes & desireux de choses nouuelles : voulans dire, suyuant l'adis de Trebellius Pollio, que toute nostre inconstance ne consistoit qu'en cette enuie & volonté continuelle, qui nous suiuoit par tout, de secouër le ioug de l'Empire Romain. Tellement qu'ils ne nous ont iamais sceu tenir si estroictement liez, que nous ne fussions tousiours en brâsle de recouurer nostre liberté, comme nous auons faict depuis. Si bien que Saluste, Caton mesme & Vopisque en la vie d'Aurelian louent infiniement nos anciens Gaulois, & en parlent si auantageusement que c'est vergongne apres des autheurs si notables, de nous tenir pour autres, que pour vaillans, religieux, & constants.

Sus donc, François, qui pour ce qui est du commerce de la terre, & de ce qui roule icy bas parmy les mortels, ne recognois autre Dieu des Anciens (parlant en leur façon) que le Dieu Mars, qui desdaignant le Dieu Ianus (la France ayant tousiours tenu les Dieux à double visage pour ennemis) ne tiens en ta derniere disposition, & n'en recognois d'autre pour legitime heritier que Mars; n'honores, ny n'en gratifies d'autre, suiuant l'humeur des anciens Gaulois tes progeniteurs.

Sus donc, continue tousiours à faire voir à tes ennemis, que leurs ouurages variez & madrez sont plus ouurages de marqueterie, & de plusieurs pieces que les tiens. Que tes actions sont actions solides, ennemies du vol, & non emplumees comme les leurs. Fay voir à tout le monde que les François ne sont pas les plus mauuais Halcyons qui habitent sur la mer inconstante de ce Monde, & qu'ils sçauent, quand il est besoin, mieux que les autres amonceller les buchetes des passions humaines, & reduisant leur diuersité en vn, bastir au millieu des ondes le nid constant de leur repos.

Sus donc, franc Gaulois, ou toy François, franchis hardiment les barrieres de l'Inconstance, pour t'affranchir de cette calomnie qui t'a iusqu'icy exposé à la veuë de tout le monde tout autre que tu n'es. François peint à nud, sous la feincte qu'on dict qu'à tous momens tu cherches de te vestir à ta discretion, couure cette nudité (si desnuee d'honneur & de decence, & si ennemie de Dieu) de cette belle robe de la Constance, de laquelle ce bon Dieu mesme, le vray Mars que tu adores, t'a donné le modelle & la façon. Quitte les ciseaux & l'opprobre de l'Inconstance à tes ennemis, que tes vertus & ton merite seul ont mis en ialousie: & leur monstre, comme tu as tousiours faict, s'ils l'eussent voulu recognoistre & aduouër de bonne foy, que tu es moins presompteux, moins cauteleux, moins ambitieux d'vne faulse gloire, moins tyran, plus ignorant des loix d'Épicure, le plus familier, gracieux & cōmun amy de tout le monde, par ta debōnaireté & franc naturel: & partāt moins incōstant que tout autre de quelque natiō que ce soit: car ie n'oseroy dire tout à fait pl⁰ constāt, puis q̄ c'est vne qualité de Dieu, par laquelle il nous coûte perpetuellement & constamment de suiure les beaux exemples de sa Constance, pour paruenir plus seurement à nostre beatitude & souuerain bien. Il suffit que ie te face declarer le moins inconstant, & que tu rendes l'estoffe & remettes le ciseau, pour les tenir en commun entre toutes les nations: veu que c'est vne maladie attachee à la condition de l'homme en general, & non particuliere au François. Ou bien qu'on la baille tout à faict à celuy des autres nations, auquel ce present est le plus iustement deu, & qui l'a le mieux merité, & que tu en demeures ou franc & quitte du tout, ou simplement associé, sans nulle pretention d'auantage, en vne si pernicieuse communauté, & meschant acquest que celuy de l'Inconstance.

Il faut que le François quitte le ciseau & l'estoffe.

Toutes les nations sont à moitié d'acquest, & en communauté en ce qui est de l'Inconstance.

Fin du quatriesme Liure.

TABLEAV DE L'INCONSTANCE ET INSTABILITE DE TOVTES CHOSES.

LIVRE CINQVIESME.

De l'Inconstance des Anges.

DISCOVRS I.

1. *Il faut premierement sçauoir s'il y a des Anges, auant que de iuger leur Inconstance.*
2. *Aduis de S. Augustin touchant la creation des Anges.*
3. *En quoy l'Ange & l'homme precellent l'vn l'autre.*
4. *Le peché des Anges & leur faute est beaucoup plus grande que celle d'Adã & d'Eue.*
5. *Pourquoy Dieu n'a reparé le defaut des Anges, par des hommes, cõme aucuns tiennent probablemẽt qu'il auoit commencé par S. Iean.*
6. *A sçauoir-mon si les bõs Anges sont inconstãs, aussi bien que les mauuais.*

L seroit hors de propos de rechercher l'Inconstance des Anges, sans monstrer premierement qu'il y en a, & parler vn peu de leur creation, puis qu'il semble qu'aucuns mal à propos l'aient aucunement voulu reuoquer en doute. Car Moyse ayant parlé dans la Genese de la creation de toutes choses, neantmoins il n'a fait aucune mention de la creation des Anges: encore qu'il soit certain qu'ils ont esté creés. A quoy on respond, que

1. Il faut sçauoir s'il y a des Anges, auant parler de leur Incõstance. Pourquoy Moyse, ayant parlé de la creation de toutes choses, a oublié la creation des Anges.

Yyy

Moyse s'est accommodé à l'entendement grossier des Hebrieux incapables de la doctrine des choses spirituelles, & selon leur portee leur a seulement descrit l'origine & creation du monde corporel & visible. Et aussi preuoyant le danger de l'idolatrie, à laquelle ils estoient enclins. Ou bien qu'il n'y a pas eu de varieté ne distinction de iours en la creation des Anges; mais seulement en la creation des choses corporelles. Parce que le dessein de Moyse n'estoit pas d'enseigner aux Iuifs que Dieu estoit Createur de toutes choses; veu qu'ils estoient fort bien instruits en cette creance: mais de leur declarer comme Dieu se reposa le septiesme iour, apres qu'il eut creé en six iours la lumiere, & les autres choses qu'il raconte au commencemét de la Genese. D'autres disent que Moyse n'en a voulu faire mention, parce que le peché de l'Ange ne deuoit estre effacé auec repentance, ny son outrecuidance & orgueil se destourner auec humilité pour la plus gráde gloire de Dieu, comme il deuoit aduenir de l'homme: tesmoin que Dieu a voulu que les pechez des Saincts ayét esté enregistrez dans l'Escriture saincte, & qu'eux-mesmes n'ayent eu vergongne de les publier à tout le monde, d'autant que par ce moyen est aussi publié & se descouure le don & la grace de Dieu, comme la medecine descouure la maladie pour en monstrer la cure; & le Medecin monstre les malades qu'il a gueris pour louer son art & son industrie. Platon en son Timee fait que les Anges, qu'il appelle *les plus ieunes Dieux*, sont de plus ancienne creation que le monde. Et dit que les ames sont plus vieilles & de plus ancienne datte que les corps dans lesquels elles sont logees.

Au contraire d'autres ont pensé que les Anges estoient faits apres la creation du monde, d'autant que ce qui est corporel, comme le corps d'Adam, est plustost creé que ce qui est spirituel, comme estoit son ame. Les autres ont creu que les Cieux auoient esté creés auant l'homme, & que Dieu par leur mouuement ayant formé, paracheué, & distingué les six premiers iours, faisoit iouer ce mouue-

Pourquoy Dieu a voulu que les pechez des Saincts ayent esté enregistrez en l'Escriture saincte.
Opinion de Platon sur la creation des Anges.
Deos Iuniores.

ment par le seul moyen des Anges, & partant qu'ils estoiét creés auant le Ciel. Et à ce propos on allegue ce que Dieu dit à Iob, *Où estois-tu, quand mes Anges me louoiët à haute voix.* Iob c. 38. Mais on le prouue beaucoup mieux par l'argument duquel on veut tirer & conuaincre, que les Cieux se meuuent par des Anges, & non d'eux-mesmes. Car puis que le Ciel estoit vn corps simple, & en toutes ses parties selon la substáce vniforme, il ne se peut mouuoir luy-mesme ; veu qu'on ne sçauroit remarquer dans le Ciel, ny distinguer la partie qui meut d'auec celle qui est esmeue, ny pourquoy il se meut sur les poles. Et c'est de ce mouuement qu'Aristote argumente que le Ciel est pourueu de quelque ame, que nous appellons assistante ; veu que si c'estoit vn corps simple & sans ame, & qu'il se meut de soy-mesme, on n'y recognoistroit point ces differences de mouuement. Or ceux qui niét que le Ciel se meuue par les Anges, ne nous laissent ny rendent aucune autre raison Philosophique, par laquelle on puisse verifier qu'il y a des Anges. Attédu que si le mouuemét du Ciel n'est vn effect des Anges, par quelle autre action des leurs, ou effect conuenable à nos sens le peut-on verifier? Quelle autre raison nous peut-on rendre par laquelle la nature de l'Ange se puisse cognoistre? Or que cela soit ainsi, c'est vn grand argument, que tous ceux qui n'ont voulu accorder que les Cieux se mouuoient par des Intelligences, ains fortuitement (comme Democrite & Epicure) ou bien par sa force naturelle & impetuosité (comme Strato disciple de Theophraste) ont creu qu'il n'y auoit point d'Anges, & ont osté du monde toute la prouidence de Dieu. Au contraire ceux qui ont creu & l'vn & l'autre, sçauoir qu'il y eust des Anges, & qu'il y eust Prouidence, croyoient aussi que les Cieux se mouuoyent auec quelque raison & Intelligence. Car toute la Theologie tient, que Dieu regit les choses basses & infimes par les moyennes, & les moyennes par les supremes, & les supremes par des intelligences. Comme aussi c'est vne doctrine & creance de nos saincts Peres,

Arist. lib. 2. de Cœlo.

que les Anges sont ministres de la diuine Prouidence, tuteurs & protecteurs des Royaumes, des Prouinces, & particulierement des hommes. Ainsi il y a beaucoup plus de raison de croire, qu'ils president au mouuement des Cieux, desquels despend tout ce qui est au dessous, que non qu'ils se mouuent d'eux mesmes. A quoy on applique ce passage de l'Escriture saincte, *Les vertus du Ciel se mouuront*. Et l'Eglise chante tous les iours, *Cieux, & les vertus des Cieux*. Et ce qui est escrit dans Iob, *Que ceux qui portent le monde, sont courbez deuant Dieu*. A quoy on adiouste, que s'il est vray que le Ciel apres le iour du iugement ne se mouura plus, comme c'est l'aduis des Theologiens; il est donc plus croyable qu'il se meut par les Anges, que par soy-mesme. Car la continuation du mouuement despend plus de celuy qui meut que de la chose qui reçoit le mouuement. De façon que si ce sont les Anges, il est aisé à voir que Dieu le voulant ainsi, les Anges ne le mouuront plus apres ce grand iour. Que s'il se mouuoit de soy-mesme, le mouuement seroit en luy naturel, tant à raison du principe passif, qu'actif. Et cela despendroit de la perfection du Ciel, lequel auroit tousiours vne naturelle propension & inclination à son mouuement, duquel il n'en pourroit estre priué qu'auec miracle & violence, & neantmoins lors il seroit priué de la perfection qui luy seroit naturellement conuenable. Car il n'est pas vray-semblable, qu'en ce parfait estat du monde, sçauoir est apres le iugement, les principales parties du Ciel & du monde puissent ainsi demeurer à iamais en cette imperfection, & estre gouuernees par violence & contre leur nature.

Mais la commune & la plus forte opinion est, Que les Anges & le Ciel furent faits tout à la fois; & que Moyse qui n'a parlé distinctement de la creation des Anges, les a comprins sous la creation du Ciel, comme *habitatores Cœli*, disent les Theologiens. Ce que l'Escriture semble auoir entendu, ioignant tousiours la condition des

Matth. 24.
Iob c. 9.

Le Ciel ne se mouuera plus apres le iour du iugement.

Perer. in Genes. l. 2. q. 5.

Opinion cómune des Saincts Peres, touchant la creation des Anges.

des Anges auec celle des Cieux. Bien que plusieurs soient d'aduis, qu'ils furent faits & creez le second iour auec le firmament. C'est pourtant vne question de peu de consequence & à la decision de laquelle la Religion Catholique n'a pas beaucoup d'interest. Suiuant l'opinion de Theodoret sur la Genese, *En fin il est necessaire de sçauoir (dit-il) que tout ce qui est, excepté la saincte Trinité, a vne nature subiecte à la creation. Or cela ainsi accordé, si quelqu'vn dit que les troupes des Anges ont esté creez deuant le Ciel & la terre, il n'offensera nullement le mot de pieté.* Et bien que quelques Theologiens de nostre temps estiment, que apres le Concile de Latran tenu sous Innocent troisiesme, on ne peut dire ne croire sans temerité que les Anges ayent esté creez deuant le monde : toutesfois la verité est, que ce sainct Concile n'a rien determiné touchant ce poinct. Et n'est pas vray-semblable qu'il ait voulu condamner l'opinion tenue par tant de Peres anciens, & nommément par ce grand Theologien S. Gregoire de Nazianze.

<small>Theodo. en la 4. q. sur la Genese. Croire que les Anges ont esté creez auant le Ciel & la terre, est chose indifferente.</small>

Ceux qui disent, que les Anges n'ont esté creez auant le monde, s'essayent de le prouuer par ceste raison, qu'aucuns d'eux ont trebusché soudain apres leur creation ; or ils ne peuuent auoir trebuché auant la creation du monde. Car si tost qu'ils ont peché, estans separez des bons ils ont esté bannis du Royaume des Cieux. Mais en quelle part ? veu qu'auãt le monde il n'y auoit aucune separation des lieux d'Enfer, ny de Paradis ? Et dans S. Iean les Anges ne pecherent que pendant qu'ils estoient au Ciel ; & par consequent cela presuppose la creation du Ciel auant leur peché. C'est pourquoy ils furent chassez. *Il s'est fait vn grand combat au Ciel (dit l'Ange Michel) & ces Anges qui sont du Ciel se battoient auec le Dragon, & le Dragon combattoit, mais les Anges n'ont pas eu du mieux, si bien que leur place ne s'est plus trouuee dans le Ciel.*

<small>Apoc. 12.</small>

Surquoy S. Augustin dit, que par le Ciel qui fut creé le premier, Moyse entend que Dieu fit & crea les Anges : par la lumiere qui fut creée ce premier iour, que Dieu les

<small>2. Aduis de S. Augustin touchant la creation des Anges.</small>

confirma en grace; & par la separation de la lumiere d'auec les tenebres, il signifie la separation des bons Anges d'auec les mauuais. Et ainsi reuenant à l'opinion de Theodoret, voyant tant de diuersitez, ie croy qu'il est indifferent de croire qu'ils ont esté creez auant, ou pendant la creation du monde. Toutesfois maintenant & en ce siecle l'Eglise panche plus à l'opinion de ceux, qui pensent que les Anges n'ont pas esté creez deuant le Ciel & la terre. Mais ceste question n'importe pas beaucoup.

S. Aug. liu. 11. de la cité de Dieu.

Comme aussi ceste autre de sçauoir, pourquoy la troisiesme partie des Anges decheut, & fut inconstante, plustost qu'vne, deux, quatre, cinq, ou autre nombre: car il faut croire qu'ayāt eu leur libre arbitre, ils sont tombez au peché, qui les a faict trebucher. Toutesfois vn curieux pourroit bien demander, pourquoy Dieu a permis que les deux parties fussent sauuez, & que la tierce se perdist; donnant aux premiers vne grace entiere que les Peres appellent (*Efficacem*) & à ceste troisiesme partie, seulemēt vne grace qu'ils appellent (*Sufficientem*) qui veut dire grace suffisante, par laquelle neantmoins ils se pouuoient sauuer s'ils eussent voulu. Mais à cela on respondroit iustement ce qu'on dit contre les curieux, que les scrutateurs des secrets de Dieu seront opprimez par sa gloire.

Sçauoir si les Anges sont inconstans.

Ainsi nous viendrons aux autres poincts qui concernent les Anges, & verrons par ce que les saincts Peres & Platon mesme nous en ont laissé par escrit, si nous pourrons descouurir en eux ou leur nature quelque traict d'inconstance. Platon les appelle *Dieux seconds, & tient que de leur nature ils sont dissolubles; toutesfois que par la volonté de Dieu ils seront immortels.* Qui est vne doctrine merueilleusement approchante de l'opinion des saincts Peres; non entant qu'il les appelle secōds Dieux; mais en ce qu'il croit que eu esgard à leur nature ils seront immortels. Car ils ne perdront iamais l'estre que Dieu leur a donné; combien qu'ils pourroient estre reduits à neant par celuy qui les a formez de rien, tout ainsi que les autres creatures. Les Peripateticiēs

Plat. in Timæo.

disoient donc tres-bien, que ces substances spirituelles estoient de leur nature incorruptibles & immortelles. Or ayant esté recogneu par les Philosophes & par les Theologiens, voire mesme par les heretiques, qu'il y auoit trois Hierarchies d'Anges (encor' que nous ne le tenions que de S. Denys qui l'auoit apprins par tradition des Apostres; car de ce mot d'Hierarchie il n'en est faict mention en aucun lieu de la saincte Escriture) & en chaque Hierarchie trois ordres; & que la troisiesme partie d'iceux auoit trebuché en compagnie du premier de tous nommé Lucifer. Cela a amené vne autre question, qui n'est guere plus vtile ne moins curieuse; sçauoir combien se montoit ceste troisiesme partie. Ce qu'on ne peut particulierement asseurer, mais seulement parlant en general, on peut dire que le nombre des Anges est tres-grand, & que par ce nombre certain du tiers, nous est signifié vn nombre incertain incogneu aux hommes, & presque innombrable. Et qui en cherche quelqu'autre resolution peut estre blasmé de trop de curiosité. Ie lairray pareillement la signification & diuersité de leurs noms, auec ces questions curieuses, pour venir à leur inconstance.

S. Denys c. 6. des cel. Hier.

Et diray que l'inconstance des Anges qui ont changé d'estat, & qui par leur orgueil & superbe se sont endiablez par la permission de Dieu, a esté de tant plus grande, que leur premiere condition estoit plus noble: tout ainsi que d'vne forte tour, quand elle est abatue par force & tout d'vn coup, se faict aussi vne ruyne plus grande. Or l'inconstance de Satan s'est monstree en ce qu'il n'a esté constant en la verité. Car il laissa Dieu, qui estoit la supreme verité, & se tourna au peché qui est vn rien, & fut faict inconstãt en son entendement, obscurcy en sa science meslee de mensonge, & embrouillé en sa volonté, n'ayant autre arrest qu'à mal-faire. Vice & imperfection communiquee à tous ses compagnons, tous inconstans: ayant perdu leur beauté, & faict en sorte que de beaux Anges qu'ils estoient, ils sont deuenus monstres & diables:

L'orgueil a produit l'inconstance des Anges.

affreux & difformes. Et bien qu'au temps & sur le poinct de leur creation, ils fussent tous douëz de iustice & saincteté surnaturelle, si ont-ils perdu la grace & la splendeur de leur origine. Veu qu'ils auoient attaint vne telle perfection, qu'estans au Ciel ministres de Dieu, plusieurs des Anciens n'ont aucunement douté qu'ils ne fussent plus parfaicts que l'homme. Et parce que cy-deuant au discours & traicté du premier homme, nous auons discouru, en quoy l'homme estoit plus parfaict que l'Ange, il ne sera pas maintenant hors de propos de sçauoir, en quoy l'Ange & l'homme se precellent l'vn l'autre. Car plus nous trouuerons les Anges (mesme les bien-heureux) auoir esté & estre encore parfaicts, & remplis de dons spirituels & graces du Createur; plus la desobeyssance du mauuais Ange, sa superbe, & son inconstance seront en lustre.

Les Anciens ont douté si l'Ange estoit plus parfaict que l'home, & s'il auoit rien contribué en sa façon.

3. En quoy l'Ange & l'homme precellent l'vn l'autre.

Aucuns ont creu, ce qui est vray, que l'Ange estoit plus faict à l'image & semblance de Dieu que non pas l'homme, pource qu'il est doüé d'vn plus excellent degré de nature intelligente, & exempt de corps. C'est pourquoy Dauid parlant de l'homme à dict au Createur, *Tu l'as faict vn peu moindre que les Anges*. Mais si on a esgard à l'image, & si on l'estime & le iuge par les dons surnaturels de grace & de gloire, qui sont en l'vn & en l'autre, ils excedent & sont victorieux chacun à leur tour. Veu qu'il y a des Anges qui sont plus semblables à Dieu que plusieurs hommes. Et au contraire il y a plusieurs hommes qui sont plus en la grace & gloire de Dieu, que plusieurs Anges. Toutesfois on peut soustenir que l'homme est plus semblable à Dieu que l'Ange, & par la condition de sa creation; Dieu luy ayant donné la domination sur ce bas monde; & aussi eu esgard à ce que Iesus Christ estant Dieu & homme, nous sommes (entant qu'il est homme) semblables à luy: & par consequent semblables à vn qui est Dieu. Outre que le comble de toutes les graces & dons sur-naturels estant e l'humanité de Iesus Christ, nous sommes en certaine façon plus semblables à Dieu que les Anges, puis qu nostr

Psal. 8.

Plusieurs hommes sont plus en la grace de Dieu que les Anges.

nostre nature est semblable à l'humanité de Iesus Christ, en laquelle se trouuent tant de graces & dons surnaturels. Et le mesme se peut dire à proportion, considerant les graces qu'eut la benoiste Vierge Marie, laquelle est comme nous du genre humain. Dauantage, Iesus Christ ayant mieux aimé estre homme qu'Ange, & voulu prendre la peine de le racheter à vn si haut prix que sa mort; sans aucun doute l'homme a maintenāt plusieurs preeminences par dessus l'Ange. Et si l'excellence & le merite viennent par le contraste, l'homme semble auoir bien plus d'excellence & de merite, estant charnel & captif dans les douces amorces & piqueures des sens, & resistant à l'effort de tant d'aiguillons & de voluptez que chacun d'eux luy appreste, que l'Ange, lors pour le moins qu'il estoit viateur. *La nature des Anges est plus heureuse ; mais celle des hommes est bien plus forte & plus genereuse*, disoit vn pere Ancien. Car lors que l'homme s'oublia ce ne fut de son premier mouuement, ains il y fut comme tiré à force par Eue seduite par le mauuais Ange, lequel estoit si suffisant seducteur, qu'il s'est mesme essayé de seduire & tenter Iesus Christ. C'est pourquoy Dieu n'a voulu punir l'hōme tout à faict, ains ayant laissé les Anges, pour venir au monde chercher l'homme, luy ayant donné la faculté de se raduiser & repentir, il luy a ouuert le chemin de salut. Mais l'Ange estāt de sa nature vne intelligence pure & simplemēt spirituelle, n'ayant eu autre seducteur que son outrecuidance & vaine gloire, sa faute qui ne dependoit que de luy a esté du tout irremediable. Ainsi apres son mauuais choix, son inconstance & sa cheute, il n'y a eu nul moyen de grace, ny de reparation. Outre que luy-mesme se rendoit incapable de la misericorde de Dieu par son outrecuidance. La cheute a donc esté à l'Ange ce qu'à l'homme la mort. Mais en vne fort differente façon. Car en luy la cheute a esté telle qu'il ne s'en est iamais releué ; s'estant tellement desuoyé de la Constance, qu'onc depuis il n'en a sceu retrouuer le chemin. Au lieu que l'homme a rencontré la

S. Bernard. Natura Angelorum est quidem fælicior, hominum fortior.

Zzzz

Pagination incorrecte — date incorrecte

NF Z 43-120-12

sienne si fauorable, qu'il a esté releué plus haut & remis en meilleur estat: comme si Dieu n'eust permis pour autre raison qu'Adam trebuchast, qu'à fin que sa cheute seruist aux hommes de stabilité. Si bien que l'homme a peu de tout temps, & peut encor' estre constant, & trouuer sa grace plus heureusement & auec plus de merite, qu'il ne faisoit auant son peché. Et puis que l'Ange estoit creé auant l'homme, & plustost cheut que luy, on peut dire qu'il est non seulement plus inconstant que l'homme, mais bien le premier inconstant: veu aussi que depuis qu'il a trebuché, il n'a iamais eu de repos: ains courant le monde & vaguant auec sa troupe par tous les Elemens, ils s'essayent tous ensemble de faire la guerre aux plus constans, & ne cessent de les molester, pour les tirer en inconstance & en faute pareille à la leur.

Et a-on curieusement obserué qu'il a mesme si peu demeuré constant, qu'on ne trouue presque point de mot pour en exprimer le temps. Car les Peres qui en ont parlé, tiennent qu'il trebucha peu de temps apres sa creation, & que luy & ses compagnons persisterent si peu en grace, & firent si peu de seiour & d'arrest en leur constance, que par vn diminutif ils appellent cest instant ou moment *petites morules*. Si bien que puis n'agueres vn mauuais Ange s'estant jetté dans le corps d'vn pauure demoniaque, estant vn iour pressé par vn bon Religieux qui l'exorcisoit, de declarer combien de temps il auoit demeuré en grace, respondit auec beaucoup de violence, & comme auec regret de l'adueu de sa faute, qu'il n'y auoit point de temps; Et en fin conjuré de specifier par le menu si c'estoit vn an, vn mois, vn iour, dict qu'il n'y demeura que trois heures.

<small>Nostre Sauueur semble auoir iugé que l'homme est plus excellent que l'Ange.</small> Mais nostre Seigneur a decidé le different tout net, ayant monstré qu'il aimoit mieux l'homme que les Anges. Car tout aussi-tost que l'homme est tombé en son premier peché, Dieu l'a racheté & luy a monstré vn tel amour, qu'il a pris mort & passion pour ce rachapt, & au

contraire, bien que la troisiesme partie des Anges ait trebuché, tant s'en faut que Dieu soit couru pour les releuer, qu'ils sont encor au fonds des enfers; leur faute s'estant trouuee si grande, que le Ciel s'ouurit (s'il faut ainsi dire) pour se descharger du peché des mauuais Anges. Aussi l'homme a cest aduantage, que l'Escriture saincte n'appelle les Anges que seruiteurs; & les hommes qui sont esleucz en dignité sacerdotale, amis, commensaux; les Anges, ambassadeurs; & les hommes, Rois, seruis par ces ambassadeurs, en ayant chacun de nous vn pour la conduite de nos affaires. Les Anges ne sont que Nonces, & les hommes souuerains Pontifes. L'homme est donc la premiere piece que Dieu a aimé en fabriquant le monde. Et comme la premiere partie de nostre volonté, c'est l'amour; aussi la premiere partie de l'amour de Dieu, c'est l'homme.

Neantmoins d'autres parlant à l'auantage de l'Ange ont dict, qu'à la verité le mauuais Ange pecha, mais il n'auoit esté aduerty ny menacé comme l'homme: on ne luy auoit pas tenu ce langage; *In quocunque ex eo comedes, morte morieris.* Que si on considere & l'vn & l'autre apres leurs cheutes, ils se trouueront semblables en ce que de leurs forces ils ne se pouuoiët releuer, & en ce que tous les deux pouuoient aussi estre releuez par vn secours surnaturel. La difference est que Dieu en effect a secouru l'homme, & a du tout abandonné le mauuais Ange & sa suite; ce qui semble ne venir d'ailleurs que de sa bonté & misericorde à l'endroit de l'homme, & iustice enuers les Anges. Bien que les Peres ont trouué quelques raisons apparentes & quelques conuenances, pourquoy Dieu a fait misericorde à l'homme, & non à l'Ange. Ce qui semble plustost prouenir & se deuoir attribuer à l'imbecillité de l'homme qu'à son excellence ou perfection. Or Dieu fit & crea ainsi l'homme & la femme à son image & semblance, afin que les Astres & les Anges mesmes ne desdaignassent seruir l'homme & s'employer pour luy, & afin que les

Raison pour l'Ange.

diables n'osassent l'offenser: & que pas vne, de quelque sorte de creatures que ce fust, ne se reuoltast contre luy. Ce qui sembloit estre à craindre, veu mesme la rebellion que Satan auoit fait contre Dieu. Ainsi il voulut par grace speciale munir l'homme de son image & semblance, & le rendre remarquable par l'impression de sa marque. Que si Dieu imprima vn certain signe en Caïn, affin que personne n'osast attenter sur sa vie, bien que ce fust plustost par punition, que par faueur: à plus forte raison, ayant sa Majesté mis & graué en l'hôme le seau diuin de son image & semblance pour le caresser & honnorer, c'estoit affin que creature quelconque ne peust à l'aduenir le perdre & ruiner.

<small>Pourquoy Dieu voulut marquer l'hôme de son image & semblance.</small>

Mais la superbe & outrecuidance perdit Lucifer, qui est vne qualité si vicieuse & si contraire à ce que Dieu recherche le plus en nous, sçauoir l'humilité, qu'on peut vrayement asseurer qu'il n'a rien si fort en haine & contrecœur; pource qu'elle nous iette le plus souuent en ceste legereté & inconstance de l'ame, qui nous fait mescognoistre, voire oublier du tout nostre superieur & souuerain. Quelle ingratitude & aueuglement de ne vouloir tenir de luy les grands dons qu'il nous a faits, & ne luy en faire hommage? Et ce n'est pas le tout en quoy se monstre sa superbe. Car le mauuais Ange ne s'imagina & ne se vanta pas seulement qu'il monteroit au Ciel, ains qu'il seroit tout à fait semblable à Dieu, suiuant ce qui est escrit en Esaïe, *Ie monteray au Ciel; ie poseray mon siege au dessus les Astres de Dieu, & seray semblable au Tres-haut.* Et encore outre ce il est si presomptueux, qu'il promet à ceux qu'il veut seduire, & faire entrer en son party, qu'ils seront pareillement semblables à Dieu, pourueu qu'ils le vueillent croire, comme il fit à Adam & Eue. Il ne se contente donc pas d'estre perdu, ains il veut perdre tout le genre humain, s'il pouuoit. Et c'est en cecy principalement qu'on a remarqué l'Inconstance des Anges, & leur peché beaucoup plus grand que celuy d'Adam & d'Eue;

<small>Esaïe 14.</small>

<small>4. Le peché des Anges, & leur faute est beaucoup plus grande que celle d'Adam & d'Eue.</small>

parce que ceux-cy ne faillirent que par sa persuasion, & les Anges par leur propre & seule presomption; laquelle estant logee en lieu bas, & comme au fonds & en la racine, monstre en quelque subiect qu'elle soit, que c'est la racine de tous vices. Et tout ainsi que la racine, bien qu'elle se couure & se cache ordinairement par le bas, si est-ce qu'elle estend & eslargit ses rameaux, & les esleue au dessus : aussi la superbe, ou la vaine gloire se cache bien au dedans ; mais pourtant elle pousse au dehors des rameaux, à chacun desquels elle tient tout à descouuert vn grand monceau de vices à l'attache ; veu que bien peu de mal sortiroit en public & en veuë, si celle-cy ne pressoit nostre ame à l'estroict & à cachettes. Veu que c'est la superbe qui tient l'entendement de l'homme en la chaude haleine d'vn bouillon furieux, qui le baigne & destrempe dans la folie au dedans, tout ainsi qu'vn pot deuant le feu bout sous sa couuerture, & destrempe ce qu'il y trouue enclos. Mais tout ouuertement elle se manifeste apres par le dehors, & monstre combien rudement elle se secoue par le dedans. *Intus namque prius ebullit in elatione, quod foris postmodùm spumat in opere*, dit sainct Gregoire. C'est donc cette outrecuidance & superbe, mere de l'Inconstance, qui a enflé le premier des Anges, qui luy a flateusement persuadé à se rendre emulateur, voire esgal au Dieu tout-puissant, & qui luy a aussi fait enuier la beatitude & felicité de l'homme. Car le diable portant enuie à l'homme, voulant esbranler sa Constance & perdre & changer son bon-heur, engendra en luy, & fit esclorre la meschanceté qu'il auoit premierement conceue, luy persuadant quelque qualité & ressemblance diuine par le goust de ce fruict. Et qu'est-ce que tu promets, miserable, veu que Dieu seul tient la clef de science ? Que c'est luy seul qui sçait la rencontre & secret des lettres, pour ouurir la serrure ou cadenat qui enferme le Ciel, sans lesquelles on ne peut faire aucune ouuerture, & qu'en luy sont cachez les Thresors de la vraye science ? Pourras-tu donc bien les defrober, pour les prefter à l'homme? Et toy ayant recogneu le prefomptueux larron, abandonneras-tu ta Conftance & ton fouuerain pour le fuiure? O que bien à propos on tient les defobeiffans en ce qui eft des commandemens de Dieu, pour compagnons des larrons. Et pouuons bien aduouer que nos premiers Peres principes de noftre propagation, variables & changeurs, defobeiffans & rebelles, eftoient compagnons des larrons: d'autãt que trahis & deceuz par le Serpent & par fon confeil, ils ont penfé & effayé de rauir cette fcience de bien & de mal qui appartient à Dieu feul.

Ie trouue pourtant, que & leur inconftance & leur fuperbe a efté bien payee & punie felon leur merite. Veu que Dieu oftant au premier Ange cette qualité de bon & de premier, l'a laiffé transformé en la plus hideufe forme qui fe puiffe trouuer. *Le commencement de tout peché eft la fuperbe*, dit fainct Bernard, *attendu qu'elle a fi toft obfcurcy & caché d'vne eternelle nuee le mefme Lucifer, plus eftincelant que tous les Aftres; & changé en vn Diable, non point vn Ange feulement, mais le premier de tous les Anges.* C'eft ainfi que Dieu punit la vaine gloire & l'ingratitude des plus releuez: car au lieu que les fautes des grands parmy les hommes, bien que mal à propos, ont accouftumé d'eftre excufees, parce qu'on penfe qu'il leur doit eftre permis quelque chofe plus qu'au commun; fi eft-ce qu'enuers Dieu leurs fautes font plus grandes & dignes de plus grand' peine, & partant leurs cheutes plus lourdes: fi bien que plus ils font hauts montez, plus leur precipice fe trouue creux, parce que la mefure de toute forte de cheute eft la hauteur de celuy qui chet. Ce qui conuient merueilleufement à la puiffance de Dieu, qui ne pourroit iuftement fe particularifer ce nom de puiffance, de gloire, & de foueraineté, s'il auoit tant foit peu de refpect à la puiffance & vaine gloire des grands. Il conuient auffi à fa Iuftice: parce qu'il eft iufte que les plus grãds Monarques ne craignant ny les loix ny les hommes, ayent quelque frein &

apprehenſion du iugement de Dieu, qui a accouſtumé de les fouëtter auec des verges plus fortes, que le ſimple peuple, meſmes lors qu'ils ſont ingrats: eſtant raiſonnable, puis qu'ils ont receu de plus grands bien-faits & threſors, comme auoit fait le chef des Anges, qu'ils rendent auſſi plus exactement leurs comptes, & payët vn plus gros intereſt de la peine. Et c'eſt auſſi la raiſon pour laquelle aucuns tiénent auec beaucoup d'aparence que ſainct Iean Baptiſte a occupé ſa place : car comme l'Ange l'a perdue par outrecuidance; de meſme ſainct Iean l'a acquiſe par humilité, qui eſt ſon contraire. Auſſi eſt-il recogneu & recommandé pour le plus humble qui ait iamais eſté au monde apres la Vierge, qui en emporte le prix, & qui pour cette occaſion eſt eſleuee ſur tous les Anges.

S. Iean a remply la place de Lucifer.

Et comme il ſemble, que Dieu ait commencé à donner la place de ce premier Ange chef des Seraphins, à cet autre ſainct homme qui a mené vne vie d'Ange & de Seraphin; on peut dire pareillement que Dieu en continuant fera la meſme grace aux autres hommes eſleus, de les mettre en la place des autres Anges, qui ſe ſont precipitez. Non pas que ie vueille dire que le nombre des hommes eſleus ſoit reſtraint au nombre des Anges damnez, ny qu'ils ſoyent eſleus à poinct nommé pour cette fin, comme ont eſtimé aucuns qui ont creu, qu'il auoit eſté determiné au conſeil ſecret de Dieu, qu'autant d'hommes eſtoyët predeſtinez pour eſtre eſleuez en gloire, que d'Anges eſtoyent cheuz du Ciel ; & que quelque iour cette breche ou ruine des Anges ſera reparee & remplie par autant d'hommes. Sainct Bernard eſtoit de cet aduis, s'eſſayant le tirer de ces paroles du Pſal. 109, *Iudicabit in natiouibus & implebit ruinas*. Neantmoins on reſpond à cette curioſité, qu'il n'eſt aucunement probable, qu'vne ſi noble creature que l'homme, ait eſté faicte quaſi comme par accident, par la ſeule preſuppoſition du peché des Anges.

5. Pourquoy Dieu n'a reparé le defaut des Anges par des hommes cómuns. Aucuns tiennent probablemët qu'il auoit cómencé par S. Iean.

S. Bern. ſerm. 68. in Canti. 6. A ſçauoir mon ſi les bons Anges ſont inconſtants, auſſi bien que les mauuais.

Mais n'y a-il que les mauuais Anges qui ſoient muables & inconſtants, & non les bons? On diroit que cette différence de bons & de mauuais Anges n'a esté incogneue aux Anciens: veu que Trismegiste parle de la cheute des Anges en son Pimandre; & Homere sous le nom d'Atarus. Et Plutarque mesme au traicté des Vsures semble auoir voulu donner à entendre, qu'Empedocles auoit aussi recogneu cette cheute. Mais à cette obiection ie responds auec sainct Augustin parlant vniuersellement des Anges, quels qu'ils soyent, *que de leur nature ils sont inconstants & muables, si Dieu seul est immuable*: & apres parlant des bons il adiouste; *Mais entant qu'ils aiment plus Dieu qu'eux-mesmes, ils demeurent fermes & constans en cette volonté. Tellement qu'ils iouyssent de la claire vision de sa Maiesté, à laquelle tres-volontiers & de leur franche volonté ils s'assubietissent. Et bien qu'ils soyent confirmez en la grace de Dieu, si est-ce qu'ils sont changeans & muables de leur nature: ce qu'il faut entendre & referer à leur commencement & origine.* Ainsi les Anges ont esté creés de façon, que s'ils eussent voulu ils eussent aisément persisté, & se fussent entretenus en la grace & lumiere de cette beatitude. Et au contraire aussi il estoit en eux de faillir & tresbucher, comme vous voyez que Satan & la suite de ses legions ont faict. Mais apres leur cheute, ceux qui ont demeuré fermes & constans, ont esté tellement confirmez en grace, qu'ils ne peuuent iamais plus cheoir ne faillir. Et tant s'en faut que cette compagnie choisie, cette troupe de conserue puisse maintenant broncher par inconstance, qu'au contraire, Dieu par vne merueilleuse prouidence en a obligé particulierement vn à chacun de nous, duquel nous pouuons tirer constamment & perpetuellement faueur & assistance. Ie ne veux oublier ces beaux mots de sainct Gregoire, qui dit, Que ces mesmes esprits Angeliques ont esté creés de leur nature muables, afin que ou ils cheussent de leur propre volonté, ou que de leur franc arbitre ils fussent fermes & constans. Mais d'autant qu'auec humilité ils ont choisi de se ioindre & arrester à celuy par qui ils ont esté creés, ils ont vaincu cette mesme

En marge : Les Anges sōt inconstants.

mutabilité qui est en eux, par le desir & volonté de demeurer fermes en cette immutabilité : iustement afin qu'ils peussent vaincre & surmonter ce qui par l'ordre de leur nature sembloit les auoir soufmis à la mutabilité & inconstance. Ainsi la resolution de ce poinct est, que Dieu seul, qui n'est nullement subiect à vicissitude, alteration ne changement; ains est perpetuellement ferme & immuable, peut iustement dire, *Ie suis Dieu, & le seul qui ne change point.* Ce que les Anges n'oseroyent dire que temerairement : cognoissant bien que si le Seigneur qui les a creés, se despartoit du soing de les conseruer & maintenir, ils seroyent en vn moment reduits au neant du peché & de Nature. Qui a meu les anciens Peres de l'Eglise, de maintenir que l'immortalité, c'est à dire l'immutabilité naturelle defailloit à ces substances intellectuelles, asseurant que les Anges la tiennent; non de nature, ains de la grace empruntee de leur Createur. Veu que tous les Anges, voire mesme les heureux, estoient par nature *mutabiles à bono ad malum.* Qui est tout autant que s'ils disoient, qu'ils pouuoient tomber en peché. Saint Hierosme & saint Augustin l'expliquent ainsi. Mais les Scholastiques desnouänt le doute, reuenant tousiours à leur premiere distinction, disent qu'il est vray : & que les Anges sont muables & peuuent tomber en peché, si on a esgard à leur nature & non à la grace & beatitude de laquelle ils sont douëz, & dont ils iouyssent maintenant. Toutesfois ce qu'on dict que Dieu seul est immortel, ce n'est pas seulement parce que Dieu ne meurt pas, ains parce que du tout il ne change pas. Tellement que dire que Dieu seul est immortel ne signifie autre chose, sinon que Dieu seul est immuable, comme celuy, *Apud quem non est trãsmutatio, neque vicissitudinis obumbratio.* Qui est vne forme de parler qui se trouue souuent en l'Escriture saincte. Comme aux Romains 16. Dieu est appellé le seul sage, bien qu'il semble qu'il y ait par fois aussi des hommes bien sages. Mais de la sagesse des hom-

Dieu seul est immuable. Malach. cap.3. Ego Deus, & non mutor.

Dieu est immortel, ne veut dire autre chose sinõ qu'il est immuable.

mes à celle de Dieu y a tant de differences, que ce seroit impieté d'en faire nulle sorte de comparaison. Et en sainct Luc 18. il est dict que Dieu seul est bon, parce que mesme és Anges Dieu a trouué de la meschanceté. Ce n'est pas qu'il n'y ait eu quelque Ange & quelque homme de bien, & trouué tel par Dieu mesme ; ains c'est que leurs bontez sont non seulement inegales & du tout dissemblables : mais aussi parce qu'elles sont du tout dependantes de celles de Dieu, & à eux par luy conferees. Et Iesus Christ seul, est appellé *fundamentum* en la premiere aux Corinth. 3. & neantmoins les Apostres sont appellez *fundamentum*, aux Ephesiens 2. Mais on en appelle absoluement Iesus Christ, parce qu'il est fondement sans fondement. Et qu'il est la pierre angulaire de ce mesme grand edifice, duquel il dit que les Apostres & les Prophetes sont le fondement, comme il est dict en ce mesme lieu des Ephesiens 2. Et tous les iours en l'Eglise on chante, *Tu solus sanctus, tu solus altissimus*. Et en vn autre lieu *Solus Deus fortis, iustus, & sapiens*. Ainsi Dieu seul est immortel, non parce que luy seul ne meurt pas : mais parce qu'il est le seul qui ne change pas. Et est dict seul constant & immuable, bien que les deux parties des Anges & plusieurs saincts personnages ayent esté constants & immuables. Toutesfois ces Anges & ces Saincts personnages n'ayant esté tels que par grace & non par nature, on peut dire veritablement en ce sens, qu'ils ne sont ne immortels ne immuables, ne parfaictement constants ; ains que ce sont qualitez, & perfections diuines qui ne conuiennent qu'à Dieu seul.

I'adiouste neantmoins que non seulement Dieu est immortel, parce qu'il ne se change pas : mais encore quant à son estre. Car bien que les ames des hommes, & les Anges, eu esgard à la puissance des Creatures, ne puissent estre destruits ; si est-ce qu'eu esgard au souuerain Createur, tout ainsi que d'vn rien il leur a donné l'estre ; ainsi peut-il reduire leur estre à vn rien. Qui est vne des raisons par laquelle sainct Thomas preuue excellemment que Dieu ne peut pas faire vne creature par nature impeccable. Car tout ainsi qu'elle a tiré son estre d'vn rien, ainsi ses actions peuuent tomber en vn rien, qui est le peché. D'ou ie concluds, que la parfaicte Constance en quelque sorte qu'on la considere, conuient absolument à Dieu seul.

Aaaaa ij

DE L'INCONSTANCE DES FAVX DIEVX.

Discovrs II.

1. *Sottes ceremonies & sordiditez en l'adoration des faux Dieux.*
2. *Que les Anciens n'auoient aucune raison pour croire que le Soleil fust Dieu, & moins encore tout le reste.*
3. *Momus a donné des Epithetes veritables aux Dieux plus fameux.*
4. *Defauts & inconstances de Iupiter, Saturne, Mars, & de chaque Dieu en particulier.*
5. *Que toutes les ruines de la ville de Rome, n'ont peu encore gaster ne démolir le beau sepulchre qui est à S.te Agnes, croyant faulsement que ce fut le sepulchre de Bacchus.*
6. *Que par chaque miracle que Dieu a faict, il a fracassé vn faux Dieu.*

Plut. au tr. d'Isis, & d'Osiris.

E desir d'entendre la verité de la nature des Dieux, dict Plutarque, est vn desir plein de diuinité : & l'estude ou recherche de telle science, est comme vne certaine profession, & quasi comme vne entree de religion, voire vne action & vne œuure plus saincte, que n'est le vœu & l'obligation de chasteté, ny de la garde & closture d'aucun temple. Nous dirons donc recherchant la verité, ayant apprins & cogneu combien faulsement on les appelloit Dieux, que leur inconstance a esté d'autant plus grande par dessus tous

les hommes communs, que parmy le commun de ceux qui les adoroient, ces Dieux ont eu autrefois de superiorité: Ainsi comme Chrestien, ie tiens leur fausse Diuinité en si peu de reuerence & respect, qu'au lieu que Pentheus deuint fol, pour auoir mesdit d'vn seul qui estoit Bacchus, ie croy que c'est vn grand poinct de sagesse de les mespriser tous ensemble. Et ferois volontiers comme Chiron, qui refusa l'immortalité que les Dieux luy vouloient donner, deslors que Saturne son pere l'eust informé de la sordidité de ceux qui luy en vouloient faire present, & de l'ineptie des conditions. A quoy se rapporte le dire de S. Augustin au liure de la Cité de Dieu. Qu'en sa ieunesse allant voir les sottes ceremonies qui se faisoient dans leurs temples, il vit tant de choses ridicules, qu'il en receuoit luy-mesme du plaisir. Et entre-autres celles qu'on faisoit pour Berecynthie mere des Dieux, au deuant la litiere de laquelle à vn iour solemne de la feste, de meschás comediens & farceurs chantoient de si vilaines chansons, que ceux qui les disoient, eussent eu honte que leur mere propre les eust ouyes: car la honte humaine a quelque chose que la meschanceté ne peut oster. Or cela se faisoit mesme en presence des femmes, & comme en forme de festin, afin que dans iceluy les plus sales demons fussent repeus d'vne viande digne d'eux. A quoy il adiouste que Scipion (seul autrefois recogneu par le Senat pour homme de bien) encore qu'il adorast ces Dieux, & que vraysemblablement il eust desiré comme les autres que sa mere eust esté deifiee, n'eust voulu tout simplement, homme mortel qu'il estoit, estre honoré de toutes ces vilainies, desquelles vne dame Romaine chaste seroit iustement offensee. Ainsi il n'y a personne qui n'eut honte d'auoir vne mere semblable à celle des Dieux. Surquoy i'employe ce que dit le Poëte Martial, qu'Æthon,

Compressis natibus Iouem salutat,

traitant ainsi impudemment le plus grand de tous les Dieux. Et le mesme Iupiter recognoissant qu'on ne pou-

Pentheus deuint fol, pour auoir mesdit de Bacchus. Lucian liu. 2.

1. Sotes ceremonies en l'adoration des faux Dieux. S.Aug. liu.2.c. 5.de la Cité de Dieu.

Scipion Nasica.

Mart. Epig. 78.

Aaaaa iij

uoit louër sa diuinité, ny celle de ses semblables qu'indignement, fit deschirer par vn sanglier le pasteur Atys pour auoir loué ceste mere des Dieux, & l'auoir par ses louanges tiree en amour. Et de tout temps les Anciens les plus fins s'en sont mocquez, & ont faict des indignitez à leurs statues. Le Roy Agesilaüs tuoit les poux sur leurs autels, tant il leur portoit peu de respect. Denys le Tyran osta vn manteau d'or duquel on auoit paré la statue de Iupiter, & le luy changea en vn de feutre, feignant auoir pitié de ce que celuy d'or estoit trop chaud pour l'Esté, & trop froid pour l'Hyuer : & osta au Dieu Æsculape la barbe d'or qu'il portoit, comme si c'eust esté vergogne à luy de paroistre vieux auec ceste barbe, veu que son pere Apollon, plus vieux que luy, n'en portoit point du tout. Le Roy Xerxes menaça Neptune de prison, & Phœbus de tenebres, tout ainsi que s'il eust esté leur maistre & souuerain. Et les Lacedemoniens auoient accoustumé de porter le Dieu Mars en leurs enseignes enchaisné & lié, affin qu'il fust forcé de demeurer quand & eux ; & contraint d'estre constant à leur donner des victoires. Et les Atheniens pour mesme raison portoient la Deesse Victoire peinte sans ailes : les trainant ainsi liez, plus pour les forcer à tout ce qu'ils vouloient, que pour les adorer.

Ainsi a-on feint bien à propos, qu'vn medisant public, qui est Momus, a descouuert le rapt que Iupiter fit de Ganymede, ensemble toutes les autres meschancetez des Dieux, pour monstrer que les fautes faictes par des personnes qui tiennent quelque grade superieur, comme les Dieux, doiuent estre publiees par quelque autre inferieur & extreme en toute bassesse, comme Momus. Nous considererons donc Saturne, Iupiter, Mars, Apollon, & Mercure, & tout le reste, ou comme Dieux (parlant en leur façon) ou simplemét comme hommes. Or comme Dieux, nous les prendrons comme faux Dieux, inconstants & volages, ne tenant rien de la Diuinité : changeant mesme à

Marginalia:
- Atys deschiré par vn sanglier, pour auoir loué la mere des Dieux.
- Le Roy Agesilaus tuoit les poux sur les autels des Dieux.
- Pourquoy les Atheniés peignoient la Deesse Victoire sans aisles.
- Momus à donné des epithetes cónicieux à chacun des Dieux.

INST. DE TOVTES CHOSES. LIV. V. 472

toute heure, & leurs noms, & leurs plus honnorables facultez & puissances, pour mieux assortir leur meschanceté & plus facilement en desrober la cognoissance au monde. Iupiter, le plus auctorisé de tous, auoit trois cents noms : ie ne dis pas noms de trois cents facultez ou puissances diuines qui fussent en luy: comme souuent la vertu & le merite donnent aux personnes, ou sainctes, ou illustres des tiltres honnorables, pour les miracles ou genereux exploicts qu'elles ont faicts (encore que ce ne seroit pas grand cas, eu esgard au vray Dieu qui regit tout par vne seule esgale & semblable puissance.) Mais il y auoit trois cents faux Dieux diuers & inconstans qui portoient ce nom de Iupiter. Comme pareillemét vne infinité d'autres Dieux se trouuent auoir eu diuers noms pour se rendre incognus, & faire plus admirer leurs variations & legeretez. Car on appelloit le Soleil, Apollon & Phœbus. La Lune, Hecate Diane & Isis, Minerue, Pallas. Et Bacchus, Osiris, & ainsi des autres. Et neantmoins tout au contraire vne des marques du vray Dieu, c'est qu'il n'a point de nom, car il est *Ens sine nomine*. Qui a faict dire à Lactance que Dieu n'auoit point de nom, pource qu'il est seul, & que le propre nom de Dieu, est Dieu seulement; d'autant qu'il est tousiours vn seul & semblable à soy-mesme. Et entr'autres noms que Platon donne à Dieu il l'appelle *Innominabilis*. Dieu n'a point de nom (dit-il en son Timæe) que les hommes mortels puissent cognoistre; car sa substance est son nom, & son nom est sa substáce. Si bien que si nous le cognoissions parfaictement nous serions semblables à luy. Et mesme Epicure (qui tout Payen qu'il estoit, & le plus desreglé de tous les Philosophes, a lasché plusieurs beaux traits fort à propos) souloit appeller les Dieux, *Monogrammos*; tousiours & en tout & par tout semblables : tiré de ceste sorte de peinture qu'on appelle *Monochroma*; parce qu'elle est tousiours d'vne mesme couleur. Et pour monstrer que les choses semblables sont les plus parfaictes, ils disent que Dieu a faict le monde rond, pour

Lilius Gyraldus in Ioue.

S. Denys lib. de Diuin. nominib.

Plat. in Parmenide.

Pli. l. 35, c. 3. & 5.

Platon in Timæo.

cefte feule occafion, & fi rond qu'il n'y a rien qui le foit
tant. Et ce afin que toutes les parties d'iceluy fuffent fem-
blables en foy; & que le femblable eft beaucoup plus beau
que ce qui eft en foy diffemblable. Mais pour retourner à
ce faux Iupiter, i'eftime plus probablemēt, que celuy qu'ils
appelloient le premier des Dieux, a eu vne grande trainee
de diuers noms: en quoy il a principalement faict remarquer & recognoiftre fon inconftance, & faulfeté. Car il
ne changeoit pas feulement de nom à toutes mauuaifes
occafions; ains voulant changer de femmes & de forfaitu-
res, il changeoit de formes & d'actions pour mieux couurir
fes mefchancetez; fe changeant ores en pluye, ores en Cygne, & en plufieurs autres chofes. D'où vient qu'anciennement aux feftes folemnelles on peignoit fon vifage de vermillon, & le fardoit-on comme celuy d'vne femme; & les
premiers deniers allouez és comptes, eftoient ceux qu'on
employoit à ce fard. Il fembloit auffi que ce mefme Iupiter & ces autres faux Dieux, euffent encore cefte autre
puiffance de faire changer de forme ou de condition aux
perfonnes qu'ils aimoient: qui neantmoins n'ont peu eftre
fi metamorphofees ny couuertes de pierre & de bois, que
la voix de leurs plaintes n'ait paffé au trauers, pour publier
à la pofterité la mefchanceté & le vice de ceux qui les fai-
foient ainfi trebucher. Nous defcouurant que les yeux
d'Argus, qu'ils ont attribué à aucun d'eux comme furueil-
lans, n'ont efté du tout inutiles. Donc fi on les veut prendre pour Dieux, leur foibleffe & defaut, & leur qualité ou
nature eft fi efloignee de la Diuinité, qu'il ne peut prefque
entrer en l'entendement d'vn homme bien fenfé, qu'il fe
foit iamais trouué perfonne fi ignorant & ftupide, qui de
ferme foy & creance les ait adorez pour Dieux: ains qui
n'ait tenu leurs vices de tant plus abominables, que la Diuinité (qui n'eft que la perfection mefme) doit eftre efloignee de tout vice. Que fi nous cōfiderons ces faux Dieux
pour hommes: (Car de tout temps qu'il y en a eu, aucuns
ont efté hommes d'autres creatures irraifonnables, ou in-
fen-

Pline.

Les faux Dieux n'ont peu tant couurir ny farder leurs ordures de fables & de feintes, que la verité n'en foit venue iufqu'à nous.

sensibles) nous trouuerons qu'encore qu'ils eussent quelque bonne qualité, qui parmy le monde leur ait faict acquerir ce tiltre, & les ait releuez par dessus le commun; qu'ils ont esté en particulier de si mauuaise vie, qu'il n'y a eu rien de si meschant, ny de plus inconstant. Commençons par le Soleil & la Lune, qui sur tous les Dieux des Anciens ont emporté creance generale de Diuinité; parce que visiblement on les voyoit mouuoir: & voyons quelle raison il auoient de les estimer Dieux.

Homere auec les plus sages de son temps semble auoir attribué de la Diuinité au Soleil: parce qu'il voyoit toutes choses; qui est vne des principales facultez de Dieu. Et Eudoxus souhaitoit & faisoit prieres, qu'il peust voir de pres le Soleil, comprendre sa forme, sa grandeur, & sa beauté, & puis en estre bruslé comme Phaethon. A la verité ceux-cy semblent estre plus excusables, que ces autres adorateurs de tant de sottises, qui n'adoroient rien approchant du Soleil. Car le Soleil est vn si grand miroir, & vne lumiere si transparente & lumineuse; que s'il se pouuoit rencontrer des yeux aussi clair-voyans & capables de voir & mirer dedans, comme le miroir de soy est lumineux & propre à representer toutes choses, ceste source & fontaine des choses visibles; ceste glace vniuerselle, qui met tout en veuë, seroit vne tres-grande & merueilleuse clarté. Mais pourtant ce ne seroit iamais qu'vne representation creée, variable & subiecte à changement: à laquelle mesme nos yeux corporels pourroient attaindre, veu que ce n'est qu'vn petit ouurage de Dieu, creé pour l'vsage de l'homme; au lieu que celle de cest autre diuin Soleil, s'il estoit possible de la voir, paroistroit vne vision celeste & diuine: & ainsi seule seroit trouuee parfaictement constante. Veu qu'encore qu'on ait obserué, que viuans nous ne pouuons souffrir le Soleil, sinon à l'aide de ceste grande estendue qui est entre luy & nous, & qui en seroit plus pres s'en trouueroit grandement offensé; neantmoins le plus que nous nous pourrions approcher de cest autre di-

2. Que les Anciens n'auoiēt nulle occasion de croire, que le Soleil fust Dieu, & moins encor tout le reste. Plut. au tr. Que lon ne sçauroit viure en ioye, selon la doctrine d'Epicure.

La difference qu'il y a de voir Dieu, ou le Soleil.

uin Soleil (qui est Dieu) & moins il y auroit d'espace & d'estendue entre luy & nous, plus nous nous trouuerions remplis de grace & de contentement. C'est pourquoy Ciceron reprenant Alcmæon Crotoniates, de ce que soustenāt mesme aduis, il donnoit quelque diuinité au Soleil, à la Lune, & aux autres planetes, dit que Alcmæon n'auoit pas le iugement de cognoistre, qu'il donnoit par là de l'immortalité aux choses mortelles. *Miserables (dit vn S. Pere Ancien) qui prenoient la lumiere pour les tenebres. Ils receurent la nuict de celuy qui esclaire le iour, & s'aueuglans à la clairté du Soleil, perdirent le Soleil dans le Soleil mesme.* Le Soleil est bien le plus grand operateur & ministre de la Nature: mais quiconque aura la vraye cognoissance de son pouuoir & de celuy qui la creé, lairra par maniere de dire plus à propos ces fausses adorations aux oyseaux, qui chantent le matin aussi-tost qu'ils le voyent, cōme pour le saluër; ou aux plātes & aux fleurs, qui se tournant tousiours vers luy semblēt le vouloir adorer. Neantmoins cela est encore hors de raison; veu que la moindre petite piece qui ait ame, quand ce ne seroit que le moindre de tous les insectes, est de plus excellente nature que luy. On compare l'œil de Dieu au Soleil, qui est le plus grand œil qui soit au monde: voire on pense fort l'encherir & rehausser quand on dit qu'il est plus grād que le Soleil; mais ce n'est rien eu esgard à Dieu. Et neantmoins on n'a point trouué de plus haute comparaison: comme si Dieu mesme auoit borné la louange que l'homme luy peut donner; qui n'a rien de plus grād à quoy le cōparer. Car le Soleil ne void & il est veu, l'œil de Dieu au contraire void & n'est veu: & quand le Soleil verroit ce seroit successiuement & non tout à vn coup comme Dieu. On peut opposer au Soleil vne muraille & mille autres tels empeschemēs: au lieu que toutes les obstructions & tenebres des mortels, sont lumieres à l'œil de Dieu; & les murailles sont de crystal & non de pierre. Le Soleil ne void que les choses presentes, & l'œil de Dieu void non seulement les presentes, ains celles qui sont aduenir, auāt qu'el-

Marginalia:
- Cicer. de la nature des Dieux.
- S. Chrysostome.
- La moindre chose qui ait ame, est de plus excellente nature, que le Soleil.
- Difference de l'œil du monde, qui est le Soleil, & de l'œil de Dieu.

les soient, & les passees quand mesme elles ne sont plus. Quant à la Lune elle a encore moins de perfection & excellence que le Soleil, & partant elle est moins approchante de la diuinité.

Tant y a que plusieurs peuples & nations n'ont pas arresté leur creance simplement au Soleil, à la Lune, & aux Planetes: ains ils ont inconstammēt destourné leur creance des choses celestes pour la rauallerauxterrestres; & des hommes pour la raualler aux bestes. Si bien qu'ils en ont creu des monstres, & presque toute sorte d'animaux vtiles & inutiles, voire les plus mal-faisans. Et la superstition s'y est trouué meslee si auant (qui est vn vice & defaut aussi proche de la religion que la parsimonie de l'auarice, ou la profusion de la liberalité) qu'vn Poëte ancien se mocquant de leur folie & de leur inconstance tout ensemble, leur reprochoit, Vous adorez vn bœuf, & ie le tuë; vne anguille, & ie la mange; vn chien, & ie le frappe quād ie le trouue en dommage. Dequoy les Ægyptiens ont esté blasmez par dessus toutes les nations, pour auoir esté des premiers à establir pour Dieux des choses viles & mesprisables, & s'estre laissez cheoir en vne telle superstitiō & abus, qu'ils tenoiēt mesme pour plus execrables sermens, quand on iuroit par les aulx, & par les ognons, comme si c'estoiēt herbes cheries des Dieux, ou qui tinssent quelque chose de la diuinité. On estimoit peut-estre les aulx & les ognōs Dieux, parce que l'aiman frotté d'aulx ne peut faire attraction du fer; ains par quelque puissance superieure & secrete ils luy desrobent ceste noble faculté; & les ognons, parce que la Lune qui meut, auance & recule nos humeurs, & qui domine les choses humides, comme les escreuices, les huistres & toute autre sorte de coquillage; les cerueaux, les mouëlles des os, voire la mer entiere que on void par experience se remplir, vuider selon son plein & son vuide; trouue neantmoins vne telle resistance & antipathie en l'ognon, que seul entre toutes les Plantes il se remplit, & se serre au declin de la Lune, & se

Rhndius Amaxandrides.

Pli. liu 9. c. 6.

Pourquoy on estimoit Dieux les aulx, oignons & pourreaux.

Bbbbb ij

diminue & appetisse en son plein. Si bien que Iuuenal prenant subject de se mocquer de l'ignorance & simplicité de telle sorte de gens, a chanté ces vers du pourreau leur compagnon, qu'ils tenoient aussi pour Dieu,

Rompre, ou mordre vn pourreau est grand' meschanceté,
O sainctes gens, ausquels ceste Diuinité
Croist dedans le jardin.

Et c'est à l'auenture la raison pour laquelle Neron croyant gouster quelque Diuinité, ou s'incorporer auec elle, mangeoit ordinairement en chaque mois & à certains iours des pourreaux auec de l'huyle, sans pain, ny autre viande parmy. Et tout au rebours, Mela procureur general de l'Empereur Tibere, craignant vn adiournement personnel qu'on luy auoit donné pour raison de son office, voulant se faire mourir par desespoir, beut & aualla trois deniers de jus de pourreaux, dont il mourut soudain sans qu'il sentist douleur quelconque. Et neantmoins on tient que qui en prendroit dauantage il ne luy feroit point de mal. S'il eut eu ceste fausse creance des Ægyptiens, de croire le pourreau pour Dieu, on eut peu dire que le vray Dieu tousiours constant & bien-faisant sert de consolation & de remede: au lieu que ce Dieu imaginaire & puát ne luy pouuoit seruir que de poison. Et quand bien ils n'eussent adoré que les bonnes herbes seulemét, combien de faux Dieux eussent-ils mangé en leurs festins! Ces autres qui adoroient le Dieu Stercutius, & la deesse Hippona, qui n'auoient pour tous lieux d'adoration que chaires percees & priuez, n'estoiét guere mieux assortis de Dieux. Non plus que ceux qui adoroient la Fiéure; ou ces autres qui adoroient Mena deesse des Menstrues, ou Volutina deesse du vent follet, qui couche & redresse les bleds, qui sont tous Dieux ou deesses qui president en des actions si sales, si deshonnorables, & de si peu d'importance, voire qui sont si mal-faisans, qu'on a hôte de les nómer, tant s'en faut qu'on les doiue inuoquer. De mesme estoffe estoit le Dieu Bel des Babyloniens, si ennemy de la temperance,

Pourreaux tenus pour Dieux.

Pourquoy Neron mangeoit des pourreaux.

Le iust des pourreaux fit mourir Mela.

S. Aug. liu. 7. de la Cité de Dieu.
Plaut. in Aulul. Cicer. de nat. deor. & 2. de legib.

& si peu constant en la vertu de sobrieté, (vertu neantmoins si petite, qu'elle ne sçauroit rendre vn Dieu recommandable) qu'on luy portoit tous les iours autant de viures comme il en faudroit pour nourrir vne armee. Ausquels i'adiousteray la forme ridicule des Dieux qu'adorent les Indiens, que i'ay veu au cabinet du Duc de Florence: qui est vn masque hideux d'vn verd obscur faict comme vne teste, & presqu'en la mesme forme que Michel Ange peint en son iugement les testes des diables; plustost la teste d'vn esclaue que d'vn Dieu, puis qu'il s'est laissé tirer hors le lieu où il a esté si long temps adoré, pour seruir d'ornement & de monstre dans la maison d'vn simple homme mortel.

Qui meut vn bon Chrestien de dire, cõme par imprecation, se moquant du payen, & de ce qu'il adoroit & tenoit pour Dieux des bestes, des bois, des pierres, voire la fieure & les palles couleurs, *Ex alite ligno & saxo Deum fabricauit sibi: ludibria hominum in cælum retulit, & crocodilo & serpenti sacra tulit, & febrim & pallorem coluit: meruit certè præpostera pietas, vt Deos suos semper præsentes haberet.* Il vouloit dire que celuy qui prend pour Dieux & honnore des bestes qui nous mordent, ou des arbres d'où on tire des bastons auec lesquels on nous frappe: ou des pierres desquelles on nous assomme, ou des serpents, la fieure, & choses semblables, vouloit esleuer au Ciel des choses, qui sont mesme parmy les hommes en risee & de nul prix: & que sa pieté desreglee meriteroit d'auoir tousiours ces Dieux presents & sur le dos.

Par ainsi les Mages en Perse firent tresbien, apres que Xerxes eut passé en Grece, de brusler tous leurs temples. Mais non par leur raison; car ils n'en auoyent d'autre, sinon qu'ils trouuoyent impie d'enfermer les Dieux dans aucune closture, veu qu'à vn Dieu (disoyent-ils) toutes choses doiuent estre libres & ouuertes: ains seulement parce qu'il ne leur auoit laissé que des faux Dieux. Mais ie trouue que les Atheniens firent encore mieux qui

Les Mages donnerẽt aduis aux Grecs de brusler leurs temples, trouuant iniuste d'enfermer leurs Dieux dedans, comme si c'eust esté des prisons.

voyant l'indecence & vilainie de leurs Dieux, croyāt qu'il
n'y pouuoit auoir de Dieu qui ne fust & parfaict en bonté,
& immortel, esleuerent des autels à vn Dieu, qu'ils appelloient *Le Dieu incogneu*. Auouant pour le moins en general vn seul Dieu, bien qu'en particulier il leur fust incogneu. Il semble neantmoins que Platon en ait eu quelque
cognoissance. Car improuuant la Theologie des Grecs,
qui n'estoit de son goust, il semble qu'il ait creu qu'il n'y
auoit qu'vn Dieu qui gouuernoit tout, lequel il appelloit
tantost le monde, tantost l'ame du monde, ne voulant dire clairement ce qu'il en pensoit : ayant tousiours ce meschant aduis, que c'estoit vne grāde faute à celuy qui auoit
trouué le Pere & vray Createur de ce monde, de le reueler & descouurir au commun. Comme si Dieu estoit quelque thresor propre & particulier à vn seul, lequel il fallust
cacher, & non thresor precieux & esgallement esgal pour
tout le monde : & comme s'il y auoit vne cognoissance,
qui peust estre plus generalement necessaire que celle de
Dieu. Mais ce que Platon ny autre puissance ne sceurent
faire, Iesus Christ l'a bien mis à effect : car il chassa tous ces
faux Dieux & fit cesser les oracles ; nous donnant par sa
biē-heureuse naissance, & sa propre personne, & le moyen
de cognoistre la vraye religion. Religion si certainement
vraye, saincte, asseuree, & constante : qu'elle n'a iamais
changé, ny varié, ains a tousiours esté constamment obseruee, nonobstāt toutes sortes d'heresies, mutations, persecutions, & autres remuemens tyranniques & violants.
Mais iusques alors, les Anciens se sont forgez vn si grand
nombre de Dieux, qu'ils en ont produit & recogneu iusques à trente mille. Et en ont chanté tant de choses fabuleuses, que qui s'essayeroit d'esclaircir ou reduire ce qu'ils
en ont dit à quelque bonne intelligence & certitude ; ou
qui les voudroit mythologiser auec quelque vray-semblable ratiocination, seroit en mesme peine, que celuy qui
voudroit en toutes mers traduire & ramener à bon port
toute sorte de vaisseaux.

Deo ignoto.
S. Paul a parlé
du Dieu inco-
gneu, Aux
actes des Apo-
c. 17. Il semble
que Platon ait
cogneu le
vray.

A l'aduenemēt
du vray Dieu,
qui est Iesus
Christ, les
faux Dieux se
sōt esuanouys
& les Oracles
ont cessé.

Lili. Gyral.
Syntagmate 1.

Et croy que le plus veritable sens qu'on en puisse tirer est, que Saturne, Iupiter, & les autres estoient hommes mortels, lesquels ayant faict quelque bien aux premiers hommes, qui ignoroient toute sorte de ciuilité, leur furent par apres en telle recõmandation, que ceux-là seuls estoient par eux estimez Dieux, qui profitoient en quelque chose au public, & desquels les hommes receuoyent plus de commodité. D'où est sortie & deriuee la diuinité d'Hercules, celle d'Esculape, de Liber, de Castor, de Pollux, & des autres. La nouueauté seule les estonnoit, l'vtilité les rauissoit, les choses qui nous sont maintenant les plus communes, estoient à ces premiers hommes autant de miracles ou merueilles, qui rendoient les autheurs deïfiez & adorez de ceux qui en receuoiët l'vtilité. Pour cette raison les Arabes ont pensé que Moyse fust vn Dieu, & ont adoré son image. Ciceron trouuant mauuais tant de Dieux inuentez à plaisir, s'en plaignoit sous la personne de Q. Lucius Balbus, & souloit dire, que beaucoup de choses auoyent esté bien & vtilement inuentees par les Philosophes: mais que pourtant la pluspart de leurs inuentions estoiët mal à propos attribuees aux faux Dieux. D'où naissent tant de faulses opinions, tant d'erreurs, & tant de superstitions friuoles; le diable ne visant à autre but, lors qu'il induit les hommes à idolatrie, qu'à deïfier par reputation ou autrement la Nature humaine; moulant des statues pour immortaliser les hommes mortels & inconstants, & qui peut estre pour la pluspart n'estoyent que de vrayes statues, ou pour mieux dire sous ce pretexte se voulant faire adorer, puis que l'Escriture saincte dit, *Omnes Dÿ gentium dæmonia.*

Ainsi on dit que Iupiter ne fut estimé Dieu pour autre raison, sinon parce qu'il appelloit sur le mont Olympe tous les nouueaux inuenteurs de quelque chose, qui pouuoit estre vtile, & s'en faisoit ceder l'inuention & l'honneur. Et a-on aisément pardonné à Platon d'auoir banny les Poëtes de sa Republique, parce qu'ils ont inuenté

Que les hommes premiers inuêteurs des choses & arts incognus n'ôt esté deifiez, que par la nouueauté de leurs inuentions. Cic. De la nat. des Dieux.

Epiphanius, ne hares.55. Cic.l.2.De natura Deorũ.

Pourquoy Iupiter fut tenu pour Dieu. Lact. De falsa religione. Plat. l.2.de Repub.

TABLEAV DE L'INCONSTANCE ET
des Dieux qui ne peuuent seruir que de scandale. Car
quelque voile ou couuerture qu'ils ayent donné à la vie
de ces faux Dieux, & à leurs plus celebres actions, en quelque nuict qu'ils les ayent representez & enueloppez, on
a descouuert qu'elle estoit si vicieuse & de si pernicieux
exemple, que Menippus dans Lucian dit qu'estant enfant, oyant Homere & Hesiode chantant les adulteres
& rapines des Dieux, il pensoit que ce fussent toutes
choses bonnes & belles, & les auoit en affection : ne se-
stant iamais peu imaginer que les Dieux, qui deuroyent
estre perpetuellemẽt tendus à bien faire, eussent esté adulteres, si l'adultere n'eust esté vertu. Outre que les fautes
qui se commettent sur le modelle des Grands, sont prises
non seulement pour dispense par les petits, ains la vergongne qu'on a accoustumé d'auoir en les commettant,
deuient audace par l'authorité ou relief de l'exemple. Ce
que nous apprenons de ce mauuais garçon de Terence,
lequel regardant vn certain portraict contre vne muraille, dans lequel Iupiter estoit representé faisant tomber
de la pluye d'or dans le giron de Danaë, defend sa lubricité par vn exemple si releué, veu qu'en icelle il se glorifie
d'imiter vn Dieu ; mais quel Dieu ! dit-il, celuy qui auec
vn grand bruit fracasse & brise les temples des Cieux. Il
me feroit donc beau voir à moy, qui ne suis qu'vn petit
hommelet, de le trouuer mauuais, & si ie faisois difficulté d'en faire le semblable. Ie l'ay donc fait (dit-il) & volontiers.

Et c'est en quoy Momus a esté plus veritable que mocqueur, disant que Saturne estoit vn parricide, Iupiter vn
inceste, Mars vn furieux, Neptune vn luxurieux, Apollon vn imposteur en ses responses, Mercure vn rufien,
Cupidon vn folet, ou comme disent ceux qui le cognoissent le mieux, *Vn Procurator fiscale del buon tempo*, Bacchus
vn yurongne, Vulcan vn esceruelé ou boiteux de l'entendement, Pluton vn diable ou mauuais demon, Pan vn Satyre, Syluain vn vacher, Priape vn effronté, Protee vn
mon-

Homere, & autres bons Poëtes louäs les vices des Dieux, ont trainé les ames simplet-tes à croire que leurs adulteres & rapines estoient cho-ses bonnes & vertueuses. Terent. in Eu-nucho.

3. Momus a donné des Epithetes ve-ritables aux Dieux plus fameux.

monstre. Car toutes ces troupes de Dieux ou Deesses ne sont autre chose que les troupeaux & bergeries d'Argus qui sentent au fient & à l'ordure. Leurs temples ne sont que des Hortaches, dans lesquels on eust trouué les portraicts lascifs des plus celebres courtisanes; tesmoin celuy de Flora, que Cecilius Metellus fit mettre au temple de Castor & de Pollux. Leurs assemblees & sacrifices nocturnes, que concubinages & lasciuetez de gens vagabonds & dissolus, tesmoin Hippomanes & Atalanta, qui souillerent le temple de Cybelé. Qui a meu sainct Augustin de dire sainctement & iudicieusement, que ces Dieux se sont plus descouuerts par leurs propres vices, que par nul autre moyen.

Et c'est aussi d'où les Alchimistes ont tiré l'inuention d'accommoder aux metaux le nom des Dieux, pour mieux remarquer leurs defauts par les proprietez d'vn chacun; ayant donné à l'argent vif le nom de Mercure, au cuiure celuy de Venus, attribuant le fer au Dieu Mars, l'estain à Iupiter, & le plomb à Saturne; les conuertissant en choses inanimees peu solides, changeantes & muables, subiectes au feu, au fer, à la rouille; & à vne infinité d'autres incommoditez contraires à l'immutabilité, à la fermeté, & autres qualitez diuines.

Mais pour reuenir à vn chacun d'eux en particulier, & monstrer combien il est inconstant, nous dirons, parlant de Iupiter (encor' que l'inconstance soit aussi grande parmy les Autheurs à descrire sa vie, comme elle pourroit estre en luy-mesme) qu'il fut si sale en sa naissance, qu'on fut contraint de l'aller lauer en la fontaine Clepsydre, ou dans le fleuue Luzie. Qu'il fut alaicté par vne Cheure qui le fit capricieux; par des insectes & volatilles, comme des Abeilles, qui le rendirent volage; par des Ourses & autres animaux, qui le rendirent cruel, vagabond & farouche. Si bien qu'il ne se faut estonner si parmy le changement de laict il a esté muable & inconstant. Dequoy la verité est, que Iupiter estoit vn Roy de Crete, qui prit

Iupiter.
4. Defauts de Iupiter, Saturne, Mars, & de chacun en particulier.

Ccccc

TABLEAU DE L'INCONSTANCE ET
le nom de Iupiter, lequel les Rois prenoyent alors auſſi
communément, & en la meſme façon que les Empereurs
depuis le premier Ceſar prindrent celuy de Ceſar. Or bien
que ce Roy de Crete, ou premier Iupiter, fuſt d'vn lieu
vil, ſi eſt-ce qu'ayant faict beaucoup de bien aux Atheniens & à pluſieurs autres peuples, il cacha ſi finement par
la gentilleſſe & nouueauté de ſes inuentions, les defauts
de ſon ame, & la vileté de ſa naiſſance; que fort aiſémét
les hommes ignorants de ce ſiecle creurent auſſi toſt
qu'il eſtoit fils du Ciel & du Iour. Depuis ayant ſubiugué
les nations d'Orient, il crea des Rois auſquels il apprint à
commander ſuiuant les loix. Et par apres paſſant pays &
ſuiuant ſa route, il punit les larrons; qui ſont les Geans ſi
fort chantez par les Poëtes. Et ce qu'on dit qu'il ſe fit Taureau, Cygne, & Satyre, ſans pouuoir eſtre conſtant en aucune forme, qu'il deuora ſes trois femmes pour deſbaucher ſa ſœur; qu'il n'eut onc fille ne femme qui ne fuſt
violee par luy-meſme: ne veut dire autre choſe, ſinon

Pourquoy on dit que Iupiter allant corrompre ou rauir des femmes, paſſoit par pluſieurs formes.

qu'apres qu'il ſe trouua bien eſtably, il s'adonna du tout
à la volupté, & deſbaucha toutes ſortes de femmes & filles. Ce qu'on interprete de la façon, parce qu'ordinairement il aduient, que celuy qui va ainſi aux femmes
d'autruy, paſſe comme à force par pluſieurs formes & indecences, & ſe rabaiſſe à vne infinité de viletez qui diminuent ſa grandeur: ſi bien qu'en pareilles occurrences,
les plus grands Monarques ſe laiſſans ainſi eſcouler en
ſemblables vices, ſemblent entrer en la figure ou repreſentation de pluſieurs beſtes, comme faiſoit Iupiter. Il
eſtoit donc non ſeulement homme mortel; mais bien
homme paſſionné & desbauché, inconſtant, foible, imparfait, & meſchant: & tel que meſme Mercure & Pluton l'ont preſque degradé de la diuinité. Car dans Plaute
Mercure dit que Iupiter craint autât le mal que le moindre des mortels. Et dans Ariſtophane, Pluton qui eſt ſon
frere, ſe plaint que Iupiter le fit aueugle, parce que Plu-

*Plaut. au preſ. de l'Amphyt.
Ariſtoph. in comœd. Plut.*

ton estant encore bien ieune, l'ayant menacé de s'addresser seulement aux sages, & aux iustes, pour se plaindre de ses forfaictures, il le vouloit mettre en tel estat que Pluton ne les peust discerner. Qui a fait dire à Lactance quand il entendoit appeler Iupiter *Optimus*, *Maximus*: pour *Maximus* passe, dit-il; mais pour *Optimus*, il n'en tient rien du tout.

Saturne qui se prend pour le Temps, à cause de son inconstance & mutabilité, fit la guerre au Ciel son pere, si bien qu'il le chassa hors de son Royaume. Il fut si adonné à la volupté, qu'il prit la forme d'vn cheual, afin que sa mere ne descouurist l'amour desordonné qu'il portoit à Philyre fille de l'Ocean. Il deuora ses enfans; mais il ne s'engraissa pas pourtant, bien qu'il ait fait leur sepulchre de son corps. Et ne dit-on qu'il les deuora pour autre raison, sinon parce qu'à leur dire mesme, peu de gens qui naissent sous luy viuent longuement. Et Iupiter ne luy couppe les parties de la generation, que parce que Iupiter se ioignant à luy à nostre naissance, il luy couppe (disent-ils) & trenche sa malice, & le iette de son empire: comme s'ils vouloient dire, que parce moyen on luy retrenche le chemin de faire plusieurs mauuaises variatiõs, & preiudiciables changemens.

Saturne.
Virgil. 3. Georg.

On feint que Mars est fils de Iunon, Deesse des richesses: parce que l'enuie & la contention viennent principalement pour les richesses: & qu'à tout homme riche, l'enuie & la mal-vueillance font la guerre. Et encor' qu'ils l'ayent feint Dieu, si ne luy ont-ils iamais donné de siege ou demeure permanente, tant il est inconstant; ains vaguant par le monde comme furieux, il va tousiours errant ça & là remplissant tout de pleurs & de miseres. C'est pourquoy on luy a consacré le loup, animal le plus mal faisant qui soit en toute la Nature. Et ne se prend pour la guerre, que d'autant qu'il aime le trouble, le sang, & la cruauté, & est appellé d'Homere, ἀλλοπρόσαλλος.

Mars. Pourquoy on feint que le Dieu de la guerre est fils de la Deesse des richesses.

Ccccc ij

tant il est muable & incertain ; qui veut dire tantost à l'vn, tantost à l'autre ; estant si pusillanime, si peu genereux & constant (tout Dieu qu'il est) qu'il se laissa blesser à Dionysius homme mortel. Et Homere le feint si poltron, qu'il ne se peut deffendre contre Pallas, qui n'est qu'vne femmelette.

Mars s'est laissé battre à Pallas.

Si bien que le desprisant à cause de sa lascheté, elle le deschire ainsi, & publie son inconstance parlant à Diomedes,

    C'est vn causeur, vn baueur, vn vanteur,
    Et qui pis est variable & menteur.
    A ce matin il m'auoit fait promesse,
    De batailler en faueur de la Grece ;
    Et maintenant comme fol inconstant,
    Il est contre eux, pour Troyens combattant.

Neptune.

Neptune Dieu de la Mer, element plein d'inconstance, a eu plusieurs femmes tant il estoit impudique, & de plusieurs femmes impudiques il a eu quatre-vingts enfans. Il se changeoit en plusieurs formes comme vn Protee, tant il estoit de condition & d'humeur variable, pour mieux assortir sa lubricité.

Mercure.

Mercure deuint si inconstant & infidele, aussi tost que la Nymphe Maja l'eut enfanté, voire si fin larron, qu'à chaque Dieu il desroboit vne piece. Car à Iupiter il desroba son Sceptre, & luy eust enleué le foudre, s'il n'en eust craint le feu ; à Neptune son Trident, s'il n'en eust craint la pointe ; à Mars son espee, s'il n'en eust craint le trenchant ; à Apollon son arc & ses fleches, s'il n'eust eu peur de l'attainte ; à Venus sa ceinture, s'il n'en eust redouté le poison. Et ayant desrobé à Vulcan ses tenailles, il fit voir de là en hors à tout le mõde, qu'il auoit les mains si crochues & si duites à larrecin, qu'on eust dit que dés qu'il estoit dans le ventre de sa mere il en auoit fait l'apprentissage. Et ne peint-on Argus descollé à ses pieds, la teste & la face couuerte d'yeux, que pour signifier que Mercure est le patron des larrons, ausquels la vigilance appartient. Il ne fut onc constant ny ferme en vn lieu, tant ils s'embrouille d'ambassades & d'affaires. Il est communement tenu pour le Dieu des sorciers, ausquels il communique & influe les plus preiudiciables inconstances, qui sont les illusions & les charmes, auec lesquels ils troublent le monde, & se troublent & deçoiuent eux-mesmes. C'est pourquoy on luy a dedié les songes. Et par commun erreur on tient que quand quelqu'vn est né sous luy, il a inclination à estre larron, & qu'il est fin & rusé. Car c'est vne Planete qui toute seule (au moins si on en veut croire les Astrologues) a autant de mouuemens variables & dangereux, que toutes les autres ensemble. Ainsi à cause de ses legeretez on luy a donné des ailes, pour signifier qu'il va de tous vēts. Et ne l'ont fait messager des Dieux que pour l'auoir recogneu plus mouuant, plus remuant, plus hasté & plus leger que tout autre. Et encore que parmy les Thraces il fut seulement adoré par leurs Rois, lesquels voulans vne Religion & vn Dieu à part, qui ne fust adoré du peuple, desdaignoient tous autres Dieux; neantmoins ce n'estoit pour autre chose que parce qu'ils le croyoient estre le plus fin. Mais leurs Rois n'estoient gueres fins, de ne vouloir autre Dieu que luy; non plus que les Rois de Perse, de ne vouloir boire d'autre eau que celle de la riuiere de Choaspes: comme si mesme parmy eux le Ciel n'eust eu autres Dieux, ny la terre habitable autres eaux. *Plut. au tr. de la superst.*

Apollon est par les Poëtes feint pour vn Dieu, qui se change en toutes formes, pour plus à l'aise contenter sa luxure. Il vouloit paroistre constant, & perpetuellement certain & veritable, en ce que par la bouche de Satan il respondoit à ceux qui trop curieux s'enqueroient à luy de l'aduenir. Mais il n'y auoit rien de si obscur & brouillé que ses Oracles, lesquels se trouuoiēt tousiours douteus, mensongers, & en deux entētes. Le seul traict qu'il nous a laissé des faulses promesses qu'il fit à Agamedes, & Trophonius enuelope quand & soy l'ingratitude, l'iniustice, *Apollon. Au chasteau de Polignac en Velay son temple est encore tout entier.* *Plut. en la consf. d'Apollonius.*

l'inconstance, & plusieurs autres tels vices, & defauts. Car apres luy auoir basty vn beau & riche temple, comme ils luy demandoient recompense, il les remit seulement pour huict iours; au bout desquels pour tout salaire il se trouua que la mort les auoit estranglez dans leur lict. Et quand bien on le prendroit pour le Soleil, si est-il subject à mutation & changement, souffrant en ses eclipses ou defaillances des obscuritez & des tenebres presque ineuitables. Et faut qu'il se cache tous les soirs pour faire place à la Lune sa compagne. Et si outre ce, on le tient pour si foible, qu'on dict qu'vne Dragone le combatit teste à teste pour la seigneurie de l'oracle de Delphes. Ainsi les qualitez ou facultez de sa diuinité ne sont fermes ne constantes en luy, puis qu'il est mesme contraint de les debattre & contester auec les bestes les plus grossieres.

Plut. au tr. Que les bestes brutes vsent de raison.

Vulcan est Fils de Iupiter, & dit-on qu'à force qu'il estoit laid, son pere inconstant en l'amour paternel, le precipita dans l'Ocean. Et luy au contraire inconstant en l'amour & respect qu'il deuoit porter à sa mere, fut si mal creé, que desirant se venger d'elle, il luy donna vne chaire, dans laquelle s'estant assise, la chaire se ioignit & serra si fort, qu'elle se trouua comme enchainee & en prison. Il a eu plusieurs enfans de plusieurs concubines; & se plaignât de sa femme Venus, il n'a esté non plus qu'elle fidelle & constant. Il a esté nourry par des singes qui luy ont communiqué de ces souplesses, contraires à la fermeté & constance, mesmement quand nostre ame y a part & s'en veut mesler.

Vulcan.

On dict que Pluton estoit Espagnol, parce qu'ayant party le monde auec Iupiter & Neptune ses freres, il eut pour son partage l'Espagne & tout le pays tirant vers l'Occident. Et de faict Strabon tient qu'il habitoit en Espagne & vers les monts Pyrenees. Ie croy que si les anciens Poëtes qui l'ont feint Dieu des enfers, eussent peu voir ce dernier siecle, ils eussent peut-estre dit que c'estoit, parce que comme Pluton Dieu des enfers tient les clefs des ri-

Pluton.

Strabo. lib. 3. Geograph. Nat. com in Plutone.

cheſſes, auſſi les Eſpagnols tiennent quaſi comme les clefs des minieres ou threſors qu'ils tirent du Peru & des Indes. Et n'eſt merueille qu'vn meſme Dieu ſoit Dieu de l'vn & de l'autre; d'autant que les richeſſes ſont au rang des choſes les plus muables, & qui produiſent preſque tous les plus notables changemens qui puiſſent arriuer à l'homme, lequel elles conduiſent communément & font precipiter dans le puits de la perpetuelle inconſtance, qui eſt l'enfer. Et pour ceſte raiſon les Lacedemoniens bien ſages & aduiſez, ſouloient mettre Pluton en vn lieu bien clos & fermé, & le tenir en vne eſtroite garde, aueugle & giſant par terre comme quelque choſe ſans vie, pour monſtrer combien ils auoient les richeſſes à meſpris. Au lieu que les Atheniens le tenoient dans vn chaſteau où ils conſeruent leurs threſors : ſur lequel on feint que Pluton alloit voletant auec des yeux ouuerts, pour teſmoigner au contraire, qu'inconſtants & volages ils auoient le cœur & les yeux inceſſamment ouuerts, pour amaſſer des richeſſes.

Bacchus a eu deux meres, Semelé & la cuiſſe de Iupiter. L'Inconſtance de ſon ſexe ſemble l'auoit formé contre nature. Lucien le peint vn Dieu demy-homme, mitré, effœminé, mol, volage, enfant, preſque touſiours yure, autheur des dances, & conducteur des Dieux les plus laids & les plus groſſiers, comme Pan, Silenus, & les Satyres. C'eſt le chef des Bacchantes, femmes tumultueuſes & qui n'ont nulle fermeté. Et la on peint enfant, parce que ceux qui ſont yures, ſemblent les enfans chancellans & foibles. On luy donne vn habit de femme, parce que les actions de Bacchus n'ont rien de maſle ny de viril. On le repreſente tout nud & ſans habits, parce que les yrongnes ſont incapables de tenir rien de ſecret. On le met en carroſſe, parce que la teſte tourne & roue touſiours aux yurongnes. Auec le lierre au front en forme de couronne, pour dire que tout ainſi que le lierre rōpt les murailles, de meſme les yurongnes comme luy, ſont à tous coups ſur le

Aucuns diſent que c'eſt Plutus, qui eſt le Dieu des richeſſes & non Pluton; & parfois neantmoins on les prend l'vn pour l'autre. Plutarque.

Ariſtoph. en la comedie appellee Lyſiſtratus.

Bacchus.

Lucianus in cōſilio Deorum.

point de tôber & moutoner les murailles. Ou bien pour signifier, que cóme le lierre ne peut viure seul, ny se soustenir sans appuy, ains il embrasse & entrelasse tousiours quelque chose: qu'aussi Bacchus n'estant appuyé par quelque Nymphe qui est l'eau, & sans estre entremeslé auec elle, il s'esbranle & se laisse cheoir aussi-tost. En fin l'yurongnerie seule descrie non seulement sa faulse diuinité, ains le perd du tout de reputation. Car on la tient communément pour celle qui source de tous maux commande & conduit tous les crimes, qui ramollit la force, change la parole, desregle le rire, deshonore la façon, & tend les embusches aux plus chastes pensees. Celle qui nous faict cheoir en vne langueur ignominieuse, & d'vne folie volōtaire nous precipite souuent & nous faict passer en vne fureur tyrannique, tant elle violente les puissances interieures de l'ame. C'est le trouble de la teste, la tempeste de la langue, l'orage du corps, le peruertissement des sens, la corruptele de l'ame, la mort de la raison, & le tombeau de l'entendement. Si bien qu'on ne peut nier que mesmes parmy les hommes bien sensez (que les Anciens estimoient beaucoup moins que leurs Dieux) ce ne soit vne maladie formee, que d'estre subiect & adorateur de ce Dieu Bacchus.

La plus notable diuinité de Bacchus c'est l'yurongnerie.

Herod, liu. 4.
Ainsi quiconque le veut adorer comme Dieu, court mesme fortune que Scyle Roy des Scythes, qui ayant commandé en son Royaume de celebrer la feste de Bacchus, & prendre & receuoir son adoration pour vne nouuelle religion, le peuple l'eut si fort à contre-cœur, qu'apres en auoir abatu l'idole qu'il en auoit faict dresser, ils l'allerent massacrer en son palais.

Phœbus.
Phœbus consideré comme il est communément parmy nous simplement pour Soleil, & non pour Dieu à la façon des Payens, se peut dire estre le principe de la lumiere, le Roy de la generation, le mary de la Nature, l'œil du monde, le sacré brandon des mortels, l'allegresse du iour, le flambeau du Ciel & de la terre, le plaisir & la ioye des humains, le moderateur du firmament, le directeur de

l'Vniuers, le maistre le souuerain de toutes les Planetes. Et pour aller au delà du tout, le fils aisné du Ciel, l'image visible du Dieu inuisible. Mais le cõsiderant comme Dieu en leur façon, il se change tous les iours. Et a fait ceste lourde faute pour contenter l'ambition de son Fils, qu'il a cuidé brusler le monde, luy ayant dõné son chariot à gouuerner. Ce que Platon a dict en son Timæe: bien qu'on luy ait voulu faire à croire (tant on luy attribue de science & de secrets de la diuinité) que par Phaethon bruslant les Cieux, il ne vouloit signifier autre chose, sinon que le monde se perdra par feu: ce qu'il pouuoit auoir appris des Sibylles, des Prophetes, ou de Dauid, si tant est qu'il le sceust. *Plat. in Timæo Iam quòd apud nos, &c.*

Psal. 96.

Diane aussi, ou la Lune compagne de Phœbus, simplement consideree comme il faut, pour vn Astre qui emprunte sa lumiere du Soleil, c'est le Soleil l'ornement & le flambeau de la nuict, la guide des deuoyez, l'escorte des passagers, la mere de la rosee, ministre de l'humeur & des pluyes, l'assaisonnement des saisons, celle qui change & rechange l'air, nourrice de tout ce qui croist sur la terre, la gouuernante, qui tient la Clepsydre & le compas de la mer, la mesure des temps, la compagne ou corriuale du Soleil. Mais la considerant comme Deesse à la mode des Anciens, c'est le tourment des Epileptiques, la soliciteuse des menstrues, qui sont les plus grãdes immondicitez que la Nature pousse hors le corps humain: c'est vne affronteresse qui a faict semblant de desdaigner le commerce des hommes, & neantmoins a tousiours seruy de sage-femme; d'où on l'a appellee Lucine. Errante & vagabonde elle court inconstamment par les bois & par les forests comme vne fole; mais c'est qu'elle va à la chasse des inconstances, qui sont les bestes furieuses qu'elle poursuit: & à son retour quand on la trouue lasse & harassee, & qu'elle ne se monstre aussi gaye & claire qu'elle faisoit auparauant, on craint qu'estant mal disposee elle tombe en eclipse. Et estant en cest estat, elle souffre des iniures & *Diane.*

Ddddd

des contraintes, mesme de ceux qui ont accoustumé de l'adorer pour Deesse. Car ils ne veulent permettre qu'elle cache sa lumiere & qu'elle se perde de veuë, suiuant la coustume des Romains, qui faisoient bruire des bassins & autres vaisseaux de cuiure lors que la Lune estoit en eclipse, cuidant la rappeller, & la forcer de demeurer constante en sa lumiere, ayant ceste faulse imagination, que la Lune eclipsant, les Dieux estoient irritez contre eux. Et encore que les Cabalistes nous ayent voulu donner entendre, que tandis que l'Ange Gabriel estoit en ambassade, pour annoncer à la glorieuse Vierge l'incarnation du Fils de Dieu, le Ciel de la Lune (auquel il preside, disent-ils) estoit sans inconstance & sans mouuement, pour l'absence de son moteur; si est-ce qu'ils tiennent toutes ces adorations, pour superstitions ineptes & pueriles, ne la pouuant croire ny deesse, ny constante, attendu qu'ils luy auoient veu produire des effets aussi variables, que sa face est changeante & diuerse. Mais ie ne veux monter si haut, de peur que ie ne me trouue moy-mesme accroché dãs le Ciel de la Lune, où on a accoustumé de percher les curieux; au moins ceux qui le sont par trop. Et me contenteray de dire qu'encore qu'on ait mis son temple d'Ephese au rang des sept merueilles du monde, si est-ce que S. Gregoire de Nazianze ne luy a voulu faire cest honneur de l'y mettre, ayant parauenture quelque respect aux temples, lesquels ne pouuant estre iustement bastis qu'en honneur du vray Dieu, & de ses esleus, il ne les a voulu profaner iusques là, que d'en attribuer le plus beau à ceste faulse deesse. Et bien qu'il ait attribué & faict mention du grand Colosse de Rhodes pour le Dieu Apollon; il l'a faict seulement, parce que ce n'estoit qu'vne Idole vouée à vn faux Dieu, & non vn temple le plus rare qui ait iamais esté tel qu'estoit celuy de ceste faulse Diane.

Iunon a esté peinte en Oye, pour representer que tout ainsi qu'vn oyseau, elle sent le moindre mouuement qui soit en l'air. Aussi s'engrossa-elle de vent, pour engendrer

Tacite li. 1. de ses Annal.

Les Cabalistes au liu. De potestate septem spirituum. Loyer des Spectres.

S. Greg. Naz. in monodia.

Iunon.

Vulcan: si bien que ce vent n'ayant esgalement soufflé par tout, elle le fit par tout inesgal & boiteux. Elle allaicta Hercules, pour le rendre immortel; & neantmoins inconstante & volage elle le hayt par apres mortellement, ensemble tous les Thebains pour l'amour de luy. Son mary Iupiter voyant qu'elle fauorisoit les Grecs, & luy les Troyens, la menace de luy donner force coups, se plaignant de ce qu'inconstante en l'amour & respect qu'elle luy deuoit, il la trouuoit tousiours contraire à ses desseins,

    O grief danger, respondit Iupiter *(Homere en l'Iliade.)*
    En souspirant, s'il me faut irriter
    Iuno ma femme, & la rendre aduersaire,
    C'est celle-là que i'ay tousiours contraire,
    Entre les Dieux. ——— Et en vn autre lieu,
    Or va t'asseoir, que ie n'oye parole
    Doresnauant si temeraire & fole,
    Que quelquefois transporté de courroux,
    De mes deux mains ie te baille tels coups,
    Que tous les Dieux, qui sont en l'assistance,
    Ne puissent rien pour ton ayde & deffense.

Pallas est née du cerueau phrenetique de Iupiter; elle fut inconstante en l'amour & respect, qu'elle deuoit porter à son pere Pallants, voire elle en fut parricide: car elle le tua fort inhumainement, & fit de sa peau des ailes pour mettre à ses pieds, & voler plus legerement. Elle est volage, malicieuse, & mal-faisante; ayant rendu le pauure Tiresias aueugle, seulement pource qu'il l'auoit veuë toute nuë lors qu'elle se lauoit dans la fontaine d'Helicon; ne pouuant trouuer bon qu'homme mortel s'en peust vanter. Bien qu'elle ne fit ces difficultez à l'endroit de Paris, au deuant duquel elle se prostitua librement nuë, croyant se faire trouuer la plus belle des trois Deesses. Ainsi voit-on que les fables se destruisent entre-elles. Elle fut aussi inconstante à garder sa pudicité: car encore qu'elle ait voulu faire la pucelle, si est-ce qu'elle eut Hygia des

Pallas.

Que les fables se destruisent l'vne l'autre. Pausan. in Atticis.

œuures d'Esculape, comme dit Pausanias.

Venus & Cupidon sont Dieux de luxure & d'incontinence; passions du tout contraires à la Constance, & ennemies de la vertu. Et qui les prendroit simplement pour desirs & violences de la Nature (comme à la verité ce n'est autre chose) il ne resteroit rien de Venus & de Cupidon, que le nom tres-sale & tres-vilain de volupté, & de fol amour. Donc l'inuention de leur attribuer quelque diuinité, a seruy parmy l'ignorance & simplicité du vulgaire, comme de planche & artifice, pour faire que toute sorte de copulation charnelle fust tenue communément pour vice & meschanceté moins importante & moins sale, & pour couurir aucunement la vergongne des honneurs, des trophées, & des temples qu'indignement on leur decernoit : au lieu qu'on les deuoit chasser & bannir comme faulses diuinitez, ou comme qualitez impures & passions honteuses. Aussi est-il aduenu que la pluspart de ces honneurs leur ont esté tournez à vitupere. Car vn de ses Temples s'appelloit le temple de Venus homicide; parce qu'en iceluy la courtisane Laïs y auoit esté massacrée par ialousie. Et la feste Adonia, que les Atheniens faisoient semblant de celebrer en son honneur, estoit comme vn reproche perpetuel du sot dueil qu'elle demena de la mort de son amy Adonis. Et à la plus honorée, & à celle qu'on appelloit Celeste, il estoit deffendu d'offrir & mettre du vin en ses sacrifices, d'autant qu'elle estoit lubrique meslée auec Bacchus, & qu'elle s'atiedit quand il se retire : dont le vin s'appelle dans Aristophane, *Laict de Venus*. Ainsi tous ces honneurs estoient autant de taches & de reproches communes à la mere & au fils. D'où est né ce dire commun, Que de l'accointance qu'elle eut auec Mars nasquirent la crainte & la palle couleur ; qui sont les vrayes marques ou reproches des actions sales & honteuses qui nous eschappent. Car comme Nature a graué en nous vne tresforte inclination de conseruer nostre honneur, aussi nous a-elle empraint au visage quel-

Marginalia:
Temple de Venus homicide.
Pourquoy il estoit deffendu d'offrir du vin és sacrifices de Venus Celeste.
La crainte & la palleur.

INST. DE TOVTES CHOSES. LIV. V. 483

que palle couleur, pour y marquer la honte du deshonneur, pensant par la crainte meslée auec la vergongne nous en retirer. Si bien qu'il ne s'est encore peu trouuer fard, ny finesse quelconque, pour effacer de nostre visage, ou donner couleur à cette couleur morte. Veu que si la Nature pouuoit couurir tels defauts, elle se trouueroit elle mesme subiette à ce déguisement. Ie ne veux oublier que Diomedes descouurit bien tost que Venus ne tenoit rien de la diuinité : car tout mortel qu'il estoit, il la blessa bien fort, dont Homere à chanté ces vers, *La Deesse Venus blessée par Diomedes, homme mortel.*

    Trop fut Venus dolente & courroucée
    En se voyant par vn mortel blessée.

Hom. liu. pr. de l'Iliade.

Ceres desbauchee par Iupiter & Neptune, desireuse de changement, courut le monde, & conuertit Abantes en ce qui luy estoit le plus semblable, qui est vn Stellion, animal si changeant, que sa diuersité seule ou variation luy a donné ce nom. *Ceres.*

On ne donna à Iris la couleur meslee, que pour dire que c'estoit l'escharpe du Ciel, la banniere des Dieux, la banderolle de sedition, qu'elle souloit porter comme leur messagere, lors qu'ils estoient en discorde: comme aussi la Deesse Bellone a semé entre les Deesses vn monde de discordes, qui sont autant d'inconstances & changemés pernicieux du tout indignes des Dieux. Mais la vraye Iris, c'est la couronne du vray Dieu, comme il se trouue en l'Escriture saincte, qui donne à Iesus Christ l'arc en Ciel pour diademe & couronne, en signe qu'il est Roy pacifique, & qui paroist nuict & iour plus qu'vn clair Soleil en plein midy, tout à rebours d'Iris que les Philosophes disent n'apparoir iamais la nuict. Et tenant pour fable tout ce que les Anciens croyoient de sa diuinité, ie confesseray ingenuement qu'encor qu'auant le deluge elle ne fust tenue que comme chose priuee, neantmoins il semble qu'apres iceluy elle ait esté pourueue de quelque charge publique, & comme dit l'Italien, *Quantunque auanti il diluuio sostenesse priuato vfficio, nondimento doppo rimanse priuile-* *Iris.*

Apocal. 4.

Cicco d'Hadria.

Ddddd iij

TABLEAV DE L'INCONSTANCE ET
giata di publica dignità, d'esser testimonio del patto tra Dio & gli huomini. Ce n'est donc pas vne Deesse, ains c'est simplement vne marque ou tesmoignage que Dieu nous a voulu marquer dans le Ciel, pour nous faire entendre sa deliberation & son decret infaillible.

Les deux plus celebres & les plus communs Dieux de l'Inconstance, sont Protée & Vertumnus ; desquels le premier Protée Dieu de la mer, fils de Neptune & de Phœnice, est prins bien souuent pour l'Inconstance mesme, d'autant qu'il a puissance de se changer en telle forme qu'il luy plaist. Aussi sa plus belle & rare qualité est, de seruir de comparaison & d'exemple d'inconstance : de sorte que qui en veut blasmer quelqu'vn & l'appeler inconstant, il l'appelle Protée.

Protée.

Et le second Vertumnus, Dieu de Toscane, (ainsi appellé, dit Varron, parce qu'il se changeoit aussi en toutes formes) est le Dieu qui preside & maistrise toutes nos pensees. D'où vient, qu'on le peint variable & inconstant, parce que nos pensees sont inconstamment & perpetuellement variables.

Vertumnus Dieu de l'Inconstance.

Il y auoit vne infinité d'autres petits Dieux, demy-Dieux, ou Deesses, ausquels on attribuoit quelque moindre puissance : & aduenoit communément, comme il se voit parmy les liures des Anciens, que le peuple auoit plus son amusement aux Deesses, comme à Venus, & à la Fortune, qu'aux Dieux : parce que croyant que la plusart des changemens incertains & dangereux qui se voyent és choses de ce monde, ne vinssent que de l'vne ou de l'autre, chacun se mettoit en deuoir de les prier de s'arrester ; si bien que l'Inconstance qu'ils pensoient recognoistre en toutes deux, & de laquelle ils se craignoient, acqueroit à chacune d'elles cette grande reputation.

Les Deesses auoyent plus de vogue que les Dieux.

Quant aux Metamorphoses & transmutations d'Acheloüs, Thetis, Protée, & Vertumnus, & autres qui se lisent dans les Poëtes, c'estoient autant d'insignes magiciens ou sorciers, qui en toutes leurs prestiges & impostures vsoient du ministere de Satan ; non pas qu'il se fit vne mutation substantielle des choses qui sembloient à nos yeux estre changees, comme nous apprenons de sainct Augustin, ains seulement accidentale, procedant de certaine fascination ou illusion du diable, qui ne vient & ne se forme de la part de la chose changee, mais bien de celuy qui voit & regarde la chose qui fait illusion, qui est esblouy en ses sens exterieurs. Auquel sens on pourroit auouer que Circé changea les compagnons d'Vlysses en bestes de plusieurs sortes, & quelqu'autre les compagnons de Diomedes. Il est donc vray-semblable qu'on ne pouuoit esperer ny attendre autre chose de ces faux Dieux que du mal, soit par charme, fascination, illusion, ou autrement : veu qu'on les inuoquoit mesme par fois pour faire du mal, & pour le tenir caché, tout ainsi que pour faire du bien. Car les plus communes prieres qu'on faisoit à Iupiter, estoient pareilles à celle qu'on fit à la Deesse Lauerna, qu'vn Poëte nous a laissé par escrit,

<small>S. Augustin l. 18. c. 17. de la cité de Dieu.</small>

    Donne moy seulement l'addresse d'abuser,
    De sembler iuste & sainct, & vien enueloper
    Mes pechez d'vne nuict, mes fourbes d'vne nue.

Et pour n'oublier l'extreme point de foiblesse & vergongneuse bassesse de ces faux Dieux, & monstrer encor mieux qu'ils estoient mortels, & partant subiects à inconstance, aussi bien que le reste des hommes, Homere feint qu'ils sont bien souuent battus & mal-menez par les Grecs. Car il dit, voulant esleuer la force & vaillance des Grecs,

<small>Horace en ses Epistres.</small>

<small>Homere feignant que les Dieux estoiét si souuét battus, monstre qu'ils estoient hômes mortels.</small>

    —— *Et voy bien clairement,*
    Que les Gregeois ne font pas seulement
    Guerre aux Troyens, mais à present combatent
    Contre les Dieux, les blessent & abatent.

Et puis que la diuinité est inuulnerable, & ne peut souffrir nulle attainte mortelle, ne autre, ces faux Dieux se laissant ainsi blesser & abbatre par des mortels, on a esté contraint de leur faire & bastir des sepulchres, comme à des hom-

<small>¶Le peuple n'a peu encor gaster ny démolir le sepulchre de Bacchus : mais on se trópe car on croit faulsemét que celuy qui est à saincte Agnes, hors les murs de Rome, soit celuy du Dieu Bacchus.</small>

mes communs. Et on voit-on encor auiourd'huy par l'Italie de tous entiers: au nombre desquels ie ne voudroy pourtant mettre celuy du Dieu Bacchus, qui est en l'Eglise de saincte Agnes hors les murs de la ville de Rome, le plus entier & le plus beau qu'on sçauroit voir: bien que le menu peuple soit tellement aheurté à cette croyace qu'il est impossible d'empescher, que par occasion vne fois l'an il ne coure à foules pour le voir; comme si Bacchus estoit le Dieu des Payens, qu'il peut le moins oublier, & que communément il a accoustumé de caresser le plus. Mais les mieux sensez disent que c'est le sepulchre de quelque martyr, qui portoit vn nom pareil à ce Dieu Bacchus; n'estant vray-semblable qu'en lieu si sainct on eust baillé vne place si honorable à ce faux Dieu. Aussi à la verité i'ay recogneu à l'entour des bords de ce sepulchre de petits enfans en forme de Bacchus, tous couuerts de pampre & de raisins, qui ont parauenture donné lieu à cet erreur.

L'impuissance & foiblesse de ces faux Dieux paroist aussi, en ce qu'il n'y a iamais eu parmy le paganisme Dieu si puissant, qui n'ait eu besoin de l'ayde de quelqu'autre Dieu des leurs. Car selon la diuersité des occurrences ils se recherchoyent tous l'vn l'autre. Et bien souuent les Deesses mesme pouuoyent prendre & refuser tel d'eux que bon leur sembloit. Tesmoin que les Heures, apres auoir bien paré Venus, l'ayant menee au Ciel, tous les Dieux la desirerent pour femme: & neantmoins le plus foible presque & le plus laid l'emporta par dessus tous, qui est Vulcan. Et c'est en quoy chacun peut voir l'instabilité, desreglement, & peu de raison qu'il y a en leur forme de gouuerner, & en toutes les actions ou effects qu'on leur attribue. Que si le Senat d'Athenes, tant renommé parmy les Anciens, estoit encor' en nature, on luy feroit le procés sur ce qu'il ordonna, Que qui tueroit Diagoras qui desnioit les Dieux, auroit vn talent, & celuy qui l'emmeneroit vif en auroit deux. Veu qu'au contraire s'y trouuant tant de mutations déreglees, & tant d'abominations

Les Heures sõt les Dames d'Amour de Venus.

en

en leur vie, tant de vanitez friuoles en leurs Temples, & tant d'ineptes & ridicules superstitions en leurs vœus & sacrifices, quiconque ne les abhorreroit, quand mesme il n'auroit iamais ouy parler du vray Dieu, meriteroit qu'on le tinst non pour homme capable de raison, ains pour insensé & du tout animal, & encore le plus stupide qui soit en la Nature. Attendu qu'il y a vne infinité d'animaux qui semblent en quelque façon recognoistre la souueraineté d'vn seul Dieu tout-puissant, comme on tient de l'Elephant, qui pour cette occasion est communément appellé deuot & religieux. De maniere que mesme parmy eux, il luy appartiendroit beaucoup mieux de gouster & viure d'Ambrosie qu'à tout autre animal, puis qu'ils auoient accoustumé d'en repaistre leurs cheuaux, comme nous apprenons par ces vers d'Homere,

L'Elephât animal religieux & deuot.

 Iupiter lors au chariot attelle
 Ses grands coursiers de nature immortelle.
 Aupres duquel Iupiter s'arresta,
 Et aux cheuaux l'Ambrosie appresta.

Hom. l. 5. & 8. de l'Iliade.

Et puis que les cheuaux & les Dieux goustoient & mangeoient mesme viande, il ne faut non plus trouuer estrange si les Dieux & les hommes qui les adoroient, goustoient mesmes honneurs, & ne viuoient en different respect (si ce n'est mesme qu'on en vueille donner l'auantage à l'home) car les Ieux qu'on appelloit Florales, se iouoyẽt par des femmes impudiques, & par des hommes perdus, qui ne portoyent nul respect à la mesme Deesse Flora. Et toutesfois ils respectoyent tellement Caton le Censeur, qu'ils ne les oserent iamais iouër deuant luy. Merueilleuse impieté! de vouloir honnorer Dieu par des saletez, que des hommes mesme ne peuuent souffrir! & respecter plus vn simple citoyen, qu'vn de leurs Dieux, ou Deesses!

Ieux Florales se iouoyẽt par des femmes impudiques, & des hômes perdus.

Ainsi nous pouuons asseurer comme chose tres-certaine & veritable, que ces Dieux des Payens estant en si grand nombre, si variables, si differents de pouuoir & dis-

Eeeee

TABLEAV DE L'INCONSTANCE ET

Les Dieux les plus vils & de plus vile estoffe estoient les plus asseurez.

cordants en toutes choses; veu mesme que les plus vils sembloient estre les plus puissans, ou pour le moins les plus asseurez, comme ceux de pierre (car ceux d'or estoiet desrobez) ne se fussent iamais bien peu accorder ensemble à faire vn si beau & rare chef-d'œuure que ce monde; lequel a esté basty par le vray Dieu tout-puissant, comme seulemēt pour vne eschole de nostre salut, faisant de tout cet Vniuers l'vniuersité generale, où principalement on n'apprend autre chose que le vray Dieu & sa Constance. Parce que s'il y en auoit plusieurs, & qu'ils fussent pareils, nul ne seroit Dieu sans concurrence : s'ils estoient inesgaux, les petits seroient subiects à obeissance & submission : & en fin le plus grand, & le plus puissant de tous se feroit Dieu en souueraineté. Aussi Pline s'en mocque, &

Pli. 2. c. 7.

dit qu'anciēnement on croyoit qu'il y eust plus de Dieux au Ciel, que d'hommes en terre, & apres auoir fait quelque semblant de croire qu'il n'y a qu'vn Dieu (doutant neantmoins si c'est le Soleil) il adiouste pernicieusement, que c'est grand' mocquerie de penser, que le Souuerain, quel qu'il soit, ait soucy des choses de ce mōde. Car (dit-il) comment seroit-il possible de pouuoir durer, & se contenir sans se polluer en vn ministere si fascheux & diuers?

Les Payens, ny leurs Autheurs n'ont iamais peu feindre vn Dieu en riē approchāt du vray Dieu.

Donc nul Dieu, qu'ils ayent iamais peu feindre, n'est pareil à ce grand Dieu, que nous adorons; ny tous leurs Dieux ensemble, ne pourroient mesme par feinte s'approcher en rien de la grandeur de celuy, que nous n'estimons & ne croyons pas seulement souuerain, ains le vray & le seul Eternel, vrayement & parfaictement constant & immuable : duquel le Fils tres-cher, qui a souffert la mort pour nostre Redemption, est, en tant que Dieu, si grand & si esgal à luy en puissance, qu'à son aduenement il a tenu la chaine qui tenoit l'homme attaché comme vn es-

Dieu a chaque miracle qu'il a fait a chassé vn faux Dieu.

claue sous le ioug de Satan, & l'a destourné de l'indigne adoration qu'il faisoit aux Idoles, qui estoit le principal but de sa victoire. Auec son fouët il a chassé les faux marchands hors du Temple, & les faux Dieux hors l'Eglise;

abolissant par chaque miracle l'honneur de quelque Idole, ou faux Dieu. Il a donc foudroyé Iupiter, qui selon les feintes des Poëtes, sembloit comme souuerain alterer l'honneur deu à sa Maiesté diuine, par le desguisement des diuerses figures, esquelles il se transformoit. Il a rompu & troublé la feinte ambassade de Mercure, par la saincte & heureuse legation de l'Ange vers la benoiste Vierge. Les Muses, les Graces, les Parques ont perdu le sens, si ce n'est pour chanter & se resiouyr du miracle qu'il a faict, voulant naistre de cette mesme Vierge. Ayant coniuré la tempeste & resserré les vents, il a renfermé Boreas, Æole, & tous les Salmonées en leurs cauernes. Zephyre mesme, qu'ils croyoient estre de si douce haleine, s'est trouué ne l'auoir que trop forte, voire contagieuse, au respect de celle qu'il fait respirer lors qu'il veut donner à ses esleus quelque vent fauorable. Marchant à pied sec sur les eaux, il a marché à pied ferme sur les poinctes du Trident de Neptune, & a abysmé Thetis, les Tritons, & tous autres Dieux marins. Par le changement qu'il fit de l'eau en vin, il perdit Bacchus. Par la multiplication des cinq pains, il osta tout pouuoir à Ceres. Par la conuersion des femmes lubriques & adulteres, & rendant clair-voyans les aueugles, Venus & Cupidon l'aueugle se sont trouuez moc- *S. Aug. ep. 8. ad* quez. Par l'Eclipse du Soleil lors de sa mort, & deux So- *Hesychium Eu-* leils ayant apparu vn peu deuant sa naissance, voire trois *trop. l. 7.* sur le poinct d'icelle hors tout ordre de Nature, Phœbus, Phaethon, Apollon ont esté degradez de la diuinité. Par la descente aux Enfers & deliurance des Peres, Pluton & Proserpine ont perdu les Clefs du Royaume tenebreux. En fin par chaque miracle il a confondu & destruit particulierement quelque faulse Idole. Et ayant faict cesser les Oracles & fermé la bouche aux Sibylles, sauf en ce qu'elles nous annonçoient sa venue, on peut dire que deslors tous les faux Dieux se sont entierement esuanouys & perdus; & ce suiuant les Propheties, l'accomplissement desquelles se recognoist maintenant,

Tableav de l'Inconstance et

Lumen à Sole auferetur, vt qui eü pro Deo adorauerunt, resipiscant.

veu qu'il auoit promis, en haine de ceux qui adoroient le Soleil, que le Dieu tout-puissant luy osteroit la lumiere: & afin qu'attédant le grand Iour, il peust affoiblir la croyáce de ceux qui estoient en cet erreur, & oster l'opinion qu'ils auoient de la Diuinité qu'ils y pensoient trouuer à cause de sa splendeur. Souuent il a estouffé, & estouffe quand il luy plaist ses rayons & eclipse sa lumiere, qui est vne des plus grandes merueilles que nostre Seigneur ait presque faict, pour le moins de celles qui peuuent tomber au sens commun de l'homme. Ce que nous apprenons

Theodor. l. 3. de curand. Græcorum affectib.

Pourquoy Dieu a mis & donné quelque defaut à chaque creature.

de Theodoret, qui nous enseigne qu'és creatures les plus belles & plus excellentes, Dieu a infus & meslé de plus notables imperfections, pour oster l'opinion de leur Diuinité, par le defaut visible qu'vn chacun y peut remarquer: comme il se voit és Elemens, au Soleil, en la Lune, & és Estoilles, qui sont les principales colónes du Ciel & de la Terre: veu que le plus foible, qui est l'Eau, esteint le plus fort qui est le Feu; la Mer qui semble douce & plus nette que la terre, est salee, sale & amere; l'Air qui paroist souuent clair, serain & lumineux, est subiect à estre brouillé par des nuees, des orages & des foudres; la Terre, qui deuroit produire, deuient seiche & sterile, & ne produit que ronces; le Soleil & la Lune souffrent eclipses & altera-

Matth. 24. & 29.

tions. Donc, dit l'Escriture saincte, incontinant apres la tribulation de ces derniers iours, le Soleil s'obscurcira, la Lune perdra sa lumiere, les Estoilles cherront, & toutes les vertus du Ciel seront esmeuës; choses si esloignees de la diuinité & de la toute-puissáce du vray Dieu, qu'auec ces defauts & imperfections qu'il a ainsi infus & versé és creatures plus notables, & qui sembloient par leur grandeur auoir quelque marque & rayon diuin, il a tres-bien tesmoigné que ce ne sont que petites creatures; la puissance & seruice desquelles il a destiné pour l'vsage de l'homme mortel; les esleuant & rabaissant comme il luy plaist, sans que l'homme mesme en puisse cognoistre les mouuemés & ressorts.

Ce qui est aussi assez amplement tesmoigné, quand ce ne seroit que par les accidents qui suruindrẽt sur le poinct qu'il nasquit. Veu que les Romains qui ont esté les plus suffisans, & presque les derniers idolatres de tous les siecles passez, la Republique desquels sembloit receuoir quelque accroissement par la multitude des faux Dieux, qu'ils inuoquoient à leur secours : ayant basty, à ce que plusieurs nous ont laissé par escrit, vn Temple à la deesse de la Paix, consultant l'Oracle pour sçauoir combien il demeureroit en pied, respondit, qu'il dureroit iusqu'à l'enfantement d'vne Vierge: ce que tenant pour chose impossible, ils mirent vn escriteau sur la porte, auec ces mots, *Le Temple de la Paix demeurera eternellement*. Mais Dieu qui n'a iamais esté tant declaré Maistre d'aucune vertu particuliere que de la paix, bien qu'en general toutes reluisent en luy : & qui entre toutes les diuines qualitez, ou noms qu'on luy donne, s'est particulierement reserué le nom de Roy pacifique; comme la paix estant vne des plus belles marques de sa Diuinité: en quelque grande humilité & bassesse de lieu qu'il ait fait naistre son Fils, a fait neantmoins sa Natiuité si magnifique & releuee, que la nuict propre que nasquit Iesus-Christ, le temple de ceste fausse Deesse de paix fut du tout ruyné & fracassé, & tous les autres esbranlez, au grand estonnement de la ville de Rome. Si bien que l'Oracle (qui sembloit auoir destruit l'heureuse naissance du Sauueur, par l'impossibilité de l'enfantement de la Vierge) se trouua destruit luy-mesme, & auoir seulement predit sa mort, & annoncé la desfaite des Oracles, & la ruine entiere des faux Dieux.

Dans l'Ecclesiastique.

DE
LA CONSTANCE
DE DIEV, SEVL
parfaictement constant.

Discovrs III.

1. *Parmy les œuures ou perfections qu'on attribue à Dieu, rien n'est plus veritablement à luy que sa Constance.*
2. *Les paroles qui parlent de la Toute-puissance & autres facultez de Dieu, sont profanees, quand elles passent par la bouche du vulgaire.*
3. *Qu'est-ce que signifioit parmy les Anciens, Sacra Ancora. Et pourquoy ce mot Ancora a vn cœur enfermé au milieu.*
4. *A sçauoir-mon si Dieu a changé de volonté, changeant & refaisant son Testament.*

Plut. en la vie de Coriol.
Belles paroles d'vn Payen parlant de Dieu.

LA puissance de Dieu est admirable (dit Plutarque, encore qu'il soit Payen) & n'a aucune semblance ne proportion à la nostre, quant à l'artifice, & quant à la force. Les choses qui sont purement de son inuention, trascendent l'entendement des hommes: & s'il est és autres choses different de nous, il est encore plus esloigné & semble plus diuers en toutes ses œuures qu'en tout le demeurant. Mais la pluspart des faicts de

Dieu (dit Heraclite) demeurent incogneus. Qui fut l'occasion parauanture, pour laquelle les Romains demeurerent les cent septante premiers ans sans statue ne figure quelconque de Dieu, bien qu'ils eussent des Temples, croyans que ce fust vn sacrilege de vouloir representer les choses diuines par les terrestres; n'estant possible d'atteindre à vne simple cognoissance de Dieu, & encore bien foible, si ce n'est par le moyen de l'entendement.

Or si nostre entendement nous peut fournir quelque cognoissance de Dieu, de sa grandeur & de ses ouurages, veritablement parmy tant de belles, sainctes & excellentes perfections qu'on luy attribue, nulle piece ny vertu n'est plus iustement à luy que celle de la Constance. Veu que tout le monde vniuersellement se passe, roule & vit en perpetuelle inconstance, sauf luy qui seul est parfaictement constant & perpetuellement immuable. Dequoy la preuue seroit assez forte, aduouant seulement qu'il est tel, parce qu'il est Dieu. Ce qu'il a assez tesmoigné par ces paroles de souueraineté, qu'il a prononcé luy-mesme, *Ie suis Dieu, & ne change point.* Cõme s'il disoit, *Ie suis Dieu, & la raison est parce que ie ne change point: & ie ne change point, parce que ie suis Dieu*, c'est à dire constant & immuable; qualité diuine & de tout conuenable à luy seul. Les Philosophes ont aussi cogneu qu'il y auoit vne supreme cause immuable, sçauoir Dieu le Createur, qui estoit la source & origine de toutes causes. Surquoy est fondé ce traict de Sainct Augustin, *Tu changes tout, & demeures immuable. De toutes choses muables, l'origine & la source sont en toy immuables.*

Il est donc tel, si nous cõsiderons sa nature, parce qu'elle est infinie, & ne depẽd de chose quelcõque: l'Estre de Dieu & son Essence c'est tout vn. Que si nous considerons l'acte de son intelligẽce, il est tel, parce qu'il ne voit iamais rien de nouueau, & ne laisse iamais de voir ce qu'il a veu vne fois. Que si nous considerõs ses œuures, encore qu'il les ait faites,

1. Parmy les œuures ou qualitez qu'on attribue à Dieu, rien n'est plus iustement à luy que la Constance.

S. Aug. c. 30. in Sobloq. Omniũ mutabilium apud te immutabiles mauent origines.

& les fact *in tempore*, difent les Philofophes, neantmoins le decret & le deffein en eft en luy, de toute eternité. Tellement que ce font les chofes qui fe changent, & non pas luy. Comme auffi il n'a nulle puiffance ny par temps, ny par mefure, ains eft la mefme puiffance, la mefme eternité, qui furpaffe le temps, & la mefme mefure. Et tout ainfi que nous en ce monde, nombrant, pefant & mefurant ne donnons auec les chofes nombrees, pefees & mefurees les nombres, les poids & les mefures ; ains nous les referuons. Auffi Dieu nous faifant voir icy bas toutes les chofes nombrees, pefees & mefurees, femble n'auoir voulu pour autre chofe qu'elles fuffent feparees de fes nombres, de fes poids, & de fes mefures qu'il retient par deuers foy comme fiennes ; que feulement pour nous apprendre & tefmoigner que les nombres, les poids & les mefures dont il fe fert, ne font autre chofe que luy-mefme. Et neantmoins il eft fans poids, fans nombre, & fans mefure. *Ma main a fondé les Cieux* (en Efaie) *ma dextre les a mefurez, & les a reglez*

S. Aug. in Soliloq.

au palme. Et S. Auguftin parlant à Dieu, *Sageffe du Createur, qui as pefé les montagnes à leur poids, & mis les coftaux à la balance, & fouftenu auec trois doigts le grād poids de la terre, fouleue la lourde maffe de ce corps*. Ainfi Dieu eft vrayement le nom-

Dieu eft vrayement le nombre, le poids & la mefure.
S. Bona. in cap. de præparat. Cœnæ.

bre, le poids & la mefure luy-mefme : ayant fait & reglé toutes chofes par mefure, fauf trois, la Foy, l'Efperance & la Charité. D'autant que l'Efprit de Dieu, auquel feul nous nous deuons attacher & lier d'amitié, n'eft auffi non plus en luy par mefure : & neantmoins il eft toufiours femblable à foy, iamais hors de foy, qui ne fe change, ny ne fe meut pour chofe quelconque ; eftant le premier mouuement des chofes qui fe meuuent, & à qui les Philofophes ne peuuent appliquer ces mots de Partie, d'Accident, & de Compofé ; qui n'a nul fubject d'eftre autre que conftant, parce qu'il ne peut eftre que ce qu'il eft. Si bien que toutes chofes eftans en luy fans aucune caufe eftrangere, doué d'vne nature tres-heureufe & diuine, il a toufiours mefmes affections, & par ainfi immuables. *Tu es vrayement*

ce

ce que tu es, & ne changes point: tu es toufiours le mefme, chante S. Auguftin.

Verè es quod es, & non mutaris: femper idem ipfe es.
S. Aug. en fes Medit. ch. 29.

On dit que le centre eft le milieu de toutes chofes, auquel toutes les lignes tendent : or ce centre n'eft qu'Vn d'vne perpetuelle Conftance, & Vn en fouueraine perfection, qui comprend toutes chofes. Et comme vne piece d'or vaut plus en efpece, qu'en monnoye; parce qu'elle ne reçoit diuifion, & fi eft de plus noble matiere. Tout de mefme, Dieu qui eft le centre, & la piece d'or en vn, qui equipole & vaut tout, n'eft compofé & ne reçoit diuifion: ains eft plus fouuerainement & plus noblement Tout, Vnique, & Centre que les chofes mefmes. Ce qui fut auffi trefbien remarqué par le mefme S. Auguftin, quand il difoit; *I'ay veu & confideré toutes chofes, horfmis toy ; & me fuis apperceu qu'elles n'eftoient point du tout, & fi du tout elles ne laiffoient pas d'eftre: elles font, parce qu'elles deriuent de toy: mais elles ne font point, pource qu'elles font toute autre chofe que ce que tu es. Car cela feul eft vrayment femblable à toy, ou ce que tu es, qui eft & demeure immuable.* Et voyla les differences par lefquelles on apprend clairement qu'il eft vnique, conftant, & fans mutabilité.

Il eft donc tout autre que nous; & le bien mefme qui eft en nous ne peut eftre appellé bien, finon entant qu'il deriue de luy. Car la Nature, ou les facultez de toutes creatures, font beaucoup plus foibles & defcolorees, quand on les confidere en elles, que lors qu'on les voit & contemple en la fapience de Dieu, comme chez l'Ouurier qui les a faits ; tout ainfi que l'eau eft plus claire en fa fource, qu'en nul vafe que ce foit. Et tout ainfi que fi vous remuez ce poinct, qui fait le milieu & le centre de quelque chofe, il n'y a plus de milieu, il n'y a plus de centre, ainfi en eft-il de Dieu, qui ne peut eftre centre, s'il n'eft immobile. Si bien que toutes creatures & toutes chofes ont beau s'approcher, rouler, & tournoyer inconftamment à l'entour du centre, pour trouuer leur perfection : fi eft-ce qu'elles feront en perpetuelle imper-

S. Aug. li. 11. c. 7. de la cité de Dieu.

Fffff

section & inconstante, iusqu'à ce qu'elles l'ayent trouué, & plus elles s'en approcheront, plus elles seront parfaites. C'est pourquoy les signes qui sont à l'entour du Pole, cōme Helice & Cynosura, ont beaucoup moins de mouuement que ceux qui en sont les plus esloignez, pour estre les Poles immobiles.

Celuy donc qui vouloit peindre Dieu le Createur, comme vn œil dans ce centre, qui voyoit toutes les lignes tirees d'iceluy vers la circonference esgalement & tout d'vn traict, auoit raison ; veu que ses yeux sont vniuersels, & ont toutes choses en presence, sans qu'il ait besoin d'vser d'aucun discours ne autre consideration. Mais celuy qui disoit que Dieu n'estoit qu'vn œil (prenant l'œil pour symbole de la nature diuine, parce qu'il voyoit toutes choses d'vn seul regard) parloit encore plus proprement. Bien que tout ce qui est en luy est si accomply & parfait, que toute comparaison qu'on sçauroit faire de luy, auec quelque autre chose pour si haute & releuee qu'elle soit, est si mal rapportee, si foible, & si basse, que le pensant quelquesfois louer, pour n'y pouuoir atteindre, nous-nous esloignons de sa portee, & le deprimons au lieu de le rehausser: Oyez S. Gregoire de Nazianze, *Certè Deus hoc est, vt cùm dicitur, non possit dici; cùm æstimatur, non possit æstimari; cùm definitur, ipsa definitione crescat.* Et qu'il soit ainsi, voyons la foiblesse de ceste comparaison, qu'il est tout œil ; comme si ses yeux diuins, pour ressembler nos yeux corporels, ne receuoient ce mesme preiudice, & n'estoient sur le poinct de souffrir le mesme blasme du defaut de nos yeux: sçauoir est, qu'encore qu'ils voyent tout le monde, ils sont pourtant formez auec ceste imperfection, qu'ils ne se peuuent voir eux-mesmes, ny l'excellence de laquelle ils sont douez. Car si bien l'œil ne void pas qu'il voit ; ny l'oreille n'entend qu'elle entend, parce que les facultez de la veuë & de l'ouye sont attachees aux organes corporels, & ne se peuuent plier ny se contourner vers soy-mesme: neantmoins on ne peut dire le semblable de ceux de Dieu:

Ouidius 1. de Tristibus.

Dieu est vn œil, qui void toutes choses.

S. Cyrille au liu. 9. de l'Apologet contre Iulien l'Apostat.

Les comparaisons qu'on fait de Dieu aux choses humaines les plus releuees, sont du tout imparfaites.

Greg. de Nazianz. oratio. de fide.

car ils ont ceste faculté particuliere de voir leur propre perfection, aussi bien qu'ils voyent l'imperfection des nostres. L'œil de Dieu n'est donc pas comme celuy de l'homme ; car il ne mendie sa cognoissance d'aucun object, espece, moyen, mouuement, ne lumiere : ne se mesure, côtraint, ne restraint par temps, ne par lieu, ne se renferme de bonnes, ne s'exclut, ne s'empesche, par exclusion, excuse, ny empeschement ; ne s'affoiblit & appetisse par l'âge, ne se corrompt par maladie, ne se trompe par art, ne par prestige. Ains l'œil de Dieu à toute heure, en tous temps, & en tous moments voit parfaictement toutes les actions du monde à vn seul coup, & ne luy sont qu'vne seule, voire bien petite action. La nuict il n'a, comme l'œil corporel, faute de lumiere, ains il a toutes ses Idees & objects au deuant, & n'est autre chose que lumiere. Et comme les Assyriens, bien que prompts & curieux à dresser des Idoles à leurs faux Dieux, n'en dressoient point toutesfois au Soleil, ny à la Lune ; pource qu'ils croyoient qu'ils se monstrassent mieux d'eux-mesmes, qu'aucune peinture ne les eust sçeu representer. Il est aussi du tout impossible de pouuoir donner autre lumiere à ce diuin Soleil, que la sienne propre. C'est vn riche sujet, qui ne peut estre representé que par soy-mesme. *Ie n'ay garde* (dit S. Augustin) *de vous representer Dieu, ny le vous pouuoir faire voir en sa vraye essence.* *S. Aug. en ses Medit. c. 29.*

L'œil de l'homme mal comparé à celuy de Dieu.

Mais ce sont de trop hauts mysteres pour nos esprits foibles : car les secrets de Dieu, mesme en ce qui concerne sa toute puissance, ne se peuuent examiner par discours de raison humaine. Le Ciel est composé de plusieurs estages qui nous sont trop penibles à monter. Nous ne pouuons aller chez ce grand Ouurier pour le voir trauailler. Nostre plus propre habitation & sejour sont les Grottes & leurs obscuritez, où le iour ne peut paroistre, ny le Soleil esclairer, si ce n'est par quelque petite ouuerture. Et quand bien nous serions portez au plus haut, la grosse

TABLEAV DE L'INCONSTANCE ET
espoisseur de l'humanité, ne pouuant par foiblesse souffrir la lueur & resplandissant esclat de ce manoir celeste,
tomberoit tout à fait de son simple regard. Et quand mesme nous l'aurions veu à yeux ouuerts, nostre langue &
tous nos sens nourris seulement en la bassesse de ce monde, ne pourroient descouurir ce que les yeux auroient veu.
Vn seul homme Moyse, simplemēt homme & non Dieu,
ayant parlé à Dieu en la personne de l'Ange, le peuple ne
pouuoit le regarder à la descente de la montagne, s'il ne
cachoit son visage auec vn voile. Ainsi le subiect & discours de Dieu & de sa Constance, est proprement subiect
des Anges & de leurs langues, & non des hommes mortels. Et l'esprit qui veut parler de son essence, pour la rendre tant soit peu intelligible, se perdra mille & mille fois
dans le discours des choses eternelles, dans le cercle & le
circuit de tant de Cieux, & dans l'infinité de tant d'estoilles, s'il n'est accompagné, & encore bien fort, de quelque
don & grace particuliere de son S. Esprit.

2. Les paroles qui parlent de la Toute-puis-sance, & au-tres qualitez de Dieu, sont profanes, quand elles passent par la bouche du vulgaire. Trismeg au Pimandre.

Qui a meu ce grand Trismegiste de dire, Que les paroles qui sont de religion, & qui procedent purement de
Dieu, sont en leur saincteté profanees, quand elles passent
par l'ignorance du vulgaire: attendu que les yeux des ames
vulgaires & communes ne peuuent souffrir les rayons de
la Diuinité. Or en ce poinct & sur ce subiect nous sommes
tous vulgaires, & n'auons rien qu'vne ame commune simple & populaire. Dieu mesme les reuelant à aucuns de ses
Apostres par grace & faueur speciale, comme il fit à S.
Iean, leur a cōmandé d'en reueler certains mysteres; mais
aussi d'en cacher d'autres en vne certaine façon leur voulant donner entendre, qu'il leur faisoit ceste grace à eux
seuls de cognoistre les mysteres du Royaume des Cieux,
& aux autres par paraboles seulement : afin que mesme
ceux qui les verroient par apres ne les veissent pas, ny ceux
qui les entendroient ne les entendissent pas; supposant
toutesfois leur obstination & malice. D'où chacun peut
aisément iuger qu'il est veritablement le seul & vray Dieu,

& que les Dieux des Anciens estoient faux, muables & inconstants. Tout ainsi que leur inconstance & mutabilité nous a fait tirer des argumens certains, qu'ils n'estoiét pas Dieux.

Plutarque (bien que plus proche de la naissance du vray Dieu, que Trismegiste) n'a eu de si bons aduis, ne de si sainctes opinions que luy. Car voulant prescrire le temps que les Oracles des Dieux ont defailly, il est reduit à cette ineptie de dire, que les Dieux viuent plus longuement, que les hommes; mais pourtant qu'ils vieillissent & viennent en fin à deffaillir tout ainsi que les hommes mortels: qui est entierement destruire l'immortalité & immutabilité de leurs faux Dieux. Et ne sçay si Caton estoit de mesme aduis, plus par cholere, que par creance rassise: quand taxant l'iniustice des Dieux, & les reprenant de n'estre tousiours constamment iustes & droicturiers; il dit, lors que Pompee abandonna la ville de Rome de crainte de Cesar, qu'il voyoit au gouuernement des Dieux vne grande incertitude & inconstance, voire iniustice: attendu que Pompee auoit tousiours auparauant esté heureux, lors qu'il ne faisoit rien de bon, ne qui fust selon le droict & l'equité: & maintenant qu'il vouloit conseruer sa patrie, & combatre pour la liberté, il le voyoit destitué de son bon-heur.

Inepte opinion de Plutarque au defaut des Oracles, qui dit que les Dieux vieillissent, & viennent en fin à deffaillir.

S. Augustin introduit vn des anciens Peres, parlant beaucoup plus veritablement & plus prudemment des faux Dieux, que ne faisoient les Romains, *I'ay demandé (dit-il) au Soleil s'il estoit Dieu; il a respondu que non, parce qu'il reçoit alteration en soy, & qu'il est subiect à l'obscurcissement des Eclipses. I'ay demandé à la Lune, si elle estoit Deesse, qui m'en a dit autant. Ie l'ay demandé à la Terre, qui m'a dit qu'elle ne l'estoit non plus; parce qu'elle estoit subiecte aux ouuertures, tremblemens, & deluges.* On pourroit encore mieux dire le semblable de l'Eau; parce que nul Element n'est plus inconstant ny subiect à mutation que celuy-là, qui reçoit maugré soy & dans son sein le degorgement des riuieres,

Iob.

& qui les tourne remplir, pour les vuider encore par apres. Le Feu non plus; car sans matiere il n'a nul estre, & si est sterile de soy, & ne produit rien. L'Air non plus, car il est agité des vents & infecté des vapeurs de la mer, lesquelles il faut qu'il hume malgré soy, pour en arrouser la terre, & les reuomir en la mer d'où il les a tirees: outre qu'il n'y a rien si subiect à corruption.

Plut. in Numa.

Et bien que comme i'ay dit ces faux Dieux fussent mobiles; neantmoins les Gentils mesmes auoient quelque vergongne, de croire qu'ils fussent tels. C'est pourquoy la façon dont les Peintres anciens vsoient, lors qu'ils vouloient peindre leurs faux Dieux, est grandement à considerer. Car quelle autre raison pourroit-on rendre pourquoy ce grand peintre Apelles peignoit tousiours les Dieux assis & non debout; si ce n'est pour mostrer qu'ils les iugeoient deuoir estre immobiles? Pourquoy est-il maintenu dans Stobée à ceux qui luy voulurent faire peindre la Fortune de bout & en pieds, que c'estoit mal faict, & qu'elle seroit en mauuais plant, puis qu'ils la croyoient Deesse, si ce n'est pour signifier que tous Dieux doiuent estre immobiles ou immuables entant qu'ils sont Dieux? Plutarque aux loix ceremoniales de Numa, dit qu'apres qu'on a salué les Dieux, il se faut soir pour les adorer; d'autant qu'estre assis est vne marque de stabilité & repos. Et Prodicus dans Xenophon feignant que Hercules veut deliberer, & prendre resolution comment il doit viure, *Ait captata tranquillitate sedisse.* C'est la mesme representation de ce bon peintre Homere, qui dit que Iupiter ayant enuoyé querir tous les Dieux, pour voir ceux qui fauorisoyent les Troyens, & ceux qui vouloyent estre pour les Grecs, Vulcan leur auoit appresté à tous des sieges dans lesquels ils furent assis,

La façon de peindre les faux Dieux est grandement importante.

Pourquoy Apelles peignoit les Dieux assis. Artemid. lib. 2. cap. 42. dit que la Fortune se peignoit assise.

Xenoph. lib. 2.

Homere liure dixiesme de l'Iliade.

Quand ces troupes de rang toutes furent venues
En la maison du Dieu qui ramasse les nues,
Elles s'assirent ferme en des sieges polis,
Que Vulcan auoit faicts d'vn artifice exquis.

Et c'est parauanture pour cette mesme raison, que ce grand peintre & sculpteur Michel l'Ange, l'ornement & merueille de son siecle, a fait son Moyse, que nous voyons à Rome en l'Eglise *di S. Pietro in vincula*, assis, comme dans vne chaire & non debout, iettant ses yeux si fierement vers la porte, qu'il n'y a homme surprins qui ne s'effraye aucunement au rencontre de son regard seuere, & plein de majesté Royale. Non pas que ie prenne Moyse pour vn Dieu; encore que quelques barbares & ignorans l'ayent tenu pour tel, se fondans sur ce que Dieu luy dit, Ie t'ay fait Dieu de Pharaon; c'est à dire, afin que tu le iuges & chasties. Mais c'est pour monstrer, que mesme les excellents peintres de ce siecle ont retenu cette vieille façon des Anciens, lors qu'ils veulent peindre ou des faux Dieux, ou d'autres grands personnages, au nombre desquels Moyse estoit. Car on ne peut nier que ce ne fust vn grand Legislateur & vn sainct personnage, à qui Dieu auoit reuelé beaucoup de secrets, & donné charge de faire publier & obseruer ses premiers commandemens.

Le Moyse de Michel l'Ange en l'Eglise di san Pietro in vincula est assis, & pourquoy.

Or entre tous ceux qui ont plus proprement nommé, ou representé leurs faux Dieux, ceux-là semblent auoir emporté le prix, qui nommoient le leur Ancre sacree, ou qui le qualifioient ainsi, recourant à luy comme *ad sacram Ancoram*. Tenant tousiours depuis ce mot sacré pour Hieroglyphe de constance & d'arrest, Asyle ou lieu de ressource & de seureté. Surquoy aucuns subtilisant (& peut estre plus ingenieusement) nous ont encore faict aduiser que l'Ancre, que les Latins & les Italiens expriment par ce mot *Ancora*, est vn mot mysterieux, par lequel les Anciens souloient taisiblement entendre & exprimer leurs Dieux, l'amour qu'on leur deuoit porter, & le secours qu'on en deuoit attendre, cōposé de deux ternaires de lettres, dōt les trois du milieu *Cor* signifient le cœur. Comme si l'ancre qu'ils appelloient sacree l'appliquant à la diuinité, estoit vne chose saincte qui nous doit attirer le cœur, voire le tenir enserré au milieu de soy, ou en soy. Si bié que

3 *Qu'est-ce que signifioit parmy les Anciens le mot de Sacra Ancora.*

Dans ce mot Ancora, Cor se trouue au milieu.

comme la Iustice a pour deuise ou armoiries les balances, la prudence le miroir, la temperance les vazes, la force la colomne, la simplicité vn cercle, qui est vne simple figure tirée d'vne seule ligne. De mesme on donne iustement en bon rencontre vne ancre à la constance de Dieu, pour dire qu'elle arreste & asseure toutes choses, & les deliurant de l'orage, leur facilite le moyen de se conduire à bon port.

L'ancre est hieroglyphe de la constance de Dieu.

A quoy semble se rapporter aucunement & en quelque sens la coustume de laquelle on vse encore pour le iourd'huy en toutes les armeés nauales, de iamais ne dire la Messe, que la galere ou vaisseau sur lequel on la veut celebrer ne soit attaché auec quatre ancres; & iamais au large, ains tousiours à vn bon port. Ce qui a esté ainsi institué, parce qu'en l'an 700. S. Vulfrand, Euesque de Sens, voulant celebrer la Messe sur mer, celuy qui suiuant la coustume tenoit la Patene derriere, l'ayant laissée cheoir dans l'eau, fit sa priere à Dieu, qu'il luy pleust luy donner le moyen de l'acheuer. A quoy Dieu se trouua si disposé, qu'exauçant sa priere, la Patene se retrouua miraculeusement surnageant au dessus de l'eau, d'où il la reprit fort aisément, & finit cette saincte action: comme raconte l'Abbé Vuando, qui pour auoir esté present l'escriuit deslors à l'Historien Ionas. Ce qui a esté remarqué par le rare Cardinal Baronius, qui pour estre la merueille de son siecle, a esueillé & suiuy tous les siecles passez pour trouuer la verité de l'Histoire de l'Eglise: & ceux qui sont à venir le suiuront à luy-mesme pour admirer ses labeurs. C'est donc vray-semblablement depuis ce temps-là, qu'on ne dit plus la Messe qu'à bord & à vn bon port, & le vaisseau attaché auec quatre ancres; non pas que trois bonnes ancres ne fussent suffisantes, mesmement en vn bon port: mais c'est pour obuier à tous inconuenients, & comme pour adiouster vne ancre principale (que les Anciens appelloyent ne sçachant la vraye raison *Ancre sacrée*) aux trois: quasi comme si les trois ancres signifiant la Trinité,

4. Pourquoy on attache auec ancres les vaisseaux, sur lesquels on veut dire Messe.

Baronius en ses Annales.

nité, fussent par cette quatriesme assemblees en vnité. Ioinct que la mer estant si orageuse & subiecte à inconstance, on veut tenir les ames deuotes qui oyent le sainct Sacrifice de la Messe en toute asseurance & repos, sans qu'elles puissent mesme estre effrayees d'aucune aprehension iuste & legitime : veu aussi qu'il est necessaire, que ce sainct Sacrement soit celebré en toute seureté & hors de cheute. Et c'est aussi parauanture pourquoy les Cabalistes se seruent de deux ancres au lieu de Notes, vne pour marquer les passages du nouueau Testament ou de l'Euangile, qu'ils appelloyent *Ancyra*; l'autre qui estoit renuersee ayant le large en haut, pour marquer les Sentences & lieux plus notables d'icelle, qu'ils appelloyent *Ancyranos*. Et comme la main est la marque és liures de Loix, pource que les loix & les mains signifient la puissance. Aussi pourroit-on dire fort à propos que parauanture l'Ancre est la marque és Liures de l'Escriture saincte, parce que les saincts Decrets, & les Ancres sacrees signifient la religion, & la direction, conduite & stabilité de nos ames : l'Ancre estant vne piece & des principales de la nacelle de sainct Pierre, qui est l'Eglise, dans laquelle est cette Ancre sacree indice de fermeté. L'Ancre est donc vne notte secrette pleine de mystere, & comme vne marque & indice de Constance, puis qu'on l'a particulierement choisie & appliquee pour marquer les plus belles sentences de l'Escriture saincte, qui est la plus constante & solide science à laquelle l'homme de bonne vie & vertueux se puisse adonner.

Mais pourroit-on mieux exprimer la constance de Dieu, que les Romains l'ont exprimee, lors qu'ils ont representé leur Dieu Terminus, qui ne bougeoit iamais du Capitole? Ne l'auoient-ils pas bien logé, l'ayant mis fixe & immobile dans le lieu le plus fort & le plus celebre de leur ville? Il semble qu'ils ont voulu dire à poinct nommé que le vray Dieu, qui est dans ce grand & haut Capi-

Pourquoy on vse de petites ancres pour nottes en l'Escriture saincte, comme les Iurisconsultes vsent d'vne petite main.

tole du Ciel, estoit immobile comme ils estimoient leur Dieu Terminus.

Il faut donc croire qu'on ne peut mieux tirer au vif, ne pourtraire le souuerain Createur, qu'en le nous representant dans le tableau de l'Immortalité, & dans le miroir de la Constance. Car ces deux pieces luy sont du tout propres. Et quand on dit que Dieu est immortel, cela s'explique par les Saincts Peres, qu'il est constant & immuable. Et ces mots de sainct Paul, *Que le seul Dieu a de l'immortalité*; sont expliquez par sainct Augustin. *Que Dieu seul a le don d'immutabilité*: car (dit il) *en toute nature muable, la mesme mutation est quelque espece de mort, d'autant qu'elle fait que quelque chose n'est pas en elle, qui y estoit.* Et le Pape sainct Leon le grand dit, *Qu'en chaque homme, qui par quelque conuersion se change d'vne chose en autre, sa fin est de n'estre point ce qu'il a esté: & son commencement d'estre ce qu'il n'a point esté.* Dieu est incapable de tous ces changemens: nul milieu, nulle fin, nul commencement. Son estat est tel, qu'il n'y a rien, ny au Ciel, ny en la terre qu'il puisse desirer. Parce que Dieu est vne essence & nature infiniment parfaite, & vne perfection infinie: la mesme perfection, & au delà & tout: & par ainsi hors de toute inconstance, ou changement. Attendu que l'inconstance ne vient qu'à faute de quelque perfection, ou d'vn bien, qu'on n'a pas, lequel on veut acquerir: comme le malade desire changer sa maladie en santé; & l'ignorant son ignorance en sçauoir. Dieu est tout constant, & content de son infinité. En fin toutes choses, & mesme les annees & le temps, qui absorbent tout, retournent en soy-mesme, & courent tousiours à la mutation. La seule Diuinité demeure sans changement.

Et si bien on lit dans l'Escriture saincte que Dieu se repentit, & ainsi qu'il changea de volonté, sainct Ambroise l'explique, qu'il change voirement la volonté qu'il a de nous punir, quand nous changeons en mieux & pre-

S. Aug. l. 3. cōtra Maximinum. c. 12. lib. 1. ad Timoth. c. vlt. Leo serm. 1. de Resurrect. Homini finis est, nō esse quod fuit, & ortus est, esse quod non fuit.

nons la resolution de le seruir. D'autant que Dieu n'est pas né comme l'homme pour changer, ou comme le fils de l'homme pour mentir. *Il change ses œuures : mais il ne change point de conseil.* C'est pourquoy à bonne raison les Theologiens appellent cette sorte de volonté conditionnee & non absolue. Il est donc constant en sa Iustice, & ne change iamais la volonté qu'il a de te chastier, si tu ne changes, & ne te chasties toy-mesme. Ce n'est pas par inconstance que ses conseils ou promesses se changent, & quelquefois auantageusement pour nous; ains c'est qu'il nous distribue ses graces selon le temps & l'estat auquel il nous trouue. Oyez encore ce bon Pere; *Ce n'est par aucune inconstance de celuy qui commande, ains par la seule raison de celuy qui nous dispense & distribue ses dons: que ses commandemens, ses conseils & ses promesses se changent diuersement selon la diuersité des temps.* Et respondant à ceux qui auoyent opinion, que les conseils vne fois bien pris, & les choses bien faictes ne se pouuoyent par deliberation contraire changer qu'iniustement, dit que mesme, *Quod recte ante factum fuerat, ita mutari vera ratio plerumque flagitat, vt cùm ipsi dicant, recte non fieri si mutetur; contra veritas clamet, recte non fieri nisi mutetur: quia vtrumque tunc erit rectum, si erit pro temporum varietate diuersum.*

Que si Dieu ayant changé son Testament, semble auoir changé & varié en sa principale & maistresse volonté. La verité est que le vieux Testament se deuoit changer par deux raisons. L'vne parce que Dieu promit qu'il feroit vn autre Testament qui ne seroit iamais changé. L'autre parce que la loy veut que nul testament ne sorte à effect iusqu'à ce que le testateur meure : ains se puisse tousiours changer iusqu'à sa mort. Or Iesus Christ est bien mort, & par sa mort il a cōfirmé le nouueau Testamēt; mais Dieu le Pere n'est pas mort, ainsi il a peu refaire son Testament. Ou bien pour mieux dire il n'a rien chāgé,

Nombres 13.

S. Aug. c. 1. in Manuel. Opera mutat, non consilium.

S. Aug. contra Faustum.

S. Aug. Epi. 5. ad Marcellum.

4. A sçauoir mon si Dieu a changé de volonté, changeant & refaisant son Testament.

TABLEAV DE L'INCONST. ET INST. &c.

puis que le nouueau Testament est celuy de son Fils, contenant seulement, ou n'estant fait, que pour confirmer & executer ce qui auoit esté predit par le vieux & ancien de son Pere. Ce que le fils nous a clairement tesmoigné ayant dict en son Euangile, *Nolite putare, quoniam veni soluere Legem, aut Prophetas: non veni soluere, sed adimplere.*

TABLEAV DE L'INCONSTANCE ET INSTABILITE' DE TOVTES CHOSES.

De la vraye Constance en la Saincte Trinité.

DISCOVRS IIII.

1. Les Anciens auoient des Dieux, qu'ils ne logeoient ny au Ciel, ny en la terre.
2. Les autheurs profanes & les anciens ont celebré le Ternaire plus que tout autre nombre.
3. Que particulierement les Romains ont merueilleusement honnoré le Ternaire.
4. Que Iesus Christ s'est seruy de ce nombre, & l'a employé si souuent & durant sa vie & en sa mort qu'il semble l'auoir voulu particulierement exalter luy-mesme.
5. Merueille des trois Boules qui sont en l'Eglise de Beata Chiara de Monte-Falco.
6. Les Grecs, les Latins, & les François rehaussent toutes choses par ces Syllabes, Tris, Ter, Trois.
7. Mysteres du Quaternaire, & comment il influe bien souuent dans le Ternaire.
8. Il vaut mieux se taire, que louer Dieu, ny sa Constance indignement.

LEs Anciens ayans cogneu, que l'habitation du Dieu de l'Inconstance estoit tout à fait hors du Ciel, auoient des Dieux qu'ils appelloient *Semones*. Lesquels ils ne logeoient au Ciel, ne les estimant d'assez haute leuee & merite, comme Priapus, Hippo, Ver-

1. Les Anciens auoient des Dieux qu'ils ne logeoient au Ciel, ny en la terre.

Ggggg iij

Hygin. lib. 3.
Astro. Varro in
li. Mistagorum.
Fulg. de vocib.
antiquis.
Vertumnus
Dieu de l'in-
constance.

tumnus, & neantmoins par vne veneration & de grace ils ne les vouloient laisser ny rabaisser en terre. Or l'antiquité a tousiours recogneu vn de ceux-cy, qui est Vertumnus, pour le Dieu de l'Inconstance: Mais qui ne voit leur aueuglement ? qui pourroit soustenir que leurs faux Dieux, qui n'estoiët qu'hommes ou fables feintes par les Poëtes, ne fussent du tout mortels, fabuleux, ou terrestres? Ainsi la verité est qu'ils estoient tels, & ne pouuoient estre autres : tesmoin que la plus part estans semez par tous les coins du monde, se trouuent en plusieurs lieux couuerts seulement de limon & de bouë; leurs sepulchres estans esleuez icy bas comme les nostres : qui monstre clairement, qu'indignes du Ciel ils n'ont autre seiour que celuy des hommes mortels, qui est la terre : & partant que c'est folie de les chercher ne loger ailleurs. Ou au contraire le seul vray Dieu tout-puissant, transcendant au dessus toutes les choses de la terre & du Ciel, est par tout où il luy plaist, & neantmoins n'abandonne son Throsne dans ses hautes voutes du Ciel, où il est constant, immortel & immuable.

1. Iean. 5.

Les Oracles
des faux
Dieux ontesté
forcez d'a-
uouer la Tri-
nité.

Mais laissant son seiour pour parler de luy-mesme, nous dirons qu'il est Vn en essence, & neantmoins distinguée en trois personnes, *Dieu le Pere, Dieu le Fils, Dieu le S. Esprit*; qui pareillement & coégalement sont dans le Royaume des Cieux. Ce qui est mesme auoué par les faux Dieux; si nous en voulons croire les Anciens, & mesme Ponticus Heraclides, qui a raconté qu'vn Roy d'Egypte consultant l'oracle qu'on a attribué au Dieu Serapis (que neantmoins aucuns croyent estre Pluton) receut ces vers pour response, qui confessent clairement & auouent la Trinité,

Dieu & le Verbe sont de toute eternité;
En eux vn seul Esprit, & trois de mesme essence:
Gouuernant l'Vniuers en esgale puissance,
En trois personnes font l'vnique Deité.

Le Ciel est donc leur vray & seul manoir, où gist la

Constance que nous cherchons, laquelle ne se peut trouuer dans le pourpris de ce monde : veu que le Royaume de Dieu, ou pour mieux dire son Regne n'est pas de ce monde inconstant. C'est dans ce Ciel, pres de ceste saincte Trinité, que les Rois & les Princes, voire chacun de nous, doit aller chercher la vraye & derniere couronne de constance, puis qu'elle ne se trouue ailleurs ; suyuant l'ingenieuse deuise de quelqu'vn de nos Rois, MANET VLTIMA CÆLO. Aussi le Ternaire est le vray symbole de l'Ame, & l'Ame le vray hieroglyphe de la Diuinité ; l'excellence duquel les Anciens (encore qu'ils n'en sceussent la vraye raison, & que la seule foy Catholique soit celle qui nous a faict croire les mysteres de la Trinité) nous ont assez apris & tesmoigné, par les secrets qui estoient cachez au dessous, & qui se sont descouuerts depuis, ou par reuelation de Dieu à plusieurs, ou en particulier à quelque esprit purifié. C'est pourquoy le premier des trois preceptes doré de Chilon, grauez dans le temple d'Apollon, ne contenoit que la reuerence de ceste Diuinité, fondee sur ce que naturellement les hommes se voyant composez d'vne nature si imparfaicte, recognoissent qu'ils ont vn superieur, & sont conrraints d'auouer qu'il y a vn Dieu : mesme, suyuant l'aduis de l'eschole de Socrates, dans laquelle on apprenoit que ceste operation de recognoistre vn superieur, estoit ce qui rendoit nostre entendement bien-heureux, & qui l'vnissoit auec le souuerain bien, qui est tout ce que l'homme sage doit chercher.

La vraye bouronne de Constance est au Ciel.

Dioniſ. in Augusto.
Pli. liu. 6. c. 32.

Or pour paruenir à la cognoissance de ce superieur & du souuerain bien, & rencontrer le vray giste de nostre constance, la science des nombres est merueilleuse, & principalement celle du vray Ternaire. Si bien que ce long discours des nombres & du Ternaire que ie fay cy apres, est pour monstrer que tout ainsi que le nombre Ternaire nous est vn symbole de Constance, qu'aussi à tresbonne raison attribuons-nous la parfaite Constance à la Trinité. Et pour commencer par les nombres.

TABLEAV DE L'INCONSTANCE ET

S. Thomas sur Aristote li. 1. de Anima.
Le fondemēt & principe de toutes choses sont les nombres.

Platon nous a appris, dict S. Thomas expliquant vn passage d'Aristote, que les nombres estoient le fondement & principe de toutes choses: or pour commencement de nombre il mettoit l'vn, qu'il appelloit (*Formale*) & le deux (*Quasi materiale*) car de l'vn & du deux tous les nombres sont composez. Et d'autant que le nombre impair retient quelque chose de l'indiuision de l'vnité, il a mis deux principes de nombres, pair & impair: attribuāt à l'impair (*Identitatem & Finitatem*) ce sont ces mots que ie ne puis autrement exprimer: & au pair (*Alteritatem & infinitatem*) parce

Merueille que de l'impair naist tousiours vne mesme & semblable figure, & du pair vne dissemblable.

que si vous adioustez à l'vnité tous les nombres impairs par ordre, tousiours il en naistra vne mesme figure. Comme par exemple si à l'vn vous adioustez le 3. il en vient 4. qui est vn nombre quarré: ausquels quatre si vous adioustez encore l'autre impair plus proche, qui est le 5. il en reuient 9. qui est aussi vn nombre quarré, & ainsi de tous les autres. Mais des nombres pairs adioustez l'vn auec l'autre, il en naist tousiours de diuerses & differentes figures. Car si à l'vn vous adioustez le 2. qui est le premier pair, il en sort le 3. qui est vn nombre triangulaire, qui faict pareillement & compose vne figure triangulaire. Ausquels trois si vous adioustez encor le 4. qui est le second nombre pair, il en sort le 7. qui faict vne figure septangulaire differente du triangle. Donc le nombre impair est merueilleux en ce que d'iceluy il sort tousiours vne mesme figure, & de ces deux impairs l'vn & le 3. c'est à dire du Ternaire qui se resout en vnité, naist ceste diuine figure de la saincte Trinité, la premiere & la plus excellente figure qui se puisse imaginer.

Les Pythagoriens auoient aussi recogneu quelque excellence au nombre impair, qui les mouuoit de l'estimer masle, parce que c'est vn nombre qui engendre, & est plus fort que le pair qu'ils estimoient femelle; disant que si on

Plut. au tr. des choses Romaines. Et au tr. d'Isis.

les diuise & l'vn & l'autre en vnitez, le pair monstre tousiours vne place vuide au milieu; & l'impair au contraire a tousiours son milieu remply d'vne de ses parties: voulant dire que le nombre pair receuant diuision, ceste esgalité

des

des parts qui sont en luy, a ie ne sçay quoy de querelleux & du combatant: là où le nompair ne se peut iamais bien diuiser esgallement, qu'il n'y demeure quelque chose de commun à departir, ceste communauté les tenant tousiours en quelque liaison & societé: outre que le premier pair forme le binaire, qui est vn nombre imparfaict, entant que c'est le premier nombre qui compose la diuision, & qui destruit l'vnité. Laquelle imperfection se tire du 1. ch. de la Genese, parce qu'en iceluy on a obserué, qu'és choses que Dieu crea le 1. 3. 4. 5. & 6. iours il loue particulierement son ouurage; mais il ne loua point du tout celuy du 2. iour, comme il auoit faict des autres. Et c'est par ceste mesme raison qu'on s'est ingenieusement aduisé, que tous les animaux immondes entrerent dans l'Arche de Noé par nombre binaire, & deux à deux, & les mundes & nets par nombre impair, & sept à sept. Si bien qu'ils appelloient l'vn Apollon, le 2. contention & audace, & le 3. Iustice. Suyuant l'aduis du Poëte Virgile, publié par ce vers memorable fort commun, mais neantmoins auoué de tous pour fort veritable & mysterieux,

L'impaireté du nombre est agreable à Dieu.

Comme nous voulant donner entendre, que par ces nombres d'vn & des trois premiers impairs les plus hauts mysteres du Ciel & de la terre estoient exprimez. Car le 3. est vrayement nombre parfaict, & le premier des nompairs, le premier nombre qui commence à porter le nom de multitude & de multiplication; & comme la base & le fondement de tous les nombres, de la science des nombres, voire de toutes sciences; comprenant en soy les premieres differences, & les premiers elemens & principes de tous les nombres vnis & ioincts ensemble. Laquelle multiplication nous a esté representee par les *Trois enfans de Noé.* Desquels seuls & de leur posterité nasquirent vingt & quatre mille & cent hommes, sans comprendre les femmes & les enfans, à compter seulement

Virg. Eclog. 5. monstre auoir eu quelque cognoissance des nombres, & particulierement du Ternaire. Le 3. est le nombre parfaict.

Des Trois enfans de Noé, naquirent 24. mille & 100. hômes, com-

TABLEAV DE L'INCONSTANCE ET

me il se void par les generations, & par le nombre d'hommes qui estoient en chaque generation. Matth. 13. Virg. au li. des Chifres.

depuis son âge ou son siecle, iusqu'à celuy d'Abraham. Si mieux nous n'aimons dire, que sous le nombre de ces trois enfans, toutes les nations sont comprises, comme aucuns ont expliqué sur ces mots, *Tria sata farinæ*. Qui monstre clairement, combien ce nombre de trois est merueilleux en production & multiplication, & plein de mystere & excellence en soy.

Ie lairray ceste belle & curieuse recherche faicte par plusieurs grands personnages de ce temps sur le nombre de trois, où ils recommandent & rapportent à ces trois diuines personnes, les trois noms diuins qu'on leur donne, & tous les autres mysteres, secrets, sciences, & qualitez diuines & humaines, qu'on a depuis comme d'vne source tiré de ce premier Ternaire, comme le Tetragrammaton des Pythagoriens, qu'ils constituent en trois principes, *Lux, Lumen, Splendor*, qu'aucuns interpretent, *Dieu, Verbe, matiere premiere*. Les trois numerations premieres, *Intelligence, Sapience, Couronne*. Et me contenteray d'en raporter quelques autres traits que ie n'ay puisé dans leurs liures, de peur que me trouuant du tout sterile en vn si riche subiect, on ne m'impute cela à ignorance, ou à quelque chose de pis.

Qu'on doit bien prendre garde à ne s'escarter pas en vne si haute recherche que celle de la Trinité.

Mais me perdray-ie, ou m'aueugleray-ie point comme tant d'autres, qui se sont escartez en vne si haute recherche? veu que comme dict le Dante,

Matto è chi spera che nostra ragione
Possa trascorrer l'infinita via,
Che tiene vna sustanza in tre persone!

Les trois montagnes les plus hautes, amoncellees par les Geants, ont esté renuer-

M'accusera-on point que ie cherche les trois montagnes desquelles les Geans se seruoient, cuidans par là monter au Ciel, *Pelion, Ossa, & Olympe*? Et quand mesme ie seroy au dessus, qu'elle distance y a-il encore de là iusqu'où reside ma constance? dois-ie point aussi craindre, que ces trois Dieux fabuleux (s'il est loisible de mesler des fables en chose si graue & si serieuse) *Iupiter, Vulcan, & Mi-*

nerue, qui manient les trois foudres, ne me foudroient sur ces monts? & qu'au lieu de m'enuoyer leurs *trois Epulons* chargez d'Ambrosie & de Nectar, ils ne me precipitent au contraire si soudainement (s'ils voyent que ie veuille ainsi escheller le Ciel) qu'ils ne me donneront loisir de prononcer seulement ces trois mots, que sans plus on permettoit anciennement aux criminels de dire pres du Palais? D'où est venu le prouerbe, *Illa tria dicas iuxta aulam.* Non ils me permettront de dire, que ceux qui estoient de leur siecle, ignorans ce haut mystere de la Trinité, pour n'auoir eu cognoissance du vray Dieu, ny entendu les mysteres qui deuoient aduenir de la Redemption du genre humain, n'ont sceu eux-mesmes pourquoy ils employoient si souuent ce nombre de trois, ne sçachant sa iuste & vraye deriuation, & moins encore son application. Bien qu'aucuns d'eux semblent auoir senty quelque air de la bonne & vraye doctrine.

<small>sees par Iupiter.
Virg. 1. Georg.
Trois Dieux manient le Tonnerre.
Pli. liu. 2. ch. 13.
Triumuiri Epulones.
Viues sur S. Aug. liu. 5.
Suidas.</small>

Dequoy Homere premier inuenteur de toutes ces deïtez fabuleuses, nous a donné tant d'exemples; que iamais il n'introduit ces grands personnages se batans deuant Troye, ny les Dieux, ou les hommes appellant quelqu'vn, que ce ne soit à trois coups le duel, ou par trois fois l'appel & le cry,

<small>Homere premier inuenteur des faux Dieux, est celuy qui le premier entre les Poëtes a le plus vsé de ce nombre de Trois.</small>

Trois fois le Grec sur luy se hazarda,
Et par trois fois Apollo le garda. Il dict qu'Vlysses
Trois fois cria à claire & haute voix,
Pour estre ouy de quelqu'vn des Grecs Rois,
Et par trois fois Menelas l'entendit,
Estant aupres d'Ajax, auquel il dict.

<small>Homere. li. 5. de l'Iliade Diomedes se battant auec Ænee.
Hom. li. 11. 18. de l'Iliade.</small>

Ce n'est pas que ie vueille qu'on adiouste foy ne creance à des Poëtes Ethniques, à leurs fables, ne à leurs deitez sans pouuoir. Mais il est bien certain, qu'il y a des fables qui sont de l'inuention des premiers Poëtes, & autres Autheurs anciens, qui ont esté repetées & redites de siecle en siecle, & venues iusqu'à nous, sans iamais vieil-

<small>2. Les Autheurs profanes ont celebré le Ternaire, plus que tout autre nombre.</small>

Hhhhh ij

lir, desquelles on peut tirer vn sens mystique & merueilleux; voire tel qu'on les doit plustost prendre pour histoires tirées de quelque esprit qui a la cognoissance de Dieu, que pour contes eschappez d'vn esprit oisif & volage, qui ne cherche que l'escorce & non la visue mouëlle & le vray sens. Aussi les fables sont les apparences de quelque raison, qui se replie & renuoye nostre entendement à la consideration de quelque verité : tesmoin Lamprias dans Plutarque, qui raconte que Platon se ioue bien souuent auec nous, par les noms dont il vse : mais là où il mesle (dit-il) quelque fable parlant de l'Ame, il employe & se sert fort de l'entendement, y meslant beaucoup de choses pleines de sens & de mystere. Et le mesme en la vie de Romulus, appelle l'histoire de la naissance de Romulus vne fable; non qu'il ne la tienne pour chose veritable, ains pour monstrer que certaine sorte de fables sont autant de veritables histoires, desquelles la verité & le vray sens est obscurcy & caché par occasion. Dieu mesme semble s'estre aucunement monstré dans les faux Tableaux de ceux qui n'auoient eu cognoissance de luy. Si bien que les anciens Poëtes & Philosophes, comme Homere, Platon, & autres, qui ne pensoient parauanture faire que des comptes, se sont trouuez si fort saisis & esleuez de la seule grandeur & excellence du subiect qu'ils traictoient, que dans leurs fables le Tout-puissant qui remplit tout, s'est exprimé & faict voir constant, souuerain, & parfaict. Laquelle rencontre il ne faut imputer qu'à Dieu seul, qui faict que les estrangers, les mescreans, les ignorans & idiots auouent & font souuent profession de sa grandeur & toute-puissance, sans qu'ils s'en aduisent, & voire parfois maugré eux.

Plut. au tr. des propos de table.

Ie ne dy pas que tous leurs Ternaires eussent quelque bon sens, ou quelque secret caché au dedans ; car plusieurs se disoient par eux du tout ineptement & sans mystere. Voire il y auoit en la pluspart de leurs Ternaires des fables de mauuais exemple. Et quand mesme les fa-

Plusieurs Ternaires des Anciens se disoient simplement sans qu'il y eust rien de caché au dessous.

bles n'estoyent que communes & hors de tout vice, les allegories & interpretations en estoyent si basses & si peu vtiles ; qu'il vaudroit presque mieux raconter simplement leurs Ternaires, que les voulant mythologiser y rencontrer si peu de sens : leurs intelligences & explications ne pouuans iamais attaindre iusqu'au souuerain Createur ; ains simplement & encore à toute peine iusqu'aux effects & productions de la Nature. En voicy des exemples de toutes sortes.

Iupiter pour l'amour d'Alcmena cacha le Soleil trois iours entiers, croyant faulsement d'estre veu, s'il n'eust par trois iours eclipsé cette grande lumiere. Pauure diuinité ! quand son vice l'a contraint ainsi de se cacher. Ils donnoyent *Trois testes à Cerberus* ; qu'aucuns prennent, & ie ne sçay pourquoy, pour les trois necessitez naturelles, manger, boire, & dormir. Ils auoyent leurs trois Graces, *Aglaia, Euphrosyne, & Thalia.* L'vne desquelles auoit le visage couuert, l'autre à demy tourné, & l'autre se voyoit à plein : dequoy les raisons sont si basses, qu'elles ne meritent d'estre appliquees pres des Ternaires si serieux & si releuez. Non plus que leurs trois Deesses, *Venus, Iunon, Pallas* ; qu'ils ont despouillees toutes nües, pour le different d'vne chetifue pomme. Les trois les plus belles Deesses du monde, par leurs feintes ont debatu en cet estat leur primauté, comme s'il n'y eust eu deslors plus de pommes d'or dans les iardins des Hesperides. Mais nous, qui en recognoissons la fable, deuons pour le moins oster la pomme à celle, à qui cet indigne berger & iuge corrompu l'a le plus indignement donnee (aussi fust-ce en quelque sorte le plaisir & la volupté representee par Venus, qui nous fit manger la pomme de transgression) & la donner à celle qui porte le tiltre de Sagesse. Ils auoient *Trois Parques* ; pour designer les trois temps, desquels toutes choses sont enueloppees ; ausquelles ils obligeoient faulsement la vie de tous les mortels : car elles n'ont rien d'assez trenchant, pour couper le moindre filet de nostre vie.

Virg. 4. Georg. Trois testes de Cerberus. Les trois Graces.

Trois Deesses.

Paris est blasmé de corruption & mauuais iugemēt d'auoir adiugé le prix à la Deesse de volupté : le pouuant pour le moins dōner à celle à qui on attribue la sagesse.

Hhhhh iij

TABLEAV DE L'INCONSTANCE ET

Veu que nostre naissance, ny le cours & progrez de nos ans, ny la condition ou qualité de nostre mort ne sont subiectes à pas vne loy des leurs. Et m'esmerueille qu'auec la cognoissance du liure de Moyse, qu'on dict entre autres que Platon auoit tres-bien fueilleté, ils n'ayent mieux recogneu la grandeur & portee de nostre ame, diuisee en trois par les Hebrieux, *la Terrestre, la Raisonnable, la Diuine*. Mais leur *Fleche à trois pointes d'Hercule* s'est trouuee trop mousse, pour penetrer comme ils pensoyent mal à propos, auec la premiere les secrets de ce monde ; auec la seconde ceux des Abysmes ou Enfers ; & auec la troisiesme ceux du Ciel.

Platon auoit veu le liure de Moyse.
Nephes, Ruach, Nessamah.
Que signifioit la Fleche à trois pointes d'Hercules.
Ternaires dās Virgile fort frequents.

Virgile est tout plein de ces Ternaires, sur tout quand il parle des Dieux, ou des ceremonies qu'on leur faisoit,

Virg. 1. Geor.

    Trois fois autour des champs semez nouuellement
    L'heureuse Hostie soit portee sainctement.

Voulant parler de ceux qui se meslent de lier & ensorceler le monde, il descouure leur secret par ces vers,

Virg. aux Bucoliques eclog. 8.

    Diuers en trois couleurs premierement ie traits
    Trois fils pour t'enlasser, ie conduits en apres
    Autour de ces Autels trois fois ton effigie,
    Dieu veut le nombre impair, or ces trois couleurs lie,
    Lie-les Amarylle ensemble de trois nœuds,
    Et dis, i'attache icy les liens de Venus.

Pli. l. 8. c. 30.

Et à ce propos de charmes & de liaisons par le nombre de Trois, Pline raconte que l'Hyene enclost toutes les bestes qu'elle peut enuironner par trois fois, & les lie de façon qu'elles ne peuuent bouger d'vn lieu : comme si ce nombre estoit vrayement vn nombre d'arrest, au delà duquel on ne peut outre-passer.

Macrobe. Pourquoy les trois temps se rapportent à ces trois animaux.

Comme pareillement les Anciens designoient les trois temps par ces trois testes, *du Loup, du Lion, & du Chien*. Voulant dire que le temps passé a comme le Loup deuorateur, deuoré nos beaux iours passez. Le present nous a donné souuēt, & nous donne encore vne pareille terreur, que nous donneroit vn Lion s'il eſtoit pres de nous. L'Aduenir comme le Chien flatteur nous promet touſiours mieux. Mais il n'eſt pas ſeulement queſtion de les allegoriſer ou interpreter, ſoit en leur façon, ſoit en la noſtre; ains on prendroit tout cela pour des comptes, ſi nous auions la Conſtance de meſpriſer la douceur, ou aigreur de ces trois temps. Il faut eſtre cet Hercule qui coupe ces *Trois teſtes de Geryon*, qui ſignifioyent le Principe, la Conſiſtance, & l'Occident des temps, qui ſe rapportent auſſi au paſſé, au preſent, & à l'aduenir : à l'incommodité & incertitude deſquels il nous faut couper la teſte, & auec Conſtance & ferme iugement peſer toutes choſes qui nous peuuent aduenir, ou nous ſont ia aduenues; & les regarder d'vn meſme œil. Et comme ces *Trois Gorgones*, pour eſtre ſœurs, n'auoient qu'vn œil emprunté, lequel elles s'entrepreſtoyent à certaines occurrences, ſignifiant *la Tranſmutation, la Correſpondance, & le Conſentement*, duquel elles ſe conformoient enſemble, deuenant vne meſme choſe : auſſi faut-il que noſtre ame à quelque mutation qu'elle ait eſté ſubiecte, ſoit en fin correſpondante & vniforme en ce qui eſt de la Conſtance : & que regardant toutes choſes ſemblables eſgalement, nous departions la Iuſtice d'vn meſme œil.

Que vouloiét dire les Anciés feignant que Hercule coupa les trois teſtes de Geryõ.

Pourquoy les anciens Poëtes ne donnoient qu'vn œil aux trois Gorgones.

Et pour monſtrer particulierement combien les Romains, les plus ingenieux de tout l'Vniuers, ont neantmoins eſté adorateurs du Ternaire. Ils auoient accouſtumé de donner *Trois noms* à leurs citoyens qui eſtoyent nobles. Tu veux parler (dit Iuuenal) comme ſi tu auois trois noms. Ceux qui auoient trois enfans, iouyſſoient du priuilege qu'ils appelloient *Ius Trium liberorum*. Lequel fut octroyé en honneur des trois Horatiens qui combatirent pour l'Empire Romain, contre les trois Curiatiens. Bien que celle qui auoit deux ou trois enfans à la fois ne iouyſſoit d'iceluy, comme dit le Iuriſconſulte Paulus. A Rome lors q̃ les Peres auoiét *vitæ & necis poteſtatem* ſur leurs enfans,

3. *Que les Romains ont merueilleuſement honoré le Ternaire. Inuen. Saty. 5. & 9. Auſo. in Gryph. Tria nomina Nobiliorum. Pli. l. 13. c. 13. Mart. Epig. lib. 2. Epig. 91.*

ils ne les pouuoient tuer qu'ils n'eussent passé les trois ans, comme estant parauāture vn nombre ou aage de respect, ou parce qu'au dessous cet aage il n'y pouuoit escheoir aucune iuste cause de mort. Par la loy des XII. tables il estoit permis au pere par autre priuilege, de vendre ses enfans iusqu'à trois fois, & non plus. Mais parmy les Ægyptiens & les Grecs, si le pere eust tué quelqu'vn de ses enfans sans quelque bonne & iuste raison, pour toute punition il estoit seulemét enfermé trois iours pres du corps mort. Reuenant aux Romains, Cesar guidoit asseuremét son armee par toute sorte de chemins incogneus, par vn vers redict trois fois. Et Fabius Maximus de son temps le plus releué d'entre les Romains, voulant combatre Hannibal, voua solennellement aux Dieux, qu'il leur sacrifieroit, & feroit celebrer des jeux & autres mysteres, limitant & reglant sa despense par le nombre Ternaire comme le plus agreable aux Dieux : & dit nommément qu'il y despendroit la somme de

Trois cens trente trois sesterces, &
Trois cens trente trois deniers Romains, & vn
Tiers de denier dauantage.

Or seroit-il bien mal-aisé, dit Plutarque, de deuiner pourquoy il l'a ainsi distribué par Trois, si ce n'est pour exalter le Ternaire en la ville Metropolitaine du monde, où la saincte Trinité deuoit estre principalement honoree. Romulus ne bastit en son commencement que trois portes.

Les Romains fermerent seulement trois fois & non plus les portes du temple de Ianus : la premiere pendant le regne de Numa : la seconde apres la seconde guerre Punique : la troisiesme apres les guerres Actiaques finies par Auguste. Et au contraire en Ephese, le temple que fit faire Otryra femme de Marcus en l'honneur de Diane, s'ouuroit trois fois le iour : & y celebroit-on trois festes en mesme iour, & en trois diuerses heures, auant Soleil leué, sur le Midy, & sur la fin de la iournee.

Paul. l. 4. Recep. Sent. ad Sc. Tertulianum. Aul. Gell. l. 10. Diodorus Siculus.

Plut. en la vie de Fabius Maximus semble recognoistre l'excellēce du Ternaire.

Pli. li. 3. c. 5. de son hist. nat.

Les Romains fermerēt seulement trois fois le temple de Ianus. Et les Ephesiens ouuroiēt celuy de Diane trois fois par iour. Thucydide.

Mais

Mais ie voy bien qu'encore qu'ils euſſent opinion, qu'il y auoit quelque grand myſtere ou puiſſance, voire ſain-cteté en ce nombre, ſi eſt-ce qu'ils en vſoiēt bien ſouuent mal à propos & ſans diſcretion, auſſi bien que les autres. Comme ils firent lors du Trium-virat; duquel il euſt fallu iuſtement refondre la monnoye qui s'expoſoit pendant la vie, & ſous la marque des trois chefs: pour y auoir graué fauſſement en l'vn des reuers, ces mots blaſphemateurs à l'encontre de la puiſſance de Dieu, qui eſt le chef du S. Ternaire, *Salus generis humani*. Mais le Tout-puiſſant a auſſi aboly & reuerſé par terre toutes ces puiſſances comme vn petit ſoufflet: tout ainſi qu'il auoit faict quelque temps auparauant, les *Trois cents Statues* de Demetrius, qui furent erigees & abatues de ſon viuant; & celles de Diomedes, qui furent fondues, & en fut faict des vaſes pour les plus viles neceſſitez qui ſoyent en la vie de l'homme.

Ie laiſſe à part la creation des choſes, & les myſteres que Dieu y a infus; les creant la pluſpart ou y meſlant en quelque façon les Ternaires ou Quaternaires. Choſe qui a eſté iuſqu'icy obſeruee par pluſieurs. Et me contenteray de dire en ce qui eſt de cette creation, que Dieu fit, ou crea tout le monde en deux Ternaires de iours. Que ce grand Ocean qui par les Poëtes a eſté feint le Pere vniuerſel des Dieux, a eſté creé par le vray Dieu Tout-puiſſant auec vne telle ſubmiſſion & empire, qu'il luy a commandé, non ſans grand myſtere, d'enuironner le monde par trois fois ſeulement & en trois diuers endroicts.

Merueille que l'Ocean enuironne trois fois le monde. Pline.

Et pour le prendre encore plus auantageuſement, il ſemble que le Sauueur à l'imitation de Dieu ſon Pere, ait pris plaiſir à exprimer le ſecret de ce nombre de Trois: nous voulant comme enſeigner, qu'il y auoit quelque rare myſtere caché en iceluy incogneu à tout le monde. Et qu'il ſoit ainſi voyons combien de fois il l'a employé & s'en eſt ſeruy, tant durant ſa vie, que ſur le poinct de ſa mort; encores qu'il peuſt choiſir d'autres nombres. Premiere-

4 Ieſus Chriſt meſme s'eſt ſeruy ſi ſouuēt de ce nombre de Trois, & durant ſa vie & en ſa mort, qu'il ſemble l'auoir voulu particulierement honorer.

TABLEAU DE L'INCONSTANCE ET

Pourquoy trois Roys vindrent adorer noſtre Seigneur.

ment nous trouuons qu'il voulut eſtre adoré par trois Roys portans trois ſortes de preſens: comme s'il euſt voulu referer à chaſque perſonne de la Trinité vn Roy, & faire l'honneur de l'adoration & le preſent eſgal, en perſonnes ſi eſgales & vnies. Il voulut eſtre auec nous, & demeurer en ce monde trente trois ans, qui ſont dix fois trois & trois ans. On s'eſſaya de le tenter par trois fois. Il vainquit Satan par trois paroles. Il ſe transfigura deuant trois de ſes Apoſtres. Il voulut que ſa mere bien-heureuſe fuſt preſentee au temple de la Purification à l'aage de trois ans. Et vne autresfois s'eſtant ſeparé d'elle, pour aller dans ce temple, il voulut qu'elle le cherchaſt trois iours & non plus, au bout deſquels elle le trouua; comme ſi le Ternaire eſtoit le ſeul delay, dans lequel on peut rencontrer vne des trois perſonnes de la Trinité: ou bien pour dire que qui le cherche, ou l'appelle par trois briefs iours, quelque raiſon qu'il ait eu de s'abſenter de nous, neantmoins il ſe laiſſe trouuer & ſe repreſente. Bien que les Theologiens le referent beaucoup plus proprement aux trois parties de Penitence; Contrition, Confeſſion & Satisfaction, auec leſquelles il ſe trouue encore plus facilement. Il reſſuſcita trois morts. Il pleura par trois fois, la premiere ſur la ville de Hieruſalem, la ſeconde lors qu'il voulut reſſuſciter le Lazare; la troiſieſme eſtant en l'arbre de la Croix. Il s'en

Eſaie ch. 3.

trouue encore vne 4. *Reſpexit Petrum, & fleuit amare*. Et ſi bien diſant qu'il a pleuré par trois fois, il ſemble que nous vueillions dire qu'il a fait quelque eſpece de ſubmiſſion à

Pourquoy Dieu pleura, & ſi ce faiſant il a faict quelque eſpece de ſubmiſſion à la Nature.

la Nature, ayant reſſenty quelque douleur: la verité eſt qu'il ne le fit pas tant pour approuuer la loy de la Nature, laquelle nous force d'aimer & nous douloir, voire pleurer la perte des perſonnes dignes de noſtre amour, & qui ont merité nos larmes: comme pour nous monſtrer & preſcrire la meſure, iuſques où ces meſmes larmes doiuent aller, à fin que nous ne nous donnions en proye à l'vn ne à l'autre. Noſtre Seigneur dit aux Iuifs, pour mõſtrer ſa Toutepuiſſance, Mettez ce temple à bas, & vous verrez que ie l'auray rebasty dans trois iours. Voulant faire sa priere il mena seulement quand-&-luy trois de ses disciples. Il pria par trois fois Dieu son Pere, auant que receuoir de luy aucune consolation. Il fit sa priere en trois diuers lieux. Trois heures apres qu'il eust offert son sacrifice il fut faict prisonnier. Il demeura trois heures en Croix. Et apres sa mort il voulut ressusciter au troisiesme iour, ayant demeuré dans le ventre de la terre trois iours; qui est tout autant que Ionas auoit demeuré dans le ventre de sa Baleine. S. Bonau. en ses Meditat. in l. de recessu Domini. S. Ignace ep. 5.

Il desire de nous Trois choses, qui luy sont principalement agreables, *Oraison, Iesune, Aumosne*. Et nous en desirons de luy autres Trois, qui sont Trois baisers, que les saincts Peres appellēt les *Trois baisers du Sauueur*, aux pieds, aux mains, & à la bouche. Ce qui reçoit explication & veut dire, que lors que nous le prions, nous luy baisons les pieds; faisant de bonnes œuures, nous luy baisons les mains; & lors que nous entrons en grace, nous luy baisons la bouche. Explicatiō des trois Baisets de nostre Sauueur. S. Bernard sur les Cantiques, *Osculatur me osculo oris sui.*

Il repliqua par trois fois ce precepte à sainct Pierre, *Petre, pasce oues meas*. Comme aussi sainct Pierre l'ayant renié trois fois, le Sauueur voulut autāt d'adueus & de nouuelles confirmations qu'il l'aimoit, comme sainct Pierre en auoit faict d'abiurations. Ou bien luy voulant parauanture donner à entendre, que pour expier vn Triple desadueu, il estoit necessaire, qu'il paruinst & montast iusqu'au troisiesme degré de son amour. On dit aussi que Dieu voulant esueiller sainct Pierre qui dormoit, luy dit, Simon tu dors; le trouuant inconstant il ne le voulut nommer par ce nom de Pierre, qui est vn nom de Constance, duquel s'estoit rendu indigne par ce sommeil ingrat & nonchalant, & par ce Triple desny qu'il auoit faict de son Maistre. Comme pareillement sainct Pierre demanda à Iesus Christ, qu'il luy pleust qu'on fit *Trois Tabernacles*, au lieu où il auoit eu le premier goust & vision de la diuinité de nostre Sauueur. Et le premier iour que sainct Pierre prescha, trois mille personnes se conuertirent.

Ter virgis cæ-sus.

Ter naufragiũ feci.

Nous lisons aussi que le sainct Esprit descendit sur les Apostres à trois heures. S. Paul se glorifioit, d'auoir esté battu de verges par trois fois, & d'auoir faict naufrage par autres trois fois. Dieu permit que lors que sainct Paul eust la teste tranchee, sa teste fit trois sauts, d'où sortirent les *Trois Fontaines*, que i'ay veu à Rome en vn lieu qui s'appelle *ad aquas Saluias*, & selon le vulgaire *A li tra fontane*: toutes trois (à ce qu'on tient) de diuers goust. Il demeura aussi trois iours aueugle. *Trois Anges*, furent enuoyez en la maison d'Abraham. Abraham ne fit son sacrifice si celebre que le troisiesme iour apres que luy & son fils furent partis de leur maison. Dieu voulut que les animaux qu'Abraham deuoit immoler fussent de trois ans.

Genes. 15.

Moritur Iesus à sexta vsque ad nonam 2. Corinth. 5.

Et les Anges vne fois, comme nous lisons en l'Histoire Ecclesiastique, furent ouys chântans en l'air, en vne solemnelle procession, ce sacré *Sanctus*, *Sanctus*, *Sanctus*, & par eux, & à leur imitation l'Eglise Romaine en a pris la coustume. La saincte Escriture parmy vn si grand nombre d'Anges n'en nomme que trois, *Michael, Gabriel, & Raphael,* les autres ne sont nommez, ny peut estre approuuez par liures de la saincte Escriture qui soient Authentiques. Et les saincts Peres en l'honneur du Ternaire contoient leurs heures, & regloiët leurs affaires & leurs deuotiõs par trois: allant de *Prime à Tierce, de Tierce à Sexte, de Sexte à None*. Enuiron laquelle heure *de None* Iesus Christ mourut. Le mõt des Oliues, où Dieu souloit faire sa priere, a trois diuers sommets ou pointes. Celle de l'Ascension, celle qu'on nomme *Viri Galilæi*; & celle qu'aucuns disent que la benoiste Vierge receut la Palme de l'Ange, lors qu'il luy vint annõcer qu'elle mourroit dans trois iours. Et ce passage de l'Escriture saincte, qui dit qu'Helie ietta trois fois de l'eau sur l'Holocauste, signifie l'inuocation de la Trinité qui se fait au Baptesme. On promit à Daniel qu'il domineroit le troisiesme, pour auoir expliqué le songe du Roy de Babylone.

Quelques Docteurs ont aussi recogneu dans le Psautier trois Pseaumes principaux le 24. *Ad te, Domine, leuaui animam meam*, Le 50. *Miserere mei, Deus*, & le 85. *Inclina Domine aurem tuam*. Et ont mis & diuisé tous les Pseaumes en trois cinquantaines, dont la premiere finit au *Miserere*; la 2. au Psalme, *Misericordiam & iudicium cantabo tibi, Domine*; le 3. au Psalme *Laudate Dominum in sanctis eius*: desquels le premier est des penitens; le second des iustes; le troisiesme des bien-heureux. Plusieurs Peres de l'Eglise ont triomphé sur le nombre de cent cinquante trois poissons, qui furent pris par les Apostres en vn seul ject. D'autres sur le nombre des trois cents soldats de Gedeon. D'autre sur les cent six Ternaires de seruiteurs qu'auoit Abraham, inferent le mystere de la croix.

<small>Guill. Parisius de Rhetori. ca. Diuina. 16. Mazarin. en ses discours sur le Miserere.</small>

<small>S. Aug. lib. de Trinit. c.5, li.2. de Doctrina Christiana. c.16. Paulus & Isidor.</small>

Le serpent qui se voit à Milan en l'Eglise S. Ambroise, esleué sur vne colomne (qu'on tient estre celuy mesme, qui estant adoré des Iuifs, fut par le Roy Ezechias rompu en trois parts) ne signifie autre chose, sinon que celuy qui veut occuper ceste place diuine, & cest honneur qui est deu à la saincte Trinité, se trouue froissé & rompu en autant de pieces, qu'indignement il a voulu representer de personnes. L'Eglise donne ses benedictions de la main dextre, trois doigts abaissez & ioints, pour marquer l'vnion de la Trinité.

<small>Le serpent de Milan, qu'on dit estre celuy mesme qui estoit adoré par tout le monde.</small>

Ie ne veux oublier vne autre merueille qui est en Italie, en vne petite ville appellee Monte-Falco en l'Eglise de Beata Chiara, qui sont *Trois Boules*, lesquelles furent trouuees auec vn petit crucifix & vn fouët ou discipline tout ensemble dans le cœur de ceste bien-heureuse Dame. Le cœur dis-ie qui est la piece ou partie de l'homme la plus aimee de Dieu, qu'il semble auoir faict tout exprés en forme de Triangle, serré & clos en bas vers la terre, & ouuert par le haut vers le Ciel: à fin que nostre cœur ne receut l'amour de ces vanitez terrestres. Ainsi qui logeroit le monde qui est rond, dans le Triangle de nostre cœur, les trois Angles demeureroient vuides; la Trinité ne s'y trouue-

<small>Merueille de trois boules qui sont en l'Eglise de Beata Chiara de Monte-Falco.</small>

roit commodément rangée. Veu que c'est vne place que
Dieu a destinée, pour luy seruir comme de vase precieux,
dans lequel il conserue ses Sacrements, qui est le plus precieux de son amour. Aussi on a tiré de ces trois lettres
C O R, ces trois mots, *Camera Omnipotentis Regis*. Car le

<small>Le corps de saincte Claire.</small>

cœur est la chambre sacrée de Dieu tres-puissant. Mais il
ne se faut estonnner, que ces trois Boules se soient trouuees dans le cœur de ceste saincte Dame, lequel se voit
encores pour le iourd'huy, auec le crucifix qui y paroist
graué au dessus tout nettement; non plus que de voir son
corps mort depuis deux ou trois cents ans encore tout entier & tout frais, côme s'il n'y auoit que huict iours qu'elle fust morte. La merueille est que Dieu pour exprimer &
representer la puissance merueilleuse de la Trinité, a voulu (plusieurs Papes en ont fait l'espreuue) qu'vne seule poi-
sast autant que les deux, les deux autant que l'vne, & les
trois non plus que le poids de l'vne, ou des deux. La Trinité estant vn si haut mystere que nulle autre qu'elle mesme ne la peut dignement exprimer ny balancer iustement. Et pouuons bien asseurer de quelque matiere qu'elles soient, qu'elles sont bien plus riches & plus dignes d'ad-

<small>On croit que les trois Boules des tours de Maroch soient enchantees.</small>

miration que ces autres *Trois Boules* de prix & valeur inestimable, qui sont sur le haut du Palais Royal des tours
de Maroch, qu'on prise plus de trois cents mille escus. Encore qu'on die que la tyrannie, la guerre, ny tous les orages d'vne infinité de siecles, ne les ont iamais peu abbatre;
bien que les Rois de Fes & de Maroch s'en soient mesme
essayez plusieurs fois: comme si le Ternaire estoit vn nombre qui ne se peust perdre, ny desraciner que fort mal-aisément.

<small>Plato in Parmenide.</small>

Aussi que Platon nous apprend que l'vn est non seulement vne seule chose, mais plusieurs; que l'vn est le tout,
& les parties du tout: de sorte que l'vn prouenant de la

<small>L'vn est tout, & n'est que dans le Ternaire.</small>

vraye & vnique essence, est de necessité plusieurs choses.
L'vn est donc toutes choses, & l'vn est seulement dans
l'vn. Et d'autres parlant encores plus clairement ont dict

apres luy, que l'vnité ne se peut nommer que par elle-mesme, & ne se peut mesurer par aucun nombre, estant la mesure commune, voire la fontaine & la source de tous les nombres: ayant ce priuilege en soy que tous les nõbres ne sont qu'acouplemés & surcharges d'vnitez. Qu'elle est incapable de multitude, & par consequent de diuision, tousiours la mesme, tousiours immuable. Que si par fois on feint & fait semblant de la desvnir & mettre en pieces, pour la reioindre ou multiplier, elle se multiplie seulement en vnitez; pas vne desquelles n'est moindre ne plus grande qu'elle toute entiere; bien que de toutes choses la partie soit moindre que son tout: ainsi elle se multiplie non en parties, ains en d'autres soy-mesmes.

Or ce que Platon a dict de l'Vnité, son disciple Aristote semble auoir dict presque le mesme du Ternaire. Nous ayant monstré clairement que dans le Trois toutes choses estoient comprises. Car prenant le Trois de toutes parts, il exprime ces trois parts, qui accomplissent & comprennent tout l'Vniuers, & toutes choses qui sont en iceluy, sçauoir la fin, le milieu, le principe. D'où vient qu'on se seruoit principalement de ce nombre Ternaire és sacrifices des Dieux. Que cela se pratique mesme quand on veut appliquer ce nombre aux personnes. Car voulant parler de deux, nous vsons seulement de ce mot *ambo*, ou de cest autre *vtrumque*; mais non de celuy d'hommes, parce que ce mot de Tous s'accommode premierement & & conuient au Trois. Mais il vaut mieux le faire dire à son autheur, *Tribus omnia continentur* (dit-il) *& ter omni ex parte dicitur: vniuersum enim & omnia, tribus, quemadmodum Pythagorei tradunt, determinata sunt: quandoquidem finis, medium, ac principium, vniuersi ac totius numerum complectuntur, quæ eadem illum ternionis continent. Itaque quod à natura quasi leges illius accepimus, in Deorum etiam sacrificiis hoc numero vtimur. Quin etiam appellandi rationes eodem modo attribuimus. Nam duo ambo, duosque ambos, vel vtrumque dicimus, omnes non dicimus: sed hoc nomen ad tres primum accommodamus*.

Aristote li.c.1. de Cælo.

Les trois personnes de la Trinité, ne sont donc en essence que ceste vnité qui veut qu'on ne cherche rien qu'elle en ce sacré Ternaire: & qui en ce qui est de ceste essence, ne pouuant se ioindre à autre chose qu'à soy-mesme, tourne seulement son affection vers soy. De maniere que toutes choses semblent n'estre qu'autant d'vnitez, puis que l'vnité contient & se trouue en toutes choses, chacune desquelles n'appete que ceste mesme vnité, laquelle vnité en trois personnes ne se trouue en nulle autre part que dans ce S. Ternaire de la Trinité.

6. Les Grecs, les Latins & les François rehaussent toutes choses par trois syllabes.

Voyla pourquoy les Grecs, les Latins, & les François vsent de ces trois syllabes, *Tris, Ter, Tres*, qui n'est presque qu'vne mesme chose, pour rehausseures & dictions superlatiues, qui releuent si fort les mots esquels elles sont au deuant, qu'elles les mettent par là au dessus de toute comparaison. Comme on appelle Trismegistus *quasi ter maximus*.

Mart. lib. 3. Epigr. 23.

Et Martial liu. 5. *Hermes omnia solus, & ter vnus, id est, Trismegistus*. Et en nostre langue nous appellons Dieu tres-puissant, tresbon & tres-iuste. Or auons-nous accoustumé de dire trois fois pour plusieurs fois, nombre finy pour l'infiny. Comme quand nous disons *Trismacares*, trois fois heureux, & trois liens, pour dire infinis. Ce qui n'est à propos, si d'auenture le nombre Ternaire n'a esté expressément & proprement choisi par les Anciens. Ainsi les langues & les sciences ont tousiours accoustumé de loger premierement le parfait, puis le plus parfait, puis le tres-parfait.

Plut. au tr. d'Isis & d'Osiris.

Platon en son Timæe par l'vn, d'eux, trois, semble auoir voulu entendre la Trinité.

Platon a aussi parlé en tels termes du Ternaire, comme s'il eust par maniere de dire eu quelque odeur de ce grand & sacré mystere de la Trinité (bien qu'à la verité sans reuelation il ne la peu cognoistre) quand il conte en son Timæe, *Vn, Deux, Trois*, & en cherchant dauantage, Où est le quatriesme (dit-il) on luy respond qu'il est malade: entendant par le quatriesme ou la creature, ou la matiere premiere, laquelle comme subiecte à inconstance, reçoit tousiours quelque alteration par les changemens, & est desia si mal disposée & de si long temps, qu'il est à croire qu'auec tant de mutations elle se consume, & n'a rien en soy qui n'aille en decadence: s'vsant & diminuant de sorte, que quand elle ne pourra plus subsister, le iugement vniuersel s'en ensuiura, & la fin & determination de toutes choses. Tellement que c'est vn, deux, trois, encore qu'il semble que Platon ne cherche que la quatriesme personne de son Dialogue, & non de la saincte Trinité; ou comme aucuns l'interpretent & le prennent pour *le Soleil, la Lumiere, la Splendeur*: si est-ce qu'il se peut prendre pour la Trinité, qui est le vray Createur immortel & incorruptible, & le quatriesme pour la creature. Aussi n'y a-il traicté dans Platon, qui semble plus s'approcher de quelque cognoissance de la Trinité, que son Timæe: où sous l'element du feu, il parle en telle maniere du Pere, du Fils, & du S. Esprit, qu'il est difficile de pouuoir appliquer ny destourner ce qu'il en a dict en autre sens. C'est pourquoy on a creu, qu'il auoit eu en Ægypte quelque communication auec les Hebrieux.

Dans le Timæe de Platon, lors qu'il parle de l'element du feu, tous les doctes ont pensé qu'en ce discours il vouloit parler de Dieu le Pere, du Fils & du S. Esprit.

Et Platon n'est pas tout seul qui introduit quatre personnes, puis fait esuanouyr & escarter la quatriesme, ou la tenir en silence: plusieurs en ont fait le semblable. C'estoit la coustume parmy les Comedies des Anciens, qu'en nulle Scene on n'introduisoit iamais vn quatriesme; ou s'il y estoit introduit, c'estoit comme auditeur & muet, & non comme vn vray personnage, qui doit reciter & tenir son rang de quatriesme. On luy disoit ce qui est dans Horace,

Pourquoy les anciens Autheurs & les Comediens, qui introduisoient quatre personnes, faisoient esuanouyr, ou escarter la quatriesme.

—— *Nec quarta loqui persona laboret.*

C'est pourquoy on l'appelloit κωφὸν πρόσωπον, c'est à dire, personne muette. Et si bien Plaute & Terence y en admettent quelquefois, on les accuse d'auoir outrepassé les regles des Comedies anciennes; ou bien qu'ils les font plus assistans que parleurs ou interlocuteurs: comme nous enseigne ce vieux Grammairien Diomedes, & les inter-

TABLEAV DE L'INCONSTANCE ET
pretes de Martial sur ces vers,

*Comedi tres sunt : sed amat tua Paula, Luperce,
Quattuor : & κωφὸν Paula πρόσωπον amat.*

Martial Epigr. lib. 6. Epigr. 6. ad Lupercum.

D'où nous apprenons que ce quatriesme estoit vne personne muette, qui ne se mesloit auec les trois. Que s'il s'y mesloit, c'estoit comme spectateur, assistant simplement comme auditeur & comme muet, qui respecte les trois premiers comme personnes principales & maistres souuerains & absolus de la Scene. Non pas que ie leur vueille faire à croire, qu'ils ayent eu quelque secrette visee à ce sainct Ternaire; ie ne leur veux attribuer vne si noble pensee. Mais c'est pour verifier que souuent les Payens mesmes sans sçauoir la raison, tenoient les trois en tel respect, que le quatriesme marchant apres eux, s'il ne vouloit estre le mesme que l'vn des trois, & former le Triple-vn, ains faire bande à part : où il estoit seulement spectateur, sans representation & sans roollet : ou pour le moins il demeuroit en quelque façon degradé, de la qualité & du rang de ces trois premiers, & du tout inferieur à eux ne respondant en rien à leur excellence.

Mais quant à Platon, il semble par son Vn, deux, trois, qu'il ait voulu parler de la Trinité, & de trois personnes en vne essence : quasi comme s'il vouloit monstrer que c'est la seule Trinité; laquelle ayant en soy le nombre Ternaire ne fait qu'vne vnité en trois : veu qu'il n'y a rien en l'Escriture saincte, ny és mysteres de l'Eglise, ny en tout ce qui se peut imaginer en la Nature, autre que la seule Trinité, qui consistant en trois choses relatiues, ou en trois personnes, se reduise ainsi en vne seule essence.

7. Mysteres de Quaternaires.

O Térque Quatérque beati. Virg. en ce lieu n'a voulu loüer ny le Quaternaire ny le Septenaire, ains le Ternaire seulement.

D'où vient que Macrobe, & les autres qui ont voulu faire à croire à Virgile, qu'en ces mots, *O trois & quatre-fois heureux*, il vouloit loüer le Septenaire, se sont parauanture mescontez ; veu qu'au contraire il semble que ce soit vrayement la louange du Ternaire. Car en ce qu'il a dict *Quatre-fois*, ce n'est pas qu'il ait voulu en façon quelconque recommander les Quaternaires; ains il a voulu seulement adiouster l'vnité au Ternaire: d'où nous pouuons tirer, bien que cela luy fust incognu, que la Trinité n'est autre chose que l'Vnité en vn Ternaire. Et bien que le Quaternaire ait esté en telle reuerence parmy les Anciens, qu'ils iuroyent par iceluy, comme par vn Dieu, tesmoin ces vers,

Ie te iure en mon ame au nom du Quaternaire.
Source de la Nature, & de l'Esprit le Pere.

Si est-ce qu'il se voit oculairement, que c'estoit pour louer seulement l'Vnité du Ternaire. Car le mot de *Quatérque* composé de Trois & Vn, cest Vn qui semble parfaire le Quatriesme, monstre mystiquement & clairement que le vray Ternaire en nombre de personnes n'est qu'vn en essence, & que cest Vn ne faict pas le nombre Quaternaire, mais demonstre l'vnité de Trois en vn. Et en ce sens entend & se doit prendre, tout ce que nous auons desia dict, & dirons cy apres du Quaternaire. A quoy semble faire bien à propos l'aduis de Sainct Cyprien, qui au sermon du Sainct Esprit, loue le nombre de sept, parce qu'il est composé du Trois, qui signifie le Createur, & du Quatre, qui signifie la creature; à cause des quatre Elements, qui sont les causes & semences de toutes choses. Donc les personnes sont trois, & l'essence n'est qu'vne: mais ces trois auec ceste vnité, ne sont pas quatre choses, ains trois relatiues en vne absolue, pour parler à la façon des Theologiens. Car l'essence ne se peut distinguer des personnes, ny les personnes de l'essence. Ce que nostre Seigneur luy-mesme a confirmé par plusieurs miracles; & entr'autres par vn duquel i'ay veu la preuue certaine en Italie, dans l'Eglise de Saincte Christine au deuant le lac de Bolsena, où on lit dans vn tableau authentique & ancien, Qu'vn prestre y celebrant la Messe en l'an mil deux cents septante trois, doutant de la realité du Sainct Sacrement, la

S. Cyprien au sermon du S. Esprit.

Merueille d'vn faict estrange aduenu en l'Eglise Saincte Christine en Italie.

KKKKK ij

saincte Hostie luy sortit & sauta des mains incredules comme son cœur, & se mouuant par quatre fois, laissa quatre gouttes de sang bien visuemēt colorees, empraintes en quatre pieces de marbre separees l'vne de l'autre, dont le bas de l'Autel estoit paué, que i'ay veu allant au Iubilé l'an 1600. Or on pourroit dire probablement & pieusement que Dieu ne voulut adiouster la quatriesme goutte de son precieux sang à ces trois, pour autre raison, que pour tesmoigner l'vnion des trois en vn. Ie laisse à part la mescreance de cest Apostat, qui me pourroit tirer à d'autres considerations hors de mon propos, ensemble plusieurs traicts semblables; comme celuy de ce prestre Simoniaque, lequel voulant prononcer les trois personnes de la Trinité, s'arresta, & ne sceut iamais nommer la troisiesme.

La forme de la table sur laquelle nostre Seigneur fit la Céne estoit quarree.

Aucuns pareillement ont pensé, que la saincte table, sur laquelle le Sauueur faisoit la Cene auec sa troupe choisie, estoit quarree & composee de quatre Angles esgaux, pour y ranger en chacun d'iceux trois de ses Apostres. Voulant comme representer, qu'encor que la table sacree fust composee de quatre Angles, ce n'estoit que pour mieux vnir & ranger le Ternaire, & en commemoration & honneur de la Trinité, qui seule remplit la table des Cieux, & les quatre Angles du monde. Et croy que la pluspart qui les veulent ranger autrement, eussent embrassé ceste opinion, s'ils eussent trouué la place, où seoit nostre Seigneur.

Que le Quaternaire influe souuent dans le Ternaire. Iehan. Lono en la vie de Stanisla. Dans Surius, tom. 3. Maiol. colloq. 4.

I'en adiousteray encore deux traicts bien estranges & nouueaux, par lesquels il semble que Dieu a voulu le plus souuent faire ces miracles par ces nombres de trois, ou de quatre. Oleslaus Roy de Pologne ayant tyranniquement faict desmembrer en six cents pieces Stanislaus Euesque de Cracouie, & icelles faict porter en diuers lieux, pour mieux en repaistre toute sorte d'animaux, nostre Seigneur permit que quatre Aigles (oyseaux qui ayment

INST. DE TOVTES CHOSES. LIV. V. 507

le Ciel) deffendirent toutes ces pieces l'espace de trois iours: tellement qu'en fin par la grace de Dieu elles se rapiecerent toutes. Et ce qui augmente la merueille, vn doigt des siens, qu'on auoit ietté dans vn lac, vn poisson l'ayant deuoré, le poisson pris & le doigt retrouué dans son ventre, fut remis & reioinct comme le reste.

En voicy encore vn autre qui concerne la religion presqu'aussi merueilleux. Du temps que les Goths rauagerent la Chrestienté, Dieu qui n'abandonne iamais les siens, voulut que les pierres mesmes qui sont muettes, fissent entendre la ruyne de Theodoric Roy des Goths. Car pendant que Belissaire leur faisoit la guerre sous l'Empereur Iustinien, il aduint vn miracle en la ville de Naples, que la statue de Theodoric faicte de pierres ammoncellees & peintes de diuerses couleurs, tombant à quatre diuerses fois, marquoit en chaque cheute, vne particuliere ruyne & decadence de la grandeur de Theodoric & des siens. Car mesme durant sa vie, les pierres de la teste dont la statue estoit composee s'estans deffaictes, Dieu voulut tesmoigner par là que Theodoric mourroit bien tost, comme il fit. Huict ans apres cette premiere cheute, les pierres qui formoient le corps de la mesme statue, tombant, Athalaric son nepueu mourut. Vn peu apres les pierres que la Statue auoit au droict de la ceinture estât croulees, Amalasiuntha fille du mesme Theodoric deceda. En fin les Goths ayant assiegé la ville, le reste de la statue, & toutes les pierres depuis la ceinture iusques aux pieds & à sa base se bouleuersant du tout, Dieu voulut marquer par cette quatriesme cheute, la ruyne entiere & deffaicte de ses ennemis.

Et bien que les comparaisons des Ternaires anciens, qui reuiennent ou se reduisent en vnité, semblent estre profanes, si la bonne croyance que nous auons en tout ce qui est de Dieu, & de son Eglise Catholique Apostolique & Romaine ne nous en ostoit le blasme : si est-ce que sous cette condition ie diray, que bien souuent les Poëtes

Les Ternaires qui se trouuēt és choses profanes ne peuuent gueres biē entrer en comparaison auec ceux qui se trouuent és choses sainctes.

KKKKK iij

TABLEAV DE L'INCONSTANCE ET
malgré eux & fans fçauoir comment, ne pourquoy, cuidans dire des chofes pour plaifir, en rencontroient des
autres pleines de fens & de myftere. Tout ainfi que les
Propheties fembloient à aucuns en leur commencement
eftre comptes impoffibles, & prefque comme faicts à
plaifir. Mais apres leur accompliffement ou euenement,
fe trouuent eftre reuelations tres-veritables & miraculeu-
fes. Comme plufieurs ont voulu rapporter les neuf Mufes
que les Poëtes ont feint, aux neuf ordres des Anges. Et dire que tout ainfi qu'Apollon, qui fignifie l'Vnique, ioinct
aux trois Ternaires des Mufes, ne compofe par bône harmonie qu'vn corps & troupe celefte, dont Apollon eft le
chef. De mefme cette vnité de Dieu iointe aux trois Hierarchies des Anges, bien qu'en nombre il femble que ce
foit vn Quaternaire, ne fait par bonne intelligéce qu'vn
feul throfne ou corps de famille celefte, de laquelle Dieu
feul eft le Chef vnique & fouuerain, & les Anges fes officiers & miniftres.

Lilius Girald. Syntagmat. 1.

Comme auffi le nom de Dieu en Hebrieu qui eft *Iehoua* ou *Iehue*, c'eft à dire Dieu engendrant, s'efcrit par
quatre lettres, duquel nom de quatre lettres, en eft deriué
cet autre de douze, qui font trois Quaternaires, qui s'appelle en Hebrieu *Semamemphoras*, c'eft à dire *Nomen expofi-
tum*, qui fignifie Dieu le Pere, le Fils, & le Sainct Efprit. Le
premier eftoit donc *Deus* ou *Iehoua*, le fecond eftoit *Semamemphoras*, qui eft vn nom de Dieu eftendu ou expliqué,
qui comprend les trois perfonnes, & neantmoins ne font
qu'vn. Or parce qu'il n'y a rien en Dieu qui ne foit Dieu;

Le nom de Dieu eft com-pofé de 42. lettres qui sôt 14. Ternaires.

de ces trois Quaternaires & de ces douze lettres eft forty
le nom de Dieu, qui confifte en quarante deux lettres en
langue Hebraïque, qui veulent dire Dieu le Pere, Dieu
le Fils, Dieu le S. Efprit; la Trinité en Vnité, & l'Vnité en
Trinité. Lefquelles 42. lettres reuiennent à quatorze Ternaires. Ce que les modernes difent auoir tiré d'vn certain
Rhabanus grand docteur entre les Hebrieux, & de Mofes
Ægyptius, lequel trouuoit comme impoffible, qu'vn feul

mot contint 42. lettres. Qui eſt pour monſtrer la merueille du nom de Dieu, en ce qu'eſtant compoſé de pluſieurs mots & de pluſieurs lettres, le tout n'exprime qu'vn nom, pource que ces lettres & ces mots ne ſignifient qu'vne meſme choſe. Tout ainſi que les meſmes Hebrieux ſe glorifient pareillement, d'auoir tiré de trois petits verſets de l'Exode 72. noms de Dieu, à chacun deſquels les Cabaliſtes ont accommodé & attaché vn verſet des Pſeaumes de Dauid.

A quoy on adiouſte, que l'inſcription & tiltre de la croix du Fils de Dieu, a eſté myſterieuſement compoſé de quatre lettres : & neantmoins il n'eſtoit eſcrit qu'en trois langues. Et le nom de Dieu preſqu'en toutes langues (& en a-on obſerué iuſqu'à 23.) eſt pareillement eſcrit par 4. lettres. Le Fils fut attaché en trois lieux ou endroits de la Croix : & pourtant quatre membres precieux des ſiens furent clouez, aucuns ayant creu que c'eſtoit auec trois cloux, & l'antiquité auec 4. Ieſus Chriſt auoit trois robes, dont les deux furent parties en quatre parts, & données aux quatre ſoldats qui le mirent en croix. Et neantmoins il y auoit pluſieurs autres ſoldats qui le gardoient & aſſiſtoient à l'execution. La Croix de noſtre Seigneur eſtoit de quatre ſortes de bois; le grand pied eſtoit de Cedre, le trauers eſtoit de Palme, le poteau portant le tiltre, de Cypres, & la table de l'eſcriteau eſtoit d'Oliuier. Et dict-on auſſi qu'eſtant en croix, Quatre rochers ſe fendirent; le mont Caluaire, le mont Sinai, le mont Oliuet, & le mont Aluerne. Et voit-on encores auiourd'huy la Chapelle de l'aparition pres le ſainct Sepulchre, où furent miſes les trois Croix trouuees par ſaincte Helene, accompagnees de quatre choſes notables, le tiltre, la couronne, les cloux, & la lance : Et apres cette Chapelle, on en a baſty vne autre en l'honneur de ſaincte Helene, ornee d'vne chaire de marbre blanc, où elle ſouloit eſtre aſſiſe, pendant qu'on cherchoit la ſaincte Croix. La voute en eſt ſouſtenue de quatre colonnes de marbre, qui ſont touſ-

Lil. Gir. Syntag. 1.
Exod. ch. 14.
Les 72. noms de Dieu.
Le nom de Dieu en 23. langues eſt exprimé par 4. lettres.

iours mouillees & larmoyantes; comme pour dire que la mort de Iesus Christ tiroit mesme les choses les plus insensibles à compassion.

Daniel ch. 3. Nabuchodonosor auoit faict ietter dans la fournaise seulement trois personnes, Sidrach, Misach, & Abdenago; & neantmoins il en voyoit quatre qui cheminoient au milieu du feu, & la forme du quatriesme estoit semblable au Fils de Dieu. Et Dieu voulant abysmer Sodome & Gomorrhe, preserua bien quatre personnes, Loth, sa femme & ses deux filles : mais pourtant tout cela n'estoit qu'vne famille. Les quatre fleuues du Paradis terrestre n'embellissoient qu'vn seul corps & vn seul Paradis. Et si on les prend pour les quatre Euangelistes, qui arrousent & instruisent tout le monde, ce n'est aussi qu'vn seul Euangile & non quatre differents & diuers Euangiles: la transgression desquels est signifiee par loyseau marchant à quatre pieds, au Leuitique xi. comme pareillement les quatre animaux attribuez aux quatre Euangelistes, ne representent qu'vn seul animal, qui auoit quatre faces dans Ezechiel.

La Constance de Dieu & le Ternaire, sōt pris bien souuent pour mesme chose.
L'Agathe signifie Constance.
Exod. 28.

Et pour monstrer que la Constance de Dieu, & le vray Ternaire, sont prins bien souuent en l'Escriture saincte pour mesme chose : & que le Ternaire & le Quaternaire pris en la façon que nous auons dit, influent & se meslent l'vn dans l'autre, & font mesme representation ; on a obserué que l'Agathe est vne pierre communément noire, auec certaines veines blanches, quelquesfois de plusieurs couleurs, quelquesfois d'vne seule : mais quand elle n'est que d'vne seule couleur, on luy attribue vne telle qualité de Constance, qu'elle rend inuincible celuy qui la porte. Si bien qu'on l'enchassoit au troisiesme rang des douze pierres du Rational, qu'on souloit mettre au Pectoral du souuerain Pontife, sur lequel on auoit accoustumé de mettre trois Ternaires ; & à chaque Ternaire quatre pierres. Et au troisiesme Ternaire on mettoit l'Agathe; pour representer la Constance. Comme voulant dire, que

le

le vray Ternaire, duquel le souuerain Pontife faisoit profession, & la Constance de Dieu representee par l'Agathe mise du troisiesme ordre de ce Quaternaire estoit mesme chose.

C'est ce qui meut les Pythagoriens d'appeller le Quaternaire, la perfection de toutes les sciences morales, d'autant que de l'vn, deux, trois & quatre le Dix est composé, au dessous duquel sont tous les nombres simples, & desquels tous les nombres pairs & impairs sont composez. Qui fait que ie ne m'estonne si les Thraces ne pouuoient iamais compter au delà de quatre sans faillir, ou se mescôter, comme s'il n'y eust point eu de cinq en leur Arithmetique; ny autre plus grãd nombre. Et se trouue que mal à propos on leur a imputé à faute de memoire, ou à quelque autre defaut, ce qu'ils faisoyent peut-estre par suffisance. Tenant pour certain que le Quaternaire, qui denote l'vnion des trois, car i'entends tousiours parler de cette façon, quand ie parle du Quaternaire auec le Ternaire, estoit vn nombre si parfait, qu'on ne pouuoit presque sãs erreur ou mesconte conter au delà, ny passer plus auant. On dit le semblable de l'Arithmeticien Amphistide, qui ne sceut iamais compter au delà de cinq. Et les Egyptiens par Edict solemnel faisoient deffense de ne donner aucun remede aux maladies auant le 4. iour : tenant iusques-là les iours comme sacrez. D'où est venue peut estre cette Ame quarree de Platon, qu'apres luy toute la posterité a estimé estre le vray nom d'vne ame parfaicte. Par tous lesquels exemples nous apprenons, que le Ternaire contient tout ce qui est dans le Quaternaire. Que le Quaternaire influe & se mesle dans le Ternaire; mais c'est pour y infondre seulement tout ce qu'il a de bon, & non autrement. Auquel temps perdant son nom de Quaternaire, pour reprendre celuy de Ternaire, & y en adiouster vn seul, il compose le trois & l'vn, & non le quatre, & se termine en vnité. Lequel meslange se fait auec vn tel respect, qu'encore que le Quatre semble estre superieur en nombre sur le Trois,

Le Quaternaire signifie perfection.

Ame quarree de Platon.

si est-ce que se voulant mesler ensemble, le Quatre n'ose iamais choquer le Trois, quand le meslange luy peut estre nuisible tant soit peu. Surquoy Pline dit fort à propos, que les Dieux ont reserué trois mois de l'An, qui sont les trois mois de l'hyuer, esquels on ne prend iamais le venim de la fiéure Quarte. La maladie du Quaternaire ne pouuant offenser la santé du Ternaire. Tenant le Ternaire pour vn nom de respect, durant lequel les Dieux nous tiennent quittes & immunes de ce mauuais accident : nombre de santé, nombre salutaire, pendant lequel, bien qu'on la tint parmy eux pour Deesse, les autres Dieux n'ont voulu que sa Diuinité eust aucun pouuoir : le prenant à la verité pour frere, lors qu'il se veut ioindre & vnir au Ternaire pour l'ayder & seruir en quelque chose : mais non qu'aucune de ses mauuaises qualitez puisse en rien que soit incommoder la bonne disposition du Ternaire.

Les nombres sont merueilleusement importants.

Il faut donc croire & auouer, que les nombres sont merueilleusement importants & significatifs, & principalement en l'Escriture saincte. Tesmoin que les lettres Hebraïques & Grecques signifient quelque nombre. Que si les nombres n'auoient quelque grand mystere caché, ie ne sçay, dit sainct Hierosme, pourquoy les sept Pseaumes de Dauid auroient esté ainsi disposez par ordre Alphabetique. Veu que tous les autres Pseaumes ne semblent pas si bien rangez : celuy qui a esté composé le premier estant souuent le dernier. Ny mesme pourquoy parmy la langue Latine, il n'y a seulement que sept lettres qui signifient quelque nombre. Or l'importance des nombres se tire de plusieurs passages. Comme en l'Apocalypse le nombre de la beste qui conuient à l'Antechrist, est 666. & le nombre de mille, est le nombre de l'homme illuminé, ou qui est en la grace de Dieu.

Il y en a des liures entiers. Aux Cātiques. Giul. Camillo nel Theatro.

Les nombres sont des quātitez & non des substāces.

Ie ne suis pas si ignorant que ie ne sçache, que les nombres sont des quantitez incapables d'action, qui est le propre de la seule qualité, & non des nombres. Que les nombres, comme nombres ou quantitez ne peuuent ny mouuoir ny alterer les corps naturels. Si bien que le nombre consideré en soy precisément n'est rien: car il n'a nulle action. Que s'il y a quelque vertu, elle vient du Tout-puissant Pere des nombres, ou des mouuemens de nostre nature & inclination. Qui a meu Aristote d'appeller le nombre Ternaire la loy de Nature, prenant ce nombre non pas comme cause qui agit, ains comme vne loy prenant son origine de la cause, au coing & modelle de laquelle tout ce qui est en la Nature est moulé. Veu que toutes les choses qui se meuuent, ont vn nombre reglé, par lequel comme vn prototype elles se meuuent & gouuernent. *Aristot. de præ-dicament.*

Ie n'approuue non plus la superstition & curiosité d'aucuns, en la recherche de certains nombres: i'y trouuerois plustost vn trop vain & inutile amusement, comme en la rencontre de plusieurs Septenaires qu'on s'est essayé de trouuer en la fortune du Pape Gregoire XI. en la vie duquel ils ont obserué vnze Septenaires. Car (disent-ils) sept ans apres dix il fut fait Cardinal. Sept ans apres trente de son Cardinalat, il fut creé Pape. Il fut esleu par dix-sept Cardinaux. Il fut consacré & couronné le septiesme iour de son election. Il fut esleu l'an 1370. Il fut le septiesme Pape qui tint son siege en Auignon. Il fut sept ans Pape. Il reuint à Rome apres sept dixaines d'annees. Il laissa la ville des sept portes, des sept Places, des sept Palais, des sept Colleges, des sept Parroisses, des sept Monasteres, qui est Auignon, pour remettre le S. Siege à celle des sept Montagnes qui est Rome; & fit le voyage auec trois fois sept Galeres. Toutes lesquelles rencontres reuiennent à vnze Septenaires. *Ineptie de plusieurs nōbres qu'on fait rencontrer en la vie du Pape Greg. XI.*

Ainsi nous dirons que les nombres bien prins & en bon sens, nous representent de grands mysteres, & entr'autres la vraye Constance: vertu qui gist entierement en Dieu seul, qu'on peut vrayement aduouer estre cette Ancre sacree, cette Trinité, & cette Table celeste, que ce grand moteur de toutes choses Dieu souuerain, arbitre du monde, a posée pour base de sa perfection, pour cer- *Les nombres representēt la Constance.*

LIIII ij

titude de nostre salut, & asseurance de la nef de S. Pierre: retenant tousiours son vouloir autant immuable, que son pouuoir est infiny. Et ce à poinct nommé, pour nous apprendre, que le rocher de la Constance est le degré qui nous esleue le plus haut : & celuy qui plus nous approchant de sa Diuinité, nous fait aussi le plus participer à sa Constance. Si donc nous auons esgard à la chose en soy, soit que ce soit de la cognoissance de Platon, sans nous amuser à ce qu'il a voulu entendre par ces mots, il semble qu'il se soit heureusement rencontré que, *l'Vn, Deux, Trois*, de ce grand Philosophe ne signifie, & ne puisse quasi exprimer rien mieux auec vne propre signification, que la Constance laquelle gist en la seule Trinité, laquelle Constance est composee de trois syllabes seulement. *Et vbi est quartus?* c'est en autre sens l'Inconstance, composee de quatre syllabes.

Le mot de Constâce s'est rencôtré merueilleusement composé d'vn Ternaire de syllabes &l'inconstâce d'vn Quaternaire. Pour môstrer encor que le Ternaire influe dans le Quaternaire.

Ce qui se voit clairement, si on veut appliquer à Platon le quatriesme en autre sens que celuy que nous auons dit iusqu'icy, sçauoir qu'il le prend pour la matiere premiere, de laquelle ce Monde est composé, qui est subiecte à mutation, & s'en va en decadence, par consequent le Monde (qui n'a rien qui ne soit immonde que le nom) basty & moulé de cette matiere, est tout plein d'inconstance & de corruption.

Mais pour reuenir à la louange du Quaternaire, entant qu'il influe au Ternaire faisant l'vnité auec luy; nous dirons que comme vne Pyramide, qui n'a à parler proprement que trois parties, la base, le milieu, & la poincte, on y adiouste neantmoins encor souuent vne quatriesme piece; sçauoir est la pomme qui se ioint à son bout : & si pourtant ces quatre pieces ne font qu'vn corps entier. Aussi cette vnité iointe à la Trinité, fait non vne quatriesme, ains vne seule chose, de laquelle la mesme comparaison de la Pyramide nous apprend, que nous n'en pouuons dignement parler qu'auec silence. Car tout ainsi que la base de la Pyramide, pour estre ample &

bien large, se void tout à clair : aussi la cognoissance des premieres sciences, desquelles on instruit nostre enfance, est bien grossiere & aisée. Et comme le milieu qui va s'estroicissant peu à peu, se void beaucoup moins que la base. Aussi apres ces premieres sciences, mettons-nous les yeux de l'entendement, & les appliquons à d'autres plus occultes & mal-aisées. Mais le bout de la Pyramide qui se va appoinctant & desrobant peu à peu, fait en son bout faire bout à nos yeux, sans qu'ils puissent s'estendre plus auant, ny monter plus haut : monstrant par la rondeur de sa boule, la rondeur du Ciel, qui n'a ne fin ne commencement. Donc ce bout de Pyramide nous represente vne science bien plus occulte que les autres, qui est la Theologie, auec laquelle chacun tasche d'auoir vne particuliere cognoissance de Dieu, & sçauoir les effects de sa puissance : chose si cachee & hors la portee de nos sens, qu'elle ne se peut parfaictemét voir en ceste vie mortelle. Et pouuons vrayement asseurer que c'est vne esguille qui de sa poincte nous creue les yeux, & nous bouche la langue : car à la verité à proprement parler, toutes les plus fortes louanges que nostre humanité ignorante luy peut donner, sont presque autant de beguayements puerils ; veu que l'appeller bon, iuste, & misericordieux, sont vertus trop communes, & paroles desquelles on se sert plus pour ayder nostre foiblesse, que non pour s'approcher d'aucun vray tiltre de sa diuinité & de son merite.

La Theologie est vne science occulte.

Aussi Dieu a voulu mettre quelque voile au deuant de ces sacrez mysteres, tout expres pour nous faire voir par regle, tout ce qui est de la grandeur de ses œuures & de luy-mesme : Ce qui nous est assez tesmoigné par la forme des Temples & Autels de l'ancienne Loy. Et mesme par le temple de Salomon, qui fut diuisé en trois parties par le commandement de Dieu, *le Porche, le Sancta, le Sancta Sanctorum*. L'Arche qui estoit dans le *Sancta Sanctorum*, represente Dieu, Vn en essence, & Trine en personne. L'Arche, vne en soy, nous monstre l'Vnité de l'essence diuine. Mais

Mystere du voile, qui estoit au Sancta Sanctorum.

Qu'est-ce que signifie l'Arche.

LIIII iij

ayant ces trois choses encloses au dedans, *la Verge, les Tables de la loy, & la Manne*, cela nous signifie, *Le Pere, le Fils, & le S. Esprit*. La Verge representation de la puissance, c'est le Pere à qui la puissance est attribuee. Les Tables de la loy representent le Fils, qui est la Sapience du Pere. La Manne qui pour sa douceur est representation de la bonté, c'est le S. Esprit, à qui la bonté est particulierement attribuee. Les Cherubins voilent leur face, figure de l'entendemẽt, & leurs pieds, signe de nostre volonté & amour. *Amor meus, pondus meum ; illuc feror quocunque feror*, disoit S. Augustin, nous voulant enseigner que l'impossibilité de ne pouuoir comprendre les mysteres de Dieu, nous estoit signifiee par le voile de la face, & par les pieds voilez, que nous ne pouuions tant aimer Dieu comme il doit estre aymé. Tant y a que Dieu commandant que deuant le *Sancta Sanctorum* il y eust vn grand voile du haut iusques au bas, c'estoit pour dire que les mysteres diuins ne peuuent estre cognus par les hommes mortels. A quoy se peuuent raporter ces beaux mots d'vn des amis de Iob, *Mon oreille a receu quasi furtiuement le doux murmure de la voix*. Tresbien, quasi furtiuement ; car estant comme bannis & dejettez des ioyes de Paradis, & mulctez de la peine d'aueuglement, à peine entendons-nous l'air, ny le vent de sa voix. Car mesme simplement ses œuures, nous ne les pouuons comprendre que fort foiblement. De là vient que Dieu voulant donner sa Loy, commanda à Moyse, *De constituer des bornes au peuple par circuit*. Comme s'il eust dict, que les choses diuines qu'il falloit commettre & consigner entre les mains de Moyse, pour estre par luy suggerees au peuple, estoient hors du sens commun & ne se pouuoient reueler. Les Gentils mesme, quoy qu'ils n'eussent qu'vne religion faulse, gardoient cela inuiolablement, de ne point declarer au vulgaire ce qui estoit de leurs faux Dieux. Tesmoin Trismegiste, qui souloit dire, qu'il estoit non seulement tres-difficile d'entendre, qu'est-ce que Dieu ; mais bien impossible du tout de le faire entendre au peuple. Tesmoins aussi les Ro-

La Verge.
Les Tables.
La Manne.

Iob. 4.

Exod. 19.

mains, qui ne permettoient iamais au peuple de mettre le nez dans les vers des Sibylles : & les Ægyptiens qui auoient des lettres Hieroglyphiques incognues au vulgaire, & ne commettoient leurs volumes sacrez qu'aux seuls Prestres & gens sages à ce commis, qui les tenoient cachez dans le temple, & ne les tiroient hors qu'és iours les plus solemnels, qu'ils se les chargeoient sur les espaules. Nostre Seigneur mesme ayant leu en presence du peuple vn passage d'Esaie, ayant fermé le liure le reduit au Ministre. Surquoy le venerable Bede nous a aduertis qu'il est à noter, que Dieu prenant le Liure il l'ouurit, & le leut; mais qu'il le rendit au Prestre tout fermé. Pource qu'il a appris à son Eglise la pure verité, luy ayant enuoyé son S. Esprit. Et toutesfois il n'a pas pourtant voulu reueler ses secrets, à tous ceux qui frequentent ceste Eglise. Ayant ordonné que le *Sancta Sanctorum* seroit couuert d'vn voile, pour oster ceste partie du temple, & les secrets mysteres d'iceluy hors la veuë du peuple.

Clemens Alexandr. Stromat.

S. Luc. ch. 4.

Puis donc qu'on ne peut hausser ce voile, pour voir ce qui est au dedans ceste derniere & plus precieuse partie du Temple, & le louer dignement, il vaut mieux se taire:

8. Il vaut mieux se taire que louer foiblement & indignement.

> *E se spiegar tant' altamente il velo*
> *Non puoi, taci, e di solo,*
> *Basti, Signor, ch'el mio tacer vi lode;*
> *Ch'el non poter lodarui è vera lode.*

A quoy i'adiousteray, que c'est aussi vn secret de Dieu obserué mesme par les Autheurs profanes, que nul d'eux n'a osé faire mention de nos mysteres. Les Grecs n'oserent mettre la main à descrire les histoires des Hebreux, dit Iosephe, le tenant d'vn Aristeus. Et Demetrius Phalereus le confessa à Philadelphe Roy d'Egypte, recognoissant en quelque certaine façon que c'estoit vne Escriture donnee de Dieu auec vne telle ialousie, que tout aussi-tost que quelqu'vn se vouloit mesler d'en rediger quelque chose par escrit, il tomboit en sens reprouué. Dequoy

Pourquoy nul Autheur profane n'a osé faire mention des mysteres de la religion Chrestienne.

TABLEAV DE L'INCONSTANCE ET

ils en auoient veu l'essay plusieurs fois, mesme en la personne de Theopompus, qui voulant tourner quelque passage de la Bible en lāgage Grec, peu s'en fallut qu'il n'eust la teste & la ceruelle tournee. Et le Poëte Theodore vou-

Eusebe liu. 8. ch. 1.

lant mesler quelque traict de l'Escriture saincte dans ses tragedies, perdit la veuë tout à faict: qui fut cause que personne depuis ne l'osa entreprendre; voire mesme il ne fut pas reuelé, ny donné vn sentimēt spirituel de la Loy à tous les Hebreux: ains dit le sieur de la Mirandole, il fut don-

P. Mirandole en la preface de l'Apolog. en la conclusion 5. sur la fin.

né sur le mont Sinaï à Moyse seul, double sentiment de la Loy, le literal qui fut escrit & couché dans des tables: & le Spirituel, lequel par le commandement de Dieu il se retint dans le cœur, & le communiqua seulement aux septante vieillards qu'il auoit choisis pour l'obseruance de la Loy: desquels Philon & Iosepe font mention sous le nom de certains Philosophes qu'ils appellent *(Essei)* leur prohibant de l'escrire; mais leur permettant de le reueler aux autres. D'où est venu le mot de tradition. Or ceste tradition estant ainsi dōnee de Dieu à Moyse, elle alla de Moyse à Iosué, & de main en main aux autres: iusqu'à ce que les Hebreux deliurez de la captiuité de Babylone par Zorobabel, & le tēple restably par la permission du Roy Cyrus, craignant que par les frequentes ruynes & captiuitez de ceste nation, ceste tradition ne māquast; Esdras commanda qu'on la redigeast par escrit, & deslors d'vne tradition verbale, nous eusmes vne doctrine escrite qui est la Bible. Et ce qui fut escrit, Dieu voulut encore qu'il fust telle-

S. Hierosme en la preface sur Ezechiel.

ment caché, & tenu en telle reuerence, que la lecture n'en fust permise indifferemment à tous, ains seulement aux hommes qui auoient attaint l'aage de 40. ans. Et du commencement de la Genese, de tout Ezechiel, & des Cantiques qu'ils n'en eussent 30. Voire en ce temps-là, le nom de Dieu n'estoit prononcé que par le seul Prestre, & vne fois l'annee, & en nulle autre part que dans le *Sancta Sanctorum*. Et en la Loy nouuelle a-on pareillemēt recognu le

Dieu n'a voulu en la nouuelle Loy, que

Fils de Dieu si amateur du secret, qu'il a voulu estant en ce monde,

monde que les principaux mysteres de la foy Chrestienne, ne se passassent qu'en la presence de peu de gens, & presque tousiours par des Ternaires. L'incarnation se passe entre Dieu, l'Ange, & la Vierge. La Natiuité, entre le Fils, la Mere, & l'Espoux. Iesus Christ n'a voulu qu'on celebrast en l'Eglise que trois Natiuitez, la sienne, celle de la benoiste Vierge sa Mere, & celle de S. Iean. Les thresors des trois Rois ne s'ouurent en la Cour Royale d'Herode, ains en la petite creche à Iesus Christ, à la benoiste Vierge, & à Ioseph. La Transfiguration s'apparoist à trois Apostres seulement. L'Eucharistie s'institue entre les quatre Ternaires des Apostres. La Resurrection ne se descouure qu'à fort peu de tesmoins destinez & choisis. Et le S. Esprit vient auec vn signe visible, mais il entre à huys clos. Si bien que l'Escriture saincte est comparée au Ciel, parce qu'elle cele les sacrez mysteres de nostre religion en vne infinité de merueilleuses manieres : tout ainsi que le Ciel cache cent mille belles choses incognuës aux hommes. Et pour reuenir au reglement general des choses de ce monde; ces trois, la Nature, l'Art, & la Grace ont pris, à l'imitation de Dieu, tant de complaisance au secret, que si les effects de Nature n'estoient en partie obscurs, ils ne seroient ny beaux, ny dignes de la curiosité licite de l'homme. Les œuures qui consistent en art n'auroient aucun prix, si elles ne tenoient de l'occulte. Les Mysteres seroiēt sans mystere & sans grace s'ils estoient communs, & s'ils se monstroient sans voile. Les Sacremens ne seroient en reuerence, s'ils ne cachoient quelque chose de sacré. Tellement qu'en l'ordre de la Nature, la partie qu'elle a ietté a descouuert au deuant de nos yeux, est la moins noble & de moindre prix, & au contraire la meilleure & la plus digne, est serrée au dedans comme vn precieux thresor.

les mysteres de la foy passent par les yeux que de fort peu de gens.

On faisoit anciennement vne sorte d'Ancre de pourpre, qu'on appelloit *Encauste*, de laquelle vsoient seulement les Empereurs & les Rois, pour soubscrire ou signer les Lettres de grace ou remission, & les priuileges seule-

Ancre de pourpre qu'on appelloit Encauste, *de laquelle on escriuoit*

TABLEAV DE L'INCONSTANCE ET

les graces & priuileges. On dit que le Duc de Sauoye en a vn de l'Empereur Michel Paleologue, qui en est signé. Pli. liu. 36. c. 15. Pierre fuyarde.

ment: estant deffendu à tous autres de s'en seruir. Et de ce mot *Encauste*, est parauanture deriué cest autre mot Italien *Inchiostro* qui signifie de l'Ancre. D'où vient aussi peut-estre la peinture Encaustique. Il y auoit pareillement vne autre sorte d'Ancre, de laquelle se seruoient les Princes Grecs ou Argonautes, lors qu'ils firent le voyage de la Toison, qui estoit faicte & composee d'vne pierre fuyarde & qui se perdoit d'elle-mesme, qu'on dict estre à Spiga ville de la Natolie: & parce qu'vne pierre doit estre solide ferme & constante; la voyant ainsi fuir & se perdre si souuent, ceux de Spiga la plomberēt en la chambre du Conseil de leur ville. Or nous faudroit-il quelque ancre encore plus precieuse & plombee, pour pouuoir descrire & grauer à iamais les grandes merueilles de Dieu & de sa Constance: ancre de priuilege & de grace, qui fust capable de descrire & faire voir tous les secrets & sacrez mysteres, & tous les grands priuileges qu'il nous a donnez par le moyen de ceste Ancre de pourpre, qui est le precieux sāg de son Fils.

On ne sçauroit exprimer la grandeur, ny la constance de Dieu, que par silence, & estonnement.

Car il est bien mal-aisé de representer par des couleurs mortes & inanimees, dans vn si foible tableau que du papier, les rayons esclatans de la diuinité de ce grand Dieu tout-puissant. Et veu que mesme le Soleil, qui est vne simple creature des siennes, ne peut estre veu qu'en clignant, par ces petits ronds estroicts de nos yeux; il est bien plus croyable, que l'Ouurier qui l'a creé, ne se laisse mirer ne choisir par vne seule pensee de nostre ame rouillee & crasseuse. Car nos yeux stupides & hebetez s'estonnent, voyāt tant de choses entre-deux. Et en ceste impossibilité, les seules voix de l'estonnement, les seuls discours de l'admiration semblent estre les plus propres, pour en representer quelque traict: pauures representations pourtāt, qu'estonnements & admirateurs! tout de mesme comme ce sont pauures efforts que l'impossibilité! immesurables, & disproportionnees mesures l'immensité! & nombres innombrables l'infinité!

Platon confesse qu'on

Platon en son Timæe parlant des Dieux, s'excuse enuers

Socrates : & voulant tesmoigner sa foiblesse, Ne vous ne peut dignement par-estonnez pas (dit-il) ô Socrates, veu que plusieurs ont ra-ler de Dieu. conté plusieurs choses diuerses des Dieux, si ie ne vous en puis donner des raisons plus pertinétes & plus approuuees. Car il est raisonnable que vous-vous ressouueniez, que moy qui en parle, & vous & tous ceux qui le iugerez, sommes hommes mortels. L'homme en ce qui est des hauts mysteres du Ciel & de la cognoissance de Dieu, ne peut s'approcher, s'vnir, & se consolider auec luy qu'autát qu'il plaist à sa Majesté: & est hors de propos de le penser raualer iusqu'à nous. Chacun s'en peut bien former l'Idee, & l'amplifier suiuant sa portee; mais en fin le plus grand & dernier effort de nostre entendement, qui vise & tend à le cognoistre, est moins que rien. Parce qu'encore que nous soyons ardants & forts à le desirer, nous sommes neantmoins foibles à le comprendre. Ce qui nous est representé par les trois tribus, qui demeurerent au delà le fleuue Iordain, dans Iosué 1. lesquels ne signifient autre chose, que la foiblesse ou defaut des saincts Peres de ce temps-là, qui n'ont peu penetrer iusqu'à la cognoissance de ceste saincte Exod.10. Trinité. Tout de mesme comme par les trois iours des tenebres d'Egypte, n'est exprimé autre chose que l'ignorance de ceste Trinité en ce monde.

Ie lairray donc les louanges de la Trinité, & de ceste Cõstance diuine, couuertes d'vn voile trainé de trois couleurs, *de merueille, d'adoration, & de silence*. Et si ie n'en parle assez hautemét, ie m'excuseray sur ce qu'il n'y a nulle Rhetorique, qui me puisse enseigner à parler comme il faut de chose si diuine. Car les yeux d'Argus, pour parfaits qu'ils soient, (s'il est loisible d'admirer chose si saincte, par des termes poëtiques & fabuleux) seroient tout à faict aueugles. Les oreilles & les trompettes de la Renommee seroient sourdes & enrouees. La multiplicité des langues de la tour de Babel, quand bien elles seroient sans confusion, se trouueroient en fin ou beguayantes, ou muettes. Et les bras innombrables de Briaree paralytiques pour traicter dignement vn si haut mystere. Car tout l'air se conuertissant en son agreable, ne sçauroit faire retentir ce nom assez haut. Toute l'eau de l'Ocean se tournant en ancre, & toutes les fueilles des arbres en papier pour descrire & contenir sa grandeur, & toutes les plumes des oyseaux, se disposant d'en mettre la moindre partie par escrit, n'y pourroient attaindre. Si bien que nous n'auons rien à souhaitter, pour en faire seulement quelque essay, qu'autant de cœurs qu'auoit Geryon, pour les remplir de belles pensees, & mediter en ce sainct nom; & encore selon nostre portee.

Ceste tressaincte Trinité & ceste diuine Constance, sont paroles si douces, que les prononçant, les monts & les vallees, le Monde entier, comme si en sa rondeur ce n'estoit qu'vn seul Echo, prenent plaisir de les nous redire. Ce sont des mots que mesmes les plus simples Echos les oyant, prennent plaisir de tripler. Ce sont des voix qu'elles nous rendent volontiers pour cachees qu'elles soient. Ie me tairay donc par vn religieux silence, recognoissant qu'encore que le merite & les louanges de toutes choses s'expriment escriuant & parlant, les vostres, ô vnique Constance en si diuin Ternaire ! s'expriment seulement s'esmerueillant & se taisant. Et pour la fin, ne pouuant attaindre à mieux representer la grandeur d'vn si admirable subiect, veu que ce seul mot de la Trinité, ce nom seul de Dieu, estonne les oreilles pendãt que la langue les profere; voire estonne le Ciel mesme qui est muet, pour demeurer comme nous en admiration : ou s'il en parle & laisse eschapper quelque traict de sa grandeur, il bruit si fort, & le faict retentir si haut, qu'il espouuante. Ie me rengeray à vne pareille confession que celle de S. Augustin, qui n'ayãt peu parler comme il eust desiré, de l'essence de Dieu & de sa constance: parce que la seule Trinité n'est parfaictement en cognoissance qu'à soy-mesme, requiert pardon & mercy, comme ie fay par ces beaux mots que i'ay empruntez de luy, *De Deo dixi vt potui; potui autem vt dixi, non potui vt volui.*

TABLEAV DE L'INCONSTANCE ET INSTABILITÉ DE TOVTES CHOSES.

De l'imperfection de la Constance des Payens.

DISCOVRS V.

1. Que la Constance des Anciens estoit imparfaicte.
2. Que Seneque met son sage deuant Dieu.
3. Definition de la Constance tiree de Ciceron.
4. Souuent le peuple estime impie celuy qui ne pleure point, quand il a quelque grande occasion de pleurer.
5. Toutes les Constances qui ne releuent que de la seule grandeur de courage, & non de Dieu, sont manques & defectueuses.
6. Qu'est-ce que l'home vrayement constant se doit proposer, quand il est aux abois.

E ne veux faire vn long discours de la Constance, en la façon qu'elle a esté consideree par les Anciens, parce que deux des plus grands personnages de ce téps, ayant traicté ce subiect beaucoup plus amplement que la suite de mon liure ne me pourroit permettre, ie ne leur donnerois que trop de lustre : ainsi ie n'en diray qu'autant qu'il m'en fait besoin, pour faire cognoistre la

difference de la Constance des Anciens, d'auec celle que nous cherchons, que ie desire faire trouuer à vn chacun dans l'exemplaire de celle de Dieu. Nous dirons donc que la Constance, tout ainsi que les autres vertus, estoit consideree par les Anciens, comme vne derniere fin, au delà de laquelle ils ne trouuoient rien à quoy s'attacher. Si bien que qui auoit attaint la Constance, & la sagesse, il croyoit estre au comble de ses desirs, voire au comble de toute perfection.

1 La Constãce des Anciens estoit imparfaicte.

Ainsi va discourant Seneque parlant du souuerain bien, en quoy il s'est grandement mesconté, ayant creu que le sage (qu'il croit n'estre autre chose, que le pedagogue du genre humain) trouue son souuerain bien en soy-mesme: qui est autant que soustenir qu'il n'est plus homme, ains Dieu. Dieu ne surmonte point le sage en felicité (dit-il) encor' qu'il soit beaucoup de temps auant luy. Voyez quelle impieté! Mais en voicy vne autre plus exorbitante, où il met son siege deuant Dieu. Il y a mesme quelque chose (dit-il) en quoy le sage marche deuant Dieu; c'est que Dieu est sage par le benefice de sa nature, non point par inuention & addresse comme le sage. Outre qu'il s'est imaginé vn sage parfait au monde: d'où on apprend que les sages desquels il entend parler, n'ont esté arrestez qu'à ce qui est de la vie presente. Et parlant de la Vertu, voilà (dit-il) le souuerain bien, duquel si tu t'empares, tu commences à estre compagnon, & non plus suppliant des Dieux. Le chemin que Nature t'a dressé pour paruenir à vn tel bien, est seur & plaisant; elle t'a donné choses qui t'esgaleront à Dieu. En quoy on peut voir, qu'ils aspiroient à ce souuerain bien ou beatitude comme nous; mais ils ignoroient de quelle source il en falloit puiser vne qui fust parfaicte & perdurable: ayant en ce, non quelque raison; mais bien quelque apparence d'excuse: puis qu'ils ne cognoissoient la vraye Vertu, la vraye Constance, ny le vray Pere de toutes vertus. Mais nous qui sommes hors des tenebres, ne pouuons auoir raison ny excuse de ne la cognoi-

2 Impie & fole opinion de Seneque, quãd il veut former son sage. Seneque au tr. de la vie heureuse, & en l'Ep. 89. Seneque fait le sage Dieu. ep. 73. & 53. Seneque met son sage deuãt Dieu.

stre, & de ne la vouloir enſuiure. Et ayāt le modelle ſi formé, & celuy qui nous en monſtre à toutes occaſions l'exemple, ſi fauorable & propice: nous diſ-ie qui ſommes Chreſtiens, deuons tenir les vertus pour acheminement à la ſeule & parfaicte felicité, & non pour comble d'icelle: attendu qu'elles nous peuuent bien en quelque certaine façō ouurir le pas, pour rechercher noſtre ſouuerain bien: mais elles nous laiſſent en chemin, & ne ſçauent le moyen pour nous y faire paruenir tout à faict. Et à la verité Nature a mis en nous quelque petite ſemēce de vertu; & quelque grain mal net de ſcience & ſageſſe trouble, qui naiſt & s'eſleue quand & nous & germe dans nos cœurs. Mais ſi nous ne luy donnons la culture, que la cognoiſſance de Dieu nous apprend; le fruict qui en naiſt eſt deſſaiſonné & imparfaict. Et comme rien ne luit ſans lueur, rien n'eſt tenebreux ſans tenebres, rien n'eſt chaud ſans chaleur: ainſi la ſeule aſſociation de la vraye Conſtance fait que les vertus demeurent ou entieres quand elle y eſt; ou tres-imparfaictes quand elle n'y eſt pas. Mais toute vertu pour excellente qu'elle ſoit en la façon des Anciens, eſt imparfaicte, & ne peut nous conduire à noſtre ſouuerain bien: & n'y a felicité qui nous puiſſe contenter, ſi nous n'allons iuſqu'à ce bien infiny & incomprehenſible, auquel (puiſqu'il n'y a rien au deſſus) force eſt que noſtre volonté & nos deſirs s'arreſtent. Ainſi il nous faut deſcouurir l'imperfection de la leur, pour mieux recognoiſtre que celle de Dieu eſt vrayment parfaicte; & partant la ſeule, qu'vn chacun doit enſuiure & ſe propoſer deuant les yeux.

En quel rang les Chreſtiens doiuent tenir les vertus.

La Nature ſeule ne peut ſās la cognoiſſance de Dieu auec toutes les vertus humaines du monde, nous cōduire à noſtre ſouuerain bien.

Toutes les vertus demeurent parfaites, par la ſeule communauté ou cōmerce qu'elles ont auec la Conſtance.

Imperfectiōs & defauts de la Conſtance des Anciens.

La Conſtance que Dieu deſire de nous, eſt le moyen pour iouyr d'vne choſe certaine, & en la vie & en la mort. Et pour la bien louer en noſtre entendement en la façon qu'il faut, il eſt beſoin de ſortir de l'eſchole de la ſageſſe humaine, & entrer en l'auditoire de la ſapience celeſte. La volonté de ces Philoſophes ou ſages arreſtee à la gloire humaine, peſche dedās ſoy toutes ces felicitez, mais faulſement. L'Academie Chreſtiéne eſt bien autre choſe que

Comment il faut cognoiſtre la vraye Conſtance.

TABLEAV DE L'INCONSTANCE ET

la leur, puis qu'elle nous peut plainement resoudre de ce que leur Academie ny leur sagesse humaine n'ont iamais sceu comprendre. Ils arrestent le contentement de l'homme au seul mespris des vices; & l'enuelopant de sa vertu, luy veulent persuader d'attedre paisiblement que le Ciel luy fonde sur la teste. Ces sages n'ont iamais sceu ny recogneu la vraye source du mal, qui est le peché; & en ont ignoré la guerison, qui est la grace du Pere celeste par le merite de Iesus Christ son Fils. Ils ne croyoient pas que le corps mortel estant enseuely & comme semé en terre, doit ressusciter & renaistre immortel, pour subir ce grand iugement de Dieu lors qu'il viendra examiner nos inconstances. Mais en voicy la determination du Concile d'Orange faict du temps de Theodose le Ieune, sous le Pontificat de Leon premier, enuiron l'An 450,

Concil. Aurausicano can. 17. Fortitudinem gentilium mundana cupiditas, fortitudinem Christianorum Dei charitas facit, quæ diffusa est in cordibus nostris non per voluntatis arbitrium, sed per Spiritum Sanctum, qui datus est nobis nullis meritis gratiam præuenientibus.

La Constance des Gentils (dit-il) *procede de la cupidité mondaine, & celle des Chrestiës vient de la charité & de l'amour qu'on porte à Dieu, qui est infus en nos cœurs, non par nostre simple volonté & arbitre, mais par le Sainct Esprit qui nous est enuoyé, sans qu'aucun de nos merites en ait preuenu la grace.*

Donc la Constance prinse pour vertu simple & humaine à la façon des Anciens, sembloit consister du tout à supporter l'aduersité & la prosperité d'vn visage esgal : & endurer virilement toute sorte de maux qui se pouuoient presenter à l'homme. Parce qu'ils croyoient que la vertu & perfection, ou suffisance d'vn homme constant, deuoit estre plainiere & pareille par tout : ne laissant rien à redire ny desirer de soy en nul office de la vie humaine, *Fortitudo est munimentum humanæ imbecillitatis inexpugnabile*, dit Seneque.

Sen. Epi. 114.
3 La deffinitiō de Constance tirée de Ciceron.
Cic. 2. Rhet.
Cette definition de Constance se considere en trois diuerses sortes de personnes.

Chacun pourtant la definit diuersement & en sa façon. C'est pourquoy de peur de faillir, ie veux la faire deffinir à vn des Anciens, mesme des plus suffisans, qui est Ciceron, *Fortitudo* (dit-il) *est magnarum rerum appetitio, humilium contemptio, & cum ratione vtilitatis, laborum perpessio.* Il semble auoir touché les trois principales sortes de la Constance.

ſtance. La premiere eſt celle des Philoſophes, la ſeconde de ces grands Capitaines du monde, la troiſieſme peut treſbien conuenir aux Martyrs vrays Cheualiers de la foy. Comme ſi à chacun d'eux particulierement deuſt conuenir vne partie de la deffinition. Mais prealablement il ſe faut prendre garde en ce que touche la troiſieſme partie de la deffinition, *Et cum ratione vtilitatis laborum perpeßio*; que ie n'entends pas que l'vtilité ſoit la fin de la Vertu de la Conſtance. Car il n'y a Philoſophe ſi nouice, qui ne ſçache treſbien, que l'vtilité eſt *medium, & non finis*. Mais cela s'entend, qu'encor que l'acte de Conſtance ſoit perfection de l'homme conſtant, neantmoins elle redonde au bien & vtilité de la religion, de la patrie, ou d'autruy. Et cela ſuppoſé reuenant à noſtre diſcours, il ſemble qu'aux Philoſophes proprement appartienne, *magnarum rerum appetitio*; aux grands Capitaines, *humilium contemptio*, & aux Martyrs, *cum ratione vtilitatis laborum perpeßio*. Et ſi bien le vray martyre n'a eſté de ſon temps en vſage, ſi eſt-ce qu'il ſe trouue quelque figure de faux martyre en ceux, qui pour la Republique, ou pour leur patrie ſe ſont expoſez à la mort. Ainſi en ce poinct ie n'y vois autre diuerſité ne difference, que l'vtilité & la fin pour laquelle ils enduroyent. Car ils ſouffroyent parauanture tout autant que les Martyrs; mais en diuerſe façon & pour vne fin ineſgale. Ie ne dis pas que toute la deffinition entiere ne ſe verifiaſt, & ne ſe trouuaſt en quel que ce ſoit des trois. Mais chacun d'eux ſemble auoir affecté, & s'eſtre approprié vne partie de la deffinition. Car les Philoſophes monſtrant touſiours d'auoir l'eſprit tendu vers le Ciel, il ſembloit en apparence qu'ils deſiroyent choſes grandes & eſleuees par deſſus le commun, que tous vices & tous accidens humains eſtoiét ſous les pieds de leur Conſtance & de leur Vertu. Ceux qui ne regardent pas au dedans des Vertus, mais ſeulement à l'exterieur, euſſent iugé que leur corps ne s'eſmouuoit point aux eſlans des paſſions. Que leur viſa-

Les Martyrs du têps paſſé parlât improprement n'en duroyent le martyre que pour la patrie & non pour la vraye religion qui leur eſtoit incogneue.

Vn deſir des choſes grädes conuient aux Philoſophes, qui eſt la premiere partie de la definition.

ge estoit sans palleur & sans rougeur. Leurs iambes ne leur trembloyent de peur. Le cœur ny les flancs ne leur batoit d'apprehension, l'esperance de nulle volupté, ou plaisir ne leur espanoüissoit le visage. Ainsi quelque passion par mesgarde se glissoit en leur ame, ils la tournoient en bien, & leur seruoit à roidir & asseurer les vertus, & à seconder la raison : comme le courroux moderé excite la vaillance, & la hayne des meschans aigrit & sert à la iustice. Bref leur Constance deuoroit leurs souspirs, parmy les gehennes & les supplices. Et ne les faut pas pourtant estimer insensibles, ny croire qu'ils ayent manqué de ressentiment. Veu que la grandeur de courage, & la volontaire souffrance des maux plus violants, marchent tousiours ensemble, quand elles veulent bien paroistre. Mais il faut croire, que surnageant au dessus la tempeste, & se rehaussant sur les tourmens qui les violantoyent, ils n'auoyent autre fin ne ambition que d'emporter la victoire. Ils auoyent appris de Trismegiste que l'homme estoit composé de corps & d'ame ; par ainsi qu'il falloit satisfaire & respondre à ses deux origines, ou natures ; l'vne regardant les choses celestes, & les desirant ; & l'autre les terrestres, & les connuoitant. Mais pourtant le but de ces Philosophes n'estoit autre, que pour acquerir la vraye & plainiere liberté à leurs esprits, & pouuoir deuenir maistres absolus de leurs sens : mettant quelque mords à leurs appetits. Et à la verité les Philosophes sont comme vn champ qui est en friche, dans lequel se trouuent par fois des mines d'or & d'argent. Car quoy qu'ils soyent deserts & incultes, leur manquant la lumiere de la saincte Foy, neantmoins en plusieurs d'eux se trouuent des exemples de bonnes œuures, des sciences, & des vertus : bien que ce soit toutes pieces imparfaictes, n'estans fondees sur les vertus Theologales ; par lesquelles seules nous-nous rendons agreables à Dieu. Mais la Philosophie opere en eux, comme la maladie dans le corps ; laquelle persuade au

La fin de Constace des Philosophes, n'estoit autre que vn desir ou ambition d'emporter la victoire, & mespriser les tourmens.

malade, que la viande qui luy est nuisible luy est profitable : se persuadant tout de mesme, que la Nature a creé l'homme seulemẽt pour se contenter luy seul. C'est pourquoy Pericles mesprisant la souueraineté d'Athenes, s'alla retirer en vn sien petit lieu aux champs, & mit au haut de sa porte, comme pour tesmoigner qu'en ce lieu seul gisoit son repos, qu'il auoit trouué son port, & partant qu'il disoit adieu à ces deux grandes Deesses, à l'Esperance & à la Fortune.

Inueni portum, Spes & Fortuna, valete.

La difference qui est entr'eux & nous, bien qu'en apparence ils monstrassent de faire profession d'esleuer leur esprit à la contemplation des choses celestes; c'est qu'ils croyoient qu'en ce monde, & non en l'autre, il leur fust assigné vne fin, en laquelle consistast leur beatitude & souuerain bien; où estant arriuez ils se deussent affermir & reposer, tout ainsi que la pierre se sied & se pose dans le sein de la terre, comme en son propre centre. Et bien que leurs dernieres felicitez & souueraines beatitudes fussent deffectueuses de leur vraye fin : elles estoyent neantmoins en aussi grand nombre, comme leurs sectes & leurs opinions estoyent diuerses & sans nombre. Mais il leur aduenoit comme à ces enfans, lesquels cuidans prendre la mammelle de leur nourrice, ne tiennent rien qu'vn bout de collet ou chemise, & n'y trouuans la substance qu'ils pensoyent, s'en retirent & la cherchent ailleurs. Ils alloyent aussi tastonnans par tout, & cherchans ce qu'ils ne pouuoyent iamais trouuer, couroyent inconstamment çà & là. Ainsi tant plus ces Philosophes se flatoyent & croioyent auoir de suffisance, plus ils estoyent inconstants & se remplissoyent de vanité. Veu que plus l'homme s'efforce d'estre docte & suffisant hors de Dieu, plus il se tourmente & vit en vn penible & laborieux repos : parce que comme il entre en ce desir de sçauoir, tout mouuement naturel est plus aspre & prompt en luy sur la fin, que sur le commencement.

Fole creance des anciens Philosophes.

Les Anciens estoient aueugles & tastonnans par tout, pour trouuer la vraye Constance.

La science humaine, est vne pure ignorance, qui ne sert que de tourments à celuy qui en sçait le plus.

Outre que plus nous auons l'entendement clair & net, plus nous recognoissons de taches & defauts en nous mesmes; & nous apperceuons, qu'encor' que nostre ame soit celeste, elle reçoit neantmoins bien souuent le venim & la contagion de son domicile. Et à ce propos conuient ce beau discours de Plutarque, que c'est vn grand reproche d'infamie à vne pauure ame, quand le corps où elle a esté enfermee pendant sa vie, luy a esté si inutile, qu'elle sort aussi mal informee & aussi table rase, que quand elle nasquit: ou si elle y a graué quelque chose, ce ne sont point ornemens, ny vertus, mais plustost taches de cette poix mondaine. Et au contraire c'est vne grande gloire à ces autres ames, qui s'en sçauent retourner vers le Ciel, d'où elles sont descendues, de rendre les corps en tel estat & si riches, que mesme ne les pouuant trainer apres elles, lors qu'elles sortent du corps, elles en laissent pour le moins en ce monde vne tres-honorable odeur & memoire.

C'est vn grād reproche à vne ame d'auoir mal instruit le corps.

Ils eussent donc bien faict d'esleuer veritablement, & non par vn sourcil renfrongné & par mine, le cœur à l'amour des choses diuines: car aussi faut-il monter au Ciel, pour bien & profitablement voir ce monde qui est icy au dessous. Comme Homere introduit Vlysses monté sur quelque chose eminente, pour bien considerer vn certain lieu & les habitans d'iceluy. Et Aristote dit, que si nous estions au dessus du Ciel, nous pourriōs auoir cognoissāce particuliere des Eclipses du Soleil & de la Lune par eux-mesmes, sās descēdre ny nous raualer à leurs effects. Neātmoins quelque opinion qu'ils ayent eu d'estre montez au Ciel par leur suffisance ou sagesse, & par là auoir attaint quelque parfaicte Constāce, ils se sont autant mescontez, que se trouua mocqué ce Logicien, lequel voulant monstrer par ses argumens sophistiques qu'il n'y auoit aucun mouuement, Diogenes se mocquant de luy & cōmençant à cheminer, luy dit, Cela te semble-il point mouuement?

Il faut monter au Ciel pour contempler le mōde auec le bon œil.

La Philosophie doit ressembler l'esguille d'vn Cadran, qui a ceste inclination naturelle estant touchee de l'aymant, regarder tousiours le Nord, n'estant iamais en repos de soy-mesme, ains tournant incessamment d'vn costé & d'autre, iusqu'à ce qu'elle y ait addressé sa poincte, où estãt elle s'arreste & y demeure tousiours fichee comme auec des cloux. Dieu a creé l'homme ayant ceste inclination & respect de viser tousiours vers luy, comme à son Nord & à sa derniere fin. Et tout autant & longuement qu'il sera hors iceluy, il sera mouuant comme l'esguille, branslant inconstamment sans repos. Et bien qu'il possedast tous les Thresors du monde, toutes sortes de vertus & de sciences, il ne lairra neantmoins d'estre inconstant. Au lieu que s'il se tourne vers luy, soudain il se repose comme l'esguille qui a trouué son Nord: car c'est là où gist son repos. Ainsi l'homme simplement constant, à la façon des Anciens, peut non seulement estre esmeu & secoué, comme vn arbre qui n'a de bonnes racines, ains encore à tous coups & au moindre soufflet aisément on le fait sauter de sa place: au lieu que celuy qui est doué de la vraye Constance, qui a cogneu celle de Dieu & acquis celle qu'il desire de nous, on a beau l'esbranler, il a de si bonnes racines, & est en si bon plant, qu'il ne sort iamais de son lieu, ains il tourne sur ses gonds. Voire s'il pouuoit estre parfaictement constant (chose qui n'appartient qu'à Dieu seul) il ne bougeroit du tout point, & ne se pourroit pas mesme esbranler: parce que la parfaicte Constance, ennemie de toute sorte de changement, est tout à faict immobile & exempte de mutabilité.

La Philosophie doit, cõme l'esguille d'vn Cadran, touchee de l'aymant viser tousiours vers le Nord, qui est Dieu.

Plusieurs grands Philosophes furent chassez hors du Senat & hors de Rome par Caton & Galba Censeurs, pour estre Philosophes inconstans, lesquels auec leurs arguments subtils estoient suffisans pour renuerser les meilleurs & plus fermes Arrests du Senat, & les plus sainctes & iustes loix. Et ne se faut estonner, si bien souuent ils amusoient ainsi leurs beaux esprits à des bagatelles. Car la

Philosophes chassez hors du Senat par Caton & Galba.

fin de leur souuerain Bien leur estant incogneue, ils ne pouuoient aspirer plus haut, ny paruenir & s'arrester à ceste parfaicte Constance, laquelle Dieu desire de nous. Bien que d'ailleurs il semble, que Dieu voyant que le benefice de sa saincte Lumiere leur defailloit, les ait comme voulus recompenser, par quelque excellence d'esprit. Et quand ce ne seroit sinon que la contemplation des choses naturelles, en laquelle ils penetroient bien auant, leur estoit agreable, ils monstroient taisiblement en cela mesme auoir comme quelque estincelle ou rayon celeste; car *l'homme a ceste marque ou preuue de sa diuinité, que les choses diuines le delectent*, dit Seneque. Donc pour ces premiers-là, nous pouuons dire asseurément qu'ils n'auoient acquis la vraye Constance.

<small>La seconde partie de la definition, qui est le mespris des choses basses, conuient aux grands Capitaines.
La Constance des grands personnages parmy les Anciens consistoit és exploicts de guerre.</small>

La seconde partie de la definition qui est, *Humilium contemptio*, semble aussi estre propre & particuliere aux grands Capitaines genereux & vaillans, qui ordinairement mesprisent les petites & basses auantures. Et afin que ie m'explique mieux, il faut entendre, que proprement ceste Constâce des Anciens estoit vne vertu militaire, qui consistoit principalement és exploicts de guerre; comme celle qui est la mere des beaux & magnanimes desseins, & la perfection des plus Heroïques efforts & gestes plus memorables. Voyla pourquoy ces vaillans Grecs & Romains, modelles & patrons de ceste Constance militaire des Anciens, l'ont formee pompeuse, altiere, & beaucoup plus bruyante que celle des Philosophes; de qui la Constance consistoit seulement en la fuite du vice, & en la constante poursuite & recherche de toutes sortes de vertus; logeant principalement leurs resolutions en l'opinion procedant de leur sçauoir. Au lieu que celle d'Alexandre, d'Epaminondas, de Cesar, & autres grands Capitaines, sembloit consister seulement à mespriser les choses basses, & souffrir & endurer, pour mettre fin aux plus releuees & hasardeuses.

Ie mettray icy les exemples des Philosophes, lesquels ie

n'ayất voulu mettre en la premiere partie de la definition, croyant qu'ils seront mieux logez en ceste seconde : parce que les mettant en comparaison de ceux des gens de guerre, il sera beaucoup plus aisé à vn chacun d'en faire iugement, & voir s'il y en a qui soient dignes d'estre appellez constans, & lesquels se sont le plus approchez de la Constance.

Alexandre ayant ouy le Philosophe Anaxarque disputer & soustenir qu'il y auoit des mondes innombrables, se prit à pleurer : & comme ses familiers luy demandassent qu'est-ce qu'il auoit à larmoyer, N'ay-ie pas (dit-il) bien raison de pleurer, s'il y a nõbre infiny de mondes, veu que ie n'ay encore peu me faire Seigneur d'vn seul? Là où Crates, n'ayất pour tout bien qu'vne meschante cappe, & vne besace, ne fit iamais autre chose que iouër & rire toute sa vie, comme s'il eust tousiours esté de feste. Socrates deuisoit familiairemết en prison de propos de Philosophie : là où Phaethon estant monté iusqu'au Ciel, ploroit encore de despit, que lon ne luy vouloit pas donner à regir les cheuaux & le chariot du Soleil son pere. Les gếs esceruelez, qui ne cognoissent le monde, & ne sçauent comme il se faut cõporter en ceste vie humaine, sortent arrogammết hors des gonds en prosperité, & se resserrent & cachết vilement en aduersité.

Socrates deuisoit de la Philosophie en aduersité, & Platon pleuroit mesme en prosperité.

Il y a des animaux qui sont aueugles en plein iour, & clairvoyấs la nuict; pource que la siccité & subtilité desliee de l'humeur qui est en leurs yeux ne se peut contếperer auec la lumiere du iour. Aussi y a-il des hõmes en quelque sorte prudếs & bien aduisez, qui manquết de courage és dangers où il faut aller en plein iour à la descouuerte, & au cõtraire, s'asseurent, voire se precipitết és entreprises secrettes, là où il faut proceder à la desrobee : laquelle inegalité d'asseurãce en personnes autremết bien nées, procede de faute d'auoir le iugement affiné, & le discours espuré par raison; la Nature d'elle-mesme produisant en eux la vertu non regie par certaine sciếce, ne plus ne moins qu'vn fruict qui vient de soy-mesme, sans estre cultiué de main d'homme.

Pourquoy plusieurs animaux voyent mieux la nuict, que le iour.

L'ame qui dreſſe l'oreille oyant vn bruit inopiné, eſt mal aſſiſe : & ne s'eſt pas encore retiree au dedans. Les conſtans endurent ſans crier, qu'on leur coupe la chair & les membres, d'autant que l'ame reprimant la voix auec la raiſon, comme auec la main, l'empeſche de ſortir. Au contraire le dueil, la peur, le courroux ne ſe peuuent reprimer ny arreſter. Tellement que le vice eſt plus violent, que n'eſt le feu, ny le fer. Anaxagoras abandonné de tout le monde, prit reſolution de ſe laiſſer mourir de faim ; dont Pericles aduerty, le pria qu'il retournaſt en volonté de viure : & adonc Anaxagoras ſe deſcouurant le viſage luy dit, Ceux qui ont affaire de la lumiere d'vne lampe, Pericles, y mettent de l'huyle pour l'entretenir : luy voulant donner entendre, que ne luy ayāt rien baillé iuſqu'a lors pour viure, il n'eſtoit mes-huy plus temps de luy oſter la reſolution qu'il auoit priſe de mourir. On dit que Iodelle en dit tout autant au Roy Charles neufieſme. La Conſtance tire par fois de ces grands perſonnages, de grandes & extremes reſolutions. Mais elles ſont la pluſpart du temps inconſiderees, & n'ont la bute qu'il faut. Les Cimbres pour monſtrer force & audace, enduroient ſans beſoin, profit, ny honneur qu'il negeaſt ſur eux tous nuds, & montoient iuſqu'aux cimes des montagnes, à trauers les grands monceaux de glaces & de neges : puis quand ils eſtoient arriuez au plus haut, ils eſtendoient leurs targues longues & larges deſſous leurs corps & ſe laiſſoient gliſſer deſſus au long des rochers droicts & coupez, qui auoient des pentes de hauteur infinie. Sceuola bruſla conſtamment ſa main, pour n'auoir peu donner liberté à ſes citadins, cōme ſi les autres membres de ſon corps n'en eſtoient auſſi coulpables & auſſi puniſſables. Ils eſtoient mal-aduiſez de punir en eux-meſmes l'impoſſibilité ; & ne pouuant mener à chef vn deſſein important, apres l'auoir retenté pluſieurs fois, de ſe faire ainſi detrancher piece à piece. Croyant vainement, que la main gauche peut par fois finir heureuſement ce que la droicte auoit mal-heu-

Les conſtans repriment les cris & les plaintes, quelque mal qu'ils endurent.

Pauure Conſtāce de ceux qui veulent ſe laiſſer mourir par deſpit.

Exemples de la Conſtance des Anciens, les defauts de laquelle ſont conſiderez en gros, pour euiter longueur.

reusement commencé & folement entrepris.

Vulgatius Gallicanus, parlant de la Constance de l'Empereur Auidius Cassius, narre qu'vn iour voyant qu'vne grande sedition s'estoit esleuée en son armee, il se jetta tout nud dans le plus fort de la meslee, & leur dit, Frappez-moy si vous osez, & adioustez encore ce crime à celuy d'vne discipline corrompuë; mais tant s'en faut qu'ils frappassent, qu'au contraire (dict-il) ce traict si hardy les estonna si fort, que *conquiescentibus cunctis, meruit timeri, quia non timuit.* Il luy reüssit bien: si faut-il neantmoins confesser qu'il y auoit en ceste action plus d'hasard que de prudence. Cyniger Athenien en la guerre de Perse, suiuant les nauires de l'ennemy, arresta auec vne main vne nauire des leurs chargee, & luy ayant couppé celle-la, il y mit l'autre, & celle-là encore taillee, il y mit les dents: & auec vn merueilleux & dernier effort se mit en deuoir de l'arrester. C'estoit vrayement vn traict de desespoir, plustost que de magnanimité: car il faut ceder à la force, & non apres auoir perdu les mains se persuader mal à propos, que nos dents puissent comme des Remores retenir des vaisseaux lourds & puissans.

Anaxagoras oyant celuy qui luy annonçoit la nouuelle de la mort de son fils, Ie n'escoute (dict-il) rien de nouueau, parce que ie sçay que i'auois engendré vne creature mortelle. Et le Roy Antigonus, oyant pareillement la nouuelle de la mort de son fils, dict qu'il estoit mort encore plus tard qu'il ne pensoit. L'Empereur Tibere perdit son fils, & pourtant luy-mesme eut le courage d'en prononcer l'oraison funebre, ayant tousiours le corps côme vn miroir debout, & tout vis à vis de luy. Ces gens se payoient de raison, mesprisant la mort de leurs plus proches, comme ils l'eussent mesprisee, si elle leur eust esté à eux-mesmes plus proche. La constance de Cornelia mere des Gracches, est recommandee, soit par le nôbre, soit par le prix & merite de ses enfans. Car on dit d'elle, *Si numerare funera velles, amiserat duodecim: si æstimare, amiserat Gracchos.* Neâtmoins elle interdit les larmes à ceux qui deploroient sa fortune, & ne voulut qu'on la detestat, puis qu'elle luy auoit donné des enfans si genereux; estimant beaucoup plus le bon-heur de les auoir engendrez, que le malheur de les auoir perdus. Deux dames Romaines plaignirent chacune leur enfant fort diuersement: ce que i'ay voulu inserer en ce lieu pour monstrer qu'aucunes allongent leurs regrets, les autres les accourcissent ou retrechent. Octauia & Liuia, l'vne sœur, & l'autre femme d'Auguste, ayant perdu chacune vn fils: Octauia estimoit que laisser les pleurs estoit perdre vn autre fils: qui fut cause que le dueil qu'elle mena tout le reste de sa vie pour Marcellus son fils fut pareil à celuy du iour de ses funerailles: c'estoit s'enfuir toute viue en terre, puis qu'auec vne infinité d'autres enfans qu'elle auoit, elle s'estimoit neantmoins seule, tant elle le regreta. Il faut bien se donner quelque forme de congé de pleurer; mais aussi pour cesser il n'en faut attendre vn expres commandemét de soy-mesme, ny d'autruy. Liuia au contraire ayant perdu son fils Drusus, bien que parauáture elle fust aussi affligee qu'Octauia, si est-ce qu'elle n'en voulut iamais ouyr parler, ains tout aussi-tost qu'elle l'eust enfermé dans le tombeau son dueil exterieur, & ses larmes cesserent, & se trouuerét renfermez quand & luy. La mignardise & delicatesse de nostre ame, s'arrestát tousiours à ce qui luy est le plus aisé, s'en refuit fort aisément, & bien tost de la cogitation des choses molestes & fascheuses aux agreables & plaisantes. Aussi est-elle naturellement tendre: qui faict qu'elle est si ennemie de la douleur. Donc encore qu'il y ait quelque bien seáce au dueil, si faut-il qu'il cesse quelquefois. Voyez l'Inconstáce de l'amour de Liuia, & de la bizarrie de ses regrets, & poúrtát c'est l'exéple le plus choisi, & prisé des plus sages, qui veulent faire tarir les yeux d'vne mere, le propre iour qu'elle a faict les funerailles de son fils; & trouuent mauuais si au plus grand effort de sa douleur, & lors que les tristesses sont plus impatientes & reuesches, elle ne preste l'oreille, & ne se dispose à receuoir consolation. En voicy d'autres desquels l'esprit & le corps souffroient ensemble ment. Vn tyran vouloit cõtraindre Anaxarchus de luy descouurir ceux qui auoient conspiré sa mort, il luy cracha sa langue tronçonee au trauers du visage, tesmoignãt plus de Constãce au milieu des tourmẽs, que le cruel tyran ne tesmoignoit de cruauté au milieu de ses delices ; *cum dolore cædentis solida feriuntur*. Les hõmes constans, & les courages fermes, tout ainsi que les choses solides, ne se peuuent blesser sans douleur & ressentimẽt de celuy qui les veut offenser. Le dernier repas que fit Canius Iulus, & tous ces beaux mots qu'il laissa eschapper lors que par cõmandement de Caligula le Cétenier l'alla querir pour l'executer à mort, sont si remplis de Constance humaine, que ie n'en sçay en toute l'antiquité vn exẽple si plein de gloire. Car entr'autres choses n'ayant acheué son jeu, il conta ses jettons sans nul estonnemẽt, & parlant au Centenier, Tu me seras tesmoin (dit-il) que ie le passe d'vn. Les gros mots eschappent lors que le bourreau demande la main pour l'attacher au supplice, & que la mort est à la porte. Et neantmoins il ne laissa rien eschapper indigne d'vn grand courage. Les Celtes sont constãts és perils de la guerre, & tiennẽt à si grand vergõgne de fuir, que souuent par faute de fuir, ils tõbent sous les ruines des maisons qui sont en cheute : & mesprisent tellement le feu qui est aux maisons, que bien souuent ils sont entournez de feu & de flammes, auant que se vouloir oster de là. D'autres qui s'exposent à la tourmente sans tourment. Il y a certaines gens qu'Herode appelle Machlies & Auses, chez qui les Vierges diuisees par troupes, és jeux solemnels, ou festes de la Deesse Minerue, se donnent tant de coups de pierre, & de fouët, que c'est merueille d'en pouuoir tant souffrir si gayement. Car si quelqu'vne d'elles y meurt, ils ne la tiennent pour Vierge ; comme si mourir en pareils combats estoit preuue de n'estre pucelles. Mais celle qui endure plus de coups sans mourir, & eschappe du combat plus meurtrie de coups de pierre & de fouët, est conduite en sa maison sur vn char triomphant par celles de la troupe, &

Pli. li. 6. c. 23.

Constance merueilleuse de Canius Iulus. Seneque au tr. du repos de l'esprit.

Ælianus li. 11. de var. hist.

Herod. in Melpomene. Nat. Comes Myth. li. 4. in Pallade. Sotte constance des Machlies & Auses.

Ooooo ij

par toute l'assemblee auec vne grande & celebre pompe.

La Constance qui consiste en effects, est bien plus forte & de meilleur alloy, que celle qui ne consiste qu'en belles responses.

Or parmy ces exemples, la Constance des vns estoit beaucoup plus forte, que celle des autres, parce que celle d'aucuns consistoit en opinion, au lieu que celle des autres consistoit en effects. Car il est bien plus aisé de se contraindre à ne pleurer & se consoler de la perte d'vn fils, comme faisoient les Philosophes (veu que c'est vne folie de se plaindre de la mort, puis que pour rien du monde elle ne desmord de ce qu'elle a entrepris) que s'opiniastrant à vne auanture impossible, & y perdant les mains s'aheurter encore à y perdre la vie, comme faisoient les vaillans Capitaines.

4. Souuent le peuple estime impie celuy qui ne pleure point, quand il a quelque iuste occasion de pleurer.

Et bien que ceux qui pleurent abondamment, afin qu'on estime qu'ils ont aimé les morts, cherchent comme on dit des tesmoins de leur affection, si est-ce que par fois le peuple inconstant, voyant quelque personnage qu'il croit par occasion du malheur present estre desolé, monstrer par ses responses d'estre aussi-tost consolé, prend ces consolations & inconstances pour impietez notables: veu que communément les hommes ne sont constants qu'à se douloir & à se plaindre. La consolation de ces premiers n'est que vertueuse, & partant bien aisee. Et au contraire le dessein & l'entreprise des autres si hasardeuse n'en est que temeraire & beaucoup plus aisee. L'vne consiste en paroles & discours, & l'autre en effects.

Seneq. ep. 26.

Il y a grande difference, dit Seneque, *vtrum loquar fortia, an sentiam. Disputationes & literata colloquia, & ex præceptis Sapientum verba collecta, & eruditus sermo, non ostendunt verum robur animi; est enim oratio, etiam timidissimis audax. Quid egeris tunc apparebit, cùm animam ages.*

Pourquoy les Lacedæmoniens honnoroient Venus toute armee.

A la verité les plus grandes preuues de Constance semblent és exploicts de guerre. C'est pourquoy les Lacedæmoniens honnoroient Venus armee, & faisoient tous les images des Dieux tant masles que femelles, auec des lances, ou autres armes en leurs mains, comme ayans tous la vertu militaire & guerriere. Mais ces exploicts doiuent estre frequents & multipliez, afin de paroistre tels à toutes occasions, & tous les iours, s'il est possible. C'est pourquoy on diroit qu'il y a quelque raison d'estimer Lucius Sicinius plus constant, que les autres, desquels nous auons parlé cy deuant; pour estre venu aux mains six vingt fois, auoir esté en duel & occis son ennemy huict fois, & auoir esté blessé quarante-cinq fois, sans qu'aucune de ses blessures fust par derriere. Cassius Sçæua ne fut guere moins vaillant ne constant, bien que sa vaillance n'a esté par tant de fois multipliee que celle de Sicinius: car ayant esté delaissé de sa troupe luy quatriesme sur vn rocher en l'Armorique, il soustint tellement l'effort de ses ennemis qui luy coururent sus, qu'estant seul abandonné de ses compagnons, il en abatit & tua plusieurs ; & en fin chargé de ses armes, ayant seulement ietté son bouclier, se sauua à nage, & fit tant qu'il se ietta aux pieds de Cesar; lequel estonné de sa valeur & constance, comme il estoit sur le poinct de l'en louer, le soldat se ressouuenant d'auoir violé la discipline militaire, pour n'auoir raporté son bouclier; Pardonne moy Cesar (dit-il) de ce que ie n'ay raporté mon escu: parole plus louable que le mesme exploict. Car que pourroit-on plus desirer de son courage, ny de ses mains? Caius Popilius fit vn seul traict bien genereux, qui ne doit guere à la multiplicité des autres. Car estant enuoyé vers le Roy Antiochus, portant vne lettre du Senat, par laquelle on luy mandoit qu'il eust à retirer son armee d'Egypte, afin de luy oster le moyen d'vsurper le Royaume qui appartenoit aux enfans orphelins de Ptolomee : Antiochus accompagné d'vne infinité de gens, le voyant venir seul deuers luy, le salua de loing: Popilius sans le resaluer luy bailla sa lettre, laquelle Antiochus leut : & tout incontinant apres, dict qu'il delibereroit sur ce que le Senat luy auoit escrit, & puis il luy feroit responfe. Popilius adonc, bien qu'il n'eust aucun moyen de le contraindre, ne pouuant souffrir son dilayement, luy fit vn cercle au tour de luy auec

Les traicts de Constance doiuent estre frequents & multipliez.

Constance multipliee.

Les Anciens tenoient à grãd deshonneur de ne raporter son bouclier. Plut. aux dicts notables.

vne baguette qu'il tenoit en main, en luy criãt auec quelque esmotion, Resous toy dõc (dit-il) auant que sortir de ce cercle, & m'en fais responce: & Antiochus sur le champ vaincu par ce seul traict si hardy, respondit qu'il feroit ce que les Romains desiroient de luy : & alors Popilius le salua amiablement & l'embrassa.

On a obserué tousiours cela és guerres des Romains, que leur constance & magnanimité estoit beaucoup plus admirable en aduersité qu'en prosperité. Qu'ils n'aymoient les victoires obtenues par fraude, ne les tenant pour iustes si elles n'estoient emportees de bonne guerre. Comme on a aussi obserué, que quelque disgrace leur aduenant par faute de quelqu'vn des leurs, ils aimoiēt beaucoup mieux y pouruoir, que s'en mettre en cholere & le punir. Outre qu'on dit, que la pluspart des vaillants soldats auoient tousiours leurs blessures au deuant, & tous morts se trouuoient l'espee au poing & les menaces au visage. Ils vouloient mesme que la mine qu'ils tenoient en leur mort, fust seante & guerriere; leur cholere comme viuant lors mesme qu'ils estoient morts. Vn des plus celebres exemples de la constance des Romains en general, est à mon aduis celuy qu'on dict, que Hannibal combatant pour entrer dans vne des portes de Rome, ils enuoyerent par vne autre porte vne armee de secours en Espagne, comme s'ils se fussent tenus pour asseurez de vaincre Hannibal auec les forces qui leur restoient, ne craignant se deffaire des autres, comme estant de trop & supernumeraires. Et en particulier celuy de Brutus, lequel par dessus tous les autres est extremément recommandé, pour auoir eu vne ame bien composee, & bien tranquille. Car sur le poinct de la bataille de Pharsalie, il leut & escriuit fort tard, trauaillant apres les commentaires de l'Epitome de Polybe. Et dit-on qu'il ne tua pas mesme Cesar auec trouble ne haine; tesmoin M. Antoine qui dit qu'il croyoit que le seul Brutus exépt de passion auoit attaqué Cesar pour le seul amour qu'il portoit à sa patrie, & aux loix.

Les Anciens vouloiēt mesme que la mine, qu'ils tenoient en leur mort, fust seāte, & guerriere.
Rare exemple de Constãce.

Vnum seputare Brutum exsortem affectûs Cæsarem adortum patriæ, & legum amore.

A la verité ie ne puis nier, que plusieurs Philosophes & autres grands personnages, n'ayent lasché des mots sur certains accidents qui leur sont aduenus, par lesquels ils nous ont faict cognoistre quelques traits de constance Romaine : & sur tous, des gens de guerre. Et n'est possible qu'à les considerer & parler d'eux moralement, on ne les trouue dignes de quelque louange. Si est-ce qu'à bien prendre tous ces exemples en particulier, recherchât exactement les occasions qui les mouuoient à se roidir côtre ces disgraces qui leur aduenoient, & prononcer quelques beaux mots & hardis là dessus, trouuera, qu'outre la bute de leur intétion, & de leur souffrance mal pesee, il y auoit en leur discours plus d'ostentation & de vaine gloire, & en leurs exploicts & auantures plus de temerité & de desespoir, que de prudence. Ainsi ces constances ont vrayement quelque excellence en soy, & semblent d'abord nous tesmoigner, que la Constance seule est capable de retenir les sens & l'entendement en leur siege. Mais de perfection il n'y en a du tout point : car ce sont des Constances la pluspart fondees sur des paroles iettees en l'air, & sans fin, ou si elles en ont, elle est aussi fausse, que faux estoit leur fondement. & cette croyance qu'ils auoient, que mourant ainsi hasardeusement ou temerairement, leur ame rencontroit son souuerain bien & repos, qui n'estoit en effect, que le seul tiltre de prudence, de sagesse & de constance humaine.

La troisiesme partie de la definition, que nous auons dict estre, *Cum ratione vtilitatis laborum perpessio* ; semble en quelque maniere conuenir à ceux qui ont enduré pour leur patrie, ou pour quelque autre iuste & honorable occasion ; prenant le martyre pour vne simple souffrance des tourmens pour quelque iuste cause : tellement qu'en ce cas on les pourroit aucunement estimer tels, selon ce qui se lit en l'Escriture saincte. *Bien heureux sont ceux qui endurent persecution, par la voye de Iustice.*

Troisiesme partie de la definition, qui conuient & se rapporte à ceux qui endurent pour Dieu, pour la patrie, ou autres occasions semblables. Matth. 5.

TABLEAV DE L'INCONSTANCE ET

Bien que véritablemét ce soit vn nom deuot & religieux, qu'on ne doit accommoder qu'à ces ames genereuses, qui pour Dieu & leur Religion seulement ont sainctement enduré toute sorte de tourmens. Sur quoy ie ne me veux estendre, parce qu'estant vn œuure surnaturelle dependant specialement de Dieu, c'est plustost vne grace & benefice diuin, qu'vne constance humaine. Et tel en son martyre a supporté de si horribles douleurs, que l'humanité s'y perdant, il semble que la Diuinité & la grace de Dieu y a seulement esté recogneue. Cette constance logee en quelque ame Chrestienne, & consideree en sa personne nous tire facilement des esgouts du monde, & nous auoysine de Dieu; nous retire du vice, & nous attire à la Vertu; remet nos yeux & nos ames esgarees au chemin de nostre felicité; nous fait vomir le fiel de nos iniquitez, & gouster le miel de nostre beatitude. Donc quand l'occasion du martyre se presente, & qu'on nous veut tirer de ce monde, il ne faut ainsi se tirer en arriere; & comme gens reuoltez n'aller qu'à contre-cœur où nostre Createur & Souuerain nous appelle: il faut acquiescer à son vouloir plus par affection, que par force. Car autremét il ne seroit raisonnable, qu'on nous donnast les loyers celestes, puis que nous ne les voulons gagner, ny nous en approcher que par contrainte. Et mal à propos disons-nous parlant à Dieu, Seigneur, que ton regne nous aduienne, & ta volonté soit faite; si nous prenons si grand plaisir à demeurer en la prison du monde, & s'il nous trouue pleins de desobeissance & de rebellion. Vne Saincte reseruee pour soustenir & endurer martyre au lendemain, s'accouchant comme auiourd'huy sur les trenchees de l'enfantement crioit à haute voix en se plaignant: quelqu'vn s'enquit d'elle-mesme, comment elle feroit donc, puis que le lendemain elle vouloit endurer le martyre? Ho (dit-elle) cecy sont plaintes de maux naturels, ceux que i'endureray demain sont autres & appuyez de Dieu. Qui fait qu'à si sainctes & douloureuses occasions, les plus grandes douleurs

Le Martyre est au dessus toute Constance hnmaine.

Le Martyre doit estre volontaire.

Belle response d'vne ame saincte, qui estoit sur le poinct d'endurer & s'exposer au Martyre.

INST. DE TOVTES CHOSES. LIV. V. 525

leurs tirees des plus rudes tourmens sont muettes. Voire par fois l'ame tesmoignant du contentement parmy les plus grands & cruels efforts, fait que la constãce de celuy qui endure, dõne l'effroy aux supplices & aux executeurs mesmes ou ministres. C'est vne saincte & heureuse affection, quand nous sacrifions ainsi nos forces, non à ces muables prosperitez, ains aux tourmens qui nous sont enuoyez du Ciel: puis qu'apres nos douleurs, le Ciel, & non le monde, doit estre l'vnique & precieux heritage de nos ames; il faut estõner le tourment & demeurer droicts & constans sur les traicts qui nous tuent. Aussi ce que la vertu doit endurer, est la plus noble partie de son triomphe.

Il faut donc necessairement aduouer que toutes ces Constances sont imparfaictes, si elles ne sont attachees à quelque ame Chrestienne, qui leur pose le blanc & la butte dans le Ciel: veu que toute leur prosperité, ne releuant que de la seule grandeur de leur courage, sans Dieu ne peut arriuer au poinct qu'il faut. Car le seul Hercule estimé par les Poëtes le plus puissant des mortels, voire vn des plus redoutables parmy les faux Dieux des Anciens, à peine a-il peu surmonter & venir à bout des diuers changemens d'Achelois; & sans le secours de Pallas, Bellerophon n'eust iamais vaincu non plus ce monstre capricieux de la Chimere. Tellement que pour arriuer à l'heureux port de salut, où le corps massif & terrestre auec sa lourde pesanteur fait naufrage; & l'ame au contraire suiuant son inclination, trouue son vray seiour & se met en asseurance, il est besoin de quelque autre Constance que celle des Anciens. Il faut que nous recognoissions que leur Constance estoit comme le Soleil, qui passe par vne infinité de lieux establis pour sa carriere, ausquels neãtmoins il ne communique ses rayons que comme en passant, sans rien laisser de sa principale lumiere, laquelle il retire à soy tous les iours entiere. Tout de mesme, ce grand Soleil de Dieu, illuminant comme en pas-

Toutes les constãces qui ne releuent que de la seule grandeur de courage & non de Dieu, sont manques & defectueuses.

Ppppp

sant quelqu'vne de leurs actions, n'influe pourtant dans leurs ames, ny n'en laisse paroistre au dehors aucun vray rayon de sa saincte lumiere : d'autant que cette ame n'est preuenue de la cognoissance de sa Diuinité, ny d'aucune piece propre pour son salut : si bien qu'encore qu'ils semblent auoir quelque traict de cette Constance diuine en ce qui est de la souffrance, neantmoins en effect la vraye fin leur defaillant ils n'en auoient rien du tout. Car l'homme vrayement constant, se sentant proche de sa fin, & en esperance d'estre bien tost glorifié, n'a pour fin de Constance que la gloire de Dieu & sa propre beatitude, & ne doit peser qu'à son Createur qui est celuy qui le retire du monde & de la mort. Luy donnant comme la main pour l'en sortir & l'attirer au Ciel & à l'immortalité ; luy apprenant par l'exemple de sa diuine Constance à estre constant ; n'y ayant plus moyen de l'estre si on ne l'est de la façon & mesme en ce temps-là : ce qui leur defailloit pour l'aueuglement que leur causoit leur orgueil & autres pechez : ne cognoissant par leur faute le principe qui leur pouuoit donner cette creance, & qui les pouuoit induire à auoir le dessein de viser à cette fin celeste. De maniere que ceux qui vseroiēt de tous ces pretextes pour paroistre constans, & se voudroient couurir du nom respectueux de Constance, mal à propos les pourroit-on dire tels, honnorant indignement leurs actions inconstantes du tiltre honorable d'vne si belle vertu, cela ne se pourroit faire sans ombrager sa beauté, & comme luy deschirer la robe : veu qu'il est mal-seant à qui que ce soit d'obtenir vne recompense de vertu par la seule entremise de son vice. Ce n'est donc assez pour obtenir vne vraye & parfaicte Constance que *nihil pæniteat, nihil desit, nihil obstet*, qui estoit la maxime de ces Anciens. Ains il nous faut bastir seulement nostre fermeté sur le ferme proiect de la constance de Dieu, & faire voir que changeant & estant né homme changeur & mouuant, on ne veut ny ne doit pourtant iamais varier, ny se distraire ou escarter de cette poursuitte, pour laquel-

6. Qu'est-ce que l'homme vrayement constant se doit proposer lors qu'il est aux abois.

le il faut que l'homme constant s'appreste comme vn enclume, à receuoir toute sorte de coups. Il faut abandonner ces vanitez qui se perchent en nos ceruelles, & s'enuolent aussi tost nous delaissāt au premier bruit. Il faut auoir cette seule visee, de ne recognoistre autre constance, que celle que Dieu desire de nous, pour plus sainctement & auec plus d'asseurance nous conduire à luy, qui est tout ce à quoy nous deuons tascher. Car autremēt tout nous deffaudra. Aussi est-elle promise à vn chacun de nous, & ne nous peut manquer si nous voulons & si nous-nous trauaillons, suiuant l'aduis de celuy qui a respondu fort ingenieusement & veritablement, quand on luy a demandé qu'est-ce que c'estoit que la Constance, *Constantia* (dit-il) *aliquid est quod nunquam amittitur, nullo loco dimittitur, nulli hæredi transmittitur, nulli potestati submittitur, nulli depositario committitur, volenti & laboranti promittitur.*

TABLEAV DE L'INCONSTANCE ET INSTABILITE' DE TOVTES CHOSES.

Que la seule Constance de Dieu estant parfaite, c'est aussi la seule à laquelle l'homme sage doit viser.

DISCOVRS VI.

1. Pourquoy il est dit que Satan mōstra à nostre Sauueur tout le monde en vn moment.
2. Pourquoy le monde a esté creé en rond.
3. L'inconstāt est en plus grande inquietude la nuict, que le iour.
4. Que la Constance de Dieu nous appella nostre souuerain bien.
5. Definition de la Constance que Dieu desire de nous.
6. Platon a creu que ce que l'ame desliee du corps cherchoit, n'estoit autre chose que Dieu.
7. Que la Constāce est vne vertu pl⁹ excellēte que les autres.
8. Notables marques du fils de Dieu, qui se sont trouuees autres fois és marbres par la seule nature.
9. La Constance semble auoir esté desniee à l'homme, dés le iour de sa creation.
10. On ne peut demeurer lōguement assis quand l'assiete & le siege sont incommodes.

1 Pourquoy il est dict que Satan monstra tout le monde en vn momēt à nostre Sauueur, Luce 4.

SATAN mena vn iour nostre Sauueur au haut d'vne montagne, & luy ayant monstré en vn moment tout le monde, promit qu'il luy donneroit toutes choses. Or non sans grand mystere est-il dict, qu'il luy monstra tout le monde en vn momēt, & promit luy en faire don à mesme instant.

INST. DE TOVTES CHOSES. LIV. V. 527

Car s'il eust attendu vn petit demy-quart d'heure à le luy offrir, voire encore moins, il luy eust dōné des choses toutes differentes à celles qu'il luy auoit monstrees, par ainsi il se fust trouué mensonger. Car tout se change, & demeurant tant soit peu sur la monstre, la monstre mesme se fust trouuee dissemblable & differente de la premiere veuë. Les Cieux, la Mer, les Riuieres, les Hommes, leurs Ages, le Temps tout est subiect à se changer; voire en vn moment. Si bien que celuy qui mettroit le pied dans vne riuiere & en ressortiroit aussi-tost, puis ressauteroit encore au dedans; ne sauteroit plus dans la mesme eau, ny dans la mesme riuiere. Nul de nous n'est au matin celuy d'hier; moy-mesme en escriuant que tout se change, ie suis changé auant l'auoir escrit. *Toutes choses varient & se changent en vn moment.*

Aussi le monde estant creé en forme ronde, semble auoir receu ceste forme tout exprés pour monstrer sa volubilité & son inconstance. Et quasi pour tesmoigner à ses adorateurs, qu'estant ainsi rond, quand on le possederoit tout entier, on ne pourroit pourtant se tenir debout ny dessus, non plus que sur vne boule. Sur laquelle il semble pareillement qu'on n'ait peint la Fortune en autre sens, que pour signifier son instabilité; & Dieu n'auoir faict la pluye ronde & la pluspart des pierres qui par orage tombent sur nous, que pour nous faire voir à l'œil, que les choses qui se voyent icy bas, nous roulent continuellement à l'entour & nous enuironnent, sans iamais se tenir fermes en vne mesme place. De sorte que si nous ne sommes tout à faict Sisyphes pour les remuer, nous le sommes pour les admirer, les craindre, & nous en tourmenter. Les hommes semblent les cheuaux en leurs maneges, ou bien les chiens és roués qu'ils font tourner és maisons, qui tournent & virent incessamment encore qu'ils ne bougent, ou qu'ils reuiennent presque tousiours en mesme lieu. *2. Pourquoy le monde a esté creé en rond.*

L'homme inconstant oublie sans discretion ce qu'il possede, & se deprenant de ce qu'il tient, va courant aprés l'incertitude de l'aduenir; en telle façon qu'entre ce qu'il a *L'homme inconstant laisse bien souuent ce qu'il tient, pour courir incertainement aprés ce qu'il ne tiet, & ce qu'il n'aura pas.*

P p p p p iij

& ce qu'il n'a pas, bien souuent il se trouue priué de ce qu'il auoit & tenoit desia tout certain, voltigeant ainsi tousiours inconsiderement auec le vent de l'Incōstance: abandonnant sa Constance, pour se ietter à la poursuite des choses desquelles les euenements luy sont du tout incognus. Il faut neantmoins ouurir les yeux, puisque la Nature n'en a assorty l'homme que pour luy donner moyen de voir à s'asseurer, & se roidir à ses infortunes: non plus que des oreilles pour ouyr & resister au bruit, qui bruit contre sa bonne fortune. La Constance, qui est subiecte & non suspecte à toute sorte de bien, qui est instrument & non empeschement à la vertu, soustien & non retien à bien faire, fidele & non infidele aux dangers : c'est la chaux & l'arene qui lient & construisent nos dessains: c'est le plomb qu'on met sur la legereté de nostre ame, pour mieux l'affermir contre l'Inconstance, & la rendre plus solide par la grauité de son poix. Que si elle se relasche parfois à des vanitez friuoles, il faut par le moyen de la Constance la rappeller auec vn tel commandement & fierté, qu'elle ait presque honte de se presenter en reuolte. Qu'il ressouuienne à vn chacun, que quand Dieu eut creé les oyseaux qui deuoient voler par l'air, il leur donna sa benediction, & point du tout aux animaux de la terre : parauanture pour monstrer, que ceux-là sont benis de Dieu, qui ont les pesees esleuees à choses hautes & au Ciel, & non à ceux qui les ont seulement occupees és choses mondaines, qui sont icy bas. C'est vergongne, quelque multiplicité de graces, quelque abondance de choses que la Nature ait versé sur la terre : il semble neantmoins qu'il n'y ayt autre chose de semé, que la seule herbe qu'on appelle Achemenes, laquelle iettee parmy des foules de peuple, leur faict prendre la fuitte en despit d'eux: veu que tout de mesme nous fuyons & refusons perpetuellemēt ce qui est bon, comme la constāce, sans sçauoir la raison de nostre refus non plus que de nostre fuite. Et voit-on tant de diuersité & d'inesgalité

Pourquoy Dieu ayant creé tous les animaux ensemble, dōna sa benediction à ceux de l'air, & point à ceux de la terre.

On dit qu'il y à vne herbe qui fait fuir les troupes des gens de guerre en despit d'eux. D'où procede l'inegalité de nos actions.

parmy nos actions, que c'est folie d'en vouloir rendre autre raison, que celle de nostre Inconstãce. Car qui pourroit dire pourquoy aucuns endurent la gehenne vigoureusemẽt, & vont neantmoins à la guerre poltronnemẽt? pourquoy les Sarmates (peuple d'ailleurs belliqueux) se rencontrans à vn combat à pied ne trouuoiẽt assez d'espace pour fuir; mais estans à cheual, il n'y auoit rien de si vaillant Il sembloit que leur force & leur constãce fust hors d'eux-mesmes. Et comme en ceux-cy la vaillance estoit inesgale selon les lieux & les formes, en d'autres aussi l'opinion en mesme subiect & en mesme occasion estoit inesgale & du tout contraire. Car Themistocles persuada aux Atheniẽs, de bastir forteresses & murailles autour d'Athenes, pour la deffense des citoyens. Et Theramenes a contraire pour la mesme cause, fut d'aduis qu'on les ruinast. Ainsi l'vn destruit ce que l'autre trouue bon, faisant paroistre l'inesgaté par tout. Aussi les choses qui viennent fortuitement à nous, & les raisons qui se presentent aux hommes inconstans & incertains comme nous, ont plusieurs visages & sont toutes à contrepoil. D'autant que les Dieux (disoient les Anciens) contre l'esperance humaine se plaisent à chãger les choses d'icy-bas. Les esprits volages courent apres leur ombre, au lieu de s'arrester à ce qui est ferme & constant. Il y a vne fontaine à Dodone, laquelle fait des effects tous contraires; car elle estaint vne torche allumee, & en allume vne estainte: tout de mesme plusieurs personnes, quoy qu'elles soient de mesme profession, & boiuent de l'eau d'vne mesme fontaine, sont ordinairement diuers & contraires en ce qu'ils disent & en ce qu'ils font: comme les Orateurs quand bon leur semble esteignent & allument tout subiect, louent & desprisent vne mesme chose; Aduocats plaidans impugnent & deffendent vne mesme cause, & la consultent diuersement: comme Circé d'vne mesme verge ostoit & remettoit l'entendement, faisant les hommes bestes, & de bestes les tournant en hommes de bon sens. Comme il y a aussi des flustes &

Taci. li. 1. c. 15. de ses Annal.

Pline.

TABLEAV DE L'INCONSTANCE ET
des sifflets, qui rendent d'vn mesme tuyau deux voix, vne
graue, & l'autre aiguë tout à la fois: & des hommes pareillement qui ont deux voix, vne grosse, l'autre desliee, souf-
flant inconstamment (dict le Satyre) le chaud & le froid, le
bien & le mal, d'vne mesme bouche. O que ie louë ceste
Estoille qui est aupres du Pole, qui ne se hausse ny s'abaisse
iamais, ou fort peu! Ceste variable contradiction & repugnance qui se void de nous à nous-mesmes, fait qu'on ne
nous peut croire capables d'arrest. On reprochoit à Alcibiades, qu'il sçauoit si bien se conformer à toutes sortes de
mœurs estrangeres, que le Chameleon mesme, animal si
changeant, ne pouuoit se muer si legeremét en autant de
couleurs: parce qu'il y en a aucunes comme le blanc & le
rouge, lesquelles le Chameleon ne peut receuoir. Au lieu
qu'Alcibiades se desguisoit en toutes sortes de masques,
prenant la mine & contenance plus conuenable, & approchante du naturel de ceux auec lesquels il conuersoit.
Quelquesfois nous varions nous-mesmes & nous contre-
disons, pour contredire & nous trouuer dissemblables à
des gens que nous n'aimons point: si bien que ceste variation n'estant appuyee d'aucune raison, ains seulement sur
la simple contradiction, semble n'estre en nous que d'opiniastreté; & quasi plus pour faire paroistre la difference de
nos ennemis à nous, que pour nulle autre raison que nous
ayons de n'estre de leur aduis. Le peuple Romain ayant
chassé Coriolanus en despit du Senat: le Senat encore
qu'il l'aimast ne le voulut rappeller lors que le peuple le
voulut: soit ou par opiniastreté de se vouloir formaliser
contre tout ce que le peuple desiroit: ou pource qu'il ne
vouloit point qu'il retournast par le benefice du peuple:
dequoy le peuple se trouua bien estonné, ne pouuant
rien authoriser qui n'eust esté premierement digeré au
Senat.

    La prudence s'exploitant, & ayant son commerce auec
des choses pleines d'instabilité de trouble, & de confusion, il est force qu'elle se mesle souuent és choses fortuites
&

[marginalia:] Alcibiades loué pour se sçauoir bien accommoder & plier à toute sorte de variations. Le Chameleon ne peut se trasformer en certaines couleurs.

& casuelles: & partant elle ne peut s'y porter qu'auec doute & incertitude.

Voire mesme la nuict où toutes choses semblent estre tranquilles & en repos, vn inconstant est beaucoup plus esmeu, & quasi diray-ie violenté que le iour. Dequoy on nous rend ceste raison, que tant que le iour dure le vice regarde au dehors, où se composant au gré des autres, il a quelque honte, si bien qu'il tasche à couurir ses passions, ne se laissant aller du tout à ses appetits desordonnez, ains y resistant & contestant quelquesfois. Mais la nuict, estant eschappé de la crainte des loix & de l'opinion du monde, & se trouuant arriere de toute crainte & de toute honte, alors il remue toute cupidité, il resueille sa malignité & desploye son intemperance. C'est pourquoy Zenon vouloit qu'on prist garde à ses songes, pour voir si on profitoit, ou non en l'acquisition des vertus, & si l'on prenoit plaisir en songeant à quelque chose deshonneste. Voulant qu'on vist comme en vn calme du tout tranquille, sans aucune agitation au fonds clair & net, la partie imaginatiue & passiue de l'ame totalement aplanie & regie par la raison. Mais la verité est que soit de nuict, soit de iour, veillant, dormant, songeant, l'homme a ses inquietudes, veu qu'encore qu'il veille il ne faict sentir qu'il ait de soy aucun sage discours qui l'asseure: & y en a plusieurs qui mesme en veillant ostent à la vie la plus grande & meilleure partie de son temps. Et s'il dort, non plus; car le sommeil estant la figure ou la fiançaille de la mort; *Chacun osté à la vie tout ce qu'il donne au Sommeil.* C'est le mot que Machiauel auoit mis au ciel de son lict: & n'est pas le pire mot duquel il ait vsé en son temps. Et qui pis est bien souuent au meilleur & plus haut poinct de nostre repos, qui semble estre le sommeil nous nous espouuantons: l'homme n'estant guere souuent sans quelque chose qui le tourmente: veu que la raison sommeille, & la peur veille tousiours, & ne s'en peut sauuer ny desfaire. Au moins si les inconstans faisoiét comme le fabuleux Geryon, qui ayant plusieurs iambes,

La nuict l'Inconstance est plus en inquietude que le iour.

Mot de Machiauel, Chacun osté à la vie ce qu'il donne au Sommeil.

Qqqqq

plusieurs bras, & autres membres, le tout fust regy par vne seule ame ; & que toutes leurs vaines & foles imaginations fussent constamment regies par vne seule raison, l'homme seroit en beaucoup meilleure condition qu'il n'est pas. Mais ceste pauure ame se voulant ietter sur ce chemin a tant de choses qui la trauersent, que c'est merueille comment nous en pouuons encore tirer tant de bonnes operations. Qui a donné occasion aux Poëtes de feindre que Mercure auoit tué Argus, parce qu'il gardoit Io contre la volonté de Iupiter. D'autant que ceste faculté ou vertu celeste qui nous tire vers le Ciel & qui est en nous, & la raison laquelle ils ont appellee Mercure, tue nos passions qui deriuent de nos yeux, dont Argus est si bien fourny: appaise & compose tous ces mouuemens qui naissent de celle partie de nostre ame qui est la plus prompte & encline à la cholere ; & adoucit toutes les cogitations de l'ame les plus desreglees. Si mieux nous n'aimons dire le prenant en autre sens, que ceste mesme partie de nostre ame, quand elle est en repos & est appaisee, se peut appeller Ἀργός, qui veut dire tardif & de loisir. Et au contraire quand elle est esmeue & en perturbation, elle est legere & auec vistesse court indiscretement par tout.

Pourquoy les Poëtes ont feint que Mercure auoit tué Argus.

Or comme ceux qui vont sur mer peuuent mesurer le chemin qu'ils font, en obseruant la longueur du temps & la force du vent qui les pousse : tout de mesme en la Constance on peut prendre coniecture de l'amendement & progrez qu'on aura fait, par l'assiduité & continuation de tousiours marcher, pourueu qu'on aille tousiours pleinement tirant pays auec la guide de la raison. Aussi la Nature estant en vn perpetuel mouuement, veut tousiours qu'on la pousse en la meilleure part ; ou autrement elle se laisse emporter en la pire. Qui me fait croire que Narcisse épris de l'amour de soy-mesme, n'estoit que vn homme inconstant & trop libre, qui ne pouuoit se sousmettre à autre maistre qu'à soy.

Il est aisé de cognoistre le profit & le progrez que nous faisons à la Constance.

Explication de la fable de Narcisse.

Mais affin que ie ne m'esgare plus longuement, sans faire cognoistre ceste Constance de Dieu, pour venir par

4. Que la Constance

aprés à ceste autre, & donner quelque plus facile cognoissance de celle qu'il desire de nous; Ie diray qu'il est tresnecessaire de sçauoir, Que Dieu, qui est le principe de la Constance, s'estant mis le premier au plus haut & supreme degré d'icelle, ayant voulu que son Fils, qui se sied à sa dextre, se mist aussi deuant les yeux de tout le monde, comme vn patron & parfaict exemplaire de tout bien: ce grand Dieu, dis-ie, tout-puissant, influe quelque eschantillon & scintille de sa vertu, & des graces qui sont en luy, en l'ame de ceux qui se mettent en deuoir de l'imiter: & par l'exemple de sa Constance, nous met à mesme de trouuer ceste Constance qu'il desire de nous (entant que nostre humanité le peut permettre.) Ainsi i'entens par la Constance de Dieu le modelle ou patron, qu'il nous a donné, soit de soy-mesme, soit de la personne de son Fils, qui nous sert d'exemplaire, & de guide pour nous conduire; & pour paruenir à ceste autre Constance qu'il desire de nous: laquelle bien exploitée nous peut conduire à nostre beatitude & souuerain bien.

de Dieu nous appelle à nostre souuerain bien.

Dieu est le principe & le supreme degré de la Constance.

Qu'est-ce que la Constance de Dieu.

Que si ma foiblesse ne la peut mieux representer, l'excellence & grandeur du sujet m'en doiuent à bon droict releuer: veu que la Constance de Dieu, & ses autres perfections ont ceste proprieté, que les hommes mortels ne les peuuët bien comprendre, ny exprimer: & n'a-on feint que Pallas fit deuenir aueugle Tiresias, pour l'auoir veuë toute nuë, si ce n'est parce que quand nous voulons regarder de trop pres les excellëces qui sont en luy, nous deuenos aueugles tout à faict. Qui a donné lieu à ceste animaduersion comune que Pâris donna sa voix fort peu iudicieusemët à Venus: d'autant que s'il eust vne fois bien recognu la douceur & excellence de la Constance & Sapience de Dieu, que Pallas representoit, il eust meprisé Venus, & eust foulé aux pieds toute la volupté, & tout le reste des plaisirs, qui se peuuent trouuer en ce bas monde.

Et quant à la Constance que Dieu desire & recherche en nous, la verité est que plusieurs la peignent, & se la

Qu'est-ce que ceste Constance que Dieu desire de nous.

Qqqqq ij

TABLEAV DE L'INCONSTANCE ET
forment comme il leur plaist. Aucuns desirent & affectent vne constance Stoique, d'vn homme qui soit comme vne statue, & qui n'ait aucun sentiment; & d'autres sont si contraires à ceste opinion, que ce que les premiers croyent estre l'ornement de l'ame, & ce qui la faict paroistre entournee de toute sorte de vertus; ils croyent qu'il le faut appeller & declarer vice; & crient & contestent continuellement sur ce poinct. Outre que ces premiers entournent leurs vertus de si poignantes espines, & les font telles qu'ils les rendent presque voisines de l'impossibilité; & se trouue si rarement des hommes de ceste trempe, qu'il semble que de vouloir former vn homme constant à leur mode, ce soient des contes inuentez à plaisir.

D'autres y adioustent encore, que quand bien la Constance seroit vne medecine propre pour guerir toute sorte de maladies; neantmoins que c'est vne medecine du tout ennemie & contraire au goust des malades.

Mais pourtant auec tout cela, la Constance ne laisse pas d'estre vne chose si rare, que Lactance voulant deffinir la vertu en general a dict, Que ce n'estoit autre chose, qu'vne forte & inuincible constance à supporter nos maux: comme si toutes les autres vertus n'estoient rien, & qu'aucune autre que la seule Constance ne meritast definition, comme emportant quand & soy toute la definition des vertus.

Virtus est ferendorum malorum fortis & inuicta patientia.

Toutesfois pour la designer plus particulierement, & la mieux cognoistre, Ie tiens que de toute necessité, il la faut ramener à l'eschole de l'Eglise Chrestienne. Ainsi ie la prens pour vn ferme propos de tousiours bien viure, & bien faire; & pour ceste resolution, qui nous doit accōpagner en toutes nos actions, selon l'importāce de chaque action en soy, le tout conformément à ce qui nous est prescrit & cōmandé par la Loy de Dieu, & non par la seule Loy des hōmes. Or ie l'appelle Constance que Dieu recherche en nous; parce que ce n'est qu'vne conformation à la sienne : & qu'estant seul eternellement constant, il nous en a donné seul l'exemple (car le Pere & le Fils ne sont qu'vn en essence) nous donnant comme entendre qu'vne des plus grandes fruitions que l'homme puisse auoir de Dieu, c'est l'imitation des rares & diuines perfections qui sont en luy. Mais cette loy de la constance que Dieu desire de nous, il ne se la faut imaginer si estrange ne si rude, qu'elle vueille que nous courions à trauers champ à toute sorte de dangers & de maux, & les recherchions pour faire l'essay de nostre courage.

Les Philosophes mesme n'ont iamais esté si critiques, qu'ils ayent pensé qu'vn homme constant ne deust ceder quelque chose aux premieres apprehensions de l'ame, aux visions, imaginations & hauts bruits. Car qui oyroit vne canonade par surprise, vne ruine espouuentable, ou vn grand esclat de tonnerre : ou qui rencontreroit la nuict vn Demon ou esprit maling dans son lict (chose qui s'est veuë quelquesfois) il est impossible que semblables rencontres ne tirent des ames les plus Stoïques & valeureuses, des palleurs, des rougeurs, des frissons, des herissemens de poil, des balotemens de leures, des tremblemens de iambes, & des batemens de cœur. Il suffit que l'ame ne face rebellion ouuerte, & partie formee à la Constance, & ne consente à ces frayeurs : laissant tousiours le iugement solide & capable de se porter en ces occasions si entier, qu'on ne puisse dire qu'il a esté delogé de son siege. Et quand Fabricius se fust espouuanté du cry horrible de l'Elephant, que le Roy Pyrrhus luy auoit aposté tout expres pour l'effrayer, ie ne l'eusse pas iugé moins constant. Et lors que Brennus trouua les portes de Rome ouuertes, & que les Gaulois s'approcherent de ces vieillards, qui auoient pris resolution de se tenir en la grande place dans des chaires d'yuoire, M. Papirius eust beaucoup mieux faict, s'il n'eust baillé vn coup sur la teste à ce Gaulois, qui voyant cette nouueauté s'estoit approché de luy : car il fut cause que le Gaulois vainqueur mit la main à l'espee

& le tua, comme firent aussi les autres Gaulois tous ces Romains assis, qui pensoient inconsiderément (contrefaisant ainsi les Dieux, & tenans leur morgue) effrayer des gens victorieux, sans considerer qu'ayant trouué l'entree libre, & estant les maistres, ils pouuoient vser de leur vie & de leurs moyens à plaisir. Cette forcee ou simulee Constance estoit trop chere; puis qu'elle cousta la vie à tant de grands personnages. Les hommes sages & prudents en accidents si Tragiques doiuent bien auoir vn cœur inuincible: mais aussi il faut, quand la raison le veut, qu'il soit obeissant à la necessité, & à vne plus haute prouidence, que n'est celle de l'homme. Ils croioyent parauanture que comme les Scythes qui combatent en fuiãt, desrobent par le moyen du combat le deshonneur de la fuite, qu'eux aussi ouurant les portes aux ennemis, & les receuant de pied ferme, osteroient l'infamie de leur prise: neantmoins il en aduint autrement.

C'est le propre de la nature humaine d'estre tousiours necessiteuse.

Et comme c'est le propre de la nature humaine d'auoir tousiours besoin de quelque chose, & mesme d'estre effrayé en plusieurs sortes, & vexé de plusieurs incommoditez: aussi est-ce le propre de la diuine d'abonder en toutes choses: & mesme de garantir & releuer les hommes de ces effroys & incommoditez. Ce qui se fait par la Constance meslee auec la sagesse & prudence; auec laquelle chacun se doit conduire en toute sorte d'accidēts.

Il semble que ce soit vne espece d'irreligion de ne s'espouuenter du tonnerre. La Constance n'est pas vne vertu simple. Les vertus qui nous peuuent acheminer, & faire paruenir à nostre souuerain Bien, doiuent estre constantes.

Outre qu'il semble en quelque certaine façon, que ce soit plustost vne espece d'impieté & irreligion de ne s'espouuanter, ou pour le moins de mespriser du tout le son bruyant & effroyable du tonnerre, & autres choses semblables qui nous sont enuoyees de Dieu, pour nous contenir en nostre deuoir, qu'vne espece de Constance. Donc la vraye Constance que Dieu desire de nous est vrayement (moralement parlant) non vne vertu simple en la façon des autres, ains l'accomplissement, la perfection, & l'ame de toutes les vertus ensēble. Qui fait qu'ayant acquis autant de vertus, comme il nous en faut, pour nous conduire à ce port de salut, à ce souuerain Bien, qui est Dieu, la seule acquisition des vertus n'est suffisante de nous y porter & conduire, si elles ne sont constamment en nous. Comme la iustice, la vaillance, la chasteté, & autres vertus semblables ne sont suffisantes de nous faire declarer iustes, vaillans & chastes, si la Constance n'interuient, & si constamment nous ne sommes tels.

Aussi dit-on que les vertus sont enchainees ensemble, & sont fortifiees l'vne par l'autre. C'est pourquoy il est dict dans Iob, Que les enfans (qui signifient les vertus) se festoyent entre eux. Car, dit sainct Gregoire, chaque vertu est fort foible de soy, si elle ne s'appuye sur quelque autre. Attendu que la sapience mesme est beaucoup moindre qu'elle ne seroit, si elle n'est accompagnee d'vne vraye prudence; & la prudence nous est fort inutile, si nous ne sommes imbus & remplis de sapience: veu que l'entendement, qui peut penetrer iusqu'aux choses plus hautes, sans le poids & grauité de la sapience, sa legereté ne s'esleue bien haut, que pour luy faire predre vne plus lourde cheute: le conseil qu'on prend, quand on entreprend quelque chose, est bien chetif, si la resolution manque & la Constance y defaut. Or d'autant que par vn ministere alternatif & reciproque vne vertu festoye l'autre, & la releuant, se trouue releuee elle-mesme, il est dict, qu'en cette si populeuse lignee chacun se festoye reciproquement. Si est-ce pourtant qu'encore que les vertus soient estayees l'vne sur l'autre, la difficulté est, que qui est doué d'vne vertu (laquelle neantmoins en tel cas ne sera en sa derniere perfection) n'a peut-estre pas tousiours toutes les autres vertus; mais qui a la Constance, a toute sorte de vertus morales: d'autant que la Constance gist seulement en la perfection & perseuerance du vouloir bien reglé & du pouuoir: & ne se pose & subsiste iamais que sur la masse entiere des vertus, comme sur le feste du bastiment, voire ennemie d'interualles; leur seruant comme d'appuy & secours reciproque, elle n'est en elles, sinon afin qu'elles soyent constamment & perpetuellement.

Que veut dire dans Iob, Apud te filij inuicem continuãtur. S. Greg c. 28. sur le 4. ch. de Iob l. 5.

Vile est consiliũ, cui robur fortitudinis deest.

Qui a la Constance, a toute sorte de vertus.

De sorte que toutes les honorables & belles qualitez, que les anciens Poëtes Grecs & Latins, ont iamais attribué aux vertus, conuiennent beaucoup plus proprement à la Constance que Dieu desire de nous, qu'à aucune de toutes ces autres vertus quelle qu'elle soit. Tellement que nous seruans de leurs mots,

La Constance est le bec pointu de l'ame, auec lequel perpetuellement elle se mord, se ronge, & s'alambique le cerueau, pour se maintenir & s'asseurer. C'est l'espine pointue qui continuellement la va piquant, pour la conuertir & faire tourner à soy. C'est le coq suruellant, qui chante iour & nuict sans iamais se lasser, pour la rauiser de son inconstance. C'est cette derniere perfection de la Nature. C'est cette flâme & ce feu que Promethee rauit du Ciel. C'est-ce rameau d'or que la Sibylle aprint à Ænee. C'est la toison que Iason rauit en l'isle de Colchos. C'est cette mer sans vent, où il fit sa nauigation. C'est cette sapience, que les Anciens disoient estre parmy les orages tranquille, parmy les tenebres estincellante, parmy les dangers asseuree, parmy les hasardeux combats sans apprehension, parmy les plus vils & sales lieux honorable & sans vergongne. C'est celle qui comme tressaincte ne cherche ja comme le Corbeau dans les choses de ce monde, la charongne de l'amour & de l'interest des choses humaines : ains à guise d'vne Colombe vise tousiours & veut entrer dans l'Arche, dans laquelle elle se puisse conduire au lieu où gist son souuerain Bien. C'est cette fauorie Hebe qui sert à table Iupiter. C'est en fin cette souueraine Beatrice du Dante, qui par tous les Cieux guide l'homme à la gloire immortelle.

La Constance que Dieu desire de nous, ne sert que d'acheminement à celle de Dieu.

Mais neantmoins, quelque excellente qualité que nous donnions à cette Constance humaine, qui se trouue parmy les hommes mortels, quelque conduite que nous prenions d'elle, & par son moyen ; si ne nous pourroit-elle iamais conduire, ny faire trouuer en ce monde nostre beatitude & souuerain Bien, que tout homme Chrestien bien sensé

sensé doit poser comme pour bute de sa vie & de toutes ses actions. Ains nous ne pouuons releuer dauantage cette constâce que Dieu desire de nous en cette vie, ny la prendre à plus haut prix, ne pour autre chose, que pour vn simple acheminement à la grande & supreme Constance de l'autre heureuse vie, laquelle seule est parfaicte.

Or puis que ce souuerain Bien, auquel chacun aspire, gist seulement en la parfaicte possession de Dieu, qui est la vision beatifique accompagnee de l'amour de Dieu; & que c'est vn estat totalement immuable & tres-parfaictement constant; il me semble qu'il sera tres-à propos de monstrer, que nostre souuerain Bien ne peut estre en cette vie imparfaicte. Et partant que nous deuons tousiours mirer à la perfection de cette constance que Dieu recherche en nous en cette vie: parce que nous n'y pouuons paruenir par autre meilleure voye que celle-là.

Car tous les Philosophes & autres grands personnages, ayant espeluché les vertus, les richesses, & tout ce qui est parmy les hômes le plus en vogue & en desir, en ont trouué & remarqué les deffauts, quelque affection trâsportee qui les aueuglast. Et pour ne mespriser ce haut poinct, qui est le premier, & le plus important de toute nostre vie, il est tres-necessaire de sçauoir ce que Platon & son truchement nous en ont laissé par escrit.

Midas nous a appris (dit-il) que la beatitude & nostre souuerain Bien ne consistoit en thresors, puis que les thresors ne sont recherchez pour eux-mesmes, ains pour contenter nostre esprit & nostre corps. Auguste souloit dire qu'il ne consistoit non plus en humeur & bien-vueillance ou du peuple, ou des grands; parce que ce sont choses qui dépendent d'autruy; & souuent nous viuons & nous soustenons sans eux. Et au contraire encore bien souuent nous les acquerons, ou les perdons sans merite & sans faute. Cesar n'a trouué de seureté de le loger sur l'empire du monde; parce qu'à tant plus de gens que nous commandons, à plus de soings & de dangers nous-nous

Biës de la Fortune.
Nostre souuerain Bien ne consiste en thresors, ny en honneurs, ny en Empires, & ainsi il ne consiste és biens de la Fortune.

engageons. Herille vouloit l'attribuer à la beauté de laquelle il se glorifioit merueilleusement, pour estre l'ornement le plus agreable qui soit en la Nature. Mais il s'en trouua esloigné, quand il veit que nul pour beau qu'il soit, ne vit en ce monde contant de la seule beauté : qu'il recogneut que c'est vn contentement estranger, qui plaist plus à autruy qu'à celuy-mesme qui le possede ; attendu que les estrangers se mirent naturellement en sa beauté, & neantmoins luy-mesme ne la peut voir que faussement, & dans vn miroir le plus souuent ou flateur ou trompeur. Milon puissant & fort, sembloit auoir de plus fortes raisons, & l'emporter par la force ; mais il s'en desdit aussi tost, quand il recogneut que les plus forts sont exposez au ressentiment de la moindre petite offense & picqueure. Tous lesquels exeples & plusieurs autres semblables nous apprennent, que le souuerain Bien ne consiste ny és biens de la Fortune, ny és biens du corps.

Biés du corps.

Biés de l'Ame.

Les biens de l'ame logez en la partie Irraisonnable, ne sont nullement nostre souuerain Bié.

Que si nous le cherchons és biens de l'ame seulement, il y en a de deux sortes : sçauoir est les biens qui sont en la partie irraisonnable, & ceux qui sont en la partie raisonnable. Pour ceux qui nous viennent de la partie irraisonnable de l'ame, il y en a qui semblent fort approcher de ce souuerain Bien ; comme entre autres d'auoir & les sens bien deliez & subtils. Mais plusieurs animaux se trouuent estre plus fins & deliez que nous : outre que la subtilité, soit des yeux soit de nos autres sens, a accoustumé de nous offencer & nuire aussi-tost que profiter. Non plus le faut-il loger és plaisirs que l'homme tire des sens : parce qu'au deuant ses plaisirs va tousiours & marche vn ardent desir qui presque nous violente : que le soupçon les accompagne, & la penitence les suit ; & que bien souuent vn seul & brief plaisir est suiuy de fort longues douleurs. Voire mesme que le goust & le plaisir de ce plaisir ne dure non plus que le besoin du corps : tout ainsi que le plaisir de boire se regle par la soif, & ne dure qu'autant que dure l'alteration, ou que l'acte de sensualité, qu'on prend ou exerce mesme sans besoin. Outre que *Ogni bisogno è molestia*. D'ailleurs que le plaisir des sens n'est pas vn pur & vray plaisir, d'autant qu'il se mesle souuent auec son contraire, qui est la douleur, & porte tousiours quelque besoin en croupe. Et ores qu'on trouuast quelque plaisir és sens qui ne fust accompagné ne suiuy d'aucun besoin; ces plaisirs sont si petits & si foibles, que nul bien sensé n'y attache sa beatitude. Il faut donc croire que iamais homme de bon sens n'a eu encore iusqu'icy le courage si bas & abiect de loger son souuerain Bien en vne certaine habitude composee de la subtilité ou plaisir des sens: parce que cette habitude est trompeuse, incertaine, & turbulente; & les plaisirs vils & abiects, qui ne remplissent l'ame: veu que par vne certaine inclination naturelle elle cherche tousiours choses plus hautes.

Pour ces autres biens qui nous viennent de la partie raisonnable de l'ame, qu'on appelle biens ou dons naturels, comme l'entendement, la memoire, la hardiesse, & autres semblables, en ceux-cy non plus ne consiste nostre beatitude: attendu qu'ils sont bons seulement à ceux qui en vsent bien; mais preiudiciables & mauuais à ceux qui en vsent mal. Or la recherche de nostre souuerain Bien ne nous peut apporter aucun mal, pourueu qu'elle se face par le bon chemin. Et moins encor' iceluy: car l'ayant trouué il est impossible d'en mal-vser ny mal employer si nous-nous y tenons fixement arrestez; veu qu'il nous tient tousiours en droicture. Secondement puis qu'il se trouue quelque autre plus grand bien que nostre ame & ses actions, il est impossible qu'elle soit nostre souuerain Bien.

Biens de la partie raisonnable de l'ame ne sont aussi nostre souuerain Bien.

Pour trouuer le souuerain Bien ils ont vsé de cette autre distinction, sç. Qu'il faut considerer l'ame ioincte au corps, ou desliee du corps.

A quoy ils ont adiousté cette autre distinction, Qu'il falloit considerer l'ame ioincte & liee avec le corps, ou libre & desliee d'iceluy. Et encore qu'Aristote nous ait apris que la beatitude estoit vne grande operation d'vne grande puissance à l'endroit d'vn grand subiect: si est-ce

Rrrrr ij

qu'il a esté de l'aduis de ceux qui ont creu, que la beatitude consistoit & pouuoit estre acquise par l'ame, quoy qu'elle fust emprisonnee dans le corps. Bien que Platon, plus entendu & souuerain que luy en la recherche du souuerain Bien, l'a nié. Croyant que nostre beatitude ne se pouuoit acquerir que par l'ame deliuree du corps. Parce que l'ame incorporee dans cette masse terrestre, si elle n'est reglee par la constante lumiere de Dieu, nous donne en cette vie (quand nous voulons considerer les choses diuines) vne ambiguité d'intellect confuse en soy, nous tenant tousiours en doute & en suspens.

6. Platō a creu que ce que l'ame desliee du corps cherchoit, n'estoit autre chose que Dieu, pour deux raisons.

Mais ces choses diuines, en la consideration desquelles l'ame desliee & deschargee du corps se iettoit ainsi aisément par inclination naturelle; Platon & ses disciples croyoient, que ce ne pouuoit estre autre chose que Dieu: estant induits à cette creance par deux raisons: l'vne parce que nostre intellect a cette qualité en soy, qu'il cherche tousiours de chaque chose la cause ou la raison; puis la raison de la raison, ou la cause de la cause; voulant donner entendre que ce desir de l'intellect ne finit iamais, & ne cesse iusqu'à ce qu'il ait trouué ceste cause, de laquelle nulle autre cause se puisse trouuer: ains elle soit la seule raison ou la cause, au delà de laquelle il n'y ait plus cause ny raison; qui ne peut estre que Dieu seul. L'autre est que l'appetit de la volonté ne se rassasie iamais pour bien quelconque qu'elle ait, tant qu'il s'en peut trouuer vn plus grand que celuy que nous possedons. Si bien qu'il se saoule seulement de ce bien, outre lequel nul bien ne se voit, qui ne peut estre que Dieu. Puis donc que l'intellect ny l'appetit de la volonté ne se peuuent reposer qu'en Dieu seul, il faut necessairement inferer qu'en Dieu seul consiste la beatitude de l'homme. Et puis que nulle chose ne peut trouuer son repos autre part qu'en sa propre cause, Dieu seul estant la propre cause de l'ame, il s'ensuit que le souuerain Bien & la felicité de l'ame soit en Dieu seul.

Ainsi il nous importe grandement de cognoistre Dieu comme nostre souuerain bien, à quoy la seule Constance nous peut seruir de bon guide : mais non pour le cognoistre seulement, ains pour l'aimer. Car il n'y a nul merite en la cognoissance sans l'amour. La force ou effect de la cognoissance consiste plus en la diuision: & la force ou effect de l'amour, en l'vnion. Si bien qu'à celuy qui aime, appartient de iouyr de la chose aimee : & à celuy qui veut seulement cognoistre, appartient la seule vision. Qui me fait cōclure que le souuerain bien n'est autre chose que Dieu, lequel il faut tascher non de cognoistre seulement, ains d'aimer & imiter parfaitement ; & mesme sa Constance, puis que c'est la vertu qui luy est la plus propre & particuliere.

Il ne faut cognoistre Dieu, pour en auoir vne simple cognoissance ; ains pour luy dédier nostre seruice & nostre cœur tout entier.

Or d'autant que plusieurs ames iouyssent diuersement de plusieurs vertus, & ont diuerses perfections & degrez de cognoissance de Dieu, chacun particulierement iouyssant de celle vertu, laquelle il a le plus aimee en ceste vie, & l'a imitee le plus qu'il luy a esté possible: ils ont tenu pour certain, que chaque ame iouyssoit entieremēt de son souuerain bien, qui est Dieu. Mais que ceste ame possedoit plus parfaitement Dieu, qui regarde Dieu auec vne plus grande lumiere de gloire. Comme voulant dire, que qui s'acquiert Dieu, & rencontre son souuerain bien par vne plus parfaicte vertu, se l'acquiert & le possede en ceste mesme maniere qu'il l'a aimé, & selon sa portee & capacité, qui prouient du peu ou beaucoup de la grace & des merites, que chacun se trouue auoir à l'heure de la mort. Et encore qu'il y en ait aucuns plus capables que les autres, neantmoins chacun est plein de la gloire de Dieu & de sa beatitude, autāt qu'il en peut tenir selon ce qu'il a merité, c'est pourquoy il ne desire plus rien. Et la raison est, d'autant que par vn certain effect d'amour & de ceste affection, chacun en ce poinct cede volontiers à la volonté & à la distribution de la iustice diuine. Outre que la Nature de ce souuerain bien est aussi, de donner mesme le desir &

Chaque ame iouyt entierement de Dieu: mais celle-là en iouyt plus parfaictemēt, qui se l'est acquis par vne plus parfaite voye.

Rrrrr iij

la faculté de desirer auec quelque moderation. Ainsi encore, que l'ame desire ce bien infiny de Dieu & sa Constance, sans fin; si est-ce qu'en ayant obtenu la grace, il se contente de ce qu'il a pleu à Dieu luy en despartir.

Exod. 17. & 18. A quoy se rapporte tresbien ce traict de l'ancienne Loy, qu'on auoit beau recueillir plus que d'vne certaine mesure de Manne, que Dieu enuoyoit chaque matin comme vne rosee, pour la prouision d'vn chacun ; veu que le tout reuenoit à pareille satieté & rassasiement ; celuy qui en auoit recueilly le moins, estát aussi plein & rassasié que celuy qui en auoit recueilly le plus : la refection qui vient d'vne grace diuine, ne se mesurant par vne mesure humaine. Et que celuy qui en recueille moins n'en peut estre moins rassasié que sa capacité le porte, & que ce qu'il luy en faut.

7. La Constance est vne vertu plus excellente que toutes les autres. En quoy on recognoist clairement qu'il n'appartient qu'à la seule Constáce de nous procurer vn bien durable, & qui soit capable de nous rassasier. Que c'est vne vertu toute differente des autres, veu qu'elle donne la suite & perseuerance à toutes, & comme la force de poursuiure & paruenir à ceste felicité, qui consiste en vn heureux & fauorable acquest d'vne fin desiree. D'ailleurs, elle ne se desuoye iamais & n'est trompee de personne. Ainsi plus nous sommes constants, plus nous-nous approchons de la Diuinité & ressemblons à Dieu : en laquelle ressemblance parfaicte & celeste tout bon Chrestien constitue le supreme degré de sa beatitude. Et comme la serenité de l'air se refere communement à la lumiere d'vn clair Soleil non offusqué de nuées : tout de mesme nostre Constance se refere à celle de Dieu, vray Soleil qui nous esclaire pour paruenir à nostre felicité.

Et pour monstrer que mesme en ce monde toutes choses conspirent à ce rencontre, & quasi nous poussent és lieux où les images & representations de la Constance de Dieu semblent estre en pleine veue, ie ne craindray de representer voire par disgression les esbatemés de la Nature,

que i'ay courant le monde, qui semble par ses belles in-   8. Excellentes
uentions nous conduire comme par la main à trouuer & marques du
admirer ceste Constance que nous cherchons, nous en Fils de Dieu,
grauant mesme la figure sur les plus durs marbres qui se qui se sont
puissent trouuer. Il se voit en l'Eglise sainct George à Ve- tresfois, & en-
nise vne colomne, où il y a vn Crucifix qui s'est trouué core n'ague-
miraculeusement dans le marbre, si bien graué par la Na- res grauees
ture dans sa dureté, qu'il n'y a peintre qui le sceust mieux Nature dans
faire, & vne colomne & vne teste de mort, en ceste pier- des marbres.
re ou marbre qui fait le deuant de l'Autel. Les Anciens
mesme trouuerent merueilleux semblables effects: veu
que toute l'antiquité durant les premieres & plus merueilleuses productions de la Nature, qui semble mainte-
nant estre lasse de nous en faire voir, s'est autresfois eston- Solin. li. 11.
nee d'vne Agathe qu'auoit le Roy Pyrrhus, dans laquelle Pli. li. 37. ch. 1.
se voyoit naturellement empraince & grauee l'image du
Dieu Apollon, qui sonnoit la Cithre au milieu des neuf
Muses, qui paroissoient tous auec leurs enseignes. Mais il Figure d'vn
ne s'en faut estonner, puis qu'à Rauenne en l'Eglise sainct Prestre leuant
Vital, nous auons veu dans du marbre la figure d'vn Pre- le S. Sacremēt
stre reuestu de ses ornemens, leuant la saincte Hostie: de- trouuee dans
quoy le Pape Paul troisiesme esmerueillé, se fit donner vn l'Eglise S. Vi-
cousteau & racla ceste figure, croyant que ce fust de la tál à Rauenne.
peinture; & trouua que c'estoient crayons faits par la seule Curiosité du
Nature, ou plustost par l'Autheur d'icelle. Et n'agueres i'ay Pape Paul III.
veu vne teste d'vn Sauueur de Iaspe Oriental, si bien mise Teste de Iesus
en œuure, qu'il se voit au dessous de la couronne d'espi- Christ, mer-
nes, & de l'vn de ses yeux, & en vn autre endroit vn peu ueilleusement
plus bas des gouttes de sang parsemees, si nayfuement fai- Nature, & par
tes, qu'on diroit sans mētir qu'elles sont adioustees & mi- l'ouurier en
ses auec le pinceau: encore que ce ne soit que les seules vn Iaspe
veines du Iaspe, rengees par l'excellence de l'ouurier, qui Oriental.
font cest effect. De sorte que le Iaspe, qui est comme d'vn
verd obscur, donne au visage vne couleur d'vn homme douloureux & meurtry, & les veines, qui sont de petits

poincts rouges comme escarlate, sont autant de gouttes de sang vn peu enleuees, & comme coulant le long du visage. Mais c'est auec vne si belle disposition, qu'elles se trouuent és lieux plus propres pour voir du sang, representant & le visage & l'histoire de la Passion de Iesus Christ tout à vn coup: car principalement ces gouttes ont ainsi esté laissees par l'ouurier sous les espines de la couronne & sous les yeux; & neantmoins le reste, qui sont cóme gouttes de sang perdues qui s'escoulent des yeux, ne s'escartét du lieu où les gouttes de nos larmes ont accoustumé de s'espandre. C'est donc merueille que les sculpteurs, lapidaires & graueurs offensant & frappant les pierres precieuses & les beaux marbres, & leur imprimant des glorieuses & douces attaintes & picqueures, leur dureté cedant à si honnorables playes, nous descouurent l'image de Iesus Christ, & force autres images sainctes, qui se gardent en nos Eglises comme reliques: & que neantmoins nous soyons si stupides, que nous n'y voulions ietter les yeux, ny l'entendement! Les marteaux lourds les rencontrent, & nos esprits pointus & desliez s'y esmoussent. Or puis que dans les plus durs marbres qui se puissent tirer des entrailles de la terre, la vraye image de la constance de Dieu s'est trouuee (qui est la figure ou portraict du Sauueur, sa Passion, & ses larmes) combien est-il plus raisonnable, que sa figure & sa constance soit empraintre en la douce trempe de nos cœurs? Il faut donc l'y empraindre & grauer: & si bien que la racleure & tous les rasoirs du monde n'en puissent effacer le moindre charactere.

Et puis qu'il est certain que la plus haute vertu & la plus approchāte de la Diuinité doit estre estimee celle, qui fait que l'homme l'ayant acquise a besoin de moins de choses; la Constance est & sera la plus haute vertu & plus approchante de la Diuinité. Car puis qu'entre toutes les vertus necessaires pour paruenir à la beatitude celeste, c'est la seule qui nous y conduit le mieux, & le plus seurement (presupposé la foy, l'esperance & la charité) ce sera donc

la

la seule vertu, qui fera que nous aurons besoin de moins de choses.

Et parce que parmy le commerce du monde, la vraye prudence est, que les commencemens de toutes choses soient gouuernez par la fin : pour bien trouuer le siege & la residéce de ceste souueraine Constance, il faut chercher ceste fin, & inuoquer le Createur, afin qu'il nous face la grace de la nous faire bien cognoistre, & nous la laisser trouuer. Car toutes les cognoissances des choses qui apportent quelque perfection à l'entendement humain, sont bonnes & vtiles : mais celle-là est la meilleure & plus vtile, laquelle nous faict paruenir à la vraye felicité : car de l'ignorance de ceste fin naist le trouble & le tourment de l'ame, & la priuation de nostre souuerain Bien. Et au contraire c'est l'opinion commune de tous les Sages, qu'en la cognoissance de la vraye constance, qui est celle qui nous conduit à nostre fin gist sa perfection & son bien : veu que la Constance est vn thresor qui semble auoir esté sinon desnié tout à faict, pour le moins fort caché à l'homme dés le commencement de sa naissance : puis qu'estant en l'estat de grace il n'eust la Constance de s'y maintenir.

La cognoissance la plus vtile, est celle qui nous peut faire cognoistre nostre souuerain Bien, qui est nostre fin.

9. La Constance semble auoir esté desniee à l'homme dés le iour de sa creation.

Prenons donc peine à l'acquerir, & pour ce faire mettons en route les Inconstances, qui ont iusqu'icy obtenu tant de victoires sur nous. Luittons contre tous accidents. Nous auons cy-deuant trop laschement disputé contre nos sens. Tournons le dos à ces visages, doubles, triples & quadruples qui ensorcellent nos yeux, faisant voir en certain endroit vne belle face, & à trois pas de là vne hideuse. Conspirons sagement contre nos passions, & les detestons comme pernicieuses amorces. Coniurons contre ces mauuais insidiateurs de la raison, qui sont nos sens : & faisons que la bouche, qui est comme l'entree de la maison ou du cœur, le nez qui en est comme le portier, les yeux comme les sentinelles, les mains comme Suisses, ou les gardes qui touchent & manient tout ce qui entre, l'ouye, qui doit estre le canal par lequel nous pouuons faire escouler &

Sssss

entendre les moyens de noſtre Conſtance, ſoient tous tendus à ce poinct: Diſons adieu au monde, qui eſt le pere de l'Inconſtance. Diſons adieu aux delices ſes enfans; aux vanitez ſes filles; aux perturbations ſes freres. Ne laiſſons plus eſgarer nos affections à tant d'objets diuers; ne baſtiſſons plus ſur le ſable mouuant. Noſtre Inconſtance digne de compaſſion, porte ſa poiſon quand & ſoy, puis qu'elle ne ſçait choiſir que ſon mal. Et cōme il y a des gens ſi perfides qu'ils n'ont foy que pour la violer: il ſemble pareillemēt que pluſieurs n'ayēt de la Conſtāce que pour la deffigurer. Mais il la faut auoir pour la conſeruer ſoigneuſement, & pour nous affranchir de ces foles & deſreglees diuerſitez, qui troublent noſtre repos. Vn homme embrouillé du foucy des choſes humaines, ſe cloſt luy-meſme le paſſage de la Conſtance.

Et puis que l'Inconſtance ſon ennemie nous eſt meshuy ſi bien repreſentée, que nous ne pouuons faillir & nous deſuoyer qu'à eſcient: nous pouuons bien nous eſcrier auec S. Auguſtin, *Que miſerables ſont ceux qui tombent les yeux ouuerts, & qui encore viuans en ce monde deſcendent comme morts en enfer.* Les vents qui nous prennent au port du changement, nous menent droictement à celuy du repentir & du regret. Le mal qui faute de Conſtance nous fait attendre auec inquietude, ne nous preſſe pas moins que s'il eſtoit deſia venu: parce que deſlors noſtre peur nous fait ſouffrir ce qu'elle a peur de ſouffrir. Vn eſprit mal-aſſeuré branſle ſous l'apprehenſion du mal, long temps deuant qu'en eſtre accablé; au lieu qu'vne ame bien compoſee doit embraſſer & le peril & les trauaux, comme vne beſongne qui luy eſt commandée. L'homme conſtant eſt libre en toutes priſons. Il eſt ſon maiſtre parmy les Rois, & en toutes maiſons Royales; parce que tout ce qui heurte les choſes fermes & inſurmontables, deſploye ſa force pour ſe ruyner ſoy-meſme. Si l'ame deſdaigne comme baſſes les choſes terreſtres qui la veulent detenir, & ne craint de ſortir de ce monde; c'eſt vn ſigne certain qu'elle

S. Aug. c. 34. des Soliloques.
Miſerable eſt celuy qui tombe les yeux ouuerts en enfer.

INST. DE TOVTES CHOSES. LIV. V. 538

est yssue d'vn siege plus haut que le monde. Car la fortune nous donne lustre en nous affligeant. Que sert-il donc de changer de contenance, pour vn accident qu'on ne peut changer? Que sert-il de se fascher pour des pertes, qui outre le desplaisir du regret, ne nous restablissent nostre perte? Qu'auons-nous affaire à nous renger à la mercy d'vn torrent, qui esbranlant nos resolutions nous pousse à de mortelles inquietudes, & nous mene droict à la mort de la Constance?

Il desio nostro se più ha, più chiede,
E come non ha fin, non ha quiete;
Perche mal puo posar, chi ben non siede.

Il ne sert de rien de se fascher & changer de visage, pour vn accident qui ne peut changer.

Le repos ne peut estre long, quand on n'est en bonne assiete. Ainsi il ne faut amuser nostre espoir à choses variables, qui ne seruent & ne sont propres qu'à nous incommoder de tous costez. Au contraire il faut accommoder à nostre bien ce mauuais siege, & toute autre chose dont l'aduersité semble se vouloir seruir pour nous molester ou ennuyer, afin que nous puissions dire comme celuy qui visant d'vne pierre à vn chien, ayant failly le chien & tué sa marastre, encore dit-il ne va-il pas mal ainsi. De mesme pouuons nous transferer la Fortune en voulant tout ce qu'elle veut, quand la raison le commande, enuoyant tousiours nostre esprit au deuant tout ce qui nous pouuroit arriuer, & surprendre. Mais tout à rebours nous auons bien souuent ceste mauuaise coustume, que nous tendons nostre pensee à chose douloureuse ; & la contraignons de s'arrester à la cogitation des fortunes aduerses & tristes, en l'arrachant à force des bonnes & prosperes. Personne n'est contant de sa condition ; qui fait qu'vn chacun de nous desire & veut tousiours monter vn degré. Les petits Princes veulent faire les Rois & adiouster des sceptres à leurs couronnes ; & les Rois veulent esclairer & tonner comme Dieu.

10. On ne peut demeurer long têps assis, quand le siege est mauuais & qu'on est mal assis.

Mais tout cela qu'est-ce sinon amasser des occasions affectees d'ingratitude; & comme maugreant sa naissance,

Sssss ij

& mesprisant sa condition se plaindre de son Createur? La Constance est vn miroir qui monstre au naturel aux plus louches ce qu'ils ont le plus caché dans l'ame, qui est leur lascheté : pourquoy donc s'en prennent-ils ainsi aux fueilles qui sont vnies & plainieres, & n'en veulent donner le blasme aux espines & aux ronces qui leur naissent dans le cœur? La maladie ne vient ny du Ciel, ny de la terre. Ce n'est ny l'infection ny la subtilité de l'air qui fait sentir & bourgeonner leur mal. Pourquoy accusons-nous la nauire, si la foiblesse de la teste, le serain qui nous donne dans les yeux, l'humidité & la froideur de nostre estomach nous rendent malades & nous donnent appetit de vomir? Ainsi font ceux qui ne veulent prendre la Constance pour regle; ils ne veulent que changer de miroir, d'air, & de nauire, croyant trouuer leur santé par le seul remuëment. L'Inconstance nous sape, & faict en nous comme les petites gouttes d'eau, lesquelles au commencement ne font simplement que mouiller; mais sur la fin elles cauent, pourrissent, & enfoncent tout l'edifice. Ainsi les petits traicts d'Inconstance ne font au commencement qu'arrouser l'ame; mais en fin ils la teignent tout à faict, la minent, & pourrissent les plus grosses poutres des vertus qu'elles y trouuent. Si bien que les plus grands orages & la plus grosse pluye des vices y battent ayfément par apres, qui chassent la raison de la maison, & font decheoir l'ame du train & de la possession de la Constance. L'Inconstance sert de bandeau aux yeux, afin qu'ils ne cognoissent la verité, de lasset aux pieds, afin qu'ils ne suyuent la vertu, de glus en l'ame, afin qu'elle ne se rehausse aux choses hautes & diuines. En fin elle est en nous comme la langue au milieu d'vn trebuchet, qui s'abaisse & s'incline, & suit tousiours le plus grand poix : car treslegere & mobile, quelque part qu'elle se tourne, elle attire vn tel poix sur nostre ame, qu'elle faict pencher la balance dans laquelle se pesent nos plus belles actions : & s'affaissant auec le contrepoix de nos passions nous cale iufqu'au fonds, & par fois nous y clouë, fi nous ne la chaffons, fans nous permettre de remonter que fort mal-aifément. Que fi nous luy auons laiffé cy-deuant l'entree libre dans noftre ame, il faut au moins faire en forte qu'elle n'y domine pas comme feroit vn feigneur & maiftre fouuerain, ains comme vn violent vfurpateur & iniufte tyran qui vit toufiours auec peur d'eftre depoffedé, & non refpecté en Roy legitime. Qu'elle foit toufiours en alarme, & qu'elle fente que nous fommes à tous moments fur le poinct de la chaffer & bannir. Qu'elle attende pluftoft de nous vne forte coniuration, qu'vne douce obeiffance & hommage.

Suiuons donc la Conftáce de Dieu; & ne croyons point que nos plaifirs foyét interrompus par fon moyen. Car les filets de nos contentemens, ne fe peuuent rompre pour y mettre du plomb: ains au contraire tout ainfi que le plōb par fon iufte contrepoix rabaiffe iufqu'au bas & profond des riuieres la legereté du liege qui furnage: voire comme en vn filé, le liege eft forcé de quitter & plonger fa legereté, pour aider le plomb à renfermer les poiffons: ainfi la folidité de la conftáce doit tirer & plonger comme à force la legereté de noftre ame qui s'efleue & furnage, & l'aider à renfermer nos paffions.

O que la Conftance eft ennemie & fe defplaift parmy les glaces de nos irrefolutions! Auffi eft-il certain, que qui ne fiche vn but à fa deliberation, ou qui ne s'y arrefte, ains faute à tous coups par deffus, non feulement il change & varie inconftamment, ains il rebrouffe chemin, & retourne s'enfiler és chofes qu'il a abandonnees, & recherche & approuue celles qu'il a defia condamné. Ainfi pour trouuer la perfection en toutes nos actiōs, il ne nous faut eftre que vertueufement conftants. Car pour fignifier vn agir parfaict, c'eft affez de dire que c'eft vn agir conftant.

Vn Ciel obfcur eftouffé de nuees & d'vne brouee qui nous aueugle, nous couurāt les yeux comme d'vne efpaiffe fumee, ne peut eftre beau. Mais quand le Soleil les diffipant nous laisse nettement le Ciel en sa clarté, il n'y a rien de si agreable. La nuict tenebreuse est pleine d'horreur: & au contraire si elle est ornee du clair flambeau d'vne belle Diane, monstrant vn Ciel esmaillé d'estoïlles guide les hommes errants & desuoyez qui sont forcez d'aller la nuict. La mer agitee de vents & de tempestes, a ie ne sçay quoy d'effroyable à ceux-mesme qui la descouurent sans danger: & au contraire estant calme & bonace, elle est plaisante & à ceux qui nauiguent, & à ceux qui la voyent.

Il n'y a rien de beau ne d'agreable, qu'vn estat ou Monarchie paisible.

Ainsi vne Monarchie, vne Republique, vn peuple, & toutes sortes de corps composez de plusieurs pieces, rendent vne veuë tres-gracieuse, quand le voile obscur & tenebreux de la discorde & des perturbations osté, chacun vit & regne sous le beau Ciel de la Constance, & comme sur vn theatre richemēt paré on y voit, comme dans vne Scene, le ioyeux aprest d'vne infinité d'ames tranquilles pacifiques & reposees. Mais le Ciel, la nuict, la mer, paisible & en repos, sont comme petits poincts, où se monstre & recognoist quelque marque & vestige de la parfaite constance de Dieu, à laquelle il faut choisir nostre bute.

Et puis que nul d'entre nous n'a espluché, si ce qui nous donnoit l'alarme estoit vray ou faux, ains iouant comme au pot cassé, nous auons ietté la frayeur és mains l'vn de l'autre. Que personne n'ose approcher du masque qui luy faict peur, ny ne veut cognoistre le bien ou le mal de sa crainte. Et que c'est la Constance seule qui nous faict ouïr quelque voix de verité, au milieu de ce bruit & tumulte des mensonges & vaines apparences du monde: c'est dans

La perfection de la Constāce gist au Ciel, & ne se peut trouuer ailleurs qu'en Dieu seul.

ce Ciel où gist principalement la mesme verité, & là où nostre Constance se trouuera en sa perfection; & iamais ailleurs ny par autre moyen. Qui a tiré ces belles paroles de Dauid, *Ie seray plein & remply Seigneur, quand ie me trouueray au deuant de ta gloire*, comme s'il disoit, Ie ne seray plus flotant dans l'inconstance de ce monde fiché & arresté en toy, mon souuerain Bien; & ne nous ayant faits que pour luy, nostre ame hors de luy est & sera tousiours en inquietude.

Si bien que puis qu'vne feule petite paſſion de l'ame, vn petit ſoufflet d'Inconſtance peut troubler tous les membres du corps, qu'elle peut auec la cholere le faire deuenir palle, auec la melancholie brun & obſcur, auec la vergongne le teindre en vermillon : nous auons vn merueilleux intereſt pour la garentir, de changer, & rechercher noſtre changement iuſqu'à ce que nous ayons rencontré noſtre derniere & ſouueraine Conſtance. Ce qu'il nous faut attendre auſſi bien que pluſieurs ſaincts perſonnages, qui nous ont appris qu'à ce grand iour ſolemnel Dieu ayant lié & raccoyſé les qualitez elementaires qui ſont és creatures, donnera aux ſeuls bien-heureux la couronne de ſa diuine Conſtance & le dernier traict de mutation. *Dies mutabilitatis pereat*, diſoit ce grand ſainct Gregoire, *&* *lumen æternitatis erumpat.* S. Greger. in 3. c. Iob. cap. 7. l. 4. mor.

Auſſi eſt-ce parauanture à quoy viſoit cet ennemy d'inconſtance Iob, quand il appella l'heureuſe Reſurrection changement; & qu'il dit, *Expecto donec veniat immutatio mea.* Nous donnant à entendre, qu'apres cette derniere mutation qu'vn chacun deſpouillé d'inconſtance attend comme luy, les glorifiez & les ames purifiees ſe releueront tout à fait, pour prendre vn eſtre parfaictemẽt conſtant, immortel, glorieux, & immuable. Et comme dit Eſaie, *Surgent in virtute, mutabunt fortitudinem.* Leur Inconſtance ſe tournera en vraye Conſtance : ſi bien qu'imbus de cette qualité diuine ils voleront droict à la gloire de Dieu, & là ſeront tout à faict & pour iamais conſtants & immuables, *Aſſument pennas, volabunt vt Aquilæ, & non deficient.* Pourquoy nous repoſons-nous donc ? merueilleuſe eſtoit la riuiere d'Eurotas, qui ne laiſſoit boire de ſon eau aux Cerfs couards ! Vn franc courage craint-il de ſuer en ces orages de la mer de ce monde ? vn cœur conſtant qui méſpriſe & abandonne tout ce qui eſt du monde eſt ſi haut eſleué, que nul coup de fortune ny afflictiõ n'y ſçauroit monter. Il ſe maintient ſi valeureuſement dans ſa fortereſſe que tous les coups qu'õ luy tire tõbent au deſſous. Eſaie 40.

TABLEAV DE L'INCONST. ET INST. &c.
Ainsi en est-il de l'homme qui s'acroche à la Constáce de Dieu; car tout tombe au dessous de luy. Il ne faut donc marchander pour accommoder son repos: car nul n'eschappe d'vn naufrage auec ses hardes & son bagage. Bienheureux est celuy qui dispense & employe si bien ses iours en cette vie mortelle, & conduit sa vertu auec telle Constance, qu'en quelque part qu'il aille sous le Ciel, il la fait tousiours suiure après celle de Dieu; & ne se sert de la sienne que pour trouuer & imiter celle de son Createur: lequel aussi (& iustement) improuue toute sorte de Constance, qui se remue par autre ressort, que celuy qu'il nous a appris de tirer luy-mesme.

FIN.

TABLE

TABLE.

ADAM. 12, a
Adoneus. ibid.
Adonai. ibid.
Qu'est-ce que signifie ce mot Adam. 12.b
Adam donna le nom à tous les animaux. 15.a
Adam auoit la cognoissance de l'Incarnation du Fils de Dieu. ibid.
Adam fut mis au monde & creé en âge parfaict. 15.b
Adam est tombé au premier peché, & en la premiere inconstāce qui ait iamais esté. ibid.
Adam se couurit de fueilles de figuier, & pourquoy. 16.a
Où est-ce qu'Adam s'ē alla apres auoir esté chassé du Paradis terrestre. 18.a
Montagne d'Adam, en l'isle de Zailam. ibid.
Qui a esté plus incōstant Adam ou Eue. 19.a
Adam aymoit tant Eue, qu'il n'a voulu estre separé de la communauté du peché. 27.a
Aduersitez qui nous sont en-

uoyees de Dieu sont autant de benefices. 86.b
Alphonse Roy de Castille se mesconta lourdement en l'horoscope de ses enfans. 85.a
Vn Alemand sautant au saut de l'Alemand, au troisiesme saut fit le saut de la mort. 107.a
Alexandre traça les fondemens de la ville d'Alexandrie de farine, & les oyseaux mangerent les fondemens. 110. a
Albuquerce Viceroy des Indes se trouuant en peril sur mer, se chargea vn enfant sur le dos. 110.b
Alemands, & pourquoy on les appelle Vaginas gentium. 397.b
En Alemagne le boire est vne action serieuse & de ceremonie. 398. a, 399. a
L'Alemand dit à tout le monde en ses festins, Aut bibat, aut abeat. 399.b
Alexandre, nom qu'on tient cōmunémēt pour heureux, a esté fort souuēt malheureux. 121.b

Ttttt

TABLE.

Alexandre estoit suiect au vin. 180.b

Pourquoy Plutarque en la vie d'Alexandre n'a voulu faire parler la vertu, ny luy donner personne à qui il l'ait voulu comparer. 181.a

Alexandre n'a esté comparé par T. Liue qu'à Papirius. 181.b

Alexandre bastit vne ville en l'honneur d'Aristote ; mais il fit vn pareil honeur à son cheual & à son chien. 182.b

Alexandre a esté logé en Enfer par le Dante. ibid.

Ambition est vne espece de maladie. 36.a

A male harpe nou cau carte. 97.b

Amour. 150.b

Les Italiens ont esté de tout têps les maistres de l'Amour. 151.a

L'Amour est vne folie cogneue & practiquee de toutes les nations. ibid.

Amour est vne folie qu'aucuns ont essayé de guerir par art. 153.a

L'Amour est la plus grande folie qui soit point. 161.b

Peu s'en faut que les Amans d'auiourdhuy n'ayent deifié l'Amour aussi bien que les Anciens. 163.a

Amans trop vieux ou trop ieunes ne peuuẽt estre agreables aux Dames. 167.b

Pourquoy on peignoit l'Amour aueugle. 169.a

L'Amour est le plus grand charme qui soit point. ibid.

Le plus grand charme d'Amour est celuy qui nous prend aux yeux. ibid.

Amis, & que chaque nation les reçoit diuersement. 441.a

L'Amour se practique & faict diuersement en chaque nation. ibid.

L'Amour ne s'attaque qu'aux Dames oisiues. 174.b

L'Amour se faict en Italie & Espagne Di foggia, voglia, rabbia. 442.b

Anglois, & sa comparaison auec le François. 443.a

Les Rois d'Angleterre ont autresfois disputé la preseance aux Rois d'Espagne. 444.a

Ange sainct Michel protecteur des François. 395.b

Animaux de l'air receurent la benediction de Dieu, & non ceux de la terre. 527.b

Anticatons composez par Cesar sont encor en la Bibliotheque du Liege. 210.b

Anaxagoras demanda pour dernier honneur, que les enfans n'allassent au College le iour qu'il mourroit. 228.a

Quand est-ce que les Anges fu-

TABLE.

rent creez. 462.b. 463.a
Si l'Ange est plus parfaict que l'homme. 464.b
Les mauuais Anges demeurerent si peu en leur constance, qu'on n'a presque point de mot pour en exprimer le tẽps. 465.b
Nostre Seigneur semble auoir iugé que l'homme est plus excellent que l'Ange. ibid.
Le peché des Anges est beaucoup plus grãd que celuy d'Adam & d'Eue. 466.b
Sçauoir-mon si Dieu reparera la breche, & le defaut des Anges d'autant d'hõmes. 468.a
Si les bons Anges sont inconstans aussi bien que les mauuais. 463.b. & suyu. 468.a
Ancre. 492.a
Qu'est-ce que signifioit parmy les Anciens Sacra ancora. ibid.
Dans ce mot Ancora, c'est autre Cor se trouue au milieu. ibid.
Pourquoy on attache les vaisseaux sur lesquels on veut dire la Messe auec quatre Ancres. 492.b
Pourquoy on vse de petites Ancres pour notes en l'Escriture saincte. 493.a
Apelles peignoit les Dieux assis, & pourquoy. 491.b

Armoiries des villes sõt la plus part sans inuention & sans rencontre. 110.b
Les Armoiries de la ville de Paris sont vne Nauire, & si elle n'en eut iamais vne seule au deuant. ibid.
Areopagites rendoyent la Iustice la nuict, & pourquoy 370.b
Astres. 82.b
Si on peut cognoistre par les Astres les choses à venir. 82.b
Astrologues & deuins disent vray quelquesfois. 83.a
Astrologues tombent souuent és accidẽs preueuz par eux-mesmes. 84.b
Aue, ce mot semble estre venu d'Eua. 20.b
Auuergnas se disoyent anciennement freres des Romains. 438.b.

B.

Bataille où tous les blessez furent frapez en vn certain endroit. 120.b
Bataille où tous les blessez mouroyent, bien que notoirement la playe ne fust en lieu mortel. ibid.
Diuerses opinions de grands Capitaines quãd est-ce qu'il faut hazarder vne bataille. 190.b
Baptesme hors de refus par la

Tttt ij

bien-séance Chrestiéne. 121. a
Mysteres cachez par les Anciens sous le nom de Bacchus & de Cerés. 12. a
Beauté est peu de chose. 41, b. 42. a
la Beauté fut cause que la Royne Olympias pardona à vne belle femme l'adultere commis auec son mary. 42. a
les Cygnes de Meandre s'amourachèrent de la Beauté de la femme d'Admetus. ibid.
la Beauté engendre ceste transmigration Pythagorique tant chantée des Anciens. ibid.
la Beauté ressemble l'arc en Ciel. 42. b
le miroir & la parure des Belles sont instrumens pour esmouuoir l'affection d'autruy. ibid.
les perfections, ou imperfections du corps, ne nous doyuent apporter ny gloire, ny reproche. ibid.
Beauté singuliere n'est pas vn petit indice de luxure. 43. a
il est bien mal-aisé de trouuer vne Belle ame & vn beau visage ensemble. ibid.
la chasteté semble estre vne vertu plus necessaire aux Belles, que profitable. ibid.
la Beauté est vne mauuaise hostesse dans vne belle maison. ibid.

quel don est-ce que le don de la Beauté. 43. b
Beauté apporte de la diuision & de la ialousie. ibid.
Beau mot du grand Cosmo. 102. b
Beau traict de sainct Augustin contre Virgile. 349. a
le Bien s'engendre du mal, & la vertu du vice. 456. b
Bizarrie est vne espece d'Inconstance. 103. a
le Bizarre est paré de plusieurs couleurs, & pourquoy. ibid.
Bizarries qui se terminent en vanité. 104. a
Bizarries qui se terminent en cruauté. ibid.
Bizarries ineptes, & d'autres qui sont hors de tout sens commun. 106. a
vn Bizarre venoit fouetter toutes les nuicts la statue de Nicon. 104. a
Bizarrie cruelle d'Hannibal. 112. a, b
Bizarrie des peuples. ibid.
Bizarrie de ceux qui cherchent des mots nouueaux, & vne nouuelle forme de parler. 124. a
Bias taxé d'yurongnerie ennemie de Constance. 226. a
Bouclier, & combien grand deshonneur c'estoit parmy les Romains de ne le rapporter du combat. 525. a

TABLE.

Boccace deshonore la fille de Robert Roy de Naples, sous le nom de Fiammette. 350. a

Bras d'vn des Capitaines de Brutus, qui suoit de l'huyle rosat en telle quantité, qu'on ne le pouuoit essuyer. 114. b

C

Cameleon change de tant de couleurs par la seule crainte. 30. a

Caphienses mouroyēt toutes d'vne mesme maladie, mais neātmoins incogneue. 120. b

Callimachus viuāt, ses ennemis l'ont tué, & tout mort il les a mis en route. 188. b

Cardinaux, & d'où ils prennent leur nom. 429. b

Cardinaux, Princes de l'Eglise. 430. a

Cardinaux, quelle part ils ont au maniemēt des affaires de l'Eglise. ibid.

Caton vray modele de la Constance des Anciens. 192. a

raisons peu Chrestiennes pour louer Caton de ce qu'il s'est tué. 193. a

Caton blasma Cesar d'auoir esueillé les Gaulois. 196. a

Caton ayma mieux prester sa femme à son amy que sa fille. 196. b

raisons pour blasmer Caton de ce qu'il s'est tué. 197. b

Philippes Strozzi se tua à l'exēple de Caton. 198. b

Caton se tua en Bizarta de Barbarie, noms qui marquent l'action & le lieu. 206. a

vn des Catons aymoit la langue Grecque, & l'autre l'auoit en haine. 218. b

Cas d'Auanture. 79. b

Ces mots, Cas d'Auanture, Destin, Fortune ostent le libre Arbitre, & destruisent la vertu. 81. b

Cesar surprint Caton qui le pensoit surprendre. 197. a

La mort de Cesar fut predicte mille ans auant qu'il ne fust né. 200. a

Cesar a peu d'obligation au Poëte Lucain. 185. b

Chappellet d'oreilles. 112. a

Cesar fut blasmé à Rome d'auoir faict porter le portraict de la ville de Marseille en triomphe. 380. a

Charlemagne & sa canonisation renoquee en doute par Baronius. 382. a

Chrysippus se pasmoit quand trop de gens le saluoyent. 117. a

Chiquane deuroit estre bannie du Palais. 361. b

Cicero dit que les Ethiques d'Aristote ont esté faictes par

Ttttt iij

TABLE.

Nicomachus son fils. 340.a
Ciceron & Demosthene ont esté instruicts par deux Comediens. 354.b
Ciceron dict en vn lieu que la langue Grecque est plus riche que la Latine, & en vn autre il dit tout le contraire. 355.b.
Ciceron se repentit sur ses vieux ans d'auoir estudié. 356.a
Ciceron prenoit plus de plaisir de parler pour vn demandeur, que pour vn deffendeur, ce qui luy reüssit tres-mal sur la fin de ses iours. 356.b
Ciceron a dict choses contraires, parlant de la vie & de la mort. 357.a
Beau traict de sainct Augustin touchant l'inconstance de Ciceron. ibid.
Ciceron est taxé d'auoir trop aymé sa fille Tulliola. 357.b
Ciceron comme sa fille mouroit, luy meit au doigt la plus belle Esmeraude qui se puisse voir, qui s'est trouuee puis nagueres; & est entre les mains d'vne Dame en Italie. ibid.
Ciceron mesprisoit le droict Ciuil. 358.b
Cinete suiecte à la cholere. 118.b
Claudius fut empoisonné auec des champignons. 342.a
Claudius condemna vne mere d'espouser son fils. 365.a
Rodomotade de Consalue. 422.b
Constace ennemie du Dieu Bacchus. 400.a
La Constance est vne vertu qui conuient mieux à Dieu que toute autre. 488.a
Que la Constance des Payens estoit imparfaicte. 515.b
Comment il faut cognoistre la vraye Constance. 516.a
Deffinition de la Constance tirée de Ciceron. 516.b
La fin de la Constance des Philosophes n'estoit qu'vn desir ou ambition d'emporter la victoire sur les sens corporels, & mespriser les tourmens. 517.b
Constance de Ciniger. 521.a
Constance de Cornelia mere des Gracches. ibid.
Constance merueilleuse de Canius Iulus. 522.a
Constance & magnanimité des Romains. 523.b
Que toutes les Constances qui ne releuent que de la seule grandeur de courage, & non de Dieu sont mãques & deffectueuses. 525.a
Quelle est ceste Constance que Dieu desire de nous. 530.a
Qui a la Constance a toute sorte de vertus. 531.b
La Constance de Dieu n'est autre chose que nostre souuerain

TABLE.

Bien. 530. b
La Constance de Dieu se peut prendre pour Dieu mesme. ibid. 539. b
Pourquoy la Constance est icy appellee Constance de Dieu. 529. b. 530. a
La Constance humaine doit obeissance à la necessité, & à la force. ibid.
Qui s'effroye des choses effroyables ne doit estre tenu moins constant. ibid.
La Constance qui consiste en effect, est bien de meilleur aloy, que celle qui ne consiste qu'en belles responses. 522. b
Concile d'Orenge & sa determination touchāt la Constance. 516. b
La Corneille de l'Empereur Domitian n'osa iamais chanter, Toutes choses sont bien, ouy bien, Seront. 4. a
Crucifix de l'Eglise sainct George à Venise, graué naturellement dans vne colomne de marbre. 536. a
Cruauté de Sylla enuers sa femme. 145. a
Cupidon battu aux Enfers par les amoureux. 159 b
Que l'hostel de Cupidon & ses Officiers sont plus ingenieusement descrits par les amoureux que luy-mesme. 172. b
Comment Cupidon va à la chasse, & son esquipage. 173. b

D

Dauid nous a laissé bien incertains de ce qu'il vouloit dire par ce mot, incerta, du Psal. 50. 126. b
Le Dāte faisoit profession d'estre obscur. 351. a
Description & mesdisance d'vn Nain par le Dante merueilleusement obscure. ibid. & 351. b
Demosthene. 354. b
Grand faute à vn Aduocat d'escrire ou plaider pour les deux parties, comme fit Demosthene. 355. a
Vn faux Demon fit mourir force gens, ayant predit à l'Empereur Valens que le nom de son successeur commençoit par ΘΕΟΔ. 84. b
Les Demons font ordinairement l'amour aux personnes affligees. 159. b
Defauts des Liures, des Bibliotheques, des Sciences, & du mauuais vsage & application d'icelles. 214. a
Democrite se mocqua gentiment de la sotte curiosité de Darius. 46. a
Ouurages de Dædalus, qu'il fal-

loit lier, de peur qu'ils n'eschapassent, tant ils estoyent bien faicts. 108. a
Diogenes & Platon se mocquoyēt l'vn de l'autre. 337. b
Diane. 28. b
Sainct Gregoire de Nazianzene n'a voulu mettre le Temple de Diane au rang des sept merueilles. 481. b
Que vouloit dire que Mercure ne pouuoit faire vne robe à Diane. 28. b
Explication de la robe de Diane. 29. a
Il n'y a plus de Dianes au monde, pour courir ainsi par les bois à toute heure. 52. a
Toute sorte de loix ont prohibé les diuinations. 85. a
Dionysius ayant commis vn sacrilege s'esmerueilloit que les Dieux luy bailloyent bon vēt. 85. b
le Diable faict l'amour en sa façon. 159. b
Dieu a doné quelque defaut aux creatures les plus parfaittes. 486. b
Dieu est vn œil qui void toutes choses. 489. b
Dieu est foiblement comparé à l'œil de l'homme. 490. a
Duels. 440. a

E.

Echinus, ou Herisson poisson de mer, ennemy de l'Inconstance. 29. a
que les Elemens changent, & partant l'homme ne doit estre repris de changer. 448, a. 455. a
Elephans portent leur part dix ans: d'autres disent qu'il est incertain. 6. b
Empereur est vn tiltre plus honorable & eminent de parole & de ceremonie, que d'effect. 304. a
Enfant sorty tout à faict du ventre de sa mere s'en rentra dedans aussi-tost. 115. a
Entendement. 31. b
nostre Entendement nous trauaille, au lieu de nous secourir. 31. b
nostre Entendement fournit les inuentions de nostre ruine. 32. a
Epaminondas disoit que mesme vn iour de bataille il faut prēdre loisir de tirer ses amis du hazard. 188. a
les Ephores condemnerent iustement vn penitent public. 45. b
Espagnols, gens de consultation. 421. a

l'Espa-

l'Espagnol est reduict à mendier sa santé du François son ennemy. 395. a
preseance de la France & de l'Espagne. 406. b. & suyuans.
l'Espagnol est plus souffrant que le François. 416. a
vn Espagnol se donne plus de tiltres que trois François de meilleure maison que luy. ibid.
l'Espagnol ne loge pas volontiers vn François. 419. b
l'Espagnol a mal mesnagé ses aduantures qu'il auoit en France pendant nos guerres ciuiles. 425. b
Espagnoles & Italiennes mettent l'amour à prix. 442. a
Estats & dignitez ne peuuent assouuir l'homme. 36. b
Euripide fut en peine pour auoir loué les Richesses. 34. a
Eue plus semblable à Adam que le commun des autres femmes. 21. b
considerations pour lesquelles Satan s'est seruy d'Eue, pour tromper Adam. 22. a
Eue a plusieurs precellences en sa creation au dessus d'Adam. 22. b
moyens dont Satan s'est seruy pour seduire Eue. 25. a
Ecstases & Rauissemens. 135. a
les plus saincts hommes, & les plus sçauans de l'Eglise sont en peine de cognoistre les Rauissemens & Ecstases, qui viennent de Dieu. 136. a
Sor Orsola à Naples a des Ecstases & rauissemens de cinq ou six heures, puis trete-six ans. ibid.
l'extreme Embon-poinct est vn commencement de maladie. 41. b
Est. 122. a
la case d'Est. ibid.
il n'y a point d'autre case d'Est en propres termes que celle de Dieu. ibid.

F

FAtum, Destinee. 80. a
Fable de Niobé. 100. a
les Fables se destruisent l'vne l'autre. 482. a
Femmes recommandees par les Anciens de sagesse, de vaillance, & d'amour. 49. b
la Femme ne peut s'addoner aux violens exercices du corps sãs vergongne. 52. b
Dieu n'est pas glorifié par la creation de la Femme. 19. a
la Femme est plus differente de l'homme, que la femelle des autres animaux. 2. a
la Dot est le prix que la femme paye pour entrer en la subiection d'vn mary. ibid.

Vuuuu

TABLE.

vne Femme de parfaicte beauté passa la Seine à nage deuant le Roy Charles IX. 52.b

aduis du Roy Charles là dessus, & de ceux de sa Cour. 53.a

Nature reuerse les Femes noyees pour couurir leur honte. 53.b

excuses ou pretextes peu honorables des Femmes qui veulent faire l'amour. 57.a

plusieurs Femmes ont perdu l'honeur pour sauuer la vie à leurs maris. 374.b

les premieres responses des Femmes sont communément les meilleures. 23.a

Festins des Anciens, & leur profusion. 109.b

Festin celebre de Dracula à tous les gueux & à tous les vieillards. 146.a

Festin celebre de Cesar de vingtdeux mille tables. 185.a

Feudes, & la Barbarie qui s'est escoulee és liures qui traictent ceste matiere. 220.a

Figuier, arbre triste & lugubre, porte vn fruict mol, & ne fleurit iamais. 16.a

Flamme d'amour est merueilleusement puissante. 164.b

Fleuue Sabbatique de Iudee qui s'arrestoit le long de la sepmaine, & reprenoit son cours le Samedy. 4.b

Folie qui vient par humeur semble estre la pire. 143.b

Folie faulse. 144.a

l'humeur de Sylla ne se peut attribuer qu'à ceste espece de Folie qui vient par opinion. 144.b

Fole humeur du Roy Feron, de chercher sa santé dans l'vrine d'vne sage marice. 146.a

vn Fol qui pense couurir sa teste d'vn diadême Royal la porte souuent à descouuert. 147.a

la Folie est vne espece d'Inconstance. 127.b

il n'y eut iamais grand esprit, qui n'eust quelque once de Folie. 128.a

vn Matto ne fa cento. ibid.

il y a des Fols de naissance, & par accident: & d'autres qui sont Fols par humeur & opinion déprauee. 128.b

c'est vne grande Folie de penser trier les Fols d'auec les sages. 129.a

le Fredonner esgare l'entendement de celuy qui est aucunement disposé à la Folie. 131.a.b

vn Fol qui osta le sainct Sacrement des mains d'vn Prestre, ne fut pardoné par la Iustice. 131.b

coustume peu Chrestienne des Grands d'auoir des Fols en leurs maisons. 132.b

la Femme de Seneque auoit vne Fole nommee Harpaste. 133.a

TABLE.

les Fols mal-faisans, reculẽt bien souuent les sages, gens d'honneur de l'oreille du Prince. 133. a. b

dict notable d'vn Fol au Roy François premier. 134. b

vn Fol trompa gentiment vne troupe de Venitiẽs. 137. b. 138. a

la Folie est fort amie de la Nature, puis qu'elle l'a logee au plus haut de la teste. 138. b

quand la Folie meurt sans faire testament, l'homme luy succede ab intestat. 139. a

Forest sacree. 166. a

Formes des iugemens & arrests, & leur diuersité. 369. a

il n'est pas bon de s'attacher par trop aux Formes. 8. b

les grands esprits heurtent tousiours les Formes & les façõs du commun. 108. b

la Force est vne espece de corruption. 373. b

que le contentement de l'homme ne gist en la Force. 41. a

Fortune est plus prisee que la Vertu. 71. b

Plutarque disputant qui a plus contribué à la grandeur des Romains, ou la Fortune ou la Vertu, a obmis les raisons de la Vertu. 72. a

la Fortune se ioint par fois auec la Vertu. 68. a

plusieurs croyẽt qu'il vaut mieux se laisser conduire au hazard, qu'à la Prudence. 88. a. b

il n'y a homme si heureux qui en quelque action ne passe par les piques de la Fortune. 177. b

il y a des gens qui croyent que le Soleil ne luit que pour eux. 86. a. b

ceux qui pour ne s'oser plaindre de Dieu en aduersité, accusent la Fortune, font bien, s'ils n'y adioustẽt nulle creance. 87. b

au second coup que quelque rude accident de Fortune heurte à nostre porte, il n'y a Constance qui tienne, il faut pour le moins se plaindre. 177. b

pourquoy est-ce qu'on peint la Fortune du sexe des femmes. 67. a

pourquoy la Fortune portoit en la main droicte des flammes, & en la gauche de l'eau. 88. a

pourquoy on peignoit la Fortune de verre. 74. a

pourquoy est-ce qu'on dit, que celuy qui frappe bien, frappe en aueugle. 67. b

pourquoy on peignoit la Fortune auec vne robe Royale, en desordre, plissee à ondes. 70. b

la Fortune donnoit la nuict des flambeaux à Timoleon, & de iour des couronnes. 68. a

les Thebains logeoyent Pluton,

TABLE.

Dieu des richesses auprés de la Fortune. 71. a

l'homme ne peut trouuer son contentement en l'establissement de sa Fortune. 35. b

on dit que les corps attaints de la Foudre demeurent incorruptibles. 166. a

François sont au commencement hommes, & puis deuiennent moins que femmes. 386. b. 397. a

François ne pouuoyent anciennement instituer autre Dieu heritier que le Dieu Mars. 379. a

la France a receu des graces particulieres du Tout-puissant. 384. b. 385. a

Iesus Christ mourant sur l'arbre de la Croix regardoit la France. 383. b

le Roy de France fils aisné de l'Eglise. ibid.

la France est le cœur de la Chrestienté. 385. a

le Roy de France est tousiours François. 385. b

les Rois de France sont maieurs quand il leur plaist. 388. a

le François est plus cholere, & l'Espagnol plus melancholique. 401. b

on donne le Dé au François, & le Tarot, ou l'excuse à l'Espagnol. 421. b

le François ne peut dormir sans feu, ny sans rideaux. 422. a

le François ayme mieux faillir en prudence, qu'en courage. 424. a

la France & l'Espagne ont le gosier trop petit pour s'engloutir l'vne l'autre. 424. b

François semblables au lyerre. ibid.

on dit que le peché originel est pour les François, & le peché mortel pour les Espagnols. 435. b

en France on ne peut mesme accepter vn chapeau de Cardinal sans permission du Roy. 452. b

les Ambassadeurs de France peuuent prendre quelque present du Prince vers lequel ils sont deleguez. 453. a

il faut que le François quitte le Ciseau & l'estoffe de l'Inconstance. 460, a. b

preseance des Ambassadeurs de France au dessus des Ambassadeurs des autres Royaumes. 393. a

les François, Espagnols, & Italiens souffrent l'examen sous des loix estrangeres. 366. b

Freres si ioincts & collez ensemble, que si leurs bras ou iambes se touchoyent, ils demeuroyent accrochez. 114. a

TABLE.

G

Ain est le maquereau & corrupteur de la chasteté. 56. a

les Galeres & autres vaisseaux à Venise nourrissent plus d'ames desbordees, que la ville de l'Europe la plus peuplee. 447. b

la Garde des bestes sauuages est aussi dangereuse que la chasse. 38. b. 39. a

Gennes, & belle deuise du palais du Prince Doria. 457. a

les Gens doctes se sont portez de tout temps vne dent de laict. 219. b

Gens d'Estude ne courtisent que des dames muettes, qui sont les Muses; c'est pourquoy ils ne sont guere ciuilisez. 214. a

Gens maritimes sont tousiours tenus pour volages. 337. a

Gracchus auoit vne eloquence inegale & mal assortie, puis qu'il falloit qu'vn de ses esclaues luy donnast le ton par derriere. 357. b

le Commerce de la Guerre est mal seant aux femmes. 51. a

les viles occupations des Grands s'imputent à faineantise & vanité, & sont tenues pour defauts. 105. a

les mauuaises paroles des Grãds leur sont contees pour crimes. 107. a

il n'y a homme, si Grand personnage ait-il esté, qui n'ait eu ses defauts. 190. a

mauuais aduis de Plutarque, de dire qu'il faut bien descrire les vertus des Grands; mais qu'il faut cacher & dissimuler leurs vices. 191. a

H

Henry VIII. Roy d'Angleterre, & son Inconstance. 444. b

Herbe qui fait fuyr les troupes des gens de guerre en despit d'eux. 527. b

Higo. 169. a

Histoire de Machates & Philinion. 154. b. & suyu.

Histoire d'vn lion & du sieur Giulio Camillo. 119. a

Homere. 344. a

Homere a obserué que les demy-Dieux n'ont iamais peu paruenir à la vieillesse. 194. a

Homere fait les Princes plus grãds que les Dieux. 345, a. b

Homere a vsé souuent du nombre Ternaire. 498. a

Homere a feint Agamemnon se resiouyssant de voir deux puissans Grecs se quereller inces-

TABLE.

samment. 359.b
Homme. 9.b
l'Homme a esté creé le dernier, & pourquoy. 14.a
les actions des Hommes semblent les notes des Musiciens, qui sont tantost haut, tantost bas. 9.b
pourquoy Dieu le Pere voulant créer l'Homme, demeura en consultation. 13.b
pourquoy Dieu voulut marquer l'Homme de son image & semblance. 466.a.b
en quoy l'Homme est plus excellent que l'Ange. 19.b
l'Homme a partagé auec Dieu l'honneur de sa creation. 20.a
l'acquest de nouueaux Honneurs ne peut remplir la conuoitise de l'homme. 35.b
c'est grād' folie de penser eschapper à l'Homme, & se desloger de chez soy-mesme. 46.a
c'est vne grande question de iuger si vn Homme est homme de bien. 369.a

I

Ialousie est vne passion qui vise principalement à des-vnir les mariages. 160.b
Iliade d'Homere pleine d'impieté. 345.a
Impatience. 94.a
Impatiēce de Themistocles. 95.a
Impatience de Domitius. 96.a
Impatience d'Apicius. 96.b
Impatience de Scaurus. 94.b
Impatience de Solon. 98.b
l'Impatience nous precipite au desespoir. 95.b
difference entre les Impatiens & les Inconstans. 97.b
Michel l'Ange liura en peinture vn Impatient à tous les diables. 98.a
le soldat qui gardoit les quarante Martyrs print la place d'vn Impatient. 100.a
Il n'y a rien qui irrite plus nos maux que l'Impatiēce de les supporter. 101.b
l'Impatience nous fait changer nos vices en autres vices. ibid.
Inconstance. 1.a. 2.a. ibid. 3.a.b
opinion de Platon & des Peres sur l'Inconstāce & instabilité de toutes choses. 3.b
definition de l'Inconstance. 6.a
d'où vient que l'Inconstāce nous fait souuent chāger en pis. 7.a
opinion de sainct Augustin tonchant l'Inconstance. 4.a. 5.b
Dieu s'est rendu comme plege de la reparation de la premiere Inconstance. 16.b
les Inconstans sont ordinairemēt craintifs. 29.b
merueilleuse description de l'Inconstance d'Amour, tirée de

TABLE.

Plaute. 167.a
Inconstance de l'Alemand. 397.a
Inconstance d'Alexadre. 180.b
Inconstance de Cesar. 184.a
Inconstace d'Epaminodas. 187.a
Inconstance d'Auguste. 188.a
Inconstance & defauts des sept Sages. 225.b
Inconstance des Poëtes. 344.a & suyu.
Inconstace des Historiens. 352.a & suyu.
Inconstance des Orateurs. 353.b & suyu.
Inconstance d'Homere. 345.a
Inconstance de Ciceron. 356.a
Inconstance notable du Senat Romain en la recherche de la mort de Cesar. 365.b
Inconstance des Iurisconsultes. 358.a.b
Inconstance des Anges. 461.a. 463.b
Incostance des Philosophes. 358.b 359.a
que le reproche de l'Inconstace ne peut estre qu'honorable, puis qu'il cosiste en variatio. 454.b
Inconstance est autre chose que le changement naturel & vicissitude des choses. 448.a
l'Inconstance est en comunauté à toutes les nations. 460.b
Il est loisible d'estre inconstant, & varier par occasion. 448.a
Indes & raisons d'Estat dont on vse en ce gouuernemët. 413.a
Italien, & sa comparaison auec le François. 427.a
Italien vindicatif. 438.b
Italien dissimulé. 439.a.b
l'Italien n'apprëd la vertu & les exercices que pour les vendre aux François. 438.a
Iris est tesmoin d'vne conuention faicte entre Dieu & les hommes. 483.a
Iupiter. 476.a. 477.a
pourquoy on dit que Iupiter voulant corrompre des femmes passoit par plusieurs formes. 477.b
Iustinien a dict luy-mesme, que les loix estoyent inconstantes. 367.b
Iustice est tres-necessaire. 362.b
puis que la raison est donnee à l'homme, il semble qu'il n'estoit ja besoin de Iustice ny de loix. 361.b
la Iustice est plus solide, & plus necessaire que la raison. 362.b
l'homme n'auroit affaire d'aucune vertu, s'il estoit iuste. ibid.
que la Iustice & les loix sont plus necessaires que la Philosophie. ibid.
Iugemës & Arrests fort estranges. 365.a
la poincte de la haute Iustice est extrememët dangereuse. 36.a

TABLE.

si les Iuges doyuent estre plusieurs, ou vn seul. 369.a

si les Iuges doyuent estre perpetuels, ou à temps. 369.b

si l'expedition de la Iustice se doit faire de iour, ou de nuict. 370.a

que la corruption des Iuges est vne espece d'Incostance. 371.b

Il n'y a rien si meschant qu'vn iuge ignorant. ibid.

l'ignorance des Iuges est plus excusable, que la corruption. 372.a

on ne sçait qui fut le premier à Rome qui corrompit les Iuges pour de l'argent, tant la memoire en a esté odieuse. ibid.

Il n'est possible d'estre Iuge & amy tout ensemble. 372.a

le bon Iuge doit estre exempt du crime, pour raison duquel il condamne les autres. 375.a

le bon Iuge ne doit estre vindicatif. ibid.

les defauts qui sont en la Iustice. 376.b

la Iustification seule à l'innocent, tient lieu de reparation entiere. 377.a

Dieu est en nos causes partie, tesmoin & Iuge. 378.a

en la Iustice combien est dangereuse la precipitation. 372.a

portraict de la Iustice. 376.a

L

Labeur inutile de plusieurs, qui ont faict de gros volumes sur de mauuais suiects. 218.b

Lacedemonien condamné parce qu'il viuoit en gentilhomme. 40.b

L'amour ou volupté charnelle ne peut contenter l'homme. 38.b

La lasciueté & le haut mal ont quelque ressemblance. 174.a

Langage ou parler lent. 125.b

Langage mignard & affetté. ibid.

si vn Estat ou Republique se desbauche, le Langage effeminé en monstre la dissolution. ibid.

on cherche à parler vn langage correct, & nul ne songe à corriger sa vie. 125.a

il vaut mieux se tenir à vn langage ja receu, qu'à vn nouueau mal inuenté. 124.b

Lettres de change pour aller en Paradis. 35.b

L'habit & la façon d'vn Magistrat sont fort à considerer. 196.b

Leonce fit couper le nez à l'Empereur Iustinian. 111.b

L'eloquence & le bien-dire sont outils propres pour establir & autho-

authoriser le mensonge. 353. *b*
Leopard *attire toute sorte d'animaux, à force qu'ils ont agreable son odeur.* 166. *b*
Lezard *qui a choisi son tombeau dans vne piece de lambre.* 107. *b*
L'Infante *de Boheme Libussa espousa vn paysan.* 68. *b*
Les loix *ont plusieurs visages.* 364. *b*
Les Legislateurs *semblent auoir faict les loix douteuses à escient, pour reseruer le pouuoir aux Iuges d'imposer loy à la loy mesme.* 364. *a*
Les loix *doyuent estre sans preface.* 368. *b*
multiplicité de loix est signe d'vn estat malade & inconstant. 366. *a*
admirable pieté de l'Eglise de se seruir des loix des mescreans. 368. *a. b*
Libertini. 442. *b*
Lipse *dit qu'il cherche tousiours Cesar dans ses Commentaires, & ne le peut trouuer.* 352. *b*
L'Isle *de Cypre fut la premiere contree reduite à la Religion Chrestienne.* 344. *a*
Les louäges *de soy-mesme ne sont bien-seantes qu'en la bouche des condamnez.* 347. *b*
Lucrece *blasmee de s'estre donnee la mort.* 206. *b*
Lucain *se voulut comparer à Virgile.* 350. *a*
Lunatiques *fort disposez à estre demoniaques.* 131. *a*
Lycurgue *trop amy des larrons, & trop ennemy des paresseux & gens grossiers, qui se laissent surprendre.* 363. *a*

M

Magistrats, Legislateurs, & *Princes font souuent des loix, qu'ils violent les premiers.* 365. *b*
le Magistrat *est plus honoré parmy le peuple, que toute autre sorte de gens.* 371. *a*
Maisons *plaisantes ennemies des bonnes mœurs.* 37. *a*
Maisons *où il n'y naissoit que fols; & d'autres où il n'y naissoit que des ignorãs.* 120. *a*
le Mal *est tousiours domestique, & le bien tenu pour estranger.* 128. *a*
Manlius *deuoit auoir vne grande fortune au Capitole; mais il en eut vne bonne & vne mauuaise.* 83. *b*
M. Regulus *preferé à* Caton. 205. *b*
on conte entre les disgraces de M. Antoine *qu'il n'eust autre homme plus qualifié pour de-*

mander composition à Cesar, que le Precepteur de ses enfans. 228. a
Marbre dans lequel estoit grauée la figure d'vn Prestre qui leuoit le S. Sacrement. 536. a
Marques du Fils de Dieu grauees dans du marbre par la seule Nature. ibid.
Mars Dieu de la guerre, fils de la Deesse des Richesses. 478. a
Marseillois apres la bataille des Ambrons fermoyent leurs vignes d'os de morts. 112. b
Martyre, & qu'est-ce qu'il faut pour en meriter le nom. 137. a
le Martyre est au dessus toute Constance humaine. 524. b
le Martyre doit estre volontaire. ibid.
belle response d'vne ame saincte, qui estoit sur le point d'endurer le Martyre. ibid.
Metra estoit peinte comme femme inconstante, & pourquoy. 55. b
Mespris de la Constance par les femmes subiectes à l'amour. 57. b
Mespris du mariage par les femmes libertines. 57, a. 58. a
Responses des femmes mariees à la prohibition de l'adultere. 59. a
Meton faisoit vn traict de folie pour faire reüssir vn grand traict de sagesse. 129. a
Medecins condamnez à la mort, quand ils ne pouuoyent guerir l'Empereur Maximin. 112. a
Milan, & en quelle forme l'Espagnol traicte & gouuerne les Milanois. 415. a
Messalina espousa vn ieune homme n'estant qu'à quatre lieuës de son mary Claudius. 109. b
Miroir merueilleux, qui au lieu de representer celuy qui se miroit dedans, representoit tousiours Cosmo de Medicis. 76. a
Mort, & pourquoy si formidable. 30. a. 194. a
qui fut le premier parmy les Romains qui fit brusler les corps Morts. 360. b
s'il faut faire iugement de la vie par la Mort, peu de ces gens estimez tant sçauās, ont faict belle fin. 358. b
la Mort est le iuge de nostre vie, & la guide de nostre salut. 11. a
Dieu a tres-bien faict d'assubietir l'homme à la Mort. 17. b
vn corps Mort donne effroy à vn viuant, & pourquoy. 30. a
il ne faut mettre la Mort en fuyte ny en souhait, ains s'en remettre à la Nature. 47. b
nul homme ne se donna iamais la Mort par contentement. 47. b

TABLE.

se donner la Mort soy-mesme, est vne action plus approchante de l'impatience que de la resolution. 99. a.b
la Mort change bien souuent vn Mausolee en licol. 93. a
il est plus aisé de se resoudre à la Mort qu'à vne prison perpetuelle. 179. a
quand la Mort bat à nostre porte, elle nous fait souuent lascher des mots bien estranges. 108. a
Moyens & facultez des parties sont bien souuent cause de leur condamnation. 374. b
Mot de rencontre descouure bien souuent vn grand accident. 109. a
les Mousches à miel vagabondes se laissent prendre, mais non les autres. 10. a
les Ephores estoyent ennemis des Moustaches. 363. b
la Cour de Parlement de Paris fit abbatre la perruque & la barbe à vn gentilhomme, parce qu'en respondant il auoit retroussé sa moustache. 364. a
Muret reproche à Lipsius qu'il luy a desrobé quelque traict sur Tacite. 220. b
Mutation de sexe. 114. b
Mysteres du Quaternaire. 505. b

N

LE Nager est vn exercice peu conuenable aux Dames. 52. b
Naples, & comment le Roy d'Espagne traicte les Napolitains. 415. b
Nature. 113. b
la Nature nous fait en fin fort petite part de la terre. 92. b
il ne faut s'estonner si la Nature a faict l'homme bizarre : car elle est aussi extrauagante en ses productions, que l'homme en ses humeurs. 113. b
Nature produit beaucoup de choses dont on ne sçauroit rendre la raison, non pas-mesme probable. 120. a
Nature a mis de la bizarrie en nostre parler, & en nos discours, aussi bien qu'és autres choses. 124. a
Nature n'a voulu que rien de grand se fit bien-tost, & pourquoy. 6. b
Nature seule ne peut sans la cognoissance de Dieu auec toutes les vertus humaines nous conduire à nostre souuerain Bien. 516. a
la Necessité rompt toutes immunitez & priuileges. 8. b

TABLE.

Neron fit bruſler Rome pour auoir le plaiſir de la rebaſtir d'vne pierre qui ne pouuoit bruſler. 110.b

Nobleſſe ſe tiroit par fois de la Patrie, par fois des Maieurs. 39.b

Nobleſſe eſt vne marque eſtrangere, quand elle n'eſt fondee ſur noſtre merite. ibid.

le Noble qui degenere, deuroit porter vne barre trauerſiere, pour teſmoigner ſon abatardiſſement. ibid.

Nobles ſouffreteux craignent touſiours d'eſgratigner leur Nobleſſe. 40.a

Nobleſſe prinſe par Reſcript. ibid.

ce mot de Noble ſe prend quelquefois en mauuaiſe part. 40.b

ceſte difference de Noble & de roturier, eſt vne inuention des hommes. ibid.

le Noble & le roturier ſont plus differens de robe & de moyēs que de viſage & de ſang. ibid.

la Nobleſſe prend ſa ſource du carnage des batailles. ibid.

le Noble & le roturier terminent leurs iours par meſme fin, qui eſt la mort. 41.a

Nobleſſe en Italie exerce le commerce. 436.a

Nobleſſe vraye du François. 437.a

le Nom de chacun ſemble porter quelque preſage d'heur, ou malheur. 120.b

Nombres, principe & fondemēt de toutes choſes. 496.b

O

L'Obeiſſance, pour douce qu'elle ſoit, eſt vne eſpece de ſeruitude. 24.a

Ocean pere de l'Inconſtance & de la Fortune. 80.b

Octauia & Liuia plaignirent leurs enfans fort ineſgalemēt. 521.b

Odeurs troublent par fois l'entendement. 131.a

vn Oliuier en la ville de Megare enfanta des armes. 84.b

les Oracles donnoyent touſiours leurs reſponſes à deux ententes. 83.b

P

PApes ſont dangereux du boucon. 433.a

Papes, & comment en leur eſtection le ſainct Eſprit ſeul opere le plus ſouuent. 431.b

le Parler d'vn hōme deſcouure à plus pres ſa vie & ſes mœurs. 125.a

il faut parler comme le plus de gens parlent, & eſtre de l'aduis qui eſt ſuiuy de moins de

TABLE.

gens. 124. b

le Passé est vn songe, le present est du vent, & l'aduenir est vne nuee. 36. a

Papinien inconstant en ses opinions. 367. b

Patience. 99. a

il faut sur tout que l'occasion de souffrir & d'auoir Patience soit iuste. ibid.

Paul V. & combien de choses singulieres sont aduenues en son eslection. 432. a

P. Aemilius estimoit plus la Fortune de son ennemy Perseus, tout vaincu qu'il estoit, que la sienne, bien qu'il fust le vainqueur. 178. a

Peché. 94. a

rien de ce qui est en l'homme n'a defailly en Dieu que le Peché. ibid.

les Pechez & fautes des Princes, sont priuileges de faueur, qui se comuniquent par exemple à leurs suiects. 189. b

les Pechez des Saincts ont esté enregistrez en l'Escriture saincte, & pourquoy. 461. b

les Peintres sont bien souuët forcez de quitter leur dessein, pour suyure l'obiect present. 98. a

P. Philippus Nerius fondateur de la Vallicelle, sainct personnage. 137. a

Petrarque a mieux descrit ses amours, que tout autre. 151. b

Philippe Strozzi se tua luy-mesme. 198. b

les Philosophes s'escartoyent de toute ciuile conuersation, & ne vouloyent profiter au public. 212. b

Phœbus, à le prendre pour le Soleil, a de tres-belles qualitez. 480. b

le Phœnix renaist par vne petite flamme. 165. b

la Philosophie touche peu de gës, & l'eloquence nuit à force gens. 354. a

la Philosophie est communément chantee à des oreilles sourdes, qui n'en prennent que le plaisir. 363. a

P. Louys Duc de Parme trop curieux de consulter les Demõs. 84. a

les Pierres semblët parfois auoir, de la haine, & de la passion. 119. a

Plainte contre les grands conquerans. 184. a

Platon a creu que ce que l'ame desliee du corps cherchoit, n'estoit autre chose que Dieu. 534. b

Platon n'approuuoit ny l'opinion, ny l'action de se tuer. 265. a

Platon trouuoit mauuais de ce que les Siciliens faisoyët deux repas le iour. 338. a

X xxxx iij

TABLE.

Platon par l'Vn Deux Trois semble auoir voulu entendre la Trinité. 504. b

Pline se mocque de ce que Diodorus Siculus a appellé son Liure vne Bibliotheque. 352. a

Pline gouste tout, & ne digere rien. 343. a

Pline blasme & argue T. Liue d'ostentation. 353. a

Plutarque reprend la Republique de Platon. 338. b

Plutarque en ses comparaisons incline tousiours du costé des Grecs. 335. b

le Ply de la Nature s'accommode volontiers aux changemens qui se font peu à peu. 7. a

les Plaisirs qui suyuent la peine sont aymables, & non ceux qui la deuancent. 39. a

Poltronnerie de Scæuola. 41. b

Pourquoy apres de grosses batailles viennent de grosses pluyes. 30. b

Pourquoy Phydias peignoit Venus le pied sur vne Tortue. 61. b

Precipitation ne produit rien que trouble & imperfection en toutes choses. 6. a

Predictions. 83. a

Pourquoy est-ce que quand on couronna le Roy Ioas, on luy meit vn Liure sur son Diademe. 363. a

Poulce du Roy Pyrrhus. 116. a. b

Pourquoy Dieu a tant detesté l'homicide de soy-mesme. 209. a

Pauureté. 187. a

la Pauureté seule est vne lampe, qui n'esclaire, & ne fait voir que misere. 212. b

il faut supporter la Pauureté, mais il ne la faut rechercher. 187. a

aux Princes deux choses sont necessaires, la conscience & la bonne reputation. 189. b

Prouidence. 80. a

quelle Prouidence y peut-il auoir que les gens de bien soyent opprimez, & les meschans releuez & cheris. 85. b

que tous accidents se doyuent attribuer à la Prouidence de Dieu, & non au Destin ny aux Astres. 92. b

la Prouidence de Dieu a esté par les Philosophes anciens confondue auec la Fortune. 80. a

les Prophetes mesmes ont annoncé force choses qui ne sont pas aduenues. 85. a

la Prodigalité s'aiguise lors qu'on la pense arrester. 110. a

la Prohibition engendre le desir. 24. a

la Prosperité est plus mal-aisée à supporter que l'aduersité. 72. b

TABLE.

les Procès ne sont qu'vlceres, qui s'enueniment dans les barreaux des Palais. 360. a

Q

Quaternaire. 505. b
pourquoy est-ce que les Comediens, qui introduisoyent quatre personnes, faisoyent esuanouyr ou escarter la Quatriesme. 505. a
Que le Quaternaire influe souuent dans le Ternaire. 506. b
le nom de Dieu en vingt-trois langues, est exprimé par quatre lettres. 508. a

R

Raison. 361. b
plusieurs disputans de la Raison perdent le sens, & leur raison naturelle. 125. a
Remede dont vsa Hippocrates enuers vn homme qui croyoit n'auoir point de teste. 148. b
la bōne Reputation ne rēd l'homme entierement satisfaict. 46. b
la Republique de Venise ne se soucie guere des lettres. 216. a
les Republiques, qui sembloyent estre establies auec plus de precaution, sont celles qui ont eu moins de durée. 366. b

les Richesses ne peuuent contenter l'homme. 33. a
le premier qui porta le nom de Riche à Rome fut banqueroutier. 34. a
la recherche de l'or perdit le Sicilien Colanus. 33. b
l'Exploict des Richesses est attaché à plusieurs & diuers respects. 35. a
quel estat doit faire le sage des Richesses. 211. b
Rois de Iappon. 116. a
és Rouures & Chesnes y a de gros vers que plusieurs mangent par delicatesse. ibid.
Rossignol, l'Orateur des oyseaux. 358. a
l'Empereur Theodoze auoit tort d'appeller la ville de Rome æternam vrbem. 122. b
Rome, & sa description. 427. b
cabale de Rome. 428. b
qu'à Rome la seule pauureté ne donne les grandes dignitez. 429. a
qu'à Rome on ne paruient aux grandes dignitez par les Lettres. ibid.
qu'à Rome on ne paruient aux grandes dignitez par les armes. 429. b
Rois plus recommandez dans l'Escriture saincte que les Empereurs. 394. b
qu'vn Roy fait tres-bien d'estre

parfois à la teste de ses armees.
390. b

S

Sabots d'vn Duc de Boheme furent conseruez dans vne Eglise. 68. b
Sainct François enuoya sa malediction à vn de ses Religieux, qui auoit dressé des escholes à Boulongne. 217. a
les plus difficiles questions qui s'agitoyent deuant les sept Sages estoyent de boire. 226. b
aduis des sept Sages & autres Anciens, s'il faut appeller ou receuoir des Comediens és festins. 227. a
fuyez le Sage qui n'est sage à soy mesme. 227. b
Saluste, & les defauts de son style. 352. b
le Sang de l'homme est le plus violant poison qui soit contre l'homme. 360. a
Santé est chose de peu de duree. 41. b
Satan monstra tout le monde à nostre Sauueur en vn momēt, & pourquoy en vn moment. 526. b
Saincte Claire a son corps tout entier, bien qu'il y a prés de quatre cens ans qu'elle est decedee. 503. b

les plus Sages deuenant amoureux font tousiours quelque folie. 152. b
Sainct Paul fut mené deuant les Areopagites. 228. a
le Sage va tousiours mesme chemin; mais non pas mesme train. 9. a
les Sciences ne sont pour le iourdhuy en leur pureté, & s'y trouue plusieurs defauts. 214. b
que l'Autheur n'entend blasmer les vrayes Sciēces, ny les gens doctes. 229. b
Scaurus voulant orner vn Theatre de tableaux, en fit faire pour deux millions cinquante mille escus de trop. 94. b
Sçauoir si sainct Iean a remply la place de Lucifer. 468. a
les Sciences ne peuuent donner à l'homme vn entier contentement. 37. b
Seneque dit, que plusieurs de vile condition se sont tuez aussi courageusement que Caton, & en allegue vn exemple. 203. b
des Sectes, & leur origine, & laquelle a esté la plus inconstante. 222. b
Seneque cognoissoit sainct Paul. 228. a
l'Empereur Seuere taxoit Apulee de s'estre amusé à des contes de

TABLE.

de vieille. 358.a
le Sepulchre qui est dans l'Eglise sainct Agnes, hors les murs de Rome, est faussement attribué à Bacchus. 484.a
les sept merueilles du monde, ne sont maintenant que sept petites apostilles. 112.b
le Serpent qui est à Milan en l'Eglise sainct Ambroise, est celuy mesme, à ce qu'on dit, qui a autrefois esté adoré de tout le monde. 503.a
Seneque voulãt former son Sage tient des opinions de fol. 515.b
Seneque forme son Sage plus parfaict que Dieu. ibid.
les Serpens respectoyent certaines familles. 118.a
le serpent Scytalé est celuy qu'on croit probablement auoir seduit Eue. 24.a
Silence & estonnement sont les vrais moyens d'exprimer la grandeur de Dieu & sa constance. 513.b
il n'est pas bon que la lãgue verse aussi tost ce que l'oreille a receu en depost. 8.b
Solitude. 44.b
cache-toy si tu veux en la Solitude, mais cache aussi ta solitude. 213.a
la crainte & le degoust des affaires releguent souuẽt les hommes en exil. 45.a

les passions de l'ame sont dangereuses quand elles se reposent, & qu'elles font semblant que tout se porte bien. 45.b
Sophistes, mot iniurieux. 225.a
Solon taxé d'yurognerie & d'impatience. 226.b
Socrates disant qu'il ne sçauoit rien, est plus ambitieux que Pythagoras, disant qu'il n'ignoroit rien. 236.a
les Stoiques blasment la misericorde, qui est la vertu de laquelle nous auons le plus de besoin. 223.b
les Stoiques sont comparez aux Pharisiens par Iosephe. 224.a
Suilius reprochoit à Seneque, que il y a difference de monstrer son eloquence à pedantiser ou à plaider. 341.b
Suisses, & leur comparaison auec les François. 451.a
Suisses Concierges, Portiers, ou Gardiens. 451.b
que la vaillance des Suisses est locale, & partant inegale. 452.a
Suisses en quoy louables. 452.b
Suisses prennent & s'engagent à toute sorte de Princes. ibid.
le Souuerain Bien est Dieu, & nostre Beatitude est Dieu mesme, & sa Constance. 535.a

Yyyyy

TABLE.

T

TAcite est reprins par Tertullian, de mesler l'adoration des Iuifs auec celle des Chrestiens. 353. a

Tanaquil conserua sa quenoille & ses patins dans le temple du Dieu Sanctus. 50. a

Tartius Licinius Preteur voulant manger vne Trufle, elle luy emporta la dent. 120. a

Ternaires. 496. a

les autheurs prophanes ont celebré le Ternaire plus que tout autre nombre. 498. a

Virgile a celebré le Ternaire. 499. b

quel nombre a voulu celebrer Virgile par ces mots, ô Terque quatérque beati. 505. b

Iesus Christ mesme s'est seruy si souuent de ce nombre de Trois, & durant sa vie & en sa mort, qu'il semble l'auoir voulu particulierement honorer. 501. a

l'vn est Tout, & n'est que dans le Ternaire. 503. b

les Tentyrites estoyent redoutez par les Crocodiles, & les Psylles par toute sorte de serpens. 118. a

Tite Liue nous a laißé des harangues qu'on tiët pour feintes. 352. b. 353. a

qui se dresse son Tombeau pompeux auant mourir, semble se vouloir reseruer à son depart vn coing du monde, 47. a

Traict trop vindicatif d'vn gentilhomme Napolitain. 361. a

Troye fut trahie par des cheuaux, & Athenes par des asnes. 371. b

Trinité. 495. b

Trois Pseaumes principaux dans le Psaultier. 503. a

Trois boules sur le haut des tours du Royaume de Maroc, que on croit estre enchantees. 503. b

Trois boules admirables trouuees dans le cœur de saincte Claire, auec vne petite discipline & vn Crucifix. 503. a

se Tuer. 197. b. & suyu. 207. b

Dieu conseilla à ses Apostres de fuyr, & non de se tuer. 205. b

Tibere fit l'oraison funebre de son fils. 521. a

Tibere hayoit tant la langue Grecque qu'il ne pouuoit prononcer ne souffrir qu'on dist ces deux mots, Emblema & Monopolium. 218. b

Tibere prenoit plaisir à manier vn Dragon. 105. b

TABLE.

V

Vaillans sont bien souuent emportez par vne fuyte generale & forcée. 147.b

Venise, & les Venitiens, & leur comparaison auec la France & les François. 446.a

Venise est la ville du monde la plus libre. 447.a

noblesse des Venitiens. 448.a

Venise, & les ceremonies qui s'y font le iour de l'Ascension. 448.b

festin de l'Ascension à Venise. ibid.

Venus & Cupidon sont maintenant aussi adorez des Chrestiens, qu'ils ont autrefois esté des Payens. 163.a.b

Vertus en quel rang doyuent estre tenues par les Chrestiens. 516.a

les Vertus ne peuuent estre parfaictes, que par la seule communauté ou commerce qu'elles ont auec la Constance. ibid.

certaines vertus ont besoin d'esperon, les autres de bride. 101.b

la Vie champestre est vne fuyte du commerce des hommes. 39.a

Vieillesse & ses incommoditez. 46.a

les vieillards s'affoiblissent tant qu'ils peuuent à combattre leur foiblesse. 46.b

rien ne Vieillit en l'homme sage, que les instrumens du vice. ibid.

la Volonté de l'homme est languissante & incertaine. 5.b

il ne faut tant referer ses actions à la Volonté de Dieu, que nous ne facions quelque chose de nous-mesme. 81.b

à sçauoir-mon si Dieu a changé de volonté, changeant & refaisant son Testament. 91.b

la Volupté & l'Amour nous font bien souuent mescognoistre vn vray corps d'auec vn corps supposé. 154.b

la Volupté qui consiste en viures delicieux, ny celle qui consiste en luxure, ne peuuent donner à l'homme vn parfaict contentement. 37.b

la Volupté & appetit d'aller aux femmes, s'esueille en certaines personnes par des coups de foüet. 98.a

Voyages ne rendent les hommes contens. 44.a

il n'est pas possible que le corps fuye, & l'ame s'areste. 44.b

Yyyyy ij

TABLE.

Y

Yeux. 25, b. 26. a
pour garder l'Ame en sa pureté il faut tenir les Yeux sous boucle. 26. b

nos Yeux, peres de nos desirs, sont autheurs de nos fautes. 25. b

la Taupe ouure les Yeux sur le poinct qu'elle veut mourir. 170. a

proprietez & excellences des Yeux. 169, a. b. & 170. a

Z

Zenon se loüoit de peu de chose, de ce qu'il se sçauoit taire inter pocula. 38. a

F I N.

Aduertissement au Lecteur.

LE Lecteur sera aduerty, qu'en ceste Table on a suiuy les chiffres des fueillets ainsi qu'ils doyuent estre corrigez, & qu'apres le fueillet 234. on a faict suiure le fueillet 335. & on a continué iusques à la fin du Liure depuis la signature Ooo, iusques à la signature Sssss inclusiuement: qui est vne faute suruenue en l'impression.

Priuilege

Priuilege du Roy.

HENRY par la grace de Dieu Roy de France & de Nauarre. A nos amez & feaux Conseillers, les gens tenans nos Cours de Parlement, Preuost de Paris, Bailly de Rouen, Seneschaux de Lyon, Thoulouse, Bordeaux, & Poictou, ou leurs Lieutenants, & à tous nos autres Iusticiers & Officiers qu'il appartiendra, Salut. Nostre bien amee Françoise de Louuain, vesue de feu Abel l'Angelier, viuant marchant Libraire iuré en nostre ville & vniuersité de Paris, nous a faict remonstrer, qu'ayant ledit defunct en vertu de nos Lettres de permission faict imprimer vn Liure intitulé *Le Tableau de l'Inconstance & Instabilité de toutes choses, par le sieur de Lancre Conseiller au Parlement de Bordeaux, reueu, corrigé & augmenté d'vn liure de l'Inconstance des Nations par le mesme Autheur*; Seroit aduenu son decez, puis lequel, afin qu'elle ne fust frustree des labeurs du defunct, nous luy aurions concedé, continué & confirmé les mesmes permissions d'imprimer octroyées audit defunct. Et d'autant qu'auec beaucoup de soin, & à grands frais elle auroit iceluy faict reueu, corriger, & augmenter d'vn Liure, lequel Liure elle desireroit volontiers faire reimprimer auec lesdites corrections & augmentations: Mais craignant qu'autres Libraires & Imprimeurs voulussent faire le semblable sous pretexte dudit changement, correction & augmentation, & par ce moyen la priuer du fruict qu'elle s'estoit promis de ses labeurs & despens, elle nous a treshumblement supplié & requis luy vouloir octroyer nos Lettres necessaires. A CES CAVSES desirant bien & fauorablement traicter ladite vesue l'Angelier, & qu'elle puisse tirer la recompense du bien que le public reçoit de son trauail & despense: AVONS permis & octroyé, permettons & octroyons par ces presentes à ladite vefue l'Angelier de reimprimer, ou faire reimprimer de nouueau, vēdre & distribuer par tout nostre Royaume, pays, terres, & seigneuries de nostre obeissance le Liure cy-dessus mentionné, en toutes les formes & manieres que bon luy semblera, auec lesdictes additions & augmentations; faisant tref-expresses inhibitiõs & deffenses à tous autres de quelque qualité qu'ils soyēt, ou puissent estre, de les imprimer, vendre, ny distribuer sous pretexte de quelque addition, changement, ou déguisement; sinon ceux qui auront esté & seront imprimez par ladicte vefue l'Angelier, ou de son vouloir & consentement; & ce pour le temps & terme de dix ans, à conter du iour que ledict Liure aura esté acheué de reimprimer: Declarans à ces fins tous les autres exemplaires quels qu'ils soyent, ou puissent estre, acquis & confisquez à ladicte vefue l'Angelier; lesquels elle pourra faire saisir, nonobstant oppositions ou appellations quelconques; pour lesquels ne voulons estre differé: & outre seront les cōtreuenans multez de telles amendes que les iuges aduiseront. Si vous mādons, & à chacun de vous commettons, que du contenu en ces presentes vous faictes iouyr & vser ladicte vefue durant ledict temps; cessant & faisant cesser tous troubles & empeschemens au cōtraire. Voulons en outre qu'en mettant au commencement, ou à la fin dudit Liure le contenu au present Priuilege, il soit tenu pour deuëment signifié. Et pource que de ces presentes lon pourra auoir affaire en plusieurs & diuers lieux, nous voulōs qu'au vidimus d'icelles faict sous le seel Royal, ou par l'vn de nos amez & feaux Conseillers, Notaires & Secretaires, foy soit adioustee comme au present original. Car tel est nostre plaisir. Donné à Paris le 7. iour d'Auril, l'an de grace mil six cens dix, & de nostre regne le vingt-vniesme.

Par le Roy en son Conseil, DESPORTES.

www.ingramcontent.com/pod-product-compliance
Lightning Source LLC
Chambersburg PA
CBHW071229300426
44116CB00008B/960